두 개의 한국
The Two Koreas

두 개의 한국

초판 1쇄 인쇄 2002년 7월 25일
개정판 1쇄 발행 2014년 9월 29일
개정판 7쇄 발행 2025년 9월 1일

지은이 ❙ 돈 오버도퍼·로버트 칼린
옮긴이 ❙ 이종길·양은미
교열·교정 ❙ 선은미
표지디자인 ❙ 박용석 화백(중앙일보 만평)
북디자인 ❙ 송유진·프리즘
편집·관리 ❙ 송유미
펴낸곳 ❙ 도서출판 길산
펴낸이 ❙ 이현숙
주소 ❙ 경기도 고양시 일산동구 호수로 662, 442호
TEL ❙ 031. 973. 1513
FAX ❙ 031. 978. 3571
E-mail ❙ keelsan100@gmail.com

ISBN 978－89－91291－39－3 03340
값 49,000원

THE TWO KOREAS: A CONTEMPORARY HISTORY
Copyright ⓒ 2014 by Don Oberdorfer and Robert Carlin
All rights reserved.
Korean translation copyright ⓒ 2014 by Keelsan Books
This Korean edition published by arrangement with Don Oberdorfer and Robert Carlin c/o The Joy Harris Literary Agency, Inc., New York, through Shinwon Agency Co., Seoul.

이 책의 한국어판 저작권은 신원에이전시를 통해 저작권자와 독점 계약한 도서출판 길산에 있습니다.
저작권법에 의해 한국 내에서 보호를 받는 저작물이므로 무단 전재와 무단 복제를 금합니다.

잘못 만들어진 책은 구입처나 본사에서 교환해 드립니다.

두 개의 한국

The Two Koreas

돈 오버도퍼 · 로버트 칼린 지음

이종길 · 양은미 옮김

길산

역자의 말
WORD of TRANSLATOR

격동의 한반도 근대사 50년.

어찌 보면 긴 세월이라고도 할 수 없지만 분단 이후 우리는 가장 격렬한 역사의 터전 위에서 마치 천년과도 같은 반세기를 보내왔다.

일제 식민시대 해방 이후 한반도와의 이해관계에서 한 치도 물러서지 않으려는 열강들 사이에서 남과 북, 두 개의 한국은 정치적 생존을 위해, 그리고 보다 유리한 고지로 나아가기 위해 끊임없이 분투해 왔던 것이다.

강력한 지배체제를 통해 고도의 중앙집권화를 도모했던 이남의 독재정권과 가공할 만한 개인숭배와 자주성에 기반을 둔 주체사상으로 폐쇄적 사회를 건립했던 이북.

제로섬 게임과 같은 양보 없는 힘겨루기, 암살과 테러리즘, 그리고 변화하는 국제정세 속에서 발생된 위기상황 등 두 개의 한국은 수없는 좌절과 고통을 겪었다.

저널리스트의 날카로운 시각으로 한국전쟁 이후 근 50년간 이어져 온 일련의 사건들을 서술한 이 책은 그간 제대로 알려지지 않았던 역사적 비화들이 생생하게 기술되었다는 점에서 한반도史의 빈 공백을 메우는 중요한 역할을 할 것이다.

그러나 저자 스스로 말했듯이 이 책은 또한 아직도 진행되고 있는 한반도 드라마의 서막에 불과한지도 모른다.

2000년 6월 15일 또 한번의 공동선언 이후, 우리는 분단의 역사를 다시금 돌아볼 수 있는 획기적인 전기를 마련했다. 불신과 대립으로 점철된 반세기를 탈피하고 새로운 역사의 서막을 장식하기 위해 남북의 두 정상이 만났고 이 새로운 기점에서 한반도 역사는 또다시 어떠한 방향으로 흘러갈지 알 수 없기 때문이다.

적절한 균형감각과 극적인 전개, 마치 한 편의 소설을 읽는 듯한 재미는 둘째 치고라도 무엇보다도 우리는 이 책을 통해 거울에 비친 듯 한반도의 근대사를 되돌아봄으로써 현재의 상황을 이해하고 미래의 통일 한국을 지향하는 데 있어 보다 풍부한 시각을 얻을 수 있다.

2002년 7월
이종길

신판 서문
PREFACE TO THE NEW EDITION (Third Edition)

　돈 오버도퍼가 한국전쟁 이후의 한국 역사를 구성한 사건과 인물들에 대해 정리한 찬사 어린 이 책을 개정하고 12년이 흐르는 동안 분단된 한반도에서는 많은 일들이 일어났지만, 아직도 많은 부분은 냉랭한 상태로 남아있다. 남한은 그 어느 때보다 부를 누리고 있으나 동시에 선진국이라면 겪게 되는 ― 낮은 출산율, 전통적인 가족의 해체, 청년실업문제, 노년인구를 위한 사회 안전망 마련 등 ― 심각한 인구학적 문제에 직면하고 있다. 이런 문제는 북한과의 오랜 대립으로 심화되고 있다. 어떤 면에서 이 대립은 지난 30년보다 지금 더 심각해지고 있다. 오늘날 북한은 이전보다 경제적 목표 달성으로부터 멀어진 듯하고, 점점 동북아시아의 다른 국가들에 비해 뒤쳐지고 있다. 더 이상 고분고분하지 않으며, 기본적 필요도 충족해주지 않는 국가의 국민인 동시에, 내일을 위한 약속을 받아들이지 못하는 북한 주민들의 내부 저항도 거세다. 한편 지난 30년간 목표로 삼아온 핵무기 개발도 북한에 안정을 가져다 주지 못했다.

　북한에서 유일하게 바뀐 것이 있다면 서양에서 적어도 몇 년간 공부한 경험이 있는 젊은 지도자 김정은의 등장일 것이다. 그는 외부 세계에 널리 알려지지 않은 인물이지만 지난 18개월간 보여준 그의 집권 스타일은 그가 이전과는 다른 방식으로 국가를 꾸려나갈 준비를 하고 있다는 인상을 준다. 때로는 아버지 김정일보다 더 적대적인 모습을 보이지만 이제는 주변국가를 불안케 할만큼은 아니다.

지난 10년간 중국은 100년간 손 놓았던 한국에 중요한 실세로 자리 잡았다. 중국 정부가 한반도에서 얼마나 영향력을 발휘하게 될지는 미지수이지만, 아시아인들은 줄어드는 미국의 자리를 대신할 중국의 모습을 관망하고 있다.

돈 오버도퍼가 '두 개의 한국'의 수정과 개정에 대한 도움을 청했을 때 나는 망설임 없이 수락했다. 워싱턴에서 40년을 보내고 그중 대부분은 아시아에 대한 연구(사실상 거의 한국에 대한 연구)를 해온 나에게 그것은 거절하기 힘든 제안이었다. 돈의 경험과 비견할 수 없다는 것을 알고 있었지만 그의 이름만 가지고도 나는 인터뷰를 할 기회를 몇 번이고 얻을 수 있었다. 개정판을 이전 판의 풍부한 내용과 흐름에 맞추는 것이 내가 초기에 세운 목표였다. 두 개의 한국에 등장하는 이야기는 컨텐츠가 아니라 스토리텔링이기 때문이었다. 앞의 16개 장에서는 성을 빼고 이름만 사용해서 그의 경험과 그가 만난 사람과 사건을 관찰한 내용을 담고 있다. 일관성을 위해 우리도 새로 추가된 3개 장에서 그의 예를 따르기로 했다. 또한 새 장에서 등장하는 사건들은 3인칭 시점으로 기술되었다.

돈과 마찬가지로 나 역시 역사가는 아니다. 그러나 나도 이 책에 등장하는 역사의 일부를 살았고 새로 추가된 3개의 장에서 다루는 수년간의 이야기 중 일부는 직접 경험했다. 많은 이들이 내가 모르는 부분을 알려주었고, 그들의 기대대로 내가 제대로 스토리텔링을 했기를 바란다. 내게 주어진 과제는, 만약 새로 추가된 내용이 있다면 이미 쓰여졌던 16개 장을 개정하는 것이었다. 나는 이미 지난 사건에 대한 새로운 정보를 이해하는 이들이 있다면, 그건 틀림 없이 윌슨 센터의 냉전 역사 프로젝트(The Wilson Center's Cold War History Project)에서 일하는 학자들일 거라고 생각했고, 내 생각은 역시나 옳았다. 그들은 대단한 존경을 받을 만하다.

존스 홉킨스 대학(Johns Hopkins University)과 태평양 세기 연구소(The Pacific Century Institute)가 이 프로젝트를 도와주었다. 이들이 없었다면 책의 개정은 불가능했을 것이다. 나는 특히 이 작업을 지지해 주고 용기를 준 스펜서 김(Spencer Kim)에게 감사의 인사를 전한다. 스탠포드 대학의 국제 안보와 협력 센터(Stanford University's Center of International Security and Cooperation: CISAC) 역시 수년간 학술적 부분을 도와주었고, 그곳의 전문가와 학자들과의 만남은 내게 어느 것과도 바꿀 수 없을 만큼 소중했다.

돈과 나는 새로 출간된 개정판에 대한 북한의 견해를 듣고자 여러 번 요청했으나 거절당했다. 그 점이 참 실망스럽다. 언젠가는 그들도 자기네의 역사를 담은 이 책에 자기네 시선을 담지 못한 것을 두고 후회하게 될 것이다. 아직 그날이 도래하지 않은 것은 명백하다.

수년 이상 한국에 대해 지켜본 사람들이라면 이 책이 다각적인 측면에서 씌어진 드라마이며, 나지막한 언덕과 아침의 안개로 둘러싸인 그들의 나라에서 충분히 가능했을 평화와 안정을 지난 100년간 한번도 경험하지 못한 사람들의 이야기라는 점을 분명히 알고 있을 것이다. 아마 이 책의 다음 개정판은 행복한 이야기로 끝을 맺을 수 있지 않을까 싶다. 그러나 돈은 지난 서문에서 "한반도에서의 드라마의 결과는 여전히 우리로선 알 수 없다"고 말했다. 본 개정판에서도 마찬가지로 한반도의 이야기는 아직 미완으로 남아 있으며 안타깝게도 잠재된 위험은 깊고 깊다.

2013년 5월
로버트 칼린, 워싱턴

서문
PREFACE TO THE SECOND EDITION

    우리는 지금 군용열차를 타고 남한을 종단하는 긴 여행길에 올랐다. 기차는 한반도 최남단 부산에서 출발해 최북단에 자리 잡은 북서해안 항구도시 인천으로 향하고 있다…… 우리가 처음 부산에 도착했을 때 느낀 한국의 첫인상은 참으로 비참했다. 꾀죄죄한 몰골의 아이들은 헌병들의 눈을 피해 기차 주위를 맴돌며 미군 사병들에게 구걸을 했다. 그중 한 아이는 하나밖에 없는 다리를 끌며 열차 주변을 기어 다녔다. 왼쪽 다리는 허벅지 부근에서 잘려나가 흔적을 찾아볼 수 없었다. 기차가 출발하자 사내아이들이 우르르 몰려와 기차를 향해 돌을 던졌다…… 부산을 벗어나자 시야에 들어오는 풍경은 좀 나아진다. 남한은 산이 많은 나라였고 여기저기 바위가 드러난 볼품없는 돌산들 사이에 작은 마을들이 자리 잡고 있었다. 마을 사람들은 밭을 갈고 일이 끝나면 뿌연 흙탕물 웅덩이에서 몸을 씻었다. 그리고 아이들은 무언가 전혀 알 수 없는 놀이를 하고 있다. 그들은 철로를 따라 양쪽으로 늘어서서 담배나 사탕 등을 던져주기 바라며 군용열차를 향해 "헬로, 헬로" 하고 연신 외쳐댄다.

                                         ―1953년 8월 11일 일기에서

이것이 필자가 美 육군 중위로 첫발을 들여놓을 당시 남한의 모습이다. 끊임없이 전쟁의 위협에 노출된 상황에서도 변함없이 건재한 이 놀라운 나라를 평생을 두고 관심 있게 지켜보게 된 것도 바로 이 순간부터였다. 군사정전협정의 체결로 3년간의 피비린내 나는 유혈사태는 중단됐지만 필자가 배속된 포병 부대는 여전히 휴전선을 코앞에 둔 지점에 참호를 파고 매복해 있었다. 고작 2-3km 거리의 언덕 너머에서 중무장한 북한군이 습격해올 때를 대비해 언제라도 반격할 전투태세를 갖추고 있었던 것이다. 휴전이 과연 얼마나 구속력이 있는지, 얼마나 지속될지는 여전히 미지수였다. 하지만 전쟁도 평화도 아닌 모호한 상태가 21세기에 들어선 지금까지 이어지리라고는 그 누구도 짐작하지 못했다.

한반도의 허리를 가로지르는 휴전선 일대는 거대한 화력으로 중무장된 채 냉전시대를 거쳐 지금까지도 지구상에서 가장 위험한 화약고로 손꼽히고 있다. 현재 세계를 통틀어 다른 지역에서는 공산주의와 자본주의 진영을 가로막았던 장벽들이 거의 무너졌지만 빌 클린턴(Bill Clinton) 前 미국 대통령이 1997년 연두교서에서 밝힌 대로 한반도만은 "냉전시대의 마지막 전선"으로 남아 있다.

사실 비무장지대(DMZ)라는 이름은 허울 좋은 것이다. 겉보기에는 온갖 수풀이 무성해 야생 조류와 동물의 낙원처럼 보이지만 곳곳에 지뢰가 묻혀있고 냉전 구조의 와해 속에서도 적대적인 군사력이 집중돼 있기 때문이다. 그리고 이것은 남북한 사이에 비밀 혹은 공개적인 화해 시도가 오가는 이 순간에도 역시 변하지 않는 사실이다. 남북의 병력은 전체 약 2백만 명에 달하고 이중에는 군사도발 즉시 투입될 주한미군 3만7천 명도 포함돼 있으며 대다수는 가공할 전쟁무기로 중무장한 채 빈틈없는 경계태세를 취하고 있다. 오늘날 국제정세가 긍정적인 방향으로 향하는 마당에도 미국 해외주둔군에게 있어 한반도의 DMZ는 여전히 '지구상에서 가장 무시무시한 곳'으로 남아 있다.

DMZ를 사이에 둔 군사적 대치상황은 한국전쟁 직후나 지금이나 변함이 없지만 이외의 다른 여건들은 판이하게 달라졌다. 휴전선 이남의 대한민국은 70년대 이후 경제 강국으로 탈바꿈했으며 민주주의를 향한 끊임없는 노력을 보였다. 92년 들어선 문민정부는 군사정권의 잔재를 청산하면서 80년대를 이끈 두 명의 군출신 전직 대통령 전두환(全斗煥), 노태우(盧泰愚)를 감옥으로 직행시켰다. 그러나 97년 후반에 이르러 동남아시아에서 촉발된 심각한 금융 위기의 여파로 남한은 갑작스러운 난관에 봉착했고 경제난국 속에서 실시된 대통령 선거에서 야당 지도자로 평생을 살아온 김대중(金大中)이 당선됐다. 김대중 대통령은 발 빠르게 경제 안정 및 개혁 작업에 착수했고 기존 정권과 달리 對북 정책에 적극적인 포용책을 도입했다. 경제 개혁은 미처 마무리 단계에 이르지 못했지만 북한에 대한 단호하고 일관된 정책은 이미 그 결실을 보았다. 2000년 6월 사상 처음으로 남북정상회담이 성사됐으며 이 자리에서 양국 정상은 경제·정치, 나아가 군사 분야까지 포괄적인 남북 교류를 약속했다.

북측의 조선민주주의인민공화국(북한)은 전통 유교사상에 입각한 독특한 공산주의 체제를 발전시켰고, 군사적으로 여전히 막강한 힘을 유지하고 있지만 이를 제외한 다른 면에서는 남한과의 경쟁에서 뒤쳐져 있다. 90년대 초 북한의 든든한 후원국이자 동맹국이었던 소련은 북한을 외면하고 남한과 긴밀한 협력관계를 구축했고, 그 후 소련연방이 붕괴됨에 따라 국가적 실체가 사라지고 말았다. 또 하나의 주요 동맹국인 중국 역시 마르크스주의보다 시장경제에 더 많은 관심을 표하면서 공산주의의 맹방인 북한을 평가 절하하기 시작했다. 94년 김일성 주석 사망 후, 북한은 정치·경제적인 곤경에 처했다. 특히 무너져가는 경제를 안정시킬 수 있는 통제력을 잃으면서 식량난조차 해결하지 못해, 벽촌 등지에서는 수많은 사람들이 굶주림에 허덕였다.

김일성 주석의 후임자 김정일 국방위원장은 김일성의 장남으로 서구세계에는 거의 알려지지 않은 인물이다. 90년대 중반부터 북한 정부는 인도적 차원의 원조를 받기 위해 외부세계로 눈을 돌리게 됐으며 90년대 말부터는 남한과 미국을 비롯한 다른 아시아 및 유럽의 여러 국가들과 협력을 추구하는 새로운 정책을 추진했다. 그러나 이 책을 쓰고 있는 현 시점에서도 김정일이 대외적으로는 제한적 개방 정책을 그리고 대내적으로는 신중한 개혁정책을 계속 유지할 수 있을 것인지, 또한 이것을 기반으로 북한 경제를 침체의 늪에서 이끌어내고 체제 유지에 성공할 수 있을 것인지에 대해 단언할 수 없는 형편이다. 초판 서문에서 필자는 조선민주주의인민공화국이 대대적인 개혁조치 없이 기존의 체제를 고수한다면 결코 살아남을 수는 없을 것이라고 피력한 바 있다. 그리고 속단은 이르지만 국가 간 협력 도모 등 북한의 새로운 정책을 감안할 때 그 생존 가능성이 조금은 높아졌다고 볼 수 있다.

필자는 이 책에서 단일국가의 장구한 역사를 이어온 한민족(韓民族)이 2차 세계대전 종전 무렵 강대국의 경솔한 결정에 의해 분단된 뒤 최근 30여 년간 서로의 우위를 점하기 위해 어떻게 투쟁해왔는지, 그리고 한반도 주변의 여러 강대국들에게 어떻게 맞서 왔는지 그 과정을 정리해보고자 한다. 이 과정은 과거 수세기 동안 한반도에서 전개된 다른 모든 권력투쟁의 양상과 마찬가지로 중국, 일본, 러시아와 같은 주변 강대국들에게 지대한 영향을 받았다. 2차 세계대전 이후, 특히 미군 1백5십만 명이 투입돼 그 중 3만6천 명이 전사한 한국전쟁 이래 한반도에 가장 커다란 영향력을 행사해 온 나라는 미국이었다. 한반도는 미국과 중국, 일본, 러시아 4대 강대국의 이익과 안보가 교차하는 세계 유일한 곳이다. 따라서 그동안 이 강대국들이 한반도의 운명에 지대한 영향을 미쳤다는 것은 부인할 수 없는 사실이다. 하지만 불굴의 의지와 자립심을 가진 남북의 한국인들은 한반도 문제를 주도적으로 해결하기 위한 핵심적 역할을 요구하면서 스스로의 입지를 강화시켜 왔다. 그리하여 2000년 6월 남북정상회담을 시발점으로 남북한은 사상 처음으로 한민족 전체의 미래를 스스로 결정할 수 있는 기회를 마련한 것이다.

지난 30년간 한반도는 격동하는 역사, 지정학적 위치, 끝이 보이지 않는 남북대치의 긴장 상태 때문에 종종 세계 언론의 헤드라인과 TV 화면을 장식했다. 그러나 눈앞에 닥친 위험이 사라지고 나면 그대로 관심 밖으로 밀려나곤 했다. 일회적 보도만을 나열하는 언론의 한계 때문에 대다수의 사람들은 툭하면 재발하는 한반도의 위기상황이 왜, 무엇 때문에 발생하는지 그 내막에 대해 거의 알지 못했다. 한반도의 전쟁발발 가능성, 테러리즘과 영웅주의, 핵무기를 둘러싼 대치상황, 최고 통치자의 갑작스런 죽음, 기아에 허덕이는 북한, 평화롭게 악수를 나누며 시작되는 예기치 않은 회담 등을 다루는 언론 기사는 이 모든 에피소드의 근저를 이루는 역사적 상황이나 배경을 미처 설명하지 않은 채 그저 일회적 사건 중심의 보도로 흐르는 경우가 많았다.

1993년 기자 생활을 정리하면서 필자는 한반도의 남한과 북한이 때로는 끝을 짐작할 수 없는 긴장된 분위기 속에서 반목을 일삼고 때로는 서로에게 화해의 손을 내밀기도 했던 지난 현대사의 공백을 정리하는 작업에 착수했다. 남북한 양국은 물론 한반도에 중요한 영향을 미친 주변 강대국들의 역할에도 충분한 주의를 기울였다. 한국인도 아닌 미국인으로서 감히 이런 작업을 시도한다는 것이 주제 넘은 일처럼 보이기도 했다. 그러나 필자에게는 한국사를 가까이 관찰할 수 있었다는 특이할 만한 이점이 있었다. 우선 필자는 1972년-75년 워싱턴포스트(Washington Post)지(紙)의 동북아시아 지역 특파원으로 지내면서 이 책에 기술된 일부 사건을 직접 목격했고 그 후로 17년 동안 이 신문의 외교전문 기자로서 워싱턴에서뿐만 아니라 거의 매년 방문한 한국에서 다른 중대한 사건들을 지켜보았기 때문이다. 필자는 초대 대통령 이승만(李承晩) 박사를 제외한 남한의 모든 역대 대통령들을 위시해 비중 있는 정치지도자들 중 대다수와 직접 만났다. 80년대 중반부터는 연례 유엔총회에 참석한 북한의 역대 외교부장들과 고위관리들까지 대면할 수 있었고 이런저런 연줄로 91년과 95년 두 차례에 걸쳐 북한을 방문할 수 있었다. 또한 필자는 미국, 중국, 러시아, 일본의 전직, 현직 고위관리들 중에 적지 않은 인사들을 사귀어 둔 덕분에 이 책을 집필하는 데 있어 여러 각도에서의 접근을 시도해 볼 수 있었다.

이 책의 초판이 첫선을 보이기까지 4년이라는 시간이 소요됐다. 2년 정도는 자료를 조사하고 집필하는 데 소용됐고 지나간 과거사들의 검토는 물론이고 하루가 다르게 급변하는 새로운 사건에 주목하는 것에도 많은 시간을 할애했다. 워싱턴포스트지에서 은퇴하자마자 필자를 초빙교수로 강단에 세워줬던 존스 홉킨스(Johns Hopkins) 대학의 니체 고등국제연구소(Nitze School of Advanced International Studies)와 록펠러 브라더스 펀드(Rockefeller Brothers Fund), 한국국제교류재단(Korea Foundation)이 든든하게 후원해준 덕분에, 필자는 93년에서 97년까지 이 책을 집필하는 데 전력을 기울일 수 있었고 잦은 해외여행을 통해 이 책에서 기술한 방대한 사건에 대해 설명해줄 수 있는 수백 명의 사람들과 인터뷰를 할 수 있었다. 그리고 초판 완성 후 98년에서 2000년 사이의 극적인 사건들을 목도하면서 필자는 새로운 내용을 추가해야 할 필요성을 절실히 느꼈다.

필자는 최대한의 노력에도 불구하고 아직 전모를 파악할 수 없는 사건들이 너무 많다는 사실에 적지 않게 당황하고 있다. 특히 북한의 경우가 그러하다. 어느 정도 문호는 개방됐으나 평양 정부의 의사결정 과정이나 배후에서 정치 일선을 움직이는 실권 세력에 관해서는 알려진 바가 없다. 북한은 정도나 범위에 있어 세계 어느 나라와도 견줄 수 없는 철저한 미스터리 속에 남아있는 것이다. 심지어 舊소련이나 중국 정부조차 과거의 정보를 공개하고 있는 실정에 북한은 건국 당시의 정보를 포함해 단 한 번도 내부의 토의나 의사결정 관련 문서를 제공한 적이 없다. 하지만 필자는 소련과 동독 정부에서 공개한 문서 검토를 비롯해 북한에 정통한 전직 외교 관리와 전문가 등 여러 출처와 취재원을 활용해 북한 지도부의 사상과 행동의 저변에서 움직이고 있는 힘이 무엇인지를 이해하기 위해 최선을 다했다.

이 책은 '현대사'에 관한 필자의 세 번째 저서이다. 필자는 이 세 권의 현대사 시리즈에서 저널리즘의 한계를 극복하는 동시에 사건의 시효가 사라지기 전 빠른 집필을 하기 위해 노력했다. 월남전에 관련한 필자의 첫 번째 책 'Tet!', 83년에서 91년까지의 미국과 소련, 양국 정부의 외교활동에 대해서 다룬 'The Turn'(최근에 'From the Cold War to a New Era'라는 제목으로 출간됐다)이 그랬듯이 이 책 역시 한반도의 드라마가 종결되려면 아직도 요원한 시점에서 출간됐다. 나의 초기 저서들과 마찬가지로 이 책을 집필하는 동안 필자는 영국의 사학자 베로니카 웨지우드(Veronica Wedgwood) 여사의 말을 한 순간도 잊지 않고 있었다. "역사는 과거에 대한 기술이지만 결국 미래를 위한 것이다. 이야기의 대단원을 이미 알고 있는 사람도 그 일이 실제로 벌어졌던 당시의 상황이 어떠했는지는 알 수 없다." 필자는 이 책을 통해서 그 대단원이 알려지기 전 당시의 상황이 과연 어떤 모습이었는가를 전달하고자 한다.

2001년 3월
돈 오버도퍼, 워싱턴

차 례
CONTENTS

역자의 말 ── 4
신판 서문 ── 6
서문 ── 10

제1장 | 철새들의 보금자리 DMZ ── 27
　　　　분단의 시작 ── 30
　　　　한국전쟁과 그 여파 ── 37
　　　　남북 협상의 기원 ── 41
　　　　김일성(金日成) ── 48
　　　　남북대화 개시 ── 58

제2장 | 시작과 종말 ── 64
　　　　박정희(朴正熙) ── 69
　　　　유신 쿠데타와 워싱턴의 묵인 ── 78
　　　　10월 유신의 영향 ── 84

제3장 | 깊어지는 갈등 ── 92
　　　　고조되는 긴장감 ── 94
　　　　일본과의 갈등 ── 97
　　　　땅굴 전쟁 ── 104
　　　　북으로부터의 도전 ── 108
　　　　사이공의 메아리 ── 114
　　　　남한의 핵개발 프로그램 ── 119
　　　　판문점 도끼 살해사건 ── 127

제4장 | 카터가 몰고 온 찬바람 ── 141
　　　　카터의 철수론 : 그 기원과 실행 ── 143
　　　　북한의 입장 ── 157
　　　　주한미군 철수론의 종언 ── 167

제5장 | 대통령 암살과 그 이후 ── 180

고조되는 국내 불안 ─ 184
전두환(全斗煥)의 등장 ─ 191
광주민주화항쟁 ─ 201
김대중(金大中) 구명 운동 ─ 216

제6장 | 북한의 테러공작과 남북대화 ─ 224
협상으로 가는 길 ─ 231
수재(水災), 그리고 남북대화 ─ 235
김일성과 소련 커넥션 ─ 243

제7장 | 남한의 민주화 투쟁 ─ 257
전두환의 후임을 둘러싼 갈등 ─ 258
1987년 대통령 선거 ─ 273

제8장 | 서울올림픽의 국제적 위상 ─ 282
다가오는 88 서울올림픽 ─ 283
KAL 858 폭파사건 ─ 288
북방정책의 부상 ─ 293
미국의 신중한 대북(對北)정책 ─ 301

제9장 | 소련의 對 한반도 정책 선회 ─ 307
변화의 근원 ─ 311
韓-蘇 정상회담 ─ 316
셰바르드나제의 임무 ─ 328
붉은 기는 얼마나 더 나부낄 것인가? ─ 335
韓-蘇 경제 협상 ─ 344

제10장 | 중국의 對 한반도 정책 변화 ─ 350
필자의 북한 방문 ─ 354
중국의 노선 변경 ─ 365

제11장 | 핵개발 논쟁에 휘말린 북한 ─ 378
북한 핵무기 개발의 기원 ─ 381

핵 외교: 미국의 협상무기 —— 387
첫 번째 단계 —— 389
12월 남북기본합의서 —— 394
뉴욕회담 —— 400
핵사찰단의 북한 방문 —— 404
첫 사찰 —— 406
핵사찰 수용에서 위기로 —— 410

제12장 | 탈퇴와 협상 —— 423
경수로 협상 —— 432
제재에 나선 김영삼 —— 438
위기가 도래하다 —— 446

제13장 | 핵무기를 둘러싼 막판 대결 —— 456
'사용 후 핵연료봉' 위기 —— 458
군사적 행동 —— 465
깊어가는 갈등 —— 472
평양으로 간 카터 —— 485

제14장 | 김일성의 죽음, 그리고 합의 —— 499
한 시대의 종말 —— 504
김정일(金正日)의 권력승계 —— 511
제네바 기본 합의 —— 518
제네바 합의에 대한 반응 —— 527
김정일 정권 —— 529
평양 방문 —— 532
원자로를 둘러싼 분쟁 —— 537

제15장 | 위기의 북한 —— 541
정치적 격동에 휩싸인 서울 —— 551
정상외교와 4자 회담 제의 —— 560
잠수함 침투사건 —— 566
무너지는 북한 —— 575

　　　　황장엽(黃長燁)의 선택 —— 584
　　　　남과 북의 시련 —— 593

제16장 | 화해의 손길 —— 597
　　　　하늘 높이, 땅 깊숙이 —— 598
　　　　원조로 연명해 가는 나라 —— 605
　　　　페리 조정관이 던진 밧줄 —— 610
　　　　6월 정상회담의 추진 —— 618
　　　　평양에서 만난 두 정상 —— 626
　　　　미국과 손을 잡는 북한 —— 635

제17장 | 제네바 합의의 파기 —— 646
　　　　위태로운 출발 —— 651
　　　　9.11의 충격 —— 661
　　　　꿰어지는 실타래: 북-일 회담 —— 667
　　　　서서히 벼랑 끝으로 —— 671
　　　　김정일의 개혁을 향한 열망 —— 675
　　　　동요하는 미국 —— 678
　　　　다음 날 아침 —— 687

제18장 | 한미 안보동맹의 문제점 —— 700
　　　　외교정책상 문제 —— 702
　　　　햇볕정책의 끝자락 —— 706
　　　　고조되는 긴장감 —— 717
　　　　6자회담이라는 신기루 —— 720
　　　　핵무기의 등장 —— 724
　　　　우왕좌왕한 1년 —— 727
　　　　한반도 에너지 개발 기구의 해체 —— 743
　　　　북한의 미사일 발사, 마침내 —— 746
　　　　풍계 핵실험 —— 750

제19장 | 새 옷을 입고 등장한 후계자 —— 754
　　　　승계의 움직임 —— 763

외교전선의 후퇴 —— 767
끔찍한 출발 —— 773
클린턴 방북 —— 779
남한으로 —— 782
두 번째 남북 정상회담, 그러나 세 번째는 없었다 —— 785
비밀회담, 공개적 충돌 —— 791
중국의 커지는 영향력 —— 795
흔치 않은 반발 —— 800
연평도 —— 802
김정일의 죽음과 그 이후 —— 804
새로운 모습 —— 810

후기 | 후기 —— 812
양국의 새로운 지도자들 —— 813
높아진 장벽 —— 816
중국이라는 그늘 —— 822
불안한 평화 —— 823

주요한국인명 —— 826
감사의 말씀 —— 828
서평1 —— 842
서평2 —— 845
주석 및 참고자료 —— 850

The Two Koreas

제1장

철새들의 보금자리 DMZ

우아 하고 눈부신 순백의 날개를 펼친 두루미 떼가 하늘을 맴돌다 수풀이 무성한 땅위에 내려앉는다. 폭 4km, 길이 240km, 한반도의 허리를 가로지르고 있는 거대한 띠 모양의 땅 비무장지대(DMZ). 사람의 손이 닿지 않은 채 자연 그대로의 모습을 간직하고 있는 이 곳은 봄, 가을마다 희귀한 수백 마리의 재두루미 떼가 중국 북동부와 러시아를 떠나 겨울 서식지인 일본으로 향하는 도중 잠시 머무르는 곳이다. 이름 모를 야생화가 흐드러진 땅위에 사뿐히 내려앉는 새들 사이로 세계적으로 멸종 위기에 처해있는 붉은볏만주왜가리도 가끔 눈에 띤다. 붉은볏만주왜가리는 두루미과 가운데서도 가장 우아하고 아름다운 종으로 손꼽히며 지난 수천 년간 행운과 절개, 장수의 상징이 돼 왔다. 조류학자들의 조사에 따르면 두루미, 멧새, 때까치, 고니, 기러기, 갈매기, 쇠비

오리, 독수리를 비롯한 1백50여 종에 달하는 야생조류가 이곳에 서식하거나 잠시 머무른다. 또한 꿩, 멧돼지, 곰, 사슴 등은 사시사철 이곳에 서식하고 있다.

1953년 군사정전협정 규정에 따라 DMZ 내부는 일부 농가를 제외한 모든 민간인의 출입이나 활동이 철저히 제한돼 있다. 게다가 이곳은 치명적인 지뢰밭이다. 새나 동물은 육감으로 그것을 피해 다니고 보초병들은 안전성이 증명된 경로 밖으로는 절대 이탈하지 않는다. 인구밀도가 점차 높아지고 자고 나면 현대식 도시가 들어서는 다른 지역의 상황을 감안해 볼 때, 한반도 한가운데를 가로지르는 DMZ는 무성한 수풀이 우거진 생태보전구역으로 변모한 매우 특이한 지역이라고 할 수 있다.

하지만 이곳의 평화로운 풍경은 눈속임에 불과하다. 남북을 가로지르는 DMZ는 철책과 날카로운 철조망이 하늘 높이 솟아 있으며 1천여 개의 초소와 감시탑이 들어서 있다. 그리고 중무장한 벙커 속에는 양측의 군인들이 사시사철 서로에 대한 경계태세를 갖추고 있다. 드높은 철책 뒤 북측에는 1백10만의 북한 병력이 있고 남측에는 남한군 66만 명, 주한미군 3만7천 명이 주둔하고 있다. 또 주한미군의 뒤에는 세계 최강국 미국의 군사력이 버티고 있다. 조금이라도 이상한 낌새가 포착되는 순간 또 다시 피비린내 나는 참혹한 전쟁이 치러질 만반의 태세가 갖추어져 있는 것이다. 베를린 장벽이 무너지고 소련연방이 와해된 지금도 DMZ는 전세계에서 가장 위험하고 완벽하게 요새화된 대치 지대로 남아있다. 이 지역에 배치된 미국인 사병들은 흔히 "비무장지대(非武裝地帶)에 비(非)란 존재하지 않는다"고 농담처럼 말하곤 한다.

상고시대부터 민족의 통일성을 유지해왔으나 20세기, 열강 사이의 밀약으로 인해 처참하게 갈라진 한민족은 그동안 중무장한 경계선을 사이에 두고 참기 힘든 모욕을 주고받았다. DMZ에서 적대행위를 도발하지 않기로 했던 약속은 땅굴과 간첩 침투, 크고 작은 무력 충돌로 훼손됐다. 아름답게 지저귀는 새들의 노래 소리는 상대측의 사기를 떨어뜨리고 유인하기 위해 틀어 놓는 귀를 찢는 듯한 선전 방송 소리에 파묻혀 버리고 만다. DMZ 내에서 철조망과 지뢰가 설치되지 않은 유일한 곳은 판문점 내 공터에 자리 잡은 공동경비구역(JSA) 뿐이다. 나지막한 회의실 건물은 군사분계선 바로 위에 세워졌으며 회의실 안에 있는 협상 테이블의 경계선 역시 정확하게 군사분계선과 일치하고 있다.

또한 이곳은 양국이 몇 십년간 가슴속에 품고 있는 적대감을 생생하고 노골적으로 드러내는 현장이기도 하다. 회의실 건물 밖에서는 남한과 북한 병사들이 잔뜩 긴장한 표정으로 서로에게 침을 뱉거나 거침없는 욕설을 내뱉기도 한다. 때때로 몸싸움이 지나쳐 부상을 입거나 심지어 죽음을 부른 불상사가 발생한 경우도 있다.

그런가 하면 이곳은 희망의 싹이 움트는 곳이기도 하다. 판문점은 남북한 특사와 정치 지도자들이 공식적 혹은 비공식적으로 회합을 가졌던 곳이며 공식 대표단을 상대 진영에 파견했던 관문이기도 하다. 이북, 혹은 이남의 동포들이 홍수나 기근으로 어려움에 처했을 때 서로를 돕기 위해 구호물자를 주고받았던 통로이며 석방한 포로와 억류자를 상대편으로 송환했던 길목이다. 이와 더불어 미국을 비롯한 각국에서 파견한 중재자와 정치 지도자들이 도착하고 떠났던 기점이었다. 훗날 한반도 위에 감도는 적대감과 긴장이 눈 녹듯 사라지는 날

이 온다면 그 때 이 판문점은 가장 중요한 역할을 하게 될 것이다.

분단의 시작

한반도의 면적은 약 22만 평방km로 대략 뉴욕州와 펜실베니아州를 합친 크기다. 거대한 아시아 대륙의 북동쪽 끝에서 아래쪽으로 돌출된 한반도는 동, 서, 남쪽 3면이 모두 바다로 둘러싸여져 있고 북쪽으로는 압록강과 두만강이 아시아 대륙과 경계를 이루고 있다. 고고학적 조사 결과에 따르면 한반도에서는 늦어도 2만 년 전부터 인류의 거주가 시작됐으며 일부 유적지에서는 그 훨씬 전부터 사람이 살았던 것으로 보인다. BC.4세기 경 중국과 경계를 이루는 한반도 북부에서 처음으로 고대국가가 탄생했다. AD.300년께 그들은 중국의 영향력에서 벗어나 한반도 북부와 동남부, 서남부에 각각 고구려, 백제, 신라로 이루어지는 삼국시대를 맞게 된다. AD.668년 신라는 중국 당나라의 도움을 받아 패권을 장악하고 한반도의 대부분을 통일했다.

그로부터 20세기 중반까지 약 1천3백 년에 이르는 장구한 세월 동안 한민족은 독자적인 언어와 독특한 전통을 고수하며 하나의 통일국가를 유지해왔다. 그동안 그들은 고유한 한글을 발명했으며 유럽의 구텐베르크보다 한 세기 먼저 세계 최초의 금속활자를 발명하기도 했다.

한반도는 지정학적 중요성 때문에 오래 전부터 고단한 숙명을 피할 수 없었다. 전략적 요충지 위에 세워진 한국은 호시탐탐 기회를 엿보는 중국·일본·러시아와 같은 열강의 틈바구니 속에서 2천 년 동안 9백 회에 달하는 크고 작은 외침을 견뎌왔을 뿐 아니라 중국·몽고·

일본, 그리고 2차 세계대전 이후에는 미국과 소련의 지배를 받아야 했다.

그중에서도 한반도에 가장 큰 영향력을 행사한 나라는 중국이었다. 중국은 한국인에게 가장 자연스럽게 받아들여졌던 이민족이었고 한국의 역대 왕조는 '중화(中華)'의 변방에 위치한 다른 많은 나라들과 마찬가지로 중국의 문화를 수용했다. 또한 그들은 중국 황제에게 조공을 바치고 통치 승인을 받는 대가로 일정한 보호를 보장받았다.

16세기 일본을 통일한 토요토미 히데요시(豊臣秀吉)는 중국 본토 침략의 거점으로 조선을 공략했다. 이때 이순신 장군이 이끄는 조선의 해군은 거북선이라 불리는 장갑 전함을 발명, 반격을 시도했고 일본은 심각한 타격을 입었다. 결국 일본인들은 한반도에서 물러났지만 이미 한반도 전역은 초토화됐으며 한국인의 마음속 깊이 오랫동안 잊혀지지 않을 적대감을 남겼다.

임진왜란에 이어 곧바로 중국을 장악한 만주족이 침입해 왔다. 외세의 침입에 지친 조선은 중국인 및 부산항에 자리잡은 소규모 일본인 거주지를 제외하고는 문호를 굳게 닫아거는 엄격한 '쇄국정책'을 실시했다. 이로 인해 '은둔의 나라'라는 이름을 얻게 된 당시의 조선은 군신·부자·내외간의 관계를 엄격하게 규정하고 중국의 유교사상에 입각한 정치 및 사회 체제를 확립했다.

이러한 조선의 '배외주의' 정책은 19세기 중반 미국과 유럽, 일본 등의 강대국이 군함을 파견해 통상압력을 가하면서 꺾이게 됐다. 1882년 조선은, 이웃 강대국들에 대항하기 위한 방어책의 일환으로 서구국가로서는 최초로 미국과 '수호통상조약(修好通商條約)'을 체결했는데 이것은 제3국이 조선을 위협하는 경우에 미국 정부가 '중재'를 약속한다는 내용이었다. 초대 주한 미국 공사가 한국에 도착했을 때 고종은 춤을 추며 기뻐했다. 이후 조선은 다른 열강들과도 속속 통상조약을 체결했다. 그리고 그중의 하나가 '짜르(czar)' 치하의 러시아였다. 당시 러시아는 시베리아 횡단 철도 공사에 착수했으며 한반도의 전략적 중요성을 인식하고 있었다. 러시아의 외무부 장관을 지낸 블라디미르 람스도르프(Vladimir Lamsdorff) 백작은 이후 "지정학적으로 볼 때, 러시아 제국의 일부가 될 수밖에 없는 조선의 운명을 앞당기는 것이 우리의 사명이었다"고 회상했다.

  1902년 일본은 아시아 지역에서 위세를 떨치던 영국과 동맹을 맺음으로써 강대국의 일원으로 발돋움했고 이어서 중국에 대한 영국의 이익을 인정하는 대가로 조선에 대한 자신들의 이권을 인정받았다. 英·日 동맹이 체결된 후 조선 접경지대의 힘싸움에서 불리함을 느낀 러시아는 한반도로 군대를 파견했고 일본과 충돌을 빚게 됐다. 전쟁을 피하고자 했던 일본 정부는 차선책으로 한반도를 위도 38도선을 기준으로 양분해 각각 영향력을 행사하자고 제의했다(우연하게도 이 것은 2차 세계대전 후 미국이 한국 분단에 선택한 경계선과 일치한다). 그러나 러시아는 일본의 제안과 다른 절충안 모두를 거절했고 양국은 1904년 전쟁으로 치닫게 된다. 러·일 전쟁에서 일본은 예상을 뒤엎고 서구 세력을 상대로 한 최초의 전쟁에서 승리를 거둠으로써 국제적 입지를 강화하고 한반도 지배를 위한 기초를 닦는 데 성공했다. 1905년 훗날 대통령으로 당선되는 美 육군장관 윌리엄 하워드 태프트(William Howard Taft)는 일본 외상과의 비밀조약에서 일본이 미국의 필리핀 식민지화를 인정하는 대가로 한반도에 대한 일본의 지배권을 승인했다. 많은 한국인들은 이 사건을 미국의 첫 번째 배반으로 기억하고 있다.

그해 말 뉴햄프셔州에서 체결된 포츠머스 회담에서는 조선에 대한 일본의 우월한 정치적, 군사적, 경제적 이익(러·일 전쟁의 강화조약)이 성문화됐다. 당시 씨어도르 루스벨트(Theodore Roosevelt) 美 대통령은 일본과 러시아 사이의 평화 중재자 역할로 노벨 평화상을 수상했다. 일본은 가시적인 반대가 없는 틈을 타 1905년 조선을 침략해 외교권을 박탈하고 1910년 노골적으로 조선을 자국에 병합한 뒤 1945년 2차 세계대전에서 패전할 때까지 한반도의 가혹한 식민지 지배자로 군림했다.

많은 한국인들이 미국의 두 번째 배신행위로 간주하는 한반도 분단은 2차 세계대전 막바지에 시작됐다. 1943년 카이로 선언을 통해 미국과 영국, 중국은 "한국은 적당한 시기에 자유 독립국가가 될 것"이라고 선언했다. 하지만 이 공약을 팽개친 프랭클린 D. 루스벨트(Franklin D. Roosevelt) 미국 대통령은 1945년 얄타회담에서 미국—소련—중국 3국에 의한 한반도 신탁통치안을 제안했다. 이같은 어설픈 몇 마디의 언급 외에는 전시 동맹국 사이에 전후 한반도의 미래에 대한 협의는 전무했고 미국 정부 또한 구체적이고 실질적인 계획이 없었다. 1945년 당시 美 국무장관이었던 에드워드 스테티니어스(Edward Stettinius)는 회의를 앞두고 부하 직원에게 한국이 도대체 어디 박혀있는 나라인지 아느냐고 물었다는 일화도 전해진다.

그랬던 미국이 전후 한반도 정책에 대해 그나마 심각하게 고민하기 시작한 것은 2차 세계대전 마지막 주 소련이 마침내 對일 선전포고를 하고 만주와 한반도 북부에 군대를 진주시킨 이후였다. 미국 정부는 러시아의 한반도 점령이 향후 군사적으로 일본과 동아시아 전체의 운명에 매우 중요한 영향을 미치게 될 것이라는 사실을 별안간 깨달은 것이다.

예일大 역사학과 리처드 휠란(Richard Whelan) 교수는 "이 시기 미국 정부는 '차라리 한국이라는 나라가 존재하지 않았다면 이런 고민도 없었을텐데'라고 생각했다"고 말했다. 당시 미국은 일본에서 군정을 실시하기 위한 준비 작업으로 약 2천 명의 민정관을 양성했지만 한반도와 관련해서는 아무런 준비를 하지 않았다. 일본의 식민지배에 따른 한국인들의 강한 반일감정에도 불구하고 미국 정부는 전쟁이 끝나기 전 한국의 망명 독립운동 단체들이 제기한 망명정부 승인 요구를 묵살했다. 그리하여 2차 세계대전 종전이 임박한 시점에도 미국 정부는 한반도의 미래에 관해 그 주인인 한국인들과는 단 한 번도 협의한 적이 없었던 것이다.

1945년 8월 10일 저녁, 일본이 화평(和平)을 청하고 소련군이 한반도를 향해 진주하는 가운데 백악관에서는 한국을 비롯한 일본의 아시아 식민지에서 일본의 항복을 어떻게 처리할 것인지를 결정하기 위한 철야 회의가 소집됐다. 미국 정부는 자정 무렵 두 명의 젊은 장교를 옆방으로 호출해 소련이 한반도 전체를 점령하고 이어 순식간에 일본으로 진출하는 사태를 방지하기 위해 한반도에 미국의 점령지를 구획토록 했다. 딘 러스크(훗날 케네디·존슨 행정부의 국무부 장관을 역임했다) 대령과 찰스 본스틸(훗날 주한미군 사령관을 지냈다) 중령은 이 느닷없이 주어진 임무를 제대로 완수할 준비가 돼있지 않았다. 상부의 채근과 심리적 압박감에 시달리던 두 명의 미군 장교는 내셔널 지오그래픽에서 제작한 지도를 참고로 해 한반도의 허리를 가로지르는 38도선을 기준 삼아 미군은 그 이남을 점령하고 소련 군대는 이북을 점령한다는 계획을 제안했다.

이와 같이 한반도 분단이 최종적으로 결정되는 순간까지 한국 문제에 정통한 전문가는 단 한 명도 그 과정에 참여하지 않았다. 후에 러스크 대령은 그를 비롯해 당시 한반도 분단 결정에 참여한 그 누구도, 20세기 초 러시아와 일본이 38도선을 중심으로 세력권을 분할하는 문제를 논의한 적이 있었다는 사실을 알지 못했다고 밝혔다. 아마도 소련 지도부는 미국이 자신들이 이전에 일본과 논의한 적이 있었던 기준선을 분단선으로 결정했다고 생각했을 것이다. 그로부터 수년이 지난 후 러스크는 "우리가 그런 사실을 알고 있었다면 38도선이 아닌 다른 기준선을 토대로 군사분계선을 결정했을 것"이라고 회상했다.

미국 정부는 일본 점령지였던 한반도를 38도선을 기준으로 분할 점령한다는 내용을 '명령 제1호'에 포함시켰다. 그리고 소련은 미군이 한반도에 도착하기까지는 수 주일이 더 소요될 것을 알면서도 38도선에서 신중하게 남진을 멈추었다.

이렇게 해서 한국은 두 개의 '잠정적인' 점령지로 분할됐고 냉전이 심화됨에 따라 남북한에는 정반대의 이념과 지원국을 등에 업은 적대적인 정권이 세워졌다.

그리고 마침내 미군도 남한 점령을 위해 일본에 진주했다. 하지만 미군 내에서 한국 주둔은 전혀 인기 없는 임무였다. 군사 전략가 해리 서머스(Harry Summers) 대령은 美 육군 사병으로서 한국에 도착했을 때 점령군 사령관이었던 존 하지(John R. Hodge) 장군의 연설 내용 중에 이런 이야기가 있었다고 전했다. "일본 주둔 미군들이 두려워하는 것이 세 가지 있다. 첫째는 설사(다이어-리아), 두번째는 임질(고오너-리아), 그리고 마지막은 한국(코-리아)이다."

하지 장군의 지휘 아래 미국이 지원하는 남한은 1948년 8월 15일

대한민국 수립을 선포했다. 북쪽에서는 1948년 9월 9일을 기해 소련이 비호하는 조선민주주의인민공화국이 공식 출범했다. 인구밀도가 높은 남한은 농업과 경공업 위주의 산업구조가 중심이 된 반면 북한은 대부분 중공업, 발전시설 및 광업이 주를 이루었다. 남북한 정권은 각각 한반도 전체에 대한 주도권을 주장했고 오늘날까지 이러한 주장을 되풀이하고 있다.

美 외교관을 지낸 저명한 한국 전문가 그레고리 헨더슨(Gregory Henderson)은 1974년 한반도 분단 결과를 다음과 같이 기술했다. "이 시대, 이 세계에서 한반도의 분단만큼 그 연원이 놀랍고 충격적인 사례는 다른 어느 곳에서도 찾아볼 수 없다. 분단 당시 당사자들의 의지와 상황은 전혀 고려되지 않았고 지금까지도 그 과정을 설득력 있게 설명할 수 없다. 한반도의 분단은 강대국들이 저지른 엄청난 실수의 부산물이다. 때문에 미국 정부는 한반도 분단에 따른 엄청난 부담을 감내할 수밖에 없게 된 것이다."

경솔한 한반도 분단 과정과 오랜 역사적 사건들이 예시하듯 한국은 지정학적으로 중요한 위치에 놓인 탓에 강대국들의 각축전에 시달려 왔지만 어정쩡한 크기 때문에 예외적인 몇몇 경우를 빼고 강대국들의 우선적인 관심을 끌지는 못했다. 강대국들은 한국의 운명 그 자체에 대해 충분하게 심사숙고하지 않았고 위급한 사건이 발생한 후에야 비로소 문제 해결에 나섰으며 근시안적인 태도로 對 한반도 정책을 결정했다.

그럼에도 한국인들은 외세의 지배에 따르는 수동적인 민족이 아닌 강인하고 투지가 왕성하며 자립심이 강한 민족이다. 한국인들은 일반적으로 고추와 마늘로 버무린 매운 '김치'의 맛처럼 섬세하며 태권도의 '격파'처럼 조심스럽다. 남한과 북한은 분단이라는 가슴 아픈 현실에 직면해 우위를 차지하기 위해 끊임없이 투쟁하는 동시에 주변 열강에 대항하며 주도권을 다투어 왔다. 이제부터는 남북한이 지난 55년 동안 어떻게 대립해왔으며 그 결과는 어떠했는지에 대해 살펴보기로 한다.

한국전쟁과 그 여파

소련은 북측의 공산주의 정권을 이끌 인물로 33세의 항일 유격대장 출신인 김일성(金日成)을 선택했다. 김일성은 처음에는 중국에서 빨치산을 조직해 일본에 대항했지만 2차 세계대전이 막바지에 이를 무렵 만주에 주둔한 소련의 적군(赤軍)에 입대했다. 본명 김성주(金成柱)에서 김일성으로 개명한 그는 조국을 재통일하겠다는 결코 사그라지지 않는 야망을 감추고 있었다. 남한에서는 미국이 70세의 이승만(李承晩)을 초대 대통령으로 승인했다. 이승만은 조지 워싱턴(George Washington University), 하버드(Harvard), 프린스턴(Princeton) 대학 학위를 취득했고 일제 강점기 시절 대부분을 미국 망명생활로 보냈다. 그는 자신이 반(反)공산주의의 기치 하에 한반도를 재통일할 운명을 타고났다는 구세주적인 믿음을 가지고 있었다.

　1948년 말 소련군이 철수하면서 북한은 김일성 정권의 손에 넘어갔다. 미군은 다음해 6월 남한에서 철수했다. 그 해 여름이 가기 전 남북한은 38도선을 사이에 두고 대대(大隊) 규모의 충돌을 벌였고 그 후 양측은 군사적 우위를 점하기 위해 병력을 증강했다.

　1950년 6월 25일 소련과 중국의 후원을 등에 업은 북한은 무력 통일을 위해 남한을 침공했다. 북한의 침략에 대응해 미국, 한국, 그리고 UN의 기치 하에 모인 15개 국가가 반격을 가했고 결국 북한군은 남한 땅에서 패퇴했다. 중국은 패전의 위기에 처한 북한을 구해내기 위해 막대한 병력을 투입했다. 3년 동안 지속된 참혹한 한국전쟁은 미국의 정책이 2차 세계대전 직후의 군비 축소에서 소련의 팽창주의에 대항한 재무장 쪽으로 선회하는 결정적인 계기가 됐다. 미국은 국방비 예산을 3배로 증액했고 새롭게 등장한 북대서양조약기구(NATO)를 강화하기 위해 유럽 주둔군을 배로 늘렸다. 한국전쟁은 소련과 중국의 끈끈한 동맹관계를 10년 가까이 유지시켰고 미국과 중국을 20년 이상 숙적으로 만들었다. '한국전쟁'은 냉전을 확고히 고착시켰으며 한반도를 전세계적 관심의 중심으로 부각시켰다.

한국전쟁의 원인을 둘러싼 논쟁은 최근까지도 격렬하게 진행되고 있다. 93년에 북한은 '美 제국주의자들이 한국전쟁을 도발했다'라는 제목의 문고판 책자를 통해 미국과 남한의 북침을 주장했다. 그러나 최근에 역사학자들이 입수한 옛 소련의 국가 기밀 문서에 따르면 1949년 3월, 8월, 9월, 그리고 1950년 1월까지 김일성이 스탈린을 비롯한 소련의 외교담당 관리들에게 남한 침략을 승인해 줄 것을 되풀이해서 요청했다는 사실이 드러났다. 한번은 김일성이 평양 주재 고위 소련 외교관들에게 "요즘 한반도의 통일 문제를 고민하느라 밤잠을 설친다. 남조선 주민들의 해방과 한반도 통일이 지연되면 나는 종국에는 인민의 신뢰를 잃게 될 것이다"라는 말을 건네기도 했다.

스탈린(Joseph Stalin)은 1949년 적어도 두 차례 이상 김일성의 요청을 거부했다. 그러나 소련의 정부 문서를 보면 1950년 초 스탈린은 '국제정세의 변화'를 이유로 들어 김일성의 전쟁계획을 승인했다. 필자가 글을 쓰고 있는 이 순간까지도 학계에서는 당시 스탈린이 무엇 때문에 결심을 바꾸었는지를 밝혀내지 못하고 있다. 1949년과 1950년 초까지 일어난 일련의 사건들, 즉 중국의 마오쩌둥(毛澤東)이 이끄는 공산당의 승리, 소련의 핵폭탄 개발 성공, 미군의 남한 철수, 남한을 미국의 방위선에서 제외한다는 美 국무부장관 딘 애치슨(Dean Acheson)의 선언 등이 복합적으로 작용한 결과거나 또는 우리가 모르는 또 다른 이유에 근원이 있었는지도 모른다.

한국전쟁은 핵무기를 보유하고 있었던 강대국들이 끝끝내 그것을 사용하지 않았다는 점과 그리고 미국이 소련이나 중국 영토에 대한 공격을 자제했다는 점에서 제한전(制限戰)의 전형으로 평가된다. 그러나 한반도가 겪어내야 했던 전쟁의 파괴력은 가공할 만한 것이었다. 정확한 수치를 낼 수는 없지만 중국군 90만 명, 북한군 52만 명, 유엔군 40만 명(이중 3분의 2 이상이 남한 병사였다)이 전사한 것으로 추정되며 미군은 3만 6천 명이 숨졌다.

한국전쟁은 약 40년에 이르는 일본의 식민통치에 이어 갑작스러운 분단의 충격에서 막 벗어나 재도약을 준비하려던 한민족 전역을 초토화시켰다. 당시 남북한 합산 총인구의 10분의 1에 해당하는 3백만 명이 죽거나 부상, 또는 실종됐고 5백만 명의 난민이 발생했다. 남한의 물적 손실은 1949년 국민총생산에 맞먹는 20억 달러에 달했다. 북한이 감수해야 했던 손실도 이와 거의 비슷한 수준이었다.

1953년 7월 휴전 당시, 휴전선은 애초에 전쟁이 시작됐던 38도 분계선을 약간 비스듬히 가로지르고 있었다. 군사정전협정에 따라 양측 병력은 휴전선으로부터 2km씩 떨어진 지점으로 철수했고 그 사이에 비무장지대가 형성됐다. 남북한 양측 모두 3년간의 전쟁으로 지칠 대로 지친 상태였지만 어느 때고 전쟁이 다시 재개될 수 있다는 긴장과 두려움은 사라지지 않았다.

한국전쟁의 여파 중 가장 중요한 것은 남북한 사이에 이념 및 정치적 대립이 깊이 뿌리 내렸다는 것이다. 적대적인 정권 사이에서 자라난 반감은 이제 형이 아우에게, 아버지가 아들에게 총부리를 겨누었던 유혈 사태를 겪으며 더욱 심각해졌고 일부 정치적 지도자 사이에서만 한정됐던 적대감이 대다수의 국민에게로 확산됐다. 1천3백 년 동안 면면히 이어온 통일성이 일순간 와해된 것이다.

한국전쟁이 끝난 후 남한의 이승만 정권은 독재정권을 더욱 공고히 했지만 갈수록 심각해지는 부정부패로 결국 1960년 4·19 학생혁명을 계기로 퇴진했다. 이후에 들어선 우유부단한 민주당 정부는 박정희(朴正熙) 육군 소장이 이끄는 군사정부에 정권을 내주고 말았다. 박정희는 일본에서 훈련받은 장교 출신으로 일본의 항복 직후 잠시나마 남로당에 가담했던 인물이었다. 이러한 배경 때문에 워싱턴에서는 우려의 목소리가 높았던 반면 평양에서는 일말의 기대를 품기도 했다. 김일성은 일찌감치 믿을만한 심복을 서울로 파견해 박정희와 은밀한 접촉을 시도했다. 그러나 박정희는 협상 가능성을 타진하기는커녕 특사를 체포, 처형해버렸다.

한편 북한의 김일성은 자신의 정적을 체계적으로 숙청해 고도의 중앙집권체제를 창출하고 자신에게 무소불위(無所不爲)의 권한을 부여했으며 급기야는 가공할 개인숭배 정책을 실시했다. 50년대 중반 공산주의 종주국인 소련과 중국의 갈등이 표면화되자 김일성은 공산세계의 분열에 당황하면서도 두 지원국 사이의 경쟁관계를 이용해 자국의 이익을 극대화시켰다. 1961년 7월 모스크바를 방문한 김일성

수상은, 소련의 중국에 대한 투쟁에 북한을 동맹국으로 삼고자 했던 니키타 흐루시초프(Nikita Khrushchev) 소련 수상의 입장을 최대한 활용해 분단된 한반도에 다시 전쟁이 발생할 경우 소련이 북한을 지원한다는 약속을 포함하는 '우호협조 및 상호원조'에 관한 조약을 체결하는 데 성공했다. 그리고 나서 곧바로 베이징을 방문해 중국 지도부에 朝-蘇 조약을 내보이며 채근한 결과, 朝-中 조약에도 기꺼이 서명을 받아냈다.

50-60년대 남한과 북한 모두가 겉으로는 궁극적인 통일을 외쳤지만 안으로는 골 깊은 적대감만 쌓여갔다. 그 적대감이 가시적으로 표출된 사건이 1968년 1월, 북한이 朴대통령을 암살하기 위해 31명의 무장간첩을 남한에 침투시킨 사건이었다. 그들은 청와대로부터 불과 1km 정도 떨어진 세검정 고개까지 침투했지만 경찰과 보안군의 불심검문에 발각돼 체포됐다. 이 일로 인해 화해 분위기가 조성될 가능성은 더욱더 희박해졌다.

남북 협상의 기원

1971년 7월 9일 리처드 닉슨(Richard Nixon) 美 대통령의 보좌관, 헨리 키신저(Henry Kissinger)는 중국과의 관계회복을 향한 역사적인 첫발을 내딛기 위해 비밀리에 파키스탄 항공편으로 베이징을 방문했다. 접근 가능해진 그 시기의 문서들과 새로운 저작물들이 이러한 전략지정학적 지진과도 같았던 상황에 대한 북한의 반응을 어느 정도 다른 각도에서 다루는 듯하다. 그러나 그 풀스토리가 어떠했는지는 아직 알 수 없다. 초기 보고서에는 키신저의 방중 기간 동안 김일성이 비공식적으로 베이징에 머물고 있었다는 게 나타나 있지만, 그것이 당시 정황을 설명해주는 자료는 아닌 듯 싶다. 그럼에도 불구하고 키신저가 베이징을 떠난 지 며칠 만에, 중국 공산당 총리인 저우언라이(周恩來)는 김일성과 두 차례에 걸친 긴 회담을 갖기 위해 평양에 도착했다. 그로부터 2주 후, 김일성은 추후 협의를 위해 고위급 간부인 김일을 베이징으로 파견했다. 1971년 여름, 북·중 관계가 중국의 문화혁명 동안 심각한 침체를 겪었던 시기로부터 다시금 살아난 지 불과 일 년밖에 되지 않았던 때였다. 김일성은 아마 북·중 관계가 조만간 다시 소원해지는 것을 보고 싶지 않았을 것이다. 더군다나 당시 북한과 러시아는 사이가 그다지 좋지 못했다. 어쨌든 저우언라이는 중국과 미국 사이의 관계 회복이 북한에 대한 협박이라기보다는 어떤 기회를 제시한다고 믿고 있었다고 한다. 저우언라이가 베이징 회담에서 키신저가 했던 말—어떤 상황이 되면 닉슨 대통령의 두 번째 임기 말까지, '전부가 아니라면 대부분의' 미군이 한국에서 철수하는 것도 가능하다—을 김일성에게 읊어주었다면 김일성은 귀를 쫑긋 세우고 들었을 것이다. 중국을 의심하고 있던 북한의 정황으로 보아 김일성은 저우언라이의 주장을 완벽히 신뢰하지는 않았을 것이다. 중국이 급작스레 미국에 접근하자 북한은 미국과 대면할 수밖에 없는 처지가 되어버렸다. 그러나 김일성은 매우 실용적인 사람이었다. 암퇘지의 귀에서 은지갑을 만들어낼 수 있는 누군가가 있다면, 그는 아마 김일성일 것이다. 몇 주 간의 고심 끝에 그는 고삐를 잡기로 결정했다.

 닉슨은 중국의 한국전쟁 개입으로 시작된 수십 년간의 中·美 적대관계를 청산할 욕심으로 한국보다는 베트남을 선택했다. 닉슨은 소련 및 중국과의 관계를 동시에 개선함으로써 열강들의 거대한 패권

게임 속에서 월맹 하나쯤은 얼마든지 희생시킬 수 있다는 것을 보여주려 했던 것이다. 이처럼 닉슨의 삼각외교는 본래 월맹을 겨냥한 것이었지만 뜻하지 않게 북한은 물론이고 남한까지도 위기감을 느꼈다 (나중에 이런 사실을 알게 된 미국 정부는 당황하지 않을 수 없었다). 그 결과 남북한 정권 모두 그 어느 때보다도 국가안보에 심각한 위협을 느끼게 됐으며, 이런 분위기 속에서 남북한 양 정권은 사상 처음으로 남북간의 갈등을 스스로의 힘으로 해결하기로 마음을 굳혔다.

그 해 말 중국은 북한에 새로운 경제 원조를 약속했고 15년만에 처음으로 북한에 대한 군사 원조 관련 내용을 의정서에 서명했다. 그 결실은 다음해 4월부터 가시적으로 드러나기 시작했다. 김일성의 생일을 기념하는 군사 퍼레이드에서 갓 수입한 중국제 탱크가 위용을 자랑하며 평양의 김일성 광장을 진군했던 것이다. 중국 정부가 러시아제 미그 19 초음속 전투기의 중국 모델을 북한에 공급하기 시작한 것도 바로 이때부터였다.

中-美 관계의 진전을 지켜보며 침묵을 지켰던 김일성은 1971년 8월 6일, 외국인 중에 가장 가까이 지내는 인사였던 캄보디아의 국왕 노로돔 시아누크(Norodom Sihanouk)를 환영하는 평양 대규모 집회에서 마침내 입을 열었다. 김일성은 "우리는 언제든지 집권여당인 민주공화당을 포함한 남조선의 전(全) 정당, 사회단체, 개별인사들과 만날 용의가 있다"고 천명했고 이 발언은 엄청난 파장을 몰고 왔다. 불과 4개월 전만 해도 북한은 여당 축출이야말로 남한과의 협상을 위한 기본 전제조건이라고 반복 주장해왔던 것이다. 따라서 김일성의 선언은 북한이 오랫동안 견지해온 종래의 對남 강경 노선의 급작스러운 반전이었다.

한편, 남한의 박정희 대통령도 닉슨이 중국에 대해 문호개방정책을 추진한다는 소식에 충격을 받았다. 미국은 박정희에게도 그랬듯 어떠한 우방 국가들에게도 사전 통보를 주지 않은 채 비밀리에 중국 방문을 추진했다. 미국의 그런 행동은 막강한 후원국으로서 미국을 계속 믿을 수 있을지에 대한 강한 의심을 불러 일으켰다. 朴대통령에게 中-美 관계의 개선은 미국이, 남한과 이웃해 있고 북한과 군사 동맹관계를 형성하고 있는, 적대적이고 강력한 혁명국가 중국을 받아들인다는 것을 의미했다. 1969년 "아시아 각국은 내란이 발생하거나 침략을 받는 경우 스스로 이를 해결해야 한다"는 닉슨 독트린이 발표된 후 미국은 해외 주둔군의 점진적인 철수 쪽으로 대세가 기우는 듯했다. 실제로 1971년 초 미국은 월남 주둔 미군을 단계적으로 철수시켰고 동시에 朴대통령의 거센 반대에도 불구하고 총 6만2천 명의 주한미군 중 2만 명을 감축했다. 오랜 기간 朴대통령을 보좌했던 전 공보수석비서관 김성진(金聖鎭)의 말에 따르면 朴대통령은 美 정치 지도자들과 외교관들의 안심하라는 말에도 불구하고 철군 조치를 '북한이 또다시 쳐들어와도 미국은 더 이상 한국을 돕지 않겠다는 뜻을 분명히 밝히는 메시지'로 받아들였다고 한다. 朴대통령은 무엇보다도 미국 정부가 자기에게는 사전 통보도 없이 느닷없이 중국 정부와 손을 잡았다는 사실이 불길한 징조로 여겨졌던 것이다.

키신저의 베이징 방문이 보도된 날 朴대통령은 여러 명의 기자들과 청와대에서 다과회를 가졌다. 그는 침울한 표정을 감추지 못한 채 "미국은 오래 전부터 중국 빨갱이들과 관계를 개선하기 위해 노력해 왔지만 중국은 하나도 변한 것이 없다"며 불만을 토로했다. 미국이 중국에게 모든 것을 양보했다는 표현이다. 며칠 후 청와대 출입 기자와의 비공식 만찬 석상에서도 朴대통령은 닉슨의 중국 방문 목적 중 90%는 재선을 겨냥한 정치 술책이라고 단언했다. 게다가 인터뷰 자리에서는 중국에 대한 닉슨의 '저자세 외교'로 미루어 볼 때 "과연 언제까지 미국을 신뢰할 수 있을까"라는 물음이 시급한 당면과제라고 주장했다.

  수주가 지난 후 朴대통령은 김용식(金溶植) 외무장관을 통해 윌리엄 로저스(William Rogers) 美 국무부장관에게 전달한 서한에서 닉슨에게 자신이 우려하는 바를 조목조목 설명했다. 그는 특히 닉슨의 베이징 방문 동안 한반도에 관한 모종의 거래가 이루어질 것을 우려하며 韓-美 정상회담을 통해 이 문제를 닉슨과 직접 논의하고자 했다. 그러나 워싱턴에서는 朴대통령의 우려를 중요시하지 않았고 국무부와 국가안보회의(NSC)가 닉슨의 회신 서한을 마련하는 데만 무려 3개월이 소요됐다. 마침내 완성된 서한도 베이징 방문 때 남한의 국익을 희생시키며 중국과의 관계개선을 추구하지는 않겠다는 틀에 박힌 내용이었다. 더불어 韓-美 정상회담은 불가능하다는 것이었다. 훗날 中-美 관계개선을 둘러싼 사태의 추이를 그저 지켜보고 있을 수밖에 없었던 당시를 회상하며 朴대통령은 "이러한 일련의 상황 전개는 우리 국민의 생존을 위협하는 전례 없는 위험이었다…… 문득 한 세기 전, 유럽 열강의 각축전 속에서 풍전등화의 위기에 처했던 대한제국이 떠올랐다"고 적었다. 키신저의 베이징 비밀방문 전부터 북한 정권은 남한에 직접대화의 가능성을 조심스럽게 타진해왔고, 박정희 정권 역시 이에 대한 대책을 고심하고 있었다. 남한과 대화할 용의가 있다는 김일성의 갑작스러운 8·6 선언 직후 남한은 남북 적십자 회담을 제안했고 북한은 이를 즉각 수락했다.

한국전쟁이 끝난 지 18년만인 1971년 8월 20일 남북 적십자 대표단이 판문점에서 처음 만났고 이어서 탐색전과 같은 직접대화가 최초로 시작됐다. 예상대로 회담은 순조롭지 못했다.

그로부터 석 달간 무의미한 언쟁으로 점철된 9차례의 회담 끝에 11월 20일 한적(韓赤)회담사무국 회담 운영부장 정홍진(鄭洪鎭, 중앙정보부 협의조정국장)은 북적(北赤) 보도부장 김덕현(金德賢, 조선 노동당 중앙위원회 직속책임지도원)에게 별도의 단독회담을 제안하는 쪽지를 건넸다. 이들과 마찬가지로 적십자 회담 참석자의 대부분은 정보부 관리들이거나 당 관리들이었다. 막강한 힘을 지니고 있는 이 두 기관은 각 지도자가 은밀하고 철저하게 통제할 수 있다는 이유로 그후 수십 년 동안 남북 비밀접촉의 채널로 빈번하게 이용됐다.

북한은 남측에서 제안한 고위급 회담을 즉각 수락했다. 북한 지도부는 언제라도 기꺼이 대화를 시작할 준비를 하고 있었기 때문에 매우 적극적이었다. 남북대화가 시작될 무렵 비밀리에 소집된 노동당 중앙위원회 총회는 '급변하는 국내외 정세'를 감안해 남측에 대규모 평화공세를 감행하는 안건을 승인했다.

1972년 3월 28일, 북한 대표와 11차례의 비밀접촉을 가진 정홍진 한적 대표는 판문각의 북쪽 문으로 빠져나가 북한측이 제공한 승용차를 타고 개성으로 간 다음 거기서 다시 헬기를 타고 평양으로 향했다. 그는 회담을 위해 평양을 방문한 최초의 남한 관리였다. 북한 당국은 고위급 회담을 마련하기 위해 평양에서 정홍진과 은밀한 교섭을 진행했고 그 결과 남한의 중앙정보부장이 평양을 방문하고 북한의 고위급 관리가 남한을 방문하기로 결정했다. 그해 4월말 서울의 중앙정보부장실과 평양의 조선노동당 조직지도부장실을 연결하는 직통 전화가 비밀리에 개설됐다.

고위급 비밀회담의 남측 대표는 일본군 하사관 출신으로 朴대통령의 비서실장을 역임했던 이후락(李厚洛) 중앙정보부장이었다. 중앙정보부는 그 명칭이나 기능에 있어 미국 중앙정보국(CIA)을 모델로 삼았으나 실제적인 여러 측면에서는 2차 세계대전 이전 일본의 헌병대나 소련의 국가보안위원회(KGB)처럼 해외 공작은 물론 국내 감시와 통제업무를 수행하며 무소불위의 권한을 행사하는 권력기관이었다. 美 외교관 출신으로 한국 문제 전문가인 그레고리 헨더슨 교수는 중앙정보부를 두고 "국가내의 국가…… 관료, 학자, 간첩, 깡패로 구성된 거대한 그림자 정부"라고 평한 바 있다. 1970년대 초반 중앙정보부장은 남한 내에서 막강한 권력을 행사했으며 대통령을 제외한 국무총리 및 다른 어떤 정부 관리보다도 더 두려운 존재였다.

5월 초 朴대통령으로부터 '특별구역(평양)' 방문에 대한 서면 지시를 받은 이후락은 판문점을 통해 평양을 은밀히 방문했다. 당시 상황에 대해 그는 이렇게 회고하고 있다. "양측 서로가 받아들일 수 있게

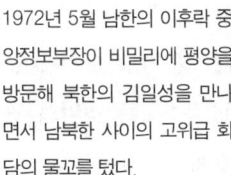

1972년 5월 남한의 이후락 중앙정보부장이 비밀리에 평양을 방문해 북한의 김일성을 만나면서 남북한 사이의 고위급 회담의 물꼬를 텄다.

말을 하는 방법에 관해 참고할 만한 선례가 전혀 없었기 때문에 필설로 다 표현할 수 없는 불안감을 느꼈다." 또한 그는 자신이 대한민국 첩보부의 책임자이며 북한의 공산주의자들이 대통령 다음으로 회유하고자 하는 존재라는 사실을 한시도 잊지 않았다.

평양 방문 첫날, 북측 인사들은 그에게 평양 관광과 김일성의 항일투쟁을 찬양하는 내용의 혁명가극을 관람시켜 주었다. 평양 방문 둘째 날 밤 누군가 자고 있는 이후락을 깨워 차에 태웠다. 폭풍우 속을 질주하던 자동차는 평양 근교 언덕에 있는 경비가 삼엄한 한 건물을 향하고 있었다. 이후락은 자신을 태운 차가 어디를 향하고 있는지 전혀 짐작할 수 없었다. 그는 가슴을 졸이는 두려움 속에서 어쩌면 다시는 살아서 새벽을 볼 수 없을 것이라고 생각했다. 0시 15분, 마침내 차가 섰고 그는 뜻밖에 김일성을 대면하고는 크게 놀랐다.

김일성(金日成)

북한 사람들에게 '위대한 지도자 동지'로 불렸던 김일성은 20세기를 통틀어 가장 흥미로운 인물이다. 그는 세상을 떠날 때까지 다른 어느 누구도 따라올 수 없는 방식으로 북한을 통치했다.

50년대 말부터 그의 권력은 북한 내에서는 사실상 아무런 제약을 받지 않았고 그가 내린 결정에 따라 북한과 남한은 물론이고 다른 나라에 살고 있는 사람들의 생사까지 좌지우지될 정도로 그 영향력이 지대했다. 또한 그는 동시대의 공산국가 지도자들 중 가장 오래 살았다. 그는 1994년 7월, 82세의 나이로 세상을 떠났는데, 즉 소련의 조세프 스탈린에 비해서는 40여 년을, 중국의 마오쩌둥보다는 거의 20

년을 더 오래 살았고 그가 '위대한 지도자 동지'로서 권좌를 유지하는 동안 남한 대통령은 6명, 미국 대통령은 9명, 일본 수상은 총 21명이 교체됐다.

조선민주주의인민공화국의 건국자이자 총수인 김일성은 타이타닉호가 차가운 북대서양 바닥에 가라앉았던 1912년 4월 15일, 평양에서 태어났다. 어머니는 독실한 장로교 장로의 딸이었으며 아버지는 기독교 학교 출신이었다.

김일성이 정식 교육을 받은 것은 8년에 불과하며 한약방을 운영하는 아버지를 따라 가족이 만주로 이주했기 때문에 그나마 마지막 2년은 만주에 있는 중국인 학교에 다녔다. 그러나 17세 때 혁명활동에 가담했다는 이유로 퇴학당한 뒤 다시는 학교로 돌아가지 않았다. 김일성은 잠시 옥고를 치른 후 1930년대 초 항일유격대에 합류했다. 당시 일본은 1910년 한반도를 강점한 후 만주를 침략해 점령한 상태였고 김일성이 몸담은 유격대는 중국 공산당이 이끄는 군대 산하에 소속돼 있었다.

김일성의 항일투쟁이 훗날 북한의 선동가들이 말하는 것처럼 백전백승의 눈부신 위업은 아니었지만 일본군이 그의 목에 현상금을 걸만큼 상당한 성공을 거두었던 것이 사실이다. 1941년 김일성이 이끄는 부대는 다른 중국인 유격대와 함께 일본군에 쫓겨 만주 국경을 넘어 소련군 훈련소에 이르렀고 김일성은 그곳에서 4년을 지냈다. 그동안에 김일성은 빨치산 동료 대원과 결혼해 두 아들을 낳았는데, 그중 장남이 바로 그의 후계자가 된 김정일(金正日)이다.

정확히 어떤 과정을 통해 북한을 이끌 인물로 김일성이 선택됐는지는 아직 분명히 밝혀지지 않았다. 소련군 훈련소에서 4년간 지내는 동안 김일성은 1945년 38도선 이북을 점령한 소련군 장교들 사이에서 믿을 만하고 용감하다는 평판을 얻고 있었다. 점령군을 이끌고 북한에 들어왔던 한 소련 장군의 말에 따르면 김일성은 전쟁이 끝난 직후 소련 육군 대위의 군복을 입고 평양에 나타났다. 몇 가지 자료에 따르면 스탈린이 "한국은 젊은 나라이므로, 젊은 지도자가 필요하다"라며 후보 중에서 김일성을 최종 선택했다는 설도 있다.

김일성은 민중에 대한 애착이 강했으며 그들과 어울리는 것에 전혀 불편함을 느끼지 않았다. 땀 흘려 일하는 평범한 가정에서 태어난 그는 자신의 비망록에서도 스스로를 '평범한 사람'이라고 묘사하고 있다. 86년 김일성이 모스크바를 방문했을 때 며칠 동안 그를 안내했던 고르바초프 前 대통령의 보좌관인 바딤 메드베데프(Vadim Medvedev)는 훗날 "우리는 김일성이 정치적인 문제뿐만 아닌 날씨와 같은 일상적인 화제에 대해서도 이야기를 나눌 수 있고 시사 문제에 대해 자유롭게 의견을 교환하면서 우리의 생각을 묻는 등 지극히 보통 사람이라는 사실을 알고 매우 놀랐다"고 회상했다.

동시에 김일성은 일국의 제왕보다 더 호화스러운 특권을 누리며 권력을 독점했다. 그는 최소한 5채 이상의 호화로운 저택과 그의 여흥을 위해 지어진 수많은 영빈관에서 생활했다. 그는 그곳에서 고용인과 경호원, 그리고 철저한 신원조사를 통과한 내방자를 제외하고는 누구도 만나지 않는 완전히 외부와 차단된 생활을 했다. 초대를 받지 않는 한 그 누구도 평양의 주석궁으로 향하는 진입로에 발조차 내딛지 못했던 것이다. 애초에 이것은 스탈린과 마오쩌둥을 모방한 개인숭배였지만 김일성은 이들을 훨씬 앞질러 나갔다. 김일성을 태운 관용차는 전용도로를 이용했고 평양 거리를 지나갈 때는 모든 차량 통행이 금지됐다. 84년 열차 편으로 소련을 방문했을 때 소련 정부는 북한측의 요구에 따라 김일성의 이동 여정에 따라 모든 열차 운행을 중단했다. 결국 그의 호화 열차는 나란히 달리거나 뒤쫓아오는 열차에 방해받는 일은 없었지만 이것은 소련 철도 운행에 엄청난 차질을 야기했다. 보급품을 싣거나 김일성이 시원한 바람을 쐬기 위해 잠시 열차가 정차하면 특별히 허가를 받은 사람들과 그를 위해 환호하도록 특별 동원된 일부 시민들을 제외한 모든 여행객들은 플랫폼 밖으로 나가야 했다.

　북한 정부는 오직 김일성 한 사람의 건강만을 보살피고 노화 과정을 관찰하기 위해 평양 시내에 특수 의료기관을 설치했다. 전문 의료진들이 그의 일거수일투족을 체크했고 오직 그만을 위한 과실과 야채가 따로 재배됐다. 84년 김일성의 독일 방문 당시 동독 외교관을 지낸 한 관리의 말에 따르면 김일성의 수행원들은 그의 안락한 잠자리를 위해 특별 제작한 침대가 미리 도착하도록 조처했다(미국의 로널드 레이건(Ronald Reagan) 대통령도 이같은 조치를 취한 바 있다). 그 외에도 김일성의 건강 상태를 체크하기 위해 배설물을 즉시 분석할 수 있는 기구가 내장된 특수 화장실도 가져왔다. 또한 여러 우방국가에서 파견한 전문 의료진들이 김일성의 신체 중 일부분을 각각 책임졌다. 예를 들어 동독 의사들은 1970년대 초부터 눈에 보이기 시작한 그의 목 뒤쪽의 커다란 혹을 포함해 머리와 목 부위를 검진하는 임무를 맡았다.

　중국 학교에서 교육을 받고 소련군 훈련소에서 4년을 보낸 덕분에 김일성은 중국어와 러시아어에 능통했다. 이웃이자 지원국이었으며 강력한 동맹국이었던 중국·소련과의 복잡다단한 관계는 그의 모든 언행의 근간을 이루었다. 김일성은 자신의 경력과 자국의 안정을 중국과 소련에 크게 의지했지만 그들의 지배력을 경계하는 것 또한 개의치 않았다. 한반도의 역사적 전통에 비추어볼 때 김일성은 가능한 한 최대한의 독립성을 확보하고 주권을 보호하기 위해 그 누구보다 끊임없이 노력한 지도자였다.

전직 소련 관리로 25년이라는 세월 동안 김일성과 수차례에 걸쳐 면담을 가졌던 올레그 라흐마닌(Oleg Rakhmanin)은 소련 관리들이 김일성에게 베이징에 대항해 모스크바 편에 서달라고 강력하게 촉구했을 당시 그가 보여주었던 태도에 대해서 이렇게 평했다. "말 한마디 한마디도 신중하게 고르며 언제나 조심스러운 태도를 보였다. 그는 자신이 모스크바에서 한 말이 베이징에 알려지지 않을까 우려했다…… 김일성은 자신이 놓는 수 하나 하나를 빠짐없이 계산하는 빈틈없는 체스선수였다." 주북한 소련 대사관에서 근무했던 또 다른 소련 관리는 김일성을 이렇게 평가했다. "유연하고 실용주의를 추구하는 정치인으로 동양의 탈레랑* 이라고 할 만하다. 소련측 지도자들의 말에 동의를 하고 많은 약속을 했지만 돌아서서는 여전히 독자노선을 추구했다."

정식 교육을 많이 받지 않은 탓이었는지 김일성은 독서를 좋아하지 않았고 객관적으로 보았을 때 그다지 지적인 인물도 아니었다. 그러나 그는 북한의 국기를 제작할 때 지성을 존중하는 마음에서 전통적인 공산주의의 상징인 망치와 낫에 펜을 추가했다. 그러나 사적인 자

＊ Charles M. de Talleyrand 프랑스의 정치가·외교관. 나폴레옹 전쟁이 끝난 후 전후 문제 처리를 위해 1814년 소집된 빈회의에서 전권대사로 참여해 능란한 수완을 발휘해 전승국을 우롱한 것으로 유명하다.

리에서 담소를 나누는 중 세계사나 고전문학 등을 언급하는 경우는 거의 없었다. 김일성과 자주 대면했던 한 옛 공산국가 외교관은 "그는 유교 사상에 대해서는 박식했지만 마르크스나 레닌, 헤겔에 대해서는 피상적인 지식만을 가지고 있었다"고 말했다.

김일성 정권의 철학적 언급의 대부분은 '주체사상'에 관한 것이다. 북한에서는 주체사상을 김일성이 주창한 독창적이고 혁명적인 이념으로 국내외 사상적 전환에 획기적인 기여를 했다고 칭송해왔다. 그러나 김일성은 주체사상이 스스로가 구상한 철학 체계가 아니라고 수시로 말하곤 했다. 실제로 주체사상을 구성하는 주요 개념과 용어는 20세기 초 구한말 시대의 학자들에게로 거슬러 올라간다. 김일성은 "나는 이미 존재했던 사상의 중요성을 특별히 부각시켰을 뿐"이라고 설명했다.

김일성이 강조한 주체사상은 북한의 투쟁적 민족주의에서 출발한 것으로 간단하게 '자주(自主)'로 설명되지만 사실은 이보다 훨씬 깊고 다양한 의미를 담고 있다. 주체사상을 철학 체계와 국가 종교로서 전문적으로 연구한 가장 권위 있는 학자 중의 한 명인 조지아 대학의 박한식(朴漢植) 교수는 "북한 주민들이 한반도가 세계 문명의 발원지라는 말을 끊임없이 듣고 있는 것으로 미루어 주체사상은 한반도를 일종의 선택된 나라로 간주하는 것"이라고 파악했다. 주체사상의 개념 중 가장 주목할 만한 것은 인간은 '만물의 영장'이며 스스로의 운명을 개척한다는 인간 중심의 세계관이다. 언뜻 보면 이것은 인도주의적 사상으로 비쳐진다. 그러나 朴교수에 따르면 이 개념은 김일성과 그의 후계자 김정일을 가리키는 '위대한 지도자'에 의해 이끌어지는 집단의식을 바탕으로 하고 있다.

북한에서는 주체사상을 흔히 인체에 비유해 설명하는 경우가 많은데, 위대한 지도자는 의사를 결정하고 행동을 명령하는 두뇌에 해당되며 노동당은 뇌와 몸통 사이의 균형을 유지하고 중재하는 신경체제이고, 인민은 결정 사항을 이행한 뒤 그 결과나 효과에 대한 정보를 위대한 지도자에게 재전달하는 골격과 근육에 해당된다. 외부인들에게는 이러한 신조가 기괴해 보이지만 북한 주민들은 이러한 사항을 체계적으로 교육받아왔으며 이와 반대되는 견해로부터 완전히 차단돼 있다. 따라서 과연 얼마나 많은 수의 북한 주민이 주체사상을 진실한 것으로 받아들이고 있으며 또한 겉으로는 표현치는 않지만 속으로는 회의하고 있는지는 도무지 알 수 없다.

　주체사상은 김일성의 의사결정을 신성화하는 것을 넘어 소련과 중국, 두 공산주의 후원국에 대한 정치적 독립선언이었다. 처음에 주체사상은 '마르크스-레닌주의의 창조적 적용'이라고 평가받았지만 차후에는 마르크스주의와의 모든 연관성을 떨쳐버렸다. 주체사상은 전통 사상에 깊이 뿌리를 둠으로써 한국인의 외세에 대한 반감에 커다란 호소력을 가지게 됐다. 실질적인 측면에서는 북한 정부의 '경제적 자급자족 정책'과 동의어로 사용됐다.

　서양인의 입장에서 볼 때 김일성 시대의 가장 특이한 점은 위대한 지도자 동지에 대한 우상화와 무조건적인 경배였다. 모든 가정집과 가게 그리고 사무실 곳곳에는 김일성의 사진이 (그리고 훗날 그의 아들 김정일의 사진도 함께) 한쪽 벽을 장식하고 있었다. 1960년대 초부터 북한의 모든 성인남녀는 김일성 초상이 새겨진 배지를 양복, 재킷, 원피스 위에 달았다. 북한에서는 김일성을 언제나 '수령', 또는 '위대한 지도자 동지'라고 부른다. 이 호칭은 '위대한 자들 중에 가장 위대한

자'를 의미하는 말로 김일성은 이것을 자신에게 적용하기 전 1960년대 레닌, 스탈린, 마오쩌둥 등 공산주의 지도자를 칭할 때 사용했다.

80년대 후반 북한에는 김일성 기념물이 최소한 3만4천 개를 넘는 것으로 알려졌다. 김일성이 잠시 앉아 휴식을 취했던 의자(유리로 덮개를 씌워 보호했다)나 전국 순시 때 남긴 다른 기념물을 합하면 그보다 훨씬 많은 수였다. 그 뿐만 아니라 평양 시내 중심부의 광장, 최고의 대학, 당의 최고 학교를 비롯한 수많은 장소와 기관들이 김일성의 이름을 따고 있다. 일상적인 회의는 물론이고 외출 시마다 보좌관들이 그의 뒤를 따르며 그의 말을 일일이 받아 적었다. 이 기록은 대부분 여러 나라의 언어로 번역, 출판됐고 북한 주민들은 이를 '성서'로 간주했다. 스탈린의 신격화 뒤 스탈린의 몰락을 직접 목도했던 소련의 한 공산당 관리는 김일성 우상화 작업이 시작될 무렵인 1960년대에 "귀국에서는 이런 식의 개인숭배가 어떻게 가능한가?"라고 단도직입적으로 김일성에게 물었다. 이때 김일성은 "우리 나라를 잘 몰라서 하는 소리다. 우리는 중국이나 일본과 마찬가지로 유교문화를 충실히 간직하고 있기 때문에 예로부터 어른을 공경하는 전통이 있다"고 답했다. 그 후로는 그 누구도 김일성에게 이런 대담한 질문을 던지지 못했다.

김일성은 일종의 종교 집단과도 같은 절대주의가 지배하는 폐쇄적인 국가를 창조했다. 김일성 자신, 그리고 그의 주장과 결정에 대한 어떠한 이의나 비난도 용납되지 않았다. 위대한 지도자 동지 김일성이나 그의 아들이자 선택받은 후계자인 김정일의 사진이 실린 신문을 아무 생각 없이 구기거나 그 위에 앉았다는 이유만으로 많은 사람들이 체포당했고 일부는 강제수용소로 보내지기도 했다. 그동안 우리는 김일성 주의를 충실히 실천하지 못했다는 이유로 북한 주민이 비인간적인 대우를 받거나 고문을 당하고, 공개 처형당했다는 보도를 어렵지 않게 접해 왔다. 귀순자의 증언과 美 국무부 인권 보고서에 따르면 김일성 생존 시 벽촌에 세워진 12개의 강제수용소에는 무려 15만여 명의 북한 주민이 수용돼 있었고 이들 중 대다수는 석방될 가능성이 전혀 없는 상태에서 끔찍한 비인간적 상태로 감금돼 있었다.

 김일성의 일대기를 집필한 하와이 대학의 서대숙(徐大肅) 교수는 김일성이 "과거 한반도에서 가장 악명 높았던 왕보다 더 막강한 권력을 휘두르는 지배자"로 군림했으며, 공산주의라기보다는 "동양의 전제주의"에 기반을 둔 매우 독특한 국가를 세웠다고 평했다. 김일성의 초청으로 여러 차례 북한을 방문한 적이 있는 한 남한 인사는 "북한 주민이 김일성과 대화한다는 것은 꿈도 꿀 수 없는 일이다. 김일성이 북한 주민에게 어떤 말을 하면 그 사람들은 발딱 일어나 기립자세에서 그의 지시나 명령을 들었다"고 말했다. 그러나 김일성은 자신이나 국가에 중요한 인사를 친히 초청했을 때는 세세한 점까지 마음을 쓰는 자상한 사람이었다. 그 남한 인사는 평양에 머무는 동안 김일성이 "매일같이 내게 전화를 해 지내기가 어떤지, 불편한 점은 없는지 물었다"고 말했다.

 1970년대 김일성은 각료들에게 "무슨 일을 하던지 내가 모든 상황을 통제하지 못하면 마음이 편치 않다"고 토로한 적이 있었다. 원기 왕성했지만 밤잠을 못 자고 노심초사하던 김일성은 밤마다 전화를 걸어 군 책임자에게 군사 문제를 보고 받거나 외교부장에게 국제정세의 추이를 물었다. 그리고 이러한 보고에 입각해 즉석에서 지시를 내리기도 했다.

김일성은 북한의 통치자로 있는 동안 쉴 새 없이 북한의 방방곡곡을 순시하면서 '현장 교시'를 전달했다. 80년, 김일성은 미국의 정치인으로서는 최초로 평양을 방문한 스티븐 솔라즈(Stephen Solarz) 하원의원에게 해마다 10개 도와 3개 특별시를 순시하느라 각각 10-15일을 할애하고 있다고 말했다. 김일성은 솔라즈 의원에게, 농민들과 직접 대화를 나눈 결과 모심기 시기에 관한 정부의 지령을 자신이 친히 수정했고 정책이 바뀌자 풍년이 들었다고 자랑스럽게 말했다.

김일성의 지시는 '성서'처럼 신성시됐기 때문에 시대가 지나 적용할 수 없게 되거나 처음부터 잘못된 조치였다고 하더라도 변경이 쉽지 않았다. 당정치국 간부나 장관급 관리라 할지라도 무의식적으로 위대한 지도자 동지가 설정한 정책 노선을 위반할 시 '자아비판'을 피할 수 없었으며 때로는 직위에서 물러나기도 했다. 평양에서 4년간 주재했던 한 외교관은 "일단 김일성이 한 번 말한 것은 영구불변의 진리가 되며 그 누구도 바꿀 수 없다. 아무리 사소한 이견이라도 제기될 때엔 통치 체제에 균열이 생긴 것을 의미하기 때문"이라고 말했다.

1972년 봄, 김일성의 60회 생일을 맞아 성대한 행사가 준비됐다. 한국인들은 60세를 인생에 있어 중대한 기점으로 생각하고 이 나이를 넘긴 노인을 특별히 공경하는 전통이 있다. 이 날, 김일성의 영광을 찬양하기 위해 92개의 전시실을 갖춘 혁명박물관이 개관됐고 평양을 내려다보고 있는 경치 좋은 언덕에 20m 높이의 금박을 입힌 동상이 제막됐다(이곳은 본래 일제 강점기 동안에 천황 경배를 위한 신사가 세워졌던 장소였다). 이 동상은 2천 년에 달하는 역사를 통틀어 한국인이 제작한 것 중에 가장 거대한 동상으로 기록됐다. 김일성은 환갑이 지났음에도 여전히 체격이 건장하고 걸음걸이가 느긋하고 힘찼으며 굵은

테 안경을 착용했다. 미국 언론인으로서는 최초로 김일성을 인터뷰 했던 뉴욕타임스(New York Times)지 특파원 해리슨 솔즈베리(Harrison Salisbury)는 김일성을 "표정이 풍부하고 너털웃음을 잘 터뜨리는 건장하고 인상적인 사람으로 자신의 말을 강조하기 위해 자주 손짓, 몸짓을 사용하는 스타일이었다"고 묘사했다. 바로 이 시점 김일성은 자신의 막강한 카리스마를 이용해 남한과 최초의 정치적 대화를 시도하는 데 열정을 쏟았다.

남북대화 개시

김일성과 남한의 제2인자인 이후락 사이에 이루어진 사상초유의 남북 비밀회담은 화기애애한 분위기 속에서 서로에 대한 신뢰를 확인하는 것으로 시작됐다. 1972년 5월 4일 새벽, 대한민국 중앙정보부장 이후락은 평양 방문 첫날 관광한 건축물을 칭찬하는 말로 먼저 말문을 열었다. 이에 대해 김일성은 朴대통령의 이후락 파견을 "우리를 신임한다는 표시"라며 치하하고 이후락을 일컬어 적진을 방문한 "매우 대담한 사람"이며 '영웅'이라고 치켜세웠다.

이날의 밀담은 남북한 당사자가 강대국에 대한 공동 경계심을 확인하고 남북간 합의를 도출해 궁극적으로 통일을 이루자고 강조한 말이 오갔다는 점에서 획기적이었다(이날의 대담 기록을 보관하고 있던 이후락의 수행원은 17년이 지난 후에야 아래와 같은 대화를 공개했다).

이후락　박정희 대통령께서나 제 자신은 우리 스스로 통일을 해야 한다고 생각하고, 4대 강국(미국, 중국, 일본, 소련)이 관여할 문제가 아니며 우리끼리 자주적으로 통일해야 한다, 그것이 박정희 대통령의 뜻입니다…… 우리는 결코 미국과 일본의 앞잡이가 아닙니다. 우리는 우리 문제를 우리들끼리 해결해야 한다고 생각합니다…….

김일성 우리는 어떤고 하니 외세에 의존하는 통일엔 반대입니다. 우선 이것이 박대통령과의 의견일치입니다…….

이후락 박정희 대통령께서는 외세의 간섭을 가장 싫어하는 분이라는 것을 말씀드립니다.

김일성 그렇다면 문제는 어지간히 성숙된 것이라 생각합니다. 외세를 배격하고 싸움하지 말고 민족이 단결하고 그밖에 공산주의, 자본주의, 이런 것은 다 덮어둡시다…….

이후락 4천만에서 5천만의 인구를 가진 민족은 강대국입니다(1972년 당시 남한 인구는 3천 2백만, 북한 인구는 1천 4백만이었다). 1백 년 전에는 우리가 약했기 때문에 열강들에 굽실거렸지만 앞으로는 열강들이 우리에게 굽실거릴 것입니다. 열강들이 통일을 희망하는 것은 입으로 하는 헛이야기지 속으로는 좋아하지 않는다고 분명히 말씀드렸습니다.

김일성 열강이나 제국주의는 한 민족을 분할하기 좋아하고 여러 민족으로 만드는 것을 좋아합니다.

김일성은 남한의 불신감을 해소하려는 뜻에서 1968년 청와대 습격 기도에 대해 사과의 뜻을 전했다. 자신은 청와대 습격 계획을 사전에 미처 알지 못했으며 이 사건은 '조직 내의 맹렬 분자들'이 꾸민 일로 그 사실을 알고 난 후 정찰국장 및 보위부 참모장을 파면했다고 말을 이었다(실제로 그 사건 후 숙청작업이 있었다). "朴대통령께는 대단히 미안한 사건이었다"고 김일성은 말했다.

그 후, 박성철(朴成哲) 북한 제2부총리가 답방 형식으로 비밀리에 서울을 방문해 朴대통령과 밀담을 나눈 후 남북한은 1972년 7월 4일 공동성명을 발표함으로써 전세계를 놀라게 했다. 또한 공동성명 날짜를 미국의 독립기념일로 택한 것은 아마도 미국으로부터 독립하겠다는 의지를 확고히 천명하기 위해서인 듯했다. 남한 정부는 공동성명을 발표하겠다는 의지를 수일 전에 주한 미국 대사관에 통보하고 미국의 외교 관리들이 사전에 선언 문안을 살펴볼 수 있도록 조처했다. 국가기밀에 속하는 사항이었음에도 불구하고 당시 서울에서는 선언문과 관련된 소문이 아무런 제재 없이 나돌고 있었다. 당시 주한 미국 부대사였던 프란시스 언더힐(Francis Underhill)은 21세 된 그의 아들이 공동성명 발표가 있기 하루 전 남북한이 비밀 외교를 수행하고 있으며 공동성명 발표가 임박했다는 소문을 서울의 중심지에 있는 카페에서 들었다는 말을 전했을 때 큰 충격을 받았다.

공동성명은 남북한이 다음과 같은 3가지 원칙에 완전히 합의를 보았다고 천명했다.

첫째, 통일은 외세에 의존하거나 외세의 간섭 없이 자주적으로 해결해야 한다.

둘째, 통일은 서로 상대방을 반대하는 무력행사에 의거하지 않고 평화적 방법으로 실현해야 한다.

셋째, 사상과 이념, 제도의 차이를 초월해 우선 하나의 민족으로서 민족적 대단결을 도모해야 한다.

공동성명에서 남북 양측은 상대방을 중상 비방하지 않고 불의의 군사적 충돌 사건을 방지하기 위해 적극적인 조치를 강구하기로 합의했다. 그러나 양측은 상대방을 공식적으로 승인하는 것을 배제하기 위해 공동성명에 양측 정부의 이름으로 서명하지 않고, 중앙정보부장 이후락과 조직지도부 부장 김영주(金英柱, 김일성의 동생) 명의로 '서로 상부의 뜻을 받들어' 서명했다.

북한의 특사로 남한을 방문한 박성철 제2부총리는 기자회견을 통해 공동성명에 대한 북한측 입장을 다음과 같이 밝혔다. "이제 남조선에 북조선의 침략 위협이 사라졌고…… 보호도 필요 없어졌다. 우리 민족은 내부 문제를 스스로의 신념에 따라 해결할 수 있게 됐으므로 美 제국주의자들은 더 이상 우리 국내문제에 간섭하지 말아야 한다. 미국은 침략군을 데리고 당장 철수하라."

김일성은 남한 정권을 미국과 일본으로부터 떼어놓고 미군 철수를 성사시키기 위한 수단으로 남북대화를 활용했다. 1972년 7월 4일 공동선언 직후 주 베를린 북한 대사 이창수는 동독 공산당 정치국에서 제출한 기밀문서에서 "당과 북한 정부는 남한의 정치지도자들이 미국과 일본의 영향력으로부터 벗어나고 미국의 간섭을 반대한다는 약정을 체결하도록 만드는 데 주력할 것"이라고 밝혔다. 그는 북한의 평화공세가 1971년 11월과 1972년 7월에 개최된 노동당 회의에서 승인된 것임을 밝히며 이러한 노력이 "美 제국주의자들의 한반도에 군대를 주둔시키려는 의도 뿐 아니라 일본 제국주의자들의 한반도 재침 기도를 와해시켰다…… 박정희 도당은 우리의 평화공세에 결국 손을 들 것이며 적과 대화하는 우리의 전술이 성공적이었음이 입증됐다"고 말했다.

전 청와대 공보수석 김성진의 말에 따르면 朴대통령 또한 북한의 군사력이 점차 심각한 위협으로 다가오는 상황에서 남북대화가 유용한 전략이 되리라 판단했다. 朴대통령은 "적어도 한쪽 손이라도 서로 붙잡고 있으면 적이 공격해 올 것인지 아닌지 그 여부를 알 수 있다"고 말했다. 朴대통령은 그의 일생에 통일을 이룰 것이라는 믿음이나 신념 따위가 전혀 없었으며 남북접촉의 결실을 얻기 위한 타협 또한 기대하지 않았다고 김성진은 말했다. 또한 그의 뒤를 이은 후임 대통령과는 달리 김일성을 직접 만나는 일에도 관심이 없었다. 김성진은 "朴대통령은 '김일성을 만나고 싶은 생각이 전혀 없다. 내가 왜 그자를 만나야 하느냐'고 직접 말하기도 했다"고 전했다.

그러나 남북한을 제외한 세계 대다수 국가들은 남북공동성명 발표라는 놀라운 화해의 소식을 열렬히 환영했다. 양측의 적대적 사이에 관계개선의 여지가 있다는 낙관적 전망 때문이었다. 사태의 반전에 특히 흥분을 감추지 못한 사람들은 한국전쟁 취재 후 계속해서 분단된 한반도를 주시하고 있던 베테랑 언론인들이었다. 그중에서도 시카고데일리뉴스(Chicago Daily News)지의 도쿄 특파원인 키스 비치(Keyes Beech)는 가장 대표적인 인물이었다. 1950년 한국전쟁이 발발했을 때 비치는 도쿄에 근무하고 있던 NBC 특파원 존 리치(John Rich)에게 전화를 걸어 38도선에서 전쟁이 벌어졌다고 전했다. 그는 "한국에 가야겠어. 전쟁이 터졌네"라고 말했다. 그로부터 22년이 지나 남북공동성명 발표라는 극적인 소식을 접한 비치는 리치에게 다시 전화를 걸어 1950년 당시 자신들이 나누었던 대화를 다시 한 번 반복했다. 그러나 이번에는 대화 내용이 달랐다. "한국에 가야겠네. 평화가 움트기 시작했어."

그리고 두 사람은 그로부터 며칠 후 서울에 도착했다.

제2장

시작과 종말

1972년 9월 13일 오전 10시 경 7·4 남북공동성명 발표 2개월 만에 북한 적십자사 대표단이 판문점의 남쪽 분계선을 넘었다. 이들은 모두 김일성 배지를 달고 있었고 개중에는 중국 공산주의자들이 즐겨 입는 칼라가 목까지 올라오는 전형적인 인민복을 입은 사람도 몇 있었다. 수백만 명의 사상자를 낸 참혹한 전쟁 후 사상 처음으로 금단의 경계선을 넘어 남측으로 건너 온 북한측 인사들은 마중 나온 남한 대표단들로부터 포옹과 악수 세례를 받았다. 사방에 웃음꽃이 만발한 가운데 단정하게 머리를 땋은 소녀들이 그들에게 꽃다발을 안겨주었다. 감정이 북받치는 이 짧은 순간 동안 양측 대표단은 수십 년간 한반도를 곤경에 빠뜨린 쓰라린 이념이나 정치적 대립을 초월하는 듯 했다. 순간 모든 한국인들이 서로의 형제자매, 동포로 되돌아갔다.

이에 양측 지도부가 오히려 회의적인 태도를 보인 반면, 남북한 국민들에게 당시의 만남은 20세기 후반의 한반도 역사에서 가장 희망적인 사건이었다. 남북대화가 개시되자 한국인들 사이에는 이산가족이 재회하고 분단된 민족이 통일을 이루는 평화의 시대가 도래할 것이라는 기대감이 폭넓게 확산됐다.

서울 시내로 이어지는 도로 양편에는 수십만 명, 어쩌면 1백만 명은 족히 될 인파가 분단선을 넘어온 북쪽 손님들을 향해 손을 흔들며 반갑게 환호했다. 북측 대표단이 지나가게 될 도로와 주변 거리는 말끔히 청소됐고 가로수도 새로이 단장됐으며 반공 구호가 새겨진 게시물은 철거되거나 페인트가 덧칠해졌다. 당시 남한에 주둔하고 있던 4만3천 명의 주한미군은 대다수 이 광경을 목격하지 못했다. 평소보다 훨씬 적은 고작 10명만이 판문점에서 보초를 섰고 나머지 병력은 시내 외출 금지 명령을 받았던 것이다.

남북 적십자사 대표단 1차 회담은 2주 전 북한에서 먼저 이루어졌다. 평양 정부도 역시 모든 것을 철저하게 준비해 놓은 상태였다. 도로변에는 가장 좋은 나들이옷으로 차려입은 평양 시민들이 열을 지어 남측 손님을 환영했다. 평양의 상점들은 이 날을 위해 특별히 배급받은 상품으로 넉넉하게 채워졌으며 공공건물에는 환하게 불이 켜졌다. 대표단의 홍일점인 정희경(鄭喜卿) 이화여고 교장이 보기에도 모든 것이 지나치게 완벽했다. 그녀가 평양에서 만난 북한 주민들은 모두 명령받은 대로 말하고 행동하도록 프로그램 된 꼭두각시 같았다. 남한으로 돌아와 떠들썩하고 자유로운 분위기 속에서 환영 인파를 만난 정희경은 같이 숨쉬는 진짜 사람들 사이로 돌아왔다는 안도감과 기쁨에 자신도 모르게 눈물이 솟구쳤다. "그처럼 뼈저리게 애국심을 느껴본 적이 없었다"고 정희경은 당시를 회고했다.

한편 서울을 찾은 북한 대표단은 잠시 휴식을 취한 후 마지막 조선왕조의 본궁인 경복궁(景福宮)에 차려진 만찬장으로 향했다. 남한 정부는 그 역사적인 순간을 의식해 옛 조선시대에 외교 사절들을 접대하던 장소인 경회루(慶會樓)를 만찬장소로 정했다.

조선 왕조 왕비의 정전인 교태전(交泰殿)에서 가까운 연못 한가운데에 세워진 2층짜리 누각 경회루 안에는 화려한 꽃들로 장식된 진수성찬이 준비돼 있었고 속살이 비치는 얇은 원피스나 미니스커트 등 매혹적인 차림을 한 아름다운 아가씨들이 시중을 들었다. 필자는 그중 한 아가씨를 붙들고 그녀의 신분과 왜 거기에 와 있는지 물었다. 그녀는 "적십자 자원봉사단입니다"라고 잘라 말하며 다른 질문에는 대답을 거부했다. 다른 아가씨에게도 같은 질문을 했지만 대답은 똑같았으므로 필자는 리셉션 준비 과정을 잘 알고 있는 한 남한 기자에게 답을 구했다. 그의 말에 따르면 북에서 온 손님들을 위한 접대 일정을 담당한 중앙정보부에서 항공사, 모델 에이전시, TV 방송국을 통해 아가씨들을 선발한 후 그들에게 두둑하게 돈을 쥐어주며 마음에 드는 옷을 사 입고 행사장으로 나오라는 말을 했다는 것이다. 또한 북한 손님들의 시중을 들되 그간의 경위에 대해서는 일체 발설하지 말라고 엄포를 놓았다.

그러나 북한 대표단은 젊은 아가씨들의 아름다움이나 이번 리셉션의 역사적인 상징에 대해서 그다지 깊은 인상을 받지 못한 체 했다. 인민복 차림에 김일성 배지를 달고 있던 북한 대표단의 정치자문 위원 윤기복(尹基福)은 경복궁을 "과거 지배계급이 인민을 착취했던 노골적인 상징물"이라고 신랄하게 비판했다. 다음날 저녁 대표단은 미군 전용 휴식 및 오락 시설인 워커힐에서 비키니만 겨우 걸친 무용수들이 다리를 한껏 들어올리며 공연하는 외설적인 쇼에 초대됐다. 정숙한 북한 사회에서 살아온 일부 대표단은 손으로 얼굴을 가리거나 시선을 돌려버렸다. 이들은 워커힐 쇼를 '美 제국주의의 잔재'라 비난하며 선정적인 공연 관람 조치에 대해 공식적으로 항의를 제기했다.

북한 대표단의 숙소는 시내가 내려다보이는 남산 중턱에 자리 잡은 타워호텔로 정해졌다. 당시 남한 정부는 보다 인상적인 서울의 야경을 만들고 더 이상 전력이 부족하지 않다는 사실을 과시하기 위해 시내 대형 빌딩 기업들에게 밤새 전등을 밝혀달라고 요청했다. 한반도 분단 당시 주요 발전 시설이 모두 북쪽에 위치한 관계로 남한에 발전소가 세워지기 전까지 북한은 걸핏하면 전력공급을 중단하는 횡포를 부리곤 했다.

富를 과시하려는 남한 정부의 노력은 이에 그치지 않고 이번에는 북한 대표단에게 서울에서 부산까지 연결된, 완공된 지 얼마 안 되는 경부고속도로를 드라이브시켰다. 정부는 오가는 차량이 많아 보이도록 서울 시민에게 여행할 데가 특별히 없더라도 차를 가지고 나오라고 독려해둔 터였다. 운송회사에는 대형 트레일러를 동원시키라는 지시가 내려져 있었다. 이 모든 것이 정부의 쇼(평양에서도 흔히 볼 수 있는 동원이었다)라는 사실을 눈치 챈 북측 대표단원은 남측의 한 대표에게 남한이 잘산다는 사실을 증명하기 위해 "남한의 모든 차량을 성공적으로 서울로 동원한 것을 축하한다"며 비아냥거렸다. 이에 남한 대표는 "그것도 물론 쉬운 일은 아니었지만 당신들에게 보여주려고 전국의 대형 빌딩을 서울로 동원한 것만큼 어렵지는 않았다"고 응수했다.

호텔 볼룸에서 열린 개막 행사는 적십자 회담의 정치적 성격을 보다 극명하게 부각시켰다. 남한 정부는 이념으로 철저하게 무장된 북한 인사들의 과격한 언행이 한국전쟁에 대한 악몽을 잊지 못한 채 공산주의를 두려워하고 있는 대다수의 남한 국민들의 비위를 건드릴 것이라는 계산 하에 그들의 개막 연설을 TV로 생방송하기로 결정했다. 윤기복은 미국을 비난하고 "민족의 영광스러운 수도 평양"을 언급하면서 "위대한 지도자 동지"를 찬양했다. 방송이 나가자마자 수백 건의 항의 전화가 방송국과 각 지방 경찰서로 빗발쳤고 일부는 중앙정보부에서 사주한 것도 있었다. 정부의 기대대로 남한의 분위기는 일순간 희망에서 분노로 돌변했다. 개막식을 마친 후 북한 대표단이 호텔을 떠났을 때 그들은 처음으로 서울 시민이 환호 대신 침묵으로 일관하고 있다는 사실을 깨달았다. 북한 대표단은 차창 밖의 시민들에게 손을 흔들었지만 이번에는 누구도 응답하지 않았다.

* * *

극적이라는 사실, 그리고 낙관의 꼭대기에서 비관의 나락으로 떨어지는 등 심한 기복이 야기됐다는 점에서 북한 대표측의 짧지만 공식적인 서울 나들이는 매우 인상적이었던 반면, 협상이라는 측면에서는 대 실패였다. 북한 정부가 남측이 제의한 이산가족 재회와 같이 제한된 관계개선에는 별 관심이 없다는 사실이 금방 드러났다. 북한 정부는 다짜고짜 남한의 반공법 폐기 등을 요구해왔다.

그러나 朴대통령은 회담 결렬을 선언하지 않았다. 대신 '동포애'의 정신과 '적십자의 인도주의'를 찬양하는 무의미한 공동합의문에 서명하고, 보다 진지한 협상은 다음 번 평양 회담으로 연기토록 지시했다. 朴대통령은 손님을 모신 자리에서 손님과 마찰을 일으키거나 회담 초기부터 결렬을 선언하는 것은 한국인의 전통 예(禮)법에 어긋난다고 판단했던 것이다.

박정희(朴正熙)

남한의 절대 권력자 박정희는 여러가지 면에서 김일성과 대조적이었다. 김일성이 항일(抗日) 유격대였던 반면에 박정희는 일본 육군사관학교를 졸업하고 일본 육군 장교로 복무했으며, 강제적이기는 했지만 잠시나마 다카기 마사오(高木正雄)라는 일본 이름도 갖고 있었다. 거대한 체구의 김일성이 당당한 분위기와 친근하고 자신감 있는 카리스마로 주위를 압도했던 반면 박정희는 작고 강단 있는 외모에 속내를 잘 드러내지 않는 내성적인 성격이었다. 1975년 6월 필자는 朴대통령을 단독 인터뷰한 적이 있었다. 청와대 집무실의 큰 의자에 깊숙이 앉아 있는 작은 체구의 이 무시무시한 권력자는 뜻밖에도 수줍어하는 인상이었다. 우리가 대화를 나누는 동안 그는 무릎 위에 앉혀 놓은 작은 치와와의 머리를 계속 쓰다듬었으며 내 눈을 똑바로 바라보는 적이 거의 없었다.

　박정희와 김일성은 대외적인 처세와 추구하는 이념은 달랐지만 한 가지 공통된 것은 모두가 독재자로 군림했다는 사실이다. 박정희는 1961년 쿠데타로 집권해 1979년 암살될 때까지 18년 동안 남한의 현대사에 그 누구보다도 깊은 족적(足跡)을 남겼다. 장기집권과 영향력 측면에서 그와 비견될 수 있는 인물은 오직 북쪽에서 반세기가 넘도록 권력을 휘둘렀던 김일성뿐이었다. 두 인물 모두 권위에 대한 복종을 중시 여긴 유교 전통에 의지해 절대적인 권세를 휘어잡은 지배자였다.

박정희는 1917년 9월 30일 대구 근처의 작은 마을에서 군청의 하급관리였던 소농의 아들로 태어났다. 스무살 때 사범학교를 졸업한 그는 3년간 초등학교에서 교편을 잡다가 일본 육군에 자원했다. 복무성적이 월등했기 때문에 그는 이내 만주에 위치한 일본 육군사관학교에 진학해 소위로 임관했고 교사 시절 체득한 체계적인 사고와 깔끔한 필체, 사관학교에서 배운 조직에 대한 감각과 힘의 사용법은 그에게 평생 든든한 자산이 됐다. 사망 후 그의 개인금고에서는 독특한 분류체제에 따라 손으로 깔끔하게 작성한 여러 인물들의 신상 메모 파일이 발견됐다.

45년 일본이 항복하고 한반도가 분단된 뒤 박정희는 새롭게 창설된 남한의 육군사관학교에 입학했고 다음해에 졸업과 동시에 장교로 임관됐다. 당시 논란이 분분했던 에피소드가 하나 있었는데 바로 박정희가 1948년 여순(麗順)사건 당시 육군사관학교 내 공산주의 세포조직 지도자라는 혐의로 체포됐었다는 사실이다. 여순사건은 공산주의 지도부를 따르는 한 육군부대가 명령 복종을 거부하고 잠시나마 '인민공화국'을 선포한 사건으로 이때 박정희는 군법회의에 회부돼 사형을 언도받았으나 동료 장교들의 감형 운동과 박정희를 '매우 탁월한 군인'으로 생각하고 있던 美 대통령 군사 고문관인 제임스 하우스만(James Hausman)의 적극적인 권유로 이승만 대통령에 의해 감형을 받았다. 그 후 박정희는 우익으로 전향해 육군 내 공산주의자들의 명단을 넘기고 그들을 색출하는 육군본부의 정보국 장교로 변신했다.

이처럼 특수한 이력 탓에 미국은 박정희가 61년 군사 쿠데타의 지도자로 급부상하자 우려를 금치 못했다. 하우스만은 박정희의 요청을 받고 몸소 워싱턴의 고위 관료들을 만나 그의 젊은 시절의 불미한 이력에도 불구하고 이제 그는 공산주의자가 아니며 "걱정할 필요가 없다"고 설명했다. 한편 주한 美 대사관은 박정희가 비밀 공산당원일 가능성은 전혀 없다고 일축하는 보고서를 美 국무부 앞으로 발송했다. "만일 공산주의자들이 집권한다면 과거 자신들을 배반하고 동지들의 명단을 넘긴 그가 가장 먼저 숙청 대상이 될 것"이라는 이유였다. 박정희의 정적들은 그의 좌익활동을 시비했지만 이후 강력한 권력을 장악한 박정희는 누구도 자신의 과거를 언급하지 못하도록 조치했다. 1970년대 초 크리스천 사이언스 모니터(The Christian Science Monitor)지의 엘리자베스 폰드(Elizabeth Pond) 특파원은 박정희의 과거를 언급하는 기사를 작성했다는 죄로 남한 입국을 금지당하기도 했다.

일제강점기에 받은 일본식 교육이나 유교문화에 대한 애착, 군인이었다는 배경 등에 비추어 볼 때 박정희가 거추장스럽고 비생산적인 관행으로만 비추어지는 미국식 민주주의를 신봉할 이유는 전무하다고 할 수 있다. 1961년 박정희가 군사 쿠데타를 일으키자 케네디 행정부는 그에게 군사정권을 민정(民政)으로 이양하고 대통령 선거에 출마하라는 엄청난 압력을 가했다. 그는 그 요구대로 1963년과 1967년 두 차례 대통령에 당선됐고 자신의 3선 허용을 위한 헌법 개정을 고집했다. 1971년 그는, 다시는 국민에게 자신을 뽑아달라고 요청하지 않겠다고 공약을 내건 후 야당 총재 김대중(金大中)을 상대로 한 대통령 선거에서 가까스로 승리해 3선에 성공했다. 1972년 그는 외면상으로는 약속을 충실히 이행하는 듯했으나, 결국은 대통령 직선제를 폐지하고 간선제를 새롭게 도입했다. 이로서 자신의 통제 아래 있는 통일주체국민회의에서의 투표를 통해 "국민에게 뽑아달라고 요청하지 않고도" 얼마든지 재선이 가능하게 된 것이다.

1975년 주한미군 사령부는 그를 다음과 같이 평가했다. "朴대통령은 61년 군사 쿠데타를 주동했을 당시부터 정치활동을 즐기지도 않았고 관심도 없었다. 대한민국 국가원수로서 그가 보여주고 있는 태도는 자신의 명령이 정치적 토론 과정을 거치지 않고 바로 시행되기를 바라는 군인의 사고방식이었다."

박정희 정권 하의 남한은 군사적으로나 경제적으로나 對미의존도가 높았다. 朴대통령은 이처럼 미국에 의존해야 하는 상황을 불만스럽게 여겼고 김일성이 소련과 중국으로부터 독립성을 지키고자 분투했던 것처럼 자주성 확보를 위해 부단히 노력했다. 박정희와 남한의 가장 중요한 지원국인 미국 정부와의 사이에는 기본적인 신뢰감이 존재하지 않았다. 1960년대 당시 미국 정부가 박정희를 어느 정도 불신하고 있었는가는 미국의 첩보기관이 박정희가 사용하는 청와대 집무실에 도청장치를 설치했었다는 윌리엄 포터(William J. Porter) 주한 미국 대사의 폭로에서 여실히 드러났다. 포터는 자신이 남한에 부임한 1967년에는 도청장치가 이미 제거된 뒤였다고 덧붙였다. 이 사실이 폭로되자 朴대통령은 도청전문가들을 동원해 청와대를 철저히 수색한 뒤 외부로부터의 도청을 막기 위해 자신의 집무실에 두 개의 판 사이에 공전(空電)을 발생시키는 특수 복층 유리를 설치했으며 기기 작동 스위치를 자신이 사용하는 책상 근처에 부착했다. "부름을 받고 집무실로 들어가면 그는 스위치를 켠 후 낮은 목소리로 말했다"고 당시 장관을 지낸 한 인사는 회고했다.

그러나 오늘날 박정희는 미국과 크고 작은 마찰을 일으키거나 정치적 탄압 조치를 실시한 독재자라기보다는 놀라운 경제성장을 일궈낸 대통령으로 기억되고 있다. 95년 3월 한 일간지에서 실시한 여론조사에서 응답자의 3분의 2 이상이 남한의 역대 대통령 중 가장 위대한 인물로 박정희를 꼽았고 그 수치는 다른 대통령들에 비해 무려 5배가 넘는 압도적인 것이었다. 그 이유는 그의 집권 당시 이룩한 경제성장과 사회적 안정 때문이었다.

박정희 시대에 얻어낸 남한의 경제 기적은 그야말로 쓰레기더미 위에 피어난 장미로 표현된다. 집권 10년이 지난 후 朴대통령은 1961년 쿠데타를 통해 정권을 장악했을 당시를 이렇게 회고했다. "솔직히 도둑맞은 집이나 파산한 기업을 물려받은 듯한 심정이었다. 희망의 조짐은 눈을 씻고 찾아봐도 없었다. 나는 결단코 빈곤의 악순환과 경제불황의 고리를 끊어야 했고 경제구조의 개혁만이 생활수준을 향상시킬 수 있다고 생각했다." 朴대통령으로선 경제적 번영뿐만 아니라 다른 두 가지 목적을 위해서라도 고속 경제성장이 절대로 필요했다. 북한의 도발에 대해 남한을 비호하려는 미국의 의지가 약해지고 있는 상황에서 자주국방을 강화시키고, 합법정부를 무너뜨린 자신의 군사정권에 대한 정통성을 확보해야 했던 것이다.

朴대통령은 정권 장악 후 불과 한 달 만에 경제기획위원회(경제기획원의 전신)를 조직했고 중앙정부 차원의 경제정책을 수립하기 시작했다. 그로부터 얼마 지나지 않아 입안된 제1차 경제개발 5개년 계획에서는 "'국가주도 자본주의'를 경제체제로 채택해 자유롭고 창의적인 기업 활동을 보장하되 기초산업을 비롯한 기타 기간산업에 대해서는 정부가 직접 참여를 하거나 간접적으로 지침을 주도록 한다"고 선언했다.

이와 같은 표현에서 알 수 있듯이 朴대통령의 경제개발 모델은 2차 세계대전 후 성공적으로 경제발전을 이끈 일본을 본 뜬 것이었다. 1965년 朴대통령은 국민의 거센 반발에도 불구하고 일본과의 관계정상화를 추진해 경제중흥의 밑거름을 얻어냈다. 국내에서는 반일감정을 바탕으로 반대 여론이 들끓었지만 미국 정부의 적극적인 지원 덕에 한일협정이 체결됐고, 그 결과 일본으로부터 8억 달러에 달하는 원조가 즉시 유입됐다. 그 뒤로도 일본의 투자 및 일본 기업과의 제휴 형태로 막대한 자금이 유입됐고 이는 남한 경제의 귀중한 밑천이 됐다. 이와 동시에 朴대통령은 60년대 중반 월남에 남한군 2개 사단을 파병해 미국의 환심을 사면서 남한 기업의 군수물자 생산과 여러 건의 건설 계약 참여라는 가외 소득을 올렸다. 1966년 월남전을 통해서 벌어들인 수입이 남한이 총 외화소득의 40%를 차지했고 베트남은 남한의 첫 해외 수익센터가 됐다.

朴대통령은 경제정책을 직접 진두지휘했고 주로 미국에서 교육받은 전문적인 경제 관료를 발탁해 경제 기구를 구성했다. 청와대의 대통령 집무실 옆에 경제상황실을 설치해 수시로 경제계획의 이행 여부를 점검했으며 경제 관료나 정부의 지원 하에 프로젝트를 추진중인 기업가들과 수시로 만남을 가졌다. 또한 북한의 김일성이 '현장교시'를 내렸던 방식과 유사하게 경제관련 정부부처와 건설 현장을 수시로 찾아 일의 진전 상황을 직접 확인하곤 했다.

朴대통령은 일단 자신의 포부가 담긴 프로젝트를 추진할 때는 누구의 조언도 듣지 않았다. 미국과 세계은행의 경제 전문가들이 '남한은 종합제철소의 성공적 건립은 물론 운영, 유지할 능력이 없다'며 금융 지원을 거절했을 때도 제철소 건설에 대한 그의 결심은 조금도 흔들리지 않았다. 오히려 '철강은 곧 국력'이라고 선언하고 일본에서 차관을 끌어들여 동남부 연안의 포항에 거대한 제철소를 건설하는 프로젝트를 직접 추진했다.

그 결과 마침내 세계 최대 규모의 제철소가 완성됐고 이것은 남한 중공업 발전의 토대가 됐다. 또한 전문가들이 실현 불가능하다고 진단한 야심적인 경부고속도로 건설을 끝까지 추진한 것도 바로 朴대통령이었다. 당시 경부고속도로 건설 사업에 참여했던 한 엔지니어는 "얼마 후 그를 생각하면 나 자신도 모르게 오케스트라의 지휘자가 떠올랐다. 전용 헬리콥터는 朴대통령의 지휘봉인 셈이었다. 어떤 때는 터널을 팔 때 산이 왜 무너지는지 알기 위해 지질학자들을 대동했고, 또 어떤 때는 유엔에서 파견한 수리학자들을 불러 우리측 측량기사들이 지하수면을 어떻게 잘못 파악하고 있는지를 들었다. 朴대통령은 화요일에 답을 찾지 못하고 돌아가면 목요일이나 토요일에 현장으로 돌아와 해결방법을 제시했다"고 회상했다.

"朴대통령은 그것이 공공사업이던 민간사업이던 간에 프로젝트 하나 하나마다 진전 사항을 모두 점검했고 '당근'과 '채찍'을 동시에 이용해 기업가들을 치밀하게 관리했다"고 경제장관을 거쳐 朴대통령의 비서실장을 지낸 김정렴(金正濂)은 말했다. 朴대통령은 정부가 지원하는 대규모 프로젝트를 개시할 때 수주할 기업을 직접 선정했으며 각각의 실적에 따라 국책은행을 통해 대출금을 지원할지 여부를 결정했다. 그리하여 남한의 경제성장은 고도로 조직화된 소수의 재벌기업이 이끌게 됐다. 이같은 재벌구조는 2차 세계대전 이전 자이바쓰

(財閥)로 알려졌던 일본의 자이카이(財界)의 구조를 본 딴 것으로 1970년대 기적적인 경제성장의 밑바탕이 됐지만 한편으로는 정부와 기업의 심각한 정경유착 문제가 발생, 부정부패의 온상이 됐고, 훗날 부정부패에 연루된 두 명의 남한 대통령이 은퇴 후 감옥에 갇히게 되는 불미스러운 사건의 단초가 됐다.

朴대통령은 경제 정책과 관련해 막강한 권력을 휘두르기는 했지만 개인적 치부는 하지 않았고 부정부패와도 거리가 멀었다. 그는 간편한 국수 한 그릇으로 점심을 때우는 경우가 많았고 쌀을 아끼기 위해 보리로 혼식을 했다. 물을 절약하려고 청와대 화장실 변기에 벽돌을 넣어 둘 만큼 세심한 면도 보였다. 편안한 차림새를 즐기는 편이어서 여름에는 넥타이를 매지 않고 칼라를 열어 입었고 공무원들에게도 편안한 복장을 권했다.

朴대통령의 경제 장악은 철강·조선·화학·전자·비철금속·기계 등 6개 전략 산업을 중점적으로 육성한다는 야심인 중화학공업 육성계획으로 구현됐다. 1971년 말 구상돼 1973년 1월에 공식 발표된 중화학공업 육성계획은 정치적 정당성을 확보하고 두 가지의 안보 위협 상황에 대응하고자 하는 목적에서 朴대통령 자신이 직접 구상한 것이었다. 첫 번째 위협 상황은 60년대 중반 북한이 소련과 중국으로부터의 자주성을 주장하면서 박차를 가한 군사력 증강사업이고 두 번째 위협 상황은 미국이 월남전에서 발을 빼면서 동아시아의 다른 곳에 대해서도 군사력을 감축함에 따라 남한에 대한 방위공약의 준수 여부가 의문시됐던 시점이었다.

경제기획원을 비롯한 경제 전문가의 심각한 반대에도 강력히 추진됐던 朴대통령의 중화학공업 육성계획은 훗날 남한이 자동차, 조선,

전자 산업 부문에서 비약적인 성공을 거두는 토대가 됐다. 그러나 워낙에 엄청난 비용이 소요되는 막대한 계획이었기 때문에 결국 그 규모는 상당 부분 축소할 수밖에 없었다. 훗날 서울시장을 역임하게 되는 저명한 경제학자인 조순(趙淳)은 朴대통령이 추진한 프로젝트의 규모를 "한국이 수용할 수 있는 범위를 훨씬 넘어선 것"이라고 분석했다. 경제활동에 있어 민간 부문이 담당해야 할 주도적 역할을 정부의 의사결정으로 대체시켜버린 정책이었다는 것이다. 이어서 그는 "그 결과 자원이 비효율적이고 왜곡된 방식으로 사용됐으며, 인플레이션 압력이 커졌고 거대 기업이 출현함으로써 소득과 부의 분배에 있어 불균형이 보다 심화되는 결과를 낳았다"고 지적했다.

그럼에도 불구하고 1961년-79년 朴대통령이 추진한 경제개발 계획의 전반적인 성과는 눈부신 것이었다. 세계은행의 분석에 따르면 거시적인 측면에서 인플레를 감안한 남한의 GNP는 朴대통령 집권 후부터 매 10년마다 3배씩 증가해 보통 1백 년이 소요돼야 할 만한 경제성장을 단 30년 만에 이루어냈다. 동시에 빈곤층을 현저히 줄이는 데도 성공했다. 1965년에는 전체 가구의 40% 이상이 빈곤선 이하의 수준으로 생활했지만 80년에는 10% 이하로 줄어들었다. 朴대통령 집권 당시 연간 1백 달러에도 미치지 못했던 1인당 국민소득은 그의 사망 즈음에 이르러서는 1천 달러를 넘어섰으며 오늘날에는 1만 달러를 상회한다. 이처럼 놀라운 업적을 감안할 때 대부분의 남한 사람들이 박정희를 타의 추종을 불허하는 위대한 지도자로 기억하는 것도 놀랄 일은 아니다.

유신 쿠데타와 워싱턴의 묵인

1972년 10월 16일 오후 6시경 김종필(金鍾泌) 국무총리는 필립 하비브(Philip Habib) 주한 미국 대사에게 남한의 정치 상황이 급변하고 있음을 통보하고 대통령이 약 25시간 뒤 공식 발표할 성명서 사본 한 장을 건네주며 비밀 유지를 당부했다. 다음날 朴대통령은 계엄령 선포와 기존의 헌법 폐지, 국회 해산과 대통령 간선제 도입 등을 골자로 하는 성명서 발표와 함께 계엄령을 선포했다. 또한 야당의 의견을 잠재우기 위해 대다수의 영향력 있는 정치지도자들을 검거했다.

朴대통령은 자신의 새 체제를 '유신(維新)'이라 명명하며 북한의 위협에 적절하게 대응하고 급변하는 국제환경에서 독립성을 유지하려

1972년 10월 남한의 박정희 대통령은 남북대화를 추진하기 위해서 국론을 통일시켜야 한다는 구실로 유신을 선포하고 국내 정치세력을 탄압했다.

면 강력한 통치 체제 아래 일치단결해야 한다는 구실로 자신의 조치를 합리화했다. 발표문은 "강대국들 간의 긴장완화를 위해서는 제3국가나 약소국의 이해는 희생될 수 있다"며 한반도 외부의 위험요소를 힘주어 강조했다.

명목상으로는 외부로부터의 위협을 강조했지만 하비브는 朴대통령이 이처럼 극단적인 조치를 강행하는 진정한 목적이 무엇인지를 쉽게 파악했다. 하비브는 이 사실을 통보받은 지 몇 시간도 안 돼 "박정희의 조치는 야당을 무력화하고 통치권을 강화해 적어도 앞으로 12년간 장기 집권하겠다는 의사의 표명이며 이것을 막지 못하면 남한에는 명실상부한 독재정부가 출현하게 될 것"이라는 내용의 전문을 워싱턴에 보냈다. 또한 하비브는 朴대통령이 북한의 위협에 대처하기 위해 자신의 국내 입지를 강화해야 한다고 믿고 있을지 모르지만 "객관적으로 현재의 상황을 판단할 때 이러한 조치가 불필요하다는 점은 의문의 여지가 없다"고 美 정부에 보고했다.

당장 시급한 문제는 남한의 정치상황에 폭넓은 이해관계와 역사적 영향력을 가진 美 정부가 이에 어떻게 대처해야 하느냐는 것이었다. 2차 세계대전의 종전과 함께 한반도가 분단된 후 미국 정부는 이승만의 남한 초대 대통령 추대와 1960년 4·19 혁명 후의 하야(下野)에서도 핵심적 역할을 주도해왔다. 61년 美 대사관과 주한미군 사령관은 합헌정부를 전복하고 군사 쿠데타로 집권한 박정희를 겉으로는 공개적으로 비난했지만 실제로는 그를 승인하고 문민정부를 세우도록 꾸준히 압력을 가했다. 이제 美 정부는 朴대통령이 야당을 무력화하고 장기 집권의 권한을 스스로에게 부여한, 쿠데타에 버금가는 긴급상황을 어떻게 처리할 것인가 하는 문제에 직면해 있었다.

정치감각이 뛰어나며 한반도 사정에 정통한 브루클린 출신의 베테랑 외교관 하비브는 朴대통령이 '10월 유신' 조치를 취하려 한다는 정보를 사전에 입수하지 못했다는 사실에 대해 불같이 화를 냈다. 그가 짐작한대로 朴대통령은 유신체제의 발표 시점을 매우 신중하게 선택했다. 불과 3주 전 페르디난드 마르코스(Ferdinad Marcos) 필리핀 대통령이 계엄령을 선포하고 이와 유사한 조치를 취했을 때 워싱턴은 뒷짐을 지고 구경만 했다. 朴대통령은 이와 같은 추이를 주시하다가 계엄령을 선포했으며 기존의 합법적인 정치 기구를 하루아침에 쓰레기통에 던져버린 것이었다. 마르코스와 朴대통령은 모두 미국의 역대 대통령들이 외교 분야에서 말썽이 일어나는 것을 꺼린 대선 기간을 틈타 권력을 장악했다. 당시 자신들의 현실적인 외교정책을 자랑스럽게 여겼던 닉슨-키신저 행정부는 정치적으로 곤란한 베트남 상황에 정신이 팔려있었다고 당시 美 국무부의 아시아통 마샬 그린(Marshall Green)은 말했다. 그는 "그들은 남한 문제에 신경을 쓸 여력이 없었다"고 회고했다.

남한 정부가 유신 계획을 완료하고 이미 새로운 조치를 시행하고 있는 상황에서 하비브는 "미국이 즉시 과감하고 단호한 조치를 취해 朴대통령이 예정된 수순을 밟는 것을 막아야 한다"고 워싱턴에 보고했다. 그는 미국 개입의 한계를 설정하는 핵심적 판단을 다음과 같이 내렸다. "미국이 앞으로 몇 시간 내로 朴대통령에게 조치를 모두 취소하도록 촉구할 책임이 있는 것은 아니다. 그러나 장기적으로 봤을 때 朴대통령은 지금 스스로에게나 우리 정부, 그리고 다른 모든 나라와의 관계에 큰 문제를 자초하고 있다"고 단언했다. 하비브는 "우리는 공식 논평을 발표할 때 신중을 기해야 하고 동시에 우리의 논평이 남한 정부가 추진하고 있는 국내 조치와 어떠한 관련성도 없다는 사실을 분명하게 밝혀야 한다"고 건의했다.

워싱턴은 하비브의 조언을 받아들여 朴대통령이 단행한 조치에 대해서 반대의견을 표명하지 않기로 결정했다. 美 국무부는 하비브에게 "우리도 현 상황에서 朴대통령이 추진하는 조치가 불필요하다는 판단에는 기본적으로 동의한다. 그러나 그가 앞으로 가려는 길이 어떤 것인지 그 끝을 짐작하지 못하고 있다"는 전문을 보냈다. 또한 미국과의 어떠한 사전 조율도 없이 그처럼 중대 결정을 내린 것에 대해 朴대통령에게 "과거 미국의 희생과 오늘날 대한민국에 특히 현 정권에 우리가 제공하고 있는 물심양면의 지원을 생각해 볼 때 도저히 이해할 수 없는 조치"라는 뜻을 전달하도록 하비브에게 지시했다. 그러나 朴대통령의 마음을 돌리도록 노력하라고 권고하지는 않았다. 하비브는 미국이 朴대통령의 계엄령 선포에 반대하는지를 누군가 물어 오면 "이것은 남한 내의 문제며…… 그가 결정할 일"이라고 대답하라는 지시를 받았다.

워싱턴은 유신 선언 자체보다도 中-美 관계개선에 따른 국제정세의 변화가 남한에 중대한 안보 위협을 몰고 왔기 때문에 극단적 조치가 불가피하다는 남한정부의 성명서 내용에 대해 더욱 깊은 우려를 가지고 있는 듯했다. 하비브는 그같은 발표문에 항의하라는 지시를 받았다. 워싱턴에서도 윌리엄 로저스(William Rogers) 국무부 장관이 김동조(金東祚) 주미 한국 대사와 직접 그 문제를 거론했다.

이 모든 게 서울에서 폭탄선언이 발표되기 전의 일이었다. 그 결과 성명서 초안에 포함돼 있던 미국 정책에 대한 언급은 삭제됐지만 '강대국의 술책' 운운하는 내용은 여전히 남아있었다. 남한의 외무장관은 '강대국'이라는 표현에 미국이 포함돼있는 것은 아니라고 진지하게 설명했지만 미국은 여전히 불쾌감을 표했다.

朴대통령의 '대통령 특별선언문' 발표 직후 시가지에는 탱크와 군대가 들어섰고 정치계 인사들이 잇따라 체포됐으며 정치활동이 완전히 금지됐다. 미진하나마 반정부적인 여론을 주도하기도 했던 언론에 대해서도 역시 철저한 검열이 이루어졌다. 막연한 우려가 현실로 나타나자 하비브는 이같은 사태를 보다 신중히 따져보았다. 10월 23일 워싱턴에 보낸 전문에서 하비브는 다음과 같이 보고했다.

朴대통령은 지난 27년 동안 미국이 후원하고 지지해온 정치 철학과는 완전히 다른 길을 가고 있는 것이 분명하다. 우리가 국가 권력의 원천이라고 강조해 왔던 행정권 제한과 대통령 직선제에서 파생되는 반대세력과 불확실성을, 朴대통령은 국가를 취약하게 만드는 민주주의의 독소라고 주장하며 폐기해 버린 것이다. 남한과 미국의 역사적인 유대관계와 미국의 對한 방위공약 그리고 적지 않은 수의 주한미군을 염두에 두고 생각해 볼 때 우리는 이와 같은 사태 진전에 대해 어떻게 대응해야 하는가의 문제에 직면해 있다.

하비브는 朴대통령에게 조치 무효화를 설득하는 것은 '별 소용이 없을 것'이지만 유신정책의 가혹한 측면을 완화하도록 촉구하는 것 또한 미국이 '유신' 정책 전반에 대해 암묵적인 승인을 내린 것으로 해석될 수 있다고 보고했다. 따라서 미국 정부가 취할 수 있는 결론은 미국은 유신체제와 아무런 관련이 없으며 남한의 정치체제에 개입하지 않는다는 '불간섭 정책'을 천명하는 것뿐이었다. 하비브는 백악관에 타전한 전문에서 자신이 권고한 불간섭주의 정책이 어떤 결과를 야기하게 될 것인가를 정면으로 직시했다.

이와 같은 정책을 취하는 것은 미국이 앞으로 한국 정치상황의 향배에 간섭할 수 없고 간섭해서도 안 된다는 사실을 의미한다. 그간 우리는 한국 문제에 대해서 개입의 강도를 점차적으로 낮추어 왔으며 이제 보다 빠른 시일 안에 한국 문제에서 발을 빼야 한다. 우리가 제안하는 정책은 그런 불간섭주의와 동일한 맥락이며, 朴대통령의 조치가 이같은 추세에 기여하게 될 것이다.

사흘 후 워싱턴에서 답신이 도착했다. "우리는 주한 美 대사관의 불간섭 정책에 동의한다…… 이 정책 추진 중 우리는 대한민국 정부와 공개적으로 논쟁하는 것을 자제하고 오직 필요하고 적절한 경우에 한해 은밀하게 의견을 제시할 것이다." 그로부터 3개월 후 김종필 총리가 워싱턴을 방문했을 때 닉슨 대통령은 비공식적으로 그에게 "미국의 전임 대통령들과는 달리 남한의 국내문제에 개입하지 않는다는 것이 나의 원칙"이라고 선언했다. 공식적인 발표는 없었지만 이렇게 해서 미국은 남한 정부에 대한 자국의 입지를 스스로 축소해나갔다.
북한은 朴대통령의 독재 강화를 개의치 않는 듯 보였다. 남한에서 독재정권이 강화되면 朴대통령과 협상하는 것이 보다 용이해질 것이라고 판단했을 가능성도 있다. 10월 21일 계엄령 선포 직후, 남북한은 11월 2일을 기해 이후락 중앙정보부장이 평양을 재차 방문하여 김일성과 한차례 회담을 가질 것이며, 북한에서도 조만간 고위급 협상가를 서울에 파견할 것이라고 공동으로 발표했다. 공동 발표는 남북대화가 여전히 진행되고 있다는 것을 의미하는 신호였다.

10월 유신의 영향

한편, 남한 사회에서는 朴대통령의 '유신' 체제에 대항하는 반대 여론이 사방에서 빗발쳤다. 박정희는 중앙정보부와 보안사, 그리고 막강한 영향력을 행사하던 대통령 경호실까지 동원해 자신의 조치에 반대하거나 간섭하는 모든 사람들을 가택연금시키거나 체포해 입을 막았다. 중앙정보부 고문실에서 어떤 사람은 손목과 발목이 기다란 막대기에 묶인 채 화염 위에 얹어지는 '통닭구이' 고문을 당했다. 물고문을 당한 사람도 많았다.

저명한 민족주의자 장준하(張俊河)는 어느 날 시내에서 길을 걷다가 갑자기 체포돼 중앙정보부에 끌려가 朴대통령의 유신을 '개혁'이라 지지하라며 1주 내내 고문당했다. 그는 끝내 그것을 거부했다. 그동안 그의 가족은 갑자기 사라진 그를 몹시 걱정하고 있었지만 도대체 그에게 무슨 일이 일어났는지, 과연 살아서 돌아오기는 할는지 전혀 알 수가 없었다. 장준하를 심문하던 수사관들도 이 점을 강조하며 쥐도 새도 모르게 죽여 버릴 수 있다고 위협했다.

그로부터 3년 후, 박정희가 일본군에서 복무하는 동안 한국의 독립을 위해 불철주야 투쟁했던 독립투사 장준하는 의문의 죽음을 당했다. 남한 정부는 장준하가 등산길에 실족사했다고 발표했지만 그의 가족과 친지는 정치적 암살이라고 굳게 믿었다. 당시 그의 사체를 부검했던 의사는 모처에 불려가 구타당하고 협박을 받으며 침묵을 지키다가 최근 들어서 장준하의 사체에서 발견된 상처는 절벽에서 추락했을 때 나타날 수 있는 상처가 아니었으며 타살됐을 가능성이 높다는 소견을 발표했다.

보안기관들은 언론의 숨통을 조이기 위해 무던히 애썼다. '유신' 발표 후 근 1년 동안 중앙정보부 소속 요원들은 하루도 빠짐없이 주요 언론사와 방송국을 찾아와 보도 가능한 뉴스와 그렇지 않은 것을 나누어 지정했고 심지어는 헤드라인의 크기나 특정 기사의 돋움 처리 여부까지 세세하게 지시했다. 이와 같은 철저한 보도 검열 결과 신문 보도나 뉴스는 온통 朴대통령의 사진과 동정(動靜) 일색이었다. 검열에 저항하는 편집자나 기자는 불려가 '통닭구이'가 되거나 구타를 당했다.

그렇다고 반대세력을 모두 침묵시킬 수 있었던 것은 아니었다. 가장 강력한 반대를 표명했던 인물은 1971년 대통령 선거에서 야당 후보로 출마해 박정희와 치열한 경합을 벌였던 야당 지도자 김대중이었다. 김대중은 반골 성향이 강하다는 평판을 얻고 있던 호남 지역에서 특히 열렬한 지지를 받는 인물이었다. 김대중은 1971년 대통령 선거를 앞둔 시기에서 만일 朴대통령이 재선될 경우 종신 총통제를 획책할 것임을 정확하게 내다보았다. 1972년 10월 유신 선포 당시 김대중은 일본에 외유 중이었기 때문에 남한의 다른 정치계 인사들과 달리 연금 조치를 모면할 수 있었다. 그는 朴대통령이 추진하는 유신체제가 독재정권을 강화하기 위한 위헌적 조치이며 절대로 정당화될 수 없는 탄압적인 정책이라고 비난했다. 귀국하면 체포될 것이 뻔했기 때문에 그는 해외에 체류하면서 박정희 정권을 계속해서 신랄하게 비난했다.

1973년 8월 8일 김대중은 남한에서 온 두 명의 국회의원으로부터 도쿄 시내의 한 호텔 스위트룸에서 점심식사를 하자는 초대를 받았다. 식사를 마치고 호텔 복도에서 작별인사를 나누는 순간 검은 양복을 입은 괴한들이 나타나 김대중을 옆방으로 밀어 넣고 구타를 가한 뒤 마취제로 정신을 잃게 만들었다. 그들은 대기하고 있던 자동차에 김대중을 태워 고속도로를 질주해 어딘지 알 수 없는 항구에 내려놓았고 처음에는 모터보트로, 그 다음에는 다시 커다란 배로 바꾸어 태웠다. 그는 꼼짝도 할 수 없게 꽁꽁 묶여 있었고 손과 다리에는 무거운 물체가 달려 있었다.

'김대중 납치사건'은 일본 사회 내에서 큰 반향을 일으켰다. 일본에서는 정치적 폭력이 흔치 않은 일이었던 데다가 특히 한국인들이 일본 땅에 들어와 폭력을 행사했다는 점에서 일본의 주권에 대한 불쾌한 도전이라는 인식이 팽배했다. 한편 서울의 하비브는 김대중의 목숨을 구하고 한국 내와 韓·日 간에 발생할 수 있는 심각한 위기를 방지하기 위해서는 신속하고 강력한 대응 조치가 필요하다는 결론을 내렸다. 그는 대사관의 고위관리를 호출해 24시간 내에 납치사건의 배후를 알아내도록 지시했다. 대사관 소속 정보요원들은 곧 이 사건이 중앙정보부의 소행이라는 사실을 알아냈다. 하비브는 대사관 채널을 통해 박정희 정부의 고위급 관리에게 노골적이고도 신랄한 어조로 만의 하나 김대중이 살아서 돌아오지 못하는 경우 韓·美 관계에 심각한 결과가 초래될 것임을 분명하게 경고했다.

만일 이때 하비브의 발 빠른 대처가 없었다면 김대중은 차가운 바다 속에 수장됐을지 모른다. 바다 한 가운데서 몇 시간을 보낸 후 납치범들은 육중한 돌을 치우고 묶어 놓은 줄을 느슨하게 풀어주었다. 납치된 날로부터 닷새만에 김대중은 온몸에 멍이 들고 정신이 혼미한 상태로 서울의 자택에서 멀지 않은 골목길에 버려졌다. 남한 정부는 김대중에게 구사일생으로 살아 돌아온 상황에 대한 공개 기자회견을 할 36시간을 허락한 후 가택연금 처분을 내렸다. 박정희 정부는 김대중 납치사건을 주동한 범인을 찾아내거나 징벌하기 위해 노력하고 있다는 시늉조차 보이지 않았다.

김대중 납치사건이 발생하고 3주가 지난 후, 북한은 저명한 야당 정치인을 납치했다는 사실을 구실로 남북 정치인 회담과 적십자 회담을 전면 중단한다고 선언했다. 그러나 이와는 상관없이 북한 정부는 납치사건이 발생하기 수개월 전부터 이미 남북대화에 흥미를 상실하고 있었다. 남북대화를 계속 진행하더라도 주한미군이 철수하지 않을 것이라는 사실이 갈수록 분명해졌기 때문이었다. 게다가 북한측 대표단이 자신들보다 발전된 남한 실정을 목격하고 돌아온다는 것이 탐탁지 않게 느껴지던 터였다.

남북대화를 통해 잔혹한 유신체제를 정당화했던 박정희 정권은 사그라져 가는 남북대화의 가능성을 회생시키기 위해 분투했다. 그 해 말 남한은 일련의 남북조절위원회 부위원장 회담을 제의했다. 그 첫 번째 회담은 마침 막강한 권력을 행사했던 중앙정보부장 이후락이 전격적으로 퇴진하는 날 열렸다. 그는 김일성과 독대해 남북대화를 이끌어 낸 인물로 김대중 납치사건의 배후이기도 했다. 1973년 한 저명한 서울대학교 법대교수(崔鐘吉)가 고문으로 사망한 사건이 발생했다. 이에 미 CIA 서울지부 책임자였던 도널드 그레그(Donald Gregg)는 최종길 교수 의문사에 대해서 거세게 항의하고 더 이상 이후락과 함께 일하지 않을 것이라고 청와대에 통보했다. 그로부터 한 주 후 朴대통령은 이후락을 경질했고 신직수(申稙秀) 법무부 장관을 그 자리에 앉혀 중앙정보부의 개혁을 도모했다. 이후락이 사라진 상황에서 남북대화 재개 전망은 조금 밝아진 듯 했다. 그러나 1973년 12월부터 1975년 3월까지 판문점에서 남북조절위 부위원장급 회담이 총 10차례에 걸쳐 개최됐지만 가시적인 성과는 전무했다.

  남북대화의 꽃이 한창 피어오르다가 이내 시들어버린 이유는 무엇인가. 또한 朴대통령과 김일성은 남북대화를 과연 얼마나 진지하게 생각했으며 그들의 초기접촉은 이후 남북대화에 어떤 영향을 미쳤는가.

* * *

  역사적인 관점에서 볼 때 두 지도자는 모두 급변하는 국제정세 속에서 기존의 경직된 사고방식을 탈피하지 않을 수 없었던 것으로 보인다. 그 궁극적인 이유가 희망이든 두려움이든 간에 두 지도자는 비록 전례가 없는 새로운 방법이지만 직접 접촉을 통해 잃는 것보다는 얻는 것이 많을 것이라고 판단했다. 결과적으로 실질적인 성과는 없었지만 양측 모두 공존의 실험이라는 중요한 교훈을 얻었다.

  체제유지를 위한 수단으로 朴대통령에게 남북대화는 매우 유용했다. 국제관계, 그중에서도 특히 미국에 좋은 인상을 남겼다. 윌리엄 포터(William J. Porter) 전 주한 美 대사는 일찌감치 남북대화의 당위성을 주장한 바 있었다. 남북대화는 이산가족 상봉, 긴장완화, 그리고 궁극적으로는 통일을 꿈꾸는 남한의 일반 대중에게 광범위한 지지를 받았다. 박정희 정부는 이를 유용한 국내 정치수단으로 활용했다. 북한과 협상을 하려면 그 전에 남한의 국력증강과 국민의 일치단결이 불가피하다며 유신체제를 정당화했던 것이다. 그 결과 朴대통령은 그가 경멸해 마지않던 정쟁만 일삼는 일반 정치인들이 넘볼 수 없는 우월한 지위를 점하는 것과 동시에 종신 대통령을 꿈꿀 수 있게 됐다.

남북대화는 김일성의 입장에서도 유용한 수단이었다. 이것은 특히 외교적 고립을 타파하는 중요한 계기가 됐다. 남북대화 개시 전인 70년 말 북한과 외교관계를 수립한 나라는 불과 35개국에 불과했고 그것도 대부분이 사회주의 국가였다. 이에 반해 남한과 외교관계를 수립한 나라는 81개국에 달했다. 남북대화가 시작되자마자 북한 정부는 서유럽 5개 국가로부터 국가승인을 받았으며 보다 많은 수의 중립국과 사상 처음으로 교류를 시작하는 데 성공했다. 단 4년만에 북한을 승인한 국가 수는 93개국으로 증가했고 이것은 96개국과 교류하고 있는 남한과 거의 대등한 수치였다. 북한은 또한 사상 처음으로 유엔 산하 세계보건기구(WHO) 회원국이 됐고 그 결과 뉴욕과 제네바에 최초의 상주 유엔 옵서버 사절단을 파견하게 됐다.

북한은 또한 평화공세의 일환으로 미국과 최초의 직접 교류에 나섰다. 처음에는 뉴욕타임스지와 워싱턴포스트지 기자들을 다수 평양으로 초청해 인터뷰를 실시했고 이어서 외교 메시지를 워싱턴에 직접 보냈다. 73년 4월 입법부에 해당하는 최고인민회의는 美 의회 앞으로 보내는 전문에서 한반도의 분단 상황을 설명하고 미국이 월남에서와 마찬가지로 남한에서 미군을 철수할 수 있도록 美 하원들이 협조해 달라고 요청했다. 美 의회는 이에 대해서 아무런 회신도 주지 않았지만 이 한 장의 전문은 차후 워싱턴과의 직간접 교류의 시발점이 됐다.

72년 말 박정희와 김일성은 남북대화를 통해 개인적 차원에서 피차

상당한 결실을 얻었다. 그 해 11월 박정희는 북한과의 대화를 내세워 자신에게 무제한의 권력을 약속하는 '유신헌법' 개헌을 위한 국민투표에서 국민의 승인을 얻어내는 데 성공했다. 그 해 12월 박정희는 어떠한 정치적 토론도 허용치 않은 채 자신이 선정한 대의원들로 구성된 통일주체국민회의에서 만장일치로 6년 임기 대통령에 당선됐다.

당시 김일성도 어떠한 반대의견이나 이의 제기를 허용하지 않은 상태에서 헌법을 개정했다. 새롭게 제정된 헌법은 '마르크스-레닌주의를 우리 나라의 현실에 맞게 창조적으로 적용한' 주체사상이 전 인민을 위한 지도적 사상임을 천명하는 것이었다. 수상이자 노동당 총서기를 겸임했던 김일성은 한 발 더 나아가 국가주석(主席)의 자리에 올랐다. 그렇다고 해서 이미 무소불위이던 그의 권력이 더욱 강화된 것은 아니지만 새 직함으로 인해 그는 외관상 남한의 대통령과 대등한 위치에 서게 된 것이다.

남북한의 국민들이 품었던 막연한 기대와는 달리 김일성도 박정희도 남북간의 간접대화가 통일을 가져오리라는 환상 따위는 품지 않았다. 양측의 정치지도자들은 모두 민족통일이라는 장기적인 목표 달성을 위해 각자의 정책이나 권력 기반을 포기할 생각은 추호도 없었다. 군부에 의해 유지되던 남북 양 정권은 상호 경쟁의식으로 보다 기반을 탄탄히 했고 통일을 원하면서도 상대측의 조건에 따라 흡수되는 통일에는 거세게 반대했다. 각각 계산도 다르고 한반도에 미처 신경 쓸 틈이 없는 외부 열강들이 강력히 밀어붙이지도 않는 상황에서 경쟁심이 강한 두 정권이 대화를 지속하는 것은 불가능한 일이었다.

그럼에도 불구하고 70년대 초의 남북대화는 한반도 냉전사에 중요한 전환점으로 작용했고 양국이 상호 협력을 통해 궁극적으로 평화

통일을 달성할 수 있을지 모른다는 가능성을 처음으로 시사했다. 통일을 향한 한국인의 염원은 미약하기는 하지만 온전한 불꽃으로 타올랐다. 그리고 앞으로 다가올 수많은 시련에도 그 불꽃은 절대로 사그라지지 않을 것이 분명했다.

제3장

깊어지는 갈등

74년 8월 15일 서울의 국립극장에서는 제29차 광복절 기념행사가 열리고 있었다. 朴대통령은 준비해온 연설문을 단조롭게 낭독하고 있었다. 고개를 들어 청중의 관심을 살피는 일도 거의 없었다. 필자는 지루함을 견디다 못해 잠깐씩 졸고 있었다. 순간 관객석 뒤쪽에서 '탕' 소리가 나면서 정적이 깨졌다. 고개를 돌려보니 검은 양복을 입은 한 남자가 총을 쏘면서 중앙 복도를 달려 내려오고 있었다. 총성이 몇 차례 더 울렸고 양편에 대기해 있던 대통령 경호원들이 총을 뽑아든 채 무대 중앙으로 내달렸다. 경호원 중 일부는 마구 총을 쏘아대고 있었다. 일순간 섬광이 일었다. 장내는 아수라장이 됐고 연단 위에 단정하게 앉아있던 대통령 부인이 바닥에 힘없이 쓰러졌고 곧이어 밖으로 실려 나갔다. 그녀의 밝은 오렌지색 한복은 온통 피로 물들어 있었다. 그녀는 머리에 입은 총상으로 몇 시간 뒤 사망했다.

총성이 멎고 이내 암살범은 경호원들 틈에 둘러싸여 홀 밖으로 끌려 나갔다. 국경일 행사를 맞아 기념식 노래를 부를 예정이었던 합창단의 한 여고생도 실려 나갔다. 그녀 역시 나중에 숨졌다. 대통령 경호원이 난사한 총에 맞은 듯 보였다.

필자는 갑작스런 사태에 놀란 나머지 朴대통령의 모습을 놓치고 말았다. 장내 소요가 어느 정도 진정되자 그는 방탄 처리된 커다란 연사용 탁자 뒤쪽에서 모습을 드러냈다. 그는 일어서서 놀란 청중을 향해 손을 흔들어 보였고 사람들은 큰 박수를 보냈다. 훗날 朴대통령은 암살범의 얼굴을 보지 못했다고 한 보좌관에게 털어놓았다.

몇 분이 지나지 않아 장내는 정돈됐다. 놀랍게도 朴대통령은 연설을 재개했다. 연설이 끝나자 총에 맞아 실려나간 소녀를 제외한 합창단이 차분하게 노래를 불렀고 朴대통령은 자리에 앉아 묵묵히 노래를 들었다. 그리고는 퇴장하는 길에 아내가 앉았던 의자 밑에 뒹굴고 있는 그녀의 신발과 핸드백을 집어 들었다. 오랜 기간 그를 보좌했던 김성진은 이처럼 극도로 긴장된 순간에 朴대통령이 보여준 인상적인 태도를 설명하며 "일단 시작한 일은 반드시 끝내고야 마는 책임감으로 똘똘 뭉친 사람"이라고 말했다.

그 날 국립극장에서 울린 총성은 한반도 긴장을 고조시키는 신호탄이 됐다. 남북간의 화해 분위기는 순식간에 노골적인 적대감으로 돌변했다. 또한 남북 갈등의 골이 깊어진 큰 요인은 미국의 월남전 패배에도 있었다. 김일성은 사이공의 몰락을 지켜보면서 남한을 상대로 전면전을 재개할 생각이었지만 중국은 협력을 거부했고 소련은 심지어 김일성이 상황 설명차 모스크바로 가겠다는 것마저 거절했다.

70년대 중반 공산권의 양대 영수인 소련과 중국은 미국과의 관계개선에 전력을 기울이고 있었던 차라 한반도에서 또 한번 국제 전쟁이 발발하는 것을 원치 않았다. 한편 미국의 외교관들은 자체적으로 핵무기 개발을 추진하려는 朴대통령의 야심을 저지하기 위해 온갖 노력을 기울이고 있었다. 만일 남한이 단독으로 핵무기를 보유하게 된다면 그 누구도 말릴 수 없는 위험으로 치닫게 될 가능성이 높았기 때문이다. 끝내 미국은 남한 정부의 핵무기 개발 의지를 좌절시킴으로써 자국의 국익이 위협을 받는 경우에는 미국 정부가 남한의 안보 문제와 관련해 여전히 강력한 영향력을 행사할 수 있다는 사실을 분명히 했다.

고조되는 긴장감

광복절 총격 사건 수개월 전부터 서울에는 朴대통령과 반대세력 사이의 치열한 정치적 공방이 고조되면서 위기로 치닫고 있었다. 비상계엄의 충격이 차츰차츰 잦아들면서 저항의 목소리도 날로 높아졌다. 특히 야당지도자 김대중을 도쿄에서 납치했던 사건의 전모가 밝혀지자 박정희 정권을 반대하는 세력이 보다 과감하게 움직이기 시작했다. 북한 정부가 김대중 납치사건을 빌미로 남북대화를 보이콧함에 따라 박정희 정권은 국내 반대세력을 탄압할 전략적 명분을 상실하고 말았다.

전통적으로 민주주의 투쟁의 양대 구심점은 오랫동안 독재에 맞서 싸운 학생과 기독교 세력이었다. 이들은 20세기 후반에 들어 급성장한 집단이다. 남한 사회에 있어 학생들의 특수한 지위, 특히 정치적 지위는 유달리 오랜 역사를 가지고 있다. 일제 강점기 때 학생들은 학문의 중요성을 강조하는 유교사상에 뿌리를 내리고 민족주의 운동의 선봉을 담당했다. 남한의 학생들은 자신들의 덕과 순수성을 보루로 간주했으며 사회적 이상을 추구함에 있어 타협을 거부해야 한다고 생각했다. 그리고 이들을 지켜보는 일반 대중 또한 그것에 동의하고 있었다.

학생들의 정치 참여는 60년대 초반 두드러지게 증가했다. 60년 독재정권을 강화시킨 이승만 정부에 대항해 대규모 학생시위가 조직됐고 당시 경찰의 발포로 최소 1백30여 명의 학생들이 사망했으며 서울에서만 1천 명의 학생들이 부상당했다. 이승만 정권은 학생시위에 대한 잔혹한 대처로 한순간에 정당성을 상실했으며 결국 이에 분노한 국민은 정권교체를 부르짖기에 이르렀다. 많은 학생운동가들은 朴대통령이 주도한 1961년 5·16 군사 쿠데타의 정당성을 인정하지 않았으며 군사정권의 존재 자체를 강력히 부정했다.

해방 후 높은 교육열 덕분에 남한의 학생 인구는 급격히 증가했다. 45년 당시 2년제 대학을 포함한 대학생 수는 8천 명을 밑돌았으나 73년에는 그 수가 무려 22만 3천 명으로 증가했다. 정치 활동에 가담한 학생들은 비록 숫자는 적었지만 적극적이고 열성적이어서 때로는 과격한 사회과학 이론에 몸을 던지는 경우가 많았다. 또한 말로만 민주주의를 외치는 것이 아니라 언제든지 기꺼이 자신의 몸을 바쳐 정부의 권위에 대항하고 투쟁할 준비가 돼 있었다.

기독교 세력 역시 항일투쟁과 깊은 연관성을 가지고 있었다. 기독교 신자들은 서구 현대화의 상징이자 주창자로서 남한 사회에서 높은 지위를 누려왔다. 45년 남북한을 통틀어 30만 명으로 추산됐던 기독교인의 숫자는 74년에 이르러 남한에서만 4백 30만 명으로 급증했다 (개신교도 3백 50만 명, 카톨릭 신자 80만 명). 국민의 대다수가 카톨릭 신자인 필리핀을 제외하면 남한은 아시아에서 기독교 신자가 가장 많은 나라다.

반 유신 운동이 점차 폭넓게 확산되자 박정희 정권은 시위 주모자를 체포, 구금하고 끊임없이 탄압했다. 이같은 박정희 정권과 학생 세력 사이의 격렬한 대치상황은 극심한 언론탄압으로 인해 국내에서는 거의 보도되지 않았지만 세계 각국의 언론과 반체제 세력들의 외부 인사들을 통해 오히려 해외에서 널리 알려져 있었다. 미국과 일본 및 다수의 유럽 국가들은 이러한 사태를 심각하게 우려하고 있었으며, 공식·비공식 성명을 통해 남한 정부에 보다 신중하고 온건한 정책을 당부했다.

워싱턴에서는 박정희 정부의 인권 침해 상황을 비난하는 美 의회의 여론과 한국계 미국인들을 위협하는 중앙정보부의 활동 때문에 결국 의원 청문회가 조직됐고 결국 美의회는 남한에 대한 군사 원조를 삭감했다. 남한 정부는 미국에서 가해지는 이와 같은 정치적 압력을 돈으로 매수하는 고질적인 방법으로 해결하고자 했다. 그리고 이것은 90년대 아시아 국가들이 미국 정치계에 개입하려다 터진 스캔들의 전조가 됐다. 수 천 달러 상당의 백 달러 지폐가 동봉된 봉투가 백악관 보좌관에 건네진 사건도 그중 하나였다. 美대사관은 이에 강한 불쾌감을 표시했지만 별 효과가 없었다.

74년에 들어서면서부터 朴대통령은 유신헌법을 비방하는 행위를 범죄로 규정하고 학생 연합조직을 체제 전복을 노리는 불법단체로 규정하는 긴급조치를 발표했다. 이를 위반한 자는 비공개 군법회의에 회부됐다. 당시 기밀로 부쳐진 미군 분석자료에 의하면 "정치활동을 하는 학생들이 공산주의자라고 의심할 만한 증거는 거의 없다. 그러나 박정희 정권은 反정부활동에 용공 혐의를 씌워서 탄압을 정당화했다"고 전했다.

광복절 총격 사건 발생 당시 긴급조치 위반 혐의로 사형이나 장기형을 선고받은 사람은 이미 2백 명을 넘어서고 있었다. 유죄 판결을 받은 사람들 중에는 저명한 카톨릭 추기경과 대중적 인기를 누리던 저항 시인, 남한의 유일한 전직 대통령 윤보선(尹潽善) 등도 포함돼 있었다. 반독재 투쟁과 북한과의 충돌까지 겹친 서울은 마치 전쟁을 앞둔 도시처럼 팽팽한 긴장이 감돌았다. 청와대 내부는 일부 측근을 제외하고는 그 누구도 접근할 수 없었다. 주한 미국 대사관에 근무했던 한 고위관리는 "朴대통령은 북한의 암살 기도에 대해 병적인 두려움을 가지고 있었다"고 설명했다.

이와 같은 배경에도 불구하고 국립극장에서 총성이 울린 것이다. 정부와 반정부세력과의 대치국면이 공고화되면서 남한에는 언제 터질지 모르는 시한폭탄처럼 극도의 위기감이 증폭되고 있었다. 이러한 상황에서 국립극장의 느닷없는 폭력행위는 사실 그다지 놀라운 일도 아니었다. 그 총알은 과연 어느 곳에서 날아온 것인가. 국내 반정부세력으로부터, 또는 반기를 든 군 내부의 소행인가. 朴대통령이 암살을 모면한 지금 앞으로의 상황은 과연 어떻게 전개될 것인가.

일본과의 갈등

38구경 권총 한 자루로 한반도의 역사를 바꾸려고 했던 장본인은 다름 아닌 일본 오사카에 사는 22세의 재일교포 청년이었다. 그는 일본 내 재일본조선인총연합회(在日本朝鮮人總聯合會)로부터 지시와 지원을 받았다고 자백했다. 저격범의 신원과 그가 일본에서 훈련을 받았다는 사실이 드러나면서 동북아에 위치한 미국의 두 우방국 사이에는 심상치 않은 위기감이 고조됐다. 당시 韓·日 양국은 경제적으로 밀접한 관계를 유지하고 있었던 반면 불운했던 역사의 수습에 대해서는 단 한 번도 제대로 논의한 적이 없는 상태였다.

대통령 저격범 문세광(文世光)은 일본의 한 경찰서에서 훔친 권총 한 자루를 라디오에 숨긴 채 8월 6일 서울로 건너왔다. 그는 조선호텔에 투숙했고 광복절 아침에 호텔에서 운전사가 딸린 리무진 한 대를 렌트했다. 그는 운전사에게 팁을 두둑이 주면서 국립극장 입구에 들어설 때 자기에게 허리를 굽혀 정중하게 인사하도록 시켰다. 이렇게 해서 문세광은 마치 거물급 인사인양 거들먹거리는 수법으로 수십 명의 보안 요원들을 제치고 성큼성큼 행사장으로 들어갔다.

문세광은 애초에 국립극장 로비에서 박정희를 사살할 계획이었으나 시야가 막히는 바람에 기회를 노릴 수가 없었다. 기념행사가 시작됐을 때 그는 극장 안으로 휩쓸려 들어갔고 넓은 객석의 맨 뒷자리에서 가까스로 빈자리를 하나 찾아냈다. 朴대통령의 연설이 시작된 지 한참 후 그는 좌석에서 일어났다. 원래는 중앙 복도를 따라 빠르게 연단에 접근한 뒤 멈춘 자세에서 훈련받은 대로 차분히 총을 겨눌 생각이었다. 그러나 표적을 향해 사격 자세를 취할 때 순간적으로 손가락에 힘이 들어가 방아쇠가 당겨졌고 오발된 총알은 그의 왼쪽 넓적다리를 스치고 지나갔다. 총성에 놀란 경호원들이 급히 나섰고 문세광은 복도를 뛰어 내려오면서 마구잡이로 발포했다.

문세광은 즉시 체포돼 중앙정보부 본부로 끌려갔고 찰과상 치료를 받으며 심문이 시작됐다. 처음에 그는 자신을 '혁명전사'라고 자처하며 전쟁 포로 대우를 받아야 한다고 주장했다. 그로부터 만 하루가 지나도록 그는 자신의 이름 석자와 오사카의 집 주소 외에는 입을 열지 않았다. 둘째 날 한 검사가 "당신 자칼 맞소?"라고 물었다. 자칼은 프랑스의 샤를 드골(Charles De Gaulle) 대통령 암살 음모를 다룬 프레더릭 포사이드(Frederick Forsythe)의 소설 '자칼의 날(The Day of the Jackal)'에 나오는 주인공의 별명이었다. 그러자 문세광은 놀란 표정을 지은 뒤 "그렇소"라고 대답했다. 일반 잡범과 달리 '무언가 큰일을 도모한 사람'으로 대우받을 수 있으리라 생각한 문세광은 드디어 자백을 시작했다.

좁고 길다란 해협을 사이에 둔 한국과 일본은 선린우호보다 갈등이 더 많은 복잡다단한 역사적 관계를 맺어 왔다. 아시아 대륙의 선진 문화는 본래 한반도를 통해 일본으로 전해졌다. 양국은 많은 수의 공동 문화유산을 소유하고 있지만 여러모로 볼 때 관계가 좋지 않은 것이 사실이다. 역사적으로 일본은 늘 한국보다 인구가 많았고 군사적으로도 강국이었다. 근대에 들어와 제국주의 일본은 1905년에서 1945년 패전까지 한국을 강점함으로써 한국인들에게 쓰라린 적대감을 남겼다. 한편 일본인들은 한국인에 대해 우월감과 동시에 두려움을 가지는 복합적 감정을 느끼고 있었다.

일제 강점기, 특히 태평양전쟁 때 2백만 명 이상의 한국인이 강제 징용으로 일본으로 끌려갔다. 그들 대부분은 노무자들이었고 일본의 패전 직후 상당수가 본국으로 송환됐으나 약 60만 명은 일본에 남아 주로 비숙련직에 종사하며 저임금으로 연명했다. 재일한국인은 1억

8백만 명의 일본인들 사이에서 하나의 커다란 이질 사회를 형성하고 있었다. 일본 내의 '이민족' 중에서 거의 90%를 차지하는 숫자였다. 문세광 역시 다른 재일동포들과 마찬가지로 일본에서 태어나고 일본에서 자라 한국어도 배우지 못했지만 그의 출생증명서와 외국인 등록증에는 본적이 부산 근처인 한국인으로 또렷하게 표기돼 있었다. 일본의 법령과 관행 아래에서 그를 비롯한 재일한국인들은 일본 시민이 될 수 있는 가능성이 희박했고 사회적으로도 요직에 진출할 수 없는 2등시민으로 머무는 것이 고작이었다.

사건 1년 전 일본은 김대중을 도쿄에서 납치한 사건을 두고 주권 침해라고 격렬히 항의한 바 있었다. 그러나 더더군다나 일본으로부터 해방된 광복절에 터진 문세광 사건으로 인해 이번에는 남한 정부가 화를 낼 차례가 됐다. 문세광은 비록 핏줄은 한국인이라지만 엄연히 일본 국민이었고 일본 경찰의 총을 휴대하고 있었으며 위조된 일본 여권으로 남한에 입국했다. 朴대통령은 이같은 사실을 내세워 일본 정부에 사과를 요구했고 더불어 저격사건과 연루된 모든 일본인과 재일한국인을 처벌하고 親北 재일한국인 단체인 조총련을 해산시킬 것을 요구했다. 일본 정부는 남한 정부의 강력한 항의에 주춤대고 있었고 설상가상으로 일본 외무성은 암살기도와 관련된 일본의 책임을 전면 부인하는 성명서를 발표했다.

남한 정부는 이에 격분을 금치 못했다. 당시 국회의장이었던 정일권(丁一權)은 "무성의하기 짝이 없는 일본의 태도를 보면 그들이 한국인을 얼마나 업신여기고 있는지를 알 수 있다…… 만약에 마오쩌둥의 부인이 일본에서 자란 중국인에게 살해됐다면 일본 수상은 칭타오(靑島)에서 베이징까지 네 발로 기어와 잘못했다고 사과했을 것이다.

그러나 우리의 요구에 대해서는 코웃음을 치고 있다. 우리가 한국인이라 업신여기는 것"이라고 일갈했다. 일본 정부가 심각한 사태를 서투르게 다룬 데다가 한국인의 가슴속 깊이 뿌리 내려있는 반일 감정까지 겹쳐 남한인들은 정작 암살을 사주한 북한보다도 일본에 대해 더욱 분개하는 듯했다.

朴대통령은 도라오 우시로쿠(後宮虎郞) 주한 일본 대사를 직접 불러 만일 일본 정부가 사건조사에 협력하지 않을 경우 불행한 결과를 가져올 것이라고 노골적으로 경고했다. 朴대통령은 자신이 얼마나 분노하고 있는지를 보여주기 위해 일본군 장교 시절에 배운 일본어를 쓰지 않고 외무장관으로 하여금 통역을 지시했다. 더 나아가 그는 일본 정부에 보다 강도 높은 압력을 가하기 위해 서울 한복판에 반일 시위를 선동했다. 일부 시위자들은 일본에 대한 항의로 손가락을 자르고 일본 대사관으로 행진한 뒤 대사관 담벼락에 혈서를 쓰기도 했다. 朴대통령은 일본 정부가 만족할 만한 사과 표시를 하지 않는다면 일본과의 외교관계를 단절하고 남한 내의 모든 일본 자산을 국유화한다는 계획까지 진지하게 고려했다.

당시 미국은 국내 문제로 중대 고비를 맞고 있었다. 대통령 저격 사건이 발생하기 불과 엿새 전 닉슨 대통령이 워터게이트 사건의 여파로 사임했고 제럴드 포드(Gerald Ford) 부통령이 대통령직을 이어받았다. 워싱턴의 아시아 전문가들은 미국의 두 우방국인 남한과 일본 사이의 엄청난 균열에 경악했지만 미국의 외교관들에게는 불필요한 논쟁에 개입하지 말라는 엄명이 내려져 있었다.

그러나 필립 하비브 前 대사가 국무차관보로 발령돼 남한을 떠난 후 임시로 美 대사관을 맡고 있던 리처드 에릭슨(Richard Ericson) 부대사는 외교관으로서의 생명을 걸고 양국의 체면을 잃지 않으면서 사태를 수습할 수 있는 방안을 독자적으로 강구하는 모험을 감행했다. 그는 주한 일본 대사관 관리와 김종필 총리 사이를 오가며 수차례에 걸쳐 밀담을 나눈 끝에 일본 정부가 신중하게 말을 골라 유감을 표명하고 아울러 일본 내 친북한 세력의 '범죄 행위'를 제한적으로 단속하며, 일본의 이름 있는 원로 정객이 남한을 진사(陣謝) 방문케 하자는 제안을 내놓았다.

불신의 대상이었던 일본과의 갈등과 육영수(陸英修) 여사 피격 사건으로 인한 국민적 감정의 분출 덕분에 남한 국민들은 잠시나마 朴대통령의 지도 아래 일치단결하는 듯 했다. 朴대통령도 급변하는 국내의 정치상황에 맞추어 긴급조치 가운데 가장 악명 높았던 몇 가지를 해제하고 당분간이나마 국내 저항세력과의 대결국면을 완화했다.

그러나 8·15 저격 사건의 가장 심각한 후유증은 심지어 朴대통령을 싫어하고 두려워했던 사람들에게서조차 사랑받았던 陸여사의 흔적을 지우는 일이었다. 陸여사는 朴대통령의 두번째(1940년대 말경에 관계했던 내연의 처까지 합한다면 세 번째) 부인이다. 그녀는 지체 높은 집안 출신으로 우아하고 매력적인 용모에 자기 표현이 명확했다. 이 모든 것은 그의 남편에게는 찾아 볼 수 없는 소중한 미덕이었다. 陸여사는 남편이 정치적으로 균형을 잡을 수 있도록 고언과 충고를 아끼지 않았고 朴대통령에게 인간적인 면모를 심어주었다. 그녀가 세상을 떠나자 朴대통령의 생활은 이전보다 더 고립되는 듯했고 사람들을 멀리한 채 내면으로만 몰입했다.

그녀가 죽은 지 약 두 달이 지났을 무렵, 朴대통령은 일기에 다음과 같이 썼다.

어느새 10월의 마지막 주다!
저무는 가을에는 외로움만이 깃들어 있다.
1년 전과 마찬가지로 국화는 만발했고
아름답고 평화로운 정원에는 낙엽이 하나, 둘 지는데
나는 점점 우울해질 뿐이다.

  대통령 저격 미수 및 陸여사 살해 혐의로 유죄 판결을 받은 문세광은 74년 12월 20일 서울의 한 교도소에서 교수형에 처해진다.
  75년 8월 15일, 아내의 죽음 1주기를 맞아 朴대통령은 일기에 다음과 같이 썼다.

지난 해 이날 9시 45분쯤 아래층 집무실에 오렌지색 한복 차림으로 내려온 당신과 같이 식장으로 향했다.
그것이 당신이 청와대를 생전에 마지막 하직하는 길이었다.
작년의 오늘은 나의 일생중 가장 긴 하루요 가장 괴롭고도 슬픈 하루였다.
이 세상에서 모든 것을 다 잃어버린 것 같은 허탈에 빠진 그날이었다.
모든 것이 다 귀찮고 나의 심신에서 모든 용기와 의욕을 잃어버리게 한 그날이었다. 그로부터 1년이란 세월이 벌써 흘렀다.
지난 1년 남모르게 수없이 많이 혼자 울기도 했다.

땅굴 전쟁

朴대통령 암살미수 사건이 발생한 지 3개월 후인 11월, 전방을 정찰하던 한 수색조 병사는 군사분계선 남쪽으로 1km 정도 떨어진 지점의 높이 자란 풀숲에서 뜨거운 증기가 무럭무럭 솟아오르는 것을 보았다. 온천이라고 생각했던 그 병사가 대검으로 땅을 쑤시자 흙이 무너지면서 커다란 구멍이 드러났다. 지하 50cm 아래 파놓았던 땅굴의 천장이 드러나는 순간이었다. 병사들이 조금 더 깊이 파고 들어가자 가까이 있던 북한측 초소에서 기관총을 발사했다. 이에 남한측도 곧 응사했다. 1974년 11월 15일의 이 교전은 남북한 간에 20개월만의 첫 무력충돌이었다.

땅굴을 정찰한 결과 높이 1.2m, 폭 0.9m 크기의 강화 콘크리트 벽으로 시공된 정교한 지하 구조물이 나타났다. 안에는 전기와 조명시설이 설치돼 있고 심지어는 병사들의 취침 장소와 무기 저장고도 있었으며 흙을 퍼나르기 위한 협궤철로도 깔려 있었다. 미군 사령부는 군사분계선으로부터 3km 정도 떨어진 북한측 입구에서 이 땅굴 안으로 2천 명의 병력을 들여보낼 수 있으며 시간당 추가로 5백-7백 명을 투입할 수 있다고 추산했다. 미군과 남한군은 최전방 방어선 후방으로부터의 기습공격 위험에 노출돼 있었던 것이다.

한국전쟁 때부터 미군의 공중 포격을 피하기 위해 땅굴을 파던 습관이 있어 북한은 땅굴파기에 남다른 명수였다. 70년 말에서 81년 초까지 비무장지대 이남에서 총 5개의 땅굴이 발견됐는데 대부분의 경우가 미군이나 남한군의 정찰이 닿지 않는 곳이었다. 이 땅굴은 소규모였고 군사 전문가들은 이것을 북한의 정찰 병력이 남측의 움직임을 관찰하기 위해 판 땅굴이라는 결론을 내렸다.

수풀 사이로 증기가 솟아오르는 것을 발견하기 1년 전인 73년 11월 새벽, 비무장지대 남쪽에서 근무를 서던 보초병은 이른 아침 자신의 발 아래에서 누군가 조심스럽게 문을 두드리는 듯한 '똑똑' 소리를 들었다. 그 뒤로 땅굴 탐색 인원이 두 배로 증강되고 확음 장치와 지진계가 동원됐지만 소리의 진원을 찾아내는 데는 실패했다.

74년 9월을 기해 땅굴 탐색 작업에 일대 전기가 마련됐다. 개성 출신의 노동당 소속 관리 한 명이 땅굴에 관한 중요한 정보를 가지고 남한으로 넘어온 것이다. 귀순자 김부성(金富成)은 "크고 작은 것을 막론하고 무장 도발을 하지 않기로" 합의한 남북공동성명서에 잉크도 마르지 않은 시점인 72년 말부터 당 고위층으로부터 대규모 땅굴을 파라는 명령이 하달됐다고 밝혔다.

김부성의 증언에 따르면 땅굴 굴착작업은 매우 체계적으로 이루어지고 있었다. 병사 12명으로 구성된 작업조가 하루 24시간 교대로 일을 했으며 감독관과 엔지니어, 기술자, 보초의 수도 계속해서 충원됐다. 그는 이 땅굴들이 "전시(戰時)에는 경보병대나 특수부대를 신속히 남파해 기습 공격을 감행하는 통로이며 평화시에는 남파 간첩의 침투 경로"라고 덧붙였다.

남한군 사령부는 김부성으로부터 확보한 정보와 자체 계산을 토대로 비무장지대 지하에 15개 정도의 땅굴이 있을 것이라고 추산했다. 후에 미군 사령부는 실제 발견됐거나 의심이 가는 지점 수까지 합쳐서 땅굴의 수를 22개로 상향조정했다.

김부성의 증언에도 불구하고 74년 11월 최초로 땅굴의 위치를 찾는 데는 풀숲 사이로 솟아오르는 수증기라는 결정적인 증거가 필요했다. 의심되는 지역을 집중 탐색하고 미세한 구멍을 통해 특별히 고안된 소형 카메라를 내려 보내 확인한 결과 75년 2월, 두 번째 땅굴이 발견됐다. 발견 당시 이 땅굴은 비무장지대 남쪽으로 1.2km 지점까지 이어져 있었다. 항공사진을 분석한 결과 땅굴의 시작점은 군사분계선 북방 1.2km 지점에 위치한 산기슭인 것으로 드러났다.

제2 땅굴이라 불리는 이 땅굴은 건축 기술이 이루어낸 놀라운 위업이었다. 너비와 길이 등 규모가 제1 땅굴보다 컸던 제2 땅굴은 해외에서 수입한 현대식 굴착 장비를 이용해 지표 45m 아래의 단단한 화강암을 뚫은 것이었다. 땅굴이 발견된 후 몇 개월이 지나 필자는 미군 소속 폭발물 처리반과 남한 병사들을 대동한 채 안으로 내려가 이 놀라운 구조물을 직접 관찰했다. 바닥과 천장이 고르지 못했지만 출입이 허용된 약 2백m 지점까지를 키 1m80cm인 필자가 거의 허리를 굽히지 않고 지나갈 수 있을 정도의 작지 않은 규모였다. 양쪽으로 팔을 쭉 뻗어도 벽면에 손이 닿지 않았다. 주한 유엔군 사령부는 이 어둡고 축축한 땅굴이 약 8천 명의 병사를 족히 수용할 수 있고, 경무장 병력을 1시간에 1만 명씩 남쪽으로 침투시킬 수 있다고 추산했다. 애초에 계획한 출구는 필경 남한의 방어선보다 훨씬 이남이었을 것이다. 땅굴에서 나왔을 때 필자는 어느 순간 땅 속에서 튀어나올지 모르는 북한군의 기습에 대비해 벙커와 참호를 짓고 있는 남한측 병사들을 볼 수 있었다. 가장 놀라운 것은 두 개의 땅굴이 발견된 후 이어진 韓·美 양국의 공식적인 항의와 언론을 통한 전세계적인 홍보에도 불구하고 비무장지대 지하에서는 여전히 굴착음이 끊이지 않았다는 사실이다. 모든 정황으로 볼 때 땅굴 굴착작업은 그 누구도 정지명령을 내릴 수 없는 김일성의 지시에 의한 것이 분명했다.

미군 사령부와 남한군은 지표면 훨씬 아래에 있는 땅굴 탐색을 위해 보다 더 정교한 장비를 이용해 북한측의 지하 도발에 대응했다. 시추공 카메라에 덧붙여, 지진 감식 장비와 녹음테이프를 청취하고 방음 분석실이 설치됐다. 비무장지대를 따라 총 2백45개의 녹음장치가 의심스러운 지역의 지하활동을 녹음했다. 녹음테이프는 매주 한 번 이상 수거해 철저하게 분석했다. 탐색작업에 동원됐던 미국의 한 물리학자는 총 2백40km에 달하는 비무장지대의 길이와 굴곡이 심한 한반도의 지형을 감안할 때 이것은 "노적가리 속에서 바늘을 찾거나 우주에서 절대진공 지점을 찾아내는 것보다 막막한 작업"이라고 평가했다. 美 국방부는 심지어 심령술사까지 고용하는 등 가능한 모든 노력을 동원했다. 결국 정교한 장비 덕분에 78년-90년 드디어 땅굴 2개가 추가로 발견했다.

땅굴의 일부가 발견된 이상 과연 나머지 땅굴들이 남한의 안보에 얼마나 위협적일 것인지에 대한 의문이 대두됐다. 韓·美 양국군은 지하로부터의 습격에 대응할 수 있도록 신속하게 방어선을 재조정했다. 물론 양국이 이 땅굴을 북한의 남침 의도에 대한 명명백백한 증거로 활용한 것은 의심할 여지가 없다. 70년대 중반 동아시아 담당 CIA 국가정보관을 역임한 너새니얼 세이어(Nathaniel Thayer)는 당시의 일을 다음과 같이 말한다. "활동 자금이 필요할 때마다 나는 하원의장인 팁 오닐(Tip O'Neil)을 찾아가 북한이 남침 의도가 없다면 땅굴을 팔 이유가 없지 않겠느냐고 주장했다." 그러면 돈 나오는 건 일도 아니었다고 한다.

북으로부터의 도전

땅굴 전쟁에서 알 수 있듯 71년-72년의 남북접촉에도 불구하고 남북 사이의 군사력 경쟁은 수그러들지 않았다. 오히려 남북대화의 불확실성은 한반도의 군비 경쟁이 가속화되는 결과를 낳았다. 두 개의 한국은 평화로 나아가는 대신 보다 치명적인 전쟁무기를 제조, 수입하는 쪽으로 방향을 돌렸다.

70년대 초 발간된 로버트 스칼라피노(Robert Scalapino) 교수와 이정식의 연구 보고서는 북한을 '오늘날 전세계에서 가장 강력하게 군사화 된 사회'라 규정했고 70년 말에 들어서면서 그 도가 더해갈 것이라 예상했다. 또한 북한의 군사력에 대한 미군 자료 역시 72년-77년을 '한국전쟁 이후 북한의 군사력이 유례없이 급성장'한 시기로 규정하고 있다.

비무장지대에 의해 남북으로 분단된 뒤 양국은 각각 적대적인 열강의 지원에 힘입어 중무장한 화약고로 변신했다. 1961년 5월 남한의 박정희 소장은 군사 쿠데타를 주도해 정권을 장악했다. 그로부터 4개월 후 김일성은 항일유격대 시절 동료들의 지지를 바탕으로 제4차 조선노동당 전당대회에서 라이벌 정파를 누르고 절대 권력을 확립했다. 철저히 군사화 된 북한의 지배층은 '한 손에는 무기를, 다른 손에 낫과 망치를'이라는 슬로건을 주창했다. 김일성은 소위 4대 군사노선을 구상해 영구적인 독트린으로 삼았다. 전인민의 무장화 · 전국토의 요새화 · 전군의 간부화 · 전군의 현대화였다.

북한에서는 모든 軍사항이 극비에 해당되기 때문에 이방인이 북한의 군사 활동을 조사한다는 것은 결코 쉬운 일이 아니다. 북한은 지금까지 군사력과 보급 활동, 혹은 군사훈련에 대해서 신뢰있는 정보를 한 번도 공개한 적이 없었다. 주체성이 강하고 공산주의 동맹국의 저의를 불신했던 북한은 50년대 이후로 심지어 소련과 중국 정부에게도 군사 정보를 제공하지 않았다. 평양의 중국 대사관에서 12년간 육군무관으로 근무하다 은퇴한 한 장교의 말에 의하면 북한 장교들은 가까운 맹방인 중국에조차 자기네 군대의 규모나 조직에 대해서 발설하지 않았다. 그는, 어쩌다가 한 번 북한군 야전 부대를 방문할 때도 "우리는 그저 관광객에 지나지 않았고 상세한 정보를 제공받지는 못했다"고 말했다.

이같은 이유로 로버트 게이츠(Robert Gates) 前 CIA 국장은 북한을 '블랙홀'이라 표현하며 "전세계적으로 첩보활동이 가장 힘든 나라"라고 불만을 토로했다. 70년대 초 CIA 서울지부 책임자였으며 이어 89년-93년 주한 미국 대사를 역임한 도널드 그레그 역시 "전 세계에서 이만큼 장기적으로 첩보활동이 실패했던 나라는 없었다"고 평했다.

비무장지대 지하의 땅굴에 관한 정보를 제공했던 귀순자 같이 드문 경우를 제외하곤, 미국의 정찰 위성이 보내오는 항공사진과 전자 도청장치가 북한의 군사력에 관한 가장 정확한 정보원이었다. 그러나 이 작업에는 막대한 비용이 소요됐으므로 남한이 그 우선권을 점할 수는 없었다. 72년 미군의 베트남 철수와 남북한의 긴장완화 조짐에 따라 美 합참본부는 한반도에 할당됐던 정보지원을 절반 이하로 삭감했다. 이런 점을 감안했을 때 당시 북한의 군사력 증강과 그 동기에 대한 추측은 최대한 신중을 기할 필요가 있다.

여러 소식통을 종합해볼 때 분명한 것은 70년대에 북한 정부가 군사력 증강에 열을 올렸다는 사실이다. 1972년 5월 김일성은 뉴욕타임스지의 해리슨 솔즈베리, 존 리(John Lee) 기자와의 인터뷰에서 미국이 북한에 대한 적대적인 태도를 견지하는 이상 "우리는 항상 전쟁에 대비할 것이다. 우리는 이러한 사실을 숨길 생각이 없다"고 말했다. 70년대 초 중국은 미국과의 관계개선을 추구하는 와중에도 북한에 대한 군사지원을 강화했다. 소련으로부터의 지원도 북한의 채무 변제 속도가 느려지고 美·蘇 데탕트 분위기가 무르익으면서 다소 감소하기는 했지만 여전히 높은 수준을 기록하고 있었다. 북한 정부는 동맹국으로부터 군수물자를 제공받는 것에서 한 걸음 더 나아가 70년대 말부터는 야포 장비, 로켓 발사대, 병력 수송 장갑차(APC), 주력전차(MBT), 지대공 미사일 등을 대량으로 생산하기 시작했다.

당시 미군 사령부 소속 첩보 조직은 74년 북한군병력이 40만8천 명으로 세계 제4위의 규모라고 추산하며 "효율적이고 강도 높은 훈련을 실시하고 있으며 기강이 잘 확립된 현대식 군대"라고 평했다. 북한군을 이루는 총 23개 보병 부대 가운데 14개 부대는 비무장지대의 동서로 배치돼 있었다. 설상가상으로 북한은 중국 및 소련제 폭격기와 전투기로 완비된 가공할 만한 공군과, 규모는 작지만 작전에 따라 여러 가지 다양한 기능을 수행할 수 있는 능력 있는 해군을 양성했다.

73년 중반 북한의 군사력 증강을 우려한 미국은 2차 세계대전과 월남전 참전 경험이 있는 유능한 제임스 홀링스워스(James F. Hollingsworth) 중장을 남한에 파견했다. 그는 서울의 방위 임무를 맡은 韓·美 연합 제1군사령부 사령관으로 부임했다. 어느 날 밤 朴대통령이 그를 찾아왔다. 그는 근심이 가득한 표정으로 "당신은 우리나라에서도 베트남에서 했던 것처럼 할 것인가"라고 물었다. 이에 홀링스워스는 "나는 당신네 나라를 방어하기 위해 목숨을 걸고 이곳에 왔다. 나는 그렇게 할 것이다"라고 대답했다.

그간 유엔군은 기본적으로 방어 전략을 세워놓고 있었다. 북한이 남침할 경우 韓·美 연합군은 한강 이남으로 단계적으로 철수한다는 계획이었다. 그러나 74년 홀링스워스는 한국인 부사령관에게 "남한군을 공격부대로 전환시킬 것"이라 말하고 대규모 야포 부대를 비무장지대 남쪽 최전방까지 북상시킴으로써 언제든 북한 영토를 공격할 수 있는 태세를 갖추었다. 미군 제2사단 소속의 2개 여단은 북한으로부터 공격을 받을 경우 북한 남부지역에서 가장 중요한 도시인 개성을 장악하는 임무를 맡았다. 홀링스워스가 구상한 '전진방어' 전략은 북한군의 서울 진입을 저지하고 9일 이내에 승전을 이끌기 위해 24시간 동안 막강한 공격을 퍼부을 수 있는 B-52 폭격을 포함해 韓·美 양국군의 엄청난 화력 동원을 전제로 한 것이었다.

당시 CIA 서울지부 책임자였던 도널드 그레그는 홀링스워스가 비무장지대로부터 불과 1.6km 떨어진 임진강변에서 "우리는 전선 이북에 있는 놈들을 모조리 쓸어버릴 것이며 한 발자국도 물러서지 않을 것"이라고 호언장담하던 모습을 회고했다. 그레그의 말에 따르면 당시 홀링스워스는 韓·美 양군이 전진방어 전략을 완수할 수 있을 정도의 충분한 화력을 보유하고 있는지에 대해서 확신이 없었다고 한다. 그러나 공격적인 그의 전투계획은 애초의 의도대로 불안에 떠는 남한 국민들을 진정시키는 효과를 발휘했다. 그의 계획을 열성적으로 지지했던 朴대통령은 비무장지대 인근에 새로운 도로를 놓고 탄약고 및 기타 시설물 건설에 막대한 지원을 퍼부었다.

북한은 군이 간첩이나 다른 정보원을 통해 홀링스워스가 추진하는 새로운 전략에 관한 정보를 입수할 필요가 없었다. 다혈질인 홀링스워스는 합참본부나 워싱턴에 있는 군당국의 승인을 받기도 전에 서울에서 대대적으로 보도된 한 기자회견장에서 자신의 '강력하고도 단순한 전쟁계획'에 대해서 발표했던 것이다. 한편, 워싱턴 국가안보회의(NSC)는 9일 전쟁계획이 성공하기 위해서는 "북한이 공격을 개시하자마자 미군이 '항공차단'을 시작해야 하고 어쩌면 핵무기까지 동원해야 하는 상황"이 발발할 지도 모른다는 우려를 내보이며 비공식적인 반대의사를 표명했다. 그러나 남한 정부와 제임스 슐레진저(James Schlesinger) 국방장관의 열렬한 지지로 홀링스워스의 작전계획은 승인됐다.

북한은 韓·美 연합군의 군사력 증강과 재배치 및 홀링스워스의 공격적인 전쟁계획에 대해 똑같은 전법으로 대응했다. 북한군의 전력 증강이 韓·美 양군의 군사력 증강을 촉발했던 것과 마찬가지로 이번에는 남쪽의 전력증강이 북한의 도발을 가져왔다. 북한군은 증강된 병력을 휴전선 가까이 재배치했다. 생산적인 남북대화의 노력이 실패로 돌아감에 따라 양국의 군비경쟁은 이제 양쪽 스스로의 힘으로도 자제할 수 없는 선을 넘고 말았다. 주변의 강대국들 역시 한반도의 군비경쟁을 저지하려는 의지를 보이지 않았고 날로 치열해지는 군비경쟁은 그 끝을 짐작할 수 없었다.

70년대 중반 무렵 美 군사 당국의 가장 중요한 군사적 의문은 북한이 무력통일을 재차 시도할 경우 중국과 소련의 지원 여부였다. 미군 사령부 소속 첩보부는 74년 보고서에서 북한 정부는 "공격을 감행할 능력은 있으나 중국과 소련의 지원 없이 단기간 내 그런 모험을 할 가능성이 적다"고 지적했다. "中·蘇 양국이 김일성의 모험주의적 도발을 지원할 가능성은 적지만 남한이 먼저 침략할 경우 틀림없이 북한을 지원할 것"이라는 게 美 사령부의 판단이었다.

이와 같은 미군측의 추측은 인도차이나 반도에서 미국의 대규모 군사작전이 공산주의자들의 저항에 부딪혀 수포로 돌아간 1975년 봄 시험대에 올랐다. 중국이 지원하는 크메르 루즈군이 캄보디아의 수도 프놈펜을 함락한 다음날이자 사이공을 방어하기 위한 마지막 전쟁이 치러지고 있을 무렵인 4월 18일 베이징에서는 8일간의 일정으로 중국을 방문한 김일성을 환영하기 위한 성대한 행사가 있었다. 환영의 꽃다발을 받아든 김일성은 인도차이나 반도에서 공산주의가 승리한 사실을 축하하면서 미국이 지원하는 남한 정부는 곧 붕괴되고 전 세계적으로 마르크스-레닌주의가 승리를 거둘 것이라고 단언했다.

"남조선에서 혁명이 일어날 경우 우리는 같은 조국의 동포로서 팔짱을 낀 채 구경만 하지는 않을 것이며 남조선 인민을 열렬히 지지할 것"이라고 김일성은 선언했다. 그리고 그는 "프롤레타리아가 혁명에서 잃을 것이라고는 쇠사슬뿐"이라는 칼 마르크스의 유명한 선언을 인용해 "적들이 무모하게 전쟁을 도발한다면 우리는 결연한 대응으로 침략자를 철저히 응징할 것이다. 이 전쟁에서 우리가 잃을 것은 오직 군사분계선뿐이요, 얻는 것은 이 나라의 통일"이라고 덧붙였다.

한국 문제에 정통한 한 중국 소식통에 따르면 김일성은 중국 지도층에게 남한을 해방시키는 것은 "식은 죽 먹기"라고 말했지만 저우언라이 총리를 비롯한 중국의 지도층은 무력통일 방안에 반대했다. 중국의 지도부는 김일성의 구상에 대해서 구체적으로 문제점을 지적하지는 않았지만 한반도 안정의 중요성을 강조했고, 김일성은 구태여

자신의 체면을 잃지 않고도 그 지적을 이해할 수 있었다고 그 소식통은 전했다. 당시 한반도 문제에 관여했던 전직 소련 외교관의 말에 따르면 비슷한 시기 소련 정부는 김일성에게 "우리는 한반도 문제의 평화적 해결에만 지원해줄 수 있다"는 의사를 분명히 했다. 당시 김일성 주석은 베이징 방문에 이어서 동유럽과 북아프리카에 이르는 긴 순방길에 올랐지만 의도적으로 모스크바를 들리지 않았다. 김일성은 소련에 대한 불편한 심기를 고집스럽게 드러내려는 듯 소련 영공을 통과하는 대신 수백km를 돌아가는 항로를 선택했다.

사이공의 메아리

朴대통령은 미국의 월남전 패배에 충격과 경악을 금치 못했고 앞일을 근심하지 않을 수 없었다. 월남의 어려운 상황과 불안정한 미래, 공산주의와 자본주의로의 분단, 이 모든 여건이 남한의 사정과 너무 흡사하다는 사실이 그의 심기를 더욱 불편하게 만들었다. 박정희 정부는 미국의 요청으로 2개 사단을 월남에 파병했고 이들은 미군의 단계적 철수가 마무리 될 무렵인 73년까지 그곳에서 싸웠다. 물론 남한은 파병의 대가로 총 외화 소득의 40%에 이르는 대대적인 물자 조달 및 건축 프로젝트의 형태로 충분한 보상을 받았지만, 朴대통령은 병력 파견을 반공이라는 공통 명분을 위한 기꺼운 희생인 동시에 한국전쟁 당시 남한을 도와준 미국에 대한 보답이라고 생각했다. 그러나 朴대통령은 미국의 월남 철수와, 특히 공산주의를 표방하는 월맹과의 파리협정에서 월남을 배신한 행위로 미루어 볼 때 과연 미국을 신뢰해도 좋을지 의심하지 않을 수 없었다.

그 해 4월 월남이 패망하자 리처드 스나이더(Richard Sneider) 주한 美 대사는 "미국의 對한 안보 공약이 신뢰감을 잃고 있고 북한이 미국의 의지와 남한의 군사능력을 시험하고자 도발할 가능성"이 있는 만큼 미국의 對한 정책을 한시 바삐 재고해 달라는 전문을 본국으로 보냈다. 한국전 당시 공산주의자들의 정치 공작을 연구한 바 있는 국무부 관료 스나이더는 본국으로 보내는 비밀전문에서 "반복해 강조하지만 아직까지 한국은 위기상황이라 할 수 없다. 그러나 곧 위기가 닥칠 수 있다"고 덧붙였다. 이어서 이에 대한 대처로 남한에 대한 군사 및 경제적 지원을 확대할 것과 북한의 공격 위협이 심각해지는 경우 美 공군과 해군의 신속한 배치계획인 컨틴전시 플랜(Contingency Plan ; 예상치 못한 사태가 발생할 경우에 대비해 사전에 세워둔 계획)을 강구할 것 등을 제안했다.

이에 덧붙여 "남한이 여전히 미국에게 의존하고 있는 것은 사실이지만 더 이상 속국은 아니므로" 보다 폭넓고 장기적인 관점의 韓·美 관계를 재정립할 필요가 있다고 주장하며 빠른 시일 안에 對 한반도 정책을 진지하게 재검토하라고 본국에 촉구했다.

그로부터 2개월 후인 75년 6월, 또다시 스나이더는 월남전 패배의 악몽에서 벗어나지 못하고 있는 미국 정부 앞으로 자신의 견해를 보다 상세하게 피력한 보고서를 제출했다. 다음은 스나이더가 타전한 총 12 페이지에 달하는 비밀전문의 일부다.

미국의 현 한반도 정책은 잘못된 것이며 미국은 남한이 미국의 속국이라는 구시대적인 발상을 토대로 삼고 있다. 이런 식으로는 장차 중견 국가로 성장할 남한에 대한 장기적 접근이 불가능하다. 남한 정부는 미국에게 무엇을 기대할 수 있는지에 대한 확신을 갖지 못하고 미국 정부는 한반도 문제에 대해 임기응변식으로 대응할 수밖에 없게 될 것이다. 예컨대 미국 정부는 주한미군의 장기 주둔 여부에 대해 아직까지도 남한 정부에 분명하게 답을 준 적이 없다. 또한 자체적으로 첨단무기를 개발하려는 朴대통령의 노력을 저지하면서도 정작 미국 정부가 남한에 제공할 수 있는 군사기술은 무엇인지 분명하게 가르쳐 주지 않았다. 이와 같이 불확실한 상황 때문에 朴대통령은 언젠가 다가올 미군 철수에 대비하고 있고 그 대책으로서 남한 내에서 탄압 조치를 강화하는 한편 핵무기 개발을 추진하고 있는 것이다. 같은 이유로 북한은 언젠가 미군이 철수할 날을 고대하고 있는 반면 일본은 미국의 신뢰성을 의심하며 남한의 장래에 대해서 불안감을 품고 있다.

스나이더는 기존정책에 대해 두 가지 대안을 제시했다. 하나는 한반도에서 아예 손을 떼는 불간섭주의이고 또 다른 하나는 지속적인 협력관계를 위해 새로운 기초를 닦자는 것이었다.
이 전문은 스나이더의 전임자이자 현재 동아시아·태평양 담당 차관보로 재직 중인 하비브의 손에 전해졌다. 72년 10월 하비브는 朴대통령이 계엄령을 선포했을 당시 미국은 '이미' 남한에서 발을 빼기 시작했으며 "그 속도를 더욱 높여야 한다"는 의견을 피력한 바 있다. 이어 월남전 패배라는 곤혹스러운 사태 속에서 스나이더는 "북한의 무력도발이 멈추지 않은 상태에서 한반도 문제에 대해 불간섭주의를 추진하는 것은 지나치게 위험한 일이다. 그럴 경우 한반도에서는 무력충돌이 빚어질 가능성이 높아지며 일본은 미국의 방위조약을 불신하게 될 것"이라고 보고했던 것이다. 스나이더는 하비브의 체면을 의식해서였는지 "상황이 지금과 달랐다면 점진적인 불간섭주의를 진지하게 고려할 수도 있었을 것"이라고 덧붙였다.

스나이더는 자신의 대안을 NATO나 일본 사이의 공조 관계와 유사한 맥락에 놓여있다는 뜻에서 '지속적인 협력관계(durable partnership)'라고 불렀다. 또한 그는 '주한미군을 포함해 韓·美 관계가 일시적인지 지속적인지에 대한 결정이 미뤄지면 미뤄질수록 朴대통령과 김일성은 韓·美 관계를 일시적인 것으로 추측할 것이며 그에 따라 한반도의 안정이 크게 저해될 가능성이 크다"고 주장했다.

스나이더가 생각한 韓·美 관계의 개선이란 양국 정부 간의 협의 강화와 경제원조에서 한 걸음 더 나아가 (이미 시작되고 있는) 경제 부문에서의 민간투자로의 전환, 미국이 중국이나 소련과 협상을 할 때 한반도 문제를 우선적으로 거론하는 것 등을 의미했다. 그러나 스나이더는 "남한에 상당수의 미군을 무기한으로 주둔시키되…… 동북아의 안보상황이 변화하거나 한반도의 긴장을 완화시키는 남북한 간의 평화협정이 체결될 시 주한미군을 철수하는 것이 전제돼야 한다"는 사실을 강조했다.

월남전 패배의 충격이 채 가시지 않았던 미국 정부는 무제한의 보장을 약속하라는 제의에 대해 신중한 태도를 취했다. 74년 8월 후임 대통령으로 취임한 제럴드 포드는 74년 11월 잠시 서울을 방문한 자리에서 朴대통령에게 "남한에서 미군을 철수할 계획은 없다"고 말했다. 그러나 美 국가안보회의 관리들은 포드의 발언을 전면 철수할 계획이 없다는 것을 뜻하는 것일 뿐 부분적인 철수까지 포함하는 것은 아니라고 해석했다. 75년 8월 서울을 방문했던 제임스 슐레진저 국방장관은 주한미군 철수를 우려하는 남한인의 정서를 고려해 朴대통령에게 주한미군의 병력 수준이 "앞으로 5년간 대폭 수정되는 일은 없을 것이라고 생각한다"고 은밀히 확인시켜 주었다. 그러나 그의 발언이 양해각서의 형태로 백악관에 보고되자 국가안보회의 소속의 한 관리는 그가 정부 정책의 도를 넘었다면서 반대했다. 어쨌든 해가 바뀌면 포드 행정부는 민주당의 거센 반대에 부딪히게 될 것이고 그 결과 상황도 급변하게 될 것이 자명했다. 슐레진저는 朴대통령에게 "포드 대통령이 재선되리라고 믿지만, 재선에 실패한다 하더라도 민주당 정부가 남한에 대한 지원을 완전히 중단할 가능성은 없다"고 자신의 의견을 토로했다.

슐레진저는 당시 민주당의 대통령 후보 지명전에서 눈길을 끌지 못했던 지미 카터(Jimmy Carter)가 이미 주한미군 완전 철수를 주장하고 있었다는 사실을 몰랐거나 아니면 알았더라도 개의치 않았던 것 같다.

미국의 대통령 선거가 눈앞에 닥쳐온 가운데 스나이더가 권고한 새로운 韓·美 관계는 아직 실현되지 않았다. 미국 정부의 다짐에도 불구하고 朴대통령은 여전히 깊은 불안감을 떨칠 수 없었다. 75년 중반 그는 전시체제 구축을 위한 3개의 법안을 국회에 제출했다. 정부에 대한 모든 정치적 비난을 금지시킨 긴급조치 9호에 이어 치안 강화를 위한 사회안전법, 17세에서 50세 사이의 모든 남자를 準군사화하기 위한 민방위기본법, 그리고 방위세 신설법이었다.

남한 정부는 76년 예산에서 국방비를 배증하고 다음 3년간 해마다 계속해서 증가시켰다. 79년에도 배증된 국방비는 75년의 4배 수준이 됐다. 국제전략연구소(IISS, International Institute of Strategic Studies)는 남한의 경우 국방비가 GNP에서 차지하는 비중이 북한에 비해 훨씬 작지만 금액상으로만 비교할 때 70년대 중반부터 북한을 앞지르기 시작했다고 분석했다. 남북한 양측 모두가 군비를 확대했지만 70년대 말에 이르자 남한의 군사비는 북한의 배를 상회했다.

월남전 패배 후 朴대통령은 중화학산업 육성계획 추진에 심혈을 기울였다. 이것은 본래 군사력 증강을 목적으로 한 것이었다. 1975-80년 남한의 제조업 투자액의 75% 이상이 중화학공업 발전에 집중적으로 쓰여졌다. 朴대통령은 이러한 군사산업의 발전을 토대로 1개 기계화 사단을 비롯해 5개 공수 여단을 창설했으며 해군병력도 배로 증가시켰다. 또한 미제 군함과 미사일을 구입했으며 공군 비행기도 최신예 미제 제트기로 현대화시켰다.

한편 북한은 나날이 늘어나는 남한의 군사비 지출은 물론 군사 기술의 발전도 따라 잡을 수 없었다. 그러나 북한은 계속해서 군병력을 증가시켰고 군부대를 비무장지대에 더 가까이, 즉 분단선에서 불과 50km 거리인 서울에 보다 가까이 이동시켰다. 따라서 서울은 북한군의 대포와 로켓의 사정거리 안에 포함되게 됐고 그 결과 한반도의 군사적 긴장감은 한층 고조됐다.

남한의 핵개발 프로그램

남한의 안보에 대한 朴대통령의 최후 구상은 비밀 핵무기 개발이었다. 朴대통령의 보좌관으로서 핵무기 개발 계획과 방위산업 추진을 담당했던 오원철(吳源哲)에 따르면 朴대통령은 70년 6월, 무장이나 속도 면에서 월등한 북한 경비정이 남한 선박을 나포한 사건이 발생하자 대통령 직속기관인 국방과학연구소를 설립했고 여기에 무기개발

위원회라는 비밀기관도 소속시켰다. 그로부터 수주 후 朴대통령은 자신의 거센 항의에도 불구하고 닉슨 행정부가 美 7사단을 철수하기로 결정하자 경악을 금치 못했다. 오원철의 말에 따르면 朴대통령은 남한군 단독으로 낙후된 무기와 군사 장비를 가지고는 자주국방이 불가능하다고 판단했다. 당시 朴대통령은 일본이 바로 뒤이어 핵 경쟁에 뛰어들 것이라 우려한 나머지 핵무기의 실제 생산보다는 필요할 시 몇 개월 이내에 핵무기를 생산할 수 있는 기술과 능력을 갖추는 것을 목표로 삼았다. "朴대통령은 주변국과의 협상에서 유리하게 이용할 수 있는 핵카드를 원했던 것뿐"이라고 오원철은 96년 필자에게 밝혔다. 실제로 그 특성상 핵무기 생산 능력은 핵무기 보유 자체와 비슷한 효력을 발휘한다.

朴대통령은 일단 핵무기의 원료인 플루토늄 제조용 재처리 시설 확보에 주력했다. 야심에 찬 남한의 핵발전소 건설 계획은 주로 미제 장비와 기술에 의존하고 있었지만 朴대통령은 재처리 장비와 기술을 전수 받을 국가로 1972년 비밀리에 프랑스를 선택했다. 프랑스와의 긴밀한 협력 결과 1974년에는 매년 20kg 상당의 핵분열성 플루토늄을 제조할 수 있는 재처리 시설의 설계도가 완성됐다. 미국이 히로시마에 투하했던 것과 맞먹는 위력을 지닌 핵폭탄 2기를 제조할 수 있는 시설이었다.

핵무기 독자 개발을 비롯해 朴대통령이 구성한 방위산업은 서울 남쪽의 과학 도시 대덕에서 집중적으로 개발됐다. 1973년 남한은 미국과 캐나다에서 활동하는 핵, 화학, 엔지니어링 전문가 중 자국인들을 은밀하게 포섭했다. 이와 동시에 해외에서 핵무기 개발에 필요한 소재나 장비를 구입하기 시작했다.

1974년 인도가 비동맹 개발도상국가로서 최초로 핵실험에 성공하자 전세계는 경악을 금치 못했고 갑자기 핵무기 확산의 위험에 관심을 돌리기 시작했다. 어느덧 핵확산 문제는 미국 정부의 최대 관심사가 됐고 미국의 정보당국은 핵무기 관련 자재에 대한 각국의 수입 데이터를 면밀히 분석하기 시작했다. "남한 차례가 되자 모든 자재들이 이곳으로 사라졌다는 것을 알 수 있었다"고 미국의 한 분석가는 훗날 회고했다. 당시 주한 미국 대사관의 정무참사관이었던 폴 클리블랜드(Paul Cleveland)에 따르면 "미국은 같은 자료를 기초로 조사에 착수했고 비교적 단시일내 은밀한 소식통으로부터 남한의 핵개발 계획 착수에 대한 분명한 확증을 얻었다"고 말했다.

1974년 11월 주한 美 대사관은 남한이 "핵개발 계획의 제 1단계를 추진하고 있는 중이다"라는 1급 기밀을 본국에 타전했다. 이 전문을 토대로 미국의 유관기관들이 여러 경로로 재분석을 실시한 결과 남한은 10년 이내에 '제한적' 핵무기를 개발하고 이를 운반할 수 있는 능력을 확보할 것이지만 핵개발을 추진하고 있다는 사실이 그 이전에 알려질 공산이 크고 따라서 주변 국가에 심각한 정치적 파장을 초래하게 될 것이 분명하다는 결론이 내려졌다. 헨리 키신저 국무장관이 주한 미국 대사관에 타전한 비밀전문은 본 사안의 중대성을 다음과 같이 강조했다.

남한의 전략적 위치를 볼 때 자체적으로 남한 정부의 핵무기 개발 노력이 이웃나라, 특히 북한과 일본에 영향을 미칠 것이므로 미국은 심각하게 우려하지 않을 수 없다. 남한의 핵무기 보유는 일본뿐만 아니라 소련과 중국을 포함해 동북아 지역 전체의 안정을 저해하는 중대한 요인이 될 것이다. 그것은 곧 전쟁이 일어날 경우 소련과 중국이 북한에 핵무기를 지원해 준다는 약속으로 이어질 수 있다…… 대한민국의 핵무기 개발 추진은 남한정부가 미국의 안보공약을 불신하게 됐고 미국에 대한 군사적 자주성을 확보하려는 朴대통령의 염원을 반영하고 있다는 복잡성을 띠고 있다.

비밀 시령에 담긴 미국의 대응책은 "대한민국 정부의 핵무기 개발을 저지하고 핵 실험이나 핵무기 운반 체제 개발 능력을 최대한 억제하는 것"이었다.

미국 정부는 남한에 직접적인 압력을 행사하는 동시에 핵 공급국과 공동 정책을 추진해 남한이 핵무기 제조 기술에 접근하지 못하도록 다각적인 노력을 취했다. 가장 까다로웠던 문제는 월남전 이후 미국에 대한 신뢰감이 곤두박질치고 있는 시점에서 韓·美 동맹관계를 훼손치 않고 남한의 핵개발 저지라는 목적을 달성해야 한다는 것이었다.

미국은 처음에는 프랑스에 핵무기 개발에 협력하지 말 것을 촉구하는 간접적인 방법에 주력했다. 스나이더 대사는 피에르 랑디(Pierre Landy) 주한 프랑스 대사를 만나 "미국은 남한 정부가 플루토늄을 군사적 목적에 사용할 것이라는 사실을 믿어 의심치 않는다"고 넌지시 경고했다. 그러나 랑디 대사는 남한이 포기하지 않는 한 먼저 핵 기술 판매를 포기할 의사가 없다는 것을 밝혔다.

남한 관리들은 자체적인 핵무기 개발 착수 사실을 적극 부인했다. 사실 핵개발 계획은 철저한 보안 속에 추진됐기 때문에 이들 중 대다수는 그 사실을 몰랐던 것으로 보였다. 朴대통령은 75년 6월 초 칼럼

리스트 로버트 노박(Robert Novak)과의 인터뷰에서 "남한은 이미 핵무기 개발 능력을 보유했지만 핵개발 계획에 착수하지는 않았다"고 말했다. 이어 朴대통령은 미국의 지속적인 지원을 당부하면서 "미국의 핵우산이 철수될 경우 우리는 자구책으로 핵무기 개발에 착수하지 않을 수 없다"고 덧붙였다.

처음에 美 관리들은 남한의 핵무기 개발 계획을 눈치채지 못한 것처럼 행동하면서 남한이 공개적으로 제시한 재처리 시설 건립 계획에 강한 반대의견을 개진하기로 결정했다. 1975년 7월, 스나이더는 재처리 시설 건설을 반대한다는 입장을 남한의 관리들에게 직접 전하라는 정부의 지시를 받았다. 美 국가안보회의 비망록은, 당시 미국 정부의 재처리 시설 포기 요구가 미국 정부의 개입 한계선과 남한의 응수 한계선을 시험했던 것이라고 돌이키고 있다. 朴대통령과의 면전 대결을 피하고 그의 체면을 살리기 위해 스나이더는 재처리 시설에 대한 반대 입장을 지휘계통을 밟아 처리했다. 처음에는 과학기술부 장관, 그 다음에는 외무장관, 그리고 최종적으로 비서실장의 순서로 미국의 입장이 전달됐다. 당시 스나이더를 수행했던 클리블랜드는 스나이더가 "미국 정부가 남한 정부의 핵무기 개발 착수 사실을 이미 알고 있다"는 사실을 결코 언급하지는 않았다고 전했다. 다만 스나이더는 "남한이 재처리 시설을 들여올 경우 미국 정부가 보일 반응과 그로 인해 야기될 곤란한 문제들을 고려해 볼 때 남한이 이 문제에서 손을 떼는 것이 매우 중요하다"고 강조했다.

스나이더가 남한의 관리들을 조심스럽게 설득할 때 워싱턴 정부도 이에 보조를 맞추었다. 75년 8월 제임스 슐레진저 국방장관은 미국 관리들의 사기를 진작한다는 목표 하에 서울을 방문해 남한이 핵무기 개발을 추진할 경우 韓·美 관계가 와해될 수도 있다고 朴대통령에게 직접 경고했다. 朴대통령과 슐레진저는 서로 진의를 숨긴 채 '선문답'으로 일관했다. 슐레진저는 美 정보기관이 이미 남한의 핵무기 개발에 대해 알고 있다는 사실을 한마디도 언급하지 않았고 朴대통령 역시 비밀 핵개발 계획의 존재를 인정하지 않았다. 그러나 슐레진저는 "朴대통령은 내가 알고 있다는 사실을 눈치 채고 있는 듯 했다"고 술회했다.

그 해 가을과 겨울 스나이더의 전임으로 주한 美 대사를 지냈던 필립 하비브 동아시아·태평양 담당 차관보는 함병춘(咸秉春) 주미 대사와 지속적으로 대화를 나누었다. 이 즈음 한국은 프랑스와 계약을 체결한 상태였지만 하비브는 이를 취소할 것을 요구했다. 朴대통령은 함병춘을 통해 프랑스와의 약속을 취소하는 것은 "국가적 신의에 관한 문제"라는 이유를 들어 그 요구를 단번에 거절했다.

미국 정부는 남한 정부가 프랑스와의 계약을 취소한다면 그에 상응하는 여러 가지 인센티브를 제공하겠다는 회유책을 들고 나왔다. 민간 핵활동이 필요하다면 미국이 지원하는 재처리 플랜트를 이용하도록 할 것이며 과학기술 협약을 정식으로 체결해 핵을 제외한 다른 기술을 전수하겠다는 약속도 포함돼 있었다. 반면에 만일 한국이 핵확산을 둘러싼 우려를 불식시키지 않는다면 의회의 도움을 얻어 다음 단계에 있을 미국 수출입 은행의 차관 지원을 중단시킴으로써 한국의 야심적인 핵개발 프로그램을 저지하겠다고 위협했다.

마침내 스나이더와 하비브에게는 미국이 남한을 상대로 여태까지 한 번도 해본 적이 없는 심각한 위협을 휘두를 수 있는 권한이 주어졌다. 다시 말해 남한이 핵무기 개발 계획을 강행하는 경우 韓·美

안보관계가 전면적으로 재검토될 것이라는 노골적인 위협이었다.

75년 12월 양국 사이의 힘겨루기가 한창 고조된 가운데 스나이더는 남한의 한 고위관리에게 "미국과의 관계는 물론 원자력과 기타 과학 분야뿐만 아니라 보다 광범한 정치 및 안보 분야에 있어 오직 미국만이 제공할 수 있는 최신 기술과 금융지원을 포기할 각오가 돼있는지 진지하게 고려해야 할 것"이라고 지적했다. 스나이더는 이어서 대한민국 정부가 어느 쪽을 선택할지 최종적인 선택을 결정함에 있어 "미국 정부의 지원과 협력으로 얻을 수 있는 이익과 프랑스 재처리 플랜트를 선택할 경우에 얻을 수 있는 이익을 견주어 보아야 할 것"이라고 덧붙였다. 슐레진저의 후임으로 국방장관으로 임명된 도널드 럼스펠트(Donald Rumsfeld)는 76년 5월 남한의 국방장관과의 회담 자리에서 남한 정부가 핵무기 개발을 강행하는 경우 미국은 안보 및 경제 협력관계를 포함해 "남한과의 모든 관계를 재검토할 것"이라고 단도직입적으로 경고했다.

비공개적인 막후교섭이었지만 미국의 강력하고도 단호한 반대에 부닥친 朴대통령은 결국 프랑스와의 계약을 취소했다. 핵무기 개발을 둘러싼 이 에피소드는 미국이 마음만 먹으면 남한 정부가 아무리 굳센 의지를 가지고 추진하는 일이라 할지라도 저지할 수 있음을 여실히 보여주는 사례였다.

사태는 일단락 됐지만 스나이더는 이것으로 모든 문제가 해결된 것은 아니라고 생각했다. 그는 남한의 장래와 관련해 가장 우려되는 점은 "핵무기와 미사일 개발 프로그램을 확보함으로써 독자적인 생존을 추구하고 자주성을 회복하고자 하는 朴대통령의 열망과 의지"라고 브렌트 스코우크로프트(Brent Scowcroft) 국가안보보좌관에게 말했다. 스나이더는 어느 정도 시간을 둔 다음 혹시 朴대통령이 계획을 부활시켜 북한도 "똑같은 전철을 밟는" 사태를 방지하기 위해 미국 정부가 다시 한번 이 문제를 단도직입적으로 거론해야 한다고 제안했다. 이어서 "이런 경솔한 접근을 통해 남한의 안보를 보다 공고히 하려 했던 朴대통령의 생각은 잘못된 것이지만 미국 정부의 태도를 고려해 볼 때 남한 사람들의 안보에 대한 우려는 일리가 있다"고 주장했다.

朴대통령은 반강제적으로 프랑스제 재처리 플랜트와 차후에 캐나다제 신형 중수로(重水爐) 구입을 포기했지만 핵무기 확보에 대한 의지를 버리지 않았다. 朴대통령은 핵무기 개발팀을 해산하기는커녕 한국핵연료개발공사라는 새로운 기구로 흡수시킨 뒤 발전용 원자로에서 사용할 핵연료봉을 제조하라는 새로운 임무를 부여했다. 남한 정부는 78년 프랑스와 재처리 시설에 관한 협의를 재개했다. 이번에는 카터 대통령이 직접 나서 발레리 지스카르 데스탱(Valery Giscard d'Estaing) 프랑스 총리와 담판을 지었다.

이같은 미국 정부의 집요한 방해에도 불구하고 전임 공보비서관을 지낸 선우련(鮮于煉)은 79년 1월 朴대통령이 해안을 산책하던 중 "81년 상반기까지 핵무기 개발을 완료할 수 있다"고 자신 있게 말했다고 밝혔다. 朴대통령은 이어서 그렇게 되면 "김일성은 감히 남침할 엄두를 내지 못할 것"이라고 덧붙였다. 朴대통령을 가까이서 보아왔던 전직 관료들은 대부분 그 진위를 의심하고 있지만 어쨌든 선우련은 朴대통령이 81년 국군의 날 행사에서 자체 개발한 핵무기를 세계 만방에 선보인 뒤 대통령직 사임을 발표할 계획이라고 말했다고 털어놓았다. 이 주장은 강창성(姜昌成) 前 보안사령관의 증언과도 일치한다. 강창성은 朴대통령이 78년 9월 자신에게 핵무기 개발의 95%가 이미 완료됐으며 81년 상반기부터는 핵무기를 생산할 수 있다는 말을 했다고 밝혔다.

판문점 도끼 살해사건

1976년 8월 18일 판문점 공동경비구역(JSA)에서 남한측 노무자 5명은 가지치기를 위해 韓·美 양국 경비병 10명과 함께 서쪽 끝에 있는 커다란 미루나무 근처로 모였다. 직경 7백30m 정도의 둥근 형태를 가진 공동경비구역은 비무장지대에서 유일하게 요새나 철망은 물론 지뢰도 설치돼 있지 않은 지역이다. 얼마 전부터 북한군과 유엔군 사이에 위협적인 욕설과 사소한 몸싸움이 오고 갔던 터라 이날은 유난히 숨막히는 긴장감이 감돌고 있었다. 1년 전 군사정전위 회담이 열렸던 건물 밖에서는 북한 경비병이 한 미군 장교의 머리를 발로 찬 사건이 발생한 적이 있었다.

12m 높이의 미루나무는 8월에 들어서면서 가지가 무성하게 자라 북측을 향한 남측 초소의 시야를 가렸고 이에 남측의 작업반이 가지치기를 하러 나온 것이었다. 가지치기가 한창 진행중일 때 갑자기 사병 9명을 대동한 두 명의 북한군 장교가 나타나 무슨 일을 하느냐고 물었다. 공동경비구역에서 8년간 복무한 호전적인 북한군 장교 박철은 처음에는 아무렇지 않게 넘어갈 것처럼 보였으나 이내 "가지치기를 계속 하면 심각한 문제가 발생할 것"이라고 경고하며 작업 중단을 요구했다. 웨스트 포인트 출신으로 3일 후면 1년 기한의 한국 근무를 마치고 본국으로 귀국할 예정이었던 아서 보니파스(Arthur Bonifas) 대위는

북한군의 항의를 무시하고 작업을 계속할 것을 지시했다. 그러자 박철은 지원병을 요청했고 이어 쇠파이프와 손도끼를 든 일단의 북한군들이 트럭을 타고 도착했다. 삽시간에 북한 병력은 무려 30여 명으로 늘어났다. 이들은 가지치기를 하고 있던 세 명의 노무자들을 에워쌌다. 박철은 다시 한 번 작업 중단을 요구하며 통역을 맡은 남한군 장교에게 "잘라낸 가지가 아무런 쓸모가 없듯이 당신들도 죽으면 마찬가지가 될 것"이라고 말했다. 보니파스는 통역 장교에게 북한군이 허세를 부리는 것이라고 말하고 작업을 계속 진행하도록 명령했다.

보니파스가 북한군 장교들로부터 등을 돌리자 박철은 자신의 손목시계를 풀어 손수건으로 싼 뒤 주머니에 넣었다. 다른 북한군 장교는 소매를 걷어 올렸다. 이어 박철이 "죽여!"라고 소리친 다음 보니파스

1976년 비무장지대에서 북한군이 미루나무(오른쪽) 가지치기 작업을 인솔하러 나온 두 명의 미군 장교를 곤봉과 손도끼로 때려서 죽인 사건이 발생했다. 이에 대한 보복 조치로 미국은 미루나무를 절단했으며 육·해·공군을 동원한 어마어마한 규모의 군사 시위를 벌였다.

대위의 목을 수도로 쳐 땅에 쓰러뜨렸다. 이를 신호로 현장에 있던 북한군 전체가 유엔군 일행을 공격하기 시작했다. 처음에는 주먹과 발로 차더니 나중에는 트럭에 싣고 온 곤봉과 쇠파이프, 가지치기를 하던 노무자들로부터 빼앗은 도끼를 휘둘렀다. 보니파스는 대여섯 명의 북한군이 휘두르는 곤봉과 날이 무딘 도끼에 맞아 현장에서 살해됐다. 또 한 명의 미군 장교 마크 바렛(Mark Barrett) 중위는 다른 사병을 도우려다 쓰러졌고 역시 구타를 당해 숨졌다. 그밖에 통역을 담당했던 남한군 장교와 네 명의 韓·美 양국군 병사 모두 심한 부상을 당했다. 만약의 사태에 대비해 인근에 주둔해 있던 미군 기동타격대(QRF)가 도착했을 때는 이미 싸움은 끝나 있었고 북한군은 경계선 너머로 건너가 아무 일도 없었다는 듯이 정렬을 끝낸 상태였다. 그러나 미군 초소에 설치돼 있는 망원렌즈에는 살해 현장이 생생하게 포착됐다.

한국전쟁이 끝나고 공동경비구역이 설정된 후 이곳에서 미군 장교가 사망한 것은 처음이었다. 또한 53년 정전협정 이후 90년 북한 핵위기가 고조되기까지 남북한이 이처럼 전면전의 극한상황까지 치달은 적은 없었다. 김일성은 핵위기 때와 마찬가지로 결정적인 순간에 실용주의를 추구해 충돌의 확대를 아슬아슬하게 피해갔다. 또한 이 살해사건의 장본인은 미국과 북한이었으므로 남한 정부는 뒷전으로 물러나야 했고 따라서 최종 협상 결과에 결코 만족할 수 없었다.

판문점에서 발생한 사소한 氣싸움이 살해사건으로 비화됐다는 소식이 워싱턴에 보고됐을 때 포드 대통령은 캔사스 시티에서 공화당 전당대회에 참석하고 있었다. 포드 대통령은 공산주의자들에 대해 지나치게 유화적이라고 자신을 비난하는 로널드 레이건(Ronald Reagan)을 상대로 공화당 대통령 후보 지명전을 벌이고 있었다. 대통령이 부재중인 가운데 헨리 키신저 국무장관이 백악관 지하의 상황실에서 포드 정부의 비상 위기 관리팀인 워싱턴특별대책반(Washington Special Actions Group, WASAG) 긴급회의를 주재했다.

먼저 브리핑을 시작한 CIA 요원은 북한이 병력을 이동하거나 그밖에 전면 공격을 의미하는 다른 어떤 움직임을 보이지는 않았지만 판문점 살해사건이 우발적인 사고로는 보이지 않는다는 견해를 피력했다. CIA는 "우리는 이 사건이 의도적인 도발 행위라고 확신하고 있다. 미국과 남한을 상대로 한 북한 정부의 외교공세에 뒷심을 실어주고…… 미국의 대통령 선거 기간에 주한미군에 대한 美 국민의 반대 여론을 조장하려는 북한측의 의도로 추측된다"는 내용의 서면 보고서를 제출했다.

합참을 대표하는 해군참모총장 제임스 할러웨이(James L. Holloway) 제독은 한반도에서 벌어지는 '군사적 대치상황'을 감안할 때 북한의 남침은 오직 기습공격으로만 승산이 있으며 판문점 만행으로 남한이 만반의 경계태세에 돌입한 이상 "이제 와서 북한이 대규모 군사공격을 감행하지는 않을 것"이라는 입장을 밝혔다.

회의실의 정책팀들은 사고 발생현장과 동떨어져 있었으므로 이번 충돌의 상세한 경위를 정확하게 파악하지 못하고 있었다. 심지어 CIA 및 회의에 참석한 관리들 중 그 누구도 이처럼 남북한 양측이 미루나무를 사이에 두고 충돌을 빚은 일이 이번이 처음이 아니라는 사실을 알지 못하는 상태였다. 회의 도중 사건 상황 설명이 담긴 전문이 도착했다. 이에 따르면 이미 사고가 발생하기 12일 전 남한 작업반이 경비병의 보호 하에 예의 그 미루나무를 잘라내려고 톱과 도끼를 들고 접근했지만 북한군 경비병이 저지하는 바람에 작업이 취소된 일이 있었다는 것이다. 그러나 당시 이 사건은 서울에 있는 미군사령부에 보고되지 않았다. 전문이 회람되고 난 뒤에야 상황을 파악한 윌리엄 하일랜드(William Hyland) 국가안보 부보좌관은 "북한군이 예전에 가지치기를 하지 말라고 경고했었군" 하고 씁쓸하게 말했다.

 미국의 정책팀은 급격히 고조되고 있는 한반도 긴장의 보다 광범위한 배경이 무엇인지 대해서는 논의하지 않았는데 돌이켜 보면 이러한 배경이 이 사건의 결정적인 요인이었다. 사이공 함락 후 남한 사회에서는 안보에 대한 우려가 한껏 팽배해 있었다. 그로부터 1년 후 슐레진저는 남한의 우려감을 불식시키기 위해 느닷없이 북한에 대해 핵공격 불사 위협을 가했다. 그 후 핵무기를 적재할 수 있는 미군 최첨단 기종인 가변익(swing-wing) F-111 전투폭격기가 언론의 주목을 받는 가운데 군사훈련을 위해 남한에 착륙하는 모습이 대대적으로 홍보됐고 최초로 韓·美 연합 '팀스피리트 76' 훈련이 시작됐다. 동부전선에서 대규모 연례 합동군사훈련이 선보여지는 순간이었다. 공수부대의 낙하훈련, 수륙양용차량의 상륙훈련을 비롯한 대대적인 군사훈련을 지켜본 북한은 신경질적 반응을 보였다. 북한의 입장에서 볼 때 팀스피리트 훈련은 북침을 위한 마지막 총연습이었다.

 8월 5일 북한 정부는 미국과 남한이 북침 준비를 강화하고 있다고 비난하는 장문의 성명서를 발표했다. 북한은 韓·美 양국이 전쟁준비를 완료했고 전쟁의 도화선에 직접 불을 댕기기 위해 모험주의적인 음모를 획책하고 있다고 주장했다. 이 성명서는 군사정전협정 이후 한반도 상황에 관한 북한 정부의 공식 성명서로선 불과 세 번째라는 매우 이례적인 것이었다. 이에 당황한 미국의 정보 분석가 몇 명이 북한의 경고 내용을 주한미군 사령부에 전달하려고 했다. 그러나 이 경고문은 끝내 전달되지 못했고 다음날인 8월 6일, 비무장지대에서 첫 번째 미루나무 가지치기 사건이 발생했던 것이다.

판문점 도끼 살해사건 수습을 위해 백악관 상황실에 모인 미국 정책팀은 북한에 대한 보복 방안을 논의했다. 포드 대통령과 전화통화를 나눈 키신저 국무장관은 "중요한 것은 북한이 두 명의 미국인을 때려죽인 대가를 반드시 치러야 한다는 것"이라고 강력하게 일갈했다. 한 회의 참석자는 회의를 마치고 나오던 키신저가 "북한 놈들의 피를 반드시 보고야 말겠다"고 말하는 것을 들었다고 전했다.

이날의 회의록을 보면 정책팀들이 냉전 상황이라는 제약 요건에도 불구하고 오직 "어떤 보복 수단을 선택할 것인가"하는 문제에 대해서만 촉수를 세운 채 평소와 달리 자유롭게 과격한 발언들을 주고받았음을 알 수 있다. 북한과 전면전을 벌일 가능성을 우려하는 사람도 없었고 그렇게 될 시 중국과 소련 정부가 보일 반응에 대해서도 논의하지 않았다. 키신저는 회의 직후 워싱턴 주재 중국의 고위급 외교관을 만나 북한에게 엄중한 경고의 말을 전해줄 것을 요청했다. 정책팀은 일본 주둔 미군병력을 재배치하기 위해서는 美 · 日 안보협정의 규정대로 먼저 일본 정부에 협조를 구해야 한다는 점에 동의했다. 키신저는 정책팀들에게 누가 남한 대통령에게 이 사실을 알리겠냐고 물었지만 아시아 우방들의 견해와 반발에 대한 논의는 없었다. 키신저는 "우리의 힘을 충분히 과시함으로써 북한이 '선거를 코앞에 두고 미국 놈들이 도대체 무슨 짓을 하고 있는 거지' 하고 고민하게 만들어야 한다"고 말했다.

대책회의 소집 전 유엔군 사령관 리처드 스틸웰(Richard Stilwell)은 공동경비구역의 미루나무를 베어버리자고 주장했다. 상황실에 모인 정책팀은 모두 스틸웰의 제안에 찬성했다. 그러나 키신저는 그 정도로는 어림없다고 생각했다. 어느 정도 논의가 진전된 후 정책팀은 보다 구체적인 방안을 구상하기 시작했다. 미군과 남한군의 경계 태세를 한 단계 강화하고 오키나와 기지에 주둔해 있는 F-4 전투기 편대와 아이다호州에 있는 F-111 전투폭격기를 남한에 배치하며, 괌에 있는 B-52 중형 폭격기 폭탄 투하 연습을 북한의 영공 한계선을 따라 실시하고 마지막으로 일본에 있는 미드웨이(Midway) 항공모함을 대한해협으로 이동시킨다는 결정이었다.

이날 워싱턴특별대책반 회의는 이처럼 미군의 군사력을 대대적으로 과시하고 미루나무를 잘라버리는 쪽으로 결정이 났지만 북한에 대한 응징 문제에 대해서는 합의를 보지 못했다. 한편 할러웨이 제독은 미군이 기뢰를 설치하거나 북한 선박을 나포하는 것도 한 가지 방법이라고 제의했다. 회의 참석자 중에는 경고의 의미로 북한 해안선 인근에 핵폭탄을 투하하자고 주장한 사람도 있었다고 하일랜드 국가안보 부보좌관은 말했다. 회의가 끝난 후 키신저와 사적으로 이야기를 나누는 자리에서 하일랜드는 비무장지대 동쪽 끝을 공습하는 것이 어떻겠느냐는 의견을 내놓았다. 이곳이라면 "북한이 사전에 눈치채지 못할 것이고 우리가 감당하지 못할 어떤 사태를 촉발시킬 가능성이 크지 않을 것"이라는 이유에서였다. 키신저는 이 제안에 크게 관심을 보였다.

키신저의 요청에 따라 미군은 판문점의 미루나무를 벨 때 북한에 가할 두 가지 보복 조치에 대해 검토했다. 하나는 한국전쟁 종전 뒤 포로교환 통로로 사용되던 '돌아오지 않는 다리'를 대포나 초정밀유도미사일(PGM)로 파괴하는 것이었고 또 하나는 비무장지대에 있는 북한군 보초병 막사를 포격하는 것이었다. 그러나 美 합참본부는 이 두 가지 제안 모두가 비무장지대에 주둔하는 유엔군과 남한군의 안전을 저해할 위험이 크다는 이유로 강력하게 반대했다.

그러나 합참본부는 미루나무를 완전히 베어버린 뒤 "초정밀유도병기나 지대지 미사일, 비 재래식 전투(SEAL)팀을 이용해 북한의 군사시설이나 전략적 기간시설을 파괴하는 징벌을 고려하고 있다"고 키신저에게 선했다. 당시 포드와 함께 캔사스 시티에 머무르며 키신저와 전화 연락을 주고받았던 스코우크로프트 국가안보좌관은 단순히 나무만 베어버리는 것은 지나치게 나약한 조치가 아니냐는 것이 키신저의 생각이었다고 회상했다. 워싱턴특별대책반 회의가 다시 열리고 마침내 보복책을 선택할 결정적인 순간에 이르렀을 때 윌리엄 클레멘츠(William Clements) 국방차관과 할러웨이 제독은 하일랜드와의 면담 자리에서 "강경한 조치가 또 하나의 한국전쟁을 불러올 가능성이 있다"는 우려를 내비쳤다. 그들은 북한 사람들을 일컬어 "자기 내키는 대로 행동하는 사람들"이라고 말했고 실제로 당시 美 고위관리들은 북한을 으레 이런 식으로 생각하고 있었다.

결국 포드는 한반도에서 전면전이 발생할 위험을 고려해 일체의 군사적 보복 행위를 포기하기로 결정했다. 포드 대통령은 이렇게 설명했다. "한반도에서의 지나친 무력과시는 자칫 전면전으로 비화될 공산이 크다. 반면에 적절한 수준에서 병력 사용을 자제한다면 미국의 결연한 의지를 효과적으로 증명할 수 있을 것이다."

미국이 대응조치를 놓고 고심하고 있는 동안 남북한 양국은 사뭇 다른 반응을 보였다. 미군과 남한군의 경계태세 강화에 따라 북한 라디오 방송은 정규 방송을 중단하고 남한 전군과 예비 병력이 '전투태세'에 돌입했다고 발표했다. 평양에서는 엄격한 등화관제가 실시됐고 인민들은 공습경보가 울릴 때마다 지하 대피소로 피신했다. 최전방을 지키는 북한군은 전투 준비에 박차를 가했다. 비무장지대에서 평양에 이르기까지 고위급 관리들은 사전에 설치해둔 지하 방공호로 모두 대피했다.

사건 직후, 북한은 공공연히 그 사건을 '아수라장'이라고 표현하기 시작하며 더 큰 대립을 피하기 위해 한걸음 물러났다. 북한은 겉으로는 호전적인 태도를 견지했지만 한편으로는 군사정전위원회 회의를 열자는 제의에 즉각 동의했다. 스틸웰은 이같은 정황으로 미루어 볼 때 판문점 살해사건은 북한군 경비병이 '우발적으로 저지른 과민반응'일 가능성도 배제할 수 없다고 美 국방부에 은밀하게 보고했다. 흥미로운 것은 평양 주재 동독 대사관 또한 거의 비슷한 결론을 내렸다는 점이다.

한편 朴대통령은 판문점 살해사건에 분개하며 자신의 일기장에 "미친 김일성 도당의 야만적인 행위를 도저히 용납할 수 없다…… 멍청하고 잔인한, 폭력적인 도당… 우리가 참는 것에는 한계가 있다는 사실을 보여주어야 한다. 미친개에게는 몽둥이가 약이다"라고 적었다. 그러나 군사적 대응을 논의하기 위한 첫 회의에서 스틸웰은 朴대통령이 "대화 내내 침착하고 사려 깊었으며, 적극적"이라는 느낌을 받았다. 朴대통령은 (1) 사과와 배상 및 사고재발방지 보장을 포함해 '최대한 강력한 항의'를 전달해야 할 것이지만 그 자신도 이 모든 것이 가능할 것이라 기대하지는 않는다고 시인했으며 (2) 북한에 따끔한 교훈을 주기 위해 군사력에 의지한 '적절한 군사적 대응조치'를 하되 화력을 사용하는 것은 불가하다고 주장했다. 스틸웰은 朴대통령이 공동경비지역에서 오랜 기간 무기 사용을 금지해온 관례를 깨뜨리는 것을 꺼려하고 있다고 느꼈다.

朴대통령은 공동경비구역 진입 시 금지된 중화기 대신 태권도 유단자로 구성된 남한 특수부대를 언제든지 지원 병력으로 투입할 뜻을 밝혔고 스틸웰도 이에 동의했다(훗날 밝혀진 사실이고 미군 사령관들도 사건이 종료된 후에야 비로소 알았지만, 사실 '비무장' 남한군 병사들은 유사시에 대비해 수류탄을 휴대했으며 M16 소총과 대전차 무기, 유탄 발사기, 경기관총 등을 트럭에 숨겨놓고 있었다). 작전계획 검토를 위한 스틸웰과의 2차 회의에서 朴대통령은 군사적 대응은 필히 미루나무를 베는 것으로 그쳐야 하며 "전쟁의 확대는 오직 북한이 먼저 확전을 시도하지 않는 한 더 이상 거론하지 말자"고 강조했다.

사건 발생 사흘 뒤인 8월 21일 오전 7시 韓·美 호송 차량 23대가 북한측에 사전 경고 없이 폴 번연 작전(Operation Paul Bunyan)을 수행하기 위해 공동경비구역으로 진입했다. 차에서 내린 美 공병대원 16명은 전기톱과 도끼로 커다란 미루나무 기둥을 베어내기 시작했고 이어서 공동경비구역 안에 북한이 무단으로 설치한 2개의 바리케이드도 철거했다. 권총과 손도끼로 무장한 30명의 경비소대와 태권도 유단자로 구성된 64명의 남한군 특수부대가 이들을 엄호했다.

극히 제한된 이 소규모 부대를 뒤에서 지원하고 있는 병력은 3차 세계대전이라도 일으킬 수 있을 정도로 어마어마했다. 요란한 굉음을 울리며 상공을 선회하는 20대의 범용 헬기에는 1개 미군 보병중대가 탑승해 있었고 7대의 코브라 공격용 헬기가 후방을 지원했다. 저 멀리 상공에는 B-52 폭격기가 미군의 F-4 폭격기와 한국군의 F-5 폭격기의 호위를 받으며 비행중인 모습이 보였다. 오산 공군기지 활주로에는 중무장하고 연료까지 가득 채운 F-111 전폭기가 대기하고 있었다. 해상에는 미드웨이 항공모함 소속 기동부대가 정박해 있었고 비무장지대 인근에는 중무장한 미군과 한국군 보병 기갑부대, 포대가 대기하고 있었다.

미국 정부가 승인한 스틸웰의 전투계획에 따르면 북한군 경비병이 소화기를 사용해 작전을 방해할 경우 미루나무 제거 팀의 철수 엄호를 위해 박격포와 대포 등의 화력 지원을 하게 돼 있었다. 마지막 순간 백악관은 북한군이 무력으로 저항하는 경우에는 비무장지대에 있는 북한군 경비병 막사에 포격을 가하라는 지시를 내렸다. 북한군이 지상공격을 감행하는 경우 후방 지원부대는 공동경비구역의 아군 철수를 엄호하는 동시에 인근의 북한군 목표물에 수백 개의 대포알을 퍼붓기로 했다.

작전 개시 5분 후 군사정전위원회의 북한측 대표들은 유엔측 노무자들이 지난 8월 18일에 "미처 마치지 못한 작업을 평화적으로 완료하기 위해" 공동경비구역에 진입한다는 내용의 통지서를 받았다. 통지서는 아울러 "북한군이 방해하지 않는다면 유엔군은 더 이상 추가적인 다른 조치를 취하지 않을 것"이라고 밝혔다. 그로부터 몇 분 지나지 않아 자동화기로 무장한 1백50명의 북한군을 실은 다섯 대의 트럭이 돌아오지 않는 다리 반대편 끝까지 진입해 다리 건너편에서 벌어지고 있는 미루나무 제거 작업을 지켜보았다. 이들은 우람한 나무가 스틸웰의 예상보다 3분 빠른 42분만에 쓰러져 넘어가는 광경을 말없이 지켜보았다.

"북한군들은 그때 굉장히 겁을 먹고 있었다"고 북한군 전방 통신을 감청했던 워싱턴의 한 관리는 말했다. 북한군의 무선통신 내용을 점검한 한 미국인 정보 분석가 역시 "그들은 기절초풍할 정도로 놀랐다"고 말했다.

북한 지도부는 이내 비무장지대에서의 살해사건이 치명적인 실수였음을 깨닫고 급속히 대책을 강구하고자 했다. 훗날 김일성은 판문점 살해사건과 관련해 미국인들이 포드 대통령의 재선을 돕기 위해 먼저 싸움을 걸었으며 "사건이 터지자마자 우리 병사들이 적의 정치적 흉계에 말려들었다는 것을 깨달았다. 그래서 더 이상 사태를 악화시키지 않기로 결정했다"고 주장했다.

작전 개시 1시간이 채 지나지 않아 북한측 군사정전위 수석 대표 한주경(韓柱庚) 소장은 김일성의 친서 전달을 위해 미국측 수석대표 마크 프루덴(Mark Frudden) 해군소장에게 비밀면담을 요청했다. 군사정전협정 조인 후 23년 동안 김일성이 유엔군 사령부에 개인적인 메시지를 전달한 것은 이번이 처음이었다. 친서에는 으레 등장하던 공격적인 표현이 자제됐고 공동경비구역에서 이러한 사건이 발생한 것은 '유감스러운' 일이며, 또 다른 충돌사고가 발생하지 않도록 '양측이 대책을 강구해야 한다'는 내용이 담겨있었다. 처음에 美 국무부는 있는 그대로 잘못을 시인하지 않았다는 이유를 들어 김일성의 친서를 거부했지만 하비브를 비롯한 여러 한국통들로부터 한국인에게 '유감'이라는 말은 거의 사과와 마찬가지라는 말을 듣고 입장을 바꿨다.

8월 25일 북한은 향후 충돌을 방지하기 위해 공동경비구역을 군사분계선을 따라 분할하자는 제안을 느닷없이 해왔다. 이제부터는 북한군 경비병은 분할선 북쪽, 유엔군 경비병은 남쪽에서 근무하도록 하자는 것이다. 유엔군 사령부는 과거에 이와 비슷한 내용을 북한에 수차례에 걸쳐 제의한 바 있었으나 북한은 그 때마다 이 제안을 거절해왔다. 그러나 불미스러운 사건을 겪고 난 터라 공동경비구역 분할은 양쪽 모두에서 승인됐고 그 세부사항을 결정함에 있어서도 이의제기는 최소한에 그쳤다.

사태 일단락 후 남한의 관리와 언론은 보다 강경한 조치를 취하지 않은 미국을 강력하게 비난했다. 미군의 군사력 증강과 북한의 온건한 반응을 보고 자신감을 얻은 朴대통령은 북한에 대해 보다 호전적인 태도를 보였다. 스나이더는 9월 중순 워싱턴을 방문해서 "朴대통령에게는 편협한 유태인식 콤플렉스가 있는데, 미국이 긴 세월 동안 한국을 보호해주었던 것도 그 부분적인 원인이다. 朴대통령은 북한의 도발에 대한 대응조치를 모색할 때 미국이 따져 보아야 하는 대가를 무시하거나 평가 절하하는 경향이 있다"고 말했다. 이어 그는 "아니면 군부에서 朴대통령을 부추겼을 가능성도 있다"고 덧붙였다.

북한군 경비병의 만행을 계기로 미국인들은 북한인들은 사람도 아니라는 인식을 보다 굳히게 됐다. 근 30년 동안 군사정전위원회에서 미군 문관으로 복무했던 지미 리(Jimmy Lee)는 맞아서 피범벅이 된 보니파스 대위와 바렛 중위의 끔찍한 사진을 책상 서랍에 늘 간직했다. 보니파스는 도끼 등으로 어찌나 많이 맞았던지 거의 얼굴을 알아볼 수 없을 지경이었다. 리는 비무장지대에 새로 전입해 오는 미군 장교에게 "그들이 겉으로는 예의를 지키는 것 같지만 사실은 이것이 자네가 직면하고 있는 현실"이라고 주의를 주었다.

백악관에서 판문점 살해사건 응징책으로 다른 결정을 내렸거나 혹은 김일성의 '유감' 메시지를 달리 해석했다면 한반도에서는 그 끝을 짐작할 수 없는 대규모 충돌이 야기됐을지 모른다. 김일성과 그 휘하 부하 사령관이 다른 마음을 먹었다면, 특히 무력으로 폴 번연 작전을 저지하려고 기도했다면 이 사건은 가공할 전쟁으로 확대됐을 것이다. 그랬다면 아마도 한반도는 물론 미국의 역사도 달라졌을 것이다. 스코우크로프트는 만일 북한의 호전성 때문에 76년 8월, 미국 대통령 선거를 불과 3개월 앞둔 시점에서 전쟁이 발발했다면 "포드는 재선에 성공했을 것"이라고 말했는데 사실 이에 이견을 제기하는 사람은 없었다.

미국은, 공개석으로는 북한의 만행을 징벌한다는 명분을 내세웠지만 한편으로는 한국 정부의 핵개발 계획에 대한 은밀하게 경고의 표시이기도 했던 힘과 권위의 표출을 통해, 미국이 비록 월남전에서는 패전했지만 한반도에서는 여전히 막강한 영향력을 행사하고 있다는 사실을 내외에 과시했다. 그러나 남한과 보다 지속적인 협력관계를 구축해야 한다는 스나이더의 충언은 무시됐다. 그러기는커녕 그 뒤로 미국이 취한 정책은 양국 사이의 불협화음을 더더욱 심화시키게 된다.

제4장

카터가 몰고 온 찬바람

월남전 패배의 후유증 속에서 미국은 해외 파병에 대한 비난 여론으로 몸살을 앓았다. 월남전 종식 후 첫 번째 대통령으로 당선된 지미 카터(Jimmy Carter)는 이런 대중 심리를 기반으로 구체적인 정책을 구상했다. 카터는 1975년 1월 민주당 대통령 후보로 지명된 직후부터 주한미군 철수를 주장했다. 당시 주한미군은 미국이 월남에서 발을 뺀 후 아시아 대륙에 남아있는 유일한 미국의 군사력이 됐고 만에 하나 북한이 남침할 경우 미국의 자동 개입을 보장하는 연계철선과도 같은 존재였다. 무명의 조지아 주지사 출신의 카터는 민주당 대통령 후보 지명전에서 승리해 세상을 놀라게 만들었고 그 여세를 몰아 대통령 선거에서도 승리했다. 그는 주한미군 철수를 위한 준비 작업으로서 한반도에 중대한 이해를 갖고 있는 중국과 소련, 그리고 북한과 충분히 협상해야 할 필요가 있다는 사실을 간과하고 있었다. 당선 직후 카터는 새로운 행정부 내에서 충분한 의견조율도 없이, 그리고 일본과 남한의 반대에도 불구하고 곧바로 주한미군 철수 공약 이행을 지시했다.

그로부터 근 2년 반 동안 美 행정부 안팎에서 줄기차게 반대의견이 제기됐지만 카터는 자신의 계획을 완고하게 밀고 나갔다. 마치 중동 문제와 같은 난제에서 캠프데이비드 협정을 이끌어내고 파나마 운하조약을 성사했던 불굴의 의지를 다시 한 번 보여주려는 듯 했다. 카터는 미군의 최고 통수권자였고 이론상으론 한 번의 서명만으로 주한미군 철수를 시행할 수 있었지만 결국에는 주한미군 철수를 포기하지 않을 수 없었다.

카터의 주한미군 철수 노력 좌절은 미국의 정치제도상 대통령의 권한에 내재된 규제 요소들을 연구하는 데 있어 전형적인 사례로 제시되고 있다. 더불어 이 에피소드는 남한과 미국 정부와의 갈등을 촉발했고 결과적으로 남한 대통령의 위상 약화와 이후 미국 내 주한미군 철수론의 실종 등 '의도하지 않은 결과'를 가져온 또 하나의 연구 사례로 거론되기도 한다.

카터가 정확히 언제, 어떠한 근거로 주한미군 철수에 대한 단호한 의지를 가지게 됐는지는 카터 자신을 포함해 그 누구도 모르고 있는 듯했다. 필자가 이 책의 집필을 준비하는 동안 카터는 "내가 그러한 입장을 갖게 된 계기를 정확히 알 수 없다"라는 내용의 편지를 보내왔다. 카터 행정부 시절 백악관 안보담당 보좌관을 역임했고 대통령의 지인으로서 미군 철수계획을 공동으로 입안했던 즈비그뉴 브레진스키(Zbigniew Brzezinski)는 철군론의 기원에 대해 "아직도 풀리지 않은 미스테리"라고 평했다. 대통령의 주장에 반대해 결국 철군론을 저지시킨 사이러스 밴스(Cyrus Vance) 국무장관과 해럴드 브라운(Harold Brown) 국방장관 역시 카터가 그처럼 단호한 결심을 하게 된 배경을 파악하지 못했고 필자가 인터뷰했던 여타 행정부 각료들이나 대통령 선거운동본부 관계자들도 이에 대한 명확한 답을 제시하지 못했다. 당시로서는 감히 그 누구도 카터 대통령에게 왜, 그리고 어떤 이유로 주한미군 철수에 관한 결론을 내렸는지 단도직입적으로 묻지 못했던 듯하다.

철군론을 둘러싼 공방이 심각해지기 전까지도 카터는 주한미군 정책의 실질적 의미에 대해 논의하는 것을 꺼렸고 대안을 검토하는 일에도 무심했다. '자신이 무엇을 원하는지 알고 있고 이미 결심을 굳힌 상태이며 그러므로 반드시 실행에 옮겨야 한다.' 이것이 그의 철군론 주장의 기본적 논리였다. 당선 이후의 정권 이양기에 카터는 한반도에 대해 브리핑을 해주겠다는 CIA의 제안을 거절했다. 또한 대통령 재임 중에도 한반도 문제를 다루기 위해 소집된 국가안보회의에는 거의 참석하지 않았다. 카터는 자신의 두꺼운 분량의 회고록 '믿음을 간직하며(Keeping Faith)'에 재임 중에 발생한 여러 가지 외교문제 설명에 많은 지면을 할애했지만 주한미군 철수 문제는 단 한 마디도 언급하지 않았다.

카터의 철수론 : 그 기원과 실행

필자는 우연한 기회에 카터의 주한미군 철수 결심을 초기에 그로부터 직접 들을 수 있었다. 75년 5월 말 카터는 미국·일본·유럽의 '3자위원회(Trilateral Commission)' 회의 참석차 도쿄를 방문했다. 당시 필자는 워싱턴포스트지 동북아담당 특파원으로 도쿄에 주재하고 있었다. 우연찮게 필자 및 뉴욕타임스지 특파원이었던 리처드 핼로런(Richard Halloran)과 함께 한 술자리에서 카터는 5년 내에 지상군과 공군을 포함해 남한에 주둔중인 미군 전원을 철수할 것이며 철군에 대비해 남한의 자체 공군력을 증강시킬 계획임을 밝혔다. 그러나 북침에 사용될 것을 우려해 남한의 공군력 강화를 의도적으로 저지하고 있었던 것이 아니냐는 핼로런의 지적에 카터는 자신의 철군론을 재고하는 듯했다. 그로부터 며칠 후 카터는 철군 대상을 지상군으로 한정하고 주한 美 공군의 잔류와 전력 증강 쪽으로 철군론을 수정했다.

카터의 도쿄 선언에 대한 필자의 8단락 분량의 기사는 워싱턴포스트지의 편집부에 의해 단 두 문장으로 대폭 축소됐다. 선거 도중 한반도 문제에 대한 카터의 견해는 늘 그런 식으로 짧게 취급됐을 뿐 아니라 한반도 문제 자체 또한 주요 이슈로 부각되지 않았다.

사실 주한미군 감축이나 철군론 자체는 그리 새로운 것이 아니었다. 1971년 닉슨은 남한 정부의 강력한 반대에도 불구하고 6만 명의 주한미군 중 약 2만이 소속돼 있던 제7사단을 철수시켰다. 그후로도 멜빈 레어드(Melvin R. Laird) 국방장관(1969년-1972년)이 지상전투부대인 제2보병사단을 1개 여단으로 축소시킨다는 국방부 내부 계획을 승인한 일이 있었다. 그러나 이 계획은 中·美 수교 후 주한미군 추가 철수가 동아시아에 미칠 파장을 두려워한 알렉산더 헤이그(Alexander Haig)와 헨리 키신저의 완강한 반대에 부딪혀 실행되지는 못했다.

1975년 5월 27일 필자가 도쿄에서 카터를 만났던 바로 그 날 우연하게도 포드 행정부는 미국의 對 한반도 정책을 재검토하는 연구를 비밀리에 개시했다. 그러나 이 연구를 통해 어떠한 결론을 도출하지는 못했다.

77년 조디 파월(Jody Powell) 백악관 대변인의 말에 의하면 카터는 줄곧 레어드 장관의 주한미군 감축 계획을 둘러싼 워싱턴 정계의 논의에 지대한 관심을 가져왔다. 이어서 조디 파월은 카터가 구상한 주한미군 철수론이 "미국의 해외주둔군에 대한 근본적인 회의에서 비롯된 것"이라고 덧붙였다. 카터 대통령은 94년 필자에게 보낸 편지에서 "미국의 정치지도자들의 일반적인 견해와는 달리 나는 예나 지금이나 미군의 해외파병에 반대한다"고 자신의 입장을 설명해왔다.

카터가 대통령 선거 유세를 하고 있을 당시는 월남전 패배의 여파로 미군의 해외 파병에 대한 반대여론이 절정에 달했던 시점이었다. 사이공이 함락됐던 75년 4월, 루이스 해리스(Louis Harris) 사에서 실시한 여론조사에 따르면 북한이 남침을 감행하는 경우 미군이 참전해야 한다고 응답한 사람은 불과 14%였고 참전에 반대한다는 의견이 무려 65%에 달했다. 당시의 조사 결과는 카터 대통령에게 깊은 인상을 남겼고 그로부터 20년이 지난 후 필자에게 보낸 편지에서 그는 당시의 여론조사 결과를 생생히 기억하고 있다고 적었다.

취임식 2주 전 카터 행정부의 국가안보회의 팀이 마련한 첫 번째 비공식 회의에서 카터는 우선적 검토 및 결정 대상으로 선정한 15개 의제에 對 한반도 정책을 포함시켰다. 카터의 취임 6일 후인 77년 1월 26일 작성되어 국가안보 관련 핵심 부서에 하달된 대통령 검토메모/NSC 13(PRM-13)는 '미군의 재래식 병력의 감축'을 포함해 '對 한반도 정책을 포괄적으로 검토할 것'을 지시하고 있었다. 새 행정부의 각료들은 이 지시문의 내용 중 '검토'라는 판단중립적인 표현에도 불구하고 근본적인 결정이 이미 구체적으로 굳어져 있음을 알고 충격을 받았다. 사이러스 밴스 신임 국무장관은 백악관에서 돌아온 후 그 '검토'란 남한에서의 주한미군 철수 여부가 아니라 철군 '방식'에 관한 것이어야 한다는 지시를 전달했다.

그러나 77년 1월 말 카터가 월터 먼데일(Walter Mondale) 부통령을 도쿄에 파견해 자신의 계획을 일본 정부에 천명하기 전까지 그 '검토'는 거의 진행되지 않았다. 일본 정부는 공식적으론 미국의 입장을 이해하는 듯한 태도를 취했지만 내심 주한미군의 전면 철수가 자국의 안보에 미치게 될 영향에 대해 깊이 우려하고 있었다. 먼데일의 방일 기간 동안 그를 수행했던 모든 아브라모비츠(Morton Abramowitz) 국방부 부차관보는 주한미군 철군을 그렇게 빠르게 추진한 것도 경솔한 짓이지만 무엇보다도 이 충격적인 결정을 남한의 정치지도자에게 직접 통보하지 않은 것이야말로 치명적인 실수라고 주장했다. 물론 이 같은 결정을 통보할 시 남한 정부가 크게 반발할 것은 불을 보듯 뻔했다. 그는 먼데일에게 자신의 신념을 분명히 밝히며 "주한미군을 철수시켜서는 안 된다"고 진언했다. 이에 대해 먼데일은 "이보게 모턴, 주한미군 철수는 대통령의 선거공약이었네"라고 짤막하게 쏘아붙였다. 후에 아브라모비츠는 사적으로는 주한미군 철수계획에 반대했지만 공적으로는 철수론의 대변자로 변신했다.

2월 15일 카터는 대한민국과의 안보공약을 확인함과 동시에 주한미군 철수 심중을 드러내면서 한편으론 남한 내 인권 문제 개선을 촉구하는 내용이 포함된 서한을 朴대통령에게 보냈다. 이 서한은 리처드 스나이더 주한 미국 대사와 존 베시(John Vessey) 주한미군 사령관을 통해 전달됐다. 사전에 백악관에서 카터와의 만남을 가졌던 베시는 朴대통령에게 주한미군 철수와 관한 어떤 결정도 아직 내려진 것이 없다고 말했다. 또한 카터의 구두 전갈이라면서 "朴대통령과의 신중한 협의 전에 주한미군 철수계획은 없을 것"이라고 말했다. 이에 朴대통령은 주한미군 철수에 관한 언론 보도를 일일이 언급하며 조용한 협의가 신속하게 이루어지기를 요구했다.

3월 초 주한미군 철수 문제 협의차 워싱턴을 방문했던 박동진(朴東鎭) 외무장관은 카터 대통령의 결심이 확고하다는 것을 깨달았다. 카터는 박동진과의 면담이 시작되기 직전인 3월 5일 브레진스키와 밴스에게 보낸 자필 메모에서 朴대통령에게 다음과 같은 사실을 이해시켜야 한다고 단호한 의지를 보였다.

a) 주한미군을 철수시킨다. 하지만 대공(對空) 방어 체제는 유지한다.
b) 美 의회와 美 국민이 주도한 韓·美 관계는 현재 최악의 상태를 맞고 있다.
c) 정치범에 대한 박정희 대통령의 태도가 개선되지 않는다면 현재 미국이 제공하고 있는 군사 원조가 지속된다고 보장할 수 없으며 남한의 인권 문제에 대해서 더 이상 침묵하지 않을 것이다.

브레진스키는 박동진과의 면담을 앞둔 카터에게 다음과 같은 논리로 주한미군 철수 결정을 정당화할 것을 충고했다. "한국의 경제력과 군사력이 눈부신 성장을 이루었고 강대국들이 한반도에서의 전쟁 재발을 원치 않는다는 점을 감안해 미국은 주한미군 지상군을 철수할 것이다." 그러나 박동진의 기억에 따르면 카터가 철군을 정당화하기 위해 주로 내세운 논리는 "그것이 선거공약이기 때문"이었다. 그 회담은 카터의 주한미군 철수 의지를 더욱 명백하게 드러냈다. 카터는 주한미군 철수는 단계적으로 진행될 것이며 미군 철수로 인한 공백을 메울 수 있도록 남한군의 국방력을 지원할 것이라고 덧붙였다.

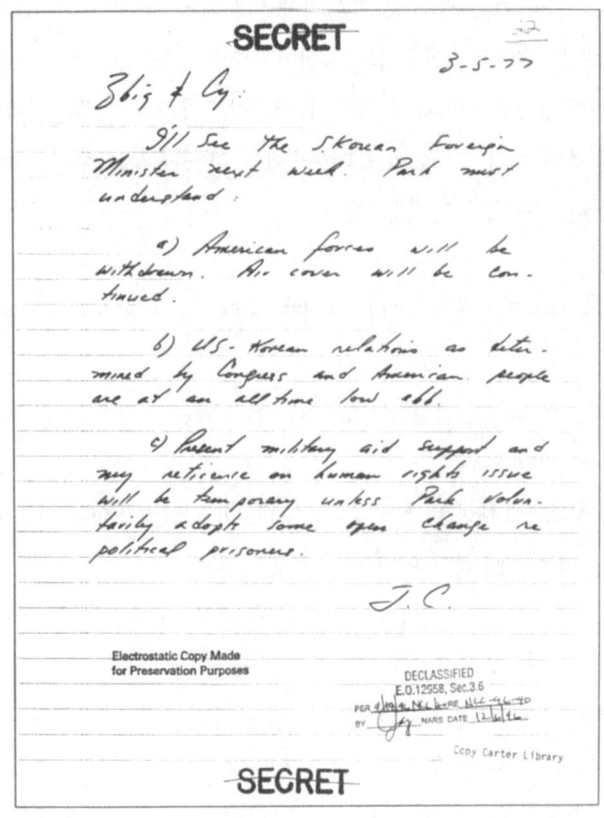

카터 대통령이 취임 후 6주 만에 브레진스키 보좌관과 밴스 국무장관에게 보낸 자필 메모에는 주한미군 철수를 강행하겠다는 굳은 의지가 드러나 있다.

대통령으로 당선되기 전 카터는 주한미군 철수 결정에 앞서 중국과 소련으로부터 남한의 안보 보장을 확보하기 위해 노력하겠다고 말했었다. 그러나 그는 그 약속을 지키지 않았다. 철군안이 구체적으로 발표된 77년 6월 중순까지도 미국 행정부는 중국과 소련 관리들을 대상으로 철군론에 대한 공식적인 브리핑조차 하지 않은 상태였다.

77년 7월 밴스는 "우리가 추진하고 있는 주한미군 철수 정책에는 남북한 양국, 그리고 나아가서는 중국까지 포함하는 외교 차원의 노력이 결여돼 있다"고 지적했다. 카터는 이와 같은 지적에 수긍했고 한반도의 정치적 안정을 논의하는 4자 회담 개최 여부에 대해 우선은 남한 정부, 그 다음에는 중국 정부와 협의할 것을 국무부에 지시했다. 8월 말 밴스는 베이징을 방문해 황화(黃華) 외교부장과 대면한 자리에서 4자 회담을 제의했지만 중국 정부는 그다지 관심을 보이지 않았다. 그로부터 2년간 철군 논의는 시들해지는 듯 보였다. 중국 정부는 남한 정부가 카터 대통령의 철군론에 강경하게 반발하고 있으므로 오래지 않아 이 계획이 흐지부지해질 것이라 판단했던 듯하다.

대통령 유세 기간 중 카터는 "미국은 남한에 무려 7백 여 개의 핵무기를 배치해 놓고 있다. 나는 남한에 핵무기가 단 한 개라도 배치돼야 할 이유를 찾을 수가 없다"고 일갈했다(정부 문서에 따르면 당시 남한에는 실제로 6백83개의 핵탄두가 배치돼 있었다). 애초에 카터는 대통령 취임 직후 핵탄두를 모두 제거하라고 지시할 참이었다. 그러나 물리학자이자 핵 전문가였던 해럴드 브라운 국방장관은 한반도처럼 군사적으로 매우 민감한 지역에서 갑작스런 조치로 안정이 훼손되는 것을 방지하기 위해서는 핵무기 철수를 주한미군 철수 이전에 단행할 것이 아니라 미군 철수와 동시에 실시해야 한다고 카터를 설득했다.

카터 대통령의 강철같은 철군 의지 때문에 그의 수하에서 일하는 많은 행정 관료들은 윤리적으로 심한 갈등을 겪어야 했다. 이들은 대통령의 결정에 복종해야 한다고 믿고 있었다. 그러나 그들의 마음속에는 카터가 추진하는 주한미군 철수 정책이 자칫 불필요하고 감당할 수 없는 정치·군사적 위험을 초래할 수 있다는 판단이 지배적이었다. 전통적으로 백악관 내부에서는 '대통령의 마음에 들기 위한' 각 정부 부처 사이에 암투가 벌어지기 마련이었다. 그러나 카터 행정부에서는 '대통령의 의지에 도전하는 전투'가 벌어지는 기현상이 일어났다. 공적인 자리에서는 발설하지 못했지만 사석에서는 점점 더 노골적으로 대통령의 정책을 비판하기도 했다. 이야기가 누설될 경우 관직 해임을 감수해야 하는 위험도 적지 않았다. 카터 행정부의 보이지 않는 전투에 가담한 각료의 한 사람인 전 국무부 동북아·태평양 담당 차관보 리처드 홀브룩(Richard Holbrooke)은 그것을 '미국 대통령에 대한 정면 도전'이라고 평했다. 한편 필자를 포함한 백악관 출입 기자들은 당시 행정부 내에서 벌어지고 있는 게릴라전에 대해 감조차 잡지 못하고 있었다.

대통령에 대한 충성과 책임이라는 두 가지 가치의 충돌에 직면한 브라운 국방장관은 "대통령의 명령에는 복종하되 그의 마음을 돌리기 위한 노력을 계속한다"는 원칙을 세웠다. 브라운 장관에게 있어 가장 견디기 힘들었던 것은 개인적으로는 반대하는 정책을 공식적으로는 옹호해야 하는 일이었다. 밴스는 "대통령의 마음을 바꿀 수 있는 방법을 찾아야 한다"는 다짐 하에 양심의 범위 내에서 주한미군 철수 문제에 대처할 수 있었다(그러나 그는 80년 이란에 억류된 미국인 인질 구출 작전에 반대한다는 자신의 신념을 지키기 위해 국무장관직을 사임했다).

주한미군 철수에 대한 카터의 입장이 "감정적일 정도로 확고하다"는 사실을 그 누구보다도 잘 알고 있었던 브레진스키는 고위관리들과의 회담 때마다 대통령 편에 서서 철저히 그를 옹호했다. 그러나 그는 카터의 계획을 저지하기 위해 노력하는 다른 측근들의 의지를 꺾으려 하지는 않았다.

한편 정치적 색채가 강한 美 합참은 주한미군 중 전투 지원부대를 잔류시키고 남한이 미군 감축에 대한 보상으로 병력 강화를 지원받는다는 조건하에 카터의 철군 정책을 받아들였다. 그러나 야전 지휘관들은 철군 반대의사를 노골적으로 드리냈다. 주한미군 사령부 참모장 존 싱글로브(John Singlaub) 소장은 워싱턴포스트지 특파원인 존 사르(John Saar)와의 인터뷰에서 "미국의 지상군이 예정대로 철수할 경우 전쟁이 촉발될 것"이라고 밝혔다. 카터는 그 발언을 자신에 대한 항명으로 간주하고 싱글로브를 백악관으로 소환해 질책했다. 결국 싱글로브는 본국 근무를 명받고 한국을 떠나지 않을 수 없었다. 싱글로브 사건은 백악관에 정치적 폭풍을 일으켰고 주한미군 철수안을 둘러싼 갈등의 골은 점차 깊어만 갔다.

미국 내 철군 반대 세력이 애초에 선택한 전술은 철군 계획을 지연, 수정, 희석시켜 초기 철군 규모를 최소화한 뒤 계획 자체를 재고하거나 취소하도록 만드는 것이었다. 그러나 카터는 철군 강행 의지를 결코 굽히지 않았다. 5월 초 그는 철군 일정까지 명확하게 설정한 다음과 같은 1급 명령서에 서명했다. "제2사단의 1개 여단(최소한 6천 명)은 1978년 말까지 철수, 또 다른 여단과 전투지원 부대(최소한 9천 명)는 80년 6월 말까지 철수한다. 한국에 배치된 미국의 핵무기는 미군 철수와 함께 단계적으로 감축하고 궁극적으로는 완전 철수한다." 이어 전 주한 미국 대사를 역임한 바 있는 필립 하비브 국무차관과 조지 브라운 합참의장이 주한미군 철수계획 브리핑을 위해 각각 남한과 일본에 파견됐다.

한편, 朴대통령은 기자단과의 비공식 오찬에서 "미군 철수가 그렇게 빠른 시일 안에 강행되리라고는 생각지 않는다"고 말하는 등 처음엔 주한미군 철수계획을 그다지 진지하게 받아들이지 않았다. 그러다가 카터가 자신의 철군 결정을 공식적으로 발표하자 朴대통령은 청와대에서 국가안보회의를 소집했다. 이 자리에서 朴대통령은 최대한 감정을 억누른 채, 카터의 미군 철수안을 공개적으로 반대하지는 않겠지만 남북한 사이의 군사력 균형을 유지하기 위한 보상책을 요구하겠다고 밝힘으로써 회의 참석자들을 놀라게 했다. 朴대통령의 이처럼 담담한 태도는 쓰라린 체험에서 비롯된 것이었다. 70년 朴대통령은 제7사단의 철군을 강력하게 반대했지만 결정된 내용을 전달하기 위해 서울을 방문했던 스피로 애그뉴(Spiro Agnew) 부통령은 그의 반발을 간단히 무시해버렸다. 당시 애그뉴는 미국 대통령에게는 미군병력을 전세계 어디든지 파견하고 또한 언제든지 철수할 수 있는 권한이 있음을 힘주어 강조했다. 다시 한 번 백악관의 강경한 입장을 목도한 朴대통령은 카터가 추진하는 주한미군 철수계획에 정면 도전해봤자 실질적 효과도 없을뿐더러 위신만 깎일 것이라는 판단을 내린 것이다.

美 행정부와 군 조직 내에 철군론에 대한 회의주의가 만연하고 노골적인 반대가 거세짐에 따라 주한미군 철수 반대론자들의 목소리는 날로 커져만 갔다. 카터는 철군에 대한 보상으로 "철군 전이나 혹은 철군과 동시에 남한에 총 19억 달러 상당의 군사지원을 제공하겠다"

고 약속했다. 지원금 확보를 위해서는 의회의 승인이 필요했다. 그러나 1977년 7월 브라운 국방장관이 백악관에서 상·하 의원들을 상대로 브리핑을 실시했을 때 주한미군 철수 지지 의사를 표명한 의원은 단 한 명도 없었고 대다수 의원들이 반대의사를 표명했다. 브레진스키는 "철군 문제로 의회와 힘겨운 전쟁을 치르게 될 것이 분명하다"는 내용의 보고서를 카터에게 전달했다.

게다가 철군 문제와는 별도로 美 의회의 對 남한 군사지원 자체가 논란의 대상이 됐다. 남한에서의 인권탄압 실태, 특히 자유를 억압하는 박정희 정부의 조치에 반대하는 성명서를 발표했다는 이유로 18명의 저명한 기독교 지도자들에게 유죄 선고를 내린 사건은 미국 교회는 물론 일반 국민들의 엄청난 반발을 초래했다. 76년 4월 남한에서 기독교 지도자들이 체포된 직후 美 상원과 하원 의원 1백19명은 포드 대통령에게(당시 카터 대통령은 선거 유세 중이었다) 남한의 '인권탄압'을 비난하는 내용과 더불어 미국 정부의 지속적인 對 남한 군사 지원은 미국을 '인권탄압의 공범'으로 만드는 셈이라 경고하는 공동서한에 서명했다. 그로부터 6개월 후 남한의 기독교 인사들에게 유죄가 선고되자 美 하원 의원 1백54명은 朴대통령 앞으로 서한을 보내 '인권 경시'에 항의하며 그런 처사가 韓·美 관계를 훼손시킨다고 지적했다. 인권과 도덕성을 외교정책의 근본으로 삼았던 카터 역시 박정희 정권의 인권 유린을 몹시 불쾌하게 받아들였다.

76년 10월 24일 워싱턴포스트지가 한국인 로비스트 박동선에 대해 기사를 특종 보도하면서 또 한번 격렬한 논쟁이 폭발했다. 포스트지 보도에 따르면 박동선은 총 90여 명에 달하는 하원 의원과 고위관리 매수를 위해 1년에 50만 달러에서 1백만 달러의 뇌물을 공여했고, 매수 모의 현장에서 오고 간 대화 내용이 美 관계 당국에 도청됐던 것이다. 맥신 체샤이어(Maxine Cheshire)와 스콧 암스트롱(Scott Armstrong) 기자가 작성한 그 기사는 법무성의 요청으로 구성된 대배심의 비밀조사 과정에서 흘러나온 정보를 토대로 한 것이었다.

닉슨 대통령의 사임을 초래한 워터게이트 스캔들 이후에 터진 이 박동선 사건은 어느새 '코리아게이트'라는 이름이 붙여졌다. 이에 대해 카터는 의회 조사에 전적으로 협조하겠다는 입장을 표명했다. 그는 보좌관에게 보낸 메모에서 "우리는 미국의 법을 위반한 이 사건에 대해 가능한 모든 정보를 제공하기 위해 주저없이 나서야 한다"고 지시했다.

카터의 대통령 임기 첫 해인 77년 말, 의회에서는 코리아게이트에 관한 전면 조사가 네 갈래로 나누어 진행되고 있었고 별도로 연방수사국(FBI)과 국세청(IRS)도 추가조사에 착수한 상태였다. 그러나 美 의원들 중에 이 사건과 관련해 유죄 판결을 받은 사람은 리처드 한나(Richard Hanna) 한 사람뿐이었다. 그러나 수뢰 혐의와 당국의 수사에 관한 보도가 언론에 속속 게재되자 더 이상 그 누구도 한국군에 대한 철군 보상 원조를 지지하려고 하지 않았다. 美 국무부 한국 담당 국장 로버트 리치(Robert Rich)는, 78년 봄은 "한국이 동북아에 있는 반도라고 천명한 법안이 의회에 상정되더라도 하원의 승인을 통과하기 힘든 분위기였다"고 당시를 회고했다.

철군 문제를 둘러싼 최후의 승부는 4월 11일 벌어졌다. 이 날 브레진스키는 국무장관과 국방장관 및 행정부 내 아시아 담당 고위 간부들과 회동했다. 이에 앞서 브레진스키는 카터 대통령의 의중을 떠보며 "모든 사람들, 심지어 밴스조차도 각하의 의견에 반대하고 있다"

는 언질을 주었다. 이에 카터는 브레진스키에게 간청하듯 말했다. "즈비그(브레진스키의 애칭), 당신만큼은 나를 보호해 주어야 하지 않겠소? 내가 선거공약으로 제시한 외교정책 중 아직도 철회되지 않고 남아있는 것은 바로 이것(주한미군 철수)뿐이오."

이 무렵 카터의 정책보좌관 대다수는 주한미군 철수계획을 전략적 이유로 인해 심각하게 우려, 반대하고 있었지만 감히 카터의 면전에서 자신의 의견을 털어놓지는 못했다. 훗날 브라운도 인정했듯 당시 행정 관료들은 "카터의 결정을 지지하던가, 아니면 사임해야 한다"고 생각했던 것이다. 결국 가디 행정부 관리들은 의회에서 남한 정부에 대한 지원금을 승인하지 않을 것이므로 주한미군 철수를 연기해야 한다는 논리를 내세운 것이 고작이었다.

백악관 상황실에서 열린 회의에서 리처드 홀브룩 국무차관보는 이렇게 주장했다. "문제는 주한미군 철수가 아니라 박동선 사건이다. 코리아게이트 이후 의원들은 한국 지원 법안에 찬성할 경우 유권자들에게 정치적 보복을 받지 않을까 두려워하고 있다." 이어서 그는 만약에 약속한 군사지원 제공 없이 주한미군 철수를 강행한다면 "미국이 동북아에서 발을 빼기 시작했다는 신호"로 비칠 수도 있어 자칫하면 중국과의 관계정상화가 수포로 돌아갈 수 있다고 덧붙였다. 당시 국가안보회의 위원(훗날 주일 미국 대사로 부임) 마이클 아마코스트(Michael Armacost) 역시 약속한 보상원조 없이 주한미군 철수를 강행한다면 "일본에서도 부정적인 결과가 초래할 것"이라고 거들었다. 국방부 부차관보 모튼 아브라모비츠도 역시 지원금을 제공하지 않고 철군을 강행할 경우 주한미군 사령관인 베시 장군이 사임할 가능성이 높다고 지적했다. 아울러 베시 장군이 사임한다면, 그렇지 않아도 마지못해 철군 계획을 받아들인 "美 합참이 전원 퇴진할 우려가 있다"고 말했다.

브라운과 밴스를 비롯한 대다수 보좌관들이 철군을 연기하거나 취소해야 한다고 주장했을 때 오직 브레진스키만은 "철군론이 처음부터 잘못 내린 결정인지 모르지만 이미 결정된 것이다. 따라서 이제 와서 기존의 입장을 번복할 수는 없다"며 본질적이지만 누구도 거론하려 하지 않았던 문세를 제기했다. 결국 브레진스키는 전투병력의 1차 철군을 연기하는 대신 규모를 줄이는 방안을 제시했고 카터는 결국 이를 받아들었다. 다시 말해 본래 6천 명의 전투부대를 철수하는 대신 전투병력은 1개 대대(8백 명), 그리고 추가로 2천6백 명의 비전투 요원을 우선 철군하자는 것이었다. 겉보기에 그 나머지 인원은 차후에 철수할 것처럼 보였다. 그러나 회의 참석자 대다수가 예상하고 기대했던 것처럼 1차 철수 규모 축소 이후 미국 정부의 철군 의지는 약해졌으며 추가 철군 전망은 극히 불투명해졌다.

카터는 내키지는 않았지만 체면을 차리는 범위 내에서 이 대안을 받아들였고 4월 21일 이를 공표했다. 카터는 사석에서 브라운 국방장관이 자신의 철군계획을 방해했다고 강도 높게 비난하면서 부족한 충성심을 질타했다. 브라운은 대통령의 격앙된 모습에 몹시 당황했지만 자신의 주장을 굽히지는 않았다. 그는, 자신에게는 대통령에게 가능한 최선의 대안을 조언하고 스스로 판단한 바를 솔직히 전달해야할 의무가 있다고 해명했다. 또한 의회에 출두하게 되면 행정부 대표로서 철군론을 옹호해야 했기 때문에 이런 의무감이 보다 무거워질 수밖에 없었다고 덧붙였다. 오랜 동안 관직에 몸담아 온 브라운은 과거 존 케네디(John Kennedy)나 린든 존슨(Lyndon Johnson)등 자신의 견해를 강력하게 추진했던 대통령들에게 위축돼 자신의 의견을 제대로 펼치지 못했던 경험이 있었다. 그러나 이번에는 그럴 수 없었다. 혹시라도 대통령과의 관계가 거북해지더라도 할 말은 해야겠다는 결심이었다. 브라운 장관은 당시 상황을 이렇게 회고했다. "카터 대통령은 (주한미군 철수라는 민감한 사안을 놓고) 영향력 있는 관료 세력과 실력 대결을 하고 있다고 생각했다. 그러나 우리의 생각은 달랐다. 우리는 자칫 여러 동맹국과의 사이에서 엄청난 문제를 야기할 수 있는 섣부른 실수를 저지르려고 하는 대통령을 구하려 애쓰고 있다고 생각했다."

북한의 입장

평양에서 김일성은 카터가 추진하는 주한미군 철수계획을 예의주시하고 있었다. 주한미군 철수는 그동안 김일성의 핵심 정책 목표 가운데 하나였고 그는 주한미군이 철수하게 된다면 평화적인 수단이든 혹은 무력에 의해서든 결국은 자신이 한반도의 실세를 장악할 수 있을 것이라 믿었던 듯하다.

그는 미국을 45년 한반도 분단, 50년 한국 전쟁 참전으로 인한 한반도 통일 방해, 남한의 식민지화, 박정희의 군부독재 지원 등 수많은 범죄를 저질렀다며 주적(主敵)으로 간주해 왔다. 70년 북한에서 간행된 '정치용어사전'에서는 美 제국주의를 '가장 야만적이며 흉악한 침략자이자 전세계 제국주의 국가의 우두머리'로 정의하고 있다. 그러나 이러한 격렬한 비난은 카터의 대통령 취임식 전날 사라졌다.

북한 정부가 발표한 성명서에서 폭력적인 표현은 사라지고 '美 제국주의 침략군'이라는 표현 대신 '미군'이라는 말을 사용했다. 또한 비무장지대 살해사건의 책임을 막연히 미국 전체에 돌리기보다 퇴임하는 포드 행정부에 덮어씌움으로써 새로 취임하는 카터의 부담을 덜어주려고 노력했다.

한편 김일성은 한반도 문제 해결을 위해 막후에서 카터를 접촉하고자 적극적으로 나섰다. 73년 美 의회에 공개 서한을 보낸 것을 시작으로 북한은 한국에 배치된 미군과 무기 철수를 목적으로 기존의 휴전협정을 평화협정으로 바꾸는 문제에 관해 미국과 북한간의 직접 협상을 촉구했다. 김일성은 평화조약 체결이 남한에서 미군과 미국이 배치해 놓은 무기를 철수하기 위한 첫걸음이 될 것이라고 생각했던 것이다.

76년 11월, 카터가 대통령에 당선된 직후, 김일성은 파키스탄 대통령을 통해 조지아주의 플레인스(Plains)에 거주하고 있던 카터에게 직접 회담을 요청하는 자필 서한을 보냈다. 이어 77년 2월에는 북한의 허담 외교부장이 주 파키스탄 미국 대사관을 통해 미국의 밴스 국무부장에게 모종의 메시지를 전달했다. 메시지는 북한 정부는 미국과의 대결을 원치 않으며 평화 통일을 지향하고, 시작 단계만이라도 남한 정부를 배제하고 北-美 간 직접적인 평화회담을 개시하고 싶다는 내용이었다. 이에 대해 미국 정부는 '보다 영구적인 군사정전협정'에 관한 논의 등에 관심이 있지만 여기에는 남한 정부의 완전한 참여가 보장돼야 한다는 꼬리표를 단 답신을 보냈다.*

그러나 당시 남한 정부의 참여를 보장하는 北-美 교섭이란 평양에서는 상상도 할 수 없는 일이었다. 카터는 평양을 의식한 유화적 제스처로 3월 미국 시민의 북한 여행 규제를 해제하고, 북한의 유엔 대표부를 사상 최초로 미국의 공식 리셉션에 초대했다.

77년 7월 北-美 간의 화해 분위기가 무르익는 시점에 미군 헬리콥터 한 대가 우발적인 편대 이탈로 비무장지대의 북측 상공으로 넘어간 후 북한군에 의해 격추되는 사건이 발생했다. 그 결과 세 명의 헬기 승무원이 사망했고 나머지 한 명은 북한측에 생포됐다. 카터는 놀랍도록 부드러운 태도로 미군측의 실수를 인정하고 사건이 확대되는 것을 방지하는 데 주력했다. 그에 대한 화답으로 북한은 사망자 시신과 생포된 미군 한 명을 사건발생 불과 3일 만에 미국측에 송환했다. 이런 성격의 사건이 이렇게 짧은 시일 내에 마무리된 것은 전례가 없는 일이었다.

그러나 카터는 주한미군 철수계획을 수정하거나 연기하라는 압력을 꾸준히 받고 있었고, 그에 대해 김일성은 점점 비판적이 되어갔다. 그는 내방자를 만날 때마다 "카터는 자신의 선거공약을 지키지 않고 있다"고 비판했고 주한미군 철수계획은 "세계를 기만하려는 술책이었다"고 일갈했다. 일례로 김일성은 한 일본 언론인과의 대담에서 한반도 문제에 대한 카터의 태도를 비난하고 그를 '사기꾼'이라고 호되게 매도하기도 했다.

77년 12월 초 에리히 호네커(Erich Honecker) 동독 사회주의통일당

＊그 후로도 김일성 주석은 카터 대통령에게 수개월에 걸쳐 메시지를 보냈다. 1977년 5월에는 가봉의 봉고(El Hadj Omar Bongo) 대통령, 1977년 10월에는 구(舊) 유고슬라비아의 티토(Josip Broz Tito) 대통령, 1978년 4월에는 루마니아의 차우셰스쿠(Nicolae Ceausescu)를 통해서 전달했다. 김일성 주석은 매번 서한을 보낼 때마다 박정희 대통령이 물러나지 않는 한 대한민국 정부와 협상을 하고 싶지 않다고 말했고, 이에 대해 카터 대통령은 남한 정부가 참여하는 경우에만 북한과 협상하겠다는 입장을 반복했다.

(사실은 공산주의를 표방하는 당) 서기장이 3일간 평양을 방문했다. 훗날 호네커는 김일성과 가장 가까운 외국인 친구가 됐다. 두 사람 모두 공산 혁명을 위해 평생을 바친 투사들로 소련의 지원을 받아 국가권력의 정점에 올랐다. 게다가 한국과 마찬가지로 독일 역시 2차 세계대전 결과 국토가 분단됐고 동독은 북한과 마찬가지로 중무장한 분단선 저편의 보다 번영하고 인구도 많은 자본주의 정권과의 경쟁 속에서 생존을 위해 분투하고 있었다. 소련은 동독에게 북한을 도와딜라고 촉구했고, 동독(German Democratic Republic, GDR, 동독의 정식명칭) 역시 북한과의 동질성을 인정하고 있던 터라 북한에 대해 줄곧 경제적인 지원을 아끼지 않았다. 주된 차이점이자 김일성의 우려를 일으켰던 점은, 동독이 분단된 국가의 반쪽이긴 했으나 통일을 지향하지 않는다는 것이었다—소련의 입장에서 볼 때 통일된 독일은 평화에 위협이 되는 것이었다. 반면 평양의 강경한 입장에서 볼 때, 한국은 어느 나라도 침략하지 않았으며 또 전쟁 후에 열강에 의해 부당하게 분단이 되었다는 차이점이 있었다.

김일성은 처음으로 만나는 호네커를 영접하기 위해 세심한 준비를 했다. 호네커의 기분을 우쭐하게 하고 화기애애한 회담 분위기를 조성할 요량으로 그는 호네커의 환영 집회에 무려 50만 명의 주민을 동원했다. 환영 프로그램 속에는 호네커가 청년 지도자였던 시절 애창됐던 독일 혁명가를 연주하는 순서도 포함돼 있었다. 당시 호네커를 수행했던 동독 출신의 한 외교관은 "호네커는 생전 그렇게 뜨거운 환영을 받아 본 적이 없었다. 결국 그는 감격의 눈물까지 흘렸다"고 회상했다.

77년 12월 10일 김일성과 호네커 사이에 오고간 밀담은 동독의 문서보관소에 보존돼 있다. 이 기록을 보면 70년대 말 김일성의 세계관을 단편적이나마 짐작할 수 있다. 김일성은 북한이 직면하고 있는 난관을 인정했지만 그것을 '美 제국주의'의 탓으로 돌렸고 자신의 정치적 위상과 주체 사상의 우월성을 한 치도 의심치 않았다. 두꺼운 뿔테 안경에 중국의 정치지도자들이 즐겨 입는 인민복을 멋지게 차려입은 김일성은 당시 65세였지만 여전히 혈기왕성해서 짙은 머리숱에 흰머리가 몇 가닥 보일 뿐이었다.

대화록에 따르면 김일성은 자신의 최고의 정책 목표가 조국통일임을 선언하고 이어서 자신이 1960년대에 수립해 평생 동안 철저히 고수했던 3단계 전략을 간략하게 소개했다. "첫째, 공화국 북반부에 사회주의 체제를 성공적으로 수립한다. 둘째, 남조선의 혁명투쟁을 지원한다. 셋째, 국제 혁명세력과의 연대 및 연합을 추구한다." 그리고는 각 단계의 진행 상황을 차례차례 상세히 설명했다.

우선 그는 세계 다른 나라에서는 유례를 찾아볼 수 없을 정도로 독특한 북한의 국민 동원에 대해 설명했다. 김일성은 이를 한반도 및 주변에 강력한 혁명 전초기지를 굳건하게 건설하기 위해서 불가피한 것이라고 설명했다. 그는 호네커에게 "영유아를 제외한 북한의 모든 주민이 각종 조직이나 단체에 가입해 있다"고 말했는데 이는 결코 과장이 아니었다. 당시 북한 인구 1천7백만 명 중 2백20만 명이 노동당(다른 사회주의 국가와 비교할 때 월등히 많은 숫자에 해당한다)에 속해 있었고 영유아를 제외한 나머지 모두는 소년·청년·여성·농민·노동자 동맹 등 각종 단체에 속해 있었다.

교육은 고등교육 11년까지 의무교육이었다. 그러나 70년대 북한의 초등학교에서는 하루 수업 시간의 절반 이상을 이념 교육에 할당했다. 그리고 김일성은 중등학교 이상의 교육 과정에서는 이념 교육을 더욱 강조하라고 지시했다.

김일성과 호네커의 정상회담 한 달 후 CIA는 남북한 경제력에 관한 비교 분석 보고서를 발표했다. CIA는 이 보고서에서 북한이 노동생산성에 있어 남한에 뒤지고 교육수준이 높은 남한이 경제적으로 앞서 나가는 주요 요인은 북한이 경제적으로 유용한 기술 교육보다는 이념 교육에 치중하는 탓이라고 꼽았다.

호네커와의 회담에서 김일성은 북한 사회 전반에 확산된 '사회공학'에 대해서도 풀어 설명했다. 김일성은 '여성을 혁명전사로 만들고 모범적인 노동계급이 될 수 있도록 개량하기 위해 과도한 가사 노동에서 해방시킨 뒤 다양한 직장에 배치했다'는 것이다. 그의 말에 따르면 농부의 80%가, 그리고 경공업 부문에 종사하는 노동자의 90%가 여성이라고 했다. 이들 분야에 여성들이 많은 이유에 대해 김일성은 정확한 수치를 제시하지는 않았지만 "북한의 대다수 젊은이들이 군에 복무"하고 있기 때문이라고 덧붙였다.

북한 정부는 직장에서 근무하는 어머니의 자리를 대신하고 어린 나이부터 효과적으로 주체사상을 주입하기 위해 3백50만 명의 유아들을 수많은 탁아소와 유치원에 수용해 돌봐주고 교육시켰다. 김일성의 말에 따르면 북한 사회는 어린이를 보살피고, 교육시키는 제도가 뿌리내린 것이다.

그리고 김일성이 따로 언급하지는 않았지만 이 같은 노력에도 불구하고 77년 한반도 양국의 경제력 균형은 뚜렷이 남쪽으로 기울고 있었다. 한국전쟁 종전 후 처음 몇 십 년 동안, 중앙통제하의 북한 경제는 전쟁으로 인한 피해에서 회복한 상태였으며 상대적으로 중앙통제력이 약한 남한 경제보다 훨씬 앞서 있었다.

그러나 60년대 초반 양국은 결정적인 전기를 맞이했다. 양국은 서로 상반되는 방향을 택했는데 북한은 내수 위주의 경제체제를 유지하면서 국내에서 중공업 부문을 육성하는 데 주력했고 외국과의 거래를 꺼렸다.

이에 반해 남한은 미국 유학파 경제 전문가들이 경제정책을 주도했고 미국과 일본 시장의 점유를 일정 부분 약속받은 가운데 수출과 경공업에 주력하는 대외 지향적 경제 노선을 택했다. 양국의 이런 운명적 선택은 결국 한반도 경제 경쟁의 승패를 판가름했을 뿐만 아니라 정치·외교 영역에도 깊은 영향을 미쳤다.

70년대 중반 대다수의 외부인들이 짐작했듯 북한의 '주체경제'는 남한과의 경쟁에서 뒤처지고 있었다. 인플레를 감안한 북한의 GNP는 65년에서 76년 사이에 두 배로 증가했다. 개발도상국치고는 상당히 훌륭한 성과였다. 그러나 같은 기간에 남한의 실질 GNP는 3배 이상 증가했다. 70년대 중반 전반적인 '빈곤층'의 감소에 따라 남한은 분단 후 처음으로 1인당 GNP 수준에서 북한을 앞질렀다.

북한 경제가 어려워진 것은 과도한 군사비 지출에도 일부 원인이 있었다. 60년대 중반부터 70년대 중반까지 북한은 정부 예산의 15-20%를 국방비에 할당했다. 반면에 남한의 국방비는 朴대통령의 군비확장 추진으로 70년대 중반에 잠시 10%로 급증했을 뿐 전반적으로 평균 5%를 넘지 않았다.

70년대 초 북한은 남한의 눈부신 경제 성장에 대응하기 위해 서유럽과 일본으로부터 각종 제조 시설을 통째로 구입하는 등 기존의 자립경제 노선을 단호하게 포기하고 대외 지향적 대약진 운동으로 급선회했다. 정치적인 측면에서는 외부로 눈을 돌려 남한과도 직접 협상을 추진했다. 일례로 한 일본-덴마크 합작기업은 북한에 세계 제1 규모의 시멘트 공장을 건설하기도 했다. 그러나 북한은 73년 중동전쟁과 석유 파동으로 인한 세계적 불경기 속에서 급속히 불어나는 외채 상환금을 감당할 수 없게 됐다. 결국 북한은 국제신용자금을 이용할 수 없는 처지로 전락했고 이에 반해 남한은 국제무역 규모가 계속 확대되면서 세계 경제활동의 수역으로 성장했다.

호네커와의 회담에서 김일성은 남한에 대한 북한의 우월성을 반복해서 강조했다. 북한 체제의 우월성에 대한 김일성의 확신은 그의 두 번째 전략인 남한 내에서의 혁명투쟁에서 그 이유를 찾을 수 있다. 김일성은 일제시대 때 자신이 항일투쟁을 벌인 데 반해 朴대통령과 그 일당은 일본군에 복무했었노라고 지적하면서 "남조선의 지도부가 친일파 출신인데 반해, 북조선의 지도부는 모두 애국자"라는 이유만으로도 북한 체제가 우월하다고 확신했다. 또한 남한측의 믿음이나 기존의 증거와는 달리 김일성은 60년 이승만 정권을 무너뜨린 학생혁명의 배후에는 북한의 공산주의자들이 있었던 데 반해 61년 박정희가 주도한 군사 쿠데타의 배후에는 미국이 있었다고 주장했다. 김일성은 또 그동안 남한의 학생들이 북한을 지지해왔으며 남조선 '괴뢰 정부'에 대항하는 시위를 끊임없이 벌인 데 반해 "반북(反北)을 외치는 시위는 단 한 건도 없었다"고 말했다.

김일성은 미군 철수 후 남한 사람들에게 자주적인 정치 노선 선택권이 주어진다면 "사회주의의 길을 택할 것"이라고 단언했다. 이어 그 날이 올 때까지 북한이 이루어야 할 절체절명의 목표는 72-73년 당시의 남북대화 시대로 돌아가는 것이 아니라 박정희 정권을 고립시키는 것이라고 주장했다. 또한 "우리가 박정희 정권과 화해하고 협상을 재개한다면 남조선 내 反박정희 정치세력의 입지가 약화될 위험이 있다"고 말했다.

호네커는 평양 방문 첫날 이미 남한과 "어떠한 관계도 수립하지 않을 것"이라 약속했지만 김일성은 남한을 고립시켜야 하는 이유를 끊임없이 강조했다. 어쩌면 그는 호네커가 이와 같은 자신의 견해를 모스크바에 전달해 주기를 내심 바랐던 듯하다. 그러나 호네커의 이러한 '약속' 탓에 동독은 훗날 값비싼 대가를 치르게 된다. 이후 몇 년간 동독은 여러 차례에 걸쳐서 남한과의 교역을 시도했지만 그 때마다 북한 정부는 호네커의 약속을 상기시키며 강력히 항의했고 對 남한 협상은 번번이 무산되고 말았다.

그 당시 호네커는 소련 정부의 맹목적인 추종자로 널리 알려져 있었던 만큼 김일성은 자신이 中·蘇 분쟁에서 결코 중국 쪽으로 기울어 있지 않다는 점을 확신시키기 위해 각별히 노력했다. 소련과 중국은 60년대부터 공산진영의 패권을 차지하기 위해 분쟁을 벌여오고 있었다. 김일성은 중국의 문화혁명 당시 자신과 중국 정부와 마찰이 있었음을 강조했다. 예를 들어 중국측이 북한과 마주 대하고 있는 국경에 커다란 확성기를 설치해놓고 '북측의 수정주의자들'에 대한 비방을 매일 새벽 5시부터 자정까지 귀청이 떠나갈 정도로 떠들어댔다는 것이다.

또한 中·蘇 분쟁이 한층 고조됐던 69년에는 중국 군대가 소련과 면한 북한 영토를 침범해 들어왔으나 자신은 조선인민군에게 발포 금지령을 내렸으며 결국 중국군이 제풀에 철수했다는 에피소드까지 속속 털어놓았다. 그 후 중국과의 관계는 개선됐지만 "우리는 중국을 맹목적으로 추종하지는 않는다"고 김일성은 힘주어 말했다. 더불어 "중국의 對 소련 비방에도 동조하지 않는다"는 말도 잊지 않았다. 이어서 中·蘇 분쟁에 개입하지 않는다고 해서 "우리가 기회주의자는 아니며 단지 주변 상황 자체가 우리에게 더 이상 선택의 여지를 주지 않는 것일 뿐"이라고 해명했다.

마지막으로 김일성과 호네커는 북한의 강력한 적대세력인 일본과 미국에 대해서도 의견을 교환했다. 김일성은 일본 군국주의의 부활 가능성을 걱정하면서도 2차 세계대전과 미국의 원폭투하에 따른 쓰라린 경험으로부터 교훈을 얻었기 때문에 "과거의 일본과는 다르다"고 말했다. 이어 앞으로 한반도에서 공산주의가 승리하게 되면 "일본에서도 공산혁명을 촉진하는 긍정적인 효과를 미칠 것"이라고 장담했다.

한편 김일성은 카터와의 직접대화를 위해 1년 이상 무던히 노력했지만 번번이 실패했고 때문에 그에게 있어 경멸적인 태도를 가지고 있었다. 김일성은 호네커에게 미국의 주한미군 철수계획은 여론을 조작하고 "美 국민을 기만하기 위한 고의적인 술책"이었다고 평했다. 겉으로는 미군 철수를 준비하는 체하면서 실제로는 "매일매일 전쟁 연습을 하고 남조선에 무기를 들여오고 있다"는 것이 그의 주장이었다.

김일성은 북측의 정찰 부대가 지속적으로 주한미군의 동향을 관찰하고 있다고 털어놓았지만 간첩 활동에 대해 더 이상의 언급은 피했다. 미군 역시 북한의 그러한 첩보 활동을 알고 있었.

75년에는 한 북한의 공작조가 광주에 있는 美 공군기지와 인근에 있는 남한의 미사일 기지를 촬영하고 스케치하다가 발각됐다. 또한

76년에는 남한 군복으로 위장한 북한의 공작원이 비무장지대로부터 1백km 떨어진 지점에서 체포된 일도 있었다. 평양에서 김일성과 호네커가 밀담을 나누고 있던 바로 그 순간, 서울의 주한미군 사령부는 북한이 육·해·공 모든 경로를 통해 사실상 남한 내 어느 곳에나 간첩이나 특수 전투부대를 침투시킬 수 있고 다시 탈출시킬 수도 있다"는 내용의 기밀문서를 작성했다. 반면 韓·美 양국이 북한 내에서 벌일 수 있는 첩보 활동은 극도로 제한돼 있었고 그에 따라 북한군의 동태를 파악하는 일은 점점 더 중요한 사안으로 인정받기 시작했다.

주한미군 철수론의 종언

카터의 주한미군 철수계획에서 중요한 묵시적 전제 가운데 한 가지는 美 지상군이 남한에서 철수하는 동안이나 그 후에 한반도의 군사적 균형이 남한에 유리해야 한다는 것이었다. 그러나 70년대 말 미국측이 입수한 정보는 이러한 전제의 실현 가능성을 뿌리째 뒤흔들기 시작했다. 그 정보에 따르면 북한군의 병력이 과거보다 규모나 질 면에서 훨씬 증강됐던 것이다. 이처럼 북한의 군사력에 대한 새로운 평가는 궁지에 몰린 카터 대통령의 주한미군 철수계획에 치명적인 타격을 입혔다.

철수론의 종말 시초는 다름 아닌 29세의 미국인 정보분석가 존 암스트롱(John Armstrong)으로부터 시작됐다. 75년 5월 그는 메릴랜드주 포트미드(Fort Meade)의 국가안전보장국(NSA) 사무실에서 북한군 탱크를 촬영한 항공사진을 샅샅이 살펴보고 있었다. 웨스트포인트 美 육군 사관학교 출신으로 월남전 참전 경력이 있는 암스트롱은 일

일이 탱크 수를 헤아리던 중 놀라운 결론에 도달했다. 기존 자료에 비교해 탱크 수가 훨씬 많았던 것이다. 그로부터 몇 주간의 검토 끝에 비무장지대 북쪽 80km 지점에 위치한 계곡에 전에 없던 탱크 사단이 주둔해 있음을 확인했다. 탱크 2백70대, 병력 수송용 장갑차량 1백 대 규모의 부대였다.

수 년 동안 북한에 관한 정보수집은 주로 미국의 첩보기와 정찰위성이 촬영한 항공사진에 의존해왔다. 추가로 도입된 전지 감청 장치 역시 중요한 역할을 했다. 미군이 주로 관심을 두었던 것은 북한의 기습공격 가능성이었던 만큼 미국의 각 전투 부대에서는 항공사진을 면밀히 분석해 북한군의 남하(南下) 움직임 등 각종 기습 징후 등이 존재하는지 샅샅이 확인했다. 그러나 암스트롱이 새로운 사실을 발견하기 전까지 미군 내에서는 수개월, 혹은 수년 전 사진과 최근 사진을 대조해 전반적인 북한군의 전력을 비교, 검토하는 작업은 거의 이루어지지 않고 있었다.

암스트롱은 75년 12월 첫 번째 정밀 보고서를 작성했다. 그가 내린 결론에 따르면 북한군의 탱크 부대는 과거에 비해 80% 이상 증강됐다. 암스트롱은 이 놀라운 분석 결과를 상부에 보고하고 자신의 정보 분석 프로젝트에 6명의 전문 분석가를 증원해줄 것을 요청했다. 암스트롱이 이끄는 분석팀은 그 후 2년간에 걸쳐 북한군이 남한의 고속도로망 및 지형을 본 따 제작한 모형물에서 훈련을 받고 있으며 야포의 수가 대폭 증가돼 전진 배치돼 있음을 확인 기재한 북한군 특수부대 동향 보고서를 완성했다.

77년 12월 암스트롱은 서울에 있는 美 사령부를 방문해 자신이 작성한 분석 보고서를 브리핑했다. 베시 장군을 비롯해 카터의 주한미군 철수안에 거세게 반대했던 군 관계 인사들은 반색을 하며 그를 맞았다. 다음 달 베시는 적의 전력에 대해 지나치게 피상적인 기존의 평가가 "미국의 군사 정책과 의사 결정에 부정적인 영향을 미쳤다"고 지적하면서 북한군의 전력을 전면 재검토할 것을 美 국방부에 요청했다. 결국 美 국방부는 세계 각지에서 불러들인 35명의 전문가로 보강한 정보 분석팀을 다시 구성해 이전보다 훨씬 더 광범위한 평가 작업에 착수했다. 이들은 군사정전협정 이후에 작성된 북한군병력에 관한 모든 보고서와 69년 이후의 항공사진과 전파 정보를 샅샅이 분석하는 등 온갖 첩보 자료들을 철저히 검토했다. 78년 중반 일련의 비밀 브리핑 자리에서 공식적으로 보고된 분석 결과는 실로 놀라운 것이었다.

북한은 71년-72년 대대적인 병력증강을 통해 약 7백 개의 대대병력을 보유하고 있는 것으로 추정됐다. 이는 약 10년 전에 비해 두 배 이상 증강된 수준이었고 남한군에 비해 배나 되는 규모였다. 설상가상으로 북한은 이전에 알려진 것보다 훨씬 많은 수의 탱크와 야포 장비를 갖추고 있는 것으로 드러났으며 수치 면에서 한국군의 배 이상으로 앞서 있었다. 보고서에 따르면 모든 북한군 부대 최말단에는 탱크 부대와 야포 부대가 포함돼 있었고 군병력의 상당수가 비무장지대에 근접 배치돼 있다는 사실이 드러났다. 지상군의 병력 규모는 과거 48만5천 명에서, 새로운 분석 결과 무려 40%가 증가한 68만 명이었고, 이는 인구가 배나 많은 남한 보다 더 많은 수의 병력을 보유하고 있는 셈이었다. 또한 북한에서는 인구 26명 당 1명이 현역 군인으로 복무 중이며 이 수치는 전세계 주요국가들 중 최고 수준이었다.

美 고위 장교들은 이 새로운 분석 결과가 주한미군 철수에 엄청난

파장을 미치리라는 사실을 직감했다. CIA 소속 국가정보관 너새니얼 세이어는 "모두가 같은 생각을 하고 있었다. 이 분석 결과가 카터의 주한미군 철수안을 포기하게 만들 좋은 명분이 될 것이라 내심 좋아했던 것이다. 내가 아는 사람 중 미군 철수안을 찬성하는 사람은 아무도 없었으며 모두가 철군이 심각한 문제를 야기할 것이라 생각하고 있었다"고 당시 상황을 회상했다. 79년 1월 초 이 분석 내용이 누출돼 '아미타임스(The Army Times)'에 실린 뒤 이 새로운 소식은 순식간에 전국의 주요 일간지 1면에 대서특필 됐다. 필자 또한 이 당시 워싱턴포스트지에서 관련 기사를 작성했다.

철군 계획을 중단하라는 의회의 압력은 보다 거세어졌다. 그러나 오직 카터만이 이 새로운 결론의 유효성에 대해 회의적인 반응을 보였다. 수 십 년이 지나 94년 필자에게 편지를 보냈을 때도 그의 판단은 변함이 없었다. 카터는 그렇게 눈 깜짝할 사이에 기밀 정보가 유출된 사실과 그 보고서가 몰고 왔던 정치적 파장을 언급하면서 "나는 예나 지금이나 그 보고서는 국방정보국(Defense Intelligence Agency, DIA)을 비롯한 여러 관련 기관들에 의해 조작된 것이었다고 생각한다. 그러나 진실을 확실히 밝혀내는 일은 대통령의 권한으로서도 어쩌지 못하는 것이었다"고 썼다.

79년 1월 말에 이르자 주한미군 철수 강행을 주장하는 사람은 전체 행정부 중에서 오직 카터 한 사람 뿐이었다. 카터 자신도 한반도 문제와 다른 모든 정책 문제에 대해 자신의 견해를 지지하는 세력이 급격하게 감소하고 있다는 사실을 깨닫고 있었다. 1월 초에는 이란 국왕이 축출되고 이란 혁명이 승리를 거두면서 세계 유가가 배로 상승하고 인플레이션은 더욱 심해졌다. 전세계적인 경제공황이 가중되면서 카터는 사면초가의 위기에 처했다.

1월 22일 카터의 측근들은 국무부의 주도 아래 북한군의 전투태세에 대한 새로운 평가를 포함해 한반도에 영향을 미치는 최근의 사태 발생이라는 관점에서 카터에게 對 한반도 정책 재검토를 승인해달라고 설득했다. 관료적인 표현을 이용해 교묘하게 작성된 이 문건에 사실 주한미군 철수 문제에 대한 언급은 한 마디도 없었다. 그러나 카터를 제외한 모든 회의 참석자들은 재검토의 핵심 주제가 주한미군 철수 문제라는 사실을 알고 있었다. 통상 이런 유형의 정책 검토회의는 대통령이 추진하는 새로운 정책이 제대로 집행되도록 힘을 모으는 데 그 목적이 있다. 그러나 그런 기존의 경우와는 달리 이번의 '대통령 검토각서/NSC-45'는 관료들이 대통령으로 하여금 오랫동안 애착을 가져온 정책(주한미군 철수)을 포기하도록 설득하는 것을 목표로 삼았다.

카터 휘하의 고위 보좌관들은 자신들의 진의를 감추고 대통령을 궁지로 모는 불상사를 피하기 위해 '재검토'를 철저한 보안 유지 속에서 진행했다. 국가안보 관련 고위 부처 간의 비밀정보 교환은 평상시 이용하는 부처 간 통신 채널을 이용하지 않고 인편으로 직접 전달했다. 따라서 중대한 의사결정 정보가 외부로 유출되는 일은 발생하지 않았다.

같은 해 봄 카터의 보좌관들은 수개월에 걸쳐 논의했던 계획을 카터에게 건의했다. 6월로 예정된 서방 선진 7개국(G7) 정상회담 참석차 도쿄를 방문하는 길에 남한을 방문한다는 제안이었다. 보좌관들에게 카터의 방한(訪韓)은 주한미군 철수계획 추가 수정 목표를 달성하기 위한 필수 불가결한 요소였다. 이들이 계획한 시나리오는 첫째,

카터가 북한군의 전력 증강에 관한 새로운 보고서를 인정하고 둘째, 일본 및 남한 지도자들과 이 문제에 대해서 논의하며 셋째, 美 의회 지도부에 상황 변경에 따른 주한미군 철수계획 수정의 필요성을 설명한다는 것이었다. 카터는 남한 방문이 주한미군 철수계획의 재검토를 위한 것임을 내심 짐작하면서도 마지못해 이에 동의했다. 그러나 카터는 주한미군 철수계획 문제를 朴대통령과 논의할 생각은 추호도 없다고 못 박았다. 카터는 朴대통령을 직접 만난 적이 없었지만 그의 이력이나 그가 휘두르는 철권통치 등을 경멸하고 있었다.

방한을 앞둔 어느 날 아침 백악관 집무실에 들어선 카터는 남북한의 대결구도를 완화할 수 있는 새롭고도 놀라운 구상을 제안했다. 카터는 지난 해 9월 이집트와 이스라엘 정상회담을 주선해 캠프데이비드 협정을 이끌어내는 데 성공한 바 있었다. 그는 이러한 선례를 쫓아 한국 방문 동안 평화를 위한 새로운 발판을 마련하기 위해 비무장지대에서 자신과 朴대통령 및 김일성이 함께 회동하겠다고 밝혔다. 아시아 정통 보좌관들은 카터의 이야기에 경악을 금치 못했다. 朴대통령과 김일성이 단호하게 회담을 거절할 것이 분명했고 제안 자체가 '괴상망측한 도박'으로 비쳐질 공산이 컸기 때문이었다. 당시 윌리엄 글라이스틴(William Gleysteen) 주한 美 대사 역시 카터의 제안에 거세게 반대했다. 선교사인 부모를 따라 중국으로 가 그곳에서 성장한 아시아 정통 전문가 글라이스틴은 카터의 아이디어를 전해 듣고 "너무 놀라 의자에서 굴러 떨어질 뻔했다"고 말했다. 아시아 정통 외교관들은 브레진스키 보좌관을 설득해 카터가 그 구상을 포기하도록 종용했고 결국 카터의 기발한 제안은 남한 등 관련 당사자들이 낌새도 알아차리기 전에 소리 없이 사장됐다.

이 에피소드가 시사하는 것처럼 카터는, 미국의 외교력을 통해 남북 문제를 대화로 해결한다면 미군의 한반도 주둔 필요성 자체가 사라지지 않을까 내심 곰곰이 생각해오고 있었다. 일례로 카터 행정부 초기에 밴스 국무장관이 일찌감치 남북한 당사국과 중국, 미국을 포함한 4자 회담을 주창했지만 유야무야됐던 전례가 있었다. 그러나 79년 1월 미국은 중국과의 관계를 완전히 정상화하는 데 극적으로 성공했고(이것은 카터 행정부가 남긴 중요한 성과로 평가된다) 그것은 한반도의 갈등 완화에 중국이 어느 정도 기여할 수 있다는 전망을 새롭게 부활시켰다. 1월 말 중국의 덩샤오핑(鄧小平)의 워싱턴 방문 때 카터는 그에게 남북대화의 주선에 협조해 줄 것을 요청했다. 이에 덩샤오핑은, 북한은 과거에 제안한 조건 아래 미국, 박정희 정부, 그리고 남한의 그 누구와도 대화할 준비가 돼 있다고 답했다(그러나 북한이 과거에 제안했던 그 조건은 남한과 미국으로선 받아들일 수 없는 것이었다). 또한 덩샤오핑은 중국이 북한에 압력을 가할 경우 북한에 대한 영향력을 상실할 우려가 있는 만큼 그럴 수는 없지만 북한이 남침을 감행할 가능성은 전

1979년 카터 대통령이 서울을 방문해 박정희 대통령과 함께 주한미군 철수 문제에 대해 논의했다. 양국 정상은 공개석상에서는 이처럼 우호적인 분위기였지만 비공개적인 자리에서는 주한미군 철수를 둘러싸고 치열한 언쟁을 벌이는 등 감정 대립을 보였다.

혀 없다는 말로 카터를 안심시켰다.

　79년 6월 남한과 북한, 그리고 미국을 포함하는 3국 정상회담을 비무장지대에서 개최한다는 자신의 웅대한 계획이 측근들에 의해 저지당하자 카터는 참가자들의 수위를 외교관으로 낮춘 3자 회담을 재차 제안했다. 그러나 남한 정부는 미국이 월남을 둘러싼 외교 협상에서 그랬듯 이번 협상 또한 남한을 저버리기 위한 수순이라는 이유를 들어 이미 수개월 전부터 강력한 반대의견을 표해왔다. 美 정부는 글라이스틴에게 남한 정부를 설득해서 동의를 받아내라는 지시를 내렸고 그는 남한 정부 전체가 3자 회담에 강력하게 반대하고 있는 가운데 유독 한 사람, 朴대통령만은 긍정적이라는 사실을 깨닫고 놀라지 않을 수 없었다. 朴대통령은 주한미군 철수론을 잠재우는 마지막 순서로 3자 회담을 바라보고 있었다. 마침내 朴대통령은 3자 회담을 수용할 것을 내각에 지시했다. 아마도 그는 이번 제안을 받아들이면 카터의 환심을 살 수 있는데다가 결국 북한 정부가 그 제안을 거부할 것이므로 어차피 회담은 무산되리라고 계산했던 듯하다. 카터가 방한 중 발표한 서울에서의 3자 회담 제안은 예상대로 북한이 거부함에 따라 빛을 보지 못하고 사장되는 듯했다. 그러나 훗날 남한의 외교력이 향상되면서 3자 회담案은 다양한 상황 속에서 부활하게 됐다.

　6월 29일 저녁 도쿄에서 G7 정상회담을 마친 카터는 대통령 전용기 '에어포스 원'을 타고 서울에 도착했다. 그리고는 도착 즉시 헬리콥터로 갈아타고 주한미군 제2보병사단 사령부가 있는 캠프케이시(Camp Casey)로 날아가 한국에서의 첫날밤을 보냈다. 다음날 그는 아침에 미군 병사들과 조깅을 마치고 일장 연설을 한 다음 다시 서울로 올라왔다. 카터 일행을 태운 차량 행렬은 연도를 가득 메운 50만 서울 시민의 열렬한 환영 인파를 가로지르며 청와대로 향했다. 동원된 밴드는 '믿는 사람들은 군병 같으니' 등 카터가 즐겨듣는 음악을 연주했다.

청와대에 도착한 카터와 6명의 보좌관은 긴 테이블을 사이에 두고 朴대통령과 마주 앉았다. 朴대통령은 회담 전 미국측 인사들로부터, 철군 문제는 매우 미묘한 사안이므로 자칫 말을 잘못 꺼내어 간신히 구슬려 놓은 카터를 자극하지 않도록 주의해줄 것을 부탁받았다. 그러나 朴대통령은 그 나름의 계획이 있었다. 朴대통령은 북한의 전력 증강에 비추어 볼 때 주한미군 철수가 파멸을 자초하는 실수임을 증명하는 전략적 근거와 한반도 내 상황을 설명한 장문의 서한을 수려한 필체로 직접 작성해 준비하고 있었다. 그리고 일절의 외교적 수사도 없이 그것을 카터의 앞에 내놓았다.

美 국가안보회의 아시아 전문가 니콜라스 플랫(Nicholas Platt)은 카터의 턱 근육이 조용히 씰룩거리는 것을 보았다. 잔뜩 긴장하고 있을 때면 으레 나타나는 버릇이었다. 이와 동시에 테이블 건너편에 앉아 있던 朴대통령은 손가락으로 탁자를 치며 탁탁 소리를 내고 있었다. 이 역시 감당하기 힘든 스트레스를 받으면 무의식적으로 나오는 朴대통령의 버릇이었다. 밴스는 카터의 차가운 분기(憤氣)로 회의실 전체가 냉랭해지고 있다는 사실을 감지할 수 있었다. 朴대통령이 무려 45분 동안 자신의 입장을 장황하게 전달하는 동안 카터는 밴스와 브라운 국방장관에게 다음과 같은 메모를 전달했다. "만일 박정희가 계속 이런 식으로 나온다면 한국에서 미군을 전원 철수시키고 말겠소." 카터는 그 자리에서 반론을 제기하는 대신 잠시 회의를 중단하고 朴대통령과 함께 옆방으로 자리를 옮긴 후 비공식적인 대화를 나눴다. 밀

폐된 장소에서 카터는 먼저 남한의 인권 문제를 제기한 뒤 경제적으로 북한보다 훨씬 부강한 대한민국이 군사적으로 북한을 따라잡지 못하는 이유가 무엇인지를 물었다. 훗날 홀브룩 국무부 차관보는 "당시 양국 정상 사이의 대면은 동맹국 정상 간의 회담이라고 도저히 상상할 수 없을 정도로 끔찍했다"고 평했다.

朴대통령과의 대담을 마친 카터는 밴스·브라운·브레진스키·글라이스틴을 대동하고 미국 대사관저로 향했다. 리무진 안에서 카터는 분기탱천한 어조로 朴대통령을 비난하면서 어떠한 반대의견을 무릅쓰고라도 주한미군 철수를 강행할 것이라고 말했다. 또한 그는 '철군론' 무산을 위해 자신을 함정에 빠뜨렸다고 보좌관들을 질타했다. 당시 카터에 대해 잘 알지 못했고 그와 진지한 대화를 나누어 본 적도 없었던 글라이스틴은 카터의 노골적인 불만에 강력한 반론을 제기했다. 그는 철수 강행이 미칠 엄청난 파장과 철군 취소 시 얻게 될 이점들을 강한 어조로 조목조목 설명했다. 노기등등한 대통령은 글라이스틴의 얼굴 앞에 삿대질을 하며 분노를 터뜨렸다. 글라이스틴에게는 영원처럼 길게 느껴진 시간이었다.

잠시 후 밴스와 브라운이 논쟁에 끼어들어 글라이스틴을 두둔했고 브레진스키는 아무 말 없이 이를 묵묵히 지켜보고만 있었다. 카터 행정부의 최고위급 정책 결정자들이 대통령 전용차를 미국 대사관저 현관 앞에 세워 놓고 약 10여 분 이상 열띤 논쟁을 벌인 것이다. 다른 수행원들이 타고 있던 차량은 영문도 모른 채 대통령 전용 리무진 뒤로 길게 꼬리를 물고 늘어서 있었다. 두번째 차량에 타고 있었던 홀브룩과 플랫은 대통령 전용차에서 벌어지고 있는 치열한 논쟁을 들을 수는 없었지만 그 모습만은 볼 수 있었다. 홀브룩은 플랫을 돌아보며 이렇게 말했다. "한국 문제에 관한 진지한 회의가 이제야 본격적으로 시작됐나 보군요."

냉정을 되찾은 카터는 결국 주한미군 철수계획 재고를 논의하는 데 동의했지만 두 가지 사항을 조건으로 내걸었다. 첫째는 朴대통령이 청와대 회의실 옆방에서 있었던 대화에서 논의된 수준만큼은 남한 군사력을 증강시켜야 한다는 것이고 둘째는 수감 중인 반정부 인사들을 상당수 석방하는 등 획기적인 인권 개선 조치를 단행해야 한다는 것이었다.

결국 미국측은 박정희 정부로부터 카터의 요구를 수용한다는 합의를 받아냈지만 밴스는 훗날 어느 글에서 "그날 오후 우리의 對 한국정책은 허공에 매달린 채 미결로 남아있었다"고 썼다. 그리고 지금 상황에서 생각해 보면 참 아이러니컬하게도 朴대통령이 미국과의 정치범 석방 협상의 남한측 대표로 지명한 사람은 바로 중앙정보부장 김재규(金載圭)였다. 이 협상에서 결국 남한측은 87명의 반정부 인사를 석방하기로 합의했다.

카터가 서울을 떠날 무렵 이미 남한측은 카터의 요구사항들을 수용한 상태였다. 밴드는 카터 부부를 위해 "스위트 조지아 브라운(Sweet Georgia Brown)"이라는 아름다운 곡을 연주했다. 공항으로 향하는 리무진 안에서 독실한 기독교 신자인 카터는 이전의 적대적인 태도와는 달리 朴대통령에게 종교가 있느냐고 물으며 친근한 모습을 보였다. 이에 朴대통령이 없다고 답하자 카터는 "각하께서 예수 그리스도를 만나게 되기를 바란다"고 말했다. 그는 미국에서 교육을 받은 침례교 목사이자 "한국의 빌리 그레이엄"으로 불리는 김장환(빌리 김) 목사를 보내 "우리의 신앙에 관해 알려드리고 싶다"고 말했다. 朴대통령은 김장환 목사를 환영할 것이라고 화답했고 실제로 얼마 후 그 약속을 지켰다.

그로부터 3주 뒤인 7월 20일 브레진스키는 "남북한 사이의 군사적 균형이 회복되고 뚜렷한 긴장완화의 조짐이 발견될 때까지 주한미군 전투부대의 추가 철수를 81년까지 연기한다"고 발표했다. 만일 카터가 재선에 성공했다면 81년은 그가 2기 행정부를 출범시키는 해가 됐을 것이다. 그러나 카터에게 두 번째 임기는 없었다. 그는 81년 선거에서 패한 후, 고향인 조지아로 돌아갔다.

2년 반 동안 추진됐던 주한미군 철수 정책에 따라 실제로 철수된 전투병력의 수는 6백74명의 지상군 1개 전투 대대에 불과했다. 그에 반해 공군의 경우 오히려 12대의 F-4 전투기와 그 조종사 등 총 9백 명에 달하는 병력이 추가로 배치됐다. 그밖에 非전투요원을 포함해 (사실 그중 일부는 애초부터 감축시킬 계획이었다) 카터가 남한에서 철수시킨 미군병력은 3천 명에 불과했다. 약 3만7천 명의 미군은 그대로 남한에 주둔하게 된 것이다. 한편 카터는 남한 땅에서 미제 핵탄두를 완전히 제거하겠다는 야심만만한 목표는 달성하지 못했지만 7백 개에 육박하는 수치를 2백50개로 대폭 줄이는 데는 성공했으며 이전에는 여러 곳에 분산 배치돼 있던 핵무기 전부를 군산 공군기지에 통합 배치했다.

사실 주한미군 감축은 미국 내에서도 보편적인 관심사였다. 그러나 이것은 카터의 성급함과 경험 부족으로 인해 불필요하게 많은 갈등을 야기하는 골칫거리로 변질됐고 결국은 카터 개인이 추구하는 부정적인 정책으로 각인됐다. 처음부터 철저한 계획 하에 정책을 추진했더라면 당시 이 논쟁에 개입했던 대다수 美 외교 관리와 군 장교들은 이 원칙에 결코 반대하지 않았을 것이다. 그러나 이들은 카터 행정부의 독단적이고 파괴적인 정책 추진에 가공할 두려움을 느꼈다. 마지막 순간 궁지에 몰리기 전까지도 카터는 철군 반대론에 관심을 갖거나 귀를 기울이는 것을 거부함으로써 결국 스스로의 입지를 좁게 만들었다.

이로서 아무리 결연한 의지를 가진 대통령이라 할지라도 중대한 이해관계가 걸린 한반도의 군사적 대치 상황과 미국의 연계성을 하루아침에 무 자르듯 단절시킬 수는 없다는 사실이 입증됐다. 그리고 비록 실패로 끝났지만 카터의 주한미군 철수계획은 월남전 패배 때부터 미국의 안보 공약에 의구심을 갖고 있던 아시아 지역의 동맹국들에게 커다란 충격을 안겨줬다. 한편 카터와의 마찰은 朴대통령의 위상 약화라는 의도치 않은 결과를 초래했다. 그리고 그 결과는 곧 현실로 다가왔다.

제5장

대통령 암살과 그 이후

79년 10월 26일 저녁 朴대통령은 청와대 부지 내에 있는 중앙정보부 소속의 한 안가(安家)에서 최근 들어 관계가 거북해지고 있는 김재규 중앙정보부장과 저녁식사를 함께 했다. 그 자리에는 막강한 권력을 휘두르던 대통령 경호실장 차지철(車智澈)과 청와대 비서실장 김계원(金桂元)이 함께 했다. 朴대통령을 비롯한 그들 모두는 軍장교 출신이었다. 일행은 전통 한국식 만찬 교자상을 앞에 두고 앉아 있었고 두 명의 젊은 여성이 朴대통령의 양편에 앉아서 술시중을 들고 있었다. 한 명은 모델이었고 다른 한 명은 유명한 가수였다.

    술을 겸한 저녁식사를 들면서 朴대통령은 정치 및 경제적인 문제로 인해 벌어지고 있는 대규모 소요사태에 적절히 대처하지 못했다는 이유로 김재규 중앙정보부장을 질타했다. 평소 학생시위와 노동자 파업을 보다 확실하게 탄압해야 한다고 주장해 왔던 차지철 경호실장도 지나치게 온건한 대응 탓에 혼란이 더욱 확산됐다고 비난했다. 얼마간 비난의 말을 묵묵히 참고 듣던 김재규는 잠시 자리를 비운 채 같은 건물 2층에 있는 자신의 집무실로 올라가 38구경 스미스 앤 웨슨 권총 한 자루를 주머니에 넣었다. 다시 만찬장으로 들어가기 전 김재규는 자신의 직속 부하에게 안에서 총소리가 나면 방 밖에서 대기 중인 대통령 경호원들을 사살하라고 지시했다.

부하들이 준비를 끝냈는지를 확인한 김재규는 만찬장으로 돌아가 권총을 빼들고 朴대통령을 향해 "각하, 이따위 버러지 같은 놈을 데리고 정치를 하니 올바로 되겠습니까?"라는 말과 함께 먼저 차지철에게 총을 쏜 다음 朴대통령에게 발포했다. 두 사람 다 치명상을 입었다. 확인사살을 위해 방아쇠를 당겼으나 총이 말을 안 듣자 그는 부하 직원에게 38구경 권총을 빌려 두 사람을 향해 다시 한 발씩 총을

박정희 대통령을 암살한 김재규 중앙정보부장이 청와대 안가의 만찬석상에서 대통령을 암살한 현장을 재현하고 있다.

쏘았다. 이 총성을 신호로 만찬장 밖에 있던 중앙정보부 요원들은 대통령 경호원 5명을 사살했다. 장장 18년간 이어졌던 파란만장했던 박정희 정권의 철권통치는 이렇게 단 몇 분만에 종말을 고했다.

朴대통령 암살은 변화와 불확실성의 새로운 시대를 열었다. 이 시기 미국은 남한 지도자들이 과거의 권위주의를 청산하고 좀 더 민주적이고 국민의 참여가 보장되는 정치체제로 진입하도록 유도해 봤지만 그 노력은 번번이 실패로 돌아갔다. 美 관리들은 부분적으로 성공을 거둔 것은 사실이지만 남한 내 정치인들에게 사활이 걸린 문제에서만큼은 미국의 영향력이 상당히 제한돼 있음을 깨달았다.

70년대 말 미국은 여전히 남한의 외교관계에 있어 가장 중요한 국가였지만 韓-美 양국사이의 힘의 균형은 이미 극적으로 반전된 상태였다. 남한은 더 이상 미국의 경제원조에 의존하는 나라가 아니었다. 남한은 만만치 않은 경제 규모와 다양한 산업 활동을 자랑하는 발전 일로에 있는 중견국가로 우뚝 성장해 있었다. 또한 군사적으로도 큰 변화가 있었다. 한반도 전쟁발발시 자동적인 개입을 약속했던 주한 미군이 건재한 만큼 미국은 여전히 북한의 남침을 방지하는 안전판 구실을 했지만 미군병력은 거의 모두 후방의 지원부대로 물러났고 비무장지대의 최전방을 방어하는 임무는 대부분 남한군에게로 넘어갔다. 글라이스틴은 이와 같은 상황 변화를 염두에 둔 듯 朴대통령 암살사건 직후 본국으로 발송한 보고서에 "1979년의 남한은 미국이 집권 초기 朴대통령에게 헌법 개정을 강요할 수 있었던 1960년대 초반의 남한과는 전혀 다르다는 사실을 반드시 명심해야 한다"고 기술했다. 그 후 주한 美 대사관과 워싱턴 정부는 남한의 미래에 대해 영향력을 행사하려고 할 때 은근히 압력을 가하는 수단, 예를 들어 공개

성명서 발표나 상징적인 의미를 부여하는 정상회담 거부 등의 제한된 방법만을 사용했다.

10월 26일 밤 남한의 관계 기관에서 처음으로 취한 조치 중의 하나는 글라이스틴에게 박정희 정권이 막을 내렸음을 통보한 것이었다. 韓-美 연합사령부 부사령관 유병현(柳炳賢) 장군은 그날 자정 무렵에 글라이스틴을 찾아와 朴대통령에게 "사고가 발생했다"고 보고했다. 당시 유병현 역시 사태 파악이 안 된 상태였으므로 더 이상의 설명은 불가능했다. 글라이스틴은 통신보안이 철저한 전화선을 이용하기 위해 美 대사관으로 달려가 워싱턴에 있는 브레진스키와 국무부에 이 사실을 알렸다(당시 워싱턴은 정오가 조금 지난 후였다).

그로부터 두 시간 후 朴대통령의 사망이 확인되고 72년에 제정된 유신 헌법 규정에 따라 최규하(崔圭夏) 국무총리가 잠정적으로 대통령 권한을 승계할 것이라는 사실이 분명해지자 백악관에서는 국가안보회의가 소집됐다. 당시 카터는 캠프데이비드의 대통령 별장에서 주말을 보내고 있었다.

한반도에 위기의 순간이 다가올 때마다 미국의 최우선 관심사는 남한의 안보와 주한미군의 안전이었다. 판문점 살해사건 당시에도 그랬던 것처럼 미군과 남한군은 미국의 작전 통제 하에서 경계태세를 한 단계 강화했으며 북한의 도발 가능성을 억제할 요량으로 항공모함 소속 기동타격대 한 부대를 남한 영해로 급파했다. 북한군의 동태를 감시하기 위해 미국이 보유한 공중조기경보통제기(AWACS) 두 대도 출격했다. 美 국방부는 즉각 "韓-美 상호방위조약에 따라 남한의 현재 상황을 이용하려는 외부 세력의 기도에 대해 강력하게 대응할 것"이라는 성명서를 발표했다. 워싱턴 정부는 북한을 겨냥하고 같은 내용의 메시지를 비공식적으로 중국과 소련 정부에도 전달했다. 공개되지는 않았지만 당시 미국은 첩보기와 전자 감청 장치를 동원해 북한 내 군사 동향을 면밀히 분석했다. 그러나 북한은 아무런 움직임도 보이지 않았다. 그 사건에 대한 진상이 분명히 밝혀지지 않은 상황에서 저격 사건에 개입되어있다는 의혹을 받기 싫었던 것이다.

고조되는 국내 불안

암살사건이 발생하기 전 수개월 동안 박정희 정권은 엄청난 압박감을 느끼고 있었다. 1979년 초, 이란 혁명 후 두 배로 폭등한 유가상승으로 인해 전세계가 인플레이션과 경기 침체에 시달리자 한동안 놀라운 고도 성장을 거듭하던 남한 경제 역시 큰 타격을 입지 않을 수 없었다. 전례 없는 기업 도산과 파업 사태가 전국을 휩쓸고 지나갔고 7월 초 카터의 방한 기간에 성사된 밀약에 따라 반정부 인사들이 대거 석방되면서 朴대통령 비판 세력은 보다 대담하게 행동했다. 특히 신민당(新民黨)의 김영삼(金泳三) 총재는 박정희 정부를 가차없이 비난하기 시작했다.

8월 11일 철모로 무장한 전투 경찰들이 신민당사에 난입, 농성 중이던 YH 무역 소속 여성근로자 1백90명을 강제로 끌어냈다. 이들은 도산한 회사를 살리기 위한 마지막 수단으로 신민당사를 점거함으로써 여론의 관심을 끌고자 했다. 김영삼은 이 사태에 격분을 금치 못했고 상황은 이전보다 더 악화됐다. 그로부터 한 달 후 그는 계속적인 정치 투쟁의 일환으로 뉴욕타임스지와의 인터뷰를 통해 朴대통령이 이끄는 '소수 독재정권'에 대한 지원을 중단하라고 공개적으로 미국 정부에 호소했다. 朴대통령은 이에 대한 보복 조치로 김영삼을 의원직에서 제명했고 이에 대한 반발로 야당 의원들 대다수가 집단으로 의원직 사퇴서를 제출하는 등 정국은 커다란 위기의 소용돌이 속으로 빠져들고 있었다.

10월 중순 김영삼의 고향인 부산의 대학가를 중심으로 한 반정부 시위가 도시 전체로 확산되자 朴대통령은 72년 유신선포 이래 처음으로 부산 지역에 비상계엄을 선포했다. 사태의 추이를 지켜보던 美 대사관은 워싱턴에 다음과 같이 보고했다. "부산시위는 한국인의 정치적, 경제적 좌절감, 박정희 정부에 대한 염증, 특히 최근에 강화되고 있는 정부의 탄압 조치 등에 대한 반감 등이 그 기폭제로 작용한 듯 여겨진다." 대규모 시위는 인근의 마산으로까지 확대됐다.

美 정부는 김영삼의 의원직 제명에 대한 불만의 표시로 잠시나마 글라이스틴을 공식적으로 본국으로 소환했다. 10월 18일 글라이스틴은 韓·美 연례 장성급 군사회의에 참석하기 위해 방한하는 브라운을 수행해 다시 남한으로 돌아왔다. 두 사람은 朴대통령을 내방해 남한의 정치적 상황에 대한 깊은 우려를 피력한 카터의 친서를 전달했다. 브라운은 朴대통령이 좀 더 민주적인 정치 노선을 취하지 않는다면 남한과 미국 정부 사이의 안보동맹이 부정적인 영향을 받게 될 수 있다고 경고했다.

그 즈음해서 글라이스틴은 다음과 같은 내용의 보고서를 본국에 전달했다. "한국의 제도권 내에서조차 박정희 정부의 강경 탄압 정책이 한국을 어디로 이끌고 갈지에 대한 우려가 폭넓게 확산돼 있는 것을 보고 큰 충격을 받았다. 각계각층의 거의 모든 남한 사람들은 朴대통령이 듣기 좋은 얘기만 하는 측근들의 말에만 귀를 기울이느라 판단력이 흐려졌다고 대담하게 비판하고 있다." 글라이스틴은 朴대통령이 자신이 내린 결정에 대한 자신감을 잃은 채 방황하고 있음을 감지했다.

朴대통령은 생의 마지막 몇 년간, 특히 74년 자신을 아슬아슬하게 비껴간 암살범의 총탄에 아내를 잃게 된 후로부터 자신의 보호를 위한 철저한 보안 조치를 유지했다. 청와대로부터 반경 8백m 이내에 위치한 모든 건물의 창문을 폐쇄시켜 청와대를 관찰할 수 없도록 조치했고 모든 공식 행사에서 다른 참석자들은 그가 입장하기 1시간 전부터 지정된 좌석에 착석해 있어야 했다. 이처럼 철통같은 보안 조치는 朴대통령을 정상적인 대인관계로부터 단절시켰다. 그러나 후에 판명됐듯 그런 보안 조치들도 민심을 잃은 대통령에게 완벽한 안전을 제공하지는 못했다.

그가 암살될 무렵 박정희 정권을 지탱해준 힘은 공포와 물리력, 그리고 보다 근본적으로는 그가 이루어낸 괄목할 만한 경제 성장이었다. 그러나 국민적 인기가 시들고 경제도 일시적이나마 휘청거리자 그는 가까운 측근과도 마찰을 빚기 시작했다. 외부로부터의 어떤 하야 압력에도 끄덕없어 보이던 朴대통령은 결국 청와대 안에서, 저녁 식탁 건너편에서 같이 식사를 했던 자신의 심복에 의해 제거되고 말았다.

밴스를 선두로 해 朴대통령의 장례식에 참석했던 미국의 관리들은 장례식에 운집한 수많은 일반 대중들이나 오랫동안 대통령을 보필해온 공직자들에게 진심어린 애도의 감정이 없음을 발견하고 놀라움을 감추지 못했다. 한 남한 고위관리는 "그의 시대는 이미 오래 전에 끝났다"고 홀브룩에게 낮은 소리로 말했다. 홀브룩은 "서울에서 슬픔에 젖은 눈은 찾아볼 수 없었다"고 당시 분위기를 전했다.

김재규가 朴대통령을 암살한 동기는 아직도 완전히 밝혀지지 않았다. 김재규는 朴대통령과 육군사관학교 동기로 서로 절친한 사이였다. 76년 朴대통령이 핵심 권력 기관인 중앙정보부의 책임자로 김재규를 발탁한 사실만 봐도 둘 사이의 친밀도를 미루어 짐작할 수 있다. 그러나 다른 대다수의 고위관리나 軍장성들과 마찬가지로 김재규는 날이 지날수록 朴대통령의 정책 결정 과정에서 자신이 소외되고 있다는 사실을 실감했다.

재판과정에서 김재규는 유신 독재체제를 종식시키기 위해 수년 전부터 대통령 암살을 결심했으며 "민주주의를 회복하기 위한 혁명"을 이루는 것이 자신의 목표였다고 진술했다. 그의 법정 변호인이었던 강신옥(姜信玉) 변호사는 김재규의 대화 내용을 제시하며 그가 암살 강행을 결심한 것은 사건(10.26) 발생 몇 주 전으로 보인다고 필자에게 말했다.

그러나 김재규의 암살 기도가 충동적이었다는 시선도 없지 않다. 그 증거로 그가 암살에 처음 사용했던 권총은 오랫동안 사용하지 않았던 것으로 확인 사살시 불발이었다는 점이 거론됐다. 또한 朴대통령 사후 정권 장악을 위한 치밀한 계획이나 조직화 등이 전혀 없었다는 지적은 더욱 설득력이 있다. 또한 암살사건 이전부터 김재규의 업무 수행 능력에 불만을 품은 朴대통령이 조속한 시일 내에 그를 해임할 계획이라는 소문이 돌았고 김재규는 해임이나 그보다 더 안 좋은 최악의 징벌을 면하기 위해 선수를 쳤을 것이라는 루머가 돌기도 했다. 김재규가 朴대통령과 정책 문제로 마찰을 빚은 데는 차지철 경호실장이라는 요인도 있다. 다른 많은 관리들과 마찬가지로 김재규 역시 차지철과 심각하게 대립했는데 그런 차지철을 朴대통령이 최측근으로 두고 있는 것이 김재규로선 못마땅했던 것이다.

또한 그간 美 정부가 박정희 정권의 통치를 비난해 왔던 정황으로 보아 朴대통령 암살에 미국 정부가 개입했다는 소문이 미국과 한국 일각에서 파다하게 나돌기도 했다. 공교롭게도 朴대통령의 피살 소식이 서울에서 공식 발표되기도 전(한국 시각으론 사건 당일 한밤중)인데도 불구하고 美 언론에 朴대통령 서거소식이 보도되자 그 소문은 더욱 증폭됐다.

암살사건 발생 약 한 달이 지난 후 글라이스틴 대사는 남한에서 미국 공모론이 광범하게 확산돼 있다는 전문을 본국에 타전했다. 이어서 그는 "나의 전임자인 딕 스나이더(Dick Sneider)에게도 확인해 보았지만 스나이더와 나는 김재규를 포함한 어느 한국인에게도 美 정부가 박정희 정권의 종말이 임박했다고 생각한다거나 또한 朴대통령 제거를 묵인할 것이라는 식의 언질을 준 적이 없다고 단호하게 말할 수 있다"고 덧붙였다.

주한미군 철수 · 코리아게이트 스캔들 · 인권탄압 문제 등을 둘러싼 미국 정부와 朴대통령 사이의 갈등이 그의 위상을 약화시켜 결국 암살에 이르게 된 것이 아니냐는 시각도 있다. 당시 국제정치담당 특별보좌관이었던 김경원(金瓊元) 박사는 중앙정보부가 美 행정부 · 의회 · 언론 등에 나타나는 朴대통령에 관한 부정적인 정보에 대해 낱낱이 알고 있었다는 점을 지적하면서 "김재규 중앙정보부장이 朴대통령을 제거하면 (미국으로부터) 환영받을 것이라고 확신했을 가능성도 없지 않다"라고 주장했다. 글라이스틴은 김재규의 과격한 행동(암살)이 일종의 광기에서 비롯된 것으로 확신했지만 동시에 그간 미국 정부가 보여준 태도가 김재규를 부추겼을 가능성도 인정하고 있었다. 글라이스틴은 카터 방한 때를 포함해 인권 문제 관련 협상 자리에서 남한측 대표로 자주 참석했던 김재규가 "미국측의 속마음을 잘못 읽었다"는 것이다.

朴대통령 암살 후 김재규는 육군참모총장 정승화를 만나 중앙정보부로 함께 가서 계엄령을 선포하라고 설득하려 했다. 이때 그는 대통령을 저격했다는 사실은 말하지 않았다. 그러나 정승화는 중앙정보부가 아닌 육군본부로 가자고 고집한 뒤 그곳에서 회의를 소집했다. 김재규는 이 회의에서도 대통령 저격 사실을 밝히지 않았다. 그러나 몇 시간 후 피바다가 된 만찬회장에서 살아남은 김계원 청와대 비서실장이 진실을 밝히면서 암살범 김재규는 체포됐다. 훗날 김재규는 대통령의 경호원을 저격했던 자신의 부하들과 함께 내란목적 살인죄로 유죄를 선고받고 처형됐다.

비상국무회의에서는 '유신' 헌법에 의거해 최규하 국무총리를 대통령 권한 대행으로 지명했다. 최규하는 언성을 높이지 않고 조용조용 말하는 스타일로 전직 외교 관리 출신이었다. 그는 미국의 동의를 얻어 전국 대부분의 지방에 계엄령을 선포했고 정승화 육군참모총장이 계엄사령관으로 임명됐다.

대통령 암살 이틀 후 평양의 김일성은 군사회의에 참석해 남한에 대한 북한 체제의 우월성을 역설했다. "우리 땅의 반쪽인 남조선은 지금, 美 제국주의자·반동주의자·지주·자본가들에게 점령당한 상태인 데 반해 북조선은 모든 인민들이 식량·의복·의료·교육 등에 대해 아무런 걱정도 할 필요가 없는 더없이 행복한 생활을 누리고 있다. 우리 북조선처럼 완벽한 천복을 타고난 '지상낙원'은 없다. 우리나라는 진정한 사회주의 낙원이다."

그는 '친일 매국노' 朴대통령의 죽음은 당연하다고 말한 뒤 군장성들에게 신중한 어조로 "남조선의 혁명적인 상황 속에서 어떤 변화가 일어날지 두고 보아야 한다"고 말했다. 김일성은 군의 경계태세 강화를 지시한 것을 제외하고는 朴대통령 암살에 대해서 별다른 언급이나 조치를 취하지 않았다. 경계태세 조치마저도 남한측의 유사한 조치에 대한 대응이었을 뿐이다. 그러나 주한미군 사령부와 카터 행정부는 남한의 혼란을 이용한 북한의 도발 가능성을 여전히 염두에 두고 있었다.

朴대통령 서거와 민간인 정부로의 명목상 권력 이동으로 인해 남한은 미묘한 과도기로 진입했다. 최규하 대통령 권한대행은 미국의 충고를 받아들여 유신헌법에 대한 비판을 금지시키는 긴급조치를 해제하고 가택연금이나 수감 중인 저명한 야당 지도자들 대부분과 반정부 인사들을 석방했다. 모처럼의 자유를 맞이한 국민들은 불안과 흥분 상태에서 여러 가지 새로운 발상과 감정을 분출했다. 美 정부는 최규하의 입장 강화와 평화적인 정권이양의 성공적 마무리를 위해 최규하에게 1년 기한으로 임시 대통령직을 수행하라고 조언했다. 그렇게 함으로써 최규하의 위상을 강화해 과도기를 순탄하게 넘길 수 있으리라는 판단이었다. 그러나 최규하는 손아귀에 들어온 권력에 새로운 야심을 품었던 탓인지 미국의 충고를 일언지하에 거절했다.

이 시기에 미국 정부와 한국의 여론은 개헌지지를 향해 기울었다. 그러나 남한 정부와 군부 지도자들은 대중적인 인기를 얻고 있는 정치인들에게 대통령 후보가 될 수 있는 기회를 인정하는 자유 경선제로의 개헌보다는 기존의 유신헌법을 통해 朴대통령의 후임을 선정해야 한다고 주장했다. 12월 6일 최규하는 통제가 쉬운 유신헌법 상의 절차를 이용해서 대통령으로 당선됐다. 구체적인 정치적 지지 세력이 없었던 崔대통령은 결코 강력한 지도자가 될 수 없었고 실질적인 권한은 여전히 군부의 손을 떠나지 않았다. 이제 문제는 그 막강한 군부를 누가 장악하느냐였다.

전두환(全斗煥)의 등장

그 대답은 12월 12일 밤 분명해졌다. 전두환(全斗煥) 보안사령관이 이끄는 일단의 군장성들은 휘하 부대를 주요 거점으로 이동시킨 뒤 무력을 사용해 기존의 군 지도부에 반기를 들었다. 전두환이 이끄는 신군부 세력은 사전 경고도 없이 계엄사령관이자 육군참모총장인 정승화 장군과 그를 추종하는 사령관을 체포, 연행했으며 육군본부·국방부·언론사·주요 다리·도로의 주요 교차로 등을 장악했다. 이 군권 장악 작전은 신속하고 대담하게 이루어졌으므로 양측간의 교전도 거의 없었고 사상자도 적었다.

당시 朴대통령 시해 사건 수사 담당자였던 전두환은 정승화 계엄사령관이 대통령 암살사건에 연루됐다는 의혹을 제기하면서 자신들의 군 반란 행위를 정당화했다. 그러나 美 당국자들에게 더욱 설득력이 있었던 또 하나의 동기는 기존의 군 지도부가 야심만만하고 문제가 많은 전두환을 제거하기 위해 오지(奧地) 사령부로 발령 내리려 했다는 것이었다. 전두환과 그를 따르는 공모자들은 崔대통령의 재가(裁可)도 받지 않는 등 법적 절차를 무시한 채 기습적으로 반란을 감행했다.

사태 당일 밤 글라이스틴 대사와 주한미군 사령관 존 위컴(John Wickham) 장군은 용산에 있는 요새형 벙커 안에서 이 믿기 어려운 놀라운 사태를 지켜보면서 초조한 밤을 보내고 있었다. 위컴이 이끄는 韓·美 연합사령부 본부는 주한미군 철수가 강행되더라도 미군이 韓·美 양국군 작전에서 지속적으로 작전지휘권을 확보하기 위해 약 1년 전쯤 창설된 것이었고, 이 지하벙커는 韓·美 양국군에게 있어 가장 중요한 사령탑이었다. 마구잡이로 확장된 지상의 용산기지와 마찬가지로 이 지하벙커도 일제 강점기 때 일본군이 건설한 것으로 2차 세계대전 종전 후 미군이 인계받아 사용하고 있었다. 미군은 그로부터 근 35년 동안 이 기지와 지하벙커를 계속 장악하고 있었지만 군 반란이 발생했던 그날 밤에는 별다른 영향력을 발휘하지 못했다. 글라이스틴과 위컴은 일단의 한국인들이 다른 일단의 한국인에게서 권력을 탈취하는 장면을 눈앞에서 지켜보고만 있었다. 남한의 장래에 엄청난 파장을 일으킬 사건을 목도하고 있었지만 그들로서는 당시 어떠한 수단도 강구할 수 없는 형편이었다.

글라이스틴과 위컴은 지하벙커 내에 마련된 VIP 구역에서 낡은 탁자를 앞에 두고 마주앉은 채 수도권 내 남한군의 이동 상황과 정승화 총장 공관에서의 총격전에 대한 단편적인 보고를 듣고 있었다. 미군과 남한군 장교들은 몇몇 주요 부대에 연결을 시도해 보았지만 연결되지 않았다.

이에 반해 지구의 반대편에 있는 워싱턴의 보안 전화를 통해 들려오는 목소리는 분명하고도 또렷했다. 워싱턴측은 서울에서 벌어지고 있는 상황에 대한 정확한 보고를 채근했다. 때때로 벙커 부근에서도 총성이 울렸다. 글라이스틴과 위컴의 안전에 대한 우려가 높아지면서 벙커 주변에는 긴급 소집된 미군병력들이 경비를 섰다.

한국 내에서의 통제력을 완전히 상실한 글라이스틴과 위컴은 최소한의 조치로서 미국 정부의 이름으로 성명서를 작성했다. 국민 대다수의 지지를 받는 정부 구성을 방해하는 '남한 내 모든 세력은' 韓-美 관계에 '심각한 악영향'을 미칠 것이라고 경고하는 내용이었다. 이 성명서는 청와대, 남한군 내 양대 세력에게 전달됐고 '미국의 소리(Voice of America)' 방송을 비롯한 기타 미국이 동원할 수 있는 모든 공식 매체를 통해서 발표됐지만 아무런 효력도 발휘하지 못했다. 반란군이 남한의 모든 언론 매체를 장악했기 때문에 대부분의 한국인들은 미국측에서 이런 성명서를 발표했다는 사실조차 알지 못했다. 지도부는 군권장악을 완료할 때까지 주한미군 사령관, CIA 남한지부 책임자를 비롯한 미국계 인사들과의 직접적인 접촉을 거부했다.

12·12 사태 당일 밤 노재현(盧載鉉) 국방장관과 합참의장 김종환(金鍾煥) 장군이 창백하고 초조한 기색이 역력한 얼굴로 지하벙커를 방문했다. 이들은 미군측 통신 장비를 이용해 휘하 군 지휘관들의 충성을 다짐받고자 했지만 일부로부터는 거절당하기도 했다. 위컴은 노재현과 김종환에게 적어도 날이 밝기 전까지는 반란군에 대한 공격을 명령하지 말라고 촉구했다. 야간전투로 인해 많은 수의 희생자가 발생할 시 남한군 내의 분열상이 보다 심해질 것이라 우려했기 때문이었다. 노재현 국방장관은 얼마 후 인근에 있는 국방부 청사로 향했다가 반란군측에 억류됐다. 반란군은 그에게 정승화 계엄사령관 체포에 대한 崔대통령의 사후 재가를 확보하는 데 협력하라고 위협했다.

야밤을 틈타 전격적으로 감행한 12·12 쿠데타는 남한군 조직 내,

세대간 권력투쟁의 측면도 없지 않았다. 당시 실권(實權)이었던 육군 참모총장을 비롯해 군 요직을 차지하고 있던 대다수 인사들은 육군사관학교 8기생들이었다. 이에 비해 전두환을 비롯한 쿠데타 주동세력 대부분은 이들 보다 젊은 육사 11기 출신이었다. 주한미군과 한국군에 대한 작전 통제권을 갖고 있는 위컴 사령관은 전두환과 육사 동기이자 가까운 친구였던 노태우(盧泰愚) 장군이 최전방 DMZ 인근에 주둔한 자신의 사단 병력 일부를 이끌고 서울로 진격해 쿠데타에 참가했다는 보고를 받고 경악을 금치 못했다.

아침이 되자 글라이스틴은 워싱턴에 보고서를 전달했다. "남한은 사실상 군사 쿠데타가 벌어진 상황이다. 유약한 문민정부가 명목상으로 존재하지만 실질 권력은 없으며 모든 정황으로 보아 한국군의 핵심조직들은 전두환 소장이 이끄는 '신군부' 집단의 치밀한 계획 하에 완전히 장악당했다." 또한 글라이스틴은 자신의 첫 번째 '참담한 결론'에 대해 다음과 같이 적고 있다.

우리의 입장에서 볼 때 12월 12일 밤의 사태는 나쁜 소식이다. 지난 18년간에 걸친 박정희의 권위주의적이고 강력한 통치 아래 놀라울 만큼 단합된 모습을 보여주었던 남한의 군부가 이제 부하 장교에 의해 군권을 박탈당하는 하극상(下剋上)을 경험하게 됐다. 이 사건은 치유하는 데 오랜 시간이 걸릴지 모르는 적대감을 조장하고 있을 뿐만 아니라 또다시 벌어질지 모르는 군사반란의 선례를 세웠다. 이 과정에서 쿠데타 세력은 韓·美연합사령부에 대한 책무를 완전히 무시했다. 그들은 이번 사태가 미국에 가할 충격을 아예 무시했거나, 미국도 별수 없을 것이라고 계산했는지도 모른다. 게다가 북한의 대응에 대한 진지한 고려도 없이 반란을 일으킴으로써 심각한 위험을 초래할지도 모르는 모험을 감행했다.

훗날 한국인들은 79년 12월 12일 '장군들의 밤'을 12·12 사태라 불렀다. 이 반란은 약 20년에 걸친 박정희 군부독재가 끝장난 후 한국인들이 염원했던 민주주의의 부활을 한 순간에 가로막았다. 그 후 몇 달간, 반란군 세력들이 권력을 장악하는 과정을 지켜보던 한국인들은 천명(天命)이나 피치자(被治者)의 동의 없이 무력을 동원한 낯선 지배집단이 다시 한 번 그들의 정부를 강탈했다는 사실을 깨달았다. 12·12 사태는 남한의 정치적 실상을 만천하에 드러냈다. 대한민국 군대에 대한 미국의 통제권은 남한 내에서 권력투쟁이 발생했을 때에는 아무런 영향력도 행사할 수 없으며 崔대통령이 이끄는 문민정부는 군부 통제 능력이 없고 또한 이제까지 별로 알려지지 않았던 전두환이라는 새로운 인물이 남한의 실권자로 부상했다는 사실은 시간이 갈수록 더더욱 분명해졌다.

전두환은 1931년 1월 18일 대구 인근의 작은 마을에서 태어났다. 영남 지방은 박정희를 비롯해 남한의 현대사를 주름잡은 많은 정치지도자들을 배출했다. 유학자였던 그의 부친은 일제 강점기인 39년 일본 순사와 심하게 다툰 후 가족들을 데리고 만주 지방으로 도피했다. 그 후 다시 고향으로 돌아온 전두환의 가족은 가난하긴 했지만 강한 자긍심을 갖고 살았다. 전두환은 한국전쟁 중인 51년 대구공업고등학교를 졸업한 뒤 육군사관학교에 입학해 4년 후인 55년, 육사 11기로 졸업했다. 육사 11기는 육사가 4년제로 바뀐 후 첫 번째 기수이자 최초로 일본식에서 미국식으로 개편된 교과과정을 이수한 세대였다.

하급 장교 시절 전두환은 1959년-60년 노스캐롤라이나 주의 포트 브래그(Fort Bragg)와 조지아 주의 포트베닝(Fort Benning)에 소재한 군사학교에서 공부했다. 그 결과 그는 미숙하나마 약간의 영어를 구사할 수 있었고 미국에 대해 친밀감을 가지고 있었다. 일본식 교육을 받았고 늘상 미국과 사이가 편치 않았던 朴대통령과는 달리 전두환은 스스로가 미국인들의 특성을 잘 알며 열등감 없이 그들을 상대할 수 있다고 생각했다. 美 군사학교 유학 시절 그는 중고차를 한 대 구입하고 운전면허증을 취득한 뒤 주말이면 미국 곳곳을 여행했다. 전두환은 자신의 보좌관들에게(한번은 필자에게도) 여행중 한 작은 마을에서 겪었던 인상 깊은 경험을 얘기하곤 했다. 때는 깊은 한밤중이었고 경찰도 없을 뿐더러 사람이라고는 그림자도 보이지 않는데 앞의 운전자가 신호를 지키기 위해 차를 세우는 것을 보고 매우 놀랐다는 것이다. 전두환은 그 순간 그것이 미국 시민의 투철한 준법정신을 상징하는 것이라 생각했고, 바로 이러한 준법정신이야말로 "자유와 민주주의를 구현하기 위해 반드시 필요한 요건"이라고 힘주어 말하곤 했다.

61년 박정희의 군사 쿠데타 후 전두환은 국가재건최고회의에서 1년간 박정희의 민원비서관으로 근무했다. 당시 朴대통령은 그에게 정계 입문을 권유했지만 전두환은 이를 사양하고 군에 복귀했다. 그러나 그의 군생활은 정치와 얽히는 경우가 많았다. 64년 전두환과 노태우를 중심으로 한 육사 출신의 몇몇 동료들은 군조직 내에서 '하나회'라는 이름의 사조직을 비밀리에 결성했다. 하나회의 주된 슬로건은 단결과 애국심이었지만 훗날 증명됐듯이 실제로는 자신들의 출세를 지향했다. 朴대통령은 전두환이 주도하는 하나회 회원들에게 고속 승진과 각종 특전을 제공했고 이들은 朴대통령이 암살된 후 권력을 장악한 반란군의 핵심세력을 이루었다.

68년 정치적으로 민감한 수도방위사령부의 대대장으로 있던 전두환은 청와대 기습공격에 실패한 후 도주하는 북한 무장간첩을 추적하는 임무를 맡았다. 또한 월남전때 연대장으로 파견됐다가 귀국한 후에는 대통령 경호실 차장보로 근무하면서 朴대통령과 자주 접촉했다. 79년 2월, 朴대통령 암살사건 8개월 전, 전두환은 보안사령관으로 임명됐다. 朴대통령은 보안사령부를 정치 통제와, 정치에 관여하는 대통령 경호실과 중앙정보부 세력에 대한 견제 수단으로 이용했다.

야밤을 틈탄 군권 장악에 성공한 지 이틀 후인 12월 14일 전두환은 대대적인 군 인사를 단행해 기존 세력이었던 선배 장성들을 몰아내고 육사 동기 및 가까운 친구들을 핵심 요직에 앉혔다. 노태우는 수도경비사령관에 임명됐고 군사반란의 핵심 중에서도 핵심 그룹인 소위 '대구 7성회'의 다른 회원들은 특전사령관, 3군 사령관 등 핵심 부대의 책임자가 됐다.

같은 날 전두환은 글라이스틴 대사의 초청으로 美 대사관을 방문했다. 두 사람은 서로 초면이었다. 글라이스틴은 그에게 헌정 질서 회복을 요청해왔다. 이에 전두환은 최규하 대통령을 지지한다고 밝히고 12·12 사태는 朴대통령 암살사건을 수사하는 도중 파생된 우발적인 사건이며 자신은 아무런 개인적인 야심이 없다고 주장했다. 그러나 그의 군부 숙청 작업은 입에 발린 그의 주장과는 명백히 모순되는 것이었다. 그는 군부 숙청으로 권력의 가장 핵심적인 부분을 확실히 장악했다. 글라이스틴은 전두환을 지략적이고 추진력이 강한 사람이라고 인정하면서도 그를 신뢰하지 않았고, 나중에는 그를 "절대 신뢰할 수 없고…… 양심도 없고…… 잔인한 데다…… 거짓말을 서슴없이 하는 사람"이라고 혹평했다.

  12월에 일어난 일련의 사건들은 美 관리들로 하여금 남한 정치문제에 관한 한 자신들의 영향력이 제한돼 있음을 깨닫게 했다. 61년 5·16 쿠데타와 마찬가지로 79년 12·12 군사 반란은 미국이 무언가 조치를 취하기도 전에 이미 기정사실이 돼버렸다. 5·16 당시 美 대사관측은 한국의 민선 정부를 계속 지지하겠다는 발표를 통해 상황을 역전시켜 보려고 노력했지만 결국 참담한 실패로 돌아갔다. 그것은 이후 남한에 부임하는 미국 관리들에게 한국 내 권력 문제에 신중을 다하라는 교훈을 남겼다. 12·12 사태 후 어느 한국인 학자는 자신의 미국인 친구에게 "전두환이 취한 조치를 무효화하고 그를 축출해…… 미국이 아무나 지지하지 않는다는 사실을 한국인에게 보여 줄 것"을 촉구하기도 했다. 그러나 이 말을 전해들은 글라이스틴은 "나는 남한에서 식민지 총독처럼 굴 수는 없다"며 거절했다.

  美 정부와 서울의 美 대사관은 글라이스틴이 "권력 탈취 행위"라 표현한 전두환의 만용을 무효화하려는 노력을 일절 시도하지 않았다. 글라이스틴은 전두환의 측근들에게 "우리는 12·12 사태를 역전시키기 위한 어떠한 노력도 하지 않을 것"이라고 명백히 밝히기까지 했다. 그 대신 미국은 전두환에게 정치에 개입하거나 정치권력을 장악하지 말라는 압력을 넣었다. 그러나 전두환은 미국의 충고를 간단히 무시하고 곧바로 정치에 투신했으며 이내 권력을 손아귀에 쥐었다.

  남한의 장래가 미국의 이해관계에 중대한 영향을 미친다는 사실은 그 누구도 부인하지 못할 것이다. 그러나 79년 당시 미국이 남한의 미래를 결정함에 있어 어느 정도까지 개입할 수 있는지는 확실치 않았다. 이를 위해 美 외교 관리들은 주로 설득에 의존했다. 그들은 전두환 및 그의 측근들에게 군부의 정권 장악 행위가 미국의 주요 관심사인 남한의 국가 안보와 경제 성장을 위협하고 있다고 말하는 것이 고작이었다. 글라이스틴은 전두환과의 첫 번째 만남에서 이렇게 말했다. "이번 12·12 사태는 남한군 내에 위험천만한 선례를 남겼으며 또한 위협적인 북한의 존재를 생각할 때 무모한 행동이었다. 더 나아가 이 사건은 상황이 여의치 않은 최규하 정부의 정치 민주화 과업 추진에 장애가 될 것이며 특히 한반도의 안보 전망을 불투명하게 만들었다." 이어 글라이스틴은 "대한민국은 민간정부를 유지해야 하며 지금까지의 사태에 대해 깊이 우려하고 있는 미군과 한국 경세계 인사들의 지지를 잃어서는 안 될 것"이라고 강조했다.

전두환은 예의를 지켜 글라이스틴의 이야기를 경청했지만 그렇다고 그에게 설득 당하지는 않았다. 전두환과 그를 추종하는 동료 장성들은 북한의 위협에 대해서는 자신들이 미국보다 더 잘 알고 있다고 믿었고, 북한의 위협이 임박했다고는 생각하지 않았다. 사실 얼마 전까지만 해도 미국 스스로 주한미군 철수를 계획했다는 점을 감안해 볼 때 실제로 미국이 북한의 위협에 대해 커다란 위기감을 느꼈는지는 논란의 여지가 있었다. 여기서 경제 문제를 제기한 것도 설득력이 없기는 마찬가지다. 당시 남한 경제는 여전히 어려운 상태였고 정치적 불안이 가중되면서 더더욱 난관에 빠져있었다. 그러나 그렇다고 해서 이윤을 추구하는 미국 사업계 인사들이 과연 누가 남한의 지도자가 돼야 하는가에 대해 뚜렷한 소신을 가지고 있었는지는 불투명했다. 또한 남한의 군장성들은 미국의 외교적 입장이 극히 제한돼 있음을 정확하게 간파하고 있었다. 당시 미국은 11월 4일부터 자국의 외교관들이 테헤란에 인질로 억류된 상황에서, 한국의 신군부 세력을 지나치게 자극해 자칫 '제2의 이란 사태'가 발생하는 것을 피해야 한다는 압박감을 느끼고 있었다.

글라이스틴과 위컴은 워싱턴측의 승인 아래 전두환의 정통성을 거부하는 동시에 그에게 압력을 가하려는 취지로 그와의 정기적인 접촉을 피하는 한편 공식 채널을 통해 최규하 정부와 협력을 시도했다. 美 국무부와 주한 美 대사관은 최규하에게 대통령의 권한을 이용해 보다 대담한 조치를 취하라고 채근했지만 별다른 성과가 없었다. 崔 대통령은 날이 갈수록 거죽만 남은 허수아비가 돼갔다. 그러나 카터는 이에 개의치 않고 "12·12 사태 소식에 '비통한 마음'을 금할 길 없으며 이와 유사한 사건이 재발할 경우 韓-美 양국 사이의 긴밀한 협력관계에 심각할 결과가 초래될 것"이라는 개인 서한을 최규하에게 보냈다. 미국 대사관은 이례적으로 그 친서를 대한민국 정부와 군부에 광범하게 배포했다.

80년 1월 말 워싱턴에 보낸 전문에서 글라이스틴은 자신이 남한의 국내정치와 관련해 '전례 없이 적극적인 역할'을 수용하는 사이에 느낀 딜레마를 다음과 같이 토로했다. "우리가 충분히 나서지 않으면 위험한 상황이 발생할 수 있다. 반면에 우리가 일정한 선을 넘는다면 강력한 국수주의적 반발이 초래될 수 있다. 이는 매우 어렵고 애매한 문제다. 왜냐하면 대부분의 한국인들은 미국의 실질적인 힘이 약해졌다고 생각하고 있다. 그들은 미국이 소련의 정면 도전에 대응할 의사가 없다고 우려하는 동시에 우리가 중국 정부를 다루는 능력까지 회의적으로 보고 있기 때문이다." 또한 글라이스틴은 이란 인질 사태를 염두에 두고 "한국인들은 미국이 '다른 곳에서 일어난 일'에 너무 몰두한 나머지 한반도에서 발생하는 위기에 단호하게 대처하지 않을 지도 모른다고 우려하고 있다"고 덧붙였다.

글라이스틴은 결론에서, 한국인들의 의식 속에서 미국의 영향력이 약해지고 있는 것은 사실이지만 그럼에도 "남한의 대다수 주요 정치인들은 미국의 지지를 받고 있다는 이미지를 추구하고 있으며, 다수는 자신들의 허약한 정치적 기반을 보강하기 위해 미국의 적절한 개입을 바라고 있다. 그러나 그들은 자신들에 대한 미국의 지지가 기대에 못 미친다고 판단하면 오히려 우리가 한국 내부의 문제에 부당하게 개입했다고 비난할 것이다. 그들 중 대다수는 미국이 한국의 안보와 경제의 지렛대를 강하게 휘두를 경우 한국의 안정이 파괴될 위험이 있어 사실 미국의 영향력에는 한계가 있다는 것을 인식하지 못하고 있다"고 말했다.

광주민주화항쟁

80년 초 경기 침체가 계속되고 여전히 부분 계엄령이 발효중인 상황에서 남한 정부는 미온적이나마 정치적 탄압 조치를 완화하기 시작했다. 야당 지도자들은 입을 열기 시작했고 봄철이면 재개되는 학생시위도 점점 세를 더해갔다. 학생들은 계엄령 해제와 대통령 선거 조기 실시를 요구했고 이름난 정치인들은 선거를 염두에 두고 공개적인 정치 활동을 시작했다. 한편 전두환은 계엄령 하에 허락된 막강한 권력을 휘두르는 동시에 보안사령관의 직책을 이용해 군부대 전체에 걸쳐 개인적인 영향력을 확대하고 있었다. 4월 중순 그는 최규하에게 압력을 넣어 자신을 중앙정보부장 서리에 임명하도록 했고 이로써 막강한 권한을 추가로 획득했다. 美 대사관측은 이제 전두환이 대통령 자리를 넘보고 있음을 확신하게 됐다. 전두환의 이러한 움직임에 대한 반발의 표시로 美 정부는 최고 군관계자들의 연례회의인 韓·美 안보협의회의(SCM)를 '무기한 연기'하고 남한 군장교들에게 그 이유를 통보했다.

대통령 선거 조기 실시를 요구하는 학생시위대의 규모가 수만 명에 이르고 이들이 대학 캠퍼스를 벗어나 거리로 몰려나오자 남한 정부와 군부는 시위 진압에 역부족인 경찰력을 보강하기 위해 군대를 동원할 필요성을 美 관리들에게 제기했다. 5월 8일 글라이스틴은 워싱턴에 보낸 전문에서 다음날 전두환과 최광수(崔侊洙) 대통령 비서실장을 차례로 만나 "이같은 (시위진압을 위해 군병력을 동원하는) 불미스러운 상황"이 발생하지 않도록 최선을 다하겠다고 보고했다. 한국인들의 인식을 여러 각도에서 설명한 다음 글라이스틴은 또한 다음과 같이 덧붙였다. "언제 어디서 누구를 만나 논의를 하게 되더라도 우리는 절대적으로 불가피한 경우 군병력을 동원해 경찰력을 보강하고, 법과 질서를 유지하겠다는 대한민국 정부의 비상계획을 美 정부가 반대하고 있다는 언질을 주어서는 안 될 것이다. 이 문제에 대해 우리가 일말의 불만이라도 토로한다면 우리는 일반 정치인은 물론이고 군 지도부 내 모든 친구들을 잃게 될 것이다." 이에 국무부는 다음과 같이 회신했다. "우리는 美 정부가 대한민국 정부의 법질서 유지를 위한 비상계획에 대해서 반대해서는 안 된다는 사실에 동의한다. 그러나 남한 정부가 이에 대한 권한을 신중하고 절제된 방식으로 사용하지 않는다면 사태가 보다 악화될 위험이 있음을 전두환과 최광수에게 주지시켜야 한다."

글라이스틴 대사와의 만남에서 전두환은 소요 사태의 책임이 "극소수의 급진파 학생과 교수들 및 야심만만한 정치인들에게 있다"고 비난했다. 또한 그는 현 상황은 그렇게 심각한 편이 아니며 군병력은 최후의 수단으로만 고려할 것이라고 다짐했다. 같은 날 위컴은 대한민국 국방부장관과 합참의장을 만난 자리에서 군사력이 민간인 시위에 사용될 경우 사태가 악화될 우려가 있다는 사실을 힘주어 강조했다. 학생시위의 규모가 나날이 확대되고 있긴 하지만 남한측 수뇌부와의 회동을 가진 글라이스틴은 군병력 투입과 같은 강경한 대응 조치 없이도 이를 통제할 수 있을 것 같다는 인상을 받았다.

그러나 5월 13일, 전두환은 뜬금없이 '북한 카드'를 내밀었다. 그는 위컴에게 학생시위의 '배후'에는 평양이 있으며 북한의 對남 공격이 임박했다고 주장했다. 위컴은 전두환이 북한의 남침 의혹을 강조한 것은 청와대 입성을 위한 구실처럼 보인다고 워싱턴에 보고했다. 미국은 즉각 북한군의 동향을 정밀 분석한 후 對남 공격 조짐을 발견할 수 없다는 결론을 내렸고 美 국무부는 서울에서 나돌고 있는 전쟁 임박說을 잠재우기 위해 이를 공개적으로 발표했다.

훗날 한 한국인 정보담당 장교는 전두환의 측근들로부터 북한 위협설을 조작하라는 명령을 받았다고 폭로했다.

5월 17일 밤부터 5월 18일 새벽까지 군당국은 시위 주동 학생들과 저명한 정치인들을 대대적으로 체포하기 시작했다. 그중에는 대통령 선거에서 후보로 나설 가능성이 높았던 '3金', 다시 말해 야당 지도자인 김대중과 김영삼, 그리고 전직 국무총리 출신의 김종필이 포함돼 있었다. 그간의 지역 계엄이 전국 계엄으로 확대되면서 모든 정치 활동은 금지됐다. 국회는 무장 군인들의 총검 아래 폐쇄됐고 엄중한 언론 검열이 다시 시작됐다. 軍은 전권을 장악한 채 모든 대학을 폐쇄하고 캠퍼스에 진주했다.

글라이스틴은 초긴급 상황에만 사용하도록 돼 있는 '플래시' 전신을 통해 "이 조치들은 군이 사실상 모든 국가권력을 장악했음을 의미한다. 신군부 지도자들은 대한민국의 합헌적 국권 질서를 무시했고 동시에 우리 미국도 무시했다. 그들은 그 모든 사태를 '기정사실'인 것처럼 우리에게 제시했다. 이러한 행동은 군 지도부가 미국을 이런 식으로 대우했을 때 따르는 결과에 대해 모르고 있거나 아니면 조금도 꺼려하지 않는다는 뜻이다"라고 워싱턴에 보고했다. 글라이스틴은 崔대통령과 군부측에 강력하게 항의했고 미국은 이번 조치에 대해 '충격과 경악'을 금치 못하고 있다고 전했다. CIA 서울지부 책임자였던 봅 브루스터(Bob Brewster)도 전두환에게 이와 비슷한 뜻의 항의를 표명했다. 美 국무부는 한국에 대해 전례 없는 강경한 어조로 성명서를 발표하면서 미국은 "깊은 충격을 받았으며 군병력을 사용할 시 남한에서의 사태가 악화될 것을 우려하고 있다"고 밝혔다.

당시 가장 심각한 문제 중의 하나는 故 朴대통령의 숙적(宿敵)이었던 야당 지도자 김대중의 운명이었다. 1973년 중앙정보부 요원에 의해 도쿄에서 납치됐다가 극적으로 살아났고 그 후 박정희 정권에 의해 끊임없는 탄압을 받았으며 1971년 선거의 유력한 대통령 후보로 떠올라 박빙의 표차로 박정희에게 패했던 김대중은 국내에서보다 해외에 더 널리 알려진 인물이었다. 그의 고향인 전라도 지역 유권자들은 그를 열렬히 추종했지만 보수 세력, 특히 군부는 그에게 강한 거부감을 가지고 있었다. 朴대통령 암살사건 이후 그가 가택연금에서 풀려나 다시 정치권 전면으로 급부상하자 朴대통령의 측근들은 심각한 위기의식을 느꼈다.

　당시 대통령 선거를 앞두고 있는 남한에서 만일 자유롭고 공정한 대통령 선거가 실시될 경우 김대중이 승리할 가능성은 높아졌다. 그가 박정희 정권 하에서 겪었던 온갖 고초에 대한 국민적 존경심과 인기, 그리고 군부 통치에 대한 국민들의 강한 저항감 등 이 모든 상황을 종합해 볼 때 그것은 결코 무리한 추측이 아니었다. 전두환의 등장과 김대중의 급부상이 시기적으로 일치하면서 글라이스틴은 3월 중순부터 장차 양자의 충돌이 불가피함을 예견했고, 이러한 갈등이 궁극적으로 해결돼야 하지만 "언제, 어떤 방식으로 해결될지는 아무도 모른다"고 보고했다.

　전국적으로 비상계엄이 확대된 뒤 다수의 군인들이 김대중의 자택에 난입해 가택수색 후 그를 연행했다. 이 밖에도 그의 비서, 경호원 그리고 가깝게 지내는 정치인 중에서 최소한 9명 이상이 함께 체포됐다. 연행 몇 시간 전부터 이미 세간에는 김대중이 학생시위를 선동한 혐의로 체포될 것이라는 소문이 나돌았고, 글라이스틴은 대통령 비서실장 최광수에게 "정국 불안이 고조되고 있는 상황에서 정치인들을 체포하는 것은 '신중하지 않은 조치'이며, 특히 김대중을 체포하는 것은 볏단에 불을 들고 뛰어가는 것과 같다"고 경고했다.

　글라이스틴 대사의 예상은 적중했다. 계엄령 선포와 동시에 곳곳에 군대가 진입해 삼엄한 경비를 서고 특히 김대중이 체포되자 그의 정치적 배경인 광주에서는 격렬한 반발이 불붙은 듯 일어났다. 그날 일요일 아침 오전에는 일찍부터 학생시위대와 전투경찰 사이에 충돌이 빚어졌다. 당시 이러한 충돌은 거의 일상이 되다시피 했던 터였다. 그 순간 갑자기 검은색 베레모를 착용한 공수부대가 광주로 진입하기 시작했다. 당시 평화봉사단(Peace Corps) 자원봉사자로 근무하던 중 현장을 목격했던 팀 원버그(Tim Warnberg)는 다음과 같이 설명했다.

공수부대원들이 갑자기 달려들어 곤봉을 휘두르기 시작했다. 우리는 공포에 질린 군중과 함께 내달렸다. 나는 또 다른 평화봉사단원 한 명을 포함한 약 15명의 사람들과 어느 작은 가게로 피신했다. 한 군인이 가게 안으로 들어와서 곤봉으로 사람들의 머리를 내리쳤다. 마침내 그는 우리 평화봉사단원들 앞에 다가와 섰다. 그는 잠시 멈칫하고 주저하다가 밖으로 뛰어나가 버렸다. 우리가 상황을 살펴보려고 골목으로 나갔을 때는 군대가 대로 쪽으로 퇴각하고 있었다. 그들이 지나간 자리에는 여기저기 부상당한 사람들이 쓰러져 있었다. 부상자의 대다수는 머리나 팔, 다리를 심하게 구타당한 상태였다…… 한 학생이 우리에게 다가와 말을 걸었는데 이마가 깊이 패어서 피가 줄줄 흐르고 있었다. 그는 당구장에서 당구를 치고 있는데 갑자기 공수부대원이 난입해 머리를 곤봉으로 세게 내려친 후 물러났다고 말했다. 다른 사람들의 이야기도 비슷했다. 비록 그중 일부는 격렬하게 시위에 참여했던 사람이었지만 나머지 대다수는 각자 자신의 일을 하고 있다가 갑자기 쳐들어온 공수대원들로부터 무차별 구타를 당한 것이다.

광주에서 15년 가까이 살았던 선교사 마사 헌트리(Martha Huntley)는 자기가 목격한 장면을 이렇게 설명했다.

30세 정도 된 사업가로 나도 잘 알고 있던 한 남자가 (다른 젊은이들과 함께 타고 가던) 버스에서 끌어내려진 다음 군인들의 발길질에 얼굴을 심하게 맞아 결국 한쪽 눈을 실명하고 말았다. 갓 서른을 넘은 또 한 여성은 아이 둘을 데리고 주일학교에 가던 중 구타를 당해 보도에 의식을 잃고 버려졌다. 그녀는 머리 부분에 봉합 수술을 받았고 후유증으로 4개월간 제정신을 차리지 못했다.

그녀의 남편은 그 일요일 오후 학생들과 함께 시위에 가담해 군인들과 싸웠다. 도대체 상황이 어떻게 돌아가는 것인지, 왜 이런 일이 일어나는지에 대해 아는 사람은 아무도 없었다.

시민에 대한 공수부대의 무차별 공격이 3일간 이어졌고 이에 대한

80년 5월 광주민주화항쟁 당시, 군병력을 동원한 진압작전이 잠시 소강 상태를 보인 후 광주시민이 차량에 올라타 시가지로 진입하고 있다. 많은 한국인들이 광주항쟁의 유혈 진압에 대해서 미국에 책임이 있다고 생각하고 있다.

광주시민들의 격렬한 저항도 점차 확대돼 갔다. 5월 21일 아침 광주 시민들은 군용차량을 탈취하고 무기고를 습격해 권총, 소총과 함께 수천 발의 탄약을 손에 넣었다. 공수부대 병력과 격전을 치른 후 일단의 학생들은 한 병원의 옥상 위에 기관총을 설치했다. 공수부대를 동원한 잔혹한 진압 작전이 실패로 돌아갔다는 사실이 분명해지자 군대는 외곽으로 후퇴해 광주市 주변을 봉쇄했다.

다음날 3만 명이 넘는 광주 시민들이 다시 시위대측에 넘어온 전남도청 앞으로 모여들었다. 그들은 군부대를 시내로 진입시키지 말 것과 모든 연행자를 석방하고 사상자에게 응분의 보상을 약속할 것 등을 요구했다. 글라이스틴은 남한 정부가 제공한 정보에 의거해 광주민주화항쟁을 "남한 군대에게 경악을 안겨 준 통제 불능의 대규모 무장폭동"이라고 워싱턴에 보고했다. 그는 한국에 파견된 美 특파원을 상대로 브리핑을 할 때도 이와 비슷하게 설명했다.

시민군과 군대 사이의 대치국면이 계속되는 와중 잠시의 소강상태를 틈타 협상을 모색할 수 있는 기회가 마련됐다. 미국이 강력히 바라던 바였다. 5월 22일 美 국무부와 美 대사관은 양측에 최대한의 자제를 촉구하며 평화로운 문제 해결을 요청하는 성명서를 발표했다. 또한 북한의 도발을 우려한 나머지 만일의 사태에 대비해 공중조기경보통제기(AWACS)를 한반도에 급파했고 항공모함 소속 기동타격대를 이동시킬 태세를 갖추었다. 그러나 철저한 검열을 받고 있던 남한의 언론 매체들은 미국측의 성명서를 보도하지 못했다. 서울의 군당국은 성명서 내용을 담은 전단을 광주 일대에 공중 살포하기로 약속했지만 이 약속을 지키지 않았다. 이에 반해 정부가 장악한 라디오 방송국에서는 미국이 특수부대의 광주 투입을 사전에 승인했다는 보도가 흘러나왔다. 글라이스틴은 이에 강력하게 항의하고 정정 방송을 요구했으나 그 요구는 끝내 받아들여지지 않았다.

5월 22일 백악관에서는 카터 대통령과 먼데일 부통령을 제외한 美 고위관리들이 모인 가운데 남한의 위기상황을 논의하기 위한 국가안보회의가 소집됐다. 이날의 회의를 기록한 극비 문서에는 다음과 같은 내용이 포함돼 있다. "최 급선무는 남한 정부가 광주에서 질서를 회복하는 것이며 이후로도 광범위한 소요사태를 방지하기 위해 무력 사용은 최소한으로 그쳐야 한다는 것에 대다수가 합의했다. 또한 질서 회복 후 미국이 남한 정부, 특히 군부를 압박해서 정치적 자유의 확대를 강력히 요구해야 한다는 사실에 대해서도 이미 의견이 일치됐다." 또한 긴급을 요하는 다음번의 조치에 대해 "우리는 온건한 조치를 권고하겠지만 질서 회복을 위해 필요하다면 병력 사용도 허용한다는 것에 합의했다." 브레진스키는 광주 유혈 사태에 대한 미국의 입장을 다음과 같이 정리했다. "단기적으로는 남한 정부의 조치를 지지하지만 사태 수습 후에는 정치적 발전을 종용하기 위해 압력을 가한다."

광주시에 대한 최후의 공격은 5월 27일 새벽 3시에 개시됐다. 그 공격에는 대한민국군 20사단과 공수부대 병력 일부가 동원됐다. 공수부대원들은 신분 위장을 위해 정규군 복장을 했다. 완강한 유혈 투쟁이 있었던 첫날과는 달리 이번 작전은 비교적 신속하고 효과적으로 전개됐다. 광주시가 다시 군당국에 탈환된 후 정부는 총 1백70명이 사망했다고 공식 집계를 발표했다. 그중 대다수는 사건 발생 초기 며칠 사이에 희생된 사람들이었다. 그러나 95년 재조사 결과 공식 사망자 수는 총 2백40명으로 증가했다. 그러나 광주 시민들은 실질적인 사상자 수는 정부의 공식 발표보다 훨씬 많다고 주장하고 있다. 광주민주화항쟁은 전라도 지방 주민들과 수많은 학생들의 뇌리에 전두환, 노태우를 비롯한 군장성들에 대한 지울 수 없는 저항감과 반미(反美) 감정을 고취시켰다.

이후 남한에서는 미국이 군병력을 동원한 광주 진압을 묵인 또는 사전 승인을 했다는 비난이 끊임없이 제기됐다. 5월 16일 계엄령이 선포되기 전 한국 군당국은 남한군 20사단 휘하의 2개 부대를 韓·美 연합사령부의 작전통제권에서 제외시키겠다는 방침을 사전 규정에 따라 연합사측에 통보했다. 또한 광주를 재탈환하기 위해 20사단을 광주에 파병하기 전 위컴에게 이를 승인해 달라고 요청했다. 그러나 당시 이 20사단은 이미 미군의 작전통제권에서 벗어나 있었으므로 그런 승인은 불필요한 것이었다. 워싱턴 정부의 의사를 타진한 다음 위컴과 글라이스틴은 미군의 통제 하에 놓였던 적이 없는 잔혹한 공수부대를 파견하느니 20사단을 파견하는 것이 보다 바람직하다는 결론을 내렸다. 전두환의 정치 선전기구들은 이 사실을 십분 활용해 미국이 광주항쟁의 무력 진압을 지지했다고 선전했다.

한때 '광주학살'로 불렸던 광주민주화항쟁은 그 후 오랫동안 남한 사회에서 핵심적인 쟁점이 돼왔다. 그것은 전두환에 대한 반감의 진원이었다. 많은 한국인들은 미국 역시 광주학살의 책임이 있다고 믿어왔지만 미국은 전두환의 입장을 고려해 긴 시간 동안 미국의 역할에 대해 함구해왔다. 美 문화원이 광주학살 책임을 요구하는 학생들에게 점거된 후인 85년, 美 대사관은 미국의 광주 사태 개입에 대한 성명서 발표를 허용해달라고 본국에 요청했지만 워싱턴측은 이를 거부했다.

그러나 89년 6월 마침내 미국은 남한 국회에 구성된 특별위원회가 보낸 질문서에 대한 응답으로 미국의 개입 과정에 관한 광범한 자료를 공개했다. 광주항쟁 발생 9년 후, 여전히 광주항쟁이 한국인들에게 치유되지 않은 정신적 상처로 남아 있던 시기였다.

96년 저널 오브 커머스(Journal of Commerce)지의 팀 셔록(Tim Shorrock) 기자의 광주항쟁 관련 기사 한 편이 보도되면서 미국의 광주학살 공모 혐의는 다시 한 번 도마 위에 올랐다. 이 기사는 '정보공개법(Freedom of Information Act)'에 따라 기밀이 해제되면서 입수된 79-80년 사건 관련 2천여 건 기밀 문서를 바탕으로 작성됐다.

셔록은 경찰력 보강을 위한 남한의 군병력 동원에 반대하지 않을 것이라는 글라이스틴의 5월 9일자 발언을 인용했고 또한 5월 8일 제7공수 여단 및 대대 위치 이동과 관련해 워싱턴에 타전된 미군 정보 보고서의, '제7 공수여단은 아마도 전주 및 광주 일원에 소재한 여러 대학을 작전 목표로 삼았던 것 같다'는 내용을 밝혔다. 글라이스틴과 위컴은 그 보고서를 검토한 기억이 없다고 토로하면서 이 보고서 내용만으로는 특수 부대가 광주 시민 전체를 상대로 그렇게 무차별적인 잔혹 행위를 서슴지 않았다는 얘기의 진위를 알 수 없다고 주장했다. 지금 이 순간까지도 80년 광주학살은 韓·美 양국 관계를 어지럽혔던 불행한 기억이며 또한 아직까지도 논쟁의 여지가 분분한 사건으로 남아있다.

무자비한 진압으로 광주항쟁이 일단락된 후 미국은 전두환 등 신군부 세력들에 대해 냉담한 태도로 일관했다. 이러한 태도는 그들의 조치에 불만을 표하고 앞으로의 행동을 제약하기 위함이었다. 미국은 예정됐던 경제 사절단의 방한을 무기한 연기했고 남한 정부에 대한 2

건의 융자 지급을 보류할 것을 아시아개발은행에 요청했다. 글라이스틴은 광주민주화항쟁 발생 다음 달인 6월에 두 번, 7월 초에 한 번 전두환을 만나 남한의 정치적 민주화를 촉구했고 韓·美 안보 협력관계를 '악용'했다는 미국측의 견해를 강조했다. 美 정보 보고서는 "전두환은 미국의 경고와 상관없이 자기가 내키는 대로 할 수 있다고 생각하고 있다"고 쓰고 있다. 美 국가안보회의 위원 도널드 그레그(Donald Gregg)는 "우리의 영향력은 한계가 있었고 전두환은 이 점을 정확하게 파악하고 있었다"고 평했다. 그는 글라이스틴이 보다 강경한 어조로 항의한다면 미국의 영향력을 다소 높일 수 있지 않을까 생각했다. 그러나 국가안보 부보좌관 데이비드 에런(David Aaron)은 "말로 하는 것은 아무런 효과가 없다······ 그 친구(전두환)에게 압력을 가하는 유일한 방법은 북한과의 대화를 시작하는 것뿐이다"라고 주장했다. 그러나 그의 주장은 받아들여지지 않았다.

이처럼 韓·美 양국의 외교관계에 찬 바람이 돌던 무렵인 80년 7월 중순, 필자는 1주일 일정으로 남한을 방문했고 전두환과 노태우를 처음으로 만났다. 이 만남은 주미 한국 대사관 소속 중앙정보부 공사 손장래(孫章來)의 주선으로 이루어졌다. 예비역 소장 출신인 손장래는 전두환과 노태우의 육사시절 영어 선생이었다. 놀랍게도 두 사람의 성격은 판이하게 달랐다. 한 사람은 단호하고 강인하며 야심만만한데 비해 다른 한 사람은 유화적이며 융통성이 있으며 겉보기에 특별히 야심을 품을 만한 사람처럼 보이지 않았다.

수도경비사령부 본부에서 만난 노태우는 자신의 입장을 설명하는데 매우 열성적이었다. 그와의 대화는 다음날 그의 집에서 점심식사를 하면서까지 계속됐다. 필자는 이때까지만 해도 한국군 현역 장성을 만나 본 적이 없었다. 대부분의 한국 군장성들은 미국 기자를 만나는 일을 꺼려했기 때문이다. 따라서 노태우의 개방적이고 지적이며 동시에 유연한 태도는 매우 인상적이었다. 노태우는 자신이 보기에 한국의 군인사들은 정치적 지도자가 될 만한 소양을 갖추지 못했다고 역설했다. 필자가 전두환에 관해 듣고 읽은 것에 비하면 매우 놀라운 말이었다. 노태우는 "우리는 경제나 정치에는 문외한"이라며 이런 문제는 전문가들에게 맡겨야 한다고 주장했다. 아울러 남한을 이끌 차기 행정부가 해결해야 할 가장 중요한 문제는 강력한 범국민적 동의라면서 "우리의 의도는 지극히 순수한 것이다. 즉 국가를 수호하고 정치에는 개입하지 않는 것"이라고 역설했다.

한편 전두환과의 대화는 이와 상이한 분위기였다. 필자는 최근에 구성된 국가보위비상대책위원회(國家保衛非常對策委員會) 상임위원회 본부에서 그를 만났다. 전두환은 당시 국보위 상임위원장직을 겸임하고 있었다.

경복궁 맞은편의 작은 건물 안에 조직된 상임 위원회는 인근에 소재한 청와대보다 커다란 영향력을 행사했던 '보이지 않는 그림자 정부'였다. 상임위는 거의 매일 체포령과 각종 법령 등을 내리며 언론의 관심을 독점했다. 노태우와 달리 전두환은 군복 대신 남색 정장에 옅은 하늘색 셔츠를 받쳐 입고 있었다. 그는 다른 사람들의 소파에 비해 한결 간소해 보이는 등나무 의자에 앉아 대담 도중 때때로 담배를 피워 물었다. 막강한 권한을 손에 쥐었지만 한동안이나마 그 힘의 행사를 자제하는 듯 보이는 그의 모습은 매우 인상적이었다. 그의 무한한 야심을 상징하듯 집무실 한쪽에는 커다란 지구의(地球儀)가 놓여 있었다. 그것은 당시 민간인 관리들의 집무실에서는 찾아보기 힘든 모습이었다.

　전두환은 필자와의 인터뷰를 시작하면서 학생 시절로 돌아가 시험을 치르는 기분이라며 멋쩍게 이를 드러내며 웃었다. 만일 우리의 대화가 시험이었다면 그는 시험을 잘 치른 셈이었다. 그는 필자의 질문에 직설적이고 자신만만한 태도로 답변을 했다. 그것은 朴대통령을 비롯해 한 세대 전의 남한 인사들과는 크게 대조적인 모습이었다. 전두환이 말을 삼간 부분은 대통령 자리를 향한 야심이 있느냐는 질문을 던졌을 때, 그리고 격식을 갖춰 말을 해야 할 때뿐이었다. 필자가 대통령이 될 생각이 있느냐고 단도직입적으로 묻자 그는 앞일을 단정 지어 말할 수 없다는 말과 함께 "나는 朴대통령의 갑작스러운 서거 이후로 발생한 문제들을 회피한 적이 없다"고 빠르게 덧붙였다. 또한 그는 79년 10월 이후 발생한 일련의 사건들은 결코 사전 계획에 의한 것이 아닌 '하늘의 뜻'에 따른 행동일 뿐이었고 별다른 선택의 여지가 없었다고 말했다. 전두환은 국내외에 산재한 난관을 감안할 때 강력한 지도력을 갖춘 대통령이 필요하다고 힘주어 말했다. 과거 정치부 기자로 일했던 필자의 경험에 비추어 볼 때 전두환이 청와대를 차지하기 위해 물심양면으로 준비를 하고 있다는 사실은 의심할 여지가 없었다.

　8월 7일, 전두환은 전역을 준비하기 위해 스스로 4성 장군으로 진급했다. 그리고 바로 다음날 예기치 않은 인물의 도움으로 그의 정치적 위상은 상당히 격상됐다. 그 예기치 않은 인물이란 바로 위컴 장군이었다.

　로스엔젤레스타임지의 샘 제임슨(Sam Jameson) 및 AP통신의 테리 앤더슨(Terry Anderson) 기자와 인터뷰에서 위컴은 전두환이 곧 대통령으로 취임할 것이며 "각계각층의 사람들이 마치 쥐(레밍) 떼처럼 그의 뒤에 줄을 서고 그를 추종하고 있다*"고 말했다. 이어서 위컴은 전두환이 합법적으로 정권을 장악해 광범한 국민적 지지를 획득하고 한반도의 안보 상황을 저해하지만 않는다면 미국은 그의 대통령 취임을 지지할 것이라고 덧붙였다. 본래 이 인터뷰 기사에서는 위컴의 신분을 '고위급 미군장성'이라고만 보도했지만 이 발언의 진원지가 위컴이라는 소문은 순식간에 퍼져나갔다. 그는 "한국은 정치적 자유화에 앞서 국가 안보와 사회 안정이 반드시 선행돼야 한다. 나는 한국인들이 우리가 알고 있는 바대로의 민주주의를 실천할 수 있는 준비가 돼 있는지 확신이 서지 않는다"고 지적했다. 美 국무부는 위컴의 발언을 부인했지만 별로 효과가 없었다.

그 발언이 있은 지 얼마 지나지 않아 최규하는 평화적 정권 교체의 선례를 남기고자 한다는 공식적인 사유를 들어 대통령직을 사임했다. 그러나 그는 군부가 주도하는 한 위원회에서 자신의 사임은 군부의 '중대한 실수'인 광주 사태를 책임지기 위한 것이라고 비공식적으로 밝혔다. 8월 27일 전두환은 전군주요지휘관회의의 추대를 받아 거수기에 불과한 통일주체국민회의에서 단독 출마해 대통령으

---

* 레밍(lemming)은 핀란드·스칸디나비아반도의 북부와 중부에 분포하는 설치류로 몇 년마다 크게 증식해 이동하므로 나그네쥐라고도 한다. 몸길이 3.5~3.8cm, 꼬리길이 약 1.5cm이다. 머리가 크고, 꼬리는 짧다. 몸은 뭉툭하고, 귓바퀴는 짧아 털에 가릴 정도이며, 밭쥐를 닮았다. 집단을 이루고 직선적으로 이동해 호수나 바다에 빠져 죽는 일도 있다. 그런데 당시 위컴의 '레밍' 발언을 다룬 한국 언론은 이 발언을 "한국 국민은 들쥐와 같아서 누가 대통령이 되던 상관없이 따라갈 것이다", "한국인은 들쥐와 같아서 누가 지도자가 되든 복종할 것이며……"와 같이 번역 보도해 큰 파문을 일으켰다.

로 선출됐다.

이에 카터는 전두환에게 비공식적인 메시지를 보냈다. 그는 이 메시지에서 노골적으로 '축하의 말'을 생략하고 새 헌법 하에서 조기 선거를 재실시할 것과 사회 안정을 위해 "개인의 자유를 대폭 신장시킬 것" 등을 촉구했다. 워싱턴은 각료급 인사들의 남한 방문을 금지했고 韓·美 연례안보회의도 연기하는 등 남한의 새로운 정부에 불만을 표했다. 전두환은 대중의 인기를 얻기 위한 주요 정책으로 '사회정화작업'을 내세웠다. 그 결과 부정·부패 혐의로 1천 명에 달하는 공직자가 해임되거나 구속됐다. 그러나 당시 美 대사관측은 전두환 대통령과 그의 측근들이 추종자들에게 자신들이 '정화'한 선임자들보다 훨씬 더 많은 돈을 뿌리고 있음을 알고 몹시 실망했다. '냉담하게 거리를 두는' 對한 정책을 건의했던 글라이스틴은 "그래도 우리는 전두환측을 상대하는 것 외에 뾰족한 대안이 없었지만 그렇다고 그들과 동침(同寢)할 수는 없었다"고 말했다.

김대중(金大中) 구명 운동

전두환은 다름 아닌 대한민국 군부의 숙적 김대중을 미국과의 협상 카드로 이용했다. 김대중은 5월 18일 촉발된 '광주사태'와 관련해 내란 음모 혐의로 정식 기소된 후 9월 17일 군법회의에서 유죄 판결을 받고 사형을 언도받았다. 美 대사관측은 김대중의 체포 다음날 강력한 항의를 담은 외교성명을 발표하는 것을 필두로 할 수 있는 모든 수단을 동원해 김대중에 대한 당국의 처사를 비판해왔다. 美 대사관의 압력이 가중되자 계엄사령관은 美 외교관의 재판 참관을 허용했다. 재판 종료 후 美 국무부는 김대중의 혐의는 "터무니없는 것"이라고 공식 발표했다.

80년 필자와의 대담에서 일부 고위 군 관련 인사들은 김대중이 과거에 북한의 사주를 받았거나 현재까지도 사주를 받고 있는 공산주의자라고 주장했다. 그러나 이들 중 대다수는 김대중을 만나본 적도 없는 사람이었다. 김대중과 여러 차례에 걸쳐 인터뷰를 해온 필자로서는 그가 공산주의자라는 주장을 믿지 않았다. 김대중은 대단한 야심가인 동시에 남한의 현재와 미래를 누구보다도 혁신적인 시각으로 바라보는 정치인이었다. 80년대 말 CIA 전문 요원 출신인 제임스 릴리(James Lilley) 美 대사는 각종 기밀 보고서와 경찰 파일을 포함한 김대중의 과거 행적을 면밀하게 조사한 뒤 그가 공산당에 가담했다는 주장은 전혀 근거가 없다는 결론을 내렸다.

1980년 여름 워런 크리스토퍼(Warren Christopher) 국무부 부장관의 주재로 열린 회의에서 카터 행정부는 김대중 석방 및 구명 운동에 최선을 다할 것을 결의했다. 인도주의적 견지에서 내린 美 행정부의 이러한 결정은 훗날 전두환의 손아귀에 모든 것을 쥐어주는 결과를 초래했다. 당시 전두환은 미국 정부가 공공연하게 자신의 정권을 부정하는 바람에 자존심과 정치적 입지에 타격을 받고 있었다.

전두환은 김대중의 목숨을 냉담해진 韓·美 관계정상화의 교두보로 삼았다. 카터의 임기 마지막 몇 달 동안은 여러 가지 다른 중요한 사안들이 산적해 있었음에도 불구하고 김대중 문제가 韓·美 관계의 최고 사안으로 떠올랐다. 이 문제는 또한 韓·日 관계에서도 중요한 쟁점이었다. 일본인들의 심중에는 1973년 도쿄에서 벌어진 김대중 납치사건에 대한 분노가 아직도 남아있기 때문이었다.

12월 중순 퇴임이 얼마 남지 않은 시점에서 카터는 각료급 인사의 서울 방문 금지 조치를 포기하고 전두환에게 김대중 사면을 요청하기 위해 브라운 국방장관을 서울로 급파했다. 브라운을 수행했던 도널드 그레그에 따르면 전두환은 브라운에게 "나는 군부로부터 김대중을 처형하라는 강력한 압력을 받고 있다"고 말했다. 또한 그는 해외 여론이 좋지 않은 것을 알고 있지만 "외국의 압력에 굴복할 수는 없을 것 같다"고 덧붙였다.

1980년 11월 4일 美 대통령 선거에서 패배한 카터 행정부는 전두환에 대한 영향력을 급속히 잃었고 전두환은 보다 보수적인 레이건 행정부가 하루빨리 들어서기를 학수고대하고 있었.

레이건은 처음부터 카터 행정부의 주한미군 철수 조치를 원치 않는다는 입장을 분명히 했다. 그러나 김대중 문제에 대한 레이건의 입장은 아직 알려지지 않은 상태였다. 그러나 카터 행정부 관리들은 대통령 선거가 시작되기 전 알렉산더 헤이그(Alexander Haig)가 한 남한 관리를 만난 자리에서 김대중 문제는 전적으로 남한 정부가 자유롭게 결정해야 할 사안이며 레이건 행정부는 이 문제에 대해 관여하지 않을 공산이 크다는 발언을 했다는 사실에 깜짝 놀랐다. 이와 같은 발언이 김대중을 처형해도 좋다는 허가증과 마찬가지라고 크게 우려했던 것이다.

레이건의 신임 국가안보보좌관 리처드 앨런(Richard Allen)은 김대중을 구하려는 움직임에 동조하는 편이었으며 그것이 실패할 경우 국제 사회에 미칠 파장을 잘 이해하고 있었다. 11월 말 앨런은 이 문제를 논의하기 위해 합참의장 유병현 장군과 회동했다. 이 만남은 전 주한 미군 사령관을 마치고 본국으로 돌아와 美 합참 부의장으로 있던 존 베시 장군이 주선한 것이었다. 유병현 합참의장은 '광주'에 대한 구체적 언급 대신 '심각한 폭동'이 진압되긴 했지만 문제의 근원이 남아 있는 한 이를 적절하게 처리해야 할 필요성을 느끼고 있다고 추상적으로 말했다. 앨런은 이 말을 김대중의 처형을 암시하는 것으로 받아들였다. 그러나 앨런은 당시 무슨 말을 하고 어떤 입장을 취해야 할지 확신이 서지 않았기 때문에 우선은 아무 말도 꺼내지 않았다.

그 후 12월 9일과 18일, 1월 2일에 걸쳐 앨런은 주미 한국 대사관 손장래 중앙정보부 공사의 주선 하에 여러 명의 남한 관리와 차례로 회동했다. 이 관리들 중 가장 중요한 핵심인사는 광주항쟁을 무자비하게 진압했던 공수부대의 특전사령관이자 전두환의 최측근으로 알려진 정호용(鄭鎬溶) 중장이었다.

남한 정부가 보관하고 있었던 당시의 회담 내용 기록 자료에 따르면 정호용은 퉁명스러운 말투로 "김대중은 남한의 국가 안보를 위해하는 가장 위험한 인물이므로 법에 따라 반드시 처형해야 한다"고 단호하게 말했다. 이에 대해 앨런은 "김대중을 처형한다면 韓·美 정부 사이의 거북한 관계를 청산할 수 있는 절호의 기회를 놓치게 될 것"이라고 답했다. 94년 필자와의 인터뷰에서 정호용은 개인적으로 김대중 처형을 반대했으며 전두환 역시 그럴 생각이 없었던 것으로 알고 있다고 말했다. 다만 전두환 대통령은 韓·美 정상회담을 되도록 빨리 성사시키고 백악관에서 레이건 대통령을 만나기 위한 하나의 '협상 카드'로 김대중을 이용했을 뿐이라는 것이다.

3차 회담이 끝날 무렵 앨런은 카터 행정부의 지원을 얻어 김대중을 살려주는 조건 하에 전두환의 백악관 방문과 양국 관계의 정상화를 약속하는 타협안을 제시했다. 대통령 취임식이 거행된 바로 다음날인 81년 1월 21일, 백악관은 전두환의 방미(訪美)가 곧 이루어질 것이라고 발표했다. 그로부터 사흘 후 전두환은 계엄령을 해제하고 김대중의 형량을 사형에서 무기징역으로 감형한다고 발표했다(김대중은 82년 12월 석방돼 미국 망명이 허용됐다).

취임 선서를 한 지 채 2주도 지나지 않은 2월 2일 레이건 대통령은 백악관 외교사절 출입구까지 몸소 나와 팡파르가 울리는 가운데 만면에 미소를 띠며 들어서는 전두환 일행을 영접했다. 사람들 입에 좋지 않은 평판으로 오르내렸던 남한의 정부수반(전두환)이 영국이나 프랑스·다른 NATO 회원국·일본, 심지어는 캐나다나 멕시코와 같은 중요한 동맹국의 지도자보다 한발 앞서 백악관에 초청됐던 것이다. 전두환의 방미를 앞두고 본국에 타전한 전신에서 글라이스틴은 "전두환은 이번 방미가 김대중 사건에 대한 단호한 결정 덕에 가능했다는 사실을 알면서도 이 방문이 노골적인 흥정의 산물로 비치는 것을 원치 않고 있다"고 썼다.

레이건은 국무부에서 조언한 절제된 인사의 말 대신 따뜻한 포옹으

81년 백악관에서 로널드 레이건 대통령 부처와 조지 부시 부통령 부처가 전두환 대통령 내외를 환영하고 있다. 이전 카터 행정부는 전두환이 사실상의 쿠데타로 집권했다고 거세게 비난했었다.

로 전두환을 맞이했다. 카터 행정부가 전두환을 멀리하고자 애썼던 것과는 대조적인 모습이었다. 백악관의 호화스러운 이스트룸(East Room)에 준비된 오찬에서 레이건은 더글러스 맥아더(Douglas MacArthur) 장군이 50년 한국전쟁 당시 북한군이 점령했던 수도 서울을 탈환해 이승만 대통령에게 돌려준 역사적 사실을 거론하며 55여 명에 달하는 내빈에게 축배를 제의했다. 레이건은 능란한 언변을 발휘해 다음과 같이 말했다. "남한과 미국은 자유의 가치를 공유하고 있다. 본인이 오늘 이 자리에서 한국인에게 전하고 싶은 메시지가 하나 있다면 자유와 우의에 기초한 韓·美 양국의 특별한 유대관계는 30년 전이나 지금이나 변함없이 돈독하다는 사실이다."

레이건 행정부는 카터 시절의 냉랭한 韓·美 관계를 끝내고 우호적인 관계로 전환하는 것이 전두환에게 유리한 결과를 안겨줄 것이라는 사실을 명확히 인식하고 있었다. 양국 정상회담에 앞서 레이건에게 올린 메모에서 헤이그는 12년 만에 처음인 남한 대통령의 방미는 "양국 관계가 오랜 긴장상태에서 벗어나 정상화됐음을 상징하는 동시에 전두환의 한국 내 입지를 공고히 해주면서 전두환 정권의 합법성을 세계적으로 인정받는 것"이라고 지적했다. 헤이그는 기밀 평가 보고서에서도 "전두환은 그의 전임자(박정희)와 마찬가지로 민주주의 정치 형태를 유지하고 있기는 하지만 그의 통치 스타일은 (군대의 힘을 토대로 한) 유교적이고 권위주의적인 것"이라고 평했다. 레이건에게 전달된 보고서에는 이런 내용도 있었다. "전두환은 미국이 한국의 정치 발전상을 관심 있게 지켜보기를 기대하고 있으며 우리의 충고가 비공식적이고 협조적인 맥락에서 제시될 경우 검토할 의향을 갖고 있다. 그가 김대중 문제를 둘러싼 세계 각국의 우려를 얼마나 기꺼이 받아들이느냐 하는 것은 그가 어느 정도 성숙한 인물이냐를 짐작할 수 있는 척도가 된다."

레이건 행정부는 전임 카터 행정부의 對 한반도 정책을 소심하기 짝이 없는 태도라고 생각했고 주한미군을 철수할 계획이 전혀 없음을 공개적으로 선언함으로써 전두환을 안심시켰다. 결국 레이건은 이후 오히려 주한미군을 4만3천 명으로 증원시켰다. 이는 1972년 이래 최대 규모이자 카터가 주한미군 철수를 추진하기 시작했던 시점보다 무려 3천 명이나 증가한 수준이었다. 또한 양국 정상은 그동안 연기됐던 군사 및 경제 협력회의를 빠른 시일 안에 재개할 것임을 선언했다. 공개적으로 발표되지는 않았지만 당시 레이건은 백악관 회담에서 전두환에게 미국의 최신예 전투기인 F-16을 판매할 준비가 됐다는 사실을 공식적으로 전달했다. 미국의 對 남한 전투기 판매 계획은 카터 행정부 당시에 이미 원칙상 합의된 내용이었지만 카터 자신의 반대로 성사되지 못했다. 전두환은 레이건으로부터의 제안을 그 자리에서 수락했다.

레이건의 깍듯한 영접은 전두환의 정치 인생에 있어 매우 중요한 전환점이 됐다. 또한 그것은 남한 사람들에게 전두환의 정권 찬탈이 기정사실화됐음을 확인시켜 주었다. 레이건은 열렬한 환영을 통해 전두환의 마음 속 깊이 의무감과 호의를 심는데 성공했다. 훗날 레이건은 이러한 호의를 십분 활용했다. 그러나 동시에 이 사건은 과거 미국에 호의적이었던 한국인들 마음속에 지독한 적개심과 배신감을 안겨줬으며 전두환이 주동한 12·12 군사 쿠데타와 잔혹한 광주항쟁 진압 조치에 미국 역시 책임이 있다는 인식을 더욱 깊게 했다. 또한 미국으로서는 세계의 이목이 집중된 가운데 대대적이고 공개적으로 전두환 정권을 승인한 책임도 면치 못하게 됐다.

　레이건이 남한의 정치적 상황을 얼마나 이해하고 있었고, 또 얼마나 관심을 갖고 있었는지는 분명하지 않다. 그러나 어쨌든 80년 11월 20일 대통령 선거 후 정권 인계, 인수 기간에 마련된 전임 대통령과 후임 대통령 사이의 회담에서 카터는 레이건에게 김대중을 처형하지 말 것을 촉구하는 메시지를 전두환에게 보낸 사실에 대해 감사의 뜻을 표했다. 국정 전반에 걸친 광범한 브리핑에서 카터는 위기 발생 시의 핵무기 통제 문제와 소련, 중동, 중국 등과 관련된 수많은 외교 정책 등을 레이건에게 설명했다. 그러나 잠자코 듣고만 있던 레이건은 카터가 남한 문제를 거론하며 김대중 이야기를 꺼내는 순간 느닷없이 "대통령 각하, 저도 한국의 대통령들처럼 시위 가담 학생들을 군대에 보낼 수 있는 그런 권한을 갖고 싶습니다"라고 말했다. 인권 문제로 한국의 역대 대통령들과 늘 갈등을 빚어왔던 카터는 자신의 뒤를 이을 대통령 당선자의 발언에 경악을 금치 못했다.

제6장

북한의 테러공작과 남북대화

83년 9월 1일 아침 대한항공(KAL) 007기 탑승객들의 가족과 친지들은 김포공항에서 초조하게 비행기의 도착을 기다리고 있었다. 시간이 갈수록 불안감은 점점 커져갔다. 뉴욕을 출발한 KAL 007기가 알래스카에서 급유를 받은 뒤 서울로 향하던 중 밤사이 갑자기 하늘에서 사라져버린 것이다. 그리고 다음 날 아침까지도 아무런 소식이 없었다. 그로부터 몇 시간 후 미국 첩보기관은 무선교신 감청으로 KAL 007기가 일본 북부에서 항로를 이탈해 소련 영공으로 들어간 뒤 소련의 대공부대에 격추당했다는 끔찍한 사건 경위를 알아냈다. 정보 관계자들은 일본에 있는 미군 감청소에서 그날 밤의 교신 내용이 녹음된 테이프를 통해, "목표물 격추"라고 보고하는 소련 전투기 조종사의 소름끼치는 한마디를 똑똑하게 들을 수 있었다.

이 놀라운 소식이 처음 공개된 곳은 서울이 아니라 워싱턴이었다. 조지 슐츠(George Shultz) 국무장관은 침통한 기색으로 KAL기가 소련 전투기에 의해 격추당했음을 발표했고 이는 변명의 여지가 없는 "끔찍한 행위"라고 말했다. 레이건 美 대통령도 뒤이어 발표한 성명서에서 소련의 민간여객기 격추를 '학살·잔학행위·反인륜적 범죄'로 규정했다. 소련 정부는 처음에는 여객기 격추 사실을 부인했지만 나중에는 인정했고 KAL 007기가 미국과 남한의 사주로 첩보활동*을 하기 위해 '신성한' 소련 영공을 침범했다며 격추 행위를 정당화했다.

승객 대다수가 한국인과 미국인이었던 이 사건은 국제사회에서 뜨거운 논쟁을 불러 일으켰다. 對 유럽 미사일 배치를 추진하던 미국의 계획 탓에 그렇지 않아도 최악의 상태였던 미국과 소련의 관계는 한층 더 악화됐다. 남한 정부는 민간여객기를 격추했다는 사실에 대해 격렬하게 비난하고 나섰고 그동안 화해를 모색하던 韓·蘇 양국은 다

---

* 소련은 계속해서 '첩보 비행'을 주장했고, KAL 007기의 비행기록장치(블랙박스)를 수거하는 데 실패했기 때문에 이 비극적인 사건의 경위에 대한 논란은 10년 이상 지속됐다. 소련 정부가 오랫동안 감추어 두었던 블랙박스와 소련 공군의 교신 내용은 소련 연방이 와해된 지 1년 후인 93년 1월, 소련 정권을 승계한 러시아 정부에 의해 공개됐다. 이 기록을 분석해 보면 KAL 007기는 단순한 운항 미숙으로 예정항로를 580km 정도 이탈했을 뿐이다. 그런데 호시탐탐 적을 공격할 기회만 노리던 호전적인 소련의 대공부대 사령관은 KAL기가 첩보 임무를 수행하고 있다고 오인하고 공대공 미사일을 발사해 여객기를 격추시키라고 명령했다. 당시 KAL기 조종사들은 비행기가 항로를 이탈했다는 사실, 그 결과 심각한 위험에 처해있다는 사실을 전혀 눈치채지 못했으며 여객기가 12분 동안 무섭게 요동을 치며 추락하고 차가운 바닷물에 수장될 때까지 비행기를 치고 지나간 것이 미사일이라고는 꿈에도 생각지 못했다.

시 냉랭한 관계에 놓이게 됐다. KAL기 격추사건에 앞서 소련 정부는 북한의 완강한 반대에도 불구하고 국내 기업들에게 제3자를 통한 남한 기업과의 거래를 허가한 바 있었다. 또한 남한과의 관계개선을 위한 보다 대담한 조치로서 서울에서 개최될 예정인 국제의회연맹(IPU) 회의에 참석하도록 의원 대표단을 파견할 예정이었다. 그러나 격추사건 이후 국제사회의 비난이 거세지면서 소련 의원단 방한은 무산됐고 한동안 韓·蘇 양국의 관계개선 노력은 뒷전으로 밀려났다.

KAL 007기가 바다에 수장된 지 몇 주 지나지 않은 83년 10월 9일 한국은 全 대통령의 미얀마 양곤 공식 방문 도중 발생한 아웅산 묘지 폭파사건으로 또 한 차례 극심한 충격에 휩싸였다. 공식 행사는 全 대통령이 미얀마 건국의 영웅들을 기리기 위해 아웅산 국립묘지에 헌화하는 것으로 시작될 예정이었고 엘리트 관리들은 나란히 도열한 채 대통령의 도착을 기다리고 있었다. 서로 담소를 나누는 이들도 있었고 조용히 먼 풍경을 바라보는 이들도 있었다. 대통령 전용차보다 조금 앞서 주 미얀마 한국 대사가 태극기가 나부끼는 관용차를 타고 국립묘지에 도착했다. 공교롭게도 바로 이때 미얀마 악단의 트럼펫 연주자가 초조한 마음을 감추지 못한 채 진혼곡을 연습 연주하기 시작했다.

그 순간 헌화식이 시작된 것으로 착각한 진모 북한군 소좌는 이틀 전에 북한군 상위 두 명과 헌화식이 거행될 묘소 지붕 위에 설치해 두었던 고성능 폭탄의 스위치를 당겼다. 천둥 소리 같은 폭발음이 터지면서 4명의 각료와 2명의 대통령 보좌관 그리고 마지막 순간에 현장에 도착했던 미얀마 한국 대사를 위시한 17명의 수행원이 치명적인 유산탄과 강철 파편에 희생됐다. 당시 사망한 각료 중에는 1972년

대한적십자사 총재로서 북한적십자 대표단을 영접했던 이범석(李範錫) 외무장관, 전 주미 대사로서 남한 정부의 외교정책을 총 지휘한 주요 인물이었던 함병춘 대통령 비서실장, 경제개발 정책을 총지휘한 인물 중의 하나였던 김재익(金在益) 경제수석 등이 포함돼 있었다. 全대통령은 행사장에 늦게 도착한 덕분에 화를 모면했다.

양곤에서 폭발음이 울리기 전까지 고립무원의 미얀마 정부와 또 다른 고립무원의 북한 정부는 각각 독특한 아시아식 사회주의를 표방하고 있다는 동질감 속에서 돈독한 관계를 유지해왔다. 양국 사이에 고위급 관리들의 교환 방문이 이뤄졌고 미얀마는 유엔총회에서 북한을 지지했다. 그러나 가장 경건한 국립묘지에서 자국을 방문한 17명의 남한측 인사와 4명의 미얀마인이 폭탄 테러로 희생당하자 이에 격분을 금치 못한 미얀마 정부는 북한과의 동료 의식을 무시한 채 신속하게 북한군 장교를 용의자로 체포했다. 체포된 강민철 상위는 북한 정

83년 전두환 대통령의 양곤 방문. 남한의 정부각료와 보좌관들이 도열해 국립묘지 헌화 행사가 시작되기를 기다리고 있다. 몇 분이 지나지 않아 북한 장교가 설치해 두었던 초강력 폭탄이 폭발하면서 이들 대부분은 목숨을 잃었다.

부의 치밀한 사전 모의 하에서 폭탄 테러가 진행됐음을 자백했다.

미얀마 정부는 그동안 그간의 돈독한 우호관계와 중립주의에도 불구하고 주저 없이 북한과의 외교관계를 단절하고 북한 외교관을 즉각 추방했다. 한편 북한과 공식 관계가 없던 일본 정부 역시 북한에 대한 제재 조치로서 자국민의 북한 여행 금지와 공식 접촉 제한을 결정했다. 이에 평양 정부는 모든 혐의를 부인했지만 폭탄 테러 관련 물증, 강민철의 자백, 미얀마 정부가 고집스레 지켜 온 노선을 포기하고 북한과 모든 외교관계를 단절했다는 사실 등 모든 정황으로 미루어 보아 북한 당국의 주장은 전혀 설득력이 없었다.

미국의 국제 테러 전문가 조지프 버뮤데즈(Joseph Bermudez)의 주장에 따르면 양곤 폭탄 테러 사건이 발생하기 1년 전인 82년 북한의 해외 비밀공작 업무는 김일성의 후계자로 부상한 김정일의 통제 하로 넘어갔다. 82년 가을 북한 당국은 아프리카 순방길에 올랐던 전두환 대통령을 가봉에서 암살하려는 계획을 세웠었다. 당시 이 계획에 가담했다가 후에 남한으로 망명한 고영환(高英煥)의 말에 따르면 이 작전은 마지막 순간 김정일의 지령으로 인해 취소됐다. 김일성 주석의 불어 통역관을 역임하기도 했던 고영환은 아프리카 지역에서 남한 대통령을 암살하면 유엔총회에서 아프리카 국가 전체의 지지를 일시에 상실하게 될지 모른다는 이유 때문에 암살 계획을 취소한 것으로 보인다고 말했다.

당시 남한 정부는 북한의 가봉 암살 기도에 대해 알지 못했으나 해외 순방 중 全대통령의 안전을 위해 철저히 대비했고 이러한 용의주도함 덕분에 全대통령은 83년 양곤에서 목숨을 구할 수 있었다. 미얀마 방문 당시 남한 당국은 미국 정부에 공중조기경보통제기(AWACS)

로 全대통령 전용기를 감시해줄 것을 요청했다. 이에 미국측은 베트남과 중국 해안선을 멀리 우회하는 항로를 권했고 그 결과 全대통령의 일정이 변경됐다. 원래 全대통령은 오후 4시에 양곤에 도착해 퍼레이드로 국립묘지 행사장으로 직행하기로 돼 있었지만 예정보다 두 시간 늦은 오후 6시가 돼서야 미얀마에 도착했기 때문에 헌화식은 다음날 아침으로 연기됐다. 이튿날 아침 폭탄이 폭발할 당시 全대통령은 1.6km 떨어진 미얀마 주재 한국 대사관에서 국립묘지로 향하는 도중이었다.

　한국 고위 각료들의 갑작스러운 사망으로 남한 사회는 분노와 비탄에 휩싸였다. 당시 유명을 달리한 고위 각료들과 가깝게 지냈던 美 행정부 관리들도 침울하긴 마찬가지였다. 미국측은 북한에 대한 항의와 경고의 표시로 칼 빈슨(Carl Vinson) 항공모함과 부속 전투단을 출항 예정일을 넘겨가며 한반도 해역에 주둔시키고 비무장지대의 경계조치를 강화했다. 북한측에서 별다른 이상 징후는 발견되지 않았다. 그러나 그로부터 몇주가 지난 후 남한 정부는 북한이 양곤에서 全대통령을 암살한 뒤 특공대를 남파할 계획이었다고 주장했다. 북한 고위층 집안 출신으로 94년 탈북한 강명도(姜明道)는 필자와의 인터뷰에서 당시 북한은 전두환 대통령 암살 작전이 성공한다면 이남에서 80년 광주 항쟁과 유사한 대규모 민중항쟁이 발생할 것으로 예상했다고 말했다. 이어 그는 양곤 폭탄 테러사건이 발생하기 수개월 전부터 북한군 당국은 만일의 사태에 대비해 군인들의 제대를 늦추거나 중지시켰다고 전했다.

　全대통령은 양곤에서 살아남은 일부 각료들과 함께 급거 귀국한 즉시 청와대로 직행해 안보 관계자를 소집해 긴급회의를 주재했다. 이

자리에서 윤성민(尹誠敏) 국방장관은 북한에 보복 공습을 가하자고 제안했지만 全대통령은 이를 받아들이지 않았다. 훗날 全대통령은 여러 명의 군 지휘관들이 북한 공격을 주장했지만 군사행동을 감행할지 여부를 결정할 수 있는 사람은 오직 자신뿐이며 따라서 그 누구도 총에 함부로 손을 대는 자가 있다면 불복종 죄로 엄히 다스리겠노라고 경고했다고 회고했다. 리처드 워커(Richard Walker) 美 대사는 全대통령을 내방해 미국은 테러 행위의 배후가 북한이라는 사실을 확신하지만 보복 공격에는 절대 반대한다는 의사를 표시했다. 이에 全대통령은 다음과 같이 대답했다. "우리 정부와 군은 본인이 완전히 통제하고 있다는 사실을 귀국의 대통령에게 확실히 해두고 싶다. 우리는 귀국 정부와 충분하게 의견을 조율하기 전에 섣부른 조치를 취할 생각이 없다."

실제로 남한 정부는 북한에 대해서 아무런 보복 조치도 취하지 않았다. 그로부터 한 달 후 서울을 방문한 레이건은 비공개 석상에서 全대통령에게 "미국과 전세계는 양곤과 사할린 상공(KAL 007 격추사건)에서 벌어진 북한의 도발 행위에도 불구하고 귀하가 놀라운 자제력을 보여준 데 대해 깊은 존경심을 품고 있다"고 힘주어 말했다. 또한 남한방문에 앞서 일본을 방문했을 때 나카소네 야스히로(中曾根康弘) 일본 수상으로부터 "북한을 응징하기 위해 일본도 가능한 모든 조치를 취하겠다"는 말을 들었음을 전했다. 슐츠 국무장관은 국제사회에서 폭탄 테러를 규탄하고 북한을 고립시키는 데 미국 정부가 앞장설 것을 약속함으로써 위로의 표시를 전했다.

협상으로 가는 길

이해하기 힘든 일이지만 북한은 양곤 폭탄 테러를 은밀히 진행하는 동시에 10여 년 만에 처음으로 남한을 향한 적극적인 외교공세를 펼쳤다. 폭탄테러가 발생하기 바로 전날인 83년 10월 8일 워싱턴 정부는 중국 외교관들을 통해 북한으로부터 놀라운 메시지를 전달받았다. 북한이 사상 처음으로 미국측의 제안을 받아들여 한반도에서의 평화정착을 위한 남북한·미국의 '3자 회담'을 제의해 온 것이다. 이는 남한을 대화 상대로 수용했다는 점에서 놀라운 것이었으며, 북한 정부로서는 오랫동안 견지해온 기존의 대외정책을 포기하고 새로운 외교정책을 마련하는 중요한 계기가 됐다.

김일성은 미국과 남한에 대한 외교 공세 채널로 중국을 이용했다. 실제로 71년 中·美 관계가 수립된 후부터 중국은 줄곧 워싱턴과 평양 사이에서 중재자 역할을 해왔었다. 헨리 키신저는 닉슨과 포드 행정부 시절 최소한 11차례에 걸쳐서 저우언라이 중국 수상을 위시한 여러 중국측 인사들과 한반도 문제에 대해 숙의한 바 있었다. 70년대 중반 키신저는 중국측 인사들을 통해 북한측에게 "한반도의 안보 여건이 충분히 성숙되면 단계적으로 주한미군을 감축하고 궁극적으로 완전히 철수할 것"이라며 "주한미군의 단기적 주둔"을 수용하도록 설득했지만 이 노력은 실패로 돌아가고 말았다.

83년 9월 김일성은 남북대화 재개에 앞서 전두환 정권이 교체돼야 한다는 기존 입장을 포기한다는 연설문을 발표함으로써 새로운 외교공세의 발판을 마련했다. 그로부터 한 달 후인 10월 말 중국의 덩샤오핑(鄧小平) 최고 지도자는 캐스퍼 와인버거(Caspar Weinberger) 美 국방장관을 만난 자리에서 미국과 중국이 협력해 한반도의 긴장을 완화시키고 평화통일을 앞당길 수 있는 방법을 모색하자고 제안했다. 덩샤오핑은 북한은 남한을 공격할 수 있는 "의지도, 능력도 없다"라고 말한 뒤, 만약 남한이 북한을 공격할 경우에는 "뒷짐만 지고 있지는 않을 것"이라고 단언했다. 미국 정부가 全대통령에게 양곤 폭탄테러에 대한 군사적인 보복을 허용하지 않도록 촉구한 것도 이와 같은 중국의 경고를 염두에 두었기 때문인 것으로 보인다.

덩샤오핑은 이처럼 평양 정부가 자신을 통해서 미국에 협상을 제안한 바로 다음날 폭탄 테러를 자행했다는 사실에 격분했다. 그 후 몇 주 동안 덩샤오핑은 북한 관리의 면담 요청을 거부했다. 그는 특히 김정일에게 분노했다. 김정일이 그 폭발 테러사건의 배후에 있다고 확신했기 때문이었다. 그는 여생 동안 김정일을 만나기를 거부했다.

북한 정부가 평화공세와 테러를 동시에 도모한 이유는 아직까지도 풀리지 않은 까다로운 수수께끼다. 북한군이 정말로 몇 달 전에 미리 준비를 했었다면, 평화 제의는 교묘한 연막작전이었을 것이다. 그 제의의 핵심을 담은 고압적인 기사가 10월 초 북한의 주요 신문에 실렸다. 김일성이 전두환을 교섭상대로 받아들이면서도 그와의 회담 가능성에 대한 애매한 입장을 넌지시 내비치는 내용이었다.

남북한과 미국이 참여하는 3자 회담은 78년 봄 워싱턴에서 김일성과 가까운 사이이자 독자적인 공산주의 노선을 추구했던 유고슬라비아의 티토(Josip Broz Tito) 대통령과 루마니아의 차우셰스쿠(Nicolae Ceausescu) 대통령이 각각 카터 美 대통령과 회담을 가지면서 논의한 적이 있는 구상이었다.

3자 회담 구상은 79년 카터의 방한과 연계되면서 더욱 가속이 붙었다. 당시 박정희 대통령은 자신의 행정부 각료 대부분의 우려에도 불구하고 이 3자 회담 제의를 지지했다. 그러나 월남이 월맹과 미국에 압도당해 들러리로 전락했던 파리 회담의 전철을 밟게 되지 않을까하는 우려가 여전히 남한에 팽배해 있었고, 이는 그 후로도 수년간 지속되었다.

81년 초 레이건 행정부 초기 알렉산더 헤이그 국무장관은 3자 회담에 반대를 표명했다. 그러나 대다수 미국 외교관들은 그의 의견에 동의하지 않았고 주 중국 미국 대사관은 외교 수장 헤이그의 지시를 어긴 채 계속적으로 중국 정부와 3자 회담의 가능성을 타진했다. 급기야 83년 9월 미국은 중국을 통해 북한에 외교성명을 전달하면서 北・美 관계개선 항목 가운데 하나로 3자 회담을 명시했다.

양곤 폭발 테러사건은 북측의 3자 회담 제안을 무효로 만들어버리는 듯 싶었다. 다음 달 서울을 방문한 레이건 대통령이 "우리는 늘 강조해왔듯이 남한도 동등하게 참여하는 한, 북한과의 협상에 기꺼이 응할 준비가 되어 있다"고 말했을 때 북한은 적잖이 놀랐을 것이다. 하지만 레이건이 구사했던 말은 지극히 상투적인 언사였을 뿐 북한에게 보내는 의미있는 신호가 아니었다. 그러나 북한은 이 절호의 기회를 그냥 지나칠 수 없었다. 그들은 레이건 대통령의 발언을 양곤 폭발 테러사건을 눈감아주겠다는 신호로 읽었다.

12월, 북한은 10월 8일에 남겨둔 의제를 다시 꺼내들었고 84년 1월에는 중국 최고위급 인사의 입을 빌어 3자 회담을 대대적으로 공론화했다. 당시 워싱턴을 공식 방문했던 자오쯔양(趙紫陽) 중국 수상이 레이건 대통령과 슐츠 장관에게 북한의 3자 회담 제안 내용이 담긴 서한을 전달한 것이다. 자오쯔양 수상이 서한을 전달하고 몇 시간이 채 지나기도 전에 북한은 제안서 전문을 방송을 통해 공개했다.

그러나 막상 북한이 3자 회담을 지지하고 나서자 이번에는 미국 정부가 거부 의사를 표명했다. 레이건은 자오쯔양 수상과의 대담에서 한반도 평화 회담은 남북한 당사자간의 양자 협상을 통해서 시작돼야 하고 이것으로 불충분한 경우에 한해서 미국과 중국까지 포함하는 4자 회담이 추진돼야 한다고 제의했다. 이에 남한 정부는 미국의 제안에 동의하시만 회담 개시에 앞서 북한 정부가 양곤 폭발 테러사건에 대해서 사과해야 한다는 조건을 달았다. 중국 정부는 4자 회담에 관심을 보였지만 외세의 개입을 꺼리는 북한은 단호하게 중국의 참여를 반대했다. 예상대로 소련 정부 역시 중국의 4자 회담 참여 여부에 냉담한 반응을 보였다.

이러한 정책 대결로 미루어볼 때 평화회담에 대한 각국 정부의 의지가 과연 얼마나 진지함을 내포하고 있었는지는 의문의 여지가 있다. 다만 분명한 사실 한 가지는 당시 레이건 정부나 전두환 정부 모두가 북한과의 공식적인 평화회담을 경계하고 있었다는 사실이다.

그렇다면 평화회담을 제안했던 김일성의 계산은 84년 5월 에리히 호네커 동독 서기장과의 대화를 통해 어느 정도 짐작할 수 있다. 김일성은 레이건의 주한미군 군사력 증강을 저지하는 것이 3자 회담 제안의 주요 목적이었다고 밝히면서 아울러 "대화를 제안함으로써 미군의 남한 주둔 이유에 대한 변명이 궁해질 때까지 몰아붙이려는 것이 우리의 전략"이라고 설명했다.

이어서 그는 "미국이 입에 발린 소리와는 달리 사실은 한반도의 통일에 반대한다는 것을 전세계에 증명하기 위해서는 평화 제안을 계속할 필요가 있었다. 이것은 남조선 인민들의 투쟁을 격려하기 위해서도 필요한 것"이라고 덧붙였다.

수재(水災), 그리고 남북대화

남북한 양국은 상대에 비해 우월한 지위를 차지하려는 자신들의 경쟁을 일종의 '제로섬(zero-sum) 게임'*으로 파악했다. 다시 말해 남한의 이익은 북한의 손해이며 북한에 이로운 일은 그 자체로 남한 이익을 저해한다고 생각했던 것이다. 문제 해결이 어려웠던 또 하나의 이유는 남북한 정부가 실리보다는 명분에 집착했다는 사실이다. 따라서 공개적인 남북대화는 양측이 모두 자국의 승리를 확신하는 경우에만 실질적인 결실을 맺을 수 있었는데 이런 여건은 흔히 주어지는 것이 아니었다. 이에 반해 남북한 비밀협상은 양측 사이에 교섭이 오고 갔다는 사실만 겨우 짐작할 수 있는 최소한의 정보만 공개됐고 모든 회담 내용은 비밀에 부쳐졌다. 따라서 비밀회담은 공개적인 남북대화에 비해 보다 자유로운 분위기에서 진행됐지만 그만큼 중대한 사안을 다루었으므로 성사가 더욱 힘들었다.

  84년 9월 초 남북대화는 예기치 않은 자연재해로 인해 새로운 추진력을 얻게 됐다. 그 해 늦여름 서울에서는 억수같이 퍼부은 폭우에 산사태까지 덮쳐 총 1백90명이 사망하고 20만 명에 달하는 수재민이 발생했다. 북한 정부는 자신들의 체제의 우월성을 과시하려는 제스

＊ (Zero-Sum Game) 미국 메사추세츠 공과대학 교수인 레스터 서로우(Lester C. Thurow) 교수의 저서 "제로섬 사회 :The Zero-Sum Society"의 제목에서 따온 말로 통상 스포츠나 게임에서 승패를 모두 합하면 제로가 되는 것을 말한다.

처로써 자국보다 훨씬 부유한 남한의 형제들에게 구호물자를 전달하고 싶다는 호기로운 제안을 해왔다. 놀라운 것은 전두환 정부가 이러한 북한의 제의를 일축하는 대신 진지하게 받아들였고 쌀과 시멘트·의류·의약품 등의 구호품을 보내달라는 구체적인 요청을 전달했다는 사실이다. 비무장지대 현장을 취재했던 뉴욕타임스지의 클라이드 하버만(Clyde Haberman) 기자는 "북한의 구호물자를 실은 수백 대의 트럭이 한국전쟁 종전 이후 31년 만에 처음으로 잡초가 무성하게 자라난 낡은 콘크리트 도로를 지나 남녘으로 넘어왔다"고 보도했다. 북한이 제공한 쌀 가운데 일부는 벌레가 들어 있었고 질 나쁜 시멘트는 거의 쓸모가 없었지만 남한 정부는 이를 문제삼거나 불만을 제기하지 않았다. 평양 정부는 노동신문에 '분단 40년 역사 이래 최고의 위업'이라는 제목으로 구호활동을 대서특필했다.

북한 적십자사 총재는 구호물자를 전달하면서 이것을 계기로 "다각적인 협력과 교류를 재개하자"는 뜻을 전해왔다. 이에 남한측도 기회를 놓칠세라 남북 경제회담을 처음으로 제의하는 동시에 적십자 회담 재개를 요청했고 북한은 즉각 이를 수락했다.

남북은 이처럼 뜻하지 않은 자연재해를 계기로 1년 남짓한 기간 동안 총 13차례에 걸쳐 공개회담을 가졌다. 구체적으로 경제회담이 5차례, 적십자 회담이 3차례, 적십자 회담 실무접촉이 3차례, 북한이 제안한 남북한 의원 교환방문을 위한 예비접촉이 2차례 열렸다. 특히 85년 5월에 서울에서 열린 남북적십자 본 회담에서는 '광복절 40주년을 전후해 이산가족 고향방문단과 예술공연단의 교환방문을 추진할 것'을 합의해 이를 지켜보던 국민들의 가슴을 설레게 했다. 85년 9월 드디어 남한의 고향방문단 35명과 북한의 고향방문단 30명이 한국전쟁 당시 헤어진 가족들을 만나기 위해 비무장지대를 통과했다. 남북한은 수년간 어렵사리 대화를 시작해놓고 결국 자신들의 주장만 되풀이하느라 아무런 결실도 이루지 못한 적이 많았다. 이런 상황에서 이루어진 감격적인 이산가족 상봉은 남북대화가 마침내 가시적인 성과를 거두기 시작했다는 신호탄으로 여겨졌다. 사람들은 남북한 고향방문단 상호 방문이 남북관계의 밝은 미래를 약속하는 계기가 될 것이라고 기대했다.

남북한의 일부 관계자들에게만 알려진 사실이지만 이처럼 놀라운 진전은 84년 재개된 고위급 비밀회담에서 비롯된 것이었다. 실제로 남북한 고향방문단의 상호 교환은 막후에서 벌어진 고위급 회담의 가장 눈부신 성과였던 것이다. 과거 25년간 남북대화를 통해 양국이 얻은 한 가지 교훈은 최고위급 지도자들이 직접 나서지 않는 한 남북대

80년대 중반 서울, 30여 년을 헤어져 살다가 감동적으로 재회한 두 형제가 작별을 고하고 있다.

화가 결코 가시적인 결실을 맺지 못한다는 사실이었다. 1970년대 초-80년대 중반 남북한 고위급의 대화 개입은 대다수 비밀에 부쳐졌으나 90년대 초에 들어서 최고위급 지도자들의 교류 역시 비로소 공개되기 시작했다.

1984년 12월 26일 한 장신의 노신사가 미국에서 평양을 방문해 김일성 주석과 4시간 동안에 걸쳐 면담한 것을 계기로 80년대 중반 남북한 비밀외교는 새로운 전환을 맞았다. 세련된 외모의 이 노신사는 당시 김일성 주석보다 두 살 위였던 74세의 재미교포 임창영(林昌榮)으로 61년 군사 쿠데타로 무너진 민주당 정부의 유엔 대표를 역임했던 인물이다. 쿠데타 발생 후 임창영은 귀국을 포기하고 뉴팔츠(New Paltz)에 소재한 뉴욕 주립대학교의 정치학 교수로 변신했으며 이후 기회가 있을 때마다 박정희 정권을 강도 높게 비판해왔다. 임창영은 1977년 당시에는 개인 자격으로 평양을 방문했지만, 이번에는 全대통령의 밀사로 김일성을 찾아간 것이었다. 전두환에게 임창영을 추천한 사람은 주미 한국 대사관의 손장래 공사였다.

김일성은 임창영의 남북정상회담 제의에 동의를 표했다. 이어서 다음주 있었던 북한 주민에 대한 신년사에서 이례적으로 남북대화를 지지한다는 내용을 포함시켰다. 김일성은 당시 진행중인 실무자급 공개회담이 성공을 거두면 고위급 회담으로 점차 승격될 것이고 "종국에는 남북한 고위급 지도자 사이의 정치협상으로 발전하게 될 것"이라고 선언했다.

김일성과 임창영의 만남은 언론에 공개되지 않은 채 남북한의 일부 고위관리들만이 알고 있었다. 그러나 임창영이 김일성을 내방한 이튿날 북한 지도부 내의 알력을 증명이라도 하듯 조선노동당 기관지인 노동신문에는 남한과의 화해 분위기를 간접적으로 공격하는 기사가 실렸다. 당시로서는 이해하기 힘든 반응이었다. 노동신문은 '희생'과 '투쟁'은 혁명을 승리로 이끄는 가장 중요한 요소이며 '희생당할 것이 두려워' 혁명으로 향하는 길에서 물러서는 자는 '항복'하는 것과 마찬가지며 결국 '변절자'가 될 것이라고 주장했다.

한편 서울에서는 김일성과 임창영의 회동 사실을 알고 있는 인사들이 상황 진전을 관망하며 조바심을 내고 있었다. 특히 대통령 경호실장을 지내다가 85년 2월에 국가안전기획부장으로 부임한 퇴역 장성 장세동이 대표적인 인물이었다. 북한과의 비밀협상이 성공할 조짐을 보이자 장세동은 대북 협상을 직접 관장하기로 마음먹었다.

85년 3월 장세동은 까다로운 대북 교섭 작업을 본격적으로 추진하기 위해 박철언(朴哲彦) 정무 비서관을 영입했다. 당시 42세였던 박철언은 이후 남한 정부의 비밀외교를 전담하는 핵심 인물로 부상했으며 북한뿐만 아니라 헝가리, 소련 등지를 종횡무진 누비며 활약상을 떨쳐 급기야 남한 언론계에서 '한국의 키신저'라 불리기도 했다. 박철언은 서울대학교 법대를 수석으로 졸업한 수재로 집안 배경도 좋았다. 전두환의 육사 동기인 노태우와는 친인척 관계였다. 박철언은 신중함을 미덕으로 삼는 남한의 관료 세계에서는 보기 힘들게 대담하고 야심만만한 인물로, 타고난 능력을 십분 발휘해 빠른 속도로 북한의 고위급 인사들과 관계를 진척해나갔다.

박철언은 곧 全 대통령과 그 후임인 盧 대통령으로부터 남한을 대표하는 대북 비밀협상 전문가로 커다란 신임을 받았다. 한편 평양에서 그가 주로 상대한 사람은 한시해(韓時海)였다. 한시해는 김일성 대학 출신으로 당시 50세였다.

그는 1972년 남북 적십자 회담 때에는 가명으로 참석했으며 이 후에 외교부 부부장, 주유엔 북한 대사로 발탁됐다. 영어를 유창하게 구사할 뿐 아니라 북한에서 가장 세련되고 유능한 외교관으로 이름을 날렸던 한시해는 당시 대남 접촉 사업을 수행하기 위해 조선노동당 중앙위원회 위원으로 자리를 옮긴 상태였다.

박철언과 한시해는 서울-평양 직통 전화를 개설해 수시로 통화했을 뿐 아니라 1985년 5월-91년 11월 평양 · 서울 · 판문점 · 백두산 · 제주도 · 싱가포르 등 장소를 가리지 않고 총 42차례에 걸쳐 회동했다. 회담이 길어지는 경우에는 닷새 동안 연속해서 만난 적도 있었다. 어쩌다 가끔 두 사람이 함께 있는 장면이 사람들 눈에 띄기도 했지만 대부분의 경우 비밀에 부쳐졌다.

全대통령은 김일성에게 남북정상회담을 거듭 제안했고 판문점을 제외하고는 그곳이 북한이든 남한이든, 혹은 제3국이든 자신이 직접 김일성과 만날 것임을 밝혔다. 85년 9월 4일과 6일 사이, 양곤 테러 사건 후의 대대적인 개편 속에서 남한과의 관계를 책임지는 자리에 오른 북한 노동당 인사 허담과 특사 한시해를 위시한 5명의 북한 대표단은 남북정상회담 추진을 위해 남한을 방문해 서울 근교의 한 기업가 개인 저택에서 全대통령을 만났다. 당시 전두환은 북한의 김일성이 총 일곱 채에 달하는 별장을 소유하고 있다는 소문을 듣고 자신도 청와대가 아닌 다른 호화로운 저택에서 북측 손님을 맞이할 능력이 있다는 사실을 보여주기 위해 이 장소를 택했다고 한다. 북한측 특사들은 김일성 주석의 친서를 全대통령에게 전달했다. 따뜻한 안부로 시작하는 친서에서 김일성은 "평양에서 만날 수 있기를 진심으로 고대하겠습니다"라고 썼다. 전두환이 북한의 폭탄 테러를 간신히 모면한 지 채 2년이 지나지 않은 시점이었다는 점을 감안해 보면 다소 아이러닉한 인사말이 아닐 수 없었다. 또한 비밀회담 도중 허담은 양곤의 폭탄 테러는 "우리와는 전혀 상관 없는 일"이며 만약 북한 정부에 사과를 요구한다면 그것으로 회담은 끝이라는 경고성 발언을 하기도 했다.

전대통령은 허담 일행과 핵문제를 포함한 군사적 사안들 전반에 대해 장시간 이야기를 나누었다. 80년 정권 장악 후 전대통령은 남한의 독자적인 핵무기 개발을 깊이 우려했던 미국의 입장을 고려해 박정희 정부의 핵개발 계획을 가차 없이 중단시켰고 핵개발에 종사하던 과학자와 엔지니어들을 해산했다. 그러나 그는 허담에게 남북한이 마음만 먹는다면 기술적인 어려움 때문에 핵무기를 생산하지 못할 일은 없을 것이라고 장담하며 다만 약소국에서 핵전쟁이 발생하면 필연적으로 강대국이 개입할 수밖에 없으므로 이를 미연에 방지하려는 소련과 미국의 강한 의지가 장애요인일 뿐이라고 지적했다. 이어 당시 73세였던 김일성에게 그의 생전에 남북문제를 해결할 수 있도록 반목에서 탈피할 것을 촉구했다.

85년 서울 인근의 한 저택에서 전두환 대통령이 김일성 주석이 파견한 허담(왼쪽)과 한시해와 함께 악수를 나누고 있다. 이들 말고도 남한과 북한의 경계를 오고간 밀사는 수없이 많았다.

한 달 후 답방 형식으로 장세동 안기부장과 박철언 특사를 필두로 한 5명의 남측 대표단이 비밀리에 평양을 방문해 김일성을 만났다. 남측 대표단은 상호 신뢰를 구축하고 열린 마음으로 평화를 앞당기기 위한 남북회담의 조속한 성사를 촉구하는 全대통령의 친서를 전달했다. 당시 김일성은 전두환의 친서에 상당히 호의적인 반응을 보였다. 그러나 회담 마지막 날 북한측은 남한 정부가 결코 수용할 수 없는 내용으로 가득한 남북 상호불가침협정案을 제시했다. 북한은 또한 9월 회담에서처럼 韓-美 합동 군사훈련 팀스피리트 86의 취소를 요청했다. 남한은 두 가지 요구를 모두 거절했다.

 10월 회담 이후 정상회담 조기 성사 가능성은 점차 사라지고 있었다. 당시 주미 공사를 지내다가 안기부 차장에 임명된 손장래에 의하면 북한의 터무니 없는 요구사항과 국내 정계의 파벌 싸움에 직면한 全대통령이 정상회담에 대한 확고한 의지를 상실함으로써 남북정상회담 협상은 실패로 돌아갔다고 한다. 그는 필자와의 인터뷰에서 "정상회담을 위한 협상은 세부사항에 관한 논쟁에 휘말려 좌초하고 말았다"고 밝혔다. 남북 비밀회담 비망록을 입수해 철저히 검토한 미국의 한 정보부 관리는 "남북한 대표들은 정상회담의 성격과 표현 하나 하나를 가지고도 사사건건 언쟁을 벌였다"고 말했다. 또한 그는 비망록을 면밀하게 살펴본 결과 "북한은 협상 진전에 별 관심을 보이지 않았고 남한은 북한을 자극하는 주장을 서슴지 않고 제기했다"는 사실을 알 수 있었다고 덧붙였다.

 협상 결렬의 결정타는 팀스피리트 훈련이었다. 全대통령 재임 기간동안 팀스피리트 훈련은 韓·美 양국 병력 20만 명이 참여하는 육해공군 실전 훈련으로 발전했고 북한은 이에 심각한 위협을 느끼고 있었다. 전두환의 측근 중 한 인사는 당시 전두환이 美 정부와의 협력을 토대로 팀스피리트 훈련 규모를 확대시킨 것은 북한을 위협하기 위한 것이었다고 밝혔다. 그리고 실제로 원하던 효과는 충분히 거둔 셈이었다. 정말로 韓·美 양군의 공격을 우려했기 때문이었는지는 모르겠지만 아무튼 북한은 근 2개월간의 팀스피리트 기간 동안 전군에 비상령을 내렸던 것이다. 호네커 서기장과의 만남에서 김일성은 "남쪽에서 그런 훈련을 실시할 때마다 우리 역시 대응조치를 마련하지 않을 수 없었다"고 털어놓았다. 이어서 김일성은 남한의 공격에 대비해 정규군 외의 대규모 예비 병력을 동원해야 했기 때문에 매년 팀스피리트 훈련 기간 때마다 북한 전역이 "한 달 반 정도의 노동시간 손실을 감수해야 했다"고 말했다. 그러나 이같은 현실적 난관을 차치하고라도 김일성은 팀스피리트 훈련이 자신을 위협하기 위한 韓·美 양군의 실력 과시라고 판단하고 이를 강력하게 비난하고 나섰다.

다음 해 1월 20일 북한 정부는 팀스피리트 훈련이 "북조선을 상대로 한 핵전쟁 훈련"이라고 비난하는 성명서를 경제회담·적십자 회담·남북 의원교환 등 모든 협상대표단의 명의로 발표하고 남한측과의 모든 회담을 무기한 연기했다. 그와 함께 정상회담 조기 성사에 대한 논의도 먼 과거 속으로 사라지게 됐다.

김일성과 소련 커넥션

1984년 5월 16일 소련과의 국경선 가까이에 위치한 북한의 항구도시 청진 기차역은 형형색색의 꽃가루들이 휘날리는 가운데 성대한 축제 분위기 속에 파묻혀 있었다. 모스크바를 향해 장장 여드레 동안 타고 갈 호화로운 특별열차에 김일성이 탑승하자 그를 환송하기 위해 몰려나온 청진市 주민들의 환호로 기차역은 흥분의 도가니에 빠져들었다. 1961년 이래 처음으로 소련을 공식 방문하는 김일성의 나들이는 황제의 행차를 방불케 했다. 총리・외교부장・인민무력부장 등을 위시한 각료들과 경호원・통역관・미모의 여비서에 전속 안마사까지, 그를 받드는 수행원만 총 2백50여 명에 달했고 김일성의 전용 회의실, 식당, 침실로 각각 열차 한 량 씩이 배정됐다. 수십 년 전 스탈린 서기장이 여행할 때 그랬던 것처럼 북한 정부는 김일성이 승차한 열차 운행이 방해받지 않도록 열차의 운행 스케줄을 전면 조정해줄 것을 소련 정부에 요청했다. 소련 정부는 김일성의 안전을 고려해 그가 여행하는 수천 Km에 달하는 철로변 곳곳에 보안군을 배치했다. 김일성은 소련에 이어 폴란드, 동독, 체코슬로바키아, 헝가리, 유고슬라비아, 불가리아, 루마니아 등도 기차를 타고 방문했다.

　김일성의 소련행은 20년에 걸친 냉랭한 관계 후에 모스크바와의 관계를 회복하려는 주된 노력의 일환이었다. 당시 소련은 북한에 막대한 영향력을 행사하고 있었다. 45년 한반도 분단 이후 북쪽을 점령했던 소련은 김일성 정권 수립에 결정적 역할을 했다. 김일성을 북한의 지도자로 선택한 것도 소련 정부였으며 심지어는 스탈린이 손수 김일성을 선택했다는 설도 제기됐다. 1950년 김일성의 남침에도 역시 소련 정부의 사전 승인과 지원 약속이 있었다. 최근에 공개된 소련 정부의 기밀문서에 의하면 스탈린은 한국전쟁 발발 후 그 전개 과정에서도 핵심적인 역할을 했음을 알 수 있다. 김일성은 1952년 이미 협상을 통해 전쟁을 중단하려고 마음먹었지만 전쟁을 포기하지 말라는 스탈린의 압력 때문에 그로부터 1년 이상 전쟁을 치를 수밖에 없었다. 1953년 3월 스탈린이 사망한 지 2주일이 채 지나지 않아 소련 정부는 기존의 입장을 번복해 비밀리에 김일성에게 전쟁 중단 지령을 내렸다.

1953년 군사정전협정 체결로 한국전쟁이 마무리된 이후에도 김일성은 경제·군사적으로 여전히 소련에 의존했고 60년대 초 소련과 중국 사이의 균열이 표면화되기 전까지 자주 모스크바를 방문했다. 북한의 가장 중요한 후원국이기도 했던 국제공산주의 운동의 양대 강국이 서로에게 등을 돌리고 갈라섰을 때 김일성은 당황하지 않을 수 없었다. 그는 새로운 국제정세에 직면하게 됐고 소련과 중국 모두와 우호적인 관계를 유지하기 위해 분투하는 동시에 비난을 감수하면서도 꿋꿋하게 독자노선을 추구했다. 그러나 니키타 흐루시초프의 시대가 열리면서 상황은 바뀌었다. 흐루시초프 서기장은 김일성에게 우상과도 같았던 스탈린을 격하시키는 운동을 벌였고 또한 스탈린식 '개인숭배'를 가차 없이 비난하고 나섰다. 김일성은 이에 강력하게 반발하면서 흐루시초프에 대해 역공을 가했다. 그 즈음 김일성은 급진적 문화혁명의 시대로 접어든 중국과의 관계에서도 어려움을 겪었다. 중국 정부는 김일성이 반혁명적인 수정주의자이며 귀족적인 생활을 즐기는 자본주의자라고 꼬집었다. 그러나 다른 한편으로 中·蘇 분쟁은 김일성에게 양대 강대국 사이에서 줄타기를 할 수 있는 여지를 제공했다. 소련과 중국은 북한이 완전히 상대 진영 쪽으로 돌아설 것을 두려워한 나머지 김일성을 자극하기를 원치 않았고 그 결과 그의 독자노선을 묵인할 수밖에 없었다.

1962년-91년 소련 공산당 중앙위원회 위원에서 대표적인 한반도 전문가로 손꼽혔던 바딤 타첸코(Vadim Tkachenko)에 의하면 소련 당국은 북한 정부의 돌발적인 정책들을 못마땅하게 생각했다. 그는 "북한의 행동은 납득하기 힘든 독자적 노선을 추구했다. 느닷없이 여객기를 폭파시키는가 하면 배를 나포하고 심지어는 비동맹노선을 지지하기도 했다. 우리는 언제나 평양 정부로부터 사전 통보를 받지 못했고 이런 놀라운 소식 대부분을 신문 보도를 통해 알았다"고 말했다. 이어 "우리는 72년 이후락의 평양 방문 사실을 미국인들을 통해 알았다. 68년 북한이 미국의 정보수집용 보조함 푸에블로호*를 나포한 후 미국 정부와 협상에 들어갔다는 사실 역시 미국이 알려준 것이다. 김일성을 모스크바의 하수인이라고 생각하는 것은 커다란 오산"이라고 덧붙였다.

　소련 정부는 내심 김일성과 북한 정권을 불신했지만 북한이 전략적 가치가 높은 아시아 동맹국이라는 사실을 부인할 수는 없었다. 1984년 모스크바에서 개최된 소련 공산당 중앙위원회 비밀회의에서 한 위원은 북한을 다음과 같이 평가했다. "김일성의 기이한 돌출 행동이 거슬리는 것은 사실이다. 그러나 소련이 미국과 일본 제국주의, 중국의 수정주의에 대항하는 데 있어 북한은 극동 지역에서 가장 중요한

＊ 북한의 동해상에서 임무 수행 중이던 기술탐사선인, 美 해군의 푸에블로호(USS Pueblo)가 1968년 1월 23일 북한 해군에 나포되었다. 북한은 탐사선이 북한 영해상에 있었다고 주장했지만 미국은 국제 영해상이었다고 말했다. 승무원들은 미국이 사과의 뜻을 표명한 1968년 12월에 풀려났고, 사과 성명은 이들의 안전이 확인된 후 바로 폐기되었다. 푸에블로호는 수년간 원산항에 정박해 있다가 1999년 평양 대동강으로 옮겨져 박물관으로 변모했고, 2013년 새로이 건축된 조국해방전쟁승리기념관에 전시되기 위해 다시 한번 옮겨진다.

요새다." 이같은 인식을 토대로 소련은 그 성격과 규모 면은 시기에 따라 달랐지만 냉전 기간 내내 북한에 대한 경제·군사적 지원을 계속했다.

84년 초 레이건 美 대통령이 4월 말경 베이징을 방문할 예정이라는 기사가 보도됐다. 이에 따라 中-美 관계정상화 노력은 점차 가속되기 시작했고 김일성은 향후 중국의 행보에 대해 깊이 재고한 결과 현재는 모스크바 쪽으로 한 걸음 다가설 필요가 있다고 판단했다. 1982년 11월 레오니트 브레주네프(Leonid Brezhnev) 소련 공산당 서기장이 사망하자마자 북한은 러시아와의 관계 개선에 관심을 표명하기 시작했다. 브레주네프의 후임자, 유리 안드로포프(Yuri Andropov)는 그다지 많은 일을 하지 못한 채 1984년 2월에 사망했다. 그러자 김일성은 5월 공식방문을 통해 안드로포프의 후임자인 콘스탄틴 체르넨코(Konstantin Chernenko)를 만날 수 있도록 발빠르게 움직였다.

한편, 김일성의 소련 방문 예정을 전해들은 중국 정부는 그제야 김일성의 환심을 사기 위해 분주하게 움직였다. 중국 정부는 레이건 대통령과의 회담에서 김일성의 3자 회담 제안을 지지한다고 선언했고 이어 후야오방(胡耀邦) 공산당 총서기는 한반도에서 적대 행위가 재발할 경우 "미군이 한반도에 도착하는 시간은 하루면 충분할 것"이라며 주한미군 철수를 주장했다. 5월 4일 레이건이 귀국한 지 사흘 후인 5월 4일 후야오방 총서기는 8일 일정으로 북한을 공식 방문했다. 후야오방이 평양에 도착했을 때 약 2백만 명에 달하는 북한 주민들이 연도에 나와 대대적으로 그를 환영했다. 김일성은 후야오방의 평양 방문이 공산진영의 양대 강대국 사이에서 미묘한 균형 유지에 매우 요긴한 사건이 될 것이며 곧 진행될 모스크바 방문에서 자신의 입장을 유리하게 하는 토대가 되리라 기대했다.

　김일성은 예정대로 모스크바를 방문해 크렘린에서 체르넨코 서기장을 예방하고 그밖에도 여러 소련 관리들과 만남을 가졌다. 소련 공산당 중앙위원회 위원으로 당시 회담에 배석했던 아시아 전문가 올레그 라흐마닌(Oleg Rakhmanin)의 말에 따르면 김일성의 소련 방문은 앞으로 소련 정부가 어떤 노선을 선택할 것인지를 탐색하는 것이 주목적이었다. 이어 라흐마닌은 "김일성은 체르넨코 서기장이 과도기의 지도자에 불과하다는 사실을 정확하게 간파했다"고 말했다. 당시 회담에 참석했던 소련측 인사들 가운데는 정치국원 미하일 고르바초프 (Mikhail Gorbachev)도 포함돼 있었다. 고르바초프는 이 날 처음으로 김일성을 만났다(그는 훗날 북한을 들어 아시아의 사회주의 왕국이라고 표현했다). 동유럽 국가 고위 간부들에게 제공된 北-蘇 회담 기밀 보고서에 의하면 김일성은 각국 정상들에게 "이것을 마지막으로 더 이상 외국

84년 모스크바를 방문한 김일성 주석(가운데)은 콘스탄틴 체르넨코(김일성의 오른쪽)을 비롯한 소련 지도자들과 회동했다. 당시 정치국 위원이었고, 훗날 소련을 이끄는 지도자로 부상한 미하일 고르바초프는 오른쪽에서 세번째에 서있다.

을 방문하지 않을 생각이며 앞으로는 김정일(아직 정치일선에 등장하지 않은 시점이었다)이나 강성산(姜成山) 정무원 총리가 나를 대신할 것"이라고 밝혔다.

또한 자진해서 중국과의 관계를 거론하면서 북한과 중국 양국은 앞으로도 지속적인 우호적인 관계를 유지할 것이라고 호언했다. 김일성은 중국이 미국이나 일본 같은 자본주의 국가를 가까이 하고 있다는 것은 부인할 수 없는 사실이지만 "중국은 10억이 넘는 인구를 가진 가난한 나라이며 중국 지도부는 미국과 일본으로부터 현대화에 필요한 지원을 모색해야 하는 형편"이라고 그 이유를 설명했다. 또한 모스크바를 떠나 동유럽 국가를 방문한 김일성은 미국과 일본의 위협도 무시할 수 없지만 가장 두려운 것은 "중국이 사회주의를 포기하는 것"이라고 단언하면서 덩샤오핑 중국 최고지도자가 시장경제를 급속히 도입하고 레이건 대통령을 초청하는 지금의 현실을 감안할 때 "우리 모두가 나서서 중국이 사회주의를 고수하고 다른 길을 택하지 않도록 만전을 기해야 한다"고 주장했다.

한편 김일성은 체르넨코 소련 서기장에게 북한은 남침 의도가 전혀 없다는 말에 이어 자신이 제안한 3자 회담에 대해 설명했다. 김일성은 미국이 중국을 포함한 4자 회담을 개최하자고 주장하고 있지만 "중국은 그런 회담에 반대하고 있다"고 말했다. 이에 소련측은 "미국이 자국과 동맹국에 유리한 해결책을 마련하기 위해 중국을 회담에 끌어들이려 애쓰고 있지만 그렇게 될시 한반도 문제 해결에 있어 당사국인 남북한 양국이 배제될 위험이 있다"고 맞장구쳤다. 당시 크렘린 회담 내용을 기록한 소련 관리는 "한반도의 운명에 대한 결정권 일부가 중국의 손아귀에 주어지는 데 대해 우리는 물론이고 북한 정부 역시 불안감을 느끼고 있는 것 같았다"고 적었다. 그러나 이것은 외부의 간섭에 예민한 반응을 보였던 그간 북한의 전력을 생각해 볼 때 지극히 당연한 일이었다.

'김일성은 앞으로 '소련의 사회주의 건설 과정'을 심도 깊게 연구하겠다는 말로 체르넨코를 안심시켰고 양국의 유대관계를 확실히 재확인한 김일성은 이내 경제・군사적 원조를 추가로 요청했다. 김일성의 이같은 對 소련 정책은 놀라운 성과를 거두었다.

북한의 가장 중요한 경제지원국으로서의 소련의 위치는 변함이 없었지만 양국의 정치적 관계가 부침을 거듭하는 가운데 83년 북한의 對 소련 무역은 총 수출의 40%, 총수입의 25% 선으로 떨어졌다. 그러나 김일성의 소련 방문을 계기로 北-蘇 교역은 다시금 급속히 증가했다. 김일성이 약속받은 포괄적인 원조 계획 덕분에 북한의 소련 상품 수입 규모는 84년 4억7천1백만 달러에서 86년 11억 8천6백만 달러, 88년 19억9백만 달러로 상승해 급기야 북한의 전체 수입액의 70% 가량을 차지했다. 소련은 북한의 무역적자를 메워주기 위해 재정적 지원을 아끼지 않았을 뿐만 아니라 석탄과 석유를 국제시장의 수준보다 훨씬 낮은 가격에 공급했다.

체르넨코는 군사적 지원 역시 아끼지 않고 제공했다. 70년대 이후 소련은 이집트・리비아・시리아 등에 최첨단 전투기를 제공했지만 여기서 북한만은 제외했다. 김일성이 전투기를 무모하게 사용할지 모른다는 우려 때문이었다. 그러나 김일성의 소련 방문을 계기로 양국 관계가 크게 개선됐고 레이건 美 행정부가 남한에 고성능 F16 전투기를 공급함에 따라 체르넨코는 북한에 미그 25 전투기 60대를 제공할 것을 약속했다. 미그 25기는 성능 면에서 F16에 비해 다소 떨어졌지만 북한의 기존 전투기보다는 훨씬 뛰어난 것이었다. 이듬해 봄 북한 상공에는 미그 25기가 출현하기 시작했다. 소련은 이외에도 SAM3 지대공 미사일과 사정거리 80km인 스커드 미사일도 공급했다.

이같은 막대한 지원에 대한 보답으로 북한은 84년 말 소련 공군기의 정기적인 북한 영공 비행을 허용했고 소련 공군은 이듬해 말까지 1년간 북한 영공을 21차례나 비행했다. 이와 동시에 소련 전함도 북한에 기항하기 시작했다. 이처럼 北-蘇 군사 협력관계가 무르익기 전부터 서울의 주한미군 사령부는 소련의 對 북한 지원에 대비해 만전을 기했으며 특히 소련 위성의 한반도 상공 출현을 예상하고 미군의 전력이 노출되지 않도록 엄폐 작전을 실시했다.

84년 김일성의 소련 방문 목적은 군사 및 경제적 원조를 확보하는 것 외에도 남한과 소련의 관계개선을 저지하고 공식 접촉을 막으려는 데 있었다. 한반도 무력 통일에 실패한 김일성은 분단을 영구화할 수 있는 두 개의 한국이라는 개념이 고착되는 것에 강력히 반발했다. 특히 소련이나 중국 정부가 남한과 접촉하거나 남한을 승인하는 분위기가 감지되면 예민한 반응을 보였다. 그러나 그 자신은 꾸준히 남한과 관계개선을 추구했기 때문에 김일성의 논리는 점차 설득력을 잃어갔다. 소련과 중국은 북한도 남한과 접촉하는 마당에 자국이 못할 이유가 없다는 태도를 보였고 더욱이 남한의 급격한 경제성장과 국제사회에서의 위상 강화로 인해 남한과의 일정한 관계 수립을 원하고 있었다. 한편 남한 정부는 공산권 국가들과 관계를 구축, 개선하기 위해 막대한 노력을 기울였으며 북한 정부는 시기 시기마다 이를 방해하기 위해 모든 역량을 동원했다.

소련은 오랫동안 남한과의 관계 수립을 전면 거부했다. 그러나 73

년 남북공동성명 발표 이후 박정희 대통령이 공산권 국가와의 관계정상화를 추진하기 시작하자 소련 정부는 자국에서 개최하는 국제회의와 스포츠 행사에 남한의 참가를 허용하기 시작했다. 북한은 이에 즉각 반발했지만 소련 정부는 국제적인 행사에서 남한 사람들의 참여를 거부한다면 소련도 역시 서울에서 열리는 국제행사에 제외될 것이고 "주요 국제기구에서 제명될 위험도 있다"는 이유를 들어 북한을 설득했다.

바로 이 무렵 북한은 파리의 고급 레스토랑에서 한 소련 특파원이 두 명의 남한 외교관과 함께 저녁식사를 하는 장면을 우연히 목격하고 소련 정부에 강력하게 항의했다. 소련 외무부는 일단 이들의 만남에 하자가 없음을 해명했고 이와 동시에 "사전 허가 없이 무분별하게 한국인과 접촉하는 것은 국익을 손상시키고 소련의 외교정책에 대한 북한의 신뢰를 저버리는 처사"라는 내용의 전문을 해외공관에 하달했다. 또 한번은 모스크바에서 개최된 국제 우표 전시회에서 남한 발행의 우표 몇 장이 전시된 것을 발견한 북한 외교관들이 고위 당국자를 통해 이의를 제기했고 그 바람에 문제의 우표를 전시에서 제외시키는 소동이 벌어지기도 했다.

그러나 80년대에 들어서면서 소련의 학계와 정부 관리들 사이에서는 남한에 대한 보다 현실적인 평가가 이루어졌다. 84년 김일성 주석이 소련을 방문한 직후, 남한 태생으로 모스크바 동양학 연구소 부소장으로 재직하고 있던 게오르기 김(Georgi Kim)은 비공개로 진행된 소련 공산당 중앙위원회 회의에서 이제는 더 이상 북한이 주장하는 편파적인 시각으로 남한을 바라보아서는 안 된다고 주장했다. 이어서 "남한은 여러 분야에서 성공을 거두었으며 국제적으로 존경받는 국가다. 그들은 진심으로 우리와 우호적인 관계를 바라고 있으며 이를 긍정적으로 받아들이는 것이 소련의 국익에 부합된다"고 힘주어 말했다. 이러한 견해는 점차 대세를 몰아가기 시작했다.

86년 10월 김일성은 85년 체르넨코 사망 후 서기장으로 취임한 미하일 고르바초프를 만나기 위해 비행기 편으로 모스크바를 방문했다. 韓-蘇 관계의 점진적인 발전에 위기의식을 느꼈던 것이다. 김일성은 고르바초프에게 남한과의 관계개선을 재고할 것을 종용했고 한 걸음 더 나아가 미국에 주한미군과 핵무기 철수에 대해 압력을 넣어 달라고 요청했다. 그는 미국의 보호막이 사라지면 남한 정권이 곤란을 겪게 될 것이라는 말과 함께 "남조선에 사회주의 주창 세력이 크게 성장했고 현재 국민전선이 형성되고 있는 중이다. 남조선 국회의원 가운데 3분의 1이 북조선을 지지하고 있다. 얼마 전까지만 해도 남조선 인민들은 미국을 해방국이나 후원국으로 오인했지만 이제 학생들은 말할 것도 없고 대다수 인민들이 미군의 주둔에 반대하고 있다"고 주장했다. 회담에 참석했던 고르바초프의 보좌관 바딤 메드베데프(Vadim Medvedev)에 따르면 김일성은 소련과 미국 사이의 협상 분위기가 고조되자 中·美 관계개선 초기에 그랬듯 자칫 북한의 이해관계가 무시되지 않을까 공공연한 우려감을 드러냈다.

86년 5월에 작성된 소련 정치국 문건에 따르면 김일성이 고르바초프를 방문하기 수개월 전 소련정치국은 "남한이 이미 세계 군사전략 균형에서 중요한 요인으로 등장"했다는 이유를 근거로 남한에 대한 경제적·정치적 유화책을 확대하기로 결정했다고 쓰고 있다. 이와 같은 인식을 기반으로 소련 정부는 제3국을 통한 남한 기업과의 교역을 장려했고 그 결과 양국의 교역 규모가 급증했다. 특히 예술과 스포츠·문화 부문에서는 직접 교류가 허용됐다. 이같은 정책 변경에도 불구하고 고르바초프는 김일성을 만난 자리에서 시치미를 떼고 중국의 對 남한 교역을 통렬하게 비난하면서 "소련은 결코 남한과 어떠한 관계도 맺지 않을 것"이라고 단언했다. 소련 공산당 중앙위원회의 바딤 타첸코는 이같은 발언에 크게 놀라지 않을 수 없었다. 바로 얼마 전 고르바초프 주도 하에 결정된 對 남한 정책과 정면 배치되는 주장이었기 때문이다. 타첸코는 다음날 상관에게 도무지 어떤 정책을 따라야 할지 모르겠다고 의견을 구했고 이 질문에 그들은 고르바초프의 말을 무시하고 "예전처럼 일하라"고 대답했다.

고르바초프가 김일성과 만난 86년 10월은 취임 후 1년 6개월이 지났을 무렵이었다. 고르바초프는 필자와의 인터뷰에서 "(집권 후 상당한 시간이 지났음에도) 당시 우리 정부는 외교정책은 물론이고 국내 정책에

86년 모스크바를 방문한 김일성이 고르바초프와 함께 다정하게 악수하고 있다. 그러나 겉모습과는 달리 이들은 서로를 불신했다.

서도 새로운 노선을 정립하거나 추진하지 못한 채 지지부진하고 있는 상태였다"고 말했다. 86년 10월 초 고르바초프는 아이슬란드의 수도 레이캬비크(Reykjavik)에서 레이건 대통령을 만나 초미의 관심사였던 핵무기 군축 협상을 벌였으나 아무런 결실도 얻지 못한 채 모스크바로 돌아왔다. 그 때부터 보수파와 일부 군 지휘관들은 고르바초프가 서방에 너무 많은 양보를 하고 있다며 맹렬한 비판을 가했다. 고르바초프가 김일성과의 회담에서 양국의 결속을 다짐했던 것도 바로 이런 비판 때문이었을 가능성이 높다. 고르바초프의 국가안보 보좌관을 지낸 아나톨리 체르냐예프(Anatoly Chernyayev)는 "고르바초프는 김일성의 주장에 대해 이율배반적인 태도를 보였으며 김일성 주석을 버거운 짐처럼 생각했다"고 회고했다. 고르바초프는 김일성이 추구하는 독자적인 이데올로기와 세계적으로 그 유례를 찾아볼 수 없는 개인숭배 체제에 대해 깊은 의구심을 가지고 있었지만 "나는 북한을 사회주의 세계의 일원이자 상호협조 및 보호 조약을 통해 밀접한 관계를 맺고 있는 동맹국이라고 생각했다. 때문에 무기 제공과 경제 원조 등 북한의 요구를 사실상 모두 수용했다"고 자신의 회고록에 적고 있다.

김일성은 고르바초프를 만나 2년 전 체르넨코가 약속했던 경제 및 군사 원조를 다시 한 번 다짐받았다. 특히, 체르넨코 생전에 제공됐던 것보다 성능이 향상된 초음속 전투기인 미그 29기 30대를 비롯해 SU25 전투기, SAM5 미사일, 조기경보 및 지상군통제 기능을 자랑하는 첨단 레이더 장비 등의 제공을 약속받았다. 고르바초프가 약속을 충실히 이행한 결과 다른 지역에서는 긴장을 완화하고 갈등을 최소화하는 정책이 추진되는 동안 소련의 對 북한 군사 원조는 한국전쟁 이후 최고조에 달했다.

외교 분야에서 김일성의 두드러진 활약과 레이건 집권 초기의 냉전 강화로 80년대 중반 소련과 북한의 협력 관계는 다방면에서 다시 한번 활기를 띠었다. 김일성과 고르바초프의 정상회담이 이뤄진 이듬해인 87년 소련은 45명의 대표단을 북한에 파견했고 북한은 62명의 대표단을 모스크바로 보냈다. 그러나 외관상의 원만한 관계와 달리 당시 김일성은 고르바초프를 신뢰하지 않았다. 특히 글라스노스트와 페레스트로이카로 알려진 고르바초프의 자유화 조치가 틀을 잡기 시작하고 소련 정부가 자본주의 국가와의 관계개선을 서두르면서 고르바초프에 대한 김일성의 불신은 날이 갈수록 커졌다. 평양의 고위급 외교관들 사이에서는 김일성이 고르바초프를 가리켜 "지긋지긋한 흐루시초프를 능가하는 수정주의자"라고 평했다는 소문이 파다하게 돌았다. 이로써 북한은 소련과의 관계가 악화되는 것에 대해 점차 더 큰 두려움을 가지게 됐다.

제7장

남한의 민주화 투쟁

45년 일본으로부터의 해방과 한반도 분단 이후 한국에는 줄곧 무소불위의 권한을 휘두르는 독재정권이 등장했다. 이러한 통치 형태는 북한의 김일성 정권과 마찬가지로 일제 식민 시대의 리더쉽 중심의 지배체제로부터 어느 정도 영향을 받았고 분단 후 남북 간의 생사를 건 치열한 대립에서 국가 안보의 필요성이 강조됨에 따라 정당화됐다. 박정희 대통령의 장기집권과 뒤이은 전두환 대통령 집권 시절, 경제는 급속하게 성장한 반면 정치부문은 시간이 멈춘 듯 늘 제자리걸음을 했다. 경제적 발전을 따라가지 못하는 정치의 후진성은 대중의 불만을 고조시켰고 급기야는 어떤 지독한 독재정권도 억누를 수 없는 강력한 반정부 세력이 등장했다. 全대통령 집권 말기 북한의 도발에 대한 위기의식이 사라지면서 남한 국민들은 공안당국의 탄압 조치로 겨우 연명하는 군사정권의 종식을 요구했다.

87년 중반 미처 손쓸 사이도 없이 터져 나온 '6월 항쟁'은 권위주의에서 민주주의로, 강압정치에서 법치 사회로 옮겨가는 전환점이 됐다. 수많은 시련과 난관이 예상되는 가운데 87년 말 남한은 이제 다시는 돌이킬 수 없는, 민주주의로 향하는 새로운 길을 선택했다. 그리고 이 결정적인 순간에 미국은 중요한 지원 역할을 담당했다.

전두환의 후임을 둘러싼 갈등

全대통령이 집권 직후 단임을 약속한 것은 평화적 정권교체의 첫 신호탄이 됐다. 全대통령이 이같은 약속을 한 까닭은 자신의 정신적 지주와도 같았던 박정희 대통령의 정권이 장기집권의 후유증으로 부패하고 결국 폭력으로 붕괴되는 과정을 지켜보며 뼈저린 교훈을 얻었기 때문이라고 한 측근은 말했다. 1980년 6월 대통령 취임에 앞서 전두환은 아시아에 정통한 보수주의 성향의 교수 출신으로 훗날 주한 미국 대사로 부임한 리처드 워커를 만나 "내가 만일 이 나라의 대통령이 된다면 헌법에 따라 정당하게 정권을 이양한 최초의 대통령으로 역사에 기록되고 싶다"고 밝혔다.

가족들의 뜻도 전두환의 결심에 중요한 영향을 미쳤다. 이순자 여사는 필자와의 인터뷰에서 자녀들이 아버지가 대통령이 되는 것을 만류했다고 말했다. 만족스러운 삶에서 갑작스러운 변화를 원치 않았기 때문이었다. 1980년 9월 1일 취임을 앞두고 그의 자녀들은 임기를 마친 뒤 법에 따라 정권을 이양할 것을 전두환에게 부탁했다. 취임 첫날 일부 측근들이 모인 자리에서도 李여사는 같은 충고를 되풀이했다고 한 참석자는 전했다. 그녀는 조지 워싱턴(George Washington)이 지금까지 변함없이 존경받는 이유는 그가 대통령 직에 연연하지 않고 물러나야 할 때를 알았기 때문이라고 강조했다. 또한 이 여사는 자리를 함께 했던 보좌관들에게도 "남편이 그렇게 할 수 있도록 도와 달라"고 간청했다. 이틀 후 全대통령은 신임 각료들에게 임명장을 수여하면서 "무엇보다도 본인은 평화로운 정권교체의 전통을 확립하는 데에 힘쓰겠다"고 선언했다. 뒤이은 기자회견에서도 그는 단임(개정된 헌법에 따라 7년 임기)을 실천할 것이며 퇴임하면 평범한 시민으로 돌아가겠다고 말했다.

그러나 당시 全대통령의 단임 선언을 바라보는 정치권의 시각은 회의적이었다. 국민들에게 전두환은 군병력을 동원해 정권을 장악하고 광주민주화항쟁을 잔혹하게 진압해 권력을 다진 후 어용 선거인단을 통해 대통령에 선출된 합법성이 결여된 부당한 지배자에 불과했다. 국민의 지지를 받지 못한 장군 출신의 냉혹한 권력자가 민주주의 전통의 주춧돌을 놓을 것이라고는 기대하지 않았던 것이다. 그러나 全대통령은 자신의 단임 공약에 대해 진지하게 생각했다. 그는 퇴임 후를 대비해 서울 근교에 넓은 정원이 있는 대리석 단층 건물을 지었다. 이곳이 바로 전두환의 요새라고도 불리는 일해(日海)재단의 본부다. 전두환 자신의 아호를 딴 일해재단은 재벌 기업으로부터 강압적으로 모금한 수백억 원을 투입해 설립됐다. 또한 퇴임 후 위상에 관심이 많았던 全 대통령은 서울을 방문한 윌리엄 웹스터(William Webster) 美 연방수사국(FBI) 국장에게 미국의 전직 대통령 경호 제도에 대해 상세히 묻기도 했다.

레이건 대통령을 위시한 美 고위관리들은 헌법이 규정하는 절차에 따라 정권을 이양할 것이라는 전두환 대통령의 공약을 "일찌감치 미래를 내다본 현명한 결단"이라며 공개적으로 치켜세웠다. 全대통령이 약속을 번복할 틈을 주지 않기 위해서 못을 박겠다는 의도였다. 全대통령이 구실을 찾기만 하면 어떻게든 단임 약속을 저버리고 장기 집권을 도모할 것이라고 의심했던 슐츠 국무장관은 "全대통령이 공개적으로 단임 약속을 했으므로 미국은 그가 약속을 지키리라 기대하고 있다는 사실을 계속 주지시켜야만 했다"고 말했다. 이처럼 모든 사람들이 의심의 눈초리를 거두지 못했지만 全대통령만은 단임 약속이 진심에서 나온 것이라고 끊임없이 주장했다. 83년 11월 방한한 레이건과의 비공개 회담에서 全대통령은 자진해서 단임 문제를 언급하면서 자기 마음대로 임기를 연장했다가 결국 강제로 축출당한 이승만과 박정희 전임 대통령의 전례 때문에 "우리나라 사람들은 폭력을 통해서만 대통령의 교체가 가능하다고 생각하고 있다. 이는 매우 위험한 발상이다…… 내 임기는 88년에 끝나기로 돼 있고 반드시 그렇게 할 것"이라고 말했다.

그러나 全대통령은 단임 약속을 지키는 것이 결코 쉬운 일이 아니라는 사실을 깨달았다. 청와대 출입기자들과의 만찬 자리에서 "우리나라에서는 정권을 잡을 때보다 내놓을 때 더 많은 용기가 필요하다"라고 복잡한 심경을 토로하기도 했다. 79년 12월부터 계속 누려 온 권력을 포기하는 것은 마치 호랑이 등을 타다 내리는 것처럼 개인적으로 심각한 위험이 따른다는 사실도 깨달았다. 자신의 통치 하에서 탄압받았던 사람들로부터의 정치적·법적 보복을 두려워한 것이다.

한편 80년대 중반 남한의 정치 민주화에 중요한 역할을 한 것은 전 세계적인 시대 조류였다. 그 즈음 미국 정부는 세계 곳곳의 독재정권과 군사정권의 민주화를 적극적으로 지원했는데 그 대표적 사례는 필리핀이었다. 72년 페르디난드 마르코스가 미국 정부의 묵인 하에 필리핀 정권을 장악하자 이에 고무된 남한의 박정희 대통령이 그로부터 불과 몇 주일 후에 독재 체재를 강화하는 유신체제를 선언한 바 있었다. 그러나 86년 워싱턴은 마르코스 대통령을 축출시킨 피플 파워(people power) 혁명을 지지했고 권좌에서 밀려난 독재자 마르코스를 美 공군기에 태워 하와이로 망명시켰다. 마닐라의 정권교체는 남한의 야당세력에게 큰 용기를 주었고 세계의 이목은 남한의 민주화 운동에 집중됐다.

88 서울올림픽이 눈앞에 다가온 것도 야당 세력에게 유리하게 작용했다. 서울올림픽은 국제사회에서 남한에 대한 인식과 그 위상을 크게 제고할 수 있는 둘도 없는 기회였다. 후안 안토니오 사마란치(Juan Antonio Samaranch) 국제올림픽위원회(IOC) 위원장은 만일 서울에서 대규모 소요사태가 발생한다면 올림픽 개최지를 다른 곳으로 변경할 수도 있다고 으름장을 놓았고 그 결과 남한 정부는 극단적이고 무자비한 시위 진압을 자제할 수밖에 없었다.

86년 초 한국 국민들은 全대통령의 퇴임 후 정국의 향배에 관심이 집중돼 있었다. 그해 4월 유럽 순방에서 돌아온 全대통령은 남한의 실정에는 의원내각제가 적합하다는 확신을 피력했다. 그러자 全대통령이 임기 후에도 수상이나 막후실세로서 계속해서 권력을 행사하겠다는 포석이라는 소문이 떠돌았다. 대통령의 의원내각제 개헌 제안을 하나의 위협으로 간주한 야당은 朴대통령 유신체제 하의 개헌으로 도입된 어용 선거인단에 의한 대통령 간선제 대신 대통령 직선제 부활을 요구했다.

언론 탄압과 국회가 정부 비판 기능을 제대로 수행하지 못하는 상태에서 야당은 국민적 지지라는 대세를 과시하기 위해 거리로 뛰쳐나가는 수밖에 없었다.

전국 1백4개의 대학에서 1백만 명에 달하는 학생들이 앞장서서 시위에 참여했고 시민과 근로자들도 시위 대열에 가세했다. 86년 5월 필자는 인천항에서 벌어진 학생들의 시위 장면을 생생하게 목격한 적이 있었다. 정부의 정책에 항의하는 야당측의 집회를 1시간 앞두고 학생시위대와 경찰이 먼저 시가전을 방불케 하는 충돌을 빚었던 것이다. 먼저 '펑'하고 최루탄이 발사되는 소리가 들렸고 이어서 학생들이 화염병, 깨진 벽돌, 돌멩이 따위를 던지며 서슴없이 경찰의 저지선을 돌파하는 모습이 보였다. 이내 학생들과 같은 또래의 전투경찰들이 촘촘하게 대열을 짜고 밀고 들어오자 학생들은 속절없이 뒤로 흩어지면서 후퇴했다. 경찰이 커다란 탱크처럼 생긴 차량을 동원해

87년 직선제 개헌을 요구하는 시위 군중이 대담하게 전투경찰을 공격하고 있다. 시위 규모가 광범하게 확산되자 남한 정부는 결국 직선제를 수락했다.

계속해서 최루 가스를 발사했고 사방은 마치 안개라도 낀 것처럼 자욱해졌다. 이 가스는 최루 가스보다 훨씬 지독한 페퍼 가스였다. 시위대는 뿔뿔이 흩어졌고 시위진압 작전은 완료됐다. 필자는 이 놀라운 광경을 넋을 놓고 지켜보다 갑자기 눈과 목에 불에 덴 듯이 따가워져서 인천 시청 안으로 피신했다. 그곳에는 야당 지도자들이 젖은 수건으로 연신 눈을 눌러대며 낙담하고 있었다.

다음날 필자는 지인들의 도움으로 경찰의 수배를 받아 도피중인 학생운동 지도자 3명을 만날 수 있었다. 이들 가운데 나이가 제일 많은 28세의 한 학생은 "학생들은 야당이 全대통령의 파시스트 정권과 타협을 모색한다는 소문을 듣고 분개한 나머지 집회를 고의로 무산시켰다"고 말했다. 이들은 극렬한 反정부, 반미주의자들이었고 미국은 전두환 정권 수립을 용인한 책임이 있으며 냉전 목적을 위해 남한을 이용하고 있다고 주장했다. 그들은 "美 제국주의와 전두환의 파시즘 정권이 손을 잡은 단적인 예"가 80년 광주학살이라고 말했다. 필자의 개인적인 판단으로는 상당히 비현실적인 논리라 생각했지만 짐작과는 달리 이들의 주장이 일반 대학생들의 의견이라는 것을 나중에 가서야 알게 됐다. 엘리트 집단이라 불리는 서울대학교 재학생들을 대상으로 여론조사를 실시한 결과, 응답자의 59%가 미국을 '新식민주의 국가'나 '제국주의 국가'라고 규정했으며 80%가 韓·美 관계에 불만을 표시했다(신문 여론조사에 따르면 성인 중 韓·美 관계에 불만을 표시한 응답자는 9%에 그쳤다).

미국의 정책 입안자들은 全대통령이 군사적 지원뿐만 아니라 정치적으로도 미국에 의지하고 있었기 때문에 난처한 입장에 놓여 있었다. 대다수 남한 사람들이 민주적이고 개방적인 정부를 간절히 바란다는 것은 의심할 여지가 없었지만 美 정부 관리들은 全정권을 위태롭게 함으로써 사회 불안이 야기되고 예상치 못한 결과가 초래될 것을 경계했다. 북한의 도발 가능성을 배제할 수 없을 뿐더러 4만 명이 넘는 주한미군의 생명이 걸려 있는 상황에서 남한 사회의 안정은 미국의 최우선 목표였다. 또한 남한 사람들이 내정 간섭에 대해 상당한 거부감을 가지고 있다는 사실 또한 미국이 적극적인 개입을 꺼렸던 또 하나의 이유였다.

그러나 87년 2월 개스턴 시거(Gaston Sigur) 국무부 차관보의 뉴욕 연설을 계기로 미국은 기존의 입장을 바꾸어 남한 문제에 서서히 개입하기 시작했다. 시거는 남한 정권교체를 종용하겠다는 계산적인 의도로 미국은 남한의 합법적, 합헌적인 개혁을 통한 "새로운 정치체제의 창출을 희망한다"고 선언했다. 그는 특히 군부가 좌지우지하는 한국 정치의 '문민화'를 옹호했다. 시거는 美 정계에서 보수파로 알려진 인물이었으나 아시아 각국의 민주 개혁에는 남다른 열정을 가지고 있었다. 놀라운 사실은 시거가 이처럼 중요한 정책 선언을 상부의 사전 허가 없이 했다는 것이다. 슐츠 국무장관은 남한의 정치개혁에 대해 뚜렷한 방향을 제시한 시거의 연설 내용을 전해 듣고 처음에는 "얼토당토않은 소리"라고 폄하했으나 나중에는 이를 강력히 지지하고 나섰다. 그해 봄, 서울을 방문한 슐츠는 전두환에게 시거의 발언은 "쉼표 하나까지 뺄 것이 없는 미국 정부의 정책 그대로"라고 못 박았다.

시거의 "화해·타협·합의" 촉구에도 불구하고 87년 4월 중순 全 대통령은 88 올림픽이 끝날 때까지 개헌 논의를 일체 금지한다고 선언했다. 그것은 87년 말에 뽑는 대통령을 자기 자신이 좌지우지할 수 있는 5천 명의 어용 선거인단을 통해서 선출할 것이라는 의미였다. 간단히 말해 자신이 후임 대통령을 직접 지명하겠다는 뜻이었다. 워싱턴은 全대통령의 개헌논의 금지 선언을 발표 직전에 통보받았지만 강력히 반대하지는 않았다. 이에 반해 남한의 야당 세력은 즉각 격렬하게 항의하며 반정부투쟁을 본격적으로 개시했다.

87년 6월 2일 全대통령은 집권당인 민정당의 중앙집행위원회 간부들을 청와대 만찬에 초청해 자신의 죽마고우인 노태우를 민정당 대통령 후보로 선택했다고 발표했다. 노태우는 전두환이 대통령으로 취임했을 당시 육군 대장으로 임명된 뒤 체육부 장관, 내무부 장관, 서울올림픽조직위원회 위원장, 민정당 대표 등 여러 행정 각부의 직책을 연임했다. 그러나 대다수의 남한 사람들은 노태우를 가발을 쓴 대머리, 다시 말해 독재정권을 연장할 또 하나의 군부세력이자 전두환의 분신이라고 생각했다.

6월 10일, 민정당 전당대회에서 노태우가 대통령 후보로 공식 지명되자 몇 시간 지나지 않아 전국 30여 개 도시에서 대규모 폭력 시위가 발생했다. 이승만 정권을 무너뜨린 1960년 4·19 학생혁명 이래 가장 격렬한 시위로 그 규모는 순식간에 확대됐다. 시위대와 경찰 사이에서는 시가전에 버금가는 전투상황이 발생했고 이틀 만에 7백여 명이 부상하고 수만 명이 체포됐다. 서울은 물론이고 폭력 시위가 발생한 적이 거의 없었던 지방 도시에서도 대규모 시위 군중으로 인해 도심 전체가 마비됐고 시민들은 최루 가스 때문에 고통을 겪었다. 오랫동안 유지됐던 사회 안정이 송두리째 흔들릴 조짐이 보이자 그동안 보수적인 태도를 견지했던 중산층도 전례 없이 시위대에 동조하며 폭넓은 지지를 보냈다.

필리핀 혁명 발생 직후인 데다가 서울올림픽을 앞둔 시점이어서 남한의 정치적 위기는 국제사회에서 비상한 관심을 모았다. 6월 중순에 들면서 미국 언론은 이란-콘트라 스캔들 청문회를 제처놓고 남한 정세를 톱뉴스로 다루었다. 美 의회에서는 남한의 소요사태에 대한 결의안·법안·청문회·연설·기자회견 등이 봇물 터지듯 발표됐다. 가뜩이나 이란-콘트라 스캔들로 궁지에 몰려 있던 레이건 행정부는 남한 문제에 대해 조치를 강구하라는 국내 여론의 압박에 시달렸다.

그 즈음 워싱턴 정부의 가장 큰 우려는 시위 진압을 빌미 삼은 전두환 정권의 군병력 동원 가능성이었다. 이와 함께 제3의 군사 쿠데타가 발생해 남한이 군사독재의 시대로 돌아갈 수 있다는 가능성도 배제할 수 없었다. 그러나 全대통령이 군부를 철저하게 장악하고 있었고 노태우 역시 누구 못지않게 군부와의 유대관계가 깊었기 때문에 쿠데타는 가능성이 희박한 것으로 보였다. 6월 10일 대규모 시위가 시작되기 전 이미 美 관리들은 남한이 파국으로 치닫는 사태를 방지하기 위해 영향력을 행사하는 문제를 심사숙고하고 있었다.

남한이 국내문제로 위기상황을 맞았을 때마다 으레 그랬듯 미국 정부는 남한의 대외적인 안보를 지켜주는 것이 자국이 담당해야 할 일차적 임무라고 생각했다. 미국은 남한 사회의 혼란을 악용하지 말라는 경고의 메시지를 중국을 통해 북한에 전달했다. 이 때문인지 북한은 남쪽의 극적인 상황 전개에 대한 논평조차도 조심스럽게 다루는 모습을 보였다.

고심하던 워싱턴이 내놓은 한 가지 대책은 조지 부시(George Bush) 부통령이나 필립 하비브 전 주한 美 대사를 대통령 특사로 한국에 파견, 全대통령에게 美 정부의 입장을 직접 전달하자는 것이었다. 그러나 김경원 주미 대사는 특사를 파견하는 것은 全대통령을 공개적으로 궁지에 모는 셈이므로 사태를 더욱 복잡하게 만들 수 있다며 강력하게 만류했다.

특사 파견 계획이 무산된 후 美 정부 관리들은 자제와 타협을 촉구하는 레이건의 친서를 全대통령 앞으로 보내는 방안을 생각해냈다. 문제는 어떻게 하면 그 친서를 내정 간섭으로 비치지 않게 하느냐였다. 그때 김경원 대사는 그 해 4월경 워싱턴을 방문한 이기백 국방장관이 레이건 대통령에게 全대통령의 친서를 전달했던 사실을 기억해냈다. 이렇게 해서 격동하는 남한 정국에 대한 미국의 개입은 오래 전에 받았던 全대통령의 친서에 레이건이 뒤늦은 답신을 보내는 형식으로 결정됐다.

친서는 백악관과 국무부가 공동 작성한 것으로 부드럽게 이야기를 풀어나가며 자극적인 표현은 삼갔다. 레이건은 '친구로서' 편지를 쓴다고 서두를 시작함으로써 全대통령의 단임 약속을 지지하는 것처럼 보이도록 했다. 그러나 행간에 담긴 뜻은 정치적 위기를 군병력이 아닌 대화와 타협을 통해 풀어나가라는 것이었다.

본인은 건실한 민주주의 체제 위에 뿌리를 내린 정치적 안정이 한국의 장기적인 안보를 보장하는 결정적인 요소라고 믿고 있으며 각하도 역시 같은 의견을 여러 차례 피력한 바 있습니다.

…… 따라서 본인은 내년 대통령의 권한을 평화적으로 이양하겠다는 각하의 역사적인 결단을 민주 정부를 세우기 위한 기반을 공고히 하는 중요한 조치라고 평가하며 적극 지지하는 바입니다…….

정치범을 석방하고 직권남용 경찰 간부에 대해 합당한 조치를 취하는 등, 최근에 실시된 일련의 조치들은 각하가 적절하게 표현한 대로 구시대 정치에서 탈피하고자하는 각하의 의지를 전세계에 알리는 계기가 될 것입니다. 언론자유와 공정보도는 공명선거를 구현하겠다는 각하의 의지를 실현하기 위해 반드시 필요한 본질적인 요소입니다. 대화와 타협, 그리고 협상은 문제 해결과 국론통일에 효과적인 방법입니다. 대화와 타협을 도모하기 위해 각하가 추진하는 모든 조치를 적극적으로 지지하리라는 사실을 다시 한 번 다짐하는 바입니다.

마지막으로 레이건은 全대통령이 개인적으로 혹할 만한 선물을 제안했다. 88년 평화적인 정권교체 이후 방미를 주선하겠다고 약속한 것이다.

6월 17일 수요일 밤 제임스 릴리(James Lilley) 주한 美 대사는 워싱턴으로부터 全대통령의 자제를 촉구하는 레이건의 친서가 조만간 전달될 것이라는 통보를 받고 자신이 직접 편지를 전달할 수 있도록 全대통령과의 면담을 요청했다. 그러나 수십 개 도시에서 시위가 격화되자 남한 정부는 차일피일 면담을 미루었다. 당시 미국의 정책 자문위원 해리 던롭(Harry Dunlop)은 전두환 정부가 릴리 대사의 내방을 '의도적으로 거부'했다고 말했다. 서울에서는 수천 명의 시위대가 주요 간선 도로를 점령했다. 이들은 80명으로 구성된 전투경찰 1개 중대를 무력화시키고 일부를 심하게 폭행했으며 방패, 방독면, 최루탄 발사용 총기 등을 불태웠다. 야당 지도자 김영삼의 근거지인 부산에서는 1만5천 명의 시위대가 최루 가스 공격에 대항해 돌멩이와 화염병으로 맞서 수백 명의 경찰이 부상당했다. 全대통령과 노태우의 고향인 대구라고 해서 예외는 아니었으며 경찰 초소는 시위대가 던진 화염병에 불타올랐고 일부 성난 군중은 소방차를 전복시켜 진압 경찰에게 물대포를 쏘기도 했다.

평소 단호한 성격의 全대통령도 결정적인 조치를 취하지 못했다. 그 즈음 들어 全대통령은 측근들에게 계엄령을 발동해 총탄으로 시위를 진압하면 대외적으로 국가의 위신이 떨어지고 "불행한 역사의 한 페이지를 장식하게 될 것"이라고 말했다. 그러나 경찰력으로 통제가 불가능할 정도로 시위가 격화된다면 강경한 조치를 취할 수밖에 없을 것이라고 덧붙였다. 6월 19일 금요일 아침 全대통령은 군을 동원하기로 마음을 굳힌 것처럼 보였다. 오전 10시를 기해 국방장관과 각 군 수뇌부, 안기부장을 소집해 회의를 주재한 그는 다음 날 오전 4시까지 주요 대학과 도시에 전투태세를 갖춘 군병력을 배치할 것을 명령했다. 韓·美 군사협정에 따라 전방 병력의 이동 계획이 주한미군 사령부에 통보될 예정이었고 시위 학생들은 전원 체포될 운명에 놓여졌다. 全대통령은 계획대로 비상사태가 선포되면 정당을 해산하고 군사법정을 설치해 반체제 인사를 처벌할 것이라고 선언했다. 오후 5시에는 군 지휘관들과 또 다른 회의가 예정돼 있었다.

한편 청와대는 릴리 대사를 통해 레이건의 친서를 전달하겠다는 미국측의 끈질긴 요구를 마침내 수락했다. 릴리는 중국 태생의 아시아 전문가로 CIA를 거쳐 주한 미국 대사로 부임한 인물이었다. 그는 오후 2시에 全대통령에게 레이건의 친서를 전달했다. 사태가 심상치 않다고 판단한 릴리는 청와대를 방문하기에 앞서 윌리엄 리브시(William J. Livesey) 주한미군 사령관을 만나 정치 위기상황에서 군병력을 사용하는 것은 바람직하지 않다는 구두 동의를 받아냈다. 리브시 장군의 확언에 고무된 릴리는 친서에서의 부드러운 어투와는 달리 군의 개입이 韓·美 동맹관계를 위협하는 것은 물론, 80년 광주민주화항쟁과 같은 불행한 사태를 재발시킬 것이라고 강경한 어조로 경고했다. 릴리는 "이것이 미국의 입장이며 주한미군 사령관도 같은 의견을 피력했다. 본인은 미국 정부를 대표해서 말하고 있는 것일 뿐"이라고 힘주어 말했다. 내방객이 찾아오면 대화를 독점하는 스타일인 全대통령도 이번만큼은 릴리의 말을 묵묵히 경청했다. 全대통령이 그 자리에서 속내를 털어놓았던 것은 아니지만 릴리는 레이건의 친서가 그에게 큰 영향을 미쳤다는 확신을 갖게 됐다. 릴리가 청와대를 떠난 지 한 시간 뒤 全대통령은 보좌관을 통해 군병력 동원 중지를 지시했다. 이미 뽑았던 칼을 도로 칼집에 집어넣고 정치적 해결을 시도한 것이다.

全대통령의 군병력 동원 철회 결정에 미국이 얼마나 큰 영향을 미쳤는지는 정확하게 가늠할 수는 없다. 美 정부 관리들은 '미국이 어느 정도 영향을 미친 것은 사실이지만 결국 남한 사람들이 스스로 결정한 일'이라고 평했다. 군부 출신 핵심 그룹의 일원으로 '6월 항쟁' 한 달 전 내무부 장관에서 물러났다가 위기가 진정된 후 국방장관에 임명된 정호용에 따르면, 시위 진압을 위한 대대적인 군병력 동원 준비태세에 놀란 영관급 장교들과 젊은 장성들이 그를 찾아와 시위대는 정당한 명분을 추구하고 있으며 이들을 진압하기 위해 군대를 동원할 경우에는 엄청난 파국이 초래될 것이라고 말했다. 정호용은 젊은 장교들의 우려를 노태우에게 전달했고 아울러 군병력을 동원한다면 남한 사회에는 물론이고 향후 노태우의 정치적 입지에도 적지 않은 영향을 미칠 것이라는 말을 덧붙였다.

노태우는 곧바로 全대통령을 찾아가 군병력 동원을 중지할 것을 강력하게 건의했다. 필자와의 인터뷰에서 노태우는 "그처럼 어려운 순간에 내가 대통령의 면전에서 반대의견을 개진했다"고 회상했다. 그리고 무엇보다 중요한 사실은 "군 스스로가 병력 동원에 반대했다"는 사실이라고 덧붙였다. 이는 남한 군부의 성숙을 의미하는 청신호였다. 당시 상황을 가까이 지켜본 한 인사에 따르면, 만일 시위 진압을 위해 탱크와 군대를 거리로 내보낸다면 79년 12월에 전두환 자신이 그랬던 것처럼 일부 지휘관들이 다른 마음을 먹고 병력을 이용할지도 모른다는 한 측근의 조언과 레이건 대통령의 친서가 결정적으로 全대통령의 마음을 돌렸다고 말했다.

6월 19일 이후 정치 투쟁의 무대는 마침내 거리를 떠나 협상 테이블로 옮겨졌다. 6월 21일 여당 의원들은 비상 의원총회를 소집하고 야당의 대통령 직선제 요구를 수락할지 여부에 대해 처음으로 진지하게 논의했다. 6월 22일 全대통령은 위기상황 해결을 위해 야당지도자 김영삼을 만날 의사가 있다고 발표했다. 놀랍게도 이 두 사람은 이때까지 한 번도 대면한 적이 없었다. 이틀에 걸쳐 회동 조건을 협상한 끝에 6월 24일, 드디어 全대통령과 김영삼의 영수회담이 성사됐지만 합의를 도출하는 데는 실패했다.

6월 25일 슐츠 美 국무장관을 수행해 호주를 방문중이던 시거 국무부 차관보는 단독으로 서울을 방문, 직접 남한의 정세를 살펴보고 재차 全대통령에게 군병력 동원 반대의사를 촉구했다. 자신감에 넘치고 결단력 강한 지도자였던 全대통령은 예전과 달리 전전긍긍하는 모습이었다. 全대통령은 시거에게 위기 해소방안에 대한 분명한 견해를 밝히지는 않았지만 더 이상 대통령 직에 연연하지는 않겠다는 뜻만큼은 명확하게 밝혔다. 全대통령은 시거에게 이렇게 말했다. "우리 국민이 나에 대해 어떻게 생각하고 있는지 내가 모른다고 생각하는가. 국민들은 나의 재집권을 원하지 않는다. 이런 상황에서 임기를 연장할 생각은 추호도 없다…… 레이건 대통령에게 이 문제에 대해서는 조금도 염려하지 말라고 전해 달라. 나는 이 자리를 떠날 것이다." 외무장관이 마련한 비공식 만찬장에서 全대통령의 최측근으로 알려진 한 각료도 시거에게 "지금 한국 사회에는 민주주의의 열병이 불길처럼 번지고 있다. 우리는 이 대세를 돌이킬 만한 능력이 없다"고 말했다.

  6월 29일 노태우는 야당의 요구를 받아들여 대통령 직선제에 동의한다는 선언서를 발표해 국민들을 놀라게 했다. 여당이 국민의 지지를 얻지 못하고 있었던 당시 상황을 감안한다면 6·29 선언은 상당히 대담한 조치였다. 노태우가 발표한 8개항에는 김대중의 사면복권, 언론의 자유, 대학 자율권 지지 등도 포함돼 있었다. 가까운 측근에 따르면 노태우는 광주학살에 대한 공식 사과도 포함하려고 했으나 군부의 반발을 우려해 마지막 순간에 철회했다. 노태우는 全대통령에 대한 건의 형식으로 이 제안을 전격 발표했고 그 당시 全대통령의 반응은 알려지지 않았지만, 어쨌든 이틀 후 그는 노태우의 구상을 전폭적으로 지지했다.

  국민들은 6·29 선언을 열렬하게 환영했고 全대통령이 노태우의 대담한 결정에 마지못해 동의했다는 소문이 돌면서 일각에서는 노태우를 영웅처럼 떠받들기도 했다. 全대통령은 그런 소문에 이의를 제기하지 않았으며 6·29 선언이 발표되기까지 자신이 어떤 역할을 했는지에 대해 일절 언급을 금했다. 그로부터 4년이 지난 92년 초, 全

대통령의 공보 비서관을 지낸 한 인사는 87년 6월경의 상황을 상세하게 기록한 비망록을 〈시사 월간지〉에 기고했다. 그는 全대통령이 직선제 수용을 결정한 뒤 이를 노태우로 하여금 발표하도록 조치해 노태우의 대선 후보 이미지를 높였다고 주장했다. 이순자 여사 역시 96년 말 서울지방법원에 제출한 소명자료에서 유사한 주장을 펼쳤다. 마지막 순간에 입장을 바꾸어 대통령 직선제를 수락하고 6·29 선언을 발표한 것이 누구의 아이디어였는지는 알 길이 없다. 그러나 어쨌든 6·29 선언은 87년 6월의 위기를 종식시켰고 남한의 정치개혁을 앞당기는 계기가 됐다.

1987년 대통령 선거

6·29 선언 이후 치러진 12월 대통령 선거는 1971년 박정희가 근소한 차이로 김대중을 누르고 대통령에 당선된 이래 처음으로 치러진 직접 선거였다. 노태우 후보는 야당의 직선제 요구를 전격적으로 수용했다는 이유로 높은 평가를 받았지만 군장성 출신이라는 치명적인 요인 때문에 선거에서 승리할 수 없을 것이라는 시각이 지배적이었다. 노태우의 배후였던 全대통령과 군사정권에 대한 반감이 그만큼 강했기 때문이다. 이런 와중에서도 全대통령만은 자신만만했다. 그는 노태우의 극적인 6·29 선언 이전에도 종종 측근들에게 "정부가 그동안 많은 업적을 이루었고 경제가 잘 돌아가고 있으므로" 선거에서 패배할 리 없다고 말했다. 또한 유력한 대통령 후보인 두 야당 지도자의 소모적인 각축전으로 야당 세력이 약화될 것이라고 확신했다.

사실 야당이 직면한 가장 큰 문제는 서로 상이한 지역적, 정치적 배경을 가진 두 명의 야당 지도자가 협력하기보다는 우위를 다툰다는 데 있었다. 김영삼과 김대중은 민주주의의 기치를 걸고 활동하면서 오랜 세월 동안 탄압을 이겨 온 정치 지도자들이었다. 이 두 사람이 힘을 합치면 막강한 영향력을 발휘할 것이라는 사실은 의심할 여지가 없었다. 문제는 과연 이들이 서로 간에 합의를 도출할 수 있느냐 하는 것이었다.

그해 8월 필자는 서울에 머물면서 노태우와 김영삼, 김대중을 각각 인터뷰했다.

노태우를 만난 곳은 그의 권력을 상징하는 듯한 국회의원 회관의 으리으리한 여당 총재 사무실이었다. 필자는 80년, 노태우를 처음 만나 장시간 이야기를 나누었고 그 후에도 미국과 남한 등지에서 여러 차례 만난 적이 있었다. 그는 다소 지쳐 보였지만 언변은 이전보다 좋아진 것 같았다. 노태우는 정장을 말쑥하게 입었지만 군복을 입었을 때의 버릇처럼 엄지 손가락을 벨트에 찔러 넣고 있었다. 처음 만났을 때 군인은 정치에 개입해서는 안 된다고 했던 말을 상기시켜주자 노태우는 자신의 생각이 바뀐 것은 아니라고 주장했다. 그는 나지막한 목소리로 혼자 중얼거리듯이 다음과 같이 말했다. "어떻게 하다 보니 상황이 이렇게 됐다. 어쩌면 하늘의 뜻인 것도 같다. 이것이 내 운명인지도 모르겠다. 달리 설명할 재간이 없다."

언제나 단도직입적으로 자신의 입장을 분명하게 밝히는 全대통령과는 너무나 대조적이었다. 관공서의 사무실에 의무적으로 걸게 돼 있는 대통령의 초상화 옆에는 전두환과 노태우가 셔츠 차림으로 다정하게 찍은 사진이 걸려 있었다. 그러나 한 시간에 걸친 인터뷰 동안 노태우는 필자가 먼저 말을 꺼낸 경우를 제외하고는 단 한 번도 全대통령에 대해 언급하지 않았다. 필자가 全대통령에 대해 질문하자 그는 6·29 선언 이후 관계가 약간 달라졌지만 "서로에 대한 우정이나 신의는 변하지 않았다"고 말했다. 당시에는 별로 알려지지 않았던 사실이지만, 고등학교 시절부터 전두환과 노태우를 잘 알고 있었으며 가까이서 보좌했던 김윤환(金潤煥)의 말에 따르면 全대통령은 과연 노태우가 자신의 후계자로서 믿을 만한 인물인지를 두고 내심 많이 고민했다고 한다.

노태우는 1932년 12월 4일 대구 인근의 한 농촌 마을에서 태어났고 일곱 살 때 면사무소에서 근무하던 부친이 교통사고로 사망하자 편모슬하에서 성장했다. 또한 한국전쟁 초기에 단기간 사병으로 복무한 뒤 육군사관학교의 첫 번째 4년제 정규코스인 11기로 입학했다. 그 때부터 전두환과 노태우는 가까운 친구로 지냈다. 대구공고 출신인 전두환은 노태우보다 두 살 위였으며, 전두환이 리더였다면 노태우는 그를 보조하는 역할에 머물렀다. 대통령에 취임하기 전까지 노태우는 육군참모총장 수석부관, 청와대 경호실 작전차장보, 보안사령관 등 최소한 5개 이상의 공직에서 전두환의 후임자로 임명됐다. 1979년 12월 전두환이 기존의 군부 세력에 정면으로 도전하는 쿠데타를 주동했을 때 노태우는 전방의 9사단 병력을 빼내 서울로 이동 배치함으로써 결정적인 지원 역할을 했다.

육사 시절부터 두 사람을 잘 알고 있던 한 인사는 전두환을 "흑백논리에 따라 판단하는 무척 단순한 사람"으로 노태우는 "환경과 상황에 따라 적절히 행동하는 사람"으로 평가했다. 정치 지도자로 변신한 두 사람을 가까이서 지켜본 또 다른 인사는 "全대통령의 지도력은 그의 독단에서 나오는 것이며" 노태우는 "계산적이고 신중한" 사람에다가 놀랍게도 시·소설·음악 등에 박식한 예술적 면모도 갖췄다고 말했다.

김영삼과의 만남은 세련된 롯데 호텔 일식집에서 조찬을 곁들여 이루어졌다. 김영삼은 양복 저고리를 벗고 셔츠의 소매를 걷어 올린 편안한 모습으로 식사를 했다. 김영삼은 지난 6주 동안 라이벌인 김대중을 열 번이나 만났으며 앞으로도 두 사람 가운데 누가 대통령 후보로 출마할 것인지 합의를 볼 때까지 최소한 주 1회씩 회동을 계속할 계획이라고 말했다. 그는 "국민들은 야당이 빠른 시일 내에 단일 후보를 선출하기를 기대하고 있다"며 두 사람은 "민주주의 구현을 위해 연합전선을 펴기로 약속했다"고 덧붙였다.

김영삼과 김대중의 라이벌 관계는 1970년으로 거슬러 올라간다. 당시 두 사람은 현직 대통령인 박정희 후보에 대항할 제1야당의 대통령 후보 지명전에서 맞붙었다. 김대중은 제3의 계파에 표를 호소하는 전략으로 전당대회에서 승리했다. 양金과 그들을 추종하는 계파는 때로는 협력하기도 했지만 거의 불편한 관계를 유지했다.

김영삼은 1928년 12월 20일 부산 근처의 거제도에서 태어났으며, 어장 사업으로 성공한 부친 덕분에 부산의 명문 고등학교를 졸업하고 서울대학교에 진학했다. 이후 그는 25세 때 자유당 후보로 국회의원 선거에 출마해 최연소 기록으로 당선됐다. 그러나 곧바로 이승만의 독재정권에 항거해 야당인 민주당 창당에 참여함으로써 민주주의 구현을 위한 투쟁을 평생의 업으로 삼게 됐다.

1960년 어느 날 밤 김영삼의 고향집에 두 명의 괴한이 침입했다. 김영삼의 모친은 돈을 요구하는 그들의 다리를 붙잡다가 복부에 총을 맞고 사망했다. 1년 후 괴한 가운데 한 명이 체포돼 자신들은 북한의 공작원이며 배를 구입할 돈을 마련하기 위해서 범행을 저질렀다고 자백했다.

이런 비극적인 가정사(家政史) 때문인지 김영삼은 북한에 대해 확고한 입장을 견지했으며 독재정권이 야당 정치인 탄압에 자주 이용하던 색깔론 시비를 피해갈 수 있었다. 고등교육을 받은 중산층이라는 배경 때문에 남한의 중·상류층 유권자들은 각별한 애정을 가지고 그를 지지했다. 따라서 그는 유력한 대선 후보 3명 중에서 가장 정상적인 궤도를 달리는 정치인에 가까웠다.

야당 지도자로서 김영삼은 오랜 세월 탄압에 굴하지 않고 기탄없이 민주주의를 주창했던 투사였다. 박정희 시절 군사정권에 반대한다는 이유로 투옥됐으며 1969년에는 3선 개헌에 반대했다가 황산 세례를 받기도 했다. 그로부터 10년 후에는 공개석상에서 박정희를 독재자로 규정하고 미국의 개입을 요청했다는 이유로 국회의원직을 박탈당했다. 전두환 정권이 들어선 후 김영삼은 민주적인 개혁정책을 주장하다 2년 동안 가택연금을 당했고 23일 동안 단식투쟁을 벌이기도 했다. 그러나 수차례에 걸쳐 그와 인터뷰하면서 필자는 김영삼이 개혁과 민주주의에 대해서는 확고한 신념을 가지고 있지만 여타의 다른 정책에 대해서는 뚜렷한 인식이 부족하다는 사실을 알 수 있었다.

김대중과의 인터뷰 장소는 서울 도심의 높은 담장을 두른 김대중의 자택이었다. 필자는 그가 가택연금 하에 있을 때 이미 여러 번 그곳을 방문한 적이 있었는데 이번 방문 때는 수많은 지지자들이 현관 앞에 운집해 있었다. 이들 가운데 상당수는 김대중의 고향인 호남 출신이었다. 행정구역상 전라남도와 북도에 해당하는 호남 지방은 정권을 장악한 경상도 출신 정치 지도자들로 인해 계속해서 차별대우를 받아왔다. 박정희는 물론 전두환·노태우 등을 비롯해 수많은 권력자들 중에는 영남, 그중에서도 특히 대구 출신이 많았다. 80년대 중반까지 정부 각료, 군장성, 대기업 경영자 가운데 호남 출신은 유난히 다른 지역에 비해 그 수가 적었으며 호남 지역의 평균 소득도 다른 지역보다 낮았다. 김대중은 호남 지방의 억압받는 민중들의 영웅이자 지도자였지만 다른 지역 출신 유권자들은 그를 경원하는 경우가 많았고 심지어는 두려움까지 느꼈다.

김대중은 1924년 1월 6일 전라남도의 작은 섬에서 태어났다. 그의 오랜 정적인 김영삼과는 달리 유복한 출신이 아니었다는 이유에서 김대중은 남한의 엘리트 사회로부터 늘 따돌림을 받았다. 87년 남한의 정치 발전에 중요한 역할을 했고 해외에서는 유명한 인물이었음에도 남한의 지도층 인사들 가운데 김대중과 직접 대면해보지 못한 사람들이 의외로 많다는 사실을 알고 필자는 적지 않게 놀랐다.

71년 대선 당시 김영삼을 누르고 야당 후보로 지명된 김대중은 극심한 선거 부정에도 불구하고 박정희에 맞서 46%를 득표함으로써 단숨에 최고 정치 지도자 대열로 뛰어올랐다. 박정희는 그를 증오했고 두려워했다. 박정희 시절 중앙정보부는 도쿄에서 그를 납치해 사지를 묶고 재갈을 물린 채 죽이려다가 마지막 순간에 목숨만 겨우 살려서 돌려보내기도 했다. 그를 납치한 자들이 활개를 치며 거리를 활보할 때 피해자인 김대중은 오히려 가택연금에 처해졌고 나중에는 선동죄로 투옥됐다. 전두환 정권 하에서도 탄압은 계속됐다. 날조된 혐의를 뒤집어쓰고 사형을 언도받았다가 레이건 행정부의 적극적인 개입으로 겨우 목숨을 구해 미국으로 망명했고 85년 자진 귀국한 뒤 또다시 가택연금을 당했다.

87년 필자와의 인터뷰 직전 김대중은 마침내 모든 혐의를 벗고 정치적으로 완전히 복권된 상태였다. 그는 일본에서 납치된 후 사면 복권되기까지의 14년이라는 긴 세월 동안 가택연금, 투옥, 망명, 공직제한 등의 탄압 조치로부터 자유로웠던 기간은 고작 2개월에 불과했다고 말했다. 긴 세월 고립된 채 홀로 역경을 이겨 온 김대중은 깊이 있는 자기 성찰과 정치의식을 키울 수 있었다. 그는 남한이 당면하고 있는 주요 현안에 대한 답을 구하기 위해 꾸준히 노력했고 덕분에 명확하게 비전을 제시할 수 있었다.

　필자가 김대중의 자택을 찾아가기 며칠 전 박희도(朴熙道) 육군참모총장은 김대중의 대통령 출마에 반대한다는 군부의 의견을 공개적으로 선언했다. 따라서 김대중이 선거에서 승리한다 해도 군 지도부가 그를 대통령으로 용납할 것인가에 대한 우려감이 팽배했으며 군부에서 김대중 암살을 기도할지도 모른다고 생각하는 사람들도 적지 않았다. 김대중은 계란과 베이컨으로 마련된 서양식 아침을 들면서 "그같은 위협에 굴복하지 않을 것"이라고 말했다. 그는 전두환과 노태우가 정권을 장악했던 1979-80년과는 달리 이제는 국민들이 더 이상 군사정권에 굴복하지 않고 당당히 맞서 싸울 것이라고 확신하고 있었다. 또한 "민주화는 군의 중립을 의미한다"고 말하기도 했다.

　필자는 네 번째로 비중 있는 후보로 꼽히던 김종필은 인터뷰하지 않았다. 약소 신당을 창당해 출마한 그가 당선될 가능성은 거의 없는 것으로 보였다(결국 그의 득표율은 8%에 그쳤다). 김종필은 1961년 박정희의 군사 쿠데타에 가담했고 중앙정보부를 창설했으며 1970년대 초 국무총리를 지냈다. 그러나 그는 朴대통령에 의해 일시적이나마 정치 활동을 금지당하고 막대한 재산을 몰수당하기도 했다. 또한 87년 대통령 선거때 출마를 통해 명예회복을 모색했으나 대다수 사람들은 여전히 그를 구시대 정치인으로 간주했다.

필자가 두 야당 지도자를 인터뷰한 지 몇 주일 후 김영삼과 김대중은 정권교체에 대한 국민들의 뜻을 저버리지 않을 것이라며 협력을 공언했다. 그러나 그로부터 며칠 후 김대중은 자신의 근거지인 전라도 광주에서 개최된 대규모 군중집회에서 모습을 드러내더니 마치 대통령 후보인 것처럼 전국 유세를 시작했다. 김영삼도 이에 뒤질세라 자신의 정치적 고향인 부산에서부터 유세를 시작했다. 양金은 오랜 세월 민주주의를 위해 투쟁해왔다는 사실을 내세우며 서로 자신이 야당의 단일후보가 돼야 한다고 주장했고 자신이 나서야만 야당이 선거에서 승리할 수 있다고 확신했다. 결국 양金은 단일후보를 내겠다는 약속을 번복하고 각각 대통령 선거에 출마했다.

한편 노태우는 집권당 총재라는 이점을 최대한 이용해 막대한 선거자금을 살포했으며 정부의 입김이 강하게 작용하던 TV와 신문 매체를 최대한 활용했다. 또한 대중의 뇌리에 전두환과는 차별화되는 이미지를 심기 위해 노력했다. 남한의 대통령 선거에서 엄중한 중립을 지키라는 명령이 주한 미국 대사관에 하달된 가운데 노태우는 9월 중순 워싱턴을 여행하던 중 국제적으로 존경받는 인물이라는 이미지를 만들기 위해 레이건과 면담을 요청했고 미국측은 이를 흔쾌히 수락했다. 남한 사람들은 이것을 노태우에 대한 미국의 사실상 승인이라고 생각했다. 야당 후보들 중에서는 누구도 워싱턴 방문을 생각하지 않았다.

12월 16일 대통령 선거에서 노태우는 36%의 득표율을 기록하며 차기 대통령에 당선됐다. 김영삼(28%)과 김대중(27%)은 각각 야당 표를 양분했다. 87년의 대통령 선거를 깊이 연구한 재미교포 이만우 교수는 "각 후보는 자신의 연고 지역을 확실하게 장악했던 중국의 지방 호족과 유사했다"고 썼다. 아울러 지역 간 대립이 뿌리 깊었던 만큼 김영삼과 김대중 가운데 단일 후보를 냈다 하더라고 과연 야당이 선거에서 승리를 거두었을 지는 의문이라고 덧붙였다.

 노태우는 치열한 접전 끝에 직접 선거를 통해 대통령에 당선됨으로써 全대통령에게 결여됐던 정치적 정당성을 확보했다. 그에 따라 盧대통령은 임기 동안 전임 대통령에 비해 언론의 자유를 확대하고 기업에 대한 정부의 간섭을 줄이는 등 민주적인 개혁정책을 추구할 수 있었다. 또한 노태우 정권은 강경 반공노선에서 한 걸음 물러나 동유럽 공산국가, 소련, 중국 등과 우호적인 관계를 형성하고 발전시킴으로써 국제사회에서 북한의 입지를 더욱 약화시키고 동북아시아의 전략적 판도를 완전히 바꾸어 놓았다.

제8장

서울올림픽의 국제적 위상

88년 서울올림픽은 명실공히 세계적인 스포츠 축제였다. 9월 17일 세계 각국에서 10억 이상이라는 사상 최대의 시청자들이 올림픽 개막행사를 TV로 지켜보았다. 그러나 남한 사람들에게 서울올림픽은 단순한 스포츠 행사 이상의 중요한 의미를 가지고 있었다. 이들은 제24회 서울올림픽을 본격적인 국제무대 데뷔 파티라고 생각했다. 남한이 더 이상 전쟁의 제물이 됐던 가난에 찌든 아시아의 작은 나라가 아니라 역동적으로 번영하는 강국이라는 사실을 전세계에 과시할 수 있는 절호의 기회로 여겼던 것이다. 남한 사람들은 일본이 1964년 도쿄올림픽을 발판으로 선진국으로 도약했던 것처럼 88서울올림픽 또한 자국의 경제 성장을 더욱 촉진시키고 국제적 위상을 고양시키는 획기적인 계기가 되리라고 기대했다. 아울러 정치적 이념을 초월하는 올림픽게임은 북한의 동맹국인 소련과 중국을 위시한 공산권 국가들을 서울로 초청할 수 있는 흔치 않은 기회였다.

한편 북한은 서울올림픽을 앞두고 전전긍긍했다. 북한 역시 서울올림픽을 세계 무대에서 남한의 국제적 지위를 높이고 공산주의 동맹국들과의 관계개선을 도모하는 정치적 이벤트로 생각했다. 서울올림픽 개막 일자가 하루하루 다가옴에 따라 북한은 이를 저지하거나 흠집을 내기 위해 갖은 노력을 기울였지만 결국 실패로 돌아가고 말았다. 서울올림픽은 남한이 공산주의 국가들로부터 승인을 확보하고 그들과의 관계를 개선하기 위한 노력에 획기적인 전기를 마련했다.

다가오는 88 서울올림픽

남한 정부는 애초부터 정치적 이익을 염두에 두고 올림픽 유치에 나섰다. 1979년 박정희 대통령은 암살 직전에 88년 올림픽 유치 계획을 승인하면서 올림픽을 개최하고자 하는 중요한 목적 중에 하나는 "우리나라의 경제력과 국제적 역량을 과시하고 공산권 국가 및 비동맹 국가와 국교를 수교하는 데 유리한 입지를 확보하는 것"이라고 천명했다. 특히 공산권과의 외교에서 확실한 입지가 보장된다는 사실은 남한 정부 올림픽 유치 노력에 박차를 가하는 원동력이 됐다.

당시 국제사회에서는 멕시코시티(1968년) · 뮌헨(1972년) · 몬트리올(1976년) · 모스크바(80년) · 로스앤젤레스(84년)에 이어 88년 올림픽은 아시아 국가에서 개최돼야 한다는 공감대가 형성돼 있었다. 이런 정황을 고려해 볼 때 서울의 가장 강력한 라이벌은 일본의 나고야였다. 그러나 남한은 여러 가지 측면에서 유리한 입장이었다. 먼저 일본은 도쿄 올림픽을 개최한 적이 있었다. 게다가 남한은 유엔에서 북한과 치열한 경쟁을 벌이고 있던 탓에 올림픽 회원국의 다수를 차지하고 있던 제3세계 대다수 국가들에 대사관이나 영사관을 두고 있었던 반면 일본은 그렇지 못했다. 더구나 대다수 개발도상국들은 자국과 처지가 비슷한 남한의 편에 서고자 했다.

올림픽 유치에 대한 남한 정부의 열의는 일본을 뛰어넘었다. 올림픽 개최 도시 선정을 위한 투표가 실시되기 4개월 전 정주영(鄭周永) 현대그룹 회장이 올림픽 유치위원장으로 선정됐다. 투표일이 다가오자 정주영 회장을 위시한 남한의 재벌 총수들은 세계 곳곳을 쫓아다니면서 융숭한 대접으로 IOC 위원들을 회유했고 노신영(盧信永) 국무총리는 뉴욕에서 열리는 유엔 총회에 참석해 회의장 복도를 누비며 각국의 외교관들을 상대로 적극적인 로비 활동을 펼쳤다.

81년 9월 서울측은 개최 도시 선정을 위해 서독의 바덴바덴에 모인 IOC 위원들에게 방대한 규모의 올림픽 선수촌 모델을 제시했다. 그들은 이 모델대로 선수촌을 건설하겠다는 약속을 내걸었으며 미스코리아와 미모의 대한항공 여승무원을 포함한 수십 명의 미녀들을 동원해 매혹적인 미소 작전을 펼쳤다. 서울올림픽 유치단의 일원이었던 한 인사의 말에 따르면 정주영 회장은 그 때까지 마음을 정하지 못한 IOC 위원들의 표를 확보하기 위해 중동에서 건설공사 입찰을 따냈을 때 했던 방식대로 항공권과 현금, 향응을 제공하는 데 수백만 달러를 지출했다. 결국 남한은 2대 1의 압도적인 표차로 일본을 누르고 올림픽 유치에 성공했다.

이 놀라운 소식을 접한 북한은 두 달이 지나서야 노동신문에 다음과 같이 보도했다. "최근 들어 남조선의 군사 독재정권은 괴뢰 정부의 고위관리들과 나팔수에 불과한 친정부 인사들을 동원해 매일같이 88 올림픽을 서울에서 개최한다며 우스꽝스러운 소란을 피우고 있다. 이제 남조선의 꼭두각시들은 사회주의 국가들과 비동맹 국가들에 접근해 공식적인 외교관계를 수립함으로써 자신의 정부를 합법적인 것으로 승인 받으려 애쓰고 있다."

    서울 올림픽 개막일이 다가오며 불안감을 느낀 평양은 공산주의 동맹국들에게 서울 올림픽에 대해 심각하게 문제를 제기했다. 85년 6월 황장엽(黃長燁) 조선노동당 대외담당 비서는 동독의 사회주의통일당 앞으로 "서울올림픽은 단순한 스포츠 행사가 아니라 세계 공산혁명의 기저에 큰 영향을 미치는 중대한 정치적인 사안이다. 그에 따라 한반도에서 사회주의가 강화될지, 아니면 자본주의가 강화될지 판가름이 날 것이다"라는 내용의 서한을 보냈다.

    북한은 피델 카스트로(Fidel Casto) 쿠바 국가평의회 의장의 조언에 따라 서울올림픽이라는 명칭은 잘못된 것이며 조선올림픽 혹은 평양-서울 올림픽으로 수정해야 한다고 억지를 부렸다. 북한과의 공동 개최로 스포츠 행사는 물론 TV 방영에 따르는 수익까지도 똑같이 양분해야 한다는 것이었다. 북한은 동맹국들에게 "미제와 남조선의 꼭두각시들이 우리의 정당한 제안을 받아들이지 않는다면 로스앤젤레스 올림픽에서처럼 사회주의 국가들이 집단으로 보이콧을 선언하고 올림픽 개최를 저지하기 위해 앞장서야 한다"고 부추겼다.

    남한과 IOC는 총 1천30경기 중 일부를 기꺼이 북한에 할애할 용의가 있었지만 완전한 공동 개최를 추진한다는 것은 재고의 여지가 없었다. 또한 소련이나 동유럽 국가들의 서울올림픽 보이콧 가능성도 없었다. 그들은 이미 84년 로스앤젤레스 올림픽에 불참했던 터라 이번 올림픽에는 무슨 일이 있어도 참여하겠다는 입장이었다.

86년 1월 평양을 방문한 에두아르드 셰바르드나제(Eduard Shevard-nadze) 소련 외무장관은 북한의 사정과는 상관 없이 소련권 국가의 선수들은 올림픽 게임에 참가할 것임을 분명하게 못 박았다. 셰바르드나제 외무장관은 평양 방문에 관한 기밀 보고서에서 "북한 내부는 소련과 공산주의 동맹국들의 올림픽 참가가 피할 수 없는 현실임을 이미 받아들인 것 같다"고 적었다. 이어서 북한 정부가 자신에게 소련의 올림픽 참가 발표를 가능한 늦추고 남북 공동 개최案을 지지해 달라고 강력히 요청했다고 덧붙였다. 소련은 올림픽 참가 결정을 비밀에 부치는 데 동의했고 공동개최안에 대한 지지를 표명했다. 그러나 소련의 올림픽 관계자들은 86년 4월 서울에서 개최된 올림픽위원회 회의에 참석하는 등 올림픽 준비에 적극성을 보였다. 그러나 소련측은 북한에 대해 불필요한 자극을 피한다는 지침 아래 자신들의 회의 참석을 부각시키지 말아달라고 남한 정부에 요청했다.

한편 남북한은 IOC의 후원 아래 올림픽 공동 개최에 관한 협상에 들어갔다. 서울올림픽 전면 공동개최는 이미 논외사항임을 북한 정부 역시 처음부터 이미 알고 있었을 것이다. 그럼에도 불구하고 북한은 주요 시설을 건설하고 티셔츠와 현수막, 기념 핀들을 만드는 작업에 착수하고 있었다. 박세직(朴世直) 서울올림픽조직위원장에 따르면 자신과 사마란치 IOC 위원장은 최종 합의에 이를 수 있으리라고 기대하지는 않았지만 가능한 한 협상을 오래 끌어 북한을 지속적인 감시망 안에 두자는 데 동의했다. 그들은 북한이 궁극적으로 수만 명의 선수와 임원진, 그리고 서방 기자들의 입국을 결코 허용하지 않으리라는 점을 확신했다. 그렇지만 적어도 협상을 진행하는 동안에는 북한이 동맹국들의 참가를 저지하기 위해 총력을 기울이지 못하리라는 점을 노리고 공동 개최 협상을 강행했던 것이다.

1987년 8월 북한이 IOC의 최종 타협안을 거부함으로써 협상은 좌초 위기를 맞았다. 그러던 9월 24일 북한이 남북 직접 협상 재개를 제의해왔지만 이번에는 남한이 거부했다. 박세직 위원장은 이런 일련의 과정에 대해 다음과 같이 설명했다. "북한은 완전히 궁지에 몰렸다…… 우리나라와 IOC는 3년에 걸친 인내심과 상호협조, 신중한 계획으로 북한을 고립시키는 데에 성공했다. 우리가 북한을 설득하기 위해 최선을 다했다는 사실을 국제사회에 보여주었으므로 소련과 동유럽 국가들은 서울올림픽 참가 여부를 자유롭게 결정할 명분을 얻었다."

북한은 남한과 IOC가 협상을 하려고 노력하긴 했지만 결코 진지한 태도를 취한 것은 아니었다고 생각했던 것 같다. IOC와의 중대한 회의가 있기 직전인 1987년 여름(7월 14-15일), 북한 올림픽 위원회의 서기장은 방북한 미국 인사에게 올림픽게임의 공동주최 사안이 1984년 말과 1985년 초에 올림픽 위원회관련 회의에서 다뤄진 바 있다고 말했다. 1985년 10월 IOC와 남북한 위원회는 로잔(Lousanne)*에서 첫 연석회의를 가졌는데, 북한은 남북한의 항구와 공항을 통행하는 것을 포함, 올림픽 경기장 사이에 아무런 검열 없이 통행할 수 있도록 하는 제안을 밀어붙였다. 또한 올림픽 경기를 반반씩(각 11개 경기) 나눠서 하자는 공동주최를 제안했다가 나중에는 8경기만 주최할 것을 제안했

---

* 스위스 서부의 주도州都

다. 1986년 6월 IOC는 북한에 두 개의 경기(탁구와 궁도) 전체와 두 개의 사이클 경기, 예선전 축구 경기 중 하나를 주최할 것을 제안했다. 북한의 기록에 따르면, 사마란치는 이를 두고 '수락하든지 아님 떠나든지' 식의 제안이라고 말했다고 한다. 북한의 대답은 "우리를 코너로 몰아서는 안된다"였다. 올림픽 게임까지 불과 18개월 밖에 남지 않은 상황에서 사마란치는 1987년 2월 또 다른 회의를 제안했다. 쌍무적인 입장이었던 사마란치는 북한이 일단 그 제안을 받아들이면, 추후에 올림픽 이름과 TV 중계권, 개막식과 폐막식의 무대 등에 대해 논의할 기회를 가질 수 있다고 말했다. 북한은 어떤 조건 없이 일이 추진되어야 한다고 답변했고, 사마란치는 몇 달 후에 회의를 여는 데 동의했다. 북한은 사마란치에게 자신들이 주최할 올림픽 경기 종목에 대해서는 유연하게 결정할 수 있다고 말했다. 그러나 경기 중 삼분의 일이 자신들에게 할당되어야 하는 것은 엄연한 '원칙의 문제'이며 축구에 대해서는 타협의 여지가 없다고 말했다. 북한은 이미 축구 경기를 주최하기 위해 세계에서 가장 큰 경기장을 건축하고 있다고 덧붙였다.

KAL 858 폭파사건

북한은 잠자코 당하고 있지만은 않았다. 남한이 북한의 직접 협상 제의를 거부하고 2주가 지난 87년 10월 7일 해외로 파견돼 부녀지간으로 위장 활동을 하던 해외공작원 김승일(金承一, 당시 70세)과 김현희(金賢姬, 당시 25세)가 평양으로 급거 소환됐고 이들은 남한 여객기를 폭파하라는 지령을 받았다. 상부에서는 이 지령이 김정일로부터 직접 내러온 것이며 세계 각국의 서울올림픽 참가를 저지하는 것이 목표라고 설명했다. 그리고 11월 29일 두 사람이 설치한 고성능 폭탄이 대한항공(KAL) 858기에서 터졌고 비행기는 미얀마 상공에서 공중 분해됐다. 당시 KAL 858기는 아랍에미리트연합의 아부다비(Abu Dhabi)를 출발해 동남아시아를 거쳐 서울로 향하던 중이었다. 비행기가 폭파되면서 탑승객 전원이 사망했는데 그중 대다수는 중동의 건설 현장에 파견됐다가 귀국하던 젊은 한국인 근로자들이었다.

일본인 관광객으로 위장한 베테랑 공작원 김승일과 처음으로 임무를 맡은 김현희는 이라크의 수도 바그다드에서 KAL 858기에 탑승했다가 다음 기착지인 아부다비에서 내리면서 시한폭탄을 숨긴 휴대용 라디오를 수화물용 선반 안쪽 깊숙이 숨겨두었다. 원래 계획은 KAL기에서 내린 즉시 다른 비행기로 갈아타고 이탈리아의 로마를 거쳐 오스트리아 빈으로 가서 귀국을 주선해 줄 북한 외교관과 접선하기로 돼 있었다. 그러나 아부다비 공항에서 예기치 못한 출국 절차의 강화

김현희는 18세 때부터 훈련을 받은 공작원이며 대한항공 여객기에 폭탄을 탑재해 승객 1백15명의 목숨을 앗아간 장본인이다. 그녀는 사형을 언도받았으나 사면됐고, 훗날 많은 남성들로부터 청혼을 받았다.

로 행선지를 바레인으로 바꿀 수밖에 없었다. 이들은 바레인에서 이틀 동안 가슴 졸이며 로마행 비행기의 좌석이 나기를 기다렸다. 그사이 의문의 KAL기 폭발 사건에 세계의 이목이 집중됐고 각국의 첩보 기관들은 KAL기에 탑승했던 일본인 관광객 부녀를 용의자로 지목하고 서서히 수사망을 좁혀갔다.

일본 경찰은 김현희의 여권이 위조된 것이라는 사실을 즉각 확인했고 김현희와 김승일은 바레인 공항에서 로마행 비행기 탑승 수속을 밟다가 체포됐다. 이들은 체포되는 순간 담배 필터 속에 숨겨둔 독약 앰플을 깨물었다. 김승일은 즉사했으나 김현희는 바레인의 여자 경찰관이 입에 물고 있던 담배를 재빨리 빼앗은 탓에 미처 치사량을 삼키지 못하고 목숨을 건졌다. 바레인 당국은 김현희의 국적이 북한이라는 사실을 확인한 후 엄중한 경비 속에 그녀를 남한에 인도했다. 서울로 이송된 김현희는 사전에 숙지한 각본대로 허위 진술만을 되풀이하다가 8일이 지난 후에야 자신의 신원과 범행 과정을 낱낱이 자백했다. 김현희는 남한 당국에 의해 기소돼 사형을 언도받았으나 사건의 진범은 북한 지도부이며 그녀는 세뇌당한 꼭두각시에 불과하다는 사유로 결국 특별사면을 받아 석방됐다.

그로부터 몇 년 후 필자는 서울에서 김현희를 만났다. 그녀는 북한 외교관의 딸에서 테러리스트를 거쳐 마침내 독실한 기독교 신자가 된 자신의 기구한 인생 역정에 대해 털어놓았다. 이제는 김일성 주석 대신 예수가 그녀의 구세주가 돼 있었다. 필자는 수십 년의 기자 생활 동안 수많은 전향 간첩들과 인터뷰했지만 김현희와의 인터뷰는 매우 특이한 경험이었다. 그녀는 우아하고 기품 있는 아가씨로 차분한 태도에 세련된 차림새를 하고 있었다. 인터뷰 당시 필자는 그녀가

16km를 단숨에 주파하고 70Kg짜리 역기를 들어 올릴 수 있으며, 소음장치가 장착된 권총을 정확히 조준해 상대를 저격할 수 있을 뿐만 아니라 단 일격의 수도로 상대를 즉사시킬 수 있는 훈련을 받았다는 사실을 전혀 알아차리지 못했다. 이렇게 매력적이고 지적인 젊은 여성이 가족을 만날 기대에 부풀어 집으로 향하던 1백15명의 무고한 인명을 몰사시킨 KAL기 폭파범이라고 생각하니 소름이 끼쳤다.

　김현희는 얼마 안 가 수화물용 선반에 숨겨 놓은 시한폭탄으로 인해 목숨을 잃게 될 탑승객들 사이에 앉아 있으면서도 그들의 비극적인 운명보다는 오로지 자신의 임무에만 골몰했다고 말했다. 그녀는 자신의 행위는 '조국통일이라는 위대한 목표와 염원을 달성하기 위한 것'이기 때문에 어느 정도 인명의 희생은 정당하다는 교육을 받았고 또 그렇게 믿었다고 말했다. 아울러 "민주주의 국가에서 사는 사람들은 믿기 어렵겠지만 나에게는 그것이 일종의 군대식 명령이었던 셈이다. 의구심을 가질 필요도 없이 그저 명령을 수행하면 그 뿐이었다"고 덧붙였다.

　김현희는 어린 시절부터 스타였다. 외교관의 딸로 태어난 그녀는 어렸을 때 북한 최초의 총천연색 영화에 출연했다. 그녀는 이 영화에서 가난에 찌든 비참한 남한 땅을 등지고 사회주의 낙원인 북한으로 탈출하는 부부의 딸로 등장했다. 10세 때는 평양에서 개최된 남북회담에 참석했던 남한 대표에게 꽃다발을 증정하는 화동으로 선발되기도 했다. 이윽고 평양외국어대학에 재학 중이던 18세 때 공작원으로 선발됐으며 마유미라는 가명을 부여받은 뒤 군부대로 파견돼 혹독한 군사 훈련과 사상 교육을 받았다. 그 다음에는 일본인과 중국인으로 행세할 수 있도록 어학 교육을 받았으며 비밀 통신을 비롯한 간첩 활동에 필요한 갖가지 훈련을 집중적으로 받았다. 북한 당국은 7년간 철저하게 훈련시킨 김현희와 노련한 공작원 김승일에게 87년 10월 KAL기를 폭파하라는 지령을 내렸다.

김현희는 서울로 압송되던 당시 무슨 일이 있어도 자신의 신분을 자백하지 않겠다고 결심했다. 그녀는 "남조선의 국가안전기획부의 잔혹성과 지독한 고문에 대해 수없는 이야기를 들었으므로 불안감과 두려움을 가졌다. 나는 비밀을 지키기 위해 목숨을 바칠 각오까지 했다"라고 말했다.

그러나 남한의 실상은 사뭇 달랐다. 수사관들은 그녀에게 동정하는 듯한 태도를 보였고 TV를 통해서, 그리고 서울 거리를 다니면서 새로 알게 된 남한의 현실은 부패하고 가난에 찌든 미국의 식민지라는 북한의 선전과 완전히 상반된 것이었다. "KAL기 폭파 지령이 조국통일을 위한 과업이었다는 생각에 의심이 들기 시작했다. 동포를 죽이는 죄를 저질렀다는 사실을 깨닫게 됐다…… 자백을 하든 하지 않든 자살해야겠다고 생각했다. 계속 고민하다가 결국 진실을 밝히기로 결심했다." 자신이 일본에 거주하는 중국인이라고 주장했던 김현희는 8일째 되던 날 수사관에게 느닷없이 한국말로 "용서해 달라. 미안하다. 모든 것을 밝히겠다"고 말했다.

미국 정부는 김현희의 자백을 연락받고 한국어에 능통한 고위급 외교관을 파견해 그녀의 자백이 강요에 의한 것이 아니라는 사실을 직접 확인했다. 자백이 사실이라는 확신이 들자 미국 정부는 북한을 테러리스트 국가로 지명하고 새로운 경제 및 정치적 제재조치를 발효했으며 서울올림픽에 대비해 보안 조치를 강화하도록 관계 부처를 통해 남한을 지원했다. 88년 3월 레이건 대통령과 슐츠 국무장관은 세바르드나제 소련 외무장관에게 서울올림픽을 방해하려는 북한의 위협을 언급했다. 세바르드나제는 "걱정하지 말라. 우리는 분명히 서울올림픽에 참가할 것이며 테러 행위는 발생하지 않을 것"이라고 레이건과 슐츠를 안심시켰다. 이후 소련 외무장관의 장담은 그대로 실현됐다.

북방정책의 부상

제24회 서울올림픽은(88년 9월 17-10월 2일) 80년대 말 남한의 외교정책에 새로운 전기를 마련했다. 노태우 대통령의 북방정책 추진에 따라 기존의 대북 정책도 새로운 틀을 마련했으며 궁극적으로 북한과의 새로운 공개 및 비공개 회담 재개의 단초가 됐다. 그러나 더욱 극적인 결실은, 당시 공산권 국가들에 실용주의와 개혁의 물결이 일기 시작하면서 북한의 동맹국들인 동유럽 국가들을 겨냥한 노태우의 외교정책이 전격적인 성공을 거두었고, 이것이 한반도를 둘러싼 전략 구도에 획기적인 변모를 가져왔다는 것이다.

88년 7월 1일 필자는 워싱턴포스트지의 프레드 하야트(Fred Hiatt) 도쿄특파원과 합동으로 노태우 대통령과 취임 후 처음으로 인터뷰를 가졌다. 盧대통령은 4월 총선에서 여당이 예상외로 부진했던 탓으로 여소야대의 정국에 봉착해 있는 상황이었지만 오히려 예전보다 여유 있고 자신감에 차 있는 모습이었다. 盧대통령은 對 북한 정책의 근본적인 인식 변화를 말하며 과거에는 남북이 서로 상대방의 외교관계 수립을 방해하기 위해 각각 총력을 기울였지만 "이제 정책을 바꾸었다. 우리는 북한이 충분한 자격을 갖춘 국제사회의 일원으로서 제 몫을 다 할 수 있도록 도와줄 것을 우리의 동맹국과 우방국에 요청할 것"이라고 말했다. 그로부터 엿새 후 盧대통령은 새로운 대북 정책을 천명하고 북한의 동맹국과 수교를 강화할 것이라는 정부의 방침을 공식 발표했다.

북한의 동맹국과 외교관계를 수립한다는 구상은 사실 오래 전부터 설정된 외교 목표였으며 특히 소련 및 중국과의 관계개선은 남한 정부의 오랜 염원이었다. 이것이 바로 남한의 안보를 강화하고 북한의 입지를 약화시키는 지름길이라고 믿었던 것이다. 이범석 외무장관은 83년 6월에 이미 소련·중국과의 관계 정상화가 남한 외교정책의 공식적 목표라고 선언했다. 그는 서독의 동방정책(Ostpolitik)에 빗대어 남한의 대 동구권 외교를 '북방정책'이라고 불렀다(이범석 장관은 그로부터 4개월 후 양곤의 폭탄테러로 목숨을 잃었다). 85년 초 공산권 외교에 대해 집중 연구를 진행한 남한 정부의 전문가들은 북방정책이 성공을 거두기 위해서는 북한과 그 동맹국들이 경계심을 발동하지 않도록 공산권을 향한 외교 공세를 펴는 동시에 북한과의 협상을 적극적으로 추진해야 한다는 결론에 도달했다. 그리고 이 새로운 외교 전략의 임무는 박철언 안기부장 특별보좌관의 손에 맡겨졌다.

87년 대통령 선거를 앞두고 노태우 후보는 북방정책을 적극적으로 추진하겠다는 공약을 발표했다. 그는 인천의 한 유세장에서 중국과의 관계 정립을 위해 "황해를 건너 중국으로 진출할 것"이라고 선언하면서 서해안 지방의 번영이라는 새로운 비전을 제시했다. 중국 정부와 덩샤오핑은 노태우 후보의 선언에 겉으로는 냉담한 반응을 보였지만 소련 고르바초프의 '新사고'와 흡사한 개혁 지향적인 외교정책과 시장지향적인 개혁을 추진했고 이는 남한 정부의 노력이 궁극적으로 결실을 맺을 것이라는 좋은 조짐이 됐다.

노태우 대통령은 북방정책을 본격적으로 추진하기 위한 첫 번째 조치로서 김종휘(金宗輝)를 외교안보수석으로 임명했다. 당시 52세로 미국에서 교육을 받은 국방전문가 김종휘는 외교정책의 기본 방향에 대해 확고한 주관을 가지고 있는 인물이었다. 그는 盧대통령의 신뢰와 지지에 힘입어 외교·국방 정책 전반에서 꾸준하게 권한을 확장했고 이후에는 남북관계까지 좌지우지하기에 이르렀다. 그가 5년간 꾸준히 노태우 대통령을 보좌하는 동안 국무총리 5명, 국방장관 4명, 외무장관 3명, 통일원 부총리 4명, 안기부장 5명이 교체됐다. 김종휘는 남한의 고도 경제성장과 다가오는 냉전 종식 상황을 십분 활용해 북한과 그 동맹국들과의 관계에서 주도적인 역할을 함으로써 소극적 대처에 연연하던 남한 외교계에 활력을 불어넣었다.

盧대통령은 하야트와 필자와의 인터뷰를 한 지 1주일도 안된 88년 7월 7일 처음으로 북방정책에 대한 공개적 제안을 선언했다. 盧대통령은 남북한 국민을 통틀어 "친애하는 6천만 동포 여러분!"이라는 표현으로 서두를 열면서 무역 증진, 각계각층의 상호 방문, 인도적 차원의 이산가족 접촉 등을 포함하는 6개항 대북 제안을 발표했다. 이어 그는 북한이 남한의 우방과 비군사적 통상을 하는 것에 반대하지 않을 것이며 북한이 미국 및 일본과의 관계 개선을 희망한다면 적극 협력하겠다고 덧붙였다. 이와 동시에 "우리는 소련·중국을 비롯한 사회주의 국가들과의 지속적인 관계개선을 추구한다"고 선언했다. 당시 그는 올림픽에 대해서는 언급하지 않았지만 盧대통령의 보좌관을 지낸 한 인사는 북방정책이 입안된 배경에는 공산주의 국가들의 올림픽 참여에 방해가 되는 정치적 걸림돌을 제거하기 위한 것도 있었다고 밝혔다.

　북한은 노태우와의 협상의 여지를 열어 두면서도 새로운 정책 방향에 대해 처음에는 부정적인 반응을 보였다. 남한 대통령이 10월 4일 南北 정상회담을 제안했을 때 북한은 평양으로 오겠다는 노태우의 제안을 '환영' 하면서도 그에 따른 조건을 제시했다.

　북한의 동맹국과 수교를 성사시키려는 남한 정부의 집요한 노력은 헝가리에서 처음 결실을 맺었다. 헝가리는 바르샤바 조약기구(Warsaw Pack)와 코메콘(COMECON) 회원국이었지만 오래 전부터 '굴라시 공산주의(Goulash Communism)' *의 실용적 노선을 추구하고 있어 동유럽 국가들 중에서 가장 이데올로기가 약한 나라였다. 양국 사이에 교류를 트기 위해 다리를 놓은 사람은 대우그룹 김우중(金宇中) 회장이었다. 원기 왕성한 경영인이었던 김우중 회장은 노태우 대통령과 개인적으로 친분이 깊은 사이였다. 그는 새로운 생산기지와 상품시장을 찾아 전세계를 동분서주했고 그 와중에 외교관계가 수립되지 않았던 수단·나이지리아·리비아·알제리·소말리아 등에 남한 기업 최초로 진출해 문호를 열어 놓음으로써 정부 단위의 공식적인 외교관계가 형성될 수 있는 든든한 기반을 마련했다. 김우중은 80년대 초 가장 먼저 중국의 문을 두드렸지만 김일성과 중국 지도부의 특별한 유대관계로

＊ 옛 소련이 헝가리의 공산주의 체제를 가리켜 부르던 말. 헝가리의 反소 운동이 무력으로 저지당하자, 헝가리는 1956년 이후 조용한 자유화의 길을 택하였다. 헝가리 국민들은 헝가리 공산주의가 反소주의의 새로운 형태는 아니라고 말하며 공산 종주국의 비위를 거스르지 않으면서 독자적인 사회주의 국가의 건설을 추진하고 있었던 것으로 보인다. 이와 같은 헝가리의 신축성 있는 체제를 옛 소련은 굴라시 공산주의라고 평하였다. 굴라시란 쇠고기에 여러 가지 채소를 넣어서 끓인 얼큰한 헝가리의 수프(국)이다.

보아 조속한 시일 내에 획기적인 전기를 마련하기는 어렵다고 판단하고 이내 동유럽과 소련으로 눈을 돌렸다.

84년 12월 김우중은 헝가리와의 교류를 목적으로 전용기를 타고 부다페스트로 향했다. 그는 헝가리 정부와 공산당의 승인 하에 일련의 사업 계약을 성사시켜 양국 상공회의소 간 합의를 이끌어내는 데 성공했고 87년 말과 88년 초 서울과 부다페스트에 각각 무역사무소가 개설되는 데 결정적인 역할을 했다.

盧대통령의 북방정책이 추진력을 더해감에 따라 남한 정부는 헝가리와의 공식 수교에 박차를 가했다. 마침 타이밍도 적절했다. 88년 5월 헝가리에는 서방 지향적인 새로운 관리들이 대거 등장함으로써 외교의 방향을 서방 쪽으로 돌렸다. 그해 6월 헝가리 정부는 헝가리 신용 은행의 산도르 뎀얀(Sandor Demjan) 은행장을 통해 남한이 10억 달러의 경제 원조를 제공한다면 서울 올림픽을 전후해 남한과 외교관계를 수립할 용의가 있다고 전해왔다. 뎀얀은 구시대적인 통제경제에 시장경제 원리를 도입하기 위해 분투했던 인물로 한국 기업과의 무역 증진에도 큰 관심을 보였다.

뎀얀의 제안을 계기로 양국 정부 사이에는 남한이 제공할 차관의 규모와 방법을 주의제로 한 비밀협상이 활발하게 진행됐다. 먼저 7월 5-14일 對공산권 협상 총책 박철언을 중심으로 한 남한 협상단이 부다페스트를 방문, 부다페스트 외곽의 경비가 삼엄한 고급 빌라에 머물면서 헝가리국립은행의 페렌크 바르타(Ferenc Bartha) 은행장을 위시한 헝가리 대표단과 밀도 높은 협상에 들어갔다. 남한측이 4억 달러 상당의 차관을 제시한 반면 헝가리측은 당초 요구한 총 원조 규모에서 한 발 물러선 8억 달러를 요구했다. 추가 협상에 따라 헝가리는

4억 달러 차관을 받는 즉시 서울에 공관을 설치하고 이후 추가로 4억 달러가 지불되면 정식 외교관계를 수립하기로 합의했다.

8월 8일-12일 서울에서 진행된 2차 비밀협상에서 양국은 올림픽 개막식 전까지 영사급 관계를 수립하고 그 후 6개월 이내에 정식 국교관계를 수립하기로 잠정 합의했다. 남한 정부의 입장에서 볼 때 올림픽 개최 전에 공산주의 국가와 외교관계 개설을 시작했다는 공식 발표는 매우 의미가 큰 것이었다. 남한 정부는 이 발표가 올림픽을 둘러싼 정치적 갈등을 완화하고 향후 다른 공산국가들과의 관계개선을 위한 토대가 되리라 기대했던 것이다.

8월 22일- 27일 다시 부다페스트에서 진행된 3차 협상은 합의에 이르기까지 하루에 8시간, 9시간 이상, 때로는 자정을 훨씬 넘긴 마라톤 협상이었다. 그 결과 마침내 헝가리는 6억2천5백만 달러의 상업차관을 제공받는 조건으로 외교관계를 수립하기로 남한측과 극적으로 합의했다. 올림픽 개막식을 나흘 앞둔 9월 13일 양국은 대사급 외교사절 교환을 전격 발표했고 그로부터 5개월 후인 89년 2월 1일 완전한 국교를 수립했다.

북한은 헝가리의 사례가 다른 동구권 국가들에게 큰 영향을 미치리라는 점을 깨닫고 신랄하게 헝가리를 비난했다. 對 한반도 정책결정 과정에 관한 소련 정부의 자료를 연구한 나탈리아 바자노바(Natalia Bazhanova)는 헝가리가 당시 북한의 의심 때문에 남한과의 수교에 앞서 소련 정부의 승인을 얻었다고 밝혔다. 9월 남한과 헝가리의 수교 발표 직후 북한의 노동신문은 장문의 논평을 통해 헝가리가 마르크스-레닌주의 원칙과 노동자 계급의 혁명 정신에 반역하는 중대한 실수를 저질렀다고 비난하면서 "과연 헝가리가 우방의 신의를 배신하면서까지 남조선 괴뢰 정부로부터 달러 몇 푼을 구걸해야 할 정도로 어려운 형편인가"라는 의문을 제기했다.

북한을 더욱 당혹스럽게 만들었던 것은 김일성과 그의 둘째 부인 사이에서 태어난 김평일(김정일의 이복동생)이 주 헝가리 대사로 부임한 지 불과 2주 만에 남한과 헝가리의 수교가 발표됐다는 사실이었다. 북한은 즉각 김평일을 소환했다. 89년 남한과 헝가리의 정식 수교 후 북한은 헝가리 주재 외교관의 등급을 하향 조정했으나 관계를 완전히 단절하지는 않았고 바터무역(barter trade)* 형태로 이루어졌던 양국 사이의 교역 규모는 오히려 증가했다. 북한과 헝가리의 관계를 관측했던 한 소련권 외교관은 경제적인 이해관계에 관한 한 "북한은 매우 실용적이고 완고한 태도를 견지한다"고 평했다.

9월 17일 제24회 올림픽 개막식에서 세계 1백60개국의 선수단이 차례로 잠실 올림픽 스타디움으로 입장하는 가운데 헝가리 선수단은 남한 관중의 열화와 같은 환호를 받았다. 그동안 북한 다음으로 가장 적대적이라고 인식됐던 소련 선수단도 열광적인 환영을 받았다. 한국 관중들은 소련의 농구팀이 미국팀을 물리치자 마치 자국이 승리한 것처럼 열렬하게 갈채를 보냈고 이에 미국인들은 실망을 넘어 충격을 감출 수 없을 정도였다.

고르바초프의 주도 하에 새로운 외교 시대를 맞은 소련은 올림픽

---

* 상품의 수출과 수입을 하나의 교환방식으로 서로 주고받는다는 물물교환 의미로서 양국 간에 동시에 동일한 신용장을 개설하여 쌍방의 지불을 보장하는 동시개설 신용장 방식과 수출입 상품과는 관계없이 수출품의 액수만큼 다른 상품을 수입하여 거래액의 대차차액을 없도록 하는 방식이 있다.

개막식 직전에 볼쇼이 발레단·모스크바 필하모닉 오케스트라·두 명의 한국계 성악가가 포함된 모스크바 국영 방송 합창단 등을 비롯한 문화·정치 사절단을 대거 서울에 파견했다.

 5년 전 소련 군당국은 항로 이탈로 인해 자국의 영공으로 들어선 대한항공 소속 보잉 747 여객기를 격추시킨 바 있었지만 88 서울올림픽과 관련해 대한항공 여객기가 자국의 영공을 가로질러서 비행할 수 있도록 특별 배려했다. 그 대가로 남한 정부는 2백 명에 달하는 소련 선수단과 임원진을 수용하는 만 2천8백 t급 초호화 수상 호텔, 미하일 숄로호프(Mikhail Sholokov)號의 인천 기항을 허락했다. 소련 선수단은 김우중 대우그룹 회장의 사전 약속에 따라 한국측에서 제공한 컴퓨터와 자동차, 버스 등을 귀국길에 모두 숄로호프호에 싣고 갔다.

 서울올림픽에 참여했던 1백60개국 중 24개국은 남한과 외교관계를 가지지 않은 나라였다. 그러나 올림픽 경기 장면은 인공위성을 통

88년 서울 올림픽은 남한의 공산권에 대한 외교 정책에 일대 진전을 가져다준다. 개막식에서 소련 선수들이 행진하고 있는 모습이다.

해 정치적 장벽을 넘어 지구촌 구석구석까지 방영됐다. 유럽·아시아·북아메리카의 대도시에서부터 제3세계 국가의 오지 마을에 이르기까지 하루 평균 10시간에서 12시간씩 올림픽 경기가 방송됐다. 아이러니컬하게도 TV 방송도 뚫지 못했던 유일한 곳은 같은 한반도 위의 북녘 땅이었다. 당시 북한의 TV, 라디오는 당에서 운영하는 선전용 채널 수신만이 가능했기 때문이다. 북한에서는 올림픽이 방송되지 않았고 선수단 역시 불참했다. 당시 올림픽에 일체 관심을 두지 않은 나라는 지구상에서 단 하나, 오직 북한뿐이었다.

미국의 신중한 대북(對北) 정책

88년 7월 5일 신동원(申東元) 외무차관은 외무부 청사를 나와 세종로를 가로질러 맞은편의 미국 대사관을 방문했다. 제임스 릴리 대사를 만나러 가는 신동원 차관의 손에는 대북 정책 6개항을 골자로 하는 선언문 사본이 들려 있었다. 노태우 행정부는 이 선언문을 미국과 협의하지 않고 독자적으로 입안했고 이틀 후 盧대통령이 이를 발표할 예정이었다. 그러나 남한 정부 내에는 소련이나 중국 정부와 직접 대화할 수 있는 채널이 없었기 때문에 미국의 중개자 역할과 잠재적인 영향력이 필요했다. 신동원 차관은 미국의 지지를 호소하면서 선언문 사본을 중국과 소련에 전달해줄 것을 요청했다.

릴리 대사는 신동원에게 이 선언문 내용이 "미국의 대북 정책에 변화를 가져오게 될 것"이라고 지적했다. 미국측의 기존 대북 원칙은, 만일 북한이 미국과의 관계 회복을 원한다면 반드시 그에 앞서 남한과의 관계개선을 위한 구체적인 조치가 앞서야 한다는 것이었다. 노태우 정부도 자국의 대북 정책 변경이 미국의 정책에 영향을 끼친다는 사실을 충분히 인식했지만 그것이 실질적으로 어떤 결과를 초래할 것인지에 대해서는 성급하게 판단하려 하지 않았다. 7월 1일 필자는 盧대통령과의 인터뷰에서 '앞으로 북한 사람들의 미국 방문 비자 신청에 반대하지 않을 것인가'를 물었다. 이에 盧대통령은 "정책 수정이 지나치게 급진적이면 일을 그르치기 쉽다. 모든 것을 성급하게 바꾸다보면 위험이 따르기 마련"이라고 대답했다. 그러면서도 그는 "북한이 국제사회에 동참할 수 있도록 유도하는 것"이 남한 정부의 기본 목표이며 이를 위해 미국을 비롯한 우방들에게 도움을 요청할 것이라고 덧붙였다.

美 대사관측은 남한 정부의 요청을 받아들여 선언문 사본을 소련과 중국에 전달하면서 새로운 북방정책을 "적극적이고 건설적인" 구상이라고 높이 평가했다(사실 美 국무부 내부의 반응은 이보다 훨씬 긍정적이었다. 한 내부 문건은 남한의 태도 변화를 두고 "가히 역사적이라 할 만큼 기존 대북 정책에서 획기적으로 탈피한 것"이라고 표현했다). 그러나 워싱턴 정부는 북한과의 관계개선 문제를 계속 검토하겠지만 즉각적인 조치가 필요한 것은 아니라고 분명히 밝혔다. 미국 정부는 서울올림픽을 방해하지 않고 남북대화를 재개한다면 몇 가지 긍정적인 조치를 고려해 보겠노라는 의사를 북한에 전달했다.

미국 정부는 북한과의 직접대화라는 미묘한 사안에 대해 심각하게 고민했다. 김일성 정권은 한반도에서의 주한미군 철수를 겨냥해 1974년부터 '철천지 원수'인 미국에 직접대화를 요구해왔다. 이에 미국 정부는 남한이 참여하지 않는 회담은 재고의 여지가 없다는 입장을 일관되게 견지하며 북한의 제의를 거부해왔다.

사교 모임 등에서 북한 관리를 만나면 '중요하지 않은' 이야기만 나누고 그 대화 역시 상식적으로 결례가 되지 않는 한 빨리 끝내라는 것이 美 외교계에 내려진 오랫동안의 지침이었다. 美 국무부는 83년 9월과 87년 3월 두 차례에 걸쳐 중립적인 장소에서 북한과의 논의를 허용한 적이 있었지만 그것은 고작 안면을 익히는 정도였으며 양국 외교관들이 돈독하게 친분을 쌓을 기회는 별로 없었다. 공교롭게도 국무부가 유연한 지침을 내린 순간 북한의 테러 행위(83년 10월에는 양곤 폭파사건, 87년 11월에는 KAL 858 폭파사건)가 발생돼 훈령들이 즉시 취소됐던 것이다.

盧대통령의 북방정책 발표 후 개스턴 시거 국무부 차관보와 주한미국 대사관에서 근무한 적이 있었던 윌리엄 클라크(William Clark) 보좌관은 지금이야말로 다시 한 번 평양과의 대화를 진지하게 시도해야 할 시점이라고 확신하게 됐다.

시거는 북한 문제와 관련한 美 국무부 내부 회의에서 "한반도에서 평화와 유사한 무엇이라도 이끌어 내는 유일한 방법은 북한을 개방시키는 것이라는 결론에 도달했다"고 회상했다. 그는 소련과 중국이 평양과 접촉하라며 끊임없이 미국을 압박했다고 지적했다. 또한 北·美 직접 대화의 가장 큰 걸림돌은 바로 남한 정부의 반대였지만 그것도 다소 완화된 것으로 보인다고 말했다. 여건이 이렇게 무르익었다면 당면한 문제는 대북 정책에 있어 과연 어떤 전략을 선택할 것인가였다. 이때 클라크는 북한의 반응에 따라 움직이기 보다는 일방적으로 추진해 나가는 '온건 주도책(modest initiative)'을 제안했다.

88년 10월 올림픽게임이 성공적으로 끝난 후 美 국무부는 클라크의 제안을 다음 4개항으로 문서화해 백악관의 승인을 받았다.

1. 북한 사람들의 비공식적, 비정부 차원의 미국 방문을 장려. 88년 이후부터 미국 비자를 신청한 북한인은 단 8명에 불과했고 이 중 4명은(세인트루이스에서 개최된 스피드 스케이팅 대회 참가 목적) 비자 발급이 거부됐다.

2. 미국 시민의 북한 방문을 어렵게 만드는 요인인 엄격한 재정 규제를 완화.

3. 인도적 차원에서 식품·의류·의약품 등의 제한적인 對 북한 수출을 허용.

4. 북한과의 진지한 의사교환을 위해 중립적인 장소에서 북한 인사들과의 실질적인 대화 재개를 허용.

이러한 미국의 온건 주도책은 북한의 즉각적인 태도 변화보다는 '긍정적이고 적극적인 반응'을 유도하는 데에 그 목적이 있었다. 미국은 공식·비공식 채널을 모두 이용해 '건설적' 정책을 상징하는 5개항을 북한에 제시했다. (1)남북대화의 진척 (2)한국전쟁 당시 실종된 미국인 유해의 송환 (3)반미 정치선전 중단 (4)비무장지대 일대에서 상호 신뢰를 구축할 수 있는 조치를 강구 (5)테러 행위 포기에 대한 믿을 만한 보증이 그것이었다.

유엔총회 연설차 4일 일정으로 미국을 방문한 盧대통령은 10월 20일 레이건 대통령과 슐츠 국무장관과 함께 미국측의 온건 주도책에 대해 논의했다. 당시 盧대통령은 그간 정상회담 개최를 북한측에 공개적으로 촉구해왔고 유엔 총회 연설에서 매우 유화적인 내용을 발표한 상황이었으므로 미국 정부의 새로운 정책에 동의했다. 다만 그는 이 조치의 발표를 자신의 서울 귀국 후로 늦추어줄 것을 요청했다.

미국 정부는 그의 요구를 받아들였다. 그사이 美 외교 관리들은 각국 정부에 미국의 새로운 대북 정책을 브리핑했다. 특히 통상적으로 아시아 정책에 관한 브리핑에서 제외됐던 동구권 국가들도 이번에는 미국측의 브리핑을 받았다.

美 국무부는 10월 25일 각국의 美 대사관으로 타전한 전문에서 "금번에 새롭게 추진하기로 한 온건 주도책의 목적은 대한민국 정부와 보조를 맞추려는 의도일 뿐 아니라 한반도의 긴장 완화를 통해 남북대화의 결실을 유도함으로써 미국의 국익을 달성하기 위한 것"이라고 강조했다.

미국의 대북 정책이 공식 발표되기 사흘 전인 10월 28일 美 국무부는 소련과 중국 정부에 새로운 정책에 대해서 각각 특별 브리핑을 실시하고, 각별히 중국측에는 이 내용을 평양에 전달해 줄 것을 요청하도록 대사관에 지시했다. 美 외교관들은 모스크바와 베이징에서 각각 "조선민주주의인민공화국이 호전적인 태도와 적대행위, 테러리즘을 포기하고 대화를 선택한다면 미국과의 관계개선을 위한 기회는 언제나 열려 있다"고 발표하고 아울러 미국 정부가 북한측의 '건설적 조치'를 기대하고 있다고 덧붙였다.

얼마 지나지 않아 북한은 베이징에서 양자회담을 갖자고 제의함으로써 미국의 의도를 시험해왔다. 미국은 베이징을 '중립적인 장소'로 보지는 않았지만 주 중국 美 대사관 소속 정무참사관인 레이먼드 버크하르트(Raymond Burkhardt)가 북한 외교 관리 한 명과 중국 외무부의 국제클럽 2층에서 만나는 것을 승인했다.

88년 12월 5일, 마침내 양국의 만남이 이루어졌다(미국 관리들은 중국 측에서 이를 도청하고 있다고 추측했다). 북한인을 상대해본 적이 없었던 버크하르트는 북한 대표의 진지한 태도와 실무적인 면모에 깊은 인상을 받았다. 이들은 허세를 부리지도 않았고 김일성 주석과 주체사상을 찬양하는 상투적인 말로 시간을 낭비하지도 않았다. 최초의 北・美 회담은 당시 양국 정부의 주요 현안들을 중점적으로 다루었으며 진지한 분위기 속에서 진행됐다.

이렇게 해서 북한은 88년 말 처음으로 상호 승인 아래 오랜 세월 동안 추구해 온 미국과의 직접 대화 창구를 마련할 수 있었다. 그러나 이것은 미국 정부의 새로운 노선 덕분이라기보다는 남한 정부의 획기적인 인식 전환의 결과였다. 그러나 美 외교관들은 처음부터 베이징 회담은 '협상'이 아닌 '대화'에 불과하다고 강조했으며 한반도 문제와 관련한 모든 협상에는 남한 정부의 참여가 있어야 한다는 기존입장을 굽히지 않았다.

베이징의 국제클럽에서의 회동 이후로 88년 12월부터 93년 9월까지 양국은 무려 34차례나 회의를 가졌다. 그러나 상호 메시지를 전달하는 데 그쳤을 뿐 실질적인 진전은 없었다.

제9장

소련의 對 한반도 정책 선회

서울 올림픽이 성황리에 끝난 지 한 달 뒤 소련 공산당은 처음으로 남한과의 관계를 진지하게 검토했다. 외부에 공개되지는 않았지만 88년 11월 10일 개최된 소련 정치국 회의에서는 30여 년 동안 지속된 남한과의 적대관계를 청산하고 긍정적인 관계개선을 도모해야 한다는 중대한 결정이 내려졌다. 강대국들이 對 한반도 정책을 결정할 때 으레 그렇듯이 이날 통과한 정치국의 새로운 정책 또한 전적으로 소련의 국익을 고려한 선택이었으며 한반도에 미치게 될 영향은 애초부터 도외시됐다. 그러나 그 동기가 무엇이든 간에 소련의 정책 변경은 남북한에 커다란 반향을 일으켰다. 남한 정부의 끈질긴 설득과 회유로 소련은 사회주의 진영의 영수로서 북한의 수호자이자 경제적 지원국이었던 입장을 선회해 남한의 파트너이자 고객으로 변신했다. 이는 실로 중요한 의미를 갖는 역사적 사건이었다.

* * *

11월 10일의 정치국 회의가 개최될 즈음 소련과 미국 사이에는 해빙 무드가 조성되고 있었고 고르바초프 소련 서기장은 권력의 최정점에 올라 있었다. 정치국 회의에 앞서 고르바초프는 '계급 투쟁'의 이데올로기로 결속된 동맹국들을 지원하는 전통적인 소련 대외정책에서 벗어난 자신의 개혁 정책에 노골적으로 반기를 들고 일어선 예고르 리가초프(Yegor Ligachev)를 정치국에서 축출했다. 이어서 '新사고'와 서방세계와의 협력에 바탕을 둔 대외정책을 주창하는 알렉산드르 야코블레프(Alexander Yakovlev)를 국제정책 위원장에 임명했다. 고르바초프는 워싱턴을 방문해 핵무기감축협정에 조인했고 레이건 대통령 역시 모스크바를 방문해 고르바초프와 함께 붉은 광장을 거닐며 새로운 美·蘇 협력관계를 자축하는 등 양국의 우의를 과시했다.

정치국 회의가 열리기 이틀 전인 11월 8일 조지 부시 부통령이 대통령 선거에서 승리를 거두자 고르바초프는 12월 뉴욕을 방문해 부시를 만났으며 유엔총회 연설을 통해 '보편적인 인류의 가치'를 토대로 한 소련의 새로운 외교 정책을 선포했다. 이어 그는 "오늘날 어떤 형태로든 폐쇄적인 사회를 유지하는 것은 불가능하다"고 선언했다. 고르바초프의 유엔 연설에 평양 정부는 등골이 오싹했다. 그는 자신의 새로운 외교 정책이 공허한 구호에 불과한 것이 아님을 증명이라도 하려는 듯 바로 그 자리에서 대대적인 군병력 감축과 재래식 무기의 축소뿐 아니라 동유럽, 몽골, 소련 영토에 속하는 아시아 주둔 소련군의 대규모 철군을 선언했다.

　소련이 對 남한정책을 수정하게 된 근본적인 원인은 바로 경제적인 측면 때문이었다.

　11월 10일 정치국 회의에서 검토된 보고서들 중에 대외경제를 담당했던 블라디미르 카멘체프(Vladimir Kamentsev) 부수상의 비망록은 유독 특기할 만하다. 그는 남한을 "극동 지역에서 가장 유망한 경제 파트너"라고 밝혔다. 그의 견해에는 이미 국제교역부, 재무부와 석유 및 가스 산업 등의 경제부처 장관들이 뜻을 같이하고 있었다. 당시 對 남한교역은 비공식 접촉과 제3국을 통해 이루어지고 있었지만 이 같은 불편함에도 아랑곳없이 교역 규모는 날로 증가하고 있었고 적극적인 남한의 기업인들은 정식 외교가 수립된다면 보다 유리한 교역 조건과 원조를 제공할 용의가 있다면서 모스크바의 문을 계속해서 두드리고 있었다. 한 정치국 회의 참가자 기록에 따르면 카멘체프가 내린 결론은 "한국과의 관계정상화를 서두르지 않으면 때를 놓칠지도 모른다"는 것이었다.

　정치국 회의에서 고르바초프는 카멘체프의 제안에 동의한다고 선언했고 이 제안은 만장일치로 통과됐다. 아울러 고르바초프는 "한반도 문제는 국내 이해관계는 물론 보다 폭넓은 국제적 이해관계의 맥락에서도 접근할 필요가 있기 때문에 정책 변경에 신중을 기해야 한다"고 주장하면서 남한과 정치적 관계를 수립하기 전 다른 우방들과의 협의가 불가피하다고 덧붙였다. 그러나 문화·스포츠 등 기타 분야의 문호는 더욱 개방돼야 하며 "이런 조치는 북한과 미국에 의미 있는 메시지가 될 것"이라고 덧붙였다.

　비록 점진적이지만 과감한 정책 추진을 결정한 고르바초프는 그것이 한국의 국수주의를 부추겨 미군 철수를 유도할 수 있다고 주장함으로써 자신의 결정을 합리화했다. 그러나 훗날 드러났듯이 이런 주장은 전혀 현실성이 없었다.

북한을 의식해 '충격 요법'을 배제하고 있던 고르바초프는 정책 변경을 전격 발표하자는 일각의 주장 대신 셰바르드나제 외무장관으로 하여금 일본을 방문하는 길에 평양에 들러 韓・蘇 관계 발전에 대해 설명하라고 지시했다. 이에 니콜라이 리슈코프(Nikolai Ryzhkov) 총리는 아마도 그런 내용을 전달받게 될 것을 짐작한다면 김일성이 셰바르드나제의 접견을 거부할 것이라고 말했다. 고르바초프는 그럴 가능성을 인정했지만 어쨌든 "그런 제스처로 북한측에 통보하자는 것"이라고 말했다.

그 누구도 북한이 소련의 입장을 쉽게 받아들이리라고 기대하지 않았다. 이런 일이 있기 전 소련 정치국은 평양 주재 소련 대사관을 통해 고르바초프의 페레스트로이카 정책이 북한에서 맹렬한 비판의 대상이 되고 있음을 보고받았다. 북한은 고르바초프를 진정한 마르크스-레닌주의 신념을 저버린 '수정주의자'로 보고 있다는 것이었다. 이미 다른 동맹국들로부터 끊임없이 제기돼 온 비난이었으므로 고르바초프는 이 보고를 담담하게 받아들였다. 그는 북한의 어떠한 반발에도 꿈쩍치 않고 기존의 한반도 정책을 대폭 수정하기로 결심했다. 이날의 회의를 마무리하면서 고르바초프는 다음과 같이 선언했다. "우리는 한국과의 관계를 개선하고 수립하기 위해 조금도 흔들림 없이 밀고 나갈 것이다. 이는 불가피한 선택이다."

변화의 근원

서울올림픽 참가를 계기로 소련의 관리·언론·국민들의 남한에 대한 인식이 극적으로 바뀌자 소련 정부는 이를 토대로 11월 10일 정책 기조 변경을 최종적으로 결정했다.

고르바초프 시대 이전의 소련 언론은 남한에 관한 기사를 거의 취급하지 않았고 설혹 보도가 나간다 하더라도 대부분 부정적인 내용이었다. 그러나 88년 올림픽을 전후한 1년 동안 주요 일간지나 잡지에는 소련 특파원이 직접 취재한 무려 1백95건의 남한 관련 기사가 실렸다. 소련 기자들은 스포츠뿐만 아니라 남한의 경제발전·문화·생활방식 등 한국의 참모습들도 다루었다.

소련 기자들의 논평은 남한에 대한 인식이 완전히 새롭게 바뀌었음을 잘 보여준다. 당시 서울올림픽 취재 단장을 지냈으며 훗날 고르바초프의 대변인과 타스 통신 사장을 역임한 비탈리 이그나텐코(Vitaly Ignatenko)는 자신의 첫 서울 방문을 '충격'이었다고 회상했다. "이전에 내가 알고 있던 것들은 모두 낡은 것이었다. 마치 21세기의 문을 열고 들어서는 느낌이었다"고 그는 말했다. 유력한 주간지인 오고뇨크(Ogonyok)지의 비탈리 우마셰프(Vitaly Umashev) 기자는 "한국이 제3세계의 국가라는 선입견은 사라졌다"고 말했다. 그는 "한국에서는 어디서든 제록스 복사기가 팔리고 있다…… 이에 반해 소련에서는 지금까지도 그것이 반체제 인사들의 도구로 간주되고 있다"고 썼다. 그간 남한을 美 군국주의의 보루라고 비난해 왔던 공산당의 기관지 프라우다(Pravda)는 올림픽 폐막 후 다음과 같은 기사를 냈다. "서울의 스포츠 시설들은 세계 최고 수준이며 한국인들의 전통과 아름다운 미소는 이때까지 과소평가돼 왔다."

　인쇄매체보다 영향력이 더 컸던 것은 바로 TV였다. 2억 명이 넘는 소련 시청자들이 올림픽 개막식과 서울의 발전상을 지켜보았다. 소련 방송국은 올림픽 기간 중 남한에서 전송하는 올림픽 관련 프로그램을 매일 14시간에서 16시간씩 계속해서 방영했다. 모스크바 시민 1백67명을 대상으로 한 비공개 여론조사에 따르면 70% 이상이 올림픽게임을 일부러라도 조금이나마 시청했다고 응답했다. 대다수 소련 국민은 남한 군중들이 소련과 미국의 경기에서 소련팀을 응원하는 모습을 보고 무척 놀라는 동시에 기뻐했고 소련이 가장 많은 금메달을 획득하자 의기양양해 했다. 한 보좌관은 고르바초프에게 "한국인들처럼 진심으로 우리를 환영해준 사람들은 지구상 어디에도 없다"고 말했다.

　남한 정부는 올림픽 개최 전부터 모스크바의 분위기 변화를 철저하게 조사해 적극 활용했다. 88년 여름 모스크바를 방문한 박철언 청와대 정책보좌관은 소련 외무부를 통해 고르바초프에게 盧대통령의 친서를 전달했다. 盧대통령은 그 서신에서 북한의 비난을 받고 있는 페레스트로이카 정책을 높이 평가하며 아시아의 평화와 안정을 위한 발판으로 韓·蘇 수교를 요청했다. 아울러 박철언 보좌관은 고르바초프가 자신의 개혁 정책에 관해 저술한 책의 한국어 번역판도 전달했다. 그로부터 몇 주 후 고르바초프는 동양학연구소의 한국계 학자 게오르기 김을 통해 盧대통령에게 답신을 전달했다.

　9월 9일 모스크바를 떠날 준비를 하고 있던 박철언은 소련 정부가 한국과의 비공식적인 관계개선을 희망하고 있다는 소식을 들었다. 아울러 서울올림픽 개막식 하루 전인 9월 16일 고르바초프가 시베리아의 크라스노야르스크(Krasnoyarsk)에서 중요한 연설을 할 예정이라는 암시를 받았다. 이 날 연설에서 고르바초프는 공개 석상에서 처음으로 남한과의 관계개선 가능성을 시사했다. 그는 "한반도 상황이 전반적으로 향상됐다는 점을 감안할 때 한국과 경제 분야에서 협력할 용의가 있다"고 선언했다. 이어 "소련과 중국·일본·북한·남한의 해안선이 만나는 지역"에서의 군병력 감축과 군사 활동 제한을 위한 다자간 협상을 제안했다. 盧대통령은 이에 동의한다는 뜻으로 10월 유엔 총회 연설에서 고르바초프가 언급한 5개국에 미국을 포함하는 총 6개국의 '평화 협의체' 구성을 촉구했다. 유엔 주재 소련 대사를 비롯한 소련의 외교 관리들은 두 가지 제안이 유사하다는 사실에 주목했다.

정치적인 문제는 차치하고라도 소련은 남한의 경제 규모가 북한에 비해 압도적이라는 사실을 간과할 수 없었다. 한국전쟁 후 10여 년간 남북한의 경제력은 비슷했지만 88년에 이르러 남한의 GNP는 북한의 7배에 달했고 그 격차는 급속히 벌어지고 있는 상황이었다.

소련은 84년까지 북한에 20억 달러 이상의 원조와 차관을 제공했는데 그 대부분은 상환되지 않은 연화 차관이었으며 북한은 그 자금으로 공장을 건설했다. 84년과 86년, 김일성 주석이 두 차례에 걸쳐 모스크바를 방문한 이후 이전보다 더 많은 양의 석유와 가스·무기 기타 각종 생산품이 특혜에 가까운 조건으로 북한에 제공됐다. 그러나 이처럼 막대한 지원에도 불구하고 84년 북한은 서방의 채권국으로부터 제공받은 소액 차관의 이자조차 지급하지 못했고 그로부터 3년이 지난 후에는 공식적으로 지급 불능을 선언, 국제금융기관에서 더 이상 상업차관을 제공받을 수 없는 형편으로 전락했다. 88년 소련은 북한에 19억 달러 상당의 물자를 제공했으나 북한이 지불한 대금은 9억 달러에도 채 못 미쳤다. 이처럼 소련이 일방적으로 엄청난 대가를 지불해야 했던 北·蘇 교역은 북한의 총 무역량 중에서 60%에 육박했다.

이에 반해 남한 경제는 역동적인 발전을 거듭했고 특히 자동차·조선·TV 수상기·반도체 부문에서 세계시장을 선도함으로써 매년 10% 이상의 경제성장률과 함께 엄청난 무역 흑자를 기록하고 있었다. 미국과 일본의 원조에서 벗어난 한국은 87년 이후로 경제개발협력기금(EDCF)을 조성해 원조 지원국으로 변신했다. 국내 재벌 기업 총수들은 끊임없이 시베리아에 대한 투자와 교역에 깊은 관심을 표시했고 당시 시베리아 개발은 막대한 외국 투자가 필요한 소련 경제개발 계획의 최우선 목표였다. 소련 정부는 본래 일본의 투자를 기대했으나 소련 영토에 속하는 북방 4개 도서 반환 문제로 양국 사이에 갈등의 소지가 상존했기 때문에 그 전망이 불투명했다. 따라서 남한은 일본에 대한 합리적인 대안으로 선택됐다.

소련의 정치국이 남한과의 관계개선을 결정하기 전에도 북한은 소련에게 韓·蘇 경제교류 확대에 대한 해명을 요구했다. 88년 9월 말 공산당 중앙위원회 국제부는 북한의 추궁에 대해 다음과 같이 솔직하게 답변했다.

소비에트사회주의공화국연방은 경제적 난관을 극복하고자 새로운 경제 협력국을 물색하고 있다. 한국은 소련의 극동 지역에 필요한 상품과 기술을 보유하고 있다. 알다시피 한국은 중화인민공화국과 같은 사회주의 국가를 포함해 전세계의 거의 모든 나라와 경제 관계를 갖고 있다. 韓·蘇 직교역은 아시아·태평양 지역에 평화와 안정을 정착시키는 데에도 도움이 될 것이다. 우리는 한국과의 관계 수립을 서두를 생각은 없다. 한반도의 정치 상황에 맞추어 점진적으로 경제 분야의 협력 증진을 꾀할 것이다.

국제부는 "동시에 소련은 북한에 대한 의무를 결코 저버리지 않을 것이며 한국과 정치적인 관계를 맺을 의사가 없다"고 덧붙이는 것을 잊지 않았다.

정치국에서 남한과의 관계개선을 비공식적으로 결정한 지 한 달 후인 88년 12월 남한은 소련의 3억 달러 상업차관 요청을 긍정적으로 검토해 보겠다는 말과 함께 소련의 극동 지역에 무역센터를 건립할 수 있도록 4천만 달러를 지원하는 방안도 고려 중이라는 언질을 주었다.

셰바르드나제 외무장관은 고르바초프의 지시대로 평양을 방문해 앞으로 남한과 새로운 관계를 모색하겠다는 모스크바의 결정을 북한 지도부에 직접 전달했다.

소련 대표단의 눈에 비추인 평양은 춥고 음산했으며 사람들의 표정은 어둡기만 했고 인기척 없는 거리에는 먼지조차 없었다. 김일성은 방문단에게 호의를 보이려고 최선을 다했다. 그는 셰바르드나제와의 회담에서 소련의 결정에 대해 직접적인 이의를 제기하지는 않았다.

소련의 정책 변경에 대한 거센 공격은 김영남 외교부장이 맡았다. 그는 이전부터 북한의 가장 고집스러운 입장을 대변하는 역할을 종종 수행했던 인물이었다. 셰바르드나제의 평양 방문 후 제출된 내부 보고서에 의하면 "김영남은 사회주의 국가들이 남조선의 실정을 제대로 파악하지 못하고 있으며 분단을 고착화하고 남북대화를 방해하고 있다고 통렬하게 비난하는 한편 일부 사회주의 국가들이 달러 몇 푼 때문에 사회주의를 포기하고 있다고 공격했다. 그러나 우리는 그러한 비난을 단호하게 거부했다"고 기록했다. 회담 끝에서 셰바르드나제는 소련과 남한의 관계는 어디까지나 비공식적인 것일 뿐이며 앞으로도 그럴 것이라 재차 다짐했고 회담 후 발표된 공식 성명에도 같은 내용을 포함시켰다.

셰바르드나제는 평양에서 자신이 가장 격렬하게 강조했던 말에 대해서는 공개적으로 또는 내부 보고서에도 언급하지 않았다. 그는 김영남과의 논쟁이 격화되자 "나는 공산주의자다. 공산당원으로서 약속하건데 소련 지도부는 한국과 외교관계를 수립할 용의가 없으며 앞으로도 결코 그런 일은 발생하지 않을 것"이라고 분통을 터뜨렸다. 그러나 멀지 않은 날 북한 지도부는 이 말을 들이대며 그를 공격하게 되고 셰바르드나제 역시 자신이 그 약속을 그렇게 빨리 뒤엎게 될 줄은 꿈에도 상상치 못했다.

韓-蘇 정상회담

1989년은 소련의 외교 정책에 급격한 변화가 이루어진 해였다. 이 시기를 기점으로 이데올로기는 소리 없이 역사의 무대 뒤로 사라지고 그 빈자리에는 실용주의와 국제적으로 용인되는 기준이 들어섰다. 그 해 2월 아프가니스탄에서 마지막 소련군이 철수함으로써 소련의 위상을 크게 실추시켰던 아프가니스탄 침공은 막을 내렸다. 5월에는 고르바초프가 베이징을 방문해 수십 년 동안 계속된 中·蘇 분쟁에 종지부를 찍었다. 이 경사스러운 사건을 위해 허용된 TV 생중계는 도리어 중국의 얼굴에 먹칠을 하는 결과를 빚었다. 고르바초프의 중국 방문 동안 미국 방송국은 격렬해지는 학생시위를 취재했고, 고르바초프가 베이징을 떠난 직후인 6월 4일 천안문에서 학생시위가 벌어지자 공안당국이 이를 유혈 진압 하는 모습이 생생하게 보도됐던 것이다.

그 해 8월 폴란드 공산당은 고르바초프의 승인 하에 폴란드의 자유노조가 이끄는 연립정부에 정권을 내주었다. 이로써 막강한 군사력을 기반으로 위성국가에 충성을 강요했던 브레즈네프 독트린(Brezhev Doctrine)*은 종말을 고했다. 이어 동유럽에 지각변동이 잇따랐다. 헝가리・체코슬로바키아・불가리아・루마니아의 공산주의 정권이 퇴진하거나 여론의 압력에 못 이겨 정치 노선을 바꾸었다. 11월에는 베를린 장벽의 문이 활짝 열려 2차 세계대전 후 유럽을 양분했던 철의 장막 시대가 끝났음을 시사했으며 동독이 서독에 흡수 통일되는 시발점이 마련됐다. 89년 12월 고르바초프는 지중해 몰타(Malta) 해안에서 조지 부시 미국 대통령과 만나 미국의 원조 제의를 기꺼이 받아들일 것이며 미국과 소련은 더 이상 적대국이 아님을 선언했다.

고르바초프의 대외 정책은 해외에서 높은 평가를 받았지만 소련 내

---

* 소련의 브레즈네프 서기장은 1968년 체코를 침공한 직후 이를 정당화하기 위해 "각 사회주의 제국은 국가주권의 독립을 확보하나, 그것은 그 나라의 사회주의 발전의 방향이 다른 사회주의국이나 국제공산주의운동의 이익을 저해하지 않는 한계에서 확립해야 한다"고 선언했다.

부에서는 그에 대한 비난의 목소리가 점점 거세지고 있었다. 당시 소련은 시장경제로 옮겨가는 고통스러운 첫 과도기를 맞고 있었다. 소련 국민들은 소비재의 부족에 시달렸고 재정적자는 무려 GNP의 12%까지 치솟았는데, 이는 당시 비정상적으로 높다고 여겨지는 수치였다. 언론 통제가 완화됨에 따라 국민들이 자신의 견해를 자유롭게 표출할 수 있게 되자 소련 지도부에 대한 일반 국민의 신뢰는 더더욱 바닥을 향해 곤두박질치고 있었다.

이런 상황에서 고르바초프는 남한과의 관계개선을 통해 경제적 도움을 얻는 것이 궁극적으로 위기에 처한 소련 지도부를 구하는 것이라 믿었다. 또한 소련은 남한 정부와 긴밀한 관계를 맺음으로써 북방 4개 도서 문제로 경제 원조를 거부하고 있는 일본 정부에 자극을 주었다. 고르바초프는 북한을 스탈린 시대의 유물이며 점차 사라지는 냉전 국가의 전형으로 치부하고 더 이상 관심을 갖지 않았다.

고르바초프는 자신의 회고록에 "경제 기적을 이룩한 동아시아의 龍들 중 하나인 한국에 대한 우리의 관심은 소련의 경제상황이 악화됨에 따라 점차 커져 갔다"고 썼다. 이 회고록에 관한 인터뷰에서 고르바초프는 "美·蘇 관계의 개선, '新사고' 개념의 구체화, 동유럽에서 진행된 일련의 지각변동, 브레즈네프 독트린의 포기 등 일련의 사건들이 일어남에 따라 남한과 관계개선을 모색하기 시작했다"며 또 다른 요인들을 밝혔다.

한편 노태우 대통령은 소련정부의 변화 추이를 유심히 지켜보고 있었다. 특히 고르바초프 서기장의 1986년 블라디보스토크(Vladivostok) 연설과 1988년 9월의 크라스노야르스크(Krasnoyarsk)의 정책 선언에 주목했다. 盧대통령은 고르바초프의 신중한 발언에서 그가 궁극적으로는 남한과의 협력을, 특히 경제 협력을 갈구하고 있다는 것을 간파했다. 盧대통령은 93년 필자와의 인터뷰에서 "나는 고르바초프의 연설을 이제 기회가 왔다는 표시로 받아들였다. 소련과의 관계개선이라는 우리의 목표를 달성하기 위해 적극적으로 나설 시간이 된 것이었다. 말하자면 그들의 진의가 무엇인지 깨달은 것"이라고 말했다.

1988년 말 소련은 한국인의 입국 제한 조치를 폐지함으로써 사상 처음으로 다른 자본주의 개발 도상국 국민들과 똑같이 대우했다. 그 직후 양국은 우편·전신·전화·텔렉스 서비스를 개시했다. 89년 1월 현대그룹 정주영 회장은 모스크바를 방문해 소련 상공회의소측과 경제 협력에 관한 공동합의문을 채택했다. 2주 후에는 소련 상공회의소 부회장 블라디미르 골라노프(Vladimir Golanov)가 서울을 방문해 서울과 모스크바에 비공식 무역사무소를 개설하기로 합의했다. 모스크바에 한국 무역사무소가 개설되자 사업을 제안하는 수백 명의 소련 기업인들과 정부 관리들로 북새통을 이루었다.

많은 남한 기업인들이 모스크바로 몰려갔고 소련 관리들은 이들을 환대하며 공장 건설에서부터 소비재 생산, 군수 산업을 민간 산업으로 전환하는 것에 대한 도움을 요청하는 등 다양한 사업 계획을 제안해왔다. 이후 양국의 교역 규모는 빠르게 확대됐다.

한편 북한은 1989년 초 韓·蘇 관계를 반전시키거나 적어도 서울로 전진하는 소련의 행보를 조금은 늦출 수 있지 않을까 하는 기대로 고르바초프의 평양 방문 성사를 위해 적극적인 로비를 펼쳤다. 고르바초프는 그 해 봄 베이징을 방문할 예정이었으므로 북한은 그가 중국 방문길에 잠시 평양을 들릴 수 있는 좋은 기회라고 생각했다. 북한의 고위급 관리들과 모스크바 주재 북한 대사는 그의 일정에 평양 방문을 포함시키기 위해 애걸과 협박 등 온갖 방법을 동원했다. 고르바초프의 베이징 방문 때 그를 수행했던 한 보좌관은 "그때마다 고르바초프는 평양을 방문할 수 없는 구실을 만들어 내느라 무척 애를 먹었다"고 회상했다. 국가안보보좌관을 지낸 아나톨리 체르냐에프는 "고르바초프는 평양에서 북한 사람들과 포옹을 하는 등 친밀한 모습을 연출하면 사람들이 그것을 이중적인 모습이라 생각할 것을 알고 있었기 때문에 혹시라도 평양에서 자신의 개혁 이미지가 손상될 것을 우려했다"고 밝혔다. 고르바초프가 89년 5월 베이징 방문 기간 중 평양 방문을 끝내 거부한 것은 평양으로서는 견디기 어려운 치욕이었다. 고르바초프의 베이징 방문은 中·蘇 분쟁의 갈등이 해소됐다는 사실을 의미했고 이로써 양국 모두 김일성 정권이 어느 편으로 기울든 전혀 상관하지 않게 됐으므로 더더욱 북한으로서는 고통스러운 일이었다. 김일성은 이들에 대한 자신의 영향력 상실을 우려했고 심지어 양자가 북한에 위협을 가하게 될지 모른다는 가능성을 두고 고민했다.

고르바초프는 韓·蘇 관계의 급진전을 중국정부에 솔직하게 털어놓았다. 中·蘇분쟁 시절에는 상상도 못할 일이었다. 소련 공산당 중앙위원회가 베이징 방문을 앞두고 준비한 브리핑 자료에서는 다음과 같은 내용이 포함돼 있다. "중국은 적극적으로 남한과 비공식 관계를 발전시키고 있다. 중국과 남한의 교역 규모가 30억 달러인 반면 우리의 교역량은 2억 달러에도 미치지 못한다. 韓·蘇 관계 발전은 중국의 對 북한 관계에 훼손을 주지 않을 뿐더러 한반도의 긴장 완화에 도움이 된다." 이같은 보고 내용을 염두에 두었던 고르바초프는 리펑(李鵬) 중국 총리에게 "對 남한 관계에 있어 소련은 중국에 한참 뒤처져 있다"고 말했다. 이에 대해 리펑 총리는 "적어도 교역 규모에 관한 한 옳은 얘기"라고 응답했다.

소련 정부는 정책적으로 黨주도의 여러 연구단체(씽크탱크)를 통해 한국에 손을 뻗쳤다. 시간이 흐를수록 더 많은 정치인들의 교환 방문이 이루어졌고 특히 非정부 인사들과 야당 지도자들의 모스크바 방문이 줄을 이었다. 1989년 2월 게오르기 아르바토프(Georgi Arbatov)가 소장으로 있는 미국·캐나다 연구소는 국제적으로 널리 알려진 야당 지도자 김대중 평민당 총재를 초청하는 한편 예브게니 프리마코프(Yevgeni Primakov)가 이끄는 세계경제 및 국제관계연구소(IMEMO)는 김영삼 통일민주당 총재를 초청했다.

1989년 6월 김영삼 총재가 모스크바를 방문했을 때 공교롭게도 북한의 정치국 위원인 허담도 모스크바에 머무르고 있었다. 소련 당국은 두 사람의 회동을 주선했지만 김영삼은 소련 방문 전 청와대와 협의한 대로 남북정상회담이 이루어지기 전에는 불가능하다며 허담의 평양 초청을 거절했다.

김영삼이 그때 북한측의 요청을 받아들여 평양을 방문했다면 그렇게 해서 조금이나마 서로를 이해하게 됐더라면 한반도의 역사는 달라졌을지도 모른다. 노태우 정부는 김영삼의 신중한 처신을 높이 평가했고 이는 90년 1월 민정당과 통일민주당의 합당으로 민주자유당이 탄생하고 궁극적으로 김영삼이 노태우의 뒤를 이어 대통령으로 당선될 수 있는 계기가 됐다. 모스크바 방문 9개월 후 김영삼은 여당 총재 자격으로 다시 한 번 모스크바를 방문해 짧은 시간 동안 고르바초프 대통령(고르바초프는 90년 3월 인민대표회의에서 소련 대통령으로 추대됐다)

과 비공식 회담을 갖기도 했다.

그사이 소련에서는 대 한반도정책을 둘러싸고 치열한 공방전이 벌어졌다. 대부분의 외무부 관리들과 군부, 중앙위원회의 전문가들이 북한과의 오랜 유대관계를 감안해야 한다는 신중론을 주장하는 한편, 정치 및 경제계 거물들은 북한과의 유대관계는 구시대의 유물에 지나지 않으며 남한과의 관계개선을 서둘러 하루라도 조속히 경제적 지원을 확보해야 한다고 주장했다. 그러나 쟁점은 정책의 방향이 아니라 정책 추진의 속도와 절차상의 문제였다. 소련의 한 외무부 고위관리는 "우리도 한국을 승인할 수밖에 달리 도리가 없다는 사실은 충분히 인식하고 있었지만 단지 단계적으로 그 목표에 접근해야 한다는 입장이었다"고 설명했다. 그러나 중앙위원회에 소속된 일부 부서와 고르바초프의 보좌관들은 하루라도 빨리 금융 지원을 받아내야 한다는 명분으로 당장 관계 정상화를 서두르자고 주장했다. 당시 신중론을 폈던 중앙위원회 소속 한반도 전문가 바딤 타첸코는 최고 결정권자들이 "처음부터 가장 중요한 문제는 돈이라면서 교역 문제에만 집착했다…… 그들은 충분한 의견 조율을 거치지 않고 바로 그 자리에서 모든 일을 처리했다"고 밝혔다.

결정적인 순간은 고르바초프가 89년 5월 자신의 집무실에서 오랫동안 주 미국 소련대사를 지냈던 아나톨리 도브리닌(Anatoly Dobrynin)을 만났을 때였다. 주미 대사 근무를 마치고 고르바초프의 외교 담당 수석 보좌관이 된 도브리닌은 서울에서 개최되는 국제행동위원회(InterAction Council, IAC) 회의에 초청을 받았다. 국제행동위원회는 헬무트 슈미트(Helmut Schmidt) 전 서독 총리가 창립한 전직 국가원수 및 고위 외교 관리들의 비공식 모임이었다. 당시만 해도 소련 고관의 서울 방문은 매우 민감한 사안이었기 때문에 도브리닌은 사전에 고르바초프의 승인을 얻고자 했다.

고르바초프는 도브리닌을 만나기 직전 재무장관으로부터 극심한 재정난에 대한 보고를 받았다. 개혁이 추진되는 동안 국민들의 최소 생활수준 유지를 위해서는 소비재 수입이 불가피했으나 소련 정부의 부채 상환 능력을 의심한 해외 금융기관들은 추가 차관을 거절하고 있었다. 고르바초프는 차관 제공을 위해 동분서주했으며 심지어는 독일의 장래를 협의하는 자리에서까지 서독측에 비밀 금융지원 요청을 추가하는 안을 고려하고 있었다.

도브리닌은 "우리는 돈이 필요하다"는 것이 고르바초프가 자신에게 한 말의 요지였다고 회상했다. 고르바초프는 이처럼 실용적인 전제를 내린 후 도브리닌에게 남한 방문 중 남한 정부에게 상당한 규모의 차관 공여가 가능할지를 타진해 보라는 지시를 하달했다. 고르바초프는 당시로서는 직접 서울에 갈 준비를 하지 못했고 제3의 장소에서, 예를 들어 5월 말 6월 초 부시 대통령과 정상회담이 예정돼 있는 미국에서 盧대통령을 만날 의향이 있음을 밝혔다.

도브리닌은 5월 22일 서울에 도착했고 그 다음 날 비밀리에 청와대를 방문해 盧대통령과 북방정책 총지휘관 김종휘 외교안보수석을 만났다. 도브리닌은 고르바초프가 盧대통령과 만나고 싶어한다는 소식을 전했다. 이것은 소련이 남한을 공식적으로 승인하며 가까운 시일 내에 완전한 외교관계를 수립하겠다는 상징적인 의미였다. 도브리닌은 盧대통령에게 "각하께서는 이 이야기를 알게 된 세 번째 사람"이며 이어 김종휘 보좌관에게는 "귀하는 네 번째"라고 말했다. 도브리닌은 철저한 비밀 유지를 강조했고 이 사실은 소련 외무부조차 모르고 있으므로 최후의 순간까지 대한민국 외무부에도 알리지 말 것을 당부했다.

그들은 그로부터 2주 후 고르바초프가 부시와 회담을 가진 다음 방문하기로 돼 있는 샌프란시스코에서 두 정상이 회동할 것을 합의했다. 도브리닌은 정상회담이 공식적으로 발표되기 바로 직전까지 세바르드나제 외무장관에게 이 사실을 알리지 않았다. 이처럼 韓-蘇 정상회담이라는 획기적인 외교적 사건에 소련 외무부가 배제된 것은 굉장히 이례적인 사건이었다.

도브리닌은 盧대통령과의 자리에서 구체적인 액수는 언급하지 않았지만 수십억 달러 규모의 차관에 대해서 논의했다고 밝혔다. 한편 盧대통령은 필자와의 인터뷰에서 "도브리닌은 소련 지도부의 경제발전 추진 노력이 절체절명의 위기에 봉착해 있다고 말했다"고 회고했다. 盧대통령은 "그들은 한국의 발전상을 목격하면서 우리가 어떤 식으로든 페레스트로이카 정책의 성공을 위해 기여하기를 기대했다. 그들은 하나의 모델로서 한국의 경제 발전상에 비상한 매력을 느꼈던 것이다. 경제 성장은 당시 소련 지도부의 최우선 과제였고 바로 그 점에서 한국의 기여를 기대했다"고 말했다. 盧대통령은 도브리닌에게 공식적인 수교가 성사될 시 소련 경제에 아낌없는 지원을 하겠다고 약조했다.

남한 정부의 입장에서 볼 때 소련과의 관계를 정상화한다는 것은 대단히 중요한 사건이었다. 북한이 가장 중요한 경제 및 군사적 지원국이자 안보 보장국이었던 소련으로부터 더 이상 전폭적인 지지를 받을 수 없게 되기 때문이다. 게다가 공산권의 가장 대표적 인물인 고르바초프가 남한의 대통령과 만난다는 것은 전세계가 대한민국을 한반도의 합법적인 정부로 인정하는 것이며 한편으로는 남한을 공산권 국가들로부터 격리하기 위한 북한의 오랜 노력들이 좌절됐음을 의미했다. 머지않아 중국도 소련의 뒤를 따르게 되리라는 사실 또한 자명했다.

고르바초프와 盧대통령의 정상회담이 미국에서 열렸지만 여기서 미국 정부는 별다른 역할을 하지 않았다. 제임스 베이커(James Baker) 국무장관이 2월부터 5월까지 매월 한 차례씩 셰바르드나제 소련 외무장관과 만나 한반도 문제를 논의하기는 했지만 주요 의제는 북한의 핵문제였다. 게다가 셰바르드나제는 韓·蘇 정상회담 자체가 외무성을 배제한 채 비밀리에 추진됐던 탓에 전혀 관여하지 못한 채였다. 90년 봄 김종휘 외교안보수석은 리처드 솔로몬(Richard Solomon) 국무부 차관보와 도널드 그레그(Donald Gregg) 주한 미국 대사를 만나 韓·蘇 관계정상화 가능성에 대해 논의했다. 당시 솔로몬 차관보는 미국의 지원을 약속했으나 그 해 안에는 돌파구가 열릴 가능성이 없다는 개인적인 의견을 피력했다.

일단 고르바초프와 盧대통령의 정상회담이 결정되자 미국 정부는 순조로운 회담 진행을 위해 지원을 아끼지 않았다. 미국과의 오랜 동맹관계를 증명하는 상징적인 제스처가 필요하다고 생각한 청와대 측은 부시 대통령에게 盧대통령이 韓-蘇 정상회담 후 백악관을 방문할 수 있도록 초청해줄 것을 요청했고 이는 기꺼이 수락됐다. 그레그 대사는 미국이 韓·蘇 관계개선을 적극적으로 지지하는 모습을 보여준다면 韓·蘇 직접 대화를 미국이 반대하고 있다는 한국인의 인식을 "완전히 불식시킬 수 있을 것"이라고 주장했다.

샌프란시스코 정상회담 장소 선정은 예상과 달리 난항을 겪었다.

소련은 보안과 편의는 물론 상징적 이유로 샌프란시스코에 있는 소련 총영사관을 회담 장소로 제안했지만, 남한측은 1896년 고종황제가 일본인의 암살 시도를 피해 러시아 공사관으로 피신한 뒤 1년 동안 기거함으로써 러시아가 조선으로부터 각종 이권을 강탈했던 '아관파천'＊의 수치스러운 역사를 연상시킨다는 이유로 이를 단호히 거부했다. 장시간의 논의 끝에 양국은 고르바초프의 숙소인 페어몬트 호텔(Fairmont Hotel) 스위트룸에서 회동하기로 합의했다.

회담 내용은 실제적인 내용에서는 특이할 만한 것이 별로 없었지만 훗날 고르바초프가 크렘린 내부 보고서에서 인정한 대로 소련의 대북한 외교 정책에 '일대 전환'을 가져온 역사적인 사건이었다. 명시적인 약속은 없었지만 외교관계 수립은 당연한 귀결이었으며 고르바초프와 盧대통령이 악수를 하는 순간부터 양국의 관계는 가속이 붙기 시작했다. 김종인(金鍾仁) 전 경제특보에 따르면 盧대통령은 회담을 마무리하면서 '수십억 달러'의 경제 지원을 제공할 의사가 있다고 밝혔다. 소련측에서 기록한 회담 자료에 따르면 盧대통령은 소련이 한국산 소비재를 수입하는 데에 사용될 '상당한 규모의 차관'을 제공할 준비가 됐음을 밝혔으며 합작 회사 설립과 소련의 극동 지역 개발 계획에 협력을 약속했다. 한편 필자가 인터뷰한 인사들 가운데는 차관 문제가 가장 중대한 관심사였음에도 당시 회담에서는 일체 거론되지 않았다고 주장하는 이들도 더러 있었다.

＊ 명성황후가 살해된 을미사변 이후 1896년 새벽, 신변에 위협을 느낀 고종과 왕세자가 경복궁을 도망치듯 빠져나와 정동의 러시아 공사관으로 처소를 옮긴 치욕스러운 사건. 여기서 아관이란 러시아 공사관을 말하고, 파천은 왕이 거처를 옮기는 것을 일컫는 말이다.

고르바초프가 김일성 주석에게 전할 메시지가 있는지를 물어오자 盧대통령은 남북관계에 관심을 가져주어서 고맙다며 구체적으로 다음 세 가지 사항을 부탁했다. "첫째, 남한 정부는 모든 문제에 대해서 북한과 공식적으로 협의할 용의가 있다는 의중을 평양에 전해줄 것. 둘째, 북한이 대외 개방과 내부 개혁을 유도하는 데 소련이 영향력을 행사해 줄 것. 셋째, 남한 정부는 한반도의 군사적 대치 상황을 완화시킬 수 있는 조치에 대해 논의할 용의가 있다는 것을 평양에 전달해 줄 것" 등이었다. 소련 외교관들이 盧대통령의 메시지를 전달하려고 하자 북한측은 "결코 신뢰할 수 없는 허위와 비방으로 가득한 주장"이라며 이를 거부했다.

짧은 정상회담이 끝난 후 盧대통령은 남북한 모두에 미칠 정치적인 파장을 염두에 두고 고르바초프에게 함께 사진을 찍자고 제의했다. 고르바초프는 내키지 않았으나 도브리닌이 "소련에서는 사진을 공개하지 않을 것"이라 설득하자 결국 촬영에 응했다. 청와대 공식 사진사의 카메라에는 활짝 웃는 표정의 盧대통령이 친근하게 왼팔로 고르바초프의 팔꿈치를 감싸는 모습과 겨우 어색한 웃음을 지어 보이는

90년 샌프란시스코에서 역사상 남한-소련 간의 오랜 적대관계를 끝내며, 들 뜬 모습의 노태우 대통령이 수줍어하는 듯한 미하일 고르바초프 대통령을 만나고 있다.

고르바초프의 모습이 잡혔다.

회담 직후 열린 盧대통령의 기자회견은 남한 전국에 생중계됐다. 盧대통령은 베를린 장벽의 붕괴로 독일의 통일이 임박한 상황에서도 한반도는 여전히 냉전시대의 분단 국가로 남아있다고 지적했다. 또한 그는 "오늘의 만남을 계기로 한반도에서도 냉전의 얼음이 녹아내리기 시작했다. 이 회담이 평화롭고 통일된 한국으로 나아가는 소중한 첫걸음이 되기를 희망한다"고 선언했다. 盧대통령은 북한의 고립을 원치 않으며 북방정책의 궁극적 목표는 북한의 문호 개방을 유도하는 것이라고 되풀이해서 강조했다. 이어 그는 "현재 남북한 사이의 대화 통로는 완전히 단절돼 있다. 따라서 우리는 소련과 중국을 통해 우회로를 찾아야 한다. 이 길이 가장 빠른 지름길은 아닐지라도 가장 효과적인 길임에는 분명하다"고 덧붙였다.

세바르드나제의 임무

韓·蘇 정상회담 3개월 후인 90년 9월 세바르드나제 소련 외무장관은 '결코 소련은 남한을 외교적으로 승인하지 않을 것'이라고 공산당원으로서 맹세한 지 채 2년도 지나지 않아 한국과의 관계정상화 결정을 통보하기 위해 다시 평양을 찾았다. 세바르드나제가 탑승한 아에로플로트(Aeroflot) 특별기가 거센 강풍 속에서 아슬아슬하게 평양에 착륙한 것처럼 그의 북한 방문 길 역시 순탄하지 못했다. 이틀 후 평양을 빠져나오는 비행기 안에서 세바르드나제 외무장관은 핵무기 개발을 강행하겠다는 김영남 외교부장의 언사 등 따가운 비난과 위협을 되새기며 치를 떨었다. 그는 비행기가 이륙하자마자 "내 평생 가장 끔찍했던 경험"이라고 털어 놓았다.

* * *

　85년 소련 외무부의 수장으로 오랜 기간 대외 정책을 주도했던 안드레이 그로미코(Andrei Gromyko)의 뒤를 이은 에두아르드 셰바르드나제는 매우 특출한 인물이었다. 그는 소련 남부의 그루지야 공화국 출신으로(훗날 그는 소련연방 와해 후 독립한 그루지야의 초대 대통령으로 선출됐다) 고르바초프 임기 첫 해에 외무장관으로 발탁되기 전까지는 외교 분야 경험이 전혀 없었다. 아마도 러시아인들이 대다수를 차지하는 소련에서 소수민족인 그루지야 출신이라는 점도 작용했겠지만 셰바르드나제는 군소 국가와 핍박받는 소수민족의 권리와 이해에 특히 관심이 많았다. 그는 국내에서는 민주 개혁 정치의 주창자였고 對서방 관계에서는 '新사고'를 강력히 옹호했지만 유독 한반도 정책의 급격한 변화에 대해서는 신중한 태도를 견지했다. 셰바르드나제의 수석 보좌관으로 훗날 그의 뒤를 이어 외무장관을 지낸 알렉산드르 베스메르트니흐(Alexander Bessmertnykh)는 "그는 한국과의 관계개선을 서두름으로써, 썩 내키진 않지만 강력한 우방인 북한을 포기하는 것을 원치 않았다"고 말했다. 또 다른 외교 관리는 그를 상당히 현명한 인물이라 평가하며 "그는 북한과의 동맹관계를 버리기는 쉽지만 다시 회복하기는 어려울 것이라고 말했다"고 전했다.
　셰바르드나제가 한반도 문제에 대한 자신의 입장을 크렘린 내부에서 얼마나 강력하게 주장했는지는 확실치 않다. 아나톨리 체르냐예프는 "셰바르드나제는 정치국 회의에서 내려진 일부 조치가 북한을 자극할 수 있음을 한 차례 이상 경고했다"고 말했다. 또한 셰바르드나제가 90년 남한과의 급속한 관계개선을 모색하는 데 강력히 반대하지는 않았다고 지적했다. 다만 그는 고르바초프에게 "원하는 대로 해도 좋지만 나를 끌어들이지는 말아 달라"고 말했다고 한다.

韓·蘇 샌프란시스코 정상회담 후 소련 정부는 91년 1월 1일을 기해 남한과 공식적인 외교관계 수립을 결정했다. 그리고 북한에 이 결정을 통보하기 위해 이고르 로가체프(Igor Rogachev) 아시아 담당 외무차관을 특사로 파견하자는 제안을 도출했다. 그러나 용기 있고 명예를 생명처럼 여기는 셰바르드나제는 북한 정부에 현실을 납득시키는 일이 얼마나 힘든 일인지를 알고 있었으므로 자신이 평양을 직접 방문하는 것이 마땅하다고 말했다.

셰바르드나제는 평양으로 향하는 비행기 안에서 북한 정부를 납득시킬 논리를 치밀하게 연구했다. 그는 먼저 김영남 외교부장을 단독으로 만나 단도직입적으로 소련의 결정을 전달한 다음 충격이 조금 가신 뒤 김일성 주석을 만나 설득하는 것이 좋겠다고 생각했다.

셰바르드나제는 김영남과의 단독회담에서 남한과 외교관계를 수립하기로 결정했다는 소식을 전했다. 또한 남북관계나 주한미군철수, 핵무기 등 북한측에 중요한 현안들에 관해 남한과 직접 논의할 수 있게 됐으므로 韓-蘇 수교는 북한에도 이득이 될 것이라는 논리를 전개했다. 김영남은 소련의 남한 승인은 한반도 분단을 고착화하고 北·蘇 관계를 심각하게 악화시킬 것이라며 재고를 요청했다.

약 한 시간 정도 단독회담을 마친 후 양측 외무장관은 대 회의실로 자리를 옮겨 각각 휘하의 관리들을 소집했다. 양측 대표단은 김일성 초상화가 내려다보고 있는 회의실에서 인민공화국기와 소련 국기로 구분된 반들반들한 탁자를 사이에 두고 마주 앉았다. 셰바르드나제는 그 자리에서 소련 정부의 결정을 다시 한번 발표하고 나름대로의 논리로 자세한 해명을 덧붙였다. 그는 동북아 지역과 세계에서 경제·정치적으로 영향력 있는 나라로 부상한 남한을 더 이상 백안시 할 수는 없다고 주장했다. 이어서 소련이 남한을 승인한다고 해서 北·蘇 관계의 본질이 달라지거나 한반도 통일에 대한 소련의 입장이 변경되지는 않을 것이라고 주장했다. 특히 1961년 체결된 동맹 조약을 포함해 북한에 대한 소련의 모든 의무 사항은 여전히 유효하다고 선언했다.

기다란 회의용 탁자 양쪽에는 각각 3대의 마이크가 설치돼 있었다. 김영남은 마이크를 통해 이야기를 했는데 마치 그것은 그의 앞에 있는 소련 대표단이 아닌 배후의 유력자에게 말하는 것처럼 보였다. 처음에 그는 셰바르드나제의 발표에 대해 미처 답변할 준비가 돼있지 않음을 밝히고 다음 기회에 북한의 공식 입장을 발표하겠다고 말했다. 그러나 한 보좌관이 회의장 문을 열고 들어와 메모를 건네자 김영남은 준비된 서류를 꺼내 들고 다음과 같은 장황하고 강도 높은 비난을 늘어놓았다.

| 韓-蘇 수교는 한반도의 영구분단에 국제적인 적법성을 부여하는 결과를 가져올 것이다. 소련 정부가 남조선을 공식적으로 승인하는 것은 다른 나라들이 그렇게 하는 것과는 근본적으로 차원이 다르며 보다 심각한 문제를 초래할 것이다. 소련은 미국과 더불어 1945년 한반도 분단에 책임이 있을 뿐 아니라 최초로 조선민주주의인민공화국을 한반도의 유일한 합법 정부로서 승인했기 때문이다.

| 소련이 남조선을 승인하게 되면 남조선은 동독의 상황을 본 떠 북조선의 사회주의를 분쇄하고 결국에는 북조선을 집어삼키기 위해서 더욱 분투할 것이다. 그로 인해 한반도의 긴장은 고조될 것이다.

| 소련이 남조선을 합법적인 국가로 승인한다면 북조선도 소련 연방을 구성하는 다른 공화국들을 독자적으로 승인할 자유가 있다. 이는 소련 정부에 심각한 문제를 초래하게 될 것이다(회의에 참석했던 한 인사에 따르면 김영남 외교부장은 당시 독립을 쟁취하기 위해 총력을 기울이고 있던 카자흐스탄을 비롯한 중앙아시아의 공화국들, 발트해 연안국 등 북한이 외교관계를 수립할 수 있는 국가들을 일일이 거명했다).

| 소련의 남조선 승인은 1961년 체결된 北-蘇 안보 조약의 근간을 무너뜨리는 행위이다. 따라서 북조선은 아시아·태평양 지역에서 독자적인 행동을 추구할 수 있고 정책을 수립함에 있어 더 이상 소비에트사회주의공화국연방과 사전에 협의할 의무가 없다.

| 동맹 조약의 본질적인 내용이 사문화되었으므로 북조선은 우리가 희망하는 무기를 개발하지 않겠다는 약속에 더 이상 얽매이지 않을 것이다(이 부분에서 소련측 대표 가운데는 김영남이 구체적으로 '핵무기'를 거론하며 위협했던 것으로 기억하는 사람도 있으나 어쨌든 김영남이 전달하고자 하는 메시지는 명확했다).

회의를 마치면서 셰바르드나제는 김영남의 발언을 검토할 시간이 필요하다며 다음날 아침 이에 대한 정식 답변을 발표하겠다고 말했다. 이튿날 셰바르드나제는 조만간 남한을 승인하겠지만 그렇게 되

더라도 北·蘇 관계는 종전대로 유지될 것이라는 주장만을 반복했다. 북한이 소비에트 연방 공화국들과 외교관계를 수립할 것이라는 협박에 대해서는 모든 나라에 상호 이익이 될 것이라 말함으로써 개의치 않는다는 입장을 보였다.

그러나 북한의 핵무기 개발 위협에 대해서는 한 치도 물러서지 않았다. 그는 "우방으로서 그런 행동을 취하지 말 것을 권고한다"고 말했다. 핵무기 개발은 북한과 국제사회 전체와의 관계에 심각한 타격을 입힐 것이며 소련도 좌시할 수 없는 일이라고 경고했다. 이어서 그는 김일성 주석이 공식 석상에서 누차 주장했듯 핵무기 사용은 남한은 물론 북한까지 황폐화시킬 것이고 중국 역시 피해를 입을 것이므로 한반도에서 핵무기를 사용한다는 것은 가당치 않은 발상이라고 덧붙였다.

이에 대해 김영남은 전날의 주장을 더욱 강도 높게 반복했다. 셰바르드나제가 김일성 예방을 요청하자 김영남은 "김일성 주석은 현재 평양에 안 계시며 만나기 매우 어려울 것"이라고 말했다.

셰바르드나제는 회의장에서는 태연했지만 내심으로는 몹시 화가 나고 불쾌했다. 김일성을 만나 소련 정부의 입장을 해명하는 것이 평양 방문의 1차적인 목적이었기 때문이다. 2년 전 평양을 방문했을 때보다 훨씬 작고 초라한 숙소로 돌아온 셰바르드나제는 당장 귀국을 결정했다. 그는 수행원들을 불러 모아 예정보다 몇 시간 일찍 평양을 떠났다.

그 후 유엔 총회 참석차 뉴욕을 방문했던 9월에도 셰바르드나제는 평양에서 받은 푸대접에 여전히 마음이 상해 있었다. 그는 뉴욕에 머무는 동안 남한측과 공동으로 91년 1월 1일을 기해 韓·蘇 양국의 수교를 공동 발표할 계획이었다. 이러한 발표를 며칠 앞두고 한 리셉션 행사장에서 남한의 최호중(崔浩中) 외무장관은 셰바르드나제를 붙들고 "서로에게 이롭고 옳은 일이라면 굳이 몇 달을 미루어야 할 이유가 있겠느냐"며 수교일을 앞당길 것을 제의했다. 놀랍게도 9월 30일 공동발표회장에서 셰바르드나제는 남한측의 제안에 흔쾌히 수락했다. 예상외의 반응에 놀란 쪽은 오히려 최호중 외무장관이었다. 셰바르드나제는 그 자리에서 펜을 꺼내 들고 준비된 성명서에 정식 수교일로 명시돼 있던 '91년 1월 1일'에 줄을 긋고 '90년 9월 30일'을 적어 넣었다. 그러면서 나지막하지만 옆에 있는 수행원들이 다 들을 수 있을 정도의 크기로 "이것으로 북한 친구들도 정신을 차릴 것"이라고 러시아어로 중얼거렸다.

북한은 '외교관계를 달러로 사고 팔다'라는 제하의 노동신문 논평을 통해 고르바초프와 셰바르드나제의 남한을 승인하지 않을 것이라던 지난날의 맹세를 인용하면서 "오늘날의 소련은 사회주의 인터내셔널을 주창하던 지난날의 소련이 아니라 완전히 다른 나라로 전락했다…… 소련은 단돈 23억 달러(당시 남한 정부가 소련에 제공을 약속한 경제협력 기금의 액수)에 사회주의 맹주국으로서의 자존심과 명예, 그리고 동맹국의 이해와 신의를 팔아넘겼다"고 신랄하게 비난했다. 이 글은 '시사해설자' 명의로 게재됐지만 이는 북한 권력자의 성명서라는 뜻이었다.

그 후 북한과 소련의 관계는 정치적으로는 물론 다른 분야에서도 급속히 냉각됐다. 당시까지 소련은 북한의 가장 중요한 교역 상대국이었으며 북한은 대부분의 무기와 제조 기술, 기계류와 기타 장비 등을 모두 소련에서 들여오던 터였다. 게다가 소련은 중국만큼은 아니었지만 상당량의 석유를 제공하고 있었다. 북한은 다른 나라들은 엄두도 못내는 특혜에 가까운 유리한 조건으로 소련으로부터 생필품을 수입해왔다. 그런데도 북한은 최소한의 수입 대금도 지불하지 못해 소련 정부에 엄청난 부채를 지고 있었다. 이제 韓·蘇 수교가 성사된 이상 무역뿐 아닌 전반적인 측면에서의 北·蘇 관계는 더욱 불투명해졌다.

붉은 기는 얼마나 더 나부낄 것인가?

韓·蘇 관계의 급속한 진전은 북한의 대외 관계에 결정적인 타격을 가져왔지만 이미 국제 정치의 지각변동은 김일성 혼자의 힘으로는 막을 수 없는 대세였다. 헝가리와 수교 후 1년 남짓한 기간 동안 남한은 북한의 동맹국으로서 남한을 적대시했던 폴란드·유고슬라비아·체코슬로바키아·불가리아·루마니아 등의 공산권 국가와 공식적인 외교관계를 확립했고 경제 협력 체제를 구축했다. 김일성과 절친한 사이였던 니콜라에 차우셰스쿠 루마니아 대통령은 실권 뒤 처형됐다. 김일성의 또 다른 절친한 친구인 동독의 에리히 호네커 서기장도 권좌에서 쫓겨났고 베를린 장벽은 붕괴됐다. 북한의 유럽 맹방인 동독은 자본주의 국가인 서독에 흡수돼 가는 과정에 있었다. 유럽 공산주의가 붕괴되자 다음 차례는 바로 김일성과 북한 정권이라는 추측이 무성하게 대두됐다.

샌프란시스코에서 있을 고르바초프와 盧대통령의 정상회담에 앞서 북한이 어떤 반응을 보일 것인가에 대해서는 어떠한 확언도 할 수 없었다. 회담 성사 3일 전 美 국무부의 한반도 담당 부서는 기밀 보고서에서 "고르바초프가 평양 방문을 거부한 상황에서 盧대통령과 회담을 갖는 것은 북한 지도부에 심각한 위기감을 조성할 수 있고 그 결과 한반도에서 군사적 긴장이 고조될 수 있다. 북한이 이번 사태를 감내하고 넘어가기는 어려울 것이다. 김일성 부자는 분노와 좌절감에서 소련과 한국, 그리고 우리를 상대로 공격을 감행할 가능성이 있다"고 예측했다. 국무부의 정보분석부(Bureau of Intelligence and Research) 실장은 별도의 기밀 보고서에서 샌프란시스코 韓·蘇 정상회담의 여파로 평양에서 '한바탕 회오리 바람'이 불게 될 가능성이 크다고 지적했다. 韓·蘇 정상회담에 이어 盧대통령과 부시 대통령의 회담을 위해 美 국무부가 백악관에 제출한 참고자료에 따르면 미국 관리들이 가장 궁금해하는 것은 '북한의 非이성적인 무력도발 가능성'이었다.

소련의 對남 정책 변화 후 더욱 폐쇄적이 되거나 최악의 상황으로는 '외부 도발'로 위기를 모면할 것이라는 예측과는 달리 북한 정부는 수 개월 전부터 추진해왔던 중국·일본·남한과의 적극적인 교섭을 강화했다. 미국을 향해서도 교섭 신호를 보냈으나 워싱턴 정부는 일관적으로 이를 거부했다. 다시 말해 북한 정부는 남한이 이룩한 외교적 성과에 버금가는 업적을 이루기 위해 단기적으로나마 분투했던 것이다. 그러나 남한과 비교해 준비나 외교력이 현저히 부족했던 탓에 커다란 성과를 거두는 데에는 실패하고 말았다.

세바르드나제가 북한측의 홀대에 격분해 서둘러 평양을 떠난 지 1주일 후, 김일성은 열차편으로 중국 북동부의 선양(瀋陽)으로 향했고 9월 11일에는 장쩌민(江澤民) 중국 공산당 총서기를, 9월 12일에는 중국의 최고 실권자인 덩샤오핑을 비밀리에 만났다. 오랫동안 돈독한 관계를 유지해온 지인들을 만난 김일성은 동유럽의 우방들을 잃은 것에 이어 소련과 남한의 수교 결정으로 심각한 타격을 받았다고 털어놓았다. 한 중국인 외교 관리에 따르면 김일성이 덩샤오핑에게 제기한 질문의 핵심은 "과연 얼마나 더 붉은 기가 나부낄 수 있을 것인가"였다고 한다. 다시 말해 '동유럽의 붕괴와 소련의 노선 변경이 생생하게 목도되는 시점에서 과연 언제까지 공산주의가 유지될 것인가'라는 의문이었다. 이에 대해 덩샤오핑은 아직 전망은 밝다고 낙관적으로 대답했다. 그는 소련이 휘청거리고 있기는 하지만 아시아의 국가들은 여전히 공산주의를 고수하고 있으며 북한은 물론 중국·베트남·쿠바에서 마르크스-레닌주의가 여전히 건재하다는 것을 그 이유로 들었다.

 김일성 주석은 북한의 경제 개혁에 대해서도 언급했다. 그동안 김일성에게 수차례에 걸쳐 중국을 개혁 모델로 삼으라고 충고했던 덩샤오핑은 다시 한 번 그에게 경제 개혁의 중요성을 강조했다. 김일성은 덩샤오핑에게 남한 정부를 승인하지 말 것을 조심스럽게 부탁하고 행여 그렇게 되더라도 그 시기를 최대한 늦추어달라는 말을 잊지 않았다. 당시 중국과 남한의 교역량은 급속히 증가하고 있었고 해상로와 항공로가 개방됐으며 기업가나 정부 관리들 사이에서는 비공식적인 교류가 활발해지고 있었다. 김일성의 간청에도 불구하고 선양 회담 후 한 달이 채 지나기도 전에 중국은 남한과 무역사무소를 개설하기로 합의했다. 세간의 이목을 끌만한 극적인 사건은 아니라 할지라도 상당히 의미 있는 진전이었다. 중국 관리들은 북한의 요청대로 속도를 조정하려고 노력했지만 남한과의 관계정상화를 위한 행보를 멈출 수는 없었다.

또한 일본과의 관계를 개선하려는 김일성의 노력은 이보다 더 극적인 것이었다. 90년 韓-蘇 정상회담이 자극제가 돼 북한과 일본 사이의 물밑 교섭은 가속이 붙었고 급기야는 9월 24일 외무성 관리, 보좌관, 언론인 등을 대동한 총 44명의 의원 대표단을 태운 일본항공(JAL) 전세기가 평양에 도착했다. 그동안 북한을 방문한 일본의 공식 사절로서는 최대 규모였다. 이들이 평양에 머문 나흘 동안 김일성은 외교적 수완을 총동원해 2차 세계대전 당시 전투를 벌였고 오랜 세월 불구대천지 원수로 여겼던 일본과 외교적 돌파구를 모색했다.

일본은 1965년 36년에 걸친 식민통치의 '불행했던 역사'에 대해 깊은 유감을 표명하며 이에 대한 보상으로 8억 달러 상당의 무상원조와 차관을 제공하겠다는 조건을 걸고 남한과 국교를 정상화한 바 있었다. 그 후 무역 뿐 아니라 일본에서 유입되는 투자와 기술은 남한의 고도 성장에 밑거름이 됐다. 양국과 동맹관계를 맺고 있던 미국은 韓·日 관계의 개선을 적극 지지했고 외부적 저해 요인들을 최소화하기 위해 노력했다.

그러나 北·日의 유대관계는 훨씬 미약했다. 김일성은 미국과 중국이 문호를 개방하고 남북대화가 시작됐던 70년 대 초 일본에 대화를 제의했지만 남한 정부가 이를 격렬히 반대했고 워싱턴도 무관심한 태도를 보였다. 북한과 일본의 비공식 접촉은 주로 일본 사회당 의원들을 통해 이루어졌다. 양국의 원만치 않은 관계는 일본 여권에 찍힌 다음과 같은 문구로 명백히 증명된다. '이 여권은 조선민주주의인민공화국을 제외한 세계 모든 나라와 지역에서 유효하다.'

88년 후반 평양은 對일 관계개선의 필요성을 결론짓고 조심스럽게 막후교섭을 제의했다. 일본이 북한의 제의를 긍정적으로 검토하고 있음을 시사하는 첫 신호탄은 89년 1월 일본 외무성의 성명이었다. "일본은 북한과 적대적 관계를 유지하고 있지 않으며 평양 정부가 원한다면 관계개선을 적극적으로 모색하는 것이 바람직할 것"이라는 내용이었다. 아울러 83년부터 간첩 혐의로 북한에 억류돼 있는 두 명의 일본인 어부를 석방해 주길 바란다는 내용도 잊지 않았다.

90년 9월 평양을 방문한 일본의 의원 대표단에는 사회당 의원뿐만 아니라 집권당인 자민당 지도부도 포함돼 있었고 게다가 대표단을 이끈 사람은 일본에서 가장 유력한 정치인으로 손꼽혔던 가네마루 신(金丸信)이었다는 점에서 주목할 만한 일이었다. 당시 75세였던 가네마루는 자민당의 막후 실력자로서 공식적인 직책은 맡지 않았으나 당시 수상이었던 가이후 도시키(海部俊樹)를 비롯해 과거 여러 명의 일본 수상을 배후에서 조종했던 것으로 널리 알려진 인물이었다. 가이후 총리는 평양으로 향하는 가네마루에게 북한측에 전달할 '당(黨) 대 당(黨)' 협조 공문을 맡겼다.* 외교경험이 전무했던 가네마루는 일본 외무성의 반대의사를 묵살하고 북한의 초청을 수락했다.

평양 방문 이틀째 되던 날 일본 대표단은 특별열차 편으로 평양을 떠나 북한에서 손꼽히는 명승지며 김일성이 가장 좋아하는 별장이 있는 묘향산으로 향했다. 일본 대표단은 오전에는 고위급 회담에 참가하고 오후에는 김일성이 주최한 오찬에 참석한 후 모두 평양으로 돌아갔다. 그러나 가네마루와 몇 명의 보좌관만은 김일성의 부탁으로

---

* 그로부터 2년 후 가네마루는, 자택에서 5천 1백만 달러 상당의 금괴·현금 기타 유가증권이 발견돼 실권된 뒤, 탈세 혐의로 수감됐다. 가네마루 스캔들로 인해 자민당은 38년 만에 처음으로 집권당에서 밀려났다.

묘향산에 남았다. 그날 저녁부터 다음날 아침까지 김일성과 가네마루는 일본어 통역관 한 명만을 대동한 채 장시간 밀담을 나누었다. 그리고 날이 밝기 전에 김일성은 가네마루의 믿음을 얻어내는 데에 성공했다. 당시 두 사람의 회담에 일본인 배석자가 없었기 때문에 무슨 이야기가 오고 갔는지는 전혀 알 수 없지만 밀담 직후 가네마루를 만났던 일본인 관리는 김일성이 남한과 외교관계를 수립하기로 한 소련의 결정에 대단히 분개했으며 '백인종'에 대항해 '황인종'이 단결할 필요가 있다고 주장했다고 전했다. 또한 김일성은 심지어 미국보다 소련을 훨씬 더 우려하는 듯했다고 덧붙였다. 김일성과 밀담을 마친 가네마루의 눈에는 눈물이 고여 있었고 그는 김일성의 진지함에 찬사를 아끼지 않았다.

북한은 묘향산에서 나눈 가네마루와 김일성의 밀담에서 뿐만 아니라 양측 대표 사이의 회담에서도 즉각적인 양국의 국교 정상화를 제안했다. 이는 북한 정부가 그동안 완강히 거부해 온 일본의 남북한 동시 승인을 의미했다. 북한은 1965년 韓・日 협정의 전례에 따라 일본으로부터 수십억 달러에 이르는 막대한 배상금을 받아낼 수 있으리라고 생각했던 것이다. 실제로 북한 정부는 외교관계 수립 전에 배상금의 일부를 지불해줄 것을 요청했다.

일본의 외무성 관리들이 배제된 마라톤 협상 끝에 일본의 자민・사회당 합동 대표단은 북한의 조선노동당과 함께 '일본은 36년 동안의 식민통치와 2차 세계대전 후 45년간의 비정상적인 대우에 대해 북한에 공식 사과하고 배상금을 지급해야 한다'는 공동 선언문을 발표했다. 이 선언문은 도쿄와 서울을 발칵 뒤집어 놓았다. 남한 정부와 사전에 협의가 없었던 내용인 데다가 1965년 韓・日 협정과 비교해 더욱 파격적인 내용을 담고 있었으며, 일본의 원조 일부가 북한 정부의 군비 확장과 핵무기 개발에 사용되지 않을까 하는 우려 때문이었다.

일본과 남한 정부의 강력한 반대에 부딪힌 가네마루는 결국 서울을 방문해 盧대통령에게 유감의 뜻을 전달했고 마이클 아마코스트 주 일본 미국 대사에게 미국과의 사전 협의 없이 공동선언문을 발표한 데 대해 사과했다. 이후 북한과의 관계정상화 문제를 일임하게 된 일본 외무성은 북한의 핵문제를 비롯한 몇 가지 현안에 대해 강경한 입장을 견지했다. 예상대로 외무성이 협상을 주도하게 된 이후 회담은 더 이상 진척되지 않았다. 김일성과 가네마루 밀담 이후의 유일한 성과는 북한에 억류 중이던 두 명의 일본인 어부가 석방된 것뿐이었다.

이 무렵 북한은 일본과 수교를 위해 노력하는 한편 남한측에 고위급 공개(비공개 포함) 회담 재개를 제안했다. 5월 31일 샌프란시스코 韓·蘇 정상회담이 성사되기 며칠 전 북한의 최고인민회의는 수개월 동안 중단됐던 남북대화를 즉각 재개하자고 촉구했다. 북한은 그해 초 미국과 남한이 팀스피리트 군사훈련 실시를 발표하자 일방적으로 회담을 중단한 바 있었다.

그로부터 3주 후 북한 정부는 남쪽으로 향한 전화 통화에서 소련과의 수교를 '비굴하고 분단을 조장하는 반민족적 행위'라고 비난하면서도 고위급 남북회담 재개를 위한 협상을 또다시 제안했다. 여름 내내 예비회담이 이어진 결과 북한 총리를 단장으로 하는 대표단이 9월 4일에서 7일까지 서울을 방문하고 남한 국무총리를 단장으로 하는 대표단이 10월 16일에서 19일까지 평양을 방문하기로 합의했다. 각국 정부 지도자 선에서 이루어진 이 회의는 오랜 기간 굴곡이 많았던 南北관계에 최소한 상징적으로는 상당히 중요한 진전을 이루었다.

남북 총리 회담 중간인 10월 초 남한의 서동권(徐東權) 안기부장이 이끄는 세 명의 대표단이 비밀리에 평양을 방문해 한 별장에서 김일성과 김정일을 만났다. 그로부터 한 달 후 북한의 윤기복 조선노동당 서기가 다른 두 명의 관리와 함께 비밀리에 서울을 방문해 盧대통령을 예방했다(윤기복은 1972년 정치자문 역으로 서울에서 열린 적십자 회담에 참석한 적이 있었다).

서동권은 필자와의 인터뷰에서 당시 91년 초 북한에서 남북정상회담을 개최하자는 합의에 거의 도달했으나 막판에 통일문제를 공동선언문에서 어떻게 다룰 것인지에 대한 의견이 엇갈려 논의가 결렬됐다고 밝혔다. 그러나 회담의 내막을 잘 알고 있는 한국의 다른 한 고위 인사는 남북한 양측은 근본적인 입장 차이를 처음부터 좁히지 못했다며 이같은 주장을 일축했다.

김정일이 김일성 생전에 함께 만난 남한의 고위관리는 서동권이 처음이자 마지막이었다. 김일성이 대화를 주도하는 중간 김정일이 가끔 자신의 의견을 피력했다. 그러나 어쩐지 자신감이 없는 태도여서 남한측에 깊은 인상을 남기지는 못했다. 김정일은 회담 도중 서동권이 단독 면담을 제의하자 흔쾌히 수락했지만 나중에는 "너무 바빠 약속을 지킬 수 없다"고 면담을 취소했다. 김일성은 남한측 대표단에게 "살아 있는 한 내가 이 나라를 통치할 것"이라고 넌지시 강조했다.

김일성은 반대 진영의 종주국인 미국과의 관계개선을 위해 모든 노력을 기울였다. 고르바초프의 보좌관인 도브리닌이 서울에서 盧대통령과 비밀회담을 가진 다음날인 90년 5월 24일, 김일성은 기존의 미군 철수라는 강경한 입장에서 한 걸음 물러나 "미국이 남한에서 한꺼번에 주한미군을 철수할 수 없다면 점진적으로 철수할 수도 있을 것"

이라는 의미심장한 내용의 정책 연설을 최고인민회의에서 발표했다. 북한은 이 연설문 사본을 5월 30일 중국 베이징에서 열린 제10차 北·美 참사관 회의에서 미국측에 직접 전달했다. 또한 5월 28일 미군 유해 5구를 전달함으로써 미국정부의 한국전 미군 전사자 유해 송환 요구에 최초로 긍정적인 반응을 보였다. 5월 31일 샌프란시스코에서 韓·蘇 정상회담이 공식 발표된 날, 북한은 군비축소案을 공식적으로 제안했다. 이 제안에는 남한과 미국에 대한 비난과 정치적 선전도 포함되지 않았고 보다 현실적인 내용이었다는 점에서 주목할 만한 것이었다.

그러나 당시 미국은 북한이 추진하고 있는 핵무기 개발 계획에 대해 심각하게 우려하고 있었기 때문에 유화적인 반응을 보일 분위기가 아니었다. 美 국무부는 韓·蘇 정상회담 후인 6월 6일 개최될 韓·美 정상회담을 위해 부시 대통령에게 제출한 의제에서, 북한의 다른 제안에 대해서는 언급하지 않은 채 미군 유해 송환 문제만 짤막하게 포함시켰고 이는 미국 정부가 북한의 노력을 진지하게 받아들이지 않았음을 의미하는 것이었다. 그러나 말린 피츠워터(Marlin Fitzwater) 백악관 대변인은 북한의 고립감을 완화하려는 의도로 韓·美 정상회담 이후 이례적으로 "우리는 북한의 안보를 위협할 생각이 없으며 북한과의 관계개선을 바라고 있음을 재차 분명하게 밝힌다"고 발표했다. 이어 "관계개선의 속도와 범위는 북한이 어떻게 나오느냐"에 달려 있다고 말하며 북한의 국제 핵사찰 수용을 촉구했다. 그러나 미국 정부는 피츠워터 대변인의 언급 외에는, 인기없고 곤경에 처한 북한과의 관계개선을 위해 아무런 구체적인 조치를 강구하지 않았다.

돌이켜 보면 북한이 韓·蘇 국교 정상화로부터 받은 엄청난 충격에서 벗어나려 하던 90년 후반 미국이 북한과의 관계개선에 관심을 기울이지 않은 것은 북한을 개방으로 이끌 수 있는 절호의 기회를 놓친 것으로 판단된다. 모스크바와의 동맹관계가 뿌리째 흔들리는 한편 베이징과의 관계 또한 과연 얼마나 지속될 수 있을지 불확실한 시기였기 때문에 미국의 제안에 김일성이 적극적인 반응을 보였을 가능성이 상당히 높기 때문이다. 당시 미국은 핵문제를 둘러싸고 공공연하게 북한 정부에 압력을 가하면서도 목적 달성을 위해서는 레이건 행정부 말기에 북한에 보였던 미약한 의욕조차 가지지 않았다. 90년 8월 2일 이라크의 쿠웨이트 침공으로 부시 행정부가 걸프전 위기에 골몰해 있던 탓도 있지만 근본적으로는 美 정책 결정권자들의 북한에 대한 의견이 일치하지 않았기 때문이기도 하다. 그러한 교착상태는 91년 9월 부시 대통령의 핵문제 관련 제안이 나올 때까지 지속됐다. 그러나 그 제안도 사실은 한반도 문제를 고민한 결과라기보다는 소련의 급변하는 정세에 대응한 조치 중 하나였을 뿐이다.

韓-蘇 경제 협상

韓·蘇 정상회담 이후 몇 달 간은 韓·蘇 경협 논의가 분주하게 이루어졌다. 협상은 주로 소련의 원조 요구에 초점이 맞추어졌다. 韓·蘇 정상회담 2주 후인 90년 6월 고르바초프는 경협 실무 작업을 위해 남한의 경제 대표단을 모스크바로 초청했고 그에 따라 청와대 경제수석과 외교안보수석을 중심으로 구성된 대표단이 8월 초에 모스크바를 방문했다. 남한 대표단은 실현 가능한 총 40건의 프로젝트를 제안했지만 경제원조 계획만큼은 공식적인 외교관계 수립 전에 확정

지을 수 없다며 논의를 거부했다. 그러던 9월 30일 유엔 총회에서 셰바르드나제는 남한 정부를 승인한다고 즉흥적으로 발표함으로써 정식 수교 문제는 예기치 않게 쉽사리 해결됐고 추가 경제 협상의 길도 열렸다.

10월 盧대통령과 고르바초프 사이에 盧대통령이 모스크바로 고르바초프를 방문하고 싶다는 서신 왕래가 있은 후 고르바초프의 보좌관이자 새로 구성된 '대통령위원회' 위원인 바딤 메드베데프가 11월 盧대통령을 내방해 국빈자격으로 모스크바를 방문해달라는 초청장을 전달했다. 메드베데프는 또한 고르바초프의 총 40억 달러 차관 요청도 전달했다. 차관 중 일부는 한국산 상품 수입용으로 또 일부는 조건 없이 지원해 달라는 것이었다. 아울러 그는 盧대통령에게 곧 있을 모스크바 정상회담에서 한국의 경제원조 계획을 발표하는 것이 어떻겠느냐고 제안했다.

盧대통령은 12월 13일에서 16일까지 모스크바를 방문해 고르바초프와 공동으로 '韓·蘇 관계의 일반원칙에 관한 선언'을 발표했다. 양측은 북한을 의식해 "韓·蘇 관계의 발전은 어떠한 식으로든 제3국과의 관계에 영향을 미치거나 다국간 또는 쌍무 조약이나 협정에 따른 의무의 이행에 장애를 주는 일이 있어서는 안 된다"고 명시하는 신중한 태도를 보였다. 盧대통령은 그때 이미 북한과의 비공식 채널을 보유하고 있었음에도 불구하고 고르바초프에게 남북이 보다 건실한 협력관계를 구축할 수 있도록 북한에 "적절한 영향력을 행사해 줄 것"을 요청했다. 이에 고르바초프는 최선의 노력을 다하겠다고 답했다. 그러나 韓·蘇 관계 발전에 대한 북한의 분노와 반감을 감안할 때 사실 그가 할 수 있는 일은 별로 없었다.

오랫동안 금단의 영역이었던 모스크바를 국빈 자격으로 방문한 盧대통령은 보리스 옐친(Boris Yeltsin) 러시아 대통령을 만났고 모스크바 대학에서 연설을 했으며, 모스크바의 무명용사 묘지에서 소련의 장대의 사열을 받으며 헌화하는 영예도 누렸다. 盧대통령은 모스크바 방문 길에 총 20명의 경제계 인사를 대동하는 등 소련 경제에 대한 깊은 관심을 표시했지만 원조 계획이나 구체적인 원조 규모에 대해서는 논의를 거부했다. 소련의 고위관리는 盧대통령이 고르바초프에게 "원조에 관한 한 걱정하지 않아도 된다. 내 말을 믿어도 된다"고 말했다고 전했다.

양측은 원조 계획을 정상회담에 앞선 예비 회담에서 소련측 대표를 맡았던 유리 마슬류코프(Yuri Maslyukov) 부수상이 서울을 방문하기로 한 1월 중순에 구체적으로 협상하기로 합의했다. 그러나 예정된 1월 협상이 개시되기 전인 12월 31일 고르바초프는 이고르 로가체프 외무차관을 특사로 서울에 파견해 소련의 월동을 위한 대규모 현금 지원을 요청했다. 그러자 소련의 한반도 전문가들과 경제팀은 한국의 현금 차관이 단기적으로 허비될 것을 우려했다. 그러나 당시 고르바초프의 입장에서 현금 유입은 한시도 미룰 수 없는 절박한 문제였다. 그해 가을 고르바초프는 美 제임스 베이커 국무장관에게 즉각적인 경제 원조를 은밀히 요청했다. 그에 따라 베이커 장관은 전통적인 반공 국가인 사우디아라비아에게 40억 달러의 차관을 소련에게 지원해 달라고 요청했다.

91년 1월 6일 소련의 경제·외교팀을 대동한 로가체프는 50억 달러의 차관을 요청하는 고르바초프의 서한을 소지하고 특별기편으로 서울에 도착했다. 고르바초프는 그중 20억 달러는 조건 없는 현금

지원을 원했다. 남한 정부는 소련측이 제의한 원조 요청의 규모와 성격에 놀라지 않을 수 없었다. 盧대통령은 모스크바 방문 중 "소련 같은 대국이 설혹 한국처럼 작은 나라가 현금을 주겠다고 나선다고 해서 그것을 받겠느냐"고 말하며 현금 지원은 "가당치 않다"고 공언한 바 있었다.

로가체프가 예상 밖의 거액을 요구하자 남한 관리들은 처음에는 3억5천만 달러의 현금 지원을 제의했다. 그러나 로가체프는 자신이 먼 길을 몸소 찾아온데다가 그동안 남한 정부가 여러 차례에 걸쳐서 지원을 약속했던 사실을 상기해 볼 때 그 제의를 "받아들일 수 없다"는 강경한 입장을 보였다. 로가체프는 고집을 굽히지 않은 채 당장 회담 무산을 선언하고 귀국하겠다고 한국측을 위협했고 결국 원조 규모를 5억 달러까지 끌어올렸다. 이것은 하루 아침에 소련과 남한의 관계가 뒤바뀐 것을 시사했다. 초강대국이었던 소련은 간청하는 입장이 됐고 남한 정부는 무엇을 얼마만큼 제공할지를 철저히 계산하는 입장이 됐던 것이다. 협상 3일째 남한측은 10억 달러의 현금 제공을 약속했고 추가 지원은 마슬류코프 부총리와 추후에 협의할 것이라고 약속했다.

3주 후 서울을 방문한 마슬류코프는 한국산 소비재와 산업 원자재 수입을 위한 차관으로 15억 달러를, 공장을 비롯한 기타 자본재 구입을 위해 5억 달러를 추가 지원받는다는 약속을 받아냈다. 로가체프가 약속받은 10억 달러의 은행차관을 합쳐 전체 지원액이 30억 달러에 이른 것이다. 그것도 3년의 유예기간을 둔 후 시중 금리로 상환하는 유리한 조건이었다.

소련과의 협상 결과는 남한 사회에서 큰 논란을 불러일으켰다. 남한이 소련에 차관을 제공하기 위해서는 다른 나라에서 돈을 빌려 와야 했기 때문이다. 남한 관리들은 韓·蘇 수교가 국가 안보를 강화하는 데 있어 중요한 자산이라며 협상 결과를 합리화했다. 남한의 한 고위관리에 따르면 김종휘 외교안보수석은 소련 대표단과 협상하는 내내 마슬류코프에게 소련 정부가 북한에 대한 무기 공급을 중단하지 않는다면 정치적인 측면에서 소련에 대한 지원이 불가능해질 것이라고 강조했다. 이에 대해 마슬류코프는 최근 북한이 탱크 제조 시설 건설을 지원해 달라고 요청했지만 자신이 이를 직접 거절했으며 앞으로도 같은 입장을 고수하겠다고 약속했다. 실제로 소련의 對 북한 무기 수출은 91년을 기점으로 급격하게 감소했다. 그러나 그 이유가 소련의 정책 변화 때문인지 아니면 단순히 소련과 북한의 경제난 때문인지는 확실치 않다.

91년 4월 고르바초프는 일본 방문 후 제주도를 들러 盧대통령과 가진 마지막 정상회담에서 비공개적으로 10만 달러를 받았다. 노태우 대통령의 보좌관을 지낸 한 인사는 그 돈이 명목상으로는 5년 전에 발생한 '체르노빌 원전 사고의 희생자'를 돕는 것이었다고 밝혔다. 고르바초프의 비서실장을 지낸 발레리 볼딘(Valery Boldin)은 고르바초프가 이 돈을 소아과 병원을 건립하는 데에 기부했다고 설명했다.

91년 12월 소련 붕괴 직전까지 대한민국은 소련에 제공한 지원금 중 절반에 약간 못 미치는 14억 7천만 달러를 상환 받았다. 소련의 뒤를 이은 러시아가 부채를 승계했지만 예산 부족으로 겨우 상징적인 상환밖에 할 수 없었다. 결국 러시아는 차관의 일환으로 탱크와 헬리콥터·미사일·각종 부품을 남한에 제공하기 시작했다. 그 즈음 러시아는 다시 한 번 전세계를 상대로 무기 수출에 나섰는데 이전과 달리 공산권 국가가 아닌 그 자리에서 현금 지불이 가능한 나라들에 무기를 제공했다. 지난 날 소련은 38도선 이북에서 북한을 건국하는 데 일조했고 북한의 병기창이자 동맹국 역할을 자처해왔다. 그러나 이제는 그 역사적인 역할을 뒤집어 남한에 무기를 제공하기에 이른 것이다.

소련의 對 한반도 정책 변화와 뒤이은 붕괴는 북한에 엄청난 파장을 미쳤다. 전략적 측면에서 북한은 이전보다 취약하고 고립된 상태였으며 경제적 측면에서는 가장 든든하고 중요한 교역국을 잃게 됨으로써 점차 쇠퇴의 내리막길을 걷기 시작했다.

제10장

중국의 對 한반도 정책 변화

91년 6월 중순 중국의 첸치천(錢其琛) 외교부장을 태운 중국 민항기가 평양 근교의 낮은 들판을 지나 천천히 하강했다. 평양 공항에 가까워지면서 내려다 본 인근 지역의 풍경은 황량하기 그지없었다. 도로는 텅 비어 있었고 자로 잰 듯 말끔하게 구획된 논밭에는 사람의 그림자를 찾아볼 수 없었으며 대형 아파트 단지, 빌딩 주변도 마찬가지로 스산했다. 필자는 첸치천 일행이 탄 1등석 뒤의 일반석에 앉아 북한에 대한 첫인상을 '보이지 않는 재앙으로 황폐해진 참으로 기이한 나라'라고 취재 수첩에 적었다.

그러나 비행기가 굉음을 울리며 활주로에 착륙하자 갑자기 수백 명의 인파가 눈에 들어왔다. 그들은 울긋불긋한 옷을 입고 똑바로 줄을 서서 플라스틱으로 만든 분홍색 막대기를 열심히 흔들고 있었다. 비행기가 유도로를 따라 이동하고 마침내 엔진 소리가 멈췄을 때 카키색 군복을 입은 군악대의 연주가 시작됐다. 공항 터미널의 지붕 위에는 거대한 김일성의 초상화가 걸려 있었다.

트랩 아래에는 중국 고위급 인사들을 맞이하기 위해 김영남 부총리 겸 외교부장이 대기하고 있었다. 그는 필자의 북한 방문에도 큰 도움을 준 사람이기도 했다. 필자가 첸치천 외교부장과 같은 비행기를 타고 같은 시간에 평양을 방문하게 된 것은 순전히 우연이었다. 또한 속내를 잘 털어놓지 않는 북한 사람들은 당시 중국과의 회담 내용을 전혀 귀띔해주지 않았다. 그리고 한참이 지나서야 필자는 그 장면이 양국 관계에 중대한 변화를 가져온 외교 드라마의 서막이었음을 깨달았다.

중국은 기원전 고조선 정복 후부터 20세기에 이르기까지 한국사회에서 가장 큰 영향력을 행사했던 나라였다. 15세기에 한글이 창제되기 전까지 중국의 한자는 1천년 이상 한민족 문어(文語)의 기본이 됐으며 그 이후로도 줄곧 한민족의 고전 문학에서 중요한 역할을 담당했다. 한국은 중국으로부터 불교와 유교를 들여왔고 그중에서도 특히 유교사상은 오늘날까지 공사를 막론하고 한국인의 인간관계에 근간을 이루고 있다. 오랜 역사 동안 한반도 위에서는 여러 번의 왕조 교체가 있었지만 거의 모든 왕조가 중국 조정에 조공을 바쳤고 중국을 '대국(大國)'이라 불렀다.

중국과 북한과의 돈독한 동맹관계는 김일성이 항일유격대를 조직해 독립운동을 벌였을 당시 중국 공산당이 그를 지원하고 중국의 국공내전(The Chinese Civil War) 동안 만주에서 북한이 공산주의자들 편에 서면서부터 시작됐다. 몇 년 후 한국전쟁이 발발하고 북한이 패전의 위기에 처했을 때 압록강 너머로 '의용군'을 파병해 마지막 순간에 북한을 구해준 것도 바로 당시 새롭게 수립된 중국이었다. 당시 중국 의용군의 사상자 수는 90만 명에 달했다.

중국은 문화혁명의 격동기를 제외하고는 소련보다 훨씬 더 북한과 돈독한 우호관계를 유지해왔다. 수십 년 동안 중국과 북한은 그들 두 나라가 이른바 '순치(脣齒)의 관계'에 있다고 공언했다. 중국이 미국과 일본에 문호를 개방하기 직전인 1970년 저우언라이 수상은 "중국과 북한은 산과 강으로 연결된 이웃 나라다…… 양국의 우호관계는 혈맹으로 다져졌으며 미국과 일본 제국주의라는 공동의 적을 상대로 오랫동안 투쟁을 계속하는 과정에서 보다 돈독해졌다…… 공통의 이해관계와 안보 문제는 양국의 결속을 보다 강화시켰다"고 선언했다. 중국이 외교정책의 기조를 완전히 변경한 1971년-72년 후에도 중국의 지도부는 이념적 종속국이자 국경을 나누는 동맹국인 북한과 변함없이 긴밀한 관계를 유지하고자 세심한 주의를 기울였다. 양국관계는 이후 여러 부침이 있었지만, 양국 모두 뗄래야 뗄 수 없는 지정학적 관계의 중요성을 알고 있었다.

최근 몇 년 전까지만 해도 중국은 반공주의를 표방하는 남한과 일정한 거리를 유지했다. 남한은 90년대 초까지 아시아에서는 유일하게 대만의 국민당 정권을 중국의 합법 정부로 승인하고 있었다. 중국이 자본주의 국가에 문호를 개방한 이래로 韓·中 교역은 꾸준히 증가했지만 정치적 관계에 관한 한 중국 지도부는 남한과의 국교 정상화에 대해 소련보다 훨씬 조심스러운 태도를 보였다.

그러나 91년 중반 중국은 소련에 뒤이어 남한과 보다 긴밀한 관계를 갖게 됐다. 중국 정부가 제시한 자료에 따르면 90년 중국의 對 남한 교역 규모는 對 북한 교역에 비해 7배에 달했고 계속해서 증가하고 있는 추세였으므로 한국과 다각적인 관계 수립은 더욱 절실한 문제였다. 게다가 中·蘇 분쟁의 종식과 더불어 北·蘇 관계가 급속하게 냉각됨으로써 중국 지도부는 자신들의 對 남한 유화정책이 북한을 소련 쪽으로 기울게 할지 모른다는 우려를 덜게 됐다. 또 중국은 남한과의 외교관계 수립이 정치 문제에 있어서도 이득이 될 것이라 기대했다. 남한이 중국과 국교를 수립할 경우 대만과의 공식 관계를 청산하지 않을 수 없을 것이며 이것은 대만에 큰 타격이 될 것이 분명했기 때문이었다.

북한은 첸치천 외교부장의 평양 방문 한 달 전인 91년 5월 리펑 총리가 4일 일정으로 평양을 방문했을 때 북한 정부의 對중 관계에 중대한 변화가 일어날 것임을 감지했다. 당시 리펑 총리는 북한측의 남북한 유엔 동시 가입 반대 입장에도 불구하고 중국은 동시 가입을 반대하지 않을 것이며 남한의 가입 신청에 거부권을 행사하지 않을 것이라는 달갑지 않은 소식을 전했다.

중국의 이같은 거부권 행사 포기는 남한의 유엔 가입을 보장하는 것과 다름없었다. 남한의 유엔 가입에 또 다른 장애물이던 소련의 거부권 행사 우려는 그 해 4월 제주도를 방문한 고르바초프 대통령이 남한의 유엔 가입 지지를 약속함으로써 불식됐기 때문이다.

김정일을 비롯한 北 지도층이 남한과의 동반 가입을 거부하던 김일성을 수개월간 설득한 끝에, 북한은 그해 5월 27일 "남북한 유엔 동시 가입이 한반도 통일의 장애물이 될 것이 분명하지만 남한의 단독 가입 사태를 좌시할 수만은 없으므로 북한 역시 유엔 가입을 신청할 수밖에 없다"고 발표했다. 북한이 소련과 중국의 압력에 굴복해 어쩔 수 없이 남북한 유엔 동시 가입을 용인하게 됐다는 사실은 양국 정부에 대한 북한의 영향력이 약해졌다는 것을 단적으로 증명하는 사건이었다. 그로부터 3주 후 의식은 거창했지만 실속은 없는 첸지천의 평양방문이 있었다. 첸지천은 수년간 남한과의 관계 정상화를 위한 중국 지도부의 노력을 가로막아왔었다. 그의 방북은 북한으로 하여금 남북한 유엔 동시 가입이라는 쓰디쓴 약을 삼키도록 한 다음 북한을 다독거리려는 중국의 의도로 보였다.

필자의 북한 방문

필자가 첸지첸 외교부장과 같은 시각에 평양에 도착했던 것은 순전히 우연이었지만 중요한 외교적 임무를 띤 외교 관리와 함께 민항기를 이용했다는 것은 사실 전혀 놀랄 만한 일이 아니었다. 인구 2천만 명이 넘는 북한 전체를 통틀어 그날 외부에서 날아 온 항공기는 우리가 탄 중국 민항기 한 대뿐이었기 때문이었다. 91년 당시 북한과 외부세계를 이어주는 교통편은 1주에 정기 여객기 8편과 열차 7편뿐이었다. 이처럼 북한은 지구상에서 홀로 은둔하는 베일에 가려진 나라였다.

필자와 워싱턴포스트지 도쿄 특파원 탐 레이드(Tom R. Reid)는 공항 터미널에서 우리 일행을 공식 초청한 대외문화관계협회 직원의 영접을 받고 관용차인 붉은 색 벤츠를 타고 호텔로 향했다. 평양 시내까지 약 19km를 달리는 동안 달리는 차들은 눈으로 셀 수 있을 정도로 뜸했다. 월요일 한낮인데도 차량은 승용차 23대, 버스 6대, 미니밴 3대, 트럭 3대, 지프 2대 뿐이었고 이는 평양 중심부를 향해 뻗은 주간선도로에서 1.6km 마다 3대의 차량이 운행되고 있는 셈이었다. 도로변에는 수백의 평양 시민들이 걷거나 띄엄띄엄 도착하는 만원버스를 참을성 있게 기다리고 있었다. 며칠 후 필자는 레이드와 함께 열차를 타고 북한의 최남단 도시인 개성에 도착했고 고위층의 허가를 얻어 특별히 배급받은 휘발유로 시내에서 8km 남짓 떨어진 비무장지대의 관측소로 향했다. 심각한 연료 부족으로 산업 시설 또한 대부분 가동이 중단된 것 같았다. 필자는 1주일간의 여행 도중 거대한 건설용 크레인을 몇 번 보았지만 정작 작동중인 것은 거의 없었다.

91년 북한은 엄청난 경제적 난관에 봉착했다. 그 해 1월부터 소련은 종래의 특혜 조치를 철회하고 경화(硬貨)지불을 요구했다. 그 결과

첸치천 중국 외교부장과 그 일행(앞쪽)이 91년 평양 방문 길에 북한의 김영남 외교부장으로부터 환영을 받고 있다.

북한의 가장 중요한 교역국인 소련으로부터 수입은 급격히 줄어들었다. 특히 에너지 수입은 90년 수준에서 75%까지 급감했고 그에 따라 북한은 수입 에너지의 3분의 2를 중국에 의존할 수밖에 없었다. 그러나 중국 역시 북한의 부족한 에너지원을 공급해 줄 형편이 아니었으며 그럴 의사도 없었던 터라 그 해 5월 역시 북한에 대해 종래의 특혜조치를 중단할 방침이라고 통보했다. 결과는 참담했다. 91년-92년까지 북한은 순식간에 석유 소비량을 25%에서 35% 가량 줄이지 않을 수 없었다. 차가 다니지 않아 도로는 황량해졌고 건설 프로젝트는 대다수 중단됐다.

이 모든 상황을 종합해 볼 때 외부에서는 북한 정권이 깊이 낙담해 미래에 대한 두려움과 불안감 속에 갈피를 못 잡고 있었으리라고 짐작하고 있을 터였다. 그러나 놀랍게도 북한 지도부는 동맹국들의 이 같은 급격한 태도 변화에도 불구하고 표면적으로는 조금도 동요하지 않는 듯 보였다. 북한에게 있어 소련 공산주의의 동요와 동구권의 붕괴는 김일성의 '주체사상'과 그의 소련권 블록 가담 거부 방침이 옳았음을 입증해주는 것이었다. 김영남은 필자에게 "우리 인민들은 스스로 선택한 사회주의의 길, 다시 말해 '우리식 사회주의'를 향해 전진하고 있다"고 낙관적으로 말했다. 중국이 시장경제 체제 도입을 정당화하기 위해 썼던 '중국식 사회주의'라는 표현을 연상케 하는 그 말은 90년 12월 조선노동당 기관지에서 첫선을 보였는데 중국의 경우와는 달리 북한의 '우리식 사회주의'는 기존 노선으로부터의 이탈이 아닌 기존 노선의 고수를 뜻했다.

91년 필자의 눈으로 직접 목격한 북한의 모습은 다른 어느 나라와도 다른 독특한 것이었다. 한국전쟁 당시 북한의 수도 평양은 미군 책임자가 "더 이상 건물이라고 할 만한 것이 하나도 없다"며 공습 중지 명령을 내렸을 정도로 미군의 폭격으로 철저하게 파괴됐다. 김일성은 잿더미가 된 평양을 넓은 도로와 기념물, 반듯반듯한 아파트 건물로 가득한 계획 도시로 재건했다. 그러나 평양은 살아 움직이는 사람들을 위한 도시라기보다는 잘 꾸며진 무대 장치에 가까웠다. 사실 평양은 여러 가지 면에서 '인공 합성 도시'였다. 평양 주재 외교관들의 말에 따르면 북한 주민은 정기적으로 심사를 거쳐야 했고 병자, 노인, 장애자들은 정치적 불순분자들과 함께 강제 추방됐다.

평양은 김일성 숭배를 위한 기념물로 가득 차 있었다. 그중에서 가장 인상적인 것은 주체사상탑과 개선문, 김일성 경기장이었다. 주체사상탑은 '위대한 수령'의 70회 생일을 맞아 김일성이 주창한 '주체사상'을 기리기 위해 세워진 대형 첨탑으로 거의 워싱턴 기념비만큼

91년 평양에서 검술 훈련 중인 4학년생들이 아이들다운 활기와 일사불란함을 보여주고 있다. 그 뒤로는 평양의 지평선과 파리에 있는 것보다 더 큰 개선문(the Arch of Triumph)이 보인다. 이 문은 김일성을 기리는 건축물이다.

높았다. 개선문은 1945년 김일성이 항일투쟁을 승전으로 이끌고 귀국한 것을 기념해 건립된 것으로 본래 모델인 파리의 개선문보다 그 규모가 컸다. 김일성 경기장은 김일성과 그 정권에 대한 충성심을 다지는 대규모 집회장으로 총 10만 명을 수용할 수 있는 규모였다. 역시 눈에 띄는 또 하나의 건물은 1백5층 짜리 유경(柳京) 호텔로 착공 당시 아시아 최고층 호텔이었으나 이제는 비완공된 상태로 방치되어 있었다. 건물에 구조상의 치명적 결함이 있어 절대 완공될 수 없다는 소문이 돌았다.* 평양은 대규모 집회나 행사에는 걸맞을지 모르나 승용차와 버스도 드문데다가 그렇다고 베이징처럼 자전거 도로가 따로 있어 넓은 도시 공간을 다닐 수 있는 것도 아니어서 북한 주민들에게는 매우 불편한 곳으로 보였다.

  안내인을 따라 시내를 관광하던 중 우리 일행은 수백 명의 어린 소년들이 교사의 구령에 따라 목검이나, 목검 대용으로 자른 나무 막대기를 휘두르며 집단 훈련을 하는 장면을 우연히 목격했다. 아이들은 신호에 따라 검을 휘두르고 뛰어오르면서 힘차게 기합을 외쳤다. 그것은 북한에서 강조되고 있는 다양한 집단 활동 중 한 가지였다. 거리를 지나가는 사람들에게 다가가면 눈길을 피했고 시범 학교의 어린 학생들은 수업 도중 우리 일행이 교장과 함께 불쑥 교실 문을 열고 들어갔을 때 단 한 명도 돌아보지 않았다. 방문객이 들어와도 아는 체

＊ 그러나 2009년 건설이 재개되었고, 2012년까지는 부분적으로 입주 가능하도록 준비되어 있었다. 하지만 2013년 4월 한반도 긴장감이 유례 없이 높아지면서 켐핀스키(Kempenski)호텔 등 관련 회사들이 철수하며 "간단히 말해 지금은 시장 진입이 불가능하며 기준에 따른 호텔 운영이 힘들다"고 입장을 밝혔다.

하지 말라는 지시를 사전에 받은 듯 했다. 우리는 이런 비인간적인 장면에 순간 소름이 끼쳤다.

그러나 이처럼 공적이고 표면적인 모습 이면에는 북한 주민들의 고유한 개성과 인간성들이 느껴지기도 했다. 현란한 공중 곡예가 펼쳐지는 평양 기예단 공연에서 어린아이들은 스스럼없이 탄성을 질렀고 개들이 펼치는 신기한 묘기를 보고 마음껏 웃음을 터뜨리며 즐거워했다. 또 어느 날은 우리 안내원들 중 한 사람의 여동생이 살고 있는 작은 아파트를 찾아갔는데 머리를 곱게 땋은 일곱 살 난 딸아이가 작은 피아노 앞에 앉아 우리를 위해 아름다운 곡을 연주하고, 다섯 살인 동생이 부모의 권유에 못 이겨 깜찍한 춤을 보여주며 수줍어하는 모습을 보고 우리는 북한 가족들의 따뜻한 일상을 엿볼 수 있었다. 이 가족이 살고 있었던 아파트는 서구의 기준으로 보면 대단찮았지만 북한의 대다수 다른 집들보다는 나았고 식탁 또한 손님 대접을 위해 특별히 배급받은 식료품으로 진수성찬을 차린 것이 분명했다. 그것이 북한 가정의 전형적인 생활상이라고 단정할 수는 없었지만 우리에게 허용된 한도 내에서 북한 사람들의 일상을 가장 가까이 접할 수 있었던 소중한 기회였다.

평양의 몇 안 되는 고속도로를 벗어나면 남한의 50-60년대를 연상케 하는 풍경이 눈앞에 펼쳐졌다. 비무장지대 바로 북쪽에 위치한 개성까지 야간 열차로 약 2백km를 달리는데 6시간이 소요됐으며 열차 내부는 허름했고 철로가 고르지 않아 차량이 심하게 흔들렸다. 도중에는 석탄을 때는 증기 기관차가 아직도 운행되는 것을 목격하기도 했다. 아침 일찍 일어나 보니 짙은 안개가 내려앉은 야트막한 언덕과 논밭, 전통적인 온돌 방식의 굴뚝을 가진 작은 집들이 눈에 들어왔다.

그런 평화로운 농촌의 아침 풍경 사이로 집단 농장의 인부를 수용하기 위해 얼기설기 지어진 음산한 회색 건물들이 시야를 방해했다.

이 모든 광경은 교통이 복잡하고 밤에는 네온사인이 휘황한 서울의 모습이나 생활수준이 많이 향상된 남한의 시골 풍경과는 상당히 대조적이었다. 대다수 남한 사람들은 '빈곤'이 완전히 뿌리 뽑혔다고는 할 수 없었지만 대체로 여유 있고 건강해 보였으며 그들의 건강과 부는 필자가 미군 장교로서 그들을 처음 본 이래 급격히 향상된 상태였다. 서울 주재 특파원으로 근무하던 70년대 초의 남한은 깡마른 모습에 마늘 냄새를 풍기는 가난한 나라라는 인상을 주었다. 도시 어디에서도 고약한 냄새가 코를 찔렀고 심지어는 방금 인쇄한 신문에서조차 퀴퀴한 냄새가 풍겼다. 그러나 91년이 되자 서울을 비롯한 대도시에는 볏단으로 지붕을 엮은 전통적인 초가를 밀어내고 초고층 빌딩들이 들어섰으며 농촌에도 잘 닦인 도로와 현대적인 편의 시설이 갖추어졌다. 인구 4명당 1명 꼴인 1천만 명에 달하는 사람들이 운전 면허증을 소지하고 있었고 전국적으로 차량 보유 대수는 무려 4백 2십만 대에 달했다. 해마다 3백만 명의 외국인 관광객이 남한을 방문하는 한편 2백만 명의 남한 사람들이 해외여행을 떠났다. 엘리베이터와 지하철에서 마늘 냄새는 사라졌고 록큰롤 음악에서부터 최신 유행의 패션에 이르기까지 남한은 세계의 움직임과 호흡을 같이하는 나라가 됐다.

이어 우리 일행은 남북한이 맞대고 있는 판문점의 공동경비구역을 방문했다. 언덕 위에 세워진 북한측 관측소에서 내려다 본 공동경비구역은 조용하고 평온했다. 다수의 경비병이 배치된 이남과는 대조적으로 북한쪽에는 경비병이 거의 눈에 띄지 않았다. 붉은 스카프를 목에 두른 북한의 어린 남학생들이 군사정전회의가 열리는 단층건물이

내려다보이는 계단에서 인솔 교사들과 함께 단체 사진을 찍고 있었다.

　필자와 레이드 기자 및 북한측 안내인을 포함한 우리 일행이 남북한을 가르는 군사분계선 가까이 다가가자 한 명의 미군 병사와 미군 헌병 두 명이 우리 앞쪽 바로 건너편에서 부지런히 카메라 셔터를 눌러댔다. 아마도 그 사진은 정보 분석용인 듯 했다. 필자는 베를린 장벽 붕괴 전 그곳의 찰리 검문소(Checkpoint Charlie)를 방문했을 때나 남한 쪽에서 판문점을 방문했을 때와 같은 섬뜩한 긴장감을 전혀 느끼지 못했다. 아마도 북한 책임자와 적진 깊숙이 들어와 있는데다가 남한이나 북한 어느 쪽에서든 평화를 깨뜨릴 염려가 없어 보였기 때문이었던 것 같다.

　판문점 방문 직전 김영남 외교부장은 "아직도 전쟁발발 가능성이 크기 때문에" 북한 정부는 비무장지대는 물론 한반도 전체의 긴장 완화를 도모하기 위한 협상에 주력하고 있다고 강조했다. 그는 미국과의 직접 협상, 그리고 남한을 포함하는 3자 회담을 열기 위한 북한의 노력들을 상세히 설명했다. "우리는 미국과의 관계를 개선할 용의가 있지만 미국측의 부당한 요구를 모두 받아들일 수는 없다"고 그는 말했다. 이어서 불편한 北·美 관계가 역사에 깊은 뿌리를 두었음을 지적하고 "양국은 무엇보다 상호 관계를 개선하겠다는 의지를 공식적으로 천명한 후에 협상을 시작해야 한다"고 힘주어 말했다. 그러나 북한에 대한 우려감이 큰 데다가 북한과의 외교 접촉을 가급적 삼가고 있는 미국정부의 현실을 잘 알고 있는 필자로서는 김영남의 말이 언제쯤 실현될 수 있을지 의문을 품지 않을 수 없었다.

　1928년 2월 24일 생인 김영남은 근면과 충성심으로 노동당 서열에서 한 계단씩 올라가 마침내 당의 국제문제 담당 비서로 성장했으며

83년 10월 양곤 폭탄 테러가 발생한 지 2개월만에 총리 겸 외교부장으로 임명됐다. 양곤 사건을 계기로 북한은 엄청난 국제적 압력에 시달리면서 北·美 관계 및 국제문제를 관할하는 관료조직을 대폭 개편했다. 김영남은 새로운 외교부장으로 부임 후, 북한 외교 조직을 보다 전문적인 방향으로 재조직하는 일에 착수함으로써 많은 직업 외교관을 배출한 후원자가 됐다.

오랫동안 그와 가까이 지냈던 한 중국 관리는 김영남의 문장력이 대단히 탁월한 덕에 김일성의 연설문 초안 대부분을 그가 작성한다고 알려주었다. 이 때문에 그는 비중이 그다지 크거나 권한이 막강하지도 않은 국제문제 담당 당 서기 시절 이미 정치국 정식 위원으로 승격되는 등 김일성과 각별하고 돈독한 관계를 유지할 수 있었다. 조선노동당 중앙위원회 군사 부장이며 4성 장군인 김영남의 동생 김두남(金斗南) 역시 김일성과 가까운 사이였다.

필자는 김영남이 외교부장 자격으로 유엔총회에 처음으로 참석한 84년 그를 만난 적이 있었는데 당시 북한의 고위관리가 뉴욕을 방문하는 것은 매우 드문 일이었다. 주 유엔 북한 사절단은 내내 까다롭고 회의적인 태도를 보였지만 끈질긴 요청 끝에 필자는 결국 김영남을 인터뷰할 수 있었다. 맨해튼에 있는 한 호텔에서 장시간 가진 인터뷰에서 그는 노트 한 권을 주머니에서 꺼내더니 몇 주전 레이건 대통령이 유엔 연설에서 언급한 '신뢰구축 방안'과 관련해 미국과 논의할 용의가 있다는 내용의 준비된 성명서를 또박또박 읽어나갔다. 그것은 그동안 상호 신뢰 구축 제안을 백안시했던 북한 정부의 기존 입장을 180도 바꾼다는 뜻으로 워싱턴 정부를 향해 보내는 중요한 신호임이 분명했다.

당시 레이건 행정부는 북한 정부를 경멸하는 분위기에 휩싸여 있었는데다가 재선 준비에 여념이 없었으므로 이 의미심장한 신호는 조용히 묵살되고 말았다. 그러나 필자의 인터뷰 기사가 워싱턴포스트지의 1면을 장식하자 필자를 기피했던 북한 외교관들의 태도는 급격히 돌변했다. 그 후 필자는 김영남과 강석주 외교부 부부장이 유엔에 올 때마다 빠짐없이 그들을 인터뷰할 수 있었다. 그러나 인터뷰 기사가 포스트지 1면을 차지하는 일은 다시는 일어나지 않았다.

이전부터도 그렇게 생각했고 91년 평양 방문 때도 느꼈듯이 김영남 외교부장은 수수께끼 같은 인물이었다. 공적인 대화가 시작되기 전 서로 인사를 나눌 때는 매우 친절하고 편안한 사람이라고 느껴지지만 일단 본론으로 들어가면 냉혹할 정도로 자신의 각본에 따르기 때문에 소련의 안드레이 그로미코(Andrei Gromyko) 외무장관을 연상케 했다. 한 미국 외교관은 그의 언행을 로봇에 비유하기도 했다. 북한의 외교관리이자 김일성의 통역관으로 활동하다가 남한으로 망명한 고영환은 그를 북한 관리의 '전형'이라고 말했다. "김일성이 벽을 가리키며 '저것은 문이다'라고 한다면 김영남은 그 말을 믿고 기어이 벽을 뚫고 밖으로 나가려 할 것이다." 그러나 전체적으로 볼 때 김영남 외교부장은 대단히 지적인 인물이었으며 높은 지위와 권위에 비추어 볼 때 평양 정권을 움직이는 중요한 막후 인물임에 틀림없었다.

외교부 소속 관리들 가운데 김영남과 모든 면에서 대조적인 인물은 북한 외교진 가운데 또 하나의 주요인물인 김용순(金容淳)이었다. 필자는 91년 평양을 방문했을 당시 그를 처음 만났는데 김용순은 실로 개성이 넘치고 어디서든 이목을 끄는 스타일이었다. 1934년 생인 김용순의 인생 행로는 출세와 불운이 교차하는 험난한 것이었다. 그는 북한 동남부의 지방관리 출신으로 천성적으로 정치 지향적 인물이었고 조선노동당 국제부에 합류하기 전 잠시 이집트 대사를 지냈다. 그러다가 80년대 중반 노동당사에서 서구풍의 댄스 파티를 주최한 일로 퇴폐적 행위에 대한 책임을 추궁당한 후 한 석탄 광산에서 강제노동을 한 것으로 알려져 있다. 전해진 소문에 따르면 김용순은 석탄 광산에서 인생을 마감할 뻔했지만 김일성 본처의 막내딸이자 김정일의 여동생인 김경희와의 친분 덕분에 간신히 구제됐다는 것이다. 금욕적인 스타일의 김영남과는 달리 술고래인 김용순은 김정일의 파티 친구이며 여자를 좋아하고 사치스러운 생활을 탐하는 것으로 정평이 나 있었다.

91년 필자와의 평양 인터뷰 당시 김용순은 다른 북한 관리들과는 달리 양복에 타이를 맨 정장이 아니라 지퍼가 달린 겨자 색 짧은 재킷 차림이었다. 조선노동당사 회의실에 자리를 잡고 앉으면서 김용순은 시골에서 노동자·농민들과 대화를 나누다가 곧장 오는 바람에 옷을 갈아입지 못했다며 양해를 구한 뒤, 미국인 기자들과 약속이 있다고 하자 노동자들이 어서 가보라고 떠밀어 보냈다고 말했다. 필자는 그런 그의 태도에 호감을 느꼈으나 추후 그를 만난 미국의 퀘이커 교도 대표단으로부터 그가 똑같은 재킷을 입고 나타나서 똑같은 말로 둘러댔다는 이야기를 전해 듣고는 그 행동이 상투적인 제스처임을 알게 됐다.

그러나 김용순은 필자가 북한에서 만난 사람들 가운데 가장 자신감이 넘치고 멋을 즐길 줄 아는 인물이었다. 그의 권위적이지만 자유분방한 태도는 당시에 '친애하는 지도자 동지'라고 불렸던 김정일과의 남다른 관계에 바탕을 두고 있는 듯 했다. 그는 필자가 평양에서 만난

6명의 고위관리들 중에서 '친애하는 지도자 동지' 김정일을 "정치·경제·국방·외교 전 분야에서 지침을 내리는 지도자"라고 자진해서 설명해준 유일한 사람이었다. 또한 그는 자신이 전화 등을 통해 김정일로부터 직접 지시를 받고 있음을 밝혔다.

근본적으로 김용순의 태도는 당의 정책노선에서 크게 벗어나지 않았지만 그는 그것들을 좀 더 이해하기 쉽고 인상적인 방법으로 설명하려고 애썼다. 미국 정부에 대화와 협력을 촉구하는 내용까지 포함해 장시간에 걸친 대화를 마치면서 김용순은 美 국무장관 이름을 직접 거론하며 "아마 당신이 베이커 국무장관을 잘 알 걸로 생각한다. 내가 만나고 싶어한다고 전해달라"고 말했다. 그를 비롯한 북한 관리들은 미국의 정책을 한결같이 강도 높게 비난했지만 그들이 필자를 통해 전달하고자 했던 궁극적인 메시지는 미국과의 직접대화를 절실하게 원한다는 것이었다. 북한 정권은 '그들만의 독자적인 방식으로' 공산권 동맹국들의 빈자리를 메우기 위해 노력하고 있는 것처럼 보였다. 김일성이 중국과 러시아로부터의 위협 가능성에 대항하기 위해 이미 미국과의 관계정상화를 전략적 최우선순위로 결정했다는 사실은 당시에는 알려지지 않았다. 이는 향후 수년간 북한 외교정책의 중점 사항이 되었다.

중국의 노선 변경

중국의 첸치천 외교부장은 일주일을 예정했던 필자의 북한 방문이 끝나기 며칠 전 평양을 떠났다. 그러나 38선을 사이에 두고 대치중인 남북한 양측의 對 중국 관계 변화는 아직도 절박하고도 중요한 현안으로 남아있었다. 90년대 초 두 개의 한국과 주변 강대국들의 관계는 다른 대외 문제들과 마찬가지로 굉장히 유동적이었으며 중국도 이 변화의 과정에 포함돼 있었다. 중국은 동맹국인 북한에 대한 일방적인 지원 방식에서 탈피해 남북한 양국 모두와 보다 생산적인 유대관계를 맺는 것이 가장 큰 과제였다. 중국으로서는 소련의 경우와는 달리 북한에 대한 영향력을 상실하지 않으면서 동시에 남한과 새로운 관계를 형성하는 것이 무엇보다 중요했고 이를 위해 중국은 그 어떤 때보다 능란한 외교적 수완을 발휘했다.

1979년 1월만 해도 중국의 최고지도자 덩샤오핑은 당시 카터 美 대통령에게 "북한의 중국에 대한 신뢰감 훼손이 우려되므로 우리는 한국 쪽으로 가까이 다가갈 수 없다"고 천명했다. 그러나 아이러니컬하게도 덩샤오핑 자신의 실용주의적 개혁 정책과 시장경제 도입으로 중국은 남한을 홀대하고 북한을 전폭적으로 지원했던 기존 정책을 수정하지 않을 수 없었다.

황해를 사이에 두고 마주해 있는 한국과 중국은 다같이 역동적인 경제 성장을 기록하면서 자연스럽게 이상적인 교역 파트너가 됐다. 홍콩을 비롯한 제3국을 통한 간접 교역으로 시작된 韓·中 무역 규모는 1979년 1천9백만 달러, 80년 1억8천8백만 달러, 84년 4억6천2백만 달러, 86년 13억 달러, 88년에는 무려 31억 달러까지 치솟았다. 이에 반해 중국의 對 북한 교역량은 미미한 수준으로 하락해 80년대 말에는 5억 달러 수준에서 맴돌았으며 그나마도 대부분이 중국의 원조 형식이었다. 다른 여러 가지 요인도 작용했겠지만 이처럼 자연스럽게 형성된 경제적 유대관계야말로 중국이 남한을 멀리하고자 했던 종래의 입장을 수정하는 데에 결정적인 역할을 했다. 중국의 당 원로

들이나 퇴역 군장성들은 북한에 대한 미련을 버리지 못했지만 경제 담당 관리들에게 있어 남한은 점차 커다란 존재로 부각돼 갔다.

1985년 표면상으로는 학술교류 목적의 소규모 중국 대표단이 서울을 방문한 후, 남한과 중국 간 관계 개선 가능성에 대한 보고서를 작성해 덩샤오핑에게 제출했다. 보고서를 읽은 덩샤오핑은 보고서 빈 곳에 "중국과 남한 간 관계 개선을 좀 더 신속하게 진행시킬 필요가 있다"고 적었다고 후에 보도되었다. 룽이런(榮毅仁)이 이끄는 중국의 중신그룹(China International Trust and Investment Company)의 대표단과 남한 정계 지도자들의 차분한 회의가 서울과 베이징에서 잇따랐다. 가능한 빨리 진전을 이루고자 했던 남한 측은 중국이 관계를 수립하고자 한다면 다음 해에 5년 상환 예정으로 2.5만 달러의 차관을 무이자로 제공하겠다고 제안했다. 중국은 다수가 수용하자는 의견이었으나 첸지천 외무부장만이 북한과의 관계가 소홀해질 수 있다는 이유를 들어 거절했다. 이후에도 수년간 첸지천은 관계수립 제안을 수차례 거부해 이에 찬성하는 중국정부 관계자들의 공분을 샀다. 남한 정부와 협력하려는 목적으로 만들어진 특별 '남한연구소(South Korean Affairs Office)'의 소장인 천지윤 부수상이 첸지천의 고집에 분통을 터트렸지만 결국 그를 꺾진 못했다. 중국측 관계자 중 한 명이 너무 자주 한국을 오가는 바람에 심하게 눈에 띄자 그의 남한 측 파트너는 서울의 양장점에 부탁하여 양복 한 벌을 지어주면서 "미국과 대만 대사관에서 지켜보고 있다"고 말했다.

베이징과 서울 사이의 완고한 장벽이 열리기 시작한 것은 83년 5월 중국 민항기 납치사건이 계기가 됐다. 6명의 중국인 납치범들은 승무원 2명에게 총상을 입히고 조종사들을 위협해 항로를 남한으로 돌렸고 이에 중국 정부는 총 33명으로 구성된 공식 대표단을 서울에 파견했다. 이후 양국은 원만한 협상 과정을 거쳐 항공기와 승객 및 승무원 모두를 중국으로 송환하기로 합의했다.

북한은 중국 정부의 '공식' 대표단 파견에 즉각 항의했다. 이에 중국 관리들은 대표단 파견을 뜻하지 않은 사고에 따른 이례적인 조치라고 변명하면서 남한과의 정상화를 반대한다는 "중국의 확고한 입장"을 재차 다짐했다.

85년 3월 또 한 차례 예기치 않은 사건이 발생했다. 황해상에서 중국의 어뢰정 수병 2명이 반란을 일으켜 함장과 승무원 5명을 사살한 것이다. 연료가 떨어져 표류하던 중국 어뢰정을 발견한 한국 어선은 그들을 남한의 가까운 항구로 예인했다. 중국은 실종된 어뢰정을 수색하기 위해 전함 3대를 남한 영해에 급파했고 이에 대응해 대한민국도 공군과 해군 및 해안경비대를 출동시켰다. 일촉즉발의 위기가 감도는 분위기 속에서 CIA 서울지부 책임자인 제임스 딜레니(James Delaney)와 리처드 워커 주한 미국 대사는 수하의 첩보 조직과 베이징 주재 미국 대사관을 통해 베이징에 신중한 태도를 촉구하는 메시지를 긴급 전달했다. 결국 중국의 전함은 물러갔고 협의 끝에 한국은 인양된 어뢰정과 중국인 승무원들을 중국으로 송환했으며 중국 정부는 '실수'로 자인한 남한 영해 침범을 사과했다.

중국과 남한 사이의 깊은 골이 우호적으로 해결된 이 시기는 공교롭게도 김일성이 84년과 86년 잇따라 모스크바를 방문해 소련과의 안보 관계를 돈독하게 다지고 소련제 무기를 대거 수입함으로써 중국과 북한의 관계가 냉각되기 시작한 시점과 시기적으로 일치했다. 중국 군부는 소련 공군이 중국과 인접한 북한 영공에서 훈련을 실시하고 소련 전함이 북한 항구에 기항하는 것을 못마땅하게 여기고 있었다.

중국의 한 전직 관리에 따르면 80년 대 중반 오진우(吳振宇) 인민무력부장으로 짐작되는 북한의 한 고위 군당국자가 소련제 무기를 중국제 무기로 대체할 요량으로 비밀리에 베이징을 방문, 전함과 전투기를 비롯한 각종 전략 무기 대량 제공을 요청한 일이 있었다. 그러나 덩샤오핑은 북한측의 요구를 단호하게 거절했고 북한의 인사는 중국의 군사 원조 거부에 격분한 채 귀국했다.

86년 서울에서 개최된 아시안게임에 수백 명의 중국 선수들이 참석하는 등 韓·中 양국 간의 비공식 접촉은 매우 활발해지는 가운데 盧대통령의 등장은 중국의 노선 선회에 결정적 역할을 했다. 87년 대통령 유세 중 인천을 찾은 노태우 후보는 임기 중 "서해 바다를 건너" 중국을 방문할 것이라고 호언했고 그 결과 중국은 그의 북방정책의 최우선 목표로 떠올랐다. 또한 중국과 인접한 남한의 서해안 지역은 일본 근안의 동해안 지역에 비해 경제적으로 상당히 낙후돼 있었으므로 이 공약은 국내 정치에도 큰 변수로 작용했다. 이런 공약 때문이었다고 확신할 수는 없지만 어쨌든 노태우 후보는 투표 결과 전통적으로 야당의 보루였던 인천에서 승리를 거두었다.

盧대통령은 취임 후 즉시 중국과의 관계개선 작업에 착수했다. 그는 취임 후 8일 만에 남한에서 30년간 거주한 오랜 지인인 중국 태생 의사 한 사람을 청와대로 초청한 뒤 비공식 외교사절로 베이징에 파견해 정식 외교관계 수립을 위한 물밑작업을 하도록 지시했다. 이것은 전면적인 외교관계 수립을 위해 盧대통령이 파견한 수많은 기업가와 기타 관리들의 對중 비공식 접촉의 첫 케이스였다. 한편, 덩샤오핑 최고 지도자의 딸과 아들을 포함한 중국의 유력 인사들도 남한 기업체의 초청을 받아 서울을 방문했다. 盧대통령의 한 보좌관은 "우리는 한국을 방문한 중국 유력 인사들이 귀국 후 덩샤오핑과 중국 지도부에게 보고들은 바를 여과 없이 전달할 것이라고 확신했다"고 말했다. 노태우는 개발에 계속 집중하기 위해 막후 접촉에 중요한 역할을 처남에게 맡겼다.

서울올림픽 성사 후 소련을 비롯한 대다수 동구권 국가들은 관계정상화를 목표로 남한에 접근해 왔으나 중국은 여전히 신중한 태도를 견지하면서 정경분리(政經分離) 정책을 고집했다. 그러나 盧대통령은 이러한 중국측의 미온적인 태도에도 불구하고 중국의 환심을 사기 위해 가능한 모든 방법을 동원했다. 89년 6월 중국 정부가 천안문 광장에서 벌어진 민주화 시위를 무력으로 진압한 뒤 중국 정부에 대한 반감이 국제적으로 확산되자 90년 예정이었던 베이징 아시안게임 개최 여부는 풍전등화의 처지에 놓이게 됐다. 이때 盧대통령은 서울 아시안게임을 치르면서 친분을 쌓아둔 아시아의 스포츠 관계자들을 설득해 중국 정부에 불리한 결정을 내리지 않도록 하는 막후공작에 나섰다. 또한 부시 미국 대통령과 마가렛 대처(Margaret Thatcher) 영국 수상을 비롯한 세계적으로 영향력 있는 정치 지도자들에게 천안문 사태에 대한 비난을 자제해 달라고 촉구했고 동시에 자신의 노력을 중국 정부에 알리는 것도 게을리 하지 않았다.

90년 중국은 마침내 남한과의 궁극적인 외교관계 수립을 위한 비공식 접촉 채널을 가동시켰다. 양국의 초기 협상 과정은 마치 아시아 지역에서 두 가문을 맺어주는 혼사 중매와 비슷했다. 남한측에서는 盧대통령의 사돈인 선경그룹의 이순석(李順石) 사장이 나섰고 중국측에서는 리셴녠(李先念) 前 국가주석의 사위인 중국군 장교가 참여했다.

그리고 수차례의 회담 끝에 90년 말 베이징과 서울에 영사 기능을 수행하는 무역사무소가 설립됐다. 한국의 베이징 주재 '무역대표'는 기업가도 경제 관리도 아닌 노련한 베테랑 외교관 노재원(盧載源)이었고 그는 중국과의 準외교 교섭에서 핵심적인 역할을 수행했다.

91년을 기점으로 중국의 외교 정책은 급변하기 시작했다. 베이징 정부는 덩샤오핑의 남부 지방 시찰을 계기로 천안문 유혈 사태 이래 잠시 잃어버렸던 자신감과 추진력을 회복하면서 경제 성장에 필요한 외국 자본 및 기술 도입과 시장 개척을 위한 외교 활동에 총력을 기울였다. 중국이 가장 주력한 외교 상대국은 북아메리카와 서유럽의 자본주의 국가들, 그리고 황해 건너편의 남한이었다. 이제 북한과 관련된 이념 문제와 같은 실속 없는 쟁점은 관심 밖으로 밀려났다.

91년 5월 북한을 공식 방문한 리펑 총리는 종래의 특혜적 물물교환 교역을 중단하고 對 북한 수입물자의 대금을 국제시장에서 통용되는 현금 결제방식으로 전환시켰다. 그리고 이때 리펑 총리는 남한의 유엔 가입에 대해 거부권을 행사하지 않겠다는 뜻을 김일성 주석에게 전달했다.

91년 5월 남한이 북한과 더불어 유엔에 가입한 직후 중국의 첸치천 외교부장은 뉴욕에 있는 유엔 건물의 한 회의실에서 처음으로 남한의 이상옥 외무장관을 만났다. 이 자리에서 첸치천은 양국 관계정상화에 대해 정확한 언질을 주지는 않았지만 이 회담은 그 자체가 이례적인 일이었고 정책 변화의 기점이 될 수 있는 중요한 사건이었다.

그 해 11월 21일 제3차 아시아태평양경제협력체(APEC) 총회 참석차 서울을 방문한 첸치천은 중국 관리로서는 처음으로 盧대통령을 예방했다. 당시 APEC 회담은 아시아·태평양 지역 고위급 인사들의 대화의 장을 마련하는 신생 기구였다. 이 때 주최국인 남한은 중국의 위신을 세워주면서도 대만과 홍콩이 중국 대표와 함께 장래 APEC 회담에도 참석할 수 있도록 세심한 배려를 다했다. 남한은 모든 당사국들이 그런 사실을 정치적으로 받아들일 수 있는 방식으로 일을 성사시켰고 중국은 한국의 배려에 깊은 인상을 받았다.

APEC 회담 준비에 공을 들인 盧대통령은 첸치천 외교부장을 만난 자리에서 남한과 중국 두 나라의 관계가 "5천 년의 역사를 갖고 있는 다른 어느 나라보다도 가까운 우방이며 2차 세계대전 이후 양국의 관계 단절은 전례가 없는 일이자 부끄러운 일"이라고 말했다. 盧대통령은 16세기 일본의 토요토미 히데요시(豊臣秀吉)가 명나라를 치기 위한 거점으로 한반도를 요구했을 때 조선이 이를 단호하게 거부했고 그 결과 일본이 조선을 침략해 한반도 전체를 황폐화시켰던 일을 상기시켰다.

盧대통령은 분명한 어조로 "우리는 한국전쟁을 계기로 다져진 중국과 북한의 관계를 충분히 이해한다"고 첸치천 외교부장에게 말했다. 이어 "그러나 나는 북한에 대한 의리를 저버리지 않고도 중국과 남한, 그리고 북한 모두가 바람직한 관계를 구축할 수 있을 것이라고 믿는다. 누차에 걸쳐 밝혔듯이 우리는 북한이 우려하는 독일식의 흡수 통일은 꿈도 꾸지 않고 있으며 같은 동포로서 우리가 북한에 바라는 한 가지는 서로 적대적인 태도를 버리고 신뢰를 회복해 협력 관계를 구축하자는 것이다. 우리 나라의 경제력을 이용해 북한을 위협할 생각은 추호도 없다"고 선언했다.

이에 첸치천 외교부장은 남한과 중국의 오랜 역사적 관계에 동감을 표하고 "과거 일본 때문에 양국 모두 고난을 겪었다"며 일본이 공동의

적이었음을 상기시켰다. 이어서 지난날 당연히 형성됐어야 할 외교관계를 맺지 못했던 것은 2차 세계대전의 결과였다고 지적했다. 그리고 남북한 관계, 북한과 일본 관계, 북한과 미국 관계가 호전되고 있으므로 중국과 남한의 관계가 정상화되는 것도 그리 어려운 일은 아니라고 덧붙였다. 이어서 그는 "중국은 북한 정부에 한국과의 대화를 촉구하고 있으며 또한 우리는 미국과 일본이 북한의 입장을 개선하는 데 도움을 주리라 믿는다"고 말했다.

盧대통령은 회담 결과에 대단히 만족했다. 그는 옆에 있던 보좌관들에게 지난 수세기 동안 조선의 왕들이 중국정부에 사신을 보내 경의를 표했음을 상기시키며 "이번에는 내가 중국 외교부장으로부터 높은 예우를 받았다"고 말했다.

韓·中 회담과 韓·中 무역협정 체결 후인 92년 1월, 중국 외교부는 여러 차례의 전략회의 끝에 결국 남한과의 외교관계 수립을 건의하기로 결정했다. 그 결과 중국 외교부는 92년의 중요한 외교 목표 중 하나로 남한과의 관계정상화를 채택했다고 한 중국 소식통은 전했다.

언제 중국이 그런 조치를 취할지는 여전히 불투명했으나 92년 4월 13일 아침 첸치천 외교부장은 완전한 관계정상화를 위한 협상 준비가 완료됐음을 남한의 이상옥(李相玉) 외무장관에게 통보했다. 첸치천은 아태경제사회위원회 회의 참석차 베이징을 방문한 이상옥 외무장관과 회담을 가진 자리에서 그 같은 뜻을 밝혔다. 그는 침착한 어투로 그 소식을 전하며 철저한 비밀 유지를 당부했다.

이 제안을 전해들은 남한의 관리들은 크게 흥분했다. 중국은 북한을 납득시키기 위해 한 달 간 협상 보류를 요청했다. 그 후 韓·中 양국은 3개월 동안 비밀협상을 가진 후 공식수교에 전격 합의했다. 韓·

蘇 수교에 뒤이은 소련 연방의 붕괴, 그리고 92년 8월 24일 중국과 남한의 정식 외교관계 수립 발표, 92년 10월 盧대통령의 베이징 국빈 방문 등 연이은 사건들은 한반도를 둘러싼 지정학적 판도를 완전히 바꾸어 놓고 있었다.

양국 관련 인사들에 따르면 중국 정부가 남한과의 수교를 서둘렀던 까닭은 한반도에 대한 인식의 변화 때문이라기보다는 국가 승인을 받기 위해 치열한 노력을 벌이던 대만을 의식했기 때문이라고 알려졌다. 세계 각국을 대상으로 한 대만의 활발한 공식·비공식 접촉은 베이징 지도부의 심기를 불편하게 만들었다. 게다가 몇몇 국가는 이미 대만과 완전한 외교관계를 수립한 상태였다. 92년 1월 소련의 붕괴로 독립한 이후 새로운 자주적 항로를 모색하던 발트해 연안의 라트비아는 중국의 강력한 항의를 무시한 채 대만과 공식 외교관계를 수립했으며 그해 4월 중국이 남한과 국교 수립을 위한 협상을 시작하기 직전에는 서아프리카의 니제르 공화국이 대만과의 정식 외교관계 수립을 발표했다. 따라서 중국 정부는 남한과 외교관계에 박차를 가함과 동시에 대만과의 관계를 단절하도록 압력을 가함으로써 대만이 아시아에서 유일하게 유지하고 있는 마지막 공식 외교 거점을 박탈하는 것이 그에 보복하는 길이라는 결론을 얻었다.

남한 정부의 입장에서 볼 때 중국의 요구대로 대만과의 외교관계를 단절하는 것은 결코 쉬운 일이 아니었다. 韓·中 간의 비밀협상을 눈치 챈 대만 당국은 총통부 비서장을 서울로 파견, 타이완 정권의 전신인 국민당 정부가 일제의 한반도 점령시 망명한 한국의 독립 운동가들을 지원하고 1948년 유엔총회에서 남한 정부의 독립을 강력하게 지지했으며 장제스(蔣介石)가 타이완으로 망명한 후에도 두 나라가 여전히 돈독한 반공투쟁의 전우였음을 강조했다.

  대만 사절단은 만일 남한 정부가 대만과의 우호관계를 포기한다면 그에 대한 보복으로 북한과 공식 관계를 수립하고 무역을 확대하겠다고 시사했다. 반면에 대만과의 외교관계를 그대로 유지하기로 결정한다면 건설사업 입찰 시 한국 기업들에게 최우선 대우를 약속할 뿐 아니라 향후 5년 동안 특혜적인 무역 조건을 인정해 주겠다고 제안했다. 그러나 한국으로서는 중국과의 국교 정상화가 대만과의 관계보다 훨씬 중요했으므로 전략적인 면에서나 경제적인 면에서나 대만측에는 거의 승산이 없었다.

  한편 중국은 남한과 일방적인 외교관계를 수립함으로써 북한을 소외시켰던 소련의 전철을 밟지 않고 한국과 외교관계를 수립하는 것이 가장 어려운 과제라고 생각했다. 베이징 정부는 이 까다로운 문제를 탁월한 정치적 수완과 외교 능력을 십분 발휘해 능란하게 해결했다. 91년 10월 중국 지도자들은 조심스럽게 남한 쪽으로 다가가는 한편 조선민주주의인민공화국 수립 이후 39번째로 중국을 방문한 김일성을 극진히 환대했다. 열흘의 일정 중에서 며칠 동안은 장쩌민 공산당 총서기가 몸소 그의 여행에 동행하기도 했다. 중국이 한국측에 관계 개선을 희망한다는 의중을 살짝 귀띔해준 92년 4월, 양상쿤(楊尙昆) 국가주석은 평양을 방문해 조만간 중국의 對 남한 정책이 수정될 것임을 김일성에게 미리 알려주었다. 남한과의 협상이 본격적으로 시작된 후에는 양상쿤의 아우이자 또 다른 거물급 인사인 양바이빙(楊白氷) 공산당 중앙군사위원회 총비서가 '친선' 명목으로 8일 동안 북한을 방문했다.

  92년 7월 29일 韓·中 외교관계 수립이 완전한 합의에 이르고 비밀리에 가서명까지 마쳤지만 중국 정부는 거의 한 달 가량 뒤인 8월 24일까지 발표를 미룰 것을 고집했다. 평양 정부를 달랠 시간을 벌기 위해서였다. 그사이 첸치천은 평양을 비밀리에 방문해 이 소식을 전했다. 2년 전 똑같은 목적으로 방문해 얼굴을 붉히며 돌아갔던 셰바르드나제 소련 외무장관의 전례와 비교할 때·북한 정부는 중국측을 훨씬 더 관대하게 받아들였다. 첸치천은 남한과의 관계정상화는 덩샤오핑 최고 지도자의 결정에 따른 것이라고 밝힘으로써 평양 정부가 반발할 여지를 주지 않았다.

중국의 관리들은 훗날 일본의 한 외교 관리에게 북한이 중국의 입장 변화를 받아들이도록 만든 열쇠는 회유와 '체면 살려주기'였다고 토로했다. 이러한 수법으로 중국 정부는 북한측에 "대만이 국제사회에서 국가승인을 얻기 위해 분투하고 있다. 저들의 공작을 막으려면 귀국의 도움이 필요하다"고 설득했다고 한다. 중국은 북한의 오랜 우방으로서 중국 정부의 남한 승인을 관대하게 이해해 달라고 정중하게 부탁하면서 이것이 대만의 외교 노력을 제재하기 위한 것임을 강조했다. 하지만 이런 주장은 북한의 능력을 과소평가해 그들을 얕잡아보는 태도에서 비롯된 것이었다. 북한은 과거 소련과도 비슷한 일이 있었는데 공공연히 분통을 터뜨리는 바람에 아무 소득도 얻지 못하게 되자 자기 처지를 파악하고 화를 참는 게 낫다는 걸 배우게 되었다.

韓·中 양국이 국교 수립을 발표했을 때 북한은 담담하게 받아들이며 침묵으로 일관했다. 그로부터 한 달 후 필자는 유엔 총회장에서 만난 김영남 외교부장에게 중국의 입장 변화를 어떻게 생각하는지 물어보았다. 그는 중국과 남한의 새로운 외교관계에 대해 "우리에게 특별히 문제될 것은 아무것도 없다"고 대답했다. 북한이 보인 이런 공개적

무관심은 9월과 10월의 중국 건국기념일과 중국인민의용군 한국전쟁 참전 기념식에 북한이 보낸 신호로 허위임이 드러났다. 북한의 분노를 중국정부가 간과해서는 안된다는 미묘하지만 명확한 신호였다. 중국은 북한에게 있어 못 믿을 상대이며 언제든지 배신할 준비가 되어 있음을 다시 한 번 스스로 증명해 보였다. 이는 북한에게 1992년 핵개발 가능성을 탐구할 계기를 주었고, 그 결정으로 다음 해에는 긴장이 고조되는 결과를 맞았다.

그러나 한반도를 둘러싼 강대국들이 기존의 정책 기조를 포기한 일련의 사건들은 현실적으로 북한에 있어 중대한 사안이 아닐 수 없었다. 당시 이를 만회하기 위해 미국 그리고 일본과 외교관계를 수립하고자 분투했던 북한은 美·日 양국과 합의에 이르기까지 중국이 남한과의 공식 관계 수립을 유보해 주기를 내심 바라고 있었다. 중국 정부는 韓·中 수교가 임박했다는 사실을 사전 통보하는 등 북한을 세심하게 배려했지만 수교 시점까지 양보하지는 않았고 북한 정부는 다른 대안이나 해결점을 찾지 못한 채 혼자서 속앓이를 할 수밖에 없었다. 중국의 정책 변화는 사실 한반도에 미칠 영향을 고려한 것이라기보다는 대만에 대한 보복 조치의 일환이었기 때문이다. 북한 정부는 이웃 강대국 중국이 추구하는 정책 우선순위에서 자신들이 실제로 차지하고 있는 위치가 어디쯤인지를 뼈저리게 실감했으며 게다가 핵개발을 저지하려는 국제사회의 거센 압력에 짓눌린 채 점점 더 깊은 수렁 속으로 빠져들었다.

제11장

핵개발 논쟁에 휘말린 북한

90년대 초 전세계의 정치 및 군사 지도자들에게 북한의 핵무기 개발 계획은 초미의 관심사였다. 경악을 금치 못할 일대 사건인 북한의 핵무기 개발은 결코 남한뿐만 아닌 남한에 주둔하고 있는 미군, 인접한 아시아 국가들, 더 나아가 국제적 안정과 세계질서에 직격탄이 될 수 있는 가공할 위협이었다.

북한이 핵폭탄을 보유할 경우 남한과 일본을 비롯한 선진 국가들의 핵무기 개발 경쟁이 촉발될 것이며, 경제가 어려운 북한이 핵 수출에 나선다면 중동지역의 '테러 국가(pariah nation)'들까지 핵 원료를 손에 쥐게 되는 등 세계적인 핵확산은 필연적인 것이 될 터였다. 보다 근본적으로는 테러 행위 전력이 있는데다가 국제사회에서 고립된 상태에서 그 누구도 행동을 예측할 수 없는 '북한' 정권의 수중에 핵무기가 쥐어진다는 것은 그 자체로 끔찍한 악몽이었다. 청와대 외교안보수석 김종휘(金宗輝)는 재임 당시 북한의 핵무기 보유 문제는 단순한 정치적 논쟁이 아니라 '인류 문명의 문제'라고 필자에게 말한 바 있다.

세계가 두려움에 떨면 떨수록 북한 정부의 핵개발 계획은 점점 더 유용한 협상 무기로 부상했다. 당시 북한은 소련 및 중국과의 동맹관계가 흔들림으로써 대외적으로 내세울 만한 이렇다할 외교적 카드가 없었다. 따라서 애초부터 핵무기 개발을 협상 카드로 착안했다기보다는 90년대에 들어 핵무기 프로그램이 대외 관계를 조종하는 유용한 무기가 될 수 있다는 사실을 인식한 것이 분명했다.

북한이 핵무기를 개발하고 있다는 의혹이 처음으로 제기된 것은 82년 4월이었다. 당시 레이더에 포착되지 않는 미국의 정찰 위성은 평양에서 북쪽으로 약 1백km 떨어진 영변의 한 강가에서 원자로와 비슷한 시설이 건설 중인 모습을 촬영했다.

수수께끼는 여기서부터 시작됐다. 워싱턴의 정보 전문가들은 영변의 위성 사진에 지대한 관심을 보였고 며칠 후 그 사진은 워싱턴에서 정밀하게 분석됐다. 84년 3월 여전히 모종의 공사가 진행 중인 문제 지역의 상공을 통과한 정찰 위성은 원통형의 원자로 굴뚝의 윤곽을 포착했다. 84년 6월에 촬영된 사진에서는 원자로와 냉각탑, 전기배선, 범위가 한정된 송전 시설 등을 세부적으로 뚜렷하게 확인할 수 있었다.

미국의 정보 분석가들은 위성으로부터 수신한 사진들을 토대로 문제의 원자로가 북한에 풍부하게 매장돼 있는 두 가지 물질, 다시 말해 천연 우라늄을 핵반응 연료로, 조절 감속제로는 흑연을 사용하고 있다는 결론을 내렸다. 원자로의 구조는 1950년대 후반 프랑스와 영국이 핵무기 원료를 생산하고자 개발했던 구형 모델과 놀라울 정도로 흡사했다.

그러나 이 원자로가 북한의 핵무기 개발 착수의 결정적 증거는 될 수 없었다. 원자로는 민간용 핵발전소 건설에도 가장 기초가 되는 시설이기 때문이다. 그러나 86년 3월 영변 일대를 감시하던 위성이 강변 부근의 백사장에 분화구와 흡사한 원통형 구덩이를 여러 개 발견함으로써 의혹이 증폭됐다. 군사 분석가들은 이 흔적이 핵무기 전문가들이 익히 알고 있는 고성능 폭발 실험(플루토늄 주변에 재래식 폭탄을 한 치의 오차 없이 동시에 '폭파'시켜 플루토늄을 순간적으로 압축시키는 방법)의 결과라고 주장했다. 이 사실이 발견된 후 그때까지 수집한 사진들을 모두 재검토한 결과 유사한 구덩이가 나타나기 시작한 것은 83년부터인 것으로 드러났다.

우라늄을 연료로 사용하는 원자로와 최첨단 정밀 기술을 요하는 폭발실험이 확인된 데 반해, 핵개발 계획의 3대 요소 가운데 하나인 재처리 시설의 존재는 아직 미지수였다. 재처리 시설은 복잡한 화학처리 과정을 통해 연소된 우라늄의 폐기물로부터 핵무기의 원료가 되는 플루토늄을 분리해내는 설비다.

86년 3월부터는 그 길이가 미식축구 경기장의 배에 가까운 거대한 직사각형 건물이 솟아오르고 있는 모습이 카메라에 잡히기 시작했다. 87년 2월에는 지붕이 없는 공장 내부에 길게 줄지어선 두꺼운 벽의 방들이 카메라에 찍혔는데 이는 전형적인 플루토늄 추출 시설이었다. 얼마 지나지 않아 공장에 지붕이 설치됐고 미국의 첩보 당국은 어설픈 추측만 할 뿐 이 건물 안에서 도대체 무슨 일이 일어나고 있는지 알 도리가 없었다.

북한이 독자적인 기술로 개발에 성공한 최초의 영변 원자로 1호는 전력 생산능력 5MW급으로 분류되는 비교적 소형인 원자로였다. 그런데 88년 6월 이보다 훨씬 거대한 원자로가 영변에 건설되는 장면이 위성 카메라에 잡혔다.

북한은 훗날 이것이 50MW의 전력을 생산하기 위한 시설이었다고 시인했다. 당시 워싱턴 관리들 중에서 극비로 분류된 위성사진을 검토할 수 있는 사람은 일부 관계자로 제한돼 있었고 위성사진을 검토한 이들은 50MW 발전 설비와 다른 쪽에서 건설 중인 거대한 재처리 공장이 북한 정부가 독자적으로 실시하는 핵무기 개발 계획의 명확한 증거임을 확신했다.

김소월의 시 '진달래꽃'을 통해 이름이 알려졌을 뿐 이렇다할 특색이 없는 영변에는 어느 새 백여 채 이상의 거대한 회색 공장들이 들어서고 높은 담장이 설치됐으며 대공(對空) 화기가 삼엄한 경비를 펼치고 있었다. 새로운 핵시설들이 하나 둘 완공되고 북한이 가공할 파괴력을 지닌 핵무기 생산을 향해 한 걸음 더 다가가면서 영변의 분주한 건설 현장은 점차 무시할 수 없는 국제사회의 관심사로 떠올랐다.

북한 핵무기 개발의 기원

한반도가 '핵무기'와 관계를 맺기 시작한 것은 핵시대의 여명기로 거슬러 올라간다. 2차 세계대전 중 일본은 미국과 독일, 소련 등의 강력한 핵무기 개발 노력에 뒤처지기는 했지만 독자적으로 새로운 무기 개발을 적극 추진했다. 미군이 일본 열도에 대한 폭격의 강도를 높이자 일본은 비밀무기 개발 계획 거점을 식민지였던 한반도 북부 지역으로 옮겨 미국의 공격을 피하는 한편 북한 지역의 파손되지 않은 발전 설비와 풍부한 광물 자원 등을 최대한 활용했다. 또한 1945년 한반도 분단 후에는 소련이 자국의 핵무기 개발을 위해 북한에서 모나자이트를 비롯한 여러 광물을 채취해 갔다.

한국전쟁 중 더글러스 맥아더 장군은 총 26개의 원자탄 사용을 승인해줄 것을 트루먼 美 대통령에게 강력하게 요청했다. 맥아더의 해임 뒤 그 자리를 이어받은 매튜 리지웨이(Mattew Ridgeway) 장군 또한 똑같은 요청을 되풀이했지만 미국 정부는 끝내 그 요청을 거부했다. 1953년 초 드와이트 아이젠하워(Dwight Eisenhower) 대통령은 전쟁 종식을 위한 군사정전협정이 계속 교착상태에 머무른다면 원자탄을 사용할지도 모른다는 의지를 간간이 내비쳤다.

아이젠하워 대통령과 존 포스터 덜레스(John Foster Dulles) 국무장관, 리처드 닉슨(Richard Nixon) 부통령은 그러한 핵공격 위협이 군사정전협정 타결에 지대한 영향을 미쳤다고 이구동성으로 주장했지만 최근 공개된 소련측 기밀 문서에 의하면 이 같은 주장에는 의문의 여지가 있다.

한국전쟁이 끝난 후 소련과 북한은 핵연구 분야에 대한 협력을 골자로 하는 두 가지 협정에 조인했고 이를 전후해 소수의 북한 과학자들이 모스크바 부근의 두브나(Dubna) 핵연구센터에서 연수를 받기 시작했다. 소련은 실험용으로 소형 원자로를 제공했고 이는 영변에 설치됐다.

당시 북한은 핵확산금지조약(Nuclear Non-Proliferation Treaty, NPT)에는 가입하지 않은 상태였지만 소련은 자국이 제공한 실험용 원자로가 행여 핵무기 개발에 사용되는 것을 미연에 방지하기 위해 제공 원자로에 대한 국제원자력기구(IAEA)의 사찰을 허용했다. 북한의 핵위기가 불거진 후 소련은 자신들의 對 북한 지원은 민간 원자력 개발에 한정된 것이었으며 핵무기 개발은 포함되지 않았다고 주장했다.

1964년 중국이 최초의 원자폭탄 실험에 성공하자 북한은 이번에는 중국에 지원을 요청했다. 김일성 주석은 베이징에 대표단을 파견해 핵개발 지원을 요청함과 동시에 마오쩌둥 중앙위원회 주석 앞으로 서한을 보내 목숨까지 바쳤던 혈맹인 만큼 핵무기 제조 기술 또한 공유해야 한다고 역설했다. 두 명의 중국 관리와 중국 사정에 정통한 한 일본인 전문가는 마오쩌둥이 이를 단호하게 거절했다고 증언했다.

중국 외교부에서 한반도 문제를 전담했던 전직 관리는 "중국 지도부는 핵무기 개발이 막대한 자금이 소요되는 사업인 데다가 작은 나라인 북한에는 굳이 핵무기가 필요하지 않다고 생각했다"고 말했다. 그 후 1974년 김일성은 다시 한 번 중국에 도움을 요청한 것으로 알

북한이 자체 기술력으로 건설한 5MW급 원자로. 미국은 서양인 방문객이 몰래 찍은 이 사진의 원자로가 대규모 핵무기 제조계획의 단초가 될 것을 두려워했다.

려졌다. 당시 남한의 핵개발 계획 추진 상황이 김일성의 심경에 영향을 미쳤을 가능성도 있다. 어찌됐건 과거와 마찬가지로 74년의 요청도 성공을 거두지 못했다.

북한이 정확하게 언제부터 그리고 왜, 국가적 사업으로 독자적인 핵개발 계획에 착수했는지에 대해서는 추측만 난무할 뿐 정확히 알려진 사실은 없다. 82년 봄 CIA는 미국의 첩보위성 카메라에 포착된 북한의 준비 작업이 1979년경부터 개시됐을 것이라는 추측을 내놓았다. 소련 해외정보부 관리의 말에 따르면 1970년대 후반 김일성은 과학원·군부·사회 안전부에 핵무기 개발 계획에 착수할 것과 영변에 있는 기존 시설을 빠른 시일 내에 확대시킬 것을 지시했다. 이미 일찍이 1976년 2월에 평양주재 헝가리 대사관에서는 북한이 "핵시설 건설을 원하고 있으며 미래에 핵무기 생산을 할 수 있도록 이 문제에 대해 논의 하고자 한다"고 보고했다. 이는 그로부터 며칠 전, 북한은 이미 핵무기를 보유했다는 북한 외교관들의 주장을 담은 부다페스트 발 메시지에 대한 북한 주재 헝가리 대사관의 정중한 답변이었을 것이다.

81년 평양을 방문한 동독 공산당 소속 국제부의 한 고위급 대표는 귀국 후 정치국에 다음과 같은 보고서를 제출했다. "북한은 원자력 발전소를 도입하는 데에 지대한 관심을 보이고 있다. 그 열의로 볼 때 핵기술을 군사적으로 이용할 가능성을 결코 배제할 수 없다" 북한의 관리들과 수차례에 걸친 비공식 회담 끝에 신중하게 작성된 이 보고서는 지금까지 핵무기 개발에 대한 북한의 의지를 지나치게 과소평가했다고 평하며 다음과 같이 덧붙였다. "그들은 단도직입적으로 '우리는 핵무기가 필요하다'고 말했다."

북한의 핵개발 프로그램은 처음부터 자주적으로 추진됐는데 이 개발 계획의 '중심축'은 남한에서 태어나 2차 세계대전 전 일본의 교토 (京都) 제국대학에서 공학박사 학위를 받았으며 서울대학교 공대 학장을 지내다 한국전쟁 때 월북한 이성기 박사였다.

이성기는 김일성 주석의 가장 가까운 친구이자 과학부문 자문 역을 맡았으며 석탄을 원료로 한 비날론이라는 합성섬유를 개발함으로써 세계적으로 명성을 얻었다. 북한의 핵무기 개발을 담당한 핵심 그룹은 이성기 외 전쟁 전 일본에서 각각 화학과 물리학을 전공했던 두 명의 남한 출신 과학자와 모스크바 대학교에서 핵물리학을 전공한 두 명의 북한 출신 과학자로 추측되고 있다.

북한은 애초부터 자주적이고 독자적인 개발을 추진했기 때문에 고도의 기밀 유지는 그리 어렵지 않았다. 북한과 가장 가까운 동맹국인 소련과 중국조차 핵무기 개발이 개시된 후로는 영변의 핵심 시설을 방문할 수 없었다.

비밀리에 핵무기 개발을 추진하는 한편 북한은 전력난을 해소하기 위해 소련으로부터 민간용 원자력 발전소 도입을 시도했다.

84년 모스크바를 방문한 김일성은 콘스탄틴 체르넨코 공산당 서기장에게 이 문제를 거론했고 이후의 후속회담 약속을 받아냈다. 짙은 의혹 속에서 하루가 다르게 변해 가는 영변의 상황을 예의주시하고 있던 미국 정부는 소련 정부에게 북한으로 하여금 핵확산금지조약(NPT)에 서명하도록 설득해 달라고 촉구했다. 조약에 가입하면 국제사찰을 통해 북한의 핵관련 시설을 통제할 수 있으리라 기대했던 것이다.

85년 12월 소련은 북한이 NPT에 조인한다는 조건으로 (우크라이나의 체르노빌에서 가동시켰던 것과 같은 모델인) 경수로 4기를 제공하겠다고 제안했다. 북한은 이에 동의하고 12월 12일 조약에 가입했으며 그로부터 2주 후 소련과 북한 양국은 원자력 발전시설 제공에 관한 기본 원칙에 합의했다.

당시 북한 지도부들이 NPT 서명으로 인해 떠안게 될 의무에 대해 어느 정도 진지하게 검토했는지는 분명치 않지만 훗날 NPT의 탈퇴를 둘러싸고 국제사회의 압력이 얼마나 가열될지에 대해서는 짐작하지 못했던 것이 확실하다. 핵확산금지조약에 서명함으로써 북한은 핵무기를 외국으로부터 들여오거나 제조하지 않을 것이며 그 진위의 확인을 위해 보유하고 있는 모든 원자력 시설에 대한 국제사찰을 받아들이기로 동의했던 것이다. 그리고 이같은 약속은 훗날 미국과 유엔, 그리고 국제사회의 개입을 정당화시켰다.

NPT에 의거해 북한은 사찰의 주체인 IAEA(국제원자력기구)와 핵 안전(사찰) 협정 및 서명을 위해 18개월의 기한을 허용받았다. 약속된 18개월이 끝나갈 무렵인 87년 중반, IAEA는 평양에 송부한 협정문서 양식이 잘못됐다는 사실을 깨달았다. 포괄적 사찰 양식이 아닌 개별 시설 사찰에 관한 협정 양식을 보냈던 것이다. 전적으로 IAEA측의 실수였기 때문에 평양은 그로부터 18개월의 협상시한을 추가로 인정받았다.

그러나 88년 12월, 두 번째 기한이 흘러갈 때까지도 북한은 IAEA와의 협상을 위한 어떠한 조치도 취하지 않았다. 이 무렵 북한과 소련과의 관계가 냉각되고 소련 정부의 재정이 바닥을 드러내면서 북한이 NPT 가입을 수락한 애초의 이유였던 소련제 원자로 도입 가능성은 매우 희박해진 상황이었다. 원자로 확보에는 실패했지만 NPT에서 탈퇴함으로써 국제사회에 엄청난 물의를 빚을 생각이 아니라면 북한으로서는 조약에 대한 합의사항을 지키는 수밖에 없었다. 그리고 이때까지만 해도 핵사찰을 위해 북한에 압력을 가하는 일이 그처럼 까다롭고 어려운 일일 줄은 그 누구도 짐작하지 못했다.

핵 외교 : 미국의 협상무기

89년 1월 부시 행정부 출범 당시, 북한의 핵개발 추진 가능성을 우려하는 사람들은 위성 사진을 검토할 수 있는 권한을 보유한 소수 관리들뿐이었다. 심지어 에너지부 소속의 한 분석가는 영변에 세워지고 있는 건물들이 화학섬유 공장일 수도 있다는 의견을 제시할 정도였다. 북한 정부가 영변 시설을 너무 쉽게 노출시킨 것도 의문점이었다. 날씨가 맑은 날에는 평양 공항에서 이·착륙하는 비행기 안에서도 육안으로 영변 핵시설의 윤곽을 확인할 수 있었다. 美 정부 관계자들은 까다롭고 잘못 건드리면 오히려 심각한 사태를 야기할 수 있는 북한 핵문제를 본격적으로 규명할 의사가 없었던 탓에 이와 같은 몇 가지 의문점을 구실 삼아 어떠한 조치도 취하려 하지 않았다. 레이건 행정부와 부시 행정부에서 북한 핵문제를 다뤘던 한 전직 관리는 "가장 심각한 문제는 정책 결정권자들이 북한의 핵문제를 기피했다는 것이다. 사태의 중대성과 문제의 심각성을 잘 알고 있었기 때문에 오히려 현실도피를 했던 셈"이라고 말했다.

부시 행정부가 취한 첫 번째 조치는 미국 위성이 촬영한 영변 일대의 변화를 영향력 있는 국가의 지도부에 통보하는 것이었다. 북한의 핵시설 건설을 중단시키거나 그것이 불가능할 경우 최대한 지연시키기 위해서는 한반도에 대한 이해관계를 공유한 주요 강대국의 협력이 확보돼야 한다는 것은 의심할 여지가 없었다. 이 같은 이유 때문에 美

국무부 한국 담당 책임자인 해리 던롭(Harry Dunlop)은 89년 2월 소련과 중국을 차례로 방문해 북한의 핵무기 개발 계획에 대해 미국이 알고 있는 정보를 브리핑했다. 또한 제임스 베이커 국무장관은 기회가 있을 때마다 소련과 중국의 고위관리들과 북한의 핵문제를 강도 높게 논의했다. 베이커 장관은 "북한 핵문제 해결을 위한 우리의 외교 전략은 북한 정부가 핵안전협정에 서명하기로 했던 약속을 이행하도록 국제적 압력을 가하는 것이었다"고 설명했다.

전문가 5명으로 구성된 미국 사절단은 5월 남한과 일본 정부를 방문해 양국 정부에게 처음으로 포괄적인 내용을 설명했다. 그 즈음 들어 미국의 북핵 관련 기밀들이 하나씩 유출되기 시작했으므로 국무부는 적절한 때 정보를 제공하지 않으면 남한 정부의 불신을 사게 될지도 모른다고 우려했다. 또한 워싱턴 관리들은 스스로의 판단 하에 공개 범위를 결정하고 스스로 선택한 방식으로 정보를 제공해야 한다고 생각하고 있었다.

남한 관리들을 상대로 브리핑을 실시하기에 앞서 무기통제 및 군축국(ACDA) 소속의 한 관리는 자신의 상관에게 다음과 같이 보고했다. "본인은 일단 남한에게 자체적인 핵개발 계획에 착수해서는 안 된다는 사실과 행여 우리가 제공하는 정보를 외부에 흘린다면 결코 국익에 도움이 되지 않는다는 점을 주지시킬 필요가 있다고 생각한다." 그리고 이 두 번째 우려는 곧이어 현실로 나타났다. 기밀유지를 위해 최선을 다했건만, 90년대 중반 북한이 핵무기 제조 능력을 확보할 가능성이 있다는 경악할 만한 소식이 어느새 언론에 노출됐고 그 후 미국과 전세계 언론들은 앞을 다투어 이 놀라운 기사를 실었다.

필자의 기사가 워싱턴포스트지에 보도된 후 주유엔 북한 대표부는 핵무기 개발을 전면 부인하고 필자의 기사가 "사실 무근의 거짓말"이라고 비난하는 보도자료를 즉시 배포했다. 그 같은 부인에도 불구하고 그 보도가 美 정보부 자료에 근거했다는 데에 대한 신뢰감과 그 심각성 때문에 북한 핵개발 계획은 정계뿐만 아니라 일반 대중 사이에서도 크나큰 파장을 불러일으키지 않을 수 없었다.

그로부터 4년간 미국의 對 한반도 정책은 북핵 문제에 집중됐고 핵문제가 아닌 다른 사안은 아예 논의의 대상에서 제외되기도 했다.

첫 번째 단계

IAEA의 사찰 압력이 점차 강해지자 북한은 미국이 남한에 핵무기를 배치해 놓은 상태에서는 절대로 핵사찰에 동의할 수 없다고 주장했다. 북한의 주장은 부인할 수 없는 논리와 호소력이 있었다. 미국 관리들은 북한의 주장을 집중적으로 연구한 결과 실제로 한반도 남녘에 핵무기를 잔류시키는 한 북한의 핵개발 활동을 저지하기 위한 국제사회의 협력을 확보하기 어렵다는 결론을 내렸다. 사정이 이렇다보니 북한 핵문제를 협의하기 위해 조직된 관련 부처 합동위원회는 매번 남한에 배치한 핵무기 철수 여부를 거듭 논의했지만 결론을 내리지는 못했다.

미국이 남한 땅에 처음으로 핵무기를 배치한 것은 벌써 몇십 년 전의 일로 1957년 12월 아이젠하워 대통령의 승인 하에 어니스트 존(Honest John) 미사일과 2백80mm 장거리포에 핵탄두를 장착한 것이 그 시초였다. 1970년대 초 월남이 풍전등화의 위기에 처하자 남한의 장래를 우려하는 목소리가 높아졌고 그 결과 남한에 배치된 핵무기도 대폭 증강됐다. 핵무기 전문가인 윌리엄 어킨(William Arkin)이 입수한 미국 정부의 문건에 따르면 72년 남한에 배치된 핵탄두는 총 7백63개로 사상 최고 규모였다.

74년 美 의회는 남한의 핵무기 배치가 안보에 기여하는 정도와 그 유용성에 대해 공개적으로 의문을 제기했다. 당시 특파원 자격으로 남한을 자주 방문했던 필자는 비무장지대 부근에 배치된 핵탄두가 불필요한 긴장감을 조성하고 있으며 군사훈련 때마다 위험천만하게 헬리콥터 편으로 공중수송되고 있다는 사실을 보도했다.

월남 패망 후 미국은 안보에 대한 불안 때문에 전전긍긍하고 있던 남한 정부를 달래준다는 명목 하에 경우에 따라 핵무기를 사용할 수도 있다며 공공연하게 북한을 위협했다. 1975년 6월 제임스 슐레진저 국무장관은 남한에 미제 핵탄두가 배치돼 있다는 사실을 공개적으로 시인하면서 다음과 같이 선언했다. "우리가 전술 핵무기를 반드시 사용해야 하는 상황이 전개된다면…… 실제 그 사용 여부를 고려하게 될 것이다." 이어 그는 다음과 같이 덧붙였다. "미국이 어떤 반응을 보일지 시험하는 것은 결코 현명치 못한 행동이다." 그로부터 1년 후인 1976년 2월 핵무기 탑재가 가능한 미군 전폭기 부대가 잠시나마 남한에 배치됐고 이 사실은 언론을 통해 대대적으로 보도됐다. 게다가 그 해 6월 처음으로 실시된 팀스피리트 연례 합동 군사훈련의 일정도 대규모 병력 이동과 핵무기 사용 훈련으로 구성돼 있었다. 1976년 8월 비무장지대에서 미루나무 가지치기 작업을 지휘하던 미군 장교 두 명이 북한군에 의해 살해되는 사건이 발생하자 미국은 핵탄두를 장착할 수 있는 전투기와 전함을 한반도에 대거 배치했다.

그러나 카터 행정부가 남한에 배치한 핵탄두 수를 2백50개로 감축하면서 상황은 반전됐다. 핵탄두 감축은 부분적으로는 카터 대통령의 주한미군 철수계획의 일환이었고 또 한편으로는 일부 구식 핵무기를 최첨단 재래식 무기로 교체하는 조치에 따른 것이었다. 89년 부시 행정부 출범 당시 남한에 배치된 핵탄두 수는 약 1백 개였다. 우방 국가에 대한 핵무기 배치에 대해 "시인도 부인도 하지 않는다"는 오랜 정책에 따라 미국의 남한에 대한 핵탄두 감축 조치 또한 비공개적으로 이루어졌다.

미군 사령관들은 남한에 핵무기를 배치해야 하는 현실적 이유가 전무하다는 데에 의견을 같이 했다. 잔존 핵무기는 대포용 핵탄두와 핵중력폭탄(Nuclear Gravity Bomb)으로 군산 공군기지에 보관돼 있었다. 90년 10월 도널드 그레그 주한 미국 대사는 로버트 리스카시(Robert RisCassi) 주한미군 사령관, 그리고 두 명의 전임 주한미군 사령관과 협의한 후, 북한과의 협상을 보다 활성화하고 핵 문제가 남한에서 정치적 이슈로 대두되는 것을 피하기 위해 남한에 남아있는 핵무기를 철수할 것을 워싱턴에 건의했다. 다음 해 봄 합참 의장을 역임한 아시아 전문가 윌리엄 크로(William J. Crowe) 제독은 對 북한 협상 조건의 일환으로 남한 내 핵탄두 철수를 거론했다.

크로 제독은 다른 이들이 쉬쉬하면서 감추었던 이야기들을 다음과 같이 공개적으로 지적했다. "미군의 기동성을 감안해 볼 때 대한민국의 핵우산 보장을 위해 반드시 남한에 핵탄두를 배치할 필요는 없다."

주한 미국 대사와 군 지휘관들이 이구동성으로 이렇게 건의했음에도 불구하고 워싱턴 정부는 결정을 내리지 못했다. 육군 중장으로 퇴역한 후 부시 대통령의 안보 담당 보좌관으로 부임한 브렌트 스카우크로프트는 평양이 응분의 조치를 취하지 않고 있는데 덥석 선물을 안겨줄 수 없다는 이유를 들어 핵무기 철수에 강력하게 반대했다. 또한 핵무기 철수를 계기로 남한 군부를 비롯한 남한 사회 전체에 북한에 대한 미국의 방위 억지력이 약화됐다는 인식이 확산될 것이고 그렇게 되면 남한을 방어하겠다는 미국의 의지에 대한 불신도 증폭될 것이라는 점이 지적됐다.

91년 봄 서울에서는 그레그 대사와 리시카시 장군, 그리고 청와대, 국방부, 외무부의 고위관리들이 모인 가운데 일련의 비공개 회의가 연속 개최됐다. 핵무기 철수에 대해 처음으로 신중한 논의를 진행한 것이다. 그동안 미국은 오직 남한 대통령 한 사람에게만 남한에 배치된 핵무기의 종류와 위치에 대한 보고를 실시해왔다. 이 보고 때는 청와대 비서관조차 배석하지 못했다. 이와 같은 미국 정부의 관례를 생각해 볼 때 이 회의는 매우 이례적인 것이었다. 회의에 참석한 한 남한 관리는 극도의 보안이 유지되는 '핵심 관계자 회의'가 시작될 때까지 "미국의 전술 핵무기에 대한 일말의 언급조차 금기사항이었다. 핵무기는 너무나 가공할 무기였으므로 논의조차 금지돼 있었다"고 회상했다.

8월 초 韓·美 양측의 군장성과 고위 관리들은 하와이 호놀룰루에 소재한 미군 태평양 사령부 본부로 자리를 옮겨 이틀에 걸쳐 핵무기 철수안에 대해 집중적으로 논의했다. 다른 의제도 상정됐지만 미국이 회의를 소집한 주된 이유는 핵무기 철수 뒤에도 남한 정부가 안보 보장에 대한 미국의 의지를 신뢰하도록 재차 설득하는 데에 있었다. 회의가 한창 무르익을 무렵 美 합참 대표는 남한의 안보 보장을 위해 핵무기를 잔존시킬 필요는 없다는 美 국방부의 결론을 발표했다. 남한 측은 핵무기 철수에 강한 반대의사를 표명하는 대신 이를 북한의 양보를 얻어내기 위한 협상무기로 이용하자는 의견을 제시했다. 회의는 공식 합의를 도출하지 못한 채 종료됐다.

그리고 워싱턴 관료들의 타성에 경종을 울린 사건은 엉뚱하게도 다른 곳에서 발생했다. 91년 8월 중순 소련에서 공산주의 강경파 세력이 고르바초프 대통령을 몰아내기 위해 쿠데타를 일으켰지만 결국 실패로 돌아갔다. 주동자들은 체포됐지만 이 사건을 계기로 소련 통치의 실질적 권력은 고르바초프 대통령의 라이벌인 보리스 옐친(Boris Yeltsin) 러시아 대통령에게로 넘어갔고 그 후 소련 연방은 급속히 무너지기 시작했다. 부시 대통령은 9월 27일 소련의 상응 조치를 유도하기 위해 전세계에 배치된 미군의 지상·해상 발사 전술 핵무기를 모두 철수하겠다고 발표했다. 그 결과 남한에 있던 원자포가 모두 철수되고 공중 포격용 핵탄두만 약 60개 가량 남게 됐다.

부시 대통령은 보좌관들과 협의한 후 남한에서 나머지 핵무기도 완전히 철수시키기로 비밀리에 결정했다. 또한 한 걸음 더 나아가 북한측의 요구대로 핵탄두를 보관했던 군산의 미군 기지에 대한 북한의 사찰을 원칙적으로 허용하기로 결정했다. 남한에 배치된 핵무기 문제를 해결하지 못한 채 수개월 간 지지부진한 협상을 이끌어야 했던 리처드 솔로몬(Richard Solomon) 동아시아 및 태평양 담당 차관보는 "급변하는 소련의 국내 정세 덕분에 간신히 남한 내 핵문제를 해결할 수 있었다"고 말했다.

부시 대통령은 공식 결정을 내리기에 앞서 유엔총회에 참석차 미국을 방문했던 盧대통령을 만나 핵무기의 한반도 배치 여부를 떠나 남한에 핵우산을 제공하겠다는 미국의 의지는 변함이 없다고 재차 다짐했다.

12월 핵무기 철수가 완료되자 盧대통령은 "지금 이 순간, 대한민국 그 어디에도 핵무기는 단 하나도 존재하지 않는다"는 내용의 공식 발표를 했다. 미국의 핵무기 철수는 이후 북한에 지대한 영향을 미쳤고 한반도에 타협과 화해의 시대를 앞당기는 데에 큰 기여를 했다.

12월 남북기본합의서

91년 겨울을 기점으로 남북한과 北·美 관계는 이례적으로 큰 진전을 보았다. 주변 강대국들이 모두 중립이나 지지를 표명하는 가운데 남북한 정부가 화해와 합의를 향해 나아가는 역사적인 시기가 도래한 것이다.

김일성에게 91년은 경제적으로는 물론 정치적으로도 어려운 해였다. 90년 韓·蘇 외교관계 수립을 계기로 소련과의 관계가 소원해지면서 하루 아침에 자국의 운명에 큰 영향을 미칠 수 있는 동맹국을 잃었을 뿐만 아니라 심각한 에너지 부족과 경제난이 닥쳐왔다. 북한 지도부는 91년 가을 모스크바에서 고르바초프의 실각을 노린 쿠데타가 발생했을 당시 잠시 축제 분위기에 들떴으며 쿠데타 성공을 기원한다고 공언한 바 있었다. 그러나 쿠데타가 실패하고 보리스 옐친 러시아 대통령이 쓰러져 가는 소련 연방의 실권자로 부상하면서 김일성은 모스크바로부터 경제 지원은커녕 그나마 남아있던 동정심조차 기대할 수 없는 처지가 됐다.

91년 봄 북한의 또 다른 맹방 중국은 남한과의 유엔 동시 가입을 반대하는 김일성에게 압력을 가하는 동시에 남한과의 관계정상화를 급속히 추진해 나갔다. 10월에 베이징을 방문한 김일성은 중국 지도부로부터 중국식 경제·문호 개방을 하고 남한과의 관계개선을 서둘러 동북아의 평화와 안정을 도모하라는 충고를 받았다. 또한 남한에서 전술 핵무기를 단계적으로 철수하겠다는 부시 대통령의 발표에 의심을 품지 말고 되도록 빠른 시일 안에 핵개발 계획을 둘러싼 의혹을 해결하라는 재촉을 들었다. 김일성이 아직 중국에 머물고 있었음에도 北 외무성 장관은 미국의 조치를 환영하는 성명을 발표했다. 김일성은 베이징에서 돌아오자마자 정치국 회의를 소집했다. 그리고 이날 이후, 남한 및 세계와의 화해를 모색하기 위한 북한의 가시적인 노력이 나타나기 시작했다.

한편 盧대통령은 임기 마지막 해를 마무리하면서 기어이 김일성 주석과의 정상회담을 성사시키겠다는 다짐 하에 북한을 향해 보다 유화적인 태도를 취했다. 90년 가을 양국의 총리가 평양과 서울을 교차 방문하면서 시작된 고위급 회담은 1년만인 91년 가을에 재개됐다. 盧대통령은 자신을 내방한 북한 총리와의 비공식 대화를 통해 남북정상회담을 개최하고 싶다는 바람을 김일성에게 전달했다. 이에 김일성은, 알맹이가 없는 정상회담에는 응하지 않겠지만 만일 양측이 중대한 합의에 도달할 수 있는 가능성이 엿보인다면 盧대통령을 만나겠다는 의지를 전달했다. 남한의 고위급 참석자인 임동원이 보기에, 남한의 잘못된 전략 분석으로 인해 1년간 중단되었던 회담이 드디어 재개되었다.

91년 10월 22일~25일 평양에서 열린 남북 총리급 회담으로 인해 남북정상회담의 성사 가능성이 대단히 높아졌다. 남북한 대표단은 다음번 회담에서 광범한 합의조건을 포괄하는 협정안을 채택하기로 원칙적으로 합의했다. 12월 10일 서울을 방문한 북한 대표들은 "이번에는 직인을 가지고 왔다"고 말하는 등 합의문 채택에 대한 굳은 의지를 표시했다. 그간 남북한 모두가 조금이라도 자신들에게 불리한 합의문에는 도장을 찍지 않으려 애써왔던 것을 생각할 때 북측의 이러한 태도는 실로 놀라운 변화였다.

사흘 동안의 강도 높은 협상 끝에 1972년 7월 4일 남북공동성명 이후 남북한 관계에서 가장 중요한 합의서가 탄생했다. 91년 12월 13일 채택돼 양측이 가서명한 "남북 화해와 불가침 및 교류협력에 관한 합의서"에서 양측은 상대 정권을 합법적인 정부로 받아들이는 데 한 걸음 더 접근했다. 본 합의서에서 남북한은 서로를 "쌍방 사이의 관계가 나라와 나라 사이의 관계가 아닌 통일을 지향하는 과정에서 잠정적으로 형성되는 특수관계"라고 규정했다. 아울러 '특수하고 잠정적인 관계'를 정립하기 위한 다음 지침이 현실적으로 이행된다면 한반도의 적대행위는 거의 완벽히 종식되고 수십 년 동안 남북한 양국이 고수해온 배타적인 정책은 역사의 뒤안길로 사라질 운명이었다.

| 상호 상대방의 제도를 인정하고 상대방의 내부문제에 대한 간섭, 비방중상, 파괴 전복하려는 일체 행위를 중단한다.

| '현 정전상태를 공고한 평화상태로 전환'시키기 위하여 상호 노력하며 이를 달성할 때까지 현 군사정전협정을 준수한다.

| 상호 상대방에 대하여 무력 사용을 중단하고, 신뢰 구축을 위한 조치를 이행하며 군비를 대폭 감축한다.

| 경제·문화·과학 분야에서 교류를 실현하고 이산가족의 자유로운

서신거래를 허용하며 남북 분계선에 의해 끊어진 철도와 도로를 연결한다.

이같은 합의서에 따라 양측은 정치, 군사 및 교류협력 분야의 3개 분과위원회를 구성, 합의서에 명시되지 않은 세부사항을 논의하도록 규정했다.

북한은 대남 화해 합의서에서 핵관련 내용은 언급하고 싶지 않다고 거부했지만 연말 이전에 핵협정을 별도로 작성하기로 약속했다. 미국의 양해 아래 盧대통령이 12월 18일 한국에 배치된 미제 핵무기의 철수 완료를 공식적으로 발표함에 따라 남북의 핵협상이 체결된 전망은 보다 밝아졌다.

조선노동당 중앙위원회는 12월 24일 회의에서 최근 조인된 남북한 불가침 합의서야말로 1972년 대남 외교 활동이 개시된 이래 "신기원을 이룬 최초의 사건"이라는 김일성의 찬양을 들었다. 9년만에 처음 소집된 중앙위원회 전원회의에서는 남북문제를 중점적으로 논의했으며 남한과 미국에 대한 비난을 자제한 공개 보고서를 채택하고 폐회했다.

조선노동당 회의는 다른 두 가지 의미에서 중요한 전기가 됐다. 이 자리를 빌어 김일성 주석의 아들이자 후계자인 김정일이 조선민주주의인민공화국 북한군 최고 사령관으로 임명됐다. 또한 김정일의 승인과 최소한 휘하 군사령관들의 묵인 하에 핵시설에 대한 국제사찰을 허용하고 남한과 쌍무 핵협정을 체결하도록 명시적으로 승인했다. 카네기 국제평화재단(Carnegie Endowment for International Peace)의 셀릭 해리슨(Selig Harrison)은 훗날 다양한 북한 인사들과 외국 관측통들로부터 이 날의 노동당 회의가 북한 정권 내부의 파벌싸움에서 실용주의자들의 조건부 승리를 의미한다는 말을 들었다. 다시 말해 경제적 지원, 그리고 미국 및 일본과의 관계정상화를 대가로 받기 위해 핵문제에 대해 타협을 해야한다고 주장한 세력이 우세했다는 것이다. 북한의 강경파는 핵무기 개발을 강행할 경우 미국과 일본의 원조를 확보할 수 없다는 사실을 인정하고 계획의 '유보'에는 동의했지만 종식을 결정한 것은 아니었다고 해리슨은 말했다.

남북 간에 약속됐던 핵협상은 12월 26일 판문점에서 시작됐다. 불가침 합의서의 경우처럼 북측 대표단은 상부로부터 궁극적으로 협상을 성사시키라는 모종의 지침을 받고 온 것이 분명했다. 회담 이틀째 되던 날 북한 대표단은 남한이 요구한 포괄적 제안을 대부분 수용하는 한편 남한이 받아들일 수 없다고 밝혔던 몇 가지 사항들을 삭제시킨 제안서를 들고 나타났다. 일반적으로 냉담하고 소극적이었던 북한 대표단은 이번만큼은 이례적으로 남한 대표들과 밤이 깊도록 1대 1 협상을 강행했다. 협상 테이블에는 마이크가 설치돼 있어 서울과 평양의 관계 당국에서 대화 내용을 모두 듣고 있었기 때문에 민감한 사안을 논의할 때는 테이블에서 멀리 떨어진 한쪽 구석에서 낮은 소리로 소곤거리며 이야기를 나누었다.

양측 대표단들에게 있어 한 가지 복잡한 사안은 사용된 핵연료에서 화학적 공정을 거쳐 플루토늄을 추출하는 재처리 시설 문제였다. 남북한 양측은 이웃 일본이 민간용 핵개발을 위한 재처리 시설을 가동하고 있다는 사실에 주목하고 있었다. 일본에 재처리 시절이 존재하게 된 이유는 미국이 재처리 과정이 핵무기 확산에 영향을 미친다는 사실을 주목하기 이전 양국이 핵협정을 체결했기 때문이었다. 남한의 일각에서는 경제적인 이유로 미래의 재처리 시설 건설 가능성이 배제되는 것을 극력 꺼려했으니 미국의 일각에서는 핵무기 원료의 잠재적 공급원이 되지 않을까 우려했다. 결국 盧대통령은 미국의 강력한 압력에 굴복해 핵 재처리 시설을 건설하지 않겠다고 무조건 약속했다. 당시 핵 재처리 능력을 보유한 것으로 의심받고 있었던 북한과의 협상에서 유리한 입장에 설 수 있으리라는 기대에서였다. 한편 북한은 영변에, 재처리 시설 수용을 위한 대형 공장이 완공단계에 있었지만 재처리 시설 금지 조항에 동의하는 데 전혀 주저하지 않는 듯 보였다. 당시 미국 정부는 최신 정보를 토대로 북한이 92년 중반 무렵이면 플루토늄을 생산할 수 있을 것이라고 추정하고 있었다. 물론 북한 정부가 표명한 공식 입장은 미국의 추측과는 상이한 것이었다. 김일성은 12월 18일 평양을 방문한 미국의 스티븐 솔라즈(Stephen Solarz) 특사와의 장시간 설전 끝에 앞에 놓인 테이블을 손으로 내리치며 "우리에게는 재처리 시설이 없단 말이오!" 하고 노성을 지르기도 했다.

    남북한 협상 조건으로 북한은 영변 핵시설에 대해서 외부사찰을 허용했고 대신 남한은 92년 팀스피리트 훈련을 취소하기로 합의했다. 돌이켜보면 팀스피리트 훈련을 취소한다는 결정은 북한의 핵개발 계획을 둘러싼 일체의 타협에 시종일관 반대하는 입장을 보여 왔던 남한 군부로서는 대단히 중요한 양보를 의미하는 것이었는데 훗날 이것이 심각한 문제로 돌출되게 된다.

    12월 31일에 조인된 최종 합의문에서 남북한은 '핵무기를 실험·제조·생산·도입·처리·저장·배치, 그리고 사용'하지 않고 '핵 재처리 시설과 우라늄 농축 시설도 보유'하지 않기로 약속했다. 더불어 추후 구성될 핵통제 공동위원회를 통해 상대방의 핵관련 시설을 상호

사찰하기로 합의했다.

　김일성의 지시 때문이었는지 북측 대표단은 평소와는 다르게 순순히 타협에 응했다. 남한측 대표단은 협상 결과에 매우 만족했지만 훗날 남한의 일부 관리들은 당시 북한을 너무 심하게 몰아붙였던 것이 오히려 화근이 된 것이 아닌가 하는 생각을 품었다. 12월 가조인된 후 2개월이 지나 핵협정을 발효시키는 조인식을 마치고 평양에서 개성으로 향하는 승용차 안에서 북한의 김영철 소장(少將)(반(反)남한 행위로 기소된 북한 정찰국 수장으로서 행동지향적 업무를 부여 받기 전인 2000년대 중반까지도 북한의 주요 군부 협상자 중 하나였다)은 남한의 박용옥(朴庸玉) 소장(少將)에게 협정 문안의 90%가 남한측 주장에 따라 작성된 것인 만큼 "이것은 당신네 협정이지 우리 협정이 아니다"라고 불평했다. 그 순간 박용옥은 북한이 협상 과정에서 양보한 사항들을 과연 실제로 이행할 것인지 의구심이 들기 시작했다.

　남한 대표의 불안감과는 달리 김일성은 그믐날 조인된 남북 핵협정을 위대한 승리라고 평가했다. 그는 자신이 얼마나 기쁨에 젖어있는지를 증명이라도 하려는 듯 헬리콥터를 판문점에 보내 협상 대표단을 개선장군 모시듯 평양으로 데려왔다. 92년 초 영국의 시사주간지 이코노미스트(The Economist)지는 "이번 주에는 한반도가 좀 더 안전해진 것 같다"고 평했다.

뉴욕회담

　92년 1월의 3주가 지났을 무렵 미국 정부는 오랜만에 찾아온 한반도의 평화 무드를 틈타 북한과 정치적 차원의 협상을 개시하기로 결정했다. 그동안 북한은 미국이 서구 세계를 대표하는 초강대국이자 남한과 일본의 종주국이라는 점을 염두에 두고 미국의 고위급 관리들과의 직접 회담을 오래 전부터 모색해왔다. 북한은 또한 미국과의 외교관계 수립이 남한을 상대로 한 제로섬 게임에서 승리를 거두는 길이라고 생각했다. 그리고 가장 중요한 것은 북한이 중국과 러시아로부터 안보위협을 받을 가능성을 우려했던 김일성이 미국 정부와의 관계를 추구하며 미국이 중재와 보호 역할을 해주기 바랐다는 점이다.

미국 관리들은 북한을 향해 내밀 수 있는 '당근'이 무엇이며 휘두를 수 있는 '채찍'은 무엇인가를 하나 하나 검토하는 동시에 91년 가을부터 북한과 고위급 회담 개최의 가능성에 대해 논의하기 시작했다. 북한과의 직접 대화라는 의제는 워싱턴 행정부 내에서 엄청난 논란을 불러 일으켰지만 결국 지지파 쪽이 남한과 그 문제를 협의해도 좋다는 승인을 얻어냈다.

남한 정부는 미국이 북한과의 직접 대화를 후속 회담으로 연결하지 않고 단 한 차례로 그친다는 조건 하에 이를 찬성했다. 美 국무부의 전문가들과 김종휘 청와대 외교안보 수석은 교조적이고 언변이 떨어지는 김영남 외교부장보다는 김정일의 심복이자 조선노동당 국제담당 비서며 상당한 재량권을 행사하는 김용순을 상대하는 것이 유리할 것이라고 이구동성으로 제안했다.

미국 정부는 12월 베이징에 있는 미국과 북한의 정치 고문(이들의 역할은 단순하게 메시지를 전달하는 것뿐이었다) 채널을 통해 핵사찰 의무를 이행하겠다고 약속한다면 고위급 회담을 개최할 용의가 있다고 북한 정부에 통보했다. 일부 미국 정부 관리들은 당시 그러한 미국의 제안이 북한으로 하여금 남한과 핵협정을 타결 짓고 IAEA와의 핵안전협정 체결을 준비하도록 하는 데 중요한 역할을 했다고 생각했다.

92년 1월 21일 오전 10시 보좌관을 대동한 김용순 국제부장이 국무부 정무차관 아놀드 캔터(Arnold Kanter, 국무부 서열 3위)가 이끄는 미국 대표단을 만나기 위해 리무진을 타고 주유엔 미국 대표부에 도착했다. 북한 사회에 대한 극도의 혐오감과 핵위협으로 인한 군사적 반감까지 겹친 전례없는 회담 성격으로 인해 회담 전 미국 관료들은 회담 성사 여부는 물론 식사를 주재할지에 대한 것까지 캔터 정무차관의 발언 범위를 둘러싸고 치열한 논쟁을 벌였다.* 캔터 차관의 설명에 따르면 당시 워싱턴 각료들이 마침내 합의에 도달한 결론은 '일단 회담을 개최한다. 그러나 캔터는 강경한 입장을 고수한다' 였다.

캔터의 '발언요지'(대개의 경우 발표문의 주요 문장을 요점으로 정리한 것이다)는 사전에 부서 간 합동위원회의 심의를 거쳐 작성됐고 남한과 일본 정부에도 회람 검토케 했다. 결과적으로 말하면 캔터는 미리 준비한 발언요지를 그대로 읽어 내려간 셈이다.

그러나 딱딱한 내용을 최대한 우호적이고 유화적으로 표현한 것은 전적으로 캔터 자신의 뜻이었다. 준비된 발언요지에는 IAEA 핵사찰 허용과 핵무기 개발 계획 포기를 촉구하는 내용만 있었을 뿐 캔터에게는 이에 대한 대가로 북한이 무엇을 기대할 수 있는지 언급할 수 있는 권한이 없었다. 특히 미국과의 관계를 '정상화'할 수 있다는 표현은 절대로 입에 담아서는 안 된다는 구체적인 지시까지 받은

---

* 한끼 식사를 둘러싼 실랑이는 결국 적과의 식사로 손해 볼 것이 없다는 의견으로 기울었다. 그리고 캔터는 지금은 영업하지 않는 5번가 근처 펜엔펜슬(Pen and Pencil) 레스토랑에서 방문자와 식사를 했다. 식사와 건배에 대한 이슈는 10년 후 다시 떠올랐다.

터였다.

그는 북한에 대한 유인책으로 뒤에 있을 양국의 대화 가능성을 막연하게 시사했지만 앞서 말했듯 한국과의 사전 약속에 따라 후속회담 개최 가능성을 배제해야 했으므로 금번 회담이 '향후 전개될 北·美 협상 과정의 시작'을 의미하는 것은 아니라는 점을 분명히 짚고 넘어갔다.

미국 대표단보다 더 값비싼 양복으로 말쑥하게 차려입은 김용순은 미국을 처음 방문한 사람답지 않게 노련한 모습이었고, 명민하고 현실적인 인물로 비쳤다. 캔터는 북한이 '은자의 왕국'일지 몰라도 김용순은 결코 은자가 아니라고 내심 생각했다. 김용순은 '친애하는 지도자 동지'와의 친분을 거듭 강조하고 이제 김정일이 북한의 군사는 물론 외교 업무까지 장악하고 있다고 말했다. 장시간에 걸친 비공식 대화 끝에 김용순은 후속회담 재개를 위한 원칙적 합의나 그것이 불가하다면 최소한 회담을 마무리 짓는 공동성명서를 발표해야 한다고 강력히 주장했다. 캔터가 이 두 가지 요구를 모두 거절하자 김용순은 실망한 듯한 기색을 보였으나 화를 내지는 않았다. 그로부터 1년 후 평양과 워싱턴 간의 긴장이 한층 고조됐을 때 김용순은 베이징의 외교 채널을 통해 캔터에게 문제 해결을 위한 회담을 가지자는 개인서한을 보냈지만 美 행정부는 이것 역시 거절했다.

캔터와 김용순의 회담이 종료된 지 8일만에 북한은 오스트리아 빈에서 IAEA 핵안전협정에 서명했다. 이 협정은 최고인민회의 특별회의에서 4월 9일을 기점으로 비준됐고, 바로 다음날 IAEA의 한스 블릭스(Hans Blix) 사무총장에게 전달돼 발효되기에 이르렀다.

핵사찰단의 북한 방문

이 진전은 오래 지속될 수 없었다. 그리고 몇 달간의 유예 기간 뒤에 상황은 빠르게 악화되었다. 후에 발전된 북한의 핵 개발 프로그램을 보면 첫 번째 북한의 핵 위기는 거의 비교적 귀여울 정도였다. 그러나 이는 북한이 '몰래 위반한' 증거를 찾으려 철저히 파고든 것이 부적절했다는 이야기가 아니다. 다만 그리스 비극처럼 계속되는 경고에도 불구하고 등장인물 대부분은 앞으로 무슨 일이 일어날지 모른 채, 여느 때처럼 순진 무지한 도덕적 틀에 갇혀 각자 각본 속 역할만 충실히 했었다는 것이다. 57년 창설된 국제원자력기구(International Atomic Energy Agency, IAEA)는 오스트리아 빈의 유엔 기구 단지 안에 본부를 두고 전세계적 핵무기 확산을 방지하는 조기경보체제를 운영해 왔다. IAEA는 유엔 산하의 준독립 기술 기구로서 안전보장이사회의 지휘와 감독을 받지만 35개국 대표로 구성된 이사회에 의해 운영된다. 이사회에서는 미국을 비롯한 주요강대국이 강력한 발언권을 행사한다. 68년 핵확산금지조약이 체결된 이후 IAEA의 중요한 업무는 핵무기를 제조·보유하지 않겠다고 선언한 비핵국이 그 약속을 제대로 이행하는지 확인하기 위해 다국적 대표로 구성된 사찰단을 파견하는 것이었다.

91년까지 IAEA의 업무는 NPT 회원국들이 자진 신고한 민간 핵시설 및 핵물질 사찰에 국한됐다. 그러나 걸프전 당시 미국의 '사막의 폭풍(Desert Storm)' 작전에서 NPT 회원국이었던 이라크가 그동안 IAEA의 사찰대상 시설에 인접한 한 비밀공장에서 최첨단 고성능 핵무기를 집중적으로 개발해온 사실이 드러났다. 이 사건을 계기로

IAEA는 엄청난 타격을 받았고 핵감시 기구로서의 신뢰성이 크게 훼손됐다.

한스 블릭스 사무총장은 무능하고 소극적인 조직이라는 뼈아픈 비난에 직면한 뒤 대대적인 인사개편을 단행하고 기존의 운영 방침을 새롭게 혁신했다. 핵무기 개발 혐의가 있는 국가에 대해서는 자진 신고할 때까지 기다리던 방관적 태도를 버리고 이상한 징후가 감지되는 즉시 적극적인 경고 조치를 취하는 쪽으로 방향을 선회했던 것이다. 스웨덴 외무장관 출신인 블릭스 사무총장은 일부 제3세계 국가의 반대를 물리치고 IAEA의 조사를 위해 필요하다면 미국 및 기타 회원국들이 제공하는 정보를 채택할 수 있는 권리와 의심스러운 시설에 대한 강제적 '특별사찰'을 요구할 수 있는 권리를 확립시켰다.

미국 정부는 걸프전의 후속 조치로 91년 9월부터 블릭스를 비롯한 IAEA의 고위급 관리들에게 핵무기 관련 첩보 정보를 제공했다. 이와 동시에 美 정부는 IAEA에게 세계 최고 수준의 국내설비를 갖춘 美 국립 연구소의 지원과 외부인사에게는 거의 제공되지 않았던 정찰위성 사진까지 제공하는 등 필요한 지원을 아끼지 않았다. 덕분에 조사 대상 국가의 핵개발 계획에 대해 광범하고 독자적인 정보를 확보하게 된 IAEA의 지도부와 국제사찰단은 다시는 기만이나 망신을 당하지 않겠다는 결연한 의지를 다졌다. 그리고 IAEA가 조직을 일신한 후 그 새로운 역량과 의지를 시험하게 된 첫 번째 나라가 바로 북한이었다. 이 새로운 결심을 이루게 된 초반에 IAEA는 북한이 이를 받아들일 준비가 되어있지 않다는 사실을 깨닫지 못한 듯했다.

첫 사찰

블릭스는 북한 지도부와의 친선 및 IAEA 사찰을 준비하기 위해 92년 5월 대표단을 이끌고 평양을 방문했고 평양에서 예비회담을 가진 후 영변의 핵시설로 안내됐다. 미국의 첩보위성이 10년 이상 감시해온 영변 시설을 지상에서 처음 조사한 외부인은 블릭스를 위시한 세 명의 기술 전문가들이었다.

미국의 관리들은 영변 핵시설을 살펴볼 수 있는 흔치 않는 기회를 십분 활용하고 중요 시설을 놓치지 않도록 블릭스 및 IAEA 고위관리들을 대상으로 91년 9월과 92년 3월, 그리고 평양 방문 직전인 92년 5월 7일까지 총 세 차례에 걸쳐 정보 브리핑을 했다. 특히 마지막 5월 7일에는 항공사진을 토대로 최첨단 컴퓨터 모델링 기법을 이용한 '가상현실' 영변 답사여행을 하는 등 만전을 기했다.

블릭스 일행은 브리핑을 담당했던 미국 관리들의 건의대로 영변 핵시설의 구조 및 주요시설의 기능을 모두 암기했다. 이번 방문의 핵심은 바로 재처리 시설이었다. 북한은 재처리 시설의 존재 여부를 강력히 부인해왔지만 블릭스의 방문을 며칠 앞두고 제출한 핵시설에 관한 보고서에서 그 건물을 '방사화학(放射化學) 실험실'이라고 기록한 바 있었다.

가상현실이 아닌 실제 영변 핵시설에 첫발을 내디딘 블릭스 일행은 두 가지 사실을 확인하고 놀라지 않을 수 없었다. 첫째 미식축구장의 배 길이인 6층 건물은 그 규모가 CIA의 브리핑으로 짐작한 것보다 훨씬 거대했다. 둘째, 건물은 공정의 80%만 완공된 상태였고 내부 시설과 장비는 약 40% 정도만 완전가동 준비가 갖춰진 상태였다. 당시

IAEA 전문가들은 건물 내부의 설치 시설이 '지극히 조악한 수준'이며 핵무기 제조를 위해 필요한 다량의 플루토늄을 생산하기에 적합한 시설을 갖추는 일은 아직 요원하다고 보았다. 이같은 판단은 "우리는 북한이 가까운 장래에 핵무기를 제조할 수 있는 완전한 능력을 보유하는 데에 성공할 것이라고 믿고 있다"는 지난 3월 27일 로버트 게이츠(Robert Gates) CIA 국장의 발표 등 미국 정부가 내세웠던 최악의 시나리오와는 완전히 판이한 것이었다.

북한은 90년 방사 화학 실험실에서 실험용으로 90g의 플루토늄을 생산했다고 IAEA에 신고했다. 블릭스 일행이 세 번째로 놀란 것은 친절하게 시설 설명을 건네던 북한 직원이 독자적으로 얻은 것이라는 설명과 함께 플루토늄 분말이 담긴 병을 자랑스럽게 건네준 것이었다. 분말 플루토늄은 흡입할 경우에 사망에 이를 수도 있는 치명적인 물질이다(빈으로 돌아온 IAEA 팀은 행여 오염되지는 않았는지 즉시 의료검진을 받았다). 이 90g의 플루토늄은 핵무기 1기를 제조하기 위한 4-7kg에는 턱없이 부족한 양이었다. 그러나 이미 플루토늄 생산에 성공했다면 어느 정도 생산됐는지 과학적 확인이 어렵기 때문에 은닉 가능성이 대두됐다.

실험실에서 소량의 플루토늄을 추출하는 것이 가능하기는 했지만 IAEA 전문가들은 북한이 생산과정 점검을 위해 실험공장(파일럿 플랜트, pilot plant)을 만들지 않고 엄청난 건설비가 드는 거대한 공장부터 세우는 것은 논리에 맞지 않는다고 생각했다. 그러나 북한은 파일럿 플랜트의 존재를 계속해서 부인했고 의혹은 점점 커져갔다.

5월 말 블릭스 일행이 빈으로 돌아 온 후 IAEA는 첫 공식 사찰단을 영변에 파견했다. IAEA의 베테랑 전문가로 훗날 북한 핵사찰을 관할하는 책임자로 임명될 올리 하이노넨(Olli Heinonen)은 "첫 번째 사찰의 목적은 전반적으로 분위기를 파악하는 데 있었다"고 말했다. 이어 "7월에 있었던 두 번째 사찰에서 앞뒤가 맞지 않는 사실이 하나가 발견됐다. 뭔가 잘못됐음을 의미하는 첫 번째 신호였다"라고 덧붙였다. 9월에 실시된 세 번째 사찰에서는 서로 모순되는 사항들이 더 많이 발견됐다.

북한은 90년 독자적으로 개발한 5MW급 재래식 원자로에서 결함이 있는 연료봉 몇 개를 회수했고 이를 이용해 실험실에서 90g 분량의 플루토늄을 추출했다고 보고했었다. IAEA 사찰팀은 진상을 확인하기 위해 플루토늄을 처리할 때 이용됐던 강철 탱크 내벽에 붙어있던 잔류물을 수거했다. 사찰요원들은 북한측이 모든 장비를 철저하게 세척했을 것이라 짐작하고 감마선 탐지기를 비롯해 내벽의 홈에 남아있을 미세한 입자까지 찾아낼 수 있는 최첨단 장비들을 동원했다. 그러는 한편 북한측을 설득해 폐기물 저장 파이프 내부를 조사했고 그 과정에서 플루토늄 제조 공정에서 부산물로 생성되는 고준위방사성폐기물(高準位放射性廢棄物)을 소량 채취하는 데 성공했다.

사찰팀은 채취한 물질의 일부를 IAEA 빈 본부 인근에 있는 산하 연구실로 보내 분석을 의뢰했다. 복잡한 분석을 위해 정밀한 장비를 요하는 작업은 플로리다州의 패트릭 공군기지에 있는 美 공군 기술응용연구센터(Technology Applications Center) 산하 연구소에서 진행됐다. 소련의 핵실험을 분석하기도 했던 기술응용연구센터의 연구 활동은 냉전이 끝나기 전까지는 엄격한 기밀에 부쳐지기도 했다.

추출한 플루토늄 시료를 구성하는 각각의 성분들의 부패 정도를 정밀하게 측정한 결과 89년과 90년, 91년 세 번에 걸쳐 별도의 플루토

늄 추출작업이 행해졌다는 사실이 드러났다. 90년 단 한 차례만 플루
토늄을 추출했다는 북한측의 주장과는 전혀 상이한 결론이었다. 이
어 다른 최첨단 분석 결과 플루토늄 샘플의 동위원소 기호가 동일한
추출작업에서 생성된 것으로 추정된 폐기물의 기호와 짝이 맞지 않다
는 사실이 밝혀졌다.

필자와의 인터뷰에서는 블릭스는 "플루토늄을 왼쪽 장갑이라 하고
핵폐기물을 오른쪽 장갑이라고 생각했을 때 왼쪽 장갑을 찾아놓고 보
니 오른쪽 장갑이 안 보이는 셈이었다. 핵폐기물의 오른쪽 장갑은 있
었으나 이에 상응하는 플루토늄이 안 보였다." 플루토늄 샘플과 추출
한 핵폐기물이 서로 짝이 맞지 않다는 사실을 확인한 블릭스와 IAEA
전문가들은 "북한이 공식 주장보다 더 많은 플루토늄을 보유하고 있
는 것이 분명하다"는 결론에 도달했다. 그러나 과연 그 규모가 g단위
인지 아니면 kg단위인지는 알 길이 없었다.

평양은 아마도 이러한 핵사찰의 성격을 걸프전 이전 IAEA에서 근무
했으며 92년 북한 원자력부 안전 연락사무소 소장으로 부임했던 한
인사의 제한된 경험으로만 판단했을 것이다. 하이노넨은 걸프전 이후
과학 기술의 괄목할 만한 발전과 미세한 방사성 물질 시료에서 정확한
분석 결과를 이끌어 낸 쾌거에 대해서 이야기하며 "그들은 핵사찰 기
술이 이처럼 놀라운 발전을 계속했다는 사실을 몰랐다"고 말했다. 당
시 북한핵 사찰팀의 책임자였던 빌리 타이스(Willi Theis)는 이렇게 말
했다. "북한은 IAEA의 분석 능력을 터무니없이 과소평가했다… 우리
가 동위원소 분석까지 실시하리라고는 짐작하지 못했을 것이다. 북한
은 우리가 그 사실들을 어떻게 알아냈는지를 도통 이해할 수 없었으므
로 모순되는 사항을 하나하나 지적했을 때 미처 그럴듯한 설명을 준비

하지 못한 듯 보였다. 발견된 사실을 하나씩 알려줄 때에도 북한은 사전에 숙지한 획일적인 대답만 되풀이했다. 몰래 옳지 않은 행동을 하고 있더라도 우리에게는 그것을 명백하게 밝혀낼 수 있는 능력이 있다는 사실을 일깨워 주기 위해 보다 강경한 태도를 보여야만 했다."

핵사찰 수용에서 위기로

92년 초 북한이 국제 핵사찰 활동을 전격적으로 수용하기로 결정하면서 조성된 낙관적 분위기는 92년 하반기부터 93년에 이르는 동안 의심과 적대감으로, 또는 아슬아슬한 위기사태로 바뀌었다. 북한은 핵사찰에 동의함으로써 얻으리라 기대했던 보상을 받지 못했다. 오히려 영변을 방문한 사찰단이 북한의 기만행위를 폭로해 국제사회의 압력은 더욱 가중됐다. 92년 남한의 대통령 선거 준비로 야기된 남북한 사이의 정치기류 악화와 북한문제에 관한 남한 정부내부의 개인적 경쟁관계 심화도 핵사찰 분규를 촉진했다. 미국도 11월 대통령 선거를 앞두고 있었기 때문에 엄청난 파란을 몰고 오는 폭풍에 아무런 대비책도 세울 수 없었다.

* * *

그 전 해인 91년 12월, 남북한 간에 유례 없는 일련의 합의서가 조인됐지만 약속 사항 이행을 위한 구체적인 협상은 거의 진전을 보지 못하고 있었다. 합의서에 규정된 상호 핵사찰 실시를 위한 남북 핵통제공동위원회 회의가 개최됐지만 북한측은 당시 진행 중이었던 IAEA

사찰과는 별도로 지정대상을 불시에 '특별사찰' 하자는 남한측의 주장을 거부했고 회의는 교착상태에 빠져들었다. 게다가 북한과 IAEA 사이의 갈등이 심화되면서 남북협상이 무산되지 않을까 하는 우려감이 팽배했다. IAEA 사찰요원들은 북한이 핵무기 개발에 중요한 시설을 결코 공개하지 않을 것이라는 주장을 뒷받침하는 새로운 증거를 계속 찾아냈다.

새롭게 이뤄낸 외교적 성과로 비교적 느긋했던 노태우 대통령은 9월에 있었던 뉴욕타임스지 기자와의 인터뷰에서 "핵무기를 개발하겠다는 북한의 의지가 약해진 것 같다"고 말했다. 1992년 4월 盧대통령은 북한으로부터 김일성 주석의 80회 생일을 맞아 평양을 방문해 달라는 은밀한 초청을 받았지만 남한 대통령의 입장에서 그 제의는 대단히 곤란했으므로 초청을 거부할 수밖에 없었다. 그러나 그는 여전히 김일성과의 정상회담을 희망했다. 결국 盧대통령은 안기부장을 비밀리에 평양으로 파견해 생일을 축하한다는 말과 함께 다음 기회에 정상회담을 마련하자는 의견을 전달했다.

한편 오랫동안 야당 지도자로 활동하다가 90년 여당에 합류해 92년 여당의 대통령 후보로 지명된 김영삼은 남북관계의 진전을 의혹에 찬 눈초리로 바라보았다. 김영삼과 그를 지지하는 선거운동 참모들은 남북관계의 진전에 따른 낙관적인 기류가 지난번에 이어 이번 선거에서도 가장 강력한 경쟁자로 떠오른 김대중 후보에게 보다 유리하게 작용하지 않을까 걱정했던 것이다.

92년 여름이 끝나갈 무렵 레임 덕 현상으로 인해 盧대통령의 입김은 서서히 약해지는 반면, 그가 선택한 후임자의 권한은 날로 세를 더해가고 있었으므로 남한 정부는 점차적으로 북한과의 관계정상화 추진 속도를 늦추는 동시에 미국 정부에 자국과 보조를 맞추어 줄 것을 요구했다.

양국 국방장관은 10월 초 북한에 압력을 가하고 韓-美 공조를 과시하기 위해 "남북관계, 특히 상호 핵사찰 협상이 교착상태에 빠진 가운데 93년 팀스피리트 훈련을 재개할 것"임을 워싱턴에서 합동으로 발표했다. 앞에서 이미 거론했듯 韓·美 양국은 북한과의 관계개선을 희망하는 분위기 속에서 92년 훈련을 취소했고 그에 따라 북한이 IAEA 핵사찰을 수용했었다.

팀스피리트 훈련 재개를 먼저 요구하고 나선 것은 남한의 군당국이었다. 당시 팀스피리트 훈련은 북한을 움직일 수 있는 효과적인 압력 수단일 뿐만 아니라 한국군의 전투 준비 태세를 강화하는 중요한 기회로 평가되고 있었다. 로버트 리스카시 장군이 이끄는 주한미군 사령부 역시 상부에서 정치적인 이유를 들어 특별한 지시를 하달하지 않는 한 훈련을 강행할 생각이었다. 그런데 놀라운 점은 양국의 국방 장관이 연례 회담 자리를 빌어 팀스피리트 훈련을 재개하겠다는 폭발성을 지닌 내용을 발표하면서도 이에 앞서 워싱턴 정부의 부처간 정책위원회에 통보나 조언을 구하지 않았다는 사실이었다. 워싱턴의 한반도 전문가들이나 도널드 그레그 주한 미국 대사에게 이 예기치 않은 결정은 마른 하늘에 날벼락과 같은 것이었다. 그레그 대사는 훗날 이날의 발표가 자신의 재임 기간 중 저질러진 對한 정책의 "가장 중대한 실수"였다고 평했다.

북한 정부의 입장에서 92년의 팀스피리트 훈련 취소는 미국과의 관계 진전을 의미하는 가장 가시적인 증거였으며 그같은 미국의 양보는 북한 군부에 매우 유리하게 작용했다. 미국 정부는 韓·美 양국의 연례 실전 훈련을 자국의 안보에 대한 중대한 위협으로 간주하는 북한의 두려움에 냉소를 보냈다. 그러나 대규모 미군 추가지원 병력의 해상과 공중을 통한 남한 도착, 핵무기 탑재능력을 갖춘 전폭기들의 비무장지대 인근 비행, 중무장한 韓·美 지상군의 부대 이동 등은 북한에 강력한 위협을 주기에 충분한 것이었다. 약 20여 년 전 팀스피리트 훈련을 구상한 사람들이 애초에 희망한 것이 바로 이런 효과였다. 게다가 김일성 스스로 수년에 걸쳐 공공연하게 기회가 있을 때마다 팀스피리트 훈련을 강력하게 비난했던 터라 자신의 요구가 관철되느냐 아니면 묵살되느냐 하는 것은 김일성 개인적인 입장에서 봐도 중차대한 문제였다. 93년 민주당 출신의 게리 애커맨(Gary Ackerman) 하원의원을 수행해 평양을 방문했던 한 미국 관리는 김일성이 애커맨 의원과 담소를 나누던 중 팀스피리트 훈련이 화제에 오르자 분노로 손을 떨면서 "팀스피리트 훈련이야말로 침략을 위한 최종 연습"이라 말하더라고 전했다.

　북한 정부는 韓·美 양국의 팀스피리트 훈련 재개는 "북남 관계의 진전에 제동을 걸고 북남 대화를 위기로 몰고 가기 위해 획책된 범죄적 행위"라고 규정했다. 그로부터 몇 주 후 북한은 팀스피리트 훈련 재개를 이유로 들면서 공동핵통제위원회 회담을 제외한 모든 채널의 남북대화를 중단한다고 선언했다. 그리고 얼마 지나지 않아 핵통제위원회 회담마저 중단됐다. 북한은 팀스피리트 훈련 재개 결정을 "핵공격 위협을 포기하겠다고 한 약속을 저버리는 미국의 도발행위"라고 단언하며 IAEA 핵사찰을 거부할 수 있다고 처음으로 경고했다.

　팀스피리트 훈련의 재개 가능성이 발표되기 바로 전날 남한의 안기부는 역사상 최대 규모의 북한 간첩단 총 62명을 일망타진했다고 발표했다. 안기부는 이 중 남과 후 수십 년간 수차례에 걸쳐 신분을 바꾸어가며 남한에서 살아온 조선노동당 소속 여성 고위간부를 포함한 3백여 명이 연루돼 있다고 발표했다. 북한이 이제까지 간첩을 남파시켜 온 것은 의문의 여지가 없는 공공연한 사실이었지만 대통령 선거를 앞둔 시점, 안기부 간부들(안기부 관리들과 김영삼 후보의 선거운동 참모진)이 남북한 관계의 급속한 개선을 못마땅하게 여기고 있다는 사실이 공공연히 알려진 터라 남한 정부 일각에서는 안기부의 간첩단 체포 및 발표 시기에 대해 눈살을 찌푸렸다.

간첩단 사건을 발표하기 전 盧대통령은 경제 부총리를 북한에 파견해 남북 경제협력 가능성을 타진토록 하고 구체적인 실무협상을 위한 경제팀의 방북을 준비하라고 지시했다. 그러나 당시 청와대 대변인을 지냈던 통일문제 전문가 김학준(金學俊)은 당시 부처간 협의 과정에서 안기부가 경제기획원 경제팀의 방북에 반대의사를 표명했다고 전했다. 한 전직관리가 익히 말했듯이 "터무니없이 과장됐거나 심지어 날조됐을 가능성도 배제할 수 없는" 간첩단 사건 뉴스 보도 후 정치적 분위기가 불리해지고 북한에 대한 일반 대중의 감정이 악화됐기 때문에 盧대통령은 경제팀의 방북계획을 취소하지 않을 수 없었다. 김학준은 대북 관계의 "모든 것이 중단됐다"고 당시를 회고했다.

이처럼 상황이 악화되고 있는 가운데 IAEA는 미국의 정찰 위성이 송신한 사진을 토대로 북한 당국이 영변의 핵시설을 은폐하고 있다는 사실을 확인하고 핵과 관련된 활동의 전모를 공개하라고 압력을 강화했다.

북한의 핵문제를 논의할 예정이던 IAEA 이사회 회의 전날 북한 정부는 블릭스에게 신고하지는 않았지만 핵관련 시설이라는 의혹을 받고 있었던 영변의 2개 시설을 '방문'해도 좋다고 통보했다. 그중의 한 시설은 한쪽에 흙을 높이 쌓고 나무를 심어 외관상 1층으로 보이게 한 2층 건물이었다. 美 정찰 위성이 촬영한 사진에서는 핵폐기물 저장에 적합한 두꺼운 강화 콘크리트 벽으로 분리된 저장실들의 아래층 형태가 확인됐다. IAEA 사찰단이 영변에 도착했을 당시에는 아래층이 보이지 않았고 북한은 그런 시설은 존재하지 않는다고 부인했다. 본래 2층에 해당하는 1층에는 탱크와 운반대에 실린 미사일 등의 중화기로 채워져 있었고 북한은 이 건물은 군사시설이므로 사찰 대상에서 제외돼야 한다며 추가 사찰을 거부했다. IAEA는 그 주장을 받아들이지 않았다.

11월 12일 블릭스 사무총장은 빈 본부의 사무실에서 가진 영변의 사찰 단장 타이스와의 통화에서 현재 지하실이 핵폐기물 저장소로 추정되는 1층 건물과 재처리 공장 사이에 참호형태의 통로를 판 후 흙을 덮어 위장한 장소라는 확고부동한 증거를 확보했노라고 말했다. 이어 북한 당국이 그 건물 인근의 노천 핵폐기물 저장 시설을 은폐하려고 기도한 명백한 증거도 입수했다고 덧붙였다(미국의 정찰위성은 IAEA 사찰단이 영변에 머물러있는 동안 북한의 인부들이 16년 된 폐기물 시설을 은폐하기 위해 흙을 쌓아올리고 크고 작은 나무를 주변에 심는 장면을 여러 차례 포착했지만 블릭스는 당시 그러한 사실을 구체적으로 설명하지는 않았다). 블릭스는 타이스에게 그 시설들에 대한 핵시설 신고 및 사찰 허용 의무 등을 북한측에 통보하라고 지시했다.

타이스 단장은 북한 당국이 블릭스 사무총장과의 통화 내용을 도청했을 가능성이 높고, 자신이 북한 당국에 요청한다고 해도 받아들이지 않을 것이라는 판단 하에 서둘러 영변 핵시설을 관리하는 두 명

북한 관리를 불러 가급적 오차 범위를 최소화하면서 폐기물 저장시설들을 IAEA 보고 신고서에 포함시키는 작업을 시도했다. 현장 관리인들은 이를 긍정적으로 받아들인 것은 물론 오히려 타이스에게 고마워하는 듯했다. 그러나 다음날 필시 평양으로부터 지시를 받은 듯 태도가 돌변해 타이스가 'CIA가 파견한 간첩'이며 '美 국무부에서 내린 지시를 토대로' 사찰을 벌이고 있다고 격렬하게 비난했다. 이후 북한은 핵사찰에 더 이상 협력하지 않겠다고 주장했고 북한과 IAEA 사이의 골은 깊어져만 갔다.

그로부터 3개월 동안 양측이 결론 없는 대립을 벌이는 동안 IAEA는 '화학적 불일치'를 증명하는 새 자료를 북한 정부에 통보하고 아울러 IAEA가 북한이 핵시설이 아니라고 주장하고 있는 2개 시설의 목적이 무엇인지 알려달라고 완곡하게 언급했다. 이에 북한 관리들은 여러 가지 설명과 부인으로 일관했지만 IAEA는 결코 받아들이지 않았다.

1월 초 IAEA의 핵기술 전문가들은 화학적 불일치를 설명하는 두 가지 가설을 제시했다. 첫째, 소련이 예전에 제공한 소형 연구용 원자로에서 채취한 핵분열 물질의 일부를 유용해 플루토늄을 추출했거나 둘째, 추가 핵물질이 북한이 독자적으로 개발한 5MW급 원자로에서 생산됐으리라는 추정이었다.

미국 첩보 당국의 추정대로 만일 두 번째 가설이 사실이라면 북한이 원자로에서 수거한 전체 연료봉에서 핵무기 1-2개 정도를 제조할 수 있는 양의 플루토늄을 추출했으리라는 것이 적어도 이론적으로는 가능했다 (물론 북한의 기술 수준으로 보아 플루토늄을 이용해서 폭탄을 제조할 단계는 아니었고 거기까지 도달하려면 앞으로 상당한 노력이 필요하다는 것 또한 분명했다). 이러한 논리는 미국 첩보 당국에서 상정한 최악의 시나리오였고 북한의 핵위기가 지속되는 동안 공식 성명으로 발표되기도 했다.

결국 논쟁의 초점은 IAEA가 美 정찰위성 사진을 근거로 핵폐기물 시설로 지목했던 두 개의 시설물로 집중됐다. 92년 12월 말 블릭스는 해당 시설의 용도를 규명하고 필요한 실험을 실시하기 위한 '방문'을 허용해 달라고 북한 정부에 요청했다. 이에 대해 평양 정부는 이듬해 1월 "IAEA 관리들이 방문한다 해도 사찰이 실현되는 것은 아니며 핵 관련 시설이 아닌 일반 군사시설에 대해 의혹을 제기하는 행위는 조선민주주의인민공화국에 '중대한 국익 위해'가 된다"고 주장했다. 이는 회원국이 '자국의 중대한 국가 이익이 위협받는 경우 이를 방지하기 위해 탈퇴할 수 있다'고 규정하고 있는 NPT의 조항을 구체적으로 명시한 발언이었다. 북한 외무성 관계자들은 이 조항이 핵확산 금지조약을 탈퇴할 '적법한' 수단임을 이미 김정일에게 지적한 바 있었다. 블릭스는 그에 대한 답변으로 빈에서 북한 대표를 만나 2개 미신고 시설에 대한 '특별사찰' 규정이 적용될 가능성이 있음을 처음으로 시사했다. 특별사찰이란 해당 국가가 부인하는 미신고 핵시설에 대해 사찰을 강행한다는 것을 의미했다. 이라크를 제외하고 IAEA는 과거 단 한 번도 특별사찰을 요구한 적이 없었다. 그 와중 유엔 안전보장이사회는 핵확산은 국제평화와 안보에 중대한 위협이 되므로 IAEA의 사찰 요구가 거부된다면 해당국가에 대해 제재조치를 가할 수 있다고 선언했다. 따라서 북한은 이라크의 비밀 핵무기 개발 계획이 백일하에 드러난 이후 국제사회에서 비등해진 핵확산 반대 여론의 의지를 시험하는 첫 번째 대상으로 부각됐다.

블릭스는 북한에 대한 요구 사항을 검토하기 위해 2월로 예정돼 있던 IAEA 이사회 회의를 준비하면서 2개 미신고 시설에 대한 사찰을 요구할 때 미국의 위성 사진을 핵심적인 근거 자료로 공개할 수 있도록 허가해줄 것을 미국 정부에 요청했다. 미국 정부는 이미 블릭스를 비롯한 일부 IAEA 관리들에게 고해상도의 선명한 위성 사진들을 제공한 상태였다. 그러나 CIA는 리비아, 시리아, 알제리와 같은 제3세계 사회주의 국가 대표와 북한 대표까지 참석하는 이사회에서 위성 사진을 공개하는 것을 달가워하지 않았다.

워싱턴의 CIA 조직은 블릭스의 요구를 거절했지만 당시 퇴임을 앞두고 있던 로버트 게이츠 CIA 국장이 국무부의 긴급 요청을 받아들여 다른 관리들의 주장을 묵살하고 공개를 결정했다. 30년 전 쿠바 미사일 위기가 고조됐던 시기에도 케네디 행정부가 쿠바 상공을 정찰했던 U-2기 촬영 사진을 유엔 안보리에서 공개해 전세계를 놀라게 한 적이 있었다. 그 이후로 일정한 궤도위성과 고해상도를 자랑하는 첨단 카메라 기술은 놀라운 발전을 거듭했고 지구상의 어느 곳도 미국의 감시망을 피할 수 없게 됐다. CIA는 이 같은 놀라운 첩보능력의 노출을 꺼렸지만 게이츠 국장은 민감한 사안 규명을 위해 80년대 초 차드 사태, 80년 후반 이란·이라크 전쟁, 그리고 1991년-92년 이라크의 쿠웨이트 침공 당시 등 이미 수차례에 걸쳐 첩보사진들이 안보리에 공개된 적이 있다는 사실을 알고 있었다. 게이츠는 "관료들에게는 그러한 첩보사진을 국제기관에 공개하는 것이 과격한 조치로 보였을지 모르지만 나는 그렇게 생각하지 않았다"고 당시를 회상했다.

2월 22일 비공개로 진행된 IAEA 이사회 회의에서는 북한의 핵시설과 북한 정부가 영변 단지에서 핵폐기물 시설을 은닉하고 있는 장면을 담은 10장이 넘는 위성 사진이 공개됐다. 좌중은 일순간 충격에 휩싸였다. 북한측 대표 윤호진은 사진이 날조됐다고 주장했지만 선명한 위성 사진은 그렇지 않아도 마음 한구석에 의혹을 품고 있었던 이사국 대표들의 뇌리에 결정적인 인상을 남겼다. 2월 25일 폐막회의에서 이사회는 논란의 대상이 되고 있는 2개 시설에 대해서 '지체 없이' 특별사찰을 허용하라고 북한측에 요구했다. 그러나 이내 중국 대표의 제안을 받아들여 1개월의 유예기간을 허용하되 북한이 사찰에 응하지 않을 경우 북한 핵문제를 유엔 안보리에 상정해 국제적 차원의 제재와 기타 다른 조치를 강구할 것임을 분명히 했다.

당시 IAEA나 북한은 모두 국제적인 신뢰성과 입지가 시험대에 오른 중대 국면을 맞이하고 있었다. 북한이 속임수를 쓴 증거가 엄연히 있는데도 불구하고 IAEA가 사찰에 대한 국제사회의 지원을 확보하지 못한다면 새로 다지기 시작한 권위가 무용지물이 될 뿐 아니라 걸프전 이후 심기일전 추진하고 있던 핵무기 확산 방지 운동이 결정적인 후퇴를 하게 될 것이 분명했다. 한편 북한의 입장에서 이번 사찰은 앞으로 점점 더 심해질 간섭의 시작에 불과한 것으로 보였다.

또 하나의 민감하고 심각한 문제는 바로 '체면'이었다. 폐쇄적인 북한 정권의 입장에서 체면 문제는 절대적이라 할 만큼 중요한 것이었다. 美 애커맨 하원 의원의 평양 방문 당시 북한의 한 고위관리는 "우리에게 체면을 지키는 일은 목숨만큼 중요하다"고 털어놓았다. 북한 정통 전문가들 역시 이 말이 결코 과장이 아니라는 점을 강조했다. 특별사찰을 감행한다고 해서 북한의 핵개발과 관련한 모든 의문이 일시에 해결될 리는 만무했다.

그러나 IAEA는 이 사찰을 통해 북한이 핵시설들을 사실대로 보고

하지 않았을 뿐 아니라 거짓을 은폐하기 위해 IAEA를 기만하려 했다는 부인할 수 없는 증거들을 제시할 작정이었다. 북한은 국제여론이라는 재판장에서 치욕스러운 비난을 받을 위기에 처했다. 북한 정부로서는 이런 상황을 도저히 용납할 수가 없었으며, 긴장이 더욱 고조됨에 따라 북한의 최학근(崔學根) 원자력 공업부장은 IAEA 사찰팀에게 이렇게 단언했다. "설사 우리가 그랬다손 치더라도(IAEA를 기만하는 행위) 우리는 결코 그 사실을 인정할 수 없다."

92년 11월 IAEA와 북한의 대립이 절정에 이른 가운데 빌 클린턴 주지사가 조지 부시 대통령을 누르고 미국 대통령에 당선됐다. 부시 행정부로서는 물러나는 마당에 핵사찰 거부를 비롯한 북한 문제 전반에 대해 장기적인 대책을 강구할 입장이 아니었으며 1월 20일 취임식을 마치고 새로 조직된 클린턴 행정부는 난제를 처리하기엔 너무 미숙했다. 공교롭게도 같은 해에 남한에서도 새로운 대통령이 취임했다. 지난해 12월 중순 '색깔론'에 힘입어 막판에 김대중 후보를 누르고 승리를 거머쥔 김영삼이 2월 25일 대통령으로 취임했으나 김영삼 정부 역시 북한 핵위기에 대처할 준비를 갖추지 못한 것은 마찬가지였다.

그러나 IAEA는 워싱턴과 서울의 새 정부가 어느 정도 안정을 찾을 때까지 기다리지 않은 채 곧바로 북한에 최후 통첩을 보냈다. IAEA 이사회가 의심스러운 2개 시설에 대해 의무적인 '특별사찰'을 요구하기로 공식적으로 승인한 바로 다음날인 2월 26일, 블릭스는 북한 외교부 앞으로 IAEA 사찰 허용을 요청하는 텔렉스를 발송했다. 3월 16일 영변 핵 단지를 방문해 예의 2개 시설을 정밀 조사하겠다는 내용이었다. 이와 동시에 블릭스는 북한이 요구에 응하지 않을 경우 사찰을 강행하는 임무를 맡게 될 유엔 안보리에도 같은 내용을 통보했다. 북한에게는 사찰 강행 통보가 시기적으로 좋지 않았다. 팀스피리트 훈련이 3월 9일 시작될 예정이었고 훈련규모가 다소 축소됐다고는 하나 한국군 7만에 미군 5만이 참여하는 팀스피리트 훈련은 여전히 위협적인 것이었다. 게다가 해외에서 1만 9천 명의 미군이 추가로 투입되고 항공모함인 인디펜던스(Independence)호가 배치될 것이라고 알려진 상황이었다.

팀스피리트 훈련이 시작되기 전날, 1년 전 북한군 최고사령관에 취임한 김정일은 팀스피리트 훈련은 '한반도 북부를 선제 기습공격하기 위한 핵전쟁 연습'이라고 규정짓고 전 인민과 군에 '전시 준비태세' 돌입을 명령했다. 고위급 장성들은 임박한 공격에 대비해 지하 방공호로 대피하라는 명령을 받았다. 모든 사병의 휴가는 취소됐다. 병사들은 전원 삭발하고 철모를 착용했다. 전 부대에 소총 탄환이 지급됐고 평양 시내에 출동한 장갑차 부대가 사회안전부 청사 주변에 포진했다. 무장한 경찰이 검문소를 세워놓고 군사 통행증을 확인했고 농촌에서는 공습에 대비해 주민들이 거주 지역 주변에 참호를 팠다. 사실, 이런 북한의 준비태세는 '중대한 국익 방어'에 대한 면책조항을 언급하며, 3월 12일에 NPT 탈퇴를 선언하려는 계획의 일환으로 진행된 것이었다. 북한은 NPT 탈퇴의 이유로 다음과 같은 두 가지를 내세웠다. 우선 팀스피리트 훈련은 NPT 및 한반도 비핵화에 관한 공동선언의 정신에 위반된다. 둘째, IAEA의 2개 시설에 대한 핵사찰 요구는 "북조선을 무장 해제시키고 사회주의 체제를 압살하려는 노골적인 우격다짐"이다. 북한은 조약 규정에 따라 3개월의 유예기간이 경과하기 전까지는 탈퇴가 유효하지 않음을 인정했다. 얼마 후, 김정일은 외부의 군사적 대응을 대비하는 듯 북한 군부대 현장을 방문했다.

북한이 번번이 탈퇴 조짐을 보여왔음에도 불구하고 IAEA의 대다수 관료들은 이러한 조짐을 알아채지 못했다. 관련 국가와 관리들의 입장에서는 뜻하지 않게 허를 찔린 셈이 됐다. 그들은 북한의 NPT 탈퇴 발표를 납득하기 어려운 적대적인 행위로 간주하고 북한이 핵무기 제조에 혈안이 돼 있음을 증명하는 불길한 징조라고 생각했다. 국제사회가 경악과 충격을 금치 못하는 가운데 북한의 핵개발 계획은 갑자기 국제사회의 가장 중요한 현안으로 부각됐다.

제12장

탈퇴와 협상

새로 들어선 김영삼 정부와 클린턴 정부로서는 냉전 종식 후 처음으로 발생한 핵확산 위기가 결코 달갑지 않았다. 미숙한 양국 정부는 복잡다단하고 위험천만한 북한과의 대치국면은 물론 통상적인 업무를 처리할 준비조차 채 갖추어지지 않은 상황이었다.

김영삼 정부가 출범한 지 15일 만인 93년 3월 12일 한승주(韓昇洲) 외무장관은 북한이 NPT를 탈퇴하기로 결정했다는 소식을 전해 들었다. 버클리 대학에서 국제관계학 박사학위를 취득하고 국제관계론을 강의한 교수 출신인 한승주는 동북아 지역과 국제정세에 관한 한 전문가였지만 관계(官界) 경험은 전무한 신출내기였다. 한승주는 해군사관학교 졸업식에 참석하기 위해 청와대를 비운 金대통령에게 연락을 취하려고 여러 갈래로 노력했지만 실패로 돌아가자 책상 앞에 앉아 갑작스런 북한의 결정이 몰고 올 파장을 곰곰이 따져보았다.

한승주가 주목했던 점은 다음과 같다. 첫째, 북한이 실제로 핵무기 제조에 성공할 경우 그에 따른 한반도의 전략적 판도에 변화가 올 가능성. 둘째, 미국을 위시한 세계 각국이 강력하게 대처함으로써 한반도에서 전쟁이 발발할 가능성. 셋째, 북한의 핵개발 대응으로 남한도 핵무기를 보유해야 한다는 요구가 거세지고 그에 따라 남한뿐만 아니라 일본까지 핵경쟁에 뛰어들게 됨으로써 지난 20년간의 국제적인 핵무기 확산 금지 체제가 일시에 와해될 가능성. 한승주는 이 몇 가지 문제들이 앞으로 수개월 동안 남한과 북한, 그리고 미국은 물론 국제사회 전체의 관심사가 될 것으로 짐작했다.

북한의 NPT 탈퇴 발표 2주 후 한승주는 90일간의 유예기간 안에 북한 정부가 마음을 바꾸도록 설득할 수 있는 '강온 정책'에 대한 구상을 가지고 워싱턴을 방문했다. 그는 '강경책'의 효과적인 실효를 위해 유엔 안보리의 제재조치를 요구했다. 이라크의 쿠웨이트 침공 당시에 적용된 바 있는 유엔헌장 제7장에 따르면 유엔 제재는 외교조치의 격하 및 단절에서부터 경제적인 금수조치와 군사 행동 등 다양했다. '온건책'에 해당하는 조치는 팀스피리트 군사훈련 취소, 안보 보장, 무역 및 국제사회에의 참여를 유도하는 기타의 유인책이었다. 한승주는 "압력만으로는 실효를 거둘 수 없다"라고 단언했다.

전통적으로 협상을 중시하는 美 국무부의 대다수 관리들은 한승주의 생각에 동의했다. 그러나 남한 내 강경파와 국무부를 제외한 미국의 다른 부처에서는 그의 제안을 두고 논란이 분분했다. 美 국무부의 한 관리는 "美 합참은 어떠한 상황에서도 북한에게 협상을 제의해서는 안 되며 북한은 단지 응징 대상"이라고 말했다. 그러나 막상 그 응징이라는 것이 무엇을 뜻하는 것인지를 추궁하면 "무력 사용을 의미하는 것은 아니다"라고 발뺌을 했다.

군사적 대안이 없기는 남한 정부도 마찬가지였다. 북한의 NPT 탈퇴 발표 1주일 후 남한의 권영해(權寧海) 국방장관은 서울을 공식 방문한 레스 애스핀(Les Aspin) 美 국방장관에게 영변 원자로에 대한 '제한 공격'만 가해도 한반도에서 걷잡을 수 없는 적대행위가 발생할 것이라고 경고했다. 권영해는 '제한 공격'이 감행될 경우 전면전으로 확대돼 남한에 수많은 인명 피해와 재산 손실을 초래할 것은 물론 미군의 즉각 개입이 불가피할 것이라고 덧붙였다. 설혹 영변 지역을 목표로 하는 표적 공격이 완벽하게 성공을 거둔다 할지라도 북한 당국이 이미 핵심 장비와 플루토늄을 안전한 장소로 이송했을 가능성이 농후하므로 정작 플루토늄은 제거하지 못하게 될 것이라는 말도 잊지 않았다.

워싱턴의 분위기는 협상론이 지배적이었다. 협상 전망이 밝기 때문이 아니라 협상 이외에는 동북아지역 전체에 감돌고 있는 위기를 해결할 수 있는 그럴듯한 대안이 없었기 때문이었다. 그러나 북한과의 대화 재개에는 여전히 논란의 소지가 많았다. 클린턴이 자신의 의사를 분명하게 밝히지 않았기 때문에 각료들이 선뜻 나서서 협상을 제안할 수 있는 입장이 아니었다.

북한의 핵관련 문제에서 주요 당사국으로 널리 공인받고 있던 중국은 北·美 직접 대화를 촉구했다. 이것은 북한 정부로서도 바라마지 않던 제안이었다. 한승주 외무장관은 4월 22일 방콕에서 중국의 첸치천 외교부장을 만나 북한에게 NPT 탈퇴 결정을 철회하고 국제 핵사찰을 수용하라고 촉구한 유엔 안보리의 결의에 중국이 거부권을 행사하지 않는다면 北·美 직접 대화를 반대하던 기존의 입장을 포기할 용의가 있다고 말했다. 첸치천 외교부장은 그 자리에서 남한측의 제의를 받아들이지는 않았지만 사실 유엔의 대북 제재 결의안을 반대하는 입장은 아니었다.

92년 미국의 아놀드 캔터 국무차관과 북한의 김용순 국제부장 겸 비서가 뉴욕에서 회동해 극히 제한적이나마 직접 회담을 열었던 전례가 있었다. 따라서 美 관리들은 기존 정책을 포기하고 북한과의 단독, 직접 회담을 수용하자는 쪽으로 의견이 기울고 있었다. 당시 레이먼드 버크하르트 주한 美 대사 대리에 따르면 北·美 직접 회담은 "남한 정부의 아이디어였다…… 남한이 미국에 제안한 것"이지만 양측 사이에는 회담의 내용이 핵문제에 국한돼야 한다는 암묵적 합의가 깔려 있었다. 당시 남한 정부는, 미국 자체가 핵강국이므로 이 문제에 관해 자국을 배제한 채 단독으로 나설 수도 있음을 이해하는 듯 보였다고 버크하르트는 설명했다.

미국이 갈피를 잡지 못하고 우물쭈물하는 사이 선수를 친 것은 오히려 북한이었다. 5월 초 탈퇴 발효 최종 마감 시간인 6월 12일을 한 달 정도 앞둔 시점에서 주유엔 북한 대표부의 한 관리는 美 국무부 북한 담당자인 케네스 키노네스(C. Kenneth Quinones)에게 전화를 걸어 북한과 대화를 재개할 의사가 있다면 회담 개최를 서두르는 것이 좋겠다고 말했다. 키노네스의 국무부 동료들은 그가 북한측과 통화를 했다는 이야기를 듣고 흥분을 감추지 못했으나 그는 곧바로 "전화를 건 쪽은 자신이 아닌 북한측"이었다고 지적했다. 진지한 상황 분석 후 美 국무부는 북한이 먼저 회담을 제의했다는 것은 핵문제를 둘러싼 대치상황을 무마하려는 북한의 의지가 반영된 긍정적인 신호탄이라는 결론을 내리고 북한과의 회담 추진을 결정했다.

　미국측 협상대표로는 국무부의 로버트 갈루치(Robert L. Gallucci) 정치·군사 담당 차관보가 지명됐다. 갈루치는 뉴욕 브루클린 출신으로 자신감 넘치는 활발한 성격에 유머 감각을 소유한 핵문제 전문가로 걸프전 후 이라크의 핵무기 및 화학무기 개발 계획을 무산시키기 위한 유엔 활동에도 참여한 바 있는 베테랑이었다. 갈루치는 훗날 "남한이나 북한 양쪽에 지인이 별로 없다는 사실은 매우 다행스러운 일"이었다고 말했다. 갈루치는 그 때까지 단 한 차례 남한을 5일 동안 여행했을 뿐이며 북한에는 한 번도 가 본 적이 없었다. 갈루치 차관보가 협상대표로 선정된 가장 큰 이유는 미국 정부가 논의 내용을 핵문제에만 엄격하게 국한시키고자 마음먹었기 때문이었다. 워싱턴 정부는 굳이 정치적인 인물을 협상대표로 지명해 불필요하게 남한을 자극할 필요가 없다고 생각했다. 그러나 일단 협상이 시작되자 갈루치의 시야는 어느새 정해진 한계를 넘고 있었다.

　북한측 대표는 강석주 유럽 담당 외교부 부부장으로 결정됐다. 그는 평양의 국제관계 대학 출신으로 조선노동당 국제부와 주 프랑스 북한 대사관에서 근무했으며 필자는 뉴욕과 평양에서 몇 차례 그를 만난 적이 있었다. 필자가 알고 있는 한 그는 자신만만한 사람이었으며 그의 형이 조선노동당 역사연구소 소장이라는 사실에서 보듯 배경도 든든했다. 그는 북한의 다른 고위급 외교관들에 비해서 훨씬 솔직하고 적극적이며 공개적인 자리에서는 이념 논쟁을 꺼리는 성격이었다. 강석주는 개인적으로 김용순의 라이벌이었다. 강석주의 외무성 동료들은 1992년 1월 북미 회담 당시 미국측이 더 유능한 강석주 대신 김용순과의 대화를 원했던 이유를 조심스레 알아봤다. 그는 북한의 여느 외교관들에 비해 서방에서 일한 경험이 훨씬 풍부했으며, 한번은 美 협상 대표단에게 자신이 가장 좋아하는 소설이 '바람과 함께 사라지다'라고 밝히기도 했다. 자신이 얼마나 이 소설을 좋아하는지 증명이라도 하려는 듯 그는 '솔직히, 내 알 바 아니오.' 와 같은 소설의 한 구절을 인용해서 읊었고 이에 미국측 협상단은 적지 않게 놀랐다.

세 차례의 실무자급 접촉에 뒤이어 마련된 갈루치와 강석주의 첫 번째 만남은 주유엔 미국 대표부에서 이루어졌다. 때는 6월 2일 수요일, NPT 탈퇴의 발효를 불과 열흘 남겨둔 시점이었다. 1년 전인 92년 하루만에 종결된 캔터와 김용순 회담에 동석했던 한두 명의 직업 외교관을 제외하면 협상단에 속한 대다수 미국 관리들은 처음으로 북한 관리를 만나는 셈이었다. 또한 강석주 일행 역시 미국 관리를 상대로 진지한 대화를 나누어 보는 것은 처음이었다. 상대방이 어떻게 나올지 짐작할 수 없는 상황에서 양측은 긴장한 채 신경만 곤두세우고 있었다. 북한 대표자들은 '갈루치가 누구인가' 알고 싶어 했으며, 강석주라는 인물의 중요성에 대해 미국이 이해하지 못하는 것 같아 실망했다. 적어도 의전상 부총리는 美 차관보다 높은 지위에 있었다. 게다가 강석주는 김정일과 직접 대화를 하고 왔다. 갈루치는 美 대통령과 만나보고 온 걸까?

강석주는 김일성 주석과 주체사상에 대한 장황한 선전을 늘어놓아 미국 대표단의 심기를 불편하게 만들었다. 그러나 양측이 본론에 들어가기 전까지는 이렇게 하는 것이 대부분 북한 인사들이 논의에 들어가는 의무적인 방식임을 美 대표자들도 곧 알게 되었다. 이윽고 본론으로 들어가자 북한측은 NPT 체제에의 잔류를 완강하게 거부했고 미국측은 계속해 이를 강력하게 요구해 회담은 별 진전을 보지 못했다. 주말에 워싱턴으로 돌아간 미국 대표단은 북한측에게 회담 재개 의사가 있을 시에는 전화로 연락해달라는 전갈을 보냈다. 하지만 미국 측은 북한의 숨은 의도를 깨닫지 못하고 있었다. 3월 북한이 탈퇴 발표를 하자 국제 사회는 북한이 조약에 다시 복귀하기를 바라는 반응이었고, 이를 관찰한 북한 외무성은 이런 반응을 이용해 북한이 원하는 목표, 가장 중요하게는 미국과의 관계 개선을 이루는 것이 가능해졌다며 김정일을 설득했던 것이다. 강석주는 그 목표를 이루려는 행보를 막 시작한 상태였고 첫 행보는 거의 제자리걸음이었다.

월요일 아침 키노네스는 북한측 인사로부터 전화를 받고 뉴욕 42번가에 있는 커피숍에서 북한 관리 3명을 만났다. 이날부터 사흘 동안 키노네스와 북한 외교관들은 커피숍 창가의 똑같은 자리에 마주 앉아 오렌지 주스와 커피를 마셔가며 소크라테스식 대화를 이어갔다. 당시 키노네스는 몰랐지만 FBI는 사진까지 연신 찍어가며 그들의 이례적인 만남을 예의주시하고 있었다. 키노네스는 북한 외교관들을 만날 때마다 美 정부와 국무부의 조직 체계에 대해, 미국의 체제 내에서는 무엇이 가능하고 무엇이 불가능한지에 대해, 북한이 NPT 잔류를 결정할 경우 그 대가로 받을 수 있는 안보 보장은 어떤 유형이 될 것인지에 대해 차근차근 설명했다.

모든 대표들 간 아무런 소득이 없는 것처럼 보이는 회담이 끝난 뒤, 미국은 우울한 만찬에 참석하며 상황을 구원할 방안이 무엇인지 고민했다. 그 중 누군가가 해결 가능한 상황을 제시한 어구가 담긴 노동신문의 사설을 기억해냈다. 미국 측은 다음 날 북한과의 회의에서 이 어구를 써보기로 결정했다. 갈루치는 연극톤으로 해당 어구를 낭송했으며 통역사가 신문 복사본을 바로 과장되게 따라 읽었다. 북한 대표단에서 즉각적인 반응이 나왔다. 이후 강석주는 탈퇴에 대한 말을 꺼내지 않았고 분위기는 한층 누그러졌다.

커피숍 '회담'을 마친 키노네스는 다른 미국 외교 관리들과 함께 '핵무기를 포함한 무력의 위협과 사용 금지' 및 '상호 내정 불간섭' 내용이 담긴 북한의 안보 보장책을 입안했다. 그들은 행정부 내에서 북한에 굴복했다는 비난이 제기될 수 있음을 의식해 유엔헌장에 규정된 내용과 이전 미국 정부가 공식 발표했던 선언문을 그대로 인용해 초안을 작성했다.

최종 시한인 6월 12일을 코앞에 둔 10일-11일 갈루치와 강석주는 다시 한 번 장시간의 협의를 가진 뒤 마침내 6개항으로 구성된 공동성명에 합의했다. 미국의 북한에 대한 안보 보장 다짐, 향후 공식 대화를 지속한다는 합의, 이에 대한 대가로 '필요하다고 판단되는 동안' NPT 탈퇴를 '유보'한다는 북한측의 결정이 공동성명의 주된 골자였다.

北-美 공동성명은 북한의 NPT 탈퇴 위험과 일촉즉발의 위기감을 해소시켰다. 그러나 위기의 근본적인 원인이었던 핵사찰 문제는 아무런 합의를 보지 못했다. 협상에 참여했던 미국 관리들은 한껏 고무돼 있었다. 일각의 예상과는 달리 평양측 대표단이 말이 통하지 않는 외계인처럼 엉뚱하게 굴지 않고 진지하게 대화에 임했기 때문이었다. 당시 회담 시작에 앞서 갈루치는 자신은 물론이고 "강석주 대표도 소기의 목적을 달성할 것"이라고 말했다. 다른 국가의 대표단과의 협상이었다면 별로 주목하지 않을 법한 말이었겠지만 상대가 북한인 만큼 그 발언은 결코 과장된 것으로 보이지 않았다. 일단 회담이 시작되자 갈루치는 강석주 외교부 부부장이 이전에 만났던 이라크 대표단보다 오히려 논리적인 인물이라는 생각이 들었다. 강석주는 핵문제를 완벽히 협상물로 바라보았으며 양측이 서로 양보만 할 수 있다면 흥정을 통해 많은 문제에서 합의점을 도출할 수 있다는 식으로 문제를 다뤄 나갔다.

北-美 공동성명은 북한으로서는 실로 커다란 위업이라 할 만했다. 북한은 1년 전 캔터 국무차관과 김용순 국제부장이 회동했을 때도 공동성명 작성을 제의했지만 부시 행정부는 이를 강력히 거부했다. 김용순이 손에 쥐지 못했던 공동성명을 강석주가 들고 돌아왔을 때 북한 외교부는 이를 더할 나위 없이 반겼을 것이다.

핵개발 계획에 관해 미국과 진지하게 협상을 추구해야 한다고 끊임없이 주장해 온 북한 외교부 인사들에게 北-美 공동성명은 커다란 상징적인 의미를 지닌 성과였다. 설혹 이 공동성명이 뉴욕의 날씨가 좋았다, 아니면 비가 왔다 등 하찮은 내용을 다룬 것이라 할지라도, 선언문을 합의 하에 발표했다는 사실 자체만으로도 미국은 북한의 합법성을 승인한 셈이며 북한과 협상할 용의가 있다는 사실을 밝히는 것이었다.

핵개발을 둘러싼 위기감이 고조됨에 따라 북한은 어느덧 미국의 대외 관계에서 중요한 국가로 부상했다. 이와 같은 이유 때문에 평양 정부는 극히 만족한 반면 그동안 미국과 북한의 관계 구축을 극구 반대했던 남한 정부 내의 보수파는 격분을 금치 못했다. 핵위기와 같은 절체절명의 순간에도 남한과 북한 사이를 제로섬 게임으로 생각하는 인식은 달라지지 않았던 것이다.

6월 11일 회담을 마치며 미국 대표단은 유엔 주재 북한 대표부를 통해 앞으로 계속 연락을 취하자는 제의를 건넸다. 북한측은 이 제안을 즉각 수용했다. 그 결과 北·美 양국은 88년 이래 베이징에서 이루어졌던 딱딱한 외교 접촉 대신, 보다 효율적인 직접대화 채널을 공식적으로 마련하게 됐다. 만일 북한의 목적이 핵위기를 조성해 워싱턴의 관심을 사로잡고 미국으로 하여금 쌍무 관계에 입각, 진지한 직접 협상에 임하도록 할 생각이었다면 이러한 북한의 전략은 대성공을 거둔 셈이었다. 이로 인해 김정일과의 관계에서 강석주의 입지가 강해진 것은 너무나 당연했으며, 이는 향후 수년간 이어질 협상에서 중요한 역할을 하게 된 적지 않은 성과였다.

경수로 협상

7월 1일 美 관리들이 여전히 해결되지 않은 핵문제를 타결하기 위해 북한과의 후속회담을 준비하고 있는 상황에서 金대통령은 영국의 BBC 방송, 그리고 뉴욕타임스지와 별도로 가진 기자회견에서 北·美 협상에 대해 강도 높게 비판했다. 특히 크나큰 반향을 불러일으킨 것은 뉴욕타임스지와의 인터뷰 내용이었다. 金대통령은 북한이 "핵무기 개발에 필요한 시간을 벌기 위해" 협상을 이용하고 있다고 비난하고 미국이 "북한에 계속 끌려 다니는 우를 범하지 않기를 바란다"는 의견을 피력했다. 남한측의 제의에 따라 협상에 착수했고 진전 상황에 대해서도 빠짐없이 통보해왔던 미국 관리들은 터무니없는 주장에 충격과 경악을 금할 수 없었다.

당시에는 몰랐지만 이는 金대통령이 보여준 일련의 예상치 못한 돌발적인 발언과 행동의 시작에 불과했다. 북한에 대해 동포애와 증오심, 공포감이 뒤섞인 복잡 미묘한 감정을 가진 남한인 대다수와 마찬가지로 金대통령의 북한에 대한 시각 또한 모순으로 가득했다.

한반도 최남단에서 태어난 金대통령은 야당총재 시절 북한 문제에 관여한 적이 거의 없었다. 민주주의 구현을 위해 독재정권에 저항했던 열렬한 민주투사의 이미지만 제외한다면 金대통령은 보수파가 보기에도 온건한 인물이었다. 제6장에서 간략하게 언급한 바 있듯이 그의 어머니는 1960년 그의 집에 침입한 북한 간첩에 의해 목숨을 잃었다. 92년 대선에서 그는 맞수인 김대중에게 근거 없는 용공 이미지를 뒤집어씌우는 데 성공했다. 그러나 93년 2월 취임식 연설에서는 언제 북한 정권을 비난했냐는 듯 '언제 어디서든' 북한의 최고 지도자를 만날 용의가 있다고 천명했고 "어느 동맹국도 민족보다 나을 수 없다"고 동족 의식을 강조했다. 미국과의 동맹관계보다 對 북한 관계개선을 우선시하겠다는 이 선언은 비무장지대를 사이에 둔 남북한 양측의 정서에 미묘한 반향을 불러 일으켰다.

金대통령의 對 북한 정책을 주도해 나간 것은 국내 여론이었다. 군 장성 출신의 전임 대통령들과는 달리 金대통령은 여론에 민감할 수밖에 없는 직업 정치인이었다. 또한 국정 전반에 대해 전략을 세워 일관된 정책을 추구하기보다는 본능적인 느낌에 의지해 업무를 추진하는 스타일이었던 그는 국내 문제를 논할 때 보좌관들의 진언이 아닌 신문의 헤드라인이나 뉴스 보도에 더 치중했다. 보좌관들은 대통령이 자신들의 보고서를 등한시한다고 불만을 토로했다. 백악관 관리의 말에 따르면 金대통령은 어떤 문제에 대한 자신의 입장을 설명할 때마다 집요하리만큼 투표 · 여론 조사와 자신의 정치적 입장 등을 들먹였다고 한다. 클린턴과의 회담이나 전화통화에서도 마찬가지였다.

제2차 北-美 협상이 재개되기 직전인 7월 중순 金대통령은 도쿄에서 개최됐던 G7 회담을 마치고 서울을 방문한 클린턴으로부터 미국의 대한 정책에 변함이 없다는 다짐을 받았다. 의례적인 제스처이긴 했지만 클린턴은 군용잠바에 주한미군 모자를 쓰고 비무장지대를 찾아가 '돌아오지 않는 다리' 바로 앞까지 접근했다. '돌아오지 않는 다리'는 바로 1976년 두 명의 미군 장교가 북한군의 도끼 만행으로 사망했던 현장과 매우 가까운 곳으로 다리 반대쪽에 있는 초소의 북한군 병사들이 빤히 바라다 보이는 지점이었다.

한마디로 클린턴은 주한미군 부대를 방문한 어느 역대 대통령들보다 더 對 북한 경계선 가까이 접근했던 것이다. 이때 클린턴은 수행 기자단을 돌아다보며 당시 초미의 관심사였던 북한 핵문제에 대해서 다음과 같이 단언했다. "미국의 對 남한 안보 공약에는 변함이 없으며 북한의 핵무기 개발 노력은 부질없는 짓이다. 북한의 핵무기 사용은 곧 북한의 종말을 의미한다."

클린턴의 발언은 남한은 물론 미국에서도 긍정적인 평가를 받았다.

북한의 핵 프로그램과 병력의 대치상황에 놀란 클린턴은 93년 비무장지대를 방문한다. 그는 그곳을 '지구상에서 가장 소름끼치는 장소'라고 불렀다.

특히 병역의 의무를 중시하는 美 국민들 사이에 그가 월남전 당시 병역을 기피했던 것이 아니냐는 의혹이 증폭되고 있는 시점에 이것은 굉장히 효과적인 발언이었다. 그러나 2차 北-美 협상을 한창 준비하고 있던 북한 외교부로서는 이 발언이 하나도 달가울 것이 없었다. 7월 14일 제네바에서 회담이 개시됐을 때 강석주는 한 달 전인 6월 회담에서 조선민주주의인민공화국을 위협하지 않겠다고 공공연하게 약속까지 해놓은 마당에 클린턴이 군복을 입고 휴전선 부근까지 찾아와 북한 전멸을 운운하며 노골적으로 위협한 사실에 대해 항의했다. 이에 대해 미국 대표단은 호전적인 언사로 말하자면 북한을 따라올 나라가 어디 있겠냐고 응수했다. 이어 갈루치는 "미국 대통령이 남한을 방문해 그곳에서 다른 무슨 말을 하리라 생각했는가?"라고 비아냥거렸다. 강석주는 강력한 수사로 대응해야 했지만 그렇다고 협상을 중단할 생각은 추호도 없었다.

  둘째 날 회담은 제네바 주재 북한 대사관에서 열렸다. 북한측 외교공관에서 회담이 진행되기는 이번이 처음이었다. 뉴욕의 회담은 물론 전날 있었던 제네바 회담은 모두 미국 공관에서 준비했던 것이다. 역사적인 北-美 회담을 맞아 제네바 주재 북한 대사관은 깔끔하게 단장돼 있었고 반짝반짝한 은쟁반에는 맛있는 스위스제 패스추리까지 세심하게 담겨 있었다. 북한측의 성대한 환대는 세계 최고의 부자 나라라는 미국측이 보여준 인색한 접대와는 현격한 차이가 있었다. 미국측은 비용을 아끼느라고 일회용 접시에 담은 커피나 롤빵조차도 제공하지 않았다. 세심하게 준비한 회담장 분위기에 걸맞게 북한 대표단은 허세로 회담의 주도권을 장악했고 그 결과 협상의 성격은 판이하게 바뀌었다.

강석주가 먼저 말을 꺼냈다. 북한은 자국에서 채굴한 천연 우라늄과 어느 나라에서나 흔히 쓰고 있는 흑연 감속 원자로를 이용해 에너지 부족 문제를 해결하고자, 맹세코 평화적인 핵개발 프로그램을 진행해왔다고 주장했다. 그는 북한은 "핵무기를 제조할 의사가 전혀 없는데 다른 나라들이 우리의 핵시설을 두고 핵무기 개발의 엄청난 잠재력을 지닌 것으로 생각한다"고 덧붙였다. 이어 그는 "조선민주주의인민공화국은 국제사회가 에너지 수요를 충족시키기 위한 경수로를 제공한다면 국내 원자로를 경수로로 대체함으로써 원자력 개발 프로그램 전체를 수정할 용의가 있다"고 선언했다.
　경수로는 북한에서 가동 혹은 건설 중인 흑연 감속 원자로에 비해 훨씬 정교한 장치였다. 당시 북한의 기술 수준으로는 경수로 개발 능력이 없었으므로 거의 모든 기술과 부품을 해외에서 수입해야 할 형편이었지만 경수로는 흑연 감속 원자로에 비해서 성능이 월등했다.
　당시 협상 테이블의 맞은편에 있던 미국측의 핵기술 전문가들은 경수로를 제공한다는 것이 얼마나 많은 비용이 들고 까다로운 작업인지 익히 알고 있던 터라 이를 '완전히 무모한 계획'이라고 평했다. 당시 에너지 전문가들은 핵연료를 사용하지 않고도 보다 편리하고, 보다 저렴한 방법으로 북한의 전력 수요를 만족시킬 수 있으리라 분석했다. 그러나 미국 협상팀 중 일부 인사들은 이러한 요구가 북한의 체면을 살려 주면서 핵확산 문제와 사찰 문제를 동시에 해결하는 방법임을 금세 알아차렸다. 북한 정부의 입장에서는 핵무기 운운하는 주장을 일축하는 동시에 핵발전 시설을 현대화할 수 있는 절호의 기회였던 것이다. 강석주가 북한측의 입장을 발표했을 때 美 국무부 정보분석부의 베테랑 북한 전문가 로버트 칼린(Robert Carlin)은 수첩에 이렇게 적었다. "저들은 핵문제로부터 빠져 나오기를 원한다."

　갈루치는 뜻하지 않은 제의를 받고 처음에는 독자적인 핵개발 계획을 포기하겠다는 북한측의 주장이 과연 진심인지 의심스럽게 생각했지만 이내 경수로 제공이 북한의 핵개발 계획을 국제적 차원에서 통제할 수 있는 좋은 방법이라고 확신하게 됐다. 물론 비용 등 적잖은 난제가 대두됐다. 갈루치는 북한 대표단에게 "그런 유형의 원자로를 설치하려면 1기에 10억 달러가 소요된다"고 밝혔다.

　북한의 경수로 제의는 미국측 대표단에게는 대단히 생소한 이야기였지만 북한 정부가 경수로 도입을 추진하기 시작한 것은 사실 꽤 오래 전 일이었다. 80년대 중반 북한이 소련에게 요구한 소련제 원자로가 바로 경수로形이었다. 결국 경수로형 원자로 제공과 관련한 소련과 북한의 협상은 실패로 돌아갔지만 북한 지도부는 현대적인 원자력 시설에 대한 관심을 떨쳐버릴 수가 없었다.

　92년 5월 북한을 방문한 한스 블릭스 IAEA 사무총장은 북한으로부터 경수로를 도입하고 그에 필요한 농축 우라늄 연료를 해외에서 안정적으로 공급받을 수 있도록 도와달라는 요청을 받았다. 블릭스는 힘닿는 데까지 돕겠다고 약속했다. 그로부터 두 달 후 북한의 김달현(金達玄) 부총리는 서울을 방문해 비무장지대 인근의 북한 지역에 남북 협력으로 경수로를 설치하고 양국 모두에 전력을 공급하자고 제안한 바 있었다. 이 계획은 남한측이 필요한 자금과 기술을 거의 조달하도록 돼 있었다. 당시 공개되지 않고 비밀에 부쳐졌던 김달현의 제안은 그해 말 남북관계가 악화되면서 뒷전으로 밀렸고 결국 흐지부지되고 말았다. 김달현은 좌천된 반면 그의 반대편에 섰던 이들은 '실용주의자'로 여겨졌다.

제네바 회담에서 북한이 다시 한 번 경수로 문제를 제기했을 때 갈루치는 국무부와 국방부 고위급 인사들로부터 받았던 언질, 즉 북한에 대해서 어떤 약속도, 특히 재정적 약속을 하지 말라는 경고를 상기했다. 7월 19일 엿새 일정의 회담 마지막 날 갈루치는 미국은 "북한의 경수로 도입을 지지하며…… 조선민주주의인민공화국과 함께 경수로를 확보할 수 있는 방법을 모색할 것이다"라는 내용의 공식 선언문을 채택하기로 합의했다. 단, 경수로 제공은 핵문제 해결을 위한 '마지막 방법'으로 검토한다는 조건을 달았다. 훗날 갈루치는 이 모호한 선언문 내용을 일컬어, 경수로를 제공한다는 "약속의 의미를 내포하지 않도록 일곱 차례나 수정한 다음에야 겨우 합의에 이른 표현"이라고 말했다. 이 내용은 '단독적'이나 서로 동일한 두 개의 성명으로 발표되었다. 6월에 남한으로부터 뭇매를 맞은 미국정부는 북한과 또다시 '공동' 성명을 발표하기를 꺼려한 것이다.

양국은 핵폐기 장소로 추정되는 2개의 미신고 시설에 대한 IAEA 특별사찰 허용이라는 문제를 둘러싸고 첨예한 의견 대립을 보인 끝에 협상을 중단했다. 양측은 계속해서 회의를 갖고자 했지만 갈루치는 '별도의' 성명을 통해 핵문제와 관련해 남한과 북한, 그리고 북한과 IAEA 사이에 '진지한 논의'가 시작되지 않는 한 3차 회담은 불가하다는 내용을 구체적으로 천명했다.

제재에 나선 김영삼

6월 北-美 회담은 북한의 NPT 탈퇴 방지 설득이 목적이었고 그에 대해 미국은 한정된 대가만 제의했다. 비공식 만남에서 갈루치는 첫 회담에서 북한에 대한 자신들의 입장은 "우리가 원하는 것을 들어주면, 그 대가로 캘리포니아산 오렌지나 한 박스 보내주겠다는 식이었다"고 설명했다. 그러나 7월 들어 북한이 핵확산 금지에 도움이 되는 경수로를 확보할 수 있다면 독자적인 핵개발 계획을 완전히 포기하겠다는 제안을 들고 나와 협상은 극적인 변화를 맞게 됐다. 이로써 미국은 북한과의 협상에서 훨씬 야심만만한 목표를 추구할 수 있게 됐지만 이와 동시에 북한이 보다 광범위한 대가를 요구하리라는 것 또한 불을 보듯 뻔했다. 美 관리들은 북한의 제안에 흥미를 느꼈고 개중에는 더러 고무적으로 생각하는 사람들도 있었던 반면 남한 관리들은 北-美 협상이 제한적인 것에서 사실상 무제한적인 성격으로 변모한 것을 달가워하지 않았다.

후에 알려진 사실이지만 보다 폭넓은 사항에 대해서 논의하게 될 제3차 北-美 회담 개최의 전제 조건인 南·北 협상과 북한·IAEA 협상에 대한 북한의 노력은 매우 지지부진하여 결국 3차 회담은 이루어지지 않았다. 북한과 IAEA의 대화는 북한의 핵사찰 의무를 둘러싸고 노골적이고 격한 논쟁으로 비화됐다. IAEA의 주장에 따르면 북한은 정식으로 NPT를 탈퇴하지 않았기 때문에 여느 회원국과 똑같이 조약에서 규정하는 대로 이미 부과됐거나 아니면 향후 부과될 핵사찰 의무를 이행해야만 했다. 그러나 북한은 자신들이 현재 NPT 탈퇴 유보 상태로 '특수하고 독특한 범주'에 속해있기 때문에 핵사찰 요구를 수용할지 여부는 자신들이 선택할 문제라고 주장했다.

끝이 보이지 않는 논쟁이 계속되는 가운데 북한의 핵개발 계획을 계속해서 감시해야 할 필요성을 느낀 美 관리들은 '핵 안전조치의 지속성'이라는 잠정적인 개념을 고안했다. 이에 따르면 북한 당국은

IAEA 사찰단이 영변을 방문해 핵물질 은닉을 감시하기 위한 감시 카메라의 필름과 배터리를 교체하는 것은 물론, 시설 직원의 활동에 방해가 되지 않는 한 기타 실험을 행할 수 있도록 허용해야 했다. IAEA는 북한이 사찰 의무를 전적으로 수용해야 한다고 주장하면서 이같은 미국의 임기응변식 조치를 못마땅하게 여겼지만 미국의 의지를 꺾을 수는 없었다. 필름이 다 떨어지고 배터리의 수명이 다해가자 IAEA는 '핵 안전조치의 지속성'이 훼손됐음을 선언하겠노라고 으름장을 놓았다. IAEA가 위협대로 '훼손'을 선언하면 북한에 대한 제재조치를 강구하라는 유엔 안보리의 요구가 빗발칠 것이 뻔했다.

북한 당국은 8월에 IAEA 사찰단의 영변 방문을 허락했다. 그러나 사찰단이 할 수 있는 일은 감시 장치의 필름과 배터리를 교체하는 것이 고작이었다. IAEA는 이 정도 조치로는 불충분하다고 항의하면서 북한을 공개적으로 비난했고 평양 정부도 이에 강력한 어조로 대응했다. 여기저기서 가해지는 압력에 못 이긴 북한은 9월과 10월 다시 한 번 필름과 배터리를 교체할 수 있도록 IAEA 사찰단의 방문을 허용했지만 이번에는 IAEA측이 북한측의 제안을 적절치 못하다며 거부했다.

제3차 北-美 협상의 전제조건 중 하나인 남북대화 또한 순조롭지 못하기는 마찬가지였고 오히려 더 비관적인 방향으로 흘러가고 있었다. 5월에 남한은 핵문제 논의를 위한 협상 재개를 제안했다. 이에 북한은 엉뚱하게도 통일 문제 논의와 남북정상회담 준비를 위한 '특사' 교환을 제안해왔다. 여름부터 가을까지 남한과 북한 사이에 수차례의 대화가 오고갔지만 실상 좀더 중요한 회담을 준비하기 위한 판문점 실무자급 회담조차 열리지 못했다. 10월에 들어서야 사흘 동안의 실무급 접촉이 있었지만 이 역시 아무런 성과 없이 폐회됐다.

이처럼 협상이 정체된 가운데 93년 10월 초 게리 애커맨 하원 의원이 평양을 친선 방문했다. 애커맨은 뉴욕市를 대표하는 민주당 출신 하원의원으로 혈기왕성하고 현실적인 정치가였으며 하원 외무위 아시아·태평양 소위원회 위원장 스티븐 솔라즈 의원의 후임자로서 의회에서 무시할 수 없는 존재였다. 그는 對 북한 문제를 대화와 협상을 통해 해결하고자 하며 북한과의 정치적 쌍무관계의 회복을 희망한다는 美 정부의 뜻을 김일성 주석에게 직접 전달했다.

애커맨을 수행했던 한국어를 구사할 줄 아는 국무부 소속 북한 담당자 C. 케네스 키노네스는 北-美 회담 성사에 일익을 담당한 인물이었다. 북한 외교부는 양국 현안을 놓고 키노네스와 오랜 대화를 나눈 끝에 일련의 해결책을 정리한 서류 한 장을 그에게 건넸다. '북한은 NPT에 잔류하고 IAEA가 실시하는 정기적인 사찰을 수용할 용의가 있으며 IAEA가 요구한 '특별사찰' 문제를 토의하기로 한다. 그 대가로 미국은 '팀스피리트' 훈련 중단과 對 북한 경제제재 조치를 철회하는 동시에 오랫동안 지체됐던 3차 회담을 재개한다'는 내용이었다. 이러한 북한의 주고받기식 제안은 그들의 협상태도에 근본적인 변화가 생겼음을 의미했다. 당시까지만 해도 북한은 '일괄 타결' 식의 동시다발적 포괄 협상보다 합의를 향해 한 단계씩 나아간다는 전략을 구사하고 있었다. 북한 외교부는 이 제안이 북한 최고 지도부의 승인을 받은 것이라고 밝혔다. 북한의 최고 지도부란 다름 아닌 김일성 부자(父子)를 뜻했다.

애커맨과 키노네스 일행은 워싱턴에 돌아오자마자 일부의 정책 결정권자들의 비판에 부딪혔다. 그들은 회담의 성격을 정치적인 수준으로 도약시키기 전 실질적인 문제에 대한 합의서를 마련하고 세부사항을 구체적으로 결정하고 넘어가야 한다고 주장했다. 이러한 이유로 키노네스와 갈루치의 수석 보좌관 게리 세이머(Gary Samore)는 상세한 합의문을 도출하기 위한 노력의 일환으로 유엔의 북한 대표부 관리들과 여러 차례에 걸쳐 비밀리에 회동했다. 그 노력이 여의치 않자 이번에는 보다 직위가 높은 국무부 관리인 토마스 허바드(Thomas Hubbard) 부차관보가 합세해 뉴욕을 수시로 왕래하며 북한 관리들과 대화를 나누었다.

협상이 교착상태에 머물자 워싱턴의 관리들은 서서히 좌절감을 느꼈다. 11월 1일 한스 블릭스 IAEA 사무총장은 유엔 총회장에서 비관적인 어조로 북한 정부와의 의견 조율이 원활하지 않다는 사실을 보고했다. 다만 '핵 안전조치의 지속성'이 훼손됐다는 선언만은 자제했다. 유엔총회는 무려 140 對 1의 압도적 표결로 (중국은 기권하고 오직 북한만 반대의견을 표명했다) 북한에게 IAEA에 '즉시 협조할 것'을 촉구하고 나섰다. 북한이 전세계에서 홀로 고립돼있다는 사실이 증명되는 순간이었다.

남한의 권영해 국방장관은 서울에서 기자회견을 열고 격한 목소리로 북한의 핵개발 계획에 대한 심각한 우려를 표명하고 이를 저지하기 위해서는 군사 조치도 불사하지 않겠다고 발표했다. 그러나 방한한 레스 애스핀 美 국방장관과의 자리에서는 팀스피리트 훈련을 둘러싼 어떠한 결정도 유보한다는 데 합의했다. 애스핀은 "이제 공은 북한으로 넘어갔고 전세계가 북한의 반응을 지켜보고 있다"고 말했다.

귀국길에 오른 애스핀은 기내에서 동승한 기자들에게 한반도와 핵문제를 둘러싼 배경을 설명했다. 그러나 본인의 뜻과는 달리 워싱턴에 도착해 보니 한반도에 전쟁이 임박했다는 왜곡된 기사가 속출하고 있었다. 가장 먼저 이를 타전한 로이터통신은 '美 국방부 고위관리'의 발언을 전제로 "어쩌면 우리는 '위험구역'으로 들어가고 있는지 모른다"고 보도했다.

현재 북한은 전체 병력의 70%를 휴전선 인근에 배치해 놓은 상태이고 기아와 경제난으로 인한 좌절감이 만연한 나머지 남한에 대해 재래식 공격을 감행할 가능성이 있다는 것이었다. 그러나 사실 북한 병력의 휴전선 일대 집결은 새삼스러운 일이 아니었다. 애스핀은 기자들 앞에서 현재 "식량난으로 허덕이고 있는 북한이 굶어 죽든 싸우다 죽든 매한가지"라고 생각할 수도 있다고 말했다. 훗날 그의 이러한 발언은 일파만파로 확산됐고 많은 논란을 불러일으켰다. 언론은 앞다투어 전쟁을 경고하는 기사를 실었고 상황을 주시하고 있던 대다수 관리들은 실망과 경악을 금치 못했다.

11월 5일 워싱턴포스트지 칼럼니스트 찰스 클라우서머(Charles Krauthammer)는 클린턴에게 "對 북한 경제봉쇄를 단행하고 북한과의 대화를 중단하며 美 국민들에게 아시아의 군사적 위기상황에 대해 설명하라"고 촉구했다. 워싱턴 관료들은 이 칼럼에 아연실색했으며 국무부는 대책을 강구하기 위해 회의까지 소집했다. 그로부터 이틀 뒤 클린턴은 NBC에서 방영되는 '언론과의 만남(Meet the Press)'에 출연해 "북한이 핵폭탄을 개발하는 것을 결코 방관하지 않을 것"이라고 선언하며 북한의 핵무기 개발을 저지하기 위해서라면 군사적 행동도 불사할 것이라는 의지를 표현했다. 불난 집에 부채질 하는 꼴이었다. 그로부터 몇 주 동안 수많은 미국 관리들은 북한이 이미 적어도 1개 이상의 핵폭탄을 제조하는 데 성공했을지 모른다는 추측을 남발했고 그

제야 백악관은 클린턴이 실언을 했다고 해명했다.

북한은 갑자기 미국 언론의 최대 관심사로 떠올랐다. NBC와 월스트리트저널지가 미국 전역을 대상으로 공동 실시한 여론조사 결과, 응답자의 31%에 달하는 사람들이 현재 당면한 가장 심각한 외교문제로 북한의 핵무기 개발을 꼽았다. 제시된 문항 중 최고로 높은 수준이었다.

전쟁 공포가 확산되고 있는 한편 협상을 통한 외교적 노력은 부진한 가운데 11월 11일 북한 협상단 대표 강석주 단장은 평양에서 '일괄협상안'을 공표했다. 그는 아무런 배경 설명도 하지 않은 채 한 달 전 키노네스에게 제출한 뒤 논란만 거듭돼 온 문서의 요점들을 나열했다.

뉴욕에서 무려 15차례에 걸쳐 중간급 회담이 열리고 수많은 서한이 평양과 워싱턴 사이를 오간 뒤 11월 15일 美 행정부는 마침내 자체적으로 마련한 '일괄협상안'을 협상 테이블에 올려놓기로 결정했다. 1단계 의제의 핵심은, 북한이 IAEA 정기사찰을 다시 수용하고 남한과의 대화를 재개하며, 그 대가로 미국은 94년 팀스피리트 훈련을 취소하고 오랫동안 미뤄져온 제3차 北-美 협상을 재개한다는 것이었다. 3차 회담에서 논의될 2단계 협의 사항은 말썽 많은 영변의 핵폐기물 처리장 두 곳에 대한 IAEA의 사찰, 북한에 대한 국가 인정, 교역 및 투자를 둘러싼 韓·美·日 3국의 양보 등이었다.

이 사건은 사태의 추이를 예의주시하고 있던 워싱턴포스트지의 제프리 스미스(R. Jeffrey Smith) 기자에게 즉각 포착됐다. 그 보도는 미국의 북한에 대한 양보, 그중에도 특히 對 북한 정책에 있어 남한을 주변국으로 전락시킨 사실에 신경을 곤두세우고 있던 남한에게는 마른 하늘에 날벼락이었다. 김영삼 대통령이 북한에 대한 미국의 제안에 경악을 금치 못한 것에는 지극히 개인적인 이유도 포함돼 있었다. '일괄협상'은 그해 봄 그의 오랜 맞수인 김대중이 공개적으로 내세운 제안과 모든 면에서 흡사했던 것이다. 그 누구도 아닌 김대중이 '일괄 협상'을 지지한다면 金대통령은 더 생각할 것도 없이 자동적으로 이에 반대한다는 것을 의미했다.

미국을 첫 공식 방문한 金대통령은 결국 11월 23일 뜻밖의 자리에서 자신의 속내를 표출했다. 미국의 제안에 형식적이나마 승인 도장을 찍기 위해 마련된 양국 정상의 짧은 만남에서 백악관 대통령 집무실로 급히 안내된 金대통령은, 미국의 제안이 자신은 물론 한국인에게도 미국이 마치 결정과정에서 한국을 제외한 채 북한과 화해하고 있다는 인상을 준다고 말했다. 그는 눈에 불을 켜고 말 한 마디 한 마디에 힘을 줘가면서 팀스피리트 훈련의 취소 여부를 최종 결정할 수 있는 권한은 미국 관리들이 아닌 자신에게 있으며 적당한 때 그 결정을 발표할 사람도 자신이라고 주장했다. 게다가 제3차 北-美 협상 재개 이전에 오랫동안 논의해왔던 남북한 사이의 '특사 교환'이 먼저 실현돼야 한다고 덧붙였다.

클린턴과 백악관 보좌진은 金대통령의 이같은 격렬한 반대에 당황하지 않을 수 없었다. 미국측 제안은 이미 수개월 간 남한 관리들과 논의돼 온 것이었기 때문이었다. 애초 '짧게' 예정됐던 대통령 집무실 회담은 1시간 30분으로 연장됐다. 그 사이 미국의 고위관리들과 한승주 외무장관을 비롯한 남한의 관리들은 조마조마한 심정으로 다른 방에서 대기하고 있었다. 미국 관리들은 金대통령의 완강한 반대가 미국측의 제안 내용뿐만 아니라 표현의 문제에서도 기인한다는 것을 이내 깨달았다. 對 북한 제안의 표현 방식에서 '포괄적'이라든가

'일괄'이라는 말 대신 '철저하고 폭넓은'이라는 표현으로 바꿀 경우 金대통령의 불편한 심기를 얼마간 누그러뜨릴 수 있을 것 같았다. 이와 더불어 필요할 경우 金대통령이 팀스피리트 훈련 연기에 대한 최종 결정을 발표할 수 있도록 허용한 것은 물론 남북 특사 교환을 제3차 北-美 회담의 전제조건으로 한다는 데도 약속했다. 사실 이 둘째 조건은 훗날 北-美 회담을 가로막는 중대한 걸림돌이 됐다. 북한은 미국과의 협상을 재개하기 위해 남한의 요구에 굴복해야 한다는 것을 매우 불쾌히 여겼다.

 金대통령이 미국 방문을 마치고 귀국할 무렵 미국은 핵문제를 놓고 북한과 협상하는 일이 얼마나 까다롭고 복잡한 문제인지 깨닫기 시작했다. 사실 북한과의 핵문제 협상은 북한과 IAEA의 관계, 남한과 북한의 관계, 그리고 북한과 미국의 관계가 여러 층으로 얽혀있었다. 대화가 진전을 보기 위해서는 서로 꼬여있는 이 세 가지 관계가 동시에 해결돼야만 했다. 그런데 설상가상으로 마지막 순간에 또 하나의 문제가 얽혀들었으니 그것이 바로 남한과 미국의 관계였다. 93년이 저물어 가는 시점에서 미국의 對 북한 협상은 진전보다는 더욱 복잡다단한 문제들을 예고하는 듯한 불길한 조짐을 보였다.

위기가 도래하다

93년 12월 초 조선노동당 중앙위원회는 한 가지 놀라운 사실을 공개적으로 발표했다. 7개년 경제계획을 마무리하는 회의에서 주요과업을 달성하는 데 실패했다고 시인하며 북한 경제가 '심각한 상황'에 처해 있음을 경고하고 나선 것이다. 주요 교역 상대였던 사회주의 진영의 붕괴와 경제침체로 인해 '사회주의 천국' 북한은 4년 연속 경제적 고통에서 허덕이고 있었다. 한때는 남한과 엇비슷한 수준이었던 북한의 GNP는 이제는 날로 성장을 거듭하고 있는 남한 경제의 16분의 1에도 못 미치는 수준이 됐고 그 격차 또한 급속도로 벌어지고 있었다.

조선노동당은 이례적으로, 중공업에 중점을 둔 새로운 7개년 경제계획 대신 농업·경공업·대외무역에 우선순위를 둔 3개년 과도기 계획을 발표했다. '사회주의 건설'이라는 거창한 선전 뒤에 숨겨진 계획 변경의 이유는 명백했다. 북한 지도자들이 원대한 목표에서 눈높이를 낮추고 살아남는 문제에 관심을 두기 시작한 것이다. 농업·경공업에 중점을 두게 된 것도 바로 그 때문이었다. 북한 정부는 자급자족 계획경제의 바탕을 전혀 해치지 않는 범위 내에서 난국을 타개하려는 노력의 일환으로 대외무역을 향해 눈을 돌렸다. 그러나 북한에게는 외부에 팔아 넘길 만한 재화가 없었다.

김일성은 북한 주민에게 보내는 신년사에서 경제정책의 전환을 승인했다. 김일성의 신년사는 그 해의 가장 중요한 정책을 담은 중요한 선언이다. 62년 이래로 김일성이 입버릇처럼 되뇌었던 "쌀밥에 고깃국을 먹고, 비단옷 입고 기와집에서 살게 될 것"이라는 이상향은 사라지고 말았다. 김일성은 "지난 7개년 경제계획이 진행되는 동안 '예상치 않은 국제적 사변'과 나라 안에 조성된 첨예한 정세 때문에 경제건설이 큰 어려움과 난관에 봉착하게 됐다"고 인정했다. 이어서 국내외 상황이 매우 '복잡하고 절박하게' 돌아가고 있다는 말과 함께 새로운 정책이 성공하기를 바란다는 기원까지 덧붙였다.

김일성이 영원할 것 같았던 낙관주의를 포기하고 자신의 입으로 어두운 경제 여건을 시인하는 모습은 마치 신(神)이 천국이 사라졌다고 발표하는 장면 같았다. 8순의 김일성이 半은퇴생활에서 벗어나 건재를 과시하며 정무를 재개한다는 것은 오히려 절박한 모습으로 받아들여졌다. 미국의 북한 전문가들은 김일성의 정계 복귀를 80년 이후 후계자로 공식 지목한 장남 김정일의 국정 운영에 만족하지 못하고 있다는 불만의 표시로 해석했다.

김일성이 말년에 북한의 당면 문제에 대해 얼마나 소상히 알고 있었는지, 또는 적어도 얼마나 알고 싶어했는지에 대해서는 논란의 여지가 많다. 북한 내외 소식통들은 이구동성으로 그동안 김정일이 서서히 정무와 당의 운영권을 장악했다고 주장했다. 92년 80회 생일을 맞이하기 전날 김일성은 워싱턴타임스(Washington Times)지와의 인터뷰에서 '일부 대외문제'에는 직접 나서기도 하겠지만 "북조선 내부문제에 관한 모든 것은 김정일이 책임지고 있다"고 말했다.

강성산 총리의 사위로 94년 남한으로 귀순한 강명도(康明道)의 이야기에 따르면 김일성이 경제 문제에 관여하기 시작한 시점은 그가 워싱턴타임스지와 회견했던 무렵이었다. 강성산은 김일성과 함께 항일투쟁을 벌였던 빨치산 동지의 아들로 두 번이나 총리를 역임했고, 91년 말- 92년 초 김일성에게 자신이 도당(道黨) 책임자로 있었던 중국, 러시아 국경과 인접한 전략 지역의 처참한 경제상황을 가감 없이 보고했다. 그 때까지 공식경로를 통해 올라왔던 낙관적인 보고가 현실과는 판이하게 다르다는 사실을 깨닫고 크게 놀란 김일성은 92년 3월 초부터 경제관련 당 확대회의를 연속해서 소집했다. 그해 말 강성산은 연형묵(延亨默) 정무원 총리 해임 뒤 그 후임자로 임명되면서 세번째로 총리직을 수행하게 됐다. 93년 초 김일성은 경제문제를 놓고 정치국 확대회의를 직접 주재했고 그 결과 그해 말 농업과 경공업, 무역을 강조하는 새로운 경제정책이 탄생했다.

1월 말 미국의 한 인사가 김일성 주석을 내방했다. 미국의 저명한 전도사인 빌리 그레이엄(Billy Graham) 목사는 공산국가나 독재국가를 가리지 않고 열심히 복음을 전파해 왔지만 북한에 대해서만큼은 더더욱 특별한 관심을 가지고 있었다. 장인과 장모가 중국에서 선교 활동을 벌이던 시절, 아내인 루스 그레이엄(Ruth Graham) 여사가 평양의 미국인 학교에 다닌 적이 있기 때문이었다. 92년 그레이엄 목사는 북한을 방문, 몇몇 교회에서 설교를 했고 부시 대통령의 유화적인 메시지까지 전달했다. 미국과 북한 사이에 다시 긴장이 고조되자 그레이엄 목사는 자신의 방북과 관련해 클린턴에게 對 북한 메시지를 요구해 받아냈다. 그러나 클린턴의 메시지는 기본적인 인사말이나 덕담도 없는 무뚝뚝한 어조로 몇 마디 용건만 적은 것이었다. '핵문제를 해결할 수 있도록 협조하라, 그 후에야 비로소 관계개선을 논할 수 있다'는 것이 요지였다.

그레이엄 목사와 그의 보좌진, 특히 그중 선교사의 아들로 태어나 남한에서 수년간 살면서 한민족의 언어와 문화를 익힌 스티븐 린턴(Stephen Linton)은 클린턴의 메시지 속에 담긴 거친 표현을 81세의 김일성이 읽기에 덜 거북하도록 부드럽게 바꾸는 것에 골몰했다. 그러나 북한 핵개발 문제의 심각성을 강조한 클린턴의 메시지가 전달되자 김일성은 굳은 얼굴로 주먹을 휘둘러가며 언성을 높였다. 김일성은 신년사에서도 썼던 비난의 말을 그대로 인용해 미국은 "있지도 않은 핵문제를 들먹이고 있으며 정작 비난받아야 할 나라는 한반도에 핵무기를 들여와 조선민주주의인민공화국을 위협하고 있는 미국"이라고 주장했다. 또한 "압력이나 위협은 우리에게 통하지 않는다"고 말했다. 그는 북한과 미국에게 필요한 것은 대화이지 충돌이 아니며 미국이 계속해서 위협적인 언사를 중단하지 않는다면 파국을 몰고 올 것이라 경고했다.

한편 그 즈음 미국에서는 새로운 사건이 발생해 북한과의 대화 분위기가 한층 더 악화됐다. 그레이엄이 평양에 도착하기 하루 전인 1월 26일 뉴욕타임스지가 주한미군의 전력을 강화하기 위한 준비가 한창 진행 중이라고 보도한 것이다. 내용인 즉 미국이 걸프전 때 사용한 패트리어트 미사일을 한반도에 배치할 계획이라는 것이었다. 그레이엄 일행이 평양에 도착했을 때 공항 주변에는 대공 미사일이 배치되고 있었고 군인들은 영하의 추운 날씨인데도 불구하고 참호를 팠다. 그레이엄의 한 보좌관은 "양측의 관계가 얼어붙는 소리가 들리는 듯했다"고 말했다.

패트리어트 미사일 배치 문제가 처음 검토되기 시작한 것은 93년 12월부터였다. 주한미군 사령관인 게리 럭(Gary Luck) 장군이 전쟁이 발발하거나 북한이 노동 미사일을 발사해 미군 기지를 폭격할 경우를 대비해 이를 건의했던 것이다. 그의 건의는 국제 핵사찰 재개를 둘러싼 북한과의 협상이 자칫 와해될 수 있다고 우려한 국무부의 반대로 잠정적으로 보류됐다. 그러나 뉴욕타임스지 소속 국방부 출입기자 마이클 고든(Michael Gordon)에 따르면 그가 남한을 현지 취재한 뒤 패트리어트 미사일 배치 가능성에 대한 정보를 입수하고 돌아왔을 때 '백악관은 완전히 공포에 빠진 상태' 였다고 했다. 백악관은 지난 10월 소말리아에 파견됐던 평화유지군의 경우처럼 행여 행정부가 미군이 절대적으로 필요로 하는 군사 장비를 제공하지 않았다는 비난을 사게 될 것을 우려했던 것이다. 백악관은 즉시 하원들을 상대로 주한

미군 사령관의 패트리어트 미사일 배치 요청에 관한 설명을 하는 한편 앤서니 레이크(Anthony Lake) 국가안보보좌관은 고든에게 전화를 걸어 럭 장군의 요청을 결재중이라고 귀띔했다. 결국 뉴욕타임스지는 다시 한 번 이에 대한 독점 기사를 내보냈다.

　패트리어트 미사일의 남한 배치 가능성에 대한 기사나 논평에는 늘 그것이 걸프전 '사막의 폭풍' 작전에서 사용된 무기라는 사실이 곁들여졌다. 그럼에도 북한이 미국의 한반도 패트리어트 미사일 배치 결정을 받아들이려 할 무렵 남한 국방장관은 북한이 국제핵사찰 요구를 수용하지 않을 경우 94년 팀스피리트 훈련을 강행할 것이라고 발표했다. 팀스피리트 훈련은 언제나 북한의 격렬한 반발을 불러일으키고 위기를 고조시키는 요인이었다.

　상황이 이쯤 이르자 그동안 北-美 회담에 대한 낙관적 기대를 담아 작성됐던 북한 정부의 성명서는 거센 비난으로 돌변했다. 美 전문가들은 북한의 논조 변화를 북한 지도부 내 다수의 의견에 변화가 일어났다는 암시로 해석했다. 북한 외교부는 94년 1월 31일 "배신 행위로 발생할 수 있는 처참한 결과에 대해 미국은 전적으로 책임을 져야한다"는 성명서를 발표했다. 이 성명서는 패트리어트 미사일 배치와 팀스피리트 훈련을 재개한다는 보도에 대해 "미국이 겉으로는 북한과 협상하는 체 하면서 막후에서는 전쟁연습"을 하고 있다고 비난했다. 아울러 모든 협상을 중단하는 것은 물론 NPT에서 탈퇴하고 자체 핵개발 계획에 박차를 가하겠다고 위협했다. 강석주 외교부 부부장은 갈루치 국무차관에게도 똑같은 내용의 편지를 보냈다.

　새로 제기되는 문제가 없음에도 불구하고 협상은 난항을 거듭하고 있었다. 가을과 겨울 동안 北-美 협상은 주로 뉴욕에 있는 유엔 본부

지하의 음침한 회의실에서 이루어졌다.

이곳에서 허바드 국무부 동아시아·태평양 담당 부차관보와 북한의 허종(許鍾) 유엔 대사는 각자 한두 명의 보좌관만을 수행한 채 회동했다. 미국이 북한과 마침내 IAEA 사찰 및 남북협상에 대해 합의를 이뤘다고 생각할 때마다 어떠한 이유가 돌출해 협상이 무산됐다. IAEA와 남한 정부가 고집스럽게 자기 입장만 내세웠거나 북한측이 이미 합의에 이른 내용을 번복했기 때문이었다.

새 협상이 실패로 돌아간 가운데 IAEA는 영변 핵사찰의 최종시한을 94년 2월 21일로 못 박았다. 그 때까지 합의가 도출되지 않는다면 IAEA는 교착상태 돌파를 이유로 북한 문제를 유엔 안보리에 회부할 것이라고 선언했다. 최종 시한이 가까워 오자 미국의 외교관들은 안보리의 나머지 4개 상임이사국 대표들을 비공식적으로 만나 북한에 가할 수 있는 경제 및 정치적 제재조치에 대해서 논의했고 국방부는 1천 명의 병력을 남한에서 실시되는 팀스피리트 훈련에 추가 배치하는 작업에 들어갔다.

94년 2월 중순께 제임스 레이니(James Laney) 주한 美 대사가 워싱턴을 방문했다. 북한과의 첨예한 대치국면을 코앞에 둔 상황에서 美 행정부 내에 對 북한 전략의 책임자가 아무도 없다는 걱정에서였다. 주한 미국 대사 발령 전 에모리 대학(Emory University) 총장을 역임했으며 젊은 시절에는 육군에 복무했고 제대 후 남한에서 신학교수로 활동했던 레이니는 백악관·국무부·국방부의 고위관리들과 만나 남한 정부가 우려하는 것은 북한의 핵위협 가능성보다 미국의 감정적 발언이나 벼랑 끝 작전이라고 말했다. 레이니 대사는 미국이 쓸데없이 IAEA 사찰문제를 계속 거론함으로써 북한을 극한상황으로 몰고

가 자칫 한반도에서 '우발적인 전쟁'이 발발할 가능성이 있다는 깊은 우려를 표명했다. 레이니는 럭 장군도 자신과 의견을 같이하고 있다는 점을 분명히 했다. 아울러 현 시점에서 무엇보다도 중요한 것은 워싱턴 정부가 한반도 문제에 관심을 두고 부처간에 의견을 조율해 시급하게 문제를 해결하는 것이라고 주장했다. 레이니 대사는 또 하나의 한국전쟁이 발발할 경우 예상되는 미군과 美 민간인의 희생을 거론하며 "5만여 구의 시신을 미국으로 운구해야 할 것"이라고 백악관에 경고했다.

레이니의 간청을 들은 앨 고어(Al Gore) 부통령을 비롯한 워싱턴 관리들은 순간 정신이 번쩍 들었다. 그 결과 갈루치는 백악관·국무부·국방부·CIA를 포함하는 여러 관계부처의 상이한 의견을 조정하거나 적어도 합리적으로 입장을 정돈하기 위한 대사급 對북한 정책 총괄 조정관으로 임명됐다.

94년 2월 15일 북한은 IAEA 사찰 재개를 위한 최소한의 조건들을 수용했지만 역시 북한답게 일련의 전제조건이 충족되기 전까지는 사찰단에게 비자 발급을 거부하겠다고 밝혔다. 한편 9월 첫 회담 이후 무려 22번째 회담 재개를 시도한 결과 뉴욕에서 허바드 부차관보와 허종 대사의 회담이 개시됐고 양측은 마침내 광범한 일련의 조치를 동시에 발효하는 데 합의했다. 美 협상 대표단이 '슈퍼 화요일'이라고 명명한 3월 1일 모든 것이 일괄 타결될 예정이었다. IAEA 사찰단은 '핵 안전조치의 지속성'을 확인하기 위해 영변을 방문, 사찰을 재개하고 미국과 남한은 94년 팀스피리트 훈련을 취소하며 판문점에서는 북한과 남한 사이의 실무자급 회담이 개시돼 특사 교환 문제를 논의하고 미국과 북한은 오랫동안 지체된 3차 고위급 회담을 3월 21일 재개한다는 발표를 하기로 했다.

그러나 이 무렵 美 정부와 여론은 북한의 미온적인 태도와 변덕에 머리끝까지 화가 난 상태였다. 평양 정부에 섣부른 선물을 안겨줄 수 없다는 의회와 언론의 압력에 못 이긴 美 당국은 IAEA 사찰과, 당시 논란이 끊이지 않았던 남북한 특사 교환이 완전히 성사될 때까지 제3차 北-美 협상을 개시할 수 없다고 발표했다.

우려는 현실로 나타났다. 남북 실무자급 회담이 판문점에서 개최됐으나 양측이 자국의 요구와 입장만을 고수함으로써 회의는 교착상태에 빠져들었다. 한편 영변을 방문한 IAEA 사찰단은 6개 장소에서 시설 보수 및 사찰 활동을 수행할 수 있다는 허락을 받았지만 7번째 시설이자 가장 중요한 시설이기도 했던 플루토늄 재처리 시설의 핵심 구역에 대한 정밀 사찰은 불허됐다. 북한 정부는 이에 대한 법적 근거를 나름대로 제시했지만 IAEA 관리들은 특사 교환을 둘러싼 남한과의 불화 때문에 압력을 행사하려는 것이 북한의 진짜 의도라는 결론에 이르렀다. 허바드 국무부 부차관보는 "서로 연계된 두 게임이 따로 따로 진행되고 있다"며 "IAEA의 핵사찰 요구는 남북한이 줄다리기를 하고 있는 남북대화와 관련돼 있다"고 말했다.

그때부터 모든 것이 파국으로 치달았다. 3월 15일 임무 완수에 실패한 IAEA는 북한의 핵물질이 핵무기로 전용되지 않았음을 검증할 수 없다는 발표와 함께 사찰단 철수를 명령했다. 마침내 IAEA 위원회는 특별회의 표결을 통해 이 문제를 유엔 안보리 이사회에 상정하기로 결정했다. 한 美 관리는 워싱턴포스트지와의 인터뷰에서 "IAEA가 너무 오랜 시간 북한에 의해 이리저리 휘둘리며 끌려 다녔다는 분위기가 지배적이었다"고 말했다.

미군측은 팀스피리트 훈련 재개를 위해 남한과 즉시 협의에 들어갔고 美 정부는 제3차 北-美 협상 계획을 취소하고 다시 한번 유엔을 통한 제재조치를 검토하기 시작했다.

3월 19일 교착상태에 빠진 특사 교환 문제를 논의하기 위해 판문점에서 마지막으로 실무자급 회의가 개최됐다. 그러나 북한의 박영수(朴英洙) 단장의 발언은 일촉즉발의 긴장 상황을 더욱 악화시키고 말았다. 협상 테이블을 사이에 두고 감정을 숨기지 않은 거친 말들이 오고 간 끝에 박영수 대표는 남한측 송영대(宋榮大) 대표에게 이렇게 위협했던 것이다. "서울은 여기서 멀지 않소. 전쟁이 발발하면 서울은 불바다가 될 것이오. 송 선생도 살아남기 어려울 것이오." 이 한 마디를 던진 북한 대표단은 회담장을 박차고 나갔다.

남한 당국자들은 남북 고위급 일부 인사들이 판문점 회담을 지켜볼 수 있도록 설치된 폐쇄회로 TV를 통해 이 장면을 지켜보고 있었다. 청와대는 회담 장면을 공개하지 않았던 전례를 깨고 김영삼 대통령의 승인 하에 녹화 테이프를 방송사에 배포, 국민들의 간담을 서늘하게 만들었다.

IAEA 핵사찰이 중단되고 '불바다' 발언이 나온 직후, 金대통령은 핵협상 타결 여지를 의식해 당분간 보류시켰던 패트리어트 미사일 배치를 승인하기 위해 국가안보 관련 비상회의를 소집했다. 이와 같은 남한 정부의 조치는 평양의 지도부와 군부를 자극했으며 한반도는 다시 한 번 끝을 알 수 없는 소용돌이 속으로 빠져들고 있었다.

제13장

핵무기를 둘러싼 막판 대결

94년 봄 세계적 관심을 모은 북한의 핵개발 위기는 북한이 NPT 탈퇴 위협을 가하던 93년의 대치상황과 다분히 유사한 측면이 있었다. 1년 전의 상황처럼 남북대화가 결렬됐고 북한을 궁지로 몰아넣는 세계 각국의 압력은 더욱 거세졌으며 IAEA는 북한의 의무조항 위반 사실을 공식 발표했다.

북한은 93년 초반의 NPT 탈퇴 선언 이후로 핵무기 개발 계획을 협상 카드로 이용, 미국으로부터 북한에 대한 국가 승인, 안전 보장 그리고 경제적 이익을 얻어내려 했다. 국제사회로부터의 고립과 경제적 난관으로 치닫고 있던 북한 정권으로서는 달리 의지할 만한 수단이 많지 않았기 때문에 위기감이 고조될 때마다 협상력을 높이는 데 치중했다. 그러나 다른 한편으로는 이러한 행동을 무리하게 밀고 나갈 경우 자칫하면 외세와의 대결국면을 초래하고 결국 무너져버릴 수도 있다는 위험성이 제기됐다. 북한은 극한정책을 능수능란하게 구사, 사태를 벼랑 끝까지 몰고감으로써 상대방의 승복을 받아내곤 했다. 문제는 그 벼랑 끝이 어디까지인지 확실치 않다는 점이었다.

94년에는 군사적 측면에서 위기가 크게 고조됐다. 이러한 위기는 군사적 대치 국면으로 이어졌다. 미국과 동맹국들이 유엔 안보리에 북한에 대한 제재를 촉구하자 북한은 '제재는 선전포고와 다름없다'고 거듭 선언했다. 이에 美 국방부는 몇 개월 전부터 암암리에 추진해오던 한반도와 주변 지역에 대한 미군병력 증강을 가속화했다. 클린턴 행정부는 인적·물적으로 훨씬 강력한 병력을 대폭적으로 확충하고 한반도 전쟁발발 가능성은 점점 더 커져만 갔다.

갈루치 美 차관보가 볼 때 94년 봄은, 역사학자 바바라 투크만(Barbara Tuchman)이 언급했던 '팔월의 총성(the guns of August)'과 섬뜩하리만큼 닮아 보였다. 1914년 여름, 엇갈린 목적들과 오해, 우연 등의 불씨들로 말미암아 촉발됐던 1차 세계대전을 가리키는 것이다. 갈루치는 이번 사태가 '전쟁으로, 그것도 대전으로 비화될 소지'가 있음을 직감했다. 사태의 추이를 돌이켜본 윌리엄 페리(William Perry) 국방장관은 '작금의 사태가 실질적인 전쟁 위험' 단계에 진입했다고 결론을 내렸다. 주한미군 사령관들의 생각은 더욱 확고했다. 당시 남한에서 복무했던 하웰 에스테스(Howell Estes) 중장은 그를 포함한 다른 장교들은 당시 사석에서조차 대놓고 말하지는 못했지만 "속으로는 모두가 전쟁이 임박했음을 예감하고 있었다"고 훗날 회고했다.

'사용 후 핵연료봉' 위기

사정이 이처럼 급박하게 된 원인은 영변의 5MW급 재래식 원자로에서 사용후 꺼낸 '핵연료봉'에 있었다. 길이 약 1m, 지름 5cm짜리 사용된 '핵연료봉'을 완공된 영변 핵시설에서 화학 처리할 경우 나머지 고단위 방사성 폐기물로부터 플루토늄을 추출, 핵무기를 만들 가능성이 있었기 때문이다.

원자로 냉각탑에서 나오는 증기를 위성 감시망으로 관찰한 CIA는 북한의 원자로가 89년에 최장 1백10일간 가동이 중지된 상태였다는 것을 알아냈다. 그 정도면 연료봉 8천 개 중 절반 가량을 원자로 노심에서 꺼낸 후 재처리하여 플루토늄을 생산할 수 있는 충분한 기간이었다. 그러나 북한은 원자로 가동 중지 기간이 고작해야 60일이었으며 꺼낸 연료봉은 손상된 몇 개에 불과하다고 주장했다. 그러나 93년 말 CIA는 가동 중지 기간이 북한의 주장보다 더 길었던 것으로 판단하고, 북한이 1945년 미국이 히로시마에 투하했던 폭탄과 위력이 비슷한 10Kt급 원폭 한 두 개 정도를 제조하기에 충분한 플루토늄을 확보했을 것이라는 예측을 내놓았다. 이러한 CIA의 추정을 근거로 93년 12월 국가정보평가서(National Intelligence Estimate)는 북한이 이미 폭탄 제조를 시작했을 가능성이 '농후하다'고 주장했다. 2002년 11월 의회에 발표된 CIA의 공개 보고서에 따르면 "1990년대 초반 이래로 미국은 북한의 핵무기 야망에 대해 우려해왔고, 북한이 1992년 전에 자국에서 생산한 플루토늄을 이용하여 한두 개의 핵무기를 보유하고 있다고 평가했다."

美 국무부와 국립연구소 분석가들은 1993년에 실시한 조사 대해 열

띤 반론을 펼쳤다. 이곳의 고위급 관계자들은 공개적 발언에서 (폭탄 제조를 시작했을) '가능성이 반을 넘는다'는 관용구를 쓰는 경우가 없었고, 북한정부가 이미 충분한 양의 플루토늄을 생산해 지금쯤은 핵무기를 개발했을 수도 있음을 美 정부가 '알고 있었다'는 주장도 크게 신경 쓰지 않았다. 결과적으로 중앙정보국은 연기기둥학(plumeology)엔 오류가 있고 북한이 언급한 더 낮은 숫자인 60일이 옳을 수 있다고 결론 내렸다. 플루토늄 재처리에 할당된 시간이 60일이었을 가능성은 에너지부 연구실에서 이루어진 빈틈없는 작업에 의해 더욱 힘이 실어졌는데, 이는 인공위성의 핵시설 운영 관찰 기록을 이용한 것보다 더 정확하게 플로토늄 생산량을 계산해낸 것이었다. 그 결과, 생산된 플루토늄의 가능 범위에 대한 보다 정밀한 계산으로 당시 북한이 이론상 보유한 무기들에 대한 정확한 판단이 가능해졌다.

공식 토론장 밖에서 일부 전문가들은 원자력과학자협회 자료집(The Bulletin of the Atomic Scientists)에 실렸던 표현 그대로 미국의 정보평가를 그저 '겁주기용 시나리오(scare-nario)'에 불과하다고 생각했다. 한마디로 북한이 그만한 수의 연료봉을 인출하기에는 시일이 너무 촉박했을 뿐만 아니라 성공 가능성 또한 매우 희박하며, 더욱이 연료봉 제조기술이 열악한 북한이 방사능 물질을 충분히 추출해내고 원자탄 한두 개를 만드는 데 필요한 플루토늄을 효과적으로 확보할 수 있을 만큼 재처리 공정이 원활히 이루어졌을 리도 만무하다고 확신했다. 만약 최악의 경우 핵무기 제조를 시도했다 하더라도 실전 배치가 가능한 핵무기를 획득하려면 플루토늄 확보 외에도 몇 단계 더 거쳐야 할 주요 공정들이 남아있다는 점 때문에 회의적인 시각이 돌출했다. 행정부 내에서도 논란이 분분했고, 앤서니 레이크 美 국가안보 담당 보좌관에 의하면 대통령에게 같은 날 전달된 CIA와 국무부의 평가 보고서가 서로 극과 극을 달린 경우도 있었다고 한다.

94년 연료봉 제거 문제는 과거와 미래라는 두 가지 측면에서 큰 의미가 있었다. 과거와 관련, IAEA 전문가들은 노심(爐心)의 특정 부위에서 연료봉을 체계적으로 무작위 추출한 뒤 조심스럽게 분리할 경우 연료가 얼마나 사용됐는지, 열의 세기가 어느 정도였는지 알아낼 수 있다고 생각했다. 그렇게 해야만 원자로 가동기록에 대한 검증 가능한 자료를 종합적으로 확보할 수 있고, 이렇게 해서 이전에 몇 기의 연료봉을 제거했는지를 알게 되면 이미 생산됐을지 모르는 플루토늄의 객관적인 양을 밝힐 수 있었기 때문이다. 이 확인 과정은 북한이 과거에 핵분열물질을 획득했을지 모른다는 의혹을 해소하는 데 필수적인 단계였다.

그보다 중요한 것은 앞으로 해체될 예정인 연료봉 8천 개의 향방이었다. 페리 국방장관은 이 연료봉들을 모두 플루토늄으로 변환했을 때 4~5기의 핵무기를 제조하기에 충분하다고 예측했다. 미국은 핵 의혹을 캐내기 위해 전쟁까지 치를 생각은 없었지만 북한이 '사용 후 핵 연료봉'들을 플루토늄으로 전환, 핵무기를 제조하는 사태를 원천봉쇄하기 위해서라면 전쟁도 불사할 수밖에 없는 형편이었다. 완공을 눈 앞에 둔 영변 원자로는 기존 원자로보다 훨씬 많은 플루토늄을 생산할 수 있는 50MW급이었고 설상가상으로 그보다 규모가 훨씬 더 큰 2백MW급 원자로 역시 영변에서 그리 멀지 않은 곳에 설치되고 있었다. 후자는 무기 수준의 플루토늄 생산시설로 사용될 가능성이 적었지만 50MW급의 경우는 그 목적에 이상적으로 부합했다.

강석주는 갈루치와의 협상 중 IAEA의 감독 없이 5MW급 영변 원자로에 연료 재공급이 이루어질 경우 對미 협상은 그것으로 끝인 줄 알라는 경고를 귀에 못이 박히도록 들었다. 설령 NPT 규정상 그런 행동이 북한의 권리에 속한다 해도 마찬가지라는 것이었다. 그러나 당시 이 문제에 정통한 미국의 한 고위관리는 "미국이 이 문제야말로 가장 우선적으로 해결해야할 과제라고 딱 부러지게 명시했던 적은 없었다"라고 말했다. 게다가 그의 말에 따르면 94년 봄 이전 개최된 北·美 간 대화도 원자로 연료 재공급에 관한 것이지 현재 보유 중인 '사용후 연료봉'의 인출이나 해체에 관한 내용은 아니었다.

북한 정부의 연료봉 해체 반대자들은 이로 인해 큰 위기가 발생할 수 있다는 것을 알고 결정을 뒤집기 위해 최선을 다해서 싸웠다. 그러나 결국에는 이미 결정 되었으니 이를 준수해야 한다는 통보를 받았다. 4월 19일 북한은 연료봉을 '조속히' 제거할 생각임을 IAEA에 통보하고 IAEA사찰단을 초청해 연료봉 제거작업을 참관토록 조치했다. 그러나 이때도 후속조치나 사찰단의 감시 대상 및 활동 범위를 명확히 규정하지는 않았다. 이후 몇 주간 사찰 과정을 둘러싼 공방이 오가는 동안 북한측은 사찰단에게 참관 및 조사 활동만을 일부 허용하겠다는 방침을 고수했다. 실제로 연료봉의 사용 이력을 확인하려면 연료봉 분리 및 무작위 표본 추출이 뒤따라야 하는데 북한은 이 과정을 불허했던 것이다. IAEA는 연료봉 표본 추출 절차가 충족되지 않을 경우 사찰단을 파견하지 않겠다고 대응했다. 워싱턴은 기본적으로 IAEA의 방침을 지지했지만 일부 관리들은 IAEA의 대응을 지나치게 경직된 것으로 보기도 했다.

북한의 '사용 후 핵연료봉' 제거는 5월 8일 국제기구의 감시나 승인 없이 시작됐다. 제거작업 속도가 당초 예상보다 훨씬 빠르게 진행된 데 대해 IAEA는 놀라움을 감추지 못했다. 영변의 북한 기술자들은 자체 기술력으로 제2의 연료봉 제거장치를 만들어냈지만 외부에서는 이 사실을 까맣게 모르고 있었다. 제거장치 두 대는 24시간 내내 3교대로 최고속 가동됐다.

5월 말에 접어들자 IAEA는 원자로 가동 전력을 검증할 수 있는 마지막 수단으로 디미트리 페리코스(Dimitri Perricos) 동아시아 안전조치 시행 담당지부 국장이 이끄는 최정예 팀을 파견했다. 그러나 22년 경력의 베테랑 페리코스 역시 속수무책이었다. 북한이, 제거해야 할 연료봉이 절반 가량 남은 상태에서 제거속도를 늦추고 과거 가동기록을 점검하기 위해 IAEA가 제시한 연료봉 제거방식을 거부했기 때문이다.

북한은 다른 처리방식을 제안했지만 IAEA 사찰단은 그 방식으로는 필요한 자료를 완벽하게 보존하기 힘들 것이라고 판단했다. 문제는 거기서 끝나지 않았다. 설상가상으로 페리코스는 북한 원자로 전문가들의 연료봉 제거방식이 과거 핵 가동기록 상당 부분을 뒤죽박죽으로 만들 소지가 있다는 것을 파악했다. 결국 페리코스는 이것을 고의적 행동으로 결론 내렸다. 훗날 그는 이 같은 연료봉을 둘러싼 줄다리기를 포커 게임에 비유했다. 북한이 쥐고 있던 비장의 카드는 바로 북한이 보유하고 있는 플루토늄의 정확한 양을 외부세계에서 전혀 예측할 수 없다는 점이었다. 페리코스는 북한 지도부가 이 비장의 카드를 포기할 수 없다는 결론을 내렸다고 생각했다. 그러나 한편으로 북한은 IAEA 사찰단 두 명이 영변에 남아 연료봉 제거작업과 보관 장소를 감시할 수 있도록 허용했다. 적어도 당분간은 핵문제로 세계를 놀라게 만들고 싶지 않다는 뜻이었다.

오스트리아 빈의 IAEA 본부에서 블릭스는 북한의 협조 거부에 분 개하고 있었다. 블릭스 사무총장은 IAEA의 보편적 규정과 의무조항 들이 북한의 현재 탈퇴 유보 상태라는 '특수상황'에 밀리는 것이 도무지 못마땅했다. 블릭스의 견해로는 공식적으로 완전히 탈퇴를 하지 않고 있는 이상 북한도 분명 사찰 대상국에 속하는 나라였던 것이다. 따라서 그간 한번도 가입국에 부과된 적이 없는 새로운 의무 조항들이 IAEA의 요구조항 가운데 일부 끼어 있기는 하지만 북한이 이를 전면적으로 수용해야한다는 것만큼은 확실했다. 블릭스는 IAEA가 지시 사항 불이행을 용인하고 타협할 경우 IAEA의 권위와 신뢰성이 실추될 가능성이 있음을 우려했다.

美 정부 관리들은 사석에서 IAEA의 고지식한 태도에 반감을 표출했다. 애초와는 달리 이것이 지역, 정치적 측면이 더욱 부각된 분쟁으로 번졌다고 판단한 갈루치는 지난 5월 IAEA의 태도를 '중세的, 혹은 탈무드적인 매우 경직된 자세'라고 묘사했다. 그리고 북한의 행동에 블릭스가 어떻게 대응할지 美 행정부로서도 모르는 실정이라고 덧붙였다. 갈루치로서는 블릭스에게 이렇다 할 압력을 가할 수 있는 처지가 아니었다. 미국이 전세계가 금과옥조(金科玉條)로 여기고 있는 비핵화(非核化)에 간섭하는 것으로 비칠지 모른다는 우려 때문이었다. 마침 필자가 그 무렵 어떤 모임에서 만난 국방부 고위관리는 블릭스를 가리켜 총체적인 결과는 안중에도 없이 IAEA의 위상 보호에만 혈안이 돼 있는 '광신자'라고 평했다. 이어 도널드 그레그 전(前) 주한 美 대사는 IAEA 사찰단을 일컬어 "북한에 어떠한 혜택도 제공하지 않은 채 고통스러운 조사만 강행하려 드는 꽉 막힌 항문병 전문의들"이라고 몰아붙일 정도였다.

6월 2일 연료봉 제거작업이 60% 이상 진척됐을 즈음 블릭스는 유엔 안보리에 국제사회의 조치를 요구하는 강경한 뜻을 담은 서한을 전달했다. 그는 안보리 의장이 북한에게 IAEA의 제안사항에 충실히 따를 것을 일찍이 촉구했음에도 불구하고 '원자로 핵심 부품들이 모두 제거됐으며 핵연료가 비밀리에 빼돌려졌을지의 여부도 확실히 추적할 수 없는 돌이킬 수 없는 상황에 이르렀다'고 보고했다. 이 서한은 이후 북한에 대한 유엔 제재 논란의 첫 포문이 됐다.

김일성은 친분이 두터운 노로돔 시아누크 캄보디아 국왕에게 사태를 바라보는 자신의 견해를 이렇게 설명했다. "우리를 사람이라고 비유해 보자. 그들은 처음에는 우리에게 셔츠와 외투를 벗으라고 하더니 이제는 바지까지 벗으라고 한다. 시키는 대로 다 한다면 우리는 아무것도 걸친 게 없는 알몸이 된다. 그들이 원하는 것은 가릴 것이라고는 전혀 없는 사람, 벌거벗은 사람이다. 우리는 결코 그런 요구를 받아들일 수 없다. 차라리 전쟁을 택하겠다. 그들이 도전해 온다면 우리는 그 도전에 기꺼이 응할 것이다. 우리는 만반의 준비를 갖춰 놓았다." 북한은 이런 의지를 명확히 인식시키려는 의도에서 6월 5일 '유엔 제재는 곧 선전포고다. 전쟁에서 자비(慈悲)란 있을 수 없다'는 공식 입장을 표명했다.

한편 북한의 선언에도 불구하고 미국은 對 북한 제재에 대한 안보리 투표를 겨냥해 외교적인 접촉을 강행하는 동시에 전쟁발발 가능성에 대비해 한반도 및 주변부 병력 증강을 추진했다.

군사적 행동

미군은 53년 한국전 이후 50여 년 동안 한국전의 재발을 가장 위험한 상황의 하나로 간주해 왔으며 1975년 베트남戰 종전 이래 적대행위 발생 가능성이 가장 높은 지역으로 한반도를 꼽아왔다. 주한미군병력은 여러 해에 걸쳐 3만7천 명으로 감축됐지만 이 정도 병력이 존재한다는 사실 자체는 북한이 도발을 감행할 시 미국이 즉각적으로 개입할 수밖에 없음을 의미했다. 소련의 붕괴와 냉전 종식을 계기로 미군은 '기지 병력'으로 재편됐다. 이들의 주된 임무는 두 개의 국지전을 동시에 수행하는 것이다. 그 중의 하나가 바로 한국전의 재발이었다. 브루킹스 연구소(Brookings Institute) 소속 연구원 마이클 오한론(Michael O'Hanlon)은 한반도 문제를 배제한다면 미군의 규모를 거의 4분의 1이나 줄일 수 있을 뿐 아니라 연간 2백–3백억 달러의 예산을 절감할 수 있다는 계산을 내놓았다. 이것은 美 연방정부가 보건연구 프로그램에 지출하는 전체 경비나 천연자원 및 환경정화 사업에 지출하는 경비와 맞먹는 액수였다. 걸프전이 끝난 뒤 콜린 파월 합참의장은 단호하게 자신은 "악당들을 물리치고 있다. 이제는 카스트로와 김일성을 처리할 것"이라는 의미심장한 말을 던졌다.

1993년 말–94년 초 북한 핵개발을 둘러싼 국제적 긴장이 다시 고조됨에 따라 주한미군 사령부는 전쟁 재발을 예상하고 삼엄한 대비태세에 돌입했다. 미국의 전쟁계획 5027(Operations Plan 50-27)은 수십 년 만에 처음으로 단순히 추상적인 문서나 컴퓨터 파일이 아닌 현실적인 색채를 띠기 시작했다. 작전계획의 일련번호는 그대로였지만 실제 내용은 지난 몇 년간 수차례 갱신되는 과정에서 방어전에서 공격전으로 성격이 바뀌었다. 그 가운데에는 교전 시작 후 북한 내부로 진입해 전투를 실행한다는 내용도 포함돼 있었다.

당시 주한미군 사령부 총사령관이었던 로버트 리스카시 장군의 감독 하에 90년대 초 개편된 전쟁계획은 평양을 접수하고 북한 정권을 전복시키기 위한 미군과 한국군의 대규모 반격을 공인해 놓고 있었다. 중국과 맞닿은 국경선까지의 진격 여부는 선택사항이었지만 기본적으로 한반도 전체를 통일시킨다는 내용이었다. 뿐만 아니라 전쟁발발의 조짐을 보이는 前 단계에서도 韓-美 연합군이 군사적 조치를 미리 취한다는 점을 특별히 강조하고 있었다.

북한이 '불바다' 발언으로 남한을 자극한 지 겨우 나흘이 지난 5월 23일 이병태(李炳台) 국방장관은 국회 증언에서 전쟁계획의 핵심을 공개적으로 설명, 주한미군 사령부를 경악하게 만들었다. 미국의 한 고위 장교는 "이 발언은 북한에 대한 경고이자 전쟁 억지책이었다"고 말했지만 그 역시 처음에는 그런 1급 기밀 폭로에 경악을 금치 못했다. 또한 그는 "정작 미군이 상황의 위험성을 의식하고 있을 때는 안일한 자세를 보이던 한국군이 이제 갑자기 안절부절 못하기 시작했다"고 말하면서 "그들 역시 개전 가능성을 감지한 것"이라고 덧붙였다.

핵사찰과 북한 원자로 동결 등 미완의 문제를 둘러싼 긴장이 고조됨에 따라 주한미군 사령부와 美 국방부는 군사적 충돌에 대한 대비태세를 더욱 강화했다. 4월 중순 패트리어트 미사일을 선적한 배가 처음으로 부산항에 들어오고 곧 배치가 종결됐다. 또한 구형 코브라 헬기를 대체하기 위해 미군의 공격용 아파치 헬기 한 부대가 먼저 한반도에 배치됐다. 뿐만 아니라 브래들리 전차(병력 수송용 장갑차 대용 최신형 차종), 중(重)형 탱크, 북한군 포대의 위치를 포착해낼 수 있는 신형 레이더 추적 장비, 항공기용 예비 부품, 탄약장전용 신형 장비 등이 속속 추가 도착했다. 또한 약 1천 명의 병력이 각종 무기를 휴대한 채 조용히 파견돼 주한미군은 총 3만7천 명이라는 병력 한계선을 채우고 실전 투입이 가능한 상태로 동원돼 있었다. 그 외 추가병력 투입이 필요할 경우에 대비, 손쉽게 보급될 수 있도록 그 밖의 전투용 중장비들이 美 수송선단에 선적돼 있었다.

5월 3일 필자는 당시 주한미군 총사령관이었던 게리 럭을 용산 기지에서 만났다. 당시 56세였던 럭 사령관은 80년대 중반에는 주한미군 제2 보병사단을 지휘했고, 이라크 전 때는 '사막의 폭풍' 작전에 참여해 제18 공정여단을 지휘했던 사람이다. 군복 양쪽 깃에 각각 네 개의 별을 달고 걷어올린 소매 아래로는 잘 단련된 근육질의 팔뚝이 드러나 있었다. 희끗희끗한 은발을 단정하게 깎은 그는 건장한 체격임에도 불구하고 유순한 시골 청년 같은 느린 말투를 쓰고 있어 영락없는 전투 부대 지휘관의 면모가 물씬 풍겼다. 그의 외모와 태도를 보고 나니 그가 수시로 소관 부대 병사들과 함께 조깅을 하거나 역도를 한다는 사실이 자연스레 이해가 갔다. 그때만 해도 전혀 몰랐고 훨씬 나중에 가서야 알게 된 일이지만 럭 사령관은 조지 워싱턴 대학에서 경영학 박사학위까지 받았다.

럭은 한반도가 "1-2년 전보다 훨씬 위험한 상황"이라고 말했다. 더디지만 꾸준히 진행된 북한의 군사력 증강 때문이었다. 그의 표현을 빌자면 특히 핵무기 개발책이 '팽팽한 긴장과 대립의 촉매' 역할을 했다고 할 수 있다. 럭 휘하의 정보 장교들은 북한의 점진적 병력 증강을 으레 그러려니 하고 자연스레 받아들였기 때문에 이제는 그런 것들을 당연히 여긴다는 말로 '점증에 의한 정상화(incremental normalism)'라는 신조어까지 만들어 사용하고 있었다. 94년에는 포탄 발사기 8천4백 대와 다중 로켓 발사기 2천4백 대를 포함한 북한 군사력의 약 65%가 비무장지대로부터 96km 이내에 배치돼 있는 것으로 추정됐다. 그보다 10년 전에는 45% 정도였다. 미국은 전쟁이 재발할 경우 북한이 서울을 겨냥해 최초 12시간 내에 5천 발의 포탄을 발사, 서울을 맹공함으로써 韓-美 연합군의 강력한 반발에도 불구하고 서울을 초토화해 많은 사상자와 재산 손실을 입힐 것으로 추정했다.

이와 동시에 럭 사령관은 북한군이 근본적으로 장기전을 수행할 능력이 없다는 사실을 알고 있었다. 북한이 1백10만 명의 대규모 군대를 유지하는 데 GNP의 25%가량을 소비하고 있는 것으로 추정했지만 그럼에도 불구하고 군수물자는 절대적으로 부족한 실정이었다. 연료 부족으로 인해 북한군 조종사들은 비행훈련을 할 수 있는 기간이 고작해야 일년에 몇 시간도 안 됐다. 식량난 탓에 군량미도 부족했다. 럭에게 특히 인상 깊었던 것은 소형 선박을 타고 표류하다 남한군에 생포된 19세와 23세의 두 북한군 병사들을 보았을 때였다. 두 병사의 키는 153cm, 몸무게 45kg 정도였다. 북한군들의 평균 체격이 대체로 그 정도인 것 같았다. 그들은 또래 남한 청년들의 평균적인 체격에 비해 훨씬 더 작았다. 본인들의 요청에 따라 북으로 송환되기 전 그들은 남한 국군통합병원에서 치료를 받았다. 그 때 두 사람 중 한 명이 남한 여성들은 '덩치가 너무 커서' 우리와는 어울리지 않으며 자신들은 절대 남한 여성과 결혼을 하지 못할 것 같다는 말을 했다고 한다.

럭은 한시도 전쟁 가능성을 배제해 본 적이 없지만 자신이 할 일은 韓-美 연합군의 군사력을 향상시키되 그로 인해 전쟁이 일어나지 않도록 억제하는 것이라고 말했다. 그는 북한의 신경을 곤두세워 그들이 '궁지에 몰린 쥐가 고양이를 무는' 것처럼 죽기 아니면 살기 식으로 나오도록 해서는 안 된다고 생각하고 있었다. 북한이 한반도 내의 군사적 균형이 자신들에게 불리하게 돌아가고 있다는 생각을 가지면 아군에 유리할 게 없다는 것이었다.

필자가 럭 사령관의 집무실에서 막 일어서려 할 때쯤 그는 잠시 말을 멈추더니 진지한 어조로 이런 말을 했다. "한마디만 덧붙이자면 나는 지금 내가 하고 있는 일에 아주 만족하고 있다. 상황이 나빠진다 할지라도 나는 감당할 자신이 있다."

북한이 원자로 연료봉을 제거하면서 먹구름이 덮이기 시작하자 럭은 워싱턴으로 돌아가 한국전 재발에 대비하기 위한 비상 군사 회의에 참석했다. 페리 국방장관과 존 샬리카쉬빌리 합참의장은 5월 18일 해외 주둔 미군 사령관들 중 일부를 포함한 美 군부 내 모든 현역 4星 장군들과 해군제독들을 국방부 회의실로 소집했다. 회의의 안건은 전 미군이 어떻게 하면 럭의 한국전 계획을 위해 병력, 물자 및 병참학적 측면에서 협력할 수 있는가에 관한 것이었다.

미군 최고 수뇌부는 북한의 도발이 현실로 이루어질 경우 우선 전쟁에 대비한 병력과 군수품의 한반도 배치 및 美 항공모함과 지상발진 전투기들을 한반도 연안에 배치하는 문제를 상세히 논의했다. 그것은 사실상 전체 美 전투 병력의 절반을 배치한다는 내용의 대폭적인 병력 확충 계획이었다. 美 국방부 합참 소속 토마스 플래니건(Thomas Flanigan) 해군대장의 증언에 의하면 그 회의에 참가한 모든 장성들은 그 회의가 단순한 도상(圖上) 훈련이 아닌 '실제로 어떻게 전략을 수립할지를 결정하기 위한 실전(實戰) 회의'라는 점을 분명히 인식하고 있었다. 플래니건은 당시 회의가 "극도의 긴장 속에서 진행됐다"고 말했다.

그 다음 날 페리·샬리카쉬빌리·럭은 군 최고통수권자인 클린턴에게 회의 결과를 전달하기 위해 백악관으로 향했다. 그것은 아시아에서 점증돼 가고 있는 무력 충돌 가능성이 몰고 올 심각하고 중대한 결과에 대한 공식적인 보고였다. 이 보고 내용에 따르면 한반도에서 전쟁이 발발할 경우 최초 3개월간 미군 사상자 5만2천 명, 한국군 사상자 49만 명은 물론이며 여기에 더해 엄청난 숫자의 북한군과 민간인 사상자가 발생할 것이라고 추측했고, 군비는 6백10억 달러를 넘어설 것으로 보이지만 그중 극히 일부만을 동맹국들의 지원금으로 충당할 수 있을 것이라고 관측했다. 또한 이와 같은 끔찍한 비극은 취임 16개월째인 클린턴 행정부에 심각한 위기를 초래할 것이며 국내외적으로 클린턴이 품고 있던 다른 계획과 야망들은 뒷전으로 밀려나야 할 판이었다.

사태의 중대성을 실감한 클린턴은 이튿날인 5월 20일 한반도에서의 위기상황을 논의하기 위해 외교·안보 담당 보좌관 회의를 소집했다. 한반도 위기상황에 촉각을 곤두세우고 있던 대다수 언론인들과 전문가들은 이 회의 후 美 정부가 오랫동안 미뤄 온 제3차 北-美 고위급 회담을 재개하자는 이야기를 꺼내는 등 외교적 해결 쪽으로 방향을 틀자 적잖이 놀랐다.

북한은 5월 23일 뉴욕에서 제3차 회담 실무급 준비회의를 재개하자며 미국의 제안에 관심을 표명했다. 그러나 회의에 진전이 있기도 전인 6월 2일 IAEA는 예상보다 빠른 북한의 연료봉 제거작업 탓에 과거 핵활동 여부를 확인할 능력을 상실했다고 발표했다. IAEA의 발표를 접한 美 행정부는 유엔 안보리에서 對 북한 제재를 모색하기로 결정했다. 클린턴은 "이번 사태를 야기한 것은 북한이지 미국이나 다른 어떤 나라도 아니다"라면서 "이번 사태로 미국의 입장 역시 어쩔 수 없게 되었다"고 말했다.

페리 국방장관은 당시의 위기상황을 회고하면서 북한이 연료봉 제거작업을 행한 시점이 사태의 전환점이라고 말했다. 당시 대화와 '예방외교(preventive diplomacy)'가 실패하자 미국의 對북 정책은 제재를 동반한 '강경 외교(coersive diplomacy)'로 방향을 틀었다. 미군의 시각에서 볼 때 연료봉 제거는 곧 북한이 핵무기 제조를 향한 발걸음을 내딛는다는 명백한 물리적 위협을 의미했다. 그것을 애초에 저지하지 못할 경우 북한은 결국 핵무기를 보유, 위협이나 공갈 수단으로 사용할 수 있으며 심지어는 핵무기 구입에 혈안이 된 중동 국가들에 이를 팔아 넘길지도 모른다는 것이었다. 페리는 심각한 전쟁이 일어날 위험에도 불구하고 "북한이 대용량 핵무기 프로그램을 추진하도록 내버려둔다면 더 큰 위험을 초래할 것이라고 판단했다"고 말했다.

미국이 보기에 사용 후 꺼낸 핵 연료봉은 위협이 될 가능성이 있었다. 일단 재처리 된다면 북한은 다량의 플루토늄을 보유하게 될 것이었기 때문이다. 그러나 북한이 재처리 과정을 진행시킬 의도가 있는지는 명확치 않았다. 그보다는 그동안 연료봉을 꺼내지 않고 그대로 둔 상태에서 작업을 끝내려고 의도했을 가능성이 있다. 그로 인해 두 가지 목적이 달성될 수 있었다. 첫째, 북한은 핵 시설 운영의 역사를 파기하고자 희망했을 수 있다. 둘째, 혹시라도 상황이 허락한다면 재빨리 재처리를 할 수 있는 보다 나은 여건을 만들려는 의도였을 수 있다. 만약 원자로에 안치된 8천 개의 연료봉 상태가 양호하다면, 연료봉을 꺼내서 냉각정에 투입하는 게 더 나은 방법이었다.

美 국방부는 곧 닥쳐올지 모를 사태에 대비, 주한미군병력 추가 배치 계획에 전력을 쏟았다. 한편 국무부는 유엔과 주요 강대국들의 수도를 돌아다니며 對 북한 제재의 본질과 시기를 둘러싸고 연달아 회담을 개최했다.

깊어가는 갈등

북한 문제 전문가들은 점점 심화되고 있는 갈등이 몰고 올 참담한 결과를 심각하게 우려했다. 美 정부 관리들조차도 제재조치를 가한다 해도 북한의 마음을 돌리기는 힘들 거라고 인정하는 분위기였다. 고립된 북한 사회는 대외교역도 별로 없고 국제사회와 깊은 관련을 맺고 있는 것도 아니어서 외세의 압력에 좌우지될 가능성이 적었기 때문이다. 더욱이 자존심이 강하고 툭하면 협박성 발언도 서슴지 않았다는 점을 감안할 때, 만약 다시 코너에 몰린 것으로 느낀다면, 북한은 무릎을 꿇느니 차라리 결전을 택할지도 모르는 일이었다.

북한에서 法으로 통하는 최고 통치자 김일성과 美 정부의 직접적인 대화는 아직도 이루어지지 않고 있었다. 93년 초 클린턴 행정부 1기 국방장관인 레스 애스핀은 핵문제 관련 특사를 북한에 파견해 김일성에게 강력한 촉구를 전달함으로써 핵문제를 전면 대두시키자고 주장했으나 이는 지나치게 위험한 시도라는 이유로 거부됐다. 애스핀의 뒤를 이은 페리 국방장관이 취임하고 난 후에도 국방부는 계속해서 김일성과의 직접적인 접촉을 주장해왔지만, 북한이 순응적인 행동을 보이지 않는 한 고위급 수준의 대화를 생각할 수 없다는 것이 국무부의 일관된 입장이었다.

94년 5월 말 연료봉 해체 문제를 계기로 긴장이 고조될 무렵 美 국방부가 심상치 않은 전쟁계획까지 제시하자, 클린턴은 페리 장관과 레이니 주한 美 대사의 의견을 받아들여 샘 넌(Sam Nunn), 리처드 루가(Richard Lugar) 상원의원에게 평양으로 가서 김일성을 만나달라고 요청했다. 이로 하여금 방북 계획이 서둘러 추진됐으나 막판에 북한이 이 방문을 거절했다. 아마도 김일성의 일정 조정이 어려웠기 때문인 듯했다.

6월 초 클린턴이 對북 제재 쪽으로 마음을 굳힐 무렵 지미 카터 前 대통령이 재등장, 중세 국가와 흡사한 북한을 방문함으로써 역사적 임무를 수행하게 된다. 지난 날 중동에서 캠프 데이비드 회담을 주선해 성공시킨 적이 있는 이 노련한 중재자는 80년 재선에 실패한 뒤 아틀란타에 본부를 둔 카터 센터(Carter Center)를 발판으로 세계 도처의 갈등을 평화적 방법으로 해소시키는 해결사의 임무를 자청해왔다. 69세의 고령임에도 불구하고 세계를 무대로 왕성한 활동을 펼친 카터는 이미 중동과 에티오피아·수단·소말리아·구(舊) 유고슬라비아 등지에서 평화 중재자의 역할을 완수했다.

카터는 91년, 92년, 93년 김일성으로부터 방북 초청을 받았지만 그때마다 美 국무부는 그의 방북이 한반도 문제를 더 복잡하게 만들 것이라는 이유를 들어 이를 만류했다. 또한 재임 당시 주한미군 철수를 주장했던 카터의 정치적 성향을 의식하고 있던 남한 정부 역시 또다시 그가 한반도 문제에 개입하는 것을 꺼렸다.

對북 제재의 움직임이 본격화될 무렵 카터는 클린턴에게 전화를 걸어 우려를 표명했다. 6월 5일 조지아주 플레인즈로 급히 달려온 갈루치로부터 간략한 보고를 받은 카터는 미국이 김일성과 접촉하려는 계획을 전혀 갖고 있지 않다는 사실을 알고는 크게 놀랐다. 그는 즉시 클린턴에게 서한을 보내 당장 평양으로 갈 것임을 밝혔다. 클린턴은 고어 부통령의 조언에 따라 카터가 미국을 대표하는 공식 사절이 아닌 민간인의 자격으로 행동한다는 점을 명백히 한 후 그의 방북을 허용하기로 했다. 그러나 북한 방문 길에 오른 카터가 독자적인 중재안을 가지고 서울로 향하는 동안 일련의 새로운 사태가 전개되면서 그의 임무는 한층 더 막중해졌다.

美 행정부는 IAEA의 사찰에 협조를 거부하는 북한에 대해 단계적으로 제재를 가하는 방안을 수립했다. 유엔 안보리에 상정할 예정이었던 미국의 제재안에 따르면 핵사찰 비협조 방침을 철회하기까지 30일간의 유예기간을 북한에 부여한 뒤 그래도 정책 변경이 이루어지지 않을 경우 무기 판매와 핵개발 기술 이전을 금지하는 등 비교적 경미한 조치가 취해질 예정이었다. 그리고 필요할 경우 보다 가혹한 2단계의 제재가 추가로 시행될 것이며 거기에는 일본 조총련계를 비롯한 해외로부터의 송금 금지와 중국 및 기타 국가들로부터 들여오던 석유 공급 차단 등이 포함돼 있었다. 이 모든 조치들이 실패할 경우 취해질 3단계 조치는 북한의 해상로 봉쇄였다.

그러나 미국 이외에 러시아, 일본, 중국 등의 강대국들은 1단계 제재에서조차 열의를 보이지 않았다.

러시아는 당시 90년 이래 극도로 소원해진 북한과의 관계 재정립을 모색하고 있었다. 3월 러시아 외무장관은 위기상황 속에서 자신들의 역할을 찾아내려는 노력의 일환으로 남북한과 더불어 4개 강대국과 유엔, 그리고 IAEA가 한 자리에 모이는 북한 핵문제 국제회의를 제안했다. 이 제안에 누구도 동의하지 않았지만 러시아는 유엔의 제재

조치 시행에 앞서 그와 같은 회의를 먼저 해야 한다고 끈질기게 주장했다.

한편 일본의 입장에서도 한반도 위기는 심각하고 절박한 문제였다. 91년 걸프전 당시 일본 정부는 중동 원유 의존도가 높은 나라임에도 불구하고 미국에 지원을 보내지 않았다는 이유로 서방으로부터 심한 비판을 받았다. 게다가 자국의 안보가 걸린 문제에서 對북 제재조치와 미군 지원을 외면할 경우 국제사회에서의 명성과 체면에 손상을 입을 뿐만 아니라 美-日 관계에도 악영향을 미칠지도 모르는 일이었다. 그러나 어려운 점은 한두 가지가 아니었다.

당시 일본의 정치 체제는 특히 변동이 잦고 취약한 상태에 놓여있었다. 북한 핵 위기 당시 오래도록 동면에 들어가 있던 자유민주당은 사분 오열된 채 무력해진 상태였고 게다가 하타 츠토무(羽田孜) 총리가 이끄는 8개 정당 연립정권도 와해될 위기에 처해 있었다. 연정의 유지 여부를 가름하는 사회당은, 전통적으로 평양과 밀접한 관계를 유지해오고 있어 북한에 대한 제재를 달갑게 생각하지 않았다.

유엔 안보리에서 對 북한 전면 제재조치를 가결할 경우 일본 정부로서는 연간 6억 달러로 추정되는 조총련계의 對 북한 송금을 차단하는 조치를 단행하는 수밖에 없었다. 그러나 일본 정부는 다각적인 조사 후 송금 전면 차단은 불가능할 것 같다는 결론을 미국측 담당자에게 전했다. 옷 가방에 현금을 가득 담아 직접 운반하거나 스위스, 홍콩이나 그 밖의 금융 중심지를 통한 전산 송금 등 유출 경로가 워낙 다양하기 때문에 일일이 통제하기가 어렵다는 것이 그 이유였다. 일본 정부의 특별대책반이 제출한 기밀 보고서에서는 그처럼 심한 압박을 가할 경우 조총련계가 일본 정부와 재일 유엔 사무국, 주일 미국 대사관 등을 상대로 '격렬한 반대 운동'을 추진할 것이라는 우려를 표명하면서 어쩌면 폭력 행사와 재산 파괴 등 내전을 방불케 하는 상황이 벌어질 수도 있다고 예측했다.

더 난감한 문제는 봉쇄나 전쟁이 현실화될 경우 일본이 2차 세계대전 이후 더글라스 맥아더 장군이 제정한 '평화' 헌법의 테두리 안에서 미군을 돕는 데 한계가 있다는 점이었다. 실제로 이 헌법은 일본군 영토 밖의 자위대 활동을 엄격히 금지하고 있었다.

전쟁 준비가 막바지에 이르자 주일(駐日)미군은 미군 기지 내 제초 작업에서부터 연료·물자·무기 등의 공급, 지뢰 제거와 첩보 수집 및 일본 선박 및 항공기 제공 등에 관한 1천9백 가지 항목들을 작성했다. 미국의 요청을 제대로 들어주지 못할 것으로 판단한 일본 정부는 지원 가능 항목들을 정하기 위해 특별 대책본부를 세우고, 對 미국 군사 협력을 허용하는 단기 법안을 준비했다. 이 일에 관여했던 한 일본 외교관은 이 계획이 만일 실행됐다면 그 자체로 '악몽'이었을 것이라고 말했다. 이 일을 계기로 美-日 양국은 군사적 위기 발생시 상호협력을 위한 지침을 총괄적으로 재검토하기 시작했다.

북한의 에너지와 식량의 주요 공급원인 중국은 어느 모로 보나 對북한 제재 논의에 가장 중요한 관련자였다. 중국은 유엔 안보리에서 거부권을 행사할 자격이 있었기 때문에 중국의 동의 없이는 제재 결정을 내릴 수가 없었다. 중국은 협상만이 유일한 해결 방안이라며 對북 제재를 끝까지 반대했다.

그러나 중국도 나름대로 북한의 행동에 신경이 곤두서 있었으며, 그로 인해 중국 국경에 재앙이 미칠까봐 걱정하고 있었다.(중국정부가 북한의 조치에 대해 격노하면서도 동시에 걱정한 것은 이번이 처음이 아닐뿐더러 마지막도 아니었다)그러던 중 5월 29일, 중국의 인권 문제와 관계 없이 중국에 무역 최혜국(MFN) 대우를 연장할 계획이라는 클린턴의 발표가 진행됐다. 이로 인해 중국 지도부는 한반도 문제에 관련해 미국과 협력하는 것이 정책적으로 바람직하며 국익에 보탬이 되는 일이라고 판단하게 됐다.

앤서니 레이크 백악관 안보보좌관은 對 북한 제재 결의안의 주된 목표는 중국으로 하여금 북한에 압력을 넣어 아예 결의안을 채택할 필요가 없게 만드는 것이라고 생각했다. 6월 9일 중국 베이징을 방문한 남한의 한승주 외무부장관은 이와 비슷한 맥락에서 중국의 첸치천 외교부장을 만나 중국이 유엔 안보리에서 실시하는 對 북한 제재 결의안의 표결을 피하려면 북한에 거부권을 행사하기가 곤란하다는 점을 시사함으로써 북한 스스로 긴장을 해소할 방도를 모색하도록 해야 한다고 말했다.

6월 10일 중국 정부가 한·미·일 3국의 외교관들에게 배포한 설명서에 의하면, 평양과 베이징의 중국 외교관들은 북한에 달갑지 않은 메시지를 전달했다. 중국이 그간 對 북한 제재를 반대해오긴 했지만 국제사회의 강도 높은 여론에 시달려 더 이상 거부권 행사를 고집하기가 힘들 것이라는 내용이었다. 중국은 북한에게 핵문제에 관련한 국제사회의 여론에 부응하는 행동을 취하여 국익에 부합하는 쪽으로 가든지, 아니면 중국의 보호를 보장받지 못하는 상태에서 극단적인 결과를 초래하든지 양자택일하라고 강력히 촉구했다. 북한이 안 그래도 그 전부터 전자 쪽으로 나아가길 이미 결정했었다는 일부 정황이 있었다. 그러므로 중국의 은근한 위협이 북한으로 하여금 진로 변경을 하게 했는지 아니면 불과 2년 전 남한을 인정하면서 배신행위를 한 중국을 신뢰할 수 없다는 생각이 더 굳건해져 북한이 그 방향으로 기울었는지는 알 수가 없다.

중국이 북한 문제에 직접 개입을 시작했던 바로 그 날 오스트리아 빈에 위치한 IAEA 이사회는 북한을 맹렬히 비난하면서 그동안 북한 핵개발 계획에 대한 연간 50만 달러 상당의 기술지원을 중단한다는 결정을 투표에 부칠 것이라고 선언했다. 이 조치는 사실상 국제적인 제재나 마찬가지였다. 그렇지만 중국은 반대표 대신 기권을 택했다. 이에 대한 대응으로 북한은 IAEA 탈퇴를 선언하면서 북한에 체류 중이던 사찰단을 추방하겠다고 발표했으며 또한 '핵 안전조치의 지속성 유지'에 대한 협력을 거부하겠다고 선언했다. 북한이 발표 내용을 그대로 실행에 옮긴다면 영변 원자로에 있는 미인출 연료봉들과 대규모 핵시설들에 대한 국제 감시를 더 이상 지속할 수 없게 될 판국이었다. 이로써 미국·남한·일본을 비롯한 세계 각국은 또다시 불안감에 휩싸였으며 북한의 핵개발 기도에 대한 국제적인 관심도 급속히 고조됐다.

사태가 이처럼 급박하게 돌아가고 있는 가운데 북한은 서둘러 타협안을 강구하기 시작했다. 6월 3일 북한외무성은 협상대표 강석주 명의로 이례적인 성명을 발표했다. 강석주는 기존 시설을 대신할 경수로 건설 프로젝트와 관련해 플루토늄 생산을 위한 재처리 공장, 이른바 '방사화학 실험실'을 철거할 준비가 돼 있다고 밝혔다. 그의 발언은 김일성이 지난 4월 15일 자신의 생일에 워싱턴타임스(The Washington Times)지에 보낸 성명서에서 한 걸음 더 나아간 내용이었다. 그러나 6월 초까지 미국은 빠르게 분열되어 가는 분위기였고, 강석주의 공식발표를 눈여겨봐야 한다는 분석결과는 무시되었다.

강석주의 성명이 발표된 다음날 평양에 도착한 국제평화재단 선임

연구원 셀릭 해리슨의 활약 덕에 북한은 한층 더 큰 양보를 하게 됐다. 70년대 초반 워싱턴포스트지 동북아시아 담당 통신원으로 근무했던 해리슨은 미국 기자로서는 드물게 김일성 주석과 회견한 적이 있었다. 70년대 중반, 학자로 변신한 그는 87년과 92년에 북한을 다시 방문했으며 남한에도 수시로 드나들면서 한반도 상황을 예의 주시하고 있었다. 해리슨은 워싱턴 정계 내에서, 미국이 북한을 인정하고 北-美 관계를 정상화시킬 수만 있다면 북한이 기꺼이 타협에 응할 것이라는 보기 드문 긍정적 시각을 지닌 전문가로 널리 알려져 있었다. 워싱턴의 보수파와 여러 관리들은 그의 견해를 비웃었지만 그는 북한의 당국자들과 누구보다도 오랜 친분을 유지해왔으므로 그 의견을 완전히 무시할 수는 없는 형편이었다.

북한을 다시 찾은 해리슨은 강석주를 비롯한 북한 관리들과의 면담에서 경수로 지원을 다짐받을 경우 재처리 공장 건설 및 핵개발 계획 전반을 전면 동결함으로써 북한의 의지가 진실된 것임을 보여주는 일이 실질적으로 매우 중요하다고 역설했다.

6월 9일 해리슨이 김일성과의 접견에서 핵개발 중단구상을 꺼내놓자 김일성은 보좌관들에게서 전혀 그런 말을 들은 바 없다는 반응을 보이며, 강석주의 6월 3일 성명이 자신이 아닌 김정일에 인해 인가되었을 가능성을 언급했다. 후일 카터와의 대화에서도 그랬지만 김일성은 강석주를 굳게 신뢰하는 듯 그에게 핵개발 중단구상에 대한 설명을 부탁했고 두 사람은 약 5분간 실현 가능성에 대해 이야기를 주고받았다. 그리고 나서 김일성은 해리슨을 향해 "좋은 생각이다. 미국이 신뢰할 수 있는 약속만 해준다면 궁극적으로 그 제안을 수락하겠다"고 말했다.

김일성은 이어 북한이 핵무기를 보유하고 있다거나 제조할 생각을 하고 있다는 것은 사실무근이라며 거듭 부인했다. "가지고 있지도 않은 것을 보자고 할 때마다 골치가 아프다. 달 보고 짖는 개꼴 아닌가. 미국은 1만개의 핵무기에다 우리에게 없는 운반 수단까지 갖고 있는데 우리의 핵무기 한두 기가 무슨 소용이 있겠는가? 그저 웃음거리에 지나지 않겠는가? 우리에게 필요한 것은 전력공급을 위한 원전이다. 경수로와 바꾸겠다는 우리의 제의를 보면 알 수 있지 않은가." 해리슨은 6월 11일 경수로 지원에 대한 확약의 대가로 북한의 핵개발이 동결될 경우 돌파구가 마련될 것이라는 믿음을 안고 평양을 떠났다. 미국정부의 일부 분석가들이 보기에 이런 신호를 무시하는 것은 문제해결을 가로막는 것과 다름 없었다.

　그러나 카터가 평양을 거쳐 서울에 도착한 6월 13일, 해리슨의 낙관적인 기대에 동조하는 한국 인사는 거의 없었다. 조용히 심사숙고 중이던 남한 정부는 수년 만에 처음으로 전시 동원에 대비한 사상 최대 규모의 민방위훈련을 발표했다. 점증하는 위기감 탓으로 서울의 증권 시세는 이틀만에 25%로 하락했고 불안감에 사로잡힌 남한 국민들은 쌀과 라면, 양초 등을 사재기하기 위해 가게로 몰려들었다. 카터는 남한 정부 관리들 대부분이 그가 맡은 임무에 대해 부정적인 인식을 갖고 있다는 인상을 받았다. 그가 서울에 도착하기 전 김영삼 대통령은 그의 북한 방문이 '시기적절하지 못한 것'이며 북한의 '지연전술'을 부채질할 수 있다고 말했다.

　5월 초 영변 원자로 연료봉 제거 이래 美 정부 고위관리들 사이에만 팽배해 있던 무력충돌에 대한 위기의식은 이제 미국의 일반 국민들에게까지 확산됐다. 6월 NBC 뉴스와 월스트리트저널(The Wall Street

Journal)紙가 공동으로 실시한 전국 표본 여론조사 결과, 46%의 美 국민들이 북한 핵개발 문제를 '현재 미국이 직면하고 있는 가장 심각한 대외문제'라고 응답했다. 당시 혼미를 거듭하던 러시아 사태는 3대 1 이상으로 북한 문제에 밀려 2위를 차지했다. 그와 동시에 타임스(The Times)紙와 CBS에서 실시한 전국 규모의 설문조사에서는 응답자의 반수를 웃도는 51%가 북한이 계속 국제 사찰을 거부할 경우 북한 핵시설을 파괴하기 위해 군사력을 동원해야 한다고 밝혔다. 또한 과반수에 약간 못 미치는 48%가 북한의 핵무기 생산을 막기 위해 '교전의 위험을 감수할 필요가 있다'고 응답한 반면 반대 응답자는 42%였다.

미국의 언론계는 북한을 강력하게 다뤄야 한다는 의견이 지배적이었다. 그 가운데 가장 유명한 인물은 부시 1세 정부에서 관료를 역임한 前 국가안보좌관 브렌트 스카우크로프트와 前 국무차관 아놀드 캔터였다. 특히 캔터는 92년 초 뉴욕에서 북한측 사람들과 만난 적이 있었다. 그들은 카터가 북한을 방문하러 간 6월 15일 워싱턴 포스트지를 통해 북한이 '지속적이며 자유로운' 국제사찰을 허용하지 않을 경우 영변 재처리 공장을 공습해야 한다고 주장했다. 또한 "지금이 가장 위험한 시기"이며 "타협의 시기는 이제 지났다"고 덧붙였다.

페리 국방장관은 영변 핵시설 폭격에 관한 세부적인 사전 검토를 요청했다. 그 결과 그는 美 공군이 방사능을 널리 유출시키지 않고도 핵시설을 신속하고 효과적으로 제거할 수 있다는 보고를 받았다. 그가 우려했던 것은 그 공습으로 인해 한반도 내에 '전면전이 발발할 가능성이 매우 높다'는 점이었다. 훗날 그는 "우리는 전면전을 피해갈 수 있는 방법을 찾고 있었지 전면전을 촉발할 방법을 모색했던 것은 아니다"라고 설명했다.

그러나 美 국방부는 북한이 대북 제재를 선전포고의 의미로 받아들일 경우 그에 대한 만반의 준비를 해야하는 쪽은 미국이라고 주장했다. 결과적으로 6월 중순 페리 장관과 美 합참은 유사시의 대처 능력을 높이기 위해 한반도 및 주변 지역의 주둔 미군 증강안 등 세 가지 대책을 마련했다. 럭 장군은 월남전과 걸프전 당시의 경험을 바탕으로 한반도에서 전면전이 재발할 경우 최신 무기의 어마어마한 성능으로 인해 8만 내지 10만 명 가량의 미국인을 포함해 총 1백만 명의 인명 피해가 예상되는 것은 물론 미국은 전비(戰費)로 1천억 달러 이상을 쏟아 부어야 할 것이며, 재산 파괴와 경제 활동 중단으로 관련 당사국은 말할 것도 없고 주변 국가들까지 지불해야 할 돈이 1조 달러 이상일 것이라고 예측했다. 미국이 추정한 인명과 재산 피해의 규모는 미군이 얼마나 신속히 반격을 가하느냐의 여부에 달려있었다.

美 국방부에서 수립한 미군 증강안 가운데 첫째는 병참·행정·군수 부문 등 차후 더 큰 규모의 대병력을 신속히 추가 배치하는 데 필요한 2천 명의 추가병력과 럭 장군이 절실히 요구한 대포병전(對砲兵戰)용 레이더와 정찰용 장비 등을 즉시 남한에 파견하는 것이었다.

페리와 합참이 지지했던 둘째 안은 F-117 스텔스 전투 폭격기와 장거리 폭격기 등의 고성능 전술 항공기 대대를 즉시 출격시킬 수 있도록 한반도 인근 기지에 배치하고, 기본적으로 포병대의 전력을 증강시킨다는 목표 하에 만반의 전투태세를 갖춘 美 지상군 몇 개 대대를 배치하며, 또한 한반도 근해에 제2차 항공모함 전투군(群)을 파견해 이미 한반도 근해로 이동한 중무장 항모 전단을 보강한다는 것이었다. 그에 따르면 이미 남한에 주둔 중인 주한미군 3만7천 명 외에 1만 명 이상의 병력을 추가로 배치해야 했다. 페리는 이같은 급격한 미군병력 증강을 노골적으로 북한에 보여줌으로써 미국이 사실상 실전을 염두에 두고 있다는 점을 각인시키는 동시에 일종의 억지책으로서의 효과까지 거두기를 기대했다.

셋째 안은 수만 명의 육군과 해병대 지상군, 그리고 훨씬 더 많은 공군 전투병력의 추가 배치였다. 그러나 이 역시 한반도의 전면전에 대응하기에 넉넉한 병력이라고는 볼 수 없었다. 이른바 '작전계획 5027'에 따르면 한반도 전면전에 충분히 대응하려면 40만 명 이상의 병력 보강이 필요했다.

미군의 우려는 추가병력이 즉시 유입되지 못할 경우 북한이 한발 앞서 선제공격을 가함으로써 이를 차단할 수도 있다는 점이었다. 또한 북한은 일단 미군이 투입되기 시작하면 속전속결을 택할 가능성이 있었다. 이처럼 예측불허의 적을 앞에 둔 불안정한 군사적 상황은 우려감을 극도로 증폭시켰다. 그러나 미군은 현 상황에서 본격적인 전쟁준비에 돌입하는 것 외에는 다른 방도가 없다고 판단했다.

필자가 이 책을 쓰기 위해 만나 본 페리 국방장관은 북한의 대응을 예측하기가 어려웠다고 털어놓았다. "우리는 병력 배치가 북한을 자극하는 것이라고 생각했지만 한편으로는 우리의 단호한 의지를 보여줄 수 있는 방법이라고 생각했다. …… 북한이 우리가 보내는 신호를 긍정적으로 받아들일지 부정적으로 받아들일지 확신이 서지 않았다."

주한미군 사령부의 일부 고위 장교들은 북한이 미군의 병력 배치 소식에 대해 어떤 반응을 보일지 크게 걱정했다. 한 장군은 이렇게 말했다. "모든 정보를 종합해 보건대 걸프전 때 '사막의 폭풍' 작전을 북한이 우리보다 더 철저히 연구했다는 느낌이 늘 들었다. 걸프전으로 북한은 한 가지 사실을 깨달았다. 즉 미국과 전쟁할 때는 병력 증강을 허용해서는 안 된다는 것을 말이다. …… 그들은 우리의 병력 증강을 결코 허용치 않을 것이며 그런 희망이 없다는 걸 알게 되면 즉시 쳐내려올 것이다."

주한미군 사령부 바깥에서는 잘 모르고 있는 소름끼치는 사실 한 가지가 더 있다. 5월 판문점에서 한 북한군 대좌가 어느 미군 장교에게 "북한의 한반도 내의 미군 증강을 좌시하지 않을 것"이라고 말한 것이다. 그렇다면 과연 미군병력이 어느 정도 증강됐을 때 북한이 선제공격을 해올 것인가. 그것을 아는 사람은 아무도 없었다.

럭 장군은 유사시 주한미군 증강 초안 작성에 중추적인 역할을 한 사람이었음에도 6월 16일 美 국방부가 클린턴에게 병력 증강에 대한 인가를 요청하기 몇 시간 전에야 그 사실을 통보 받았다. 인가 요청 시기를 못마땅해하던 그는 북한이 미군 증강을 북한 공격의 신호탄으로 받아들이지 않을까 우려했으며 민간인을 포함해 8만 명에 달하는 주한 미군 부양가족을 대피시킬 계획도 대단히 미비한 상태라는 점 또한 마음에 걸렸다. 이들이 우선 대피할 지역은 자연히 일본일 수밖에 없었는데 일본은 이들을 받아들이려고 하지 않았으며 대피차량도 준비돼 있지 않았다. 대피를 해야할 시기가 임박해있다는 것을 알고 있는 미국인들은 거의 없었고 어디로 가야할지 어떤 조치를 취해야 할지도 대부분 전혀 모르고 있는 상태였다. 또한 미국 민간인들에게 소개명령이 내려질 경우 많은 미국인들뿐 아니라 남한 국민들까지도 심각한 공황상태에 빠질 것이 뻔했다.

6월 16일 아침(워싱턴 시각으로는 15일 저녁)럭 장군과 레이니 대사는 서울에 있는 대사관저에서 비밀리에 회동했다. 두 사람은 비상체제를 가동, 긴급히 소개작전을 추진하는 수밖에 없다는 공통된 결론에 이르렀다. 레이니 대사는 공식적인 명령이 떨어질 때를 기다리지도 않았다. 당시 남한에 거주하고 있던 세 명의 손자, 손녀에게 3일 후인 일요일까지 귀국하라고 일렀던 것이다.

평양으로 간 카터

한편 카터는 부인인 로살린 여사와 소수의 보좌관·경호원들을 대동한 채 6월 15일 김일성을 만나기 위해 판문점을 건넜다. 그 방문이 실패할 경우 자신의 명성에 커다란 위험이 따를 것을 알고 있었던 그는 군사분계선을 넘었던 당시의 느낌을 '서로 간 의사소통과 이해가 불가능한 아주 불안한 상태'였다고 표현하는 등 '제재 문제를 둘러싼 양측의 대립이 너무나 견고했기 때문에 중재 시도가 성공할 확률이 거의 없을지도 모른다'고 믿고 있었다.

평양에서의 첫 회담에서 카터는 김영남 외교부장이 매우 비타협적 인물임을 깨달았다. 카터는 북한이 국제사회의 제재를 받느니 차라리 전쟁을 택할 것이라는 생각에 새벽 3시까지 잠을 이룰 수 없었다. 그는 보좌관인 매리온 크릭모어(Marion Creekmore) 前 스리랑카 대사에게 메모를 건넨 뒤 남한 내의 미국 비상연락망을 통해 클린턴에게 전달하라며 비무장지대로 급파했다. 제3차 北-美 회담 협상 개시에 동의할 수 있는 권한을 요구하는 내용이었다. 그러면서 카터는 6월 16일 아침 자신이 김일성을 만나 오케이 신호를 보내기 전에는 그 메시지를 전달하지 말라고 크릭모어 보좌관에게 지시했다.

김일성의 입장에서 카터와의 회담은 미국 지도층과 직접적인 접촉을 갖기를 원했던 지난 20년간의 노력이 결실을 보는 순간이었으며 또한 핵개발 문제와 관련한 국제적 위기가 확대된 상황에서 전환점을 마련하는 기회이기도 했다. '위대한 지도자 김일성'은 만면에 웃음을 머금고 카터와 거리낌없이 악수를 나누었다. 카터 역시 이를 드러내고 웃는 특유의 미소로 환대에 응했다.

회담이 시작되자 카터는 자신이 美 정부의 대표가 아니라 민간인 자격으로 북한을 방문했으나 여기에는 美 정부의 이해와 지원이 뒷받침 됐다고 설명했다. 그리고 이 자리에 한국어를 구사할 줄 아는 딕 크리스텐슨(Dick Christenson) 국무부 한반도 부국장을 동석시킴으로써 카터의 半공식적인 성격을 증명해주었다. 카터는 北·美간의 다른 정부 체제가 우호적인 관계 수립에 장애가 되서는 안 된다고 여러 차례 강조했다. 또한 핵문제가 해결될 경우 양국 관계정상화를 위한 고위급 협상이 진전될 수 있을 것이라고 말했다.

이에 대해 김일성은 본질적인 문제점은 두 나라 간의 신뢰의 부족이므로 '신뢰를 쌓는 것이 주된 과제'라고 말하는 등 상호간의 인정과 보편성이라는 높은 차원의 응답을 했다. 그는 북한이 핵무기를 만들 능력도 없었고 그럴 필요도 없었다고 여러 번 밝혔지만 자신의 말을 믿어주지 않았다면서 불만을 표시했다. 북한이 필요로 하는 것은 다만 원자력 에너지라는 점을 그는 다시 한 번 강조했다. 즉 미국이 경수로 지원에 협력을 할 경우 가스 냉각 방식의 흑연 감속로를 해체할 것이며 NPT에 복귀할 것이라는 얘기였다. 또한 김일성은 핵문제 해결 방안의 일환으로 북한에 대해 핵공격을 하지 않겠다는 미국의 보장을 요구했다. 그는 北-美 관계가 진척될 조짐이 엿보일 경우 남한 정부가 무슨 수를 써서라도 그것을 방해할 것이라며 흥분하기도 했다.

카터는 북한 방문 전 갈루치와 전화로 합의한 바에 따라 김일성에게 두 가지 질문을 던졌다. 우선 예정된 제3차 北-美 핵협상이 성사되기 전 핵개발 계획을 일시 동결할 것과 북한에서 추방될 예정인 영변의 IAEA 사찰단원 두 명을 북한에 계속 남아 있도록 허용하는 것이 어떻겠느냐는 내용이었다. 북한이 IAEA 탈퇴를 선언한 이상 추방은 당연 지사겠지만 막상 그들을 추방한다면 북한이 핵무기 개발에 더욱 박차를 가하고 있다는 것으로 여겨질 수도 있다는 말이었다. 이러한 카터의 요청은 훗날 돌이켜볼 때 이 회담에서 가장 중요한 거래였다.

김일성은 그 문제에 관해 아무것도 모르고 있었다는 듯 배석한 강석주 외교부 부부장 겸 협상대표에게 눈길을 돌렸다. 강석주는 용수철처럼 벌떡 일어나 차렷 자세를 취한 뒤 8일 전 셀릭 해리슨이 핵개발 계획 동결을 제안했을 때와 마찬가지로 침착하게 그 문제를 설명했다(카터는 해리슨의 제안에 대해 아는 바가 없었다). 김일성은 혹시 중요한 것이라도 양보하게 될까봐 극히 신중을 기했지만 강석주의 의견을 반드시 물었다. 강석주는 사찰단원들이 소임을 다하도록 놓아두는 것이 올바른 것 같다고 대답했다. 김일성은 강석주와의 의견 교환 후 카터에게 사찰단원들의 영변 체류를 허용하겠다고 선언했다.

이러한 과정은 외부인들이 흔히 목격할 수 없는 광경으로 김일성이 논쟁이나 반대의견에 대한 염려 없이 중대사안을 즉시 결정할 수 있는 권한을 여전히 가지고 있다는 것을 여실히 보여주는 것이었다. 또 그가 신뢰하는 보좌관에게 진지하게 조언을 구하고 받아들일 줄 아는 사람이라는 것을 짐작케 해주는 사례이기도 했다. 카터는 김일성의 장남이자 세습정권의 후계자인 김정일과의 만남을 요청했지만 성사되지 않았다. 김정일은 외국 방문객들과의 모임에 나타나는 일이 거의 없었다. 그럼에도 불구하고, 김정일은 의사결정에 밀접하게 관여했으며, 연료봉을 꺼내 생긴 문제점을 바로잡으라고 애초부터 강석주에게 명령을 내린 바 있었다. 이는 부수상으로서 북한 내 사찰단을 유지시키라는 권고를 하며 신경 썼던 부분이었다.

김일성이 핵개발 계획을 임시 동결함은 물론 국제 사찰단원 및 감시 장비들을 원 위치에 복귀시킬 것을 동의하자 안도감을 느낀 카터는 美 정부에 對 북한 경수로 '지원'을 촉구하겠다고 말했다. 물론 美 정부가 직접 돈을 대주거나 경수로를 공급해주지는 못할 것이라는 점도 분명히 했다.

또한 카터는 오랫동안 미뤄 온 제3차 北-美 협상을 속히 재개하도록 권고할 것이라는 말도 잊지 않았다. 카터는 남한 영토뿐 아닌 한반도 주변, 심지어는 바다 밑에도 미국의 핵무기가 전혀 배치돼 있지 않다고 장담했다. 카터와 김일성은 한반도가 출처를 불문하고 '핵무기 자유 지역'으로 남아야 한다는 데 뜻을 모았다.

94년 6월 핵 문제를 둘러싼 한반도의 군사적 위기를 막기 위해 카터가 김일성을 만나고 있다.

중요한 돌파구가 마련됐다고 믿은 카터는 당일 오후 강석주를 만나 세부사항들을 확인했다. 강석주는 유엔의 제재조치 강행에 대해 경고한 뒤 그에게 이렇게 말했다. "북조선의 모든 국민들과 군인들이 지금 그와 같은 제재조치에 대응하기 위한 만반의 준비를 갖추고 있다. 제재안이 통과된다면 선생께서 북조선에서 거둔 결실은 모두 물거품이 될 것이다." 카터는 강석주와 그의 직속 상관인 김영남 외교부장(강석주는 김정일과 함께 독대로 일할 수 있었던 반면 김영남은 핵 문제 관련 외교에 거의 관여하지 않았다)의 발언을 볼 때 만일 미국이 한반도에 대규모 병력을 증강시키는 한편 유엔의 제재조치가 강행됐다면 북한이 실제로 선제공격을 가했을지도 모른다고 생각했다.

두 달 전 김일성의 82회 생일을 맞아 북한 뉴스를 시리즈물로 보도했던 CNN 방송의 마이크 치노이 특파원과 사진 기자 한 명은 카터의 방북 활동을 취재해도 좋다는 재입국 허가를 받았다. 카터에게 있어 그들은 자신에게 세계의 이목을 집중시키는 좋은 통로였다. 카터는 김일성과의 회담 결과를 발표하고 무력 충돌을 향한 돌진을 막기 위해 CNN 방송에 인터뷰 내용을 내보내기로 결정했다. 그러나 그전에 먼저 백악관에 그 사실을 알릴 필요가 있었다.

워싱턴 시각으로 6월 16일 아침 백악관에선 클린턴, 고어 부통령, 크리스토퍼 국무장관, 페리 국방장관, 셜리카쉬빌리 합참의장, 제임스 울시 CIA국장, 매들린 올브라이트(Madeleine Albright) 유엔대사, 앤서니 레이크 안보보좌관, 그리고 다른 고위급(senior) 외교정책 및 국방 담당 관리들이 한반도 핵문제에 관한 최종 결정을 내리기 위해 두 시간째 회의를 진행하고 있었다. 회의를 시작하면서 클린턴은 유엔 안보리의 대북제재 추진을 최종 승인했다. 클린턴의 최종 승인이 떨어지자 셜리카쉬빌리는 한반도 내부 및 주변부에 대한 미군병력 배치 개요를 설명하기 시작했다. 그는 대통령에게 추가병력을 제대로 증파하기 위해서는 한시적이나마 미국 내 예비군들을 소집해야 할 필요성이 있다고 보고했다. 그렇게 되면 필연적으로 모든 美 국민이 사태의 심각성을 실감하게 될 것이다.

셜리카쉬빌리는 점진적 증강안이 담긴 제1안을 설명한 뒤 전투기와 항공모함 전투부대 배치, 그리고 1만 명 이상의 추가병력 파병에 관련된 제2안에 대해 설명하기 시작했다. 이때 백악관 안보보좌관이 갑자기 회의실로 들어와 평양의 카터로부터 전화가 왔다고 전했다.

갈루치가 옆방으로 가 전화를 받았다. 카터는 김일성이 핵개발 동결에 동의했으며 IAEA 사찰단의 북한 체류도 허용했다는 말을 열의에 찬 목소리로 전했다. 그리고 이 같은 돌파구가 마련됐으니 제3차 北-美회담이 재개돼야 마땅하다는 자신의 생각을 전하면서 북한측에 그 같은 답변을 할 수 있는 권한을 달라고 요청했다. 이어서 그는 너무 놀라 아무 말도 못하고 있는 갈루치에게 자신이 거둔 성과를 CNN과의 짤막한 생방송을 통해 설명할 예정이라고 덧붙였다. 갈루치는 지금 옆방에서 그 문제 때문에 회의가 진행 중이며 돌아가서 방금 들은 소식을 보고한 뒤 다시 연락하겠다고 했다.

갈루치의 전갈이 전해지자 각료실은 폭탄을 맞은 듯 발칵 뒤집혔다. 사찰단의 체류 허용을 빼면 사실 카터가 거둔 성과는 그다지 새로울 것이 없었다. 그러나 카터 전 대통령의 CNN 즉석 회견은 사람들에게 불쾌감을 자아냈다. 1년 이상을 끌어온 문제에 관해 중대한 결정을 내리려는 와중 그런 소식은 행정부를 당혹스럽게 만들었다. 그중 한 참석자는 카터의 처신을 '매국행위'나 다름없다고 말했다.

일각에서는 미국이 제재와 병력 증강의 '방아쇠를 막 당기려는 순간' 북한이 들고 나온 지연전술일지도 모른다고 우려가 터져 나왔다. 그러나 이러한 비난에도 불구하고 클린턴과 고어 부통령은 덮어놓고 카터를 비난하기보다는 실질적 대응책을 모색하는 것이 급선무라는 입장을 표명했다.

클린턴이 다른 일정 때문에 자리를 뜨자 남은 사람들은 텔레비전 앞으로 몰려들었다. 그들은 카터가 자신들이 있는 회의실로부터 겨우 몇 발짝 떨어진 백악관 뜰에 있는 울프 블리처 CNN 백악관 통신원, 그리고 백악관에서 몇 블록 건너 CNN 워싱턴의 외교 전문 기자 랄프 베글라이터 통신원과 인공위성을 통해 대담하는 모습을 선 채로 혹은 바닥에 주저앉은 채로 지켜보았다. 카터는 김일성의 발언을 되풀이하

백악관에서 대북 정책 회의가 한창일 때 북한에 있는 카터가 CNN 생방송에 나오자 고어 부통령과 다른 최고위급 관리들이 아무 힘없는 들러리 같은 모습을 하고 있다.

제13장 | 핵무기를 둘러싼 막판 대결　**491**

면서 그 말이 '한반도 위기를 풀어줄 매우 중요한 긍정적인 조치'라고 말했다. 이제 클린턴 행정부가 김일성의 발언에 화답할 차례라며 자신의 견해를 이처럼 피력했다. "지금 필요한 것은 이미 구성돼 있는 북한측 대표단과 미국측 협상단들이 장기간 지연된 제3차 北-美 회담을 재개하는 아주 간단한 결정이다. 현재 필요한 것은 그것뿐이며 북한의 요구 또한 그러하다."

전 세계의 관리들은 물론 클린턴의 측근과 정적들이 다같이 눈을 부릅뜨고 지켜보는 가운데 외교, 군사적 위기가 텔레비전 생방송을 통해 공론화됨으로써 새로운 정치적 국면이 발생했다. 백악관을 아연실색하게 만들었던 것은 민간인인 카터를 미국의 영향력 있는 정책 결정자로 그려낸 반면 정부 관리들을 마치 들러리인 것처럼 바라보는 언론의 시각이었다.

방송이 끝나자 백악관 회의는 속개됐다. 의회와 국방부에서 아시아 정책 결정의 중추적 역할을 담당한 노련한 스탠리 로스(Stanley Roth) 국가안보회의(National Security Council) 보좌관이 일련의 행동지침을 제안했고 그 지침은 그대로 받아들여졌다. 美 정부가 자체적으로 북한 핵개발 계획 동결에 대한 세부적인 요구사항들을 수립해 그것을 다시 카터를 통해 북한측에 전달한다는 것이었다. 이것은 사실상 '우리의 요구조건을 전적으로 수용하는 것만 용인하겠다'는 선언과 다름없었다.

이 전술은 1962년 美·蘇 간 빚어진 쿠바 미사일 위기가 최고조에 달해 있을 때 미국이 사용했던 유명한 책략*과도 비슷했다. 그 당시 케네디 행정부는 소련의 니키타 흐루시초프 서기장으로부터 온 전갈을 나름대로 재해석해 받아들이는 타협안을 마련했던 것이다.

회의가 계속되는 동안 갈루치와 다른 두 명의 보좌관들은 회의실을 나와 북한 핵 동결안의 요구조건을 작성했다. 그들이 작성한 초안에 의하면 우선 북한이 5MW급 원자로에 새로운 연료봉을 투입해서는 안 되며, 이미 인출한 '사용후 핵 연료봉'을 재처리하지 않는다는 데 명시적으로 동의해야 한다는 내용이 포함됐다. 미국측의 요구 조건이 마련될 쯤 백악관의 마라톤 회의는 5시간을 넘기고 있었다.

레이크는 6월 17일 새벽을 맞이하고 있는 평양의 카터에게 연락을 취해 요구조건들을 대략 설명했다. 그 내용은 북한이 제시한 사항들은 물론 NPT에서 명시한 법적 구속력을 훨씬 뛰어넘는 것이었다. 카터는 펄쩍 뛰면서 미국의 새로운 조건들은 자신의 북한 방문 전에 언급된 바도 없고, 김일성이나 북한의 다른 관리에게 제시한 적도 없다는 말과 함께 요구조건 강화를 크게 반대했다. 북한이 그 조건을 수락할 가능성은 없을 듯 보였다. 그러나 위험한 대치상황을 종식시키고자 하는 마음이 절박했기 때문인지 북한은 미국의 제안을 즉시 수락했다. 갈루치는 양측의 합의를 세밀히 확인하기 위해 뉴욕 주재 북한 대표부를 통해 강석주 외교 부부장에게 서신을 전달했고 카터 역시

---

* 1962년 10월 22일부터 11월 2일까지 쿠바에 대한 소련 핵미사일 배치 문제로 美·蘇가 첨예하게 대립하는 가운데 10월 26일 흐루시초프는 "우리는 쿠바에서의 미사일 철수를 공식 성명하겠다. 미국도 쿠바를 침공하지 않겠다고 공식성명하라"는 서신을 케네디에게 보냈다. 이때 백악관에서 열린 비상회의에서 전 소련 대사 누윈 톰슨이 '(소련의) 미사일을 철수함으로써 쿠바를 (미국의) 침공으로부터 구하고 싶다'는 것이 흐루시초프의 진의라고 케네디에게 설명하면서 나중에 보낸 서신은 무시하도록 설득했고 결국 미국이 '쿠바에 상륙하지 않겠다'는 내용의 공식 성명을 발표하게 만든다. 이로써 핵전쟁 발발 위기는 성공적으로 수습됐다.

비슷한 내용의 서한을 김일성 주석에게 보냈다.

김일성은 사태의 수습을 축하하기 위해 카터 일행을 대동강 주석 전용 요트로 초대, 서해 갑문을 참관했다. 서해 갑문 참관은 또 한 차례의 유익한 결정을 이끌어냈다. 좀처럼 공개석상에서 남편과 동행하지 않던 김일성의 부인 김성애가 이날은 로살린 카터 여사를 상대하기 위해 유람선에 승선했다. 요트 옆으로 대동강변의 마을들과 농경지 풍경이 펼쳐질 무렵 카터는 미국 국민들에게 보여줄 호의적인 제스처로서 北-美 합동 팀을 만들어 한국전쟁에서 전사한 미군 장병들의 유해를 발굴하고 본국으로 송환하는 것이 어떻겠느냐고 제안했다. 김일성은 앞으로 협상 때 논의 될 것이라며 이에 대한 확실한 언급을 피했지만 카터는 끈질기게 이 제안을 고집했다. 그러자 이때 김성애가 카터의 제안을 거들고 나섰다. 김일성은 그때서야 "알았소. 그렇게 하지요. 그렇게 합시다"라고 대답했다.

서해 갑문 참관을 즐기는 동안 피로에 지친 카터는 CNN 카메라가 돌아가고 있는 가운데 김일성에게, 전날 두 사람의 토론 덕택에 미국이 유엔 안보리의 정치·경제적 제재를 추진하지 않기로 했다는 실언을 하고 말았다. 그것은 사실무근이었다. 미국 전역에 방송된 카터의 발언은 또 한번 미국 정부가 대북 정책에서 주도권을 잃은 채 우왕좌왕한다는 인상을 심어주었다. 이 실언은 카터의 방북 기간 중 가장 논란의 소지가 큰 것으로 판명됐으며 즉각적인 논평을 몰고 왔다.

서해 갑문 참관은 남한의 입장에서 볼 때도 카터의 북한 방문 임무 가운데 가장 중대한 돌파구를 만드는 계기가 됐다. 요트의 주 선실 안에 놓인 작은 탁자를 사이에 두고 김일성과 마주 앉은 카터는 남북관계개선과 김영삼 대통령이 부탁한 남북정상회담의 가능성을 언급했다. 김일성은 카터에게 그동안 남북한 간에 합의를 이끌어내기 위해 자신이 기울였던 여러 가지 시도들을 하나하나 설명하면서 정작 얻어진 성과가 거의 없었다는 데 유감을 표했다. 김일성의 발언 중 주목할 만한 것은 남북대화에 진전이 없었던 것을 양쪽 모두의 탓이라고 말한 점이다. 이어 그는 잘못에 대한 책임을 남북한 양측이 공동으로 나누어야 한다고 말했다. 김일성은 김영삼이 93년 2월 대통령 취임식에서 '어느 동맹국도 민족보다 더 나을 수는 없다'고 말한 뒤 '때와 장소를 불문하고' 정상회담을 하겠다고 밝힌 것을 주목하고 있다고 말했다. 그는 金대통령을 만날 준비가 돼 있으며 두 사람의 만남은 아무런 전제조건이나 거추장스러운 준비 회담 없이 개최돼야 한다고 말했다.

　김일성이 그의 말년에 남북정상회담을 추진하기로 결정하게 된 경위와 이유는 많은 추측을 불러일으켰다. 그가 그처럼 정상회담 개최 의지를 적극적으로 보인 것은 딱 한 차례, 92년 그의 80회 생일 축하 행사에 노태우 대통령을 초대했을 때였다. 이에 대해서는 여생이 얼마 남지 않았다고 느낀 김일성이 자신의 후계자인 김정일에게 보다 순탄한 길을 마련해 주고자 했던 것이라고 하는 주장도 있다. 또 다른 해석으로는 미국과의 관계를 근본적으로 개선하기 위해서는 남한과의 관계개선이 선행되어야 한다는 것을 깨달았기 때문이라는 말도 있다. 그러나 김일성의 결정은 단순히 카터의 제안에 대한 즉흥적 반응이었을 뿐이라는 주장도 만만치 않다. 북한의 일부 지도층들이 김일성과 김영삼의 만남을 달갑게 여기지 않거나, 심지어는 반대하고 있다는 주장이 꾸준히 제기되고 있었다. 김정일도 이 중 하나였을 가능성이 있다. 김일성의 결심을 둘러싼 과정과 이유야 어쨌든 분명한 것은 그가 남북정상회담 준비에 열의를 보였다는 것이다.

카터는 판문점을 통해 한국으로 넘어온 직후 김영삼 대통령을 예방했다. 처음에 金대통령은 카터의 북한 방문에 대해 냉담한 자세로 일관했다. 또다시 한반도의 운명이 자신을 제외시킨 채 흥정되고 있다는 생각 때문이었다. 그러나 카터가 김일성의 정상회담 제의를 전달하자 金대통령은 흥분한 기색이 역력했다. 그로부터 한 시간도 못 돼 金대통령은 조건 없는 정상회담의 조속한 실시를 수락한다는 발표를 했고 역대 대통령들이 노력했으나 실패했던 일을 자신이 주도하는 상황으로 탈바꿈시켰다. 예기치 못했던 운명의 반전으로 한반도의 엄청난 긴장과 위기는 수년간 기다려온 남북 두 지도자의 역사적인 화해라는 커다란 희망으로 급변했다.

정상회담에 대한 전망으로 기뻐하는 와중에도 金대통령은 카터가 '원기왕성하고 정력적이다'라고 표현한 김일성의 건강 상태에 대해서는 의문을 품었다. 아침마다 전화로 안부를 여쭙는 金대통령의 부친은 김일성보다 겨우 한두 살 위였다. 金대통령은 남한의 정보기관이 녹화한 텔레비전 화면을 통해 김일성의 건강이 그다지 좋지 못하다고 판단했다. 金대통령은 카터가 자리를 떠날 때 보좌관들에게 이렇게 말했다. "카터는 영리하다. 그러나 노인들에 대해서는 잘 모른다."

카터는 김일성과의 만남을 계기로 전쟁 직전의 대치국면이 새롭고 희망에 찬 北-美 회담과 남북협상으로 바뀐 것을 '일종의 기적'이라고 표현했다. 백악관 관리들에게 브리핑을 한 후 그는 "위기는 이미 지나갔다는 게 나의 사견(私見)"이라고 선언했다. 그리고 며칠 후 그 말이 사실임이 명백해졌다.

對 북한 제재 활동과 대규모 미군 증강안은 보류됐고, 미국이 제시한 핵개발 동결안을 수락한다는 북한측의 서면 확인을 받은 미국은 7

월 8일 제네바에서 제3차 北-美 협상을 추진할 준비가 돼 있다고 발표했다.

북한 방문 활동으로 긍정적인 결과를 이끌어내기는 했지만 카터는 사실 처음에는 칭찬보다는 비판을 더 많이 받았다. 미국의 政·官·언론은 카터의 노력과 클린턴 행정부의 정책간의 모순점을 지적하며 그의 개입을 비판했다. 비무장지대를 넘어 한국으로 돌아온 카터는 백악관이 자신의 워싱턴 방문은 물론 심지어 클린턴에게 전화로 보고를 하는 것조차 원치 않았다는 사실을 듣고 아연실색했다. 그뒤 美 정부는 태도를 누그러뜨렸고 카터는 아틀랜타로 귀향하는 길에 백악관을 방문했다.

94년 봄 한반도가 전쟁발발의 위기 앞에서 풍전등화의 상황이었다는 사실이 밝혀지려면 수 년, 혹은 그보다 더 많은 세월이 흘러야 할지도 모른다. 그러나 당시 미국과 남한의 고위 결정자들이 교전 가능성을 어느 때보다 가장 높게 잡았다는 것은 시사하는 바가 크다. 비록 임기응변적이었고 일관성이 결여되기는 했지만 미국이 북한의 핵위협에 대해 힘과 외교의 복합적 전략을 사용해 대응했다는 것은 이 사안의 심각성을 증명한다. 미국은 협상을 통한 해결 방법을 찾는 한편 유엔의 제재를 지원할 준비가 돼 있으며 한반도 주변부에 강력한 군사력을 보강해 일전도 불사하겠다는 각오를 보였다. 이때 미국을 뒷받침한 나라가 한국과 중국이었다. 남한 외교관들이 협상을 통한 해결을 촉구하는 한편 軍은 대통령과 국민들의 동요에도 불구하고 행동에 돌입할 태세를 갖추고 있었다. 또한 중국도 노련하고 침착한 외교술을 발휘, 북한의 행동을 제약했다. 일본 역시 헌법상의 규정과 정치적 제약 조건들에 비추어볼 때 미군의 군사작전과 국제적인 제재조치에 어느 정도의 지원을 보낼지는 확실히 결정하지 못한 상태였지만 비공식적인 제휴 관계에 참여할 준비를 하고 있었다.

93년 초 북한은 실수건 고의건 간에 자국의 핵개발 계획이 외부세계와의 상호작용에서 가장 중요한 자산이라는 사실을 깨달았다. 특히 소련이라는 동맹을 잃고 중국과의 관계가 다소 격하된 시점이었으므로 더욱 그러했다. 북한은 능숙한 수완을 발휘해, 세계 최강인 미국을 협상 테이블로 끌어들여 '세계에서 가장 실패한 나라'에 양보를 하도록 만들었던 것이다.

그러나 94년 봄, 날로 증강되는 美 군사력과 긴장의 고조는 위험할 뿐 아니라 북한에게도 마냥 유리한 일은 아니었다. 카터가 도착했을 때 김일성은 자신이 가진 협상 카드를 포기하거나 체면을 잃지 않고 위기를 종식시킬 방도를 찾고 있었다. 바로 그때 카터가 그 길을 제시해 주었다. 카터와의 협력을 통해 미국이 구상한 핵 동결안을 수락하고 남북정상회담 개최에 동의한 '위대한 지도자' 김일성은 폭발 직전의 대치국면을 진정시킨 것은 물론 향후의 협상 공간을 활짝 열었다.

제14장

김일성의 죽음, 그리고 합의

카터 와 김일성이 작별인사를 나눈 지 3주도 채 지나지 않은 94년 7월 6일 아침, 김일성은 집무실 책상 앞에 앉아 고위관리들에게 다음 해의 경제 목표에 관해 훈시를 하고 있었다. 연청색 양복을 입고 그 앞에 열을 지어 앉은 20여 명의 관리들을 향해 힘차게 손짓을 하며 지시하는 모습에서 건강상의 문제는 없어 보였다.

"농업 · 경공업 · 해외 무역이 최우선이오." 김일성은 신년사에서 경제가 난관에 봉착해 있음을 시인한 후 발표했던 우선순위를 다시금 강조했다. 반세기 가까이 북한을 호령했던 낭랑하고 허스키한 우렁찬 목소리로 그는 비료 85만 t, 시멘트 1천 2백만 t 생산, 선박 1백 척 건조를 설정하고 특히 철도 및 철강 산업에 역점을 두라고 지시했다. 그는 또한 전력(戰力) 증산을 최우선 과제로 삼았다. 이와 관련된 그의 발언은 후일 중요한 의미를 지니게 된다. 논란이 분분했던 경수로형 원자로를 통해 전력 부족을 해결하는 것은 너무 오랜 시일이 걸린다고 말한 그는 중유를 연료로 하는 발전소의 추가 건설이 시급하다고 단언했다.

경제 보좌관들과 함께 한 이날의 회의는 마치 남은 생이 얼마 안 된다는 것을 느끼기라도 한 듯 극적으로 국무에 다시 발 벗고 나섰던 노령의 국가주석이 마지막으로 했던 일들 중 하나였다. 6월 한 달 동안 김일성은 17차례의 공식 행사에 참여하는 왕성함을 보여줬다. 거기에는 협동농장 두 군데를 현장 조사하는 일과 다양한 외국 방문객들을 만나는 일 등이 포함됐다. 이는 5월에 다섯 차례, 그 전에는 더욱 적은 횟수의 공식 행사를 가졌던 것과는 대비되는 모습이었다.

카터와의 만남 후 김일성이 골몰한 일은 사상 최초로 이루어질 남한 대통령과의 정상회담 준비였다. 카터의 중재로 합의된 남북정상회담 일정은 7월 25일 평양에서 시작하기로 예정돼 있었다. 그 전부터 수십 년간 남북 양측은 정상회담 개최 문제를 논의해왔지만 옥신각신하면서 불화를 빚기만 했다. 그러나 이번에는 순조롭고 신속하게 전반적인 계획과 세부사항에 관해 많은 합의를 이끌어냈다. 김일성은 양측의 합의 도출을 돕기 위해 계획 수립의 일부 과정에 직접 개입하기도 했다.

김영삼 대통령은 역사적인 남북정상회담에 대비해 장관·보좌관 및 북한 전문가들과 연일 회의를 가졌다. 남북 양측은 金대통령이 1백 명 규모의 대표단을 이끌고 TV 실황중계 장비를 갖춘 80명의 취재단과 함께 평양을 방문한다는 데 합의했다. 2~3일 간 개최될 실질적인 회담은 양측의 보좌관 2~3명씩과 기록요원 각각 한 명만이 배석한 단독회담 형식으로 진행할 예정이었다.

金대통령은 1국가 2체제를 주장하는 김일성의 '연방제 통일방안' 대신 이산가족 교환방문, 서신 교환, 상대국가의 텔레비전과 라디오 방송 프로그램의 접근 공유 같은 점진적 조치를 통해 화해를 적극 추진하자고 제의할 방침이었다. 그동안 북한의 극단주의적 자세는 남한의 점진주의적인 입장과 자주 충돌을 빚어왔다. 그러나 김영삼은 한반도 내에서 무력 충돌 가능성이 부각됐던 최근의 위기사태 때 김일성이 보여준 적극성을 감안할 때 이 합의가 충분히 가능할 것으로 기대했다.

김영삼은 남북한 간의 역사적이고 오랜 갈등을 해소하기 위해서는 한 번의 회담으로 불충분할 것이라 생각하고 이번 회담을 시초로 삼아 연속적인 정상회담을 개최할 것을 제안하기로 했다. 또 이를 위해 북한 주민들에게 쌀 50만 t을 지원한다는 '깜짝 선물'도 준비해놓았다. 그것은 북한이 남한 기업인을 통해 비공식적으로 요청한 10만 내지 20만 t의 두 배를 넘는 엄청난 물량이었다.

김일성 역시 만반의 준비를 하고 있었다. 7월 6일 오전 경제부장들과의 회의를 마친 김일성은 그날 오후 여름날의 무더위를 피해 평양의 북쪽 160km 떨어진 묘향산의 여름 별장으로 떠났다. 김일성이 가장 좋아하는 이 별장은 송림 한가운데에 깊숙이 빼어난 절경을 자랑하는 곳으로 높다란 담장으로 둘러져 경비가 철통같은 곳이었다. 그곳은 가령 일본 국회의원 가네마루 신처럼 김일성이 특별히 환대하고 싶은 귀빈들만 묵게 하는 곳이었는데 그는 金대통령의 대접 장소로도 이곳을 선택했다.

7월 7일 묘향산으로 가는 길에 김일성은 인근 협동농장을 또 한 차례 현장 시찰했다. 그는 나중에 金대통령을 이곳으로 안내할 생각이 었는지도 모른다. 그날의 수은주는 38도 근처까지 올라갔다. 묘향산에 도착한 김일성은 金대통령을 맞이하기 위해 단장 중이던 내빈용 별장을 둘러보고 침실과 욕실을 일일이, 심지어 냉장고에 광천수를 충분히 넣어두었는가도 직접 확인했다.

이처럼 강행군을 하고 난 저녁 김일성은 식사를 마친 후 심한 피로감을 느꼈다. 그리고 잠시 후 과도한 심장발작으로 쓰러졌다. 의사들이 달려왔지만 극심한 폭우로 인해 김일성을 병원으로 후송할 헬리콥터 운행이 불가능했고 도로 역시 진흙탕으로 엉망이 된 탓에 육상 수송도 지체됐다(이로부터 몇 달 뒤 묘향산 진입로는 서둘러 포장공사가 완공됐는데 이 조치는 김정일의 지시에 의한 것으로 알려졌다). 북한 관리들은 재미교포 언론인 줄리 문(Julie Moon) 기자에게 의사들이 그의 흉부를 절개해 심장을 소생시키려고 해보았으나 시간상으로 너무 늦어 수포로 돌아갔다고 전했다. 7월 8일 새벽 2시 김일성의 사망이 확인됐다.

조선민주주의인민공화국 지도자의 죽음은 그가 거의 반세기가 지나도록 절대적인 권력으로 통치하던 북한에 외부의 손길이 뻗쳐오던 시기에 찾아왔다. 김일성은 생의 마지막 한 달 동안 외교·군사·경제 질서의 급격한 변화에 적응하고 미국, 남한 등 적이었던 각국들과의 새로운 관계 정립을 모색하고 있었다. 뛰어난 통찰력을 지닌 지도자였든 우매한 지도자였든 간에 의심할 여지없이 그는 자신이 발을 디뎌 온 무대에서 강력한 지배력을 발휘한 인물이었다. 돌이켜볼 때 갑작스러운 그의 죽음은 이 책에서 다뤄진 수십 년간의 한반도 역사에서 가장 중대한 사건들 중 하나였다. 그의 강력한 통치력이 사라진 90년대 후반, 북한 문제는 대단히 복잡한 양상을 띠게 됐다.

* * *

 여느 강력한 독재자들의 경우와 마찬가지로 김일성의 건강 문제는 국가 기밀에 속해 있었고 외부세계의 사람들에게는 지대한 관심의 대상이었다. 목 뒤쪽에 바깥으로 튀어나온 커다랗고 불룩한 종양이 보였던 것은 이미 1970년대 초반부터였다. 그러나 의사들은 그 혹이 양성 종양이라 위험하지 않으며 단 두 시간의 수술로 제거할 수 있다고 통보했다. 그러나 김일성은 그 혹이 위험한 것은 아니라는 말 때문에 그냥 놔두려 했다. 김일성의 심장에 문제가 있었다고 주장해온 남한과 미국 정보기관의 보고는, 북한이 공식적으로 발표한 '의학적 결론서'에 의해 사실로 확인됐다. 그 진단서에는 김일성이 동맥경화증으로 치료를 받았다고 적혀있었다. 또한 그를 사망에 이르게 한 심장마비가 '심한 정신적 스트레스'에서 비롯된 것이라고 밝혔다.
 말년의 김일성의 건강에 대한 개인적인 소견들은 저마다 크게 달랐다. 그가 건강하게 보이도록 보좌관들이 애쓴 덕분일 수도 있지만 상태가 좋을 때와 나쁠 때 만난 사람이 각각 그의 상태를 다르게 느꼈기 때문이기도 하다. 그가 사망하기 두 달 전 생일날, 방문객들과 면담을 하는 동안 김일성을 촬영했던 CNN 사진기자는 특이한 사실을 발견했다. 김일성이 연설을 하기 위해 일어서자 천정 근처에 달려 있는 작은 조명이 켜지면서 김일성의 혈색을 좋아 보이도록 만들었다. 무심히 지켜보던 사람들이라면 알아챌 수 없을 것 같은 장밋빛의 은은한 조명이었다.
 김일성 80회 생일 직전인 92년 2월 김일성이 주최한 오찬회에 손님으로 참석했던 한 남한 관리는 그간의 보도내용과는 달리 그의 건강

상태가 나빠 보였다고 말했다. 그 관리에 따르면 김일성은 음식물을 옷에 흘리고 여섯 차례나 알아들을 수 없는 말을 했고, 식사 후 식탁 위에 안경을 두고 자리를 떴다. 김일성은 행사에 참석한 손님들에게 의사의 지시 때문에 담배도 술도 많이 하지 못한다고 말했다. 반면 美 전략 및 국제문제연구소(U.S. Center for Strategic and International Studies)의 한반도 문제 전문가 윌리엄 테일러(William Taylor)는 그로부터 겨우 4개월이 지난 92년 6월에 가진 김일성과의 오찬이 끝난 후 "그는 80세 나이에 비해 힘차게 걷고 움직인다. 악수할 때 손아귀에서 힘이 느껴졌다. 떠날 때는 악수를 하며 자기 쪽으로 내 손을 끌어당겼는데 팔 근육이 탄탄했다. 눈빛도 맑았고 시선이 뚜렷한 데다 사람을 사로잡는 힘이 있었다. 그리고 무엇보다도 판단력이 빠르고 정신이 아주 또렷했다"고 말했다.

자신의 건강과 죽음에 대해 어떻게 생각했는지는 모르지만 김일성은 늘 낙관적이었다. 인공위성을 통해 북한의 해외 전화통화를 감시하는 남한의 정보기관에 따르면 89년 김일성은 동유럽에 살고 있는 딸에게 "앞으로 10년은 끄떡없다"고 장담했다. 뿐만 아니라 그로부터 5년 후인 사망 몇 주 전에도 지미 카터에게 앞으로 10년 동안은 활동을 계속할 생각이라고 말했다.

한 시대의 종말

김일성의 사망은 34시간 동안 비밀에 부쳐졌다. 이는 명백히 북한 역사상 최초의 권력승계를 위한 준비를 철저히 갖추기 위한 목적에서였다. 7월 9일 아침, 정부 각 부처·관공서·학교·작업장 등 북한 전역에 걸쳐 정오에 중대한 발표가 있으니 텔레비전을 시청하라는 통지가 내려졌다. 많은 사람들이 다가오는 남북정상회담에 관해 뭔가 좋은 소식이 있으리라 기대하고 있었다. 그러나 그들에게 전해진 것은 검은 상복을 입은 아나운서의 침통하게 가라앉은 목소리를 통해 흘러나온 충격적인 소식이었다.

> 전 당원들과 인민들인 우리의 전체 노동계급과 협동농장 농민들, 사무직 종사자, 인민군 장병들, 그리고 지식인들과 청년학생들에게 고함.
> 조선 노동당의 중앙위원회와 중앙 군사위원회, 조선민주주의인민공화국의 정무원과 중앙인민위원회는 조선노동당 중앙위원회 총비서이시며 조선민주주의인민공화국 주석이신 위대한 수령 김일성 동지께서 94년 7월 8일 새벽 2시에 갑작스러운 병환으로 서거하셨음을 온 나라 전체 인민들에게 비통한 심정으로 알립니다. 인민대중의 자주위업을 위해 한 평생을 바쳐 오시었으며 생의 마지막 순간까지 조국의 융성번영과 인민의 행복을 위해 우리나라의 통일과 세계의 자주화를 위해 쉼없이 지칠 줄 모르는 활동에 매진하신 지도자 동지께서 너무도 애석하게 우리 곁을 떠나시었습니다.

이어서 '위대한 혁명가… 영도의 천재… 위대하시고 위대하신… 천재적 군사 전략가이시고 백전백승의 전설적 강철의 영장이시며… 민족의 태양이시며 민족 통일의 북극성이시며' 등 김일성을 기리는 장문의 추도사가 뒤따랐다. 장송곡이 울려 퍼지면서 김일성의 회고록이 간간이 낭독됐다.

그 소식이 전해지자 외교부 및 북한 각처의 관리들은 텔레비전 수

상기 앞에 털썩 주저앉아 울음을 터뜨렸다. 삽시간에 평양 주민들이 시청 부근 만수대 언덕에 서있는 거대한 김일성 동상 앞으로 모여들기 시작했고 그들 중 상당수는 이성을 잃고 울부짖기 시작했다. 오래지 않아 1만5천에서 2만 명 정도 되는 사람들이 동상 앞과 주변 거리에 모여 있었다. 그리고 그 뒤편으로도 운집한 사람들의 행렬은 끝이 보이지 않았다. 구급차가 출동했고 기절하거나 현기증을 호소하는 사람들을 돌보기 위해 구조요원들이 나와 있었다. 몇 시간 만에 평양 시내의 모든 병원들이 심장마비 환자들로 넘쳐났다. 평양 이외의 다른 지역에 있는 김일성의 여러 동상들과 기타 기념비들 주변 역시 조객(弔客)들로 가득했다.

94년 7월 거대한 김일성의 영정을 실은 리무진이 그가 세운 기념문이 있는 넓은 가로를 지나 장례식 행렬을 인도하고 있다.

김일성 사망일인 7월 8일 스위스의 제네바에서는 미국의 로버트 갈루치 美 국무차관보와 북한의 강석주 외교 부부장이 이끄는 北-美 제3차 핵협상 고위급 회담이 진행되고 있었다. 북한측 대표단은 김일성의 죽음을 까맣게 모르는 상태에서 카터 방북 때 합의에 도달했던 사항들 즉, 경수로를 제공해주는 대신 기존 핵개발 계획을 중지키로 했던 내용을 재확인했다. 이것은 미국 입장에서 볼 때 놀랄 만한 진전이었다. 美 대표단의 합참대표 토마스 플래니건(Thomas Flanigan) 해군대장은 본국 국방부의 상관에게 "그들은 협상 용의가 있다. 우리는 이 점을 분명히 인식해야 한다. 문제는 협상의 내용에 달려있다"는 내용의 전자우편을 띄웠다.

김일성의 사망 소식이 제네바에 전해진 것은 회담 이틀째인 7월 9일, 그곳 시각으로 새벽 5시였다. 북한 대표들은 북한 당국의 공식 발표에 앞서 미리 소식을 접하지 못했던지 오전 늦게야 그 소식을 전해 듣고 충격에 휩싸인 채 서둘러 협상을 재개하겠다는 약속을 남긴 뒤 귀국 준비를 서둘렀다. 이들이 떠나기 전, 갈루치는 제네바의 북한 대사관으로 애도의 메시지를 보냈고 이는 북한 대표단에게 깊은 인상을 남겼다.

한편 美 국무부의 데이비드 E. 브라운(David E. Brown) 한국 담당 과장은 워싱턴 시각으로 오후 11시가 넘어 국무부 작전센터(State Department Operations Center)로부터 그 소식을 듣고 대책 마련에 나섰다. 당시 고위관리들은 세계 각국에 흩어져 있었다. 클린턴, 크리스토퍼 국무장관과 그들의 직속 부하들은 나폴리에서 열리는 G7 정상회담(선진 7개국 회담)에 참가 중이었다. 윈스턴 로드(Winston Lord) 국무부 동아시아 차관보는 클린턴과 무라야마 도미이치(村山富市) 일본 수상의

G7 회담이 끝난 뒤 귀국길에 올라 있었다. 게다가 레이니 주한 美 대사는 명예박사 학위를 받기 위해 아일랜드에 가 있었고 갈루치 차관보와 토마스 허바드(Thomas Hubbard) 부차관보는 제네바에 있었으며 다른 고위 참모진들은 워싱턴의 자택에서 잠이 들어 있었다.

세계 각지에 흩어져 있는 여러 美 관리들 간의 전화 회의는 그날 밤새도록 계속됐는데 그 결과 제네바 협상을 계속 준수하기를 기대하는 뜻에서 '북한 주민들'에게 애도의 뜻을 전하기로 결정했다. 다니엘 포네만(Daniel Poneman) 국가안보회의 참모가 대통령 성명서 초안을 작성했고 외유 중이던 백악관측이 이를 즉각 발표했다.

본인은 美 국민을 대신해 북한 주민들에게 충심으로 애도하는 마음을 전합니다. 우리는 제3차 北-美 고위급 회담을 재개시킨 金주석의 지도력을 높이 평가합니다. 우리는 적절한 시기에 회담이 재개될 것으로 기대합니다.

미국의 애도 성명은 남한과의 사전 협의 없이 발표된 것이었고 이는 남한 일부 국민들의 즉각적인 분노를 촉발시켰다. 그 결정에 관여했던 한 미국 관리는 만일 한국과 사전 협의를 거쳤다면 조문 성명서는 결코 나오지 못했을 것이라고 전했다.

북한은 클린턴의 조문을 환영했지만 96년 대통령 선거에서 맞붙게 될 밥 돌(Bob Dole) 공화당 상원의원은 이를 신랄하게 비난했다. 돌은 조문 성명 발표가 '한국전쟁으로 인해 고통을 겪었던 미국인들의 심정을 무시한 몰지각한' 발언일 뿐 아니라 '김일성이 미국의 우방도 동맹도 아닌 지금껏 미국의 안위와 이해를 위협해온 정부의 야만적인 독재자'라는 점을 망각한 행위라고 단언했다. 클린턴은 이에 대해 자신이 한 말은 협상 진행 차원에서 볼 때 적절한 것인 데다가 '북한 핵문제 해결은 국익에도 중요하며 한국전쟁 참전용사들과 유가족들을 비롯한 대다수 미국인들도 정부가 북한과 핵문제를 현명하게 타결짓고 미래를 향해 나아가기를 몹시 고대하고 있을 것'이라고 덧붙여 말했다. 클린턴은 당시 본인이 보낸 애도 메시지가 후계자 김정일에게 오래도록 긍정적인 인상을 주었다는 사실은 알지 못했다.

金대통령은 김일성 사망 소식을 들은 후 몇 분 만에 전군에 비상경계태세를 발령했다. 오후 2시에는 청와대에서 국가안보회의, 이어 5시에는 긴급 국무회의가 소집됐다. 북한군 측에서 평소와 다른 모습을 보인 점이 있었다면 군사훈련 등 가시적인 활동을 사실상 중단했다는 것이었다. 이것은 최고 지도자의 죽음을 애도하고 장례식 행사를 준비하기 위한 것임이 분명했다.

며칠 후 남한에서는 김일성의 조문 문제에 대한 정치적 파문이 일어났다. 북한 주민들의 애도 분위기를 감안해 조의를 표하거나 조문단을 파견해야 하지 않겠냐는 이부영 민주당 의원의 발언은 보수파들의 강력한 반발을 샀다. 1주일 후 남한 정부는 김일성을 애도하는 어떠한 행위도 엄단할 것임을 선언하고 조문을 거론한다는 것 자체가 '지난 역사를 망각한 무모하고 무책임한 행동'이라고 비난했다. 또한 북한에 조문단을 보내려는 좌익학생들의 계획을 봉쇄했고 어떠한 형식의 조의 표현도 국가보안법 위반으로 간주해 단호히 대처할 것이라고 경고했다.

해묵은 상처가 다시 도지면서 감정이 격앙됐다. KBS는 폴란드에서 제작한 김일성에 관한 55분 짜리 다큐멘터리를 방영 25분만에 중단해야만 했다. 내용이 너무 호의적이라고 느낀 시청자들의 항의가 빗발쳤기 때문이었다. 그 프로그램은 이미 2년 전에도 방영이 됐던 것으로 그 당시에는 아무런 문제가 없었다. 남한 정부는 김일성의 장례식 다음 날 1백 건의 구 소련 문서를 공개함으로써 그 열기에 더더욱 부채질을 했다. 이 문서들은 金대통령이 6월 초 모스크바를 방문했을 때 받아 온 것으로 김일성이 한국전쟁 발발의 주동자였음을 증명하는 내용을 담고 있었다. 러시아 관리들은 사전에 모스크바와 상의 없이 그 문서를 공개한 것에 대해 시기가 적절하지 못하다며 불만을 표시했다.

북한 전체가 슬픔 속에 빠져 있던 이 시기 김영삼 정부가 보여준 행동과 발언들은 북한측을 격분하게 만들었다. 북한 당국은 남북정상회담 준비 단계에서 중단하기로 합의했던 악의적인 對 남한 음해 선전을 재개하고 남한 정부와의 공식적인 전화통화를 거부하기 시작했다.

그러나 개인적으로 金대통령은 그런 상황을 별로 개의치 않았다. 오랜 세월 동안 북한을 이끌어 온 지도자가 없어진 상황에서 북한이 그리 오래 버틸 수 없을 것이라고 굳게 믿었기 때문이다. 정종욱 남한 대통령 안보보좌관은 앤서니 레이크 백악관 안보 담당 보좌관과의 전화통화에서 북한 정부 내 전반적으로 퍼져있는 견해로 볼 때 북한은 붕괴를 향해 가고 있는 듯하다고 말했다. 어느 누구도 붕괴가 목전에 와 있다는 다소 무모한 추측을 하진 않았지만, 북한정권이 얼마 남지 않았다고 확신한 김영삼은 북한의 새 지도자를 받아들이기보다는 과소평가하고 있었다.

김정일(金正日)의 권력승계

금수당 의사당에서 진행된 김일성의 장례식과 김일성 광장에서 열린 추도식 행사장에 운집된 군중의 맨 앞줄에는 헬쑥하고 초췌한 한 남자가 서 있었다. 바로 상주인 김정일이었다. 그러나 일반적인 예상과는 달리 위대한 수령의 맏아들이자 정치 후계자인 그는 아버지에 대해서나 부친을 잃은 슬픔에 관해, 혹은 그가 앞으로 우선시할 국정의 정책순위에 대해 아무런 말도 하지 않았다. 다른 사람들이 위대한 수령을 칭송하고 10년 전부터 정해져 있었던 확정적인 권력승계 절차에 대한 이야기를 하는 동안 김정일은 아버지의 죽음에 깊이 동요한 듯 충격 받은 표정으로 묵묵히 듣고 있을 따름이었다.

김일성 부자는 여러모로 상이했다. 김일성은 게릴라 전사이자 '건국의 아버지'로서 죽는 날까지 카리스마적이고 외향적인 사람이었다. 김정일은 10대 때부터 특권을 누리며 성장했고 군복무 경험이 전혀 없는 상태로 91년 12월 북한군 총사령관으로 지명됐다. 예술가 스타일로 머리를 올백으로 넘긴 그는 군중들의 드높은 환호가 있을 때마다 불편해하는 기색이 뚜렷했고 중요한 발표를 해야할 때에도 자신은 모습을 보이지 않은 상태에서 대독을 시켰다. 북한 외부에서는 김정일이 목소리가 이상하거나 사고능력이 모자라기 때문에 대중 연설을 피한다는 소문이 돌았지만 어떤 것도 사실이 아니었다. 뭔지 모를 그 나름의 이유로, 북한 주민들이 김정일의 육성을 들을 수 있었던 유일한 기회는 92년 4월 북한군 창설 60주년 기념식이었는데, "인민의 위대한 군대에게 영광을!"이라는 짧은 한 마디 뿐이었다.

외부 세계는 김정일을 북한을 둘러싸고 있는 정체 모를 분위기를 대변하는 지도자로 인식했다. 그가 권력의 중심으로 부상해 김일성의 후계자로 선정된 일은 오랫동안 외부세계에 알려지지 않았고, 그의 활동들은 '黨중앙'(당중앙위원회와 같은 말 -역주)이라는 모호한 말 아래 가려졌다. 또한 수년간 외국을 방문하거나 외국 인사를 만나는 일도 없어 '은둔자'라는 이미지가 굳어졌다. 유일하게 84년에 김일성 수행원들 사이에 묻혀 잠시 베를린에 모습을 드러낸 적이 있을 뿐이었다. 그러나 2000년을 시작으로 김정일은 다수의 고위급 외국 대표단을 만나고 중국과 러시아를 여러 차례 방문했다. 그러나 그때까지도 외국기자들은 그를 '은둔자'로 표현하곤 했다.

북한측 선전에 따르면 김정일이 태어난 곳은 백두산의 한 통나무집이었다고 한다. 이곳은 한국의 건국신화에 나오는 한민족의 시조인 단군의 출생지였다. 그러나 보다 객관성을 갖춘 소식통들에 의하면

죽은 부친의 뒤를 이어 권력을 계승한 김정일 국방위원장이 군중들을 향해 손을 흔들고 있다. 그러나 공식석상에서는 알 수 없는 침묵으로 일관한다.

김정일은 1942년 2월 16일 그의 부친인 김일성의 유격대가 일본군을 피해 숨어있던 극동의 어느 러시아군 기지에서 태어났다. 일본 패망 후 김정일은 세 살 때 아버지와 함께 평양에 귀환했다가 여덟 살 때 한국전쟁이 터지면서 다시 중국으로 피난을 갔다. 그는 어려서 남동생을 익사 사고로 잃고 어머니가 사산아를 낳다가 사망함으로써 여동생과 둘만 남게 됐다. 김일성은 60년대 초 김성애와 재혼해서 2남 2녀를 두었다. 김정일은 정권을 승계하면서 조심스럽게 김씨 일가의 다른 가능성 있는 '후계자들을 제치고' 자신의 지위를 굳건히 했다. 김정일의 이복동생인 김평일은 헝가리·불가리아·핀란드·폴란드 대사로 임명되며 1988년을 시작으로 사실상 추방당했다.

역사가 브루스 커밍스(Bruce Cummings)는 북한을 '기업국가이자 가족국가(corporate and family state)'라고 표현했다. 김정일의 여동생 김경희(金敬熙)는 노동당 산하 경공업부 부장이고 그녀의 남편 장성택(張成澤)은 그의 오른팔로서 막강한 권력을 행사하고 있다. 이복 동생 김평일(金平一)은 초기에 헝가리에서 근무한 후 현재 핀란드 대사로 있다. 두 명의 이복 여동생 두 명 중 한 명의 남편은 4성 장군이고 또 다른 한 명의 남편은 대사로 있다. 가족들과 친인척들이 북한 내 고위직을 두루 차지하고 있는 셈이다.

권력의 장자상속제는 조선 왕조 동안 유지돼 온 유교적 전통이지만 명색이 '인민 민주주의' 국가로서는 이단적인 일이었다. 가깝게는 1970년 평양에서 발행된 공식적인 '정치학 용어사전'에도 세습은 '착취적인 사회에서 행해지는 반동적인 관습'으로 규정돼 있었다. 그러나 그 항목은 김일성이 자신의 아들을 후계자로 결정한 70년대 초 삭제됐다.

김정일은 1964년 김일성 대학을 졸업한 후 노동당 중앙위원회에 들어가 영화, 공연, 예술 분야를 특별 담당했으며 이후 평생을 두고 이 분야에 애정을 쏟게 된다. 또한 70년대 초에는 6편의 영화와 뮤지컬 제작에 관여하기도 했다. 이어 1973년 9월에는 노동당 중앙위원회 비서가 됐고 그 이듬해에는 정치국원이 됐다. 그 무렵부터 당 간부들은 김정일 찬가를 부르기 시작했고 그의 지시사항을 적기 위한 공책을 따로 지니고 다녔다.

　김정일은 노동당 내에서는 두각을 나타냈지만 공식적으로는 거의 알려지지 않았다. 그것은 김일성이 공산권 최초의 권력 세습을 위해 국내외적으로 철저한 준비를 했다는 것을 시사한다. 북한 언론은 현명한 영도력과 위대한 업적의 장본인으로 '黨중앙'이라는 수수께끼 같은 이름을 사용해 그를 지칭했다. 이러한 수수께끼가 풀린 것은 80년 10월 제6차 노동당 대회에서였다. 김일성의 장남 김정일이 정치국, 중앙군사위원회, 당 비서국에서 동시다발적으로 고위직에 오르는 한편 김일성의 지정된 후계자로 공표됐던 것이다. 이로써 그는 '위대한 수령'에 버금가는 '친애하는 지도자 동지'라는 호칭으로 불리기 시작했다.

　김정일의 호화판 생활과 과음, 여성편력에 관한 이야기는 끝이 없을 정도이다. 그는 66년 김일성 대학 동창과 결혼했다가 1971년 이혼한 후 역시 김일성 대학 출신으로 노동당 본부에서 타자수(打字手)로 근무하던 현재의 아내와 1973년 재혼했다. 또한 70년대 초반에 유명 여배우와 오랫동안 내연 관계에 있었던 일 등을 포함해서 여자 관계가 복잡한 것으로 널리 알려졌다. 그 여배우는 결국 모스크바에 있는 별장으로 보내졌다.

김정일의 활동상이 가장 폭넓게 알려지게 된 계기는 최은희·신상옥 납치사건이었다. 남한의 일류 여배우인 최은희와 1급 영화 감독이자 최은희의 전 남편인 신상옥은 김정일의 지시로 1978년 홍콩에서 각각 북한으로 납치됐다.

  김정일은 그들과 만난 자리에서 북한의 낙후된 영화 산업 진흥을 위해 '절대적으로 필요했기' 때문에 납치를 명령했다고 털어놓았다. 김정일은 그들에게 "이 두 사람이 필요하니 이리로 데려오라'고 한 마디 던졌더니 내 밑에 있는 동무들이 그대로 실행에 옮겼더군요"라고 사무적으로 말했다. 당시 김정일의 발언들은 나중에 신상옥 부부가 비밀리에 녹음한 테이프에 의해 폭로됐다.

  신상옥 감독은 탈출을 기도하다가 체포돼 4년이 넘도록 감옥에 수감돼 있었다. 그가 풀려난 후 두 사람은 재결합했고 86년 오스트리아 빈에서 서방으로 탈출하기까지 약 3년간 김정일을 위해 영화 제작 일을 했다. 김정일은 그들을 중요한 예술가이자 그가 교류하는 상류사회의 일원으로 대우했다. 그들은 북한 체류 기간 동안 김정일을 비롯해 그의 친구, 측근들과 폭넓게 개인적인 접촉을 가졌다고 한다.

  당시 북한은 경제도 어렵고 외채 상환 능력도 없던 시절이었지만 김정일은 돈을 물 쓰듯 했다고 신상옥 부부는 증언했다. 김정일은 그들 부부를 자신이 전에 살던 집에서 기거하도록 해주는 등 호화로운 생활 여건을 마련해주었다. 또 216으로 시작되는 특수 번호판을 단 신형 메르세데스 280 세단 승용차를 한 대씩 주었다. 그 차량번호는 북한의 국경일인 김정일의 생일 2월 16일을 뜻하는 것으로 차의 소유주가 중요 인물임을 말해주는 번호였다. 그들의 영화 제작을 지원하기 위해 김정일은 4천만 달러 이상을 들여 영화 스튜디오를 새로 만들어주고, 제작비용조로 외국 은행 계좌에 2백30만 달러를 넣어주었다. 신상옥은 '친애하는 지도자'는 금광에서 나오는 수입이 있어 자신의 재능 발휘나 취미 활동을 위해 원하는 대로 돈을 쓸 수 있다는 말을 어느 당 간부에게서 들었다고 전했다.

최은희와 신상옥은 탈출 직후 가진 기자회견에서 김정일은 자신만 만하고 머리도 좋으며 변덕스럽고 기발하다면서 영화와 관련된 문제뿐 아니라 정부의 일에도 깊이 관여하고 있다고 말했다. 그는 최은희를 납치한 후 처음 만난 만찬에서 자신의 체구에 관해 "어떻습니까? 난쟁이 똥자루 만하지요?"라고 말하는 등 자기비하적인 표현을 쓰기도 했다. 한편 악단까지 동원한 밤샘 파티가 끝날 무렵인 새벽 5시 술에 만취된 상태에서 최은희를 호출할 정도로 뻔뻔스러운 측면도 있었다. 김정일이 연루된 것으로 알려져 있는 여러 가지 사건들 가운데 최은희·신상옥 부부 납치사건이 가장 널리 보도됐지만 사실 그가 관련된 것은 그것뿐만이 아니다. 83년 남한 정부 각료들이 대거 참사를 당한 미얀마 아웅산 폭발사건도 그의 휘하에 있는 비밀 공작기관의 소행이라는 혐의가 있었다. 87년 1백15명의 인명을 앗아간 대한항공 858기 폭파 사건을 저지른 김현희도 김정일을 직접 만난 적은 없지만 비행기 폭파가 김정일의 친필 지령에 따른 것이라는 말을 들었다고 밝혔다. 또 확인되지 않은 여러 가지 소문에 따르면 북한 핵개발 계획도 그가 직접 감독해왔다고 한다.

그런가 하면 김정일은 지도층 내에서 북한 현대화에 가장 많은 관심을 가진 인물이었다. 북한 주재 동독 대사관은 82년 동베를린으로 보낸 한 외교 문서에서 김정일의 '현대적인' 사고방식을 거론하면서 신식 여성복 착용 허용, 주사위·카드·보드 게임의 재도입, 주류 소비, 특히 맥주 소비의 증가 등 일반 대중의 생활양식 규제를 완화하는 데 큰 기여를 했다고 언급했다.

신상옥 부부가 갖고 나온 테이프에 담긴 녹음 내용에 의하면 84년 김정일은 이렇게 말했다. "30년간 사회주의 체제를 겪고 보니, 서방 세계에 문호를 열지 않고서는 인민들을 먹여 살리기 힘들다는 것을 알았다. 우리는 사실 서방에 뒤져 있다." 그러면서도 그는 중국이 북한의 개방을 촉구하고 있지만 지금은 그럴 수 없다고 말했다. 아무리 관광 수입을 목적으로 한 개방이라 할지라도 요새화된 국가인 북한을 외부에 노출시키는 것은 '무장해제를 당하는 것과 마찬가지'이기 때문에 '전략적으로 어쩔 수 없다'는 것이다. 따라서 개방은 통일 후에나 가능하다는 것이 그의 설명이었다.

북한 당국은 김정일의 권력 승계를 준비하기 위해 그에 대한 본격적인 우상화 작업에 착수했다. 모든 가정과 사무실, 작업장에는 김정일 초상화가 김일성 초상화와 나란히 걸렸다. 필자는 80년 대 말 평양에 주재했던 한 러시아 특파원의 경험담을 통해 철저한 세뇌교육의 본보기를 접할 수 있었다. 특파원의 아내는 평양 산부인과 병원에서 아이를 출산했다. 그 병원은 김정일이 아기를 낳다 죽은 자신의 생모를 기리는 의미에서 후원하는 병원들 중 하나였다. 아이가 태어나자 수간호사는 "김정일 동지의 축하를 전합니다!"라고 말하면서 갓난아이를 아버지에게 안겨주었다. 몇 분 뒤 간호사들이 커다란 단지와 긴 숟가락을 들고 행진을 하듯 줄을 지어 분만실로 들어왔다. 그들은 "김정일 동지께서 보내주신 선물입니다!"라고 일제히 외치면서 깜짝 놀란 산모의 입속에 꿀을 한 숟갈 가득 떠서 넣어주었다. 설탕과 꿀이 귀한 북한에서 숟가락 가득 담긴 꿀은 더없이 귀한 선물이었던 것이다.

그러나 그런 제스처에도 불구하고 김정일에 대한 북한 주민들의 애정은 김일성에게 품었던 애정에 훨씬 못 미친다고 탈북자들과 외부 전문가들은 말하고 있다.

김정일의 건강은 외국 정보기관들 사이에서 최대 관심사가 돼 왔고 그가 심장질환·당뇨·간질·신장질환 등을 앓고 있다는 등 각양각색의 소문이 돌았다. 아내가 의사인 한 중국군 장교는 김정일이 93년 9월 자동차 사고로 중상을 입은 후 중국 의료진에게 머리 부상을 치료받은 적이 있다고 말했다. 한편 남한 정보 기관의 한 고위관리는 그가 93년에 낙마(落馬)해 허리와 내장 기관에 부상을 입은 것으로 알고 있다고 말했다. 그러나 확실한 사실로 밝혀진 이야기는 아무것도 없다.

1994년 7월 남한 전문가들은 김정일이 김일성의 노동당 총 비서직과 북한 지도자 자리를 얼마나 빨리 차지할지에 대한 추측을 내놓았다. 승계준비가 얼마나 철저히 이루어져왔는지, 아버지 사망 시 권력을 어느 정도 장악한 상태였는지에 대해 무지했던 남한 대통령을 포함한 많은 전문가들은 김정일 정권이 빠르게 전복될 거라 예측했었다. 김일성의 사망 이후의 긴 애도 기간(3년)과 그가 바로 최고지도자 자리에 오르지 못했던 정황을 미루어 보아 김정일이 계급사회 내부에서 강한 반발에 부딪힐 거라는 예상이 있었지만 이러한 추측은 완전히 빗나갔다.

제네바 기본 합의

오랫동안 기다려왔던 제3차 北-美 핵협상 고위급 회담이 8월 5일 제네바에서 재개됐다. 이전에 예정대로 열렸던 회담은 김일성 사망 소식과 함께 즉각 중단됐었다. 미국측 협상 대표단은 김일성 사망 후에도 북측 협상 대표단의 협상 타결 의지가 약화되지 않았다는 점을 확인하고 안도했다. 북한측 대표단은 회담 초기부터 실질적인 태도로 임하면서 협상 타결에 적극적인 태도를 보이는 등 이전과는 확실히 대조되는 모습을 보였다.

1주일간 진행된 회담은 8월 12일 자정이 지나 기자회견을 통해 합의 성명을 발표하는 것으로 마무리됐다. 양측 대표단은 주요 사안들의 포괄적인 타협안에 신속히 합의했다. 6주 후인 9월에 재개된 협상에서는 좀더 힘겨운 협상 과정을 거쳐 더욱 진전된 타협이 이루어졌다. 카터와의 합의로 북한은 협상이 진행되는 동안 핵개발을 중단하는 데 이미 동의한 상태였다. 제네바에서 다시 협상 테이블에 앉은 양측은 이전에 논의된 합의사항에 따라 영구적인 해결 방안을 찾는 데 주력했다. 그 영구적 해결책의 요체는 북한이 현대적인 경수로를 제공받는 대신에 흑연 감속제를 사용하는 중수로 시설을 폐기한다는 것이었다.

양측은 이 같은 기본적인 항목 외에도 몇 가지 부차적인 문제들에 관해 포괄적인 합의를 이끌어내야 했다. 강석주 북한측 협상대표는 사석에서 갈루치 美 대표에게 북한의 주요 협상 카드에 관해 넌지시 언급했다. 즉 그해 초 5MW급 원자로에서 떼어낸 '사용후 연료봉' 8천 개와 그 연료봉에서 핵무기 4-5개를 생산할 수 있는 양의 플루토늄을 추출해낼 수 있는 재처리 시설, 그리고 북한이 따로 플루토늄을 빼돌렸는지 여부를 규명할 수 있는 핵폐기물 처리장에 대한 IAEA의 '특별사찰' 등이었다. 미국측 입장에서도 미끼로 던질 만한 몇 가지 중요한 협상 카드가 있었다. 그것은 북한이, 지원세력 소련이 해체되고 중국에서 정책 변화가 일어나는 등 과거와는 달라진 환경 속에서 미국과 정치·경제적 유대관계를 수립함으로써 당면한 어려움을 어느 정도 해소할 수 있을 것이라는 점이었다.

일찍부터 북한은 약속된 경수로를 제공받아 가동하기까지 기간인 약 10년의 기간 동안 기존 원자로 가동 중단으로 초래될 에너지 부족분에 대해 보상을 해달라고 요구해왔다. 북한 대표단은 그들이 뚜렷한 협상의 결실을 가지고 귀국해야 한다는 점을 강조했다. 미국측은 국방부가 보유한 발전기 여유분이나 화력 발전소 등을 포함해 북한에 에너지원을 공급할 방법을 다각도로 검토했다. 美 협상단은 북한측이 석유 정제 후 남는 끈끈한 찌꺼기인 중유를 요구해오자 반가웠다. 북한은 수십 년간 동독으로부터 중유를 공급 받아 북쪽 국경 부근에 있는 거대한 발전소의 동력원으로 사용해왔다. 게다가 당시 미국에서는 모르고 있었지만 발전소 추가 건설과 더불어 중유를 확보하는 사안은 김일성이 몹시 갈망하던 일들 중 하나였다.

양측은 포괄적인 타협안의 이행 조건들을 협상하는 데 대부분의 시간을 소비했다. 북한측은 미국이 처음에는 모든 것을 포기하라고 강요하지나 않을까 우려했지만, 오히려 나중엔 미국이 시치미를 뗄까봐 우려했다. 한편 미국측은 포괄적인 합의안을 이끌어낸다 할지라도 북한이 이를 이행하지 않을지도 모른다는 점을 걱정하고 있었다. 갈루치는 "한쪽에서 한 가지 중요한 조치를 취했을 때 상대방도 약속에 따라 이에 상응하는 조치를 취할 것이라는 확신이 서지 않았다. 따라서 상대방의 약속 이행 여부를 지속적으로 확인할 수 있는 일련의 하위 조치들에 대한 합의가 있어야 했다"고 말했다. 그런 만큼 합의의 핵심은 향후 양측이 취해야 할 조치들이 구체적으로 명시된 일정표를 마련하는 일이었다. 그 중 북한측이 예민하게 여기는 부분은 공표하지 않고 비밀 각서에 자세하게 명시했다.

　1주일간 열린 1차 회담이 급속도로 진전되고, 6주 후인 9월에 재개된 2차 회담도 계속해서 급진전을 보이자 많은 미국 관리들은 놀라움을 감추지 못했다. 美 협상단은 북한의 새 지도부가 김일성이 사망한 특수한 시점에서 김정일의 위상을 높이기 위해 협상 타결을 원하고 있는 것이라고 추측했다. 갈루치는 그해 봄에 있었던 유엔의 실질적인 대북 제재 위협과 더불어 대규모 군함·전투기·병력 등을 추가로 투입해 강력한 대결 의지를 보인 것이 회담을 성공적으로 이끌어낸 결정적인 원인이었다고 믿었다. 그는 6월에 빚어진 사태를 '정치·군사적 성격이 복합된 매우 효과적인 조치'였다고 평가하면서, 그로 인해 북한측이 협상 타결을 위한 강한 의지를 갖고 회담에 임하게 된 것이라고 했다.

　한편 IAEA의 핵사찰 요구는 가장 까다로운 문제들 중 하나였다. 미국과 유엔 안보리는 북한 핵시설 두 곳을 사찰 대상에 포함시켰지만, 이에 대해 북한은 군사시설은 사찰 대상에서 제외되어야 한다는 주장을 제기했다. 또한 18개월 전에도 그 이유를 들어 갑자기 NPT에서 탈퇴한 일이 있었다. 강석주 북한 대표도 자국의 주권을 침해하는 요구에 '절대로' 굴복할 수 없다는 경고성 발언을 사석에서 언급했다. 한편 갈루치는 북한의 '특별사찰' 수용이 최종 합의안에 반드시 포함돼야 한다는 지시를 받고 협상에 임한 상태였다. 양측은 핵사찰 문제를 둘러싸고 팽팽히 맞섰고 그것은 협상의 가장 큰 걸림돌이었다. 그러던 중 어느 시점부터 양측은 유연한 자세를 보이기 시작했다.

美 국무부 고위직에 있는 북한 관측통인 로버트 칼린은 강석주가 9월 23일부터 핵사찰과 관련해 '절대 불가'라는 표현을 사용하지 않고 있다는 사실에 주목했다. 북한에서 발표되는 각종 성명서의 뉘앙스 변화를 20년 이상 연구해 온 칼린은 그 점을 의미심장하게 받아들였다. 그는 9월 27일 평양 라디오 방송이 '북한 인민무력부 대변인' 명의로 발표한 성명을 듣고 나자 어떤 변화의 조짐을 더욱 강하게 느꼈다. 북한군은 그 성명서에서 '압력이 수반된 대화'에서는 아무것도 기대할 것이 없으며, "특별사찰을 통해 군사 시설을 개방시키려는 어떠한 시도도 결코 용납할 수 없다"고 선언했는데, 이는 외교부가 진행 중인 제네바 회담을 공격하는 듯한 위협적인 뉘앙스를 풍겼다. 그날 오후 워싱턴에서 열린 對 한반도 정책에 관한 회담에서 CIA 전문가들은 그 성명이, 앞으로 북한이 특별사찰을 더욱 강력히 반대함으로써 협상이 교착상태에 빠질 것임을 예고하는 것이라고 해석했다. 그러나 칼린의 의견은 달랐다. 그는 북한 군부의 그같은 담화문은 제네바 회담에서 결정적인 부분을 양보하는 문제를 두고 군과 외교부 간에 벌어진 마찰이 표면적으로 나타난 것이라고 확신했다.

오래지 않아 칼린의 판단이 옳았던 것으로 판명됐다. 10월 6일 회담에서 강석주는 약속된 경수로 관련 장비의 70-80%가 선적될 때까지 핵사찰(그는 이런 단어를 피하기 위해 완곡어법을 사용했다)에 응하지 않겠다고 말했다. '절대 불가'를 내세우던 태도가 협상의 여지를 내비치는 쪽으로 돌변한 것이다. 칼린은 국무부의 직속 상관에게 전자우편을 띄웠다.

"오늘 오전 11시 50분에 드디어 승리를 거두었다. 나는 姜이 그 말을 하는 순간 게임이 끝났다는 것을 알고 시계를 봤다." 이제 협상

조건을 확정짓고 미국 정부를 설득해 5년이든 혹은 그 이상이 걸리든 약속된 핵심 경수로 장비가 인도될 때까지 특별사찰을 연기하도록 허가를 받아내는 일은 갈루치의 몫이었다. 특별사찰 연기 문제는 많은 논란을 불러일으켰지만 갈루치와 美 행정부는 최선을 다한 결과라며 반론을 펼쳤다.

남한은 대북 경수로 지원과 관련해 중심적인 역할을 맡고 비용도 가장 많이 부담한다는 데 동의했지만, 정작 제네바 핵협상 회담 석상에는 참석하지 못했다. 매일같이 미국측으로부터 간략한 보고를 받고는 있었지만 北-美 협상과 타결 과정에 직접 개입하지 못했다는 사실은 남한 입장에서 볼 때 대단히 불만스러운 일이었다. 우방이자 동맹국인 미국이 북한과 협상을 진행하는 동안 남한은 크나큰 소외감을 느꼈다. 반면 북한은 남한이 소련 및 중국과 이미 수교를 맺었다는 점을 감안할 때 하루라도 빨리 미국과 직접 관계를 맺는 일이 시급했다.

이러한 남한의 불안감은 金대통령이 10월 중순 뉴욕타임스지와의 인터뷰에서 마무리 단계에 와 있던 제네바 합의 내용에 반대함으로써 극적으로 불거졌다.

그가 제시한 반대 근거는 '북한은 지금 정치와 경제의 붕괴에 직면해 있다. 지금과 같은 시점에서 북한과 타협을 한다는 것은 북한의 정권을 연장하는 데 도움을 줄 뿐'이라는 것이었다. 그는 또 북한과의 협상에서 남한 정부보다 경험이 적은 미국이 제네바에서 속고 있다고 단언했다. 그런 주장은 당초 한국정부의 공식적인 협상 지지 입장과는 상충되는 것이었다.

갈루치 대사와 美 정부 관계자들은 金대통령의 감정적 반발에 아연해 하면서 눈앞에 둔 협상 결실이 남한 때문에 무산될지 모른다는 심각한 우려를 느꼈다. 갈루치는 격노했다. 그가 그날 오후 회의장으로 들어설 때 갈루치의 대화상대였던 강석주는 위로의 말 몇 마디를 건넸다. 강석주는 마치 '남한은 절대 다루기 쉬운 상대가 아닌 걸 알겠습니까'라고 말하듯이 빙긋 웃었다.

런던을 방문 중이던 크리스토퍼 국무장관은 심기가 불편해진 클린턴 대통령으로부터 金대통령의 회견 내용에 대한 전화를 받은 후 런던 시간으로 새벽 2시에 한승주 외무장관에게 전화를 걸었다.

그날 오후 레이니 대사는 청와대에서 金대통령을 만나 '우리는 DMZ에서 남한을 배신하지 않을 것이다. 제네바에서도 그런 일은 없을 것'이라고 단언했다. 레이니는 동맹관계에 있는 韓-美 간의 공동목표에 관해 언급하면서 북한의 핵무기 개발을 성공적으로 억제할 수 있는 시점에 있는 만큼 일관성을 유지해줄 것을 金대통령에게 요청했다. 그러나 金대통령은 국민과의 약속 때문에 제네바 합의를 인정할 수 없다고 단호히 거부했다. 그는 북한의 핵개발 의혹을 규명할 수 있는 '특별사찰'을 연기하는 일과 합의안 내용에 남북관계에 대한 언급이 없다는 점은 받아들일 수 없다고 강한 반대의사를 표시했다. 레이니는 계속해서 '핵 지렛대'를 유지하고자 하는 북한이 조기 '특별사찰'에 응할 가능성은 희박하며, 갈루치가 남북대화 재개 문제를 합의사항에 포함시키기 위해 최선의 노력을 기울이고 있다며 이를 맞받았다. 이어 그는 金대통령에게 대중적 인기에 연연하지 않는 지도자의 모습을 보여 달라고 호소했다.

그러나 金대통령은 요지부동이었다. 그는 이튿날 아침 한승주 외무장관과의 통화에서 제일 먼저 北-美 협상에 대해 비난의 말을 퍼부었다. 그런 비난은 제네바 합의를 무효화시키고 韓-美 관계에 영향을 미칠 뿐 아니라 북한과의 관계에 있어서도 또다시 대결 국면을 몰고 올 소지를 안고 있었다.

　한승주는 제네바 합의를 인정하는 것이 남한의 국익에 도움이 된다는 점을 대통령에게 인식시키기 위해 여러 차례 전화통화를 했고 격한 말들이 오간 후에야 결국 그 뜻을 관철시킬 수 있었다. 한승주는 자신의 보좌관에게 대통령과 극도의 의견 대립으로 장관직을 사임하게 될지도 모르지만 워낙 중대한 사안이어서 어쩔 수 없다고 말했다. 그리고 두 달 뒤 金대통령은 한승주를 해임하고 신중한 전문 외교가 공로명(孔魯明)을 새로운 외무장관으로 임명했다.

　한편 제네바의 갈루치는 남한의 상황을 감안해 남북대화 재개 조항을 北-美 합의문에 포함시키라는 지시를 받았다. 그러나 강석주는 남북관계는 한반도 내부 문제이며, 미국이 나설 문제가 아니라면서 극력 반대했다(한반도 내부 문제는 美 외무부의 소관 밖에 있기도 했다). 북한측은 미국이 핵협상의 전제 조건으로 남북 문제를 들고 나온다면 협상을 그만두고 본국으로 돌아오라는 지시를 받았다고 단호하게 말했다. 갈루치도 남북대화 재개 조항을 포함시키지 않으면 합의에 응하지 않을 것이라고 맞섰다.

　협상을 중단하겠다는 양측의 협박성 발언이 오간 후 북한측은 마침내 남북대화 재개를 합의문에 넣는 데 동의했다. 어휘 선정을 두고 며칠간 옥신각신한 끝에 '조선민주주의인민공화국은 이 기본합의문에 의해 대화를 도모하는 분위기가 조성됨에 따라 북남대화에 참여할 것'이라는 문안이 작성됐다.

　이후 양측은 대화 재개 시점을 놓고 또 한번 교착상태에 빠졌다. 미국은 '조속한 시일'을 제안했으나 북한은 '-에 따라'라는 조건이 붙은 조항을 고집했다. 후일 북한은 약속된 사항을 이행하지 않은 데 대한 변명으로 이 문안을 이용하게 된다. 갈루치는 어떤 말을 넣더라도 남한과의 협상을 북한에 강요할 수는 없을 것이며 '어휘의 해석은 한반도 사람들에게나 중요한 문제'라는 판단을 바탕으로 마침내 타협안을 받아들였다.

제네바 합의문은 형식이나 내용 면에서 양측에 구속력을 갖는 의무 조항이 포함된 사실상의 조약이었지만 美 상원의 인준을 받지 못할 가능성을 우려해 조약 대신 '기본합의문'이라는 형태를 가졌다. 실제로 북한은 美 행정부가 의회의 제동으로 인해 합의문을 이행하지 못하게 되는 사태를 크게 염려하고 있었다. 제네바에서 합의된 대로 클린턴은 합의문에 서명을 하기 바로 전날 '김정일 조선민주주의인민공화국 최고지도자' 앞으로 서한을 보내 경수로 지원을 주선하고 건설기간 동안 '잠정적인 대체 에너지 수단'을 제공하기 위해 '의회의 승인을 얻어내는 데 대통령으로서의 모든 권한을 동원할 것'임을 다짐했다. 북한은 어조가 별로 단호하지 못하다며 불만을 표시했지만 미국 측은 美 정치 내 권력 분립의 원칙상 대통령이라 할지라도 의회를 무시한 독자적인 행동은 있을 수 없다고 해명했다. 미국의 갈루치 국무부 차관보와 북한의 강석주 외교부 부부장에 의해 10월 21일 제네바에서 조인된 北-美 기본합의문의 주요 조항은 다음과 같다.

| 미국은 2003년까지 총 발전용량 2천MW급 경수로 발전소를 제공하기 위해 국제 컨소시엄을 조직한다. 그 대가로 북한은 기존 핵원자로 및 관련 시설들의 가동을 전면 중단하며 그 시설에 대한 IAEA 사찰단의 지속적인 감시를 허용한다. 첫 번째 원자로에서 인출한 연료

봉 8천 개는 배에 실어 국외로 선적될 것이다.

| 북한은 경수로 건설 계획에 필요한 주요 장비가 인도되기까지 소요될 약 5년간의 기간 동안 IAEA에 전적으로 협조한다. 이 말은 북한이 '특별사찰'을 수용한다는 뜻이다. 북한의 기존 핵시설은 경수로 사업이 완료되는 시기인 약 10년 후 완전 해체된다.

| 미국은 경수로 발전소가 가동되기 전까지 북한에 부족한 에너지를 보충해 주기 위해 매년 중유 50만 t을 공급한다.

| 쌍방은 무역과 투자에 대한 현재의 장벽을 완화하고 궁극적으로 관계정상화를 향한 첫 단계로서 상대방의 수도에 연락사무소를 개설한다. 미국은 북한에 대해 핵무기를 실제 사용 또는 위협용으로 이용하지 않는다는 점을 공식적으로 보장한다.

| 북한은 한반도 비무장화에 관한 91년의 남북공동선언을 이행하고 남북대화를 재개할 것이다.

제네바 합의에 대한 반응

북한은 제네바 합의를 승리로 여기며 자축했다. 미국에 비해 북한의 국력이 한참 뒤떨어진다는 점을 감안할 때 북한이 제네바 합의를 승리라고 생각하는 것은 놀랍거나 이상한 일이 아니었다. 강석주는 이 합의문을 '역사적으로 큰 의미를 지닌 매우 중요한 기념비적 문서'라고 평가했다. 그를 비롯한 북측 대표단은 평양 공항에서 대대적인 환영을 받았다. 그들은 (김정일이 실제로 참석하지는 않았지만) 김정일의 이름으로 마련된 연회에 주빈으로 참석하는 영광을 누렸다. 노동신문은 그 협정을 '최대의 외교적 승리'라고 격찬하면서 "우리는 누군가의 동정이나 충고에 의지하지 않고 독립적인 발판에서 미국과 독립적으로 회담했다"고 자랑스럽게 보도했다.

남한 정부는 그 합의문을 공식적으로 인정하고 실행에 협조하겠다는 약속을 했지만 남한 내 여론과 주요 엘리트 집단들의 시각은 지극히 부정적이었다. 합의문이 조인된 지 한 달 무렵이 지났을 쯤 때마침 남한을 방문한 필자는 대개 친미적이고 실용주의적인 남한 국민들조차 제네바 합의를 맹렬히 비판하는 것을 보고 깜짝 놀랐다.

그런 비판들은 사전에 남한 정부와 미리 상의하지 않은 데 대한 불만과 미국측 협상단이 좀더 강경한 자세로 밀고 나가지 않아서 보다 나은 결과를 얻는 데 실패했다는 등의 내용을 담고 있었다. 더욱이 金대통령이 제네바 협상 막판에 뉴욕타임스지와의 회견에서 피력했듯, 제네바 합의는 붕괴 직전에 놓인 북한을 물가로 끌어냄으로써 통일을 지연시킬 뿐이라는 의견이 지배적이었다.

그러나 훨씬 더 심각한 문제는 소위 가장 큰 동맹국이자 가장 가까운 우방인 미국이 원수 같은 북한과 관계를 맺는다는 점과 설상가상으로 남한을 제쳐놓은 상태에서 北-美 간의 협상이 이루어졌다는 사실로 인해 남한 국민들이 극도로 분개하고 있다는 사실이었다. 한 서울 시민은 그런 분노의 감정을 미국 정부가 돌연 남한의 등 뒤에서 '한 핏줄을 나눈 형제이자 적수인' 북한과 내통했다는 말로 표현했다. 그러나 워싱턴은 北-美 관계로 인해 발생된 이러한 파장을 제대로 이해하지 못했다.

제네바 합의에 대한 미국 국민들의 반응은 냉담했다. 불량 국가라는 낙인이 찍힌 북한과 그처럼 광범한 합의에 응했다는 것을 받아들이는 데에는 무리가 있었던 것이다. 뉴욕타임스지는 '클린턴, 북한 원조 계획에 승인하다', 워싱턴포스트지는 '미국, 북한과의 조약에서 양보하다. 합의문에 따라 주요 플루토늄 제조 시설 수년 더 남겨둘 듯'이라는 표제의 기사를 보도했다.

기본합의문이 서명된 지 17일 후 94년 선거에서 공화당이 수십 년 만에 처음으로 상·하 양원을 장악하는 이변이 발생했고 그에 따라 합의안의 이행에 대한 전망은 더욱 불투명해졌다. 공화당이 주도하는 새 의회는 민주당 의회 때보다 대북 정책과 관련해 훨씬 더 보수적이고 회의적이었다.

김정일 정권

기본합의문에 서명한 지 채 2개월도 지나지 않은 12월 17일, 새로이 형성된 北·美 관계는 아무도 예상치 못했던 방식으로 시험대에 올랐다. 그날 아침 미군 준위 2명이 탄 비무장 헬기가 눈 덮인 지역을 비행하던 중 길을 잃고 비무장지대를 넘어 북한 영공으로 8km 침범해 들어갔다가 격추됐던 것이다. 데이비드 하일먼(David Hileman) 준위는 사망했고 살아남은 부조종사 보비 홀(Bobby Hall) 준위는 즉시 북한군들에게 생포됐다.

때마침 뉴멕시코주 출신의 민주당 의원 빌 리처드슨(Bill Richard-son)은 베이징을 경유해 평양으로 향하고 있었다. 17일 저녁 평양에 도착한 리처드슨은 홀 준위의 석방을 위해 온갖 노력을 기울였지만 실패했다. 북한 외교부 관리들에게서 돌아온 답변은 홀 준위의 석방 권한이 북한군 사령부에 있다는 말뿐이었다. 북한군 사령부라면 협상이 더 힘든 대상이었다. 리처드슨 의원은 성탄절이 오기 전에 홀 준위가 귀국할 수 있도록 석방해 달라고 호소했지만 '조속히' 석방하도록 최대한 노력하겠다는 약속만을 받을 수 있었다.

결국 리처드슨은 22일 하일먼의 유해와 함께 귀국길에 올랐고 성탄절 당일까지도 억류된 상태로 있던 홀은 비행 당시 상황을 정확하게 기술한 뒤 '조선민주주의인민공화국의 주권을 중대히 침해'한 사실에 대해 용서를 구하는 '자술서'를 썼다. 북한 표준 관행에 따라 홀의 자백은 그의 석방 협상을 시작할 수 있는 길을 열었다. 이튿날 북한 외교부는 홀의 석방은 당시 판문점에서 그 문제를 협의 중이던 군사적인 채널을 통해서는 이뤄지지 않을 것이라며 美 국무부에 고위관리 한 명을 평양에 파견할 것을 요청했다.

제네바 협상을 포함한 북한과의 여타 협상에 참여한 바 있는 토마스 허바드 美 국무부 부차관보가 12월 28일 비무장지대를 통해 평양으로 향했다. 북한 외교부는 홀의 석방 대가로 모종의 양보를 받아낼 여지를 탐색하는 것이 분명했다. 허바드는 이틀간의 회담 끝에 北-美 평화조약 체결 협상 등 북한이 제안한 정치적 요구조건을 들어줄 수 없다고 거절했다. 그렇지만 그는 '북한 영공을 불법 침범한 사실'에 대한 '심심한 유감의 뜻'이 담긴 성명을 발표하는 데는 동의했다.

홀의 송환 교섭 과정 중 주목할 만한 점은 북한 외교부와 군부 간에 견해차가 뚜렷했다는 사실이다. 외교부는 기본합의문에서 미국과 약속한 합의사항들을 수호하고 추진하는 데 열의를 보였지만 군부의 기본적인 관심사는 국경 방위였다. 외교부 관리들은 군 장교들과의 마찰에 관해 공공연히 털어놓았다. 그런가 하면 비무장지대에 있는 북한군 장교들은 美 당국자들과의 대화 중 자국의 외교관들을 지칭할 때 '넥타이들'이라는 경멸적인 용어를 사용했다.

　이번 사건과는 차원이 조금 달랐지만 그런 갈등은 제네바 협상 기간 중에도 표출된 적이 있었다. 어떤 면에서 볼 때 북한 대표단이 군부 강경파와의 마찰을 언급했던 것은 외교적으로 유용한 책략이었을 수도 있었지만 갈루치 대사와 허버드 부차관보 그리고 나머지 미국 협상단들은 북한 외교부와 군부 간의 갈등이 실제로도 존재한다고 확신했다. 제네바에서 북한 외교관들은 새로운 최고지도자 김정일이 자신들의 주장을 직접 승인해준 것으로 보아 자기네 외교부가 군부와의 대결에서 최종적으로 승리한 것 같다는 말을 넌지시 건넨 적이 있었다. 보비 홀(Bobby Hall) 사건이 정점에 이르렀을 때 외교부는 다시 한 번 자신들의 우세를 확실히 했다. 아마도 미국과의 관계 진전이 최우선 목표라는 김정일의 생각에 부합했기 때문이었을 것이다.

　12월 29일 저녁 허바드는 홀의 송환을 위한 미국 정부의 성명서 발표안에 대해 워싱턴으로부터 최종 승인을 받았다. 강석주 북한 외교부 부부장은 그 성명서 사본을 '최고지도자'에게 제출할 것이라고 말하면서 허바드가 참석한 공식 만찬장을 떠났다. 다음날 새벽 2시 또 다른 외교부 관리가 귀빈 숙소인 백화원 초대소에 있던 허바드를 찾아와 그 성명서 발표안과 홀의 석방에 대해 '김정일의 승인'이 떨어졌다는 말을 전했다. 홀은 그날 아침 풀려나 판문점을 통해 송환됐다. 판문점에 있던 북한군 장교들은 노골적으로 불만을 표시했다. 허바드는 후일 필자에게 "북한에 최고지도자가 존재하며 그것은 아마도 김정일인 것 같다고 확신하게 됐다"고 말했다. 그러나 당시 허바드를 비롯한 다른 어떤 외국 외교관들도 김정일을 직접 만나지는 못했다.

홀이 송환되고 나서 몇 분 뒤 클린턴은 김영삼 대통령에게 전화를 걸어 허바드의 송환 교섭으로 미국과 북한 간에 새로운 대화 채널이 열리거나 정책 노선이 변경된 것은 아니라는 점을 재확인했다. 남한 언론과 일부 관리들이 그 협상에 관해 대단히 비판적이었다는 점을 의식한 전화통화였다. 남한 국민들은 허바드가 북한과 새로운 협상을 하고 있다고 우려하고 미국측의 그런 성명서 발표로 북한이 이득을 보았다고 해석했다. 金대통령은 북한 지도부 내의 변화에 대해 언급하는 듯 "북쪽에서 뭔가 이상한 일이 진행 중이다. 너무 서두르지 말아야 한다"고 클린턴에게 말했다.

평양 방문

1995년 1월 중순 필자는 조지 워싱턴大 시거 동아시아 연구센터가 후원하는 4인 학술단의 일원으로 김정일 정권 하의 북한을 1주일간 방문했다. 91년 북한 방문 당시와 마찬가지로 베이징에서 러시아제 소형 항공기를 타고 평양에 도착했는데 그날 하루 동안 북한 땅에 내려앉은 비행기라곤 필자가 탄 비행기 하나밖에 없었다. 첩보 제트기가 쉴 새 없이 뜨고 내리면서 하루 4만여 명의 승객을 실어 나르는 서울의 혼잡한 김포공항과는 퍽 대조적인 풍경이었다.

그러나 비행기에서 내린 뒤 1시간 만에 필자는 3년 6개월 전과는 판이하게 달라진 평양의 모습에 깜짝 놀랐다. 첫 번째로 놀란 것은 우리가 탄 관용 벤즈들을 비롯한 모든 차들이 군 검문소에서 검문을 받았다는 것이다. 지난번 여행 때는 없었던 일이었다.

게다가 평양 시내에는 자동화기로 무장한 군인과 사회 안전원들의 모습이 예전보다 훨씬 더 많이 눈에 띄었다. 북한을 자주 방문하는 한 유럽인은 지방에서는 군인들을 더 많이 볼 수 있다고 전했다. 정권에 대한 도전의 기미는 전혀 없었지만(물론 그런 도전이 용납될 리도 없지만), 군의 존재를 더욱 부각시키고 있다는 점에서 어떤 메시지를 전달하려는 듯한 느낌을 받았다. 그러나 그 메시지가 정권에 대한 도전 가능성을 미연에 방지하기 위한 경계 강화 차원의 것인지 아니면 김정일 집권기에 접어들어 군부의 위상이 더욱 강화됐음을 의미하는 것인지는 확신이 서지 않았다.

우리 일행이 탄 차는 시내로 들어선 후 호텔로 곧장 가지 않고 김일성의 대형 동상을 참배하기 위해 만수산으로 향했다. 이것 역시 새로이 추가된 의례였다. 우리 방문단의 인솔자인 한인(韓人)계 미국인 김영진 교수는 북한측으로부터 김일성 동상에 헌화할 꽃다발을 전달받았는데, 동상 하단에는 이미 꽃다발이 수십 개나 놓여있었다. 쌀쌀한 영하의 날씨에도 불구하고 우리 일행 뒤에는 초등학생들을 비롯한 많은 참배객들이 늘어서서 자신들의 차례를 기다리고 있었다. 확성기에서는 장엄한 음악이 흘러나왔고 위대한 수령을 기리는 내용의 말들이 슬픔에 찬 목소리에 실려 나오고 있었다. 그날 우리가 동상에 헌화하는 모습을 녹화한 필름은 다음 날 저녁 북한의 TV 방송을 통해 방영됐다.

어떤 정권이건 간에 지도자의 죽음은 충격적인 경험이다. 특히 스탈린이나 마오쩌둥, 김일성처럼 수십 년간 군림해 온 전체주의 국가의 지도자가 사망했을 경우에는 더욱 그렇다. 김일성은 자신의 아들을 후계자로 선정함으로써 자신이 죽은 뒤 북한이 몇 년간 혼란에 빠지는 사태를 방지하고 러시아와 중국 지도자들의 죽음 뒤에 궁극적으로 따라올 배신 행위를 피할 방법을 강구했다. 김일성은 평화로운 정권 계승을 희망했지만, 처참한 기근과 파탄 직전인 경제 상태를 아들에게 물려주게 되었다. 외부 전문가들이 추정한 바에 따르면 1995년 1월은 앞으로 시작될 6년간의 경제 침체의 조짐을 알리고 있었다. 경제 침체가 시작된 해인 1990년부터 북한의 국민총생산은 4분의 1 정도 줄어든 상태였다. 그럼에도 우리는 평양에 한정된 일주일간의 방북 기간 동안 궁핍의 흔적을 거의 찾아보지 못했다. 선택받은 듯한 평양의 주민들은 가능한 최상의 것들을 손에 넣을 수 있는 듯했다. 놀랍게도 거리에는 자동차와 트럭, 버스 등이 전보다 증가했는데 이는 1991년 방북 당시에 비해 에너지 부족 문제가 어느 정도는 해소됐음을 암시하는 듯했다. 하지만 그건 순간적인 착각이었다. 1996년 초 기아가 창궐하고 경제가 곤두박질 치면서 평양에는 거의 차량이 다니지 않게 되었다.

우리는 어디를 가든 북한이 미국과의 관계를 공고히 하고 진전을 이루고자 하는 열망이 뚜렷이 보였다. 대미 관계의 중요성은 우리가 만난 관리들의 발언들 속에서도 명백히 드러났다. 대표적으로 김영남 외교부장과 그보다 자유로운 성격의 인물인 김용순(후에 정치적 부침을 겪고 난 뒤 노동당 '남북문제' 담당비서가 된다)이 그러했다. 우리가 그곳에 머물고 있는 동안 마침 美 정부기관 소속 핵문제 전문가단도 북한을 방문했다. 이들의 임무는 가동이 중단된 5MW급 영변 원자로에서 떼어낸 연료봉 관리 현황에 대한 지속적인 사찰 문제를 협의하는 일이었다. 이 전문가단의 방북과 동시에 기본합의문에 따라 북한의 핵발전소 가동 중단에 대한 보상 차원에서 제공하기로 약속된 연료의 1차

선적분인 중유 5만 t을 실은 선박 2척도 선봉항에 도착했다. 후에 필자는 워싱턴의 美 합참의장이 태평양 사령관에게 보낸 간략한 전문을 보았는데 '국방장관이 (민간선박)다칭호(號)와 라크 레이크호(號)에 지시를 내려 중유 5만 t을 실어 북한에 전달하도록 했다'는 내용이었다. 美 합참의장이 태평양 사령관에게 그 같은 전문을 보낸다는 것은 미국과 북한 간에 전쟁 위기가 고조됐던 1년 전에는 상상도 할 수 없는 일이었다.

우리가 평양을 떠나기 전날인 1월 20일, 美 국무부는 기본합의문에서 예고했던 대로 대북 경제 제재를 일부 완화한다고 발표했다. 그러나 그 내용은 공화당이 장악하고 있는 의회의 반대로 인해 당초 계획보다 다소 미약하게 작성된 것이었다. 같은 이유에서 연료용 기름의 1차 선적분에 대한 비용 역시 의회의 인준을 받을 필요가 없는 국방부의 우발적 위험 준비금에서 지출되고 있었다. 이처럼 북한에서는 기본합의안이 계획대로 진행되고 있었던 반면 미국측에서는 살얼음판처럼 아슬아슬한 분위기 속에서 가까스로 합의안이 이행되고 있었다.

평양 체류 기간 동안 거의 모든 회의에서 북한측은 소위 '사문화'된 1953년 휴전협정 대신 DMZ에서 北·美 간 '평화 보장 제도'에 관한 협상을 하자고 줄기차게 요구했다. 북한의 北·美 평화조약 체결 주장은 이미 20여 년 전부터 시작된 것이었지만, 94년 4월 북한이 주한 미군병력 증강을 휴전협정 위반이라고 비난하면서부터 다시 불붙기 시작했다. 그로부터 몇 주 후 북한은 군사정전위원회 대표단을 철수시키고 판문점 중립국감독위원회의 폴란드 대표단에도 철수를 강요하는가 하면 중국에 대해서도 외교적 수단을 동원해 군사정전위원회에서 철수하도록 종용했다. 북한 외교부 고위급 관리 김병홍은 미국이 새로운 '평화 보장' 제안에 응하지 않을 경우 '일방적인 조치들'을 취할 것이라고 경고했다.

남한은 한국전쟁 당시 이승만 대통령의 휴전 반대로 휴전협정에 서명하지 않았다. 북한은 그 이유를 들어 남한이 휴전협정의 장래에 관한 회담에 참가할 자격이 없다고 주장해왔다. 그러나 미국의 입장에서 볼 때 분단된 한반도에서 남한을 배제한 채 北-美 평화조약이나 여타의 '평화 보장 체제'를 논의한다는 것은 불가능한 일이었고, 우리 학술 대표들도 그 점을 분명히 했다. 그러나 이와 같은 난관에도 불구하고 필자가 보기에는 철통같은 요새로 변한 비무장지대에서 보다 항구적(恒久的)인 평화를 구축하기 위한 논의가 이루어진다는 사실은 매우 긍정적인 것이었다.

북한은 평양 회의에서 남한에 대한 공식적인 입장을 표하는 데에 곤란을 겪었다. 기본합의문에서 마지못해 남북대화 재개를 약속하기는 했지만 김일성 사망 이후 남한측이 보인 태도로 인해 말할 수 없는 모욕을 당했던 북한은 남한 정부와의 협상을 단호하게 거부했다. 외교부장을 비롯한 북한 당국자들은 회담이 재개되려면 남한이 공식 사과를 해야한다고 주장했는데 그럴 가능성은 희박했다.

이러한 북한측 주장이 어디까지가 순수한 분노이며, 어디까지가 미국과의 관계개선에 주력하는 동안 남한을 괴롭히기 위한 전술인지를 구별해내기는 힘들었다. 그러나 한가지 분명한 사실은 남북 화해라든가 긴장 완화를 위한 움직임이 없는 상황에서 미국이 가까운 우방과 과거의 敵 사이에서 운신하기가 매우 어렵다는 점이었다.

원자로를 둘러싼 분쟁

기본합의문 이행과 관련해 해결되지 않은 가장 중요한 문제는 북한의 기존 핵시설을 대신해 제공될 경수로의 출처와 사양에 관한 부분이었다. 미국은 협상을 완료하고 경수로 제공을 공식적으로 약속하는 클린턴의 친서를 김정일에게 보냈지만 그것이 경수로 공급이나 자금 지원을 맡겠다는 제안은 아니었다.

남한이 애당초 경수로 제공을 자원했던 만큼 미국은 처음부터 남한에 경수로 건설과 40-50억원에 달하는 비용의 대부분을 감당하도록 요구했고 나머지 비용의 상당 부분은 일본이 제공하도록 했다. 북한은 적대관계에 있는 남한으로부터 그와 같은 첨단기술을 수입한다는 사실을 받아들이기 싫어했지만, 갈루치를 비롯한 나머지 사람들은 그것 말고는 대안이 없다고 고집했다.

베이징과 베를린에서 경수로 전문가 회담이 세 차례 열렸지만 매번 교착상태에 빠지고 말았다. 북한은 남한이 경수로 제공국이라는 사실을 공개적으로 인정하는 것을 피하기 위해 원자로에 미국 상표를 붙여야 한다고 주장하면서 그렇게만 된다면 경수로를 실제로 어디서 들여오는가는 미국측이 알아서 할 일이라고 말했다. 한편 남한 정부는 대북 경수로 지원에서 남한이 중심적 역할을 맡는다는 점을 북한이 받아들이며, 더 나아가 최종 계약서에 '한국형 경수로'임을 명시해 남한의 역할을 공공연히 인정해야 한다는 확고한 의지를 표명했다.

이런 배경에서 북한의 체면을 살려주기 위해 마련한 장치가 바로 기본합의문에서 구상된 국제 컨소시엄이었다. 이렇게 해서 95년 3월 미국·남한·일본이 참여하고 외교관 출신인 미국인 스티븐 보스워스

(Stephen Bosworth)가 사무총장을 맡은 '한반도 에너지 개발기구(KEDO)'가 발족됐다.

기본합의문에서 미국은 서명한 날로부터 6개월 후인 95년 4월 21일까지 새로운 경수로 공급에 관한 계약을 매듭짓도록 '최선의 노력'을 기울이기로 약속한 바 있었다. 시한이 다가왔지만 경수로 제공국과 노형(爐型) 문제로 협상이 교착상태에 빠지자 북한은 기본합의문을 저버리고 5MW급 원자로를 재가동함으로써 기존의 핵개발 프로그램을 다시 추진하겠다고 위협했다.

남한도 수십억 달러의 자금을 조달하기 위해서는 국회의 승인을 얻어야 한다는 이유를 들어 북측이 경수로의 출처를 분명히 인정해야 한다고 단호하게 요구하면서 상황은 더욱 복잡해졌다. 미국은 3월 말 베를린 회담에서 북한의 체면을 살려주는 표현을 사용하자고 제의했지만 남한은 이를 거부했다. 백악관의 한 정책 입안자는 남한의 이익이 무시되고 있다는 비난이 거세게 일자 "우리는 최선의 문제 해결 방안과 (남한 정부와의) 결속 사이에서 몹시 고심했다. 결국 우리는 결속을 택했다"고 말했다. 예상대로 그 회담은 무위로 끝이 났.

긴장이 다시 고조됨에 따라 서울과 워싱턴의 논조는 북한에 다시 압박을 가하는 방향으로 바뀌었다. 이번 문제는 남북한 간의 자존심 대결 양상으로 치달았던 만큼 유엔 안보리의 제재를 기대하기가 어려워 보였다. 더욱이 리덩후이(李登輝) 대만 총통의 미국 방문으로 중국과 미국 간의 긴장이 고조돼 있던 상황이라 중국의 협조는 더욱 기대하기 힘든 형편이었다.

남한의 공로명 외무장관은 동해와 서해에 美 항공모함단을 파견해 북한에 압력을 가하자고 제의했다. 이 의견은 받아들여지지 않았지만

美 행정부 관리들은 카터가 김일성을 만났던 94년의 위기사태 때도 고려했었던 대폭적인 주한미군 증강안을 재고하기 시작했다. 韓·美 양국 관계자에 따르면 美 행정부의 일부 고위관리들은 95년 4월 협상이 결렬되자 북한의 위협에 분개하면서 "또 시작이군. 북한을 다루는 방법은 오로지 초강경책밖에 없다. 군대를 파견해야 한다"고 주장했다. 美 국방부 및 관계 부처 합동 토론에서는 7만5천 명의 추가 파병안이 현실적인 대응책으로 검토됐는데, 이는 당시 주한미군병력 규모인 3만7천 명의 배에 해당하는 숫자였다.

이때도 레이니와 게리 럭 주한미군 사령관은 북한 군부가 어떻게 나올지 전혀 예측할 수 없는 상황에서 성급히 미군병력을 증강하는 모험을 달가워하지 않았다. 그들은 4월 28일 크리스토퍼 국무장관과 페리 국방장관에게 주한미군을 대규모로 증강할 만한 비상사태가 목전에 닥친 것은 아니라고 강력히 주장하는 내용의 서신을 공동 명의로 보냈다.

럭 장군과 견해를 같이하는 美 정부 관리 중 한 사람은 "럭 장군은 여러 가지 정황의 흐름을 잘 판단하고 있다"고 전했다. 존 셜리카쉬빌리 합참의장과 고위 보좌관들이 그 문제로 회담하던 중에 전달된 럭의 반대 서신은 대규모 병력 증강 쪽으로 치닫던 美 국방부의 분위기를 일순간에 뒤바꿔 놓았다.

94년과는 달리 이번의 위기상황은 일반 대중들에게 알려져 있지 않았지만 경수로 노형 문제는 외교적으로 시급한 과제가 됐다. 이러한 문제의식에서 5월 19일에서 6월 12일까지 말레이시아 콸라룸푸르에서 토머스 허바드 美 국무부 부차관보와 북한의 김계관(金桂寬) 외교부 부부장 간에 회담이 열렸다. 명목상으로는 미국과 북한의 협상이었지만 남한이 '북한 체면 살리기案'을 계속 거부해왔기 때문에 사실상 이 것은 미국과 남한의 줄다리기나 다름없었다.

결국 미국은 남한이 편법을 받아들이도록 설득하는 데 성공했다. 북한도 콸라룸푸르에서 구체적인 경수로 공급 계획에 정식으로 동의했다. '각각 두 개의 냉각제 루프가 달린 발전 용량 약 1천MW급 가압 경수로 2기…… 미국의 기본 설계와 기술로 개발돼 현재 생산 중인 개량형'이라는 표현은 정확히 남한의 표준형 원자로를 완벽하게 묘사하는 말이었다. 그 합의서는 남한을 분명히 명시하지 않은 채 미국이 주도하는 국제 컨소시엄인 KEDO에서 자금을 동원해 경수로 및 건설 비용을 제공해줄 것이라고만 돼 있었다. 그러나 KEDO 위원회는 그 합의문이 발표될 때 북한과의 사전 조율하에 한국전력(KEPCO)이 경수로 공급 사업의 主 계약자가 될 것이며 아울러 '한국 표준형 원자로'가 제공될 것이라는 내용을 서울에서 동시에 발표했다.

남한의 공로명 외무장관은 '그것은 항복 문서가 아니라 외교 협상의 산물'이라며 콸라룸푸르 회담의 성과를 옹호했다. 북한 외교부는 "KEDO의 업무는 美 국내 문제며 우리는 거기에 간섭하거나 상관할 필요성을 조금도 느끼지 않는다"면서 협상에서의 승리를 주장하는 성명을 발표했다. 이로써 핵위기가 완전히 사라진 것은 아니었지만 콸라룸푸르 합의에 의해 결정적인 해결의 실마리는 찾은 듯했다.

제15장

위기의 북한

핵사찰 문제가 잠잠해지면서 북한은 강대국들의 긴급 현안 리스트에서 잠시 자취를 감추었다. 그러나 채 몇 달도 지나지 않아 북한은 전혀 다른 문제로 다시 국제사회의 이목을 끌었다. 국민들을 먹여 살릴 수 없게 된 북한 정권이 이례적으로 외부세계에 지원을 호소하고 나섰던 것이다. 그동안 북한을 세계 평화의 위협 요소로 여겨 왔던 미국과 세계 각국의 대북 정책 담당자들이 이번에는 위협적인 북한이 너무 약해져서 관심을 집중하기 시작했다. 북한 문제 전문가들은 "북한에 과연 종말이 다가오고 있는가?" 하는 문제를 시급히 논의하고 있었다. 또한 만일 북한이 붕괴된다면, 그로 인해 촉발될지 모를 경제 파탄이나 육로 및 해상을 통해 쏟아져 나올 대규모 난민 문제, 또는 남북한 전쟁에 어떻게 대처할 것인가.

존 셜리카쉬빌리 前 美 합참의장은 '그동안 북한을 지켜보았던 사람이라면 북한이 안쪽으로든 바깥쪽으로든 폭발하고 말 것이라는 예상을 어렵지 않게 할 수 있을 것'이라며 '다만 그 시기가 언제 올지 확신할 수 없을 뿐'이라고 말했다. 그의 이 같은 발언은 당시 많은 사람들의 견해를 대변한 것이었다. 세계에서 가장 영향력 있는 핵위기 대책 수립가로 꼽히는 윌리엄 페리 前 美 국방장관은 북한과 관련된 두 가지 상반된 비유를 유행시켰다. 하나는 북한을 고장난 비행기로 비유한 것이고 또 하나는 한국과의 관계에 있어 파멸을 일으키는 충돌보다는 점진적인 통일 또는 화해의 모색을 '연착륙(軟着陸)'에 비유한 것이었다.

북한을 바라보는 강대국들의 변화된 시각은 지난 1972년 남북대화가 시작된 이후 4반세기 동안 세계가 얼마나 많이 변화했는지를 말해준다. 남한은 경제 대결에서 압도적인 승리를 거두었고 그 영향은 외교·군사적인 면에도 파급됐다.

북한은 막강한 군사력을 갖춘 것은 사실이지만 그 외에 다른 분야에서는 더 이상 남한의 경쟁상대가 될 수 없었으며, 자원의 불균형은 북한의 군사 경쟁력마저도 급속히 약화시켰다. '위대한 수령' 김일성의 사망 이후 북한은 모든 관심과 역량을 오로지 살아남기 위한 투쟁에 집중했고, 급기야는 외부세계에 도움을 요청하기에 이르렀다. 콧대 높은 북한은 이러한 운명의 반전에도 최대한 초연한 모습을 보이려고 애를 썼지만 쉬운 일은 아니었다.

북한이 곤경에 처해 있다는 사실이 국제사회에 알려지기 시작한 것은 몇 년 전 북한에 극심한 재해가 닥치면서부터였다. 1995년 7월 26일 후텁지근한 여름날, 하늘이 먹구름으로 뒤덮이더니 후드득 빗방울이 떨어지기 시작했다. 이렇게 시작된 비가 장마로 이어지면서 억수 같은 비가 그칠 줄 모르고 계속되더니 결국 노아의 홍수를 방불케 하는 호우로 바뀌었다. 북한 기상 수문국(기상청에 해당)의 기록에 따르면 열흘 동안 5백84mm의 비가 내렸고 유엔이 조사한 바로는 단 하루만에 무려 4백57mm의 강우량을 기록한 지역들까지 있었다. 금세기 최악의 홍수였다.

'사회주의 낙원'을 자처하던 북한은 전통적으로 국내의 재해를 외부에 떠벌리는 법이 없었다. 그러나 이번에는 경우가 달랐다. 8월 중순 비가 그치자 북한은 침묵을 깨고 과장까지 섞어가며 홍수로 인한 극심한 피해를 외부에 알리기 시작했다. 자력갱생의 화신처럼 행세하던 북한이 8월 말 사상 최초로 공개적으로 바깥 세상에 도움을 호소하고 나섰던 것이다. 북한은 유엔에 연료 및 의료 지원과 더불어 5억 달러의 수해복구 지원금을 요청했다.

구호물자가 과연 북한 주민들 손에 제대로 전달될지 확신을 가질 수 없었던 유엔의 여러 기구들과 기타 구호단체들은 원조를 제공하는 조건으로 북한의 수해지역 방문을 요구했고 북한은 이를 수락했다. 이로써 종전에는 외부인의 접근이 차단돼 있던 북한의 몇몇 지역에 처음으로 이방인의 발길이 닿게 됐다. 비밀유지에 각별히 신경 쓰는 북한군과 보안부대에게는 난감한 일이었지만 달리 도리가 없었다.

95년 말 북한 내륙의 여러 지방을 돌아본 유엔 세계식량계획(WFP) 평양 사무국장 트레버 페이지(Trevor Page)는 거의 북한 전역에 걸쳐 기아와 영양실조가 만연하고 있다는 사실을 발견했다. 페이지는 북한 내에서 쌀이 정상적으로 수확되는 지역에서조차 '가족들에게 먹일 죽을 끓이기 위해 나무뿌리와 야생 식물을 찾아 들판을 헤매는 사람들'

을 보았다. 그의 말에 따르면 "북한 사람들은 근심걱정과 불안에 빠져 있었으며 먹을 것이 부족한 것"이 분명했다. 그곳에서 남쪽으로 더 내려와 비무장지대 부근의 한 곡창지대에서는, 그렇지 않아도 최소한으로 지급되던 식량 배급량이 겨우 연명할 정도(1인당 하루 1-2 공기의 쌀이나 옥수수)로 줄어든 이후, "밭에서 배추 한 포기 찾아보기가 힘들었다"고 페이지는 전했다. 그러나 그것마저도 사정이 여의치 않을 때마다 공급이 안 되는 일이 흔히 발생했다.

유엔 식량농업기구(FAO)와 세계식량계획 대표단은 북한 정부기관과 농촌 및 도시 지역 몇 군데를 방문한 뒤 "홍수의 피해가 대단히 심각해 농업과 사회 간접자본에 막대한 피해가 발생했다"고 보고했다. 또한 대표단은 "식량수급 문제의 1차적 원인이 홍수에 있다기보다는 이미 급속도로 악화되고 있던 식량 사정이 홍수로 인해 더욱 악화"된 것이라고 보고했다.

산악지대가 많은 북한에서 경작 가능한 면적은 전 국토의 5분의 1에 불과하며 그나마 북부 지방은 무상(無霜) 기간이 겨우 6개월인 탓에 대개 일모작을 하고 있었다. 게다가 무리한 수확량 증대를 위한 화학비료의 남용, 윤작(輪作)이 아닌 연작(連作) 이행, 토양 침식을 가속화하는 벌채 강행 등 여러 가지 문제점들이 복합적으로 작용한 결과 곡물 생산량은 형편없이 떨어지고 말았다. 북한은 한번도 식량을 자급자족한 적이 없었다. 많은 외부 전문가들은 경작 가능한 토지 규모가 매우 작고 기후가 받쳐주지 않아 북한의 자급자족이 불가능하다고 판단했다. 농업기술의 발전과 외부 원조로 수확량을 어느 정도 늘릴 수는 있었지만 수입을 해도 채울 수 없는 식량 부족분이 항상 있었다.

그동안 북한은 모자라는 곡물 수확량을 충당하기 위해 보조 명목으로 우방인 공산권 국가들로부터 대량으로 곡물을 들여왔다. 그러나 주요 곡물 수입 대상국이었던 소련이 해체된 데다가 중국마저도 급격한 경제성장으로 국내 소비량이 증가해 오히려 곡물을 수입해야할 처지가 되자 곡물 수출 대금으로 경화(硬貨) 지불을 요구하기 시작했다. 94년부터 2년 연속으로 곡물 부족량이 2백만 톤을 웃돌았지만 북한은 외환이 부족할 뿐 아니라 대외 신용도도 낮았기 때문에 할 수 있는 일이라고는 국제시장에서 소량의 곡물을 구입하는 일이 고작이었다.

북한이 식량부족 문제를 해결하기 위해 몇몇 나라에 남몰래 도움을 요청하기 시작한 것은 홍수가 발생하기 훨씬 전부터였다. 서동권 전 안기부장의 말에 따르면 90년대 초 북한은 비밀리에 제공한다는 단서를 붙여 남한에 쌀 50만 톤 지원을 요청했던 적이 있었다. 그러나 한창 정보 공개의 바람이 불고 있던 당시 남한 사회에서 북한에 쌀을 보낸다는 사실을 비밀에 부친다는 것은 불가능하다는 남한측의 반응으로 그 일은 무산됐다. 북한 정권은 92년 흉년이 닥치자 전 국민들을 대상으로 '하루 두 끼 먹기 운동'을 전개했다. 후일 북한 관리들은 94년 미국과의 제네바 협상에서도 자신들의 절박한 식량 사정을 밝혔지만 핵문제에만 골몰해 있던 미국 협상단은 그다지 관심을 보이지 않았다.

북한은 식량 문제 해결을 위한 보다 광범한 노력을 개시해 95년 1월에는 남한과 일본에 긴급 구호 식량지원을 호소했다. 일본은 쌀 50만 톤을 공급하기로 약속했고 6월 21일 베이징에서 이 문제에 대한 남북회담이 열린 후 남한 정부는 '화해와 협력의 정신에 입각해' 겉포장에 원산지 표시를 하지 않은 쌀 15만 톤을 북한에 지원하겠다고 발표했다. 김영삼 대통령은 김일성 사망 이후 북한이 전복되길 바라는 마음과 북한을 수용하려는 마음 사이에서 갈등했다. 하지만 이번에는 청와대에서 열린 기자회견에서 쌀 지원을 통해 북한과의 사이에 신뢰를 구축할 수 있을 것이라 말하면서 국내 비축분으로 부족할 경우 국제시장에서 곡물을 구입해서라도 약속을 지킬 것임을 천명했다. 金대통령은 1차 쌀 선적 때 신망이 두터운 이홍구(李洪九) 국무총리를 동해항으로 보내 쌀 수송선을 환송하도록 하는 과시적인 행동을 보이기도 했다.

그러나 그 후 며칠 사이에 발생한 두 가지 사건으로 말미암아 대북 쌀 지원에 대한 남한 국민들의 감격은 분노로 바뀌었고 이는 남한의 대북 정책에 갑작스러운 전환을 가져오는 계기가 됐다. 하나는 남한의 쌀 수송선이 6월 27일 북한 청진항에 입항하려 하자 북한의 한 지방 관리가 중앙 정부의 승인도 없이 느닷없이 인공기 게양을 요구한 일이었다. 북한측은 즉각 사과했지만 남한 정부는 공식 사과가 있을 때까지 쌀 선적을 중단했다. 그리고 이 사건과 더불어 남한 쌀 수송선의 한 선원이 청진항에서 사진을 찍었다는 이유로 체포되는 사건이 연이어 터지자 남한 국민들은 격분했다. 항해사는 바로 석방되었으나 그로 인한 피해는 어쩔 수 없었다.

이 시기 발생한 또 다른 주요 사건은 1961년 5·16 쿠데타 이후 처음으로 실시된 6월 27일의 지방자치제 선거에서 김영삼 대통령이 이끄는 여당이 연달아 참패한 일이었다. 金대통령은 선거를 앞두고 대북 쌀 지원을 정치적으로 이용하려 했지만 오히려 역효과가 났다는 것이 세간의 중론이었다. 한 정치 컨설턴트는 대북 쌀 원조계획과 북한의 배은망덕한 처사에 대한 국민들의 분노로 말미암아 여당이 잃은 표가 수백만 표는 될 것이라고 여당 간부들에게 말했다. 金대통령은 결국 15만 t의 쌀을 모두 제공하는 것으로 북한과의 약속은 지켰지만 선거 결과의 부진으로 인해 그 입지가 크게 약화됐다.

　北·美 핵협상에서도 드러났듯이 오래 전부터 金대통령은 북한에 대해 이중적인 태도를 취해왔다. 金대통령을 사석에서 여러 번 만난 적이 있는 어느 한국인은 필자에게 "집권 초기부터 金대통령은 북한의 붕괴를 유도하고 한반도 통일을 실현하는 역사적 대통령이 되는 것이 자신의 운명이라고 생각하는 듯 보였다"며 "자신이 북한을 압박하면 그들이 스스로 무릎을 꿇을 것이라고 믿는 것 같았다"고 말했다. 당시 金대통령을 자주 만난 제임스 레이니 前 주한 미국 대사는 그를 이중적인 인물이라고 평했다. "그는 이성적으로는 북한의 붕괴가 매우 위험한 일이라 믿고 사람들에게 북한과의 협력을 위해 현재 추진하고 있는 일이나 앞으로 추진하려는 일들에 대해 이야기하고 있었다. 그러나 감정적으로는, 자신의 눈앞에서 북한이 붕괴됨으로써 통일 한국의 첫 대통령 자리에 오르고자 했다."

　북한의 상황에 대한 金대통령의 평가는 일관성이 없었다. 美 국방부의 한 관리에 따르면 95년 7월 金대통령은 클린턴에게 "북한이 붕괴해 가고 있는 것 같다"면서 "북한의 점진적인 변화를 모색해야 할 때"라고 말했다. 그러나 그로부터 4개월 후 북한에 홍수가 지나가고 난 뒤에는 앨 고어 미국 부통령에게 "북한이 연착륙할 가능성은 없으며 충돌이 예상된다"고 말했다.

　金대통령은 96년 새해 국정연설을 통해 공식적으로 추가적인 대북 식량지원에 반대한다는 뜻을 밝혔다. '북한이 동족을 위협하는 군사력 유지에 모든 국력을 쏟아 부으면서 국제사회의 구호를 바라고 있는 것은 민족에 대한 배신이며 죄악'이라는 것이다. 국정연설 직후 필자가 만난 金대통령의 한 고위 보좌관은 대통령의 태도 변화가 궁극적으로 국내의 정치적 상황에 기인한 것이었음을 숨기려 하지 않았으며 적어도 4월로 예정된 국회의원 선거 전까지는 이러한 강경 자세를 유지할 것이라고 예견했다.

또한 김영삼 정부는 대북 식량지원에 대한 유엔과 기타 인도주의 단체의 호소에 반응을 보이지 않은 것은 물론 다른 나라의 대북 원조마저도 막으려고 애를 썼다. 96년 1월 말 호놀룰루에서 미국 및 일본 대표들과 만난 남한 정부 관리들은 북한의 기아 실태가 그다지 심각하지 않으며 추가적인 대북 식량지원은 반드시 공식적인 남북회담의 재개를 전제 조건으로 해야 한다고 주장했다. 그러나 그 회의가 끝난 지 1주일만에 미국 정부는 유엔의 대북 긴급 지원요청에 부응해 2백만 달러를 조건 없이 기부하겠다고 발표했다. 갈수록 심각해지는 북한의 기아와 영양실조를 고려해 인도주의적 배려를 표시하려는 의도였다.

미국이 지원 의사를 발표하기 전 북한 관리들은 對 유엔 1차 지원요청에 대한 미온적인 반응에 낙담하고 있었다. 그러나 미국이 지원 의사를 발표하자 각국 정부와 민간 단체들의 기부가 뒤따랐다. 대외 지원 호소는 부질없는 짓이라며 회의를 표하는 보수파들 때문에 주저하고 있던 북한 정부는 3월 29일 제네바 주재 북한 대사를 통해 유엔에 추가 식량지원의 '절박한 필요성'을 알리며 2차 지원 요청을 했다.

이런 일이 있은 지 1주일만에 북한이 군사정전협정의 의무와 제한을 더 이상 받아들일 수 없다고 선언한 뒤 AK-47 소총과 경기관총, 대 전차 무반동총 등으로 무장한 1백30명의 병력을 판문점 공동경비구역에 투입한 것은 도무지 이해할 수 없는 일이었다. 이것은 명백한 군사정전협정 위반이었다.

휴전 후 40년 동안 대체로 준수돼 왔던 이 협정에 의하면 남북한 양측은 이곳에 권총을 휴대한 사병 30명과 장교 5명만을 배치할 수 있게 돼 있다. 그 병력은 2시간만에 철수했지만 다음날 밤에는 그 배에 해당하는 병력이 보란 듯이 배치됐다. 군사정전협정 위반 3일째 밤을 넘기고 국제사회의 날카로운 비난이 쏟아지자 이와 같은 무력시위는 잠잠해졌다.

이 같은 비무장지대 침범사건이 일어나기 훨씬 전부터 남한과 미국의 정보 분석가들은 북한 내부에서 군부의 영향력이 날로 증대되고 있는 상황을 예의주시하고 있었다. 94년 7월 아버지의 뒤를 이어 북한의 통치를 맡은 김정일이 그동안 참석했던 공식 행사는 대부분 군 최고사령관 자격으로 군 부대를 방문하는 일이었다. 뿐만 아니라 김일성 사망 이후 군 고위 장교들이 대거 승진하는 일도 있었다. 非군사적 행사로 이어져 오던 북한 노동당 창건 기념행사 역시 50주년을 맞은 95년에는 대대적인 군사 퍼레이드를 펼쳤다. 이 행사에서 경축사를 낭독했던 사람도 신임 인민무력부장인 최광(崔光)이었다. 그러나 김정일은 對美 관계를 비롯한 주요 정책에서 군부를 제어하고 있는 것으로 보였다. 그는 군부의 반대를 물리치고 영변의 핵시설 가동을 중단하기로 한 합의를 성사시켰을 뿐 아니라 북한에 억류돼 있던 미군 헬리콥터 조종사 보비 홀을 석방 조치하기도 했다.

외부에 알려지지는 않았지만 95년 말 일어난 두 가지 사건도 이에 못지않게 흥미롭다. 그해 초가을 북한 동북부 지방에 자리잡은 조선북한군 제6군단이 해체되면서 지도부는 숙청당하고 산하 부대들은 다른 군단에 합병되는 사건이 발생했다. 뿐만 아니라 연례 동계 군사훈련을 실시하던 북한군은 훈련 종결 시점이 두 달이나 남은 12월 초 갑자기 훈련을 중단한 뒤 새로운 사상교육에 돌입했다. 이는 사상교육과 군 기강에 문제가 생겼음을 의미하며 다른 한편으로는 북한이 최우선 과제로 삼고 있는 군사 훈련을 위한 물자마저 부족한 상황임을 보여주는 것이었다.

95년 초 필자가 평양을 방문했을 때 북한 관리들은 군사정전협정과 관련해 쌓여 있던 불만과 더불어 군사정전협정을 北·美 '평화보장체제'로 대체하자는 북측 제안에 대해 누차 얘기했다. 당시 미국측 대표단은 이 문제의 협상에서 아무런 진척이 없을 경우 '독단적인 행동'을 취할 것이라는 북한의 경고를 들었고 실제로도 그런 결과가 이어졌다.

96년 4월 북한군의 판문점 진입사건은 그 의도보다 시기 선택이 더 의문스러웠다. 북한이 그러한 무력시위를 감행한 것은 자신들의 요구에 주의를 집중시키기 위한 것임이 분명했지만 북한 지도층이 왜 그렇게 엉뚱한 시기를 택했는지는 이해하기 어려웠다. 북한 정부의 2차 식량지원에 뒤이어 발생한 이 군사행동은 국제사회로 하여금 그 요청을 받아들이기 어렵게 만들었다.

더구나 이 사건은 남한의 국회의원 선거를 1주일 앞둔 시점에 일어났다. 참으로 이상한 시기 선택이었다. 김영삼 대통령의 인기 하락으로 부진을 면치 못할 것으로 예상되던 여당은 북한의 판문점 진입 사건이 남한 언론에 대대적으로 보도되면서 예상보다 훨씬 좋은 결과를 거두었다. 남한 정치 전문가들은 비무장지대 사건의 영향으로 여당이 20-30개의 의석을 더 얻은 것으로 분석했다. 이는 김영삼 대통령이 속한 여당이 국회 장악하는 데 결정적인 숫자였다. 투표장 출구조사에 응한 유권자 가운데 28%가 비무장지대 사건이 여당 표를 찍는 데 영향을 줬다고 응답했다.

이처럼 경제·정치·군사적 목적 면에서 상충되는 북한의 판문점 진입 사건은 김정일의 통치 유형을 보여주는 중요한 증거였다. 남한의 한 정보 관리에 따르면 은둔의 지도자 김정일은 북한 노동당과 정부기구 산하의 각 단체들이 제출하는 보고서들을 바탕으로 그때그때 결정을 내리는 '문서 통치'를 했다. 김일성과는 달리 김정일은 통합적인 정책을 도출해낼 수 있는 공식 회의를 별로 좋아하지 않는 것으로 알려졌다. 호주의 외교관 출신 정치학자 에이드리언 부조(Adrian Buzo)에 따르면 김일성 사망 후 북한의 국가 권력은 개인으로부터 체제로 이동됐다. 그러나 그 체제는 제대로 그 기능을 수행하지 못하고 있었다.

정치적 격동에 휩싸인 서울

고등학교 동창생 간의 유대가 중시되는 남한에서 고교 동창회는 중요한 행사로 꼽힌다. 95년 10월 16일 서울에서 가장 화려한 고층 빌딩들 중 하나로 손꼽히는 롯데 호텔 크리스탈 볼룸에서 열린 한 동창회 역시 그런 자리들 중 하나였다. 또한 그곳에서 있었던 두 동창생의 뜻하지 않은 조우는 수십 년간 남한 정계를 떠받치고 있던 정치 헌금 비리를 폭로하는 초대형 정치 스캔들의 발단이 됐다. 이 스캔들로 인해 노태우·전두환 두 전직 대통령이 기소돼 유죄 판결을 받고 수감됐으며 고위 퇴역 장성 등 13명과 재계 거물 9명도 유죄 판결을 받았다. 이러한 정치적 격동은 남한 정치체제를 여론에 더욱 민감하게 반응하도록 만들었으며 중앙집권적 통치를 약화시키는 결과를 가져왔다. 이는 또 남한 정부의 對미·對북 관계에 커다란 영향을 미쳤다.

기업가 하종욱(河種旭)은 당시 돈과 정치에 관련된 문제로 몹시 고민하던 참이었다. 동창생들이 악단의 연주 속에 잔을 주고받는 동안 그는 자신에게 도움을 줄 수 있을 듯한 동창생을 한 명 발견했다. 바로 2년 전 국회의원으로 당선된 박계동(朴啓東)이었다. 그는 朴의원을 데리고 시끄러운 연회장을 벗어나 호텔 로비로 가서 자신의 고민을 털어놓았다.

문제의 발단은 노태우 대통령이 퇴임한 93년 2월로 거슬러 올라간다. 부친과 함께 수출입 물품 운송 중개업을 하던 하종욱은 거래 은행인 신한은행 서소문 지점장으로부터 이상한 요청을 받았다. 그의 부친 계좌에 다른 사람 돈 1백10억 원을 입금시킬 수 있도록 허락해달라고 부탁을 해왔던 것이다. 하종욱은 평소 신세를 진 것도 있고 해서 이를 허락했다.

그리고 나서 그는 다른 몇 가지 사건이 발생할 때까지 그 일에 관해 별로 신경을 쓰지 않았다. 그러던 중 93년 8월 김영삼 대통령이 국정개혁의 일환으로 '금융실명제' 도입을 선언했다. 가명 또는 차명 계좌를 악용해 불법 정치자금이나 다른 수상쩍은 거래를 위한 돈을 은닉하거나 세탁하지 못하도록 막기 위한 조치였다. 그리고 이어 96년 1월부터 금융소득에 대한 종합과세가 시행되기로 예정돼 있었다.

일이 이렇게 되자 하종욱은 큰 곤경에 빠졌다. 당시 그는 부친의 계좌에 입금된 돈이 노태우 前 대통령의 돈이라는 사실을 알고 있었다. 결국 그 예금에 부과될 세금 약 7억 원 가량을 조만간 부친이 내게 된 것이다. 그에게는 그렇게 큰 액수의 세금을 낼 능력이 없었을 뿐 아니라, 설사 盧대통령이 세금을 내라고 돈을 준다고 하더라도 소기업 사장이 그런 거액의 자금을 모은 것을 수상히 여긴 세무 당국이 세무조사라도 실시하게 된다면 큰일이었다.

그러던 중 하종욱은 자신의 부친 외에 다른 2명의 같은 은행 계좌에도 노태우 전 대통령의 자금이 은닉돼 있다는 사실을 알게 됐다. 다급해진 그는 朴의원에게 힘있는 정계인사를 통해 세금이 부과되기 전에 문제가 잘 해결될 수 있도록 부탁했다.

야당인 민주당 소속이었던 朴의원은 한국 정치에 만연해 있는 불법자금의 폐해에 대해 오랫동안 반감을 갖고 있던 인물이었다. 더구나 하종욱으로부터 그런 이야기를 듣기 두 달 전인 95년 8월 서석재 총무처 차관이 전직 대통령의 4천억 원 비자금 은닉설을 발표했다가 경솔한 언동을 했다는 이유로 곧 해임당하자 朴의원의 분노는 다시금 불타오르고 있었다.

그러던 차에 기업인 하종욱으로부터 구체적인 자금 액수를 들은 朴의원은 이제 비자금 은닉설의 진상을 밝힐 수 있는 진술을 확보하게 된 셈이었다. 그는 하종욱의 문제를 '해결해 주는' 대신 그의 진술 내용을 바탕으로 국회에서 충격적인 폭로를 했다. 그는 노태우 前대통령이 퇴임할 무렵 4천억 원 상당의 비자금을 시중 은행에 차명계좌로 분산 예치했으며 이 중에서 3백억 원이 하종욱이 거래하던 신한은행 서소문 지점에 예치돼 있다는 사실을 밝히고, 예금계좌 조회표를 증거로 제시했다.

朴의원의 국회 폭로가 있던 날 노태우의 오랜 경호실장이자 안기부장을 지낸 이현우(李賢雨)는 서둘러 노태우의 자택으로 찾아갔다. 그리고 국회에서 거론된 비자금은 자신이 대신 관리해 오던 자금의 일부라고 그에게 보고했다. 노태우는 검찰측에 사실대로 말하되 그 전에 돈을 기부한 사람들의 이름이 적힌 장부를 파기하도록 지시했다.

노태우는 박계동의 국회 폭로가 있었던 날로부터 8일 후 TV를 통해 對 국민 사과성명을 발표했다. 그는 재임기간 중 자신이 5천억 원(이는 소문으로 알려진 것보다 더 어마어마한 액수였다)의 '통치 자금'을 조성했으며 퇴임하면서 쓰고 남은 돈 1천7백억 원(이 액수는 곧 1천8백50억 원으로 수정됐다)을 가지고 나왔다고 털어놓았다. 그처럼 자금을 조성하고 사용하는 일은 '오랜 정치 관행'이지만 온당치 못한 일이었다고 밝힌 노태우는 "국민 여러분께서 내리시는 어떠한 처벌도 달게 받겠습니다"라고 말했다. 그리고 그는 자금을 기부한 기업인들을 포함해 어느 누구도 자신의 과오로 인해 상처를 받는 일은 없기를 바란다고 덧붙였다. 그는 눈물을 닦으며 다음과 같은 말로 성명서 낭독을 마쳤다. "우리 대한민국과 국민 여러분의 자존심에 깊은 상처를 남긴 제가 더 이상 무슨 말씀을 드릴 수 있겠습니까? 지금 이 순간 전직 대통령이었던 것이 한없이 부끄러운 따름입니다. 다시 한 번 국민 여러분 앞에 무릎 꿇고 깊이 사과드립니다."

남한 국민들은 노태우가 퇴임 후까지 그만한 거액의 자금을 보유하고 있었다는 사실과 더불어 관련 비자금의 엄청난 액수에 충격을 받았다. 노태우의 비자금설 시인은 87년 실시된 선거에서 당당히 대통령으로 뽑힌 그가 취임 직후 '보통 사람들의 위대한 시대'를 창조하겠다고 약속했던 것과는 뚜렷이 대비되는 일이었다.

남한 신문들은 노태우가 취임 후 가진 첫 기자회견에서 모든 부패를 청산하겠다고 공언하면서 "성실하고 정직한 대통령으로 역사에 남겠습니다"라고 맹세했던 일을 다시 들추어냈다. 그는 당시 자신의 전 재산을 5억 원 정도라고 밝혔는데 이것은 그가 재임 중 모았다고 인정한 비자금 액수의 1천 분의 1에 해당하는 액수이다. '내 탓이오' 식의 대 국민 사과성명이 발표된 지 몇 주 후 서울에서 실시한 여론조사 결과 노태우는 '가장 혐오스러운 정치인'으로 꼽혔다.

비자금說을 시인한 바로 그날 야권 지도자 김대중은 92년 대통령 선거 기간 중 노태우로부터 20억 원을 비밀리에 받았다고 발표함으로써 남한 국민들에게 또 한번 충격을 안겨주었다. 그 발표는 김대중의 혁명가적 이미지에 타격을 주었고 92년 대통령 선거 당시 노태우가 이끌던 여당 후보로 출마해 당선된 김영삼 대통령은 과연 노태우로부터 얼마나 많은 돈을 받았을까 하는 의문을 즉각적으로 불러일으켰다. 김대중은 자신이 돈을 받은 사실을 시인하면서도 김영삼 대통령은 대통령 선거 기간 중 자신보다 훨씬 더 많은 액수인 '수천억 원'을 제공받았다고 비난했다. 金대통령은 개인적으로 돈을 받은 일이 없다고 했지만 자신이 속해 있던 여당이 선거운동 자금으로 노태우의 돈을 받았을 가능성은 있다고 인정했다.

95월 11월 15일 검찰의 조사를 받기 위해 소환된 노태우는 그 이튿날 부정부패 혐의로 구속됐다. 그리고 검찰은 그의 전임자인 전두환에게까지 수사 범위를 확대했다. 전두환은 수사에 협조를 거부하면서 노태우와 마찬가지로 기부자 명단이 들어있는 비자금 장부를 사전에 폐기했다.

검찰에 따르면 전두환은 재임 기간 중 노태우의 배에 가까운 9천5백억 원의 비자금을 조성했으며 퇴임 시에는 2천1백2십억 원을 챙겼다. 전두환은 이후 법정에서 대통령으로 재직 중이던 87년 당시 노태우에게 선거 운동 자금으로 1천9백70억 원을 건네준 사실을 시인했다. 그의 보좌관들 중 한 사람은 전두환이 노태우에게 거액의 불법 자금을 직접 건네주는 자리에 자신과 그 두 사람의 부인들이 함께 있었다고 증언했다.

비자금의 어마어마한 규모만큼이나 국민들의 관심을 끈 사건이 수사 과정에서 발생했다. 검찰이 쌍용그룹 시멘트 창고에서 1만원권 지폐 다발로 가득 찬 사과상자 25개를 발견한 일이었다. 전두환 소유의 이 돈은 무려 61억 원에 이르는 거액이었다. 남한 국민들은 신문과 방송에 대대적으로 보도된 이 현금 상자들을 보고 극도의 혐오감을 느꼈다.

비자금은 대부분 남한 경제의 자부심인 재벌 그룹들과 기타 대기업에서 기부한 것이었다. 이들 기업의 경영진들은 정기적인 면담이라는 미명 하에 청와대 별관으로 불려가 돈을 상납했다. 그들이 주장한 바에 따르면 대통령과 행정부가 조세정책이나 은행융자, 공공계약 등 온갖 분야에서 전권을 휘두르던 당시 남한 상황에서 그 돈은 사업을 하기 위해 불가피하게 내야만 했던 일종의 세금 같은 것이었다고 한다.

80년대 초 당시 남한 최대 기업으로 손꼽히던 국제그룹 회장은 전두환으로부터 영부인이 후원하는 한 자선단체에 20억 원의 기부금을 내라는 압력을 받았던 일을 회상했다. 그가 그 요청을 거절하자 청와대의 지시에 따라 곧바로 은행융자가 중단됐으며 이어 재무부 장관은 국제그룹이 자금 부족으로 해체될 예정이라는 내용의 발표를 내놓았다. 그런 일이 있고 나서 국제그룹은 곧바로 도산하고 말았다. 그런 상황에서 정치헌금 상납을 거부할 재벌 총수가 있을 리 없었다.

95년에 그 스캔들이 터지기 이전에도 비자금 폭로 사건은 드물게나마 있었다. 현대그룹의 창업주 정주영은 92년 초 정기적으로 노태우를 찾아가 돈을 주었다는 사실을 밝힌 적이 있다. "처음에는 한 번에

20억에서 30억 원씩 건네주었지만 좀 부족하다고 생각돼 50억 원을 더 주었다. 그러던 것이 2년 전 마지막으로 돈을 주었을 때는 1백억 원으로 불어났다." 이에 대해 노태우는 자신이 정주영 회장으로부터 돈을 받은 것은 사실이지만 '불우이웃 돕기'에 그 돈을 썼다고 응수했다.

92년 9월 국민당 대통령 후보의 자격으로 워싱턴을 방문한 정주영은 필자와 워싱턴포스트지 편집장, 그리고 기자들 앞에서 노태우가 전두환보다 더 부패했다고 말했다. 당시 그의 말이 별로 신빙성이 없다고 생각한 필자는 유감스럽게도 정주영 회장과의 회동에 대한 기사에서 그 이야기를 제외했고 자세한 내용을 캐묻지도 않았다.

노태우의 체포로 인해 나라가 술렁이는 가운데 대통령 선거 운동 당시 그에게서 돈을 받았을 것이라는 의심을 받게 된 金대통령은 더욱 강경한 조치를 취하지 않으면 안 될 처지에 놓였다. 金대통령은 그간 12·12 사태나 5·18 광주민주화운동과 관련해 사법적 처벌보다는 '역사의 심판'에 맡겨야한다는 입장을 취해왔다. 그러나 비자금 사건이 터지자 그의 태도는 돌변했고 대통령과 야당의 지원 하에 12·12 사태 및 5·18 광주민주화운동 책임자들에 대한 사법 조치 단행을 승인하는 특별법이 국회에서 통과됐다.

검찰의 소환 요구를 완강하게 거부하던 전두환은 특별법이 국회에서 통과되기도 전에 체포·구속됐다. 그의 변호인단측은 대한민국의 헌법에서 소급 입법을 금지하고 있기 때문에 전두환의 체포는 위헌이라고 주장하고 나섰다. 헌법재판소 재판관 9명 중에서 5명이 이와 같은 주장을 인정했지만 위헌 결정이 나려면 6명의 동의가 필요했기 때문에 특별법은 합헌이라는 결정이 내려졌고, 전두환에 대한 법적 조치는 그대로 유지됐다.

96년 3월부터 8월까지 남한 국민들은 헐렁한 죄수복 차림에 고무신을 신은 두 전직 대통령이 감방에서 끌려나와 정기적으로 법정에 출두하는 진풍경을 목격했다. 그들의 죄목은 수뢰죄와 내란 및 반란죄였다. 두 대통령 밑에서 일하던 경제 담당 보좌관들과 남한 유수 기업의 대표들도 뇌물수수죄로 피고인석에 섰고, 4성 장군 4명이 포함된 퇴역 장성 14명도 전두환, 노태우와 함께 내란죄로 재판을 받았다. 죄수 번호 1042호 노태우는 후회와 사과의 표시를 거듭하며 수감 생활에 빠르게 적응했지만, 비자금 사건에 대해 새로운 사실을 털어놓지는 않았다.

그러나 죄수번호 3124호 전두환은 체포 직후부터 단식투쟁을 하면서 저항했다. 83년 당시 야당 지도자였던 김영삼이 대통령직에 있던 전두환에게 저항하기 위해 단식투쟁을 벌였던 일을 생각하면 대단히 아이러니컬한 일이었다. 전두환은 공소시효가 지난 사건으로 자신을

이전에는 절친한 친구 사이였다가 공인으로서의 삶에 접어들어 사이가 벌어진 노태우, 전두환 두 전직 대통령이 96년 8월 부패 및 반란 혐의로 재판을 받기 위해 손을 잡고 나란히 서있다.

재판하는 것은 옳지 못한 처사라고 주장하면서 끝끝내 사법부의 권위에 도전했다.

8월 26일 열린 재판에서는 피고 중 1명을 제외한 전원에게 유죄 판결이 내려졌다. 사형선고를 받은 전두환은 순간 휘청하다가 곧 자세를 바로 잡았다. 재판부는 대통령 재직 당시 경제 안정에 공헌하고 후임자에게 평화적인 방식으로 정권을 이양한 점을 강조한 전두환의 항변을 참고하기는 했지만, 그런 일들이 그의 중죄를 덜어주지는 않는다고 분명하게 못 박았다.

한편 노태우는 당초 검찰이 구형한 종신형보다 가벼운 징역 22년 6월을 선고받았다. 재판부는 그가 87년 보통선거에 의해 대통령에 당선됐다는 점과 '북방정책 및 한국의 유엔 가입에 끼친 공로'를 참작했다고 밝혔다.

남한 언론이 '세기의 재판'이라고 일컬은 이 재판에 회부됐던 나머지 피고인들은 모두 그보다 가벼운 형을 선고받았다. 퇴역 장성들은 대부분 형량을 치르기 위해 감옥으로 되돌아갔던 반면, 재계 지도자들은 그들의 지속적인 경제활동이 국가적으로 필요하다는 이유로 항소 시까지 석방되거나 집행유예 판결을 받았다.

오랜 친구이자 육군사관학교 동기생인 전두환과 노태우는 전두환에 이어 노태우가 대통령이 된 뒤부터 관계가 소원해졌지만 법정에서 형을 선고받았던 당시만은 화합의 제스처인양 손을 맞잡고 있었다.

96년 12월 16일 서울 고등법원은 전두환과 노태우의 형량을 각각 무기징역과 징역 17년으로 감형했다. 또한 퇴역장성과 민간인들을 포함한 피고인들의 형량도 같이 줄어들었다. 1심에서 유죄 판결을 받았던 재벌 총수 2명은 무죄 석방됐고 나머지 기업인들은 집행유예를 선고받았다. 이렇게 해서 결국 불법 정치자금을 기부한 재계 인사들 가운데 이 재판으로 수감된 사람은 아무도 없었다.

그리고 1년 뒤인 97년 겨울, 성탄절이 돌아왔을 때 金대통령은 두 전직 대통령을 사면 조치했고 전두환과 노태우는 조용히 일상적인 생활로 복귀했다.

정상외교와 4자 회담 제의

박정희·전두환·노태우 등 전임 대통령들과 마찬가지로 김영삼 대통령에게도 미국 대통령과의 정상외교는 그 중요성이 컸다. 그리고 미국은 남한에 대한 영향력 행사에 그 점을 십분 활용했다. 1995년 여름과 96년 봄 미국은 바로 이러한 특징을 남북문제에 적용하고자 했고 그 노력의 결과는 성공과 실패가 복합된 형태로 나타났다.

金대통령은 1995년 7월 미국의 워싱턴 몰(Washington Mall)에 세워질 한국전 참전용사 위령비 제막식 참석차 워싱턴 방문을 계획했다. 두 대통령은 93년 7월 클린턴이 이틀 동안 남한을 방문하고 같은 해 11월 金대통령이 3일간의 일정으로 미국을 공식 방문함으로써 이미 두 차례 만난 적이 있었지만, 金대통령은 이번 방문이 이전에 비해 더욱 격식을 갖춘 중요한 행사가 되기를 바랐다. 그러나 미국 행정부는 金대통령에게, 그같은 예우는 클린턴이 더 많은 관심을 할애해도 좋을 만큼 한반도의 화해나 평화를 향한 실질적인 성과가 있을 때에나 가능한 일이라고 했다.

이에 대한 대응으로 남한 외무부가 고안해 제시한 것이 '2+2' 공식이었다. 이것은 남한과 북한이 군사정전협정을 대체할 항구적인 평화협정을 체결하기 위해 미국과 중국을 중재자 겸 보증인으로 내세워 협상을 실시한다는 구상이었다. 美 국무부는 이 제의가 진심에서 우러나온 것이고 그에 대한 철저한 준비가 이루어진다면, 그리고 미국측이 이 문제와 관련된 남한 외교관들의 추진 현황을 꾸준히 보고 받을 수만 있다면 바람직한 조치가 될 것으로 보고 환영했다.

'2+2' 제의는 아직 공식 발표를 거치지 않았지만 金대통령이 기대했던 대로 미국의 관심을 끌기에 충분했다. 결국 그는 美 상·하원 합동회의에서 연설을 하는 것을 포함해 최고의 예우를 받는 국빈 자격으로 4일간 미국 방문길에 올랐다. 7월 말 미국을 방문한 金대통령은 클린턴에게 광복 50주년이 되는 '오는 8월 15일 이 제의를 발표할 계획'이라고 분명하게 말했다. 곧이어 金대통령의 보좌관들은 남한 언론에 이 제의에 관한 정보를 흘렸고 金대통령 자신도 CNN과 가진 인터뷰에서 '북한에 신선하고 중대한 제의'를 광복절에 전달할 계획이라고 밝혔다. 워런 크리스토퍼 당시 美 국무장관은 金대통령의 이런 확언을 바탕으로 브루나이에서 열린 中-美 회담에서 첸치천 중국 외교부장과 이 제안에 관해 논의했다.

그러나 서울로 돌아온 金대통령은 때마침 북한이 쌀 수송선의 진입을 가로막는 일이 발생해 보수적인 정치 기류가 고개를 들자 또다시 갑작스럽게 방향을 전환했다. 그는 미국과의 사전 협의나 통보도 없이, 클린턴에게 내놓았던 제안을 백지화함으로써 미국 외교관들을 난감하게 했다.

96년 봄 클린턴이 일본 공식 방문을 계획하고 있을 때 정상 외교 문제는 다시 고개를 들었다. 당시 美 행정부에서는 북한의 궁핍한 경제 상황과 불안한 정세에 대한 우려가 높아가는 가운데 일관성 없고 더욱이 최근 들어서는 둔감하기까지 한 金대통령의 정책을 탐탁지 않게 여기고 있었다.

그간 미국 대통령이 일본을 방문할 때는 남한에 들르는 것이 상례처럼 돼 있었지만 클린턴은 이번만큼은 그럴 생각이 없었다. 이 문제에 관한 미국측 내부 논의에 참여했던 美 행정부의 한 관리는 클린턴이 이미 한 차례 남한을 방문했고 金대통령도 두 차례에 걸쳐 미국을 방문했기 때문에 "우리는 김영삼 대통령에게 할만큼 했다고 생각했다"고 말했다. 애당초 남한 방문은 계획에 없었던 것이다.

그러나 金대통령의 생각은 달랐다. 클린턴이 일본을 방문하게 되는 4월 16일은 남은 집권 2년간 金대통령의 권위에 지대한 영향을 주게 될 남한 국회의원 선거 5일 후였다. 만일 일본 방문 예정인 클린턴이 남한에 들르지 않고 돌아간다면 미국이 金대통령을 대수롭지 않게 여긴다고 여겨질 수도 있었다. 또한 그와의 오랜 정적인 야당 지도자 김대중이 그 문제를 걸고 넘어질 가능성이 있다는 얘기도 들렸다. 金대통령은 클린턴의 마음을 돌리기 위해 무진 애를 썼다.

남북관계에 별다른 진전이 없다는 점을 크게 우려하던 레이니 당시 주한 美 대사는 한반도 평화 구축에 유익한 이야기가 나올 만한 여지가 없다면 클린턴이 시간을 내어 남한에 들르기가 어려울 것이라고 재차 청와대 측에 통보했다. 결국 앤서니 레이크 백악관 안보담당보좌관과 유종하(柳宗夏) 청와대 외교안보 수석은 양국 대통령이 그러한 계획에 동의하고 이를 공표한다는 원칙에 합의했다. 레이크는 유종하와 그의 비서관인 유명환의 극진한 대접을 받으며 제주도를 방문했고 유종하와 직접 만나 세부사항을 협의했다. 그는 공식적인 요식체계를 피하고 정보가 새나갈 가능성을 대비해 전신 대신 극비리에 장거리 전화를 사용했다.

  이윽고 96년 4월 16일 오전 5시 50분 美 공군기 1호가 제주도에 내려앉고 金대통령과 클린턴의 회담이 실현됐다. 신혼부부들이 즐겨 찾는 아름다운 명소인 제주도는 한반도 남단에서 멀리 떨어져 있는 섬이었다. 그보다 5일 앞서 金대통령이 이끄는 여당은 국회의원 선거에서 유리한 고지를 확보했는데, 그 배경에는 묘한 시기에 발생한 북한의 비무장지대 진입사건에도 부분적인 원인이 있었다. 클린턴과 金대통령은 이른 아침 만개한 유채꽃밭을 함께 산책한 뒤 지난 91년 4월 노태우 前 대통령과 고르바초프 前 소련 대통령이 만났던 호텔 방에서 회담을 시작했다.

96년 4월 한반도 영구 평화 정착을 위한 4자 회담 제의 발표를 앞두고 클린턴과 김영삼 대통령이 통역사들과 함께 꽃이 만발한 제주도의 들판을 거닐고 있다.

얼마 후, 북한과 중국·일본·러시아에까지 비공식적으로 통보된 발표문에서 클린턴과 김영삼은 '항구적인 한반도 평화협정 체결을 위한' 南·北한·미국·중국이 참여하는 4자 회담 제의에 합의했다. 이 제의는 미국의 지원 하에 남한이 독자적으로 제의한 것이 아닌 韓·美 양국의 공동 제의라는 점에서, 金대통령에 의해 구상됐다가 중단된 그 전 해의 제의와는 크게 달랐다.

두 대통령은 클린턴이 일본으로 떠나기 전 4자 회담 제의를 발표하는 자리에서 북한이 이를 수락하기 바란다는 뜻을 밝혔다. 클린턴은 즉각적이고 긍정적인 반응을 북한에게서 기대하기는 어려울 것이라고 당부하면서 '중요한 것은 재촉하지 말고 인내심을 가지는 일'이라고 말했다. 한편 金대통령과 클린턴은 북한이 이 제의를 곧장 거절해버리지 않고 도리어 4자 회담의 구체적인 목적과 진행 절차에 관해 문의해오자 매우 흡족해 했다. 제주도 발표가 있은 지 며칠 후 장쩌민 중국 국가주석은 金대통령에게 서한을 보내 중국은 4자 회담을 지지한다고 말했다.

여기에 두 가지 문제가 있었다. 북한정부는 北·美 제네바 합의가 아직 기반을 찾고 있는 때에 미국정부가 새로운 합의를 협상 테이블에 올린 이유에 대해 혼란스러워 했으며, 中 정부와는 상관없다고 생각하는 일에 중국이 개입하기를 원치 않았다. 동시에 북한은 미국이 일부 영향력을 발휘하여 그 제안을 지지했다는 것을 알고 있었기에 —이 부분은 클린턴 대통령이 개인적으로 발표한 바 있었다—이미 거절할 수 없는 상황이었다.

게다가 북한은 기아발생 직전에 있었다. 1996년 겨울 식량공급 상황은 매우 악화되었으며 다음 해 수확 전 여름 몇 달간은 최악으로 치달고 있었다. 5월 중순 유엔세계식량계획(WFP)은 '북한의 식량 수급 사정이 걱정했던 수준보다 더 악화됐음'을 알리는 특별 경보를 발령했다. WFP는 북한 당국이 주민들에 대한 식량 배급량을 1인당 하루 3백 그램으로 줄였다고 보고했는데 이것은 약 1천 칼로리에 해당하는 양이었다. 유엔이 난민들에게 배급하는 식량의 최저 기준도 하루에 1천9백 칼로리였다.

지난 3년 동안 핵협상과 정치 문제 주변만 맴돌았던 북한과 미국 간의 대화는 96년 봄에 이르러 북한의 긴급 경제 구조 요청 쪽으로 급속히 초점이 옮겨졌다. 로버트 갈루치의 뒤를 이어 한반도 문제를 담당하게 된 토마스 허바드 美 국무부 부차관보를 만난 북한의 김정우(金正宇) 대외경제위원회 부위원장은 탄도미사일 대외수출 중단과 대북 식량지원을 맞바꾸는 거래를 단도직입적으로 제의했다. 4월에 있었던 이 北·美 탄도 미사일 회담에 대해 김영삼 대통령은 북한이 과거엔 미국의 비난을 무릅쓰고 중동에 미사일을 팔아 돈과 식량을 얻더니 이번에는 무기 판매를 포기하고 미국으로부터 식량을 얻으려 한다고 탐탁지 않다는 반응을 보였다. 그러나 그해 봄 허바드 부차관보를 찾아간 또 다른 북한 고위관리 리종혁(李種革)은 "혁명은 굶주린 자에 의해 일어난다"고 잘라 말하면서 추가적인 식량 지원을 서방 세계에 강력히 요구했다.

7월 24일 인도네시아 자카르타에서 만난 크리스토퍼 美 국무장관과 남한·일본의 외무장관은 북한이 4자 회담 계획에 대한 韓·美 공동 설명회에 참가할 경우 북한에 식량을 추가로 지원하고 제재조치 중 일부를 완화하기로 공식 합의했다. 바로 그날 또다시 구름이 뒤덮인 동북아시아의 하늘에서는 억수같은 비가 퍼붓기 시작했다. 예년에 비해 3-5배에 이르는 엄청난 강우량이었다. 홍수 자체만으로 볼 때는 전년도만큼 심하지는 않았지만 문제는 북한의 주요 곡창지대의 홍수 피해가 더욱 컸다는 점이었다. '주체' 농법의 실패와 더불어 몰아닥친 자연재해로 인해 북한은 또다시 크나큰 고통을 겪게 됐다.

잠수함 침투사건

96년 9월 18일 자정이 조금 지난 시각 강릉 근처 해안 도로를 달리던 택시 기사 이진규(李鎭圭)는 고속도로 주변에 한 무리의 남자들이 쪼그리고 앉아있는 광경을 보았다. 이를 수상히 여긴 그는 손님을 내려주고 난 뒤 다시 그 장소로 가보았는데 해변에서 멀지 않은 바다 위에 커다란 물체가 떠 있었다. 처음에는 커다란 돌고래라고 생각했지만 자세히 보니 생명체가 아니었다. 그 물체가 어선은 아닐 거라고 확신한 그는 현지 경찰에 목격한 내용을 신고했다.

　그로부터 몇 시간 내에 남한의 군대와 경찰은 택시기사 이진규가 발견한 물체가 전장 34m인 북한의 '상어급' 잠수함이라는 사실을 확인했다. 바위가 많은 해안에서 잠수함이 좌초되자 승무원들이 잠수함을 버리고 달아났던 것이다. 그날 아침 동이 트기 전 국방부는 4만 명의 군인들과 무장 헬리콥터, 수색견을 동원해 북에서 내려 온 확인되지 않은 침입자들을 찾기 위한 대대적인 수색 작업에 들어갔다.

　그날 오후 상륙지점에서 5km 떨어진 청학산 부근에서 군인들은 소름끼치는 광경을 목격했다. 침투 무장을 하지 않은 북한 선원 11명 전원이 모두 뒤통수에 총을 맞은 채로 숨져 있었던 것이다. 반항한 흔적이 없고 일렬로 있던 것으로 보아 체포되지 않기 위해 집단자살한 것이 분명했다. 사망자 가운데 한 북한군 대령의 권총집에는 권총이 그대로 들어 있었다.

거의 같은 시각, 주민의 신고로 출동한 현지 경찰은 그 근처에서 이광수를 체포했다. 잠수함을 타고 침투한 공작원 중 유일하게 생포된 이광수는 잠수함 탑승자들이 한국군과 미군의 전술·전략 첩보 수집 임무를 띠고 내려온 조선인민군 정찰국 소속이었다고 자백했다. 그들의 임무는 한국군의 방어태세를 시험하고 강릉 근처에 있는 한국군 공군 기지와 레이더 시설을 정찰하는 일이었다.

남한정부의 거의 히스테리에 가까운 반응이 무색하게도 임무수행을 위해 훈련 받고 무장한 실제 침입자는 세 명에 불과했다. 다른 세 명은 임무수행 그룹을 호위하는 역할이었다. 나머지는 남쪽에 발도 딛지

96년 가을 남한 해안에서 택시 운전기사가 발견한 북한 잠수함은 남북관계를 또 한번 저기압권으로 몰고 갔다.

못하게 되어있던 승무원이었다. 그 후 2주일에 걸친 수색작전에서 11명의 간첩들이 추가로 발견돼 총격전 끝에 사살됐다. 끝까지 버티던 2명도 11월 초 비무장지대 동쪽 끝 부근에서 사살당했다. 이로써 잠수함 사건과 관련해 생포되거나 사살된 간첩 수는 유일한 생존자인 이광수가 자백한 인원에서 1명이 모자라는 25명이었다. 이 시점에서 남한 국방부는 집중 수색작전을 종결하고 평상시 체제로 복귀했다. 수색 과정에서 희생된 남한 국민 14명(민간인 4명, 군인 8명, 경찰 2명) 가운데 일부는 한국군의 오인 사격으로 희생된 것으로 보였지만 군 당국은 이를 간첩들의 소행으로 돌렸다.

한국은 초목이 울창하게 우거진 비무장지대와 2천4백km에 이르는 굴곡이 심한 해안선을 가지고 있어 외부인 침투가 매우 용이했으므로 실제로 여러 차례 북한의 침입을 받았다. 이 책의 3장에서 소개한 것처럼 70년대에 김일성은 남한에서 벌어지는 미군의 군사 작전을 북한군 정찰대가 모두 감시하고 있다는 이야기를 자랑삼아 한 적이 있었고, 주한미군 사령부에서도 "북한은 남한 내 어떤 곳에든 간첩이나 육·해·공군 특공대를 투입했다가 탈출시킬 수 있다"는 결론을 내렸지만 90년대 중반 당시 이러한 작전을 저지할 뚜렷한 방안을 강구하지 못하고 있었다. 중국에서 나온 한 군사 관련 책자에 의하면 북한은 간첩 남파와 남한의 해상 항로를 교란시킬 수 있는 소형 잠수함을 적어도 48척은 보유하고 있다.

96년 9월의 잠수함 사건과 과거에 일어났던 침투사건들의 차이는 이번 사건이 큰 실패로 끝났다는 점이다. 25명이나 되는 전투요원들이 투입되었지만 결국은 가까스로 버티다가 고작 민간인들을 위협했을 뿐이며, 해안 경비대도 아닌 택시 기사에 의해 발각이 됐고, 결과적으로 미국과의 관계에서 첨예한 정치적 긴장을 파생시켰다는 사실들이 명백한 실패의 증거였다.

남북한 간에 이처럼 갈등이 빚어진 경우 미국이 양측 모두에 중대한 이해관계를 가진 채 이러지도 저러지도 못하게 된 것은 이때가 처음이었다. 미국으로서는 북한과의 새로운 관계를 유지하면서 핵 프로그램을 동결시키고 한반도 평화협상의 진전을 도모하는 일이 당면 과제였을 뿐 아니라, 다른 한편으로는 오랜 우방인 남한과의 결속을 유지하면서 남한 영토와 미군의 안전을 지켜야 했다. 과거 북한과 군사 분쟁이 벌어질 때마다 미국의 절대적인 지지를 받아왔던 남한은 미국의 태도 변화에 실망과 분노를 금치 못했다. 더욱이 한때는 금기시했던 대북 정책이 당시 주요 쟁점으로 부상한 시기였던 만큼 그 정도는 더욱 심했다.

이전 몇 달간 대북 정책에서 조기 붕괴를 부추기기 위한 강경책과 '연착륙'을 위한 화평책 사이를 오락가락하던 金대통령은 마침내 강경 노선으로 방향을 확실히 돌렸다. 9월 20일 金대통령은 '이번 잠수함 사건은 단순한 간첩 남파가 아니라 무력도발 행위'라고 규정지은 후 거의 매일같이 북한을 비난하다가 급기야는 또다시 도발을 시도할 경우에는 '실전을 각오해야 할 것'이라고 선언하기에 이르렀다. 실제로 그는 전쟁 가능성을 높게 보고 있었다. 남한 정부의 대북 정책에 대한 전면적 재고를 발표하면서 金대통령은 남북 경제협력을 중단시켰다. 또한 94년 제네바 합의에 따라 북한에 경수로를 건설해주는 임무를 담당하고 있는 KEDO에서 남한이 맡은 활동도 중단했다. 金대통령은 11월 초 워싱턴포스트지의 케빈 설리번(Kevin Sullivan)과의 인터뷰에서 북한 지도층으로부터 잠수함 사건에 대한 사과를 듣기 전까지는 4자 회담 추진안은 물론 대북 원조 제공 역시 일체 중단할 생각이라고 말했다.

처음에 북한은 "인민무력부의 권위 있는 기관의 설명을 따르면" 잠수함이 엔진 고장을 일으켜 남쪽으로 표류하는 바람에 승무원들이 "적지에 상륙할 수밖에 없었고 그로 인해 무력 충돌이 불가피했던 듯하다"라는 모호한 말들을 늘어놓았다. 그러나 잠수함 사건으로 인한 갈등이 고조될수록 북한의 수사(修辭)도 점점 강경해져 북측 인명 피해에 대해 "백 배, 천 배"로 보복하겠다고 위협하는 수준에까지 이르렀다. 또한 남한의 반대로 KEDO 활동이 중단되자 북한은 제네바 합의를 무시하고 영변의 핵 프로그램을 재개하겠다고 위협했다.

미국과의 외교회담에서 북한은 잠수함 사건에 대해 사과하고 4자 회담에 대한 韓·美 합동 설명회에 참석할 용의가 있다고 하면서 그 대가로 경제 지원을 요구했다. 사실 4자 회담 설명회 참석을 포함한 일괄 협상은 96년 5-6월 北-美 회담에서 폭넓게 논의한 끝에 8월 말 이근(李根) 북한 외교부 미국 과장의 미국 방문 당시 합의가 이루어진 내용이었다. 그러나 그 협상을 마무리 짓기 위해 빌 리처드슨 하원의원이 북한으로 막 떠나려던 참에 잠수함 침투 소식이 전해졌고 그의 방북 계획은 취소됐다.

잠수함 사건 발생 직후 나온 크리스토퍼 美 국무장관의 즉흥적인 발언은 남한 국민들의 원성을 샀다. '모든 당사자들'의 추가적인 도발 행위 자제를 요구한 그의 발언은 남한과 북한을 미국으로부터 똑같은 거리에 위치시키는 것처럼 들렸던 것이다. 美 국무부의 정정 발언이 뒤따랐지만 이미 韓·美 양국 관계에는 흠집이 난 뒤였다. 남한의 한 고위관리는 보수적인 헤리티지 재단의 한반도 문제 전문가 대릴 플렁크(Daryl Plunk)에게 전화를 걸어 남한 정부 최고위층에서는 잠수함 사건에 대한 클린턴 행정부의 반응에 대해 '유감스럽게' 생각하고 있으며 대북 정책 면에서도 '북한이 해달라는 대로 다 해주고 있는 듯한' 느낌을 받고 있다고 전했다.

韓·美 간에 감정의 골이 깊어지면서 남한에 있던 미국 관리들은 양국 사이에 존재하는 커다란 견해차를 우려하기 시작했다. 이런 와중에 달라진 분위기를 상징하는 한 가지 사건이 발생했다. 한국군 장교들이 북한 잠수함 조사를 위해 현장에 파견된 한 미군 무관에게 조사를 허락하지 않으려 했을 뿐 아니라 마지못해 허락한 후에도 조사를 마치고 잠수함을 떠날 때 몸수색을 받게 한 것이다. 이에 미국 대사관은 즉각 항의했다. 미국정부의 분석가들은 남한정부의 조사내용을 담은 보고서에 회의적인 입장을 보였다.

또 96년 10월 중순 중앙일보는 북한의 추가 도발이 있을 경우 육·해·공군 차원의 보복 공격을 가하기 위해 한국군이 북한 내 12개 공격 목표를 선정해 놓았다는 기사를 보도했다. 원칙적으로 한국군에 대해 전시 '작전 통제권'을 지니고 있는 것으로 돼 있는 주한미군 사령부는 이 기사를 접하고 충격을 받았다. 신문 기사가 보도될 때까지 미군 사령부에서는 이와 같은 공격 계획에 관해 전혀 들은 바가 없었다. 남한 국방부 관리들은 그 계획이 확정된 것이 아니라고 변명했다.

그러나 미국측은 사전 협의나 동의 없이는 한국군이 북한에 대해 군사 보복 행위를 하지 않겠다는 시원스런 확답을 받아내지는 못했다. 이 문제를 논의한 사람들로는 레이니 주한 미국 대사와 존 틸럴리 신임 주한미군 사령관, 공로명 외무장관, 김동진(金東鎭) 국방장관이 있었고, 남한을 방문한 존 도이치 미 CIA 국장과 공로명 외무부 장관

일행들 간에도 이 문제가 논의됐으며, 윌리엄 페리 美 국방장관과 워싱턴으로 찾아간 김동진 국방부 장관 사이에서도 같은 문제로 논의가 있었다. 그러나 이처럼 다각적으로 이루어진 논의에도 불구하고 뚜렷한 결론은 얻지 못했다.

그러던 중 11월 초 金대통령이 갑자기 공로명 장관을 해임하면서 미국측의 우려는 증폭됐다. 공로명이 金대통령의 강경한 대북 정책에 이견을 표시했다는 보도가 떠돌고 있을 때였다. 공식적으로 발표된 장관의 사임 이유는 건강상의 문제였지만, 그와 가까이 지내던 남한과 미국의 관리들은 안기부가 金대통령에게 건넨 공로명의 발언 기록이 화근이었던 것으로 믿었다. 전화 도청을 통해 수집된 것으로 보이는 이 발언 기록에는 잠수함 침투사건에 대처하는 대통령의 정책에 공로명 개인적으로 이견을 표시했던 내용이 들어 있었다(남한의 한 전직 외무장관은 취임 당시 보좌관들로부터 전화통화 내용이 도청될지 모르니 조심하라는 주의를 받았다고 필자에게 말했다). 공로명의 후임자로는 근래 어떤 전임자보다도 상당히 보수적이고 미국의 정책으로부터 독립적이라는 평가를 받고 있던 유종하 청와대 외교안보 수석이 발탁됐다.

명목상으로는 가까운 우방인 韓·美 양국 관계 이면에서 역류가 흐르던 11월 중순 뉴욕타임스지의 니콜라스 크리스토프 특파원이 서울을 방문했다. 그는 잠수함 사건이 몰고 온 분위기를 이런 표현들로 요약했다. '고조된 긴장, 또 다른 군사 도발이나 전쟁에 대한 공포, 화해 시도의 좌절, 빈약한 국제사회의 도움에 의지할 수밖에 없는 굶주린 북한 농민의 증가, 한반도보다 더 예측 불가능하고 위험한 곳은 찾아보기 어렵다는 사실을 상기시켜 준 사건.'

남한 관리들은 이와 같은 분석에 이의를 달지는 않았지만 크리스토프의 또 다른 발언에 대해서는 격분을 금치 못했다. 그것은 벌어진 韓·美 양국 사이에 대해 "미국의 일부 관리들은 한반도 내에서 가장 큰 골칫거리는 북한 정부가 아니라 남한 정부라고 생각하는 것 같다"는 내용이었다. 당시 워싱턴과 서울을 오가며 필자가 들은 이야기들을 종합해 볼 때 크리스토프의 견해는 옳았다.

11월 24일 마닐라에서 개최된 APEC 정상회담에서 클린턴과 金대통령이 만날 때까지만 해도 남북 관계와 韓·美 관계에는 여전히 긴장감이 감돌고 있었다. 韓·美 양측은 두 대통령이 만나기 전 협상을 통해, 金대통령이 내세우는 '사과'라는 단어의 사용을 피하고 잠수함 사건을 해결하기 위해 북한에 '적절한 조치를 취함으로써' 긴장을 완화하며 더 이상의 도발을 삼갈 것을 요구하는 짤막한 내용의 성명을 발표하기로 합의했다. 그러나 金대통령은 클린턴에게 굴복했다는 비난을 접하자 회담이 끝난 지 사흘 만에 또다시 전면적인 사과를 요구하기 시작했다.

보좌관들이 배석하지 않은 자리에서 나눈 사적인 대화를 통해 클린턴과 金대통령은 가장 중요한 의견을 교환했다. 클린턴은 미국의 동의 없이는 남한이 북한에 대해 군사행동을 개시하지 않는다는 확약을 요구했다. 이 회담에서 대통령을 수행했던 남한의 한 고위관리는 결국 클린턴이 金대통령으로부터 확실한 답변을 들었다고 말했지만 반면에 한 미국 관리는 당시 金대통령의 반응은 여전히 미심쩍은 데가 있었다고 말했다.

그로부터 3개월 후 클린턴이 새로운 외교팀과 함께 2기 행정부를 출범시키자 金대통령이 먼저 이 문제를 들고 나왔다. 金대통령은 2월 말 매들린 올브라이트 신임 국무장관을 처음 만난 자리에서 미국과의 전면적인 공조가 전제되지 않는 한 한국군은 어떠한 행동도 취하지 않을 것이라는 점에 대해 안심해도 좋을 것이라고 말했다. 이 말을 들은 올브라이트는 논의할 현안 목록에서 그 문제를 지워버렸다. 후일 틸럴리 주한미군 사령관은 한국군 측의 일방적인 군사행동이 없을 것이라는 확약에 전적으로 만족했다고 말했다. 그러나 이 문제를 둘러싸고 양국 최정상급 인사들 간에 이런 대화가 오갔다는 사실은 韓·美 관계가 얼마나 긴장되고 신뢰 기반이 약해졌는가를 여실히 보여주는 일이었다.

클린턴과 金대통령의 마닐라 회담 이후 미국은 잠수함 문제 해결을 위한 노력을 재개했다. 마크 민턴 美 국무부 한국 과장과 이형철(李亨哲) 북한 외교부 미국 과장은 12월 중 아홉 차례의 협상 끝에 다각적인 협정을 체결했다. 여기에는 북한이 당국 차원의 유감 성명을 발표하고 공식 조선중앙방송을 통해 한 번이 아닌 두 차례 이를 방송해야 한다는 미국의 주장이 포함되었다.

12월 29일 북한은 잠수함 사건에 대해 '깊은 유감'을 표시하고 '그와 같은 사건이 다시는 발생하지 않도록 하겠다'는 약속을 담은 성명을 발표했다. 또한 끈질긴 제의를 받아왔던 4자 회담을 위한 韓·美 합동 설명회에 참석하는 데 동의했다. 한편 미국은 대북 중유 선적을 재개하기로 합의했다. 뿐만 아니라 남한이 94년 합의안에 따라 약속했던 경수로 지원 활동 재개 의사를 밝히자 북한도 그에 부응해 영변 원자로에서 나온 '사용 후 연료봉' 봉인 작업을 재개하기로 했다. 남한은 미국의 주선으로 성사된 막바지 협정을 통해 잠수함 사건으로 사망한 북한 공작원들의 유해를 북한에 송환하기로 합의했다. 판문점에서 유해가 인도될 당시 북한 관리들은 시신이 모두 화장되어 재만 남은 상태였다는 데 충격을 받았다. 미군측 장교들은 총상이 너무 심해 시신을 그대로 돌려보내기는 힘들었을 것이라고 믿었다.

마침내 97년 3월 뉴욕에서 '합동 설명회'가 개최돼 남북한과 미국의 대표단이 한 자리에 모였다. 이렇게 3자가 모두 참석한 가운데 한반도 평화 문제를 논의한 것은 처음이었다. 이 설명회에 이어서 남북한·미국 그리고 중국측 대표단이 97년 12월 제네바에서 모이면서 그 전 해에 제안됐던 4자 회담이 공식적으로 시작됐으며, 제2차 4자 회담은 이듬해인 98년 3월 제네바에서 개최됐다. 절차상의 문제로 이 회담들은 시작과 동시에 교착 상태에 빠졌지만, 분단된 한반도에 항구적인 평화 조성을 목표로 한 지속적인 논의 진행에는 참석한 모든 나라가 의견을 같이했다.

무너지는 북한

북한의 상황을 예의주시하던 관측통들은 96년 겨울까지 수개월에 걸친 북한 경제의 몰락 과정을 지켜보았다. 북한의 비참한 상황은 새삼스러울 것도 없었다. 도처에서 재앙의 조짐이 보이면서 붕괴가 임박했다는 예측이 난무했다. 그러나 그간 북한이 우방의 외면이나 김일성 사망, 곤두박질치는 생활 수준 등 대내·외적 시련에 대해 뛰어난 대처 능력을 여러 차례 과시해 왔던 것을 볼 때 그 모든 예측에도 불구하고 북한이 앞으로도 오랫동안 존속할 것이라는 추측도 전혀 터무니없는 이야기는 아니었다.

그러나 북한을 다녀온 사람들의 말을 들으면 그럴 가능성은 희박했다. 사실상 美 정부 내 분석가들 사이에 주된 쟁점이 됐던 것은 북한 경제가 붕괴 과정에 놓여 있는가 아니면 이미 붕괴해 버렸는가 하는 점이었다. 탄광들이 노후화하거나 홍수로 물에 잠기고 석유 수입이 줄어들자 공장들이 줄줄이 문을 닫거나 생산량이 대폭 줄어들었다. 연료 부족이 심각한 지방의 도로에는 牛馬車나 자전거만 다닐 뿐 자동차는 눈에 띄지 않았다. 다른 곳은 물론이고 비교적 혜택을 많이 받는 수도인 평양에서조차 사무실용 건물과 주택들의 난방이 끊어지고 정전되는 일이 다반사였다. 국영방송조차 전력 부족으로 오랫동안 방송을 중단했다. 석탄이나 전력을 동력원으로 하는 기차들은 대부분 정상 운행을 하지 못했다. 이전까지 북한의 장래를 낙관하던 미국의 한 정보 관리는 곤경에 처한 북한을 신체 기관이 하나씩 망가져 가는 가망 없는 환자에 비유했다. 신체 기관이 하나씩 망가질 때마다 다른 기관의 기능도 손상돼 가는 식이었다.

 96년 가을 비료 생산량 감소로 농산물 수확량이 줄어들자 그렇지 않아도 홍수로 말미암아 부족하던 식량 사정은 더욱 나빠졌다. 또한 운송 수단이 부족해 수확을 하고도 곡물을 필요한 장소로 운반하지 못해 비나 쥐의 피해를 입는 경우가 허다했다. 시골에서는 식량 배급량이 턱없이 모자랐다. 96년 초만 해도 1인당 하루 평균 3백 g이던 것이 그 절반 이하로 뚝 떨어졌다. 가까스로 연명하기에도 충분치 않은 양이었지만 그나마 배급이 완전히 중단된 곳도 있었다. 주민들은 목숨을 부지하기 위해 식용으로 부적합하고 영양가도 거의 없는 떡갈나무 잎, 풀, 뿌리, 나무껍질 등을 닥치는 대로 먹었다. 또 정부 시책을 어기고 도처에 생겨난 시장에서는 식료품이나 의복, 연료 등을 매매하거나 물물교환을 하는 일이 성행했다. 일부 지역 주민들은 폐쇄된 공장에 몰래 들어가 기계를 해체해 고철로 만든 뒤 이것을 중국으로 가지고 가서 값싼 식료품과 바꿔오기도 했다.

당국으로서도 이런 범법 행위를 눈감아 줄 수밖에 없었다. 지방 관리들은 오히려 이를 부추기거나 지원하는 것 같았다. 그러나 놀라운 것은 그럼에도 불구하고 적어도 외부에서 보기에는 북한 정권의 권위와 결집력이 줄어들지 않았다는 사실이었다. 북한과의 협상 경험이 풍부한 남한의 송영대 前 통일원 차관은 96년 말의 북한 상황을, 김정일을 우두머리로 하는 군부 주도의 위기관리 체제 하에 '불안정 속의 안정'을 유지하고 있는 상태라고 설명했다. 외부세계의 최대 관심사 중 하나는 북한의 사회·경제적 충격이 정치·군사 체제에 어떤 영향을 미칠 것인가 하는 것이었다.

이런 긴박한 상황에서 김정일은 12월 7일 자신의 모교이자 북한의 최고 고등교육기관인 김일성종합대학을 개교 50돌을 맞아 방문했다. 이날 그가 했던 장황한 연설 원고는 그를 수행한 노동당 비서 몇 사람에게 비밀리에 전달됐다가 후일 남한으로 망명한 황장엽에 의해 외부로 유출됐다. 황장엽은 그 행사에 참석하지 않았지만 당 비서 자리에 있었던 만큼 그런 자료를 쉽게 접할 수 있었다. 그 연설문은 결국 남한에서 발행되는 '월간조선'에 실렸다. 북한에 납치됐던 최은희·신상옥 부부가 10년 전 몰래 녹음해 온 테이프를 공개했던 일을 제외하면, 김정일의 생생한 발언 기록이 외부에 공개된 것은 이 기사가 처음이었다.

김정일은 그 연설에서 "현재 제일 긴급하게 풀어야할 과제는 식량 문제다. 그로 인해 무정부 상태가 조성되고 있다"고 말하면서 북한이 직면한 어려움을 어느 정도 시인했다. 또한 김정일은 "도처에서 '가슴 아픈 일들'이 벌어지고 있지만 궁여지책으로 거리에 나와 식료품을 팔고 행상을 하는 사람들의 행동은 크게 잘못된 것"이라며 맹렬히 비난했다. 그리고 다음과 같은 말을 덧붙였다. "이렇게 농민 시장과 장사꾼이 번성하게 되면 사람들 속에 이기주의가 조장돼 당의 계급진지가 무너질 수 있다. 그렇게 되면 당이 대중적 기반을 잃고 녹아날(붕괴될) 수 있다. 이것은 그전에 폴란드와 체코슬로바키아에서 일어났던 사건들이 잘 말해주고 있다."

김정일은 북한의 경제난을 자신의 책임으로 인정하지 않았다. 경제 지도에 많은 시간을 투자했던 부친 김일성이 그에게 '경제 사업에 말려들면 당 사업도 못하고 군대 사업도 할 수 없다고 여러 번 당부했다'는 것이었다. 요컨대 자신의 과업이 너무 중대하기 때문에 경제 문제를 돌볼 수만은 없다는 뜻이다. "내가 경제 실무 사업까지 맡아보면 혁명과 건설에 돌이킬 수 없는 후과(결과)를 미칠 수 있다...... 인민들이 현재 당 중앙위원회 명령을 무조건 따르고 있는 것은 나의 권위 때문이지 당 조직과 일꾼들이 사업을 잘 해서가 아니다...... 나를 똑똑히 도와주는 일꾼이 없다. 나는 단신으로 일하고 있다."

김정일로부터 무조건적인 칭찬을 듣는 유일한 기관은 군대였으며 그는 점점 더 군에 의지해가고 있었다. 96년 한 해 동안 그가 참석한 47건의 공식 행사 가운데 30건이 군부대 방문이나 기타 군 관련 행사였다. 그는 김일성종합대학에서 본 느러터진 젊은이들과는 달리 "모든 군인들은 정치적으로나 사상적으로 건전하며 그들의 혁명적 군사정신은 드높다"고 단정지었다. 그는 '목숨을 바쳐서라도 혁명 수뇌부(자신을 비롯한 고위급 지도자들을 가리키는)를 지키려는' 군인들의 각오에 만족하고 있었다.

김정일의 연설은 미국과 남한의 정보 전문가들이 추측했던 대로 북한의 식량 부족 사태가 군에까지 영향을 주고 있다는 사실을 확인시켜주었다. 그는 북한 주민들에게 "군량미를 보내주지 않으면 미국놈들이 쳐들어 와도 싸워 이길 수 없다. 그러면 당신들도 다시 노예가 되고 당신들의 아들, 딸, 손자들도 노예가 된다는 사실을 알아야 한다"고 말했다.

경제가 파탄에 이른 이와 같은 상황에도 불구하고 97년 1월 김정일 북한군 총사령관은 전년도에 돌연 중단시켰던 동계 훈련을 전면 실시하라는 지시를 내렸다. 연료와 탄약 및 기타 자원 수급에 막대한 경비를 들여가면서 대규모 북한군병력이 도로와 산길을 따라 새로운 진지로 이동을 했고, 사격 연습과 전투 훈련에 매진했다. 또 3월에는 이례적으로 '총동원령'을 내려 마치 전시상황처럼 평양 시내의 자동차에 위장망을 씌우고 수천 명의 사람들을 지하 방공호로 대피시켰다. 그리고 조선북한군 창건 기념일이었던 4월 25일에는 수만 명의 군인들이 평양 시가에서 기념 행진을 벌였다.

틸럴리 주한미군 사령관은 서울에 있는 사령부에서 북한군의 활발한 움직임을 깊은 우려의 눈으로 지켜보았다. 그의 말에 따르면, 물자 부족 등 북한 내 전반적인 사정 악화로 북한의 군대가 퇴화했다는 것을 '직감적으로' 확신했다고 한다. 반면 미군과 남한군은 날이 갈수록 현대화하면서 발전을 거듭하고 있었다.

그는 또 이러한 요인이 한반도 상의 군사력 균형에 영향을 미쳐 북한쪽에 불리하게 작용한 것은 사실이지만, 그 수준을 정확히 가늠하기란 불가능하다고 말했다. 이어 틸럴리는 현대화 부문에서의 약점을 수적으로 보완하고 있는 북한군은 여전히 막강한 힘을 보유하고 있으며, 이러한 군사력이 바로 '북한 정권에게 마지막 남은 보루일 것'이라고 말했다.

틸럴리와 참모진의 우려는 자포자기한 북한 지도부가 대규모 공격을 감행할 경우 韓·美 양국의 군사력으로도 저지하기 힘들지 모른다는 것이었다. 틸럴리는 휘하에 있는 군사 전략가들 사이에서 '폭발(explosion)'이라고 불리는 그같은 공격은 남북한 모두에 인명 손실과 파괴의 참화를 몰고 오는 피비린내 나는 전쟁을 거쳐 결국은 실패로 끝날 것이라는 확신을 갖고 있었다. 틸럴리의 참모들 중 한 사람은 북한 지도부에 선택의 여지가 별로 없다는 사실을 감안할 때 '설사 후일 오판이었던 것으로 판명된다 할지라도 공격 결정을 내릴지도 모른다'고 말했다.

97년부터 북한 외교의 초점이 됐던 것은 국내의 참상을 완화시켜 줄 식량 공급이었으며, 국제사회도 이 문제에 더욱 큰 관심을 보였다. 그에 따라 다른 사안들은 뒷전으로 밀려나게 됐다.

남한과 미국을 비롯한 세계 여러 나라는 북한을 도와야 할지 말아야 할지 심각한 갈등에 빠졌다. 북한 주민들은 기아선상에서 헤매고 있는데도 북한 정부는 대규모의 위협적인 군대를 유지하는 데 급급하고 있었기 때문이다. 북한을 현재와 같은 위기상황에 몰아넣는 데 홍수 이상으로 큰 역할을 한 것이 바로 북한 정권의 통제적이고 근시안적인 정책이었다.

그럼에도 불구하고 북한은 경제정책의 대폭적인 개혁을 거부했다. 게다가 북한의 기이하고 때로는 위협적인 선언과 열악한 인권 상황이 다른 나라들로 하여금 북한에 대한 원조를 망설이게 만들었다. 그러나 북한이 심각한 재난에 처해 있다는 보고가 속속 이어졌고 그와 같은 상황에 처한 나라에 도움을 주지 않는다는 것은 인도주의적 관점에서 볼 때 있을 수 없는 일이었다. 더구나 전략적인 측면과 국제사회의 안정을 고려할 때 미국은 물론이고 북한 주변에 있는 대부분의 나라들도 북한 정권의 갑작스러운 붕괴를 바라지 않았다. 그로 인해 동북아시아 전체에 영향을 미칠 파괴적인 폭력 사태가 야기될지도 모른다는 우려 때문이었다.

인도주의적 입장에서 식량 구입 자금을 제공할 의향이 있었던 미국은 유엔의 호소에 부응해 그 일을 추진하고 있었지만, 노골적으로 평화회담과 여러 가지 긴장완화 조치를 식량원조와 연계시켜가면서 협상을 벌이려는 북한의 시도는 거부했다.

뿐만 아니라 기아 사태 해결에 필요한 양 이상의 원조를 제공할 생각도 없었다. 미국의 문제는 근본적으로 정치적인 것이었다. 북한을 '돕는' 것은 반대하지만 북한 주민들에게 식량을 공급하기 위한 유엔의 인도주의적 노력에는 약간의 지원을 허용한다는 입장이었기 때문이었다.

한편 남한은 식량 지원 문제를 정치·외교적 목표와 연계시키는 것을 그다지 주저하지 않았다. 97년 초반에 남한 관리들은 식량지원을 협상 도구로 삼고자 노력했다. 정부나 혹은 민간 차원에서 약간의 식량을 지원하면서 이를 대북 외교에서 우위를 점하는 데 이용하려고 했던 것이다. 그러나 북한 동포의 기아 상태에 대한 보도가 늘어나자 남한 정부는 정책을 수정할 수밖에 없었다.

그해 봄부터 남한은 적십자를 통해 식량 5만 t을 북한에 지원했고 98년 출범한 새로운 행정부는 민간 차원의 식량 및 구호물자 지원에 대한 제한을 대부분 완화했다. 이러한 정책 변화에 따른 가장 주목할 만한 사건은 북한이 고향인 현대그룹의 창업주인 정주영 회장이 굶주린 동포들을 돕기 위해 98년 6월과 10월에 각각 소 5백 마리와 5백1마리를 이끌고 비무장지대를 넘어 북한으로 갔던 일이다. 그가 실행한 민간 외교를 발판 삼아 남한 관광객들이 북한 땅에 발을 들여놓게 되는 전대미문의 일이 일어나게 됐으며 한층 폭넓은 남북 경제교류의 계기가 마련됐다.

일본은 초기에 흔쾌히 식량을 지원해주었던 것과는 달리 농산물이 남아돌면서도 북한에 대한 식량원조를 자제하고 있었다. 제한적인 지원을 바라는 남한측의 요청도 있었지만, 13세 소녀를 포함한 여러 명의 일본인이 70년대에 북한 공작원에 의해 납치된 후 돌아오지 못했다는 사실이 새로이 밝혀졌기 때문이다. 이에 대해 북한은 납치사건에 책임이 없다며 발뺌을 했고 그 결과 일본은 식량 지원을 중단하게 됐다.

북한에 약간의 곡물을 지원해주었다고 발표한 중국은 이것 외에도 추가로 막대한 양의 식량을 헐값에 제공한 것으로 알려졌으며, 일반 국민들끼리도 물물교환이 이루어졌던 것으로 추정됐다. 세관의 자료에 따르면 97년 한 해 동안 중국-북한 간의 국경선을 넘어 전달된 곡물량이 줄잡아 1백2십만 t은 되는 것으로 파악됐다. 또한 중국이 매년 북한에 공급하고 있는 원유는 1백만 t 이상이었다.

이와 같은 끊임없는 원조는 북한 정권의 생존과 한반도 상의 세력 균형 유지에 매우 긴요한 일이었으며 이러한 균형 유지는 중국이 원하는 바이기도 했다.

그밖에도 여러 나라와 자선 단체들이 식량이나 식량 구입 자금 등을 내놓았지만 북한의 식량 위기는 쉽사리 해소되지 않았다. 그런데 이런 와중에 97년 여름에는 심각한 가뭄이 겹쳤고 서해안에서는 해일까지 일어 피해를 입은 농경지가 더욱 늘어났다. 마치 조물주와 북한 정부의 융통성 없는 경제 정책이 서로 짜기라도 한 것처럼 북한 주민들의 삶을 뒤흔들어 놓았던 것이다.

그곳 주민들의 생활상은 말할 수 없이 비참했지만 모든 것이 베일 속에 가려진 북한에서는 그 실태를 정확히 파악하는 일이 불가능했다. 우리민족 서로 돕기 불교운동본부(Buddhist Sharing Movement, 99년 5월 사단법인 '좋은 벗들'로 개칭한 평화·인권운동단체)에 소속된 조사단이 97년부터 98년까지 8개월간 중국 국경을 넘어 탈출한 북한 난민 1천 19명을 면담한 결과, 95년 중반 이후 사망한 난민 가족구성원들의 비율은 27%에 이르렀다. 실로 충격적인 수치였다.

이 운동본부의 사무국장이 추정한 바에 따르면 2백5십만 명이 넘는 주민들이 죽어가고 있는 상황이라고 했다. 그는 또 이번 식량난이 '인류 역사상 가장 극심한 기아 사태일 것'이라고 덧붙였다. 그간의 정보를 수집해온 미국 정보 관리들은 98년 9월 필자에게, 정확한 자료는 갖고 있지 않지만 "틀림없이 수십만 명 가량은 '직·간접적으로 기아와 관련해 사망했을 것'이라고 하면서 그때까지 죽은 사람들의 수를 모두 합치면 1백만 명쯤 될 가능성도 있다"고 말했다. 같은 시기 한반도 관련 실무를 담당했던 한 국무부 관리는 사망자 수가 "5십만 명을 족히 넘을 것"으로 내다보았다.

3천만 명 이상의 사망자를 낸 1958-62년 중국의 기근을 다룬 책을 저술한 베이징 주재 언론인 재스퍼 베커(Jasper Becker)는 당시 북한에 닥친 비극적 사태가 과거 중국의 사례와 소름끼치도록 흡사하다는 느낌을 받았다. 98년에 그는 "이 세상에서 인류를 괴롭혀 온 위기들 중에서 가장 역사가 오래된 것이 기근이지만, 이번 경우는 근 40년 동안의 사례들 중에서 가장 심각한 것 같다"고 썼다. 또한 중국을 휩쓸고 지나간 기근과 마찬가지로 북한에 닥친 재난도 근본적으로 잘못된 정부 시책 때문이라고 결론지었다.

황장엽(黃長燁)의 선택

97년 2월 12일 베이징에 있던 한 남한 기업인이 베이징 주재 한국 총영사관에 전화를 걸어 심상치 않은 요청을 해왔다. 북한 최고위급 관리이자 주체사상(主體思想)의 창시자인 황장엽이 망명을 할 수 있도록 차량과 경호원을 보내달라는 내용이었다. 전화가 걸려올 것을 예상하고 있었던 한국 총영사관 관리들은 후에 그를 납치했다고 비난받을 것을 우려해 그 요청을 거절했다. 그로부터 몇 분 뒤 오랜 측근이자 동료 망명자인 김덕홍(金德弘)과 함께 택시를 타고 총영사관에 도착한 황장엽은 신변 보호와 안전한 남한행을 요청했다. 잠시 후 그는 베이징 주재 남한 총영사의 책상에 앉아 3쪽 분량의 진술서를 자필로 작성했다.

> 내가 모든 것을 버리고 남으로 넘어갈 것을 결의하게 되었다는 것을 알게 되면 나의 가족부터 시작하여 내가 미쳤다고 평가할 것이다. 나 자신도 자기가 미쳤다고 생각할 때가 적지 않다.
> 그렇지만 나만 미쳤겠는가 하는 것이다. 민족이 분열된 지 반세기가 넘었는데 조국을 통일한다고 떠들면서도 서로 적으로 간주하고, 심지어 상대편을 불바다로 만들겠다고 떠들고 있으니 이를 어떻게 제정신을 가진 사람의 행동이라고 볼 수 있겠는가.

또 노동자, 농민들이 굶주리고 있는데 노동자 농민을 위한 이상사회를 건설했다고 떠드는 사람들을 어떻게 제정신을 가진 사람이라고 볼 수 있겠는가.

나의 여생은 얼마 남지 않았다. 나는 정치에서 실패한 사람이다. 나는 어느 편에 서서 한몫 하려는 생각은 조금도 없다. 또 오래 살고 싶지도 않다. 가족들은 내가 오늘로 이 세상을 떠났다고 생각해주기 바란다. 가능하면 마지막 순간까지 남과 북의 화해와 통일에 도움을 주고 싶을 뿐이다.*

황장엽의 망명은 분단 이후 반세기 동안 남북한 간에 빚어진 갈등의 역사 속에서 가장 획기적이고도 복잡한 성격을 띤 사건이었다. 황장엽은 남북한 망명자를 통틀어 최초의 고위급 내부인사였다. 당시 그는 더 이상 북한 내부 지도자급 인사가 아니었으며 서서히 퇴출되는 와중에 있었지만 그의 망명으로 인해 북한은 정치적으로 타격을 입었고 남한은 잠재적으로 커다란 행운을 안았다. 그가 북한 내 최고위직에 몸담고 있으면서 일생 동안 얻은 경험을 남한측에 제공해줄 것이기 때문이다. 그러나 한반도에서 파괴적인 전쟁이 일어나는 일을 막고 북한을 봉건주의로부터 해방시키며 통일을 위한 터전을 마련하는 것이 자신의 임무라고 믿고 있는 황장엽의 말은 복잡하고 이해하기 어려웠다.

1922년 생인 황장엽은 2차 세계대전 중에 일본에 유학했고 한국전쟁 때는 모스크바 대학에서 철학을 전공했다. 귀국 후에 김일성종합대학 철학 교수로 재직하면서 김정일을 가르치는 특별한 임무도 맡았다. '친애하는 지도자' 김정일이 졸업한 다음 해인 1965년 황장엽은 북한 최고의 명문대인 김일성종합대학 총장으로 임명됐고 이 무렵부터 김일성을 도와 주체사상을 확립하는 작업에 착수했다. 김일성이 주체사상을 언급한 것은 10년 전인 50년대 중반 쯤이었지만, 그의 든든한 후원자였던 중국과 소련 간의 불화가 깊어진 60년대 중반까지는 특별히 강조되지 않았다.

황장엽은 '위대한 수령' 김일성과의 친분을 발판으로 북한 내에서

※ **황장엽 자술서 전문** 나는 50여년간 조선로동당원으로서 성실히 일해 왔다. 뿐만 아니라 조선로동당과 그 령도자의 두터운 사랑과 배려를 받아 왔다. 따라서 조선로동당과 그 령도자들에 대해서는 감사의 정이 있을 뿐 사소한 다른 의견도 없다. 또 지금 공화국이 경제적으로 좀 난관을 겪고 있다. 그러나 정치적으로 잘 단결되여 있기 때문에 공화국이 붕괴될 위험성은 없다고 생각한다. 이러한 조건에서 내가 모든 것을 버리고 남으로 넘어갈 것을 결의하게 되었다는 것을 알게 되면 나의 가족부터 시작해 내가 미쳤다고 평가할 것이다. 나 자신도 자기가 미쳤다고도 생각할 때가 적지 않다. 그러나 나만 미쳤겠는가 하는 것이다. 민족이 분렬된지 반세기가 넘었는데 조국을 통일한다고 떠들면서도 서로 적으로 간주하고, 심지어 상대편을 불바다로 만들겠다고 떠들고 있으니 이것을 어떻게 제정신을 가진 사람들의 행동이라고 볼 수 있겠는가. 또 로동자 농민들이 굶주리고 있는데 로동자 농민을 위한 리상사회를 건설했다고 떠드는 사람들을 어떻게 제정신을 가진 사람이라고 볼 수 있겠는가. 한편 민족의 적지 않은 부분이 굶주리고 있는데 이에 대해서는 관심이 없이 시위만 벌리고 있는 사람들의 생각도 저로써는 리해하기 어렵다. 고민하고 또 고민한 끝에 결국 우리 민족을 불행으로부터 구원하기 위한 문제를 좀더 넓은 범위에서 협의하고 싶은 심정에서 북을 떠나 남의 인사들과 협의해 보기로 결심했다. 나는 내 운명에 대해서는 시대의 흐름에 맞기고 나의 행동의 평가는 력사에 맞기려고 한다. 나의 여생은 얼마남지 않았다. 나는 정치에서 실패한 사람이다. 나는 어느 편에 서서 한몫하려는 생각은 조금도 없다. 또 오래 살고 싶지도 않다. 가족들은 내가 오늘로 이 세상을 떠났다고 생각해 주기 바란다. 가능하면 마지막 순간까지 남과 북의 화해와 통일에 도움을 주고 싶을 뿐이다. 이번 일본을 방문해 조총련의 존경하는 벗들이 극진히 환대해 준 데 대해 감사하게 생각하고 미안한 마음 비길 데 없다. 나를 아는 모든 벗들은 내가 죽었다고 생각해 주기 바란다. 중국에서 일을 일으켜 내가 가장 사랑하는 중국벗들에게 폐를 끼친 데 대해 죄송스럽게 생각한다. 황장엽, 김덕홍 97. 2. 12

매우 중요하고도 특별한 인물이 됐다. 1972년부터 84년까지 그는 북한의 꼭두각시 의회인 최고인민회의 의장직을 맡았고, 그 후에는 노동당 국제담당 비서와 최고인민회의 외교위원회 위원장을 역임했다. 그러나 그의 입지를 가장 확고하게 만들어준 배경은 그가 1972년 북한 헌법이 체제의 통치이념으로 정한 주체사상의 최고 권위자라는 사실이었다. 북한 정권의 으뜸가는 철학자인 동시에 국제 업무 관장 관리였던 그는 다른 사람들보다 해외여행이 자유로웠다. 그런 특권 덕분에 그는 외국 학자들과 친분을 나누기도 하고 그들과 장시간에 걸쳐 토론을 나누기도 하면서 다른 북한 사람들에 비해 호전성이 덜한 의견을 피력하곤 했다.

미국의 북한 문제 전문가 샐릭 해리슨이 87년 평양을 방문했을 때 황장엽은 그에게 남한에서 공산혁명이 일어난다는 것은 "결코 있을 수 없는 일"이며, "북한과 남한이 각기 다른 사회·경제적 체제 하에서 평화롭게 공존할 수 있는 길을 모색해야 한다"고 말했다. 같은 해 일본에서 비밀리에 그를 만난 남한의 철학 교수 새뮤얼 리(Samuel Lee)는 황장엽이 '매우 합리적인 사고를 갖고 있으며, 주입식 공산주의나 북한의 이데올로기 사상과는 상당한 거리가 있는 인물'이었다고 말했다. 미국 조지 워싱턴 대학에 있으면서 평양을 자주 방문하던 정치학자 김영진(Young C. Kim)이 본 황장엽은 국제 업무보다는 철학에 관심이 더 많은 사람이었고, 그의 철학은 추상적이며 간파하기가 어려운 것이었다.

94년 김일성 사망 이후 황장엽은 베이징에서 국제평화재단의 후원 아래 한 무역회사(조선여광무역연합총회사)의 설립을 돕는 일을 했다. 그 회사의 임무는 북한에서 주체사상 교육과 기타 활동을 실시하는 데 필요한 자금을 조달하기 위한 외화를 획득하는 것이었으며, 총사장을 맡은 김덕홍은 김일성종합대학과 노동당에서 황장엽의 측근으로 있었던 사람이다. 황장엽과 김덕홍은 남한의 기업가, 종교인 등과 여러 차례 접촉을 가지면서 북한에 입국하게 해주는 조건으로 자금이나 기타 물질적 지원을 요청했다. 북한 당국도 대체로 이런 일들을 승인하고 장려했다.

95년 황장엽은 베이징에서 자신이 접촉하고 있던 한 남한 사람에게 북한이 오랫동안 미군 철수를 요구하고 있지만 미군이 한반도에서 지속적으로 주둔하는 일은 반드시 필요하다는 말을 했다. 필자가 미국의 한 고위관리에게 이 정보에 대해 물어보자, 그는 깜짝 놀라며 그런 말이 퍼지면 황장엽의 목숨이 위태로워지니 다시는 입 밖에 내지 말 것을 당부했다(그러나 그 무렵 북한 외교관들뿐 아니라 군장성들까지도 사석에서는 미국인들에게 주한미군이 계속 주둔해야 한다고 말하고 있었다).

95년 후반과 96년 초반 중국에서 최소한 두 번 이상 남한측 사람들과 비밀리에 만난 황장엽은 북한의 권력이 군부로 이동하고 있다며 심각한 우려를 나타냈다. 이러한 그의 시각은 주한 美 대사관에 알려졌을 뿐 아니라 비밀 첩보 경로를 통해 미국 정부에까지 보고됐다. 황장엽이 심각한 우려를 나타낸 시점은, 김정일 정권 하의 북한 내부에서 김정일이 이끄는 군부의 영향력이 두드러지게 강화되던 시기와 거의 맞아떨어졌다. 또한 96년 1월에 등장해 주체사상을 급속히 대체하기 시작한 '붉은 기 사상'도 이 무렵 대두된 것이었다.

일본 소식통에 따르면 황장엽이 북한 정권에 대한 반대의사를 처음으로 공공연히 드러낸 것은 96년 2월 초 모스크바에서 30개국 대표들이 모여 '주체사상'에 대해 토론하는 국제 세미나에서였다. 그 자리에서 주체사상의 지도자인 그가 전쟁을 비인도적인 행위라고 칭했을 뿐만 아니라 군인을 짐승에 비유하면서 전쟁에 대해 단호한 반대의사를 표명함과 동시에 당시만 해도 북한에서 금기시 되고 있던 중국식 경제 개혁을 지지하고 나섰던 것이다.

3월 10일 북한의 노동신문에 황장엽에 대한 비난 기사가 실리면서 그의 운명은 달라지기 시작했다. 그 기사는 '겉으로는 수령을 받들고 혁명위업에 충실한 척하면서 속으로 딴 꿈을 꾸며 뒤에서 딴 장난을 하는 것은 야심가와 음모가들의 비열한 본색'이라고 비난하면서 '야심가와 음모가들이 지도층에 자리 잡고 있다면 사회주의는 망하고 말 것'이라고 경고하고 있었다. 그와 유사한 경고성 기사들은 그 전에도 많이 보도됐고 누구라고 꼬집어 말한 것도 아니었지만 황장엽은 그것이 자신을 겨냥한 것임을 확신했다. 그에 대한 감시는 삼엄해졌고 여전히 그의 이름을 거론하지는 않으면서도 그의 견해를 비판하고 권위를 약화시키는 강연이 이어졌다. 그때부터 그는 정부 관리들이 자신을 피한다는 것을 느낄 수 있었는데 그것은 앞으로 닥칠 문제에 대한 전형적인 신호였다. 노동 신문 기사가 터진 후 김덕홍은 베이징에 있는 한 남한 측 인사에게 점차 높아지는 전쟁 가능성과 군부의 권력 장악을 반대하는 황장엽이 망명할 지도 모른다는 간접적인 언질을 주었다.

황장엽은 7월 3일 베트남 공산당 대회에 북한 공식대표단을 이끌고 다녀오는 길에 베이징에서 이연길을 직접 만났다. 황장엽은 그에게 "무슨 수를 써서라도 전쟁은 막아야 한다"라고 하면서, 그러기 위해서는 "남한보다 50년 뒤떨어진 북한 주민들에게 남한이 식량을 제공해야 한다"고 말했다. 또한 비밀을 철저히 지켜줄 것을 강조하면서 남한 정부 '권력의 핵심' 깊숙한 곳에 북한 간첩이 자리잡고 있다고 말했다.

그해 늦은 봄 황장엽은 국내에서의 입지 안정을 위해 당 고위관리들의 충고에 따라 자신의 실수를 인정하는 자아비판을 했다. 그러나 7월 말경 노동당의 이론지인 '근로자'에 실린 김정일의 담화는 또 한번 주체사상을 잘못 해석한 '사회과학자들'을 비판하는 내용을 담고 있었다. 황장엽은 그때 자신의 자아비판이 받아들여지지 않았다는 것과 자신이 권력의 핵심에서 축출될 수밖에 없으리라는 것을 깨달았다. 7월 27일 김덕홍은 처음으로 망명에 대한 이야기를 본격적으로 꺼냈다. 그의 말에 따르면 황장엽은 자살을 택할 수밖에 없는 상황이 올 때를 대비해 청산가리를 구해놓으라고 지시했다고 한다. 그는 또 북한 정권에 다소 반감을 품고 있는 것으로 믿어지는 북한 청년들에게 접근하기 위한 자금을 요청했다.

마침내 황장엽은 확연히 반체제 쪽으로 기울기 시작했다. 8월 21일 그는 북한이 '민족주의 국가도 사회주의 국가도 아닌 나라가 됐으며, 순수한 주체사상과는 아무런 상관도 없는 완전한 독재국가일 뿐'이라는 자신의 견해를 요약한 긴 논문을 작성했다. 또한 김정일에 대해서 이렇게 쓰고 있다. "자기 자신의 이익을 지키려는 확고한 의지와 왕성한 에너지를 소유하고 있으며 정치적·예술적 감각이 예리하고 두뇌 회전이 빠르다. 지금껏 국민들로부터 숭배를 받기만 할 뿐 어느 누구의 통제도 받지 않았던 그는 고난이라고는 경험해 보지 못했기 때문에 참을성 없고 포악한 성격을 갖게 됐다. 그는 어린 시절부터 히틀러를 숭배했으며 그와 같은 독재자가 되기를 원했다. 그는 누구에게도 자문을 하는 법이 없으며 아무리 지위가 높은 사람이라도 그에게 직접 전화를 걸 수 없다. 그는 당과 군부를 자기 개인 소유라고 생각하며 국가 경제에 대해서는 관심이 없다."

황장엽은 전쟁이 일어날 가능성에 대해 '북한은 핵무기와 로켓, 화학무기를 개발 중이며 전쟁을 하면 이길 것이라고 믿고 있다'고 하면서, 그러므로 무력충돌을 방지하기 위해서는 '남한이 군대를 존중하는 사회 분위기를 조성하고 모든 면에서 군사력을 강화하며 철두철미하게 전쟁 준비태세를 갖추어야 할 것'이라고 썼다.

그는 또 북한을 약화시키기 위해서는 북한의 개혁을 막아야 할 것이라며 종전과 다른 입장을 보였다. 그는 북한을 고립시키기 위해 북한 주민을 위한 식량과 의약품 제공을 제외하고는 대북 경제봉쇄를 지속할 것을 주장했다.

11월 중순 황장엽은 베이징에 있던 이연길에게 서둘러 세 통의 편지를 썼다. 그 편지들을 통해 그는 처음으로 망명 예정 시기를 2월로 밝히고 망명 이후의 계획을 이야기했다.

나는 남한에서 정치적으로 나서고 싶지는 않다. 내가 정치적 지위를 노렸다면 북한에서 아첨하며 신임을 얻었을 것이다. 나는 정치 분야에서 고문 역할은 할 수 있을지 몰라도 정치 활동을 하기에는 너무 나이가 들었다. 여생 동안 주체사상을 더 알기 쉽게 정리해 조국인민에게 남기고 싶다. 그리고 동족상잔의 참화를 피하고 조국의 평화통일을 실현하기 위해 있는 힘을 다하고 싶다.

황장엽은 이와 같이 망명 준비를 하면서도 공식 업무를 수행하며 여전히 북한 정권의 기수 노릇을 했다. 96년 그는 노동당 중앙위원회 국제담당 비서의 자격으로 아시아·유럽·중동·북미·남미 등에서 온 36개국 대표단을 맞아 의견을 나누었을 뿐 아니라, 북한 대표단을 인솔해 6월에는 베트남을, 9월에는 태국과 인도를 각각 방문했다. 10월 15일 '타도 제국주의 동맹' 결성 70주년 기념행사를 주재하면서 그는 '인민을 한없이 사랑하는 김정일 동지는 인민의 이익과 요구를 무엇보다도 중시합니다. 신뢰와 사랑은 그의 정치철학이자 정치방식'이라며 그를 찬양했다.

1월 2일 저녁, 자신의 미래에 대한 생각에 몰두해 있던 황장엽은 남한에 보내는 충고의 말을 마지막 편지에 적었다. 후일 평양에서 외부로 유출된 이 편지가 그의 망명 직후 조선일보에 실리자 그 내용으로 말미암아 편지의 진위 여부에 대한 논란이 벌어졌다. 군대와 안기부를 강화하고 강력한 여당을 건설할 것을 남한 정부에 충고하는 내용이 그 편지에 들어 있었기 때문이다.

당시 남한은 안기부의 강화 문제를 놓고 여·야의 찬반양론이 대립하고 있는 시점이었다. 게다가 황장엽은 4자 회담에 대해서도 북한은 자신들의 목적을 이루기 위해 그 회담을 이용할 궁리만 하고 있다면서 반대의견을 표명했으며 북한의 개혁을 부추기지 말 것을 또 한번 당부했다. 그는 또 '평화통일을 실현하자면 남북 간의 격차를 하늘과 땅처럼 만들어야 한다'고 썼다.

1월 28일 황장엽은 조총련 주최로 일본에서 열리는 심포지엄에서 연설을 하기 위해 평양을 떠났고 도쿄, 교토, 나가노를 방문하는 동안 삼엄한 감시를 받았다. 그리고 2월 11일 비행기 편으로 베이징에 도착해 이틀날 오후에 열차 편으로 귀국할 예정이었던 그는 12일 아침 선물을 사러간다는 말을 남기고 북한 대사관을 빠져 나와 남한 총영사관으로 직행했다.

　남북한 모두와 좋은 관계를 유지하고 싶어하던 중국 정부는 황장엽 망명 사건으로 곤경에 처했다. 북한은 황장엽이 납치된 것이라는 당초의 주장을 철회하고 '비겁한 자여, 갈테면 가라'고 발표했다.

　이런 분위기 속에서 중국 정부는 북한의 감정을 고려해 5주 동안 황장엽이 남한 총영사관을 떠나지 못하도록 막고 있었다. 또한 그 이후에도 남한으로의 직행 대신 제3국행만을 허락했다. 필리핀은 남한 정부와의 협의 하에 4월 20일 서울로 가기 전까지 황장엽에게 임시 피난처를 제공했다. 황장엽과 김덕홍은 남한의 어느 군사 비행장에 착륙한 필리핀 항공 소속 전세 제트기에서 걸어 나오면서 만세삼창을 외쳤다. TV 생중계로 그 광경을 지켜보던 남한 국민들도 그 순간만큼은 황장엽에 대한 반신반의하던 눈길을 잠시 거두고 그의 안착을 따뜻이 환영했다.

남과 북의 시련

한반도 분단에 이어 서로 다른 두 국가가 수립된 지 반세기가 지난 98년 무렵 두 개의 한국은 판이하게 달랐지만, 남한과 북한 모두 심각한 어려움에 직면하고 있기는 매한가지였다.

　남한은 정치·경제면에서 훨씬 더 발전해 있고 북한에 비하면 돈이 넘쳐날 정도였지만, 97년 말 갑자기 터져 나온 문제들로 골치를 썩이고 있었다. 그해 11월 동남아시아에서 시작된 재정·경제적 위기가 불시에 남한에까지 파급됐던 것이다. 12월 31일 경 해외 투자자들이 대거 떠나면서 남한의 원화는 미국 달러에 대해 40%나 가치가 절하됐고 서울 증권 시장의 유가증권 교환가치도 42%나 떨어졌다. 96년에 세계에서 가장 부유한 나라들의 모임이라고 알려져 있는 경제협력개발기구(OECD)에 가입했던 남한 정부는 국내 기업과 은행들이 외채 불이행 상태에 빠지는 것을 막기 위해 국제통화기금(IMF)에 5백7십억 달러를 융자해달라고 사정해야만 했다. 그 당시 기준으로는 가장 큰 액수의 긴급융자액이었다. 남한은 융자를 받는 대신 IMF로부터 엄격한 경제적 요구사항들을 받아들여야 했다. 파산과 실업이 급속히 늘어나면서 정치와 사회면에 심각한 영향을 미쳤다.

이러한 격동의 와중에 오랜 야당 지도자 김대중이 12월 18일 시행된 선거에서 대통령으로 선출됐다. 그는 방송으로 나간 '국민과의 대화'에서 이렇게 말했다. "우리는 IMF의 어두운 터널에 막 들어서는 중이다. 실질적인 시련은 이제부터 시작이다." 98년 8월 15일 대한민국 국민들이 건국 50주년 기념일을 축하하고 있는 동안에도 국가 경제는 회복의 길을 찾아 몸부림치고 있었다. 99년에 이르러 극적으로 호전된 경제상황은 2000년 하반기에는 금융 및 기업 구조 부문의 뿌리 깊은 문제점들이 초기에 우려했던 것보다 심각하다는 사실이 명백해지면서 또다시 곤두박질치기 시작했다.

김대중이 추진한 대북 정책들은 그의 전임자이자 정적인 김영삼 대통령이 추진했던 정책들과는 전혀 상이했다. 1970년대 초반 정치에 발을 들여놓기 시작했을 때부터 김대중은 남북관계의 긴장을 해소하고 북한을 포용하는 정책을 공공연하게 옹호해왔다. 또한 군사정권 하에서 오랫동안 용공분자라는 비난을 받아오면서도 끝까지 자신의 생각을 굽히지 않았다.

그는 대통령 취임사에서 세 가지 기본원칙을 제시했는데 그 내용은 다음과 같다. "첫째, 우리는 어떠한 무력 도발도 결코 용납하지 않을 것입니다. 둘째, 우리는 북한 정권을 와해시키거나 북한을 흡수할 의도가 없습니다. 셋째, 우리는 가장 쉽게 합의에 이를 수 있는 부문에서부터 시작해 남과 북이 화해하고 협력하는 길로 나아갈 수 있도록 적극적으로 노력할 것입니다." 김대중 정부는 긍정적인 제스처들을 보여줌과 동시에 교역 및 기타 공식·비공식적 교류의 장벽을 낮추는 방식을 통해 북한을 포용하는 정책을 수립했다. 건국 50주년 기념사에서 그는 '햇볕정책'이라고 알려진 이와 같은 정책들을 다시 한 번 강조했다.

정권 초기 북한과의 공식적인 관계에서 별다른 진전이 없다는 점 때문에 그의 햇볕정책은 쓰라린 시련을 겪었고, 실패로 끝난 또 한 번의 북한 잠수정 침투 기도에 이어 3주 후 남한 해안선 부근에서 북한 특공대원들의 시체가 발견되자 국민들 또한 깊은 실망에 빠졌다. 그럼에도 김대중은 포용 정책을 계속 유지했다.

취임 1개월 째 되던 98년 3월 필자가 대통령이 된 김대중을 처음 만났을 때 그는 이렇게 말했다. "우리는 지금 북한이 어떤 의향을 보일지 기다리고 있다. 내 생각에 지금 북한 지도부에서는 한창 대남 정책 수정 방안에 대한 논의가 이루어지고 있는 것 같다." 그 다음달 북한의 제안으로 공식적인 양자 회담이 베이징에서 개최됐다. 그러나 남한이 이산가족 상봉을 보장하는 대신 비료 20만 t을 제공할 의향이 있다는 상호주의 원칙을 주장했기 때문에 별다른 소득 없이 회담은 결렬되고 말았다. 이후 북한은 조건 없는 지원만을 고집했다.

김대중의 햇볕정책에서 한 가지 중요한 요소는 정치를 경제로부터 분리하는 것이었다. 실질적으로 이것은 남북 정부 간의 관계 진전 여부에 상관없이 남한 사업가가 북한과 거래를 도모할 수 있다는 뜻이었다. 이런 관점은 더욱 폭넓은 접촉의 길을 트는 데 중요한 영향을 미쳤다.

한편 북한은 여전히 여러 가지 참담한 문제들로 골머리를 앓고 있었다. 각종 정책 실패로 인해 97년 당시 북한 경제는 8년간 침체를 거듭하고 있었다. 그해 9월 평양을 방문한 국제통화기금 업무단은 주로 북한 관리들이 제시한 자료에 근거해, 북한 경제가 96년 총국내생산량이 5년 전의 절반으로 떨어지는 등 '극심한 퇴조'를 겪고 있다는 기밀 보고서를 제출했다. 그 보고서에 의하면 공업 생산량은 3분의 2가량이 줄어들었고 식량 생산 감소량은 40%였다. 기아의 정도에 대한 평가는 큰 차이를 보였지만 미국 통계국(U.S. Census Bureau)의 추정에 의하면 약 1백만 명의 북한 주민들이 94년부터 98년 사이에 기아로 사망한 듯했다. 북한에서 말하는 '고난의 행군(arduous march)'은 북한의 경제와 사회적 발전은 물론이고 인민에 대한 북한 정권의 통제력에 오래도록 영향을 끼쳤다.

김일성의 3년상이 지난 97년 10월에 김정일은 노동당 총비서로 선출됐다. 이로써 그는 김일성 사망 후 자신이 줄곧 이끌어왔던 북한의 정치 서열에서 공식적으로 정상의 위치에 오르게 됐다. 그러나 모든 정황으로 미루어볼 때 그는 통제와 관리를 위해 당에 기대기보다는 북한군 총사령관이자 국방위원장이라는 자신의 직함에 따라 군부에 더 크게 의지하고 있는 것으로 보였다.

제16장

화해의 손길

북한은 정권 수립 후 반세기 동안 거의 내내 세계무대에서 평화를 위협하는 존재로 남아있었다. 38도선을 넘어 남침해 한국전쟁을 일으켰고 전쟁이 끝나고 난 뒤에도 대규모 병력을 전진 배치했으며 테러 전력은 물론, 분노를 자아내는 위협적인 언사를 일삼아 온 점 등으로 인해 세계 여러 나라들은 북한을 불량 국가로 간주하며 가급적 피하고 싶어했다. 김일성 주석의 사망과 더불어 90년대 중반의 궁핍과 빈곤이 증명됨에 따라 북한은 더 이상 위협적인 집단이 아니라 경제적인 빈곤자요, 인도주의적인 지원이 필요한 대상이 됐다. 특히 2000년 김대중 대통령과의 정상회담 이후 김정일 국방위원장이 신뢰를 키우고 자신의 입지를 굳혀가면서 북한 정권과 지도부는 처음으로 정상적인 국가에 걸맞는 대우를 받기 시작했다. 베일에 가려져 있던 모습들이 전모를 드러내기 시작했고 우려나 동정을 불러일으켜 왔던 문제들이 외교적인 접근 대상이 되기 시작했으며 전세계 여러 민주국가들이 고위급 수준에서 북한에 관심을 보이기 시작했다.

　북한이 독자노선에서 대외지향노선으로 방향을 돌리게 된 것은 정치적으로 매우 복잡한 시기에 시작된 일이다. 98년 북한이 장거리 로켓 발사에 성공하자 일본은 커다란 공포감을 느꼈고 미국의 우려 역시 더욱 증폭됐다. 때는 북한이 비밀 지하 시설에서 핵무기를 제조하고 있을지도 모른다는 긴장 분위기가 조성되고 있던 시점이었다. 그와 동시에 외부세계가 의식하지 못하고 있는 사이 북한 정권은 한반도와 결부된 주요 관계들을 변모시키기 위한 극적인 정책 변화를 준비하기 시작했다.

하늘 높이, 땅 깊숙이

98년 8월 31일 시계 바늘이 12시 7분을 가리키는 순간 북한은 3단계 추진 방식의 로켓을 하늘로 쏘아 올렸다. 발사 지점은 동해안 넘어 일본 해안 쪽이었다. 1단계 로켓은 95초 후에 본체에서 분리돼 2백51km 떨어진 일본 부근 해상에 떨어졌으며 2단계 로켓은 일본 혼슈 북단을 지나 발사지점으로부터 1천6백44km 떨어진 태평양 바다 위에 떨어졌다. 이전에 북한이 보유 사실을 밝힌 적도 없었고 또한 알려진 적도 없었던 3단계 고체 연료 추진 로켓은 소형 위성을 올려놓을 지구 궤도 진입을 시도하면서 '김일성 장군의 노래'와 '김정일 장군의 노래' 등의 혁명송가를 송출했다. 미국 관측자들의 판단으로는 위성의 궤도 진입 시도는 실패한 것으로 보였다.

그러나 북한이 막대한 인명 살상과 파괴를 일으킬 만한 성능의 탄두를 장착한 탄도미사일을 발사할 수 있는 능력을 보유하고 있을까를 우려하던 사람들은 이때 발사된 로켓의 발사거리, 특히 3단계 로켓의 발사거리를 확인하고 심기가 불편해졌다.

발사체 모형이 처음 목격된 지점의 지명을 따 '대포동'이라고 이름 붙여진 이번 로켓의 실험 발사는 일본에 거의 공포에 가까운 커다란 충격을 불러일으켰다. 비우호적인 국가에서 쏘아 올린 인공 발사체가 일본 열도 위로 날아갔다는 사실은 2차 세계대전 이후 가장 뚜렷한 실체를 지닌 위협이었으며 대다수 일본인들에게는 끔찍한 일이었다. 일본의 오부치 게이조 수상 내각은 일본답지 않은 신속한 반응을 보이면서 분노에 휩싸인 여론을 진정시키려 애를 썼다. 일본은 바로 그날 뉴욕에서, 94년에 합의가 이루어진 협상안에 따라 북한에 제공하기로 약속했던 경수로 건설 지원금으로 10억 달러를 지원하는 동의서에 서명을 하기로 예정돼 있었다. 로켓 실험 발사 후 일본은 이 동의서에 서명을 하지 않겠다고 발표했다(그러나 몇 주 뒤 미국의 압력으로 그 프로젝트를 계속 진행하게 된다). 또한 일본은 북한에 대한 인도주의적 식량 지원을 중단하겠다고 발표하고 외교관계 수립에 관한 일련의 회담을 진행하자는 제의도 당분간 보류할 뜻을 밝혔다. 이렇게 되면 일본은 북한측에 거액의 배상금을 지급해야만 했다. 무엇보다도 궁극적으로 '대포동' 시험 발사는 종래에 국론이 분열돼 있던 일본 정부로 하여금 종래의 평화주의를 번복하고 군비 경쟁에 과감히 뛰어들도록 만들었다. 즉 일본은 조기 경보를 위한 자체 위성 정찰 시스템을 생산하기로 결정하는 동시에 또한 미국이 아시아 지역에서 많은 논란을 불러일으키며 추진 중인 대탄도 미사일 프로젝트에도 참가하는 방향으로 결정을 내렸다.

미사일 발사 실험이 실시되기 정확히 2주 전 미국은 북한이 94년에 결정된 합의사항을 어기고 비밀 핵무기 제조단지로 보이는 시설을 만든 것으로 추정된다는 극비 사항을 뉴욕타임즈에서 내보냈다. 모든 정황에 비추어 볼 때, 북한이 비밀리에 핵폭탄을 확보하기 위한 활동을 지속시키고 있을 뿐 아니라 장거리 미사일에 핵탄두를 장착해 발사할 수 있는 기술을 급속히 향상시키고 있을 가능성이 크다는 사실은 美 의회 내에 경각심을 불러일으켰다. 또한 북한에 경제적 지원을 제공함으로써 핵위협을 제거하려는 협상안을 줄곧 반대해온 회의론자들의 주장도 상당 부분 타당성을 인정받게 됐다. 더욱이 당시 국방장관이었던 도널드 럼스펠트(현직 국방장관이기도 하다)가 이끄는 고위급 장교위원회가 북한이 예상보다 빠른 시기에 탄도 미사일 위협을 미국에 가할지도 모른다는 경고를 보낸 지 6주 후에 발생한 대포동 발사 실험은, 당시 도마 위에 올라 있던 국가미사일방어계획(NMD) 옹호파에게는 오히려 고마운 일이었다. 한 공화당 의원은 이 실험이 있고 나서 백악관 관리에게 "상황이 이 지경이 됐으니 이제 NMD는 확정된 것이나 다름없다"고 말했다.

아무리 가능성을 따져보아도 북한의 실험 발사 시기는 美 국내에서 전개되는 상황과는 이렇다 할 관련이 없었다. 그러나 9월 초 북한 내에서 벌어진 두 가지 중대한 사건과는 충분한 관련이 있었다. 당시 북한은 건국 50주년 기념일을 맞고 있었고 또한 김정일이 공식적으로 북한 정부 내 최정상의 위치에 오른 상태였다. 북한이 마지막으로 탄도 미사일 노동 2호 발사 실험을 했던 것은 93년이었다. 이후 96년에

같은 발사 실험을 했을 때도 북한은 새로운 실험 발사를 위한 실질적인 준비를 하고 있는 것으로 관측된 바 있지만, 양국 간의 관계와 제네바 합의를 심각하게 해칠 것이라는 미국측의 항의 이후 중단됐다. 그러다가 98년 8월에 이르러 이러한 실험을 강행한 것은 분명 북한 내부 사정에 따른 이유 때문이었음이 분명했다.

98년 8월에 북한이 쏘아올린 두 개의 로켓은 미국의 기존 정책에 악영향을 끼쳤다. 94년에 결정된 합의안을 못마땅하게 생각하면서도 마지못해 따라왔던 美 하원 의원들은 그와 같은 사태에 분개해 북한에 대한 지원액을 삭감하기로 결의했다. 공화당의 밥 리빙스턴 하원 세출위원회 의장은 "북한과의 대화는 물론이고, 그들을 달래는 일도 이제는 그만두어야할 것"이며 "이번 사태는 94년 합의안에서 벗어나기에 딱 알맞은 구실이라고 생각한다"고 덧붙였다.

또 클린턴 행정부 내 고위직에 있는 사람으로 아시아 관련 문제를 맡고 있는 한 관리는 이렇게 말했다. "비밀 지하 시설이 정책 추진을 저해한 화근이었고 미사일은 사태를 더욱 악화시켰다." 그의 말에 따르면 당시 미국의 대북 정책은 '말할 수 없이 골치 아픈 상황'에 처해 있었다. 미국이 합의안에 따른 조치들을 시행하지 않을 경우 북한은 마음놓고 영변 원자로에서 플루토늄 생산을 재개할 것이며 북한 스스로도 공공연히 그 뜻을 밝혔다. 이런 활동은 94년 北-美 두 나라를 군사적 위기의 벼랑 끝으로 몰고 갔으며 이번 역시 틀림없이 그렇게 될 것이었다.

지하 비밀 시설에 관련된 이야기가 불거져 나온 이후 얼마 지나지 않아 미국은 시설을 사찰할 수 있도록 허용하라는 요청을 보냈다. 핵무기 제조시설이 맞는지 진상을 확인하기 위해서였다. 11월 찰스 카트먼(Charles Kartman)이 이끄는 미국 대표단이 북한 수도에서 열리는 최초의 양국 간 협상을 위해 평양에 도착했다. 문제의 장소에 관해 초기에는 말이 엇갈렸지만—북한은 뉴욕타임즈 기사에 잘못 표시되었던 지도상 위치에 대해 미국이 관심을 갖고 있을 것이라 생각했다—북한 외교관은 미국이 돈을 두둑이 지불한다면 현장 '방문'(북한은 '사찰'이라는 단어를 거부했다)을 협상할 용의가 있다고 하면서 이 문제에 관해 놀랍도록 여유로운 자세로 대처했다. 요구한 대가는 말도 안될 정도로 높았는데, 이는 북한정부 내의 관료주의 역학관계와 액수가 얼마가 되든 맞춰줄 거라는 기대 때문이었던 것으로 보인다. 회의 초반 북한 협상자가 요점에 이르는 속도로 보아 미국 대표단에서는 북한 측이 당장은 아니더라도 조만간 협상을 성사시키도록 지시받았다고 추측했다. 한편 미국이 가닥을 확실히 잡지 못하고 있는 사이 문제에 대한 해답을 쥐고 있는 쪽은 북한이었다. 사실상 금창리라는 곳에 있는 문제의 지하 동굴은 핵시설이 아니었고 그런 용도에 적합하지도 않았다. 또한 북한은 미국 관리들이 반드시 접근 기회를 가지려 할 것이라는 점을 갈수록 뚜렷이 인식하게 됐기 때문에 더욱 강경한 자세로 협상을 이끌어갈 수 있었던 것이다.

지하 핵무기 문제를 제기한 근원지는 북한에 대해 친선 정책을 펴는 美 정부의 방향에 극단적인 회의론을 갖고 있는 국방부 산하 군 정보국(Pentagon's Defense Intelligence Agency)이었다. 미국 첩보위성은 북한군이 여러 군데의 굴착 공사를 통해 지하 시설을 건설하고 있는 상황을 오랫동안 감시해왔고 그런 일은 공습의 우려가 상존하는 국가라면 흔히 있는 일이었다. 금창리 지하 시설의 경우 평양에서 북서 방향으로 중국 국경에 인접한 중무장 지대에 있는 단단한 바위산을 뚫어야했기 때문에 10년 전부터 굴착 공사가 시작됐다.

그러나 그간 지나쳐오다가 미국 정보기관이 이를 원자력부(Ministry of Atomic Power)와 관련 있는 것으로 추정하고 난 뒤부터 금창리 지하시설은 주목을 끌기 시작했다. 또한 관측된 바로는 그 일대의 경비가 매우 삼엄한 것으로 밝혀졌다. 美 정보국은 파낸 흙과 돌덩이의 양으로부터 구멍의 크기를 계산하고 인근 댐과 발전소를 관측한 것을 바탕으로 치밀한 이론과 가정을 이끌어내느라 고심했고 심지어는 원자로와 플루토늄 재처리 시설의 축소판 모형까지 만들어냈다. 군 정보국은 이들 시설이 저 깊숙한 땅속에서 한창 건설되고 있을 것이라고 믿었다.

미국의 다른 정보기관에 소속된 일부 관리들이나 군 정보국과 경쟁관계에 있는 정보기관들은 반신반의했지만 군 정보국은 그 주장을 굽히지 않았다. 군 정보국은 98년 6월 미국의 동맹국들과 의회의 위원회를 대상으로 요약 보고를 진행할 것을 허락받았다. 7월 중순 공식 첩보를 통해 '확인된 사실' 한 가지가 CIA의 묵인 하에 세상에 알려졌다. 금창리 동굴이 '아마도' 핵시설일 것으로 추측되며 거기서 핵무기 프로그램이 계획 또는 진행 중인 듯하다는 내용이었다.

한 달 뒤 워싱턴 외부의 두뇌집단 모임에 참석한 전직 관리들을 인터뷰했던 뉴욕타임스 기자 데이비드 세인저(David Sanger)는 그 인터뷰에서 핵개발에 얽힌 소문들의 진위를 확인할 수 있었으며 클린턴 행정부에서 흘러나온 기본적인 사항들을 확실히 알게 됐다. 세인저가 8월 17일자 기사에서 그 문제를 대대적으로 보도하자 정계는 물론 일반 대중들 사이에서도 격렬한 논쟁이 벌어졌다. 바로 이때 북한은 로켓 발사를 준비하고 있었다.

미국과 북한 외교관들은 6개월간 다섯 번의 회의를 가졌고 이후 양측은 美 대표단이 금창리에 몇 차례 '방문' 할 것을 합의하였다. 결국 미국은 '방문' 허용에 대한 대가로 식량 60만 톤을 제공하기로 결정했다. 그중 대부분은 유엔을 통해 공급될 예정이었고 개량종 감자 생산 프로그램도 포함됐다. 비판자들은 미국이 식량으로 합의를 '샀다'고 비난했다. 대부분의 관계자들은 이번 합의가 북한 측으로 하여금 자신네들이 더 많은 것을 얻었다고 착각하게 하려는 술수에서 비롯된 것임을 알아차리지 못했다. 美 정부는 협상 전에 UN에 대한 당년 식량 지원 약속을 이미 결정했었고, 결국 여기에 지원된 식량이 북한과의 교섭에 사용되었던 것이다. 미국 협상가들은 필요하게 되면 추가적인 식량공급을 제안할 권한도 주어졌다. 남아있던 격차를 줄이기 위해 미국 협상가들은 감자 프로젝트에 임의적으로 상당한 생산 가치가 있다고 산정해 북한이 최소량이라고 요구한 식량의 양을 거의 채웠다. 어쨌든 중점은 식량이 아니었고, 미국으로서는 최신 기기를 동원한 美 기술 전문가들이 북한의 비밀 시설에 거의 제한 없이 여러 번 방문할 수 있게 하는 전례를 마련했다는 사실이 중요할 뿐이었다.

'방문' 목적으로 고용한 기술전문가들을 포함한 미국인 14명은 99년 5월 말 3일간 조사 활동을 벌였다. 조사관들은 서로 교차하도록 만들어진 길이 9.6km의 터널이 바둑판 모양으로 건설돼 있고 출구들 중 한군데는 부근에 방이 하나 딸려 있다는 사실을 발견했다. 터널이든 방이든 모두 美 정보기관이 말했던 것처럼 핵무기 제조에 사용하기에는 적합하지 않았다.

조사단을 수행한 북한 관리는 커다랗게 파놓은 구덩이의 용도에 대해 묻자 '군사기밀을 유지해야 하는 시설' 이라는 설명만 한 뒤 입을 다물었다. 현장 조사 후 美 국무성은 6월 25일 금창리 지하 시설에는 완공 또는 건설중인 원자로나 재처리 시설이 없었으며 지하 시설 자체도 그런 목적으로 설계되지 않았다는 결론을 발표했다. 美 정보기관의 어이없는 판단 착오로 거의 1년 가까이 한반도 상황이 위험에 처해 있었는데도 이에 대해 사과를 하거나 문책을 당한 사람은 아무도 없었다.

원조로 연명해 가는 나라

미국의 시각이 북한의 핵무기와 미사일 제조 활동에만 초점이 맞추어져 있는 사이 평양에서는 중대한 변화가 일어나고 있었다. 남한과 미국의 고위관리들은 이 변화를 98년 12월을 기점으로 해 38도선 이북 정권 내부에 중대한 변동의 기운이 움트기 시작한 것으로 파악했다.

  9월 5일 명목상으로 북한에서 최고 입법기관인 최고인민회의가 소집됐다. 4년 전 김일성 주석이 사망한 뒤로는 처음 열린 회의였다. 예상했던 대로 최고인민회의는 김일성의 아들이자 후계자인 김정일을 국가 최고지도자로 임명했다. 김정일은 김일성이 사망과 동시에 영구 주석으로 추대됐기 때문에 국가주석직에는 오르지 못했지만 '국가 최고위 직함'이라고 선언된 국방위원장직에 올랐다. 또한 그 회의에서 가결된 다른 두 가지 새 법안은 중대한 결과를 가져왔다. 회의 결과 헌법을 수정해 중국식 사회주의 시장경제의 몇 가지 요소들을 도입하고 실용 노선 쪽으로 기울어진 소장파 관료들이 대거 등용됐다. 이렇게 해서 신진 세력을 흡수한 정부 내각은 34명 중 23명이 새로운 얼굴들이었고 이들은 노장파들의 직책을 이어받았다. 이러한 결정들은 김정일 국방위원장의 인가를 받아 시행됐다.

그러나 군사 직함으로 나라를 통치하기로 한 김정일의 결정과 최고인민회의 내에 군 지도급들이 눈에 띄게 늘어났다는 점은 심각한 의문을 불러일으켰다. 외부인들은 이러한 현상을 북한이 국가 정책에 있어 군사적 측면에 더욱 주력하고 있는 것으로 추측했다. 김정일 국방위원장은 부친과 달리 군 경력이 없었지만 김일성이 사망한 뒤 그에게 반기를 들 수 있는 유일한 집단인 군부와 밀접한 관계를 형성하기 위해 많은 시간을 보냈다. 그리고 그의 지시에 따라 많은 장교들이 승진됐다.

또한 국가 통수권을 장악하고 나서 처음 5년간 공식적으로 보고된 그의 활동들 중에는 군부대 방문이나 군 관련 행사들이 압도적인 횟수를 차지했다. 97년에 평양을 방문한 한 미국인이 목격한 바에 따르면 그는 군의 지지를 획득하는 데 특이한 방식을 사용했다. 군복 차림의 운전기사들이 모는 신형 메르세데스 벤츠와 BMW 리무진을 타고 평양 시내를 돌아다니고 있는 군장성들의 모습이 자주 눈에 띄었고 농촌 지역은 기근에 시달리고 있는데도 평양 최고급 수준인 고려호텔의 한 층은 고위급 군 장교들의 연회 장소로 배정돼 있었다. 평양 교외에는 군 지도부가 이용할 수 있도록 러시아 특유의 별장인 다차 (dachas)를 본딴 휴양소들이 곳곳에 들어서 있었다. 즉 김정일은 새로 맡은 자신의 직책과 추진 중인 새로운 정책들을 이용해 군부를 완전 장악함으로써 외교 공작을 더욱 원활하게 만들기 위한 토대를 마련한 것으로 보인다.

98년 10월 남한의 거대 기업인 현대그룹의 명예회장인 팔순 노령의 정주영이 평양에서 김정일을 만난 일을 계기로, 그간 남한과 대부분의 서방 국가에서 내성적이면서도 괴팍하고 위협적인 인물로 묘사돼 왔던 그의 부정적 이미지는 드디어 사라지기 시작했다.

최고인민회의가 열린 지 한 달 후 국가지도자로 공식 선출되고 난 후 처음 가지는 외부인과의 만남에서 김정일은 손님에게서 예의바르고 깍듯하며 노인에게 공손하게 대하는 사람이라는 평을 들었다. 남한의 주요 일간지들은 김정일이 남한의 저명한 기업가를 반겨 맞이하는 모습과 두 사람이 손을 잡고 카메라 앞에 포즈를 취한 장면을 담은 사진들로 첫 페이지를 장식했다. 그리고 정주영의 방북 기간 중 결정 또는 논의됐던 사업상의 거래는 앞으로의 향방에 더욱 장기적인 영향을 미치게 될 것이었다.

비무장지대 바로 위쪽에 있는 마을에서 1915년 빈농의 아들로 태어난 정주영은 고향 사람들의 가난한 생활을 이해하고 돕기 위해 자기가 할 수 있는 일을 다 하기로 오래 전부터 결심하고 있었다. 1989년 1월 그는 남한의 유명 기업인으로서는 최초로 평양을 방문, 정중한 대접을 받았다. 그리고 90년대 초 다시 시도된 그의 북한 방문은 정치적인 이유를 내세운 김영삼 정부의 방해로 좌절됐다.

그러던 98년경 김대중 대통령의 포용정책 천명과 정·경 분리 방침 덕택에 여러 가지 사업들을 시도할 수 있는 길이 재차 열리게 됐다. 그는 6월에 '소 외교' 사업에 대대적으로 착수했다. 그가 갖고 있는 농장에서 키운 송아지 5백 마리를 현대에서 만든 대형 트럭에 태워 비무장지대 건너편 북한에 선물로 보낸다는 구상이 바로 그것이었다. 그리고 나서 10월 방북 때에는 소 5백1마리를 또다시 몰고 가면서 현대 자동차 20대와 김정일이 타고 다닐 고급 승용차도 함께 들여갔다.

또한 북한의 지도자에게 두루미와 소 모양의 순금 모형 두 개를 선물했다. 특히 두루미는 해마다 비무장지대 너머로 날아가는 철새들을 상징하는 것이었다. 순금 모형의 가격은 각각 3천 달러를 상회했다.

10월 방북 기간 동안 북한은 현대그룹으로 하여금 금강산에 관광객을 유치할 수 있도록 허가를 내주었다. 그 대가로는 총 9억 4천2백만 달러를 지불 받기로 했다. 그 다음달 현대가 매달 지불하기로 한 2천5백만 달러를 마카오에 있는 중국 은행 계좌로 처음 입금했고 특별허가를 받은 현대그룹의 관광 유람선은 첫 출항을 시작했다. 사용처를 지정하지 않는다는 조건으로 최초 6개월 동안 지급하기로 한 1억 5천만 달러(몇 달 뒤 협의를 통해 이 금액은 축소된다)는 국제 금융계의 규모로 대단한 액수는 아니었지만 가난한 북한으로서는 거액일 수밖에 없었다. 북한이 단일 수출 품목으로서 가장 매출고가 높은 직물로 벌어들인 돈은 97년 한 해 동안 겨우 1억 8천4백만 달러에 불과했다. 이 거래는 분명 남북한 간 경제 교류의 계기로 작용했지만 2000년 6월까지 현대그룹이 금강산 관광 사업으로 입은 손실액은 2억 6백만 달러에 달했다. 당시와 같은 경제 침체기에 그만한 손실은 감당하기 어려운 액수였다. 결국 2001년 초반 현대그룹은 남한 정부에 긴급 융자를 요청했다.

이처럼 아무런 제한도 없이 막대한 현금을 북한에 제공하는 일은 남한 국내와 워싱턴 정책 입안자들 사이에서 논쟁거리가 됐다. 임동원에 따르면, 정치적으로 예민했던 2000년, 큰 합의를 밀어붙이려는 현대의 활동이 김대중을 화나게 했다고 한다. 그럼에도 불구하고 김대중 대통령 휘하의 전략가들은 남한이 북한과 체결한 경제 활동상의 약속을 반드시 그리고 지속적으로 지킬 것이라는 사실을 보여주기 위해 대금 지불이 절대적으로 중요하다고 믿었다. 남한의 한 고위관리는 두 정부 간에 긴장이 유발되는 시기가 올 때면 "북한은 남한 정부가 현대의 현금 지급을 허락할 것인지 의심했다"고 말했다. 이어 그는 몇 달 간 꼬박꼬박 돈이 지불되자 "우리를 믿기 시작했다"고 덧붙였다. 더 중대한 장래를 바라보는 시각에서 현대그룹의 거래는 '물고기에게 던진 미끼'였다.

북한은 소련과 동유럽 동맹국들로부터 받던 지원과 무역에 더 이상 기댈 수 없는 것은 물론 중국이 보내주는 지원도 언제 끊길지 몰랐으며 70년 채무불이행을 선언했던 탓에 대부분의 상업적 자금이 차단된 상태였다. 또한 국제 차관 기관들은 북한을 폐쇄적인 정치·경제 체제와 미국 및 기타 주요 자금 제공 국가들과 적대관계에 있다는 점 때문에 지원 대상에서 배제하고 있었다. 1990년대를 시작으로, 북한은 현금이나 원조를 이끌어내기 위해 사실상 모든 외교 방향을 바꾸는 노력을 했다. 1980년대에 러시아나 다른 동유럽국가들이 남한

평양의 병원에서 만난 네 명의 가엾은 아이들. 제 나이보다 몇 년이나 어린 아이들 만한 체격은 90년대 이후 북한 일부 지역에 닥친 오랜 기근으로 인한 비극적인 결과를 보여주고 있다.

으로부터 이득을 얻기 위해 영혼이라도 팔 수 있었던 것처럼 북한도 그럴 수 있을 뿐더러 더 나은 결과를 이끌어 낼 수 있다고 생각했다. 북한이 식량·비료·현금 등을 남한에 요구해온 것은 오래전부터 계속됐던 일이다. 90년대 중반 북한의 오지에 몰아닥친 극심한 기근 실태가 외부에 전해지자 국제 사회는 북한에 식량과 의약품을 위주로 한 인도주의적 지원을 대량으로 제공하기 시작했다. 북한은 전면적인 원조보다는 자활능력을 구축하기 위한 지원이 더 필요하다고 국제사회를 설득하려 했지만 이 시도는 실패로 끝났다. 결과적으로 북한은 무엇이든 갈취할 만반의 태세를 갖춘 국제적 걸인(beggar)의 이미지를 갖게 되었다.

이러한 변화는 북한의 경제·정치적 측면에서 국내외적으로 중요한 영향을 미쳤다. 그동안 김일성 주체사상을 충실히 신봉해온 북한 정권은 90년대 말 들어 외부의 도움에 의지해 국가를 유지해 가는 나라가 돼 있었다. 냉전시대 공산권 국가들의 지원과는 달리, 유입된 지원금들 대부분은 이념적 동맹국들이나 지원국들이 아닌 북한 정권의 존속에 그다지 얽매이지 않는 나라들로부터 들어온 것이었다. 대외원조 유입을 유지하고 대외적 입지를 개선하기 위해 김정일은, 아버지가 통치하던 시절보다 혹은 다른 나라들이 예상했던 것보다 훨씬 더 많은 관심을 외부세계에 기울여야만 했다.

페리 조정관이 던진 밧줄

美 행정부의 대북 정책이 극도의 위험에 빠져 있던 시기 美 의회와 행

정부, 그리고 對 한반도 전담 외교위원회와 같은 외부 집단들은 신망 높은 외부 인사를 주축으로 한 고위급 인사들의 정책 검토와 수정이 현상 유지의 최선책이라는 데 널리 동의했다. 대다수가 이 정책의 적임자로 94년 핵위기 사태 때 국가의 군사적 대처 방안을 수립하는 데 중심적인 역할을 했던 71세의 윌리엄 J. 페리 前 국방장관을 꼽았다. 그는 강인하고 원숙하며 노련한 인물이었으며, 소름끼치는 유혈 사태와 혼돈 상황을 고찰할 기회가 그 누구보다도 많았다. 외부인들은 대다수 모르고 있었지만 숱한 경험으로 단련된 그는 무슨 일에든 좀처럼 흔들리는 법이 없었다. 스탠포드 대학교수로의 안락한 생활로 복귀하고 난 뒤 그는 긴급시 만이라도 '대북 정책 조정자'의 역할을 맡아달라는 클린턴의 요청을 달가워하지 않았다. 페리는 이렇게 말했다. "그런 일은 힘들고 성공 가능성도 희박할 뿐만 아니라 우리 시대에 닥친 가장 위험한 고비였던 94년을 생각나게 한다. 우리는 또다시 그때 만큼이나 위험한 상황으로 치닫고 있다."

페리는 국방부 재직 당시 그의 보좌관들 중 한 사람이었던 하버드 대학 교수 애쉬톤 카터(Ashton Carter)를 기용했다. 그리고 국무부 고문이며 매들린 올브라이트 국무장관과 막역한 사이로 지내는 웬디 셔먼(Wendy Sherman) 대사가 이끄는 美 정부 관리 소규모 팀을 조직했다. 진작부터 페리는 미국·남한·일본 3국의 탄탄한 동맹관계를 북한에 과시할 필요가 있다는 결론을 내리고 있었다. 북한은 냉전기간 내내 중국과 소련 사이를 이간질해 중간에서 이익을 취해왔고, 페리는 이 가시적인 위협을 통해 그런 위험성을 줄이고자 했다. 페리 대북 정책 조정관은 북한 문제를 다룰 공조체제로 한·미·일 3자 협의회(Trilateral Coordination and Oversight Group)를 창설했다. 또한 남한 대통령이 취하는 정책방향에 따라 미국의 정책이 흔들려서는 안 된다고 판단했다. 김대중 대통령은 이미 자신의 행정부가 지향하는 주요 정책 목표대로 북한과 관계개선을 시작해놓고 있었다.

페리가 제시한 계획의 요점은 북한의 지도자에게 두 가지 선택 가능한 길을 제시하는 것이었다. 하나는 장거리 미사일 개발 계획 중단과 더불어 핵개발 계획의 중지를 재확인하고 그 대신 미국과의 전면적인 외교관계 수립, 평화협정 체결, 남한 및 일본과 관계를 개선하는 방도였다. 나머지 하나는 미사일 실험과 핵개발을 계속 밀고 나가는 것이었는데, 그럴 경우 미국과 미국의 동맹국들은 자국의 안보를 강화하고 북한에 대한 저지력을 높이기 위한 조치를 취해야 했다. 그렇게 되면 결국 대치국면을 초래할 가능성이 높아질 것이 자명했다.

페리 조정관이 미국 정부를 설득해 자신의 계획의 긍정적인 면과 부정적인 면을 모두 받아들이도록 만드는 일은 쉬운 일이 아니었다. 긍정적인 방향을 택할 경우 북한 정권은 이전보다 합법성을 훨씬 더 크게 인정받을 수 있게 되며 이에 대한 국제사회의 승인이 쉬워진다. 그는 북한이 극도의 경제난을 겪고 있기는 하지만 붕괴의 조짐은 보이지 않는다고 주장하면서 "따라서 우리는 우리가 바라는 북한이 아니라 있는 그대로의 모습으로 북한 정권을 바라보고 대처해야 한다"고 강조했다. 연이어 개최된 백악관 각료회의에서 페리는 더 이상의 현상유지는 불가능하다고 확신했다. 그리고 자신이 겪었던 94년의 경험을 내세워 북한이 몰락의 길로 접어들 경우 얼마나 끔찍한 위험이 닥칠지를 생생하게 설명했다. 평소 민주주의에 반하는 정권에 강한 적대감을 갖고 있었던 올브라이트는 페리의 의견을 들은 뒤, 개인적으로 주한미군 사령관 존 틸릴리(John Tilelli) 장군에게서 브리핑을 받고 나서야 북한의 붕괴가 엄청나게 위험한 일이며 따라서 북한을 수면 위로 끌어올리기 위한 진지한 노력이 절대적으로 필요하다는 데 동의하게 됐다. 또한 올브라이트는 김대중 대통령의 시각에 깊은 감명을 받았고 그에 대해 높은 신뢰와 확신을 갖게 되었는데, 그녀는 클린턴 역시 자신과 같은 생각일 것이라고 판단했다.

처음부터 페리는 북한이 두 가지 길 중에서 어느 쪽을 선택할 것인지를 알아내기 위해서는 평양을 방문할 필요성이 있다고 판단했다. 그를 포함한 일행은 99년 5월 25일 평양행 비행기에 올랐다. 그들이 타고 간 美 공군 특별기는 기체에 'United States of America'라는 글자가 새겨져 있었고 꼬리에는 성조기가 달려 있었다. 더 많은 공식 美 대표단이 모습을 드러내면서 북한 공항에서 美 항공기는 더 자주 눈에 띄게 되었다. 페리 조정관과 그의 일행들은 중대 발표에 사용될 17매 짜리 원고에 적힌 단어들을 일일이 점검하고 한국어 번역을 검토하느라고 스탠포드에서 온종일을 보냈다. 이는 페리가 김정일에게 전달할 메시지에 미국이 발표했던 내용이 하나도 빠지지 않고 모두 담기도록 하려는 의도였다. 김정일은 수시로 보좌관들에게 보고를 받으면서 논의를 진행시킬 게 분명했다.

평양 도착 첫날밤에 열린 성대한 환영 연회가 끝난 그 이튿날 페리는 우선 강석주에게 자신이 가지고 온 안을 제시했다. 강석주는 94년 합의안을 논의할 때도 북측 협상대표로 나왔었고 김일성 주석 통치 시절과 마찬가지로 현재도 김정일의 가장 측근에 있는 외교 보좌관이었다. 페리는 강석주에게 이야기를 하는 것이 곧 김정일에게 직접 이야기를 하는 것이나 다를 바 없다는 사실을 의식하고 있었다. 사실상 페리 일행들 중에는 페리의 말을 김정일이 직접 듣고 있는 것으로 믿고 있는 사람들도 몇몇 있었다. 한 미국 관리는 페리가 협상 테이블 위에 필기구를 떨어뜨렸을 때 비밀 도청장치의 것으로 짐작되는 전자 음향이 울리는 소리를 들었다고 한다.

페리는 문서철 안에서 원고를 꺼내 읽으면서, 일본이 한국을 손아귀에 넣는 계기가 됐던 1904-1905년의 러·일 전쟁까지 포함해 지난 1백 년간에 걸친 한반도와 주변 열강들의 역사적 난관들에 대한 언급을 시작했다. 그리고 그 시절 "아시아 국가들의 수도에서 일어난 사건들과 그때 내려진 결정들이 20세기의 향방에 결정적이면서도 비극적인 영향을 미쳤다"고 말했다. 또한 페리 조정관은 자신의 방문이 미국이 했던 일들에 대해 사과를 하기 위한 것이 아니라 상처를 치유하기 위해 함께 노력할 방법을 찾기 위한 것이라고 설명하면서, 94년 핵위기 때 자신이 거두었던 성과를 함께 언급했다. 또한 당시 자신의 정확한 판단이 사태의 향방에 얼마나 큰 영향을 미쳤는지와 사태 당시 터질 듯 팽배해 있던 미국과 북한의 무력충돌 가능성에 대해서도 설명을 보탰다.

페리는 20세기에도 그래왔듯 앞으로도 미국은 태평양 일대의 강대국으로서 아시아와 밀접한 관계로 묶여 있을 것이라고 북한측에 말했다. 그리고 차후 南-北 회담과 北-美 회담에서 다시 제기될 주제를 언급하면서 강대국에 둘러싸인 한반도는 태평양 건너편에 있는 강대국과 돈독한 관계를 맺어두는 편이 이로울 것이라고 했다.

그는 또 북한의 합법적인 국방력 증강은 얼마든지 참작하겠지만 그 대신 북한도 다른 지역 국가들의 국방에 대한 우려를 고려해야 한다고 말했다. 이어 그는 북한의 미사일과 핵개발 계획에 관한 미국의 우려 때문에 현재와 같은 상태가 계속 지속될지는 미지수라는 자신의 견해를 덧붙였다.

  페리는 그가 제안한 '긍정적 문제 해결'을 위해 북한이 취해야 할 행동들을 몇 가지 세부사항과 함께 설명했다. 하나는 미국과 단계적인 정치·외교·경제를 포괄하는 총체적 관계를 수립하는 것이다. 이러한 혜택을 얻기 위해서 북한은 관련 기술과 장비를 포함한 미사일 수출을 전면 중단해야만 한다. 또한 더 중요한 것은 북한이 아직 가입하지 않고 있는 국제 미사일기술통제체제(international Missile Technology Control Regime)의 제한 수준 이상의 미사일 개발·생산·실험 또는 배치하는 일을 일체 동결해야 하는데 그렇게 되면 지난 10년간 거의 내내 일본을 위협해왔던 노동 미사일뿐만 아니라 새로 개발한 대포동 미사일까지도 제거해야 한다는 것을 뜻했다. 미사일 수출을 중단하는 대가로 매년 10억 달러의 현금을 요구하면서도 국내에서 추진하는 핵개발 프로그램들에 대한 협의를 거절해왔던 북한의 입장에서 볼 때 이러한 요구는 터무니없는 것이었다.

  페리는 만일 북한이 미사일 실험을 지속시키고 적대적 행동들을 취한다면 미국과 남한, 그리고 일본은 이전의 긍정적인 자세를 돌이켜 자체 군사행동을 통해 자국의 안위를 지킬 준비가 돼 있다고 말했다. 그는 북한이 이미 94년 위기 당시 국방장관으로 재직한 자신의 경력을 알고 있다고 판단했기 때문에 자신의 군사적 조치에 관해서는 구체적으로 명시하지 않았다.

  평양을 떠나기 전 페리가 분명히 깨달은 점은 그의 제안을 받아들이는 문제와 관련해 북한 정권 내에 심각한 견해 차이가 존재하거나, 아니면 적어도 일부러 그런 모습을 미국에 보여주려 했다는 점이었다. 미국의 회담 요청에 따라 김정일의 측근들 중 가장 신임이 두터운 리용철(李勇哲) 장군과 페리의 만남이 이루어졌다. 리용철은 "우리는 여간해서 적들과 대화하지 않는다"고 퉁명스럽게 말했다. 그리고 이어 북한의 미사일 개발에 대해 왈가왈부하는 자체가 옳지 못한 생각이라고 말했다. 그는 당시 발생한 미국의 강도 높은 유고슬라비아 폭격을 언급하면서 "세르비아인들이 미국에 똑같이 응사할 수 있는 능력이 없었기 때문에 이러한 사태가 벌어진 것"이며 북한은 결코 그런 처지가 되지 않을 것이라고 덧붙였다. 더욱이 리용철은 외교부 관리들을 겁쟁이로 묘사하면서 군부에서는 그들의 생각에 별로 신경 쓰지 않을 것이라고 말했다.

페리는 형식적으로 김정일을 만나고 싶다는 의사를 타진했으나 그때 미국은 이번에는 김정일과 생산적 회담을 가질 때가 아니라는 결론을 내린 후였다. 방북 기간이 끝나는 마지막 날 페리는 강석주와 잠깐 만나 자신의 제안을 요약 전달했다. 미국이 클린턴의 대리인 자격으로 자신을 평양에 보낸 것은 한걸음 전진하는 중요한 조치였으며 이제는 북한이 다음 발걸음을 내딛을 차례라고 그는 말했다. 강석주는 뚜렷한 확답을 하지 않았다. 美 공군기가 도쿄 공항을 향해 출발할 무렵 페리는 일행들에게 임무가 실패한 것 같다고 말했다. 그는 최고결정권자인 김정일이 어떠한 선택을 할지 불확실하다고 인정하는 동시에 외교부와 노동당이 인민무력부와의 줄다리기에서 이길 승산이 별로 없다고 생각했다. 그러나 그는 일행에 섞여 있던 한반도 전문가들이 자신과는 다르게 운세를 점치고 있다는 것을 알게 됐다. 그들은 강석주와 그 외의 다른 사람들은 페리가 제안한 구상에 틀림없이 귀가 솔깃했을 것이라고 생각했다. 美 국무부 분석가들은 방문자들에 대한 북한의 대우가 상당히 긍정적이라 판단하고 이런 분석을 담은 메시지를 급히 대표단에 보냈다. 페리는 처음 생각했던 것보다 상황이 괜찮다고 생각하게 되었다.

평양을 떠나기 전 페리는 자신이 제안한 사항들을 모두 한꺼번에 소화해내기에 무리가 따른다면 당분간 미사일 실험 중단 기간을 설정해 놓는 등의 작은 일에서부터 시작하는 것을 고려해 달라고 제안했다. 그렇게 하면 미국 역시 작은 조치로서 미국이 가하고 있는 경제 제재를 일부 풀어줄 수도 있다는 말이었다. 페리의 방북 한 달이 지난 6월 23일 북한 외교관들이 베이징에서 만난 미국 외교관들에게 '페리 구상'의 세부사항들을 알려달라고 요청했다. 이것은 페리의 제안에 대한 명백한 관심이었다. 4자회담과 별도로 8월 제네바에서 진지한 논의가 벌어졌고 한 달 뒤인 99년 9월 베를린에서 북한은 미사일 실험 중단 기간에 들어서기로 합의했다.

그에 대한 대가로 클린턴은 북한 수출입 제재조치의 전면 중단을 발표했다. 북한 정부로서는 페리의 제안을 겨우 한입 크기만 받아들였지만, 미국측에서는 '일단 물었으니 낚시 바늘에 걸려든 셈'이라고 여겼다. 물론 북한의 입장에서 볼 때 북한 정부가 1990년대 초반부터 추구해온 관계 고리에 다시 입질을 한 대상은 미국이었다. 올브라이트는 미국이 대북 관계에 있어 새롭고 더욱 희망적인 길을 향해 가고 있다고 공개적으로 선언하면서도 필요시 그 행로를 반전할 수도 있다는 말을 덧붙였다. 미사일 실험 중단과 지하시설 방문으로 의회 내에 불어닥쳤던 거센 분노는 이내 그 기세가 잠잠해졌다. 그러나 향후 北-美 관계의 진로는 아직 불확실한 채였다.

6월 정상회담의 추진

한국전쟁 이후 북한 어부들은 게가 많이 잡히는 곳을 찾아 여름이면 해상 국경선을 넘어 남한 영해로 과감히 침범해 들어왔다. 북한은 이 남북 경계선이 UN군 사령부가 일방적으로 지정한 것이며 북한은 이를 인정하지 않는다고 말해왔다. 대개 남한 배들과 마주치면 황급히 달아나곤 하던 북한 게 잡이 어선이 99년 6월에는 무슨 이유에선지 달아나지 않았다. 6월 10일 북한 게 잡이 어선 10여 척은 북한 순찰선의 호위를 받으며 남한 경비정과 대치했고 남한 경비정들은 국경을 침범한 배들을 군사분계선 너머로 쫓아내기 위해 앞으로 돌진하기 시작했다. 몇 분 뒤 손상을 당한 몇 척의 북한 배들은 북쪽으로 달아났다.

6월 13일 재발된 대치상황은 작은 전쟁으로 비화됐다. 남한 정부는 먼저 발포하지 말라는 엄격한 명령을 내렸지만 북한의 배에서 먼저 총이 발사되자마자 — 북한 선원이 라이플총을 발사했을 가능성이 있다 — 무장이 더 잘 갖추어진 남한의 배는 총알을 빗발처럼 퍼부었다. 14분간의 짧은 총격전은 이렇게 발생했다. 대략 20명이 승선한 것으로 추정되는 북한 어뢰정이 격침되자 소규모 선단의 나머지 배들은 달아났다.

한국전쟁 이후 서해상에서 두 나라 간에 벌어진 최초의 심각한 해상 충돌은 양측의 신경을 곤두서게 만들었으며 해당 지역에는 美 해군병력이 즉각 추가 배치됐다. 이 일은 남북관계에 대한 심각한 문제 제기를 불러일으켰지만 그 이상 격화되지는 않았다. 총격전이 있고 나서 북한의 국경선 침범은 더 이상 일어나지 않았다. 북한은 총격전 이후 강경한 발언을 하면서도 경보체제를 발동하고 인근에 병력을 배치한다거나 對함선 누에 미사일과 1백mm 구경 연안 포병부대를 동원하는 등의 반격 태세를 전혀 갖추지 않았다.

그 시점 해상 경계선에서 벌어진 북한의 도발 이유에 대해서는 갖가지 추측이 난무했다. 몇몇은 그 사건이 북한 군부 내 강경 진영이 남한과의 관계개선 움직임을 방해하고 있는 것이라고 단정했고, 또 다른 일각에서는 이를 다가오는 남한과의 회담에서 협상력을 높이기 위한 의도라고 주장했다. 또한 이 사건을 김대중의 햇볕정책에 대한 심각한 도전으로 보는 사람들도 있었다. 그러나 돌이켜볼 때 남한 고위관리들은 이 총격전이 훨씬 더 현실적인 동기에서 벌어진 일임을 확신하게 됐다. 부족한 경화를 벌어들이기 위해 북한 어선단의 게 잡이 어획 할당량이 전년도의 두 배로 증가했고 이것은 남한 영해까지 진출하지 않고서는 거의 채우기가 불가능한 양이었다.

황해에서의 충돌 사태는 모든 방면에 막대한 영향을 미쳤다. 국내적으로는 김대중의 햇볕정책에도 포함돼 있었지만 부각되지 않았던 '강경' 측면, 다시 말해 '우리는 어떤 종류의 무력 도발도 용납하지 않을 것'이라는 그의 말이 이번 일을 계기로 입증된 것으로 보였다. 이때의 군사적 대응은 당분간 그의 입지를 공고히 만들었다.

몇 달 뒤 필자와 가진 인터뷰에서 김대중은 해상에서의 충돌이 북한에 커다란 교훈을 안겨준 '결정적 조치'였으며 다른 한편으로는 남한군의 사기를 진작시켜주는 일이었다고 말했다. 당황한 북한은 군사적 대응 대신 정치적 대응을 택했다. 교전 2주 후 베이징에서 열린 남북 차관급 회담이 해상 교전에 대한 논쟁 끝에 결렬됐고 많은 사람들이 기대했던 이산가족 상봉은 결국 성사되지 못했다. 이후 북한과 폭넓은 접촉을 가졌던 남한 고위관리들은 서해 충돌로 인해, 남한과 호의적인 관계로 나아가던 북한의 움직임이 6개월 이상 늦추어졌다고 믿었다. 한반도의 발전에 상당한 지장을 초래한 셈이었다.

99년 여름과 가을 북한은 여러 주요 국가들에게 접촉을 시도하고 있었다. 5월 중순 김정일은 아버지가 죽고 난 뒤 처음으로 중국 대사 완융샹(萬永祥)과 만남을 가졌다. 이때 그는 중국의 개혁과 문호 개방 정책에 성원을 보낸다는 말과 함께 지난 5년간 동면 상태에 들어가 있던 고위급 외교관계 재건을 위해 중국에 사절단을 파견할 것이라 언급하면서 이에 대한 승인을 요청했다. 그로부터 몇 주 후 김정일은 전 외교부장이자 평소 국가를 대표해 의전 업무를 맡아왔던 김영남 단장이 이끄는 사절단을 중국에 파견했다. 11월에는 구 소련 시절의 군사 동맹을 대신할 무역 및 협력에 관한 새로운 양자간 조약 체결을 위한 사전 준비로 이고르 이바노프 러시아 외무장관이 평양으로 초청됐다. 12월 초 북한은 자민당의 노나카 히로무(野中廣務)를 비롯한 의원단과 그들을 인솔한 무라야마 도미이치(村山富市) 전 외무성 일행을 반갑게 맞아들였고 이 방문을 계기로 양국 사이에는 정상회담 재개를 위한 토대가 마련됐다. 이후 일본은 일부 경제 제재를 해제한다고 발표했다.

그러나 미국과의 관계는 표류를 거듭했다. 99년 9월 북한은 미사일 실험 중단을 공식 확인하고 양국 관계의 다음 단계 진전을 위해 고위급 밀사를 워싱턴에 보내겠다고 제의했다. 이후 가을과 겨울 내내 미국 외교관들은 평양 외교관들에게 조속히 밀사를 파견할 것을 촉구했는데 그것은 2000년 미국 대통령 선거를 둘러싼 논쟁에서 대북 정책이 분규에 휘말리지 않도록 하기 위해서였다. 몇 차례 접촉이 있기는 했지만 매번 북한 외교관들은 앞으로의 방향에 대한 평양 내의 의견 차이가 있음을 몇몇 미국 관계자들에게 넌지시 내비치며 정확한 일정을 잡기를 주저했다. 또한 클린턴이 경제 제재조치를 전면 중지한다고 공개적으로 약속했음에도 불구하고 아직도 그 약속이 실효를 거두지 못하고 있다며 커다란 불만을 표시했다.

백악관이 상원 지도부 의원들에게 북한의 장거리 미사일 제거 논의를 시작하기 전까지는 제재를 풀지 말라는 비밀 서한을 보냈다는 사실은 北 외교관들에게나 일반 대중에게는 알려지지 않은 바였다. 그리고 누구도 그 시기가 언제가 될지 알 수 없었다.*

2000년 1월 초 서울에 있었던 필자는 김대중 대통령을 만나 남북관계에 대한 이야기를 나눌 기회를 가졌다. 바로 그 전 달 김대중은 여러 경로를 통해 북한이 공식적인 협력관계와 경제 원조를 향한 움직임을 재차 시도하고 있다는 신호를 접했지만 그 자리에서는 아무런 내색도 하지 않았다. 그가 내놓은 제의에 대해 북한이 뚜렷한 반응을 보이지 않는 것을 어떻게 생각하는지를 묻자 김대중은 이렇게 대답했다. "관계개선을 위한 우리의 노력에 그들이 반응을 보낸다면 우리 역시 거기에 응답하겠다고 북한에 이야기했다."

그는 페리의 활동과 한·미·일 공조체제가 강화되고 있는 점 등이 북한에 긍정적인 영향을 미쳤다고 믿었다. 또한 그는 외부세계와 활

---

* 이러한 일련의 제재는 남북정상회담이 개최되고 북한 외교관들이 미사일 실험 중단을 로마에서 양자회담을 하고 있던 미국 외교관들측에 재천명하고 난 후인 2000년 6월에야 마침내 해제됐다. 미사일 실험 중단은 상원의 지도자들을 설득하는 데 이용됐다. 이탈리아 외무부는 회담장소로 16세기 건축물인 빌라 마다마(Villa Madama)를 내주었다. 일반적으로 열악한 환경에서 이루어지는 협상장소에 비해 굉장히 우아한 장소였다.

발히 접촉을 시도하려는 북한의 노력을 언급하면서 '그들도 외부세계와의 협력 없이 자신들의 체제를 유지할 수 없다는 점을 깨달은 것'이라고 말했다. 김대중과 만나기 바로 전날 이탈리아는 서유럽 국가로는 최초로 북한과 외교관계를 수립했다. 이탈리아는 사전에 김대중에게 의사를 타진했으며 김대중은 '그렇게 해도 좋다'고 대답했다. 그는 자신의 목표가 '3년 내에 한반도 상에서 냉전구조를 희석시키는 일'이라고 말했다. 그 3년이라는 기간은 자신의 임기 내를 말하는 것이었다. 그는 이후 일어날 일에 대해서는 미리 예측하지 않았지만 이전보다 더 강한 확신에 차 있었다.

사실상 2000년 초 북한은 확고한 결정을 내리고 있었다. 무언가 사태가 변화하고 있는 듯한 가시적인 조짐을 외부에서 처음 느낀 것은 3월 5일이었다. 이날 김정일은 떠들썩하게 평양 주재 중국 대사관을 방문했고 다섯 시간 가량 이어진 그 만남은 임기 만료로 본국으로 돌아갈 예정인 완윤샹 대사에 대한 환송차 이루어진 것이었다. 그러나 실제적인 의미는 그보다 훨씬 더 큰 것이었다. 김정일은 평소 대사들을 접견한 적이 없었고 대사관으로 직접 찾아간 것은 그간 전례가 없던 일이었다. 김정일은 아마도 중국 지도자들에게 앞으로 생길 일을 미리 알려주고 아울러 두 달 뒤 베이징에서 그들을 만나기 전에 미리 초석을 깔아두는 의미에서 그곳을 방문했던 것으로 보인다. 그의 이 중국 방문은 초기에는 비밀에 부쳐져 있었다.

그해 초 김대중은 비록 성사가 어렵겠지만 김정일과의 정상회담을 가장 높은 우선순위로 결정한 상태였다. 독재정부와의 협상에서 성공을 거두는 유일한 길은 위에서부터 접근하는 방법밖에 없다고 믿었기 때문이다. 1월 20일 그는 북한에 상호협력과 평화적 공존, 공동 번영

문제를 논의하기 위한 정상회담을 공개적으로 제의했다.

당시 남북 간에는 비밀 접촉이 활발해지고 있었다. 세 달간 공식적 발언과 막후 회담이 서로 맞물려 돌아갔다. 비밀회담은 초반엔 실무진급에서 시작되었다가 곧 고위급으로 확대되어 합의를 이루어 갔고, 이런 문제에 있어 항상 가장 핵심적인 합동 언론 발표에 쓰일 말을 고르는 단계로 나아갔다. 이는 한반도 문제 해결에 필요한 배려와 화합에 모범이 되는 두 번째 사례였다. 초반에는 남한 정보국인 국가정보원 수장 임동원에게도 알리지 않고 접촉이 진행되었다. 나중에 접촉 방식이 변경되면서 임동원이 직접 북한 주요인사에 김대중의 뜻을 전달하다가 결국 김정일에게 직접 전달하게 되었다.

오랜 기간 중재자로 활동한 요시다 다케시(Yoshida Takeshi)는 2월 2일 서울의 롯데 호텔에서 정상회담 문제 해결을 위해 김대중이 임명한 박지원 남한 문화관광부 장관을 만나 북한정부가 정상회담에 관심을 보인다는 메시지를 전했다. 2월 6일의 공개 발표문에서 김대중은 장소나 형식 등의 문제로 난항을 겪게 만들지는 않을 것이라고 말했고 그의 이같이 유연한 발언은 북한의 정보 개방화로 인해 하위급 관계자들도 알게 되었을 정도였다. 그리고 어쩌면 그보다 더 중요한 일은 김대중이 공개적인 발언에서 남북정상회담에서 자신과 마주 앉게 될 북한의 지도자에 관해 놀랍도록 긍정적인 표현을 사용하기 시작했다는 점이다. 김대중은 2월 도쿄 방송과의 인터뷰에서 '남북한 최고지도자들의 만남'을 필수적인 동시에 실용적인 것이라 표현하면서 "나는 김정일 국방위원장이 높은 식견을 갖춘 훌륭한 판단력의 소유자라고 믿고 있다"고 말했다. 지금껏 줄곧 숙적으로 비난해온 상대방에 대한 이런 놀라운 발언은 김대중 자신이 몸담고 있는 새천년민주당 내 일부를 포함해 남한 내 보수 진영의 빗발치는 항의를 불러 일으켰다. 역대 남한 대통령 중에서 지금까지 북한 지도자에게 그런 긍정적인 표현을 사용했던 사람은 단 한 명도 없었다.

2월 말 북한은 싱가포르에서 박지원을 만나 사전 회담을 갖길 원한다는 메시지를 보냈다. 3월 2일 김대중은 서울을 떠나 이탈리아, 프랑스, 독일을 도는 순방길에 올랐다. 3월 9일 싱가포르에서 비밀 회담이 개최되었고, 같은 날 베를린 자유대학에서 김대중은 북한과의 정부 간 대화를 지체 없이 실행할 것을 요청하면서 북한에 대한 새롭고 대폭적인 지원을 고려할 것이라고 발표했다. 여기에는 북한의 '고속도로 · 항만 · 철도 · 전기 · 통신시설 등을 포함한 사회 기간 설비'를 확충하는 데 정부 차원에서의 지원을 제의한 내용도 포함돼 있었다. 그는 투자 보장과 이중과세 방지에 관한 기업부문 관련 조약들도 제안했다. 북한의 기아를 초래한 잠재적인 원인을 해결하기 위해서는 "남한의 지원과 더불어 '양질의 비료 배급과 농기구, 관개 시설과 기타 구조적 요인들의 총체적인 개혁'이 있어야 한다"고 제안했다. 뉴욕에서 북한 외교관들과 협상 중에 있었던 美 관리들은 발표 몇 시간 전에야 그의 제의를 전해듣고 당혹감을 감추지 못했다.

올브라이트는 그런 내용을 미리 충분히 일러주지 않았던 점에 대해 이정빈(李廷彬) 남한 외무장관에게 항의했다. 이정빈은 이에 대해 김대중이 발표문을 건네주기 직전까지 세부내용을 검토하고 있었기 때문이었다고 사과했다.

김대중은 북한의 대답을 그리 오래 기다릴 필요가 없었다. 유럽 순방에서 돌아 온 직후인 3월 14일 정상회담 가능성을 논의하기 위해 상하이에서 비밀리에 만나자고 요청하는 북한의 메시지를 판문점 휴전 마을(널문리)을 통해 전달받았던 것이다. 김대중은 박지원(朴智元) 문화관광부 장관을 협상대표로 임명했다. 3월 17일 박지원은 기자들과 정부 각료들에게 건강 검진차 입원하기 위해 휴가를 냈다는 말을 남긴 채 비행기를 타고 상하이로 떠났다.

상하이에 도착한 그날부터 그는 대남 정책을 담당하고 있는 영향력 있는 노동당 조직인 북한의 아시아·태평양 평화위원회 부위원장이자 능숙한 외교관인 송호경(宋浩景)과 4차례에 걸쳐 회담을 가졌다. 한 남한 고위관리의 말에 따르면 북한은 김대중 대통령이 베를린 연설에서 언급한 경제 지원에 관한 세부적인 내용을 자세히 캐물었으며 회담 장소와 회담 결정을 발표할 시기에 관해서도 질문했다. 처음 이틀간의 비밀회담에서는 아무런 합의에 도달하지 못했고 그 다음 주 베이징에서 이어진 2차 회담에서도 마찬가지였다.

그러나 4월 8일 북측 대표가 박지원을 다시 중국 수도로 불렀고 두 사람은 남북한 '최고 권위자의 지시에 따라' 6월 12-14일간 평양에서 남북정상회담을 개최하기로 한다는 합의서에 서명을 했다. 그리고 합의 사항의 발표는 남한 국회의원 선거를 바로 3일 앞둔 4월 10일에 이루어졌다.

한편 남한 정부 내 반대진영은 이를 '명백히 선거를 의식한 정치 공작'이라며 비난했지만 결과적으로 그 발표가 선거 결과에 그다지 큰 영향을 미치지는 않았음이 판명됐다. 대통령 소속 정당은 국회에서 제1 정당의 의석수를 차지하지 못했던 것이다.

평양에서 만난 두 정상

4월 22일-5월 18일 양국의 중간급 관리들은 남북한 지도자들의 회담 발표에 뒤이어 정상회담 관련 세부사항들을 도출해내기 위해 판문점에서 5차례에 걸쳐 준비회담을 가졌다. 그러나 논의된 사항들은 의제와 참가자, 기자단, 여행 일정, 보안 문제 등이었고 핵심적인 사안인 북한 지도자의 의중과 그 특성 문제는 여전히 미지수로 남아 있었다.

5월 27일 오후 김대중의 측근으로 남북 문제 자문을 맡고 있던 임동원(林東源) 특보(94년 남북정상회담 당시 청와대 외교안보통일 특별보좌역을 맡았다)가 베이징에서 비밀리에 북한항공 비행기편으로 평양으로 향했다. 북에서 태어났지만 후일 남한에서 육군소장과 교수를 거쳐 군사·외교 전략가가 된 작은 체구의 예비역 육군 소장인 임동원은 김대중 재임기간 중 가장 신임을 많이 받았으며 가장 큰 능력을 발휘한 외교정책관이었다. 임동원 특보는 대북 정책 및 협상에 관여해온 지는 오래됐지만 95년 김대중이 이끄는 아·태 평화재단의 사무총장으로 김대중과 합류하기 전까지는 국내 정계에서 별다른 역할을 하지 않았다. 김대중은 수십 년 동안 북한과 대치하기보다는 북한을 포용하는 정책을 지향하려는 결의를 노골적으로 드러내왔고 김대중과 같은 생각을 갖고 있었던 임동원은 그런 의지를 실현하는 데 자신의 열의와 전문성을 발휘했다. 그는 초기에 두 번의 고위직을 지낸 뒤 99년 12월 많은 논란을 빚었던 중앙정보부(KCIA)를 대신해 생긴 현재의 남한 정보기관인 국가정보원의 원장이 됐다. 여기에서 그는 북한 관련 정보에 접근할 기회를 가졌으며 비밀 활동을 지휘하고 심지어는 직접 참여하기도 했다.

평양에서 임동원은 南北관계를 다루는 노동당 통일 전선부 부장인 임동옥을 만나 회담을 가졌다. 회담에서 임동옥은 정상회담 준비에서 주요 난제가 될 부분을 제기했다. 금수산에 마련된 김일성 시신이 안치된 장소에 방문할 것인가의 문제였다. 임동원은 불가하다고 답했고 임동옥은 방문을 계속 주장하여 분위기가 냉랭해졌다. 그 후 임동원은 그의 첫 번째 목적인 김정일과의 만남이 불가하다는 통보를 받았다.

6월 3일 김대중은 다시 한번 임동원을 파견했다. 임동원은 북한 정치 서열의 정상에 존재하는 김정일이 어떤 인물인가를 짐작할 수 없었다. 그가 수집했던 김정일에 관한 책 열 권은 모두 그를 부정적인 시각에서 그리고 있었고 국정원이나 그밖에 다른 곳을 통해 입수한 정보들 역시 대부분 극도로 부정적이었다. 그러나 김정일을 만난 적이 있는 중국과 러시아 관리들의 설명을 포함한 몇몇의 자료들 안에 명시된 그의 능력과 관심사, 취향 등은 보다 긍정적인 것이었다.

평양에 도착한 임동원은 노동당 대남담당 비서인 김용순을 만났다. 다시 한번 김일성 시신 안치소 방문 문제가 제기되었고 임동원은 정상회담 성과가 무효화될 수 있다는 이유를 들어 거절했다. 북한은 이번에는 압박을 하지 않았지만 임동원의 견해를 보고하겠다고 답했다. 임동원은 중국방문을 마치고 돌아온 김정일을 만나러 신의주로 갔다. 김정일과의 만남에서는 남한주둔 미군을 비롯한 다양한 문제를 다뤘다. 임동원은 통일이 되더라도 북한 정권은 남아있게 될 것이라는 김대중의 견해를 설명했다. 김정일은 그 사안에 대한 북한의 의견을 전하기 위해 1992년 김용순을 미국에 보냈다는 사실을 언급하고, '우리가 지나치게 반미적이 된다면 남북 모두의 국익에 이롭지 않다'고 덧붙이며 기본적으로 임동원의 말에 찬성했다. 김정일이 단호한 태도를 보이지는 않았지만 금수산 방문 문제는 입장변화 없이 다시 제기되었다. 4시간 동안 김정일을 마주 대한 임동원은 그가 사람들의 편견과는 상당히 다른 인물임을 깨닫게 됐다. 서울로 돌아오고 난 뒤 그는 회담에서 만나본 북한의 정상에 관해 여섯 가지 항목으로 보고했다.

1. 그는 90년대 초반에 있었던 두 행사에서 만났던 그의 아버지보다 더 강력한 독재자다.

2. 그는 북한 체제 내에서 개방적이며 실용적인 사고방식을 갖고 있는 유일한 사람이다.

3. 그는 상대방의 말을 경청하는 사람이다. 그는 회담을 하는 동안 마치 교수의 강의를 듣는 학생처럼 메모를 했다.

4. 다른 사람의 견해를 듣고 수긍이 될 때는 과감히 받아들인다.

5. 정주영 현대그룹 회장에게 그랬듯이 주변의 연장자들에게 상냥하고 예의바르게 대한다.

6. 유머감각이 풍부하다.

임동원은 정상회담을 마친 뒤 두 지도자들이 발표할 공동선언문의 내용을 협상하고자 했으나 김정일은 이를 거절하고 김대중 대통령과 회담 때 직접 만나서 문안을 작성하고 싶다고 말했다.

김대중 대통령과 영부인 및 장관들과 보좌관들, 그리고 취재단 일행을 실은 특별기가 6월 13일 아침 평양 공항에 착륙했다. 바야흐로 남북정상회담이 시작되는 순간이었다. 비행기 앞에 깔린 붉은 융단 위에는 지퍼를 채운 인민복 차림의 김정일이 그들을 맞이하기 위해 나와 있었다. 그는 김대중의 손을 두 손으로 감싼 채 악수를 나누며 반갑게 인사말을 건넸다. 남한의 수백만 국민들은 텔레비전을 통해 자신들의 대통령이 혁명음악대와 거수경례 자세로 총과 총검을 들고 있는 의장대, 그리고 바람에 펄럭이는 전통 한복을 입고 화려한 색깔의 꽃을 흔드는 수백 명의 여성의 환대 등, 최고의 대접을 받고 있는 모습을 벅찬 감격 속에서 지켜보았다. 두 지도자는 김정일의 전용 리무진 뒷좌석에 올라탄 뒤 40분간 평양 시내를 돌았다. 연도에는 대략 60만 명의 인파가 줄지어 선 채 분홍색, 붉은색 꽃을 흔들며 환호했다. 영빈관으로 가는 길에 두 정상은 이야기를 나누는 도중 가끔 손을 잡으며 우정을 표시했다.

중요한 논의 시에는 일부 보좌관들만 배석시킨 채 진행된 3일간의 회담에서 두 지도자는 남북한 현안 문제들에 관해 폭넓은 의견을 나누었다. 그들은 남한의 지원 가능성과 이산가족 상봉, 문화 및 스포츠 단체 교환, 남한이 오래도록 숙원해왔던 군·관 당국자 회담 등의 문제들에 관한 북한의 수용 가능성을 논의했다.

긴 의견 조정 끝에 두 지도자가 문안을 짜내고 서명한 뒤 선포한 공동선언문의 내용은 다음과 같았다.

1. 남과 북은 나라의 통일문제를 그 주인인 우리 민족끼리 서로 힘을 합쳐 자주적으로 해결해 나가기로 했다.

2. 남과 북은 나라의 통일을 위한 남측의 '연합제'와 북측의 '낮은 단

계의 연방제' 안이 서로 공통성이 있다고 인정하고 앞으로 이 방향에서 통일을 지향시켜 나가기로 했다.

3. 남과 북은 올해 8월 18일에 즈음해 가족, 친척 방문단을 교환하며 비전향 장기수 문제를 해결하는 등 인도적 문제를 조속히 풀어나가기로 했다.

4. 남과 북은 경제협력을 통해 민족경제를 균형적으로 발전시키고 사회·문화·체육·보건·환경 등 제반 분야의 협력과 교류를 활성화해 서로의 신뢰를 다져나가기로 했다.

5. 남과 북은 이상과 같은 합의사항을 조속히 실천에 옮기기 위해 빠른 시일 안에 당국 사이의 대화를 개최하기로 했다.

6. 김대중 대통령은 김정일 국방위원장을 서울로 정중히 초청했으며 김정일은 앞으로 적절한 시기에 서울을 방문하기로 했다.

후에 김대중은 회담이 거의 결렬될 위기에 처했던 힘든 고비와 의견 불일치가 몇 차례 있었음을 고백했다. '연합제'과 '연방제' 간의 미묘한 차이 문제, 북한측 국가 의전 대표인 김영남 최고인민위원회 위원장 대신에 김정일이 서명을 해야 하는가 하는 문제, 서울 답방 단행 여부 등이었다. 김대중은 '김정일 국방위원장의 새로운 생각에 대한 수용 능력과 자신의 견해를 기꺼이 바꿀 수 있는 융통성 있는 자세가 정상회담의 성공을 이끌어내는 데 상당한 역할을 했다'고 말했다. 또한 그는 김정일에 대해서는 '이론적이지는 않았지만 지적 능력을 갖추고 판단력이 예민했다'고 설명했다.

논의된 의제들 중 어떤 것들은 양국간 문제를 벗어나 국제적인 문제들로까지 이어졌다. 김대중은 김정일에게 핵문제에 관련해 미국과 합의한 사항들을 확실히 지킬 것과 북한 미사일 억제에 관한 美 정부와의 협상에서도 순조롭고 만족스러운 결과를 이끌어낼 것을 촉구하는 내용을 담은 서면 자료를 전달했다. 우호적인 北-美 관계가 형성되지 않고는 남북한 관계가 진전을 거둘 수 없으리라는 뜻이었다.

5월 말 김정일과 임동원의 반복적으로 이루어진 의견교환을 통해 남북 두 지도자는 주한 미군 주둔에 대한 본인들의 견해를 표했다. 김대중이 대남 방송에서 주한미군 주둔을 비난하고 있는 이유에 대해 질문을 던지자 김정일은 국내 선전용이며 앞으로도 계속될 것이라고 대답했다.

"우리에게도 이제 새 날이 밝아 온 것 같다." 김대중 대통령은 남한으로 돌아온 6월 15일 이렇게 선언했다. "55년 분단과 적대에 종지부를 찍고 민족사에 새 전기를 열 수 있는 시점에 이른 것이다." 또한 개인적으로 느낀 점에 관해서 남한 국민들에게 이렇게 전했다. "평양도 가보니까 우리 땅이었습니다. 평양에 사는 사람도 우리하고 같은 핏줄, 같은 민족이었습니다. 통일을 이룩한 지도 1천3백 년이 됐습니다. 그런 민족이 타의에 의한 불과 55년의 분단 때문에 영원히 서로 외면하거나 남남이 된다는 것은 있을 수 없는 일입니다. 저는 그것을 이번에 가서 현지에서 확인했습니다. 가까운 미래에 화해와 협력을 이루고 궁극적으로 통일을 이룰 수 있다는 확신을 가지고 돌아왔다는 것을 여러분께 말씀드립니다."

6월 정상회담 이후 세계 각국은 김정일이 갑자기 그늘 속에서 나와 이전까지 폐쇄 사회로 남아 있던 북한의 문호를 개방하는 듯한 자세를 보인 이유에 대해 여러 가지 추측들을 제시했다. 북한이 실제로 변화하고 있는가 아니면 단지 위장술인가, 바뀐 것은 전략이 아닌 전술뿐인가, 김정일의 주된 목표는 무엇인가 등의 의문도 함께 제기됐다.

김대중은 석 달 뒤 뉴욕에서 열린 한 만찬 석상에서 한반도 전문가들 및 측근들과 함께 북한이 개방을 할 수밖에 없는 필연적인 원인들을 제시했다. 북한이 심각한 경제적 곤란에 직면에 있다는 점과 그로 인해 외부세계의 원조가 북한의 생존에 절대적인 관건이 됐다는 점이었다. '남북한 관계를 개선하지 않고서는 다른 나라에서 도움을 주지 않을 것'이라고 당시 그는 말했다.

또 다른 이유들로는 미국과 협상을 하면서 남한을 따돌리려고 했지

두 한국의 지도자들인 남쪽의 김대중 대통령과 북쪽의 김정일 국방위원장이 2000년 6월 평양에서 열린 정상회담에서 맞잡은 손을 들어올리고 있다. 분단된 한반도에서 사상초유의 협력을 기약하는 대망의 순간이다.

만 실패했던 점, 중국·러시아·기타 국가 등 세계 각국으로부터 긴장 완화에 대한 압력이 높아지고 있다는 점, 남한의 대북 정책이 북한 와해가 아닌 물질, 정신적 원조를 목표로 하고 있다는 사실을 더욱 신뢰하게 된 점 등을 꼽았다. 이에 발맞추어 학계는 평양에서 진작부터 남한과의 정상회담을 고려하고 있었으며 김일성 역시 죽기 직전에 김영삼 前 대통령과의 정상회담을 준비하고 있었다는 사실을 지적했다.

6월 정상회담 이후 남한과 전세계는 분단된 한반도 땅 위에서 일어나는 급속하고도 눈부신 전개상에 이목을 집중했다. 그해 말까지 남한과 북한은 무역 및 투자를 장려하기 위한 4개 남북 합의서에 포함된 지원과 광범한 협력 활동들을 공식화하기 위해 4회에 걸쳐 장관급 당국자 회담을 공식 개최했다.

김정일은 46명의 남한 언론계 경영자들을 평양으로 초청해 폭넓은 질문을 받았다. 이어 최초의 남북한 이산가족 서신 교환과 더불어 이산가족 1백 가구가 두 차례 단기간 동안 만난 정서적 교류도 있었으며, 이후 계속해서 이산가족 상봉 행사를 갖기로 합의했다. 북한의 국방부장이 남한을 방문해 국방장관을 만났으며 낮은 단계의 양국 공동의 군사적 협력 체제를 공식화했다. 남북 양국은 한국전쟁 발발 이전까지 한반도를 가로질러 달리던 단절된 철도를 다시 연결하고, 병력과 무기가 밀집돼 있는 비무장지대 건너 상업과 기타 교류를 촉진하기 위해 철도를 따라 나란히 달리는 고속도로를 건설하기로 합의했다. 가장 감동적인 순간들 중 하나는 2000년 시드니 올림픽 때 남한과 북한의 선수들이 한반도를 상징하는 단일 깃발 아래 나란히 입장을 했던 일이다. 이는 88년 서울 올림픽 때 날카롭게 대립했던 경험에 비추어 볼 때 큰 대조를 이루었다.

현대그룹과 북한은 비무장지대 북단에서 얼마 멀지 않은 개성에 대단위 공업단지와 수출 공단을 건설하기로 약속했다. 이 공단에 들어서는 수백 개의 남한 기업들은 초기에는 수만 명의 북한 주민들을 고용하고 차츰 늘려가 나중에는 수십만 명까지 고용하는 것으로 돼 있었다. 현대그룹이 재정을 지원하는 금강산 관광사업도 비록 현대의 전반적인 재정난과 관광산업 손실로 인해 전망은 어두웠지만 여전히 계속되고 있었다.

남한 내 유력한 위치에 있는 다수의 보수파들은 갑작스러운 온건기류와 급속도로 진전되는 사태의 추이를 못마땅하게 생각하고 있었다. 소리 없는 비판의 시기가 어느 정도 지나고 난 뒤 야당인 한나라당은 김대중의 정책을 헐뜯기 시작했다. 주로 남한이 양보하는 정도에 비해 되돌아오는 보상이 적다는 사실, 즉 호혜성 결여를 근거로 한 비판이었다. 회의론자들은 상징적인 행동들에도 불구하고 북한이 전혀 병력을 감축하지 않았으며 남한에 대한 잠재적 위협 또한 감소하지 않았다는 점을 지적했다.

비록 북한이 실행한 몇몇 조치들이 대다수 남한 국민들로부터 꾸준히 지지를 받고는 있었지만, 평양에서의 정상회담이 끝난 뒤 남한 경제와 증권시장이 또다시 침체되기 시작하면서 대북 정책에 대한 환상에서 벗어나야 한다는 목소리가 고조됐다. 12월 초 김대중은 북한과의 화해 노력과 평생에 걸쳐 자유와 민주주의를 위해 투쟁한 점 등 공로를 인정받아 영예로운 노벨평화상을 수상했고 해외에서는 그에 대한 갈채가 쏟아졌지만, 국내에서 그의 인기는 얼마 안 가 바닥으로 곤두박질쳤다.

평양 정상회담 이후 한 달이 지난 7월 북한은 지역 안보 기구로서는 처음으로 동남아시아 국가들이 후원국으로 있는 아시아지역 포럼(Asian Regional Forum, 아세안 다국간 지역안전보장기관(가칭 ASEAN 지역포럼 : ARF)을 가리킨다)에 가입했다. 그로부터 한 달 뒤에는 국제금융기구인 아시아개발은행(ADB) 회원국 가입 승인을 재차 요청했다. 또한 김정일은 블라디미르 푸틴(Vladimir Putin) 러시아 대통령을 초청했고 중국 지도자를 만나기 위해 제2차 중국 방문길에 오를 준비를 하고 있었다.

그리고 9월에는 북한 외교부장이 유럽연합과 전 유럽 국가들에 관계 개방을 제의하는 서한을 보냈으며 정상회담 직전 이탈리아와 오스트레일리아와 외교관계를 수립했다. 정상회담 이후 북한은 2001년 초반까지 필리핀·영국·네덜란드·벨기에·캐나다·스페인·독일과 외교관계를 수립했으며 몇몇 다른 국가들과도 관계개선을 추진했다. 폐쇄적인 국가이던 북한이 스스로 이처럼 활발한 외교 활동을 벌인 것은 실로 놀라운 일이었다.

미국과 손을 잡는 북한

북한의 對 남한 개방정책이 활발히 이루어지는 가운데 對미 개방정책은 아직까지도 제자리걸음을 하고 있었다. 99년 9월부터 2000년 2월까지 北-美 외교관들이 가진 양자 간 공식 회의는 총 5회에 그쳤다. 그나마 베를린과 로마, 뉴욕에서 각각 열렸던 회의에서 거둔 성과 역시 극히 미미했다. 미사일이나 테러, 한국전쟁 참전 도중 실종된 미군 유해 발굴 등의 문제에 관한 추가 회담 역시 별다른 성과가 없었다.

2000년 9월 27일 북한의 김계관 외교부 부부장은 유엔 미국 대표부 12층 회의실에서 대북 협상단장인 찰스 카트먼 미국 대사와 양국 간 주요 현안들에 관한 회담을 가졌다. 그러나 협상이 채 시작되기도 전에 김계관은 북한 정부가 마침내 워싱턴에 특사를 파견할 준비가 됐음을 밝혔다. 관계 진전을 위해 북한이 오래 전부터 약속해왔던 사항이었다. 중간급 美 국무부 관계자들이 뉴욕으로 북한 UN 대표단을 만나러 갔었던 몇 주 전에 북한은 이미 이를 계획하고 있었다는 신호를 보냈을 수도 있다. 9월 UN 총회 참석차 김영남이 대표단과 함께 뉴욕에 올 때 올브라이트 美 국무부 장관과 만나게 하자는 미국의 제안 —미국 대표단이 테러 관련 회담에 참석차 평양에 왔을 때 북한에 전달했다— 을 따르려는 의도였다.* 북한은 유감스럽게도 김영남과의 만남은 불가하지만 다른 인사를 보낼 수 있으니 실망할 필요는 없을 거라고 밝혔다.

김정일의 바로 아래 지위인 국방위원회 부위원장이자 북한 내 서열 2위인 것으로 추정되고 있는 조명록(趙明祿) 북한군 차수(次帥)가 특사로 오게 될 것이라는 사실을 김계관이 밝히자 미국측은 놀라움을 감추지 못했다. 그러나 대부분의 美 대표단은 그의 이름을 들어본 적도

---

* 실제로, 김영남은 경유하는 동안 보안 검색을 받으라 지시 받았고 독일에서 미국 행을 제지 당했다. 저항했지만 상황 변화 없이 선회했다가 본국으로 돌아갔다. 미국은 즉각 사과의 메시지를 보냈고 북한은 다소 누그러졌다. 이번 일로 평소 북한출신 인사들을 감시하는 관행에 익숙한 유나이티드 항공사의 베이징 경유 루트를 통해 김영남이 뉴욕을 방문할 것을 권했던 외무성 소속 미주국에 묘한 만족감이 생겼다. 그러나 외무성의 국제부(김영남이 UN총회에 방문할 예정이었기 때문에 그것을 주관했던는 이는 국제부가 더 잘 파악하고 있으며, 이례적이긴 했지만, 미국 행으로 독일을 경유할 때는 미국 "국적기"인 아메리칸 항공사를 이용하는 게 맞다고 주장했다.

없었으며 그러기에 특사로 조명록이 결정된 것이 얼마만큼의 중요성을 띠는지 알지 못했다. 더욱이 북한 정부는 조명록 차수를 즉시 미국에 보내겠다고 제안했다. 그의 방미 일정은 회의가 있었던 날로부터 2주 뒤인 10월 9일에서 12일까지로 지체 없이 확정됐다. 북한이 고위급 인물, 그것도 최고 계급의 군인을 특사로 파견했다는 사실은 핵심적인 관심사인 안보 문제를 미국 정부와 논의하겠다는 김정일의 의사가 반영된 것이었다.

조명록 차수는 강석주를 포함한 일행들과 함께 윌리엄 페리의 안내를 받아 실리콘 밸리 첨단기술 단지 방문이 포함된 북부 캘리포니아에서의 하루 일정을 마치고 10월 9일 워싱턴에 도착했다. 조명록은 2차 세계대전 종전 무렵 김일성의 부관으로 일했으며 당시 걸음마를 하던 김정일을 품에 안아 키웠다. 전투기 조종사였던 그는 80년경 북한 공군 사령관이 됐고 94년 김일성 사망 후에는 2백73인으로 구성된 장의위원회에서 89위이던 서열이 96년에 들어 당과 정부, 군부의 지도자들 중 11위로, 98년에는 드디어 김정일 바로 아래 직위인 국방위원회 제1부위원장으로 급부상했다. 조명록은 본래 정치에 큰 관심을 보이지 않았던 무관 기질의 군사 전문가였지만 인민무력부 총정치국장을 맡음으로써 김정일의 세력을 지켜주는 군부의 고위 정치위원으로 탈바꿈했다.

그날 아침 군청색 정장을 입은 조명록은 국무부에서 올브라이트를 만났다. 그러나 클린턴을 만날 시간이 되자 다시 훈장과 종군기장이 달린 군복으로 갈아입었다. 그는 타원형의 집무실에 있던 클린턴에게 김정일의 서한을 전달하면서 그의 방문 목적을 직접 설명했다. 즉 두 정부 간 의견 차이를 대화로써 조정하기 위해 클린턴을 평양으로 초청한다는 내용이었다. 사전에 올브라이트로부터 귀띔을 받은 클린턴은 충분한 준비와 사전 협의 없이는 방북이 어렵다고 설명했다. 또한 올브라이트를 먼저 평양으로 보내겠다고 제안하면서, 석달밖에 남지 않은 자신의 임기 만료 시점인 1월 20일이 되기 이전에 자신도 뒤이어 평양을 방문하게 되기를 희망한다고 덧붙였다.

조명록이 항공우주 박물관과 워싱턴의 다른 명소들을 관람하는 동안 강석주는 웬디 서먼 대사와 몇몇 다른 관리들에게 김정일의 심중에 있는 예외적인 절충안을 미리 알려주었다. 강석주는 그것이 북한 지도자의 생각임을 분명히 밝히지는 않았지만, 북한은 몇 달 전 방북 때 페리가 제안했던 노선과 일치하는 긍정적인 조치를 신중히 고려할 준비가 돼 있다고 귀띔했다.

다시 말해 식량이든 현금이 아닌 다른 필수품이든 협상 조건만 만족스럽다면 탄도미사일과 미사일 제조 기술 및 장비 등의 수출을 중단하겠다는 것이었다. 또한 장거리 탄도미사일의 개발, 실험, 생산 및 배치 중지와 한반도 내 미군의 장기간 주둔, 그리고 北-美 간 전면적 외교관계 수립 등도 고려 대상으로 언급했다.

서둘러 후속조치를 취해야 했던 올브라이트는 조명록과 강석주 일행이 워싱턴을 떠난 지 겨우 11일 만인 10월 23일 비행기를 타고 평양으로 향했다. 이는 올브라이트가 중국인민의용군의 한국전쟁 참전 50주년을 기념하는 10월 25일에 평양에 방문할 것을 의미했다. 그 결과 기념행사를 위해 북한에 축하사절단을 이끌고 방문한 중국 국방부 장관은 김정일이 美 국무부 장관을 즐겁게 해주는 동안 평양 문턱에서 한 박자 쉬고 있어야 했다.

방문 첫날 밤 올브라이트를 소규모 만찬에 초대한 김정일은 편안한 분위기로 대화를 이끌었다. 올브라이트가 민감한 문제를 꺼낼때면 김정일은 건배를 권하며 세련되게 문제를 비켜갔다. 만찬이 진행되는 동안 워싱턴 D.C.에 한국전쟁 기념비를 세우는 사안이 제기되었다. 올브라이트는 이것이 反북한적 기념비가 아닌 전쟁에서 목숨을 잃은 군인들을 추모하는 의미의 비석이라고 설명했다. 이에 김정일은 새로운 세대가 이전 세대의 잘못에 사로잡혀서는 안 된다고 답했다. 한국전쟁에 관한 획기적 발언이었으나 결코 제대로 따를 수 없는 말이었다. 저녁 만찬 후 김정일은 뜻밖의 초대를 하였다. 평양종합운동장에서 펼쳐진 10만 명의 합창과 집단체조 공연(앞서 노동당 창건 55주년 기념 행사 때 실시했던 것과 같은 공연이었다)이었다. 올브라이트 옆에 앉은 김정일은 강렬한 이미지를 연출해 미국과의 관계 변화를 북한 국민들에게 알리려는 듯 98년 8월에 쏘아올린 대포동 발사 장면이 찍힌 거대한 화면을 손으로 가리켰다. 미국을 심각한 우려에 빠뜨리고 일본의 가슴을 철렁하게 만들었던 바로 그 미사일이었다. 그는 올브라이트에게 이것이 북한에서 발사한 최초의 위성이며 또한 마지막이 될 것이라고 이야기했다.

체코슬로바키아에서 외교관의 딸로 태어난 매들린 올브라이트 국무 장관은 그때까지 공산주의를 연구하는 데 많은 시간을 투자했으며 또한 반수 이상의 공산권 국가들을 몸소 경험해본 인물이었다. 그녀는 웅장한 건축물들을 보면서 평양도 '그런대로 괜찮은 곳'이라고 생각했지만 북한 사람들의 무표정에는 다소 놀랐다. 그러나 무엇보다도 놀라운 것은 긴 시간 동안 대화를 나누었던 김정일이라는 인물이었다. 기이하고 내성적인 성격이라고 알려져 있는 평판과는 달리 그녀가 본 김정일은 붙임성 있는 평범한 지도자였다. 그러나 모든 것이 완전히 그의 손아귀에 쥐어져 있다는 것만은 명백한 사실인 듯했다.

초반 공식 회의에서 김정일은 장거리 미사일 생산 및 배치를 더 이상 진행하지 않을 용의가 있다고 자진해서 말을 꺼냈다. 또한 미사일 해외 판매 금지가 갖는 의미와 아직 완전히 실행되지 않고 있는 계약 내용을 설명하는 동시에 미사일 판매 금지로 입게 될 손실에 대한 보상으로 현금 대신 식량·의복·에너지 등의 다른 물자라도 받을 생각이 있다고 이야기했다.

그 다음 열린 회의에서 올브라이트는 강석주와 통역원만을 대동한 김정일에게, 앞서 미국팀이 몇 시간 전 북한의 전문가들에게 전달했던 의문의 미사일 관련 목록을 그에게 제시했다. 일부는 기술적인 문제라 조사가 필요할지도 모르겠다는 말이 올브라이트의 입에서 떨어지자마자 김정일은 목록을 집어들고 그 자리에서 조목조목 대답을 해주었다.

후일 올브라이트는 이를 '너무나 어이없었던' 신기한 장면이라고 묘사하면서 절대적인 권위를 가진 지도자만이 가질 수 있는 모습이라고 덧붙였다. 그는 사정거리 5백km(310miles)를 초과하는 모든 탄도미사일의 추가 생산 및 배치를 금지하는 데 동의했지만 적재중량 제한이나 기존 미사일들을 어떻게 처리할 것인지에 대해서는 특별히 명시하지 않았다. 그 정도의 사정거리 제한이라면 98년에 실험 발사된 대포동 1호뿐만 아니라 그 뒤를 이어 개발된 대륙간 미사일 대포동 2호도 제한 범위에 포함됐다. 미국 본토까지 다다를 수 있는 성능을 보유하고 있는 대포동 2호는 미국의 국가미사일방어(NMD) 계획안을 낳게 된 중요한 근거였다. 노동미사일 역시 5백km 사정거리 제한에 들어갔는데 이 미사일의 사정거리는 약 1천3백km(807miles)로서 수년간 일본에 주된 위협을 가해왔다.

올브라이트의 질문을 받은 김정일은 미사일 협정 준수에 대한 실사의 필요성을 인정하면서도 북한이 불법적인 국가나 재판에 회부된 피고인이 아니기 때문에 '내정간섭적인 실사'는 받아들일 수 없다는 말을 덧붙였다. 상당한 진전이 이루어진 셈이었지만 협의가 필요한 세부사항들은 여전히 다수 남아 있었다.

북한의 국내 미사일 프로그램 제한에 대한 부분적인 보상으로 김정일은 매년 북한이 만든 과학 위성 3~4기를 다른 나라에서 우주로 쏘아 올릴 수 있도록 하는 방안을 올브라이트에게 제안했다. 그 방안은 이미 98년 미사일 발사 실험이 있고 난 한 달 뒤에 이뤄진 양자 간 미사일 회담 때 미국 협상단의 로버트 아인혼(Robert Einhorn)이 제기했던 것이었다.

그리고 그 이듬해 평양을 방문한 페리 역시 그 방안을 제시했다. 김정일이 처음 그런 생각에 관심을 보인 시기는 2000년 7월 블라디미르 푸틴 러시아 대통령의 방북 때였다. 이때 그가 했던 말은 푸틴 대통령을 통해서 클린턴을 비롯한 세계 각국의 지도자들에게 빠르게 전해졌다. 그리고 곧 일반 대중들도 그 주제와 관련한 여러 가지 추측들을 내놓았다.

북한이 제시한 보상 중 가장 중요한 것은 미국 대통령의 북한 방문이었다. 북한에게 미국 대통령의 방북은 불량국가라는 불명예를 씻는 동시에 합법적인 주권 국가임을 전세계적으로 인정받을 수 있는 절호의 기회였다.

특히 소련이 붕괴한 이후 경제적 혜택 및 기타 혜택들보다 미국과의 관계개선에 더 주안점을 두었다. 실제로 '무력 사용과 위협을 중단할 것을 보장'하며 '쌍방의 주권을 상호 존중하고 내정간섭을 하지 않기로' 한다는 내용의 93년 미국과의 공동선언문은 북한이 NPT에서 탈퇴하지 않도록 촉구하는 데 관건으로 작용해왔다. 이 공동선언문을 구체화한 94년 합의안으로 인해 두 나라는 최초로 비적대적인 관계에 들어갔으며, 핵협상 역시 이를 토대로 진행되었다. 당시 북한을 승인한다는 윌리엄 페리의 발언은 그가 내놓은 제안들 중 가장 중요한 것에 속했다.

또한 조명록 차수의 워싱턴 방문 이후 2000년 10월 12일에 발표된 北-美 공동 코뮈니케에서 두 정부는 '상호 간에 적대적인 의도가 없음'을 선언했고 '北-美 관계는 양국의 주권을 상호 존중한다는 원칙과 서로의 국내 문제에 간섭하지 않는다는 데 바탕을 둘 것을 재확인'했다. 이 공식적 발언 중 특히 두 번째 말은 상투적인 표현이긴 했지만 북한은 미국이 이런 표현을 했다는 자체에 큰 의미를 두었다. 김정일은 미국 대통령이 자국의 흙을 밟고 있다는 사실이 그의 말에 의미를 더할 뿐 아니라 한반도의 외교적 안보 환경이 엄청난 역사적인 변화를 겪어왔음을 입증하는 것이라고 봤다.

10월 사건 이전 6년간 이어진 북한 미사일 억제 회담은 사실상 거의 진전이 없었다. 그러나 미국 대통령 선거를 겨우 2주 앞두고 대통령 이임까지는 석 달이 남아 있던 클린턴 행정부의 임기 막판에 갑작스럽게 조건 없는 합의에 도달할 전망이 밝아졌다. 비록 김정일이 여러 가지 양보와 절충안을 제시했지만 세부사항들은 대부분 미완의 상태로 남아 있었다. 올브라이트는 美·蘇 무기감축 협상을 수십 년간 지켜보았던 경험을 통해 세부사항 규정이야말로 진짜 골칫거리라는 사실을 알고 있었다. 특히 무기 규제와 그 실사에 대한 문제들은 더욱 그러했다. 이견을 조정해야 할 세부사항들 중에는 미국 및 다른 나라들로부터의 보상에 대한 조항과 규제에 포함시킬 무기의 종류, 기존 생산 또는 배치된 미사일 처리 문제, 실사에 관한 전반적인 문제 등이 포함됐다.

클린턴은 이처럼 중대한 문제를 모호하고 막연하게 표현한 문안에 직접 서명을 하거나 조인을 할 수는 없다는 입장을 표방했다. 특히 대통령 재임 기간이 얼마 남지 않은 시점에서 북한을 방문해 어떤 종류이든 합의서에 서명을 한다는 것은 정치적 부담을 가중시키는 일이었다. 협상을 최종적으로 마무리 짓기 위해서는 시간이 절대적으로 필요했다.

올브라이트와 김정일은 세부사항을 협의하기 위해 그로부터 7일 후 각각의 회담 대표를 쿠알라룸푸르에 보내기로 합의했지만 이 회담을 통해 미해결 상태로 남아있는 주요 현안들을 해결할 수 있으리라는 기대는 하지 않았다. 회담을 서두르느라 강석주는 충분한 지시를 받지 못한 게 분명했다. 미국 관계자들이 만찬에서 구상한 바가 어떻게 되어가고 있냐고 묻자 그는 체념한 듯한 자세로, "함께 준비할 사람이 부족하다"고 말했다. 한편 서울에서는 김대중이 클린턴의 방북을 강력히 지지했다. 그러나 워싱턴의 여러 전문가들은 올브라이트에게 시일이 너무 촉박하며 너무 도박적이라는 의견을 피력했다.

그러나 결과는 그렇지 않았다. 11월 7일에 투표가 종료되고 몇 시간 뒤에 새로 선출된 대통령이 누구인지 밝혀지기도 전에 플로리다에서 일어난 선거 관련 분쟁이 5주간 지속되었다. 대통령에 당선된 조지 W. 부시는 중동에 쏟은 클린턴의 지속적인 노력에는 부정적인 입장이 아니지만 북한과는 더 이상 협상하고 싶지 않다는 의중을 백악관에 밝혔다. 당시 중동에서는 이스라엘과 팔레스타인 사이에 심각한 폭력 사태가 일어났고 클린턴은 중재를 시도하기 위해 긴급 출장을 떠나야만 했다.

2001년 새해를 앞둔 마지막 주말, 국무부는 퇴임을 눈앞에 둔 미국 대통령이 평양을 방문하는 것은 불가능으로 웬디 셔먼 자문관의 북한 방문을 취소하겠다고 북측에 통보했다. 그리고 클린턴은 서울에 있는 김대중에게 전화를 걸어 그 소식을 전했다. 또한 국무부는 북한의 극적인 문호 개방 시점을 노려 실리를 취하려던 세계 각국에도 그 사실을 알렸다.

뉴욕 주재 북한 외교관들은 그 소식을 듣고 실망을 표시하면서 "큰 호기를 놓쳤다"고 말했다. 웬디 셔먼은 자신의 집무실을 새로운 행정부로 옮기기 직전 강석주가 보낸 평양 소인의 연하장을 받았다. 그녀는 북한으로부터 그런 종류의 서한을 처음 받아보는 것이었고 그것을 길조로 받아들였다.

빌 클린턴이 미국 대통령직을 조지 W. 부시에게 넘겨주던 1월 20일은 김정일이 6일간의 중국 방문을 마치는 날이었다. 그해 들어 두 번째였던 중국 방문 기간 중에 그는 상하이 증권시장과 美 제너럴 모터스와의 합작회사로 '뷰익'을 생산 중인 공장을 방문했다.

하늘 높이 치솟은 고층빌딩들이 들어서 있고 맹렬한 속도로 산업화가 진행되는 가운데 부산하게 움직이고 있는 상하이의 모습은 김정일이 이전에 보았던 83년의 모습과는 확연히 달랐다. 83년의 상하이는 이제 막 시장 지향 경제를 향한 개혁을 시작하고 있는 시점이었다. 중국 외교부 대변인의 말에 따르면 김정일은, 경제개혁과 개방정책으로 거둔 일련의 성과들을 높이 평가했다. 2001년 여명이 밝아올 무렵 김정일은 그들의 나라를 이와 같은 방향으로 이끌어 가겠다는 굳은 결심을 가졌다.

제17장

제네바 합의의 파기

2001년 1월 조지 W. 부시 행정부가 출범했을 때만 해도 이따금씩 문제가 되었던 남한과의 동맹이나 북한과의 장기적인 적대감에 관련해서는 과거 50년간의 그 어떤 정부보다 더 나은 상황이었다. 2000년까지 남한 정부는 미국이 북한과의 관계를 순조롭게 풀어가면서도 전반적인 주도권을 사려 깊게 남한에게 양보한다는 것을 알 수 있었다. 이러한 감정은 점진적으로 조화로운 파트너십을 조성하는데 기여했다. 이 당시 대한민국 내에서 인권문제는 불거지지 않았고 주한미군 주둔문제도 도마에 오르지 않았다. 38선 이북의 영변 핵시설은 동결된 상태였고 국제원자력기구(International Atomic Energy Agency)가 파견한 핵 사찰단의 지속적인 감시하에 있었다. 또한 북한의 탄도미사일 개발 프로그램을 저지하려는 초기 제안서가 상정되고 남북 간 긴장은 완화된 상태였으며, 양국 간 교환 협력은 증가 추세였기 때문에 한반도에 대한 전망은 밝았다. 한반도 에너지 개발 기구(Korean Peninsula Energy Development Organization)는 다자간 기구로서의 역할을 충실히 했으며 동해안에 들어설 북한의 경수로 설치를 진행하고 있었다.

빌 클린턴이 퇴임하면서 워싱턴이 염려했던 가볍지 않은 문제가 대두되었지만 손쓰기 어려울 만큼은 아니었다. 이때 美 정부는 파키스탄 출신 핵 과학자인 압둘 카디르 칸 박사의 협력 하에 북한이 우라늄 농축을 하고 있음을 확신하고 있었다. 칸은 핵개발 노하우와 핵물질을 여러 국가에 비밀리에 제공하고 있었다.

美 국방부의 중간급 관리자들은 이미 국가정보국이 사인만 보내면 외교 무대에서 이 문제를 꺼낼 준비를 하며 전략을 짜고 있었다. 미국

김정일 국방위원장과 매들린 올브라이트 미 국무부 장관은 2000년 함께 북미 코뮈니케(The October 2000 Joint Communique)를 발표하며 북미 정부가 이전과는 다른, 좀더 나은 안정된 분위기 속에서 양국 간 협력을 추진하기 위한 발판을 마련하였다. 당시 거의 7년 묵은 제네바 합의는 공개적인 갱신 및 개선을 필요로 했다.

은 정책의 기조를 유지하면서 북한이 한미 양국에 중요한 사항들을 거론할 때 북한과의 관계를 점진적으로 개선하려는 생각이었다. 그러나 부시 대통령이 취임하면서 상황이 변하기 시작했다.

부시 행정부 내의 불협화음이 커지면서 한반도 관련 정책 논의가 틀어지기 시작한 것이다. 다수의 고위급 정부 인사들은 2000년 제네바 합의(Geneva Agreed Framework)를 강하게 반대하며 취임했고 이 합의가 불필요하다고 생각했다. 찬성했던 이들조차 이 합의가 적절한 역할을 못했기 때문에 북한이 핵개발을 하기에 이르렀다고 생각했다. 일찌감치 북한이 핵 프로그램을 포기하는 전략적 선택을 하게끔 하는데 실패한 결과 북한 정권은 장기 집권을 위한 원조를 받으면서 위험한 핵개발 능력을 보유하게 된 것이라고 생각한 것이다.

북한이 '전략적 선택'을 하게 하자는 생각은 당시 행정부 내에 팽배했다. 북한에 압력을 행사하지 않으면 북한은 절대 핵무기와 정권 붕괴 중에서 양자택일을 하지 않을 거라는 생각은 민주당과 공화당 사이에서 일치하는 주장이었다. 또한 선택에 대한 부담이 없다면 북한은 핵개발 프로그램을 포기하지 않을 것이라는 양당 간 이해가 있었던 것이다. 생각해보면 압력 행사는 손쉬운 방법이지만 합의점을 찾기는 좀더 어려운 면이 있었다. 합의를 이루려면 북한 정부의 견해를 이해할 필요가 있기 때문이다. 남한 정부는 이 문제로 계속 씨름하고 있었지만, 북한을 '블랙 박스'라 여기는 듯한 미국이 아주 잘했다거나 진정으로 그 문제를 신경 쓰고 있다고 생각하지 않았다. 게다가 북한 문제에 장기간 매달려온 美 정부 관리 대부분이 정부 내 분위기를 부담스러워한 나머지 해외 주재로 빠져 나가거나 아예 워싱턴을 떠나 버렸다. 고의성의 여부와는 상관없이 2001년을 기점으로 적대적 대북 기조가 정책 전반에 흐르게 되어 차분한 논의의 가능성이라던가 냉정하게 여러 선택을 고려해보는 분위기는 금새 사라지고 말았다. 클린턴 행정부와 관련 있는 인사라면 어느 누구라도 취임 예정인 부시 대통령 인수위원회의 의심의 눈초리를 피할 수 없었다. 혹여 클린턴 시절과 유사한 대북 정책을 언급만 하려 해도 "그것은 대통령의 뜻이 아닙니다"라는 말을 들어야 했다. 이런 의심과 반감은 사실상 부시 대통령 재임기간 내내 대북 정책을 둘러싼 갈등을 일으킨 원인이 되었다.

부시 대통령이 취임한지 2년도 채 지나지 않은 2002년 10월, 제네바 합의를 반대해온 사람들은 결국 이 합의를 일소했다. 하지만 몇 달 지나지 않아 차후 조치가 없다는 사실이 명명백백해졌다. 설상가상으로 한국과 일본 정부의 적극적 만류에도 불구하고 미국정부가 취한 임기응변적 조치들은 북한의 영변 플루토늄 생산 설비 재가동을 촉발시켰다. 이를 시발점으로 하여 1994년에서 2000년까지 핵개발 프로그램을 억제해왔던 조처가 흐트러지기 시작했다.

한국 측에서 볼 때 부시 대통령의 8년간의 재임은 전반적으로 3단계로 구분할 수 있다.

1. 미국 내 의견이 핵확산 금지라는 전세계적 관점을 둔 입장과 동아시아에 집중해야 한다는 지역적 관점을 둔 입장으로 나뉘어 갈등을 빚은 뒤 대북정책이 다소 거칠고 제한된 외교방향으로 자리잡은 9.11 테러 이전.
2. 부시 행정부의 대북정책 기조가 광적으로 강경했던 9.11 테러 이후부터 2005년까지.
3. 북한이 '전략적 선택'을 할 수 있도록 좀더 정상화된 외교적 접

근의 필요성이 부각된 두 번째 임기인 2005년부터 2008년.

부시 행정부가 첫 임기시 취한 대북 정책을 살펴보면 한미안보동맹에 위기를 초래할 뻔한 지미 카터(Jimmy Carter) 전 대통령의 주한 미군 철수 주장을 언급하게 된다. 물론 부시의 경우 더 심각한 결과를 초래했다. 그 역시 대통령직의 정당성에 대해 거의 신적인 믿음을 가지고 북한에 대한 남한의 정서를 간단히 무시하며 아시아에 정통한 인사들의 조언에 귀를 닫은 대통령이었던 것이다. 카터의 경우 고위급 측근들의 노력으로 결국엔 외골수적 강경 입장이 완화·반전되었고, 부시의 측근들은 강경 정책을 주장하는 이들에 휘둘리고 압도되어 온건파들과 내부 분쟁에 휘말렸다는 것이 큰 차이점이었다. 대통령이 아시아에 정통한 이들의 입장을 반영하여 '제대로' 된 정책 결정을 한다 해도 강경파들이 정책 운용 시 다른 방향으로 변형시켰다.

조지 부시 대통령 개인은 본인의 정책 기조만큼 북한에 대해 극단적이진 않았다는 것이 필자의 의견이다. 매파 중 가장 강경한 입장을 취했던 당시 국무부 차관 존 볼튼(John Bolton)은 회고록에서 "아이러니하게도 부시 대통령은 본인이 추구하지 않은 방향의 정책으로 비판받았다"고 밝혔다. 부시는 사실 기본적으로는 한반도에서의 전쟁 위험성을 인지하고 있었으며 2003년 이라크 침공 이후 기울던 미국의 국운에 대해서도 알고 있었다. 北-美 양자 회담에 대해서는 완강히 반대하고 북한 정권을 영속화시키는 데 일조할 수 있는 일은 굉장히 경계하면서도, 부시 대통령은 기꺼이 다자간 회담의 성공 가능성에 자신감을 보였다. 하지만 모든 것이 교착상태에 빠지자 결국 자신이 그토록 반대했던 북한과의 양자 외교 쪽으로 생각을 바꾸었다.

첫 번째 임기 중 북한 문제 해결에 있어 문제가 생기자 두 번째 임기에서는 정책상 문제를 바로잡기 위한 노력이 시작되었다. 그러나 이런 노력 역시 모순으로 얼룩졌고 어떤 대북 정책이 효과를 발휘하는지에 대한 이해 부족으로 무산되었다. 어쨌든 임기 초기에 내린 결정으로 인한 악영향이 2005년까지 계속되었고 2006년 북한은 핵실험을 강행했다. 이로서 북한문제 해결은 점점 더 미궁에 빠지게 되었다.

위태로운 출발

조지 부시 대통령의 취임식 몇 주 전, 김대중 대통령은 새 미국 대통령과의 대화를 위해 가능한 한 빨리 워싱턴을 방문하고자 했다. 남한과 미국 관료들 사이에 이루어진 초기 대화 기록을 보면 김대중 대통령은 남북관계와 북미관계에 커다란 진전을 불러온 것으로 평가되는 그의 대북 정책을 미국이 제대로 인정해 주지 않는 것은 아닌지 우려하고 있었다. 그해 1월 8일 워싱턴 포스트지(The Washington Post)와의 인터뷰에서 김대중 대통령은 최대한 절제된 표현으로 부시 행정부 내에 자신과는 '다른 목소리들'이 있다고 말했다.

평소의 확신대로 김대중은 대북 정책에 관한 한 남한은 올바른 노선을 타고 있고, 미국은 오로지 현 상태만 유지해 달라고 美 대통령을 설득하는 게 어렵지 않을 거라고 생각했다. 당시 임동원 국정원장이 2월에 상황을 살피러 워싱턴에 방문한 뒤 작성한 보고서를 검토하고도 김대중 대통령은 마음을 바꾸지 않았다. 임동원 원장을 만나본 美 정부 관계자들은 지난 몇 년 동안 햇볕정책으로 탄력 붙은 북한과의 좋은 관계를 유지할 필요가 있다는 남한의 입장을 감지했다. 당시 그와 이야기를 나눈 한 정부 관리에 따르면 임동원 원장이 던진 첫 질문은 부시 대통령의 방북 시기였다. 임 원장은 새 부시 정부에게 지금까지 이루어낸 북한과의 관계 개선을 진척시켜 미사일 문제를 마무리 짓자고 제안했다. 그는 당시 국무부 장관이었던 콜린 파월(Colin Powell)의 반응이 다분히 고무적이었다고 묘사했다. 하지만 파월 또한 새 행정부가 북한을 미심쩍어 한다는 사실을 언급하며 평양과의 관계 재개를 '급하게 서두르지 않을 것'이라고 했다. 기타 다른 행정부 관료들은 보다 더 단호하게 부정적인 입장을 보였다. 임동원의 회고록에 따르면 그는 북한에 대한 그들의 태도에 '충격을 받았다'고 진술했다. 그는 백악관 국가안보 보좌관이었던 콘돌리자 라이스(Condoleeza Rice)의 말을 이렇게 기록했다. "북한의 변화는 지도자의 신념의 변화를 통해서가 아닌 실패한 제도의 붕괴를 통해서만 가능하다고 기대할 수 있습니다."

김대중 대통령의 방미는 시기상조이며, 아직 양국 간 공통된 이해의 토대는 마련되지 않았고, 美 행정부의 분위기는 여전히 너무도 불안정한 상황이라는 美 국무부의 입장을 전한 임 원장의 보고서를 검토한 김대중은 당황하지 않았다. 그의 오랜 정치 인생에서 그가 위기에 맞서 지레 포기했다면 많은 어려움을 이겨내지 못했을 것이다. 오히려 임 원장의 부정적 보고서로 金 대통령은 자극을 받았을 것이다.

美 워싱턴에서 어떤 일이 일어날지에 촉각을 곤두세우고 있었던 건 비단 남한만은 아니었다. 북한 역시 긴장하고 있었다. 2000년 11월 북한 노동신문은 美 대선 당일에 이례적으로, 10월에 합의한 북미 코뮈니케(the October 2000 Joint Communique)는 '역사적으로 의미 있는 합의'이며 북한은 이를 충실히 이행할 것이며 미국도 마찬가지일거라는 긍정적인 어조의 기사를 실었다. 부시 당선자가 새 정부를 구성하

던 2001년 1월에는 이형철 UN 북한 대사를 백악관으로 보내 현 상황을 살피고 김정일의 지속적인 북미 관계 개선 의지를 분명히 밝히고자 했다. 이 대사는 미국과의 외교에 있어 오랜 경험을 갖고 있었다. 그는 제네바 합의 당시 협상에 참가했고 북미 회담의 무수한 기복의 세월을 함께해왔었다. 강릉 잠수함 침투사건에 관한 문제로 북한 사절단을 1996년 뉴욕 회담으로 이끈 것도 이 대사였다. 미국의 의중을 읽고 효과적으로 대화를 나눌 수 있는 사람을 꼽으라면 북한은 의당 이형철을 꼽을 것이다.

토마스 허바드(Thomas Hubbard) 동·아태 담당 부차관보는 이형철 대사를 국무부 내 사무실로 초대해 찰스 카트먼(Charles Kartman) 4자 회담 전담 대사와 함께 이형철 유엔 대사에게 외교적인 답변을 주었다. 가령 워싱턴은 아직 입장이 분명하지 않은 상태여서 정책 검토가 있을 예정이며, 그동안 북한과 미국은 지속적인 대화를 유지해야 한다는 것이었다. 카트먼은 차기 행정부에 대해 브리핑하는 역할을 해왔고 클린턴 시기의 정책에 대한 부시 행정부의 냉담한 태도를 감지하고 있었다. 하지만 허버드나 카트먼 둘 중 누구도 미국 정책의 급격한 변화가 어느 방향으로 향할지 그 어떤 예측도 할 수 없었다.

美 국무부의 최고급 간부가 양자 관계를 토론하기 위해 자신의 사무실에 북한 외교관을 들였다는 것은 1994년 이후 진전된 북미관계를 입증하는 사례였다. 하지만 이 만남 이후 향후 12년 안에 이와 같은 토론을 위해 워싱턴에 발을 들여놓을 북한 외교관이 또 있을지는 쉽게 예측할 수 없었다.

같은 해 3월 초 김대중이 워싱턴에 도착했을 때는 더 이상 미국과 남한의 정책이 '2인용 자전거를 타고 움직이고 있다'고 말할 수 없는 상태였다. 가느다란 틈은 점점 벌어져 협곡처럼 넓어졌고 양측 간 입장 차이가 심화되어 건널 수 없는 강이 생기기에 이르렀다. 그 와중에 상황이 악화되는 일이 또 발생했다. 2월 말 서울에서 가진 김대중 대통령과 블라디미르 푸틴(Vladimir Putin) 러시아 대통령 간의 회담에서 합의한 공동성명의 내용이 남한의 리더가 탄도탄 요격 미사일 규제 조약에 있어서 러시아 편에 선 것처럼 비춰진 것이다. 이를 두고 워싱턴에서는 부시 행정부의 보안 대책의 구심점이라고 할 수 있는 국가 미사일 방어 체제를 구축하려는 미국의 계획과 엇나가는 암시적인 행동으로 파악했다. 김대중의 참모들은 미국과의 관계 균열을 회복해보려고 재빨리 손을 써봤지만, 탄도탄 요격 미사일 규제 사안은 워싱턴에서는 공공연한 골칫거리였고 김대중은 최악의 시기에 최악의 방식으로 그것을 자극한 셈이었다.

  이 상황에서 김대중의 워싱턴 방문은 재앙이나 다름 없었다. 방문 전에 남한의 관료들이 불안해하며 예상했던 것보다도 훨씬 못한 상황이 연출되었다. 역대 미국 대통령들은 일찍이 남한 대통령들과 쉽지 않은 회담을 가져왔지만 이때의 만남은 가히 기록에 남을 만한 것이었다. 양측 대통령 모두 이 만남에 준비가 되어 있지 않은 상태였다. 더욱이 취임한지 6주밖에 안된 새 부시 행정부가 대북 문제에 대한 최고위층의 토론에 대응하기에는 역부족이었다.

  김대중 대통령이 방문하자 워싱턴 포스트지는 '부시, 북한 미사일에 대한 클린턴의 회담을 이어가다' 라는 헤드라인의 기사를 실었다. 그 제목은 美 국무부 장관 콜린 파월의 말을 인용한 것으로, 부시 행정부가 클린턴 대통령과 그의 행정부가 멈추었던 곳에서 다시 시작할 것이라고 예측했던 것이다. 그의 회고록에 따르면 부시는 워싱턴 포스트지에 실린 그 기사에 불쾌해했고, 곧 백악관 국가안보 보좌관이었던 콘돌리자 라이스에게 전화를 걸어 문제를 시정할 것을 요구하며 그게 여의치 않다면 본인이 나서서 직접 해결할 것이라고 했다. 라이스는 기사에 난 인용문에 대해 파월과 다각적인 대화를 가졌다고 한다. 그와 가까운 또 다른 정보원에 의하면 둘 사이의 대화는 그다지 우호적이지 않았고, 이때를 기점으로 이 두 고참 사이에 냉랭한 기류가 흐르기 시작했다고 한다.

우호적이든 아니었던 간에 라이스 보좌관의 메시지는 명확하고 효과적이었다. 그날 늦게 이뤄진 한미 두 정상의 만남에서(파월도 그 자리에 참석했다) 라이스 보좌관은 정상회담이 열리는 방에서 나와 워싱턴의 노련한 정치인만이 소집할 수 있는 백악관 출입 기자들에게 두 정상 간의 대화에 대한 중간보고를 하는 양하며 기자회견 취소를 알렸다. 파월에 따르면 부시는 김대중에게 미국은 "과거에 기초한 정책과 현 행정부만이 택할 수 있는 정책, 그리고 협상 테이블에 올리고 싶은 그외의 것들을 생각하며 북한과의 관계를 전면적으로 검토하고 있는 중"임을 강조했다. 또한 그러한 검토가 마무리되었을 때 "우리가 어떤 속도로 그리고 언제쯤 북한과의 관계를 재개할지에 대해 결정할 것"이라며, '협상 시작이 임박했다'는 추측은 맞지 않다고 했다. 김대중 대통령이 방문한 시점에서 행정부의 수뇌부가 추는 이러한 춤사위는 클린턴의 접근방식이 명을 다했다는 신호라는 것이 일반적이고도 정확한 해석이었다. 일부 백악관 인사들은 포스트지에 실린 파월의 발언을 부적절하고 잘못된 처사였다고 간주하며, 그를 포함한 국무부 전체를 대통령이 신임할 수 있는 정책결정의 핵심층에서 제외시키는 분위기였다.

기사가 나기 전날 아침, 콜린 파월 장관은 백악관에서 펜실베니아 애버뉴를 가로지른 곳에 위치한 블레어 하우스(Blair House, 백악관 근처 미국 대통령의 영빈관)에서 김대중 대통령과 조찬모임을 가졌다. 김대중 대통령은 아시아와 한미 관계의 동향에 대한 심도 있는 경험들을 토로하며 최선을 다해 대화에 임했다. 파월은 깊은 인상을 받았고 낙관적인 기분이 되었으며 일이 정상 궤도 위에서 잘 굴러가리란 확신을 갖게 되었다. 그러나 몇 시간 후 백악관에서 열린 두 정상회담에서 정상화는 물 건너갔음이 명확해졌다. 부시는 한국 방문자들에게 모욕적일 정도로 격식을 갖추지 않았고 김대중 대통령을 거의 무시하는 분위기였다. 한편 美 행정부 인사들을 향한 김대중의 태도는 뻣뻣했고 설교 조였다. 후에 김대중은 공식적으로 그의 불쾌함을 드러내진 않았지만 그의 측근들이 속사정을 내비쳤다. 남한의 언론매체는 자국의 연륜 많은 지도자에게 불경했던 부시의 태도에 대해 분노하는 기사로 도배되었다. 김대중을 지지하지 않던 사람들조차 불쾌함과 분노를 드러냈다. 아시아에 있는 미국의 우방국들은 한미 간의 관계 균열을 회복하기 위해서는 어마어마한 노력이 필요할 거라는 사실을 감지했고 곧 그 일에 착수했다.

2001년 초반 김대중 대통령의 방미 직후 美 행정부는 대북 정책에 대한 검토에 들어갔다. 정책 평가가 마무리되기 몇 달 전, 국무부의 북한 전문가 한 명이 유럽을 순방 중인 북한 관료를 만났다. 그 북한 인사는 美 정부에서 흘러나오는 정책평가서의 논조와 클린턴 정부 시절에 합의된 사항들이 어그러지는 것에 대한 깊은 우려를 표명했다. 그의 말에 따르면 제네바 합의를 지지하지 않던 북측 관료들이 그 협약을 재평가해야 할 시점이 되었음을 제안하기 시작했다는 것이었다.

美 국무부의 북한 전문가가 관계 발전에 대한 자신의 견해를 제안하려하자 북한 인사는 그의 말을 가로막으며 이렇게 말했다고 한다. "우리는 당신들이 뭘 생각하는지 알고 있습니다." 여기서 당신들이란 이전에 북한과 협상을 했던 사람들을 의미했다. "우리는 이제 새 정부 관계자들을 만나야 합니다."

그로부터 얼마 지나지 않아 북한 노동 신문에 유사한 우려를 담은 논평이 실렸다. 이 논평은 美 정부가 북미 관계의 기본을 바꾸려 하고 양자 간 후순위로 논의하기로 이미 전략적 합의한 북한의 재래식 무기감축 같은 문제를 다시 논하려 하는 것에 경고의 목소리를 냈다.

클린턴 정부 시절 윌리엄 페리 국방 장관이 작성한 평가보고서와는 달리 부시 정부의 북한 정책평가서에는 이미 정해진 시나리오가 있었다. 어떤 방향을 결정할지와는 상관없이 결론 및 권고가 클린턴 때와는 달라야 한다는 것이었다. 스티븐 해들리(Stephen Hadley) 국가안보담당 부보좌관이 평가보고서를 두 부분으로 나눠 국가안전보장회의에서는 기능적인 면(즉, 핵 비확산)을, 국무부에서는 지역적 문제를 다루기로 결정했을 때 이미 문제의 발단이 감지되었다. 이 단계는 필연적으로 북한과의 협상에 반대하는 측이 대북 관계에 대한 검토를 규정하는 데 있어서 우위를 점하게 만들었다.

초기 회의에서 토마스 허바드 동·아태 담당 부차관보는 검토 기간 동안 미 국무부가 UN 북한 대사와 꾸준히 접촉을 유지해야 한다고 제안하면서 거의 반대가 없을 거라 생각했다. 그러나 그 제안은 바로 반대에 부딪쳤다. 행정부의 고참 관료들은 접촉을 지속한다는 것은 클린턴 정권의 정책을 유지하는 것과 같다는 의견을 분명히 했다. 결과적으로 4개월에 걸친 중대한 기간 동안 미국의 북한과의 접촉은 거의 차단되었다.

2001년 6월 초 남한의 외무부 장관 한승수가 미국에 도착했을 때까지도 미국의 대북 정책 검토는 실질적으로 마무리되지 않은 상태였다. 美 행정부의 애초 계획은 한 장관과 함께 대북정책 검토에 대한 토의를 하는 것이었다. 이는 검토의 결론을 공식화하기 전에 그들의 동맹국인 남한과 상호 협의를 거쳐 이끌어낸 것이라는 인상을 주기 위한 것이었다. 하지만 여느 때처럼 워싱턴에서 기밀 유출이 있었다. 이야기가 새어 나가 남한 측에서 기밀을 알기 전에 백악관은 대북정책 검토 결과를 발표하기로 결정했다.

결과 발표는 예의 美 정부식의 장황한 표현 속에서 이루어졌고 서면상으로 볼 때 거의 악의가 없어 보였다. 북한과의 대화를 유지해야 한다고 주장해왔던 측은 — 주로 美 국무부에서 — 이 결과의 발표가 최소한 북한과의 대화를 배제하고 있지 않다는 점으로 위안을 삼았다. 하지만 딕 체니(Dick Cheney) 부통령과 도널드 럼스펠드(Donald Rumsfeld) 국방부 장관, 존 볼튼 국방부 차관 등 몇몇 美정부의 고위급 간부들이 생각했던 정책과 전적으로 불일치했던 사항들도 몇 개 있었다. 6월 6일에 열린 기자회견에서 백악관은 앞으로 북한과의 협상에서 '북한의 미사일 프로그램에 대한 검증 가능한 통제와 미사일 수출 금지'와 함께 '북한의 핵 활동과 관련하여 제네바 합의에 대한 보다 개선된 이행'을 포함하는 광범위한 의제를 다룰 것이라고 발표했다. 사실 체니 부통령을 포함한 그 밖의 인사들은 제네바 협약을 개선시키려는 의향이 없었으며 그냥 없었던 것으로 치부할 생각이었다. 더욱이 자국의 미사일 방어 체제에 관한 의회의 동의를 구하는 데 급급했던 美 행정부는 북한과 미사일에 대해 논의할 계획이 없었고, 또 그 때문에 미사일 방어를 구축할 필요성이 뒷받침되었다.

그해 봄 내내 북한은 미국의 정책 평가서를 조바심 내며 기다리고 있었고, 6월에 결과를 발표하자 북한은 부정적으로 반응했다. 워싱턴 인사들에게 그들의 반응은 별로 중요하지 않은 세부사항에 지나치게 법석을 떠는 것처럼 보였다. 북한은 검토 결과를 백악관 기자 회견을 통해 듣기 전에 미리 자국에 알렸어야 한다고 불만을 토로했다. 평양으로서는 미국의 '일방적인' 새 정책을 받아들일 수 없었다. 그동안 이뤄놓은 진전과 불과 8개월 전에 이루어진 고위급 회담의 결과가 수포로 돌아간 셈이었다. 설상가상으로 북한은 워싱턴이 2000년 10월에 있었던 북미 코뮈니케에서도 발을 빼는 것은 아닌지 신경을 곤두세웠고, 당시 암암리에 이루어진 조명록 부위원장의 미국 방문은 북한으로서는 중대한 의미를 부여한 것이었다. 두 나라 간에 새로운 관계의 문을 여는 듯했던 북미 코뮈니케가 더 이상 미국의 정책이 아니라면 이제 두 나라는 어디를 향해 가는 것인지 북한은 궁금해했다.

美 국무부는 대북정책 검토서의 긍정적인 측면을 강조했고 콜린 파월 장관은 앞에 나서서 미국은 '언제 어디서나' 북한과 협상에 응할 준비가 되어 있다는 말을 반복했다. 하지만 딕 체니 부통령이 북한과의 진지한 대화를 재개할 의사가 없다는 결정을 내린 마당에 그건 다분히 껍데기뿐인 제안에 불과했다. 파월의 제안은 북한에게 진정성이 없어 보였다. 사실 북한에 관한 한 그 표현들은 일종의 수사에 지나지 않았다. 북한으로서 이러한 수사가 더 기분 나쁜 이유는 그러한 말장난이 사실은 미국이 2000년 10월 합의한 북미 코뮈니케에서 슬그머니 꽁무니를 빼는 작태를 교묘히 덮어버리려는 비겁한 경구로 느껴졌기 때문이었다. 북한 측 외교관은 미국 측 대표에게 이제 그런 표현들은

그만 삼가라고 하면서 그것은 진정한 토론을 위한 회담의 제안이라기보다는 북한의 신경을 건드리는 워싱턴의 방식으로 비쳐질 뿐이라고 밝힌 바 있었다.

북한이 제네바 합의를 중요하게 보는 시선은 그해 6월 말 소규모의 스탠포드 대학교 대표단이 평양에 방문했을 때 잘 드러난다. 중간급 美 국무부 관리 한 명이 북한의 의중을 들어보고 미국 정부에 전달하려는 의도로 대표단에 합류했었다. 북한은 이것을 일종의 가부키(일본의 전통 가무극)와 같은 연극으로 인지했지만, 워싱턴의 불안정한 정세 때문에 엄청난 우려에 휩싸인 美 국무부는 북한의 UN 사절단에게 방문 파견된 대표단은 어떤 '공식적인' 입장도 띠지 않는다는 사실을 말하는 데 유독 공을 들였다. 이로 인해 미국의 북한 방문은 애초의 의도와는 다르게 흘러갔다. 대표단이 비행기에서 내리자 北 외무성 대표가 미국에서 방금 전 보낸 메시지에 놀람과 실망을 금치 못하며 이들을 맞이했다. 외무성은 사절단을 위해 중요한 회의자리를 마련해놓은 상황이었지만, 미 국무부의 의중을 안 이상 회의는 의미가 없었다.

북한은 심사숙고 후 계획된 일정에 따라 움직이기로 결정했고, 다음 날 사절단은 북한 외무성 미주 담당 부대표인 정종철과 만났다. 정종철은 미국의 교섭자들로부터 까다로운 인물로 꼽히며 미스터 노우(Mr. No)라 불리는 인물이었다.* 정종철 부대표는 사전에 공식적인

---

* 그의 상관들은 이러한 특징을 감점요인으로 생각하지 않았다. 정종철은 후에 주인도네시아 북한 대사가 되었다.

준비를 했음을 시사하는 종이를 읽으며 프레젠테이션을 시작했다. 그는 북한과 미국이 영원한 숙적이 돼서는 안될 것이라는 말로 시작했는데 그것은 1990년 말 김정일 위원장의 노력에서 나온 중요한 발언이었으며 美 정부와 관계 정상화를 원하는 북한의 바람을 담은 말이었다. 그의 프레젠테이션은 2000년 제네바 합의의 중요성을 다시 강조하는 내용으로 이어졌다.

방북 후반 쯤, 북한 인사들과 美 국무부의 '비공식적' 관계자들은 공동성명의 사안을 다루기 위한 접근을 시도했다. 즉, 북한과 미국 외교관들이 적절한 성명을 표명할 수 있도록 뉴욕에서의 만남을 성사시킬 수 있는 길을 찾는 것이었다. 성명은 미국이 공동성명을 재차 확인한 데에 북한이 만족하고 美 정부 내에 이로 인한 문제가 발생하지 않을 정도의 수위여야 했다. 그 의견은 스탠포드 사절단의 방문 이후 미 국무부에 전달되었지만 곧 사장되고 말았다. 심지어 공동성명의 방향으로 나아가기 위한 간단한 동의를 얻는 것조차 불가능했다.

9.11의 충격

2001년 9월 11일 아침, 탈냉전 시대 이후 미국의 안보관 하나가 송두리째 바뀌는 사건이 일어났다. 비행기 세 대가 납치되고 그중 하나가 맨하탄 남쪽 세계무역센터(World Trade Center) 건물에 충돌했을 때 부시 행정부는 자신들의 존재 자체를 위협하는 도전에 직면해 있다는 걸 깨달았다. 지구 반대편에서 시작된 이 위협은 새로운 세계질서의 개편을 뜻했고, 미국과 동맹국들은 보이거나 보이지 않는 크고 작은 적들에 대항해 전쟁을 시작할 것을 선포했다. 이는 냉전 이후에 찾아

볼 수 없었던 규모의 이데올로기적인 격한 전투를 의미했다.

세계는 뉴욕과 워싱턴 DC에서 일어난 공격과 인명 손실에 대한 경악과 공포를 감추지 못했다. 하지만 어느 늦여름 아침에 일어난 이 사건이 미국인들과 그 정부에 얼마만큼의 충격이 되었는지 온전히 이해하는 사람은 드물었다. 9.11 공격 이후 미국은 자신들이 직면한 위협의 규모와 유형에 대한 계산법을 바꾸고, 선과 악으로 명확히 구분되어 있는 세계 속에서 스스로를 방어하기 위해 필수 행동 강령들을 수정했다. 美 행정부가 가장 우려했던 점은 테러리스트가 대량살상무기를 소유하게 될 무시무시한 가능성이었다. 테러리스트가 그러한 무기를 구할 수 있는 경로로 북한이 1순위로 지목되었다.

북한이 테러 행위를 이행하고 도와주는 데 다양한 이력을 가지고 있다는 점을 참고해볼 때, 그러한 위험을 예견하는 정책을 만들고 사전대책을 강구하는 것만이 그 상황에 대한 유일하고 신중한 조치로 고려되었다. 북한의 핵 프로그램은 동아시아에만 위협이 되는 것이 아니라 미국에 대한 끔찍한 테러 공격의 장본인이 될 가능성이 있다고 보았다. 하지만 평양이 이러한 일에 개입되어 있다는 어떤 증거도 없었고, 이런 방향으로 가는 듯한 어떤 기미도 포착되지 않았다. 북한 정부는 9.11 사건 직후 워싱턴으로 위로를 표명하는 두 통의 전문을 보냈고, 그후 뉴욕에서 9.11 사건의 충격을 접한 주미 북한 대사 이형철이 美 행정부 관료들에게 자신이 받은 충격적인 심정을 표명했다.

평양은 9.11 사건을 통해 북-미 두 정부가 테러 행위에 맞서는 공통분모를 가지고 있음을 미국에 확인시키는 기회로 삼으려 했지만 워싱턴은 전혀 그럴 생각이 없었다. 북한은 이전에(2000년 10월) 미국과 테러에 관한 공동성명을 발표했는데 이는 이번 같은 공격이 있을 때 활용될 수 있는 성명이었다. 그러나 북한과의 교섭을 담당하는 잭 프리처드(Jack Prichard) 대사가 성명에서 제시한 바는 무시되고 말았다. 11월 19일 외신지원센터에서 제임스 켈리(James Kelly) 국무부 동·아태 차관보는 9.11 테러에 대한 북한의 대응은 '나쁘지 않았다'며 북한이 애도의 전문을 보낸 사실을 인정했고, UN 테러방지 조약에 서명까지 한 사실을 알렸다. 하지만 의아하게도 테러에 대한 양국 공동 성명은 언급하지 않았다. 어쨌든 그 시점에서 성명 내용은 이미 없는 것이나 마찬가지였다. 마이클 그린(Michael Green) 국가안전보장회의 아시아 국장은 9.11 이후 미국이 북한과 테러 방지 대책을 논할 것이라는 발상을 두고 "너무나 터무니없다"고 밝혔다. 시기상 그의 말은 의심의 여지 없이 정확했다.

  2002년 1월 美 대통령이 연두교서(the Union Address to Congress)를 발표했을 때 9.11 테러의 상처는 생생하게 남아 있었으며 미국은 단호한 입장을 드러냈다. 부시는 이 연설에서 이란, 이라크, 북한을 '악의 축(Axis of Evil)'이라고 명명했다. 물론 이것은 연설문 작성자가 쓴 정치적 수사였지만 그후 수년간 정책을 규정할 때, 적어도 北 관련 정책에 관한 한, 사람들의 뇌리에 박혀버린 표현이 되었다. 美 국무부 내 아시아 전문가들은 이 말 때문에 미국이 북한과의 관계에 다시금 개입하여 오히려 상황을 더 복잡하게 만드는 불필요한 빌미를 제공했다고 보았다. 또한 미국의 동맹국들을 당황하게 만들고 對北 미국 군사작전의 가능성에 대한 우려를 낳는다고 경고했다.(놀랄 일은 아니지만 서울과 평양은 각자 다른 이유로 부시의 발언에 대한 부정적인 반응을 보였다.) 워싱턴 강경파들의 눈으로 볼 때 이러한 결과들은 부차적인 것이었다. 그보다 중요한 문제는 美 국무부가 대통령의 발언에 대해 의문을 품는 것으로 보아 대통령이 완전한 국무부의 지지는 받기 힘들어졌다는 사실이었다.

美 대통령의 연두교서 발표 시에 북미 간의 긴장은 이미 치솟아 있었다. 연두교서 발표 직후 美 국방부는 기밀을 해제한 핵태세검토보고서(NPR: Nuclear Posture Review) 요약본을 발표했다. 기밀로 분류된 발췌 부분은 3월 뉴욕 타임즈(the New York Times)와 로스엔젤레스 타임즈 (the Los Angeles Times)에 실렸다. 핵태세검토보고서는 의회에서 승인한 보고서로 미국 핵무기 관련 수치, 배치, 목표 등에 관련된 폭넓고 전략적으로 중요한 질문들에 대한 일종의 설명서였다. 북한 정부는 미국 정책의 이러한 광범위한 이슈와는 밀접한 관련이 없었다. 관련이 있다면 그건 북한에 대한 언급 정도였다. 발췌된 부분에서 북한과 이라크가 '특수한 문젯거리'로 묘사되었고, 러시아와 더불어 북한은 잠재적인 핵탄두 표적으로서 이란, 이라크, 시리아, 리비아, 중국과 함께 목록에 올랐다.

핵무기 공격 대상 국가 리스트는 새삼스러울 것이 없었고 핵태세검토보고서 전반에 걸쳐 북한이 등장한 부분은 미미했다. 기본적으로 만일의 사태에 대비한 미군의 계획에 북한이 포함되는 것은 그다지 놀라운 일이 아니었다. 그러나 언론에 노출된 핵태세검토보고서는 두 가지 문제점을 안고 있었다. 첫째, 언론 보도에 오랫동안 노출되는 것을 극도로 꺼려온 북한의 정서를 건드리고 미군의 압력을 명확히 드러냈다는 점이었다. 1994년 제네바에서 한 북한측 인사는 美 해군장성의 발언과 美 해군 작전에 직접 대응하는 자리에서 "우린 당신네 항공모함의 존재를 알고 있고 우리 해역에도 있다는 것도 알고 있소. 그런데 굳이 그걸 말하는 저의가 무엇이오?"라고 말한 바 있다.

두 번째는 의도와 관련이 있었다. 미국이 클린턴 시절 여러 합의를 통해 북한에 핵무기를 겨냥하지 않겠다고 노력해온 것을 미루어보아 이번 핵태세검토보고서는 북한에게 양국 간 우호적이지 않았던 시절로 돌아가겠다는 신호탄으로 읽혔다. 美 정부 관료들이라고 해서 이전 정책과 상충되는 내용이 담긴 핵태세검토보고서에서 북한이 어떤 식으로 언급되고 있는지 잘 이해하고 있었던 것은 아닌 듯하다. 한 북한 외교관이 뉴욕에서 열린 회의에서 이에 대한 불평을 하자 미국 측 관계자는 겸연쩍어하며 불평하는 이유에 대해 물어보았다.

남한은 남한대로 미국의 정책이 잘못된 방향으로 흐를지도 모른다는 경각심을 품고 북한을 포용하려는 노력에 문제가 생길까 우려했다. 부시 대통령의 계속되는 북한에 대한 부정적 언급에 초조해하며 김정일 위원장에 대한 부시의 화려한 수사에 신경을 곤두세우고 있었다. 미국 정부는 부시 대통령의 솔직한 발언들이 정부인사들의 항변에 의해 상쇄될 것이라 믿었고 북한에 군사력을 행사하지 않으리라는 미국의 의도가 전해지리라 믿었다. 그러나 남한 정부는 그렇게 생각하지 않았다.＊

이라크 침공을 전개하는 가운데 부시 대통령은 한반도에서 문제가 불거지지 않기를 바랐다. '악의 축' 발언 직후인 2002년 초반 남한을 방문했을 때, 부시 대통령은 남한이 입었을 상처를 이해하고 특히 한미 정상간 관계가 회복되길 바랐다. 이때는 2001년 3월에 비해 김대중 대통령과의 만남이 수월하게 흘러갔다. 부시 대통령 방문의 가장

＊ 김대중은 자서전에서 김정일에 대한 솔직한 소견을 다시 밝혔다

중요한 일정은, 장기간 끊어졌던 철도를 다시 잇는 남북 간 합의에 진전이 있길 바라며 복구한 비무장지대 부근의 최남단 기차역에 金대통령과 함께 방문하는 것이었다. 이 방문이 상징하는 바는 명확했다. 남북 관계를 이어가려는 김대중 대통령의 노력에 힘을 보태어 미국이 철도 복구를 지지하는 것이었다.

그러나 이 자리에서도 부시 정부는 일방적인 모습을 보였다. 美 국방부가 철도를 다시 이을 경우 비무장 지대에서 발생할 수 있는 위반 사항을 들고 반대에 나선 것이다. 주한미군은 이 문제에 우물쭈물하며 비무장지대와 북한을 이으려는 남한의 노력에 일부 반대 입장을 보였다. 美 대사관이 최선을 다해 한미 간 연결을 공고히 하려는 시점에서 주한 미군은 청와대의 정책을 동맹에 위협이 되는 것으로 묘사했다. 상황을 지켜보던 이에 따르면 부시의 부임 직후부터 주한 미군은 한국의 대북 정책을 좀더 대놓고 비난하기 시작했다.

부시 대통령이 서울을 방문할 때쯤 상황은 더 나빠졌다. 부시가 도라산 역에서 할 연설은 한미 간 동맹의 현주소를 보여주는 증거로 중요한 의미를 지니고 있었다. 콘돌리자 라이스 국무장관은 한국에 도착하자마자 준비한 대통령 연설을 당시 주한 미국 대사인 토마스 허바드에게 잠깐 보여줬는데, 두 사람은 짧은 검토를 마치면서 연설문에 '악의 축'이라는 표현이 포함된 것을 알게 되었다. "그냥 둬야 합니다." 라이스 장관이 단호하게 말했다. 왜 그래야 하는지 설명하진 않았지만 둘 다 그 의미를 이해하고 있었다. 어찌된 일인지 청와대가 연설문을 입수했고 곧 문제가 생겼다. 라이스 장관은 청와대가 연설문을 본 것에 분노했고 美 대사관을 비난했다. 아이러니하게도 초청국에는 연설문이 전달돼서는 안되었다. 남한 역시 김대중 대통령의 햇볕 정책을 표명하려는 자리에서 '악의 축'이란 표현을 굳이 넣으려는 부시 대통령의 계획에 분노했다. 양국간 논의가 심화되고 오랜 시간이 걸린 끝에 김대중 대통령과 부시 대통령은 결국 합의하에 '악의 축'이란 표현을 삭제했다.

께어지는 실타래: 북-일 회담

2001년 1월 김정일 위원장이 중국에 방문했을 즈음에 강석주 북한 부총리는 싱가포르로 건너가 일본 모리 요시로(Yoshiro Mori) 총리의 보좌관인 나카가와 히데나오(Hidenao Nakagawa)와 비밀 회동을 가졌다. 이때 김정일 위원장은 2000년에 이룬 미국과의 진척된 관계가 여전히 굳건하며, 북한의 국제 안보 환경을 증진시키려는 폭넓은 전략의 일환으로 일본과의 관계를 진전시키는 데 이러한 관계가 도움이 될 것이라 여기고 있었다. 더 중요하게는 일본과의 관계가 현저하게 증진되면 본인의 주요 경제정책 개혁에 진전이 있을 것이라고 계산했다. 북한 경제에 큰 변화를 불러오고자 하는 계획을 위해서는 자금이 필요했지만 북한 재무성은 그럴만한 돈을 보유하지 못했다. 북한 경제의 큰 변화는 '개혁'이라 부를만한 것이었지만 북한에선 이 말을 쓰길 꺼려했다. 북한은 1965년에 일본이 남한에게 배상한 것처럼 북한도 일본 정부와의 관계를 정상화하면 일제 강점기에 대한 배상금을 받을 수 있는 계기를 마련하리라 생각했다. 일본이 한국에 차관과 원조로 배상한 8억 달러는 25년이 흐른 뒤인 당시 그 액수가 훨씬 더 커진 상태였다. 그러나 지난 30년간 계속된 일본인 납치 사건을 해결하지 않고서는 배상금 문제를 논의할 수 없었다.

싱가포르에서 있었던 비밀회동은 아무런 성과 없이 끝났지만 2001년 4월 고이즈미 준이치로(Junichiro Koizumi)가 새 총리로 부임하면서 접촉은 계속 유지되었다. 2001년 여름을 시작으로 2002년 8월까지 여러 차례 열린 비밀회동은 쿠알라 룸푸르, 캐나다 북부, 일본, 북한 등지에서 열렸고 공식적 또는 비공식적인 수준에서 서로의 의중을 떠보거나 탐색하거나 모른 체하는 방식을 취했다. 2001년 9월 김정일 국방위원장은 본인의 대리인으로 국가안전보위부 소속이었던 류광이라는 일본에 전혀 알려져 있지 않은 인물을 보냈다.* 이에 대응하여 11월 고이즈미 총리 역시 대리인으로 다나카 히토시(Hitoshi Tanaka) 외무성 아시아 대양주 국장을 선임했다. 2002년 3월 다나카 국장은 북한 강석주 부총리에게 차기 회동에 참석해 줄 것을 요청했고, 강 부총리는 4월 쿠알라 룸푸르에 모습을 드러냈다. 그는 북일 관계에 관한 폭 넓은 논의 대신 일본의 배상금 문제에 긴 시간을 할애했다. 그러나 다나카 국장은 배상금 문제는 다루지 않겠다고 사전에 명확히 선을 그었다.

남한의 임동원 국정원장이 김정일 국방위원장을 만나 북일 관계와 북미 관계를 나란히 진전시킬 것을 촉구한 이후인 4월 초쯤, 북한은 미국 대표단에게 방북 초대장을 내밀었다. 美 정부의 북한 초청 거절은 예상 밖이었다. 미국은 북한과의 지지부진하고 길었던 만남에 더

＊ 일부 전해지는 바로는 국가안보부 부장관이라는 세심함을 요하는 자리에서 가까이 김정일을 보좌했다고 한다. 일본과의 회담에 이어 이명박 정권시절에도 김정일은 류광에게 남북 정보부 간 비밀접촉시에 특별 임무를 내렸다. 그러나 2011년 1월, 북한 핵심 간부단이 지켜보는 가운데 류광이 처형되었다는 보고가 있었다.

이상 묶이지 말아야 한다는 부시 대통령의 '직관'을 바탕으로 다른 방향의 정책 검토를 진행하고 있었다. 백악관에서 필요로 했던 것은 명확하고 명료한, 그들의 표현을 빌리자면 '대담한' 조치였다. 미국 측의 북한 협상가였던 잭 프리처드 대사에 따르면 백악관은 그들이 말하는 '대담한' 이 의미하는 바에 대한 어떤 설명도, 또 그 대담한 조치를 실행할 어떤 구체적 계획도 없었다. 혹시라도 북한 측에서 미국이 우려하는 핵무기나 생화학 무기, 미사일 같은 대량 살상무기나 테러, 인권 등에 대해 허심탄회하게 미국과 의논하고자 한다면 미국이 북한에 원조를 제공하자는 것이 기저에 있는 생각이었다.

그러는 동안 김정일 국방위원장은 나름대로 상당한 인력과 전술을 바탕으로 한 대담한 조치를 마련하고 있었다. 그해 늦봄까지의 북한의 계획상(그들이야말로 앞으로의 상황전개에 대해 가장 잘 아는 이들이었다.) 2002년 남은 기간 동안 북한이 실행할 일들은 다음과 같았다. 새로운 경제 정책 공표, 미국과의 대화 재개를 위한 미국 고위급 인사의 방북, 일본과의 정상회담, 남북관계 진전을 위한 파격적 조치(부산 아시안 게임에 참가하는 것을 포함) 그리고 몇 년 만의 러시아 방문과 푸틴과의 세 번째 정상 회담을 통해 지원군을 확보하는 것이었다.

김정일 위원장이 새로운 경제 정책을 공표한 지 며칠 지나지 않은 7월 초까지 북한은 일본과의 비밀회동을 순조롭게 이어갔고 김정일은 이제 정상회담을 성사시킬 일만 남았다고 생각했을 법한 시점이었다. 8월 20일 러시아로 향할 무렵 김정일 국방위원장은 일본과의 협상이 거의 확정되었다고 생각했을 것이다. 하지만 김 위원장은 일본 정부 내의 복잡한 상황은 모르고 있었다. 일본 정부 내에서 북한과의 비밀회동에 대해 알고 있는 소수의 인사들은 아무것도 모르고 있는 고위급 동료들에게 상황 보고를 해야만 하는 힘든 상황을 맞고 있었다. 김정일 위원장은 푸틴을 만나고 돌아가는 기차에서 고이즈미 일본총리에게서 정상회담 제의를 수락하는 메시지를 받았다. 김 위원장은 즉각 회신을 했고, 강석주 북한 부위원장이 이를 정리해 다나카 국장에게 전달했다. 다나카는 9월 중순 예정된 양국 정상 회담의 중요한 수확이 될 '평양선언'의 세부사항을 작성하고 마무리하기 위해 평양에 머무르고 있었다.

일본에서는 비밀회동에 대해 모르고 있던 사람들에게 상황 보고를 해야 하는 복잡한 임무를 차치하고서라도, 고이즈미 총리가 곧 평양을 방문해 김정일 위원장을 직접 만날 것이라는 중대한 사실을 미국에 알리는 일이 남아있었다. 리차드 아미티지(Richard Armitage) 美 국무부 부장관은 고이즈미 총리에게 북한이 우라늄 농축활동을 하고 있다는 정황을 美 정보국이 포착했음을 알려주기 위해 8월 말경 도쿄에 와있었다. 그는 72시간 후면 고이즈미 총리가 평양에 방문한다는 계획을 공식적으로 발표할 자리에 초대되었다. 일부 美 관계자들은 다나카 국장의 비밀 회동에 대한 정보를 미리 알고 격려해왔던 터라 고이즈미 총리의 평양 방문이 그다지 놀라운 소식은 아니었다. 도쿄에서 있었던 회의에서 일본정부는 '평양선언'에 쓰일 어구 하나하나를 미국과 함께 검토했다고 한 참석자는 전했다. 아미티지 부장관은 美 대사관으로 돌아가서 콜린 파월 국무부 장관에게 연락을 취해 부시 대통령이 고이즈미 총리의 계획에 불만이 없다는 답변을 받았다. 그러나 소문이 퍼지면서 美 정부에서는 북일 정상회담을 편치 않게 생각하는 사람들도 생겨났다. 9월 초 고이즈미 총리의 방북 직전 부시 대통령과 고이즈미 총리는 뉴욕 연례 UN 총회(UN General Assembly)

참석차 만나게 된다. 부시는 북한의 우라늄 농축 활동을 경계할 것을 우회적으로 전달했고 고이즈미는 유의하겠다는 뜻을 밝혔다.

일본은 북한의 우라늄 농축에 대해 차분히 반응했다. 7월에 브루나이에서 열린 아시아 태평양 경제 협력체(Asia-Pacific Economic Cooperation) 정상회의에서 이미 미국으로부터 소식을 들은 터였다. 게다가 클린턴 정부 때부터 우라늄 농축에 사용될 수 있는 어떤 물질도 북한에 수출해선 안 된다는 요청을 받은 바 있었다. 사실 일본정부를 놀라게 한 것은 부시가 부임 이후 2년 동안이나 이 문제를 제기하지 않고 있다가 별안간 북한을 불량 국가 리스트에 올렸다는 사실이었다.

서서히 벼랑 끝으로

2002년 초여름 북한의 핵 위험에 대한 美 정부의 관심이 갑자기 심화되었다. 국무부가 북한 정부를 겨냥한 '대담한 조치'에 대한 계획을 새로 짜고 있는 동안, 정부의 강경파들은 북한이 약 5년간 우라늄 농축활동을 해왔다는 주장을 하도록 국가정보부를 독려했다. 중순 즈음에 美 정보부는 북한의 농축활동에 대한 브리핑을 실시했으나 그다지 많은 관심을 받지 못했다. 그러나 존 볼튼 美 국무부 차관 등의 매파들은 북한의 핵 활동을 그들과의 대화를 계속 반대할 명분으로 받아들였다. 진지한 북미 협상 가능성이 좀 더 관심을 받았더라면 美 의원들은 우라늄 농축 문제를 더 뜯어 봤을 것이다. 하지만 협상 성공 가능성을 너무 낮게 본 나머지 그에 대한 외교활동이 거의 이루어지지 않았고, 美 정부의 대부분은 우라늄 농축이 실험실에서 행해지는 미미한 수준일거라며 심각하게 생각하지 않았다.

그해 6월 임성준 청와대 외교안보 수석비서관이 워싱턴을 방문해 부시 정부의 분위기를 살폈다. 그는 강경파가 득세하고 있다는 다소 비관적 뉴스를 전했지만, 북한의 고농축 우라늄과 관련한 정보국 평가는 진행되지 않는 것 같다고 말했다. 북한 우라늄 농축에 관한 브리핑을 받았던 잭 프리처드 대사는 7월 10일에 美 특사의 북한 파견을 北에 제안했다. 7월 10일은 북한 정부에게도 적당한 날짜였다. 김정일 위원장에게는 미국의 특사 파견일이 빠를수록 좋았다. 7월 1일에 새로 발표하기로 한 경제 조치 계획에 도움이 될 수도 있기 때문이었다. 그러나 7월 10일도 나쁘지 않았다.

북한이 보기에 워싱턴의 결정이 잘못된 방향으로 향하고 있다는 증거가 심상찮을 정도를 넘어 엄청난 정도로 나왔지만, 북한은 여전히 미국과의 대화를 재개하기 원했다. 미국은 이런 김정일 위원장의 의도를 제대로 이해하지 못하고 있었을 뿐 아니라, 당시 김 위원장이 새로운 경제 조치의 성공을 위해 외교적 노력을 기울여 평화로운 안보 환경을 만들고자 하는 계획의 최종 단계에 와 있었다는 사실도 모르고 있었고, 알고 있었더라도 그것에 별 신경을 쓰지 않았을 터였다. 북한은 러시아와 중국 같은 열강과 단단한 연대를 맺고 유럽연합과의 관계를 발전시키며 일본과의 정체된 분위기를 회복하고 미국과의 관계 정상화를 꾀하려 했다. 김정일 위원장의 경제 계획으로 인해 미국의 외교 방향에 새로운 가능성이 생겼지만 워싱턴은 그 기회를 잡지 못했다.

6월 29일, 김정일 위원장의 경제 조치가 발표되고 48시간도 채 되기 전에 서해에서 남북 간 군사 충돌로 인한 제2연평해전이 발생했다. 북한 해군 선박 두 척이 북방 한계선을 넘어와 여러 척의 소규모 남한 경비정에 발포하여 남한 해군 일부가 사망하고 고속정이 침몰했다. 북한 정부는 이례적으로 즉각 직통 전화를 걸어 남한 정부에 사건에 대한 유감을 표하는 메시지를 전하며 "이 사건은 계획적이거나 고의성을 띤 것이 아니라 순전히 아랫사람들끼리 우발적으로 일어난 사고였음이 확인됐다"는 내용의 통지를 전해왔다. 이틀 뒤면 북한이 새로운 경제 정책을 발표하려고 했던 상황이었음을 감안할 때 김정일이 연평해전을 사주했을 리 만무했다. 그럼에도 불구하고 이번 군사 충돌은 서해에서 반복되는 갈등이 심화되어 치명적인 결과를 가져올 수도 있는 가능성을 보여주는 징후였다. 결과적으로 남북 간 논란거리가 되어온 북방한계선 주변으로 병력이 증강되면서 유사한 군사 충돌이 일어날 가능성이 커졌다. 서해안 지역의 상황은 오랜 시간 익숙하게 받아들여진 38선만큼이나 위험해졌다.

   제2연평해전으로 미국은 7월 10일 평양에서의 회담을 미룰 명분을 얻었다. 사실 회담 연기의 실질적인 이유는 북한의 우라늄 농축 활동을 재해석해야 할 필요성을 제시한 국가안보부의 새로운 보고서 때문이었다. 이 보고서는 우라늄 농축의 실제 진행상황에 기반한 것이 아니라 지난 몇 년간 북한이 조달했거나 조달할 용의가 있었던 핵 관련 물질이나 무기에 대한 정보를 분석한 것에 지나지 않았다. 북한의 핵물질 조달 노력을 분석한 보고서 작성자들은 우라늄 농축이 실험실 수준을 넘어서 실제 생산가능 수준으로 발전했다고 평가했다. 그러나 美 중앙정보국(CIA)은 북한의 수준을 명확하게 설명할 수 없었고 모든 기본 작업이 마무리되어 실제 우라늄 농축이 진행되고 있는지도 확실히 말하지 못했다.

우라늄 농축에 관한 새 평가 보고서로 인해 워싱턴은 충격에 휩싸였고 강경파들은 명분의 정당성을 인정받았다며 기세등등했다. 존 볼튼 차관은 평가 보고서를 두고 '제네바 합의를 깨기 위해 내가 찾던 무기'라 칭했다. 회고록에 따르면 볼튼은 국가정보국의 분석 결과를 이용해서 '제네바 합의가 가진 맹점을 타파'하려 했다. 북한과의 합의를 주장했던 사람들조차 북한이 제네바 합의를 '몰래 어겼다'고 결론지었다.

미국은 북한이 제네바 합의를 어겼다는 사실에 중요성을 부여했지만 우라늄 농축 활동이 최고조에 이르렀다는 가능성에 더 큰 무게를 실었다. 북한이 실제로 우라늄 농축을 했는지 아니면 그렇게 간주되었든지 간에 북한의 행보는 도의적인 잘못으로 비쳐졌다. 미국은 북한이 제네바 합의를 '몰래 어긴' 대가를 치러야 한다고 생각했다. 그리하여 美 대표단은 평양에서 어떤 협상도 하려 하지 않고 만찬도 개최하지 않았으며, 문제해결을 위한 어떠한 외교적 노력도 기울이지 않았으며, 누구도 직접적으로 표현하진 않았지만 북한에 최후의 통첩을 보내고 돌아왔다.

이런 전략은 강경파의 전유물이었다고 할 수 있다. 딕 체니 부통령이나 도널드 럼스펠드 국방장관은 북한과의 협상으로 의미 있는 결과를 얻으리라 기대하지 않았다. 둘은 제임스 켈리 차관보를 평양에 보내면서도 엄격히 의도한 범주 안에서만 움직이게 했고, 이로 인해 對북한 외교관은 줏대없는 인물로 비쳤다.* 북한을 상대하는 미국 협상가들에게 매어진 이러한 사슬은 2003년 시작된 다자간 회담에서도 계속남아 있었다.

김정일의 개혁을 향한 열망

우라늄 농축을 둘러싼 워싱턴의 기류에 대해서는 알지 못한 채, 김정일 위원장은 새로운 경제 정책 준비에 박차를 가하고 있었다. 새 경제 정책은 한번도 공식 문서로 대중에 알려진 바 없었고, '개혁'이라기 보다 '사회주의식 경제 운영책'으로 간주되었다. 2002년 늦여름 노동신문은 당의 경제 정책을 치하하는 기사로 도배되었다. 그러나 변화의 방식에 대해서는 전혀 언급이 없었다. 오래 지나지 않아 외신 기자들이 변화의 낌새를 알아챘다. 7월 11일 동경 신문은 북한의 경제 정책에 대해 길고 자세한 특집 기사를 실었다. 얼마 후에는 원자로 건설지를 오가기 위해 한반도 에너지 개발 기구 직원들이 머문 호텔에서도 변화를 느낄 수 있었다. 이끼 낀 수조가 아쿠아리움으로 바뀐 것에서부터 깨끗하게 수리된 화장실에서까지 변화가 느껴졌다.

  김정일 위원장은 경제 정책으로 단번에 엄청난 변화를 불러오고자 한 것은 아니었다. 대신 단계적으로 고안하여 지속적으로 적용 분야를 넓히고자 했다. 회의 차 유럽을 방문한 북한 사람들은 다양한 경제 계획이 담긴 슬라이드를 보여주며 시장운영방법에 대한 실질적인 조언을 구하기도 했다. 이들은 지도부의 회의론자들에게 보여주기 위해서라도 새 경제 정책이 초반에 효과를 내야 한다는 압박감을 토로했

＊ 콘돌리자 라이스 장관은 회고록에서, 평양에 파견된 제임스 켈리 국무부 차관보와 국무부가 '상부의 의도대로 움직였다'는 점을 깨달았다고 말했다. 알려진 바에 의하면 라이스 장관 역시 상황 개선을 위해 아무런 노력도 하지 않았다.

고, 회의론자들은 공공연하게 반대하는 견해를 표시하곤 했다. 북한 언론에서도 방향과 속도 조절에 대한 토론이 계속되는 것으로 보아, 김정일 위원장이 이 새로운 경제정책 시행의 결정권자이긴 했지만 확실히 결정되지 않은 부분이 많아 재해석의 여지를 남겨 전반적 개혁에 반대하는 이들에게 반목의 정당성에 대한 실마리를 줄 수 있었다.

새 경제 정책을 준비하게 된 정황은 김 위원장이 17년 만에 중국에 방문하기 얼마 전인 2000년대 초반부터 포착되었다. 2001년 1월 중국에 방문했을 때도 김정일 위원장은 다수의 군사·경제 전문가들을 대동하고 상하이를 탐방하며 경제 계획을 세웠던 것으로 보인다. 그해 가을에는 경제 운용·수익·결과 및 전문 지식 등 기본 토대가 될만한 중요한 문제에 대한 지시를 내렸다.

경제정책 시행 초반에는 월급을 올려주고 집세나 교통시설에 대한 보조금을 낮추는 조치를 시행했다. 인민의 의존성을 파악하여 국가가 모든 것을 알아서 해주진 않는다는 것을 알려 스스로 돈을 쓰는 방법을 결정하게끔 하는 것이 하나의 목적이었다. 뒤이어 대규모 국가 규제 시장 건설, 자치 경제 활동에 관련된 일부 산업부문 허가, 협동 농장 구조 변화 등의 조치가 뒤따랐다.

위와 같은 경제 활성화 조치와 더불어, 김정일 위원장은 신의주에 특별행정구(Special Administrative Region: SAR) 건설을 허가했다. 신의주는 압록강을 가운데 두고 중국 단동시를 잇는 관문이다. 신의주와 단동은 철도 하나와 일차선 도로밖에 없어 한번에 한쪽 방향으로만 통행이 가능한 좁은 다리로 연결되어 있었다. 이 압록강 철교와 압록강 단교는 1930년대 일본이 건설한 것으로 한국전쟁 당시 미군의 폭격으로 파괴되었다. 압록강 철교는 '새롭게' 복구되었고 좀 떨어져 있는 오래된 단교는 망가진 채로 남아 있다가 후에 유명한 관광명소가 되었다.

고이즈미 총리가 평양을 방문하기 일주일 전쯤인 9월 12일, 신의주 특별행정구 기본법이 발표되었다. 이 법은 1980년대 중국 특별경제구역에 허가된 자유와 유사하게 예상 밖의 상당한 자치권을 인정해주었다. 다양한 산업부분이 허가되었고 소문에 따르면 도박장도 포함된다고 했다.

북한의 움직임을 지지할 것으로 예상되었던 중국은 오히려 반대 입장을 보였다. 북한이 특별행정구를 발표하자마자 중국 정부의 반대 입장이 언론에 보도되었다. 중국은 신의주 특별자치구 추진을 서둘러 중단시켰다. 김 위원장이 초대 특별행정구 행정장관으로 임명하려 한 어우야(歐亞 · 유라시아) 그룹 회장 양빈(Yang Bin)을 빌미로 한 것이었다. 양빈은 네덜란드 국적의 화교로 거대 그룹을 이끌었지만 중국에서는 대단한 사기꾼으로 거액의 탈세와 자금 세탁으로 공분을 산 인물이었다. 양빈은 결국 즉각 체포되어 18년 형을 선고받았다.

중국의 개입이 나름의 이유는 있어 보였지만 그토록 단호하게 김정일 위원장의 경제 발전 노력을 막아서는 모습은 설득력이 떨어졌다. 중국은 그동안 북한의 경제 개발을 독려한 입장이었기 때문이다. 아마도 그 당시의 소문대로 가장 큰 이유는 신의주 특별행정구 계획 추진 시 중국과 미리 의논하지 않은 데 있었을 것이다. 북한의 독단적 행동이야말로 중국이 가장 참기 힘든 것이었다.

신의주 특별행정구는 사장됐지만 김정일 위원장은 나머지 계획의 실행에 들어갔다. 8월 말 북한과 일본은 정상회담을 갖겠다고 밝혔다. 여름부터 가을까지 남북은 남북 회담과 교류를 위한 계획을 추진했다. 7월에 한반도 에너지 개발 기구는 사전 공지도 없이 깜짝 놀랄 만한 프로젝트를 발표했다. 북한이 남북한 직항로 개설에 동의해서 북한 함흥의 선덕공항과 남한의 양양 국제공항을 연결하고자 한 것이다. 한반도 에너지 개발 기구 대표단이 처음으로 북으로 향하는 비행기에 탑승했던 10월까지 양양공항에서는 북한 항공기를 종종 볼 수 있었다. 고려항공의 투폴레프기(Tupelov)가 남한 땅의 아스팔트 위에 서있는 모습은 그리 진기한 풍경이 아니었다. 남한의 승객들은 익숙한 북한 항공기를 구경하는 대신 공항라운지의 TV 앞에 삼삼오오 모여서 북에서 온 아름다운 여성 응원단이 아시안게임을 응원하는 모습을 신기한 듯 쳐다보고 있었다. 아시안 게임이 열렸던 부산은 유엔군이 북한군 침략에 맞서 마지막 배수진을 쳤던 곳이다.

동요하는 미국

2002년 평양을 방문한 제임스 켈리 차관보의 임무 내용과 북한의 노골적이고 끝없는 핵무기고 증강 욕구로 인해, 상충되는 국익을 앞세운 북미 간의 공방이 뒤따랐다. 2002년 12월에는 수년간 심화되었다가 완화되기를 반복한 북한의 핵무기 개발을 둘러싼 충돌이 해결을 보이는 듯하다가 곧 적대적인 분위기로 다시 돌아갔다. 이 기간 동안 북미 간에 벌어진 공방전은 아직도 첨예한 논란거리로 남아있다.

고이즈미 총리의 평양방문 소식이 알려진 2002년 8월 말, 제임스 켈리 국무부 차관보는 서울을 방문하여 북한의 고농축 우라늄에 대한 미국의 분석결과를 알렸다. 같은 목적으로 일본을 찾았던 리차드 아미티지(Richard Armitage) 국무부 부장관과 마찬가지로, 켈리 역시 분석 결과를 뒷받침할 자세한 증거를 제공하진 못했다. 존 볼튼 美 국무부 차관은 한국에 머무르는 동안 북한에 대한 전형적이고도 매파적인 연설을 펼쳤다. 늘 그랬듯 북한을 비난하는 연설 속에서 그는 현재 진행 중인 對북정책의 간판 구실을 하는 인물이었고 보통 그가 추진하는 방향은 거의 틀리는 법이 없었다.

北 외무성은 다소 절제된 톤의 성명으로 볼튼의 연설에 대응했다. 그를 비난하면서도 "북한은 다시 한번 미국이 적대적 정책을 거둔다면 안보에 대한 우려를 씻도록 미국과 대화를 하고자 한다"며 추후 미국과의 회담이 열리길 바란다는 내용을 담았다. 한 달 후에 제임스 켈리 차관보가 대표단을 이끌고 10월 3일부터 5일까지 열린 회담에 참가한 것을 미루어 보아 北 외무성의 성명은 큰 의미가 있었다고 볼 수 있다. 즉, 북한은 미국이 최종적으로는 호의를 보이길 바라고 있으며 미국과의 대화 정상화를 위해 준비하고 있다는 뜻을 내비친 격이었다. 성명서는 또한 미국과 대화가 재개될 경우 미국이 협상 테이블에 가져올 것은 무엇인지에 대한 중요한 질문도 제기했다고 볼 수 있다.

2002년 9월 김정일 위원장과의 회담에서 고이즈미 일본 총리는 간접적으로 우라늄 농축 문제를 꺼냈다. 제네바 합의가 미국으로 인해 와해되고 양국 관계가 약화되는 것을 목도한 김정일은 그 말에 대응하지 않았다. 그러나 북한 정부 관계자가 나중에 회담의 기록을 열람해 본 결과 우라늄 문제에 대한 논의가 배제되었었다고 말하긴 힘들었다. 북한은 우라늄 농축에 대한 美 정부의 우려에 대해 이미 알고 있었기에 고이즈미 총리의 문제 제기에 새삼스럽게 놀라지 않았다. 北 외무성은 언론에 보도된 한반도 관련 미국 측 발언을 면밀히 추적 관찰하는 뛰어난 클리핑 기술을 보유했다. 때문에 방북 대표 찰스 카트먼 대사가 1998년 11월 금창리 지하 비밀 핵시설이 있다고 생각되는 지도상의 지점을 가리켰을 때 북한정부는 당황했다. 북한은 전에 비밀 핵시설 문제를 대중에 알린 뉴욕 타임즈 1면 기사의 사진에 표시됐던 지점을 지목하리라 생각했던 것이다. 카트먼 대사가 가리킨 지점을 보고 北 측 협상가는 "확실합니까?"라고 되물었다.

이렇듯 미국 언론을 면밀히 관찰해온 북한이 2002년 초반 우라늄 농축 문제에 대한 두 美 유명인사의 발언을 놓칠 리 없었다. 먼저 5월 초에 존 볼튼 차관이 헤리티지재단(Heritage Foundation) 연설에서 이를 언급했고, 한 달 뒤에는 로버트 갈루치(Robert Gallucci) 핵 특사가 외교협회(Council on Foreign Relations)에서 같은 방식으로 고농축 우라늄 문제에 대해 언급했다. 이것으로도 불충분했는지 7월 브루나이에서 열린 아시아 태평양 경제 협력체(Asia Pacific Economic Cooperation)의 北 외무성 장관과의 회담에서 콜린 파월 국무부 장관은 제임스 켈리 차관보의 10월 방문시에도 같은 문제가 제기될 것이라고 북측에게 경고했다.

북한과 종종 회담을 가져온 미국 사회과학원(Social Science Research Council)의 레온 시걸(Leon Sigal) 국장은 8월 중순경 뉴욕에서 북한 유엔 대사들을 만난 자리에서 농축 우라늄에 대한 이야기를 했고 북한 유엔 대사는 역시 이 문제를 회피하지 않았다. 후에 레온 시걸은 로스엔젤레스 타임즈 특집 기사에서 볼튼의 고농축 우라늄 관련 발언을 인용했고 북한 정부는 노동신문에 이를 실었다. 다시 말해 북한 기관들은 미국이 자기네의 '비밀' 핵 프로그램을 비난하고 있는 것을 어느 정도 인지하고 있었던 것이다. 영변 플루토늄 시설이 국제원자력

기구(International Atomic Energy Agency:IAEA)의 감시를 받는 상황에서 '비밀' 핵 개발 프로그램이라 함은 오직 하나, 우라늄 농축으로 귀결되었다. 北 외무성 관계자들이 비밀 핵 개발 프로그램에 대해 얼마나 자세히 인지하고 있었는지는 미지수이지만 미국이 주목하고 있다는 사실만은 확실히 알고 있었다.

고농축 우라늄 문제가 제기될 것을 북한이 알고 있는 것이 명확했음에도 불구하고, 켈리 차관보 대표단은 회의 첫날 오후 북한이 우라늄 문제제기를 당황해 하는 것을 느꼈다. 김계관 北 외무성 부상은 회의 중간 쉬는 시간에 윗선에서 지시를 받기 전까지는 어떻게해야 대응할지 전혀 알지 못했다. 여기서 예상 가능한 시나리오 중 하나는, 김 차관이 우라늄 농축 문제에 대한 대응 방법에 무지하긴 했지만 사실 그가 당황했던 이유는 대응 방법의 부재가 아닌 켈리의 발언에 있었다는 것이다. 켈리는 고압적인 어조로 북미 대화는 북한의 우라늄 농축 프로그램이 중단될 때까지는 불가하다는 자세를 취했다. 후에 대표단 중 일부의 말에 따르면 켈리의 발언은 우라늄 농축 프로그램이 중단되면 미국이 '대담한 조치'를 취하겠다는 의미였다. 그러나 北이 받아들인 메시지는 그 이상이었다.

김정일로서는 새 경제 정책을 위해서라도 미국과의 관계정상화가 절실했다. 반면 우라늄 농축 중단 없이는 회담도 없다는 최후통첩은 북한 외교관들이 시걸에게 전한 바 있는 근본적인 문제를 담고 있었다. 즉 미국이 대화 가능성의 여지를 남기지 않은 것이다. 北은 미국이 우라늄 농축시설 해체가 먼저 이루어진 다음 회담을 하기를 원하는 것으로 받아들였다. 그러면서도 북한은 존 볼튼의 남한 연설에 대한 답변으로, 미국의 안보문제는 양국 간 회담이 시작되기 전이 아니라 시작 후에 해결 가능할 거라는 신호를 미국에 보냈다고 생각했다. 켈리는 만약 우라늄 농축 프로그램을 아무런 조치 없이 방치한다면 북한의 對北·對日 계획에 부정적 영향이 있을 것이라고 경고했다. 그리고 북한은 일본과 남한에 대한 김정일의 계획을 미국이 직접적으로 언급한 것을 두고 대단히 언짢게 생각했다.

얼마 후에 김계관은 북한에 대한 켈리의 비난을 북한 특유의 방식으로 받아넘기며 켈리의 우라늄 농축 프로그램에 대한 의심은 사실이 아니고 북미 양자 관계 발전에 반대하는 이들의 공작이라고 했다. 또한 미국에서도 그다지 부정적이지 않은 사람들이 있으니 북한은 그들과 협력할 가능성을 열어 두겠다고 전했다. 김계관은 이어 준비된 발언을 이어갔다. 김정일이 처음부터 중점을 두고 준비했던 내용임에 틀림 없었다. 김계관의 발언에는 IAEA 사찰단 방문 시기에 대한 계획 (몇 달 전 존 볼튼이 제기했던 문제), 미사일 수출 (미국 입장에서는 확산에 대한 우려가 컸지만, 부시 취임 이후 이와 관련해 북한과 대화하려는 노력은 거의 전무했다), 재래식 전력 공장 對 경수로 (KEDO가 경수로 건설의 첫 삽을 떴다), 주한미군 지위문제 (주한미군이 北에 위협을 가하지 않는 한 주둔에 반대하지 않는다고 북한은 수십 년간 노골적인 힌트를 줬다) 등이 포함되어 있었다. 북한은 켈리가 이 중 어느 하나라도 선택해서 논의할 것으로 예상했다. 그러나 켈리는 협상은 없다는 지시를 철저히 이행했다.

그날 밤 만찬에서 김계관은 비격식적인 태도를 취하며 켈리와 따로 자리를 마련하여 논란이 된 문제를 의논하고 좀더 건설적 토론을 할 수 있을지 떠보았다. 켈리는 교섭불가 입장을 고수했고 그의 대표단 중 누구도 그의 지시를 거역하지 않았다.

다음 날 아침, 양국 대표단은 다시 아무 소득 없이 우라늄 농축관련 공방을 이어갔다. 오후에 美 대표단이 강석주 부총리를 만났을 때 불꽃 튀는 대화가 이어졌다. 강석주를 대해본 사람이라면 그가 까다롭고 허풍이 심하며 냉소적이라는 것을 알고 있었을 것이다. 특히 피곤할 때는 그 정도가 더했다. 그러나 켈리 대표단 중 누구도 강석주와 협상 테이블에 앉아본 적이 없었다. 1994년 제네바 회담 당시, 양국 대표단 실무자들 간에는 오후 회의는 피하자는 암묵적 동의가 있었다. 오전에 강석주와 이루어낸 진전이 오후가 되면 곧잘 헛수고가 되었기 때문이다.

강석주는 최고위급 간부들과 미국의 입장에 대한 중요한 토의를 하느라 중요한 회의가 있었던 탓에 밤잠을 이루지 못했다고 켈리에게 말했다.* 강석주가 숙면을 취하고 나왔더라도 그날 켈리와의 교섭 결과는 아마도 돌이킬 수 없는 외교적 재앙이 되었을 것이다. 당시의 상황과 사전 준비 과정, 켈리의 단호한 교섭불가 입장과 일반적인 외교 자세조차 거부한 그의 태도 등을 고려해보면 어쩔 수 없는 결과였다. 평양 방문 이후 서울에 도착하기 전, 美 대사관은 美 정부로부터 켈리에게 전달될 매우 중대한 특급 최종 지시가 있으니 대기하라고 들었다. 나중에 밝혀진 바에 의하면, 그 지시란 북한에게 건배제의를 하거나 만찬을 열지 말라는 것이었다. 이렇게까지 워싱턴의 입김이 센 적은 유래가 없을 정도였다.*

---

* 필자가 도널드 그레그(Donald Gregg) 대사와 몇 주 후 평양을 방문했을 때, 강석주는 북한이 '핵무기를 가질 자격이 있다'고 말해야 할지에 대한 열띤 토론을 하느라 밤샘 회의를 했다고 말했다. 상황이 개선된 2013년 무렵이라면 별 트집거리가 되지 않았겠지만, 2002년 '제네바 합의' 가 아직 유효했을 당시, 그 말은 평장히 획기적인 선언이 될 수 있었다.

강석주-켈리 간 회동은 여러가지 면에서 1992년 1월의 아놀드 캔터 (Arnold Kanter) 국무부 차관보와 김용순 노동당 대표 간 회담을 떠올리게 한다. 당시 美 측은 만찬장소 같은 사소한 문제에 신경을 곤두세웠고 교섭불가 입장이었으며 싫으면 말라는 태도로 협상에 임했었다. 그러나 이번엔 그때와 큰 차이점이 하나 있었다. 북한이 상당한 무기를 갖고 있었던 것이다. 이미 사용한 8천 개의 연료봉이 영변 냉각정에 보관되어 있었는데 재처리 후에는 플루토늄 약 25 킬로그램이 될 분량으로 적어도 서너 개의 핵무기 생산이 가능한 양이었다.

이는 굉장히 중대한 문제였음에도 협상 테이블에서는 논의대상으로 채택되지 않았다. 미국의 유일한 목적은 북한이 '몰래 어긴' 사실이 적발되었고 문제가 해결될 때까지는 추가 협상이 없다는 사실을 명확히 밝히는 것이었다. 결과적으로 강석주가 핵 문제를 언급하기 시작했을 때 美 대표단은 귀를 의심할 수 밖에 없었다. 사실 후에 문제가 된 것은 당황한 美 대표단이 이에 대해 명확한 입장을 취하지 않은 것이었다. 北 외무성 회의실에 앉은 美 대표단은 모두 강석주의 발언을 우라늄 농축 프로그램에 대해 인정하는 것으로 해석했다. 회의가 끝나고 의심의 여지가 있는 부분에 대해 의견을 나눈 결과 그들은 자신들의 해석이 맞다는 결론을 내렸다. 강석주가 우라늄 농축 중단 없이는 교섭도 없다는 켈리의 말을 다시 꺼냈을 때도 美 대표단은

✻ 사실 워싱턴에서 일부는 한번의 만찬도 지나치다고 생각했다. 켈리 대표단이 아직 평양에 있을 때, 콘돌리자 라이스 국가안보 보좌관에게 도널드 럼스펠드 국방장관은 "저는 고문께서 대통령께 북한에서 만찬은 없을 거라고 말한 줄로 생각했었습니다. 두 세번 정도 만찬이 있었던 것으로 보입니다"라고 말했다.

그가 우라늄 농축을 암묵적으로 인정한 것으로 받아들였다. 강석주가 북한이 핵무기를 보유할 '권리'가 있다고 했을 때에도 美 대표단은 그 말을 암묵적 인정으로 받아들였다. 강석주가 북한은 '핵무기보다 더 강력한' 것을 가졌다고 했을 때 美 대표단은 생화학 무기나 베일에 쌓인 무기를 떠올렸다.

치명적 결과를 불러온 회의는 한 시간도 지나지 않아 끝났다. 미국의 우려를 종식시키고자 강석주가 제안했던 내용은 전혀 논의되지 않았다. 미국은 북한의 정치 체계를 인정하며 불가침 조약으로서 평화 합의를 이루고 북한의 경제 개발에 개입하지 않는다는 내용의 북한 측의 요구도 언급되지 않았다. 켈리는 아무런 질문도 하지 않았고, 따라서 어느 것도 확인되지 못했다. 켈리는 오직 우라늄 농축 관련 메시지를 전달하라는 지시만 철저히 지켰다. 그가 할 일이라곤 노트북을 닫고 방을 나가는 것뿐이었다. 이를 시작으로 모든 것이 무너지기 시작했다.

회의 이후 美 대표단은 영국 대사관으로 가서 영국의 안전 통신 장비*로 강석주의 발언을 담은 메시지를 백악관으로 전송했다. 회의실이라는 좁은 공간에서 상당한 시간이 흐른 뒤, 北 대표단은 통역사가 영어로 옮긴 말이 아닌 강석주가 한국말로 한 발언들을 재구성했다. 고위급 회의에 참석하는 北 통역사들은 일반적으로 北 협상가들의 말을 그대로 전하거나 의역으로 전달하는 것에 능했다. 그러나 통역

＊ 당시 영국 대사관의 통신 장비는 여행 중인 美 대표단이 활용했던 기기(호텔에 있는 팩스)보다는 성능이 좋았지만 그다지 뛰어난 것은 아니었다. 영국 대사관 기기는 기밀 통신에는 사용할 수 없었지만, '제한된 공식적 용도'로는 사용 가능했다.

이 무의미 할 때도 있다. 요점이 중요하다면 명확성을 추구하는 것이 최선이다. 당시의 경우 통역사들은 북측이 의미하는 바를 다시 물어 볼 기회가 없었기에 각자 기록한 메모를 서로 비교해보는 수밖에 없었다. 강석주의 발언 중 불명확한 점을 재확인할 두 번째 기회는 없었다.

美 대표단의 첫 번째 메시지 제목은 '북한이 도전적으로 우라늄 농축 프로그램을 인정함'이었다. 워싱턴 측이 수신한 메시지를 면밀히 분석했어야 했지만 그 과정은 충분히 이루어지지 않았다. 이 문장을 본 사람들은 그것으로 '제네바 합의'의 명운을 봉해버렸다. 대북 정책은 그 시점부터 추락하여 다시는 회복되지 못했다. 메시지를 본 모든 관계자들은, 회의 요약이나 재구성된 회의 기록에 우라늄 농축 프로그램을 북한이 인정했다는 내용이 없었음에도 북한이 우라늄 농축을 '인정했다'고 결론을 내렸다. 켈리가 복귀한 뒤 열린 장관 참모 회의에서도 이미 북한이 농축 프로그램을 인정했다고 결론내렸으며 이 '인정'은 앞으로 나아갈 정책의 판도를 바꿔버렸다.

사실 당시로서나 그 후에도 북한이 무엇을 인정했는지의 여부가 어떤 중요성을 띠는지는 명확하지 않은 구석이 있었다. 미국이 만약 북한의 비밀스러운 우라늄 농축 프로그램에 대한 결정적 증거를 갖고 있다고 생각했다면, 북한이 그것을 인정했는지의 여부와는 상관없이, 그것을 가지고 무엇을 했느냐가 중요한 것이었다. 그러나 백악관에 팽팽한 긴장감이 돌던 차에 북한의 인정은 강경파에 또다시 좋은 구실을 던져주었다. 강석주와의 회의가 비관적이었는가에 대해서는 의심의 여지가 없었다. 회의 당시 그는 즉각 분노 어린 분위기를 풍겼는데, 그것이 우라늄 농축 문제에 대한 미국 측의 의심 때문이었는지 아니면 그들의 회의 참석 태도 때문이었는지는 알 길이 없다. 후에 북한은 미국의 오만하고 무례하며 거만한 태도를 비난했다.

북한의 입장에서 켈리는 최종 통첩을 던져놓고 논의의 여지 없이 떠나버린 거나 같았다. 그러한 태도만이 켈리의 의도를 읽을 수 있는 유일한 방법이었다. 다소 이상한 방식이긴 하지만 2년 만에 처음으로 북한과 미국은 마침내 서로에 대해서 똑같은 생각을 하게 되었다.

다음 날 아침

다음 날 한국에 도착한 美 대표단은 피곤했지만 본인들이 직접 들었다고 생각하는 바에 따라 한국에 브리핑을 해주었다. 그런데 강석주 부총리의 발언을 대충 생략해서 전달했고, 이는 남한 사람들을 짜증나게 만들었다. 브리핑 뒤 남한 정부는 충격을 받았지만 한편으로는 의심스러워했다. 지난 몇 년간 김정일 국방위원장과 접촉해온 정황에 따르면, 북한이 미국과의 회담에서 결코 이런 식의 결과를 원하지 않았을 거라 생각했던 것이다.

그리고 사실 미국은 굳이 남한 측에 상황이 나쁘게 돌아갔다는 말을 전할 필요도 없었다. 켈리가 이끄는 대표단이 떠나기 몇 시간 전, 北 외무성은 성명을 통해 美 특사가 강압적이고 거만한 태도로 핵무기와 미사일, 재래식 무기 및 인권문제에 대한 미국의 '독단적' 요구를 수용하지 않으면 남북 간, 북일 간 관계의 진전은 없다고 주장했다며 이를 비난했다. 켈리 특사가 일본과 남한과의 관계에 대한 북한의 계획을 언급한 것은 우라늄 농축 문제만큼이나 충격적이었다. 북한은 성명에서 북측은 켈리 특사에게 '정중한 태도'를 보였다고 강조했다.

10월 10일 남한 국가안전보장회의는 앞으로 몰아닥칠 폭풍우를 주시하며 상황 악화를 막고자 여러 조치를 취했다. 제네바 합의 폐기는 위험하다고 강조하며 우라늄 문제에 관해 동맹국들과 접촉을 유지하는 것은 물론이고, 강석주 북한 부총리를 워싱턴에 초대하기 위해 노력하겠다고 밝혔다. 강 부총리 초대 아이디어는 미국과 남한의 생각 차이를 여실히 보여주는 대목이었고, 남한의 국가정책상 도움이 될 수도 있었지만 美 정부의 비웃음을 살 수 있는 생각이었다.

　남한은 지속적으로 북한과 접촉한 결과 북한 고위급 인사들과 문제를 의논할 채널을 제공받았다. 정세현 남한 통일부 장관은 10월 19일부터 23일까지 예정된 사전 회담 참석차 평양으로 향했다. 김대중 대통령은 다음 사항을 김정일 위원장에게 전하라 지시했다. '북한은 강석주 부총리를 미국에 보내 대화를 지속해야 한다. 제네바 합의를 무산시킬 어떤 행동도 취해선 안 된다. 아태 경제 협력체회의가 열리는 멕시코에서 예정된 한·미·일 3자 정상회담 이전에 입장을 명확히 해야 한다.'

　북한과 미국 정부에 확실한 메시지를 전하고자 10월 23일 김대중 대통령은 제네바 합의 폐기에 대해 공개적으로 경고했다. 김 대통령의 대변인은 '군사 행동은 비극을 낳을 수 있다'고 대통령의 말을 전했다. 또한 '어느 누구도 비극을 바라는 사람은 없을 것'이라며, 경제 재제는 북한에 '핵으로 대응할 명분을 주는 것'이라 덧붙였다. 김정일 위원장은 이에 관심을 보였다. 10월 25일 北 외무성은 성명을 통해 켈리 대표단의 강압적 태도에 대한 불만을 재삼 언급하며 미국을 향해 강석주 부총리가 제시한 문제 해결 방안을 강조했다. 그러나 마지막에는 협상할 용의가 있다는 여지를 남겼다. 최근 김정일 위원장의 새 경제 정책을 특별히 시사하며 "북한은 경제 개발을 위해 일련의 새로운 조치를 시행하며 경제 부활을 위한 한걸음 한걸음을 내딛고 있다. 여기엔 국내의 변화된 상황과 특수한 환경에 맞춘 특별경제구역 추진이 포함된다"고 강조했다.

이 성명은 분위기를 바꾸고자 하는 의도를 담았지만 그런 결과는 이끌어내지 못했다. 북한과 마찬가지로 남한도 햇볕정책의 받침목이었던 제네바 합의가 美 정부에서는 운을 다했다는 사실을 인지하지 못했다. 켈리 특사의 北 방문 보고서를 본 부시 정부에서는 북한 문제에 대한 의견이 한가지로 모아졌다. 강경파는 이번 계기로 제네바 합의를 더 이상 존중하지 말고 폐기하는 수순을 밟아야 한다고 주장했고, 제네바 합의를 지지해온 이들도 마지못해 강경파 주장에 뜻을 같이 했다.

그 시기의 더 근본적인 문제는 일단 추구하던 과제를 이룬 다음의 행보였다. 다음은 무엇인가? 당시 상원은 바로 다음 주에 이라크 공격에 대한 표결을 앞두고 있었다. 美 정부가 이라크 공격 계획을 세우고 있는 상황에서 북한 관련하여 다시 폭탄선언을 할 필요는 없었다. 하지만 켈리와 함께 방북했던 의원들에게는 곧 평양회담에 관한 기밀 브리핑을 해주었다(그 의원들 중에 브리핑을 받지 않은 이도 있었는데 후에 브리핑을 받지 못했다고 불평했다). 평양 회담 결과를 놓고 무엇을 할지에 관한 문제도 있었지만 美 정부가 신경 쓰던 더 큰 전략적 과제가 있었다. 제네바 합의가 무너지고 조각난다면 이를 대신해서 북한의 플루토늄 생산을 동결시킬 후속 조치는 무엇이 되어야 하는가 하는 물음이었다. 존 볼튼은 '제네바 합의를 대체할 어떤 것도 필요 없다'는 입장이었다. 놀랍게도 켈리 특사의 방북 후 두 달이 지난 2002년

12월까지도 전반적인 접근 방법에 대한 사항은 실제로 아무것도 결정되지 않았고 상황은 급속도로 악화되기 시작했다.

강석주 부총리의 '인정' 발언에 대한 정보가 흘러나오고 난 후 백악관은 그 뉴스에 대한 대응방법을 정했다. 정부의 입장을 직접 내세우기보다는 국무부 대변인을 통해 절제된 성명서를 발표하는 방법을 택했다. 10월 16일 발표된 성명에는 북한이 우라늄 농축프로그램을 '인정'했기 때문에 부시 대통령은 대담한 조치를 통해 북한과의 관계를 발전시킬 수는 '없다'고 강조했다. 그때 마침 한반도 에너지 개발기구(KEDO) 대표단이 예정된 회의에 참가 차 평양에 방문 중이었다. 우라늄 농축에 관련한 미국의 공개적 성명이 전해질 경우 북한의 반응이 어떨지 확신이 없던 대표단 중 한 명은 친분이 있는 미국 정부의 한 인사에게 자신이 북한에 머무는 동안 그와 관련한 뉴스가 발표되면 알려달라고 부탁했다. "그냥 전화해서 워싱턴 날씨가 나빠졌다고 하면 됩니다." 10월 17일(워싱턴 현지 시각 16일 밤) 아침 전화가 울렸고 악화된 기상 예보가 전달되었다.

다음 날 북한은 아무 일도 없었던 듯 한반도 에너지 개발 기구와의 회담을 예정대로 진행했다. 하지만 대표단 중 한 명은 서늘했던 기운을 눈치챘다. 회담 후 만찬 때 북한 측 인사 한 명이 분통을 터뜨렸다. 美 정부가 북한이 켈리 특사에게 우라늄 농축 사실을 인정했다고 발표했다는 것이다. 하지만 당시 켈리 특사와의 회담에 참석했던 북측 인사는 강석주 부총리가 그런 적이 없다고 말했다. 그는 美 대표단의 태도가 불손하여 북한 측이 놀라고 기분 나빴던 것이 진짜 문제였다고 했다. "외교 문제로 왔으나 실제 문제는 다루지도 않았습니다. 대표단은 같은 말만 반복했습니다"라고 불만을 토로했다.

북한의 우라늄 농축 인정 발언은 당파싸움만 하던 美 의회를 하나로 뭉치게 했으나 그도 오래 가지 않았다. 강경파는 즉각적인 제네바 합의 폐기를 원했으나 반대파들은 그렇게 빠른 조치를 원치 않았다. 하지만 그들 역시 어떤 방향으로 갈지에 대해서는 확신이 없었다. 10월 21일에서 27일에 걸쳐 멕시코에서 개최된 아시아 태평양 경제 협력 기구 회의에서 美 정부 안에 존재하는 상반된 견해들이 여실히 드러났다. 뉴욕 타임즈와 워싱턴 포스트는 각각 치열한 입장 차이를 직접 취재했다. 신원을 밝히지 않은 한 고위급 인사는 제네바 합의를 두고 '죽었다(dead)'고 표현했다. 며칠 뒤 콜린 파월 국무장관은 아무것도 정해진 바 없다며 이 발언을 반박했고, 북한은 그렇게 되길 원할지도 모르겠지만 '우리는 그렇게 되길 원하지 않는다'고 말했다. 다음날 제네바 합의 발언을 한 인사는 파월 장관의 말이 국무부의 의견일 순 있겠지만 정부 전체의 의견은 아니라고 주장했다.

제네바 합의 존폐여부가 한창 논의되던 10월 26일 부시 대통령과 고이즈미 총리, 김대중 대통령은 성명을 내며 북한의 우라늄 농축 활동이 핵 합의를 위반한 것이라 주장했다. 성명서에서 3국은 우라늄 농축 프로그램을 검증 가능한 방법으로 즉각 '폐기'하고 국제사회와 한 약속을 준수하라고 북한에 촉구했다. 성명에서 한·미·일 3국은 핵 문제를 평화적으로 해결하려 한다는 점을 강조하며 일본과 남한은 북한 정부와 양자합의를 계속할 용의가 있다는 점을 명확히 했다. 당시 일본 정부도 남한만큼은 아니지만 미국 정부를 설득하려고 노력했고, 공동성명으로 조정할 수 있는 여지가 있을 것이라 생각했다. 하지만 앞으로 벌어질 일이 얼마나 어려우며 통제 불가능할지에 대해서는 모르고 있었다.

북한은 실망스러운 시선으로 상황 전개를 지켜보고 있었다. 켈리 특사가 떠날 때 북한 정부가 발표했던 성명서에도 나타났듯이 북한은 미국이 남북관계에 관여하는 것을 우려했다(당시 북일 관계는, 일본인이 납치되어 북한에서 사망한 사건으로 북한에 대한 일본의 반정서가 팽배해 있었으므로 이미 어려움에 봉착한 상황이었다). 그러나 김대중 대통령의 메시지나 그가 언론에서 한 말은 북한에게 아직 관계개선에 대한 여지가 남아있다는 기대를 갖게 했다. 그렇지 않을 경우 추가적 노력을 기울이지 않은 장본인은 미국이라는 점을, 특별히 남한에 분명히 표현할 터였다.

멕시코에서 한·미·일 3국이 공동 성명을 낸 다음 날인 10월 27일, 북한 대표단 18명이 9일간 산업단지 탐방을 위해 남한을 방문했다. 이는 2000년 6월 양국 정상회담의 결과로 시작된 교류의 일환으로 시행되었다. 북측 대표단 대표는 박남기* 노동당 계획재정 부장이었는데 실질적 리더는 김정일 위원장의 매제 장성택이었다. 北 대표단에 동행했던 사람들은 장성택이 똑똑하고 사람을 끄는 매력이 있지만 경제보다는 남북관계 증진에 관심을 보였다고 했다.

11월 2일 도널드 그레그(Donald Gregg) 前 주한미대사와 필자는 프레드 캐리어(Fred Carriere) 코리안소사이어티(Korea Society) 부회장과 함께 평양에 도착했다.** 우리는 비무장 지대를 지나 평양으로 가고자 했으나 주한미군이 반대하며 베이징을 경유하는 비행편을 이용하도록 권고했다. 우리는 제임스 켈리 차관보와 대표단을 맞이했던 북측 인사들을 만났다. 北 외무성 관리들은 우리의 방문을 당황해 했고

---

* 2010년 박남기는 통화개혁 계획 실패로 인한 책임을 지고 처형되었다고 한다.

방어적인 태도로 일관하며 불안해 했다. 켈리 차관보가 방문했을 때처럼 우라늄 고농축 활동에 대한 명확한 '인정'도 없었지만 명확한 부인도 없었다. 우리는 북측에 우라늄 농축은 북미관계에 대한 아주 심각한 위반 행위이며, 이에 대한 가장 엄격한 검증이 있어야 미래에 양국 관계가 가능할 것이라고 단호히 말했다. 그러자 북한은 다음 세 가지를 확실히 한다면 우려를 종식시키겠다고 답했다. 첫째, 북한이 공격당하거나 전복될 수 없는 적법한 국가임을 성명서를 통해 발표하여 북한의 자주권을 인정할 것. 둘째, 경제 개발에 간섭하지 말 것. 즉 경제제제, 대북 금수조치를 취하지 말 것. 이는 물론 경제 지원 요구와는 별개이다. 셋째, 미국이 핵무기나 다른 수단으로 북한을 공격하지 않겠다는 것을 증명할 법적 구속력이 있는 불가침 조약에 합의할 것.

위의 세 가지는 강석주 부총리가 켈리 특사를 만난 자리에서 나눈 이야기와 일치하며 北 외무성이 10월 25일 발표한 성명에도 포함되어 있다. 이와 같은 제안은 협상에 물꼬를 트기 위한 그들의 공개적인 발언일 뿐 실제로 협상이 진행됐을 때 꼭 충족시켜야 하는 조건들은 아니었다는게 필자의 생각이다. 도널드 그레그 前 대사는 김정일 위원장이 부시 대통령에게 상황을 정리하자는 메시지를 보내야 한다고 계속 촉구했다. 방북 마지막 날이 거의 저물 때 강석주 부총리가 종이 한 장을 들고 회의실에 들어왔다. 김정일 위원장이 부시 대통령에게 전하는 '구두 전언'이었다.

메시지는 간결하고 생각보다 긍정적인 내용이었다. 북한 측이 먼저 선심을 쓰는 격은 아니었지만, 미국이 북한의 우려를 해결하고자 한

＊ ＊ 이 평양방문기는 돈 오버도퍼(Don Oberdorfer)의 다른 저술에서 가져왔다.

다면 북한 역시 미국의 우려를 해결할 방법을 모색하겠다는 제안이었다. "최근 핵 문제가 언급되고 있는데 미국이 우리 주권을 인정해줄 용의가 있고 불가침 원칙을 굳건히 해준다면 새 시대 요구에 걸맞는 방식으로 핵 문제를 해결할 방법이 있을 거라 믿는다." 덧붙이기를 "부시 대통령은 성명서에서 미국이 북한을 침략할 의사가 없음을 밝혔다. 이제 중요한 사안은 미국이 불가침 확인의사를 법적 구속력이 있는 방식으로 인가해 주는 것이다." 메시지 마지막에는 "미국이 이 점에 대해 단호한 결정을 내린다면 우리 역시 그에 맞게 화답하겠다"*라고 긍정적으로 맺었다.

우리는 희망을 품고 평양을 떠났지만, 또한 제네바 합의가 '벼랑 끝에 서있다'는 강석주 부총리의 냉정한 경고도 우리를 뒤따랐다. 도널드 그레그 대사와 필자는 김정일 위원장의 메시지를 갖고 백악관으로 가서 스티븐 해들리 안보보좌관과 의논했다. 스티븐 해들리 보좌관은 즉각 부정적이고 단호하게 대답했다. "미국은 불량 행위와 타협하지 않습니다." 그는 北에서 있었던 회의에 대해서도, 북한정부에 대해 느낀 점에 대해서도 일체 질문하지 않았다.

해들리 보좌관의 싸늘한 일축에는 '불량행위' 말고도 다른 이유가 분명 있었다. 비슷한 시기에 다양한 채널을 통해 美 정부는 북한으로부터 만나자는 메시지를 수차례 받았다. 내부의 진지한 논의 끝에 美 정부는 연락온 채널 중 하나를 받아들이기로 결정했지만 결국 대화는

＊ 김정일 위원장의 구두 전언은 이미 강석주가 켈리에게 말했던 바와 유사했으며 필자와 도널드 그레그를 포함해 미국 측에 여러 차례 전달됐던 내용이었다. 김 위원장이 협력을 위해 조심스러운 용어를 선택했다는 점이 다를 뿐이었다.

이루어지지 않았다. 김정일 위원장의 구두 전언 역시 다른 메세지들과 마찬가지로 켈리 특사의 방북 이후 만들어 놓은 토대에 방해가 될 소음에 지나지 않는다고 여겼다.

이에 김정일 위원장은 대응하지 않았다. 도널드 그레그와 필자가 2005년 6월 워싱턴 포스트에 김 위원장의 구두 전언에 대해 기고하기 전까지는 미국 정부 내에 이 메세지의 존재를 모르는 사람들이 많았다. 몇몇 국무부 고위급 관리들만이 김정일 위원장의 구두 전언에 대해 알고 있었다. 그들은 위원장의 메시지가 희망적인 내용이며 주목할 만하지만 백악관의 태도를 감안할 때 가망이 없어 보인다고 생각했다. 국무부의 아시아 전문가들은 메시지를 보지도 못했다. 당시 백악관의 분위기를 생각해볼 때 전문가들에게 그 메시지가 전해졌더라도 달라질 것이 없었다.

일련의 상황이 추후 부정적으로 전개되면서 김정일 위원장의 메시지는 내용만큼이나 상징적인 면에서 중요성을 띠게 되었다. 美 정부의 거절도 상징성을 띠게 되었다. 북한은 美 정부의 메시지 무시를 모욕으로 느꼈고, 더 나아가 악화일로의 상황을 뒤집을 의사가 없다는 표시로 받아들여졌다. 만약 미국의 결론이 그렇다면 북한은 다시 한 번 미국이 보낸 신호를 해석해야 했다.

남한은 미국이 택한 위험한 경로에서 벗어나도록 더 노력을 기울였다. 11월 초 한·미·일 3국의 대북 정책조정 감시 기구(Trilateral Cooperation and Oversight Group: TCOG)에서 한반도 에너지 개발 기구(KEDO) 부회장직을 역임한 이태식 前 외교통상부 차관은 미국을 설득해 KEDO가 북한에게 전달할 예정이었던 중유 제공 중단을 막으려 했다. 그는 중유 공급 중단이 핵 개발 재개를 포함한 심각한 결과를 초래할 것이라 경고했다. 결국 양측의 합의가 이루어져 이미 북한으로 향한 중유의 공급은 허가되었지만 추가적 공급은 중단하기로 했다.

남한은 중유 공급 중단이 큰 실수라고 생각했지만 미국의 입장이 단호했기에 결정을 번복할 수 없었다. 얼마 지나지 않아 11월 14일, 미국의 압박이 심화된 상황에서 4개국 대표로 구성된 KEDO 이사회는 중유공급중단 성명에 찬성했다. 이 성명은 미국 대표인 잭 프리처드 대사가 美 국가 안전보장 이사회로부터 전화 지시를 받고 작성되었다. 당일 뉴욕에 위치한 KEDO 본부에 도착한 일본과 남한 대표는 사색이 되었고, 회의가 끝났을 때는 초상집 분위기였다. 아래층에서는 KEDO 실무진과 미국 대표단이 대립각을 세우고 있었다. 이 회의는 이미 결정된 사안을 뒤집기보다는 가능한 결과를 경고함으로써 혼란을 피하려는 목적으로 소집된 것이었다. 미국 대표단 역시 결정 사안에 동의하는 것은 아니라며 곤란한 제스처를 취하긴 했지만 그대로 밀고 나가라는 지시를 받았고 결국 그렇게 했다.

11월 16일 북한 대표단은 남한을 시작으로 인도네시아, 말레이시아, 싱가포르 순방 뒤 본국으로 돌아갔다. 평양 출발 당시 상황도 그다지 좋지 않았지만 본국으로 돌아갈 때는 돌이킬 수 없을 만큼 악화되어 있었다.

북한정부는 일주일 후 KEDO 성명에 응답했다. 마지막 중유 공급분 42,886톤을 실은 유조선 썬 리버호가 남포항에 도착하기 하루 전인 11월 21일, 북한 외무성은 중유공급의 대가로 원자로와 관련시설을 동결하기로 한 제네바 합의 조항을 들며 강수를 두었다. 하지만 그러면서도 여전히 부시 대통령으로부터 답변을 받을 가능성을 열어두겠다고 했다. 시설 재가동까지 언급한 것은 아니었지만 그들이 전달하는 바는 명확했다. 중유가 없다면 영변 핵시설 동결도 없다는 것이었다.

중유 문제는 10월에 멕시코에서 열린 APEC 회의에서 두 명의 美 국무부 고위급 직원이 브리핑하는 동안에도 이미 제기된 바 있었다. 당시 기자 하나가 "중유공급중단은 불가능해 보입니다. 공급중단으로 한층 심각한 위기가 촉발될 우려가 있습니다"라고 하자, 한 직원이 답하기를 "A를 하게 되면 B가 뒤따라온다고 단정하는 건 옳지 않습니다"라고 응수했다. 사건 사이에 정해진 순서나 연결성이 없으며 중유공급 중단이 필연적으로 심각한 위기 촉발로 이어지지 않는다는 논리였다. 그러나 결국 중유공급이 중단되자 상황은 악화되었다. A 다음에 B가 온 것이다.

남포항에서 문제가 생겨 중유는 12월 10일까지 하선하지 못했다. 중유 도착 이틀째, KEDO 성명 발표 후 정확히 4주째, 김정일 위원장의 메시지가 부시 대통령에 전달된 지 5주 만에 북한은 방아쇠를 당겼다. 북한이 행동에 착수하는 속도가 의미하는 것은, 그동안 기다리면서 시행계획을 세우고 있었으며 미국이 어떻게 반응하는지를 보기 위해 잠깐 동안 숨 고르기를 했다는 것이었다.

북한 정부가 처음 착수한 일은 영변 핵시설 재가동이었다. 12월 12일 북한 외무성은 북한이 '전력 생산을 위해 영변 핵시설 가동과 건설을 즉각 재개한다'고 알렸다. 이같은 조치를 돌이킬 수는 없었지만 미국의 향후 움직임에 따라 시설 재동결 여부가 결정될 터였다. 북한은 12일과 14일에 국제원자력기구(International Atomic Energy Agency: IAEA)에 서신을 보내 영변 핵시설(원자로, 재사용 연료정, 재처리 공장, 연료 생산 시설)의 봉인을 해제하고 감시 기구를 제거해달라고 요청했다. 서신에는 IAEA가 '신속하게' 처리하지 않을 경우 北에서 자력으로 제거할 수 있다고 경고했다. 일주일 후인 12월 22일에 북한은 자력 제거를 단행했다. 북에 남아있던 IAEA 검사관 두 명을 소환하여 봉인을 제거하고 그동안 원자로 폐쇄 상태를 감시해왔던 감시 카메라의 활동을 정지시키는 것을 지켜보게 했다. 이 과정을 진행하는 동안 대략 백 여명의 북한주민과 기술자들이 모여서 북한 애국가를 부르고 꽃잎을 뿌리며 축하했다. 또한 원자로에 맥주를 가지고 들어와 북한의 핵무기 개발을 위한 미래를 위해 건배를 나눴다. 의아한 점은 감시 카메라를 천으로 덮은 뒤 벽을 향하게 했다는 점이다. 마치 IAEA가 다시 돌아오기 바라는 의중을 암시하는 듯했다.

26일 IAEA 검사관들은 북한이 1994년 이후 비어있던 5메가와트급 원자로로 새 연료를 이동시켰다고 보고했다. 원자로에 연료를 채우는 조치는 북한의 플루토늄 생산 재개를 의미하는 명백한 증거였다. 다음날 북한은 더 이상 IAEA 검사관이 북한에 머무를 이유가 없다며 떠나줄 것을 요청했다. IAEA 검사관들은 좀더 품위있게 떠날 수 있도록 시간을 더 달라고 부탁했지만 거절당했다. 12월 31일 검사관들은 베이징행 비행기를 타고 북한을 떠났다.

핵문제를 둘러싼 위기가 심화되는 가운데, 여중생 두 명이 미군 장갑차에 치여 사망한 사고로 반미 감정이 극에 달한 남한에서는 2002년 12월 19일 대통령 선거가 치러졌다. 인지도가 부족하고 정치 경력이 짧은 인권 변호사 출신의 노무현이 당선되었다. 노무현 대통령은 남북관계에 중요성을 두면서도 미국과 좋은 관계를 유지하기 위해 임기 내내 아슬아슬한 줄타기를 했다.

부시 정부 2기가 마무리될 무렵 제네바 합의는 누더기가 되었다. 8

년간 핵분열 물질 생산을 중단시키고, 북한과 효과적으로 협력할 틀로서 한반도 에너지 개발 기구(KEDO)를 세우고, 미국에 북한 미사일 확산과 관련한 우려를 해결할 기미를 마련했던 제네바 합의는 명백히 폐기된 상태였다. 게다가 그것을 대신할 만한 다른 합의도 없었다. 이라크 전쟁 발발 직전에 美 정부는 북한과의 전면 대립 여력이 없음을 알고 있었다. 그러나 제네바 합의 붕괴로 인한 공백을 메울 체제가 없는 상황에서 동북아시아에서 발생하는 새로운 위기에 제대로 대비할 수 없었다. 이미 악화된 상황 자체보다는 얼마나 더 악화될 것인가가 실질적 문제였다.

제18장

한미 안보동맹의 문제점

남북 관계가 실질적 수준으로 발전하자 미국과 남한정부 간의 차이가 도드라지기 시작했다. 1980년대 후반에 이 차이는 상대적으로 미미했으나, 북핵 문제가 주목을 받고 남북 대화가 활성화되기 시작한 1990년대에는 한미 정책 간 분열이 심각해졌다. 미국은 핵 비확산을 우선순위로 두고 있었으나 남한은 그렇지 않았기에 서로는 충돌을 거듭했다. 그 이후로 청와대의 주인이 누가 되었건 간에 한미 각각의 목적 간 균형을 맞추는 문제가 대두되었다. 남한의 보수·진보 지도자 모두 미국이 본인들의 핵개발 프로그램 우려를 종식시키기 위해 남한의 국익을 희생시켰다고 생각했다.

남한에서 느끼는 핵공격 위협은 미국보다 적었다. 수년간 남한 정계에서는 북한이 실제로 물리적 핵공격을 가할 거라고 생각하는 사람이 거의 없었다. 보수주의자들조차 북한이 한반도에 핵무기를 사용할 가능성은 거의 없다고 보았다. 그보다는 북핵 프로그램으로 인해 궁극적 목적인 통일이 어렵고 불가능해질 가능성을 우려했다.

김대중 대통령 취임(1998-2003) 첫해, 한미 정부는 북한 문제를 상대적으로 잘 풀어가려 했다. 그러나 2001년 김대중 대통령의 햇볕정책과 부시 대통령의 북한과의 대화에 대한 회의론적 태도가 상충하면서 양국 관계는 여러 번 충돌했다. 노무현 대통령이 취임한 2003년에는 충돌이 심화되었다. 지난 반세기간 한미관계가 여러 차례 경색되었지만 2001년에서 2007년 사이에 그 정도가 가장 심했다. 한미관계 경색의 결과는 남한 정부뿐 아니라 2010년대 동맹 관계에도 영향을 미쳤다.

2003년 1월 미국이 이라크 전면전을 준비할 무렵, 중동에서 즉각적인 승리를 거둔 후에는 미국의 화살이 다음 타겟인 북한을 향하지는 않을지 걱정하는 분위기가 남한과 북한 모두에 있었다. 그런 분위기는 노무현 대통령이 관심을 갖고 지켜본 김영삼 前 대통령에 대한 다큐멘터리에서도 나타났다. 김 前 대통령은 1994년 봄 미국이 북한을 공격하기 직전이었지만 자신이 강하게 개입해서 그것을 막았다고 말했다. 역사적인 사실 여부는 불분명하지만, 김영삼 前 대통령의 발언은 남북한 이해관계에 큰 반향을 일으킬만한 두려움을 불러일으켰다. 강한 친미성향의 남한 외교통상부가 미국과 대립하지 않을 거라고 파악한 노무현 대통령은 2월 취임 후, 외교관들에게도 김영삼 대통령이 나온 다큐 시청을 지시했다. 노무현 대통령의 우려는 美 강경파들의 국무부를 향한 우려와 묘하게 닮아 있었다. 그들은 북한 문제에 대한 국무부의 태도가 너무 무르다고 생각했다. 존 볼튼 차관은 회고록에서, 한국담당 국무부서인 아태지역국(Bureau of East Asia and

Pacific Affairs)를 'EAPeasers'(appeaser(타협자)와 발음이 유사하다 - 역주)라 칭했다.

한미관계 균형 조절은 남한 정부 내부의 긴장을 높이는 원인이 되었다. 2004년 노무현 대통령 취임 1년 후, 조약국과 북미국 사이에 불화가 발생하자 청와대는 다시 외교통상부에 주목했다. 조약국은 주한미군 배치 변경에 요구되는 비용을 미국이 져야 한다는 입장(자주파)이었고, 북미국은 중요한 의미를 가진 한미 동맹을 유지해야 하기에 비용문제의 거론은 바람직하지 않다는 입장(동맹파)이었다. 2004년 1월 군사주권 자주파에 유리한 정책을 정부가 지지하자 일부 외교부 고위급들이 내부 회의에서 노무현 대통령을 비난했다. 이것은 청와대에 전해졌고 곧 경질사태로 이어졌다. 심문관들을 두고 탈레반 수준이라는 등의 발언이 나돌았고, 논란 끝에 윤영관 외교부 장관이 취임후 1년 만에 경질되었다. 이 사건으로 한미관계가 풍랑 속에 빠졌다는 미국의 생각은 확고해졌고, 노무현 대통령은 믿지 못할 파트너가 되었다.

외교정책상 문제

2003년 1월 남한에서는 대통령직 인수위원회 위원들이 새 정부를 구성하고 있었고, 북한에서는 10년간 동결 상태였던 핵시설이 재가동을 준비하고 있었다. 1994년부터 2002년까지 제네바 합의가 동결될 동안 핵연료 가공시설과 아직 건설 중이던 5메가와트 실험용 원자로와 같은 핵센터의 일부가 완전히 망가져 복구 불가능한 상태가 되어버렸다. 하지만 북한은 그동안 50메가와트 원자로와 재처리 공장을 가능한 선에서 유지해오고 있었기에 한 겨울이었음에도 불구하고 재가동은 금새 이루어졌다.

영변 핵시설 기술자들이 1950년대식 제어반을 조작하는 동안, 워싱턴에 머무르던 외교관들과 동북아시아 국가들은 상황을 파악하기 위해 애쓰고 있었다. 중국정부는 고심 끝에 북한과의 회담 참가에 찬성했다. 1차는 3자(미·중·북), 2차는 6자(미·중·한·북·일·러)회담으로 예정되었다. 5일에 걸친 다양한 협상으로 수많은 공식 브리핑 문서들과 셀 수 없이 많은 신문 기사가 쏟아졌지만 이렇다 할 결과물은 별로 없었다. 회담에 대한 대중의 기대가 그 어느 때보다 높아졌다. 협상은 중단되기 일쑤인 데다가 북한과 미국의 완강한 태도로 교착상태에 빠지면서, 한반도에 미치는 미국의 영향력이 한국전쟁 이후 최초로 중국에 비해 약해지게 되었다. 중국은 눈부신 경제 성장에 힘입어 외교 무대에서도 세력을 넓히고 있었다.

북핵 문제 해결에 대한 바람직한 방법은 외교라는 다자간 합의에도 불구하고 해결 목적과 수단에 대한 이견은 여전했다. 한 중국 고위급 외교관은 모든 당사자들이 목적에 대해 합의해도 수단에 대해선 합의가 이루어질 수 없다는 점을 언급했다. 기존의 기반이 전무한 상태에서 외교적 노력을 들여야 했기 때문에 문제는 더 복잡했다. 미국은 또 다시 제네바 합의와 엇비슷한 내용을 담은 문서에 서명하고 싶어하지 않았다. 그렇게 한다면 용어자체를 새로 고안해야 했고, 실질적 해결 방안은 폐기되거나 실현 불가능한 모양새가 될 것이기 때문이었다.

가장 심각한 것은 김정일 국방위원장을 향한 부시 대통령의 공공연한 증오심이었다. 북한에 대한 美 정부의 불쾌감과 혐오감은 어제 오늘 일이 아니었지만 고위급에서 이런 분위기가 돌고 있는 것은 이례적이었다. 부시의 개인적 적대감은 장기적인 정책결정의 견지에서 볼 때 더 나은 결과를 가져올 정책 결정 수립을 방해했다. 일본과 남한, 특히 중국 정부는 부시 정부에 보다 생산적인 외교를 위해서 말 만큼은 부드럽게 하라는 부탁을 거듭했다. 그때마다 부시 대통령과 고위급에서는 김정일 위원장에 대한 부정적 발언을 했고, 북한 정부 역시 수사적 맹공격을 퍼부었다. 외교로 발판을 마련하지 못하는 상태에서도 미국은 외교적 해결방안이 옳다는 주장을 계속했다.

동시에 美 정부는 북한이 가장 원하는 것은 다름아닌 미국과의 관계 정상화임을 파악하지 못한 채, 앞선 8년간의 역사를 곡해했다. 외교야 말로 북한에 제대로 영향력을 행사할 수 있는 길임에도 불구하고 그 방법은 사용하지 않았다. 외교의 중요성을 강조하면서도 2001년에서 2005년까지 부시 정부는 외교적 해결과정을 위한 효과적인 노력을 기울이지 않았던 것이다. 대신 북한 문제에 대한 혐오감을 간신히 숨긴 채 북한 정권 교체에 집중하는 듯했다. 미국은 가끔 대놓고 정권 교체를 언급하긴 했지만 거의 항상 암시적으로 표현했다.

미국의 정책이 북한 정권 교체를 위해 수립되거나 승인되지는 않았지만, 북한 정부는 미국이 언급한 바의 행간을 읽었다.* 美 정부가 북한을 침략할 의사가 없다고 자주 말해도 북한이 생각하는 요점은 명확했다 — 미국은 북한이 사라지길 원했다. 도널드 럼스펠드 국방

✱ 콘돌리자 라이스 전 국가안전보장회의 고문은 회고록에서, 북한 정권교체는 2002년 말 부시 대통령에게 제시했던 3개의 선택지 중 하나에 포함되었다고 밝혔다. 이는 '흥미로운 생각'이었지만 '국제사회의 지원을 받지 못할 것이며 이미 공포에 질린 우방을 긴장시킬 것'이라는 이유로 배제되었다. 최고의 영예: 워싱턴에서 보낸 시간들(No Higher Honor: A Memoir of My Years in Washington) (Crown, 2011), p.163.

장관은 회고록에서 2006년에 북한에서 군부 쿠테타가 일어나기를 바랐다고 밝혔다. 다른 고위급들도 같은 입장을 견지하며 미국이 행동을 개시할 필요 없이 문제가 해결되길 기대했다. 일부 소식통에 따르면, 2002년 말 美 정부는 김정일 국방위원장에 대한 북한 내의 심각한 반감을 감지했고 축출가능성이 커졌다고 생각했다. 美 정부의 이런 열망이 무르익는 분위기 속에서 결국에는 그것이 잘못된 정보로 밝혀질 거라는 의견 또한 제기되었다.

1993년부터 2000년까지 미국이 북한과 양자회담을 가져왔기 때문에 북한이 남한과 일본, 중국으로 하여금 미국에 대항하게 했다는 의견이 다시 미국정부 전체에 팽배했다. 또한 북한이 아무 제재없이 '즉각적으로' 제네바 합의를 위반한 것은 북미 양자적 접근방식이 낳은 결과라는 믿음이 일반적이었다. 이념을 좀 배제하고 검토했더라면 다른 결론이 나왔을 수도 있었다. 딕 체니 부통령은 회고록에서 "효과적인 외교적 성과를 내려면 역사를 연구하고 배워야 한다"고 말했다. 그의 주장은 틀린 게 없었다. 어긋난 것은 그 자신의 역사였다.

김영삼 대통령 재임 시 양자적 접근방식이 한미관계에 경색을 가져왔음은 의심의 여지가 없다. 그러나 제네바 합의가 제구실을 하던 시기에는 북한 문제에 대한 한·미·일 간 협력이 최고조에 이르렀고, 특히 1999년 고안된 한·미·일 3국 대북 정책조정 감시 기구(TCOG) 체제 하에서는 페리 프로세스(Perry Process: 한국과 미국 등 동맹국들이 상호위협을 줄이면서 호혜관계를 구축하기 위한 3단계 접근방식)가 제대로 이루어졌다. 한반도 에너지 개발기구(KEDO) 역시 장애물을 극복하고 3국간 공동 대응방안을 제시했었다. 가장 중요한 것은 제네바 합의 하에 북한이 영변 핵시설을 완전 동결하고 1994년부터 2002년까지 국제

원자력기구(IAEA)의 지속적 감찰을 수용했다는 점이다.

그러나 美 정부는 이런 역사를 연구하려 하지 않았다. 양자적 접근 방식이 어느 정도의 결실을 이루었음을 인정하기보다는 그 결과를 실패라 규정하고 자신들의 손을 떠났다고 선언했다. 미국 측 협상가들은 북한 측 사람들과는 한 방에 단둘이 있어서는 안 되며, 앉아서 대화할 수 있는 소파가 있는 방에서는 더 주의하라는 우스운 명령이 떨어진 경우가 몇 차례 있었다. 미국에서 이런 사소한 문제에 신경을 쓰고 있는 동안 북한에서는 스스럼 없이 영변 핵시설을 가동해 플루토늄 생산을 늘려나갔다.

햇볕정책의 끝자락

2003년 2월 노무현 대통령이 마주한 현실은 정말 참담했다. 전방위로 악재였다. 한미 관계는 무너져갔고 북한은 핵시설을 재가동했으며 미국은 이라크 파병을 코앞에 두고 있었다. 인권변호사에서 정치인으로 변신한 56세의 노무현 대통령은 악재를 마주한 상황에서 본인의 성격이나 이력 면에서 제대로 준비되어 있지 않았다.

1946년 8월 경남 김해에서 태어난 노무현 대통령은 대한민국 사상 최초로 일제 강점기 이후에 태어나 한국전쟁의 상처 속에서 유년기를 보낸 당선자였다. 대학에 다닐 여력이 없어 1970년대 학생운동과 박정희 정권 반대 시위에는 참여하지 못했다. 후에 큰 결심을 하고 독학 끝에 1981년 인권 변호사가 되어 민주주의 운동을 하였고 전두환 정권 시절 큰 활약을 보였다. 1980년대 후반 정치인으로 변신한 노무현은 국회의원 선거에 여러 차례 도전했지만 고배를 마셨다. 그후 2000

년에 짧게 해양수산부 장관으로 일했다.

　2002년 대선을 앞두고 대한민국을 휩쓸었던 격앙된 반미감정이 아니었다면 그는 청와대에 입성하지 못했을 것이다. 2002년 11월 말, 미군 장갑차에 치여 희생된 두 명의 여중생 사망 사건으로 군법회의에 회부된 미군 두 명이 무혐의로 풀려났다. 희생된 소녀들의 끔찍한 사진으로 반미 감정에 불이 붙었고 사건에 대한 미군의 서투른 태도로 사태는 심각해졌다. 보수주의 대통령 후보였던 이회창조차 소파협정을 개정해서 한국이 이런 사건을 겪을 때면 사법권을 좀더 보장받아야 한다고 주장했다. (일반적으로 남한의 보수파 후보는 미국을 옹호하는 입장을 보인다.) 이회창 후보의 태도로 美 대사관은 격분했다. 노무현 후보가 반미 운동을 부채질하더라도 이 후보는 그래선 안 된다는 것이었다.

　뿌리 깊은 반미 감정에서 비롯된 것은 아니었지만, 남한에서 일어나는 시위는 남한의 저변에 깔린 미국을 향한 역사적 양가 감정, 즉 대국으로서 자신들을 보호하고 지켜준 미국에 대한 복잡한 감정을 드러낸 것이었다. 여론조사로는 시시각각 타올랐다 꺼지는 폭발적 민족주의와 혼란과 억울함을 확인할 수 없었다. 2002년의 상황은 소위 386세대의 등장으로 특히 변덕스러웠다. 386세대는 1990년대 만들어진 단어로 1980년대 격변의 시대에 학교를 다닌 당시 30대, 미국이 전두환 정권의 독재를 지지했던 것으로 여겨진 1960년대 태어난 사람들을 이른다. 토마스 허바드 대사는 여중생 사망사건 이전인 2002년 6월 월드컵 예선전이 진행되는 동안에도 민족주의와 반미 감정이 위험 수위로 치솟는 것을 느꼈다고 한다.

　노무현 후보 본인도 어느 정도 깊은 모순을 반영한 인물이었다. 그는 한미 동맹의 중요성을 받아들이면서도 — 적어도 이해하고 있었다 — 美 정부가 한국의 국익을 전혀 이해하지 못하고 있으며 한국의 입장을 제대로 고려하지 않는다고 생각했다. 노무현은 똑똑하고 도의적이며 서민적이지만 2002년처럼 남한이 심각한 도전에 직면해 있을 때에 높은 자리에 있기에는 어울리지 않는 인물이었다. 광범위한 군사적 경험이나 정치 경력이 짧을 뿐 아니라 이전 대통령들에 비해 수완이 부족했고 허세를 부릴 줄도 몰랐다. 대중의 '진정한' 목소리를 대변하는 사람들이 아니라는 생각이 드는 무리에게는 대통령의 권력을 이용하고자 하는 유혹에 굴복할 때도 가끔 있었지만, 그는 일반적인 한국의 제왕적 대통령과는 거리가 멀었다. 노무현은 적대적 언론과 장기전을 치렀는데 한번은 본인의 발언을 곡해해 오보한 신문사를 고소한 일도 있었다.

노무현 대통령은 외교정책에 익숙하지 않았다. 실제로 대통령이 되기 전 그는 방미 경험이 전무했다. 또한 정치적 수완이 좋지 못해 수많은 국내 문제 해결에 미숙하게 대응하기도 했다. 게다가 그는 남한 언론으로부터 극렬한 반미주의자이자 한미 안보동맹을 저해하는 인물로 묘사되었다. 미국 관료들이나 남한 보수층 대부분이 노무현 대통령의 대북정책을 김대중 대통령의 햇볕정책의 후속으로 인지했다. 그러나 최측근에 따르면 노무현은 북한에 대해 '별 신경을 쓰지 않았고' 김대중 식의 이념관을 갖고 있지도 않았다.

노무현의 최측근 보좌관이었으며 2012년 대선에서 패한 후보자였던 문재인에 따르면 노무현 대통령은 취임 당시 권위주의적 과거 잔재의 청산, 정부의 민주주의 의식 확립과 경제에 관심이 많았다. 그가 신경 썼던 것은 무소불위의 남한 정치문화 변화였다. 독재정권에서 자행된 부당함에 강한 반감을 가지고 잘못된 것을 바로잡으며 역사적 과오를 바로 세우려 했던 노무현 대통령은 종국에 비극적으로 생을 마감했다. 그의 비극은 남한의 정치적 분열에 불을 붙이는 결과를 낳았다. 지도력이 다소 이상했다는 한국 안팎의 의견과 그가 남긴 유산으로 인해, 아직은 초보 수준이었던 남한의 민주주의와 시민사회 발전에 도움이 됐을 제도를 독려한 그의 업적이 가려지고 말았다. 그는 한국 정치에서 척결해내겠다던 부패와 연루되어 2009년 자살을 택해 전국민을 충격에 빠뜨리고 노무현 시대의 비극을 짙게 만들었다.

남한 언론에서 그를 묘사할 때 사용했던 '급진적'이라는 형용사는 노무현 대통령의 그 어떤 면과도 맞지 않는 단어였다. 그를 가장 가까이에서 살펴본 사람들에 의하면 그는 누구보다도 변호사의 관점으로 문제를 접근하는 사람이었다. 이런 기술적 접근 때문에 그는 한국정치계의 냉엄한 현실에 뿌리내리지 못한 것으로 보인다. 오른쪽에서는 보수주의자들이 그를 비난했고 왼쪽에서는 옛 동료들이 불평을 늘어놓았다. 2005년 8월 그의 임기가 중반에 접어들 무렵, 진보성향의 한겨레신문은 노무현 대통령이 '권력이라는 요새에 갇혀 현실감을 잃어버렸다'*고 탄식했다.

정치 경력이 긴 김대중 대통령은 술책을 쓰고 회유하는 방법을 잘 알았지만 노무현 대통령은 정면으로 문제에 맞서는 방식을 썼다. 노 대통령은 참모진에게 자신이 부시 대통령과 원만한 관계를 유지하고

＊ 노무현의 문제는 어느 정도 실체보다는 스타일에 기인한다. 美 정부의 한 관료는 노무현을 두고 바그너 음악을 마크 트웨인 식으로 평가한 것과 비슷하다고 말한 바 있다. 즉, 평가된 것보다 더 나은 사람이라는 뜻이다.

있다고 말했다. 부시와 노무현이 함께 있는 것을 지켜본 미국 관계자들도 밖에서 생각하는 것보다는 그 둘의 성격상의 궁합이 잘 맞았다고 전한다. 둘 다 '직선적인 성격'이었으며 스스로 그것을 큰 장점으로 생각했다. 두 정상은 2003년 5월 워싱턴에서 처음 만났다. 부시는 링컨을 존경한다는 노무현에게 백악관의 링컨 침실을 보여주었다. 나쁘지 않은 출발이었다. 또 다른 회의에서 미국에 회의적인 참모진이 준비한 브리핑 자료를 검토하던 노무현은 부시와 만난 자리에서 논제를 하나 제시했고 부시는 노무현이 만족할만한 대답을 내놓았다. 몇 번 이야기를 주고받다가 노무현은 브리핑 자료를 치우고 '이런 거 없이 합시다'라고 말했다. 물론 모든 만남이 수월하진 않았다. 노무현은 사적으로나 공적으로 부시를 극단적으로 몰고 간 적이 몇 번 있었다. 2005년에 만났을 때 노무현은 지치지 않고 부시를 압박했다. 노무현이 자리를 뜨자 부시는 보좌관에 고개를 돌려 '열 받게 만든다'고 했다. 남한 측 보좌진 중 한 명이 이 말을 듣고 급하게 상황을 정리했다. 다행히 오찬장에서의 분위기는 나쁘지 않았다. 두 정상 간에 차이와 다툼이 있었지만, 부시는 노무현이 지지자들과 싸워서라도 미국과의 중요한 약속을 이행하려 했다는 점을 알고 있었다. 2004년에 다수의 반대에도 불구하고 노무현은 이라크 연합군에 남한 병력 3천명을 파견했다.*
한국정부의 파병 철회를 요구하는 이라크 무장단체가 한국인 한 명을

---

* 알렉산더 버쉬바우(Alexander Vershbow) 주한미대사는 잘못된 이유를 위해 옳은 결정을 하려 한다며 노무현을 비판했다. 즉, 북한을 포용하려는 그의 노력에 대한 미국의 지지를 얻기 위해 파병을 이용한다는 것이었다. 노무현은 후에 공개적으로 이라크 파병은 '역사적 잘못'이었다고 말했다.

살해하는 사건이 발생한 후에도 추가파병을 감행했다. 한미 자유무역협정을 요구하는 여당과는 반목했는데 결국 2011년 양국에서 비준안이 통과되었다. 미국 정부 고위급 다수는 노무현과 그의 정책들을 무시하는 경향이 있었고, 이는 양국관계가 더욱 상충하고 있다는 지배적인 의견을 양 정부 모두에서 강화시켰다. 그러나 부시는 이런 의견에 동의하는 입장은 아니었다.

노무현은 모든 면에서 전직 대통령과 다른 면모를 보였다. 그에게는 강대국에 충성하는 방식으로 대한민국 국익을 걸어서는 안 된다는 완고한 믿음이 있었다. 이런 생각으로 인해 2004년에서 2005년에 걸쳐 한국 정부에서는 미국의 관점에서는 잘못되고 파괴적 이분법적 논리인, 한미동맹의 가치 對 국가주권의 중요성에 대한 논의가 촉발되었다. 이 경우 '주권'이라는 것은 북한과의 관계를 진전시키고자 하는 욕구와 한미 동맹 중에서 어느 것이 더 중요한가를 가늠해보려는 욕구로 비쳤다. 미국이 보기에 한국의 국제적 안보와 그동안 한국이 이뤄낸 경제 정치적 발전은 한미 동맹이 바탕이 되었기 때문에 가능했다는 믿음이 있었으므로 남한의 저울질이 말도 안되게 느껴졌다. 그 결과 美 안보 담당자들은 과거 몇 십년간 어려운 시기마다 종종 도달했던 지점에 이르렀다. 현 한국 정부의 피튀기는 상황을 무시하고 한미동맹을 더욱 공고히 하는 새 정책을 짜야 한다고 결심한 것이다. 그러나 美 정부의 의견에 찬성하는 남한 인사들조차, 미국이 한국의 정서를 이해하고 안보에 대한 우려를 잠재워야 할 때 그러한 전략적 접근방법을 택한 것은 잘못이라고 생각했다.

결과적으로 미국의 의도에 대한 우려와 한미 안보동맹의 미래에 대한 양측의 오해가 노무현 정권 내내 뿌리 깊은 문제가 되었다. 이 격랑의 시기 동안, 지난 몇 십년간 쌓아온 한미동맹과 양국의 인사 간의 개인적 유대관계가 상황의 악화를 막는데 얼마나 중요한 역할을 하는지가 증명되었다. 노무현 자신은 한미동맹에 반대하는 입장은 아니었으며 오히려 그것을 남한 안보와 전반적 안전에 있어 중대한 요소로 인지하고 있었다. 취임 시 노무현 대통령은 보좌진에게 최우선과제는 미국과의 밀접한 관계 유지에 있다고 말했다. 양국관계 경색을 불러왔다는 비난을 사기도 했지만, 노무현은 그를 지지하지 않았던 사람들의 생각보다는 그 당시 그가 처한 상황에서 한미관계를 잘 유지해 왔다고 볼 수 있다. 그의 재임 동안 발생했던 문제들에 대한 인상이 여전히 강하게 남아있긴 하지만 그가 대통령으로서 한미관계를 지탱했던 성과는 적지 않다.

무뚝뚝하고 때론 자제력이 부족해 보였던 노무현은 대중에게 연설할 때 말 때문에 의심을 사곤 했다. 2005년 4월 터키 방문에서 노무현은 '실무진들'이 한미동맹의 점진적 변화라는 '큰 그림'에 대한 이해가 부족하다는 발언으로 국내에 논란을 일으켰다. 노 대통령에 따르면 이들은 시간의 흐름에 대한 이해 없이 '암울하고 기이한' 발언을 한다는 것이다. 노무현의 발언은 국내에서 불같은 논쟁을 일으켰으나, 으레 그랬듯이 이번에도 그는 긁어 부스럼을 만들었다. "내가 가장 신경 쓰는 것은 대한민국 국민이다. 일부 고등교육을 받은 국민들이 미국인보다 더 강한 친미성향을 보인다. 대한민국 국민이라면 대한민국 국민답게 생각하고 결정을 해야 한다. 한미동맹의 방향성에서 가장 중요한 것은 미국 시민들의 아시아적 질서에 대한 인식과 대한민국 국민들의 아시아적 질서에 대한 인식을 효과적으로 조정해서 올바른 결정을 내리는 것이다."

미국인보다 '더 친미성향을 보이는' 사람들의 반감은 남한 언론에서 격분을 불러 일으켰다. 노무현 대통령 발언에 대한 비판에 맞서 청와대 홍보수석은 "국익을 수호하면서 한미동맹을 지키는 것이 대한민국 대통령의 임무입니다"라고 답했다. 홍보수석의 발언 또한 정부가 한미동맹과 국익을 분리해서 생각한다는 인상을 다시 한번 심어주었고, 미국인보다 '더 친미성향을 보이는' 사람들을 두고 자국보다 미국의 국익을 우선시한다고 비난하는 듯한 느낌을 풍기면서 사태를 더 악화시켰다.

몇 달 뒤 한미 관계는 중대한 어려움에 봉착하게 된다. 신라호텔 연회장에서 양국 최고위급 안보 관계자들 간의 한미 연례안보협의회의(ROK-US Security Consultative Meeting: SCM)가 있었다. 김숙 외교부 대표가 이종석 국가안전보장회의(National Security Council: NSC) 사무처장의 지시를 받고 한국은 연례회의 연설에서 핵우산에 대한 언급을 피하고자 한다고 미국 측에게 알렸다(NSC는 사전에 북핵 문제를 해결하고자 하는 외교적 노력에 긍정적 환경을 제공하기 위해 핵우산이라는 용어를 쓰지 않기로 논의했다). 미국 측 관계자들은 할 말을 잃었다. 연례안보협의회의는 몇 십 년 동안 핵우산이라는 용어를 사용해왔다. 갑작스런 용어 삭제는 중대하고 불가해한 변화였으며 자칫하면 한미 동맹이 느슨해졌다고 북한이 오해할 소지를 만들 수 있었다. 길고 심각한 논의 끝에 미국은 김숙 대표에게 "핵우산 언급이 없다면 더 이상 코뮈니케도 없다"고 전했다. 김숙 대표는 곧 NSC 만찬에 참석 중이던 이종석 사무처장에게 이를 전했다. 이 사무처장은 사전에 외교부로부터 용어 생략이 큰 문제를 야기할 수 있다는 경고를 받았음에도 미국의 단호한 입장에 놀랐다. 그는 김숙 대표에게 확인할 게 있으니 기다리라고 하고는 몇 분 후 다시 전화를 걸어 핵우산 용어 삭제를 취소했다.

대한민국 정부 내부의 의견 불화로 한미 양국 간 입장차이는 더욱 도드라졌고 양국 동맹은 서서히 와해되고 있었다. 일부 美 정부 관계자들은 노무현의 최측근 보좌관인 이종석 처장이 군사안보문제의 미묘함을 잘 이해하지 못하고 있다고 생각했다. 남한 군사 관계자들이 청와대의 의사결정과정에 참여하지 못하고 있음을 미국 측 관계자에 토로했을 때, 미국 정부의 의혹은 갈수록 증폭되기만 했다. 미국의 국가안전보장회의 직원들은 청와대 측 관계자들과 개인적 유대를 쌓으려 부던히 노력했고 일부 성공했다고 자평했다. 문제는 양국 간 인식차이가 심각해지고 일부 사람들 간의 개인적 인상이 경화되었던 것이다.

남한의 군부는 김대중 정권 이후로 정책에 불만을 품고 있었다. 군부는 비무장지대를 통과하는 기찻길 마련 등, 남북 관계를 개선하고자 했던 김대중 정권의 여러 조치들이 남한 안보를 해치고 나쁜 선례를 남겼다고 생각했다. 국가 안보 보장의 책임을 진 이들에게, 비무장지대를 가르는 기찻길은 남북을 잇는 길이 아닌 북한의 무장 공격을 가능케하는 통로였다. 이런 우려는 노무현 정권 내내 계속되었다.

하지만 그러한 비난은 거세지긴 했지만 항의 수준을 넘어서진 않았다. 국가 안보에 관한 우려가 있을지언정 문민정권에서 군사 쿠테타 발생 가능성은 이제 거의 없다고 여겨졌다. 대신 군부 관계자들은 추후 정권교체의 가능성을 예견했다. 다음에는 보수파가 정권을 잡을 것이기에 많은 사람들이 잘못 생각하고 있는 것을 바꿀 기회가 올 것이라 예상했던 것이다. 사실 정치적으로 결단력 있는 남한 군사 관계자들은 정부를 상대로 관료주의적인 공간을 내주고 게릴라 식 전략을 사용하며 때를 기다렸다.

비무장 지대를 둘러싼 우려는 한국과 미국에만 국한되지 않았다. 북한 또한 비무장 지대를 가르는 기찻길 건설은 한미 병력이 빠르게 북한으로 진입할 통로가 마련되는 것은 아닌가 걱정했다. 남한 관계자들은 北과의 회담에서, 김정일이 기찻길 건설 현장에 자국 군인을 투입하려 한다는 사실을 알게 되었다. 김정일은 장성들을 모아 위원회를 결성하는 대신 군인들을 기찻길 건설 계획에 투입하도록 하려 했다. 당시 기찻길 하나와 도로 두 개를, 하나는 동부에 또 하나는 서부에 건설할 예정이었다.

한미 양국 관계에서 가장 성가신 문제 중 하나는 전시작전통제권(Wartime Operational Control)의 환수였다. 이는 남한이 중견국가로 발돋움하고 미국 의존도를 벗어나려는 상당한 심리적 의미를 지닌 문제였다. 그러나 전시작전통제권 환수는 오랜 시간 다져온 양국 안보 구조의 변화를 가져올 수 있었다. 이론적으로는 북한정부에 한미 동맹에 틈이 생겼다는 인식을 주고 한미 양국이 북한 공격에 대응하는 능력이 약해져서 전쟁 억제력이 약화될 수 있다. 노무현과 사사건건 시비가 붙어온 보수주의자들은 전시작전통제권 환수는 한미동맹을 약화시키려는 대통령의 술수라고 주장했다. 퇴역 장군들은 이를 끔찍한 생각이라면서 반대했다.

수십 년간 전시작전통제권 환수 문제는, 위기의 상황에서 남한이 북한에 대처할 능력을 발휘하지 못하도록 미국이 그 권리를 이용해왔다고 생각하는 남한 지도자들에 의해 여러 번 제기되었다. 그러나 이번만은 달랐다. 이번엔 미국이 먼저 전시작전통제권 환수를 요청하고 나섰다. 백악관에서는 한미동맹이 약화되는 방식으로 양국관계를 재구성하려는 노무현 행정부의 움직임을 알아채고 그것에 선제적으로 대응하고자 한 것이었다. 먼저 선수를 침으로써 미국은 전시작전통제권 환수에 필요한 복잡한 절차를 만들고 한미동맹을 공고히 할 수 있다고 생각했다. 미국이 먼저 환수제의를 했다는 충격에서 남한 군부가 회복되고 나서도, 한동안 양국은 환수 시기에 대해 서로 공방을 벌였다. 남한 군부에서는 다음 정권교체 시기인 2012년에 환수하기를 주장했다. 미국은 더 이른 2009년을 제시했는데 남한에서는 엄청난 논란이 일었고 일부에선 도널드 럼스펠드 국방부장관이 남한의 반미감정에 대한 처벌을 하는 것이라는 우려가 다시 일었다.

럼스펠드 장관은 마음에 안 드는 남한의 정책이 있었지만 전 세계에 퍼져있는 미군 병력과 관계있는 더 큰 문제를 해결하고자 했다. 2001년 7월 래리 디 리타(Larry Di Rita) 보좌관에게 보낸 기록에서 럼스펠드 장관은 일본과 한국과 같은 우방들이 환수 문제에 더 책임감을 발휘해야 한다고 적었다. 그는 또한 주한 미군 기지의 축소 시기가 이미 지났다며 서울 한가운데에 자리한 용산기지를 남쪽으로 이전할 것을 제시했다.

더 유연하게 대응하고 비용이 적게 들도록 한미동맹을 재조정하기 위해서는 남한의 보수주의자들이 이해하거나 받아들이기 힘든 변화가 필요했다. 럼스펠드가 퇴임한 2007년이 되어서야 미국은 전시작전통제권 환수일을 2012년 4월로 최종 결정했다. 2009년에 들어선 이명박 정권이 당시 북한의 공세를 이유로 환수일을 연기할 것을 제안했고, 2010년 6월에 양국은 2015년 12월에 환수하기로 다시 결정했다.

고조되는 긴장감

2003년 초 미국이 한반도에서의 병력 배치를 재조율하며 이라크 공격을 준비하고 있을 때 핵 문제가 불거졌다. 북한은 빠른 속도로 핵 프로그램을 재가동했고 8천 개의 핵연료봉 재처리를 시작했다. 이 정도면 핵무기 제조에 필요한 플루토늄 약 25킬로그램을 수용할 크기였다. 외교적·군사적으로 이라크 전쟁 준비 막바지에 모든 힘을 쏟았던 미국은 한반도에서 일어나는 사건에 집중할 여력이 없었다. 게다가 공식적으로는 미국이 두 개의 전쟁을 치를 수 있다는 입장이었지만, 이라크 전쟁에 매여있는 동안 한반도에 전쟁이 발발하더라도 북한을 '저지'하는 것 이상은 할 수 없다는 사실을 美 군사 기획자들도 잘 알고 있었다.

美 국방부가 북한에 대한 군사 행동을 계획하고 있다는 소문이 돌고 강경파 사이에 이를 지지하는 움직임이 거세긴 했지만, 한반도에서 군사적 해결은 당시 상황에서 가능한 방법이 아니었다. 부시 대통령 스스로도 원치 않는 방법이었다. 미국은 북한이 한미 동맹이 시험에 들도록 군사 도발을 하며 이라크 전쟁을 악용할까 우려했다. 만일의 사태 방지를 위해 미국은 강력한 군사무기와 전투기를 태평양으로 보내 경고 수준을 높이기로 하였다. 만약 이 전쟁 제지 계획이 실패하면 美 국방부는 북한 공격에 대비하여 추가 병력을 배치하려 했다.

미국은 한반도에 군사행동을 할 계획이 없었지만 북한은 이를 확신하지 않았다. 병력 증강에 대한 뉴스를 주시하며, 북한은 이례적이고 미군이 예상치 못했던 방식으로 대응했다. 2003년 3월 2일 아침 북한은 대담한 첫수를 두었다. 동해에서 북한 소속 미그 전투기 네 대가

美 소속 RC-135S 정찰기 한 대와 충돌 직전까지 갔다. 북한 전투기는 일반적으로 지상에서 가깝게 움직이기 때문에 북한 동해안에서 241km에 떨어진 상공에서 비행한 것은 이례적인 일이었다. 그날 북한 전투기의 위협은 美 정찰기에 대응하기 위한 갑작스러운 조치가 아닌 계획과 준비 끝에 나온 행동이었다. 일반적으로 항공기는 작전 명령에 대기하기 위해 다른 지역의 항공 기지로부터 운반된다. 준비과정을 탐지하진 못했지만 사건이 일어나기 바로 전 주에 어떤 정황이 있었다. 2월 말 중국에서 북한은 미국의 태평양과 한반도 주변에서 벌어지는 군사 행동을 비난하고 정찰기를 주시하기 시작했던 것이다.

북한 전투기는 비무장 미국 정찰기에 바짝 붙어 비행했지만 적대적 행위는 없었다. 보도에 따르면 전투기 중 한 대가, 허세였는지 진중한 의도였는지는 몰라도, 발포 명령을 내려달라 중앙 기지에 연락했지만 허락이 떨어지지 않았다. 20분간의 위협 끝에 美 정찰기는 오키나와의 기지로 돌아갔다. 북한이 전투기를 정찰기와 맞닥뜨리게 한 것은 美 정부에 물러서라는 경고 메시지를 보낸 것과 다름 없었다. 북한 군부는 틀림없이 김정일 위원장에 작전 성공을 보고했겠지만, 이 사건은 일주일 이상 언론에 등장하지 않았다. 그러다 아마 미국이 태평양 지역에 긴장을 고조시키지 않았더라면 전투기 '사건은 절대 일어나지 않았을 것'이라 주장하는 장문의 기사가 당 일간지에만 등장했다.

3월 초 전투기 사건이 일어나는 동안 영변의 핵 개발은 중대한 단계로 들어서고 있었다. 1월 10일 북한은 핵 확산 금지 조약의 탈퇴가 바로 다음 날 발효된다고 밝혔었다. 애초에 했던 30일 전의 탈퇴 통지가 1993년 6월 30일에 보류되었을 당시 탈퇴 발효가 24시간밖에 남지 않았었다는 근거였다.* 1월 말 미국 언론은 1994년부터 국제원자력

기구(IAEA)의 사찰을 받아왔던 냉각수조로부터 폐사용 연료봉 수 천 개를 실은 트럭을 美 인공위성이 포착했다고 밝혔다. 강을 건너면 수 킬로미터 이내에 재처리 공장이 위치해 있었다. 美 정보국에서는 트럭이 실제로 연료봉을 운반했는가의 여부로 논의가 분분했다. 나중에야 연료봉이 재처리 공장으로 운반되었음이 명확해졌다. 북한을 방문한 美 대표단은 北이 1월에 사용 연료를 모두 재처리하기 시작했고 6월이면 마무리된다는 말을 들었다.

2003년 초반 한 북한 관계자는 오랜 기간 핵개발을 지지한 세력이 권력을 장악하기 시작했음을 외부 소식통에 전했다. 그들은 핵개발을 성공시킬 때까지 이를 멈추지 않을 것이라고 덧붙였다. 3월 12일 UN 북한 대사는 북한과 몇 년간 접촉해온 前 미국 대사인 도널드 그레그에게 美 정부가 양자 회담을 빠른 시일 내로 추진하지 않으면 북한이 다단식 미사일 발사나 재처리 가속화 등의 조치를 취할 것이라 전했다. 그는 첫 단계는 '이미 시작되었다'고 말했다.

핵 프로그램 재기에 그토록 노력을 기울이는 북한이 후퇴할 가능성은 없어 보였다. 그러나 북한은 미국이 이라크에 집중하기 위해서라도 한반도에서의 위기를 피하기 위한 양자 회담의 가능성을 그 메세지를 듣고 타진해보리라 계산했다. 결국 북한은 양자회담을 피하고만 싶어하고 북한과 진지한 외교 관계는 생각지도 않는 미국의 의중을 전혀 눈치채지 못한 것이다.

※ 이 발언은 북한이 꼼꼼하게 세부사항을 살폈다는 것을 보여준다. 북한의 조치가 법적으로 문제가 없다는 것이다. 한 관계자는 북한은 군 관계자들이나 정치가들이나 모두 법에 능통했고 '사각지대'를 잘 알고 있었다고 전했다.

6자회담이라는 신기루

2003년 3월, 다자간 외교가 향후 몇 년간은 관심을 받을지언정 막다른 길에 다다랐다는 것이 증명되었다. 당시 미국에서 보고 들은 바로 인한 중국의 우려는 점점 커지고 있었다. 중국이 북한을 저지하지 못할 경우 미국은 이라크에서처럼 연합군을 조직해 북한에 대응하겠다는 경고가 있었던 것이다. 콘돌리자 라이스 前 국무장관은 회고록을 통해 이 경고는 중국을 겁주어 행동에 나서게끔 유도했던 거라고 밝혔다. 그런 의도였다면 부분적인 성공은 거둔 셈이었다. 미국의 경고로 중국이 북한에 압박을 가하진 않았지만, 그 경고 덕분에 중국은 핵 프로그램이 지닌 물리적 위협보다는 그것이 일으킬 일련의 영향을 고려하며 그 위험성에 대한 토론을 하게 된 것이다. 북한 핵 프로그램은 이 지역에 불안정을 가져오고 중국의 경제에 위해가 될 수 있었다.

상황이 극단적으로 흘러가지 않게 중국은 결국 뒷문 전략을 선택했다. 첸치천 외무관료(1992년 한중 국교 정상화 결정으로 격노한 북한을 달랬던 중국관료)는 김정일 위원장과 논쟁적 대담을 가진 뒤, 북한을 재촉해 미·중·북 3자회담에 참석하도록 했다. 그리고 그것이 다시 북미 양자회담으로 이어지리라 의도했다. 그래야만 그 시점에서 북한을 회담에 참석하도록 설득할 수 있었다. 하지만 미국은 여러 번의 3자회담에는 동조하지 않았고 한 번만 참석할 것이라고 밝혔다. 결국 4월 24일부터 25일까지 3자회담이 열렸지만 아무런 결과도 내지 못했다.

3자회담에서 기회를 얻은 북한의 리건 대표는 제임스 켈리 차관보에게 모호하면서도 심상치 않은 발언을 했다. 켈리와 리건은 만찬에서 바로 옆에 앉아 영어로 대화했다. 만찬이 끝나고 리건은 통역사를 불러 켈리에게 한국어로 말했다. "북한은 1994년에도 핵무기를 보유했었다. 그때는 왜 심각하게 받아들이지 않았나?"＊ 뒤이어 "북한이 능력을 '발휘'할 수도 있고 핵 물질을 '전달'할 수도 있다"고 경고했다. 하지만 그는 이 말을 누구에게 전달하라고는 명확히 밝히지 않았다.

리건의 발언은 북한이 핵기술과 무기를 확산시키겠다는 위협과 핵실험을 강행하겠다는 경고로 해석되었다. 켈리가 이를 백악관에 보고하자마자 이는 바로 언론에 흘러들어갔다. 부시 대통령은 이를 '협박'이라 칭했다. 그러나 발언 시기가 사담 후세인 이라크 대통령의 동상이 무너진 지 몇 주 뒤인지라 아무도 미군을 제지할 수 없는 상태였고, 美 대통령의 전략이 성공을 거두었다고 여겨지고 있던 때임을 감안하면, 그것은 한달 전 태평양에서 북한의 미그전투기가 미국의 정찰기를 위협에 몰아넣었을 때처럼, 단지 약소국이 강대국에게 덤비려다 만 것 이상으로는 해석되지 않았다. 이는 또한 영변에서 사용연료 재처리가 한창 이루어지는 와중에 핵무기에 대해 공공연하게 알리려고 북한이 결정한 시기와 맞아떨어졌다. 4월 초 처음으로 북한은 자국을 보호하기 위한 '물리적 전쟁 억제력, 상당한 군사 억제력'의 필요성을 이야기했다.

북한은 리건의 발언을 언론보도하진 않았지만, 5월에 부시의 '협박' 발언과 관련해 3자회담에서의 자신들의 입장을 명확하게 말했을 뿐이고 '위협이나 협박이 아닌 정당한 자위적 조치'를 취했다고 주장

＊ 사실 북한은 1994년 제네바 회담 때 미국에 이와 같은 발언을 한 적이 없었고, 그해 다른 어떤 자리에서도 그런 말을 한 적이 없었다.

했다. 몇 달 뒤, 북한은 리건이 켈리에게 전했던 발언으로부터 꽁무니를 빼면서 핵물질 '전달' 의도를 몇 번이고 강조하며 부인했다. 그리고 6월 9일에는 美 정책에 큰 변화가 없다면 '핵 억제력'을 갖겠다고 발표했다. 북한은 두 가지 입장을 취했다. 암묵적으로는 핵무기가 있다고 주장한 리건의 발언을 부인하고 다른 한편으로는 공공연하게 북한이 핵무기 프로그램을 갖고 있다고 밝혔다.

리건은 북한의 공식적인 태도와는 상관없이 3자회담 만찬장에서의 일로 일부 미국인에게 다루기 힘들고 욱하는 사람으로 알려졌지만, 뉴욕주재 북한 대사로 수년간의 대미 교섭 경험이 있는 그의 이미지는 북한 내에서 아마 그 어떤 손상도 입지 않았을 것이다.

3자회담이 시작과 동시에 막다른 길에 이르자 미국은 일본이 요구했던 큰 규모의 다자간회담 계획을 다시 세웠다. 일본은 2002년 고이즈미 준이치로 총리가 김정일 위원장을 만난 평양에서 다자간 회담을 언급하고자 했었다. 그러나 당시 북한은 준비가 되지 않았다는 이유로 거절했다.＊ 그러다 2003년 8월 베이징에서 6자 회담이 개최되어 2년간 지속되었다. 의미 없는 수사에 지나지 않은 회담 내용에 대한 동의가 있었음을 선언하며 매 회기 말에 '의장성명'을 내자는 중국의 주장이 없었더라면 이 회담은 아마 종말을 고했을지도 모른다. 의장성명은 최소한의 합의를 담았는데 회담을 지속시키기에는

＊ 6자회담을 거론한 당사자들이 많았다. 미국은 자국이 개최 아이디어를 냈다고 주장했고 일본, 중국 심지어 러시아까지 같은 주장을 했다. 북한은 이런 주장을 하지 않았다. 그들은 6자회담이 수다의 장에 지나지 않는다고 종종 불평했다.

충분했다.

　당시 미국 정부는 6자회담의 세팅을 순전히 계산적으로 생각해 보자면 5:1의 구조가 될 가능성이 컸으므로 이것이 북한에 새롭고 유효한 압박이 될 거라 생각했다. 더 나아가 다자 관련성 때문에 북한이 바로 합의를 위반할 수 없을 것이라 여겼다. 결국 얼마 후에 이런 생각은 나머지 국가들의 지지를 얻어 6자회담은 중국이 북한에게 유효한 압박을 넣을 수 있는 도구로 여겨졌다. 이런 압박은 미국으로서는 발휘할 수 없는 것이었다.

　중국의 대북 압박 가능성을 점쳐보는 것은 매력적이지만 결국엔 허망한 기대일 수밖에 없었다. 2002년 10월 말 켈리 특사가 평양을 방문하고 얼마 지나지 않아, 부시 대통령은 장쩌민 중국 국가주석을 텍사스 크로포드(Crawford) 목장으로 초대했다. 미국은 중국 주석이 핵무기 없는 한반도라는 목표에 지지를 표명한 것을 두고 기뻐하긴 했지만, 부시에 따르면 장쩌민은 북한은 신경 쓸 바가 아니라고 말했다고 한다. 장쩌민은 당시 미국이 북한에 군사 행동을 할까 우려했고 상황이 정리되길 바랐을 것이다. 그럼에도 불구하고 중국은 지금까지 또 앞으로도 자주 북한으로 인해 골치를 썩을 만큼, 그때나 그후로도 북한에 대한 지속적인 압력 행사에는 관심이 없었다. 중국정부 생각으론 북한문제는 관리 가능한 선에 있었기 때문에 중국이 추구하는 여타 중요한 우선 사항에 위협이 될 만하지 않았다. 최고의 위기 관리는 위기를 피하는 것이라 여겼던 중국이었다.

　처음부터 6자회담은 여러 가지 어려움에 마주쳤다. 6자회담의 근본에는 이미 큰 흠이 있었다. 6자회담은 미국정부가 북미 양자회담을 피하기 위해 고안해낸 것이었다. 양자회담은 북한에 유리하다는 판단

착오였다. 그러나 실제로는 미국이 양자 회담을 피할수록 6자회담은 성과를 낼 수가 없었다. 북한은 다자간회담 진행 속도를 조절했고, 미국과의 진지한 양자 접촉기회를 얻기 전까진 계속 그런 방식을 쓸 터였다. 게다가 미국 정부가 클린턴 때와 같은 식의 접근 방식을 쓰지 않으려고 끝없는 내부 정쟁만 일삼는 바람에 2003년부터 2005년까지 6자회담은 거의 아무런 성과도 내지 못했다. 북측과의 회담을 '협상'이라고 표현하면 그들은 극렬한 거부감을 나타냈다. 북한도 말했듯이 영변 핵시설 '동결'이 새로운 합의로 나아가는 첫 번째 단계임에도 '동결'이란 단어를 기피했다. 미국에게 논해서는 안될 가장 큰 금기사항은 북한이 핵 능력을 민간 목적으로 사용할 권한이 있다는 암시였다. 미국의 이런 입장은 중국과 러시아, 심지어 남한과의 관계까지 어그러뜨렸다. 남한은 5:1(5자 對 북한) 구도가 현실화되지 않기를 바랐다.

그러는 와중에 북한 핵개발 프로그램은 거침없이 발전해나갔다. 6자회담 1차회의가 마무리되고 한달 정도 지난 2003년 10월 초, 북한은 민간 필요가 아닌 '핵 억제력' 증강을 위한 용도로 사용 연료봉 재처리 목적을 변경하겠다고 발표했다. 핵 억제력은 북한이 몇 달 전 핵 프로그램의 존재를 인정하면서 썼던 단어였다. 그달 말 북한은 회의론자들에게 '적당한 시기에' 핵 억제력을 선보이겠다 발표했고 오래 지나지 않아 그것은 사실로 확인되었다.

핵무기의 등장

2004년 1월 북한은 외교적 해결이 정체되는 동안 핵개발 프로그램이 얼마나 진척될 수 있는지 보여주기 위해 '투명성'이라는 계산된 제스처를 취하며, 존 루이스(John Lewis) 스탠포드 대학 교수가 이끄는 대표단에 영변 핵시설을 공개했다. 북한 엔지니어들은 로스 앨러모스 국립연구소 소장을 지낸 플루토늄 전문가 지크프리트 해커(Siegfried Hecker) 박사에게 봉인된 유리병 두 개를 건넸다. 하나에는 푸른빛의 플루토늄 화합물이, 다른 하나에는 얇은 막의 금속 깔때기가 들어 있었다. 북한 엔지니어들은 그것이 작년 재처리 공정의 결과물이라 설명했다. 해커박사는 유리병 안을 살펴보고 그것이 가공된 플루토늄일 거라 결론지었다. 그가 맞다면 이는 북한이 실제로 핵폭탄을 만드는 절차에 들어섰음을 의미했다.

 미국에 돌아간 해커 박사는 과하지 않은 선에서 북한 핵프로그램의 진척 정도를 증명할 논거를 제공하기 위해 가능한 한 조심스럽게 북한에서 본 바를 설명했다. 해커 박사의 보고 후에도 美 정책에는 변화가 없었다. 美 정부는 북한이 기대했을거라 생각한 미국과 동맹국의 당황하는 반응은 보이지 않기로 결심했다. 콜린 파월 장관은 북한의 핵무기 개발 능력에 대한 질문을 받으면서 동요하지 않는 모습을 보였다. 초반에 그는 북한은 경제에 더 신경을 써야지 플루토늄을 먹고 살 수는 없다고 강조했다.

 북한은 6년간 여러 차례 美 대표단을 영변 핵시설에 초대했다. 매번 핵개발 현장의 실재를 공개적으로 보여주려는 의도가 있었다. 필자가 책을 쓰고 있는 지금 기준으로 마지막 현장 방문은 2010년 11월 중순에 있었다. 루이스와 해커, 로버트 칼린(Robert Carlin)이 초대되어 약 2천 대의 원심분리기를 보유한 현대식 우라늄 농축 시설을 빠르게 훑어보았다(북한에서는 우라늄 농축 '작업장'이라 불린다). 북한이 하필 그 시점에서 핵개발 진척 상황을 공개한 이유는 지금에 와서도 명확하지 않다.* 대표단 방문 하루 뒤, 美 외무부 수행원 중 한 명이 칼린에게 "직접 보니까 마음이 안 좋으시죠?"라고 물었고, 왜 그렇게 생각하냐는 물음에, 그는 짐짓 걱정스런 표정으로 눈살을 찌푸리며 "보신 후에 표정이 이렇게 되셨거든요"라고 답했다.

북한 정부는 공식·비공식 채널과 거의 모든 수단을 동원하여 핵개발 프로그램의 다음 단계와 진척 정도를 미국에 고지했다. 2004년 북한 외무성 성명은 영변 핵시설에 美 대표단을 초대한 이유를 설명하며 "투명성이 현실적 사고의 근거이며 동시에 문제의 해결책이다"라고 주장했다. 계속해서 "우리는 속임수를 쓰지 않았다"고 말했다. 기회가 될 때마다 우리는 대중에 공정하고 공명정대한 핵개발 활동을 보여주고 외교 채널을 통해 이를 미국에 알렸다고 덧붙였다.

일부에서는 도발행동으로 생각되는 北의 통지를 투명성의 상징이기보다는 '협박'으로, 美 정부로부터 최대한의 양보를 끌어내려는 속셈으로 여겼다. 다른 일부에서는 이를 김정일 위원장이 미국과의 관계를 개선하려는 노력의 연장선으로 보았다. 2000년 10월에 거의 다 다른 적이 있었던 보다 발전된 양상의 對미 관계를 다시 회복하길 바라고 있다는 것이다. 하지만 김정일 위원장이 핵개발 속도를 늦출지

✽ 해커의 저서 '북한 영변 핵시설 재방문'(스탠포드 대학, 국제안보 및 협력 센터, 2010년 11월 20일)에 따르면, 북한은 방문단에게 재촉하며 시설을 보여주었다. 방문자에게 보여주길 원치 않지만 그렇게 하도록 지시 받았다고 했다. 북한은 그리 확정지어 말하진 않겠지만, 디자인과 부품에 관한 설명으로 미루어보아, 설치된 원심분리기는 P-2라고 알려진 것으로 높은 생산율을 자랑하는 모델이었다.

의 여부는 확인할 길이 없었다. 2003년 영변 핵시설을 재가동한 뒤에 핵개발을 번복할 일은 더 소원할 터였다. 이후로 4년이 지나서야 미국은 북한의 입장을 파악하려는 진지한 노력을 시작했다.

우왕좌왕한 1년

멈춘 협력관계에 시동을 걸려했으나 실패로 끝나고 美 정부의 對북 선전포고가 효과적 외교를 막는다는 증거들이 나오자 남한과 일본은 北을 외교무대로 이끄는 노력을 배가할 필요성을 느꼈다. 北은 이에 긍정적으로 반응할 터였지만 뜻밖의 사건이 일어나 이를 막았다.

  2004년 초반 남북관계는 괄목할만한 발전을 이루는 듯했지만, 3월에 미미한 선거법 위반으로 인한 노무현 대통령 탄핵 소추로 곧 정체되고 말았다. 북한은 남한이 '혼돈'을 반영하는 사태를 겪고 있다고 판단했다. 북한은 이 상황을 이용하지는 않았지만, 남북회담 장소를 서울이 아닌 평양으로 정하자며 최악의 제안을 건넸다. 북한이 국내 문제에 끼어든다는 항의가 남한에 일자, 평양은 비난조를 거의 숨기지 못하고, 남한 대통령은 북한의 실질적 회담 대화 상대이므로 만약 그가 탄핵된다면 당연히 그것은 북한에 영향을 끼칠 이슈가 될 것이라 했다.

  헌법재판소는 5월 노무현 대통령 탄핵 기각 결정을 내려 다시 대통령직을 수행토록 했다. 그러나 남북관계는 다시 한번 큰 벽에 부딪히게 된다. 2004년 7월, 400명 이상의 탈북난민이 발생했다. 이들은 중국에서 베트남 호치민시를 거쳐 서울 남쪽에 위치한 비행장에 도착하고자 했다. 중국은 탈북 난민에 적대적이기 때문에 탈북자들은 중국을 지나 좀더 안전한 동남아시아나 몽골로 가는 더 힘든 루트를 택해 그곳에서 한국입국을 신청했던 것이다. 2004년 초 호치민시에 도착한 탈북 난민들의 수가 많아지자 그들을 남한으로 운송할 비상수단의 필요성이 대두되었다.

　노무현 정부는 탈북난민 문제에 대해 미온적인 태도를 취하려 했지만 곤경에 처하게 되었다. 난민들을 수용하지 않는다면 비인도적 태도로 비난이 일 것이 자명했다. 하지만 400명에 이르는 난민을 데려오게 되면 북한이 예민하게 반응할 게 분명했다. 남한 정부는 탈북 난민 수송 문제를 신중히 처리하고자 했지만 남한 언론의 생리는 그것은 불가능하게 했다. 뉴스가 흘러나가자 남한과 전세계 언론들이 지대한 관심을 보였다. 그동안 이뤄낸 남북 관계의 진척 정도를 고려했을 때 북한은 우려했던 것보다 더 부정적 반응을 보였다. 이례적일 정도의 험악한 반응은 김정일 위원장에게 남한을 잘 관리하지 못했다는 비난이 쏟아질 것을 막기 위해 남한과의 교섭을 담당하는 북한 노동당의 통일전선부가 궁리해낸 것이라는 의견이 있었다. 어쨌든 남북관계는 정체 단계로 접어들었고 그로 인한 여파는 자명했다.

　남북관계가 지체되는 동안 북한 정부는 일본과의 관계 개선을 위한 노력을 기울였다. 김정일 위원장은 5월 22일 고이즈미 총리와 두 번째 정상회담을 가졌다. 90분간의 회담 중 대부분은 납북 일본인 문제에 대한 논의로 진행되었다. 2002년 1차 정상회담에서 김정일 위원장의 인정과 사과 제스처에도 불구하고 해결에 이르지 못했던 사안이었다. 고이즈미 총리는 미국이 즐겨 사용하는 표현을 빌어, 북한에게 리비아의 전철을 밟아 핵 프로그램을 포기하는 방안을 제안했다. 보도에 따르면 김정일 위원장은 "우리는 리비아가 아니다"라고 답했다고 한다. 특히 국제연합안전보장이사회가 리비아 국가원수였던 무아마르 카다피(Muammar Gaddafi)에 대한 군사력 사용을 허가했던 2011년 3월 이후, 북한은 더더욱 이 부분을 재삼 강조했다.* 김정일은 뒤이어 고이즈미에게 자신은 미국과의 관계 개선을 원하며 "목이 아플 때까지 부시와 춤을 추고 노래하고 싶다"고 말했다.

남한과 일본 지도자 모두가 미국에 북한과의 양자 회담에 반대하는 입장을 바꾸라고 촉구할 때 미국은 여전히 북한과의 접촉을 피하며 이를 달가워하지 않았다. 7월 미국에서 열린 G8 회담에서 고이즈미는 다시 한번 입장을 바꿀 것을 제안했다. 부시는 고이즈미에 호의적이었고 그의 말을 경청했지만, 경청과 춤은 별개의 문제였고 양자회담 반대 입장은 다시 견고해졌다.

여러 측면에서 2004년은 폭발의 한 해였다. 4월에는 북한 평안북도 용천 역에서 기차 폭발 사고가 발생해 건물과 근처 학교가 무너졌다.

2004년 5월 두 번째 방북 기간 동안 고이즈미 준이치로 일본 총리와 김정일 위원장이 만나고 있다.

---

* 2011년 10월 피로 얼룩진 카다피의 시신이 찍힌 사진으로 인해 김정일은 더욱 리비아의 전철을 밟아선 안되겠다고 생각하게 된다. 美 정부는 이후에 북한을 미얀마에 빗대었다.

이것은 외부에 숨길 수도 없었고 북한정부 또한 그럴 의향이 없어 보였다. 외국 구급 전문가를 영입해 피해를 파악하고 구호 물품과 건물 재건에 필요한 건축 자재를 구했다. 북한 TV에는 부상을 입은 학생들과 학부모가 헬리콥터로 병원에 이송되는 장면이 나왔다. 이 폭발이 당시 중국을 방문하고 돌아오던 김정일 위원장이 탄 열차가 용천역을 통과한 직후 발생했다는 점을 들어 그것이 암살기도였다는 소문이 돌았지만 결국 근거 없는 루머로 판명났다. 폭발 직후 북한 당국은 북한 사회에 얼마 전 등장한 휴대폰의 사용을 금지했다. 용천역 폭발과 휴대전화 사용 금지 간의 연결고리는 불명확했지만 그러한 금지 조취로 인해 암살기도라는 추측에 힘이 실렸다. 열차에는 미사일 제작을 위해 시리아로 수송될 연료가 들어있었다는 소문도 돌았지만 이 루머 역시 근거가 없었다.

북한당국이 발표한 바에 따르면 폭발은 '질산암모늄 비료를 실은 화차와 유류를 실은 화차를 교체 연결하는 과정에서 부주의로 발생한 사고'였다. 유엔인도지원조정국 보고서에 따르면 이 폭발은 "질산 암모늄 비료와 유류를 실은 두 량의 화차가 충돌해 난 사고로, 각각 40메트릭톤(1,000㎏을 1톤으로 하는 중량단위)의 비료를 싣고 관개공사 현장으로 향하는 도중에 발생했다. 이번 대폭발 사고로 큰 분화구가 생겼고 반경 500미터 이내의 모든 것이 파괴되었다."

몇 달 뒤 남한은 또 다른 폭발 징후를 발견했다. 이번엔 꽤 큰 폭발이었다. 바로 남한과 서구 언론은 그것이 북한의 핵실험일 수 있다는 기사를 실었다. 북한정부는 그 폭발이 양강도(兩江道) 대규모 수력발전을 위해 산을 폭파하는 과정에서 생긴 것이라 보도하고 대표단을 초청해 현장을 보여주였다. 실제 북한이 첫 번째 핵실험을 했던 장소는 동남쪽으로 수백 킬로미터 떨어진 함경북도 돌산 지역임이 몇 년 후 밝혀졌다.

2004년 여름 美 대선의 열기가 끌어 오를 때쯤 북한은 지대한 관심을 갖고 그들을 지켜봤다. 북한은 외교 전문가인 존 캐리(John Kerry) 민주당 후보의 당선을 바랐지만, 현직 부시 대통령이 많은 이점이 있었기에 어려운 싸움으로 보였다. 9월 말 북한 외무성 관계자가 UN 총회 참석차 뉴욕에 방문하여 북한은 "8천 개의 연료봉을 이미 재처리 하여 무기화했다"고 기자들에게 밝혔다. 美 대선을 염두에 두고 한 발언은 아니었다. 북한은 이 발언을 보도하지 않았고, 남한 관계자들은 이전에도 비슷한 말을 들었기에 신경을 쓰면서도 무시했다. 당시 발언으로 북한 정부는 공개적으로 핵개발 제한선을 넘었다고 밝힌 셈이 되었고 이제는 되돌릴 수 없는 방향으로 나아가고 있었다.

美 대선이 끝나고 부시는 재선에 성공했다. 북한은 앞으로의 4년이 부시의 첫 임기 때와 다를 바 없을 거라 생각하고 핵개발을 적극적으로 알리는 단계로 나아갔다. 2월 10일 북한 정부는 핵무기를 제작했다고 발표하며 6자회담 참석을 '무기한' 연기한다고 덧붙였다. 한 달 뒤 북한 외무성은 핵무기와 관련한 새로운 전략의 정당성을 길고 자세하게 발표했다. 발표에는 1999년의 일방적인 미사일 개발계획 중단은 더 이상 유효하지 않다는 내용도 포함되었다.

6자회담 참석의 무기한 연기는 전략적인 조치였음이 증명되었지만, 핵무기 개발이 많은 진척을 이루었다는 것은 사실이었다. 5월 중순 북한은 5메가와트 원자로를 비웠다며 "핵 무기고 강화를 위해 필요한 조치를 취하겠다"고 밝혔다. 이는 8천 개의 사용 연료봉이 재처리 되기 직전이며 무기화될 플루토늄고에 추가될 것을 의미했다. 북한은 7

월에 6자회담에 복귀했다. 그러나 6자회담 협상자들은 회담으로는 '핵무장'을 저지하지 못한 채 핵무기 보유를 선언한 국가를 상대해야 하는 어려움에 봉착했다.

노무현 대통령은 그 당시 북한과의 협력에 대한 환상이 사라진 상태였고, 2월 핵무기를 개발했다는 북한정부의 발표에 충격과 분노를 감추지 못했다. 노무현은 상황이 정상궤도를 벗어났고 남북대화 중단 기간이 너무 길어졌음을 우려했다. 6월에 노무현은 정동영 통일부 장관을 평양에 보내 북한이 6자회담에 복귀할 경우 2천 메가와트 용량의 전기를 공급하겠다고 제안했다. 정동영은 2차 남북정상회담의 중요성을 김정일에게 역설했다. 오래 지나지 않아 북한은 6자회담에 복귀했지만 2차 남북정상회담까지는 2년을 더 기다려야 했다. 남북정상회담 성사 노력의 장기화는 노무현에게 좌절감을 안겨줬다. 그는 비핵화 문제에서 의미 있는 진전을 이루지 못한다면 정상회담으로 나아갈 수 없다고 믿었다. 그는 북한을 남북회담과 6자회담 모두에 복귀시켜야 한다는 부담을 안고 있었다.

남한이 제안한 2천 메가와트 전력은 우연치 않게 북한에 한반도 에너지 개발 기구(KEDO) 원자로가 건설될 경우 생산 가능한 용량과 꼭 같았다. 당시 금호 건설 현장의 작업이 중단되고 그곳에 투입된 인력도 대부분 철수한 마당에 KEDO의 원자로 건설프로젝트는 결코 마무리되지 않을 게 자명해졌다. 남한이 같은 용량의 전기 공급을 제안한 것은 이와 관련해서는 미국과의 싸움에서 이길 수 없다고 결론 지은 한국이 KEDO를 포기한다는 확실한 신호였다. 북한 실용주의자들은 남한이 약속한 전기공급을 빠른 시일 안에 받기는 힘들다고 예상했다. 북한은 미국의 비협조적 태도로 인해 6자 회담이 교착상태에 빠졌다고 주장하는 남한을 선봉에 배치해 돌파구를 찾게 하는 것도 나쁘지 않겠다고 생각했다. 그러나 남한의 제안을 받아들임으로써 민간목적의 핵무기 보유 '권한' 주장을 굽히는 듯한 태도를 보이고 싶지도 않았다. 몇 주 후 베이징 6자회담이 재개되었을 때 이런 점은 명확해졌다.

남한과 마찬가지로 중국도 2005년 2월의 평양 핵무기보유 선언이 달갑지 않았다. 4월에 북한 강석주 부총리와 베이징에서 가진 회담은 순조롭지 않았다. 거의 확실한 것은 중국이 강석주에게 북한의 6자회담 복귀를 주장했다는 것이다. 북미 간의 밀고 당기기 끝에 7월에 6자회담이 재개되자, 중국은 북한 핵개발 프로그램 중단 조치 논의를 위한 다음 단계의 기반을 다지기 위해 성명을 발표하고자 했다.

이 과정에서 북한이 이루고자 한 주요 목표는 경수로를 최종문서에 언급하는 것이었다. 한편 美 강경파의 주요 목표는 경수로 언급을 막는 것이었다. 6자회담에 파견된 美 대표단은 이 문제에 대해 한 발자국도 양보하지 말라는 지시를 받았다. 남한도 최선을 다해 중국과 협력하여 성명에 들어갈 단어를 고르고 있었고, 만약 경수로 문제와 관련해 북한을 만족시킬 만한 조건이 있다면 그것을 찾아내려고 애썼다. 6자 회담의 다른 참가국들은 한국대표단이 미국과 뜻이 다름을 내비치길 원한다고 생각했다. 그것이 대통령의 뜻을 전달한 것인지 아니면 북한 편에 서려는 의도였는지는 확실치 않았다.

경수로 문제 해결에 대한 의견 불일치로 회담이 교착상태에 빠지자 중국은 여러 가지 안을 마련했다. 중국 대표단은 오래되어 잊혀진 남북합의를 이용하기로 했다. 1992년 남북은 재처리와 농축 시설을 보유하지 않기로 합의한 바 있었다. 다만 민간 목적의 핵에너지에 대해

선 암암리에 수용하기로 했었다. 중국은 이 합의 내용을 장황하고, 한편으로는 해석이 애매한 문장 안에 껴넣었다. 그러나 결국 그것은 기본적인 문제를 해결하진 못했다. 美 정부는 모호하게라도 북한의 민간목적 핵무기 보유 권한을 고려하거나 인정하려 들지 않았던 것이다.

협의는 마지막 순간까지 이루어지지 않았다. 결국에 중국은 미국에 북한의 민간목적 핵에너지 보유 권한을 함축적으로 인정하는 안에 미국이 동의하지 않을 경우 아무런 합의가 이루어질 수 없다고 말했다. 송민순 남측 대표는 자국 기자들을 호텔 밖으로 불러내, 만약 미국이 경수로에 대해 중국이 마련한 타협안을 수용하지 않고 합의를 기피한다면 한미 관계에 악영향이 있을 것이라고 격앙된 목소리로 말했다. 종국에 美 대표단은 교착상태를 타개하기 위해서는 중국의 타협안을 수용하는 방법이 최선임을 파악했다. 이에 미·중·러·한·일 대표는 자국들이 민간 목적 핵 프로그램을 법적으로 지원하기 전에 북한이 충실하게 핵확산 방지조약국으로서의 의무를 다해야 경수로 논의가 이루어질 수 있다고 최종 선언했다. 2005년 제임스 켈리 국무부 차관보 뒤를 이은 크리스토퍼 힐[*](Christopher Hill) 대사는 콘돌리자 라이스 장관에게 타협안 수용의 장점에 대해 설명했다. 그 다음 라이스 장관은 만일 미국이 경수로 타협안을 수용한다면 美 정부가 그 타협안을 어떻게 해석하는지에 대해 공개적으로 명백히 밝혀야 한다고 차석위원회 참석자들을 설득시켰다.

베이징 회담에 참석한 美 대표단은 이 5차회담 동안 해결책을 모색

---

[*] 힐은 2004년 주한 미국대사로 잠시 재임한바 있었다.

해보는 것이 자신들의 역할이었음을 나중에 회고했다. 다른 참가국들은 당시 미국의 비타협적 태도를 기억하고 있었다. 그러나 결국엔 북한을 포함한 모든 참석자들이 협력하여 회담에 참석하지 않은 국가도 이해할 수 있을만한 최종 결의안을 작성하기에 이르렀다.

일반 대중들은 공동성명을 두고 결국 원래의 원칙 선언과 다름없는 것으로 받아들였지만, 미국 정부는 그것을 원칙과 견고한 노력의 필요성이 담긴, 가장 중요하게는 북한이 핵무기 생산을 완전 중단하기 위해 노력하겠다는 의지로 받아들였다. 미국은 공동성명에 명기된 각국의 책무가 중요도 순으로 정해졌고, 어떤 합의 없이도 북한의 비핵화 약속이 그 책무들 중 제1순위라고 생각했다. 북한 정부는 공동성명의 경수로 언급 부분이 합의의 기본이자 필수불가결한 요소라고 생각했다.

9·19 공동성명 초기 작성본에는 다음의 내용이 담겼다.

| 북한은 모든 핵무기와 기존 핵 프로그램 폐기에 최선을 다하고 핵무기 비확산 조약(the Non-Proliferation of Nuclear Weapons: NPT)과 국제원자력기구(IAEA) 핵물질 보장 조치에 조속히 복귀한다.
| 미국은 핵 또는 재래식 무기로 북한을 공격하거나 침략할 의도가 없음을 단언한다.
| 대한민국은 1992년 한반도 비핵화 공동선언(the 1992 Joint Declaration of the Denuclearization of the Korean Peninsula)을 준수하여 핵무기를 제공받거나 배치하지 않는다는 원칙을 재확인한다. 또한 한반도에 핵무기가 존재하지 않는다는 것을 단언한다.
| 1992년 한반도 비핵화 공동선언을 준수하고 실행한다.

| 북한은 평화적 목적의 핵 에너지 사용권한을 갖는다. 다른 당사자들
은 적절한 때 북한 경수로 보유 문제를 의논하기로 한다.

9월 19일, 회담 마지막 날에 힐 차관보는 밤 사이에 美 정부에서 보내온 미국 측 최종성명을 낭독했다. 대표단이 제안한 성명을 허가받기 위해 미국으로 보낸 것이었다. 해들리와 라이스의 승인을 받고 돌아온 최종성명은 초안과는 상당히 달랐다. 한 美 대표에 따르면, 평소 부드러운 어조를 지닌 한 법률고문도 최종성명을 받아보고는 '기절할 정도'라고 말했다고 한다. 새로 수정된 성명에는 '적절한 때'에 대한 해석이 담겨있었는데, 여느 때와 다름없이 비확산을 요구하는 강경파 대 半온건파로 나뉜 국가안전보장회의가 작성한 것이었다. 기존 성명 작성자 중 하나였던 마이클 그린은 작성을 끝내고 자리를 뜬 후 성명이 재작성되었다는 소식을 듣게 되었다. 그에게 고쳐진 선언문을 살펴볼 기회가 주어졌지만, 기밀 전화 연결 상태도 좋지 않고 시간도 너무 없었던 탓에 성명에 손을 대기는 힘들었다. 그 결과 힐 차관보가 받아본 최종 성명은 명확한 표현으로 마무리하라는 美 의원들의 지시는 충실히 따랐지만 강경파가 택한 어조와 수사로 잔뜩 채워져 있었다. 새 성명에 따르면 경수로 문제를 의논할 '적절한 때'는 북한이 '모든 핵무기 및 핵 프로그램을 제거하기 전까지 오지 않으며, IAEA 포함한 신뢰도 있는 국제적 수단으로 모든 당사자가 만족할 만큼 검증이 되어야 한다. 그리고 북한이 핵무기 비확산 조약(NTP)과 국제원자력기구(IAEA) 핵 물질 보장 조치를 성실히 이행하며 협력과 투명성을 위해 지속적으로 노력하고 핵 기술 확산을 중지했을 때' 경수로 문제를 의논할 거라고 명시했다. 새 성명은 '그럴 날은 절대 오지 않을 것'임을 북한은 물론이고 다른 당사자국들에게도 전하고 있었다.

경수로 문제의 싹을 잘라버리기 위해 미국 정부는 새 성명에서 '미국은 올해 말까지 한반도 에너지 개발기구(KEDO)의 종결을 지지한다'고 덧붙였다. 그해 여름 한국이 전기 공급을 한다는 소식이 KEDO의 미래에 먹구름을 드리운 후였고 결국 KEDO는 끝을 고하는 날짜만 받아놓은 상황이 되었다. 그러나 미국이 공개적으로 '올해 말까지 KEDO의 종결을 지지한다'고 말한 사실은 힐이 낭독한 성명에 대한 첫 보도기사에서 가장 충격적인 내용이었다. KEDO 관계자들은 처음에는 오보라고 생각했고 곧 정정보도가 나오리라 믿었다. KEDO는 아직 많은 장비를 보유하고 있었으며 북한에 100명 이상의 직원들을 파견하고 있었음은 말할 것도 없었다. 만약 보도가 사실이라면 이들의 안전이 위협에 처한 셈이었다. 뉴욕에 위치한 KEDO 본사와 KEDO와 관계된 세 국가 중 미리 언질을 받은 쪽은 아무도 없었다. 모두 상당한 정치 자금을 이 프로젝트에 쏟아 부은 당사자들이었다.

힐 대사는 이 성명이 북한을 도발하고 그동안 이뤄놓은 것을 어그러뜨릴 가능성이 있다고 생각했다. 그는 이 점을 불편하게 생각했지만 다시 수정하거나 변경하려 들지는 않았다. 美 대표단에서 다른 한편에 선 담당자들 중 일부는 북한이 힐 대사의 성명을 대수롭지 않게 생각하고 넘어가길 바랐다. 미국의 날카로운 어조를 언급한 그중 단 한 명만이 최종공동성명 도출을 위한 6자 간의 협력적 분위기로 인해 회담에 탄력이 붙었기에 그 난관을 넘어갈 수 있을 거라 생각했다.

그러나 지난 2년간 6자 회담에 아무런 성과가 없었고, 특히 앞으로 외교의 방향에 대한 틀을 제시할 기본 원칙을 설명할 적절한 단어를 찾는 데 난항을 거듭한 후, 힐 대사가 읽었던 성명은 매끄러운 문제 해결을 위해 도움이 될 만한 것이 아니었다. 일단 합의에 이른 후 해석이 달라지는 것은 일반적인 일이었다. 과거에도 미국과 북한의 협상자들이 회담이 끝난 후 결과에 대해 각각 다른 해석을 내놓은 적이 있었다. 보통 각 대표들은 언짢은 충격이 생기지 않도록 무슨 말을 발표할지 미리 모여 의논했다. 일방적 수준의 해석도 각국에 돌아가면 국민들의 정서에 맞춰 그 톤이나 뉘앙스가 바뀌는 게 일반적이었지만, 도달한 합의의 가장 중요한 부분의 의미를 퇴색시키는 법은 없었다.

미국의 성명 관련 발표는 그 어떤 뉘앙스도 없이 북한 경수로 문제를 정면으로 겨냥하고 있었다. 또한 문제 해결을 위해 공동성명에서 사용된 조심스럽고도 모호한 표현은 모두 빼버렸다. 북은 당연히 美 정부가 발표한 내용이 공동성명을 사실상 무효화했다고 간주했다. 회의실에 앉아있던 북측 대표단은 미국 대표단이 낭독한 성명 관련 발표 내용에 즉각 대응하지 않았다. 北 대표단을 이끌던 김계관은 미국이 예상 밖의 행보를 보일 경우에 대응하는 방법을 지시받지 못했던 것이다. 그는 이전에 산을 하나 올랐다면 이제 더 큰 산들이 앞에 있다며 시적으로 이 상황을 바라볼 뿐이었다. 다음 날 더 이상의 시적 표현은 없었다. 20일 北 외무성은 미국이 경수로 문제에서 물러서지 않으면 미국의 국익과 관련한 어느 조항에도 협력하지 않겠다는 경고성 성명을 내놓았다.

서양 언론은 북한이 공동성명을 통해 합의한 약속에서 발을 빼겠다는 의미로 이를 받아들였다. 이것이 힐 대사가 낭독한 도발적 메시지에 대한 예상 가능했던 북한의 반응이었다고 보는 사람은 별로 없었다. 국무부 대변인은 워싱턴의 협상 절차에서 해석이 달라지는 것은 일반적이라고 말하며 이 문제를 봉합하려 했다. 실제로 해석이 달라지는 경우는 있지만 이번은 그런 경우가 아니었다. 또한 미국의 후속 조치도 일반적이지 않았다.

힐 대사의 최종 성명 일부에는 '공식적으로' 미국이 자국과 동맹국을 보호하기 위해 북한의 불법적 활동 및 핵확산 활동에 대한 구체적 조치를 취할 것이라고 명시되어 있었다. 이는 美 정부가 이미 공표했던 시한폭탄이 던져졌음을 암시했지만 6자 회담 때문에 가려져 그때까지 폭발 직전에 있었다. 미국이 말한 구체적 조치는 9월 15일 美 재무부에서 개시했다. 미국이 북한에 국제금융제재를 취하겠다고 발표한 것이다.

북한이 성명을 낸 바로 그날, 美 연방 공보에 재무부 장관이 방코델타아시아(Banco Delta Asia SARL; 마카오에 본사를 둔 중국 은행)가 주요 자금 세탁 처리 기관이라는 주장의 근거를 찾았다는 내용이 실렸다. 마카오 소재의 이 작은 은행은 사실 이슈거리가 아니었다. 美 재무부에서 실제 겨냥한 것은 북한이었다. 재무부는 이 점을 강조하며 "북한 정부의 대표 기관들 중 일부가 자금세탁용으로 방코델타아시아를 이용한 정황이 있으며 다른 불법 활동에도 연루되어있다. 북한 정부 기관이 연계된, 마약 밀매와 상품·화폐 위조 등 광범위한 불법 거래를 저지른 대표기업들이 많이 보고되었다. 은밀하게 범죄행위로 취득한 수익은 정량화하기 힘들지만 연간 약 5억 달러에 이르는 것으로 밝혀졌다"고 말했다.

이는 방코델타아시아와 거래하는 어느 은행이라도, 또는 사실상 북한과 거래하는 어떤 은행이라도, 9.11 테러 이후 몇 주 만에 의회를 통과한 애국법 제 311조의 영향을 피할 수 없다는 것을 의미했다. 이는 미국의 적대국에 대해 미국 은행과의 거래를 금지하는 조항으로,

재무부가 배포한 자료에 따르면 "美 애국법은 재무부 장관에게 특정 자금 세탁 및 테러리스트에 재정 위험을 가하기 위해 취할 수 있는 다양한 선택권을 제공한다. 재무부는 따라서 특정 위협으로부터 美 재정 시스템을 보호하기 위해 취할 수 있는 영향력 있고 융통성 있는 규제장치를 제공받는다."

애국법과 재무부의 조치는 예상치 못한 결과를 낳았으며, 본래 의도와는 완전히 다른 목적을 위해 사용되었다. 6자회담에서 美 정부는 이런 조치가 재무부에 의한 단순한 법적 행동인 양 보이게끔 했다. 하지만 이는 외교적 방식과도 동떨어지고, 무엇보다 9·19 성명과도 거리가 먼 것이었다. 이 당시 재정 제재를 취하려는 재무부의 결정에는 복잡한 이유가 있었지만, 결과는 고통스러우리만치 명확했다. 북한을 겨냥한 재정 제재와 6자회담이라는 두 정책은 같은 선로에 놓여 같은 방향을 향하다가 결국 하나의 결과를 맞았다. 전복 사고였다.

1년이 넘는 시간 동안 미국 사법집행기관들은 북한의 다양한 불법 거래 단서를 잡으려고 했다. 부시 대통령은 미국을 불법거래로부터 보호하려는 조치는 외교적 진전을 위해 희생되거나 훼손될 수 없다는 점을 명확히 했다. 2005년 여름, 어떤 조치를 언제 취할 것인가 하는 문제가 수면 위로 떠올랐고, 동시에 6자회담 공동성명의 원칙에 대한 논란도 같이 등장했다. 여러 美 사업 기관과 외교정책국 관계자들은 재무부의 조치를 6자회담이 열려 외교적 교착상태가 타개되기 전에 발동할지 혹은 후에 발동할지 결정해야 했다(그리고 그 당시 사실 교착상태 타개 가능 여부는 불분명했다). 한 참가자에 따르면, 관계자들은 만장일치로 부시 대통령의 명령을 엄격히 수행하고 자국 및 동맹국의 이익 보호를 위한 법적 조치를 앞서 강행하기로 했다. 그 당시 재무부의 조치가 국제 금융 사회에 쓰나미를 몰고 올 거라고 예상한 이는 아무도 없었다.

재무부의 조치가 미국을 보호하기 위해서라는 명분은 다른 6자회담 당사자국들에게는 와 닿지 않았다. 남한은 껄끄러워했고 중국 역시 美 정부의 행동을 믿을 수 없었다. 미국이 6자회담에서 이룰 성과를 무시하고 상황을 심각하게 만든 것을 그들로서는 받아들이기 힘들었다. 미국 정부가 9·19 공동성명이 아예 발동되지 못하도록 교묘하게 재무부 조치를 이용한 것은 아닌가 하는 의심도 들었다. 사실 재무부의 조치로 인해 미국은 공동성명을 진지하게 생각하며 성명에 들어간 기본원칙에 의미가 있다고 믿고 있음을 중국과 북한에 설득하기 힘들어졌다. 11월에 다시 중국에서 6자 회담이 열렸지만 그냥 어울리는 수준에 그쳤고, 공동성명은 문서화되었지만 그 의미는 증발해 버렸다. 6자회담은 완전히 정상궤도를 벗어났고 남북관계 역시 지금까지도 회복되지 않고 있다.

북한의 범죄행위 혐의로 美 재무부가 재정조치를 취한 것이 정당한 것이었다면, 그 시점에서 그런 조치를 취한 것이 미국의 목적에 부합하는 것이었는지를 반문하게 된다. 북한을 효과적으로 '처벌'하기 위해 국제 금융 시스템을 이용했다고 생각하는 사람들의 대답은 '그렇다'였다. 재무부나 행정부 내 다른 기관에서는 재무부 조치가 전반적 외교 정책에 부합했는지의 여부를 진지하게 생각하는 사람이 없었다. 또한 발효된 재무부 조치를 어떻게 마무리할 것인가에 대한 고려도 없었다. 결국 나중에는 북한이 6자회담으로 돌아와 9·19 선언을 충실히 이행할 가능성에 대비한 계획이 전혀 없다는 것이 밝혀졌다. 북한이 6자회담에 복귀한다는 조건으로 재무부 조치를 물러달라고 요구하겠지만, 재무부가 요구를 들어줄 지는 미지수라는 점만이 명확했다. 조치에 직접 관여한 재무부 관리는 출구 전략이 있는지에 대한 물음에 없다고 대답했다.

한편 서울에서 노무현 대통령은 美 재무부의 조치를 실망스럽게 받아들였다. 美 재무부의 발표 몇 주 후인 2005년 11월, 한미 지도자들은 신라의 수도였던 경주에서 만났다. 그 자리에서 노무현은 방코델타아시아에 취한 조치와 9·19 공동성명의 시기가 겹친 것은 재앙이라며 부시를 몇 번이고 압박했다. 부시는 매번 미국을 보호하기 위한 법적 조치의 필요성에 대해 설명했고, 노무현은 매번 의심을 거두지 못했다. 두 정상간 회담 중 최악이었다.

9·19 성명 직전에 나온 美 재무부의 조치는 북한으로서는 미국이 북한정부를 굴복시키려는 의도 외엔 관심이 없다는 사실을 재확인하는 계기가 되었다. 北 외무성에서 미국과의 외교관계 추진을 주장했던 사람들조차 자신의 주장을 후회했다.

수년간 미국 및 회담 당사국들이 9·19 공동성명을 위해 노력해 왔기에, 공동성명이 북한 핵 프로그램 및 여타 관심을 받아왔던 문제들을 긍정적 방향으로 나아가게 하는 시발점이 되었던 것은 아닌가 하는 질문을 해볼 만하다. 그러나 안타깝게도 그런 시발점이 있긴 했어도 금새 사라졌다고밖에 할 수 없었다. 9·19 성명은 지나치게 모호해서 회담 당사자 모두를 만족시키지 못했다. 상황을 면밀히 관찰한 한 관계자는 북미 간 이해가 서로 달랐고 美 정부에서 9·19 성명에 대한 정치적 의지를 가진 사람도 없었기 때문에 "9·19 성명은 사상누각 위에 지어졌다"고 말했다. 미국은 성명으로부터 즉각 거리를 두는 모양새를 취했고, 일본은 다른 5개국이 약속한 북한에 대한 '에너지 원조'

를 하지 않겠다며 의무를 회피했다. 역시나 압력에 굴하지 않는 모습을 보이고자 결심한 북한은 방코델타아시아(BDA) 조치로 인해 생긴 화해의 균열을 틈 타, 핵 프로그램을 한층 발전시켜 더욱 위험한 수준으로 끌어 올렸다.

한반도 에너지 개발 기구의 해체

2005년 9월 19일 미국이 연말까지 한반도 에너지 개발기구(Korean Peninsula Energy Development Organization: KEDO)가 해체되도록 지원하겠다고 발표했을 때, KEDO는 이미 폐기 직전에 있었다. 실질적으로 미국의 발표는, 그다지 우호적이지 않은 상황에서 KEDO 직원들을 탈출시키고 하도급 계약 관계를 정리해야 하는 부담을 준 것 말고는 별 차이를 이끌어내지 못했다.

그러나 다른 측면으로는 KEDO의 운명과 해체되는 방식에서 클린턴의 대북 정책의 유산과는 거리를 두려는 美 정부의 노력을 엿볼 수 있었다. 1995년 설립 이후 KEDO는 북한과의 관계유지를 위한 다자간 기구로서의 역할을 해왔다. 북한과 개별 국가 간 양자 관계가 어떻든지 간에, KEDO는 자율적으로 운영되지 않고 관련 국가 정부의 통제 하에 있었다. KEDO의 기관적 성격은 허구에 가까웠지만 관련 국가에게는 유익한 기관으로 여겨졌다. 더 중요한 점은 어떠한 일시적 문제가 생기든—실제로 많았다—미국은 반드시 그 해결 과정에 참여하겠다는 의지를 KEDO에 대한 장기적인 노력을 통해 북한에게 보여주었다는 것이다. 미국이 제네바 합의에 따른 모든 의무를 다하기도 전에 북한이 자멸하리라고 미국 정부가 착각하고 있었는지의 여부는 북한 정부에겐 중요하지 않았다.

KEDO에 열심히 임하는 미국의 노력으로 한국과 일본은 북한 핵문제의 장기적 외교 해결방안을 미국이 진지하게 받아들이고 있다고 생각하게 되었다. 하지만 KEDO의 한국과 일본 직원들이 자신들의 정부와 긴밀히 협력한 것과는 달리, KEDO 내의 美 파견단이 美 정부로부터 얼마나 분리되어 있었는지는 한일 양국 모두 정확히 모르고 있었다. 어떤 측면에서는 6자회담보다 KEDO가 다자간 토대의 북한 문제 해결에 더 효율적이었다. 경수로 건설 현장의 KEDO 사무실 직원들은 北 관계자들과 지속적으로 접촉하고 있었기 때문에 문제가 생겼을 때 굉장히 효과적인 실무관계를 쌓을 수 있었다. 남북산업협력 프로젝트가 시작되기 며칠 전, KEDO는 남한 기업들에 자신들이 북한에서 일하면서 얻은 실무 경험을 전달해 주었다.

KEDO는 설립 이후 수많은 어려움을 겪었다. 1996년 북한 잠수정이 남한 해역에 침투했을 때나 1998년 북한이 일본을 지나는 미사일을 발사했을 때, 남한과 일본정부는 처음엔 KEDO에 대한 적극 참여를 중단하겠다고 했으나 결국 문제 해결을 위해 협력하여 극복하는 단계에 이르렀다. 다만 2002년 美 정부가 행정 비용은 부담하겠으나 북한에 두 개의 경수로를 짓는 KEDO의 주요 사업에 참여하지 않겠다고 밝혔을 때는 어찌할 도리가 없었다. 그때를 기점으로 KEDO는 허물어지기 시작했다. 2002년 말과 2003년에 북미 간 대화가 거의 결렬되어 있는 상황에서 KEDO가 북한과의 관계를 지탱하고 접근하려 애를 썼음에도 불구하고, 개인적 적대감이나 정책상 불통을 이유로 부시 정부는 좀더 넓은 외교 무대로 활용할 수 있는 KEDO의 잠재력을 진지하게 생각하지 않았다. 美 정부의 정치적 입장이 좀 달랐더라면

KEDO가 그대로 유지될 가능성도 있었고, 아니면 적어도 북한 문제를 해결할 새로운 외교적 도구를 고안할 때 그것을 발판으로 삼을 수도 있었을 것이다. 그러나 美 정부 내 누구도 극렬한 반대를 불러일으킬 이러한 제안을 제기할 생각을 하지 않았다.

게다가 재정 지원 문제도 그리 간단치 않았다. 美 의회 양당 모두 KEDO에 대한 재정지원을 탐탁하게 생각하지 않았다. 또한 우라늄 농축 문제가 제기된 이후, 美 의원들은 단 1원도 주고 싶지 않아 했다. 설령 재정지원을 하고 싶어한다고 해도(절대 그럴 리 없었지만), 의회에서 요구하는 재정지원을 위한 전제조건인 북한의 제네바 합의 이행 여부를 美 정부는 증명할 수 없었다. 당시 만에 하나 부시 대통령이 증명 요구를 피하도록 유예하는 조항을 사용했더라도, 백악관에서 굉장히 기피하는 의회와의 싸움이 촉발되었을 것이다.*

KEDO에서 미국의 자취가 완전히 사라진 것은 미국의 태도가 정책적으로 진지하지 못했기 때문이 아니라, 美 국방부와 KEDO 경영본부 사이의 심각한 반감 때문이었다. 그래서 결국 KEDO는 추진력을 잃게 되었던 것이었다. KEDO에서 미국의 지도력이 상실되자 한일 간의 해묵은 긴장감이 재발했고, 결국 양국 KEDO 직원들은 서로 반목하게 되었다.

2006년 1월 초 어느 추운 아침, KEDO 직원들과 관계자를 실은 마

＊ 클린턴 정부는 반복적으로 북한에게 의무 면제권을 행사하였다. 원해서 한 게 아니라 대북 정책을 그대로 유지하기 위해서였다. 하지만 부시 정부에서는 이런 일이 없었는데, 존 볼튼이 켈리의 방북 1년 전인 2001년에 미국 정부는 더 이상 KEDO에 대한 경제적 지원을 하지 않겠다는 점을 이미 확실히 했기 때문이다.

지막 배가 경수로 건설지의 항구를 떠났다. 인원 철수는 십 년간 KEDO에 쏟아온 노력과 비용이 눈앞에서 사라지는 것을 의미했다. 이후 KEDO 이사회 회의실에서 관련국 대표들은 남아있는 자산과 부채 처리 방식에 대해 의논했는데, 회의 분위기는 격렬했고 결과는 만족스럽지 못했다. 한·일 정부 모두 미국의 요청으로 국민의 혈세를 쓴 후 낭패를 본 마당에, 대북 문제를 협력적으로 처리하려는 미국의 노력에 대해 남한과 일본 모두가 다시 믿음을 가지게 될 가능성은 거의 없었다.

북한의 미사일 발사, 마침내

부시 행정부 2기가 들어선 후 인력구성이 바뀌고, 특히 2006년 11월 중반에 공화당이 상·하원 선거에서 모두 대패하면서 미국의 대북 정책은 개선되기 시작했다. 국무부는 콘돌리자 라이스 장관 하에 새로운 발판을 마련했고, 로버트 게이츠(Robert Gates)가 이끄는 국방부는 더 이상 걸림돌이 되지 않았다. 또한 부통령은 정책에 대한 영향력을 대부분 잃었다. 그럼에도 부시 행정부 2기는 재무부의 대북 제재로 발생한 예상치 못한 결과에서 벗어나고 첫 4년간 낭비된 외교적 기반을 회복하기 위해 임기의 반을 써야 했다. 美 행정부는 2007년에 북한의 핵 프로그램을 불능화하기 위해 北으로 하여금 구체적 조치에 대해 합의하고 실행하게 할 것을 최고 목표로 삼았는데, 결국 지속적인 진전은 보지 못했다.

2006년 5월 말 북한 함경남도 해안가에서 미사일 발사실험을 준비하는 듯한 모습이 포착되었다. 미사일 발사는 장기간에 걸친 북한 정부의 조심스러운 계획 하에 준비된 결과물이었다. 미사일 테스트 실행 결정은 몇 달 전에 미리 이루어졌고 결국 정찰 위성에 포착되었다. 美 애국법 311조 발효와 9·19 공동성명의 무마에 대응하여, 김정일 위원장이 초거울쯤 미사일 테스트를 진행하도록 허가했을 터였다. 2003년 3월 북한이 도널드 그레그에 전했던 다단식 로켓 발사 가능 메시지가 진지한 것이었다면, 그 계획은 이미 존재하고 있었던 것이다.

미사일 발사 준비 정황이 포착된 직후인 6월 1일, 북한 외무성 대변인은 6자회담에서의 북한의 위상을 '재확인'한다는 내용의 성명을 통해 '친절하게도' 크리스토퍼 힐 대사를 초청했다. 성명에 따르면, 그것은 북한이 9·19 공동성명을 이행하려는 '실질적인 정치적 의도'가 있음을 미국이 직접 밝힐 수 있게 하려는 목적이었다. 이 내용은 북한 외무성이 중국 담당자와 회담을 가진 직후 성명으로 발표됐다. 중국의 요구를 들어주려는 북한의 통상적 조치였다. 성명까지 발표되었지만 만약 힐이 북한으로 갔었다면, 그의 방문으로 북한의 미사일 발사 계획이 취소되었을지도 모른다. 당시 북한은 미사일 발사를 저지하는 국제사회의 압력을 받고 있었으므로 평양에 힐을 초대해서 미사일 발사를 미룰 핑계를 마련할 수 있었다. 그러나 美 정부는 한치의 망설임도 없이 백악관 대변인을 통해 북한의 초청을 거절했다. 몇 주 뒤인 7월 5일 (미국 현지시간 7월 4일), 준비를 마친 북한은 동이 트기 전 7대의 미사일을 발사했다.

초미의 관심사였던 중거리 대포동 미사일 2호의 발사는 그때가 처음이었기에 북한이 이런 종류의 미사일을 발사한 것은 많은 관심을 받았다. 그리고 누구도(북한 포함) 발사거리가 어느 정도일지 예상하지 못했다. 일부에서는 알래스카나 하와이에 떨어질 것이라 예상했다. 그리고 美 관계자들은 처음에 당시 개발 중이던 미사일 방어 시스템 가용 가능성을 생각했다. 럼스펠드 국방부 장관은 요격 미사일이 '높은 경계' 상태에서 대기 중이며 북한의 대포동 미사일이 미국을 향한다면 요격 미사일 발사 명령을 내릴 준비가 되어있다고 말했다. 나중에 밝혀진 바에 의하면, 미사일 한 대가 발사된 후 1분만에 실패한 것으로 판명나자 럼스펠드는 안도했고, 미국의 미사일 방어 시스템을 운영하는 노스컴(NORTHCOM)은 실제 예행연습을 할 기회를 누렸다. 북한이 미대륙 근처에 미사일을 발사할 가능성은 희박해 보였고 이번 첫 시도에서는 태평양 한가운데 떨어뜨리려고 계획했을 가능성이 컸다.

상황이 이렇게 되자 북한은 대포동 미사일 발사가 위협적으로 보이길 원했다. 1998년 8월과 2009년에 한 번, 2012년에 두 번 이루어졌던 발사 때와는 다르게, 북한은 7월의 미사일 발사 시도가 위성개발 프로젝트의 일환이었다고 주장하지 않았다. 발사 이후 발표된 성명은 그것을 '인민군이 발사한 미사일'로 묘사했다. 나머지 6대의 중거리, 단거리 미사일은 좀더 먼 러시아 연안의 일본해에 떨어졌다.

미사일 발사에 대한 대응으로 미국과 일본은 UN 안보리 헌장 7장을 바탕으로 '물리적 제재'를 포함하는 강력한 UN 안보리 제재를 추진했다. 물론 중국과 러시아는 이를 꺼렸다. 마지막 UN 안보리 결의안(1695호)은 회원국들에게 '미사일 관련 상품 및 기술 등이 북한에 이전되지 않도록' 주의할 것을 요청했다. 결의안은 또한 북한에 '미사일 프로그램을 중단한다는 기존의 약속을 재이행' 할 것을 요구했다.

북한은 국제사회가 현재 상황에서 1999년 미사일발사 중단약속이 유효하다고 간주하고 있는 것과 미국이 독단적으로 선언한 미사일 발사 중단약속 실행 여부에 대해 UN이 왈가왈부하는 것을 놀라워하는 듯했다. 7월 6일 발표된 외무성 성명에서 북한은 상당한 길이를 할애하여 미사일발사 중단약속은 조건부였고, 관련 조건들이 더 이상 존재하지 않는 이상 1999년의 중단약속은 더 이상 유효하지 않음을 2005년 5월에 이미 밝혔다고 말했다.

그 당시 美 정부가 결국은 UN 결의안으로 대응 수위를 높여가는 방법밖에 쓸 수 없게 될 것임을 예상한 사람은 없었다. 북한이 7년 동안 3배 정도의 거리를 자랑하는 탄도미사일을 쏘아 올릴 때마다 미국은 새 제재 결의안을 내놓으며 압박 수위를 높였다. 이에 대해 북한 역시 대응 수위를 높였다. 북한은 남한·일본과 마찬가지로 평화로운 우주 개발을 하는 거라고 주장했지만 이를 증명할 방법은 없었다. 국제사회에 남은 단 하나의 무기는 제재뿐이었기에, 북한 미사일 문제 해결을 위한 어떤 협력 기반이 있을지 결정하는 것도 불가능했다.

7월 미사일 발사 직후, 힐 대사는 아시아로 건너가 북한의 움직임에 공동 대응을 하기로 했다. 힐 대사가 떠나기 전 부시는 그에게 "나는 이 문제를 해결할 수 없다고 중국에 말해라. 중국이 이 문제를 해결해야 한다"고 전하라 지시했다. 2000년 10월 김정일이 미사일 문제가 발생할 시 미국과 협력한다는 제안을 했던 것을 미국은 이때까지는 전혀 기억하지 못했다. 북한도 다시 그 이야기를 꺼내려 하지 않았다. 미사일 발사를 핵개발 프로그램에 이용하려는 북한의 생각을 미국이 알게 되면서 핵 없는 북한을 만들려는 미국의 노력은 더욱 복잡해지고, 이웃국가들은 더욱 당황하게 되었다.

풍계 핵실험

미사일 발사 이후 겨우 한 달이 지난 시점인 8월에 북한이 핵실험을 하려는 정황이 발견되었다. 핵실험 준비 정황이 드러나자 점점 날카로워지고 부풀려진 여러 관련 국가 관계자들의 경고의 목소리가 언론을 통해 여름을 지나 초가을까지 반복적으로 나왔다. 여러 가지 면에서 7월의 미사일 실험 때와 비슷한 모양새였다. 가끔은 핵실험을 중단하라는 압박이 더 큰지, 북한과 대화를 시작하라는 미국에 대한 압박이 더 큰지 알 수 없을 정도였다. 최악의 상황에서, 미국은 핵실험을 강행할 경우 일어날 수 있는 일에 대해 북한에 엄포를 놓고 있었다. 북한은 이런 협박을 믿지도 신경 쓰지도 않았다.

10월 3일 北 외무성은 북한은 선택의 여지 없이 핵 실험을 강행하겠다는 성명을 발표하며 불확실한 상황을 끝냈다. 엿새 후인 10월 9일 북한은 실제 실험을 강행했다. 사전에 중국에게 실험 시기와 장소, 예상 수율(약 4킬로톤)에 대해 알렸다. 첫 핵실험에 대해 미리 공지하는 것은 이례적인 모습으로 그때까지 그 어떤 국가도 그렇게 한 적이 없었다. 아마도 북한은 미리 공지함으로써 중국이 추후 불평할 경우에 대응하려고 했던 것 같다. 외부 전문가가 측정해보니 실제 수율은 1킬로톤 정도로 그다지 성공적이지도 인상적이지도 않았다. 전 美 협상가인 잭 프리처드, 지크프리트 해커, 존 루이스, 로버트 칼린을 포함한 소규모 방문단이 10월 말경 북한을 방문해 리찬복 장군에게 실제 수율에 대한 보고서에 관해 질문을 했다.* 리 장군은 잠시 주저하며 "아시다시피 작은 규모보다 큰 규모의 기기가 실험하기 낫습니다"라고 말했다. 北 외무성과 영변 핵시설 관계자들과 논의한 美 방문단은 이번 핵실험이 전환점이 될 것이라는 인상을 깊이 받았다. 결과의 크기와는 상관없이 북한은 이루어낸 바에 대해 큰 자부심을 가지고 있었기 때문에 그 어느 때보다 핵무기 개발을 포기할 가능성이 희박했다.

실제 실험의 성패와는 별개로 그것의 정치적 파장은 상당했다. 첫째로, 수율이 적은 수치이긴 했지만 북한이 2005년 발표했던대로 실제 핵무기를 개발했음을 증명할 수 있는 정도였다. 두 번째로는 지난 4년간 행한 미국의 대북정책이 실패였다는 점이 드러난 것이다.

그럼에도 불구하고 라이스 국무장관은 아직 희망이 있다고 말했다. 이번 핵실험으로 미국은 대북 정책을 대폭 수정할 중요한 결정을 내려야 하는 기회를 맞았다고 했다.

회고록에서 라이스는 새로운 대북 정책을 북한에 대한 부시 대통령의 '전략적 도약'이라 이르며, 2006년 미국을 방문한 후진타오 中 주석과 이에 대해 논의했다고 밝혔다. 국가안전보장 이사회 관계자들은 미국의 정책 변화에 대해 다소 다른 해석을 내놓았다. 北의 핵실험으로 인해 미국은 이전 정책들이 효과적이지 못했음을 알게 되고 2001년 이후 취한 對北 외교 접근법을 바꿀 때가 왔음을 깨닫고는 이전 결정들을 뒤집은 거라고 추측한 것이다.

어느 쪽 주장이 옳던 간에, 핵실험이 생각에 그쳤던 美 정부의 대응을 끌어냈다는 점에서 北 외무성은 만족스러운 결과를 얻었다고 생각

＊ 2009년 은퇴할 때까지 몇 년간, 리 장군은 북한을 방문하는 美 대표단을 맞는 인물이었다. 그는 상황에 따라 예의를 차렸다가 비꼬았다가 화를 내며 위협하는 등 숙련된 솜씨로 미국을 다루었다.

했다. 실험 3주 뒤 힐 대사는 베를린을 방문하여 북한 김계관 대표와 만나 양자 회담을 가졌다. 이 둘의 만남은 라이스 장관의 허가를 받은 것이었다. 라이스 장관은 이 회담에 대한 국무부 내부 논의를 거치지 않았는데, 둘의 만남에 상반된 지시가 끼어들 여지를 주지 않기 위해서였다. 힐과 김계관은 2005년 9월의 공동선언을 실행할 구체적 조치를 신속히 합의했다. 북한은 미국이 방코델타아시아 계좌에 묶여 있는 2천 5백만 달러를 풀어주리라는 인상을 받고 회의를 마쳤다. 그러나 美 재무부의 제재를 되돌리는 것은 생각보다 어려웠다. 북한은 해제의 지연이 1990년대에 중유 공급이 지연되었던 경우와 모든 면에서 유사하다고 생각하며 미국의 의도를 의심스럽게 추리했다.

라이스는 미국이 북한의 6자회담 복귀를 희망하며 이번 핵실험의 정치적 여파를 북한을 압박할 기회로 삼을 것이라고 말했다. 한편에서는 방코델타아시아 은행 재제가 북한 지도부에 효과를 발휘한 것에 만족했다. 당시 빅터 차(Victor Cha) 美 국가안보회의(NSC) 아시아 담당 국장은 2005년 11월 베이징에서 거나하게 취한 北 담당자가 미국이 드디어 북한에 피해를 주는 방법을 알아냈다고 말하는 것을 들었다고 했다. 그러나 이런 사례들로도 북한의 6자회담 복귀의지는 제대로 설명되지 않았다.

돌아보면 2006년 10월 핵실험 이후 1년은 균형을 잃은 美 지도부가 갑작스러운 방향전환을 하기보다는 북한의 전략을 숙고하는 기간이었다. 북한 스스로 첫 핵실험이 너무 과했던 것은 아닐까 우려했을 거라는 라이스의 해석은 핵 프로그램에 대한 북한의 열의를 과소평가한 것이었다. 美 재무부의 제재 조치가 '그다지 효과가 없다'는 주장과 북한 지도부가 제재 해제를 간절히 원하고 있다는 주장은 둘 다 비슷하게 제기되었다. 그리고 북한은 자국의 핵실험으로 인해 미국이 압력 수위를 높이는 대신 완화를 택하고 양자회담 의지를 보인 것에 놀라워 했다.*

2007년 말 이스라엘 공군이 시리아 핵원자로(북한의 지원 하에 건설된 것으로 알려져 있었다)를 파괴한 이후 북한은 미국 정책에 대한 자기들의 분석이 확실하다는 결론을 내렸을지도 모르지만 당시 미국은 북한과 관련한 안건을 밀어붙이는 걸 주저하고 있었다. 사실 북한이 핵기술을 급격히 확대시키고 있음을 알게 된 이후에도 미국이 저자세를 취한 것이 장기적으로 북한의 정책을 공고히 했을 수도 있다. 어떤 핵전선을 펼치든 미국의 강력한 반응을 불러올 가능성은 거의 없다는 북한의 계산이 있었던 것이다. 대조적으로 북한은 핵실험이 외교적 힘을 어느 정도 발휘했고 더 나아가 오랜 시간 갈망해온 존중을 약간이나마 받았다고 생각했을 것이다.

---

* 이것 역시 부통령이 해석한 내용이었고, 적어도 이 사안에 대해서는 그가 옳았을 것이다.

제19장

새 옷을 입고 등장한 후계자

2008년 2월 26일 오후 6시를 막 지난 때, 북한국영방송은 한 오케스트라가 북한 국가를 연주하는 모습을 방영했다. 그 장면이 인상 깊었던 이유는 뉴욕 필하모닉(New York Philhamonic) 오케스트라가 새로 리모델링한 동평양대극장에서 연주하는 모습이 담겨 있었기 때문이었다. 다음 몇 분간은 더 놀라운 장면이 이어졌다. 미국 국가 'Star-Spangled Banner'('별이 빛나는 깃발'이란 뜻으로 성조기를 가리킴)의 선율이 홀에 울려 퍼지는 모습이 전파를 탄 것이었다. 남북의 시청자들은 카메라가 무대 위에 설치된 성조기를 바라보고 있는 관중들을 비추고 음악이 클라이막스에 다다른 후 마지막 선율이 연주되는 것을 지켜봤다.

뉴욕 필하모닉은 그날 밤 와그너와 드보르작, 거슈윈, 비제, 번스타인의 음악을 연주했고 엔딩곡으로는 한국의 전통 음악 '아리랑'을 선사했다. 콘서트는 약 한 시간 반 동안 계속되었다. 공연이 끝나자 관객들은 잔잔하게 박수를 치다가 6분 동안이나 열광적인 갈채를 보냈다. 박수가 끝날 무렵 환호성이 터졌고 관객들은 오케스트라를 향해 손을 흔들었다. 단원들 역시 관객들에게 손을 흔들어 주었다. 그날 무대에서 본 단원들의 환한 미소는 처음 극장에 들어섰을 때 취한 소극적 태도와는 단연 다른 모습이었다. 일부는 눈물을 보이며 정말 놀라운 경험이었다고 말하며 공연에 대한 관객의 호응이 어느 때보다 좋았다고 덧붙였다. 동평양대극장의 무대에서 음악이 양국 간의 다리 역할을 한 셈이었다.

　TV로 지켜보던 북한주민들은 관객들이 열화와 같은 성원을 하는 부분을 못 봤을 수도 있다. 그날 저녁 7시 34분까지 방송이 마무리 되도록 예정되어 있었고 뒤이어 다른 프로그램 '위대한 수령을 기리는 보물창고 국제친선 전람관 방문기'가 정규 뉴스 시간인 저녁 8시까지 방영예정이었다. 그러나 북한에서도 예정은 예정일 뿐이었다.

　평양방문 여정은 약 반년 전인 2007년 여름에 시작되었다. 당시 뉴욕 필하모닉은 북한이 평양에서 뉴욕 필하모닉 오케스트라 공연을 열고자 한다는 내용의 편지를 받았다. 크리스토퍼 힐 대사가 2007년 초 북한 핵문제 관련 회의를 주재했을 때 북한이 뉴욕 필하모닉의 방문을 포함한 미국과의 문화교류를 원한다는 여러 암시를 받았고 그 이후에 편지가 전달되었던 것이다. 첫 번째 초대는 2007년 8월이었는데 그때는 북한 정부가 직접 보낸 것이 아니었고 북한 문화부의 '허가를 받은 요원'이라고 하는 한 북부 캘리포니아 거주 기업인으로부터 온 것이었다. 그리고 얼마 안 있어 북한 문화부는 뉴욕 필하모닉 오케스트라로 팩스를 보냈다.

자린 메타(Zarin Mehta) 오케스트라 사장과 에릭 라츠키(Eric Latzky) 대변인은 北 정부가 보내온 자발적 팩스와 평양 방문 가능성에 흥미를 느끼고 추진해볼만하다는 결론을 내렸다. 뉴욕필은 냉전이 가장 심각했던 시기에 구소련을 포함한 전세계를 순회하며 공연을 했지만 당시에는 정치적으로 적대적인 국가를 방문할 기회가 없었는데, 모든 오케스트라 단원이 평양 방문을 찬성하지는 않았다. 일부가 '독재자를 위한 세레나데'를 연주하길 망설이는 바람에 메타와 힐 대사가 이들을 설득하느라 오랜 시간을 할애했다.

결국 2007년 여름이 모험을 감행하기 좋은 시기로 정해졌다. 6자회담이 핵문제에 대해 눈에 띄는 진전을 이루고 있던 시기였다. 7월 북한은 영변 핵시설 가동을 다시 중단했고 국제원자력기구(IAEA)는 영변으로 복귀해 감시 업무를 재개했다. 8월 초에 남북은 그달 말 정상회담을 갖기로 합의했다.* 美 국무부는 차분하게 콘서트 제안을 지원했고, 힐 대사의 조력자인 유리 킴(Yuri Kim) 북한팀장은 당국차원에서 무리 없이 일이 진행되도록 했다. 스스로 뛰어난 음악가인 콘돌리자 라이스 국무부 장관은 공연의 가치를 생각했고 내심 참석까지 고려했을 수도 있다.**

북한 최고 지도자인 김정일이 뉴욕필 초청에 대해 알게 된 시점이 언제인지는 알려지지 않았다. 하지만 8월이 되어서야 그에게 전해졌

---

* 평양의 폭우와 홍수 때문에 정상회담은 10월로 미뤄졌다.
** 북한문제에 대한 부정적 시선으로 인해 이런 행사 참가를 고려하는 데만도 오랜 시간이 걸렸다. 게다가 '올브라이트 식으로 하기'에 대한 기피정서가 美 정부 내부에 있었다. 김정일 정권을 인정하는 것처럼 보이는 행동은 어떤 것도 해선 안 된다는 정서였다. 이는 다음 정부까지 지속되었다.

다 하더라도 그리 오랜 시간이 걸린 것은 아니었다. 또한 그는 그 제안을 아주 만족스러워 했다. 뉴욕주재 北 UN 대사관 외교관들 간의 첫 회의에서 자린 메타는 오케스트라가 해외 공연을 할 때면 주최국의 국가와 더불어 항상 美 국가를 연주한다고 밝혔다. 북한 관계자들은 전혀 놀라는 기색 없이 괜찮다고 답했다. 그때부터 김정일이 초청을 만족스러워할 뿐 아니라 최대한 지원한다는 것이 명확해졌다. 다음 달 뉴욕필이 공연을 위해 北으로부터 받은 협력은 그 행사가 예술에 관심이 많은 김정일을 만족시키기 위한 것일 뿐 아니라 북한의 더 큰 목적을 위한 것임을 의미했다. 10월에 먼저 일부 공연팀이 평양에 도착했다. 이들은 공항에서 차로 갈아타며 아마도 공연단이 머무를 호텔로 향할 것이라 예상했을 것이다. 그러나 연식이 오래된 검은색 메르세데스 한 대는 토끼 엠블럼 폭스바겐 세 대의 호위를 받으며 대동강이 내려다 보이는 아름다운 숙소로 이들을 이끌었다. 중요한 손님을 모시는 장소였다.

 다음 날 공연팀의 방문이 성공적으로 이루어지도록 북한은 최선의 노력을 다했다. 단원이나 악기가 필요로 하는 조건이 아무리 까다로워도 북한은 마땅히 그에 응하려고 했다. 처음에 예정되었던 공연 장소가 너무 작다는 의견이 나오자 북한은 더 큰 장소를 찾아냈다. 최종 선택된 장소에는 음향반사판이 없다고 하자 관계자들은 곧바로 그것을 만들어 채웠다. 음식이 입에 맞지 않는 단원들이 있다는 것을 알고는 파리의 한 호텔에서 제공하는 뷔페 사진을 보여주며 어떤 음식을 선호하는지 물어보았다. 오케스트라가 대중에 공연이 개방되기 원하자 북한은 두말없이 동의했다. 뉴욕필은 학생들의 참석이 중요하다고 생각했고, 북한은 학생들에게 최종 리허설을 공개했다.

북한이 상대적으로 간단한 사안이라고 생각했던 부분들이 더 복잡한 양상으로 발전되었다. 국제 언론들이 뉴욕필 수행단에 자신들을 포함시켜 달라고 요청한 것이다. 한 독일 언론은 공연을 방영할 국제적 권리를 원했다. 남한 언론 및 미국 방송국과 신문사 등도 공연관련 취재를 하게 해달라고 요구했다. 언론사 모두 고속 인터넷과 국제전화 연결을 원했다. 공연에 사용될 악기 역시 요구사항이 많았다. 북한에는 난방 시설이 부족하여 악기 보관을 위해 특수 제작된 차량이 남한에서 비무장지대를 넘어왔다. 북한은 모든 요구를 들어주었다. 매들린 올브라이트 국무장관이 평양을 방문했던 2000년 10월에 보여준 美 대표단을 위한 협력 이후 거의 처음 있는 일이었다.

10월 김계관 외무성 부상과의 오찬에서 공연단의 요구에 북한이 이토록 잘 협조한 이유가 명확히 드러났다. 왜 뉴욕필의 방문을 원했는지의 이유에 대해 자린 메타가 물어보자, 김계관은 북한 경제 발전의 가능성을 위해 미국과의 관계 증진을 원한다고 답했다. "우리는 월마트에 북한의 물건을 납품하게 되길 원합니다"라고 그는 말했다.*

그러나 한 가지 문제에 이르자 끝나지 않을 것 같던 협력의 샘이 말라버렸다. 자린 메타는 北 관계자에게 공연이 생방송으로 나가야 하며 이는 가능한 많은 시청자가 방송을 볼 수 있게 하기 위함이라고 말했다. 자린은 이것이 부탁이 아닌 필요조건임을 명확히 했다. 北 관

✳ 이 주제는 한 북한 협상가가 수년 전 남북 미사일 회담 차 뉴욕에 방문했을 때 있었던 일과 일맥상통한다. 그는 맨하탄의 가게를 돌아보며 "만약에 우리가 경공업을 이용하여 돈을 벌고 미국에 물건을 판매할 수 있게 된다면 미사일을 팔 이유는 없다"고 말했다. 1999년 금창리 관련 협력 당시에도 북한은 경공업 공장 부지에 관심 있는 미국회사들에게 비어있는 곳을 사용하도록 제안했다.

계자들은 이에 이의를 제기했다.

　北 정부에게 커뮤니케이션은 항상 민감한 사안이었고 외부세계와의 커뮤니케이션은 문화성이 결정할 수 있는 권한 밖에 있었다. 국제 언론들을 뉴욕필 수행단에 포함시키는 것도 문제였지만, 국가 검열 없이 방송을 내보내는 것 역시 문제였다. 북한에서는 생방송 자체가 드문 일이었고, 외국에 생방송을 내보내는 것은 北 안보부가 받아들일 수 없는 일이었다. 아직 北 당국으로부터 방송 관련 대답을 얻지 못한 2월, 뉴욕필은 북한 공연 전에 중국부터 순회를 시작했다. 자린 메타는 에릭 라츠키에게 "생방송 동의가 없다면 북한 방문은 없음을 전하라"고 지시했다. 자린의 발언은 의미심장한 엄포였다. 평양 공연을 취소하면 뉴욕필에도 재앙이지만 북측 공연 담당자에겐 더 심각한 재앙이 될 터였다. 北 담당자들은 무엇보다도 공연을 성공적으로 성사시켜야 한다는 큰 압박을 받고 있었다. 결국 생방송을 허가한다는 응답이 돌아왔다.

　특히 촉박한 준비시간을 감안했을 때 여타 물류관련 세부사항 역시 처리가 복잡했다. 비행기 구하기(남한의 항공사 아시아나는 300명 이상의 사람과 악기를 수용할, 세계에서 몇 안 되는 747기를 보유한 회사였다), 악기를 위해 특수 제작한 밴의 비무장 지대 통과를 위한 준비, 북한에 입국한 오케스트라 단원들을 위한 긴급 출입국 절차 허가 등이 필요했다. 이 모든 것이 순조롭게 이루어진 것은 기적에 가까웠다.

　북한이 뉴욕필의 방문을 성공적으로 이끌기 위해 모든 장애물을 제거하는 동안, 美 정부는 슬쩍 오케스트라 방북 행사에서 거리를 두기 시작했다. 초반에 美 정부가 보여준 지지는 갑작스럽게 사라졌다. 힐 차관보의 적극적이었던 개인적 참여 역시 예고 없이 사라졌고, 12월 뉴욕필의 공식적인 북한 방문을 알릴 기자회견에는 아무 이유도 밝히지 않은 채 불참했다. 워싱턴 포스트의 글렌 케슬러(Glenn Kessler)는 후에, 힐 차관보가 북한 UN 대사와 함께 공연 무대에 설 것임을 딕 체니 부통령이 알게 되자 힐의 참석을 막았다고 보도했다. 케슬러에 따르면 라이스 장관은 힐에게 '몹시 화를 내며' 오케스트라 방북 계획에서 발을 빼라고 말했다고 한다. 힐의 참모는 오케스트라 관련 인사들이 얼마나 중대한 도움이 될지에 대해 설명했지만, 후에 힐은 방북 관련한 어떤 장소에서도 모습을 보이지 않았다.

  2007년 초반에 가진 회담에서 김계관은 힐에게, 북한은 라이스 장관이 공연을 참관하길 바라며 만약 참석하겠다면 김정일 위원장 역시 참석할 것이라 말했다. 2월에 뉴욕필이 마지막 준비에 박차를 가하는 동안, 라이스 장관을 포함한 美 정부 관계자들이 평양공연에 참석할 것이라는 소문이 돌았다. 소문은 사실로 밝혀졌다. 뉴욕필의 공연은 남한의 이명박 대통령 취임식 다음 날로 예정되었다. 남한 대통령 취임식은 대중의 이목을 끄는 행사이기에 라이스는 참가를 위해 서울로 향했다. 취임식에서 예전 美 관계자와 만난 라이스는 북한 공연을 중대하지 않은 행사로 여기며 "그냥 콘서트일 뿐이다"라고 말했다.

  이는 공개적으로 밝힌 라이스 보좌관의 관점이었으며 그 후로도 그녀는 이 시각을 고수했다. 워싱턴에서 있던 브리핑에서 "아직 북한 정권은 그대로"라며 "드보르작 음악을 들려주는 것으로 북한에 무엇인가를 전달할 수 있다고는 생각지 않는다"고 말했다. 공연 당일 워싱턴 국무부 대변인은 "뉴욕필의 평양 공연은 미국 정부와는 별개로 이뤄진 민간 차원의 중요한 문화교류"라 평하며 "북한 지도부와 그들의 정책에 어떤 영향을 미칠지에 대해서는 현실적으로 생각해야 한다"고 말했다.

　그러나 이런 발표는 당시 상황과는 맞지 않았으며 라이스의 뜻과도 어긋난 것이었다. 美 정부는 공개적으로 북한 공연은 민간차원의 문화 행사라고 밝혔지만, 국무부 장관을 포함한 미국 측 행사 관계자들은 북한 정부가 공연에 상당한 의의를 두고 비상한 관심을 쏟고 있다는 것을 알고 있었다. 뉴욕필의 평양 도착 며칠 전, 북한 언론은 공연에 대해 알리고 이례적으로 뉴욕필의 이력에 대해서도 소개했다.

　실제 관건은 공연이 북한 지도부에 끼칠 영향이 무엇인가가 아니라, 북한 지도부가 공연을 통해 의도했던 美 정부에 대한 영향과 북한 정권이 인민에게 보내고자 하는 메시지가 무엇인가 하는 거였다. 북한 정부가 보여준 협력과 노력은 김정일이 워싱턴과의 관계정상화를 원한다는 것을 반증했다. 2007년 2월 美 정부가 급작스럽게 재무부 재정 조치를 해제하려는 움직임을 보이고, 여름에 남북 정상회담이 개최될 분위기가 일었을 때, 김정일은 수년간 어려웠던 외교적 정상화가 다방면에서 이루어지고 있다고 생각했을 것이다.

　2007년 10월 모든 노력이 수렴되는 지점에 이르렀다. 북한이 핵실험을 강행한지 정확히 1년만에 어쩐지 좀 묘한, 역사의 흐름이 이상하게 서로 맞아 들어가는 때가 온 것이다. 10월 3일에는 새 6자회담 실행 합의가 이루어졌고, 4일에는 노무현 남한 대통령이 이틀간 평양을 방문했으며, 6일에는 뉴욕필의 기획팀이 북한에 도착했다.

　하지만 조화로운 흐름은 오래가지 못했다. 6자회담 실행 절차의 기반은 처음부터 위태로워 몇 달만에 흔들리게 되었으며, 12월에 치러진 남한의 대선은 10월 남북 정상회담의 결과를 무력화하는 결말을 냈다. 또한 美 정부가 뉴욕필의 평양방문을 지지하지 않는다는 것이 밝혀지면서 공연으로 기대한 부분은 무의미하게 되었다. 2007년 8월 북한이 처음으로 오케스트라를 초청할 당시에는 유리했던 외교적 환경이 그해 말경에는 먹구름을 드리우기 시작한 것이다. 외교적으로 북한문제를 푸는 방식을 선호하는 라이스를 비롯한 워싱턴의 일부 관계자들은 이러한 외교적 해결 흐름상의 이상 신호들을 美 정부의 관료주의적 측면을 보호하고 평양을 냉담하게 대하라는 사인으로 해석했다. 그에 따라 라이스는 결국 뉴욕필의 북한 방문에 공연 이상의 목적이 없다는 기존의 입장을 고수했다.

공연을 마친 후 뉴욕필의 공연에 대한 답례로 북한은 北 국립 교향악단의 미국 방문을 추진하려 했다. 그 추진의 모양새를 보아 그것은 김정일의 생각이거나 적어도 김정일이 상당한 지지를 하고 있는 계획이었다. 그러나 美 정부에서는 이 제안을 달가워하지 않았고, 2008년 말 6자회담 절차가 진지하게 시작될 무렵에는 거의 관심을 보이지 않

2007년 10월 남북 정상회담에서 노무현 대통령과 김정일 위원장이 회동을 가졌다. 정상회담 결과는 새로운 대통령의 취임으로 몇 달만에 뒤집힌다.

았다. 그 이후 몇 년간 북한 교향악단의 美 방문을 추진하려는 북한의 비공개적 노력이 있었으나 결국 그들은 미국 땅을 밟지 못했다.

승계의 움직임

김정일 위원장이 뉴욕필의 공연을 TV로 지켜보았다면* 나중에 후계자가 된 그의 셋째 아들 김정은도 그 옆자리에서 같이 보고 있었을 것이다. 2008년 2월경에는 정치적 후계 과정이 이미 시작되었을 터였다. 北 경찰과 연결고리가 있는 한 탈북자에 따르면, 2007년 2월 초에 김정일은 보안당국에 김정은을 지지할 것을 지시했다. 이것이 막내아들인 김정은을 후계자로 결정했음을 의미했는지 아니면 단지 후계 과정을 준비하고 그를 시험해 보는 것이었는지는 알려진 바가 없다. 그러나 되돌아보면 그것이 이미 후계자로서의 김정은의 운명을 알리는 일말의 징후였다.

   2004년 김정일의 배우자이자 김정은의 어머니인 고영희가 장기간의 암투병 끝에 사망하였다. 고영희는 1970년대 이래로 김정일의 곁에 계속 머물러 있었으며, 북한 지도부에 정통한 사람에 따르면 둘은 매우 가까운 사이였다. 고영희는 일본에서 출생하여 1970년 대규모 이민을 통해 부모와 함께 북한으로 넘어와 김정일이 총애하는 만수대 예술단의 수석 무용수가 되었다. 김정일과 고영희는 아들 둘과 딸 하

---

* 오케스트라 단원들은, 혹시라도 김정일이 홀 안으로 걸어들어올 경우 일어서야 할지 말아야 할지 결정해야하는 난처한 상황을 피하기 위해, 객석이 다 차고 조명이 꺼질 때까지 무대 아래에서 대기했다.

나를 두었는데 모두 1990년대 스위스에서 리철 제네바 UN 사무국 주재 대사의 보살핌 아래 교육을 받았다.* 이후에 고영희는 자주 해외여행을 다녔는데 때론 자녀들과 함께 의료 목적으로 나가기도 했다.

보도에 따르면 고영희는 북한 군 지도부에게 인기가 높았고, 2012년에는 내부 사용 목적으로 그녀가 김정일과 함께 군부대를 시찰하는 모습을 담은 영화가 방영되었다. 2001년에 이미 고영희가 아들 중 한 명을 후계자로 정하기 위해 노력하고 있다는 증거가 나왔다. 우연의 일치는 아니겠지만, 2001년 5월 김정일의 장남 김정남이 위조 여권을 갖고 일본 나리타 공항에서 입국하려다가 체포되었다. 김정남이 후계 준비 중이라는 외부 전망에도 불구하고, 이 공항 사건 이후 김정남 카드는 완전히 버려졌고 한번도 차선책으로 고려되지 않았다. 사실 그가 북한 후계자가 될 인물이었다면 평복을 입고 일본에 입국하지는 않았을 것이다.

일부 소식통에 따르면 고영희 사망 이후인 2005년에 여러 장성들이 김정일에게 막내인 김정은을 후계자로 고려할 것을 제안했지만 김정일은 김정은이 아직 너무 어리다며 제안을 거절했다. 그러다 몇 년 뒤 김정은을 위한 후계자 준비와 검증과정이 시작된 것으로 보인다.

2008년 8월 중순쯤(8월 15일에 마지막으로 김정일이 군부대를 방문하는 모습이 공개되었다) 김정일은 심한 뇌졸중으로 쓰러졌다. 외국 의사들이 소환되었는데 그중 프랑수와 자비에 루 박사(Dr. Francois-Xavier Roux)는 최고 담당자로서 프랑스 출신의 뇌신경 외과의였다. 그는 몇

---

* 제네바에서 몇 십 년을 보낸 리철은 2010년 초에 평양으로 돌아와서 김정은 보좌관 중 요직을 차지하게 된다.

년 전 김정일의 낙마사고 때 이미 북한 당국에 협조한 바 있었다. 루 박사에 따르면 김정일 주치의들은 사경을 헤매는 북한 최고지도자를 치료하기엔 지나치게 긴장감이 심했다고 한다. 2001년 언론과의 인터뷰에서 루 박사는, 김정일은 혼수상태로 '집중치료 중'이며 목숨이 위태롭다고 밝혔다.

북한 내부에서 김정일의 상태는 일급비밀이었지만, 오래 지나지 않아 미국과 남한 정보부는 북한에서 심각한 응급치료가 있었음을 알게 되었다. 김정일의 경호를 맡는 호위중대의 주요 인물들은 그 상황을 잘 알고 있었고, 루 박사는 김정은이 아버지가 입원한 적십자 병원 병실에 자주 들렀다고 밝혔다.

김정일의 여동생인 김경희 또한 김정일의 뇌졸중에 대해 알고 있었으며, 일부 소식통에 따르면, 김정일이 정상적 생활이 불가능했던 동안 북한 체재를 강화하는 데 중요한 역할을 했다. 둘은 늘 가까운 사이였다. 알려진 바에 의하면 때론 김경희가 건강상의 이유로 공식적 의무를 다하지 못했던 적이 있었는데도 김정일은 다른 사람들 앞에서 김경희를 치켜세워주는 태도를 보였다. 김정일은 뇌졸중에서 회복하여 다시 믿을 만한 측근들을 모은 뒤 김경희를 승진시켰다. 김경희는 2009년 6월 김정일의 함경남도 협동농장 시찰에 동행하면서 대중에 자주 모습을 드러내기 시작했다. 2010년 9월 김정일은 그녀를 총정치국으로 불러올려 여성으로는 최초로 4성 장군, 대장 계급을 하사했다.

김정일이 앓던 수준의 뇌졸중은, 게다가 다른 질병을 동반한(당뇨, 고혈압, 심장질환이 있다는 소문이 있었다) 뇌졸중의 장기간 예후는 그다지 좋지 않은 편이었다. 김정일이 본인의 예후에 대해 어느 정도 인지했는지는 알 수 없지만, 루 박사는 김정일이 말을 할 수 있을 때 그가 자신의 위중한 상태를 잘 알고 있음을 내비치는 질문을 했다고 한다.

위중의 정도와는 상관없이 김정일의 회복 기간은 필히 단축되어야 했을 것이다. 북한 같은 일인 독재 체제 국가의 경우 국가 원수가 장기간 모습을 보이지 않는 경우는 없었다. 창건 60주년을 축하하는 자리에서 북한과 외국 관측통 모두 김정일의 부재를 알아차리게 되었다. 김정일은 반드시 다시 모습을 드러내야 했다. 2008년 10월 초에 김정일이 대중에 모습을 드러냈다는 보도가 북한에서 나왔다. 대학 축구경기를 관람하는 모습이었다. 몇 주 후에는 군부대 시찰에 나선 모습이 언론에 사진으로 등장했으나, 남한에서는 배경에 있는 나뭇잎의 상태로 보아 연초에 찍었던 사진이라고 분석했다. 다른 군부대 간 축구경기 관람에서는 실제로 찍은 사진들이 나왔다. 재등장 후 몇 달간 김정일은 아주 여위고 허약해 보였다. 당국에서는 그가 식이 조절 중이며 복용하는 약이 너무 강한 탓이라고 변명을 내놓았다. 그러나 북한에서 도는 소문에 따라 북한 주민들은 오래 지나지 않아 그의 위중한 상태를 알게 되었다. 평양에 사는 아낙들은 기밀에 접근 가능한 남편들을 통해 김정일의 상태에 대해 알게 되었다고 한다.

축구경기 관람은 김정일의 일반적 활동이었으며, 김정일은 상태가 호전된 3년간 살 날이 얼마 남지 않았다는 것을 깨달은 양 많은 일을 했다. 2008년 말부터 2011년 12월에 사망할 때까지 김정일은 북한 전역에 걸친 현장 방문을 하고 중국에 세 번, 러시아에 한 번씩 기차여행을 다녀오는 등 300번 가량 대중 앞에 등장했다. 뇌졸중으로 운동 신경에 이상이 생긴 듯 보였지만 인지능력은 정상이었다. 남한 언론에서 공식적 소식통을 통해 김정일의 지능이 심각히 악화되었을지 모른다는 보도를 내놓았지만, 뇌졸중 이후 그를 만나본 외국인들은 그가 아직까지는 정신도 명료하고 대화도 잘 이끈다고 전했다. 또한 신체적으로도 예상보다 컨디션이 좋았다고 한다. 한편 그가 우울증에 걸렸으며 신경질과 화를 자주 낸다는 소문도 있었다. 만약 그것이 사실이었다면 그건 아마 김정일이 앓고 있는 다른 병 때문에 복용하는 약의 부작용 때문이었을 것이다.

김정일은 많은 의사와 영양사, 치료사들로부터 특별 치료를 받았음이 틀림없다. 그러나 김정일의 행보는 그런 질병을 앓고 있는 사람이 감당하기에 벅찬 스케줄로 가득했다. 그는 바쁜 와중에도 술을 마시고 담배를 피우고 체중이 증가하는 등, 심각한 뇌졸중이 있었던 사람으로서는 위험한 행동을 일삼았다. 김정일이 잠깐 다시 활력을 찾은 듯했어도 2008년 8월 병실에서 그를 지켜본 사람이라면 그에게 남은 날이 많지 않다는 것을 알 수 있었다.

외교전선의 후퇴

김정일이 서서히 회복되었을 때 외교전선의 상황은 악화되는 추세로 변하고 있었다. 2007년 전반에 걸쳐 6자회담 공동성명의 실행이 지지부진한 채 거의 불안정한 진전을 보였지만, 4년간의 힘든 시기를 겪고 나면 굳건한 기반에서 협상이 진척될 거라는 희망이 있었다. 2007년 7월 북한은 영변 핵시설을 폐쇄했다. 9월에 5개국 대표가 영변을 방문하여 주요시설 '불능화'를 개시하기 위해 협력하기 시작했다. 9월 초 북한의 지원 하에 건설되었다고 알려진 시리아의 원자로가 이스라엘 공군에 의해 파괴되자 6자회담 당사국들은 북한 정부가 놀랄 만한 상황을 순식간에 전개시켰다. 10월 3일 남북 정상회담이 한창일 때, 6자회담 대표자들은 당해 말까지 영변 핵시설 재처리 공장과 연료처리시설을 완전히 불능화하고, 북한의 '모든 핵 관련 프로그램을 끝내겠다'고 선언할 것을 촉구하는 내용을 골자로 한 합의문을 발표했다. 이에 美 정부는 모호한 뉘앙스로, 북한을 테러지원국 리스트에서 제하는(2000년 10월 미국과 테러 관련 공동성명을 발표한 이후 북한이 추진해온 목표) 북한을 존중하여 적성국 교역법(the Trading with the Enemy Act)의 적용을 끝내는 절차를 추진하겠다고 밝혔다. 또한 북한은 '일백만 톤의 중유와 비등한 경제적 에너지 및 인도주의적 지원'을 받게 될 것이라 덧붙였다. 회담 당사국들은 장관급 6자회담 개최라는 중요한 단계를 '적절한 시기'까지 미루기로 했다.

그러자 즉각 상황이 다시 복잡해졌다. 美 정부는 6자회담 틀을 그대로 유지하려고 했지만 그 틀은 앞으로 부과될 다양한 압박을 견디기에는 이미 소모가 컸고, 어찌보면 처음부터 대충 끼워 맞춘 미봉책에 불과한 것이었다. 북한과 회담 당사 5개국의 공동성명 이행 기한이 다가오고 있는 동안 북한 관련해서 항상 민감한 사항인 검증 문제가 또 다시 진전을 막았다.* 라이스 장관과 힐 차관보는 끊임없이 진행을 가로막는 행정부 내외의 비판들을 극복하고 지속적인 진전을 이룰 수 있도록 재빨리 조치를 취했다.

아이러니하게도 6자간 외교에 대한 심각한 타격은 우라늄 농축 비

---

* 국무부의 검증국은 검증 전문가들이 일반적으로 그렇듯이 이상적 프로그램이라고 할 만한 것을 고안해 냈다. 그러나 북한은 美 국무부가 검증이라고 생각하는 것을 스파이 행위로 생각했다.

밀 프로그램에 대한 미국의 우려를 잠재우고자 했던 북한의 시도에서 시작되었다. 2002년 美 정부는 북한이 우라늄 농축 시설에 필수적인 원심분리기에 들어가는 다량의 알루미늄 튜브를 수출했다고 비난했었다. 2007년 11월 북한은 美 외교관을 시설에 초대하여 수출했다고 비난받은 알루미늄 튜브를 건네주며, 농축이 아닌 다른 목적을 위해 수출한 것이라 주장했다. 그러나 美 실험실에서 조사한 결과, 튜브에서 고농축 우라늄이 미세하게 발견되었다. 실험결과는 12월에 언론에 유출되었고, 북한이 우라늄 농축프로그램에 대해 계속 거짓말을 해왔으며 아직도 농축을 하고 있다는 비난이 거세졌다. 튜브 자체는 우라늄 농축과 관계없다고 해도 미세한 양의 우라늄은 출처가 있는 게 틀림 없었다. 튜브가 실제 농축에 이용되었기 때문에 우라늄이 검출되었다는 의견부터 시작해, 미량으로는 결정적 증거가 되지 못한다, 다른 곳에서 옮겨 온 것이다 등 다양한 관측이 제시되었다.

   그러는 와중에 북한은 5메가와트급 원자로에서 연료봉을 꺼내는 불능화 조치에 대한 협정을 늦추었다. 부분적으로는 일본이 약속한 중유를 전달하지 않은 데 그 이유가 있었다.* 2008년 2월 6일 美 상원의 대외관계위원회에서 힐 대사는 이 상황에 대해 최대한 긍정적인 해명을 해야 했다. 그러나 북한 주민을 포함한 그 누구도 그의 해명을 받아들이지 않았다. 몇 주 후 뉴욕필이 평양에서 공연할 때, 김계관 외무성 부상은 공연에 참석한 美 관계자에 6자회담의 과정이 심각한 문제에 직면했고 상황이 '안 좋다'고 말했다.

---

* 2008년 1월 미국은 6자회담 참가국 이외의 국가에서 일본의 지원 부분을 대신해주기를 기다렸다.

2008년 5월 북한은 플루토늄과 관련한 1만 9천 장에 달하는 문서를 미국에 제출했다. 보도에 따르면 종이에서 농축 우라늄이 미세하게 관찰되었다. 문서는 이중용도로 제작되거나 금지된 물품은 아니었으나, 다시금 농축 우라늄이 어딘가에서 온 것이라는 주장이 득세했다.

6월에 상황이 다소 좋아져서 26일 북한은 6개월 후인 시점에서 중국에 지난 핵 활동을 '신고했다'. 이는 2007년 2월과 10월 실행 합의에서 요구된 내용이었다. 美 정부도 같은 날 이에 응답하며 목소리를 냈다. 부시는 미국이 북한에 적용한 적성국 교역법 규정을 해제하고 45일 이내에 북한을 테러지원국 명단에서 제외시키겠다고 발표했다. 다음날 CNN 카메라를 대동한 성 킴, 힐 대사 대리가 지켜보는 가운데 북한은 불능화 조치를 취하고 영변의 5메가와트급 냉각탑을 폭파했다.

비행기가 활주로에서 속도를 내면 곧 이륙하기 마련이지만 이번엔 그렇지 않았다. 8월 11일 다시 상황이 악화된 것이다. 미국이 국무부 대변인의 입을 빌려, 북한 정부의 핵무기와 모든 핵프로그램 포기 약속 이행을 확인할 수 있는 '강력한 검증 체제'가 마련될 때까지는 북한을 테러지원국 명단에서 삭제하지 않을 것이라 발표했다. 북한 외교관은 미국이 '결승선을 옮겼다'며 검증 체제와 테러지원국 명단 삭제는 전혀 연관성이 없다고 비난했다. 일부 美 관계자들도 개인적으로는 북한 의견에 찬성했다.

며칠 뒤에 영변시설 불능화가 중단되었고 8월 26일까지는 이에 대한 공식 발표도 없었다. 북한 외무성은 미국이 6자회담 실행합의를 위반했다고 비난하는 성명을 발표했다. 위반의 결과로 북한은 즉각적으로 성명을 통해 '핵시설 불능화 작업을 중단' 하기로 했다고 밝혔다. 우연히도 미국이 테러지원국 삭제불가를 밝힌 8월 14일 당일 김정일이 뇌졸중으로 쓰러졌다.* 북한은 성명을 통해 '핵시설을 재가동하여 본래 상태로 복귀시키려 하고 관련 시설도 마찬가지'라고 밝혔다.

2008년 9월 북한은 영변 핵시설 '복구'를 선언했다. 불능화 조치를 뒤집은 것이다. 북한 정부는 국제원자력기구(IAEA)에 핵시설 봉인을 해제하고 재처리 시설에서 감시단을 철수시킬 것을 요구하며, 사찰단에 더 이상 시설에 대한 접근권이 없음을 알렸다. 당시 美 정부는 이러한 상황이 앞으로 어떻게 전개될지 감지하지 못했지만, 이같은 조치는 앞으로 적어도 9개월간은 지속될 對 미국 접근방식을 제대로 바꾸겠다는 북한의 결정을 나타냈다.

7월에 상황은 이미 부정적인 방향으로 흘러간 뒤였고, 김정일이 건강했을 때라고 추정된 8월 12일쯤(미국이 테러지원국 명단의 검증 절차를 밟고 있다는 소식이 유엔 주재 북한대표부 대사로부터 북한에 들려왔을 때였다)에 김정일은 재빠르게 미국의 배신으로 보이는 이같은 조치에 대응하기로 했을 것이다. 김정일의 뇌졸중 이후에도 군부나 일반 시민 중 누구도 이같은 김정일의 결정에 토를 달지 않았다. 김정일이 확실히 회복되고 국방위원장이라는 중책을 계속 유지하고 있었기 때문에 정치적인 배반으로 보여지는 행동은 변호될 수 없었다.

10월 초에 크리스토퍼 힐 차관보는 비무장 지대를 지나 평양을 방문하여 6자회담이 제자리를 찾을 수 있을지 알아보았다. 김정일이 뇌

---

* 8월 14일은 김정일이 뇌졸중으로 쓰러진 당일이거나 하루나 이틀 뒤였다.

졸중으로 쓰러진 지 몇 주가 지나자 美 정부는 그의 건강 상태에 대해 좀더 명확히 알게 되었다. 그러나 영변 핵시설 불능화 포기 결정을 뒤엎을 수 있는 사람이 정권 내에 있는지는 알 수 없었다. 김정일이 서서히 회복 중임에도 불구하고, 평양에서의 의사결정은 아직 이루어지지 않고 있었다.

김계관 부상은 힐에게 단호하게 '상호 협력이 무너졌다'고 말하며, 이전에 양국 간 이룬 합의는 '끝났고 주사위는 던져졌다'고 덧붙였다. 김계관은 美 정부가 테러지원국 명단에서 북한을 삭제하는 문제를 어떻게 완수하는지 지켜보면서 미국의 의도를 시험해 봤다고 말했다. 그러나 뒷걸음질치는 것을 보며 美 정부가 애초 진지하게 임한 것이 아니라고 결론내렸고, 북한으로서는 '우리의 억제력을 강화하는' 수밖에 없다고 말했다. 방문 말미에 여러 차례 만남을 가진 뒤 힐은 북한이 극단적인 생각을 하지 않도록 설득했다고 생각했지만, 누가 누구를 설득했느냐에 대해서는 아직 논란의 여지가 있다.

힐이 북한에 가있을 동안 미국이나 북한 정부는 부시 정부에 남은 시간이 별로 없고 벌써 4주 후에 美 대선이 치러질 것을 잘 알고 있었다. 한 달 뒤 버락 오바마(Barack Obama)가 선출되었다. 그러나 美 정권교체는 북한에서 이미 진행 중인 계획에 변화를 가져오지 못했다. 한 북한 고위급 관계자는 미국 측 관계자와의 사석에서 앞으로 닥칠 일에 대해 경고하며, 美 대선 이후 상황이 이미 외교관들 선에서 손쓸 수 있는 범위를 넘어섰다고 말했다. 이후 몇 달 뒤에 또 다른 북측 관계자 역시 미국과 심각한 문제를 일으킬만한 결정들이 이미 북한 정부의 최고위층까지 올라갔으며, 이에 대해 손쓸 방법이 없음을 경고했다.

오바마가 취임했을 때 6자회담은 거의 사멸된 거나 마찬가지였다. 그러나 美 정부의 누구도 이 사실을 눈치채지 못했다. 김정일의 뇌졸중과 승계가 이미 북한의 의사 결정에 상당한 영향을 끼치고 있었다. 그러나 美 정부는 다시금 어떤 것도 알아차리지 못했고, 북한에서 일어나고 있는 정세변화를 어떻게 감안해 접근법을 세울지도 모르고 있었다. 새로 들어선 오바마 정부는 무엇보다 이미지 구축에 주안점을 두었다. 북한은 초반의 조치를 통해 오바마를 시험했고, 美 정부는 이후 균형점을 찾지 못했다.

끔찍한 출발

2009년 1월 20일 취임식에서 오바마는 미국의 적국을 겨냥한 발언을 했다. "미국은 적대감을 내려놓는 국가에 손을 내밀 것이다." 취임 후 얼마 지나지 않아 북한이 오바마의 제안을 받아들일 준비가 되어있지 않다는 것이 명확해졌다.

2월 언론 보도에 따르면 美 정보국은 북한이 장거리 탄도 미사일 실험을 계획하고 있다는 믿기 힘든 정황을 발견했다. 평양에는 일부 비공식적 美 대표단이 있었는데, 이들 역시 미사일 발사를 중단시킬 방법은 없다는 소식을 들었다. 美 대표단 중 한 명은 북한 외무성 관계자가 "당신들은 앞으로 어떤 끔찍한 상황이 벌어질지 모르고 있다"고 말하는 것을 들었다. 새로 취임한 오바마 정부에게 숨돌릴 틈을 주어야 한다는 주장은 북한에서 사장되었다. 2월 말 북한은 위성발사 계획을 공식적으로 발표했다. 3월에는 안보 전략의 일환으로 우주조약(the Outer Space Treaty)에 가입했고, 해상과 공해상에 임박한 위성 발사를 알렸다.*

새로 임명된 스티븐 보스워스(Stephen Bosworth) 특사는 이미 2월에 평양을 방문한 경험이 있었다. 스티븐은 3월 초 평양으로 건너가 미사일 발사를 하지 않겠다는 다짐을 받으려 했다. 하지만 북한은 타협안에 관심이 없었고, 미국과 중국을 포함한 국제사회의 온갖 협박과 감언이설을 듣고서도 2009년 4월 5일 발사를 감행했다.

은하 2호 로켓의 1단과 2단은 성공적으로 분리되었다. 그러나 1998년 발사 때와 마찬가지로 3단이 말썽을 부려 위성은 결국 태평양 한가운데 떨어졌다. TV에서는 김정일이 평양에서 멀리 떨어진 관제탑에서 발사를 지켜보고 기술자들과 이를 축하하는 모습을 방송했다. 그러나 발사과정을 보여주는 관제탑 전면에 있는 커다란 화면이 성공을 보여주기 위해 미리 프로그램되지 않았다면 김정일은 몇 분 안에 위성 발사 실패를 알게 되었을 것이다. 그럼에도 불구하고 그는 관제탑에서 포즈를 취했고, 북한 언론은 위성이 궤도에 진입했다고 보도했다. 몇 년 뒤에 공개된 당시의 사진에는 김정은이 김정일과 같이 찍혀 있었다.

위성 발사 며칠 전 인민군 작전 참모 명의로 발표된 성명은 "발사대 근처에 있는 일본이나 UN 소속 해군정이 북한의 평화적 위성 발사를 막으려는 일말의 움직임을 보인다면, 우리의 최첨단 무장군은 한치의 망설임 없이 정의의 보복을 행하겠다"고 경고했다. 일반적 수

---

* 북한이 사전에 공지를 하지 않아 항공기와 선박들이 위험에 처하게 했음을 비난하는 내용이 2006년 UN 안보리 결의안에 포함되었다. 그 전에 북한은 이런 위험을 모른 척하고 있었다.

준 북한의 엄포였지만 그해 말 한 북한군 장성은 북한군은 발포명령만 받으면 당시 발사를 방해하려고 하는 적군의 함정에 바로 공격할 준비가 되어있는 공군 전투기를 배치했었다는 사실을 美 방문단에게 말했다.

미사일 발사 일주일 후 UN 안전보장 이사회는 비난 성명을 발표했다. 북한은 다음 날(4월14일) 6자회담에서 탈퇴하며 영변 핵시설의 재가동을 시작했다고 발표했다. 다시 한번 IAEA 사찰단은 짐을 꾸려야 했고 이틀 후인 4월 16일 북한발 비행기를 타야 했다.

잇따른 대응으로 UN은 새 제재안의 세부내용을 발표했고, 북한은 안보리가 사과성명을 발표하지 않는다면 (북한 정부도 이미 그럴 리가 없다는 걸 알고 있었다) 더 나아가 한층 도발적인 조치를 취하겠다고 경고하는 성명을 냈다. 성명 일부 내용은 다음과 같다.

> 첫째로, 조선민주주의인민공화국은 국가의 중요한 국익 보호를 위해 추가로 자위적 조치를 취할 것이다. 여기에는 핵 실험과 대륙간 탄도 미사일 발사 실험이 포함된다.
> 둘째로, 조선민주주의인민공화국은 경수로 발전소를 건설하기로 결정했으며, 지체 없이 핵연료의 자력 생산을 위해 기술 개발을 시작할 것이다.

'대륙간 탄도 미사일'은 의도적으로 북한의 미사일 프로그램을 '위성 발사를 위한 것'에서 군사적 목적이 있는 것으로 그 범위를 옮기는 어구였다. 경수로 가동을 위한 연료 생산을 언급한 것 역시 노골적으로 우라늄 농축 프로그램의 지속 의지를 드러낸 것이었다.*

국가의 '중요한 국익' 보호를 위한 조치는 5월 25일에 이뤄진 북한의 두 번째 핵실험으로 밝혀졌다. 첫 번째와는 다르게 이번에는 북한 핵무기 개발 능력 회의론자들에게 확실한 증거를 보여주기에 충분했다(2-6킬로톤 정도의 수율이 측정되었다). 멀리 떨어진 곳에서의 수율 측정은 정확하지 않고 실제 폭파가 일어난 장소를 제대로 알아야지 정확한 계산 결과가 나온다. 자료를 재검토한 결과, 일부 전문가들은 두 번째 핵실험이 가장 높은 추정치에 해당하는 6킬로톤을 넘을 거라는 결론을 내렸다. 첫 번째와는 다르게 핵 폭발로 인한 잔해가 공기에 노출되지 않아서 사용된 기기의 특징을 분석하진 못했다. 2013년 2월 세 번째 핵실험 이후로는 지하 핵실험 터널을 밀폐하는 능력이 보다 중요하게 인식되었다.

오바마 취임 초반에 행해진 북한 핵실험으로, 백악관에서는 북한 정부와의 공조 가능성을 진지하게 생각할 기회를 얻지 못했다. 오바마 정부는 미사일과 핵실험을 거의 개인적 모욕으로 받아들였다. 또한 미국의 가장 중요한 목표가 북한의 '행동방식' 바꾸기임을 재삼 확인했다. 더불어 '도발과 보상'(추후 가장 많이 쓰인 어구)의 악순환 고리를 끊겠다는 원칙을 확립했다. 美 정부 내 일부 관계자들은 북한이 계속 6자회담 참석을 거부한다면 부시 시절의 대북 정책을 계승할 준비가 되었다고 말했다. 오바마 정부가 들어섰을 때 6자회담은 이미 소멸 직전이었고 계승할 정책도 남아있지 않았다.

✱ 북한은 공식 공개 성명을 발표하기 직전에 뉴욕의 채널을 통하여 美 정부에 그와 유사한 메시지를 보냈다. 그러나 언제나처럼 비공개 메시지는 공개 메시지보다 거친 단어를 담고 있었다.

미국의 재정 시스템 붕괴를 목전에 둔 오바마는, 환상에 불과한 결과를 추구하며 신뢰 못할 협상 파트너를 쫓아내는 것 말고도 해야 할 일이 산적해 있었다. 대통령이 챙겨야 할 문제가 너무도 많은 나머지 절대 불가피하거나 승산이 있는 것만 다루어야 했다. 북한 문제는 이 경우에 해당되지 않았다. 지난 8년간 북한 문제를 겪어온 사람들은 북한에 관해서는 어떠한 기반도 필요치 않다는 결론을 냈고, 해결하려고 시간과 노력을 쏟을 이유가 없다고 생각했다.

아이러니하게도 오바마 집권 1기 동안에는 다른 아시아 문제보다 북한과 관련 고위급 정책회의가 많았다(소위 차석위원회(Deputies Committee)와 높은 기밀을 유지한 '소규모' 회의들이었다). 때때로 중요한 시기에는 열띤 토론이 열렸고 실무진 수준에서 해결 가능한 미미한 문제도 다루었다. 2009년 말경 美 정부는 '전략적 인내(strategic patience)' 정책을 채택하였다. 북한의 '도발'에 매번 협상 테이블로 돌아가지 않고 침착하게 대응하겠다는 것이었다. 그러나 이에 반대하는 입장인 이들은 전략적 인내가 결국 '전략적 소극성(strategic passivity)'이 될 것이라고 비판했다. 항상 그렇듯이 상황을 바꾸는 것은 비판가들이 아닌 현실이었다. 여전히 한반도의 위험도가 너무나 높고 대치상황은 지나치게 변덕스러워서, 美 정부가 북한의 태도 변화를 마냥 기다려서는 안 된다는 것을 증명하는 사건들이 다시 한번 발생할 터였다.

오바마 집권 첫 4년간 美 정부의 대북 정책의 중심은 선제적이기보다는 소극적이었다. 로버트 게이츠 국방 장관은 미국은 '같은 말을 두 번 사지'(buy the same horse twice) 않는다고 말했다. 이는 추후 미국의 정책을 대략적으로 설명한 어구가 되었다. 부시 집권 1기와는 다르게 오바마의 참모진은 북한과 협상하기를 주저하지 않았다. 그러나 의미 있는 성과는 없을 거라는 회의론이 팽배했고, 미국 입장에서 기대하거나 가능성을 탐색할만한 의미 있는 '거래' 또한 없을 거라 예상했다.

새로 취임한 오바마 정부가 부시보다 더 나은 조건을 제시했음에도 북한이 도발 행위를 계속한 이유에 대한 질문이 자주 제기된다.* 6자회담에서 철수하기로 한 북한의 결정과 핵·미사일 실험 강행은 이미 美 대선 전에 이루어졌으며, 누가 대통령으로 선출되건 간에 북한이 결정을 되돌릴 가능성은 없었다. 북한이 절대 원하지 않았던 6자회담은 어쨌든 간에 계속 진행되었고, 북한 내에 권력 승계의 분위기가 달구어지면서 북한 정부가 과거와는 다른 색깔의 외교를 펼칠 것이 확실해졌다.

美 정부가 북한의 구태의연한 방식이 타파되길 원했다면, 곧 바란대로 이루어지긴 했지만 그들이 원했던 방향은 아니었다. 북한의 두 번째 핵실험 후인 2009년 7월 17일 UN 안전보장이사회는 새 결의안(1874호)을 통과시켰다. 역시나 중국과 러시아는 미사일 발사와 핵실험 비난에는 동의했지만, 중국 정부는 조건부로 결의안에 찬성하였다. 결의안의 내용은 이렇다.

> 북한의 주권과 영토 보전, 정당한 안보에 대한 관심 및 개발 의욕은

---

* 오바마 정부의 태도가 부시 정부 때보다 얼마나 더 나았는가는 결코 확실히 못박을 수 있는 사안이 아니었다. 남한정부는 미국 정책에 지나치게 기대는 태도를 경계했을 것이며, 앞서 말한 대로, 백악관에는 평양과 관계를 맺으려 하는 노력이 쓸데없다는 회의론이 팽배했다.

분명히 존중받아야 한다. 핵확산 금지조약(Nuclear Non-Proliferation Treaty) 복귀 이후, 북한은 회원국으로서 평화목적의 핵 에너지 사용권한을 누릴 것이다. 한편, UN 안보리의 조치는 북한의 개발과 인도주의적 지원에 악영향을 끼쳐서는 안 된다. 사찰 문제는 복잡하고도 민감한 사안이었기에 회원국들은 충분한 증거와 합리적인 근거를 기반으로 신중하게 행동하며 갈등을 악화시키는 말이나 행동은 삼가야 한다. 어떠한 상황에서도 군사력을 사용하겠다는 위협을 가해서는 안 될 것이다.

북한 정부와 경제·정치적 교류를 하던 중국을 염두에 둔 조심스러운 어조가 사용되었는데 이러한 수사법은 후에 그 이상의 결과를 낳았다. 이후 7년간 北-中 교류는 활발해졌고(2008년 30억 달러 미만이었다가 2012년 약 60억 달러로 증가했다), 양국을 왕래하는 공식 방문자 수도 증가했다. 중국이 투자하는 북한의 기간시설 프로젝트는 빠르게 진행되었고, 북한 경제에 대한 중국의 관여도가 상당히 증가했다. 이웃한 북한이 아무리 짜증나게 했을지언정 이 모든 지원이 중국에서 북한으로 흘러 들어간 것이다.

클린턴 방북

UN 안보리 결의안 1874호가 통과된 후, 북한은 강경에서 완화 기조로 돌아섰다. 그러나 이 변화는 북한 정부에서 이루어지는 정치적 승계를 뒷받침하도록 내·외부 조건을 확립하기 위해 급히 이루어진 것이었다. 미사일과 핵 실험 이전인 2009년 3월, 미국 언론인 두 명이 탈북자 취재를 위해 중국과 인접한 북한 국경에 접근했다. 여기자 두 명은 무모하게도 안내인을 따라 얼음으로 덮인 두만강을 건너 북한으로 갔다가, 감옥수로 의심되어 국경 수비대에 의해 급히 평양으로 이송되었다. 평양에서 그들은 심문을 당하고 정신을 잃을 만큼 겁에 질렸으나 학대당하지는 않았다고 알려졌다. 한 달간의 '조사'가 끝났고 4월 말 북한은 여기자 두 명이 '재판'을 받을 것이라 밝혔다. 6월에 재판이 열렸고, 그들은 12년 '노동교화형'을 선고 받았지만 '항소 기회'는 없었다.

선고 결과는 충격적이었지만 사실상 형이 집행될 가능성은 제로에 가까웠다. 그때까지는 적어도 높은 지위의 유명 관계자가 평양으로 와서 북한에 불법행위로 억류되어 있는 미국인을 인도받는 것이 관례였다. 유명한 여러 인물들이 고려되었지만 북한 정부는 번번이 퇴짜를 놓았다. 그러자 결국 美 정부는 억류된 두 여기자가 일하는 회사인 커런트 TV(Current TV)의 경영자 엘 고어(Al Gore) 前 부대통령을 보내겠다고 제안했다. 그러나 북한은 빌 클린턴(Bill Clinton)이 아니면 석방은 없다고 통보했다.

美 정부 고위급 관료 여러 명이 북한의 요구를 수용하면 북한 정부뿐만 아니라 남한과 일본정부에도 잘못된 메시지를 전할 수 있게 된다며, 클린턴이 그 임무를 맡는 것을 강하게 반대하고 나섰다. 클린턴 파견 반대파의 목소리는 컸다. 그러나 美 정부가 前 대통령을 보내기를 거부해서 미국인 기자가 석방되지 못했다는 말이 나가면 정부는 끔찍한 결과를 마주하게 될 것이라는 힐러리 클린턴(Hillary Clinton) 국무장관의 지적이 있자 상황이 정리되었다.

정부차원에서 클린턴을 특사 파견하여 두 미국인을 데려오기로 결정한 후에도, 북한이 그를 꾀어 정부와 협상까지 하게 하고 기자들을 석방하지 않을지도 모른다는 상당한 긴장감이 백악관 내에 감돌았다. 그러나 북한은, 특히 김정일은 클린턴의 방북이 성공적으로 이루어지길 바랐으므로 그럴 일은 없었다. 김정일은 북미 관계가 상승기류를 타고 있었던 2000년 말미에 평양에서 클린턴을 만나기를 희망했었다. 클린턴과의 회동을 가짐으로써 그는 미국과의 관계회복에 대한 희망을 저버리지 않았음을 보여줄 수 있었다. 또한 아들이자 후계자인 김정은에게 미국으로부터 회유와 회개를 얻어내는 과정을 보여줄 셈이었다.

평양으로 향하기 전, 클린턴은 그의 아내인 힐러리의 사무실에서 브리핑을 받았다. 그곳에서 그는 기자들을 데려 올 것과 어떤 상황에서도 웃지 말라는 엄한 명령을 받았다. 그날 저녁 작은 테이블을 앞에 두고 클린턴은 브리핑 참가자 중 한 명에게 "내가 그렇게까지 조심해야 한다고 생각합니까?"라고 반문했다. 그러나 실제로 그는 그렇게 했다.

8월 평양을 방문한 첫날 스케줄 대부분은 북미 관계자 간 비밀 접촉에 의해 미리 계획되었다. 결국 북한은 사전에 합의했던대로 방북 일정을 정확히 지켜나갔다. 만찬 전 브리핑 시간 동안 김정일은 클린턴에게 북한 정책의 개요를 설명했고, 클린턴은 북한의 비핵화 가치에 대한 자신의 의견을 피력했다. 김정일은 동의하는 태도를 보였지만 대화가 더 진행되지는 않았다. 참석자 중 한 명은 김정일이 클린턴에게 자신이 미국의 관심을 끌기 위해 노력했으나 그럴 기회를 차단당했음을 확실히 알려주고자 했다고 밝혔다.

성대한 연회가 이어졌을 때, 김정일은 美 방문단(그중에는 의사도 있었다)이 그의 움직임을 주의 깊게 지켜보면서 건강 상태를 살피는 것을 알아차렸을 것이다. 그들이 얼마나 긴장했는지 김정일이 알아챈 게 확실했다. 식사 중에 김정일은 유명한 북한의 매스 게임을 보여주겠다고 제안했다. 그는 티켓을 사왔다고 장난기 가득한 어조로 말했다. 하지만 방문단은 서둘러 방어막을 쳤다. 클린턴은 김정일의 초대 메시지를 못들은 척했다. 2000년 10월 매들린 올브라이트처럼 김정일 바로 옆자리에 앉은 채 사진을 찍힐 순 없었다. 김정일 보좌관들은 미국 방문단에게 위원장의 이런 제안을 거절할 수는 없다고 여러 번 설득했고, 그 후 김정일은 괜찮다면서 이미 티켓을 '환불'했다고 가볍게 말했다. 방문단을 실은 비행기는 다음 날 아침 두 명의 여기자와 함께 떠났다.

클린턴의 방북은 북한에는 해빙 무드를, 김정일에게는 오바마의 취임식 연설처럼 '적대감을 내려놓는' 계기를 제공했을 수 있었지만 미국의 속을 꿰뚫어 볼 기회는 주지 않았다. 2009년 말 美 행정부가 재정비될 때까지 상황은 또다시 악화되었다.

남한으로

2009년 5월 23일, 퇴임 후 1년이 조금 지난 시점에서 노무현 前 대통령이 자살했다. 북한의 2차 핵실험 관련 보도가 한창인 가운데 그의 죽음이 전해졌다. 김정일은 자발적으로 애도의 메시지를 보냈다.

8월에 김정일은 남한에 다시 연락할 기회를 잡았다. 클린턴의 방북 몇 주 후 김대중 대통령이 사망했다. 김정일은 이번 기회를 빌어 소규모 조문단을 파견해 그 당시 대통령이었던 이명박 대통령에게 중요한 메시지를 전달하기로 했다(아마 남한 측 남북회담 찬성자들의 재촉이 있었을 것이다). 조문단에는 김기남 노동당 중앙위원회 서기와 김양건 노동당 중앙위원회 통일전선 부장이 참여하여 남한과의 정책문제를 해결하고자 했다.

현인택 통일부 장관을 포함한 이명박 대통령의 보수적 고문단은, 조문단의 심기를 거슬리게 하고 모욕을 주는 언사를 하고 나서야 청와대에 들여보냈다. 김기남과 김양건 모두 이전에 서울을 방문한 적이 있었지만, 김정일의 건강에 이상이 있는 상황에서는 이전과는 다른 부담이 있었고, 이명박에게 메시지를 전달하기 위해서는 이런 모욕을 견뎌야 한다는 것을 알고 있었다. 드디어 8월 24일 아침 그들은 이명박을 만났다. 남한 언론에서는 대통령이 단호하게 아무것에도 동의하지 않았다고 보도했다. 한 신문사는 김기남과 김양건이 '남북관계 개선을 원하는 김정일의 뜻을 전하려 했으나 남북 정상 회담에 대한 논의는 없었다'고 보도했다. 김정일은 대화하자는 간단하고도 명

2009년 8월 서울, 김대중 前 대통령 장례식에 참석한 김기남 서기와 김양건 통일전선 부장이 묵념하고 있다. 김정일은 고위급 남북 대화 재개 여부를 알아보려는 목적으로 두 특사를 파견했다.

확한 메세지를 전했다.

성공하고 존경 받는 기업인이었던 이명박은 지지율이 높았던 서울시장(2002-2006)이었다. 한번은 국회의원(1996-1998)을 지냈으며, 운명의 장난인지 1996년에는 그 누구도 아닌 노무현을 선거에서 이긴 경험이 있었다. 2008년 2월 대통령에 취임한 이명박은 지난 두 정부의 대북 햇볕정책을 계승할 생각이 없었다. 그는 신실한 종교인일뿐 그다지 강경파는 아니었고, 세계적인 동향을 살피며 사건들을 이해할 줄 아는 기업인 타입이지 정치인 타입은 아니었다. 그를 만나본 미국인들은 이명박의 관점과 통찰력에 깊은 인상을 받았다. 오바마와 대외정책 고문들은 동북아시아 개발에 대한 그의 인식과 북한에 대한 통찰력이 신선하다고 생각했다.* 그러나 이런 이해와 관점을 효율적으로 정책에 반영시키는 것은 또 다른 문제였다. 특히 북한이 정치 승계 과정을 겪고 있는 힘든 상황임을 감안했을 때는 더욱 어려웠다.

2007년 12월 대선에서 남한 국민들은 여느 때와 마찬가지로 국내 경제 문제를 우려했지만, 동시에 지난 김대중과 노무현 정권의 대북 포용정책에 환멸을 느꼈다. 그들은 이명박에게 표를 던졌고 그는 모든 연령대에서 압승을 거두며 당선되었다. 그의 당선 패턴은 중장년층이 보수주의 후보를 지지하고 젊은 층은 진보주의 후보를 지지하는 일반적인 양상과는 달랐다. 그래서 분석가들은 대한민국 유권자의 근본적인 전망에 거대한 변화가 일어났다고 추측했다. 10년간의 햇볕

---

* 이들은 이명박의 가난했던 어린 시절과 전후 세대에 의해 발전을 거듭한 그의 경험을 듣고 감동했으며, 이를 한국인들이 진실로 미국에 친밀한 정서를 가졌다는 뜻으로 받아들였다.

정책 이후 남한 보수주의자들은 안간힘을 써서 정권을 재탈환하려 했고, 10년간 북한에 이용당해 손해를 입었다고 생각하며 그 시간을 되돌리려 했다. 이명박 정권 초기 정책을 마련한 인물들은 유서 깊은 반공주의자들로, 이들은 아직도 남한 내부에 북한에 휘둘리는 세력이 존재하며 공산주의자들이 노동·예술·문화 등의 분야에서 악영향을 끼칠 수 있다고 믿었다. 이명박 정권은 일부 대북 정책을 25년 전의 전두환 시대의 것들로 되돌렸다. 그때는 사실 남북 간 교류도 전혀 없었고 북한을 향한 남한의 수사법은 거칠고 고약했던 시기였다. 21세기가 도래했지만 오래된 전쟁은 아직 끝나지 않았다.

두 번째 남북 정상회담, 그러나 세 번째는 없었다

남북관계가 무르익었던 때는 이명박 이전 노무현 정권 시절이었다. 그러나 거기에는 어려움과 보수파의 거센 비난이 뒤따랐다. 노무현은 집권 내내 정상회담을 갖자고 북한을 압박했다. 2007년 여름 노무현 임기 마지막 해, 그의 생각이 견인력을 얻었다. 8월에 여당이 곧 대통령 후보를 낼 것이며 그 이후엔 정상회담이 훨씬 더 어려워질거라고 남한이 계속 재촉한 끝에 북한은 회담 준비가 되었음을 내비쳤다. 남한 내 정치 상황으로 생길 문제를 피하기 위해 대선 후가 아닌 그 이전에 고위급 회담을 갖도록 김정일을 설득하는 것은 美 정부가 2000년에 이미 경험한 바 있었던 아주 어려운 문제였다.

남북 정상회담은 8월 말에 예정되었으나 북한 지역에 내린 폭우로 가을까지 미뤄졌다. 10월 2일 노무현 대통령은 마침내 판문점 군사분계선을 직접 넘어 평양까지 약 145km 정도를 차로 이동했다. 여러 대의 버스에는 관계자와 기자, 기업인들이 동행했다. 남한 언론은 7년 전 김대중과의 만남 때와 비교하며 노무현을 접견하는 김정일에 관해 세세한 것까지 자세히 보도했다. 김정일은 과장되거나 공손하기보다는 약간 뻣뻣한 모습이었다. 사진에 비친 그는 건강이 안 좋아 보였고, 연초에 있었던 심장 질환에 대한 소문이 사실일지도 모른다는 이야기가 나왔다.

정상회담은 10월 4일 공동성명을 발표하며 마무리되었다. 일반적으로 정상회담 뒤에 나오는 성명은 대부분 장황하다. 이번에도 마찬가지로 애매한 어구가 포함되긴 했지만 양국관계 개선을 위한 다양한 구체적 조치가 명시되어 있었다. 적어도 인쇄된 종이는 양국이 어떻게 공조를 이룰지에 대해 담고 있었다. 구체적 세부실천 과제는 다음과 같다.

- 남과 북은 "서해에서의 우발적 충돌방지를 위해 공동어로수역을 지정하고 이 수역을 평화수역으로 만들기 위한 방안과 각종 협력사업에 대한 군사적 보장조치 문제 등 군사적 신뢰구축 조치를 협의하기" 위하여 남측 국방부 장관과 북측 인민무력부 부장 간 회담을 금년 11월 중에 평양에서 개최하기로 한다.
- 남과 북은 "해주지역과 주변해역을 포괄하는 서해평화협력특별지대"를 설치하고 "공동어로구역과 평화수역 설정, 경제특구건설과 해주항 활용, 민간선박의 해주직항로 통과, 한강하구 공동이용 등을 적극 추진해 나가기로 한다."
- 남과 북은 개성공업지구 1단계 건설을 빠른 시일 안에 완공하고 2단계 개발에 착수하며 문산(남한 소재) 봉동(북한 소재) 간 철도화물수

송을 시작한다.
| 남과 북은 개성−신의주 철도와 개성−평양 고속도로를 공동으로 이용하기 위해 개・보수 문제를 협의・추진해 가기로 한다.
| 남과 북은 안변과 남포(북한의 동서 해안가)에 조선협력단지를 건설하며 농업, 보건의료, 환경보호 등 여러 분야에서의 협력사업을 진행해 나가기로 한다.
| 남과 북은 백두산 관광을 실시하며 이를 위해 백두산−서울 직항로를 개설하기로 한다.
| 남과 북은 2008년 북경 올림픽에 남북응원단이 경의선 열차를 처음으로 이용하여 참가하기로 한다.
| 남과 북은 이 선언의 이행을 위하여 남북총리회담을 개최하기로 하고, 제1차 회의를 금년 11월 중 서울에서 갖기로 한다.

세부 실천 과제는 상당히 야심찬 내용을 담고 있었으나, 2008년 2월 이명박 취임 이후 살아남을 과제는 하나도 없었다. 많은 전문가들은 심히 낮은 노무현의 지지도와 다가올 대선을 고려했을 때 이 내용은 거의 실현가능성이 없다고 평했다. 서울 주재 美 대사관은 남북정상회담 결과로 인해 비핵화를 위한 6자회담의 노력이 약화될 것을 우려해, 북핵 문제 관련해 노무현이 강경자세를 취할 것을 사전에 재확인했다. 비핵화 문제는 노 대통령이 심하게 압박하든 가볍게 압박하든 큰 차이를 내지 않았다. 6자회담은 노무현과는 아무 상관없는 문제에 부딪히기 직전이었다.

남한 정상회담 준비 관계자들은 그들의 관점에서는 서해의 긴장 완화를 위한 체제 마련이 정상회담의 주된 목표였다고 말했다(10.4 공동

선언 전반에 걸쳐 이 문제가 중요하게 다루어졌다). 그들은 유감스러운 듯 고개를 저으며 회담 시기가 좋지 않다는 걸 알고 있었지만, 그건 남한의 선택이 아니었다고 말했다. 만약 또 다시 정상회담을 개최한다면, 새 정부가 입성하기 전에 합의된 내용이 제대로 뿌리내리고 전략적 상황이 조성될 수 있도록, 대통령 임기 초기에 하는 것이 적당할 것이라고 했다.

10월 4일 양국 정상이 발표한 공동선언에서 서해 관련 조항은 가장 중요하면서도 대중과 정부 내부에서 가장 첨예한 논란거리였다. 남북은 2006년에서 2007년까지 상당한 시간에 걸쳐 군사회담을 갖고 북방한계선에 대해 의논했다. 북방한계선은 사실상 서해의 국경이나 마찬가지였고 국가안보의 최우선 과제였다. 북방한계선 주변 지역 섬과 해상은 북한군이 서해를 통해 서울로 공격해 오지 못하게 막는 중요한 입지였다. 남한 보수주의자들에게 북방한계선은 단순히 군사적인 중요성을 띠는 데 그치는 것이 아니라 심리학적으로도 중대한 의미를 가진 것이었다. 북한에게 영토 일부를 양보하는 것은, 남한 측에 있어서는 북한이 최대한 이용할 수 있는 치명적인 약점을 갖게 됨을 의미하는 것이었다. 노무현 정부 내 일부 관계자들은 위험한 서해 지역이 좀더 안정화될 가능성을 생각한 반면, 반대자들은 북방 한계선의 양보를 북한의 협박에 굴복한 아주 순진한 발상으로 생각했다.

2008년 2월 말, 이명박 대통령이 이끄는 새 정부는 노무현과 김정일이 이끌어낸 정상회담 합의를 완전히 무시하려는 자세를 취했다. 이명박 지지자들은 김대중과 노무현 대통령 재임기간은 남북 관계에서 '잃어버린 십 년'이며, 이 두 정부는 그동안 북한에 바라는 것 없이 너무 퍼주기만 했다고 주장했다. 이명박은 북한 문제 해결을 반대하지 않았고, 고문단도 눈먼 이데올로기 신봉자가 아니었다. 그러나 북한은 오랜 기간 제멋대로 행동했으며 이를 막을 방법은 원조를 중단하고 현금 줄을 막으면서 유리한 입장에서 김정일을 대하는 것이라는 게 이들의 생각이었다. 그러나 이전 10년간의 햇볕정책에 수정을 바랐던 남한 국민 대부분은 이명박의 퇴임 무렵, 결국 이명박 식의 대북정책도 상황을 낫게 하지는 못했다고 생각했다.

  2008년 7월, 이명박 대통령이 가장 우호적인 내용으로 북한 관련 연설을 준비하고 있을 때 끔찍한 소식이 전해졌다. 현대가 운영 중인 북한 금강산 리조트에서 한 남한 관광객이 동트기 전에 접근제한 구역에서 산책을 하다가 북한군의 총에 맞아 숨졌다. 상황이 명확하진 않았지만 중년 여성인 관광객 사망 소식에 남한 대중은 격노했다. 이후 선동적인 기사가 온 나라에 깔리면서 국민이 분노하자 확실한 사실 발표가 나오기도 전에 정부는 급히 금강산 리조트를 폐쇄시키기에 이르렀다. 북한은 즉각 사과의 뜻을 전하면서도 이 사건을 남한의 탓으로 돌렸다. 반면 남한 정부는 북한이 조사 요구를 거절했다고 밝혔다.

  8월, 여전히 사고에 대한 가시적 진전이 보이지 않는 상태에서 북한 정부는 이례적으로 '금강산에 배치된 북한군 부대 대변인' 이름으로 '특별성명'을 냈다. 성명에 따르면 북한은 '유감스러운 사건'에 대해 이미 '사과를 표했다'면서, 그 지역 규율을 지키지 않은 희생자의 부주의를 탓했다. 또한 남한 정부가 그 사건을 큰 이슈화시키고 있기 때문에 북한은 '관광 지역에서 불필요한 인력'을 철수시킬 것이며, 군사경계선을 넘어 금강산에 출입하는 차량 통제를 강화하고, '지금부터 군사 통제하에 금강산과 주변 관광지역에서 일말의 적대 행위가 발생할 경우, 강력한 군사 조치를 취하겠다'고 했다.

다른 상황이었다면 남한 정부는 북한의 사과의 뜻을 받아들였겠지만, 당시 남한 정부의 보수파는 금강산 관광단지 재개장을 단호히 반대했다. 그들은 금강산이 북한의 큰 돈줄이라고 생각했다. 이후 수년간 보수파들은 여러 가지 이유를 들어 재개장을 계속 반대했다. 결국에 북한은 자국 영토를 사용해서 관광수입을 올리려는 행위를 남한이 금지할 순 없다고 주장했다. 현정은 현대그룹 회장이 8월 16일 김정일과 만나 관광지역의 안전을 보장받았음에도 불구하고 정부는 재개장을 동의해주지 않았다. 현정은과 김정일 간 회담에 참가했던 김양건은 일주일 후 서울을 방문해 김정일 위원장의 메시지를 전달했다.

북한 최고지도자의 회담 제안을 전달받은 이명박은 참모진의 불평 섞인 충고를 뒤로 하고 수석 보좌관이었던 임태희 고용노동부 장관에게 김양건과의 비밀회동을 준비하도록 지시했다. 하지만 남한 정부는 북한의 메시지에 대해 즉각적으로 응답하지 않았고, 몇 주가 지나자 북한 정부에서 왜 응답이 없는지 궁금해했다. 그제야 이명박은 관계개선에 대한 기본적 생각엔 동의한다는 뜻을 전했다. 당시는 UN 안전보장이사회에서 국제적 대북 제재를 강화할 것을 요구한지 두 달이 지난 시점이었다. 남한이 북한과의 대치 상황을 접으면 북한에 대한 미국의 전략에 도움이 되지 않을 터였다. 백악관은 남북 간 대화가 오고 가는 것을 알고 있었지만 자세한 내용은 전혀 알지 못했고, 다소 초조하게 양국을 지켜보며 남북의 계획이 결국에는 아무 성과를 내지 못하게 되기를 기대했다. 그리고 결국에는 그렇게 되었다.

비밀회담, 공개적 충돌

2008년에서 2009년 사이, 남북 관계는 악화되었고 북한의 위협은 더 거칠어졌다. 가장 우려되는 지역인 서해에서는 양국 간 작은 해상 충돌이 이미 여러 번 일어났다. 대규모 충돌이 일어나는 건 시간문제로 보였다. 일년 안에 큰 충돌이 예상되었지만, 김정일은 2009년 여름 미국과 남한과의 관계 개선을 위해 우회로를 택했다. 2009년 10월 남북 대표는 싱가포르에서 회동을 가지고 3차 남북 정상회담 가능성에 대해 논의했다.*

이들의 만남을 가까운 곳에서 면밀히 지켜본 소식통들은 어떤 일이 있었는가에 대해 완전히 다른 내용을 전했다. 한 가지 설은, 남측 대표인 임태희와 북측 대표인 김양건이 이틀간 회의를 하면서 김정일의 건강상 이유로 회담장소를 평양으로 정하는 등 정상회담 기본 틀에 대해 거의 합의에 이르렀다는 것이다. 그러나 또 다른 이야기에 따르면, 임태희가 청와대의 지시를 과도하게 따르는 바람에 김양건과는 회담이 끝날 때까지 전혀 거리를 좁히지 못했다고 한다.

임태희는 북한이 남한 납북자와 1953년 이후 북한에 억류된 전쟁포로 송환문제 처리에 대한 제안을 잘 받아들이는 듯했으며 그 대가로

---

* 싱가포르 회담은 거의 무산될 뻔했다. 9월 초에 북한은 경고 없이 남한 비무장 지대 근처의 댐에 다량의 물을 방류했다. 하류에 있던 남한 야영객 6명이 급류에 휩쓸렸다. 남한 정부는 즉각 북한에 해명을 요구했다. 몇 시간 지나지 않아 (아마도 김정일의 긴급 명령으로) 북한은 갑자기 수위가 높아져서 어쩔 수 없이 물을 방류한 것이며 앞으로는 미리 공지를 하겠다고 답했다. 그러나 남한 국민들의 반응은 상당히 부정적이어서 만약 북측에서 늦게 혹은 다르게 응수했더라면, 김양건이 제안한 8월 회담은 진행되지 못했을 것이다.

식량을 요구했다고 밝혔다. 그에 따르면 이런 식의 교환 방식은 서독의 '프라이 카우프(Frei Kauf)' 정책과 비슷했다. 프라이 카우프는 옛 서독의 동독 반체제 인사 석방 사업을 이르는 말로, 돈을 주고 정치범을 데려오는 방식을 말한다. 북한과의 협상 시 단호하기로 유명한 현인택 통일부 장관은 남한 정부는 이와 유사하지만 현금이 들지 않는 방법을 고려하고 있다고 말했다. 2012년 대선 몇 달 전 대중에 공개된 양국 당사자 회의 내용에 따르면 (문재인 진보진영 후보를 겨냥하여 전략적으로 유출된 내용일 터였다), 북한이 지나친 보상을 원하는 바람에 협상이 결렬되었다고 한다. 그러나 임태희는 이를 단호히 부정했다.

싱가포르에서의 회의가 얼마 지나지 않아서 베이징에서도 비밀 회담이 계속되었지만 역시 합의에 이르지 못했다. 이명박은 당시로서는 아직 남북 정상회담을 원하지 않는다는 입장이었다. 그는 노무현이나 김대중의 발자취를 그대로 따라가는 듯한 인상을 주고 싶지 않았다. 이와는 대조적으로, 자기기만인지 남한의 의중을 제대로 파악하지 못해서인지, 북한은 양국이 거의 합의에 이르렀다고 생각하고 있었다. '회담가능성'에 대한 이야기가 남한 언론을 통해 퍼져나갔고, 청와대는 처음에는 이를 모두 부인했다가 접촉은 있었지만 그뿐이었다고 시인했다.

11월 남북 실무진이 국경 근처의 개성에서 만남을 가졌다. 남측은 정상회담 이전에 해결해야 할 의견차가 상당히 크다고 말했다. 특히, 이제는 평양이 아닌 서울에서 회담이 열리기를 희망한다고 전했다. 북측은 남한이 정상회담에 대한 자세를 바꾼 것에 격노했다. 며칠 뒤 회의 중 휴식 시간에 남한의 해군군함이 서해 북방한계선을 넘은 북한의 경비정을 공격하는 사고가 발생했다. 남한 군함은 북한 경비정에 포탄을 쏟아 부었고, 상당한 사상자가 발생한 경비정은 심각한 손상을 입고 후퇴했다. 반면 남한 군함은 아무 피해도 입지 않았다. 이는 남한 해군에서 그토록 원해왔던 일종의 전멸, 승리에 가까웠지만 남측 관계자는 사건에 대해 말을 아꼈다.

북한의 '공격적 행위'에 대한 남한 국민의 일반적인 반북 정서는 북한 경비정이 실수로 북방한계선을 넘었다는 추측으로 완화되었다. 북한 정부는 남한 군함이 '수천발'을 작은 경비정에 쏜 것은 경고하려는 의도가 아닌 파괴하려는 의도였다고 비난하며 이 사건을 몹시 언짢아했다. 서해에서의 해상충돌과 회담 결렬 중 하나만으로는 북한 내 정세에 결정적인 영향을 주기에 부족한 면이 있었다. 하지만 두 사건이 합쳐지자 김정일은 청와대에 한 수 가르쳐 줄 때가 되었다고 생각하기에 이르렀다.

이 '한 수'는 2010년 3월 26일 밤에 남한에 전해졌다. 남한 해군 콜베트함인 천안함이 정찰 임무 중 폭침되어 두 동강이 난 후 수 분만에 바다 속에 가라 앉아 해군 46명이 사망했다. 남한의 군부는 사고의 여파를 서투르게 처리했다. 국방부 고위급은 실제 발생 장소를 변경해서 발표했고, 보고서에 기재된 사건의 정황은 바뀌거나 부정확했다. 남한 국민들은 국가의 사후 처리에 회의감을 느끼는 동시에 충격을 받고 슬퍼했다. 美 대사관은 남한 정부에게 다국적 그룹을 참가시켜 증거를 분석하게 하자고 제안했다. 조사가 끝나자 5개국으로 이루어진 조사 팀은 폭발된 부분 근처에서 발견된 어뢰 모터를 포함한 강한 정황 증거가 있다며, 천안함은 선체 바로 아래에서 폭발한 북한 어뢰의 버블제트 충격파로 인해 침몰한 것으로 결론을 내렸다. 그러나 결과 보고 브리핑에서 사용된 북한 어뢰 사진이 잘못된 것으로 밝혀지면서 이 연구 결과 역시 신뢰받지 못했다.

결과가 발표되고 난 후 러시아 해군 대표단은 서울을 방문해 기록을 살펴 보았지만 본인들의 결론은 발표하지 않았다. 중국은 기록을 확인하지 않았고, 일부 중국 정부에서 북한 소행가능성을 제기했음에도 불구하고, 천안함 폭침에는 증거가 불충분하다고 말했다. 조사 결과를 믿지 않는 사람들은 북한이 남한 군함 바로 밑에 어뢰를 폭발시키기 위해서는 엄청난 기술이나 운이 있어야 했다고 주장했다. 북한은 역시나 사건과의 어떤 연관성도 부인했지만 설득력이 떨어졌다. 더욱이 김정일이 천안함 폭침 책임 의심을 받고 있는 인민군 정찰군을 태평하게 시찰한 직후라 그들의 주장은 더 설득력을 잃었다.

이명박 정권 내내 남북 간 비밀 회담이 지속되었지만 양측은 관계를 개선하거나 포용하려는 노력과 비전을 보이지 않았다. 남한정부는 김정일이 쇠약해져가고 북한의 현 시스템이 그에 따른 정치 승계를 감당할 수준이 되지 못하기 때문에 북한이 진퇴양난에 이르렀다고 생각했다. 이에 결국 대기 전술이 펼쳐지고 있었다. 즉, 북한을 압박하는 동시에 북한 내부의 변화를 기다린다는 것이었다. 그러나 다시 한 번, 북한이 종말을 맞기를 기다리는 것은 효과적인 전략이 아님이 밝혀졌다. 이번에도 남북 비밀 회담이 계속 진행될 동안 美 정부는 동맹인 남한이 무슨 일을 하는지, 남북 간에 어떤 접촉이 있었는지, 있었다면 어떤 회담 결과가 나왔는지에 대해 전혀 모르고 있었다. 미국이 남한에 명확한 상황 설명을 요구하자, 어떤 정세 변화가 생기거든 자세히 알리겠다는 틀에 박힌 답변만 돌아왔다.

중국의 커지는 영향력

2009년 10월 4일 맑은 가을 하늘 아래 원자바오 중국 국무원 총리가 탄 비행기가 평양 공항에 착륙하자 북한의 초고위급 인사가 그곳에 대기하고 있었다. 노동당 총서기이며 북한 인민군 최고 사령관인 김정일이었다. 그는 일반적으로 본인보다 지위가 낮은 인물은 공항에서 영접하지 않았지만* 원자바오를 위해 평양공항에 나와있었다. 에어차이나(Air China) 747기가 공항 터미널을 향해 천천히 이동하자 김정일이 환영인사를 하기 위해 계단 아래쪽에 모습을 드러냈다.

8월 17일 방북 두 달 전, 원자바오는 중화인민 공화국 국무원 동북지역 및 전통공업기지 진흥지도팀 회의를 주재했다. 회의에서 중국의 사양화된 공업지대인 동북 지역 개발을 위한 '전략'이 통과되었다. 동북 지역은 이전에 중국의 중요한 중공업 공장이 많이 위치했던 곳으로 중국이 빠르게 경제 성장을 하면서 뒤처지고 있었다. 많은 권고안 중에는 동북 지역을 외부에 공개하는 수준을 높이기, 랴오닝 연해 경제벨트 개방 프로그램 실행을 위한 적절한 안 마련하기, 두만강 지역 개발 및 개방 프로그램 공식화 추진 등이 포함되었다.

중국의 지방 관리들에게, 국무원에서 장황한 프로젝트 이름을 써가며 쏟은 높은 관심은, 그들이 수년간 꿈꿔온 지역 경제 개발을 위한 지지와 재정지원을 얻었다는 의미였다. 지린성을 위한 중요한 계획에는 북한 라진항에 대한 접근권도 포함되어 있었다. 중국의 지방 관리

---

* 김정일은 2002년 김대중 방북 시에도 마중을 나왔었다. 남북 정상회담은 이례적인 행사였으므로 어느 누구도 그의 마중 여부를 의심하지 않았다.

들은, 랴오닝성 인근 다롄항(the port of Dalian)이 너무 혼잡해 그 경로를 사용하면 원자재와 상품이 제때 지린성에 도착하지 못한다고 오랫동안 불평했었다. 그러나 라진항은 상황이 달랐다. 까마귀가 두만강을 건너 가장 가까운 다리까지 날아서 이동할 수 있는 약 40킬로미터 거리로, 지린성에서 가까웠고 일본해와 태평양을 마주하고 있었으며 아직 제대로 활용되지 않은 지역이었다. 라진항이 북한에 있다는 사실은 그 자체로 도전이었고 기회였음을 의미했다.

원자바오의 북한 방문이 마무리되기 전에 원자바오와 대표단은 北-中 간 경제 활동 촉진을 목표로 한 합의문에 사인을 했다. 그중에는 북한의 신의주와 중국의 단둥시 사이의 압록강을 잇는 당시의 다리 대신 하부에 새 교량을 건설하는 계획이 포함되었다. 당시에 있던 다리에는 철로 하나와 도로 하나가 있었는데 그 지역에 익숙한 교역 규모에는 적당한 크기였지만 이동량이 늘고 있었고, 새 교량 건설 계획으로 인해 더 증가할 예정이었다. 양국 간 교역 상품과 오가는 사람의 규모가 현저하게 커지게 되면 그 다리는 병목 지역이 될 것이었다. 새로 지을 다리는 더 크고 강하며, 야심찬 계획으로 세워진 국가수송망에 맞는 수준으로 건설되어 남한에서 중국까지 혹은 더 넓은 범위에 걸쳐 인력과 물자를 나를 터였다.

약 10년간 北-中 관계는 1992년 8월 남한과의 국교를 수립한 중국의 배신으로 인한 북한의 반발심 아래 정체되어 있었다. 1990년대 후반 북한은 가능하다면 중국에 손해를 끼칠 수 있게 미국과의 관계 개선에 집중했다. 중국에 배신감을 느낀 일례로 북한이 취한 행동이 있었다. 1997년 대만과 핵폐기물 처리 관련 합의를 이룬 것이다. 북한 정부는 이 처리에 대한 대가로 1억 달러가 넘는 일부 비용을 요구했었다. 이러한 북한의 행동은 의심할 바 없이 중국의 비위를 거슬리기 위한 것이었다. 한편에서 미국은 대만이 합의를 진전시키지 않도록 힘을 썼다. 그러나 그것은 중국이 북한에 가한 압박에 비할 바가 못 됐다. 결국 대만은 필수 허가서에서 문제점을 '발견했고' 합의는 결렬되었다.

2000년 5월 김정일의 방중은 北-中 관계 정상화의 신호탄이었다. 이후 양국 간 방문 횟수와 중요도가 증가했고 중국의 영업 활동도 활발해졌다. 2009년에 양국은 이미 항공·철도·차량을 이용하는 중국 여행객의 증가를 위한 새로운 합의에 도달했고, 북한의 교육·경제·예술 대표단은 정기적으로 중국을 오갔다. 중국과 북한을 가르는 두만강변의 지방 관리들은 수송망을 강화하려는 계획을 세우고 기존 교량을 유보수하거나 새롭게 건설할 것을 고려했다. 중국 기업들은 두만강변에 위치한 무산 철광석광산과 혜산청년 구리 광산과 같은 대규모 북한 광산에 큰 돈을 투자했다. 2008년 6월에 이미 인공위성은 여러 대의 중국 트럭이 무산 광산에서 철광석을 가득 싣고 떠나는 것을 탐지했다.

원자바오 총리의 방북 이후 수 년간, 중국의 북한 경제개발 관여도는 예상을 뛰어넘는 수준으로 치솟았다. 2010년 10월에는 북한의 도지사들로 구성된 대표단이 베이징으로 향했다. 도를 관할하는 관료들에게 이제는 중국과의 경제 협력이 각 도로 옮겨갈 것임을 알려주기 위한 김정일의 노력이 배어 있었다. 2011년 7월, 압록강변의 북한 측 섬 곳곳에서 중국과 새로운 합동경제지역을 축하하는 기공식이 열렸고, 북한은 라진항 개발을 위해 중국과 합의를 이뤘다.

이러한 맥락에서 이명박의 관측은 정확했다. 북한은 정적인 국가가 아니었고, 점점 더 많은 국가들이 북한에 진출하고 있었다. 이명박 본인이 남북 간 협동의 장을 마련하기를 미룸으로써 부지불식간에 이런 추세를 부추긴 것이었다. 노무현 집권 기간 동안 남한 정부는 남한 기업이 북한에서 가능한 협력 활동을 추진하도록 독려했다. 남한 기업들은 광산뿐 아니라 북한의 저렴하고 숙련된 빠른 노동력 사용에 눈을 돌렸다. 2004년에 개장했던 개성공업지구는 남한정부가 북한에서 개발하고자 했던 여러 지역 중 한 곳에 지나지 않았다.

 남한이 이 단지에서 철수하자 중국은 북한에 적극적으로 진입할 기회를 찾았다. 단지 수익을 얻기보다는 북한에 자리를 잡기 위한 것이었다. 중국에게 북한은 경제나 여러 면에서 미개척지였으며, 그곳의 사업 관련 등의 법규는 승자나 패자에게 뭔가를 요구하지도 않았다. 나중에 좀 더 기업친화적인 분위기가 조성되어 기업들이 보상을 얻게 될 때 중국은 그것들을 모조리 취할 수 있을 터였다. 그러나 당시 북한의 상황은 불안정하고 법적 보장이 부족했는데, 이는 중국 기업인

총 5만 명 이상의 북한 노동자 중 일부가 개성공업지구의 한 남한 공장에서 일하고 있다.

들에게 그다지 낯선 환경은 아니었다. 그럼에도 불구하고 그들은 북한이 교활한 사기를 벌인다고 비난했고, 그러자 북한은 중국인들이 원칙이 없다고 생각하기에 이르렀다. 증가하는 북한 소비자 집단은 중국 기업이 부정직하고 북한 시장에 위험한 제품을 들여온다고 불평했다. 그들은 북한에 사업차 들린 서구인들에게도 중국산보다는 서유럽산 물품이 좋다는 의견을 내비쳤다.

1990년대 대부분을 냉랭한 분위기 속에서 보낸 후, 2000년에서 2011년까지 김정일은 일곱 차례에 걸쳐 공식적으로 중국을 방문했다.* 그동안의 소원했던 관계를 청산하고 다시 중국의 그늘 아래 들어간 데에는 여러 가지 이유가 있었다. 한 가지는 김정일이 원자바오와 자주 만나면서도 남한과의 관계 개선을 생각해봤었지만 중국을 대체할 만한 다른 국가를 찾을 수 없었다는 점이었다. 두 번째는 2009년 8월 클린턴 방북 이후, 김정일은 미국과의 획기적인 관계개선이 불가능하다는 것을 깨달았던 점이다. 마지막으로 그리고 아마 가장 중요한 이유는, 성공적으로 승계작업을 마무리하기 위해서는 전략적·경제적인 면에서 중국과의 관계가 최우선이라고 생각했기 때문이다.

김정일은 한중 관계가 소홀해진 틈을 최대 활용하고자 했을 것이다. 남한과 경제적으로 연계하여 중국은 폭발적 성장을 기록했으나 (중국은 2003년 이래 남한의 최대 무역 상대국이다), 2004년과 2006년에는

＊ 2000년 5월 29-31일, 2001년 6월 15-20일, 2004년 4월 19-21일, 2006년 6월 10-18일, 2010년 5월 3-7일, 2010년 8월 26-30일, 2011년 5월 20-26일. 최고위급 중국 지도자들이 북한에 방문한 횟수는 상대적으로 적다. 장쩌민 2001년 9월 3-5일, 후진타오 2005년 10월 28-30일. 그러나 2009-2010년 사이 고위급 이하에서 이루어진 교류는 상당히 많았다.

양국 간의 첨예한 정치적 대립으로 어려움이 생겼다. 중국 학계는 대한민국의 고대국가인 고구려(BC 37년~AD 7세기 중반)가 중국의 속국이라 주장했다. 반면 남한은 고구려를 현재 중국 동북부 지방까지 세력을 넓히며 수년간 중국의 침입을 막아온 용감한 기상을 가진 자주국가라 주장하며 중국의 주장을 비난했다. 고구려 멸망 이후 수백 년이 지난 지금 남한 해역으로 넘어온 중국 어선이 해안경비대에 대항해 거세게 반발하는 모습을 보고, 남한 국민들은 다시금 중국에 대한 적대적 편견을 가지게 되었다. 또한 일부 남한국민들은 북한의 붕괴 같은 긴급상황이 닥치면, 중국군이 미리 설계해 놓은 경로를 따라 북한으로 들어와 머물면서 혼란 상태의 북한을 접수하거나, 한중 국경과 북진할지도 모르는 남한군이나 미군사이에서 완충역할을 하겠다는 구실로 한반도에 머물 속셈을 갖고 있다고 생각했다.

흔치 않은 반발

원자바오의 방북 한달 후에 김정일은 중대한, 후에 밝혀진 바로는 거의 재앙에 가까운 조치를 취한다. 북한 화폐 개혁을 지시한 것이다. 물론 이번이 처음은 아니었지만 이전 4차까지의 개혁에서는 그다지 큰 문제가 없었다. 그러나 이번 경우는 달랐다. 만약 정부에서 이를 실수로 인정해 비교적 빨리 상황을 정리하지 않았거나, 외부 언론들이 평가절하 폭이 심각함을 보도하고 국민들이 반발할 때 물러서지 않았다면, 훨씬 더 안 좋은 상황이 벌어졌을 수도 있었다. 북한 인구의 핵심층을 이루며 부상하고 있는 소비자 계층에서 특히 반발이 심했기 때문에 김정일은 더 심각하게 그 문제를 받아들였을 것이다. 국가 전반에 퍼진 눈에 띄는 부정적 반응은 북한 정부에게 불안감을 안겨줬고, 1990년대 후반에 발생했던 기아에서 살아온 사람들 중의 상당수가 정부와 국민 간의 사회적 계약이 깨졌다는 사실을 김정일을 포함한 지도부에게 주장할 수도 있었다. 정부에서 화폐 재평가에 해당하는 만큼을 저축분에서 몰수하겠다고 했을 때, 몇년 전에는 존재하지도 않았던 한계선이 무너졌다.

애초에 북한이 화폐 개혁을 하려 했던 이유는 아직 알려지지 않았다. 널리 알려진 바에 따르면, 김정일이 시장 붕괴를 원했기 때문이었다. 그 동기는 좀 더 복잡하다. 김정일은 2002년처럼 2차 경제개혁정책을 추진하고자 했지만 이번에도 역시 자금 부족으로 어려움에 처했다. 개혁을 위해서는 돈이 필요했다. 그리고 당시 시장에서는 판매자와 신생 기업들이 돈을 물쓰듯 하고 있었다. 화폐개혁은 돈을 재정부로 옮겨갈 수 있게 하면서도, 새 정책이 어떤 혜택을 발생시키더라도 결국에 힘을 가진 대상은 국가라는 사실을 중산층에게 알려줄 기회를 주었다.

일반적으로 화폐 개혁을 별개로 보긴 하지만, 그때는 새로운 국면에 접어들고 있었던 김정은의 승계를 촉진시키기 위한 거대 계획의 일환이었을 수도 있다. 김정일은 새로운 요소를 경제에 도입한 후 2010년 말 개선된 경제 상황을 물려주고 싶었을 것이다. 2010년 말경에 그는 중요한 당 회의를 소집해 김정은이 대중의 주목을 받게 하려는 계획을 짜고 있었다. 그런 점에서 본다면 화폐개혁 실패는 단순한 실패가 아닌 승계 계획을 완전히 뒤엎을 수 있는 위험을 의미했다.

따라서 희생양이 필요했다. 오랜 기간 노동당 기획재정부장으로 일해온 박남기는 2009년에 김정일의 공식 시찰에 자주 동행하는 모습을 보이다가 화폐 개혁 반발이 심했던 2010년, 한번 더 모습이 공개된 뒤 1월에 사라졌다. 보도에 따르면 그는 3월에 처형되었다. 같은 날 박남기의 동료들은 황해도의 협동농장에 김정일과 동행했다. 그날 찍은 사진을 보면 그들은 무슨 생각을 하는지 모를 명한 표정을 짓고 있었다.

2009년 12월 중순 화폐개혁의 영향력이 북한을 장악하고 있을 무렵, 김정일은 자주 방문하지 않았던 함경북도 나선으로 향했다.＊ 정부는 나선을 '특별시'로 선언하고 자유와 외국인 비즈니스 활동을 보장하는 행정적 지위를 부여했다. 나선항 설비들은 개량되었고, 중국은 두만강 분기점에서 나선항을 연결하는 도로 보수에 재정지원을 했다. 또한 러시아는 자국의 하산 분기점에서 나선항까지의 철도를 자진해서 보수했다. 그때 김정일과 다른 정부 지도층은 자주 나선항에 방문하여 동부 해역의 개발 상황을 살폈다. 관광 편의시설과 공장, 광산, 특별히 단천항을 시찰했다. 나선항에서 남쪽으로 225km 떨어져 있는 단천항은 북한의 풍부하지만 미개발된 마그네사이트 광산 생산량을 관리하도록 계획된 지역이었다.

연평도

천안함 침몰 몇 달 후 서해에서 다시 한번 충돌이 일어났다. 11월 23일 오후, 북한에서 날아온 포탄이 서해 5도 중 연평도 해안에 떨어졌다. 며칠 전 북한군 소속 포병대가 새 위치로 대포를 옮기는 정황이 포착된 후였다. 그날 아침 북한은 만약 남한이 오후 예정된 연평도 인

＊ 나선은 나진시와 주변 선봉시를 합쳐서 만든 행정 구역이었다.

근 포격 훈련을 취소하지 않으면 '단호한 물리적 역공'이 있을 것을 경고했다.* 남한은 경고를 심각하게 받아들이지 않았고 훈련은 예정대로 진행되었다. 훈련이 끝나고 얼마 지나지 않은 오후 2시 45분경, 북한군의 폭격이 섬 내부와 주변에 쏟아졌다. 한 시간 동안 약 170여 발의 포탄이 떨어졌다. 당황하고 놀란 남한 해군은 지휘계통의 지시를 요청했고, 이후 북한군 해안포 기지를 향해 대응 사격을 했다. 당시 사건으로 인해 남한에서는 민간인 두 명과 해군 두 명이 사망했고, 여러 명의 군인과 민간인이 부상당했다. 북한군 포격으로 불길이 치솟은 모습은 핸드폰을 통해 빠르게 퍼졌다.

인명 피해와 정부의 발 빠른 대응 부족으로 남한국민들은 당황하고 격노했으며, 정부는 12월에 또다시 인근에서 군사 훈련을 진행하겠다고 발표했다. 북한은 남한 정부가 그러한 움직임을 보인다면 '두 번이고 세 번이고 예상치 못한 자위력'을 행사할 것이라 경고했다. 또 다른 충돌을 우려한 美 정부는 남한을 설득하여 군사 훈련을 자제토록 했다. 북한이 잇따른 보복적 경고를 내보내는 동안 美 관계자들은 워싱턴에서 팽팽한 긴장감 속에 회의를 열었고, 마이크 멀린(Mike Mullen) 美 합동참모본부 의장은 서울을 방문하여 상황을 설명하면서 이명박보다 한발 앞서 상황을 통제하고자 했다. 남한은 계획을 약간 변경해서 훈련을 실시했다. 북한은 어떤 대응도 하지 않은 채 '최첨

---

* 이 경고는 연초에 남한에게 '북한 영해를 향하는 포격'에 대한 경고를 한 이후 계속되던 경고 중 최후통첩이었다. 북한은 북방한계선과 점점 더 가까운 곳에서 포격 훈련을 실시하며 자신들의 경고에 힘을 실었다. 이런 식의 경고가 결국 연평도를 공격하려는 의중에 의한 것이었는지는 알 수 없다.

단으로 무장한 우리군은 매번 비열한 군사 도발에 보복할 필요성을 느끼지 않는다'며 남한의 움직임을 '애들 놀이'로 치부했고 남한이 보복을 두려워한 나머지 포의 방향을 바꿨다고 주장했다.

연평도 폭격은 보통 연초 천안함 폭침과 함께 묶여 논의된다. 그러나 두 사건은 근본적으로 다르다. 천안함의 경우, 북한이 서해에서 패한 것에 앙심을 품은 보복적 조치였다면, 연평도는 그것과는 달랐다. 천안함이 양국 간 수면 아래에서 장기간 형성된 반발심으로 이루어진 공격이었다면, 연평도는 북한 인민군 제 403군 4대대에 의해 준비된 후 공개적으로 행해진 포격이었으며, 근 몇 십 년간 가장 대규모로 양국 간에 포격이 오고 간 사건이었다. 그렇다면 이제는, 김정일이 승계를 위해 안정된 환경을 원했음에도 불구하고, 그전 북한군 관례와는 다르게 그렇게 노골적인 대규모 공격을 감행한 이유가 궁금해지는 것이다.

김정일의 죽음과 그 이후

죽음과 세금은 피할 수 없다고 했다. 김정일 역시 세금은 피했지만 죽음은 피하지 못했다. 2011년 12월 사망할 당시 그는 김정은을 위한 정치 승계 계획을 실행 중이었지만 완성하지는 못했다. 2010년 8월 김정일은 중국을 방문하여 9월에 열릴 노동당 회의(이런 식의 회의는 1945년 노동당 창설 이후 세 번째에 지나지 않았다)에서 아들을 정식으로 등장시키려는 의도를 알리려 했다. 일부 소식통은 중국에 김정은을 대동하여 김일성이 항일 게릴라전을 펼쳤던 중국 북동 지역을 보여주려 했다고 주장했다.

예상치 못하게 미뤄진 당 회의는 9월에 열렸고, 정치 승계 시나리오의 일환으로 김정은의 등장과 더불어 다수의 인력 교체가 발표되면서, 김정은을 도울 인물들이 전면 등장했다. '군대 우선'을 강조한 지난 몇 년을 뒤로 하고 북한 정권 정치력의 최고봉인 당에 다시 중점을 두겠다는 김정일의 의지를 보여주려는 의도로 회의가 개최되었다. 수년간 김정은은 아버지와 함께 시찰을 다니면서 사진에 찍히곤 했는데 이는 대중에는 아직 알려지지 않은 그가 2인자이며 국가원수 자리에 오를 준비를 하고 있다는 점을 보여주기 위한 조치였던 것으로 보인다. 2011년 5월, 김정은은 아버지의 방중기간 동안 정사를 책임지는 시험대에 오른다. 김정일이 탄 기차가 돌아왔을 때 김정은은 환영인사를 하기 위해 역에 나가 있었으며, TV는 기차에서 내린 핵심 간부단이 이 젊은 후계자에게 고개 숙이는 모습을 방송했다.

그러나 김정일은 자신의 계획대로 일이 진행되어가는 모습을 끝까지 보지 못했다. 2011년 12월 19일 북한 공식보도에 따르면, 그는 17일 아침 다른 현장지도를 나가는 기차 안에서 극심한 정신적 육체적 피로로 인한 심장마비로 사망했다. 사망소식이 늦게 알려진 것은 북한에서는 이례적이지 않았다. 1994년 7월 김일성이 사망했을 때도 이틀 뒤에 사건이 보도되었다. 김정일은 사망 이틀 전, 한 유럽 회사와의 합작 벤처인 하나 일렉트로닉 합작 벤처사에 모습을 드러냈다. 2002년 그의 경제 개혁안의 일환으로 세운 여러 시장 중 하나인 통일시장에서 몇 백 미터 떨어진 곳이었다.

북한 TV에서는 이따금 어린이를 위한 세계 명작 동화를 방영하곤 했다. 과거에는 '눈의 여왕', '성냥팔이 소녀', '래시' 등을 방영했지만 2012년 10월에는 '벌거벗은 임금님'을 방영했다. 외부 소식통들

그리고 아마도 관리직 북한 관계자들도, 덜 검증된 젊은 후계자 김정은이 2011년 12월 언제쯤 불현듯 최고지도자 자리에 오를지 궁금해 했다. 그는 정말 권력자로서 준비가 되어있었는가? 권력층에 있는 누군가가 이 스물여덟 살짜리에게 너는 2천4백만 인구의 핵무장 국가를 다스릴 권리가 없다며 권총을 휘두르는 사태에 이를 때까지, 그는 동화 속에 나오는 임금님처럼 상상의 권력 갑옷을 입고 발가벗은 채 걷게 될까? 12월 30일 김정일의 장례식이 끝나자 북한 방송은 김정은이 "2011년 8월 8일 김정일의 유언대로 인민군 최고 사령관직을 맡기로 했다"고 발표했다. 어떤 누구도 반박할 수 없는 유언으로 前 최고 사령관의 뒤를 이을 지도자의 탄생이 공표되었다.

1994년 김일성 사망 이후 감정적으로 충격을 받은듯했던 김정일과는 다르게 김정은은 자신을 드러내는 데 긴 시간을 쓰지 않았다. 북한 언론은 반복해서 위대한 지도자 김정일의 서거를 애도하며, 이 상황을 힘과 용기로 바꾸어 오늘의 난국을 이겨내고 주체혁명의 위대한 새 승리를 위하여 더욱 억세게 투쟁해나가야 한다고 방송했다. 장례식이 끝나자 김정은은 새롭고 젊은 실천하는 스타일의 지도력을 보여주면서 즉각 존재감을 드러냈다. 2012년 첫날, 그는 제105탱크부대를 방문했다. 방송에서는 그가 아버지와 유사하게, 꼼꼼하게 부대를 살피는 모습과 열광적으로 그의 이름을 연호하는 장병들의 모습을 내보냈다.

내부에서 세력을 강화하는 일과는 별개로 김정은은 외교관계에 대한 압박을 받고 있었다. 정치 승계의 가장 중요한 부분 중 하나인 미국과의 관계정상화가 김정일 사망 시에도 진행되고 있었다. 북미 양국 교섭 담당자들은 그의 사망 당일 북경에서, 2009년 오바마 취임 이후 최초로 이루는 양국 간 합의의 마지막 단계에 이르고 있었다.

2011년 북한은 교섭을 위한 기초작업을 다져놓은 상태였다. 당시 알렉세이 보로다브킨(Aleksei Borodavkin) 러시아 외무부 대표와의 회의에서 북한은 '핵실험과 탄도 미사일 발사 유예, 국제원자력기구 전문가의 영변 핵시설 방문, 우라늄 농축 문제' 등에 대한 의견 교환에 '반대하지 않는다'고 밝혔다. 7월에 이런 논제에 초점을 둔 북미 간 회담이 시작되었다. 회담은 10월에도 계속되었고 12월에 베이징에서 마무리되기로 예정되었다. 당시 미국이 24만톤에 이르는 식량을 지원하는 조건으로 합의를 이루기로 했었지만 김정일 사망으로 합의는 2012년 2월 29일까지 연기된 후 이뤄졌다. 이때 북한과 미국 언론이 동시에 합의 발표를 보도했다. 회의가 끝나고 나서 각자 사정에 맞게 다른 뉘앙스로 보도가 된 것이 아니라 실제 합의내용과 다른 발표가 났는데, 그 차이점은 단순히 소소한 정도에 그치는 것이 아니었다.

미국측에서 볼 때 회담의 가장 중요한 결과는 북한이 '장거리 미사일 발사, 핵실험, 영변 핵시설 및 우라늄 농축 활동 중단을 이행할 것을 합의했다는 것이었다. 북한은 또한 IAEA 사찰단이 다시 돌아와서 영변 우라늄 농축 활동의 중단을 확증하고 감시하도록 하고, 5메가와트급 원자로와 관련해 장비 불능화를 확인하기로 한 것에 합의했다'는 것이었다.

합의 부분에 있어서 북한의 버전은 중요한 면에서 차이가 있었다. 여기에 '생산적인 북미 대화가 지속되는 기간에 한하여'라는 유예가 성립되며, IAEA의 역할에 대해서는 우라늄 농축 유예를 감시하는 것에 제한한다는 단서를 달았다. 게다가 북한에서 발표한 전체적인 합의 결과에 대한 내용은 미국보다 더 많은 내용을 담고 있었다. 북한 정부는 특정 조항에 대해 '양측'이 합의에 이른 몇 가지가 있다며, 합동 합의라는 형식으로 결과를 발표했다. 예를 들어 '조선인민공화국과 美 합중국은 양국관계 개선을 위한 노력의 일환으로 신뢰도를 쌓는 목적 하에 다수의 동시적 조치에 합의한다' 는 등의 어구를 사용했다. 미국식 버전은 공동 합의라는 표현을 회피했고, 합의된 조항들에 별 의미를 두지 않는 듯한 표현들을 쓰려고 애썼다. 가령 합의된 사항이 '제한된' 것이라고 지적하거나 '미국이 다양한 부분에서 북한의 행동에 대해 크게 우려하고 있다' 는 것을 강조하는 식이었다.

소위 이 윤일협약(Leap Day Agreement)이 지속되었다면 양국 간의 차이가 심각한 논쟁의 중점이 됐을 것이다. 밝혀진 바로는, 이 합의는 첫 번째 '제한된' 단계에도 이르지 못하고 곧 빠르게 무너져 내렸다. 3월 초 고위급 북한 외무성 관계자들이 학회 참석차 뉴욕을 방문했는데 그 자리에는 미국과 남한 관계자도 있었다. 북한 관계자들은 참석자들에게 북한의 젊은 지도자는 미국과 새롭고 평화적인 관계를 원하고 있음을 밝혔다. 이런 평화의 제스처는 3월 16일 베이징 회담이 끝나고 겨우 2주 지난 시점인 4월에 북한이 서부해역에 새로 지은 발사대에서 극궤도에 진입할 '실용 위성' 발사 계획을 알리면서 의미를 잃어버렸다.＊

윤일협약에서 이룬 합의 내용에 대한 각기 다른 해석으로 인한 난제는 북한의 우주 계획에 대한 권리 주장이었다. 아마도 발사 로켓용

＊ 여기 해볼만한 질문이 있다. 만약 김정일이 사망하지 않고 예정대로 12월에 합의가 마무리되었다면, 북한이 위성발사 준비를 할 나머지 두 달 동안 다른 상황이 전개되었을까? 아니면 정말 김정일이 발사를 연기했을까?

으로 탄도 미사일을 사용할 터인데 이는 UN 안전보장이사회에서 여러 차례 결의안을 발표하며 금지한 것이었다. 3월 말, 한 북한 외교관은 유럽에서 만난 美 관계자들과 윤일협약에 관한 대화에 이르자, 북한은 미사일 이슈에 관한 미국의 공식적 발표가 우주프로그램에 대한 북한의 '권리'를 침해한다는 근거를 들어 수차례 이에 반기를 든 바 있다고 말했다. 美 수석대표 글린 데이비스(Glyn Davies) 대사(2011년 말 스티븐 보스워드를 대신하여 임명됨)는 2012년 2월 회담 마지막 단계에서 위성 발사가 합의를 무산시킬 수 있다고 강조했으며 北도 이 점을 충분히 알고 있음을 표시했다고 말했다.

이전에 주변국가의 우려가 있었던 점을 감안하여, 북한은 발사예정 위성은 "안전한 궤도를 선택했기 때문에 발사 중에 생기는 운반용 로켓 잔해가 주변국에 영향을 줄 우려는 없다"고 발표했다. 새로 지어진 발사대가 있는 지점에서부터 발사 궤도를 생각해볼 때 관련국은 일본보다는 필리핀이 될 터였다.

김정은은 발사 며칠 전 평양에 외신을 초대해 새 발사 시설과 평양 근처 관제탑을 공개했다. 새 지도자의 리더십 스타일을 반영한 듯한 전례 없는 경우였다. 4월 13일 이른 아침에 발사된 로켓은 궤도를 이탈해 발사 1분도 되기 전에 폭발했다. 몇 시간 뒤 북한 TV는 유례 없이 정규 방송을 중단하고 '위성의 궤도 진입이 실패했다'는 내용을 보도했다.＊

美 정부는 윤일협약이 실효성을 잃었다고 발표했다. 정부 관계자는

＊ 북한 인민에게 실패를 인정하고 밝힌 것이 정부의 누군가가 의도하고 김정은이 승인한 것이라면, 이는 북한으로선 이례적인 조치였다.

이번 협약이 북한에 대한 일종의 '시험'이었다고 밝혔다. 미국이 봤을 때 북한은 시험에 낙제한 셈이었다. 다시 협상 테이블에 앉은 잘못을 비난하는 美 정부 내 정치적 맹공격과 더불어 협약에서 남은 것이 있는지 알 길은 없었다. IAEA 사찰단이 영변 핵시설과 우라늄 농축 시설을 방문하도록 했다면 뭔가 의미있는 점을 간파할 수도 있었겠지만 아마노 유키야 IAEA 사무총장은 앞장서서 이를 밀어붙일 준비가 되어있지 않았다.

위성 발사 실패로 김정은이 심히 위축되어 자리가 위태로운 것 아닌가 하는 추측이 있었지만 사실 무근이었다. 발사 이틀 전 김정은은 노동당 '제 1서기'직을 받아들이며 권력 장악의 절차를 마무리 지었다.

새로운 모습

위성 발사 며칠 뒤, 김정은은 김일성 탄생 100주년 행사에서 첫 공개 연설을 했다. 최근 위성 발사 실패와는 상관없이 그의 말투와 행동은 위축되어 보이지 않았다. 며칠 전 이미 당 간부들에게 그는 다양한 차원의 새로운 정책을 알렸다. 아버지 김정일의 역할에 경의를 표하면서도 "인민이 다시 허리띠를 조이지 않도록 사회주의 부귀영화를 마음껏 누리게 하겠다"며 미래에 대한 자신감을 갖고 새 시대를 시작하겠다는 뜻을 밝혔다. 그러면서 남한과 미국과의 관계개선의 여지를 남겨두었다.

2012년의 남은 기간 동안 김정은은 전반적으로 아버지와는 다른 이미지를 쌓으려 노력했다. 김정일이 냉정한 느낌이었다면 김정은은 공개적으로 따뜻한 모습을 보였다. 아기들을 안거나 아파트 새 이주자들과 계단에 앉아 이야기를 나누고 아내와 함께 다니는 모습을 비쳤다. 여군들과는 한 명 한 명씩 같이 사진을 찍어주었다.

북한 정권은 외신에 경제 개혁 노력, 특히 농업 분야에 대한 노력을 담은 이야기를 노출시키고자 했지만 그 계획은 곧 철회되었다. 일명 '허리띠 졸라매기' 이슈는 의견 불일치의 주요 근원이 되었다. 이는 2002년 김정일의 새로운 경제 계획이 언론에서 논쟁거리가 되었을 때의 상황과 매우 유사했다. 그러나 변화가 일어날 게 아니라면 그때나 지금이나 그러한 의견 충돌도 일어나지 않을 것이다. 얼마나 변화가 있을지, 그 변화가 어느 정도에 이를지, 그리고 그것이 얼마나 지속될지 등의 문제는 김정은이 등장한 첫 해가 끝날 때까지 미제로 남아 있었다.

후기
AFTERWORD

돈 오버도퍼(Don Oberdorper)가 2000년 이 책의 개정을 마쳤을 때쯤에 한반도의 미래는 긍정적으로 바라볼 만했다. 당시 양국 간 그리고 양국과 강대국 간 외교 안보 분위기는 좋은 방향으로 흘러가는 듯 보였다. 그러나 요즘은 그렇지 않다. 거의 모든 부분에서 십 년 이상 꾸준히 악화일로로 흘러왔다. 2013년 상반기가 아직 지나지 않은 이 순간에도, 한국 앞에 놓인 미래는 어둡고 힘든 장애물에 가로막힌 듯하다.

두 번의 역사적 정세변화는 남한과 북한에 미래를 보여주는 지표가 되는 듯하다. 북한은 주변국들에게 기술적 문제로 인해 예정된 로켓 발사를 미룬다는 구실을 대며 계산된 그리고 굉장히 성공적인 전략을 펼친 후, 2012년 12월 12일 서해안에 위치한 발사대에서 위성을 궤도에 쏘아 올렸다. 일주일 뒤 독재자 박정희의 딸이자 그해 예순살을 맞이한 박근혜가 대한민국 대통령으로 선출되었다. 표면상으로는 관계가 없어 보이지만, 이런 사건들은 이미 한국의 미래를 형성할 정책과 행동에 초석이 되었던 것이다.

양국의 새로운 지도자들

남한에서 획기적인 변화를 암시하는 사건이 발생했다. 한때 (어떤 면에서는 아직도) 강경 보수적이며 남성중심적 사회였던 남한에서 여성 대통령이 당선된 것이다. 아주 인상적인 승리였다. 박근혜는 민주적으로 당선된 대통령 중 처음으로, 최다 득표수만 얻은 게 아니라 과반 이상의 지지를 받고 당선됐다. 그러나 당선의 기쁨은 그리 오래 가지 않았다. 박근혜는 50년전 아버지가 직면했던 문제들만큼이나 심각한 사회적·정치적·경제적 문제 해결의 압박을 받고 있다. 그러나 그녀는 아버지만큼 오래 집권해서 문제를 해결하거나 아버지가 누렸던 만큼의 권력을 누릴 수 없다.

박근혜 대통령은 1961년 당시보다 발전된 경제를 자랑하는 한국을 물려받았다. 북한에 대한 태도는 단호해지고, 국제사회의 일원으로서의 남한의 역할(1961년 박정희 쿠데타 당시와는 굉장한 차이가 있다)은 굳

박정희의 딸이자 남한 최초 여성대통령인 박근혜가 2013년 2월 취임식에서 사람들에게 손을 흔들고 있다.

건해졌다. 그러나 지난 수십 년 동안 국민들이 의지해왔던 남한의 거의 모든 기반이 위험에 처한 듯 보인다. 빠른 경제 성장의 '기적'에 대한 자축과 한 세대 전 이뤄낸 평화적인 문민정부로의 전환은 이미 과거의 유물이 되어가고 있다.

대한민국 내부와 외부의 정치인과 비평가들은 하나같이, 지난 30년 간 남한이 북한을 앞섰다는 사실만을 강조하며 남한을 북한과 비교해왔다. 양국 간 차이가 있다는 점은 새롭지 않으며, 모든 사람들(심지어 북한 지도부조차도)이 격차가 벌어지고 있다는 사실을 알고 있다. 그러나 그 차이에만 집중하면 사실은 남한이 잘 돌아가고 있지 않다는 사실을 감추는 격이 되고 만다. 한 가지 비극적 예를 들자면, 남한의 자살률은 모든 경제 협력 개발 기구(OECD) 회원국의 자살률보다 훨씬 높다. 이 암울한 통계수치에 대한 많은 해석이 있지만, 깊이 들여다보면 왜 이런 수치가 나오는지 설명할 필요도 없다.

박근혜 대통령의 임기는 대한민국 헌법에 명시되어 있는 대로 5년 후인 2018년 초까지이다. 다시 말해 낮은 출생률, 전통적인 가족의 붕괴, 노년인구를 위한 사회안전망 구축, 빈부차이 등의 상당히 장기간 영향을 미칠 시급한 문제들을, 집권 중인 60개월 안에 해결해내야 한다는 뜻이다. 이런 문제는 한국에만 국한된 것은 아니지만, 한국의 경우 이 문제들이 한꺼번에 떠올랐고 해결할 시간이 없을 정도로 금새 심각해지는 바람에 이제는 그로 인한 충격과 엄청난 분노가 몰려올 지경에 이르렀다.

산재한 문제가 부족하다는 듯, 북한관련 이슈는 끊이질 않는다. 이 시점에서 비무장 지대 북쪽에 있는 인구 2천 4백만의 북한을 어떻게 다룰 것인가에 대한 해답은 찾기가 힘들다. 남한은 북한을 미워하다가 멸시했고 딱하게 여기다가 분노하고는 이제 지겹다고 생각하기에 이르렀다. 그러나 비전과 약속, 인내, 그리고 무엇보다도 자본을 갖춘 지속 가능한 국가 정책 없이는 어떤 것도 해결되지 않는다는 사실은 자명하다. 남한이라는 국가와 지도자들이 이런 국가 정책을 고안하고 지속적으로 실행할지는 두고 볼 일이다.

박근혜 대통령이 상대적으로 기회가 적은 반면 김정은 現 국방위원장은 앞으로 30-40년간은 권좌에 올라있을 것이다. 할아버지(82세 사망)가 아닌 아버지(69세 사망)와 비슷한 수명을 누리게 되더라도 아마 2050년까지는 정책을 고안하고 영향력을 발휘할 것이다. 물론 외부에서 벌써 김정은에 대해 속단하거나 그의 정치적 행보를 예상하는 것은 옳지 않다. 그러나 북한 최고 지도자로서 집권 2년째를 맞는 그는 권력자로서 잘 안착한 것으로 보인다. 지금까지 김정은은 정치적·외교적으로 발 빠르게 대응하는 모습을 보여왔고 이는 한국전쟁 이후 북한의 통상적인 모습이었다. 그리고 만약 그가 그의 선조들처럼 사건 사고 없이 천수를 다 누리게 된다면 남한의 네 번째, 다섯 번째, 어쩌면 여섯 번째 대통령의 취임과 퇴임을 보게 될 것이다.

박근혜와 마찬가지로 김정은도 20년 전 김정일이 정권을 잡았을 때보다 강대해진 북한을 물려받았다. 북한 사회에서 변화에 대한 욕구가 많다는 외부 전문가들의 예상에도 불구하고, 또한 북한 정부가 마주한 경제적·정치적 문제를 모두 고려하더라도, 북한은 계속해서 결집되고 제 기능을 발휘하는 국가로서 살아남는 능력을 보여줄 것이다. 주민에 대한 대우나 정책은 통탄할 만하지만 북한은 '실패한 국가'가 아니다. 최첨단 기술의 북한 내 도입은 북한 정권의 장악력을 갉아먹는 중대한 역할을 하게 될 수 있다. 하지만 지금으로선 북한은 컴퓨터와 휴대전화, 디지털 카메라, 전자 도서관을 이용하는 인구의 빠른 확산을 잘 받아들이고 그에 적응해왔다. 북한 정권은 현대화되고 미래지향적이며 다시금 발전하는 국가임을 보여주기 위해 기술적 역량이 뛰어난 국가 이미지를 이용하고 있다. 아직 심하게 제한되어 있긴 하지만, 북한주민의 인터넷 사용이 낙숫물이 바위를 뚫는 효과를 낼지는 더 지켜봐야 할 것이다.

높아진 장벽

1998년 이후 잇따른 실패를 겪은 북한은 2012년 12월 성공적으로 위성을 궤도에 쏘아 올렸다. 이는 외부에서 예상하는 바와는 달리, 북한 정부가 산업 수단을 갖고 있으며 기술적으로 뛰어나기 때문에 가장 야심찬 목표 달성도 가능하다는 점을 보여주었다. 동시에 위성 발사 성공은 북한 스스로도 상당한 자부심을 갖게 된 계기가 되었으며, 젊은 지도자 김정은에게 힘을 실어주었다.

그러나 위성 발사는 북미 관계에 새로운 위기를 불러왔다. 2013년 1월 22일 UN 안전보장이사회는 다시 결의안(2087호)을 통과시켜 북한의 위성 발사를 비난했다. 그러자 북한은 2월 12일에 세 번째 핵실험으로 응답했다. 이번에는 핵 프로그램이 시작된 2006년 10월 이래 가장 성공적이고 규모가 큰 실험이었다. 이어진 도발과 비난의 사이클은 이례적인 우려의 목소리를 불러왔다. 美 정부에서 종종, 또한 그릇되게 표현해왔던 북한식 도발과 협상의 '사이클'과는 달랐다. 이번에는 사건이 더 위험한 수준으로 발전했다.

UN이 공개적으로 발사를 비난한 다음 날, 평양은 외무성 성명을 내어 북한은 위성 발사를 계속할 것이며, 북한 정부는 "북한에 대한 미국의 적대감이 여전한 현 상황에서 전세계의 비핵화가 실현되지 않는 한 한반도 비핵화도 불가능하다"는 결론을 내렸다고 발표했다. 다시 말해, 북한의 핵문제는 더 이상 그것만 분리해서 생각해서는 안되며, 전세계 핵무기의 감소나 폐기하려는 노력과 함께 고려해야 할 문제라는 것이다. 그들의 의도에 대한 의심의 여지를 없애려는 듯 북한 외무성은 2005년 9월 19일에 작성한 6자 회담 성명은 '기능이 소멸되었고' 북한 비핵화를 위한 회담은 이제 불가능하다고 발표했다.* 마지막으로 북한은 "양적·질적인 핵 억제력을 포함한 자체 방위를 위한 군사력 증강을 위해 물리적 저지력을 점차 키워나가겠다"고 경고했다. 분명 북한은 더 나은 핵무기 생산을 계획하고 있었다.

새롭고 원대한 정책을 실행하고 있다는 점을 강조하기 위해, 김정은은 이례적으로 세간의 이목을 끄는 세 차례의 회의에 참석했다. 안보 외교 참모진과 함께 한 소규모 회의(1월 26일)와 규모가 큰 당 중앙군사위원회 확대회의(2월 3일), 그리고 고위급 공산당 위원들이 참여하는 중앙위원회회의(2월 11일)였다. 북한 언론 보고서를 기반으로 판단

＊ 북한 정부는 2012년 7월에 이미 이런 식으로 전개될 것을 경고했다고 생각했다. 몇몇 외무성 관계자들이 싱가포르에서 美 대표단과 만났던 때였다. 공식 회의에서 북한 정부는 자신들은 정책 검토를 했으며, 미국 정부가 별다른 변화가 없다면 더 이상 비핵화 문제에 대해 합의하지 않기로 결론 내렸다고 말했다. 회의 직후 이와는 다른 행보로, 미국 정부는 북한에 밀사를 보냈다. 남한 보고서에 따르면 그해 두 번째 밀사였다. 밀사의 목적이 무엇이었는지, 누가 참여했는지, 누구를 만났는지, 어떤 임무를 수행했는지는 알려지지 않았다. 관련 정보는 로스앤젤레스 타임즈(Los Angeles Times), http://articles.latimes.com/2013/feb/23/world/la-fg-us-north-korea-20130224 참조.

해보면, 김정은은 3월 말에 발표할 자신의 새로운 병진 노선(two line strategy)의 주요 내용을 이 회의에서 발표했다. 2월 12일 당 중앙위원회의 다음 날, 북한은 세 번째 핵실험을 강행하며 전략의 일부를 실행했다.

그날 이후 한 달 반 동안 거의 하루도 빠지지 않고, 남한과 미국은 이쪽에서, 북한은 다른 한편에서 서로 다른 조치를 취하거나 성명을 발표하는 등 갈등은 끝간 데 없이 심해졌다. 한바탕 태풍이 지나간 후에 미국은 최소 세 번 가량 남한 상공에 전략 폭격기를 띄웠고, 북한은 휴전협정(the Armistice Agreement)이 무효화되었음을 알렸다. 또한 김정은은 '긴급 작전회의'를 열고 인민군 전략 로켓군(the KPA Strategic Rocket Force)의 작전지휘를 고려했다. 마치 드라마에 긴장감을 더하려는 것처럼 북한 언론은 회의 시간(0시 30분)까지 공개했다.＊ 조선중앙통신에 따르면, 김정은은 회의를 통해 미국이 "거대 도발을 감행할 경우 하와이나 괌, 남한을 포함한 태평양지역 작전 본부에 있는 미군기지와 미국 본토를 언제든지 공격할 수 있도록 대기 명령을 내리면서 전략 로켓군 계획을 검토했고 결국 인준했다"고 밝혔다.

거의 실행 불가능한 시나리오라고 생각된 이같은 경고는 다음 날 더 과격해졌다. 북한은 '정부와 정계 및 기관들'의 이름으로 '특별 성명'을 발표하며 "이 시간 이후로 남북 관계는 전시 상황에 준하며 남북 간 발생하는 모든 문제는 전시 체계에 준하여 다룬다"고 밝혔다. 재팬 타임즈(Japan Times) 영문판은 3월 31일 '남북 긴장감이 최고 수위에 이르렀다'는 제목의 기사를 실었다.

＊ 북한은 최고 지도자가 모습을 보이는 날의 일자는 밝히지 않는다. 시간은 특히 더 그렇다.

사실 북한 정부는 긴장감을 증폭시키기보다는 중심을 잡고 반대방향으로 향했다. 3월 31일 북한 노동당 중앙회의 총회에서 북한은 국내외에 끓어 오른 온도를 낮추기 시작했다.* 주된 조짐은 김정은의 총회연설에서 엿볼 수 있었다. 그는 지난 두 달간 숙고하며 논의해온 새로운 병진 노선의 세부사항을 설명했다.**

이 정책으로 북한은 경제와 핵개발에서 새로운 국면에 접어들게 된다. 김정은은 1년 전에(2012년 4월) 밝힌 '인민이 다시 허리띠를 조이지 않게' 하겠다면서 도입했던 경제 중심 정책에서 후퇴하는 것을 정당화하며, 최근 일어난 일련의 일들을 봤을 때 북한이 지속적으로 외부 군의 위협에 노출되어 있는 한, 허리띠를 조이지 않는 건 불가능하다고 밝혔다. 결과적으로 경제 발전은 북한의 지속적인 핵무기 프로그램 개발 노력과 함께 진행되어야 한다는 것이었다. 김정은은 미국이 '우리를 군비경쟁에 끌어들여' 북한 경제 개발을 방해하고 있다고 비난했다. 이에 대해 그는 '새 정책 노선을 따르면 경제 건설과 인민의 생활수준 향상을 위해 많은 노력을 쏟아 붓는 동시에, 국방비 지출을 늘리지 않는 선에서 국가 안보력을 강화할 수 있을 거'란 답을 내놓았다.

그는 또한 새 경제 정책을 포기하는 것처럼 보이고 싶지 않은 듯

---

* 같은 시간에 북한 내부의 소식통을 인용하는 남한 기반 온라인 '신문' 데일리 NK는 북한 국민들을 내부적 전시체제화를 위해 동원하는 분위기는 완화되고 있다고 보도했다.
** 외국의 논평자들은 병진 노선이 1962년 경제와 안보를 동시에 구축하자며 김일성이 채택했으나 실패했던 정책을 답습한 것이라 말했다. 그런 비교를 예상한 듯, 김정은은 총회연설에서 이전의 접근방식을 언급하며 현 정책은 자기 방식대로 '계승하고 개선한 정책'이라고 했다.

북한이 '개혁'이라는 용어를 쓰지 않기 위해 오랫동안 대안으로 써온 경제 '운영'을 개선할 필요가 있다고 강조했다. 김정은은 현재 위기 너머에 있는 것들을 고려하며, 정부 관료들에게 "운산과 칠보산 지역(북한의 동쪽 해안가)을 포함한 다양한 관광지역을 조성해 관광업을 증진시키며, 각 지역의 실정을 감안하여 모든 도에 경제개발지역을 마련하라"고 강하게 지시했다.

새롭게 경제에 포커스를 두려는 의식은 3월 31일 총회에서 열린, 상징적으로 막강한 영향력을 행사하는 진급식을 통해 강화되었다. 10년 전 김정일의 신 경제개혁정책 시절 총리를 지내다가 해임된 박평주가 중앙위원회의원으로 추대되었다. 다음 날 그는 북한 최고인민회의에서 강등되었던 83살의 조영림을 대신해 총리로 임명되었다.

이와 동시에 며칠 간 북한 정부는 핵 관련 조치를 강행했다. 인민군회의는 '자위적 목적을 위한 핵무장 국가 지위 강화법'을 공표하며 핵무기 사용과 안전한 보관을 위한 조항을 마련하고, '핵무기 비확산을 위한 국제사회의 노력과 핵물질의 안전한 운영'에 협조하겠다고 밝혔다. 다음 날 북한 정부는 '2007년 10월 6자회담 합의하에 보류 및 불능화한 5메가와트급 원자로와 우라늄 농축 시설'이라 구체적으로 명시한 영변 핵시설을 '재가동 및 재조정' 한다고 발표했다.* 4월 12일 북한

---

* 2013년 11월, 영변 핵 시설 기술자들은 스탠포드 대학 대표단에 5메가와트급 원자로는 '정기적으로 유지·보수하는 대기상태'라고 말했다. 참고, 지크프리트 해커, 영변 핵 시설로의 왕복여행(A Return Trip to North Korea's Yongbyon Nuclear Complex) (국제 안보 협력 센터, 스탠포드 대학교, 2010년 11월 20일), http://iis-db.stanford.edu/pubs/23035/HeckerYongbyon.pdf, p.5.

의 원자력국은 모두 정부 내각인사가 관여하는 기관으로 승격되어 북한의 '독립적 에너지 산업' 개발을 추진하게 되었다. 이는 아마도 자원 공급이 증가하면 영변에 건설중인 실험적 경수로를 완성하는 데 쓰겠다는 의미일 터였다(실제로 봄에 촬영된 상업위성이 경수로 건설이 진행되는 모습을 포착했다). 북한 원자력국의 승격은 새로운 대규모 동력로를 위한 계획이 추진될 수 있다는 점을 암시했다.

한반도의 군사상황이 완화되는 듯하던 4월 초에 남북 간에 또 다른 해묵은 충돌이 발생했다. 이번엔 개성공업단지였다. 2003년을 기점으로 개성공업단지는 서서히, 어느 정도는 간헐적으로 5만명 이상의 북한 주민을 고용하는 약 120개의 남한 중소기업의 보금자리가 되어 있었다. 2013년 봄, 북한 정부가 갑자기 개성공업단지 운영을 중단했는데 그 이유는 명확하지 않았다. 북한은 4월 3일 비무장 지대를 거쳐 들어오는 남한의 물건이나 인력의 통행을 금지한다고 밝혔다. 북한은 즉시 인력을 철수시키고 단지를 사실상 폐쇄했다. 남한에서 오는 물품이나 대체 인력이 없었기에 남한 기업들은 어쩔 수 없이 문을 닫고 남으로 내려가야 했다. 무장한 남한 차량이 세금과 일부 북한 근로자 미지급 임금, 기타 비용 명목의 최종 미지급금(약 1천 3백만 달러에 달했다고 보도되었다)을 갖고 도착한 이후인 5월 3일까지 마지막 7명의 남한 직원들만이 남아 있었다. 김정은이 노동당 중앙회의 총회의 연설에서 지방 당국에—짐작컨대 외국 투자자들의 참여를 이끌어내—'경제 개발구'를 마련하라고 지시한 것과 개성공단 폐쇄가 서로 연관이 있는지의 여부는 가늠하기 힘들다.

중국이라는 그늘

2013년 1월 북한과 중국은 서로를 향해 분노와 당황스러움을 표시했다. 중국에서는 말썽을 일으키는 동맹국 북한을 어떻게 다뤄야 하는지에 대한 논의가 수년간 있어왔다. 북한에서도 마찬가지로 중국에 대한 해묵은 불신이 있었으며 북측 입장에서는 그럴만한 이유가 있었다. 양국 관계의 균열은 자주 발생했다.

서구에서는 北-中 관계를 종종 '입술이 없으면 이가 시린 순치관계'로 빗대곤 하지만 정작 北-中 정부는 적어도 지난 30년간은 서로가 가장 가까운 관계라고 생각하지 않았다. 관계자들의 상대국에 대한 묘사는 더 무례하고 노골적이었다. 1990년대 북한의 한 고위급 외교관은 중국이 북한을 '발톱의 때'처럼 여긴다고 불평했다.

2009년을 시작으로 중국과 좀더 가깝고 활발한 경제 정치 관계를 이루려는 김정일의 노력은 필요에 의해서였지, 오랫동안 북한에 고압적인 파트너로 군림했던 중국을 좋아해서가 아니었다. 김정일 사망 이후 양국관계는 다시금 원래의 수준으로 돌아갔는데, 공적자리에서는 냉정한 웃음을 짓고 막후에서는 드러내놓고 무시하곤 했다.

북한의 최근 미사일 발사와 핵실험 이후 北-中 관계가 실제로 새로운 국면에 접어들었고 중국의 전반적인 접근 방법에 근본적인 변화가 이루어지고 있다는 게 서구의 시선이다. 그러나 역사가 늘 그렇듯이 북한과 중국은 얼마나 지속되고 얼마나 심각해질지 모른 채 조만간 화해할 가능성만 있는 냉랭한 관계를 다시금 이어가고 있는지도 모른다. 北-中 관계가 어떤 방식으로 흘러가든 그것은 북한뿐만 아니라 남한에도 위험과 기회를 줄 것이다. 중국의 세력과 영향력이 지속적으로 증가하고 있는 가운데, 한반도의 역학관계는 누구도 예상할 수 없는 방향으로 변화하고 있다.

불안한 평화

2013년 5월까지 한반도의 상황은 한동안 잠잠했었다. 하지만 역사의 교훈을 비추어 볼 때, 새롭고 예측 가능한 양상이 나타나지 않는 한, 자주 폭풍에 휩쓸리는 열강에 둘러싸인 남북은 그 어느 때보다 충돌 직전의 상태에 와있음을 알고 있을 것이다.

  2013년 초에 발생한 폭풍은 장기간의 위기감을 낳은 이례적인 것이었다. 북한의 정치적 수사가 갈수록 날카로워지고, 서구 언론들의 보도가 쉴 새 없이 이어지며, 미국이 북한의 지도체제 상태―특히 김정은의 반응과 의사결정을 어떻게 판단할 것인가를 두고―를 이해하려고 애쓰는 상황 가운데 두 달간 매일같이 계속된 폭풍은 계속 심해져 갔다. 신기하게도 이 기간 동안 남한의 국민정서는 놀랄 만큼 차분했다. 1994년 6월의 위기 때처럼 남한이 공포에 사로잡혀 라면 사재기를 했었다면 그 상황에서 얻을 게 없었을 것이다. 그럼에도 불구하고 이런 차분한 상황은 오히려 심각한 문제를 내포하고 있을 수 있다. 오랜 기간 북한의 협박을 경험해온 남한 국민들은 매번 놀람과 걱정을 반복하는 데 내성이 생겼기 때문에(아니면 북한의 협박이 허세에 불과하다고 생각하게 된 까닭인지), 남한 정부가 국민들 앞에 나서서 그 상황이 간단히 생각하고 지나갈 문제가 아님을 설득해야 한다는 것이었다.

  21세기 초 한반도의 복잡한 이야기에는 상당히 큰 폭의 변화가 있었다. 그러나 이런 변화 중 어떤 것도 분단 이후 70년이 지난 지금도 여전히 한국이 둘로 나뉘어 있다는 기본 사실을 바꾸지는 못했다. 한국 전쟁이 남겨놓았던 남북의 공식적 구조가 아직까지 이어지고 있는 지금의 현실만큼 남북문제를 여실히 설명해줄 수 있는 것은 없을 것이다. 2013년 여름에는 1953년 7월 27일에 이룬 한국 전쟁 정전협정이 60돌을 맞았다. 이 기념일은 오래 전에 이루어진 정전협정 자체를 축하하기보다는 적어도 60년간 정전 상황을 유지해온 것을 축하하는 의미가 있을 것이다. 그렇게 오랫동안 협정이 유지될 수 있었던 이유는 그것의 생명력이나 유용성 ― 몇 십년간 이 특성은 활용된 적이 없다 ― 덕분이 아니라 양국의 관계가 정지 상태, 거의 마비상태에 머물렀다는 데 있다. 한반도와 주위 관련국들은 암묵적으로 이를 문제없는 상태로 받아들였다. 안타깝게도 21세기를 지나서도 여전히 남아있는 상처가 곪아터지기 직전인 지금, 현 상태가 종말을 고할 거라는 어떤 징조도 보이지 않는다. 정책을 왜곡하고 발전을 저해하는 적

한국전쟁 65주년 기념일 전, 평양의 북한군 음악대가 땡볕 아래서 쉬고 있다

대적인 정권이 한반도 양국에 계속 이어진다면 한반도 전체 뿐만 아니라 동북 아시아 전체에도 비극이 될 것이며, 향후 몇 십년간도 정책을 바로 세우지 못한 채 더딘 발전만이 계속될 것이다.

주요한국인명

조선민주주의인민공화국 (북한)
- 한세해 — 노동당 간부, 대남 밀사
- 허담 — 외교부 부장, 대남 밀사
- 황장엽 — 노동당 국제담당 비서, 주체사상 이론가, 1997년 남한으로 망명
- 조명록 — 인민군 차수, 국방위원회 제1부위원장
- 강석주 — 북한 최고인민회의 외교위원회 부위원장, 대미 핵문제 대표 교섭자
- 김계관 — 외교부 부부장, 대미 협상 부단장
- 김현희 — 북한 공작원, 대한항공 858기 폭파범, 남한에서 투옥되었다가 사면됨
- 김일성 — 노동당 당수, 수상직에 있다가 후일 주석이 됨
- 김정일 — 김일성의 장남, 김일성 사후 북한의 지도자가 됨
- 김정은 — 김정일의 3남, 김정일 사후 북한의 지도자가 됨
- 김영남 — 정무원 부총리, 외교부 부장, 후일 최고인민위원회 위원장 겸 국가 의전 대표직을 맡음
- 김용순 — 노동당 비서, 1992년 북미회담 때 북한측 협상단을 인솔
- 윤기복 — 노동당 간부, 적십자 회담에 참가한 북한측 협상단의 정치 자문위원, 대남 밀사

대한민국 (남한)

- 최규하 – 국무총리, 박정희 사후 단기간 대통령으로 재임
- 전두환 – 1979년 군사 쿠데타 주동자, 대통령
- 정주영 – 현대그룹 회장, 서울올림픽 유치위원회 의장, 1992년 대통령 후보로 출마
- 공로명 – 외무부장관
- 한승주 – 외무부장관
- 김종휘 – 노태우 정권 당시 외교안보수석
- 김대중 – 야당 지도자, 1971년, 1987년, 1992년, 1997년에 대통령 후보로 출마, 1997년 민선 대통령으로 당선
- 김재규 – 중앙정보부장, 박정희 대통령 암살범
- 김종필 – 국무총리, 1987년 대통령 후보로 출마
- 김우중 – 대우그룹 회장, 대북 및 대외 민간 사절
- 김영삼 – 야당 지도자, 후일 여당 총재가 되었다가 1992년 대통령에 당선
- 이후락 – 중앙정보부장
- 이명박 – 2008-2013년 대통령
- 이연길 – 기업가, 황장엽의 망명을 도와준 반공산주의 활동가
- 임동원 – 김대중 대통령의 외교안보수석, 2000년 5월 밀사로 북한을 방문
- 박철언 – 대통령 정책보좌관, 정보 관리, 대북 밀사
- 박정희 – 1961년의 군사 쿠데타 주동자, 후일 대통령이 됨
- 박근혜 – 박정희의 딸, 2012년 대통령으로 당선
- 노무현 – 2002년 대통령으로 당선
- 노태우 – 1979년 군사 쿠데타 시 사단장, 1987년 대통령에 당선
- 손장래 – 주미 한국 대사관 안기부 공사, 안기부 차장
- 유종하 – 김영삼 대통령의 외교안보수석, 외무부장관

감사의 말씀
WORD of THANKS

돈 오버도퍼

다양한 국적의 사람들을 만나며 여러 시각들을 접할 수 있었기에 여기서 다룬 내용들을 연구하고 또 책으로 묶을 수 있었다. 이제 밑거름을 제공해주신 분들의 이름을 하나하나 들면서 고마운 마음을 전할까 한다. 이 책을 집필하는 4년 동안 필자는 남한과 북한·미국·중국·일본·러시아·독일·오스트리아 등지에서 총 4백50여 차례에 걸쳐 인터뷰를 했다. 또한 미국, 러시아, 동독의 문서자료들과 아울러 정기간행물과 학술논문 등의 서적들 역시 대단히 큰 도움이 되었다. 그동안 크건 작건 도움을 주신 모든 분들에게 감사드린다.

워싱턴포스트지를 떠난 뒤 정평 있는 대학에서 연구에 몰두할 수 있도록 기회를 마련해주신 존스 홉킨스 대학 폴 H. 니체 국제관계대학원(SAIS)에 특별한 감사의 말씀을 드린다. 또한 필자가 여러 곳을 두루 다니며 연구를 할 수 있도록 재정 후원을 해주신 뉴욕의 록펠러브라더스재단과 서울에 있는 한국국제교류재단에도 깊이 감사드린다. 연구조교로 수고해준 SAIS의 미치시타 나루시게(Narushige Michishita)와 추영식 학생에게도 감사드리고자 한다.

또한 본서 집필의 마무리 단계에서 하버드대학 한반도 연구 프로그램 국장인 카터 에커트(Carter Eckert)를 만났던 것은 정말 행운이었다. 필자에게 기꺼이 시간을 내주시고 소중한 조언까지 들려주신 데 감사를 전하고자 한다. 또한 미국과 남한 정부에 몸담고 계셨던 분들과 현직에 계신 분들, 그리고 필자의 지인들이 들려주신 의견들 역시 이 원고를 쓰는 데 소중한 밑거름이 되었다.

정보공개법(FOIA)에 따라 필자가 요청한 자료들을 보여주시고 다른 학자들이 구한 자료들까지 제공해주신 워싱턴 안보문서보관소 분들에게도 감사드린다. 그리고 국무부의 FOIA 담당 직원들에게는 필자의 요청을 처리해준 데 대하여 감사드린다. 또한, 제럴드 포드 대통령 도서관(Gerald Ford Presidential Library)의 카렌 홀츠하우젠(Karen Holzhausen) 활동가와 지미 카터 대통령 도서관의 마틴 엘지(Martin Elzy) 부국장과 기록보관을 담당하시는 제임스 얀시(James Yancey)는 중요한 문서들의 확인과 등급 해제에 관련하여 필자에게 도움을 주셨다. 그리고 1972-87년간의 사령부 기록에서 일부 첩보자료들을 등급 해제해주신 남한의 미8군 FOIA 직원에게도 감사드린다. 아울러 한반도에 영향을 미친 中·美 외교 관련 자료들을 제공하여 주신 로스엔젤레스타임스의 짐 만(Jim Mann)과, FOIA에 따라 입수한 많은 양의 자료들을 제공해주신 저널오브커머스(Journal of Commerce)의 팀 셔록(Tim Shorrock)에게도 감사드린다.

구 동독 공산당인 사회주의통일당(SED) 문서자료실에서 찾은 중요한 문서들과 동독 지도자 에리히 호네커(Eric Honecker)와 김일성의 회담 기록자료, 평양 주재 동독 대사관에서 발송한 외교문서들을 보내준 베를린 자유대학의 마크 B.M. 서(Mark B. M. Suh)에게도 큰 은혜를 입었다.

필자를 사회과학연구원 객원 연구원으로 초청해주신 서울에 계신 김경원 전 주미대사 덕분에 남한에서 여러 인사들을 만나 인터뷰를 할 수 있었다. 또한, 그분의 유능한 비서인 박순례 여사에게도 감사드린다. 한국 해외홍보원(KOIS)의 노고에도 감사드리며, 특히 남한 정부 관리들과의 인터뷰를 주선해주신 서상면 씨에게 감사드린다.

남한 언론계에 계신 분들 중에서도 중앙일보의 김용희와 김군진, 조선일보의 조갑제와 김대중, 극동경제신문의 심재훈, 그리고 워싱턴 포스트지의 이금현 특파원에게는 대단히 큰 신세를 졌다. 로스엔젤레스타임스 도쿄 특파원으로 오랜 기간 근무하다가 지금은 독립해, 언론인이자 학자로서 일본에 살고 있는 샘 제임슨(Sam Jameson) 역시 여러 가지 정보와 조언을 필자에게 들려주었다.

1991년에 필자는 워싱턴포스트지 외교통신원의 자격으로 북한을 방문했다. 그리고 1995년에 다시 방문할 때는 조지 워싱턴 대학의 시거 동아시아 연구센터(Sigur Center for East Asian Studies)에서 후원해주셨는데, 당시 소장을 맡고 있던 김영진(Young C. Kim) 씨에게 감사드린다. 1965-1983년 사이의 '김일성 저작' 사본을 필자에게 제공해주셨으며 그밖에도 많은 친절을 베풀어주신 북한의 유엔대표부 관리들에게도 역시 감사드리고 싶다.

1993년 베이징에서 연구활동을 하는 동안 경비를 지원해주신 기관은 중국 사회과학학회였다. 재정 후원뿐 아니라 필자의 연구에 길잡이가 되어주시고 번역에도 도움을 주신 그분들께 깊이 감사드린다.

모스크바에서 인터뷰와 연구활동을 할 수 있었던 것은 이전에 몸담고 있었던 워싱턴포스트지 모스크바 사무국 분들이 아직도 필자를 동료처럼 여기고 기꺼이 도와주신 덕택이었다. 그리고 미하일 고르바초프의 보좌관으로 계셨던 아나톨리 체르냐예프(Anatoly Chernayayev)와 파벨 팔라첸코(Pavel Palachenko)의 도움으로 고르바초프 기록자료보관실에서 자료를 구할 수 있었다.

또한 오스트리아 빈에 위치한 IAEA 홍보국 사무관인 데이비드 키드(David Kyd) 역시 필자에게 정보를 제공해주었으며 인터뷰를 주선해주었다.

재임 시절 한반도 정책에 관한 필자의 질문에 서면으로 답변해주신 지미 카터 前 대통령께 감사드리며, 특히 1994년의 평양 방문 이야기를 쓰는 데 도움을 주신 점에 대하여 깊이 감사드린다. 당시 카터 전 대통령을 수행했던 매리언 크릭모어(Marion Creekmore)와 딕 크리스텐슨(Dick Christenson)에게도 역시 많은 신세를 졌다.

일본 시즈오카 대학의 북한 문제 전문가인 이즈미 하지메(伊豆見元)가 제공해준 북한 관련 자료들과 그의 식견 역시 소중한 밑거름이 되었다.

끝으로 인터뷰에 응해주신 많은 분들 중에 특히 다음 분들의 이름을 들고자 한다.

미국에 계신 분들
- 사이러스 밴스(Cyrus Vance), 조지 슐츠(George Shultz) 전 국무장관
- 마이클 아마코스트(Michael Armacost), 로버트 졸릭(Robert Zoellick), 아놀드 캔터(Arnold Kanter), 프랭크 위스너(Frank Wisner) 전 국무차관
- 전 동아시아·태평양 담당 차관보였던 마샬 그린(Marshall Green), 리처드 홀브룩(Richard Holbrooke), 폴 월포위츠(Paul Wolfowitz), 故 개스턴 시거(Gaston Sigur), 리처드 솔로몬(Richard Solomon), 윌리엄 클라크(Willam Clark)와 아울러 필자의 연구 기간 동안 그 자리에 있었던 윈스턴 로드(Winston Lord)

- 국무부 부차관보를 지낸 로버트 오클리(Robert Oakley)와 토마스 허바드(Thomas Hubbard), 현재 그 자리에 있는 찰스 카트먼(Charles Kartman)
- 전 미국 한반도 문제 조정 및 협상 특사였던 로버트 갈루치(Robert Gallucci)와 그의 상관이었던 게리 세이머(Gary Samore)
- 전 한반도 국장 로버트 리치(Robert Rich), 해리 던롭(Harry Dunlop), 스펜스 리처드슨(Spence Richardson), 데이비드 E. 브라운(David E. Brown), 데이비드 G. 브라운(David G. Brown)과 현 국장인 마크 민튼(Mark Minton)

국방부에서는:

- 제임스 슐레진저(James Schlesinger), 도널드 럼스펠트(Donald Rumsfeld), 해롤드 브라운(Harold Brown) 전 국방장관과 필자의 연구 기간 동안 현직에 있었던 윌리엄 페리(William Perry) 국방장관
- 모튼 아브라모비츠(Morton Abramowitz), 윌리엄 펜들리(William Pendley) 해군제독, 토마스 플래니건(Thomas Flanigan) 장군과 월리 노울즈(Wally Knowles)

백악관에서는:

- 즈비그뉴 브레진스키(Zbigniew Brzezinski), 리처드 앨런(Richard Allen), 브렌트 스카우크로프트(Brent Scowcroft) 전 국가안보좌관과 필자의 연구 기간 동안 현직에 있었던 앤서니 레이크(Anthony Lake)
- 전 국가안보회의 참모 윌리엄 하일랜드(William Hyland), 닉 플랫(Nick Platt), 짐 켈리(Jim Kelly), 도우그 파알(Doug Paal), 토켈 패터슨(Torkel Patterson), 켄트 위더만(Kent Wiedemann), 스탠리 로스(Stanley Roth), 다니엘 포네만(Daniel Poneman)

정보기관에서는:

- 로버트 게이츠(Robert Gates) 전 CIA국장, 국무부 정보조사국의 북한전문 관측통 로버트 칼린(Robert Carlin), 케네스 키노네스(Kenneth Quinones), 존 메릴(John Merrill)과 핵 문제 전문가인 스티브 플라이슈만(Steve Fleischmann)
- 전 국가정보관 에블린 콜버트(Evelyn Colbert), 존 데스프레스(John Despres), 너새니얼 세이어(Nathaniel Thayer), 칼 포드(Carl Ford), 에즈라 보겔(Ezra Vogel),

모건 클리핑거(Morgan Clippinger) 및 기타 CIA 한반도 전문가들
- 전 미국 정보 관리자 존 암스트롱(John Armstrong)과 故 짐 하우스만(Jim Hausman)

국회의원 중에서는:
- 스티븐 솔라즈(Stephen Solarz) 전 하원의원

주한 美 대사관에서는:
- 윌리엄 글라이스틴(William Gleysteen), 리처드 워커(Richard Walker), 제임스 릴리(James Lilley), 도널드 그레그(Donald Gregg) 전 주한 미국 대사와 필자의 연구 기간 동안 현직에 있었던 제임스 레이니(James Laney)
- 프랜시스 언더힐(Francis Underhill), 리처드 에릭슨(Richard Ericson), 레이먼드 버크하르트(Raymond Burkhardt), 딕 크리스텐슨(Dick Christenson) 전 사절단 부단장들
- 전 美 대사관 정치자문관 폴 클리블랜드(Paul Cleveland)와 다니엘 러셀(Daniel Russel)
- 짐 영(Jim Young) 美 대사관 무관

주한미군 사령부에서는:
- 존 위컴(John Wickham), 로버트 세느왈드(Robert Sennewald), 로버트 리스카시(Robert RisCassi), 게리 럭(Gary Luck) 전 총사령관과 현재의 존 틸럴리(John Tilleli) 총사령관
- 하웰 에스테스(Howell Estes) 중장
- 제임스 홀링스워드(James Hollingsworth), 존 커쉬만(John Cushman) 예비역 중장
- 스티븐 브랜더(Stephen Brander) 전 주한미군 사령관 특별보좌관
- 토마스 라이언(Thomas Ryan) 주한미군 역사담당관(USFK historian)
- 군사정전협정(MAC) 미국측 대표였던 지미 리(Jimmy Lee)
- 전 군사협정 비서관 포레스트 칠턴(Forrest Chilton) 대령
- 짐 콜즈(Jim Coles)와 그의 전임자 빌리 풀러턴(Billy Fullerton) 공보관

미국 내 한반도 전문가들 중에서는:
- 노틸러스 연구소(Nautilus Institute)의 피터 헤이즈(Peter Hayes)
- 핵무기 전문가 빌 어킨(Bill Arkin)
- 노스웨스턴대학의 브루스 커밍스(Bruce Cumings)
- 루이스 앤드 클라크 대학의 조셉 하(Joseph Ha)
- 하와이 대학의 서대숙(徐大肅)
- 당시 프린스턴 대학에 있던 찰스 암스트롱(Charles Armstrong)
- 조지아 대학의 박한식(Han S. Park)
- 미 해군대학원의 에드워드 올슨(Edward Olsen)
- 밀러스빌 대학의 이만우
- 조지 워싱턴 대학의 윤상현

그밖에:
- 미 의회조사국의 래리 닉쉬(Larry Niksch)와 신인섭
- 대서양 협의회(Atlantic Council)의 남궁 토니(Tony Namkung)
- 카네기 국제평화재단의 셀릭 해리슨(Selig Harrison)과 레오나드 스펙터(Leonard Spector)
- 국제관계대학원(SAIS)의 랄프 클라우(Ralph Clough)
- 해리티지 재단(Heritage Foundation)의 대릴 플렁크(Daryl Plunk)
- 브루킹스 연구소(Brookings Institution)의 마이클 오한론(Michael O'Hanlon)
- 미 평화연구소(U.S. Institute of Peace)의 스콧 스나이더(Scott Snyder)
- 미 전략 및 국제 문제 연구소(Center for Strategic and International Studies)의 윌리엄 테일러(William Taylor)
- 첸 유 웨이
- 랜드(RAND) 협회의 놈 레빈(Norm Levin)과 오공단(케이티 Katy)
- 데이비드 올브라이트(David Albright)
- 진보정책연구소의 로버트 매닝(Robert Manning)

또한 뉴욕타임스 마이클 고든(Michael Gordon) 통신원, 워싱턴포스트지의 조세트 샤이너(Josette Shiner) 편집장

남한에 계신 분들

- 김영삼, 최규하(崔圭夏), 노태우 전 대통령
- 청와대 외교안보수석 정종욱과 반기문(潘基文)
- 전 대통령 언론보좌관 김성진(金聖鎭)과 김성익
- 전 청와대 경제보좌관 오원철(吳源哲), 김기환(金基桓), 김종인(金鍾仁)
- 김학준 전 대변인
- 노신영(盧信永), 노재봉(盧在鳳), 이홍구 전 국무총리
- 권오기(權五琦) 부총리와 최영철, 한완상(韓完相) 전 부총리
- 최광수, 최호중, 이상옥, 한승주, 공로명 전 외무부 장관과 유종하 현 외무부 장관
- 박수길 전 외무부 차관
- 정호용(鄭鎬溶) 전 내무부 장관
- 이규현 전 문화공보부 장관
- 김진현 전 과학기술처 장관
- 이병기 의전수석
- 김경원, 현홍주, 한승수 전 주미 대사와 박건우 현 주미 대사
- 유종하 현 남한 외무부 장관 겸 유엔대사
- 노재원, 황병태 남한 주중 대사
- 대(對) 중국 비공식 협상대표 이순석
- 김석규 남한 주러 대사
- 주영복(周永福) 전 국방부 장관
- 국방부 차관 박용옥(朴庸玉) 중장
- 예비역 장군 김최창
- 국방대학의 한용섭
- 임동원 전 대북 협상 대표
- 전 남북회담 대표 정희경과 전 북한 대변인 정주현
- 남북대화 사무국의 김달술(金達術)
- 통일원의 길정우, 안인해(安仁海)
- 외교안보연구원의 유석렬과 김충남
- 전 통일원 차관 송영대(宋榮大)

- 현대그룹 창업주이자 명예회장인 정주영
- 대우그룹 창업주이자 회장인 김우중
- 야당 지도자 김대중
- 국회의원 정재문, 허화평, 강신옥, 김윤환, 이부영, 박계동, 박세직
- 탈북자 노영환, 김현휘, 강명도, 최주활 상좌
- 연세대학교 안병준 교수와 서강대학교 이상우 교수
- 중앙일보 김진 기자, 월간조선 김용삼 기자, 타임지의 성희 스텔라 김(Songhee Stella Kim)
- 서울 주재 러시아 외교관 게오르기 쿠나이제(Georgi Kunaidze) 대사와 게오르기 톨로라야(Georgi Toloraya) 공사
- 전 북한 주재 동독 경제공사였으며 지금은 주한 독일상공회의소에 있는 지크프리트 샤이베(Siegfried Scheibe), 아시아재단 서울 대표부에 계신 데이비드 스타인버그(David Steinberg)

북한에 계신 분들
1995년 북한 방문 때 만난 분들 :
- 김영남 정무원 부총리 겸 외교부장
- 김용순 노동당 비서
- 김정우 대외경제위원회 부위원장과 기타 관리들
  북한 방문을 주선해주시고 북한에 있는 동안 필자를 도와주신 평양의 군축 및 평화연구소에 감사드린다.

중국에 계신 분들
- 우다웨이 아시아사(亞洲司) 부국장
- 리빙 외교부장과 리샹웨이 전 외교부 관리
- 뛰어난 한반도 전문가이자 현 중국국제문제연구소 고급연구원인 타오빙웨이(陶炳蔚)
- 중국사회과학원의 푸샨
- 중국현대국제관계연구소의 진첸지

- 전 중국대사관 무관 수만창
- 국제전략연구소의 시진군 대교
- 주중 러시아 대사관의 이고르 로가체프(Igor Rogachev) 대사와 세르게이 곤차로프(Sergei Goncharov) 공사
- 마이크 치노이(Mike Chinoy) CNN 베이징 특파원

러시아에 계신 분들
- 미하일 고르바초프 전 대통령
- 아나톨리 체르냐예프(Anatoly Chernyayev) 전 국가안보보좌관
- 알렉산더 베스메르트니흐(Alexander Bessmertnykh) 전 외무장관
- 아나톨리 도브리닌(Anatoly Dobrynin) 전 주미 대사
- 세르게이 타라셴코(Sergei Tarasenko) 전 외무부 관리
- 전 소련공산당(CPSU) 중앙위원회 한반도국장 바딤 트카첸코(Vadim Tkachenko)
- 전 소련공산당 중앙위원회 아시아국장 이고르 라흐마닌(Igor Rakhmanin)
- 고르바초프 대통령 보좌관 카렌 브루텐츠(Karen Brutents), 게오르기 오스트로모프(Georgi Ostraumov), 파벨 팔라첸코(Pavel Palachenko)
- 당시 러시아 해외첩보국 국장이었으며 현 외무장관인 예브게니 프리마코프(Yevgeni Primakov)
- 알렉산더 파노프(Alexander Panov) 외무차관
- 러시아 외무부의 예브게니 아파나셰프(Yevgeni Afanasyev), 발레리 데니소프(Valery Denisov), 블라디미르 라흐마닌(Vladimir Rakhmanin)
- 극동연구소 소장 미하일 티테렌코(Mikhail Titerenko)와 同 연구소의 로알드 셀레비에프(Roald Seleviev)
- 이타르타스(ITAR-Tass)통신 비탈리 이그나텐코(Vitaly Ignatenko) 총국장
- 블라디미르 나다쉬케비치(Vladimir Nadashkevich) 타스 통신원
- 유리 시고프(Yuri Sigov), 알렉산더 블라트코프스키(Alexander Blatkovsky) 기자

일본에 계신 분들
- 외무성 아시아국 총국장 가와시마 유타카(川島裕)

- 전 외무성 관리 오카자키 히사히코(岡崎久彦)
- 대북 협상대표 엔도(遠藤) 데쓰야 대사
- 다케우치 유키오(竹內行夫) 주미 부대사
- 다케무라 마사요시(武村正義) 의원
- 게이오 대학의 오코노기 마사오(小此木政夫)
- 평화안보연구소의 츠카모토 가츠이치 소장(少將)

IAEA 본부에 계신 분들
- 한스 블릭스(Hans Blix) IAEA 사무총장
- 드미트리 페리코스(Dmitri Perricos) 동아시아 안전조치국장
- 올리 하이노넨(Olli Heinonen) 북한 사찰단장
- 빌리 타이스(Willy Theis) 전 북한 사찰단장
- 존 리치(John Ritch) 국제기구 담당 미국 대사
- 마이크 로렌스(Mike Lawrence), 마빈 피터슨(Marvin Peterson) 미 대표부 관리

독일에 계신 분들
- 한스 마레츠키(Hans Maretzki) 전 북한 주재 동독대사
- 군터 운터벡(Gunter Unterbeck) 구 동독 외교관
- 동독(GDR) 통신사 베이징 통신원이었던 안-카트린 베커(Ann-Katrin Becker)

그 외에도 중요한 의견을 들려주었지만 이름을 언급하지 말아달라고 부탁했던 분들이 몇 분 더 계신다. 그리고 상당한 양의 원고를 읽는 수고와 함께 교정을 해주신 여러 분들께도 감사드린다. 이렇게 해서라도 고마운 마음을 전하고 싶은 필자의 뜻을 그분들도 알아주시리라고 믿으며 이쯤에서 마치고자 한다.

아울러 이 책을 쓰고 편집을 하는 데 꼭 필요한 일을 맡아주셨던 분들께 감사드리고 싶다. 한국어 원문 번역을 맡아주신 김동, 인터뷰 녹

취 내용을 글로 옮겨주신 메리 드레이크(Mary Drake), 국제관계대학원(SAIS) 아시아 프로그램의 자오진 지(Zhaojin Ji) 간사, 필자의 저작권 대리인인 조이 해리스(Joy Harris), 이전에 애디슨-웨슬리(社)에 계셨던 분으로 이 책의 가치를 인정해주신 빌 패트릭(Bill Patrick), 그의 동료이자 훌륭한 편집자로서 더 좋은 책이 나올 수 있도록 애써주신 샤론 브롤(Sharon Broll), 그리고 누구보다 훌륭한 편집자이며 언제나 나에게 영감을 불어 넣어주는 아내 로라에게 고마운 마음을 전한다.

로버트 칼린

이 책을 집필하는 데 도움을 준 분들에게 감사해야 할 이유가 정말 많다. 통찰과 격려를 통해 여러 방식으로 도와주신 분들에게 감사한다. 어떤 경우에는 개인적으로 이름을 명명하는 게 결례일 수 있겠지만 감사의 뜻으로 여겨 주시길 바란다.

- 그레고리 알버스 박사(Dr. Gregory Albers)
- 브래들리 밥손 (Bradley Babson)
- 제프리 바더 (Jeffrey Bader)
- 제프리 바론 (Jeffrey Baron)
- 스티븐 보스위드 (Stephen Bosworth)
- 로버트 보인튼 (Robert Boynton)
- 혜석 브라운 (Hyesuk Brown)
- 커트 캠벨 (Kurt Campbell)
- 에드워드 C. 카든 미2사단장 (Major general Edward C. Cardon)
- 프레드릭 캐리어 (Frederick Carriere)
- 빅터 차 (Victor Cha)
- 마이크 치노이 (Mike Chinoy)

- 조상훈, 쉐리 정 (Sherrie Chung)
- 피터 데이비스 (Peter Davis)
- 케네스 데클레바 박사 (Dr. Kenneth Dekleva)
- 존 델루리 (John Delury)
- 조세프 데트라니 (Joseph DeTrani)
- 에드워드 동 (Edward Dong)
- 토마스 핑거 (Tomas Finger)
- 마이클 피네간 (Michael Finnagan)
- 칼 포드 (Carl Ford)
- 로버트 갈루치 (Robert Callucci)
- 크리스토퍼 그린 (Christopher Green)
- 마이클 그린 (Michael Green)
- 도널드 그레그 (Donald Gregg)
- 지그프리드 해커 (Siegfried Hecker)
- 올리 헤이노넨 (Olli Heinonen)
- 크리스토퍼 힐 (Christopher Hill)
- 제임스 호어 (James Hoare)
- 알리슨 후커 (Allison Hooker)
- 토마스 허바드 (Tomas Hubbard)
- 에릭 존 (Eric John)
- 찰스 카트먼 (Charles Kartman)
- 글랜 캐슬러 (Glenn Kessler)
- 제임스 켈리 (James Kelly)
- 김두연, 성김 대사, 유리 킴 (Yuri Kim)
- 에릭 라츠키 (Eric Latzky)
- 진 리 (Jean Lee)
- 미끌로스 렌젤 (Miklos Lengyel) 대사
- 존 루이스 (John W. Lewis)
- 에이먼 매키 (Eamonn McKee) 대사
- 자린 메타 (Zarin Mehta)

- 니코 밀로노풀로스 (Niko Milonopoulos)
- 제임스 펄슨 (James Person)
- 존 포데스타 (John Podesta)
- 이반 람스태드 (Evan Ramstad)
- 사만다 래비치 (Samantha Ravich)
- 에반스 레비에 (Evans Revere)
- 다니엘 러셀 (Daniel Russel)
- 그레이 사무어 (Grey Samore)
- 마이클 쉬퍼 (Michael Schiffer)
- 신기욱, 레온 시갈 (Leon Sigal)
- 캐슬린 스티븐스 (Kathleen Stephens)
- 데이비드 스트라웁 (David Straub)
- 로버트 수틴저 (Robert Suettinger)
- 시드니 사일러 (Sidney Syler)
- 제니 타운 (Jenny Town)
- 에즈라 보겔 (Ezra Vogel)
- 로렌스 윌커슨 (Lawrence Wilkerson)
- 제이 림 (Jay Yim)
- 카타리나 젤위거 (Katharina Zellweger)

- 최진욱, 최영진, 정종욱, 전용우, 동용승, 한증수, 홍양호, 현인택, 임태희, (퇴역) 대령 장삼열, 김현진, 김석, 김해효, 김영묵, 김영식, 이화원, 임동원, 임성남, 민지권, 문정인, 문재인, 성민순, 서훈, 왕순택, 양창석, 윤영관, 유선, 유명환, 윤병세

- 이즈미 하지메 (Izumi Hajime), 사카모토 타카시 (Sakamoto Takashi), 대사, 사세 켄이치로 (Sasae Kenichiro), 다나카 히토시 (Tanaka Hitoshi).

서평 1

두 개의 한국 : 전직 워싱턴포스트 기자가 바라본 한국

고려대 정치외교학과 교수 韓昇洲, 전 외무부장관

우리 나라에서 돈 오버도퍼 기자처럼 잘 알려진 외국인 기자도 없을 것이다. 그는 워싱턴 포스트紙에서의 25년을 포함 도합 40년간의 언론인 생활을 통해 평기자로서 현장에서 사건을 목격하고 직접 취재하면서 외교정책, 특히 일본과 한국 등 아시아와 관련된 기사를 써 왔다. 그는 나이가 들면서도 부장이니 국장이니 하는 보직을 마다하고 생생한 현장 취재를 통한 기사작성의 외길을 고집했다. 그러한 그를 우리 나라에서는 '대(大)기자'라는, 실제로는 그가 갖고 있지도 않은 직책으로 부르기까지 했다. 미국 내에서는 그의 은퇴 후에도 그의 업적을 높이 평가하고 인정해 주는 데 인색하지 않았다. 그는 우드로 윌슨상(Woodrow Wilson Award) 등 수많은 언론상을 받았고, 한미관계 특별 위원회, 노근리 학살사건 진상조사위원회에 위촉되는 등 미국외교 전선에 직접 참여하기도 하였다.

그가 한국과 깊은 인연을 맺은 것은 프린스턴 대학을 졸업하고 포병 장교로 6.25에 참전함으로써 시작되었다. 그 후 그는 외교 전문 기자로서 세계의 이목을 한반도에 집중시키면서 날카로운 통찰력과 해박한 지식으로 현안을 기술하고 분석해 왔다. 뿐만 아니라 그는 워싱턴 외교정책의 현장에서도 누가 어떠한 결정을 언제 어떻게 내렸는가를 알아내는데 타의 추종을 불허하는 능력을 발휘했다. 또한 그는 현역 신문기자로서의 생애를 정리한 후에도 활발한 저술 활동을 해왔다.

그중 가장 중요한 저서가 바로 이 '두 개의 한국(The Two Koreas)' 이라는 한반도 근현대사를 생생하게 기록한 책이다. 1945년부터 오늘에 이르기까지 남북한의 역사를 기록한 이 책은 한반도 분단의 배경과 의미, 남북관계의 진전과정, 한미관계의 굴곡, 그리고 중국·일본·러시아 등 주변강국의 대(對)한반도 관계와 정책 등 외교문제는 물론 남북한의 국내정치를 다루는데도 역사에 생명을 불어넣어 주는 묘기를 발휘하고 있다. 한국의 근현대사를 다루는데 있어 저자는 자신이 알고 있는 수많은 비사(秘事)를 활용하여 20세기 후반의 한반도 역사를 정확하고 심층적으로 기술하고 있다.

평자(評者)는 자신이 정부에서 일했던 시기에 가장 중요한 사건이라고 할 수 있는 북한 핵문제에 대한 저자의 기술을 읽으면서 크게 감탄하지 않을 수 없었다. 1993, 1994년 당시 북한의 핵 의혹으로 한반도는 전쟁의 소용돌이 속으로 들어갈 위기에 처했고, 평화를 유지하면서도 북한의 핵개발을 저지하는 것이 한미 양국의 일차적이고 긴급한 과제였다. 그것은 한미간의 긴밀한 협의와 협력뿐만 아니라 북한과의 끈질긴 협상, 그리고 중국·일본·러시아 등을 포함하는 주변강대국에 대한 효과적인 외교를 필요로 하였다. 저자는 이 책에서 한미 양국 관계자들의 증언을 기초로 당시의 핵문제가 어떻게 전개되었고 어떻게 해결의 단계로 들어가게 되었는가를 생생하고 정확하게 묘사, 분석하고 있다. 북한 핵문제는 1994년 제네바 합의로 일단락 되었을지언정 완전히 해결된 것은 아니다. 아직도 '특별사찰' 등의 문제와 관련되어 갈등의 불씨를 안고 있기 때문이다. 이렇듯 이 책은 북한 핵과 같은 내연(內燃)되고 있는 문제들에 대한 독자들의 인식과 이해에도 커다란 도움을 주고 있다.

이러한 의미에서 1945년 이후 한반도의 정치외교사를 제대로 이해하려는 사람들에게 '두 개의 한국'은 가감없는 필독서다. 이번에 우리말 번역판이 등장한 것은 참으로 반가운 소식이 아닐 수 없다.

서평 2

이 책에 쏟아진 찬사

"40년간 한국을 지켜본 전문가가 다양한 증거로 말하는 아직 끝나지 않은 한반도 이야기다. 주요 정치인, 장성, 관리들 간 이면의 이야기를 밝히고 그들간의 역학적 관계를 재조명한 책이다. 오버도퍼는 핵 위기와 그로 인해 촉발된 한반도 경색 이면의 중요한 사건들은 시간 순서로 정리했다. '두 개의 한국'은 한반도가 왜 그렇게 불안정한지에 대한 단상을 제공한다. 양보하면 진다는 분위기 속에 각자 정당성을 인정받기 위해 달려온 두 라이벌의 이야기다. 오버도퍼는 전문가 의견이나 예상을 그대로 제시하지 않고 그의 취재결과를 적어내려 이야기가 자연스럽게 흐르도록 했다" — 보스턴 글로브 (The Boston Globe)

"한반도 문제 해결을 위한 정치적, 외교적 노력의 무대 뒤에서 벌어지는 일들에 대해, 명확하고 허심탄회하게 기술한 저널리스트의 기록이다. 이 책은 공익을 위한 진정한 서비스라고 할 수 있다." — 보스턴 글로브 (The Boston Globe)

"흥미로운 이야기로 당대의 지도자들에게 반성의 기회를 주며 일반 국민들에게는 미국의 한반도 개입의 대가와 끝나지 않은 비극에 대해 말한다. 언론에 선정적인 말이 가득할 때 '두 개의 한국'은 진정한, 독립적인 언론인의 미덕을 말한다. 닉슨 대통령이 중국에 문호를 연 이후부터 내부자의 시선으로 전하는 이야기이다. 오버도퍼는 미국·한국·북한·중국·일본 정부의 중요 인사들과 인터뷰를 진행해, 당시 등장한 인물과 사건(그가 기자 재직 중에 보도한 뉴스들)을 잘 조합하는 수준을 뛰어넘었다. 그는 또한 한국의 학계와도 소통했다. 그 결과 두 개의 한국의 역사뿐만 아니라, 지난 25년간 미국과 한반도의 역사를 다룰 수 있었다. 오버도퍼는 다루는 주제에 완벽을 기했고, 전문가들조차 알지 못했던 정보를 제공한다" — 브루스 커밍스, 로스엔젤레스 타임즈 (Bruce Cumings, The Los Angeles Times)

"오버도퍼는 국제정세를 가장 냉철하게 분석한 인물이다" — 제임스 베이커 前 미 국무장관 (Jame A.Baker, former U.S Secretary of State)

"권위 있고 잘 읽히는 역사책이다. 냉전의 마지막 잔재가 모습을 드러내는 때 기자와 일반인 모두에게 정보를 준다. 중요인물들을 인터뷰했기 때문에 최근 외교정세에 대해 잘 알고 있는 사람에게도 마찬가지다" — 유에스에이 투데이 (USA Today)

"두 번의 북한 방문과 더불어 수없이 한반도를 방문한 아시아 전문가이지만, 의도적으로 자신의 견해는 빼고 책을 집필했다. 워싱턴 포스트지의 은퇴한 외교분야 특파원인 오버도퍼는 자신의 생각을 믿기보다는 쉴새 없이 연구하고 450건이 넘는 인터뷰를 진행했다. 그 결과 한국전쟁부터 한국의 민주주의 태동, 북한의 핵무기 위기까지 한국의 전후 역사에 대한 폭넓고 유용한 이야기들을 이 책에 담았다" —
글로브 앤 메일 (The Globe and Mail)

북한이 자체적으로 붕괴하거나 남한을 공격하게 된다면 일어날 상황을 이해하기에 가장 시의적절한 책이다" — 세인트 루이스 포스트 디스패치(St. Louis Post-Dispatch)

"재미있는 책이다. 오버도퍼는 경험이 풍부한 소식통이며 사려 깊은 기자이다. 그의 경험은 학계 전문가들도 본받을 점이 많다. 또한 일반 독자들도 이 생생하고 재미있고 읽기 쉬운 책을 만족스럽게 생각할 것이다. 여기엔 두 개의 한국의 당대 역사뿐 아니라 한미관계 30년 역사가 담겨 있다. 오버도퍼는 남한 대통령들에 대한 정확한 묘사를 써냈다. '두개의 한국'은 엉뚱한 이들이 전쟁 무기를 쓸 수 없도록 전쟁을 치뤄야 한다고 생각하는 이들에게 잠시 재고할 계기를 마련해 주었다" — 핵 과학자 회보 (Bulletin of the Atomic Scientists)

"오버도퍼 전 외교 전문기자는 남한 대통령을 모두 만났고, 미국에 방문한 모든 북한 외무성 장관들도 만나보았다. 그리고 1953년부터 오늘날까지 발생한 사건에 대해 우리가 궁금해하는 점을 채워 주었다. 우리는 아름다움과 지성, 민주주의가 꽃핀 나라이고 상대는 공산주의의 압제와 공포로 물든 곳이라는 표현을 그가 묘사하는 그림에선 결코 찾아볼 수 없다. — 플로리다 타임즈 연합 (Florida Times-Union)

"한국 현대사를 들여다본 작품" — 위크앤드 호주(The Weekend

Australian)

"엄청난 정보와 이야기로 한국의 비범한 역사를 생생하게 살려낸 작품이다. 오버도퍼는 특히나 북한 공산주의에서 그렇게 원했던 군사적·경제적 우위를 1980년대 이후 남한이 어떻게 점했는지 자세하게 풀어냈다. 그는 덩샤오핑(Deng Xiaoping) 집권 이후 중국이 북한에 대한 지원을 줄이자 어떻게 구 소련이 김일성을 지원하면서 그 빈자리를 차지했는지에 대해 조명했다. 또한 구 소련이 무너지고 7년이 지난 뒤, 왜 북한이 개혁을 거부하고 경제 급락의 길로 접어들었는지에 대한 이야기도 다룬다. 카터와 김일성 간의 우정을 다룬 내용만 보더라도 이 책의 가치는 충분하다. 추후 미래를 이해할 수 있는 여지를 만들어주는, 리포트와 역사를 능숙하게 다뤄낸 작품이다" — 남 중국 모닝 포스트 홍콩 (South China Morning Post Hong Kong)

"빨려 들어갈 듯 흥미로우며, 풍부한 정보를 담고 있으며, 지혜로 가득하다. 아직 비극이 계속되고 있는 한반도에 대한 이야기를 다룬 보기 드문 수작이다." — 하버드대학교 아시아 센터 담당자 에스라 보겔 (Ezra Vogel)

"구약성서만큼 많은 이야기를 다룬 베테랑 기자의 현대사 이야기이며 수상작이다. 지금도 우리가 경험하고 있는 60년 분단의 역사를 따라간 작품이다. 비무장지대가 가르는 양국에 대한 전문가적 지식으로 오버도퍼는 남북을 아우르는 한국 특유의 일반적인 흐름을 따라갔다. 이 책의 미덕은 일본·중국·러시아·미국 등 이 지역 안보를 민감하게 생각하는 국가들과 한국과의 관계를 자세하게 다뤘다는 것이다. 오버도퍼는 고르바초프(Gorbachev)나 조지 슐츠(George Schultz) 같은 주요 인물을 만난 직접경험을 흠잡을 데 없는 이야기의 원천으로 삼아, 사실과 비화를 하나하나 잘 엮어 냈다. 저널리즘은 역사를 기록하는 초고로 알려져 있지만, 이 책은 그 무엇도 넘을 수 없는 경지에 이른 것 같다" — 데일리 요미우리 도쿄 (The Daily Yomiuri Tokyo)

"잠시도 눈을 떼지 못하게 한다. '두 개의 한국'은 열강의 권력이 두 한국 역사에 어떻게 작용했는지에 대해 주의를 환기시키고자 한 오버도퍼의 목표를 충족시켰다." — 워싱턴 포스트 (The Washington Post)

"이 진실로 중요한 책은, 의심할 여지 없이, 한국 근대사를 다룬 여타의 책들을 평가하는 데 있어서 기준선을 제시해줄 것이다." — 前 주한 미 대사, 도널드 그레그 (Donald Gregg)

주석 및 참고자료
NOTES AND SOURCES

그동안 일기장으로 사용해왔던 스프링 공책에 기록되어 있는 내용을 보면, 필자가 한반도에 관한 책을 처음 구상했던 것이 1988년이었는데, 그때는 냉전의 종식에 즈음한 미·소 관계를 다룬 역사서인 'The Turn'의 집필 작업을 막 시작하던 참이었다. 그러나 현실적으로 워싱턴포스트지 기자로 근무하면서 집필을 병행하기란 어려운 일이었다. 책을 쓰는 데 투자할 시간도 모자랐고, 여러 곳으로 자유로이 여행을 다니기도 힘들었기 때문이다. 그런 사정이 있었기에 필자는 퇴직 후에야 비로소 이 책의 집필에 착수할 수 있을 거라고 미리부터 짐작하고 있었다. 그 이전에도 인터뷰를 가질 기회는 간혹 있었지만, 본격적으로 집필에 들어간 것은 1993년 5월 퇴직을 한 후였다. 그리고 이후 4년간 세계 각국을 돌아다니면서 450회의 인터뷰를 했고, 책과 문헌자료들을 찾아보거나 정보공개법에 따라 볼 수 있게 된 새로운 자료들을 구하러 다녔다. 비밀문서로 분류된 몇몇 예외적인 경우 말고는 필자가 인터뷰했던 주요 인물들의 이름과 자료들의 출처를 감사의 말씀에서 언급해두었다.

이전에 썼던 책에서와 마찬가지로 여기서도 '두 개의 한국'의 집필에 이용했던 자료들에 관한 정보를 제공하고자 한다. 다만 기밀 사항이나 해당 분야의 연구자들이 익히 알고 있는 것들은 제외할 것이다. 그리고 학문적 연구의 편의를 돕기 위하여, 필자가 정보공개법에 따라 입수하여 이 책의 집필에 이용한 1998년 연방정부기록문서 사본들 중 전반부 절반을 워싱턴 소재 비정부 독립 연구기관인 안보문서보관소에 맡겨두었다. 따라서 연구를 목적으로 하는 사람들은 누구나 그 자료들을 이용할 수 있을 것이다.

주석에서 사용한 약어들은 다음과 같다.

- *CWIHP:* 다국적 냉전사 연구 기획보고서 Cold War International History Project Bulletin (미국 우드로우 윌슨 국제학술센터 Woodrow Wilson International Center for Scholars)
- *DOS cable*: 미 국무부로부터 주한 미 대사관으로 보낸 전신. 날짜와 제목을 알 수 있는 경우에는 명기하였음.
- *Emb. cable*: 주한 미 대사관에서 워싱턴 국무부로 보낸 전신. 날짜와 제목을 알 수 있는 경우에는 명기하였음.
- *FBIS*: 미 정부 외국방송정보국(Foreign Broadcast Information Service) 발간자료
- *KH*: 서울에서 발간되는 영자신문 코리아헤럴드
- *KIS Works*: 김일성 저작집(평양 외국문종합출판사)
- *KT*: 서울에서 발간되는 영자신문 코리아타임즈
- *NYT*: 뉴욕타임즈
- *SED Archives*: 독일 베를린에서 구한 구(舊) 동독 사회주의(공산주의) 통일당 기록문서.
- *USFK Hist*: 주한 미군/미8군 연간 역사 보고서(U.S. Forces Korea/Eighth U.S. Army Annual Historical Reports), 정보공개법에 의거한 필자의 요청에 따라 기밀해제된 첩보 관련 내용들. 인용한 보고자료의 연도를 명기하였음.
- *US-PRC Chronology*: 중·미 연표, 리처드 H. 솔로몬, 1967-1984년간 중·미 정치교섭문서: 주해 연표(US-PRC Political Negotiations 1967-1984: Annotated Chronology) (Rand, 1985), 기밀문서(1994년 해제)

- Vantage Point: 북한 사회 내부동향 및 국내외 전문가들의 다양한 시각을 담아 연합뉴스에서 발간하는 영문 월간지
- WP: 워싱턴포스트

제1장 철새들의 보금자리 DMZ

비무장지대의 생태환경, 미네소타주의 투 하버스(Two Harbors)에 살고 있는 Fran Kaliher, International Crane Foundation 소속 연구원; 윤무부, "DMZ: Paradise for Migratory Birds," *Koreana* (1995년 겨울 호) : Jimmy Lee와의 인터뷰, 1995년 7월 8일.

분단의 시작: 한반도의 역사, Carter J. Eckert et al., *Korea Old and New: A History* (Ilchokak, the Korea Institute, Harvard University, 1990년); Eckert와의 인터뷰. 일본의 침략과 강점, Donald S. Macdonald, *The Koreas*, (Westview, 1988년), pp.1-2. 한국이 어디 있는 나라냐고 물었던 스테티니어스, Louis J. Halle, *The Cold War as History* (London: Chatto & Windus, 1967년), p.202n. 휠란의 평가, Richard Whelan, *Drawing the Line* (Little, Brown, 1990년) p.27. 러스크의 말, Dean Rusk, *As I Saw It* (Penguin Books, 1990년), p.124. 서머스의 말, 서머스와의 전화 인터뷰, 1997년 2월 11일. 헨더슨의 말, *Divided Nations in a Divided World* (David McKay, 1974년)에서 Gregory Henderson을 기술한 장, p.43

한국전쟁과 그 여파: 잠을 이루지 못하는 김일성, 스티코프가 바실렙스키에게 암호를 사용해서 보낸 전신, 1950년 1월 19일, "Korea, 1949-1950," *Cold War International History Project Bulletin* (Woodrow Wilson International Center for Scholars) (1995년 봄호): p.8. 한국전쟁의 기원, Kathryn Weathersby, the Cold War International History Project. 사상자 수, Whelan, *Drawing the Line*, p.373. 김일성이 파견한 밀사(황태성)의 임무, 중국 및 러시아 인사들, 이동복과의 인터뷰, 1993년 7월 15일.

남북 협상의 기원: 베이징을 방문한 김일성, Henry Kissinger, *White House Years* (Little, Brown, 1979년), p.751. 키신저의 방중 직후 북한을 대하는 중국의 노력에 관

한 새로운 통찰, Bernd Schaefer, "Overconfidence Shattered: North Korean Unification Policy, 1971-1975," North Korea International Documentation Project (Woodrow Wilson International Center for Scholars), Working Paper 2, 2010년 12월 6일. 중국의 군사적 지원, *USFK Hist.* 1974, 2급기밀 (1994년 해제). 김성진의 말, 김성진과의 인터뷰, 1993년 10월 15일. 박정희가 기자단에 한 말, 선우련 "박정희 육성증언", 월간 조선 (1993년 3월호).

박정희가 닉슨에게 보낸 편지, Theodore Eliot, "Reply to President Park Chung Hee's Letter on East Asian Problems," Department of State Memorandum, 1971년 11월 4일, 2급기밀 (1978년 해제); "For Ambassador," Department of State Telegram (1971년 12월 13일), 2급기밀 (1996년 해제); "Seoul Receives Assurances From Nixon on China Talks," *NYT*, 1971년 12월 26일. 전대미문의 엄청난 위험에 관한 박정희의 말, Park Chung Hee, *Korea Reborn* (Prentice-Hall,1979년), p.48.

비밀리에 개최된 조선노동당 전원회의, Hermann Axen (동독 중앙 위원회 의원)과 북한 대사 이창수의 대화. (1972년 7월 31일), *SED Archives*. 중앙정보부에 관한 헨더슨 교수의 평가, Mark Clifford, *Troubled Tiger* (M.E. Sharpe, 1994년), p.85. 이후락의 말, Michael Keon, *Korean Phoenix* (Prentice-Hall International, 1977년) pp.129-130. 많은 논란을 불러일으킨 이 책에는 평양 방문과 관련하여 이후락과 인터뷰한 내용이 소개되어 있다. 이후락은 필자의 인터뷰 요청을 거부했던 몇 안 되는 인사들 중 한 명이다. 평양에서 목적지가 어딘지도 모르는 채 자동차에 타야했던 이후락, 남산의 부장들, 김충식, 제1권 (동아일보사, 1992년).

김일성: 김일성의 젊은 시절, 그의 젊은 시절에 관해서 허구와 사실을 구별하기란 결코 쉬운 일이 아니다, Dae-Sook Suh, *Kim Il Sung: The North Korean Leader* (Columbia University Press, 1988년), 서구에서 김일성의 전기로 정평이 나있는 책. 김일성의 친가와 외가 모두 기독교를 믿었다는 사실, Yong-ho Ch'oe, "Christian Background in the Early Life of Kim Il-Song," *Asian Survey* (1986년 10월). 김일성 자신의 설명, Kim Il Sung, *With the Century*, (Foreign Languages Publishing House, 1992년) vol 1, pp.105-107. 소련군 제복을 입은 김일성, Suh, *Kim Il Sung*, p.60.

"젊은 나라, 젊은 지도자"에 관한 스탈린의 말, 한반도 전문가 John Merrill, 그는 평양에 정통한 한 러시아 인사로부터 이 말을 들었다고 한다. 김일성을 '정상적인 사람'이라고 칭했던 메드베데프의 말, Vadim Medvedev, *Collapse* (International

Relations, 1994년), 러시아어. 김일성의 저택과 주민들로부터 고립된 생활, Hans Maretzki(전 북한 주재 동독 대사), *Kimism in North Korea* (Anita Tykve Verlag, 1991년), 독일어. 1984년 김일성의 기차 여행에 관한 이야기, 당시 김일성의 접대를 준비했던 한 소련 관리로부터 직접 들었다.

동독 여행 중에 김일성의 건강을 위해 각별히 신경 썼다는 이야기, 구 동독의 전직 외교관리와의 인터뷰, 1994년 6월 10일. 라흐마닌의 말, 라흐마닌과의 인터뷰, 1994년 4월 8일. 김일성을 탈레랑에 비유한 말, Roald Seveliev (모스크바 소재 극동연구소 소속)와의 인터뷰, 1994년 4월 8일. 주체 사상의 연원, Michael Robinson, "National Identity and the Thought of Sin Ch'aeho: *Sadaejuui and Chuche* in History and Politics," *Journal of Korean Studies* (1984년).

"특별히 부각시켰다"는 김일성의 말, *KIS Works*, vol. 27, pp.19-20. 주체사상에 관한 박한식의 평가, Han Park, *North Korea: Ideology, Politics, Economy* (Prentice Hall, 1996년) p.10. 3만4천 개의 기념물, Maretzki, *Kimism in North Korea*. '개인숭배', 라흐마닌과의 인터뷰, 1994년 4월 8일. 서대숙의 평가, Suh, *Kim Il Sung*, pp.314-315. 평양을 방문한 남한 사람의 말, 인터뷰, 1994년 11월 22일.

"모든 상황을 통제"하고 싶다는 김일성의 말, *KIS Works*, vol. 31, pp.87-88. 김일성과 솔라즈의 대화, The Jimmy Carter Library. 김일성의 지시에 어긋나는 의견을 개진한 고위 관직자의 해임, "Number One Taboo in Pyongyang: Challenging Kim's Authority," *Vantage Point* (Seoul), 1995년 5월. 김일성의 말은 '영구불멸', 공산주의 국가의 외교관리 출신 인사와의 인터뷰, 1994년 6월 10일. 김일성 동상, Suh, *Kim Il Sung*, p.316. 솔즈베리가 느낀 김일성의 첫인상, Harrison Salisbury, "North Korean Leader Bids U.S. Leave the South as Step to Peace," *NYT*, 1972년 5월 31일.

남북대화 개시: 김일성과 이후락의 대화, 월간 중앙에 게재된 회담기록, 1989년 3월호. 이후락을 수행했던 정홍진은 필자와의 인터뷰에서 그 내용이 정확한 편이라고 확인해 주었다, 1993년 5월 27일. 북한측 기록, *KIS Works*, vol. 26, pp.134ff. 1972년 남북 회담에 대한 추가 문서, "New Evidence on Inter-Korean Relations, 1971-1972," 북한국제문서센터(우드로 윌슨 국제센터), 2009년 9월. 당시 21세였던 포코 언더힐(Poco Underhill)의 이야기, 그의 아버지인 프랜시스 언더힐과의 전화 인터뷰, 1996년 8월 26일. 이창수 북한 대사의 Herman Axen과의 회담

후 동독에 제출한 비밀문서, 1972년 7월 31일, *SED Archives*. 박정희에 대한 김성진의 평가, 김성진과의 인터뷰, 1993년 5월 24일.

제2장 시작과 종말

적십자대표단 상호 방문, 정희경의 말, 정희경과의 인터뷰, 1993년 7월 19일. '대형 빌딩을 서울로 동원한 일': 이는 아주 널리 알려진 에피소드로 당시 회담에 참여했던 여러 대한적십자 대표가 언급했다. 윤기복의 개막식 연설, "Public 'Disappointed' in Propaganda," 1972년 9월 14일, p.14; 국토통일원, 남한, 남북 *대화백서*(서울, 1982년), p.119. 개막식 연설을 중계하기로 한 남한 정부의 결정, 김성진과의 인터뷰, 1992년 11월 15일. 정보부에서 사주한 시청자 항의전화, 정희경과의 인터뷰, 1993년 7월 19일.
회담과 실속 없는 합의문, 국토통일원, 남북대화백서, 특별히 p.119. 박정희의 견해, 김성진과의 인터뷰, 1992년 11월 15일.
박정희: 필자의 인터뷰, Don Oberdorfer, "Korea: Progress and Danger," *WP*, 1975년 6월 29일. 박정희의 개인 금고, 박정희의 가까운 보좌관으로부터 들은 이야기를 남한의 한 고위 외교관리가 필자에게 전해주었다. 박정희와 여순사건, 제임스 하우스만과의 전화 인터뷰, 1995년 4월 26일, 1995년 9월 23일; Allan R. Millett, "Captain James H. Hausman and the Formation of the Korean Army, 1945-50," 오하이오 주립대학 Mershon Center의 미출판 논문, p.30. 박정희에 관한 대사관 전문, "Investigation of Korean-American Relationships," *Appendices of the Report of the House Committee on International Relations*, Subcommittee on International Organizations(1978년 10월 31일), vol.1, p.64.
군인 스타일 통치 이념, *USFK Hist.* 1975, p.47, 2급기밀 (1994년 해제). 청와대 도청사건에 대한 대응조치, 노재현, *청와대 비서실 제2권*, 중앙일보사 (1993년), p.254. 위대한 대통령에 관한 여론 조사, 조선일보, 1995년 3월 5일. '도둑 당한 집'이라는 박정희의 말, Frank Gibney, *Korea's Quiet Revolution* (Walker, 1992년) p.50. 박정희의 경제개발계획 추진, Mark Clifford, *Troubled Tiger* (M.E. Sharpe, 1994년), 베

트남전에서 획득한 외화소득(p.74)과 포항제철(p.75), '오케스트라 지휘자' 같은 박정희, Michael Keon, *Korean Phoenix* (Prentice-Hall International, 1977년) p.79. 박정희의 기업선정 과정, Chung-yum Kim, *Policymaking on the Front Lines*(World Bank, 1994년), p.30.

박정희의 청렴한 생활, Kim, *Policymaking on the Front Lines*, pp.117-118; 중앙일보 논설위원이자 박정희에 관한 글을 저술한 바 있는 Jim Kim과의 인터뷰, 1996년 5월 18일. 조순의 평가 *The Dynamics of Korean Economic Development* (Institute for International Economics, 1994년), p.180. 경제성장률 자료, Kihwan Kim and Danny M. Leipzinger, *Korea: A Case of Government-Led Development* (World Bank, 1993년), p.1. 빈곤률 지표, D.M. Leipzinger et al., *The Distribution of Income and Wealth in Korea* (World Bank, 1992년), p.7.

유신 쿠데타와 워싱턴의 묵인: 하비브와 유신 계획, Emb. cable, "ROKG Declaration of Martial Law and Plans for Fundamental Government Reform," 1972년 10월 16일, 3급기밀(1996년 해제). 사전에 정보를 입수하지 못했다고 분노한 하비브, Francis Underhill과의 전화 인터뷰, 1996년 7월 29일. 마샬 그린의 말, 그린과의 전화 인터뷰, 1996년 8월 13일.

손을 떼자는 하비브의 건의, Emb. cable, "Comment on Martial Law and Government Change in Korea," 1972년 10월 16일, 2급기밀 (1996년 해제). 워싱턴의 반응, DOS cable, 1972년 10월 16일, 2급기밀 (1996년 해제). 하비브가 건의한 불간섭주의, Emb. cable, "U.S. Response to Korean Consitutional Revision," 1972년 10월 23일, 2급기밀 (1996년 해제). 워싱턴의 승인, DOS cable, "Ref Seoul 6119," 1972년 10월 26일, 2급기밀 (1996년 해제). 닉슨과 김종필의 대화, Don Oberdorfer, "South Korean Abuses Tolerated," WP, 1976년 5월 19일. 한반도 담당 국장이었던 Donald Ranard가 백악관 면담에 배석했던 한 보좌관으로부터 전해들은 이야기를 필자에게 일러주었다.

10월 유신의 영향: 어느 날 갑자기 중앙정보부에 끌려간 장준하, Don Oberdorfer, "Korea: The Silencing of Dissenters," WP, 1972년 12월 31일, 이 기사에서는 장준하를 '이(李) 모씨'로 처리하였다. 장준하의 죽음, "Controversy over Dissident's Death Rekindled," *Newsreviews*, 1993년 4월 13일. 남한 언론에 대한 검열조치, Don Oberdorfer, "The Korean Press," WP, 1973년 12월 28일.

北 정부의 대남 정책의 차이점, Cold International History Project, Wilson Center, "핵기술, 핵무기를 보유하기 위한 북한의 노력: 러시아 헝가리 기록원에서" 조사 보고서, p.53, 헝가리 대사관 보고서, 1973년 11월 22일, 문서번호 25, p.51. 이후락에 대한 그레그의 평가, Donald Gregg와의 인터뷰, 1995년 3월 12일. 북한에 승인을 부여한 국가의 수, Samuel S. Kim, 국제한국학회 1996 연례회의용 논문 "North Korea and the United Nations," p.31.

제3장 깊어지는 갈등

박정희 대통령 저격 현장, 필자가 직접 목격한 사실과 관련된 기사 및 자료를 참고하였다. 발사된 총알의 수와 육영수 여사의 머리를 관통한 총알을 누가 쏘았는지에 대해서는 당시 현장에 있었던 로스엔젤레스 타임즈의 Sam Jameson과 CBS 뉴스의 Bruce Dunning이 철저하게 조사하였다. 이들이 조사한 바에 따르면 정부에서 발표한 공식적인 내용과는 상이한 부분이 적지 않았고, 이 모든 것을 설명할 수 있는 납득할만한 결론에 도달할 수 없었다. 김성진의 말, 김성진과의 인터뷰, 1993년 5월 24일. 영부인의 고무신과 가방을 주워드는 박정희(당시 필자는 알아차리지 못했다), Michael Keon, *Korean Phoenix* (Prentice-Hall, 1977년), p.199.
학생 세력과 기독교 세력, Koon Woo Nam, *South Korean Politics* (University Press of America, 1989년), 특별히 Chap. 4. 니덱커 사건, Richard Ericson과의 인터뷰, 1994년 2월 16일; 그레그와의 인터뷰, 1993년 6월 21일. 니덱커의 해명, Memorandum from John E. Niedecker to General A. M. Haig Jr., 1974년 7월 29일, 3급기밀 (1997년 해제). 이외에도 여러 편의 관련 기사가 있었다. 급진주의 학생 운동에 관한 첩보부의 평가, *USFK Hist, 1974년*, p.37, 2급기밀 (1995년 해제).
일본과의 갈등: 문세광과 '자칼,' 한국인 검사와의 인터뷰, 1992년 10월 23일. 재일 한국인의 지위, Don Oberdorfer, "An Assassin Comes 'Home' to Korea," WP, 1974년 9월 3일, 필자가 직접 조사한 문세광의 일생과 오사카에서의 생활. 정일권의 말, 에릭슨과의 인터뷰, 1994년 2월 16일. 박정희의 일기, "청와대 일기," 민주일보, 1989년 11월 24일, Carter Eckert 번역.

땅굴 전쟁: 땅굴 안에 비축된 자재, *USFK Hist*, 1972-1987, 1995년 정보공개법 하에서 기밀이 해제되고 공개되었다; Don Oberdorfer, "Korea's DMZ-Security Undermined?" *WP*, 1975년 5월 27일. '노적가리 속의 바늘', *USFK Hist*. 1979년, p.44, 2급기밀 (1995년 해제). 심령술사, "U.S. Spy Agencies Field Psychics to Pinpoint North Korean Tunnels under DMZ," *KT*, 1995년 12월 2일. 너새니얼 세이어의 말, 너새니얼 세이어와의 인터뷰, 1995년 8월 1일.

북으로부터의 도전: 미군의 분석자료, *USFK Hist*, 1982년, p.30, 2급기밀 (1995년 해제). 은퇴한 평양의 대사관 장교의 말, 슈 시안 쟝 (Xu Xian Zhang)과의 인터뷰, 1993년 7월 8일. 북한은 '블랙홀'과 같다는 게이츠의 평가, 1994년 5월 16일. 첩보활동이 불가능하다는 그레그의 말, 그레그와의 인터뷰, 1995년 3월 12일. 美 합참본부 지원 축소, *USFK Hist*, 1972년, p.14, 2급기밀 (1995년 해제).

전쟁을 준비하는 김일성, "Excepts from Interview with North Korean Premier on Policy Toward the U.S.," *NYT*, 1972년 5월 31일; 1974년 미국의 정보 재검토, *USFK Hist*, 1974년, 2급기밀 (1995년 해제). 홀링스워스 언급 부분, 홀링스워스와의 전화 인터뷰, 1995년 8월 26일; 그레그와의 인터뷰, 1993년 6월 21일; John Saar, "The Army's Defiant Anachronism," *WP*, 1976년 2월 15일. 美 국가안보회의의 반대, Thomas J. Barnes, "Secretary Schlesinger's Discussions in Seoul," 美 국가안보회의 회의록, 1975년 9월 29일, 2급기밀 (1995년 해제).

미국 사령부가 짐작한 소련과 중국 정부의 의도, *USFK Hist*, 1974년, p.21, 2급기밀 (1995년 해제). 김일성의 연설, *FBIS*, PRC International Affairs, 1975년 4월 21일, p.A17. 또한 김일성은 "잃을 것은 DMZ밖에 없다"는 말을 중국 방문 전 한·파나마 친선 문화 협정 총무와의 면담에서도 거론했다, *KIS Works*, vol.30 p.2. 당시 중국 지도부의 상황, Ezra F. Vogel, *Deng Xiaoping* (Harvard University Press, 2011년), p.116. 베트남에 대한 김일성의 견해, *CWIHP*, 조사보고서 53, p.13. 중국의 반응, 전직 중국 관리와의 인터뷰, 1993년 7월 5일. 남한측 자료에 따르면, 김일성의 1975년 베이징 방문 이래 중국의 대북 군사지원은 격감했다. 소련의 반응, 소련의 전직 외교관리와의 인터뷰, 1994년 4월 15일. 김일성이 소련 영공을 비켜 항로를 잡은 이야기, Don Oberdorfer, "Korea: Progress and Danger," *WP*, 1975년 6월 29일.

사이공의 메아리: 對 한반도 정책을 재검토하도록 건의하는 스나이더, *Emb. cable*,

"Review of U.S. Policies toward Korea," 1975년 4월 22일, 2급기밀 (1996년 해제). 스나이더의 보다 상세한 보고서, Emb. cable, "U.S. Policy towards Korea," 1975년 6월 24일, (2급기밀)(1996년 해제). 포드의 약속에 대한 국가안보회의 해석과 슐레진저의 주장에 대한 반대, Thomas J. Barnes, "Secretary Schlesinger's Discussions in Seoul," National Security Council memorandum, 1975년 11월 29일, 2급기밀 (1995년 해제). 박정희에게 슐레진저가 한 말, Memorandum of Conversation between President Park Chung Hee and Secretary of Defense James Schlesinger, 1975년 8월 27일, 2급기밀 (1996년 해제).
1975년 박정희가 취한 조치, USFK Hist, 1975년, p.45, 3급기밀 (1995년 해제). 남한의 국방비 관련 영향, The Military Balance, (International Institute of Strategic Studies, 1975년-1976년부터 1979년-1980년). 남한의 군사력 증강에 관한 자료, Military Balance, International Institute of Strategic Studies, 1975년-1980년.
남한의 핵개발 프로그램: 오원철의 말, 오원철과의 인터뷰, 1996년 6월 24일; 오원철, "핵개발을 둘러싼 박정희와 카터의 혈투," 신동아 (1994년 11월호), 한국어; Robert Gillette, "U.S. Squelched Apparent S. Korean A-Bomb Drive," Los Angeles Times, 1978년 11월 4일. 철저한 자료 수집 끝에 의회 증언을 토대로 작성된 이 기사는 수년 동안 남한의 핵개발 프로그램에 관한 가장 중요한 자료라는 평가를 받았다. 남한 정부가 재처리 시설을 확보하고자 경주했던 노력, 조갑제, "한반도의 핵게임," 월간조선 (1993년 6월호), "남한 차례가 되자 모든 자재들이 이곳으로 사라졌다는 것을 알 수 있었다"는 말, Gillette, Los Angeles Times, 1978년 11월 4일. 클리블랜드의 말, 클리블랜드와의 인터뷰, 1994년 3월 8일.
주한 美 대사관의 1급 기밀 본국 타전, DOS cable, "ROK Plans to Develop Nuclear Weapons and Missiles," 1975년 3월 4일, 2급기밀, 배포 금지 (1997년 해제).
프랑스 대사의 말, Steve Weissman and Herbert Krosney, The Islamic Bomb (Times Books, 1981년), p.252. 핵개발 능력에 대해서 장담하는 박정희, Rowland Evans and Robert Novak, "Korea: Park's Inflexibility...," WP, 1975년 6월 12일. 남한 정부를 설득하라는 국가안보회의 회의록, Memorandum for Secretary Kissinger, Jan M. Lodal and Dave Elliot, 1974년 7월 24일, 2급기밀 (1995년 해제).
슐레진저와 박정희의 만남, 슐레진저와의 인터뷰, 1995년 7월 6일. '진지하게 고려해야 할 것' 이라는 스나이더의 지적, Emb. cable, 1975년 12월 16일, 배포 금지

(1996년 해제). 남한에 대한 럼스펠트의 경고, 조갑제, "손장래와의 인터뷰," 월간 조선 (1995년 8월호). 사건 후 스나이더의 견해, Memorandum of Conversation of Brent Scowcroft, Richard Sneider, William Gleysteen, 1976년 9월 15일, 2급기밀/ 요주의 (1995년 해제). 카터와 지스카르 데스탱 사이의 담판, Zbigniew Brzezinski, *Power and Principle* (Farrar, Straus, and Giroux, 1983년), p.134.

핵무기를 공개하려 했던 박정희의 계획, 선우련, "박정희 육성증언," 월간조선 (1993년 3월호). 계속되는 개발, "1978년까지 핵무기 개발 95% 완료," 중앙일보, 1993년 10월 2일; "Korea Close to N-bomb Development in Late 1970s," *KH*, 1995년 10월 6일.

판문점 도끼 살해사건: 이 내용은 제럴드 포드 대통령 도서관과 국무부에서 보관하고 있다가 미국 정보공개법에 따라 일괄적으로 기밀이 해제된 자료를 주로 참고하여 기술하였다. 또한 당시 이 사건을 처리하는 과정에 참여했던 한국과 미국의 여러 공직자들과의 인터뷰가 큰 도움이 되었다. 다음 세 권의 책에서도 많은 도움을 얻었다. Richard G. Head, Frisco W. Short & Robert C. McFarlane (前 차기 백악관 국가 안보 고문), *Crisis Resolution: Presidential Decision Making in the Mayaguez and Korean Confrontations* (Westview Press, 1978년), 미국의 정책 결정 부분 다룸; Colonel Conrad DeLateur, *Murder at Panmunjom: The Role of the Theater Commander in Crisis Resolution,* Senior Seminar 용 연구 논문, Foreign Service Institute, 1987년, 스틸웰 장군의 역할 부분 참조; Major Wayne A. Kirkbride, *DMZ: A Story of the Panmunjom Axe Murder* (Holly, 1984년), DMZ에 있던 미군 장교 및 그 밖의 인물들이 목격한 사례를 다룸

CIA 보고서, *DMZ Incident,* 1976년 8월 18일, 1급기밀 (1996년 해제). 워싱턴특별대책반 긴급 회의 내용, 포드 대통령 도서관에 보관 중인 회의록, 2급기밀 (1995년 해제). 회의 중에 도착한 전문, ComUSKorea to AIG Washington, 1976년 8월 18일, 3급기밀 (1996년 해제). 주한미군사령부에 경고 메시지를 보내려 했던 첩보부 요원들, Head, Short, McFarlane, *Crisis Resolution,* p.155. 하일랜드의 건의와 보복조치 논의, Memorandum for Brent Scowcroft from W.G. Hyland, 1976년 8월 18일, 1급기밀/묵독만 허용 (1994년 해제).

군사적 보복 조치에 대한 군 지휘부의 의견, JCS Assessment and Addendum, 1급기밀 (1994년 해제). 키신저가 '지나치게 나약한 조치'라고 말했다는 스코우크로프

트의 회상, 스코우크로프트와의 인터뷰, 1995년 3월 29일. '몹시 초조해 하는' 군 지휘관들, 윌리엄 하일랜드와의 인터뷰, 1995년 5월 15일. 포드 대통령의 해명, Head, Short, and McFarlane, *Crisis Resolution*, p.193.

전군이 '완전한 전투 태세'에 들어갔다는 평양의 라디오 방송과 등화관제 실시, US Liaison Office Beijing to SecState Washington, "Panmunjom Incident and Situation in Pyongyang," 1976년 8월 21일, 3급기밀 (1994년 해제); *South-North Dialoue in Korea* (International Cultural Society, 1976년 11월), p.64. 북한군의 경계 강화, 최주활(탈북자 출신 고위 군장교)와의 인터뷰, 1996년 6월 24일. 허담의 말, AmEmbassy Colombo to SecState Washington, 1976년 8월 20일, 공개 문서.

스틸웰의 반응, 스틸웰이 합동참모본부에 타전한 전문, 1976년 8월 19일, 2급기밀 (1995년 해제). 격분한 박정희, 박정희, "청와대 일기", *민주일보*, 1989년 11월 24일. 박정희에 대한 스틸웰의 평가, 스틸웰 주한 유엔군사령관 스틸웰이 합동참모본부에 타전한 전문, 1976년 8월 19일, 2급기밀 (1995년 해제). 태권도 유단자로 구성된 소대가 무장했던 사실, John Cushman 중장과의 전화 인터뷰, 1995년 5월 4일. 보복조치에 관한 박정희의 말, *Emb. cable*, 1976년 8월 20일, 2급기밀 (1994년 해제).

스틸웰의 전투계획, 스틸웰이 합동참모본부에 타전한 전문, 1976년 8월 19일, 2급기밀 (1995년 해제). 북한 측에 통보, DeLateur, *Murder at Panmunjom*, p.20. '기절초풍한 북한군', Peter Hayes, *Pacific Powderkeg* (Lexington Books, 1991년), p.60.

더 이상 사태를 악화시키지 않기로 했다는 김일성의 말, "Talk to a Professor of SOKA University in Japan," 1976년 11월 13일, *KIS Works*, vol.31, p.401. 포드가 재선에 성공했을 것이라는 스코우크로프트의 추측, 스코우크로프트와의 인터뷰, 1995년 3월 29일. 북한 사람들에 대한 지미 리의 말, 지미 리와의 인터뷰, 1995년 7월 8일.

제4장 카터가 몰고 온 찬바람

카터 자신의 입장에 대한 설명, 카터가 필자에게 보낸 편지, 1994년 3월 12일. 브레진스키의 말, "President Carter's Troop Withdrawal from Korea," Harvard

University 사례연구, Joseph Wood 소령, 1990년.

카터의 철수론: 그 기원과 실행: 포드의 대 한반도 정책 재검토, National Security Study Memorandum 226, "Review of U.S. Policy Toward the Korean Peninsula," 1975년 5월 27일, 2급기밀/배포금지 (1994년 해제). 포드 대통령 도서관 파일에 기록된 내용에 따르면 스코우크로프트가 5월 29일자로 연구 작업을 중단시킨 것으로 되어 있다. 그 사유는 기록되지 않았다. 파웰의 말과 필자가 1997년에 카터의 구상에 관해서 조사한 보다 상세한 내용, Don Oberdorfer, "Carter's Decision on Korea Traced to Early 1975," *WP*, 1977년 6월 12일. 재래식 병력 감축을 포함하여 대 한반도 정책을 재검토하라는 카터의 지시, 카터가 필자에게 보낸 편지, 1994년 3월 12일. 15개 최우선 검토 항목에 선정된 한반도 정책, Zbigniew Brzezinski, *Power and Principle* (Farrar, Straus, and Giroux, 1983년), p.51. "대통령검토 메모/ NSC 13(PRM-13)", PRM-13, 1977년 2월 26일, 2급기밀 (1991년 해제).

아브라모비츠와의 말, 아브라모비츠와의 인터뷰, 1995년 4월 22일. 박정희, 스나이더, 베시의 회동, *Emb. cable*, "Meeting with President Park," 1977년 3월 1일, 2급기밀 (1996년 해제). 비공식적인 카터의 지시, 'J.C.'가 'Zbig and Cy'앞으로 보낸 자필 메모, 1977년 3월 5일, Carter President Library, 2급기밀 (1996년 해제).

박동진 외무장관과의 면담에서 논의해야 할 사항, 브레진스키가 카터에게 보낸 메모, 1977년 3월 8일, 2급기밀 (1996년 해제). 박동진이 기억하는 카터의 논리, *길은 멀어도 뜻은 하나* (서울동아출판사, 1992년). 주한미군 철수에 앞서 남한의 안보보장을 약속 받기 위해서 소련과 중국 정부에 협력을 구하지 않았다는 사실, "Approach to Soviets and Chinese on our Troop Withdrawals from Korea," Department of State Action Memorandum, 1977년 6월 10일, 3급기밀 (1996년 해제).

'주한미군 철수 정책에서 미처 감안하지 않은 것,' "Talks Between South Korea and North Korea with or without PRC Participation," Memorandum for the President (1977년 7월 25일 밴스가 작성한 것으로 추정), 2급기밀 (1996년 해제). 카터의 답변, 즈비그뉴 브레진스키, "Talks between North Korea and South Korea," Memorandum for the Secretary of State, 1977년 8월 5일, 2급기밀 (1996년 해제).

밴스의 대 중국 외교활동, David Anderson가 Peter Tarnoff에게 보냄, "Efforts to Promote a Dialogue Between South and North," Memorandum for Dr. Zbigniew Brzezinski, 1977년 9월 2일, 1급기밀 (1996년 해제); 베이징에서 밴스를 수행했던

글라이스틴과의 전화 인터뷰, 1996년 11월 19일. 핵탄두에 관한 카터의 말, WP, 1976년 3월 21일. 당시 남한에 배치된 핵탄두의 수, 윌리엄 어킨과의 전화 인터뷰, 1995년 3월 4일. 핵무기에 관한 브라운의 견해, 해롤드 브라운과의 인터뷰, 1995년 7월 12일.

미국 대통령에 대한 '정면 도전', 리처드 홀브룩과의 인터뷰, 1993년 8월 10일. 대통령의 지시에 무조건 따르지는 않았다는 브라운의 말, 해롤드 브라운과의 인터뷰, 1995년 7월 12일. 사이러스 밴스의 견해, 밴스와의 인터뷰, 1994년 2월 4일. 카터의 신념에 대한 브레진스키의 말, 브레진스키와의 인터뷰, 1994년 3월 1일. 카터의 주한미군 철수 명령, Presidential Directive/NSC-12, 1977년 5월 5일, 1급기밀/요주의/묵독만 허용 (1991년 해제). 당시 핵무기에 관한 카터 행정부의 결정은 여전히 기밀이 해제되지 않았음.

박정희가 기자단에게 한 말, 선우련, "박정희 육성증언", 월간 조선(1993년 3월호). 주한미군 철수에 관한 박정희의 입장, 남한 전직 관리와의 인터뷰, 1993년 7월 20일. '의회와 힘겨운 전쟁을 치르게 될 것'이라는 브레진스키의 말, 브레진스키가 카터에게 제출한 보고서, "Congressional Reactions to our Korean Policy," 1977년 7월 21일, 3급 기밀 (1996년 해제).

박동선 스캔들과 관련하여 의회에 협조하라는 카터의 말, Robert Lipshutz와 브레진스키가 작성한 보고서, "White House Role in Congressional Investigation of Korean Misdoings," 1977년 6월 23일, 3급 기밀 (1997년 해제).

리치의 말, Robert G. Rich Jr., *U.S. Ground Force Withdrawal from Korea: A Case Study in National Security Decision Making*, Executive Seminar, Foreign Service Institute, 1982년 6월. 카터가 브레진스키에게 한 말, 브레진스키와의 인터뷰, 1994년 3월 1일; 브레진스키와의 전화 인터뷰, 1994년 3월 3일. 행정 관료들이 겪었던 심리적 갈등에 관한 브라운의 이야기, 브라운이 필자에게 보낸 편지, 1996년 7월 23일.

주한 미군 철수에 관한 보좌관 회의, 브레진스키가 카터에게 제출한 보고서, "Summary of April 11, 1978, Meeting on Korea and China," 2급기밀 (1996년 해제). 브라운에게 화를 내는 카터, 브라운과의 인터뷰, 1995년 7월 12일; 수 차례에 걸친 브레진스키와의 인터뷰.

북한의 입장: 미국을 비난하는 북한, Jae Kyu Park, "North Korean Policy Toward the United States," *Asian Perspectives*, vol.5 (1981년 가을·겨울 호), p.144. 워싱턴 정부와 직접 대화를 시작하려는 북한 정부의 노력, Michael Armacost가 브레진스키에게 제출한 보고서, "Contacts and Communications with North Korea," 1977년 2월 28일, 2급기밀 (1996년 해제); Douglas J. Bennett Jr., Rep. Lester Wolff에게 보내는 초안 서신, 1978년 4월 28일, 2급기밀 (1996년 해제); Don Oberdorfer, "North Korea Rebuffs Carter's Bid to Open 3-Country Negotiations," *WP*, 1979년 7월 15일.

카터에 대한 김일성의 평가, *KIS Works*, "Talk to the Delegation of the International Liaison Committee" (1978년 6월 15일), vol.33, p.257; "Talk with the Chief Editor of the Japanese Political Magazine *Sekai*," (1978년 10월 21일), vol.33, p.493.

김일성과 호네커의 대화, "Transcript of Official Talks Between the Party and State Delegation of the GDR and North Korea in Pyongyang, 12/9-10/77," *SED Archives*. CIA 경제 분석 보고서, *Korea: The Economic Race between the North and the South* (CIA, National Foreign Assessment Center, 1978년 1월), p.i. 남한의 국방비 지출, *The Military Balance* (International Institute of Strategic Studies, 1976년과 1977년). 북한의 국경까지 접근한 중국군, "Conversation Between Honecker and Kim, 5/31/84," *SED Archives*. 남파 간첩의 활동에 관한 주한미군사령부의 말, *USFK Hist.* 1977년, pp.5455, 2급기밀/외국인 열람 금지 (1995년 해제).

주한미군 철수론의 증언: 암스트롱의 조사활동, 전직 동아시아 담당 CIA 국가정보관인 암스트롱, (1974년 7월 7일과 7월 20일), Evelyn Colbert, (1994년 2월 14일), 너새니얼 세이어 (1995년 8월 1일)와의 인터뷰; 전직 국방정보국(DIA) 한반도 담당 분석 전문가 Alan MacDougall과의 인터뷰, 1995년 8월 2일; 사례연구 보고서, "President Carter's Troop Withdrawal from Korea," Joseph Wood 소령, Harvard University, 1990년. 베시의 첩보 정보 재검토 건의, *USFK Hist*, 1978년, p.57, 2급기밀 (1995년 해제). 북한의 군사력에 대한 새로운 추정치, *USFK Hist*, 1980년, p.17, 2급기밀 (1995년 해제). 세이어의 말, 세이어와의 인터뷰, 1995년 8월 1일.

첩보 정보를 재분석한 결과 도달한 새로운 결론의 신빙성에 대한 카터의 의구심, 카터가 필자에게 보낸 편지, 1994년 3월 12일. 재검토 관련 인용, Presidential Review Memorandum/NSC-15, 1979년 11월 22일, 2급기밀 (1991년 해제).

박정희와 김일성의 만남을 주선하려는 카터의 구상, 니콜라스 플랫과의 인터뷰,

1994년 2월 10일; 윌리엄 글라이스틴과의 인터뷰, 1993년 9월 29일. 카터와 덩 샤오핑의 대화, Jimmy Carter, Keeping Faith (Bantam Books, 1982년), pp.205-206; U.S.-PRC Chronology, p.75. 3자 회담에 대한 카터의 견해, 글라이스틴과의 인터뷰.

카터-박정희 회담, 플랫과의 인터뷰, 1994년 2월 10일; 홀브룩과의 인터뷰, 1993년 8월 10일; White House Memorandum of Conversation, 2급기밀 (1997년 해제). 리무진 안에서 벌어진 논쟁, 글라이스틴, 밴스, 브라운, 브레진스키, 홀브룩, 플랫, 리치와의 인터뷰; Vance, Hard Choices (Simon & Shuster, 1993년). 박정희를 전도하려는 카터의 노력, "Private Meeting with President Park, Seoul, Korea," 7/1/79, 카터의 기록, Carter Library. 최종적인 주한미군의 수, USFK, 1996년 11월 25일. 핵탄두 수, 어킨과의 전화 인터뷰, 1995년 3월 24일.

제5장 대통령 암살과 그 이후

암살 직후의 상황, 글라이스틴이 최초로 타전한 주한 미국 대사관 전문, "Initial Reflections on Post-Park Chung Hee Situation in Korea," 1979년 10월 28일, 2급기밀 (1993년 해제). 자정이 지난 후 백악관에 통보한 글라이스틴, 글라이스틴과의 인터뷰, 1993년 10월 12일. 백악관 회의, 정진석, "한국의 권력 공백", 한국일보, 1996년 12월 13일. 암살 당하기 전 박정희의 생활과 1970년대 말 남한의 정세, Koon Woo Nam, South Korean Politics: The Search for Political Consensus and Stability (University Press of America, 1989년).

부마항쟁에 관한 주한 미국 대사관의 반응, Emb. cable, "Embassy Thoughts on Current Mood Following Declaration of Martial Law in Pusan," 1979년 10월 20일, 2급기밀 (1993년 해제). 김영삼 의원 제명에 따른 미국의 경고, 플랫이 브레진스키에 전하는 국가안보위 보고서, NSC Memorandum from Platt to Brzezinski, "Opposition Leader Ousted," 1979년 10월 4일, 2급기밀 (1997년 해제). 박정희, 브라운, 글라이스틴의 회동, Emb. cable, "Meeting with President Park Regarding Domestic Political Crisis," 1979년 10월 18일, 3급기밀 (1993년 해제).

'남한 사회에 팽배한 우려감', Emb. cable, "Initial Reflections on Post-Park Chung Hee Situation in Korea," 1979년 10월 18일, 3급기밀 (1993년 해제). 박정희의 철저한 보안 조치, William Chapman, "Park's Legacy: Prosperity and Fear," WP, 1979년 11월 3일. 박정희의 죽음을 애도하지 않는 서울, Emb. cable, "Surprisingly Few Mourn Park Chung Hee," 1979년 11월 14일, 3급기밀 (1993년 해제). 홀브룩의 말, 홀브룩과의 인터뷰, 1993년 8월 10일.
강신옥의 말, 강신옥과의 인터뷰, 1994년 11월 25일. 미국 공모 의혹을 부인하는 글라이스틴, Emb. cable, "Charges of Complicity in President Park's Death," 1979년 11월 19일, 2급기밀 (1993년 해제). 제임스 영의 자료 재검토, 제임스 영, 월간 조선에 제공한 원고 (1994년). 김재규에 대한 글라이스틴의 평가, 글라이스틴과의 인터뷰, 1993년 9월 9일. 김일성의 반응, KIS Works, "Let Us Strengthen the People's Army," vol.34, p.419. 최규하에게 필요한 조치를 강구하라는 미국 정부의 충고, Emb. cable, "Korea Focus: Meeting with Acting President, November 29," 1979년 11월 29일, 2급기밀 (1993년 해제).
전두환의 등장: 1996년 전두환과 노태우 재판 과정에서 폭로된 12·12 사태의 전모, "Arrest of Two Ex-Presidents and May 18 Special Law," Korea Annual 1996 (Yonhap News Agency, 1996), pp.46-55. 필자가 서술한 12·12 사태, 글라이스틴과 위컴과의 인터뷰와 당시 주한 미국 대사관 소속 무관보였던 제임스 영의 서면 설명문. '불행한 사건'이라는 글라이스틴의 전문, Emb. cable, "Younger ROK Officers Grab Power Positions," 1979년 12월 13일, 2급기밀 (1993년 해제).
전두환의 가족사, Sanghyun Yoon(전두환의 사위), "South Korea's Nordpolitik with Special Reference to Its Relationship with China," 박사학위논문. (George Washington University, 1994년), p.281. 전두환이 미국 유학 시절 교통규범을 준수하는 미국 시민을 만났던 에피소드, 전두환과의 인터뷰, 1980년 7월 22일. 하나회, "Army Reforms Sweep Hana-hoe into History," Newsreview, 1996년 3월 9일. 전두환에 대한 글라이스틴의 평가, 글라이스틴과의 인터뷰, 1993년 10월 12일. 전두환에 대한 워커의 평가, 워커와의 인터뷰, 1995년 2월 18일. 한국인 교수의 발상에 대한 글라이스틴의 대답, Emb. cable, "Telegram from Professor Choi and Response," 1979년 12월 19일.
12·12 사태를 무효화하지는 않겠다는 글라이스틴의 말, Emb. cable, "Discussions

with the New Army Leadership Group," 1979년 1월 26일, 2급기밀 (1993년 해제).
글라이스틴과 전두환의 첫번째 만남, Emb. cable, "Korea Focus: Discussion with MG Chon Tu Hwan," 1979년 12월 15일, 2급기밀 (1993년 해제). 카터의 친서와 그 밖의 내용, U.S. Government Statement on the Events in Kwangju, ROK, In May 1980, 1989년 6월 19일, 1994년에 월간 조선에 제공한 제임스 영의 비망록.
처신하기 어렵다는 글라이스틴의 말, Emb. cable, "Korea-Ambassador's Policy Assessment," 1980년 1월 29일, 2급기밀 (1993년 해제).
광주민주화항쟁: 중앙정보부장 임명에 대한 대사관 측 반응, 글라이스틴과의 인터뷰, 1997년 2월 10일. 남한 정부가 취할 수 있는 비상조치에 관한 글라이스틴의 견해, Emb. cable, "Korea Focus: Building Tensions and Concern over Student Issue," 1980년 5월 8일, 2급기밀 (1993년 해제). 국무부의 반응, DOS cable, "Korea Focus-Tensions in the ROK," 1980년 5월 8일, 2급기밀 (1993년 해제). 위컴과의 회담에서 전두환의 진술, U.S. Government Statement, p.10.
정보 장교의 폭로, 박희정, "전두환 북한 위협 과장," 한국일보, 1995년 12월 13일. '플래시' 전신, Emb. cable, "Crackdown in Seoul," 1980년 5월 17일, 2급기밀 (1993년 해제). 전두환과 김대중의 갈등, Emb. cable, "Yet Another Assessment of ROK Stability and Political Development," 1980년 5월 12일, 2급기밀 (1993년 해제).
김대중을 체포하는 것은 '뇌관'을 건드리는 셈이라는 글라이스틴의 견해, Emb. cable, "May 17 Meeting with Blue House SYG Choi Kwang Soo," 1980년 5월 17일, 2급기밀 (1993년 해제). 원버그와 헌틀리가 목격한 광주민중항쟁, Tim Warnberg, "The Kwangju Uprising: An Inside View," Korean Studies, vol.11 (1987년). '대규모 무장폭동'에 관한 글라이스틴의 말, Emb. cable, "The Kwangju Crisis," 1980년 5월 21일, 2급기밀 (1993년 해제). 광주 문제를 논의한 국가안보위 회의, "Summary of Conclusions," National Security Council Memorandum, 2급기밀 (1994년 해제).
작전 통제권과 미국의 역할, U.S. Government Statement. 군대 이동에 관한 전문, Defense Intelligence Agency, "ROKG Shifts SF Units," 1980년 5월 8일, 2급기밀 (1993년 해제); Sam Jameson이 보관하고 있는 위컴과의 인터뷰를 녹음한 테이프; Sam Jameson, "U.S. Support Claimed for S. Korea's Chon," Los Angeles Times, 1980년 8월 8일. '중대한 실수'였다는 최규하의 말, "Choi Terms Kwangju Incident 'Mistake'," KT, 1996년 8월 20일.

'냉담하게 거리를 두는' 미국의 정책, 글라이스틴과의 인터뷰, 1993년 10월 12일. 미국의 첩보 자료에 관한 그레그와 에런의 말, Gregg가 Brzezinski에게 보낸 보고서, 1979년 7월 1일, 2급기밀 (1997년 해제).

김대중 구명 운동: 김대중의 공산주의 활동에 관한 릴리의 평가, 릴리와의 인터뷰, 1993년 6월 8일. '군부로부터 김대중을 처형하라는 압력' 받고 있다고 전두환의 말, 그레그와의 인터뷰, 1995년 3월 12일. 브라운과 전두환의 논의에 관한 한국판 기록, 권영기, "막후 협상: 전두환-레이건", 월간 조선 (1992년 8월호). '김대중 카드'에 관한 정호용의 말, 정호용과의 인터뷰, 1994년 4월 20일. 김대중을 구하기 위한 앨런의 노력, 앨런과의 인터뷰, 1993년 12월 27일, 1994년 1월 14일; 손장래와의 인터뷰, 1994년 4월 21일, 4월 29일; 정호용과의 인터뷰, 1994년 4월 20일.

전두환의 워싱턴 방문에 관한 글라이스틴의 평가, *Emb. cable*, "Agenda Suggestions for Reagan-Chun Meeting," 1981년 1월 22일, 2급기밀 (1996년 해제). 헤이그의 견해, 헤이그가 대통령에게 전하는 보고서, 1981년 1월 29일, 2급기밀 (1993년 해제). 주한미군 증강 관련 자료, *USFK Hist.*, "Personnel Strength in Korea," 1996년 11월 25일. F-16 판매 제안, *DOS cable*, "President Chun's Meeting with President Reagan, February 2, 1981," 1981년 2월 12일, 2급기밀 (1996년 해제). F-16 판매 승인을 거부한 카터, 대통령에게 전하는 보고서, "Harold Brown's November Asian Trip: Decision to Proceed with F-16 Sale to Korea," 1978년 11월 1일, 1급기밀 (1997년 해제). 시위 학생들에 관한 레이건의 말, 브레진스키와의 인터뷰, 1994년 3월 1일; Jimmi Carter, *Keeping Faith* (Bantam Books, 1982년), p.578.

제6장 북한의 테러공작과 남북대화

KAL 007편에 관한 설명, Murray Sayle, "Closing the File on Flight 007," *New Yorker*, 1993년 12월 12일. 남한과 제3국을 통해 무역하기로 한 소련 정부의 결정, Georgi Toloraya와의 인터뷰, 1994년 5월 4일. 양곤의 테러 용의자와 폭탄, 미얀마 정부의 공식 발표, *Guardian newspaper*, Rangoon; 미얀마 정부가 유엔총회

에 제출한 보고서, *KH*, 1984년 10월 4일. 아프리카 순방길에 전두환을 암살하려고 시도했다는 고영환의 증언, 고영환과의 인터뷰, 1993년 10월 25일.

양곤을 가는 항로를 변경한 전두환, 노신영과의 인터뷰, 1993년 5월 27일; 리처드 워커와의 인터뷰, 1995년 2월 18일. 전두환 암살 후를 대비해 북한이 세워둔 계획, Don Oberdorfer, "N. Korea Reportedly Set Coordinated Offensives After Rangoon Blast," *WP*, 1983년 12월 2일.

양곤 폭탄테러에 대한 보복조치로서 북한을 공습하자는 제안, 강경식(양곤 테러 이전에는 재무장관, 이후에는 청와대비서실장 역임), 워싱턴에서의 담화, 1995년 3월 22일. 전두환이 군 지휘부에 지시한 내용, 김성익, 전두환 육성증언 (조선일보, 1992년). 전두환이 워커에게 한 말, 워커와의 인터뷰, 1995년 3월 30일; 해리 던롭(정책 자문위원 역임), 인터뷰, 1994년 1월 12일. 레이건의 말, "Presidential Visit Meetings in Seoul," Assistant Secretary Paul Wolfowitz 차관보가 Secretary Shultz에게 전하는 보고서, 1993년 11월 19일, 2급기밀/배포 금지 (1995년 해제). 견책 제안은 슐츠와 이원경 외무장관의 회담에서 이루어졌다.

협상으로 가는 길: 키신저가 중국정부에 제안한 내용, 닉슨이 National Security Decision Memorandum 25-1에서 승인, 1974년 3월 29일, 1급기밀/요주의 (1996년 해제). 유엔군사령부 대신 한국군과 미군 사령부를 구성한다는 내용과 남한과 북한 사이에 불가침협약에 대해서 협의한다는 내용이 포함되어 있다. 닉슨이 승인한 내용을 키신저와 중국정부가 1974년 3월, 1974년 10월, 1975년 10월, 세 차례에 걸쳐 논의한 것은 분명한 사실이다. *US-PRC Chronology*, pp.40, 45, 54 참조.

덩샤오핑과 와인버거의 대담, *US-PRC Chronology*, p.110. 양곤 폭탄테러에 대한 덩샤오핑의 반응, Ralph Clough, *Embattled Korea* (Westview, 1987년), p.269; Jonathan D. Pollack, *No Exit: North Korea, Nuclear Weapons, and International Security* (Routledge, 2011년), p.90.

최초의 3자 회담 제의, 김학준, *Unification Policies of North and South Korea 1945-1991* (서울대학교 출판부, 1992년), 특별히 pp.380-385. 지속적인 3자 회담 가능성의 개진, 글라이스틴과의 인터뷰, 1995년 9월 13일. 3자 회담을 지지하는 미국, Don Oberdorfer, "North Korea Says U.S. Proposals Merit Discussion," *WP*, 1984년 10월 8일. '판에 박힌 상투적인 수사'라는 월포위츠의 말, 월포위츠와의 인

터뷰, 1994년 7월 19일. 허담의 평가, 최고인민회의 개회일에 제출한 그의 보고서, 1985년 1월 25일. '미국의 변명이 궁해질 때'까지 몰아붙이겠다는 김일성의 말, 김일성-에리히 호네커 대화록, 1984년 5월 30일, *SED Archives*.

수재(水災), 그리고 남북대화: 하버만의 기사, "North Korea Delivers Flood Aid Supplies to South," *NYT*, 1984년 9월 30일. 임창영의 북한 방문, 양진영, "내가 만난 김일성," 월간중앙 (1989년 4월호); 손장래와의 인터뷰, 1994년 4월 29일. 평양 지도부 내의 의견 충돌, "Kim Endorses Dialogue Amid Signs of Contention on Issue," *FBIS Trends*, (CIA, Foreign Broadcast Information Service, 1985년 1월 3일), 3급기밀, (1995년 해제). 허담-장세동 상호방문, 박보균, "장세동-허담, 평양-서울 상호방문," 중앙일보, 1994년 1월 7-8일. 서울에서의 회담 내용 "전두환-허담 비밀회담", 월간 조선 (1996년 11월호).

핵무기 개발 계획을 중단한 전두환, 김진현(전 과학기술처 장관)과의 인터뷰, 1993년 7월 23일. 남북회담 결렬에 관한 손장래의 의견, 손장래와의 인터뷰, 1994년 4월 29일. 남북회담 결렬에 관한 미국 정보부 관리의 의견, 인터뷰, 1994년 5월 14일. 팀스피리트 훈련으로 인해 '엄청난 손실'이 발생한다는 김일성의 말, "Official Friendship Visit of North Korean Party and State Delegation to the GDR" 속기 기록, 1984년 5월 30일, *SED Archives*.

김일성과 소련 커넥션: 군사정전협정 체결까지 스탈린의 입장, Kathryn Weathersby, "Stalin and a Negotiated Settlement in Korea, 1950-53," "New Evidence on the Cold War in Asia," 회의준비용 논문, Hong Kong, 1996년 1월. 소련과 중국의 결별에 대응한 김일성의 태도, Dae-Sook Suh, *Kim Il Sung* (Columbia University Press, 1988년), pp.176-210. 타첸코의 말, 타첸코와의 인터뷰, 1993년 10월 24일과 1994년 4월 12일.

북한에 대한 중앙위원회의 평가, Eugene Bazhanov, "Soviet Policy Toward North Korea," *Russia and Korea Toward the 21st Century*, (Sejong Institute, 1992년), p.65. 후야오방과 레이건 회담, *US-PRC Chronology*, p.111. 모스크바를 방문한 김일성에 관한 라흐마닌의 말, 라흐마닌과의 인터뷰, 1994년 4월 8일. 북한을 '사회주의 왕국'이라고 평한 고르바초프, *Erinnerungen [Memories]* (Siedler Verlag, 1995년), 고르바초프 자서전 독일어판.

"On the Visit of North Korea's Party and State Delegation led by Kim Il Sung to

김일성이 1984년 모스크바를 방문했을 때 한 말, the USSR," 1984년 5월 29일, *SED Archives*, 독일어와 러시아어. 중국의 행보를 걱정하는 김일성, "Official Friendship Visit of North Korean Party and State Delegation to the GDR" 사본, 1984년 3월 31일, 독일어. 소련 관리의 말, "On the Visit of North Korea's Party and State Delegation." 경수로 설치에 대한 러시아의 동의, Pollack, *No Exit*, p. 94, *The North Korean Nuclear Program*(Clay Moltz와 Alexandre Mansurov 편집, p.18-19)의 게오르규 카우로프 박사에 대한 언급. 북한은 1967년 이래로 소련이 원자력 발전소를 공급해줄 것을 계속 종용해왔었다, CWIHP, 조사보고서 p.53, 42 참조. 소련과 북한의 경제자료, Nicholas Eberstadt, Marc Rubin, and Albina Tretyakova, "The Collapse of Soviet and Russian Trade with the DPRK, 1989-1993," *Korean Journal of National Unification*, vol.4 (1995년). 1984년, 1986년 소련의 군사원조 협조, Joseph M. Ha, Ha와의 인터뷰, 1995년 2월 21일. 미그기의 북한 영공 비행, *USFK Hist*, 1985년, p.25, 2급기밀 (1995년 해제). 소련 위성을 의식한 엄폐작전, *USFK Hist.*, SATRAN의 각 장의 표제, 특별히 1979년 보고서, p.51.

모스크바에 대한 북한의 항의, Eugene Bazhanov와 그의 아내 Natalia Bazhanova (중앙위원회 자료를 입수해서 연구한 한반도 전문 러시아인), "North Korea and Seoul-Moscow Relations," *Korea and Russia Toward the 21st Century* (Sejong Institute, 1992년). 게오르기 김의 말, Eugene Bazhanov, "Soviet Policy Toward South Korea Under Gorbachev," *Korea and Russia Toward the 21st Century*, p.65. 비행기로 모스크바를 방문한 김일성, 바딤 타첸코와의 인터뷰, 1993년 10월 24일. 고르바초프에게 김일성이 한 말과 그의 태도, Vadim Medvedev, *Collapse* (International Relations, 1994년), 러시아어. 1986년 5월 정치국 문서, Bazhanov, "Soviet Policy," p.95. 뜻하지 않은 고르바초프의 주장, 타첸코와의 인터뷰, 1993년 10월 24일.

1986년 상황에 대한 고르바초프의 말, 미하일 고르바초프와의 인터뷰, 1994년 4월 13일. 북한을 두고 밀접한 관계를 두고 있는 동맹국이라고 한 고르바초프의 말, Gorbachev, *Erinnerungen*. 무기 제공을 약속하는 소련, Ha와의 인터뷰, 1995년 2월 15일. 지원 수준, Han Yong Sup, "China's Security Cooperation with North Korea: Retrospects and Prospects," "Sino-Korean Relations and Their Policy Implications" 회의준비용 논문, American Enterprise Institute and George Washington University, 1993년 12월 2-3일; 한용섭이 필자에게 추가로 제공한 자

세한 정보. 고르바초프를 수정주의자라고 생각하는 김일성, 고영환과의 인터뷰, 1993년 10월 25일.

제7장 남한의 민주화 투쟁

1987년 남한의 정세, Manwoo Lee, *The Odyssey of Korean Democracy* (Praeger, 1990년); Sang Joon Kim, "Characteristic Features of Korean Democratization," *Asian Perspective* (1994년 가을-겨울).

전두환의 후임을 둘러싼 갈등: 전두환과 워커의 대화, 워커와의 인터뷰, 1995년 2월 18일. 이순자의 견해, 필자의 일기, 1981년 2월, 한국프레스센터에서 전두환이 주최한 오찬을 겸한 연설회장에서 이순자의 옆에 앉은 것을 계기로 이야기를 나누었다. 일해재단, Don Oberdorfer, "Korean Conundrum," *WP*, 1986년 5월 25일. 강제 기부금(재벌기업으로부터 강압적으로 모금한 수백억 원을 투입해 설립된 일해재단), Donald Kirk, *Korean Dynasty* (M.E. Sharpe, 1994년), p.273. 슐츠의 말, 슐츠의 자서전, *Turmoil and Triumph* (Scribner's, 1993년), pp.977-998. 슐츠의 우려, 슐츠와의 인터뷰, 1995년 3월 16일.

전두환이 레이건에게 장담한 약속, "Presidential Visit Meetings in Seoul," Paul Wolfowitz 차관보가 장관에게 전하는 보고서, 1983년 11월 19일, 2급기밀/배포금지 (1995년 해제). 청와대 출입기자들에게 전두환이 한 말, *KH*, 1988년 1월 9일. 서울대학교 여론조사, Se Hee Yoo, "The International Context of U.S.-Korean Relations: Special Focus on the 'Critical Views of the United States' in Korea since 1980," in *United States-Korea Relations* (Institute of East Asian Studies, 1986년).

시거의 연설에 대한 슐츠의 평가, 개스턴 시거와의 인터뷰, 1993년 9월 16일. 미국 언론을 도배한 남한의 정세, Don Oberdorfer, "U.S. Policy toward Korea in the 1987 Crisis Compared with Other Allies," *Korea-US. Relations* (Institute of East Asian Studies, 1988년). 평양정부에 남한의 사태를 악용하지 말라고 경고하는 미국, 마이클 아마코스트와의 전화 인터뷰, 1993년 8월 9일. 평양의 반응, "Pyongyang Maintains Cautious Posture Toward Situation in South," *FBIS Analysis Note* (CIA,

Foreign Broadcast Information Service, 1984년 6월 29일).

레이건이 전두환에게 보낸 친서, 1989년 6월 17일, 저자 소유. '의도적으로 거부' 했다는 던롭의 말, 던롭과의 인터뷰, 1994년 1월 12일. 시위 상황에 관한 상세한 내용, John Burgess, "Seoul Says Crackdown 'Inevitable'," *WP*, 1987년 6월 19일. 6월 19일 만남과 전두환이 보좌관들에게 그전에 했던 말, 김성익, *전두환 육성 증언* (조선일보, 1992년). 전두환을 직접 만난 릴리, 릴리와의 인터뷰, 1993년 6월 8일과 1997년 2월 17일. 군병력 동원 명령을 중지시키는 전두환, 김성익, 육성증언. 군 내부의 분위기에 관한 정호용의 말, 정호용과의 인터뷰, 1994년 4월 20일. 노태우의 회고, 노태우와의 인터뷰, 1993년 10월 21일. 전두환이 시거에게 한 말, 시거와의 인터뷰, 1993년 9월 16일. 노태우가 '광주 학살'에 대해서 사과하려고 마음먹었었다는 사실, 현홍주와의 인터뷰, 1995년 10월 17일. 6·29 선언을 전두환이 구상했다는 주장: "선언의 진상," *월간 조선* (1992년 1월호). 이순자의 주장, "Wife Says Chun Is Real Architect of the June 29, 1987, Declaration," *KT*, 1996년 12월 19일.

1987년 대통령 선거: 노태우를 미덥지 않게 생각한 전두환, 김윤환과의 인터뷰, 1993년 10월 18일. 김영삼의 나이는 계속 일관성 없게 표시되고 있다. 김영삼이 청와대 출입기자들에게 말한 바에 따르면 생일이 호적에 잘못 기재되었고 실제로는 1927년 12월 4일(음력)생이라고 말했다. "Kim's Birthday," *KT*, 1996년 1월 24일.

김영삼 모친의 죽음, 김영삼과의 인터뷰, 1995년 4월 14일. 상대적으로 낙후된 호남 지방, Manwoo Lee, *The Odyssey of Korean Democracy* (Praeger, 1990년), pp.49-51. 지역주의가 심한 선거에 대한 이만우 교수의 견해, *The Odyssey*, pp.47.

제8장 서울올림픽의 국제적 위상

다가오는 88 서울올림픽: 박정희의 승인, Park Seh Jik, *The Seoul Olympics* (Bellew, 1991년), p.5. 올림픽을 유치하기 위한 남한 관리들과 정주영의 노력, Mark

Clifford, *Troubled Tiger* (M.E. Sharpe, 1994년), p.289. 정주영의 눈부신 활약, Donald Kirk, *Korean Dynasty* (M.E. Sharpe, 1994년). 노동신문 인용, Park, *Seoul Olympics*, p.8. 서울올림픽의 정치적 의미를 강조하는 황장엽, 황장엽이 Hermann Axen(사회주의통일당 중앙위원회 서기장)에게 보낸 서한, 1985년 6월 19일, *SED Archives*, 독일어. 셰바르드나제의 말, "About the visits of Soviet Foreign Minister Eduard Shevardnadze to North Korea and Mongolian People's Republic," 1986년 6월 28일, *SED Archives*, 3급기밀, 독일어와 러시아어. 마레츠키가 베를린에 타전한 전문, *SED Archives*, 1987년 5월 11일, '궁지에 몰린' 북한에 관한 박세직의 말, *Seoul Olympics*, p.20.

KAL 858 폭파사건: 필자가 서술한 내용은 김현희와의 인터뷰에 근거함, 1993년 10월 25일; 김현희 자서전, *The Tears of My Soul* (William Morrow, 1993년); Eileen MacDonald's *Shoot the Women First* (Random House, 1993년) 중 한 장; *Investigation Findings: Explosion of Korean Air Flight 858* (KOIS, 1988년 1월). '군대식 명령' 이었다는 김현희의 말, 김현희와의 인터뷰, 1993년 10월 25일. 셰바르드나제의 말, Shultz, *Turmoil and Triumph*, p.981.

북방정책의 부상: 노태우와의 인터뷰, Don Oberdorfer & Fred Hiatt, "S. Korean President Urges End to Isolation of North," *WP*, 1988년 7월 2일. 최초의 북방정책, Park Chul Un, "Northern Policy Makes Progress Toward Unification," *KH*, 1991년 3월 13일. 1988년 7월 김일성의 반응, "Visit of an Official Military Delegation of the GDR to North Korea, Between July 19 and 13, 1988," *SED Archives*.

헝가리에서 활약한 김우중, 대우그룹에서 필자에게 제공한 미발행 원고, 1994년 12월, "The Civilian Ambassador Kim Woo Choong"; Chong Bong Uk, "Ties with Budapest Result from Spadework," *KH*, 1988년 1월 29일; 여러 전직 남한 관리들과의 인터뷰. 한국과 헝가리 간의 무역지표, 3급기밀 정보. 바자노바의 보고, "North Korea and Seoul-Moscow Relations," *Korea and Russia Toward the 21st Century* (Sejong Institute, 1992년), p.334. 올림픽 참가를 둘러싼 한-소 접촉, James F. Larson & Heung-Soo Park, *Global Television and the Politics of the Seoul Olympics* (Westview Press, 1993년). 소련 선수단이 귀국할 때 가져간 선물, 대우그룹에서 작성한 미발행 원고, "The Civilian Ambassador Kim Woo Choong."

미국의 신중한 대북정책: 국무부의 입장, DOS cable, "ROK President Roh's Visit: US Policy Re N. Korea," 1988년 10월 25일, 2급기밀 (1995년 해제). 시거의 말, 시거와의 인터뷰, 1993년 9월 16일. 클라크의 말, 클라크와의 인터뷰, 1993년 6월 23일. '한국의 외교정책과 보조를 맞추기 위한 것'이라는 국무부 전문, *DOS cable,* "ROK President Roh's Visit: U.S. Policy Re N. Korea," 1988년 10월 25일, 2급기밀 (1995년 해제).
국무부의 지시내용, *DOS cable,* "Policy/Regulation Changes Regarding North Korea: Informing Seoul, Tokyo, Moscow, and Beijing," 1988년 10월 28일, 3급기밀 (1995년 해제). 버크하르트의 활동, 버크하르트와의 인터뷰, 1993년 9월 28일; B.C. Koh, "North Korea's Policy Toward the United States," *Foreign Relations of North Korea* (Sejong Institute, 1994년), 특히 1994년 이전의 북-미 외교활동을 파악하는데 유용하다.

제9장 소련의 對 한반도 정책 선회

1988년 11월 10일의 정치국 회의에 대한 설명과 인용, 고르바초프의 보좌관 아나톨리 체르냐예프의 기록, 남한은 '가장 전망이 밝은 파트너'라는 소련 장관의 말, Eugene Bazhanov, "Soviet Policy Toward South Korea Under Gorbachev," *Korea and Russia Toward the 21st Century* (Sejong Institute, 1992년), p.94n.
변화의 근원: 서울올림픽을 전후한 소련 기자들의 활동, Yassen N. Zassoursky, "The XXIV Olympic Games in Seoul and Their Effect on the Soviet Media and Soviet Public," *Seoul Olympics and the Global Community* (Seoul Olympics Memorial Association, 1992년). 프라우다의 평가, Park Seh Jik, *The Seoul Olympics* (Bellew, 1991년), p.175. 모스크바 시민을 대상으로 한 여론 조사, Park, *Seoul Olympics,* p.175. 남한에서 '환영받는 소련 사람들'이란 말, Bazhanov, "Soviet Policy," p.96.
남한과 북한의 경제력 비교, 황의각의 기념비적인 연구 *The Korean Economies* (Clarendon Press, 1993년). 소련의 원조 관련 수치는 204쪽에 있음. 특혜성 무역 수

치, Nicholas Eberstadt, Marc Rubin and Albina Tretyakova, "The Collapse of Soviet and Russian Trade with the DPRK, 1989-1993," *Korean Journal of National Unification* 4 (1995년). 북한 정부에 해명하는 내용을 담은 소련의 비망록, Natalia Bazhanova, "North Korea and Seoul-Moscow Relations," *Korea and Russia Toward the 21st Century*, p.332. 남한의 차관 제안, Kyungsoo Lho, "Seoul-Moscow Relations," *Asian Survey* (1989년 12월), p.1153.

셰바르드나제의 평양 방문과 평양에 대한 인상, Pavel Palazchenko, *My Years with Gorbachev and Shevardnadze* (Pennsylvania State University Press, 1997년), p.111. 셰바르드나제의 보고서, "The Main Results of Eduard Shevardnadze's Visit to Japan, the Philippines, and North Korea," 보고서, 1989년 2월 2일, *SED Archives*. '나는 공산주의자' 라는 셰바르드나제의 말, Bazhanova, "North Korea and Seoul-Moscow Relations," p.332-333.

한소 정상회담: 고르바초프 자서전 인용, 독일어판, *Erinnerungen* (Siedler Verlag, 1995년). 과도기의 고르바초프, 고르바초프와의 인터뷰, 1994년 4월 13일. '소련이 전달하고자 하는 진의를 간파' 한 노태우, 노태우와의 인터뷰, 1993년 7월 22일. 한국인 입국 제한 조치를 철회하는 소련, Bazhanov, "Soviet Policy Toward South Korea Under Gorbachev," p.97. 모스크바를 방문한 남한의 기업인, Kim Hak Joon, "South Korea-Soviet Union Normalization Reconsidered," 동북아시아와 러시아 학회 논문, Sigur Center for East Asian Studies, 1994년 3월 17-18일, p.11. '구실을 만들어 둘러댔다' 는 말, Georgi Ostroumov와의 인터뷰, 1994년 4월 12일.

체르냐예프의 말, 체르냐예프와의 인터뷰, 1994년 4월 12일. 고르바초프와 리펑과의 대화, Bazhanov, "Soviet Policy Toward South Korea Under Gorbachev," pp.92-93. 모스크바 방문이 김영삼의 정치 인생에 미친 영향, Yoon Sang Hyun, "South Koreas *Nordpolitik* with Special Reference to Its Relationship with China," 박사학위 논문. (George Washington University, 1994년), p.255. 타첸코의 말, 타첸코와의 인터뷰, 1993년 10월 24일. 독일에 원조 요청, Philip Zelikow and Condoleezza Rice, *Germany Unified and Europe Transformed* (Harvard University Press, 1995년), p.256ff.

도브리닌의 말과 활동, 도브리닌과의 인터뷰, 1993년 6월 22일과 1994년 2월 23일.

소련이 처한 절체절명의 위기에 관한 노태우의 말, 노태우와의 인터뷰, 1993년 7월 26일. '완전히 불식시킬 수 있을 것'이란 그레그의 말, Emb. cable, "Roh Tae Woo on the Eve of Meetings with Soviet and U.S. Leaders," 1990년 6월 1일, 3급기밀 (1995년 해제). 샌프란시스코 소련 총영사관에서 정상회담을 개최할 수 없는 이유, Kim Hak Joon, "South Korea-Soviet Union Normalization Reconsidered," p.13. '일대 전환'에 관한 고르바초프의 견해, Bazhanov, "Soviet Policy Toward South Korea Under Gorbachev," p.103. 김종인의 말, 김종인과의 인터뷰, 1994년 4월 26일.
소련 측 회담 기록, "M.S. Gorbachev's Conversation with Roh Tae Woo in San Francisco," 이 자료는 모스크바에 소재한 고르바초프 문서보관소에서 필자가 직접 입수했다. 노태우가 고르바초프에게 요청한 사항, "M.S. Gorbachev's Conversation"; Emb. cable, "MOFA Readout on Roh-Gorbachev Meeting," 1990년 6월 12일, 2급기밀 (1995년 해제). 평양 측 반응, Bazhanova, "North Korea and Seoul-Moscow Relations," p.336. 사진이 모스크바에서 공개되지 않을 것이라는 도브리닌의 말, 도브리닌과의 인터뷰, 1993년 6월 22일. '평양으로 가는 길'에 관한 노태우의 말, "Opening Remarks by President Roh," Yonhap Annual (1990년), p.410.
세바르드나제의 임무: 1990년 9월 평양을 방문한 세바르드나제에 관한 설명, 당시 세바르드나제를 수행했던 3명의 소련 관리와의 인터뷰, '내 평생 가장 힘들고 불쾌했던 경험'이라는 세바르드나제의 말, 소련의 전직 고위 외교관, 인터뷰, 1993년 7월 7일. 베스메르트니흐의 말, 베스메르트니흐와의 인터뷰, 1994년 4월 14일. 체르냐예프의 말, 체르냐예프와의 인터뷰, 1994년 4월 12일.
최호중이 고르바초프에게 한 말, 최호중과의 인터뷰, 1995년 4월 25일. "이게 차라리 이 친구들에게 득이 될 거야"라는 세바르드나제의 말, Sergei Tarasenko와의 인터뷰, 1994년 4월 10일. 소련의 배신행위에 관한 노동신문 논설기사, "Commentary Denounces USSR Diplomatic Ties," FBIS-EAS, 1990년 10월 5일, p.8. 경제지표, Nicholas Eberstadt et al., "The Collapse of Soviet and Russian Trade with the DPRK, 1989-1993," Korean Journal of National Unification vol.4 (1995년); Young Namkoong, "An Assessment of North Korean Economic Capability," Economic Problems of National Unification (1993년); North Korea:

Insights into Economy and Living (Korean-German Chamber of Commerce and Industry, 1991년), 독일어.

붉은 기는 얼마나 더 나부낄 것인가? 국무부 한반도 담당 부서의 반응, "North Korean Reaction to Roh-Gorbachev Meeting," Department of State Briefing Paper, 1990년 6월 1일, 3급기밀 (1995년 해제). 국무부의 정보분석부 보고서, Douglas P. Mulholland, "Soviet Initiative in Asia," Information Memorandum, 1990년 5월 30일, 3급기밀 (1995년 해제). 국무부의 견해, "Talking Points for the President's Use in His June 6 Meeting with President Roh," 국무부에서 백악관에 전하는 보고서, 1990년 6월 2일, 2급기밀 (1995년 해제).

김일성과 베이징 지도부와의 대화, 전직 중국 외교관, 인터뷰, 1993년 1월 23일, 10월 4일. 가네마루의 평양 방문, 가네마루 신을 수행했던 일본의 원로급 의원들과 외무성 관리와의 인터뷰; 한반도 문제 전문가들인 이즈미 하지미와 오코노기 마사오(小此木政夫)의 인터뷰와 저서; Ushio Shioda, "What Was Discussed by the 'Kanemaru North Korean Mission'?," *Bungei Shunju* (1994년 8월). 일본 외교정책의 변경, B. C. Koh, "North Korea's Approaches to the United States and Japan," 학회용 초안 논문, "The Two Koreas in World Affairs," 1996년 11월. '황인종'과 '백인종', 한 일본인 관리, 인터뷰, 1993년 5월 21일. 미국에 대한 가네마루 신의 사과, Michael H. Armacost, *Friends of Rivals?* (Columbia University Press, 1996년), p.147.

1990년 비밀 회담 기록, '서동권, 김일성, 김정일 비밀 회담,' *월간조선* (1994년 8월호). 한 고위급 남한 관리가 회담내용이 비교적 정확하게 기록되었다고 필자에게 확언해 주었다. 유화적인 내용의 김일성 연설, *FBIS-East Asia*, 1990년 5월 24일. 군축 제의, William Taylor, "Shifting Korean Breezes," *Washington Times*, 1990년 6월 6일.

韓-蘇 경제 협상: 메드베데프의 서울 방문, 메드베데프, *Collapse* (International Relations, 1994년), 러시아어. 북한에 '적절하게 영향력을 행사해 달라'는 노태우의 부탁, "M.S. Gorbachev with the President of ROK (Roh Tae Woo)," 1990년 12월 14일, 담화 기록, Gorbachev archive, 모스크바, 러시아어. 원조 문제는 '걱정하지 말라'는 노태우의 말, Georgi Toloraya와의 인터뷰, 1993년 10월 19일. 사우디아라비아가 소련에 차관을 제공하도록 주선한 일, James A. Baker, *The Politics of*

Diplomacy (G.P. Putnam's Sons, 1995년), pp.294-295. '가당치 않다'는 노태우의 말, Kang Sung-chul, "'Foundation Laid for Ending Cold War'": Roh," *KH*, 1990년 12월 18일.
마슬류코프가 요구한 차관 내용, 3급 비밀 정보원. 군사 물자 제공, Nicholas Eberstadt et al., "The Collapse of Soviet and Russian Trade with the DPRK, 1989-1993," *Korean Journal of National Unification* vol.1 (1995년). 한국국방대학교의 한용섭이 조사한 자료에 따르면 몇 가지 수치가 상이하다. 그에 따르면 1990년에 對 북한 지원이 현저하게 급감했고, 1991년 들어 보다 더 감소한 것으로 되어 있다. 노태우가 고르바초프에게 전달한 현금, 노태우의 전직 보좌관과의 논의, 1996년 6월. 볼딘의 평, Boldin, *Ten Years That Shook the World* (Basic Books, 1994년), p.283.

제10장 중국의 對 한반도 정책 변화

한국전쟁 당시 중국인 사상자 수, Richard Whelan, *Drawing the Line* (Little, Brown, 1990년), p.373. 저우언라이와 김일성의 대화, Ilpyong J. Kim, "China in North Korean Foreign Policy," The East Asian Institute 논문, Columbia University, 1996년 5월 31일-6월 1일. 한·중 무역 규모와 북·중 무역 규모의 격차, Tai Ming Cheung, "More Advice Than Aid," *Far Eastern Economic Review* (1991년 6월 6일), p.15
필자의 북한 방문: 평양을 보고 필자가 느낀 첫인상, 필자의 수첩 기록과 *Washington Post Magazine* 기사, "Communism Lives," 1991년 9월 22일.
소련-북한 무역 규모의 격감, Nicholas Eberstadt, Marc Rubin, and Albina Tretyakova, "The Collapse of Soviet and Russian Trade with the DPRK, 1989-1993," *Korean Journal of National Unification* vol.4 (1995년). 북한 에너지 소비량의 격감, Chung Sik Lee, "Prospects for North Korea," *Democracy and Communism* (Korean Association of International Studies, 1995년). '우리식' 사회주의의 역사, "North Korean Brand of Socialism," *Vantage Point* (Seoul, 1996년 2월) p.42. 평양 폭격, Daewoo

Lee, "Economic Consequences of the Korean War and the Vietnam War," *Korea Observer* (1996년 가을호), p.413n.
김영남과의 첫 번째 인터뷰, 1984년 10월 8일, *WP*, "North Korea Says U.S. Proposals merit Discussion." 김영남에 대한 고영환의 평가, 고영환과의 인터뷰, 1993년 10월 25일.
중국의 노선 변경: 덩샤오핑이 카터에게 한 말, *US-PRC Chronology*, p.75. 한-중 무역 수치, Kim Sung Yoon, "Prospects for Seoul's Entering Relations with Beijing and the Effects on Inter-Korean Relations," *East Asia Review* vol.4, no.2. (1992년). 북한-중국 무역 수치, Nicholas Eberstadt (비참여 저자), "China's Trade with the DPRK, 1990-1994: Pyongyang's Thrifty New Patron," North Korea Trade Project Memorandum, US Bureau of the Census, 1995년 5월. 중국 경제 위원회의 활동, 전직 남한 관리, 인터뷰, 1995년 10월 27일.
비행기 납치범을 처리하기 위한 한-중 협상에 대해 항의하는 북한, "Chinese Hijackers Sentenced," *Facts on File* (1983년), p.632. 중국 어뢰정 사건, 리차드 L. 워커와의 인터뷰, 1995년 3월 30일. 막대한 군사원조 제공을 거부하는 덩샤오핑, 전직 중국 관리와의 인터뷰, 1993년 10월 4일. 노태우가 밀사로 파견한 중국 태생의 의사, 김학준과의 인터뷰, 1993년 12월 20일. '여과 없이' 전달할 것이라는 말, 노태우의 전직 보좌관, 인터뷰, 1995년 3월 14일.
천안문 사건 이후 노태우의 외교활동, Kim Hak Joon, "The Establishment of South Korea-Chinese Diplomatic Relations," American Enterprise Institute and George Washington University 학회 논문, 1993년 12월 2일- 3일. 선경그룹 인사들을 통한 비공식적인 접촉, 이순석과의 인터뷰, 1994년 11월 24일. 무역사무소, 노재원과의 인터뷰, 1993년 12월 3일.
중국의 새로운 對 북한 무역 정책, Ilpyong Kim, "North Korea's Relations with China," *Foreign Relations of North korea* (Sejong Institute, 1994년) p.265. 이상옥-첸치천 회담, 이상옥과의 인터뷰, 1993년 10월 26일. 노태우-첸치천 회담, 회의록, "첸치천 외교부장과의 대화―1991년 11월 12일." 첸치천이 '머리를 조아렸다'는 노태우의 말, 김학준과의 인터뷰, 1993년 12월 20일.
남한과의 관계정상화를 1992년 외교목표의 하나로 상정한 중국, 전직 중국 관리, 인터뷰, 1993년 12월 2일. 1992년 4월 13일 협상, 이상옥과의 인터뷰, 1993년 10월

26일; 노재원과의 인터뷰, 1993년 12월 3일. 대만 특사의 주장, 이상옥과의 인터뷰, 북한과 무역을 확대하겠다는 대만의 위협, Kim Hak Joon, "The Establishment of South Korean-Chinese Diplomatic Relations," p.11. 김학준은 청와대 재임 시절 기록한 일기를 토대로 이 글을 썼다. 중국의 북한 '체면 살려주기 작전', 한 일본 외교관과의 인터뷰, 1993년 11월 8일. 한-중 외교 정상화에 관한 김영남의 평가, Don Oberdorfer, "N. Korea Says U.S. Blocks Progress on Nuclear Inspection," WP, 1992년 9월 29일.

제11장 핵개발 논쟁에 휘말린 북한

김종휘의 말, 필자의 수첩, 1991년 11월 15일.
북한 핵무기 개발의 기원: 일본과 소련의 초기 활동, Joseph Bermudez와의 인터뷰, 1992년; Bruce Cumings, "Spring Thaw for Korea's Cold War?," *Bulletin of the Atomic Scientists* (1992년 4월), p.17. 맥아더-리지웨이의 요청, Cumings, "Spring Thaw," pp.18-19. 아이젠하워의 주장, Michael J. Mazarr, *North Korea and the Bomb* (St. Martin's Press, 1955년), pp.15-16. 닉슨도 여러 차례에 걸쳐 같은 주장을 되풀이했고, 1968년에는 필자가 기사화하기도 했다. 두브나에서의 활동, Alexandre Y. Mansourov, "The Origins, Evolution, and Current Politics of the North Korean Nuclear Program," *Nonproliferation Review* (1995년 봄-여름 호): pp.25-26.
헝가리 대사관 연락 교환, CWHIP, 조사 보고서 53, 문서번호 28, 29, 55-56.
핵무기를 개발할 수 있도록 지원해 달라는 북한의 요구를 거절하는 중국, 전직 중국 외교부 관리, 인터뷰, 1993년 7월 6일. 일본인 전문가, 퇴역한 츠카모토 가즈이치 소장(少將)(도쿄 평화안보연구소), 츠카모토 가즈이치와의 인터뷰, 1993년 7월 30일. 1974년 김일성의 요청, 버뮤데즈와의 인터뷰. 소련측 첩보 정보, Mansourov, "Origins, Evolution," p.26.
동독의 핵무기 보고서, "Information for the Politburo," 1981년 6월 12일, SED Archives. 북한의 핵무기 프로그램 관련 주요 수치, Tai Sung An, "The Rise and

Decline of North Korea's Nuclear Weapons Program," *Korea and World Affairs* (1992년 겨울호): pp.674-675. 김일성이 체르넨코에게 요청한 내용, "On the Visit of DPRK's Party and State Delegation Led by Kim Il Sung to the USSR," 보고서, 1984년 5월 29일, *SED Archives*, 3급기밀, 러시아어와 독일어; Pollack, *No Exit*, pp.93-94.

북한이 NPT에 가입하도록 압력을 가하라고 소련에 요구하는 미국, 월포위츠와의 인터뷰, 1994년 7월 14일. NPT와 원자로 제공 협상, Mansourov, "Origins, Evolution," p.37.

핵 외교: 미국의 협상무기: 베이커의 외교 전략, 베이커의 회고록, *The Politics of Diplomacy* (Putname, 1955년), p.595. 무기통제 및 군축국의 우려, Kathelee C. Bailey, 솔로몬에게 전하는 북한 관련 첩보 브리핑 보고서, 1989년 6월 23일, 2급 기밀 (1994년 해제). 필자의 설명과 북한의 반응, Don Oberdorfer, "North Koreans Pursue Nuclear Arms," *WP*, 1989년 7월 29일; "Preposterous Fabrication by *Washington Post*," UN 북한 대표부의 대언론 공식 성명, 1989년 8월 9일. 남한에 핵무기를 배치한 아이젠하워, "1957년 최초로 핵탄두 배치", *동아일보* (1993년 4월 29일).

윌리엄 어킨이 제시한 자료, 어킨과의 인터뷰, 1995년 3월 24일, 국가안보정책 보고서 178, 1972년 7월 18일자 인용. DMZ에 지나치게 가까이 배치된 핵탄두에 관해서 필자가 작성한 기사, Don Oberdorfer, "U.S. Weighs Risk of Keeping A-Arms in Korea," *WP*, 1974년 9월 20일. 슐레진저의 말, AP, "Schlesinger Warns N. Korea U.S. May Use Nuclear Arms," *St. Louis Post-Dispatch*, 1975년 6월 22일. 핵탄두 수의 감축, 어킨과의 인터뷰. 그레그의 건의, 그레그와의 인터뷰, 1993년 6월 21일. 크로의 견해, Crowe and Alan D. Romberg, "Rethinking Security in the Pacific," *Foreign Affairs* (1991년 봄호): p.34. 스코우크로프트의 반대, 스코우크로프트와의 인터뷰, 1995년 3월 29일. "급변하는 소련의 국내정세 덕분에 그나마 문제를 해결할 수 있었다."는 솔로몬의 말, 솔로몬과의 인터뷰, 1996년 3월 22일.

12월 남북기본합의서: 김일성에게 충고하는 중국, 임동원과의 인터뷰, 1994년 5월 2일. 1991년 남북 비밀 협상, 노태우와의 오찬 인터뷰, 1993년 7월 22일. 직인 관련, "Two Korea Celebrate New Era of Rapprochement," *Korea Annual*, 1992

년, (Yonhap News Agency, p.88. 합의서 채택 이후의 북한의 반응, Don Oberdorfer, "U.S. Welcomes Koreas' Nuclear Accord," WP, 1992년 1월 1일. '조건부 승리' 라는 해리슨의 말, Selig Harrison, "North Korea and Nuclear Weapons: Next Steps in American Policy," 미 상원 외교 위원회 동아시아-태평양 분과 위원회에서의 증언 자료, 1993년 5월 26일.

재처리 시설을 보유하지 않았다고 부인하는 김일성, Stephen Solarz, "Interview with DPRK President Kim Il Sung," 1991년 12월 18일, 필자가 보유하고 있는 자료. 김영철의 말, 박용옥과의 인터뷰, 1996년 11월 29일. 남북 핵협정 체결을 기뻐하는 김일성, 한용섭과의 인터뷰, 1995년 11월 29일. 이코노미스트(The Economist)지의 기사, "The Korea: Look, No Bomb," Economist, 1992년 1월 4일.

뉴욕회담: 이 부분은 당시 필자가 취재해서 작성했던 보도 기사와 캔터와의 인터뷰 (1994년 2월 25일) 내용을 토대로 했다.

핵사찰단의 북한 방문: 게이츠의 말, Don Oberdorfer, "N. Korea Is Far from A-Bomb, Video Indicates," WP, 1992년 6월 4일. 초기 핵사찰 활동에 관한 올리 하이노넨의 말, 하이노넨과의 인터뷰, 1994년 6월 21일. IAEA의 조사과정과 미국의 역할, R. Jeffrey Smith, "N. Korea and the Bomb: High-Tech Hide-and-Seek," WP, 1993년 4월 27일. 블릭스의 말, 블릭스와의 인터뷰, 1994년 6월 22일. 타이스의 말, 타이스와의 인터뷰, 1994년 6월 21일.

핵사찰 수용에서 위기로: 팀스피리트 훈련을 재개하겠다는 발표가 '가장 중대한 실수' 였다는 그레그의 말, 그레그와의 인터뷰, 1995년 3월 12일. 애커맨과 대담 중 화를 내는 김일성, 국무부 관리, 인터뷰, 1995년 5월 15일. 안전기획부의 활동에 관한 김학준의 평가, 김학준과의 인터뷰, 1994년 1월 5일. 위성 사진에 관한 게이츠의 말, 게이츠와의 인터뷰, 1994년 5월 16일. 최학근이 IAEA에 한 말, 하이노넨과의 인터뷰, 1994년 6월 22일. 북한의 전쟁 경계태세, Lee Chung Kuk, *The Nuclear Weapons and Army of Kim Jong Il* (Kodansha, 1994년), 일본어; 최주활 상좌(당시 상황을 체험하고 훗날 탈북한 고위급 장교), 인터뷰, 1996년 6월 24일.

제12장 탈퇴와 협상

한승주, 북한의 NPT 탈퇴에 대한 반향, 한승주와의 인터뷰, 1995년 4월 12일. 한승주가 구상한 '강온 정책', 한승주는 워싱턴포스트지 편집자 및 기자들과 회동한 자리에서 이 내용을 설명하였는데, 그가 개인적으로 피력한 의견에 가까워 일부 국무부 관리들로부터 기자들 앞에서 너무 속내를 털어놓지 말도록 주의를 받았다. Don Oberdorfer, "South Korean: U.S. Agrees to Plan to Pressure North," *WP*, 1993년 3월 30일. 북한을 '응징'해야 한다는 합동참모본부, 국무부 관리, 인터뷰, 1995년 5월 15일. 북-미 직접 회담을 남한이 '제안' 했다는 버크하르트의 말, 버크하르트와의 인터뷰, 1993년 9월 29일.
갈루치가 강석주를 보고 느낀 첫인상, 갈루치와의 인터뷰, 1993년 6월 21일과 1995년 8월 10일.
경수로 협상: 북-미 협상에 반대하는 김영삼, David Sanger, "Seoul's Leader Says North Is Manipulating U.S. on Nuclear issues," NYT, 1993년 7월 1일. 김영삼은 국내정세와 여론 조사를 늘 거론한다는 백악관 관리의 말, 인터뷰, 1995년 5월 3일. 클린턴의 발언 내용에 대하여 항의하는 북한 측에 반박하는 갈루치, 갈루치와의 인터뷰, 1993년 9월 1일.
미국과 북한측의 접대의 차이, Dan Russel과의 인터뷰, 1996년 11월 7일. "저들은 핵문제로부터 빠져나오기를 원한다"는 칼린의 말, Susan Rosegrant, The Kennedy School, Harvard University, "Carrots, Sticks, and Question Marks: Negotiating the North Korean Nuclear Crisis," p.30. 북한의 경수로 제안에 대한 갈루치의 반응, 갈루치와의 인터뷰, 1995년 8월 10일. 블릭스에게 경수로를 확보할 수 있도록 요청하는 북한, "IAEA Director General Completes Official Visit to the Democratic People's Republic of Korea," *IAEA Press Release*, 1992년 5월 15일; R. Jeffrey Smith, "N. Korea May Consider Reducing Atom Program," *WP*, 1992년 6월 20일.
DMZ 인근에 경수로를 건설하려는 북한의 계획, 임동원과의 인터뷰, 1996년 6월 25일. 갈루치에 대한 경고, 갈루치와의 인터뷰, 1995년 8월 10일.
제재에 나선 김영삼: '일곱 차례'나 표현을 수정하고 '오렌지나 한 박스 보내겠다는 생각'이었다는 갈루치의 말, Rosegrant, Harvard study, p.30, p.27. '공은 북한

쪽 코트로 넘어갔다'는 애스핀의 말, Michael J. Mazarr, North Korea and the Bomb (St. Martin's Press, 1995년), p.133. 일괄협상에 관한 스미스의 기사, R. Jeffrey Smith, "U.S. Weighs N. Korean Incentives: New Approach Taken on Nuclear Inspection," WP, 1993년 11월 17일.

백악관 대통령 집무실에서의 김영삼, 클린턴 행정부의 고위 관리, 인터뷰, 1994년 1월 13일.

위기가 도래하다: 남한과 북한의 경제적 격차, "N. Korea's Per-Capita GNP at $904, Eight Times Lower than South's $7,466," KH, 1994년 6월 11일. 김일성 재등장을 둘러싼 미국 정부의 해석, 국무부 관리, 인터뷰, 1995년 4월 14일. 김정일의 업무수행 능력에 대한 김일성의 평가, "Q&A: 'We Don't Need Nuclear Weapons'," Washington Times, 1992년 4월 15일. 김일성 재등장에 강성산이 미친 영향에 관한 강명도의 설명, 강명도와의 인터뷰, 1995년 4월 11일.

그레이엄 목사의 활동, 그레이엄의 비서인 Stephen Linton과의 인터뷰, 1994년 3월 30일 인터뷰와 1996년 8월 10일 전화 인터뷰, Mazarr의 North Korea and the Bomb (pp.123-125)을 포함한 몇몇 보고서. 고든과 패트리어트 미사일에 관한 말, 고든과의 인터뷰, 1995년 11월 20일. 시체를 운구할 준비를 하라는 레이니의 말, 레이니와의 인터뷰, 1994년 11월 22일. 북한이 전면사찰을 거부하는 이유에 대한 IAEA의 추측, David Kyd(IAEA 대변인)와의 인터뷰, 1994년 4월 6일. 허바드의 말, 허바드와의 인터뷰, 1994년 3월 31일.

제13장 핵무기를 둘러싼 막판 대결

'8월의 총성'이란 표현에 대한 갈루치의 견해, 갈루치와의 인터뷰, 1995년 3월 11일. '전쟁 위험'에 대한 페리의 언급, 세계문제협의회에서 페리의 연설문, 필라델피아, 1994년 11월 3일. 에스테스가 한 말, 에스테스와의 인터뷰, 1995년 4월 4일. CIA의 원자로 가동중지 기간 재평가에 관한 내용, 미 정보관리들과의 인터뷰, 1996년 11월 1일. '겁주기용 시나리오', David Albright, "North Korea and the 'Worst-case' Scare-nario," Bulletin of the Atomic Scientists (1994년 1-2월호). 서로 어굿나는 정보기관의 관측자료에 관한 내용, 레이크와의 인터뷰, 1994년 4월 5일.
'사용후 핵연료봉' 위기: 기밀이 아닌 CIA 보고서,
www.fas.org/nuke/guide/dprk/nuke/cia111902.html 참고.
"가장 우선적으로 해결해야 할 과제라고 하지 않았다," 미 정부 고위관리와의 인터뷰, 1994년 11월 14일. 북한의 '포커 게임,' 이란 페리코스의 비유, 페리코스와의 인터뷰, 1995년 6월 16일. '중세적인' IAEA라는 갈루치의 표현, 갈루치와의 인터뷰, 1994년 5월 19일. '항문과 전문의들' 이라고 한 그레그의 말, 그레그와의 인터뷰, 1995년 3월 12일. 김일성이 시아누크에게 '벌거벗은 사람' 비유, Far East Economic Review (1994년 6월 23일).
군사적 행동: 오한론의 분석, 오한론과의 전화 인터뷰, 1997년 2월 20일. 전쟁계획에 관한 내용, '한미, 대북 '전략개념' 언급," 중앙일보, 1994년 3월 24일자; FBIS-EAS, 1994년 3월 24일. Michael Gordon with David Sanger, "North Korea's Huge Military Spurs New Strategy in South," NYT, 1994년 2월 6일. "한국군이 안절부절 못하기 시작했다," 미군 고위 장교, 인터뷰, 1995년 4월 4일. 미군 대비태세에 관한 내용, 여러 뉴스 보도내용 및 상원외교위원회에서의 페리 증언 내용, 1995년 1월 24일. 럭의 말, 럭과의 인터뷰, 1994년 5월 3일. 국방부 사전준비회의에 대한 플래니건의 증언, 플래니건과의 인터뷰, 1995년 8월 11일. "극도의 긴장감 속에서 진행됐다"고 한 플래니건의 증언, Rosegrant, 하버드 논문, p.51.
클린턴 대통령에게 보고된 관측 내용, 토마스 플래니건 장군, 필자에게 보낸 편지, 1995년 9월 20일. '더 큰 위험'이란 페리의 말, 세계문제협의회에서 페리 연설문, 필라델피아, 1994년 11월 3일.
깊어가는 갈등: 김일성과의 직접 협상에 대한 아스핀의 촉구, Mazarr, North Korean and the Bomb, pp.102-103. 재일 한국인들의 대 북한 송금액 추정 내용, 이 부분은 매우 불확실하지만 정부측에서 추정한 액수는 6백만 달러였다. 미국기업연구소(American Enterprise Institute)의 니콜라스 에버스타트(Nicholas Eberstadt)가 금융자료를 바탕으로 세밀하게 조사한 결과에 따르면 재일 한국인 민간단체에서 북한으로 송금한 금액이 1990년 이후 연간 1백만 달러를 넘지 않았다고 한다. 일본정부의 송금 차단 곤란 문제, 전 백악관 관리, 인터뷰, 1996년 10월 28일. 제재의 효과에 관한 일본 기밀 보고서, Asao Iku, "North Korea Will Act This Way," 문예춘추(文藝春秋), 1994년 7월호, 일본어. 미국에 대한 일본의 지원 준비,

"Government Was Preparing Limited Legislation in 1994," 일본 아사히 신문, 1996년 9월 16일. '악몽'이라는 말, 일본 외교관, 인터뷰, 1996년 11월 6일.

셀릭 해리슨의 방북, 해리슨과의 인터뷰, 1994년 7월 14일; 해리슨 방북에 대한 카네기재단의 상세한 보도자료, 1994년 6월 16일; 해리슨이 Arms Control Today에 기고한 글, "North Korean Nuclear Crisis: From Stalemate to Breakthrough"(1994년 11월호). 카터의 방문에 대한 김영삼 전 대통령의 논평, "Seoul Denounces Carter Trip as 'Ill-Timed,'" DPA (German Press Agency), 1994년 6월 11일자. 북한에 관한 여론조사 결과, American Enterprise (1994년 7월 8일): p.83. 스코우크로프트와 캔터의 견해, "Korea: Time for Action," WP, 1994년 6월 15일.

미군의 준비상황에 대하여 서술한 부분, 윌리엄 페리와의 인터뷰를 기초로 함, 1995년 4월 25일; 페리의 상원 외교위원회 증언, 1995년 1월 24일; 페리의 상원 군사위원회 증언, 1995년 1월 26일; 보도자료 및 기타. 전쟁 비용과 사상자수를 추정한 럭의 발언, 럭의 상원 군사위원회 증언, 1995년 1월 26일. 걸프전에서 북한이 얻은 교훈에 관한 내용, 미국 고위관리, 인터뷰, 1995년 4월 4일.

평양으로 간 카터: Jimmy Carter, "Report of Our Trip to Korea," Carter Center 미발간 원고. 카터의 방북에 대해서는 Marion Creekmore와의 인터뷰도 참고하였다, 1994년 8월 1일; 카터 전 대통령의 보좌관들을 통해 저자에게 전달된 카터 대통령의 자료; 기타 각종 미발간·발간 자료들. '가능성이 극히 희박' 하다는 카터의 말, Elizabeth Kurylo, "Revisiting a Mission to Korea," Atlanta Journal-Constitution, 1994년 7월 3일.

백악관 긴급회의에 관하여 쓴 필자의 보고서, 회의 참석자 4명과의 인터뷰를 기초로 함. 1996년 10월 카터 전 대통령이 필자에게 분명히 밝힌 바로는 김일성과의 대화 도중에 정상회담 가능성에 대한 이야기를 꺼낸 것은 카터 대통령 자신이었다고 한다.

제14장 김일성의 죽음, 그리고 합의

김일성의 생애 마지막 한 해를 담은 공식 녹화자료, 마지막 경제 회의가 상세히 다루어져 있었다, 1995년 1월 평양 방문 당시 이 자료를 방영한 북한방송에 요청하였더니 필자에게 보여주었다. 그 회의에 참석했던 고위 간부들 중 한 사람인 김정우와의 대담에서도 이 회의에 관한 이야기를 나누었다. 정상회담 계획에 김일성 주석이 관여했던 부분들을 담고 있는 기타 세부내용들, 그의 마지막 회의에 관한 북한 공식 기록, *김일성 저작집*(한국어판), 제44권, 1996년 6월 21일 출간. 김일성의 최근 동향, "Seoul Speculates Kim's Death May Be Result of Power Struggle," *KH*, 1994년 7월 10일. 남북정상회담에 관한 김영삼 전 대통령의 이야기들, 청와대에서 필자가 김영삼 전 대통령과 가진 인터뷰, 1995년 4월 14일. 김일성 사망 관련 내용, 공식 부검기록 외에는 김일성 사망에 얽힌 자세한 내용이나 당시 정황 등은 북한이 발표한 바 없다. 이 책에 적힌 김일성 사망 관련 내용들은 김일성 장례식 때 북한 고위관리들과 특별히 접촉할 기회를 가졌던 Julie Moon이 전하는 말에 따른 것이다. 필자가 1995년 평양 방문 때 이야기를 나누었던 북한의 한 고위관리로부터 Julie Moon에게서 들은 말이 사실임을 확인하였다.

김일성의 목에 난 종양에 관한 독일 의사들, 전 동독 외교관, 인터뷰, 1994년 9월 10일. 1992년 점심식사 때 김일성이 보였던 비정상적인 행동들, 전 남한 관리의 말, 1994년 10월. 김일성의 건강상태에 대한 테일러의 판단, "Report on Bill Taylor's Third Trip to North Korea, 23-29 June 1992," 테일러에게서 받은 미발간 원고. "앞으로 10년은 끄떡없다"는 김일성의 말, 조갑제, "북한과의 정보전," *월간조선* (1990년 9월호). 김일성은 카터에게 앞으로 10년 동안은 활동을 계속할 것이라고 말함, David Sanger, "Kim Il Sung Dead at 82," *NYT*, 1994년 7월 9일.

김일성 사망에 대한 반응, 북한 고위관리와의 대화, 1995년 1월; 교도통신과의 "'Enormous Crowds' at Monument," 폴란드 통신사의 "'Mass Hysteria' in Pyongyang", *FBIS-EAS*, 1994년 7월 11일. 북한이 '협상 용의가 있다'고 한 플래니건의 전자우편, 플래니건과의 인터뷰, 1995년 8월 31일. KBS 방영물 관련 소동, 손태수, "Some TV Programs on Kim Il Sung Draw Fire," *KH*, 1994년 7월 13일.

구 소련 문서공개 시기의 부적절성에 관한 내용, 러시아 외교관과의 인터뷰, 1995년 3월 27일. 김일성 사후 남한이 보인 반응에 대한 북한의 대응, Steve Glain, "Turmoil Marks Relations Between Pyongyang, Seoul," *Asian Wall Street Journal*, 1994년 8월 15일. 정종욱 안보보좌관이 북한 붕괴에 관하여 레이크에게 했던 말, 미국 관리와의 인터뷰, 1996년 12월 11일.

김정일의 권력승계: 베를린에서 아버지와 함께 기차에 타고 있는 모습이 목격된 김정일, 전 동독 관리와의 인터뷰, 1994년 6월 10일. 김정일의 생일 날짜, 김정일의 생년월일이 실제로 알려져 있는 것보다 한 해 더 앞선 1941년이었으나, 아버지보다 정확히 서른 살 아래인 것으로 만들기 위해 나이를 끼워맞추었다고 한다. Aiden Foster-Carter, "Birth of a Legend," *Far Eastern Economic Review* (1991년 2월 21일).

'족벌국가' 라는 커밍스의 표현, Bruce Cumings, "The Corporate State in North Korea," *State Society in Contemporary Korea*, Hagen Koo 편집(Cornell University Press, 1993년). 세습에 대한 북한사전의 정의, 오공단, *Leadership Change in North Korean Politics*(Rand, 1988년 10월) p.10.

최은희·신상옥 부부에 관한 내용, 그들이 한 말의 신빙성을 의심한 사람들이 남한과 다른 나라에 일부 있었다. 그러나 김일성과 김정일이 그들과 나눈 대화를 녹음한 테이프와 사진들을 가지고 돌아오자 미국과 남한의 정보기관들은 그들의 말을 사실로 받아들였다. 필자는 그들과 세 번 만났는데, 첫 번째는 그들이 빈을 경유하여 탈출한 직후였다. 필자는 그들의 말이 믿을 만하다고 생각한다. 이 책에 적힌 내용들은 부분적으로 1980년대 중반 필자가 워싱턴포스트지에 실을 기사를 쓰기 위해 그들 부부와 가졌던 세 번의 인터뷰 내용에 바탕을 두었다. 본문의 인용 부분, 최은희·신상옥, "Kidnapped to the North Korean Paradise," 미발간 원고(한국어판의 영역본), p.246.

김정일의 양곤테러사건 관련 여부, Joseph Bermudez, *Terrorism: The North Korean Connection* (Crane Russak, 1990년), p.9. 김정일의 '현대적인' 사고방식에 관한 동독의 보도자료, "Information About Current Features in Some of North Korea's Cultural Areas," 동독 대사관, 1982년 6월 9일, *SED Archives*. 김정일이 한 말들, 최은희·신상옥 부부가 녹음해온 내용을 실은 *월간조선*에서 인용 (1995년 10월호).

제네바 기본 합의: 이 절의 내용은 주로 갈루치를 비롯한 미국측 협상대표들과의 인터뷰 내용에 바탕을 두었다. 강석주가 '절대불가' 방침을 철회한 데 대한 칼린의 설명, 칼린과의 인터뷰, 1994년 11월 7일. '게임은 끝났다' 라는 칼린의 말, 칼린과의 인터뷰, 1995년 11월 26일. (IAEA의) 태도를 '탈무드식'이라고 비유한 갈루치의 말, 갈루치와의 인터뷰, 1996년 10월 8일.

김정일 정권: 허바드의 방북과 (홀 준위 송환) 교섭, 허바드와의 인터뷰, 1995년 1월 6일. 미 합참의장이 태평양 사령관에게 보낸 중유 관련 국방부 전문, 워싱턴D.C. 합동참모 전신, "Subject: Delivery of Heavy Residual Fuel Oil to the Democratic People's Republic of Korea," 1995년 1월 14일, 기밀취급 제외문서.
원자로를 둘러싼 분쟁: "결국 우리는(남한과의) 결속을 선택했다," 백악관 관리와의 인터뷰, 1996년 10월 21일. 페리에게 보낸 럭의 전문, 국방부 관리와의 인터뷰, 1995년 8월 31일.

제15장 위기의 북한

샬리카쉬빌리가 언급한 '내부적 또는 외부적 폭발', 메리 조던, "Speculation Grows on Demise of N. Korea," *WP*, 1996년 4월 6일. 북한의 강우량 수치, "Pyongyang Media Report on Flood to Get Aid," *Vantage Point* (Seoul, 1995년 9월호); FAO 자료, "FAO/WFP Crop and Food Supply Assessment Mission to DPRK," 로마, 1995년 12월. 트레버 페이지의 보고 내용, Pierre Antoine Donnet, "Widespread Signs of Famine in North Korea: U.N. Official," *KH*, 1996년 12월 6일. '상황을 더욱 열악하게 만든'(북한의) 홍수, "FAO/WFP Crop and Food Supply Assessment to DPRK."
북한의 비밀 식량지원 요청, 서동관과의 인터뷰, 1993년 10월 28일. 김영삼 전 대통령의 북한 붕괴 유도 발언, 남한의 한 유명 인사와의 인터뷰, 1996년 11월 25일. 김영삼 전 대통령에 관한 레이니의 발언, 레이니와의 인터뷰, 1996년 6월 27일. 비무장지대 진입에 관한 세부사항들, 오영진, "Heavily Armed NK Troops Enter JSA in Panmunjom," *KT*, 1996년 4월 7일.
조선인민군 제6군단 해체와 동계 군사훈련 기간 단축, 미 정보관리와의 인터뷰, 1996년 11월 1일. 북한의 비무장지대 진입이 선거에 미친 영향, 서필권, "Policy Issues in the 1996 General Election," *Korea Observer* (1997년 봄호). 아드리안 부조의 말, 그가 쓴 글, "The DPRK and Late De-Stalinization," *Korean Journal of*

National Unification 4 (1995년).

정치적 격동에 휩싸인 서울: 정치헌금 스캔들의 발단에 관한 설명, 박계동과의 인터뷰, 1996년 6월 25일. 정치자금 비리 폭로 후 노태우 전 대통령의 인기가 떨어진 내용, "Roh Named as Most Hated Politician: Poll," *KH*, 1995년 11월 19일자. 국제그룹 관련 사례, Sam Jameson, "Fall of Kukje Corporation Illustrates South Korea's Corruption," *KT* 로스엔젤레스판, 1995년 11월 19일.

정주영의 상납 폭로와 노태우의 대응, 박병석, "Political Corruption in South Korea: Concentrating on the Dynamics of Party Politics," *Asian Perspective* (1995년 봄-여름호), p.172.

정상외교와 4자 회담 제의: 1995년과 1996년의 외교에 관해 논한 부분은 관련 미국 관리 4명과의 인터뷰에 바탕을 두었다. 중대발표에 관해 김영삼 대통령이 8월 15일에 대해서 클린턴 대통령에게 한 말, 미국 관리와의 인터뷰, 1996년 8월 14일. "우리는 김영삼 대통령에게 할 만큼 했다고 생각했다," 미국 관리와의 인터뷰, 1996년 5월 8일.

4자회담 제의에 대한 중국의 반응, "Jiang Sends Letter to Kim to Support 4 - Way Peace Talks," *KT*(코리아타임즈), 1996년 5월 22일. 키신저의 평화회담 제안과 이 노선에 따른 그밖의 대표들, 김학준, *Unification Politics of South and North Korea, 1945-1991* (서울대학교 출판부, 1992년), p.371ff. 유엔 특별 경보, "WFP Warns North Korea Food Situation Deteriorating Sharply," 유엔 세계식량계획 보고 및 보도자료, 1996년 5월 13일. 대조적인 남한 모습, "One in Four Koreans Is on Diet: Survey," *KH*, 1996년 4월 9일.

잠수함 침투사건: 잠수함 침투사건의 구체적인 전말, "Chronology of Events Surrounding Incursion on the Territory of the ROK by North Koreans," 워싱턴 주재 남한 대사관 정보국, 1996년 10월 4일 발간; *KH* and *KT* 보도 자료 참조. 1976년 침투에 관한 인용, *USFK Hist*, 1976년, p.53, 2급기밀 (1995년 해제).

북한 잠수함 관련 내용, "PRC Magazine on DPRK's Submarine Strength," *FBIS-EAS*, 1995년 2월 21일, p.36. 잠수함사건 관련 김영삼 전 대통령의 언급내용, 심재훈, "Submarine Shocker," *Far Eastern Economic Review* (1996년 10월 3일); 천시영, "Kim 'Sees Possibility of War'," *KH*, 1996년 10월 8일. 케빈 설리번의 김영삼 전 대통령과의 인터뷰, "S. Korea Demands Apology from North; Kim Suspends

Nuclear Deal After Sub Incident," *WP*, 1996년 11월 9일자. 북한의 초기 발표, "Statement by a Spokesman for North Korea's Armed Forces Ministry," 1996년 9월 23일, *Korea and World Affairs* (1996년 가을호), p.516.

남한 고위관리의 말을 플렁크가 인용한 내용, "No Way to Deal with North Korea," *WP*, 1996년 9월 29일자; 플렁크와의 전화 인터뷰, 1997년 2월 6일. 남한의 단독 공격 계획 폭로, "ROK Ready to Hit 12 DPRK Targets in Event of Attack," *FBIS-EAS*, 1996년 10월 16일. 잠수함 침투사건 이후 크리스토프가 쓴 기사, "How a Stalled Submarine Sank North Korea's Hopes," *NYT*, 1996년 11월 19일.

일방적인 군사행동에 대하여 미국-남한 간 오간 이야기, 워싱턴과 서울에서 관련 관리들과 비밀리에 가진 인터뷰. '전적으로' 만족했다고 한 틸럴리의 말, 틸럴리와의 인터뷰, 1997년 4월 22일.

무너지는 북한: 송영대가 말한 '불안정 속의 안정,' 그의 글 "Changes in North Korea and How to Respond," *Korea Focus* (1997년 1-2월호); 필자는 서울에서 송영대와 직접 인터뷰를 갖기도 했다, 1997년 4월 22일. 1996년 12월 7일 김정일의 연설, 월간조선, 1997년 3월. 이 책에 적힌 영역본은 BBC에서 가져왔음, 1997년 3월 21일. 그 연설문을 입수한 사람으로, 나와 인터뷰를 가졌던 월간조선 김용삼 기자로부터 연설문의 출처가 황장엽이라는 것을 알게 되었다, 1997년 4월 16일.

틸럴리의 말, 틸럴리와의 인터뷰, 1997년 4월 22일. 중국의 식량 및 연료 지원에 대한 통계자료, US Institude of Peace, Special Report On Korea, 1998년 6월.

김정일의 1996년 군사·비군사 부문 활동, *Vantage Point* (서울, 1996년 12월호와 1997년 1월호)에 열거되어 있다. 틸럴리의 말, 틸럴리와의 인터뷰, 1997년 4월 22일.

황장엽의 선택: 이 부분의 내용은 대체로 이연길을 통해 월간조선 김용삼 기자에게 전달되었다가 황장엽의 망명 이후 발간된 황장엽의 편지 및 기타 문서자료들에 근거하였다. 또한 1997년 4월 16일에 김용삼 기자와 가진 인터뷰와 1997년 3월 8일 이즈미 하지메와의 인터뷰, 1997년 4월 23일 성희 스텔라 김과의 인터뷰, 월간조선 1997년 6월호에 실린 김용삼 기자의 회고록을 참고하였다.

망명을 신청한 전화 통화, 남한 고위 관리와의 인터뷰, 1997년 4월 21일. 남한 영사관에서 황장엽이 작성한 진술서, 남한 외무부에서 발표한 자료, 1997년 2월 13일.

'붉은 기 사상,' "Red Banner Philosophy as Kim Jong Il's Ruling Tool," Vantage Point (서울, 1997년 3월호). 1996년 2월 모스크바 세미나에서 황장엽이 자신의 견해를 드러낸 부분, Izumi와의 인터뷰, 1997년 3월 8일.

남과 북의 시련: 남한 경제현황을 나타내는 자료들, Korea Economic Institute of America. 8년째 이어지고 있는 북한의 경제 침체, Vantage Point (서울, 1998년 7월호), 한국은행 자료 인용. 북한에 관한 IMF 보고서, IMF 아시아·태평양 지역국, 3급기밀, 1997년 11월 12일. 미 통계청 추정자료, Nicholas Eberstadt.

제16장 화해의 손길

하늘 높이, 땅 깊숙이: 위성 발사 관련 자료, 조선중앙통신(KCNA), 1998년 9월 4일. 세인저가 쓴 기사 "North Korea Site an A-Bomb Plant, U.S. Agencies Say," *NYT*, 1998년 8월 17일. 리빙스턴이 한 말, *WP*, 1998년 9월 1일.

원조로 연명해 가는 나라: 북한의 새 내각, 유영구, Vantage Point (서울, 1999년 3월호).

페리 조정관이 던진 밧줄: 이 부분의 내용들은 부분적으로 윌리엄 J. 페리, 매들린 올브라이트, 웬디 셔먼, 찰스 카트먼, 로버트 아인혼, 그밖에 미국 관리들과의 인터뷰를 기초로 삼았다. 조명록 차수의 약력, Vantage Point (서울, 1999년 3월호)와 남한 언론 보도.

평양에서 만난 두 정상: 공동선언문 영역본, 워싱턴 주재 남한 대사관, 2001년 3월 23일. 김대중 대통령의 말 인용, *Financial Times*, 2000년 7월 16일.

제17장 제네바 합의의 파기

부시 대통령에 대한 의견, John Bolton의 저서, *Surrender Is Not an Option* (2008년 초판), p.99.

위태로운 출발: 2001년 2월 임동원 장관의 워싱턴 방문, 임동원, *Peacemaker* (Walter H. Shorenstein Asia-Pacific Research Center, 2012년), pp.266-268.

조선중앙방송이 전달한 노동 신문 기사, "북-미관계에 대한 우리의 기본 입장," 2000년 11월 7일.

파월장관의 실수, Karen Deyoung, Soldier : The Life of Colin Powell (Vintage Books, 2007년), pp.324-326. 부시-김대중 간 회담에 관한 이야기, "At White House, Kim Hears U.S. Hard Line on Pyongyang : Bush Tells Korean He Distrusts North,"
www.nytimes.com/2001/03/08/news/08iht-kim,2,t,html.

9.11의 충격: 북한의 테러 행위에는 남한 대통령 암살시도, 남한 비행기 폭파, 미국이 간주했던(다른 이들은 '자유의 전사'라고 불렀던) 테러리스트 지원이 있다. 1990년대 말쯤, 북한은 테러그룹에 대한 지원(자금지원, 훈련)을 철회하고 테러 활동도 하지 않는 것으로 보인다. 아직까지 남아있는 미국의 우려를 잠재우기 위해 美 국무부의 대테러반과 북한 정부간 논의가 시작되었다.

2000년 10월 6일, 테러에 관한 북-미 공동선언문에 따르면: "국제 테러행위에 저항하는 양국의 협력을 보여주기 위해, 미국과 조선민주주의인민공화국은 국제 테러행위 관련 정보를 교환하며, 이점에 대하여 양국간 현안을 해결하고자 한다." 선언문에서는 또한: "전세계 평화와 안전을 위협하는 테러행위에 대한 공동의 우려를 기반으로 하여, 양국은 국제 테러행위에 대항하는 국제적 법적 체계를 지원하도록 노력하고 협력하여 대테러에 효과적인 조치를 취한다. 양국은 이런 조치에는 테러행위를 정당화할 수 있는 피난처를 포함한 물질적 지원이나 자원을 테러리스트 및 테러집단에 지원하지 않으며, 민간 및 해상항해업부 안전에 위협이 되는 테러와 맞서 싸우는 것이 포함된다는 데 의견을 같이한다." 이런 협력사항들은, 미국정부에게 갑자기 최고 우선순위가 된 테러 문제에 대하여 북한이 협력의지를 표하기 위해 만들어진 것일 수 있다. 북한이 실제로 9.11테러 집단과 관련하여 중요한 정보를 갖고 있었는지는 또 다른 문제이다.

페어지는 실타래:북일·회담: 비밀 북일 회담에 관한 자세한 사항과 2002년 정상회담 결과, Yoichi Funabashi, *The Peninsular Question* (Bookings Institute Press, 2007년), pp.1-49. 북일 선언의 내용은 다음과 같다:

1. 쌍방은 이 선언에서 제시된 정신과 기본원칙에 따라 국교정상화를 빠른 시일 안에 실현시키기 위하여 모든 노력을 기울이기로 하였으며, 이를 위하여 2002년 10월 중에 북일 국교정상화회담을 재개하기로 하였다.

쌍방은 호상 신뢰관계에 기초하여 국교정상화를 실현하는 과정에도 북일 사이에 존재 하는 제반 문제들에 성의 있게 임하려는 강한 결의를 표명하였다.
2. 일본측은 과거 식민지배로 인하여 북한 주민에게 극심한 손해와 고통을 준 역사적 사실을 겸허하게 받아들이며 통절한 반성과 마음속으로부터의 사죄의 뜻을 표명하였다.

쌍방은 일본측이 북한에 대하여 국교 정상화 후, 쌍방이 적절하다고 간주하는 기간에 걸쳐 무상자금협력, 저이자 장기차관제공 및 국제기구를 통한 인도주의적 지원 등의 경제 협력을 실시하며, 또한 민간 경제 활동을 지원하는 견지에서 일본 국제협력은행 등에 의한 융자, 신용대부 등이 실시되는 것이 이 선언의 정신에 부합된다는 기본인식 아래, 국교 정상화 회담에서 경제 협력의 구체적인 규모와 내용을 성실히 협의하기로 하였다.

쌍방은 국교정상화를 실현하는 데 있어서, 1945년 8월 15일 이전 발생한 일에 기초하여 두 나라 및 두 나라 국민의 모든 재산 및 청구권을 호상 포기하는 기본원칙에 따라 국교 정상화 회담에서 이에 대하여 구체적으로 협의하기로 하였다.

쌍방은 재일조선인들의 지위문제와 문화재 문제에 대하여 국교 정상화 회담에서 성실히 협의하기로 하였다.
3. 쌍방은 국제법을 준수하며 서로의 안전을 위협하는 행동을 하지 않는다는 것을 확인하였다. 또한 일본국민의 생명 및 안전과 관련된 현안문제에 대하여 북한은 북일 두 나라의 비정상적인 관계 속에서 발생한 이러한 유감스러운 문제가 앞으로 다시 발생하지 않도록 적절한 조치를 취할 것을 확인하였다.
4. 쌍방은 동북 아시아 지역의 평화와 안전을 유지·강화하기 위하여 호상 협력해 나갈 것을 확인하였다.

쌍방은 이 지역의 유관국들 사이에 호상 신뢰에 기초하는 협력관계 구축의 중요성을 확인하며, 이 지역의 유관국들 사이의 관계가 정상화되는 데 따라 지역의 신뢰조성을 도모하기 위한 기틀을 정비해 나가는 것이 중요하다는 데 대하여 인식을 같이 하였다.

쌍방은 한반도 핵 문제의 포괄적인 해결을 위하여, 해당되는 모든 국제적 합의들을 준수할 것을 확인하였다. 또한 쌍방은 핵 및 미사일 문제를 포함한 안전보장상의제반 문제와 관련하여 유관국들 사이의 대화를 촉진하여 문제 해결을 도모해야할 필요성을 확인하였다. 북한은 이 선언의 정신에 따라 미사일 발사의 보류를 2003년 이후 더 연장할 의향을 표명하였다.

쌍방은 안전보장에 관한 문제를 협의하기로 했다.

공동성명에 대한 공식 문서는
www.mofa.go.jp/region/asiapaci/n_korea/pmv0209/pyongyang.html 참고.
서서히 벼랑 끝으로: 북한의 이례적으로 빠른 사과에 대해 임동원이 묘사한 내용, Peacemaker, p.320.
제네바 합의가 무너질 가능성에 대한 다채로운 표현들, Bolton, Surrender is Not an Option, pp.106-107.
합의를 '몰래 어겼다' 라는 말은 과한 단어이기 때문에, 제네바합의 초안에 협력했던 국무부 변호사들은 우라늄 농축활동을 하는 북한에게 제네바 합의를 '몰래 어겼다' 라는 단어를 사용한 것에 실소를 금치 못했다. 1994년 합의에는 이미 종료된 1992년 북·미간 합동선언에 대한 약간의 언급을 제외하고는 우라늄 농축에 대한 이야기가 없다. 실질적 이유들을 가지고 갈루치 대사는 미국이 감시할 수 있는 몇 가지 북한의 활동만 제네바 합의에 포함시키고자 했으며, 우라늄 농축은 그 중에 포함되지 않았다. 김정일이 우라늄 농축 프로그램을 진행시킨 것은 한참 잘못된 계산이었을 지도 모른다. 경계를 포용하다가 무너뜨리는 것은 북한의 일반적 성향이었다. 그것을 가리켜 '몰래 어겼다' 고 말한 것은 북한의 행동을 법적·도의적 영역으로 확대 해석해 상황 해결을 더 어려워지게 만들었고, 이는 美 정부 강경파가 만족해하는 방법이었다.
김정일의 개혁을 향한 열망: 2002년 7월 김정일의 경제 개혁 관련 논의 및 북한에서의 토론, Robert L. Carlin and Joel S. Wit, "North Korean Reform: Politics, Economics, and Security," Adelphi Paper, vol.382 (2006년 7월): pp.35-52.
신의주 특별 행정구에 대한 중국의 반응, "Dose Beijing Back North Korea SAR?," South China Morning Post,
www.scmp.com/article/392912/does-beijing-back-north-korea-sar.
동요하는 미국: '대담한 조치'에 관한 토의, Charles L. Pritchard, Failed Diplomacy (Booking Institution Press, 2007년), p.25.
켈리와 강석주간 회담에 대해, Prichard, Failed Diplomacy, p.37-39; Mike Chinoy, Meltdown: The Inside Story of the North Nuclear Crisis (St. Martin's Press, 2008년), pp.120-124.

다음 날 아침: 켈리 방문 이후 남한이 북한에게 한 충고, 임동원, *Peacemaker*, p.341.
제네바 합의가 끝날 경우 취해야 할 조치에 대한 볼튼의 의견, Bolton, *Surrender is Not an Option*, p.115.

제18장 한미안보동맹의 문제점

외교정책상 문제: 쿠데타에 대한 럼스펠드의 의견, Donald Rumsfeld, *Known and Unknown: A Memoir* (Sentinel, 2011년), p.642.
부통령의 역사에 대한 생각, Richard Cheney, *In My Time* (초판, 2011년), p.493.
햇볕정책의 끝자락: 치솟는 반미 감정과 미군 개개인에 대한 위협은 심각한 수준이었고, 미국은 남한정부가 반미 분위기를 저지하지 않는다고 생각했다. 허바드의 의견, 대사의 회고록: 대사의 눈으로 본 한미 동맹, (한국경제연구원, 2009년), 9장.
2012년 3월 이 책을 위해 문재인은 장시간 인터뷰를 해주었다. 노무현에 대한 균형 잡힌 관점에 도움이 되었다.
'핵우산' 관련 에피소드는 양쪽 참가자 다수와의 인터뷰를 통해 명확하게 묘사했다.
고조되는 긴장감: 美 정찰기와의 사고에 대해 북한이 처음 언급한 것은 노동신문의 기사 "감히 누구에게 대항하는가?" 이다, 2003년 3월 10일.
6자회담이라는 신기루: 자신의 충고에 대해 라이스가 기억하는 내용, Condoleezza Rice, *No Higher Honor: A Memoir of My Years in Washington* (Crown, 2011년), p.248. 중국에서 있었던 초반 토론, John W. Lewis and Robert L. Carlin, *Negotiating with North Korea, 1992-2007* (Center for International Security and Cooperation, Stanford University, 2008년 1월).
장쩌민과의 회담내용, George Bush, *Decision Points* (Broadway Paperbacks, 2010년), p.424. 중국정부는 수년간에 걸쳐 여러 번, 북한은 중국이 아니고 미국이 풀어야 할 문제라고 말했다. 2002년 이후로 미국은 모든 기대를 중국에 걸고 있었지만 어떤 일도 해결되지 않았다. 중국은 언제까지고 북한 문제를 풀지 않고 남겨놓아도 불편해하지 않는다는 것을 미국은 기억해야 할 것이다.

핵무기의 등장: 2004년 1월 10일 北 외무성 대변인 성명을 참고. 이유가 무엇이던 지 간에 외무성은 일관성에 대해 굉장히 우려했고, 어느 정도는 신뢰성에 대해 서도 신경 쓰고 있었다. 북한 외교관들이 좋아하지 않았던 한 가지는 사전에 아무런 경고 없이 입장을 뒤집었다는 소식을 접하는 것, 또는 모순된 말을 하는 것이었다. 그들은 북한 정부가 먼저 나아가려는 방향과 시기 등에 대해 말하는 것을 선호했다. 2010년 미국방문단에게 영변 우라늄 농축 시설을 보여준 이유에 대해서 묻자, "2009년 우라늄 농축을 하겠다고 말했는데 아무도 믿지 않았다. 그래서 말한 대로 이행한다는 것을 보여주고자 했다."고 답했다. Sigfreid S. Hecker, *A Return Trip to North Korea's Yongbyon Nuclear Complex* (Center for International Security and Cooperation, Stanford University, 2010년 11월 20일),
http://iis-db.stanford.edu/pubs/23035/HeckerYongbyon.pdf.
우왕좌왕한 1년: 2004년 고이즈미의 평양방문 당시 논의, Funabashi, *The Peninsula* 2005년 6월 다양한 차원의 남북회담, *Question*, p.53. 임동원, *Peacemaker*, p.368.
2005년 여름, 6자회담에서 경수로 문제에 대해 한 발짝도 양보하지 말라는 미국 대표단에 내려진 지시는 당시 회담 참가 당사자들과의 인터뷰에 설명되어있다.
미국 최종성명에 대한 북한 대표단의 반응, Victor Cha, *The Impossible State* (Ecco, 2012), p.263-264. 다음 날 북한 정부의 공식 반응은 조선중앙방송에서 전문을 영어로 한 '언론 성명'의 형식으로 외무성 대변인 이름 하에 발표되었다.
애국법 제 311조 의거한 美 재무부 언론 보도,
www.treasury.gov/press-center/press-releases/Pages/tg1591.aspx.
2005년 7월 재무부 제재를 내리게 된 이유와 방법 에 대한 설명은 인터뷰에 자세히 나와있고, 모두가 암묵적으로라도 중요한 한가지에 동의하는 듯 보였다 – 이번 조치로 외교적으로 긍정적인 발전을 거둘 수 있는 가능성이 멀어질 것인가의 여부는 결국 최우선 고려 사항이 아니었다는 것이다.
한반도 에너지 개발 기구의 해체: 한반도 에너지 개발기구의 역사, Charles Kartman, Robert Carlin, and Joel Wit, *A History KEDO* (Center for International Security and Cooperation, Stanford University, 2012년).
북한의 미사일 발사, 마침내: 북한 정부가 미사일 발사에 대한 일방적 유예를 취소한 결정은 2005년 3월 2일 발표한 장문의 북한 외무성 자료에 포함되어있고, 다음 날 조선중앙방송이 전문을 모두 방송했다. 미사일 발사 유예에 대해 조선중

양방송은 "미사일 문제에 한해 우리는 어떤 국제 조약이나 법에도 구속받지 않는다. 일부 세력은 북한의 미사일 발사 유예는 유효하다고 주장한다. 이전 미국 정부가 있던 1999년 9월, 우리는 북미 대화가 진행되는 동안은 미사일 발사 유예를 하겠다고 발표했으나, 2001년 부시 정부가 들어섰을 때 북미 대화는 완전히 중단되었다. 따라서 우리는 현재 미사일 발사 유예에 구속되지 않는다."
UN 안전보장 이사회가 발사 이후 채택한 결의안, UN 안전보장 이사회는 조선인민공화국의 미사일 발사를 비난하며 만장일치로 결의안 1695호(2006년)를 통과시켰다,
http://www.un.org/Docs/journal/asp/ws.asp?m=s/res/1695(2006) 참고.
풍계 핵실험: 힐 차관보에게 대통령이 지시한 내용, Chinoy, *Meltdown*, p.283.
베이징 만찬, Victor Cha, *The Impossible State*, p.266.

제19장 새 옷을 입고 등장한 후계자

라이스가 힐에게 뉴욕필 기자회견에 참석하지 말라고 지시, Glenn Kessler, WP, 2008년 5월 26일, "Mid-level official steered U.S. shift on North Korea."
승계의 움직임: 체포한 사람이 김정남임을 알았을 때 일본이 느낀 실망감, Funabashi, *The Peninsula Question*, p.61-63.
김정일의 뇌졸중,
www.huffingtonpost.com/2011/12/19/kim-jong-il-stroke_n_1157688.html 참고.
외교전선의 후퇴: 교역에 대한 제재를 취소한 미국 정부의 결정,
www.npr.org/templates/story/story.php?storyId=91934883 참고.
힐 대사의 증언,
http://foreign.senate.gov/imo/media/doc/HillTestimony080206a.pdf 참고.
검증문제, www.armscontrol.org/act/2008_09/NKnuclear 참고.
북한에서 국제원자력 기구의 시간대별 활동,
www.iaea.org/newscenter/focus/iaeadprk/fact_sheet_may2003.shtml
끔찍한 출발: 안전보장이사회 조치 후, 다음 행보에 대한 북한의 경고, "UNSC

Urged to Retract Anti-DPRK Steps," 조선중앙통신, 영어, 2009년 4월 29일.
북한의 세 번째 핵실험에 대한 자세한 연구, Siegfried Hecker and Frank Pabian, www.thebulletin.org/web-edition/features/contemplating-third-nuclear-test-north-korea 참고.
전략적 인내,
www.washingtonpost.com/wp-dyn/content/article/2010/05/26/AR2010-052605047.html 또는 www.donaldgross.net/2010/12/strategic-patience-has-become-strategic-passivity/
UN 안전보장 이사회 결의안 PRC 단서,
www.un.org/News/Press/docs/2009/sc9679.doc.htm
남한으로: 북한 조문단과 이명박 대통령 사이에 있었던 일에 대해서 남한의 공식 언론이 보도했다, 동아일보, 2009년 8월 24일, 영문판.
비밀회담, 공개적 충돌: 연합뉴스사가 홍수에 대한 다양한 점을 취재하였다.
http://english.yonhapnews.co.kr/news/2009/09/07/0200000000AEN20090907006600315.HTML 참고.
천안함 폭침에 대한 남한 공식조사 결과,
www.securitycouncilreport.org/atf/cf/%7B65BFCF9B-6D27-4E9C-8CD3-CF6E4FF96FF9%7D/DPRK%20S%202010%20281%20SKorea%20Letter%20and%20Cheonan%20Report.pdf 참고.
중국의 커지는 영향력: 원자바오 방북에 대해 북한 방송이 취재한 내용,
www.youtube.com/watch?v=1pj4iGY8nQE 참고.
흔치 않은 반발: 화폐 재평가 초기에 대한 이야기, Evan Ramstad, *Wall Street Journal*, http://online.wsj.com/article/SB125975276400572645.html 참고.
북한의 마그네사이트 매장량에 대한 외부의 관심에 대한 일례,
www.nkeconwatch.com/nk-uploads/quintermina3.pdf 참고.
김정일의 죽음과 그 이후: 조선우주공간기술위원회 대변인의 위성 발사 발표는 공식 북한 뉴스사에 의해 발표되었다, "북한 실용위성 발사," 조선중앙통신, 2012년 3월 16일.

후기

북한의 경계상태가 눈에 띄게 호전된 것을 관찰한 내용,
www.dailynk.com/english/read.php?cataId=nk01500&num=10452 참고.
영변 핵시설 경수로 건설이 진행되는 것을 보여주는 상업 위성 사진 분석,
http://38north.org/2013/05/yongbyon050113/ 참고.

국립중앙도서관 출판예정도서목록(CIP)

두 개의 한국 : 전직 워싱턴포스트 기자가 바라본 한국현대사비록 /
지은이 : 돈 오버도퍼 · 로버트 칼린 : 옮긴이 : 이종길 · 양은미 - 개정
판.- 고양 : 길산, 2014

920P. ; 145×211mm

원표제 : Two Koreas
원저자명 : Don Oberdorfer, Robert Carlin
영어 원작을 한국어로 번역
ISBN 978-89-91291-39-3 03340 : ₩34000
한국 현대사[韓國現代史]

911.072-KDC5   951.904-DDC21   CIP2014026430

나폴레옹 전기

666 인간 '나폴레옹'
그는 알면 알수록 점점 커져만 간다(괴테)

역사상 그 누가 모스크바를 점령하여 아침 햇살에 빛나는 모스크바의 둥근 지붕들을 바라보았던가? 이 책은 너무나 잘 알려진 이름임에도 그동안 감추어져 있었던 영웅 나폴레옹의 진면목을 강렬하고 빈틈없이 요약했다. – 동아일보

펠릭스 마크햄 지음 / 값 18,000원

이야기 성서

기쁨과 슬픔을 집대성한 인류역사 소설
왜 인간은 에덴의 동쪽으로 돌아갈 수 없는가

노벨문학상 수상 작가 펄 벅 여사의 '이야기 성서'는 경건한 종교세계는 물론 인류역사의 시작과 그 과정을 특유의 유려한 필치로 흥미롭게 풀어낸다. – 조선일보

펄 S. 벅 지음 / 값 35,000원

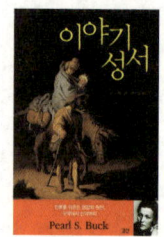

베토벤 평전

진실한 삶 속에서 울리는 풍요로운 음악 소리
베토벤, 자신을 버린 세상을 끊임없이 사랑하다

악성 베토벤의 인간적 삶에 초점을 맞춘 전기. 알코올중독자 아버지에게 혹독한 훈련을 받던 어린시절부터, 청각을 상실하는 말년에 이르기까지 베토벤의 삶과 예술을 풍성하게 되짚는다.
– 조선일보

앤 핌로트 베이커 지음 / 값 8,000원

상형문자의 비밀

고대 이집트의 눈부신 현장이 펼쳐진다

고대 이집트의 멸망과 함께 영원히 비밀 속으로 사라질 뻔했던 상형문자. 어느 날 로제타라는 작은 마을에서 회색빛 돌 하나를 발견하고, 돌 위에 씌어진 상형문자의 해독을 위해 모든 것을 바쳤던 사람들, 바로 그 정열적인 사람들의 신비로운 이야기.

캐롤 도나휴 지음 / 값 12,000원

두 개의 한국(개정판)

**한국 현대사를 공평한 제3자의 객관적 시각
한반도 현대사는 진정한 핵의 현대사다**

전 워싱턴포스트지 기자 돈 오버도퍼와 미국 최고 남북한 전문가 로버트 칼린의 눈을 통해 한반도 문제의 핵심인 청와대, 평양, 백악관 사이에서 비밀스럽게 진행됐던 수많은 사건들과 핵 협상의 숨막히는 담판 승부를 생생히 목도할 수 있다.

돈 오버도퍼·로버트 칼린 지음 / 값 34,000원

절대권력(전2권)

'돈 對 사상' 현대 중국의 고민

경제 발전에 따른 중국의 부패상을 담아낸 장편소설로 '사회주의적 인간의 건전성'을 찬미하는 데 목적을 두고 있다. 그러나 현대 중국의 갈등과 고민을 당성黨性과 자본주의적 배금주의와의 충돌로 이해하는 데 도움을 준다. – 중앙일보

저우메이선 지음

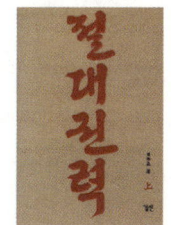

연인 서태후(개정판)

꽃과 칼날의 여인, 서태후!

지금껏 수없이 오르내렸던 서태후란 이름은 각각의 입장에 따라 다른 해석이 나오게 마련이다. 환란의 청조 말기, 그녀의 이름은 어떤 사람에게는 시대를 밝히는 등불이었으며, 또 어떤 사람에게는 무시무시한 독재자의 이름이기도 했다. 중국에 대해 남다른 애정을 보였던 저자에게 '서태후'란 이름은 특히 매력적이었을 것이다. 이미 대작《대지》로 친숙한 저자의 필치를 통해 '서태후'의 또 다른 모습을 볼 수 있다. 희대의 악녀로 불렸던 그녀를 순수하고 열정적인 여인으로 재탄생시키고 있는 것이다.

펄 S. 벅 지음 / 값 19,500원

매독

매독, 그리고 어둠 속의 신사들

콜럼버스가 신대륙 학살 끝에 얻어온 '창백한 범죄자' 매독은 근 5백 년간 천재들의 영혼을 지배하며 복수의 칼날을 휘둘러왔다. 링컨의 알 수 없는 광증, 베토벤의 청력 상실, 히틀러의 유대인 학살, 니체의 폭발적인 사유, 이 모두가 만일 매독이 불러일으킨 불가해한 현상이라면, 과연 유럽의 역사는 어떻게 달라져야 하는가?

데버러 헤이든 지음 / 값 20,000원

해외 부동산투자 20국+영주권

해외투자는 새로운 미래다!

이 책은 투자 천국인 미국, EU 영주권을 제공하는 몰타, 최저비용으로 고품격 삶을 누릴 수 있는 멕시코 등 20국가를 선별해, 금전적 이익과 생활의 자유를 한꺼번에 잡을 수 있는 새로운 차원의 투자 방법을 제시하고 있다. 새로운 경제 돌파구를 마련하고자 하는 소규모 투자자, 세계를 익히고자 하는 의욕적인 사업가, 새로운 문화 속에서 제2의 인생을 꿈꾸는 퇴직자라면, 이 책에서 해외투자에 대한 많은 정보를 얻을 수 있을 것이다.

헨리 G. 리브먼 지음 / 값 15,000원

누구를 위한 통일인가

전직 주한미군 그린베레 장교가 바라본 한국의 분단과 통일관

한국 격변기 때 중요한 역사의 현장을 온몸으로 체험한 주한미군 장교가 수기 형식으로 써내려간 이 책에서 우리는 흔히 접할 수 있는 딱딱한 이론이나 주관주의에 매몰된 자기 주장 따위는 찾아볼 수 없다. 마치 한 편의 소설을 읽는 듯한 착각에 빠지게 만드는 저자 특유의 생동감 넘치는 대화체 등의 현장 묘사와 그동안 배후에 가려져 왔던 숨겨진 일화들을 공개함으로써 읽는 재미를 배가시키며, 나무와 더불어 숲을 아우르는 객관적이고 심도 있는 분석을 통해 남북 분단의 근거와 실체, 주요 리더들의 특징과 그 역학적 관계에 대한 정확한 이해, 그에 따른 통일의 함정과 지향점 등을 설득력 있게 제시한 역작이다.

고든 쿠굴루 지음 / 값 17,000원

톨스토이 공원의 시인

톨스토이, 그리고 영혼의 집 짓기

1년밖에 살지 못한다는 시한부 인생을 선고받고 숲으로 들어와 20여 년을 더 살아낸 20세기 마지막 시인 헨리 스튜어트. 이 책은 삶과 죽음 사이를 흔들흔들 오가며 둥근 지붕의 집을 지은 헨리의 특별한 이야기이자, 세월 속에서 잃어버린 우리 영혼에 대한 기록이다. 마치 눈으로 보듯 세밀하게 그려진 집 짓기 과정은 부나 명예와 같은 껍데기가 아닌, 내면의 뼈대를 구축하는 일이 얼마나 중요한가를 역설하고 있으며, 곳곳에 녹아 있는 레오 톨스토이의 사상은 매순간 삶에 대한 뜨거운 애정으로 되살아난다.

소니 브루어 지음 / 값 15,000원

Dear Leader Mr. 김정일

김정일은 악마인가? 체제의 희생양인가?

2005년 타임지 선정 '세계에서 가장 영향력 있는 100인(지도자&혁명가 부문)' 중 한 사람. 세계 최초로 핵확산금지조약을 탈퇴한 지도자. 예술적 면모와 열정을 지닌 북한 최대의 영화 제작자. 개인 최대 코냑 수입자. 주민의 10%가 굶어 죽어가는 나라의 지도자. 이 책에서는 이처럼 아이러니 그 자체인 김정일을 정확하고 심도 있게 분석하고 있다.
김정일을 둘러싼 분분한 소문보다는 그의 행동과 북한 체제, 과거부터 현재까지 북한의 역사와 한국과의 관계를 정확히 분석하여 가정을 세우고, 그 가정을 증명한 이 책은 그간 어디서도 찾아볼 수 없던 북한 정밀 보고서이며, 김정일 정신분석 보고서다. 북한의 핵문제가 전 세계적으로 파급되고 있는 이때, 북한과 김정일을 정확하게 파악하지 못한다면 세계의 미래 역시 예측 불가능할 것이다. 저자는 이 책을 통해, 김정일을 사악한 미치광이로 매도하는 것은 지나친 단순화의 오류며, 김정일 또한 냉전이라는 덫에 사로잡힌 역사의 제물이고, 북한 공산주의라는 체제의 피해자임을 지적한다.

마이클 브린 지음 / 값 14,000원

통제하의 북한예술

'북한예술'을 발가벗긴 책

우리의 관심을 벗어날 수 없는 북한예술은 이 책을 통해 북한의 정치, 사회사를 통합적으로 관통한 저자의 서술에서 그 희미한 실체가 윤곽을 드러내게 된다. 또한 풍부한 자료를 통해 생생하게 전달되는 북한의 미술 세계에서 우리는 이제껏 품어온 궁금증을 하나씩 벗겨내며 저자의 훌륭한 안내를 받게 될 것이다.

제인 포털 지음 / 값 18,000원

독재자의 최후

한 권으로 읽는 지상 최고 악당들의 세계사

역사의 굵직굵직한 사건 뒤에는 늘 독재자들이 그 모습을 감추고 있었다. 그리고 사건이 표면화되면 그들은 서서히 모습을 드러내고 자신의 나라와 국민들을 피의 전쟁으로 몰아넣었다. 예수 그리스도의 탄생 후 자행되었던 헤롯의 유아 대학살, 칭기스칸의 공포적인 영토 확장, 전 세계를 전쟁의 소용돌이로 몰아넣은 히틀러, 그리고 최근 비참한 말로를 맞은 후세인에 이르기까지…. 이 책은 역사상 가장 잔혹하고 무자비한 독재 정권을 통해 피의 향연을 펼치고, 아울러 역사를 바꾸기까지 한 독재자들에 대해 조명하고 있다. 어떻게 해서 그들이 독재적인 성격을 띠게 되었는지, 그리고 어떤 최후를 맞게 되었는지를 알아보고, 국가와 국민들에게 행한 잔인한 실상들을 낱낱이 파헤치고 있다.

셸리 클라인 지음 / 값 18,000원

사요나라 BAR

일본 신사이바시 골목 어딘가의 '사요나라 바'를 무대로 펼쳐지는 이 소설은 사랑과 폭력, 그리고 상처와 연민을, 젊음과 중년 세대를 아우르며 매우 실감나게 묘사하고 있다.
(야쿠자 조직원과 눈먼 사랑에 빠진) 영국인 호스티스 메리, (소설 '황금비늘'과 '캐리'의 주인공을 연상케 하는) 영험한 정신적 능력을 지닌 4차원적 인물 와타나베, (죽은 아내의 환상 속에서 살아가는) 외로운 일벌레 사토, 이들의 이야기가 탄탄한 구성과 함께 저자 특유의 현란한 문체에 힘입어 독자들은 어느새 '사요나라 바'에 앉아 삶의 진한 페이소스로 혼합한 위스키 한 잔을 맛보는 듯한 착각에 빠질 것이다.

수잔 바커 지음 / 값 14,800원

양 부인과 세 딸 북경의 세 딸(구제목)

소리 없이 찾아드는 대반점의 밤

이 소설은 거대한 중국 본토에 피의 강을 범람케 했던 '문화대혁명'의 물결 속에서 영혼의 갈등을 겪는 한 가족의 이야기다. 상하이 최고 대반점의 여주인으로 언제 무너질지 모르는 아슬아슬한 삶을 사는 어머니와, 조국의 부름과 자유 사이에서 번뇌하는 세 딸들…. 온갖 영화의 시기를 구름처럼 흘려보내고 대혁명의 습격으로 인해 문을 닫게 되는 대반점과 양 마담의 비참한 최후는, 인간이 역사에게가 아니라, 역사가 인간에게 가져야 할 도의적 책임은 무엇인가라는 엄중한 물음을 던지고 있다.

펄 S. 벅 지음 / 값 18,500원

사탄은 잠들지 않는다

장개석과 모택동의 내전으로 넓은 중국 대륙이 온통 피로 물들던 시대, 두 명의 아일랜드인 신부가 중국 광동성의 시골 마을에 갇히고 만다.
강인한 신의 사자이자 인간적 위트로 넘치는 피치본 대신부와, 무한한 애정 속에서 영혼의 치료사로 거듭나는 젊은 신부 오배논, 그리고 오배논에 대한 금지된 사랑으로 가슴 아파하는 아름다운 소녀 수란과 부모에게 버림받았다는 상처 속에서 삐뚤어진 공산당원이 되는 호산……
이 네 사람 사이에 벌어지는 사랑에 대한 숭고하고도 슬픈 이 대서사시는, 수많은 극적인 사건이 숨겨진 한 편의 연극처럼, 읽는 이를 거대한 감정의 파도 속으로 몰아 간다.

펄 S. 벅 지음 / 값 9,800원

골든혼의 여인

황금빛 물결 속에 피어난 인연의 꽃

이스탄불에 석양이 질 무렵 황금빛 물결을 출렁이는 골든혼. 그곳에서 운명 지어진 아시아데와 존 롤랜드, 그리고 망명지에서의 새로운 연인 하싸. 어디로 흐를지 알 수 없는 세 남녀의 조국, 미래, 사랑의 물결을 따라 새 희망을 꿈꾸며 떠나는 인생 항로의 여정……

쿠르반 사이드 지음 / 값 12,900원

열두 가지 이야기

삶을 어루만지는 모성적 따뜻함의 정수

일상적 소재에서 신선한 감동과 삶을 이끌어낸 펄 벅의 열두 가지 단편이 담겨 있다. 단절과 소외, 의혹과 불안의 시대를 살아가는 현대인의 가슴속에 따뜻한 온기를 불어넣어 삶에 대한 긍정적인 감정을 일깨워주는 작품.

펄 S. 벅 지음 / 값 12,900원

만다라

**리얼한 구성과 섬세한 내면 묘사
인도의 근현대사 안에서 펼쳐지는 대서사 로망스!**

《대지》,《북경의 세 딸》등을 통해 전통과 현대가 충돌하는 지점에서 역동적으로 삶을 헤쳐 나가는 인물들을 보여주었던 펄 벅이 또 한 번 따뜻한 리얼리스트로 돌아왔다. 《만다라》는 그녀의 완숙한 통찰력이 돋보이는 후기작으로, 인도의 격동기를 살아가는 네 주인공의 인생과 사랑, 갈등과 번민을 그린다. 왕족의 권위를 벗어던지고 시대정신에 따르려는 라지푸트족의 위대한 왕 자가트, 체제순응자인 고결한 왕비 모티, 정체성을 찾아 방랑하다 오래된 나라 인도를 찾아온 미국여자 부룩 그리고 가난한 소수민족에게 영적 자비와 실질적 도움을 주려 애쓰는 영국인 신부 폴 등을 통해 시대와의 불화와 극복, 인종과 신분을 뛰어넘은 세기의 사랑, 주변국과의 전쟁과 영토분쟁의 현실, 환생으로 이어지는 인간의 끈질긴 관계 등을 생생히 보여준다.

펄 S. 벅 지음 / 값 12,000원

카불미용학교

눈물과 웃음, 그것이 우리들의 신입니다

아프간 여인들의 삶 속으로 들어간 데보라 로드리게즈의 다큐멘터리 기록 《카불미용학교》는 전쟁의 그늘 속에서 재기를 꿈꾸는 아프간 여성들을 위해 건설된 미용학교에서 벌어진 일들을 그린 논픽션 작품이다. 애절한 사랑을 가슴에 묻고 계약과 다름없는 결혼을 해야 했던 로산나, 그 외에도 미용학교 수업을 듣기 위해 탈레반 남편의 잔인한 폭력에 맞서야 했던 수많은 아내들처럼, 이 미용학교는 가슴 아픈 사연을 한 자락씩 품은 여성들의 이야기로 넘쳐흐른다. 이들은 미용기술과 더불어 우정, 그리고 자유가 무엇인지를 배워나가는 동시에, 전쟁의 포화 속에서도 인간적 삶을 놓치지 않으려 했던 아프간 사람들의 역사를 눈물과 웃음으로 털어놓는다.

데보라 로드리게즈 지음 / 값 10,000원

Miss 디거의 황금 사냥

부유한 왕자님을 만나고 싶은가? 그렇다면 당신은 먼저 공주가 되어야 한다! 결과가 존재를 규명하는 것이 아니라, 존재가 결과를 불러온다. 공주처럼 생각하고 공주처럼 행동하고 공주처럼 존재하라! 이 책은 저자의 수많은 시행착오와 심리학적인 고찰을 통해 부유한 남자들의 본질을 해부하고, 그 위에 당당한 여성만의 깃발을 꽂았다. 생생한 에피소드와 저자 특유의 재치 있는 입담, 명쾌한 해법은, 저자가 직접 실천해서 성공한 '공주의 공식'과 '공주의 법칙'을 살아있는 것으로 만들고, 당신이 이를 적용하느냐 안 하느냐에 따라 관계의 재앙을 불러오거나, 관계의 열매를 맺을 수도 있다는 저자의 주장에 강한 힘을 실어준다.

도나 스팽글러 지음 / 값 9,800원

새해

남편의 숨겨진 아이를 찾아 떠나는 길고 긴 여행

이 책의 이야기는 단순하지만 가혹한 질문에서 시작된다. "만일 당신의 남편에게 숨겨진 아이가 있다면 당신은 어떻게 하겠는가?" 어느 날 사랑하는 남편과 평온한 생활을 꾸려오던 로라의 집에 편지 한 통이 도착한다. '그리운 아버지께'로 시작하는 편지는 평온했던 로라의 행복을 송두리째 앗아간다. 배신감을 느끼면서도 남편을 사랑할 수밖에 없는 로라는 남편의 숨겨진 아이를 만나기 위해 긴 여행을 떠나고, 고통 끝에 그 아이를 자신의 세계로 받아들임으로써, 인간의 삶은 노력을 통해서는 결코 완벽해질 수 없으며, 상실과 슬픔을 메울 수 있는 것은 결국 또 다른 사랑뿐이라는 오래된 진실을 들려준다.

펄 S. 벅 지음 / 값 9,500원

피오니

**유대인 남자를 사랑해 비구니가 될 수밖에 없었던
한 중국 소녀의 가슴아픈 사랑 이야기!**

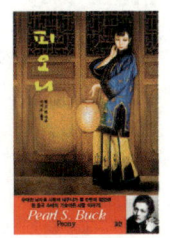

소설 《피오니》는 유대인 가정에 팔려간 어린 중국 소녀 피오니의 삶과 사랑을 다룬 이야기로, 펄 벅 특유의 인생에 대한 통찰과 인간에 대한 따스한 시선을 물씬 느낄 수 있는 아름다운 소설이다.
주인공 피오니는 주인집 아들 데이빗을 어린 시절부터 가슴깊이 연모한다. 하지만, 신분과 종교의 벽은 번번히 그녀의 사랑을 가로막는다. 게다가 데이빗은 어머니가 선택한 랍비의 딸 리아와 자신이 반한 중국 여인 쿠에일란 사이에서 갈등하는데…….

펄 S. 벅 지음 / 값 13,500원

동풍서풍

동양과 서양이 맞닿는 그곳에 당신이 있다

외국에서 서양식 교육을 받고 돌아온 의학자를 남편으로 맞은 중국 여인, 퀘이란이 전통적인 동양의 방식과 자유로운 서양의 방식 사이에서 갈등하다, 조금씩 조금씩 변화해가며 균형점을 찾아가는 과정을 그린 서간체 소설. 서양 여자를 아내로 맞으려는 퀘이란의 오빠와 전통을 고수하려는 기성세대 사이의 갈등, 또 변화에 직면한 20세기 초 중국인들의 사고방식과 생활풍습을 엿보는 묘미가 쏠쏠하다.

펄 S. 벅 지음 / 값 9,500원

여인의 저택

펄 벅의 수상(受賞) 소설들의 대부분은 중국의 평민들인 농부를 주로 다루고 있다. 그러나 이 작품은 부유하고 교양있으며 깨어있는 정신으로 다양한 인간사를 경험하는 대지주 집안의 이야기를 다루고 있다. 소설은 중국의 모든 주택과 마찬가지로 단층짜리 방들로 둘러싸인 안뜰이 모여서 서로 좁은 길로 이어져 있는 대저택을 배경으로 하고 있다. 작품의 주인공 우 씨 일가는 그 안에서 각 개인의 삶을 존중하는 가운데 삼대가 모여 산다. 독자들은 이 소설을 읽어가는 동안, 펄 벅이 중국에 대한 이야기뿐만 아니라 전 세계인 누구나 공감할 수 있는 남녀관계를 다루고 있음을 알게 될 것이다.

펄 S. 벅 지음 / 값 14,000원

싸우는 천사

작가 펄 벅이 쓴 선교사로서의 아버지의 삶을 회고한 글

넓고 광활한 중국대륙을 복음화 시키겠다는 소명을 갖고, 중국으로 건너간 펄 벅의 아버지 선교사 앤드류는 혁명군의 총칼 아래에서도 자신의 선교의 소명을 결코 포기하지 않는 '투쟁하는 천사'였다. 그러나, 아내 캐리가 중병에 걸려 죽게 되고, 자신마저 젊은 선교사들에게 내몰려 강제 은퇴를 당할 위기에 놓이고 마는데……

펄 S. 벅 지음 / 값 14,000원

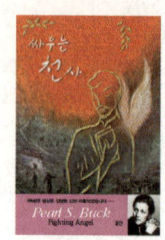

리앙家

중국과 미국을 배경으로 이어지는 전통과 진보 사이의 갈등

20세기 초, 미국에서 자라 성인이 된 리앙가의 4형제. 첫째와 둘째는 미국에서 태어났지만 본국인 중국으로 돌아가 살고 싶어 하고, 미국인으로서의 삶이 익숙한 셋째와 넷째는 공산주의화된 중국의 현실을 보고 이에 반대한다. 결국 이들은 중국으로 건너가게 되면서 변화에 대한 욕구, 전통을 지키고자 하는 과정에서 겪게 되는 좌절, 그 갈등 사이에서 정체성을 찾아가는 여정을 엿볼 수 있다.

펄 S. 벅 지음 / 값 18,000원

세 남매의 어머니

외딴 시골 마을에 사는 한 가난한 중국 여인네의 초상화. 20세기 초 중국의 어머니를 대변하는 이 여인네는 어느 날 갑자기 남편이 떠난 이후, 여자로서의 삶을 포기하고 어머니로서의 소박한 낙을 즐기며 살아가기로 하는데……. 이어지는 불행과 비극과 가난을 겪는 가운데에도 세 남매의 어머니로 꿋꿋이 삶을 헤쳐 나가는 모습에서 우리네 어머니의 모습을 엿볼 수 있다.

펄 S. 벅 지음 / 값 12,000원

용의 자손

참혹한 전쟁의 소용돌이에 휘말린 중국 농촌마을, 그 속에서 땅과 나라를 지키려 몸부림치는 한 가족의 눈물겨운 투쟁사

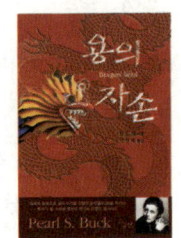

1차 세계대전의 화마를 피하고자 중립을 선언한 중국은 오히려 일본의 침략야욕에 노출된다. 폭력, 살인, 겁탈, 약탈 등 온갖 횡포를 일삼는 적군에 맞서 오로지 땅을 지켜내기 위해 싸우는 '링탄' 네 가족들. 그중 남자이면서도 왜군에게 성폭행을 당해 상처받은 영혼 '라오산'이 처참한 전쟁 속에서도 하늘이 정해놓은 운명 같은 사랑을 마침내 완성해가는 모습은 인간에 대한 작가의 진한 애정을 느끼게 한다.
40여 년을 중국에서 살아온 펄 벅이 《용의 자손》을 통해 전쟁이란 윤리나 정치의 반성으로는 치유될 수 없는 상처일 뿐이라는 사실을 다시 한 번 되뇌게 하고 있다.

펄 S. 벅 지음 / 값 15,000원

중국을 변화시킨 청년, 쑨원

삼민주의를 꿈꿨던 중국 최고의 모던보이

이 소설은 중국 근대화의 아버지이자 '삼민주의'로 널리 알려진 쑨원의 격동기를 재현한 작품으로서 펄 벅의 중국 역사에 대한 농후한 통찰력을 엿볼 수 있다. 19세기 말, 외국 열강의 식민지와 다름없었던 중국에서 쑨원은 조국의 근대화와 통일이라는 거대한 목적을 이루고자 했고 일생을 바쳐 자신의 과업에 충실했다. 이 책은 쑨원의 발자취를 연대순으로 세심하게 따라가면서, 중국의 영웅으로 추앙받을 수 있었던 높은 이상과 참된 정신, 나아가 그의 인간적 고뇌를 충실하게 그려냈다.

펄 S. 벅 지음 / 값 9,000원

여신

"하나의 사랑이 또 다른 사랑의 자리를 대신할 수는 없어. 각각의 사랑이 나름대로 풍요로워질 뿐이지."

한 남자의 아내로, 아이들의 엄마로 살아온 중년 여인 에디스. 평범했던 결혼 생활이 끝나자 갑작스런 외로움과 혼란에 빠져 지내던 중 노년의 철학자와 매혹적인 청년을 만나게 되면서 한 여성으로서의 삶과 진정한 사랑을 추구하는 여정을 시작하게 된다. 여성 내면의 심리묘사가 돋보이는 자서전적이고 철학적인 사랑에 대한 탐구.

펄 S. 벅 지음 / 값 9,500원

城의 죽음

영국의 고성(古城)을 뒤흔들어놓은 신대륙의 사랑!

왕의 후손으로 5백 년 넘은 스타보로 성을 상속받은 리처드 경은 전통과 영속성이라는 영국적 가치를 소중히 여기는 늙은 성주다. 그러나 바다 건너 신대륙에서 현대화의 활기찬 물결이 밀어닥치면서 성을 유지할 수 있는 수입원을 잃고 몰락하게 된다. 어느 날, 평등과 합리라는 새 가치를 추구하는 미국 청년 블레인이 이곳을 찾아든다. 얼마 안 가 그는 이 성의 비밀을 간직한 아름다운 하녀 케이트와 사랑에 빠지게 되는데……. 영국의 고성(古城)이라는 특별한 공간 안에서 풀어낸 이 소설은 수천 년간 얽혀온 성의 슬픈 비밀과 젊은 남녀의 희망적 사랑을 통해 새로운 미국적 가치와 깊은 영국적 가치의 합일에 대한 염원을 드라마틱하게 풀어가고 있다.

펄 S. 벅 지음 / 값 12,000원

건너야 할 다리

《건너야 할 다리》는 살면서 겪는 여러 일들, 그러니까 사랑과 이별, 낙천적인 소망과 슬픔, 그리움과 쓸쓸함이 잔잔하게 그린 소설이다. 자극적인 사건 없이 사람들과 부대끼면서 느끼는 감정들과 회환을 그린 소설이다. 몸 담고 있는 세상을 충실하게 껴안는 소설이면서, 눈에 보이지 않는 세상에 말을 거는 소설이다.

펄 S. 벅 지음 / 값 14,000원

어서 와요, 나의 연인

잔잔하고도 뜨거운 갠지스 강변,
4대에 걸쳐 흐르는 영혼과 자유의 드라마!

펄 벅의 대표작 《대지》에 비견할 만한 웅장한 스토리에 종교와 영혼의 자유라는 심도 깊은 주제를 다룬 이 작품은, 인도에서 펼쳐지는 한 가문의 4대에 걸친 잔잔하고도 열정적인 드라마를 다채롭게 수놓아간 보기 드문 대작이다.
19세기의 마지막 10년이 남은 시점, 뉴욕의 성공한 사업가인 맥카드, 사랑했던 아내 레일라를 잃고 외아들 데이빗과 인도행을 결정한다. 깊은 상실감 가운데 인도 방문에서 영적인 감복을 받은 그는 선교사를 키워 인도에 복음을 전파하고자 한다. 그러나 이는 엉뚱한 결과를 낳게 되는데…….

펄 S. 벅 지음 / 값 15,000원

타향살이

척박한 땅에 울려 퍼진 희망과 희망의 노래

이 소설은 선교를 위하여 조국을 떠난 이민자 가정에서 자란 딸의 시선으로 바라본 어머니의 삶을 그리고 있다. 가난과 굶주림, 질병과 무지로 점철된 척박한 중국 땅에서 소외된 이들을 사랑으로 어루만지고 치유하려 했던 어머니의 헌신적인 일생을 담담히 그려내고 있다.

펄 S. 벅 지음 / 값 14,000원

숨은 꽃

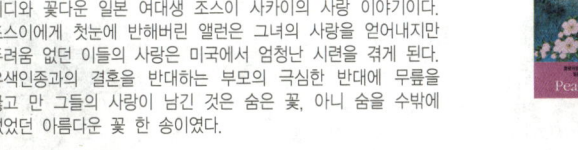

"주일미군 소위와 일본 여대생의 이루지 못한 사랑 이야기"

이 소설은 전후 점령군으로 일본에 부임한 미군 소위 앨런 캐네디와 꽃다운 일본 여대생 조스이 사카이의 사랑 이야기이다. 조스이에게 첫눈에 반해버린 앨런은 그녀의 사랑을 얻어내지만 두려움 없던 이들의 사랑은 미국에서 엄청난 시련을 겪게 된다. 유색인종과의 결혼을 반대하는 부모의 극심한 반대에 무릎을 꿇고 만 그들의 사랑이 남긴 것은 숨은 꽃, 아니 숨을 수밖에 없었던 아름다운 꽃 한 송이였다.

펄 S. 벅 지음 / 값 15,000원

약속

용의 자손들, 죽음과 약속의 땅 버마로 향하다!

일본의 식민지배 하에서 강인한 군인으로 성장한 라오산은 '승'이라는 새로운 이름으로 운명의 연인 메이리와 버마 밀림의 전장에 몸을 던진다. 언제 끝날지 모르는 전쟁의 고통과 약속 없는 미래 속에서도 두 사람은 서로를 의지한 채 사랑을 키워가는데…….
이 작품은 세계1차대전의 소용돌이에 휘말린 링탄 가족의 눈물겨운 역사를 그려낸 《용의 자손》의 2부 격으로, 참혹한 포화 속에서도 약속의 땅을 개척해가는 두 젊은이의 운명적 사랑, 그리고 목숨을 건 투쟁을 그려낸 또 하나의 역작이다.

펄 S. 벅 지음 / 값 15,000원

오피스 와이프

뉴욕 9번가 고층 빌딩의 사무실
또 하나의 아슬아슬한 사랑이 시작된다!

사랑과 사회적 성공은 누구나 거머쥐고 싶어 하는 인생 최고의 선물이다. 나아가 이 두 가지를 모두 갖추고 싶어 하는 것은 비단 남자들뿐만이 아니다.
1930년 미국에서 대성공을 거둔 이 책『오피스 와이프』는 '여성의 사회진출'이라는 현대적 코드를 일터에서 일과 사랑을 동시에 거머쥐고 싶어 하는 여비서 앤 머독과 그녀와 사랑에 빠진 회사 사장 펠로스 두 사람의 이야기로 흥미진진하고 아기자기하게 풀어가고 있다.

페이스 볼드윈 지음 / 값 13,900원

살아있는 갈대

'고결한 사람들이 사는 보석 같은 나라'
한국에 전하는 위대한 유산!

뉴욕타임즈 등 유수 언론에서 '대지 이후 최고의 걸작', 펄벅이 한국에 보내는 애정의 선물'이라는 찬사를 받은 이 작품은 한국 구한말부터 해방까지 이어지는 한 가족의 4대의 비극적 역사를 시종일관 밀착된 시선으로 그려내고 있다. 작품 전체에 한국에 대한 작가의 특별한 관심이 녹아 있고, 일제강점기에 놓인 한국인에 대한 치밀한 묘사와 철저한 고증이 돋보여 이 시대를 살피고자 하는 이들에게는 반드시 읽어야 할 필독서로 자리 잡았다.

펄 S. 벅 지음 / 값 18,000원

• 펄 벅의 대지 3부작 •

대지 상

펄 벅의 대지, 그 뜨거운 감동을 다시 만난다!

혼란스러웠던 청나라 말기를 배경으로 격랑 속에서도 묵묵히 흙을 일구며 살아가는 농부 왕룽의 일생을 유려하고 장대하게 그려낸 펄벅의 대표작. 작가에게 노벨문학상의 영광을 안겨준 대지 3부작의 1편으로서 사회적 변화가 몰고 온 고난에 맞서 싸우는 인간의 의지, 흙에서 태어나 흙에서 죽어가는 인간의 운명을 감동적으로 그려내고 있다.

펄 S. 벅 지음 / 값 15,000원

대지 중
(아들들)

왕룽의 세 아들들, 서로 다른 발자국들

대지 3부작의 두 번째 작품. 이 책은 각각 다른 왕룽 일가 세 아들들의 행보를 통해 격랑의 시기 속에서 좌절하고 동시에 단련되는 인간의 삶을 조명한다. 특히 농부의 자식으로 태어나 군벌 지도자로 성장한 야망 넘치는 막내아들 왕후의 발자취는 한 때 빛났지만 허망하게 스러지는 삶의 유한성을 극적으로 보여준다.

펄 S. 벅 지음 / 값 15,000원

대지 하
(분열된 일가)

3대로 이어지는 흙과 땅의 노래

대지 3부작의 완결편. 왕룽의 손자이자 왕후의 아들인 왕위완을 중심으로 변화의 물결 속에서 고군분투하는 젊은이들의 일대기를 그리고 있다. 야망 넘치는 장군이었던 아버지 왕후와 달리 땅에 대한 깊은 애착을 간직한 채 신(新) 지식인으로 성장한 왕위완이 겪어내는 시대적 갈등과 애틋한 사랑, 고독하고 운명적인 자아 찾기의 여정이 흥미롭다.

펄 S. 벅 지음 / 값 15,000원

자라지 않는 아이
(2019년말 출간 예정)

정신적·신체적 장애를 가진 아이들의 부모와 가족, 주변 사람들을 위한 『자라지 않는 아이』. 이 책은 노벨 문학상을 수상한 여류 소설가 펄벅과 정신지체를 가진 그녀의 딸이 함께 살아가는 이야기를 담았다. 딸 캐롤 벅의 탄생과 그녀가 정신지체라는 것을 알게 되기까지의 과정에서부터 그러한 사실을 받아들이기까지의 방황, 현실에서 딸과 함께 살아가는 행복에 대해 그려내고 있다. 장애아에게도 삶의 권리가 있고, 행복해질 권리가 있음을 일깨워주며, 부모가 그 행복을 찾아주는 주체적인 역할을 수행해야 한다고 강조한다.

펄 S. 벅 지음

펄 벅 시리즈

노벨문학수상작가
펄 벅이 돌아오다!

따뜻한 사랑과 화해를 향한 갈구, 역사와 인간에 대한 깊이 있는 시선으로
20세기의 고전을 빚어낸 "꿈의 스토리텔러 펄 벅"

이야기 성서
연인 서태후
양 부인과 세 딸
새해
동풍서풍
싸우는 천사
세 남매의 어머니
청년 쑨원
城의 죽음
어서 와요, 나의 연인
숨은 꽃
살아있는 갈대

사탄은 잠들지 않는다
열두 가지 이야기
만다라
피오니
여인의 저택
리앙가
용의 자손
여신
건너야 할 다리
타향살이
약속
「대지 3부작」
 – 대지 상
　 대지 중 아들들
　 대지 하 분열된 일가

펄벅문화원 Pearl S. Buck Literary Institute